기출의 바이블

Bible of Korean

1권 **문제편**

이 책의 구성과 특징

---

1 빈출 테마별 학습을 통한 배경지식 강화와 출제 경향 파악

독서의 세부 영역(인문·예술, 사회, 과학, 기술, 주제 통합)별로 빈출 테마를 선별하고, 고2 전국연합학력평가의 우수 기출 문제를 테마별로 분류하여 수록하였습니다. 테마별 학습을 통해 지문 독해에 도움이 되는 배경지식을 익히며 최신 출제 경향도 파악할 수 있도록 하였습니다.

2 하루 2세트씩 효율적인 학습 스케줄

하루에 독서 지문 2세트씩, 총 25일간 학습할 수 있도록 구성하였습니다. 학습 분량에 대한 부담은 줄이는 대신, 효율적이고 집중적인 학습을 통해 실력 향상과 성취감을 함께 얻을 수 있도록 하였습니다.

3 '분석 노트'를 활용한 지문 분석 훈련

모든 지문에 대해 스스로 분석하고 정리할 수 있는 '분석 노트'를 별권으로 구성하였습니다. 문제 풀이 후 분석 노트를 활용하여 지문 내용을 정리하고 독해 방법을 훈련할 수 있습니다. 완성한 분석 노트는 복습 시에도 활용할 수 있습니다.

영역별·테마별 기출 문제

우수 학평 기출 수록

최근 5개년(2019~2023년)의 고2 전국연합학력평가 독서 문항 중에서 테마별로 우수한 문항을 선별하여 구성하였습니다.

한눈에 보는 구성

지문과 문항을 한눈에 보면서 학습할 수 있도록 한 세트를 맞쪽으로 수록하였습니다.

점수를 올려 주는 어휘

어휘의 뜻을 알아야 지문을 빠르고 정확하게 독해할 수 있습니다. 독해력을 높이는 데 도움이 되도록 지문에 활용된 어휘 중 자주 쓰이는 어휘, 낯선 어휘 등의 사전적 의미를 제시하였습니다.

상세한 정답과 해설

● **지문과 선택지의 이해를 돕는 첨삭 해설**
지문의 내용 중 설명이 필요한 부분에 첨삭 해설을 제시하였습니다. 또한 선택지의 정오 여부를 직관적으로 판단할 수 있도록 선택지 첨삭 해설도 제시하였습니다.

● **지식을 쌓는 배경지식**
지문과 관련된 배경지식을 쌓을 수 있도록 읽을거리를 추가로 수록하였습니다.

● **지문 분석하기 + 한컷 정리하기**
지문의 구조와 내용을 한눈에 정리해 볼 수 있도록 시각화하여 수록하였습니다.

● **선택지 속 함정**
오답의 함정에 빠지지 않고 정답을 찾을 수 있도록, 문제 풀이 사고 과정에서 잘못된 부분을 바로잡을 수 있는 방법을 제시하였습니다.

지문 분석 노트

● **지문 분석(핵심어, 지문 구조, 주제)**
주어진 키워드를 활용하여 각 문단별 핵심어, 지문 구조, 주제 코너의 빈칸을 채워 넣는 활동을 통해 지문의 내용을 완벽하게 정리할 수 있도록 설계하였습니다.

● **한컷 정리하기**
지문의 내용을 압축하여 정리한 도표를 완성하며, 주요 내용의 이해도를 스스로 점검해 볼 수 있도록 하였습니다.

이 책의 차례

독서 **어떻게 학습해야 할까?**

 국어 독서 출제 방침

독서 능력은 다량의 정보를 신속하고 정확하게 처리해야 하는 정보화 시대의 국어생활 맥락과 비판적·창의적인 문헌 해석 및 활용 능력을 요구하는 학문 활동 환경을 고려할 때 매우 중요하게 요구되는 국어 능력 중 하나이다.

독서 영역에서는 인문학·사회학·자연과학·기술공학·예술·생활 분야의 다양한 글을 제재로 하여, 독서 원리와 방법에 대한 지식과 아울러 어휘력, 사실적·추론적·비판적·창의적 사고력 등을 측정한다. 이를 위해 설명문·논설문·서사문·보고서·생활문 등 다양한 유형의 글을 활용하여 출제하되, 지문에 포함된 내용을 이해하는 데 필요한 배경지식의 수준과 범위가 고교 교육과정을 벗어나지 않도록 한다.

<출처 : 한국교육과정평가원>

 국어 독서 학습 방법

➊ 어휘력 쌓기

수능 국어는 정보화 시대에 필요한 언어 능력과 올바른 사고력을 갖추고 있는지를 평가하는 데 목적이 있습니다. 이에 따라 수능 국어, 그중 특히 독서 지문에는 수준 높은 고등 어휘가 다수 쓰입니다. 따라서 지문을 제대로 이해하기 위해서는 그에 맞는 수준의 어휘력이 필요합니다. 평소 다양한 분야의 글을 읽으면서 모르는 어휘가 나오면 직접 사전을 찾아보고 뜻을 익혀 가며 어휘력을 쌓기 위해 노력해야 합니다. 적어도 기출 문제에 쓰인 어휘의 의미는 확실하게 알아야 합니다.

➋ 배경지식 늘리기

수능 국어의 독서 영역에서는 다양한 분야를 다룬 글이 지문으로 출제됩니다. 수능 국어에서 해당 분야의 지식을 평가하는 것은 아니지만, 그에 대한 배경지식을 갖고 있다면 시험장에서 지문의 내용을 한결 빠르고 쉽게 이해할 수 있습니다. 따라서 인문·예술에서는 저명한 학자의 사상과 이론의 핵심 내용을 충분히 학습해 두는 것이 좋습니다. 또한 사회, 과학, 기술에서는 사회적으로 화제가 된 분야에 관해 관심을 갖고 보다 심도 있게 탐구하는 자세가 필요합니다. 그리고 대상을 통합적인 시각에서 비판적으로 이해하는 자세도 필요합니다.

➌ 독해 방법 익히기

수능 국어는 시간제한이 있기 때문에 지문의 내용을 정확하고 빠르게 이해하는 것이 매우 중요합니다. 따라서 문제를 푼 후 복습할 때 지문을 분석하는 훈련을 해야 실전에서 문제 풀이 시간을 줄일 수 있습니다. 지문을 분석할 때는 각 문단의 핵심어를 찾아 표시하고, 문단 간의 관계를 중심으로 내용의 흐름을 파악해야 합니다. 이해한 내용을 도표의 형태로 일목요연하게 정리해 보는 것도 지문을 분석하는 좋은 방법이 될 수 있습니다.

독해 방법 연습하기

공리주의의 종류와 특징

◆ 답안은 '정답과 해설편' 15~16쪽을 참조

❶ 핵심어
*각 문단에서 핵심어라고 생각되는 어휘나 어구를 찾아 써 보세요.

❶ 공리주의, _____

❷ 쾌락주의적 공리주의, _____

❸ 한계를 극복, _____

❹ 대안, _____

❺ 최선의 결과, _____

❷ 지문 구조
☞ 개념, 최선의, 이론, 이상, 쾌락

❶ 공리주의의 ( ) 및 최선의 결과에 대한 관점에 따른 공리주의의 구분

↓

❷ ( ) 주의적 공리주의 이론 ↔ **❸** 선호 공리주의 ( ) ↔ **❹** ( ) 공리주의 이론

↓

❺ 공리주의 담론에서 계속되는 ( ) 결과에 대한 논의

❸ 주제
☞ 공리주의, 세 가지, 결과
_____

❹ 한컷 정리하기 ☞ 공리, 쾌락, 추구, 선호, 본래적, 최선의 결과, 실현

공리주의

- 어떤 행위의 옳고 그름이 ( ), 즉 그 행위가 인간의 이익과 행복을 늘리는 데 결과적으로 얼마나 기여하는가에 따라 결정된다고 보는 이론
- 최선의 결과를 가져오는 행위를 옳은 행위로 보고, 최선의 결과를 ( ) 가치로 여김.

최선의 결과를 무엇으로 보느냐에 따라

	쾌락주의적 공리주의	선호 공리주의	이상 공리주의
개념	최선의 결과를 ( )의 증진으로 보는 이론	최선의 결과를 선호의 ( )으로 보는 이론	최선의 결과를 이상의 실현으로 보는 이론
옳은 행위	모든 사람의 쾌락을 가장 많이 증진하는 행위	모든 사람 각자의 ( )를 가장 많이 실현시키는 행위	본래적 가치에 해당하는 이상들을 더 많이 실현하는 행위
한계	어떤 행위를 선택할 때 쾌락 외의 다른 것을 ( )하기도 한다는 것을 설명하기 어려움.	비정상적인 욕구에 기반한 선호의실현과 반대의 경우가 동일한 비중을 갖지 않는다는 점을 설명하기 어려움.	본래적 가치에 해당하는 이상들 중 어떤 이상의 실현이 ( )일지에 대해 설명하기 어려움.

---

❶ 핵심어

각 문단에는 서술 내용이나 글의 구조를 파악할 수 있는 핵심어가 있습니다. 각 문단에서 말하고 있는 화제가 무엇인지를 찾아 정리해 봅시다. 핵심어를 찾아 표시해 두면, 세부 내용을 묻는 문제를 풀 때 정보를 빠르게 확인할 수 있습니다.

❷ 지문 구조

각 문단에서 말하고 있는 내용이 무엇인지 한마디로 정리해 봅시다. 그러고 나서 문단 간의 관계를 파악하면서 글의 흐름을 이해해 봅시다. 글의 흐름을 이해하는 연습을 하면 글의 내용을 파악하기가 한결 수월해집니다.

❸ 주제

글 전체를 아우르는 주제를 파악하여 써 봅시다. 글을 통해 글쓴이가 핵심적으로 말하고자 하는 바가 무엇인지를 파악하는 것은 글의 관점을 이해하는 데 매우 중요합니다. 경우에 따라 글의 주제나 화제를 직접적으로 묻는 문제가 출제되기도 합니다.

❹ 한컷 정리하기

글의 핵심 내용을 도표로 정리하며 되새겨 봅시다. 도표로 글을 정리하는 과정에서 주요 내용 간의 관계를 파악하는 것은 물론, 중요한 정보와 그렇지 않은 정보를 분별하는 능력을 키울 수 있습니다.

영역 빈출 문제 유형 핵심 정리

다음은 독해의 사고 과정별 대표 문제 유형에 대한 소개와 해결법입니다. 각 문제 유형의 핵심 내용을 익히고, 문제 풀이에 적용해 보세요.

1 사실적 사고

유형 글의 전개 방식 파악

글의 제재와 목적에 따른 글의 구조와 내용 전개 방식을 파악할 수 있는지 평가하는 유형이다. 글쓴이가 어떤 원리나 순서에 따라 정보를 배열하고 있는지, 글의 정보를 효과적으로 전달하기 위해 어떤 설명 방식을 사용하고 있는지 묻는 방식으로 문제가 주로 출제된다.

해결법 정보 간의 의미 관계를 이해하고, 지문을 구조화하여 지문의 중심 내용을 정리하는 것이 필요하다. 정의, 비교·대조, 예시, 분류, 분석 등의 기본 개념을 바탕으로, 지문의 구조와 내용 전개 방식을 파악해 보자.

유형 중심 화제의 파악

글에서 글쓴이가 말하고자 하는 바가 무엇인지 그 핵심을 파악할 수 있는지 평가하는 유형이다. 글의 제목 및 부제를 묻는 방식으로 문제가 주로 출제된다.

해결법 지문의 중심 화제를 찾고, 각 문단별 핵심어를 파악하여 각 문단의 중심 내용을 정리한다. 이를 바탕으로 모든 문단의 소주제를 포괄할 수 있는 지문 전체의 주제를 이끌어 낸다. 지문을 읽을 때, 각 문단의 관계나 논리적 흐름에 초점을 맞추어 읽어야 한다.

유형 핵심 정보의 파악

글의 여러 정보 가운데 특정 대상이나 개념에 대해 바르게 파악할 수 있는지 평가하는 유형이다. 한 가지 특정 정보에 대해 묻거나 두 가지 이상의 특정 정보를 비교하여 묻는 방식으로 문제가 주로 출제된다.

해결법 문제에서 묻는 특정 정보가 지문의 어떤 문단에서 다루어지는지 파악하고, 해당 문단의 내용을 중심으로 정보를 살펴봐야 한다. 여러 특정 정보를 묻는 경우, 정보 간의 공통점과 차이점을 파악하는 것도 중요하다. 파악한 내용을 바탕으로 지문과 선택지의 일치 여부를 따져 정답을 찾아보자.

유형 세부 정보의 파악

글의 세부 정보를 적절하게 파악할 수 있는지 평가하는 유형이다. 글에 제시된 내용과 일치하거나 일치하지 않는 진술이 무엇인지 묻는 방식으로 문제가 주로 출제된다.

해결법 선택지의 정오를 판단할 수 있는 핵심 단어와 중심 문장에 집중해야 한다. 지문의 서술을 거의 그대로 제시하는 경우도 있지만, 지문에 쓰인 어휘와 뜻이 유사한 다른 표현으로 바꿔 제시하는 경우도 있으므로 주의해야 한다. 매력적인 오답 유형으로는 '크다-작다'와 같이 의미상 상반된 내용을 반대로 서술하는 경우, 논리적 선후 관계를 반대로 서술하는 경우 등이 있다.

2 추론적 사고

유형 세부 정보의 추론

글의 정보를 이해하고 관련 내용을 추론할 수 있는지 평가하는 유형이다. 글에서 설명한 내용과 관련하여 구체적으로 드러나지 않은 정보를 묻는 방식으로 문제가 주로 출제된다.

해결법 추론이란 어떤 판단을 근거로 삼아 다른 판단을 이끌어 내는 것을 말하므로, 지문에 근거를 두고 정보를 추론해야 한다. 지문에서 근거를 찾지 않고 자신만의 논리로 문제를 풀면 틀리기 쉬우므로 주의해야 한다. 문제에서 추론을 요구한 내용이 무엇인지 먼저 파악하고, 지문에서 관련 내용을 살핀 후 이를 바탕으로 선택지의 정오를 판단해 보자.

유형 구체적 이유 추론

글의 정보를 이해하고 논리적으로 추론할 수 있는지 평가하는 유형이다. 글에서 설명한 내용과 관련하여 그렇게 서술되는 이유를 묻는 방식으로 문제가 주로 출제된다.

해결법 지문의 특정 부분을 ㉠, ⓐ 등의 기호로 묶어 밑줄을 치고, 그 이유를 묻는 경우가 많다. 따라서 기호로 제시된 부분의 앞뒤 문맥을 살펴 이유를 추론해야 한다. 이때 오답 선택지로, 지문의 내용에 부합하지만 해당 이유로는 적절하지 않은 내용이 출제되기도 한다. 따라서 내용 일치 문제를 푸는 방식으로 접근하면 오답의 함정에 빠질 수 있으므로 주의가 필요하다.

유형 구체적 사례 찾기

글의 정보를 이해하고 그와 관련된 사례를 추론할 수 있는지 평가하는 유형이다. 글의 특정 개념과 관련하여 해당하는 사례를 묻는 방식으로 문제가 주로 출제된다.

해결법 지문의 세부 내용을 정확히 이해하는 것이 우선이다. 지문에 제시된 개념이나 원리를 정확히 이해하여야 해당하는 사례와 해당하지 않는 사례를 구분하여 정답을 찾을 수 있다.

유형 구체적 상황에 적용

글의 내용을 구체적 상황에 적용하여 세부 내용을 추론할 수 있는지 평가하는 유형이다. 글에 제시된 개념이나 추상적 원리 등을 〈보기〉의 구체적 상황에 적용하는 방식으로 문제가 주로 출제된다.

해결법 〈보기〉의 구체적 상황과 관련하여 지문의 어떤 내용을 적용해야 하는지 먼저 판단해야 한다. 지문의 해당 내용을 간단하게 정리해 본 후, 〈보기〉의 상황에 대응해 보면서 선택지의 정오를 판단해 보자. 이때 〈보기〉의 상황과 관련이 없는 지문의 다른 부분을 적용하여 서술된 오답 선택지의 함정에 빠지지 않도록 주의해야 한다.

유형 자료를 활용한 내용 이해

글의 내용과 관련된 자료를 보고 정보를 추론할 수 있는지 평가하는 유형이다. 글의 내용과 관련된 그림, 도표, 그래프 등이 〈보기〉의 형태로 제시되는 방식으로 문제가 주로 출제된다.

해결법 〈보기〉의 자료 및 그에 대해 서술된 내용을 꼼꼼하게 살펴보고, 해당 자료가 지문의 어떤 내용과 관련되어 있는지 먼저 파악해야 한다. 지문에서 글로 제시된 내용이, 도표나 그림, 그래프 등으로 정리되어 〈보기〉로 제시되는 경우가 많다. 따라서 글의 내용을 주어진 자료에 단계별로 적용해 보면 내용을 쉽게 파악할 수 있다.

---

③ 비판적 사고

유형 정보의 비교 이해

글의 정보를 다른 정보와 비교하여 비판적으로 이해할 수 있는지 평가하는 유형이다. 글에 제시된 여러 정보를 비교하도록 하거나 글의 정보와 〈보기〉의 정보를 비교하도록 하는 방식으로 문제가 주로 출제된다.

해결법 비교해야 하는 정보 간의 공통점과 차이점, 특정 정보에만 해당하는 특징을 파악하는 것이 가장 중요하다. A에 해당하는 특징을 B에 해당한다고 서술하거나, A와 B의 공통점을 차이점으로 서술하는 방식으로 오답 선택지가 출제되는 경우가 많으므로 함정에 빠지지 않도록 주의해야 한다.

유형 관점의 비교 이해

글에 제시된 특정 관점을 비판적으로 이해할 수 있는지 평가하는 유형이다. 글에 제시된 여러 관점을 비교하거나, 글의 관점과 〈보기〉의 관점을 비교하도록 하는 방식으로 문제가 주로 출제된다.

해결법 지문과 〈보기〉에 제시된 관점을 정확히 파악하는 것이 가장 중요하다. 하나의 관점의 핵심적인 특징을 파악한 후 비교 대상이 되는 관점의 특징을 파악하고, 하나의 관점을 기준으로 하여 두 관점을 비교하면서 선택지의 정오를 판단해 보자.

---

④ 어휘

유형 어휘의 사전적·문맥적 의미 파악

어휘의 의미를 알고 있는지 평가하는 유형이다. 글에 쓰인 어휘의 사전적 뜻을 묻거나, 문맥상 바꿔 쓰기에 적절한 어휘를 묻는 방식으로 문제가 주로 출제된다.

해결법 어휘의 의미를 파악하기 위해서는 지문에서 해당 어휘가 어떻게 쓰였는지 살펴봐야 한다. 해당 어휘가 쓰인 문장에서 주어와 서술어의 의미 관계를 살펴보고, 부속 성분으로 어떤 말이 쓰였는지도 함께 고려해야 어휘의 의미를 제대로 파악할 수 있다. 특히 선택지로 해당 어휘가 쓰인 예문이 주어지는 경우, 해당 어휘가 쓰이는 문장의 구조를 정확히 파악해야 문맥적 의미를 제대로 판단할 수 있다.

인문·예술

지문 구성

4~6문단 내외의 단독 지문으로 출제된다. 내용상 하나의 완결된 형태를 이루고 있으며, 인문·예술 영역에서는 표나 이미지 등의 자료가 활용되는 경우보다는 텍스트만으로 지문이 구성되는 경우가 많다. 지문의 길이가 짧아지면서 내용이 보다 압축적으로 제시되는 추세이다. 출제 비율은 예술 영역보다 인문 영역이 높다.

지문 성격

서양 철학, 동양 철학, 역사, 논리학, 심리학, 음악, 미술, 건축에 이르기까지 다양한 분야를 다룬 글이 지문으로 출제된다. 특히 동서양 철학자의 사상을 구체적으로 다룬 글이 출제 비율이 높다.

문항 유형

주로 4~5개 문항으로 구성된다. 사실적 사고, 비판적 사고, 추론적 사고 등을 고르게 평가할 수 있도록 지문의 내용에 맞게 다양한 문항이 출제된다. 특정 학자의 관점이 지문에 제시된 경우 관점을 비교하는 유형이 자주 출제된다. 경우에 따라 어휘 문제가 포함되기도 한다.

⏱ 풀이 시간 **10분 30초**

01~05 **다음 글을 읽고 물음에 답하시오.**

서양철학에서는 많은 철학자들이 기억을 중요한 사유*로 인식하며 논의해 왔다. 플라톤은 사물의 영원하고 불변하는 본질적 원형인 이데아가 기억을 통해 인식될 수 있다고 하였다. 이데아에 대한 기억이 그것에 대한 망각*보다 ⓐ뛰어난 상태라고 이야기함으로써 둘 사이에 가치론적 이분법*을 설정한 것이다. 더 나아가 하이데거는 진리가 망각이 없는 상태, 즉 기억이 지배하는 상태를 의미한다고 강조하였다. 이렇듯 전통적 서양철학에서 기억은 긍정적인 능력으로, 망각은 부정적인 능력으로 인식되어 온 것이다.

이와 같은 철학적 사유 속에서, 피히테는 '자기의식'이라는 개념을 체계적으로 확대하여 설명하는 과정에서 ㉠기억을 세계 경험에 대한 최고 수준의 기능으로 인식하였다. 그는 어떤 대상에 대해 '㉡A는 A이다'라는 명제에 의거하여 주장을 할 때, '나는 나이다'가 성립해야만 한다고 생각하였다. 이는 동일성*을 주장하는 '의자는 의자이다'와 같은 명제로 이해할 수 있다. 예전에 친구와 같이 앉았던 의자를 보았을 때, 우리는 이 의자가 바로 그때의 의자라고 주장할 수 있다. 즉 'A는 A이다'라는 명제는 '과거의 A가 현재의 A이다'라는 주장으로 현실화된다. 이러한 주장이 가능하기 위해서는 과거의 의자를 기억하고 있어야 한다는 것이 전제되어야 하고, 이는 과거 그 의자에 앉았던 자신을 기억하는 것과 마찬가지라는 것이었다. 따라서 그가 주장한 ㉢자기의식은 기억의 능력을 통해 과거의 '나'와 현재의 '나'가 같음을 의식하는 것으로 볼 수 있다. 자기의식을 망각한다면 우리는 친구를 만나도 친구인 줄 모를 것이므로, 그의 입장에서는 기억이 없다면 세계도 존재할 수 없는 것이었다.

한편, 니체는 이와 같은 사유 전통을 거부하며 기억 능력에 대해 비판하였다. 그는 기억이 부정적이고 수동적인 능력이라면, 망각은 능동적이며 창조적인 능력이라고 인식하였다. 그에게 있어 망각은 기억을 뛰어넘고자 하는 치열한 투쟁이었다. 그는 망각에 대해 긍정하기 위해 신체와 관련된 사례를 제시하였다. 새로운 음식을 먹으려면 위를 비워야 하며 음식물을 배설하지 못한다면 건강한 삶을 ⓑ살아갈 수 없듯이, 과거의 기억들이 정신에 가득 차 있다면 무언가를 새롭게 인식하는 것은 불가능하다고 주장하였다. 그에 따르면 기억에만 집착하는 사람들은 새로운 것을 ⓒ낯설고 불편한 것으로 여겨 변화와 차이를 긍정할 수 없기 때문에 현재를 행복하게 살아갈 수 없는 것이었다.

또한 그는 건강한 망각의 역량*을 복원하기 위해서 궁극적으로 순진무구한 아이와 같은 모습이 되어야 한다고 주장하였다. 예를 들어 아이가 바닷가에 놀러가 모래성을 만들었을 때, 이것이 부서지더라도 슬퍼하기보다는 웃으면서 즐거워할 것이라고 보았다. 아이는 그 자리에 다시 새로운 모래성을 만들 수 있음을 직감*하기 때문에 부서진 모래성을 기억하면서 좌절하고 우울해할 필요가 없다

는 것이었다. 이렇듯 니체에게 아이는 망각의 창조적 능력을 ⓓ되찾은 인간을 상징하였다. 결국 그는 현재를 행복하게 살아가기 위한 능력으로써 망각을 긍정적으로 바라보았던 것이다.

그러나 니체가 인간이 가진 기억 능력 자체를 완전히 제거하자고 주장했던 것은 아니다. 철저한 망각은 현실적으로 불가능할 뿐만 아니라, 현재를 향유*할 수 있도록 어느 정도 지속되는 기억이 필요했기 때문이었다. 마치 음식이 위에서 전혀 머무르지 않고 바로 배설된다면 건강한 삶을 살 수 없는 것처럼 말이다. 그럼에도 불구하고 기억이 주된 사유로 인식되던 서양철학에서 망각의 능력을 ⓔ찾아내고자 했다는 점에서 니체의 사유를 주목할 필요가 있을 것이다.

01

독서의 분야를 고려하여 윗글을 읽는다고 할 때, 〈보기〉의 ㉮에 들어갈 내용으로 가장 적절한 것은?

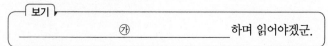

보기

_____ ㉮ _____ 하며 읽어야겠군.

① 인간의 사상을 탐구하고 있으므로, 글에 담긴 관점을 정확하게 파악
② 사회 현상을 다루고 있으므로, 관련된 배경지식을 적극적으로 활용
③ 삶의 문제를 분석하고 있으므로, 글에 반영된 사회적 요구를 논리적으로 평가
④ 사실과 법칙을 인과적으로 설명하고 있으므로, 용어나 개념을 명확하게 이해
⑤ 연구 성과를 실생활에 응용하고 있으므로, 사용된 자료의 신뢰성을 적절히 판단

02

윗글의 내용과 일치하지 <u>않는</u> 것은?

① 플라톤은 가치론적 이분법을 통해 기억을 설명하였다.
② 하이데거는 기억이 지배하는 상태를 진리로 인식하였다.
③ 니체는 망각을 긍정적인 능력이라고 판단하며 서양철학의 전통적 사유를 비판하였다.
④ 니체는 음식물이 위에 가득 남아 있는 상황과 정신이 기억으로 가득 찬 상태가 유사하다고 생각하였다.
⑤ 니체는 현재를 행복하게 살아가기 위해 철저한 망각이 필요하다고 판단하였다.

03

㉠~㉢에 대한 이해로 가장 적절한 것은?

① ㉠이 없어도 ㉡에 의거한 주장이 가능하다.
② ㉠이 가능해야만 ㉢도 가능하다.
③ ㉡이 성립해야만 ㉠이 성립한다.
④ ㉢은 ㉠을 위해 존재한다.
⑤ ㉢은 ㉡이 전제되어야 한다.

04

윗글을 바탕으로 〈보기〉에 대해 이해한 내용으로 적절하지 <u>않은</u> 것은? [3점]

> ┌ 보기 ┐
> 갑: 지갑이 많이 낡았네. 하나 새로 사 줄까?
> 을: 아직은 새로 사기 싫어요. 아빠가 생일 선물로 처음 사 주신 거라서 저한테는 의미가 있고 익숙해서 좋아요.
> 갑: 그렇구나. 근데 지난번에는 평소와 달리 국어 시험 못 봤다고 했잖아. 이번 시험 준비는 잘하고 있니?
> 을: 지난 시험은 지난 시험일 뿐이죠. 잊을 건 잊고 이번 국어 시험도 열심히 준비하고 있어요.

① 피히테는 을이 선물을 받았던 자신과 현재의 자신이 같음을 기억의 능력을 통해 의식하고 있다고 볼 것이다.
② 피히테는 을의 '지난 시험은 지난 시험이다.'라는 주장은 '시험은 시험이다'라는 명제가 현실화된 것이라고 볼 것이다.
③ 니체는 을이 지갑에 대한 과거의 기억에 집착하여 지갑을 새로 사는 것을 긍정하지 않는다고 볼 것이다.
④ 니체는 을이 국어 시험을 다시 준비하는 것을 보고 기억을 뛰어넘어 현재를 행복하게 살아갈 수 있는 사람이라고 볼 것이다.
⑤ 니체는 을이 지난 시험 결과에 대해 좌절하지 않는 것은 다음 시험에서 좋은 결과를 얻을 수 있을 것임을 직감하기 때문이라고 볼 것이다.

05

문맥상 ⓐ~ⓔ와 바꿔 쓰기에 적절하지 <u>않은</u> 것은?

① ⓐ: 우월(優越)한
② ⓑ: 영위(營爲)할
③ ⓒ: 난해(難解)하고
④ ⓓ: 회복(回復)한
⑤ ⓔ: 발견(發見)하고자

📖 **점수를 올려 주는 어휘**

• **사유(생각 思, 생각할 惟)** 개념, 구성, 판단, 추리 따위를 행하는 인간의 이성 작용.
• **망각(잊을 忘, 물리칠 却)** 어떤 사실을 잊어버림.
• **이분법(두 二, 나눌 分, 법도 法)** 논리적 구분의 방법. 그 범위에 있어서 서로 배척되는 두 개의 구분지(區分肢)로 나누는 경우이다.
• **동일성(같을 同, 하나 一, 성품 性)** 두 개 이상의 사상(事象)이나 사물이 서로 같은 성질.
• **역량(힘 力, 헤아릴 量)** 어떤 일을 해낼 수 있는 힘.
• **직감(곧을 直, 느낄 感)** 사물이나 현상을 접하였을 때에 설명하거나 증명하지 아니하고 진상을 곧바로 느껴 앎. 또는 그런 감각.
• **향유(누릴 享, 있을 有)** 누리어 가짐.

📝 분석 노트 4쪽에서 지문을 정리해 보세요.

06~09 다음 글을 읽고 물음에 답하시오.

언어철학*에서 특정 인물이나 사물 등을 나타내는 '고유 이름'은 언어와 대상의 관계를 밝히는 데 중요한 역할을 하는 언어 표현이다. 그래서 고유 이름이 의미하는 바가 무엇인지에 대한 논의는 언어철학자들의 중요한 관심사였다. 그중 의미지칭이론에 따르면 고

05 유 이름이 의미하는 바는 그 표현이 지칭하는 것, 즉 지시체 자체이다. 이들에 따르면 '금성'이라는 고유 이름이 의미하는 바는 금성 자체인 것이다. 하지만 프레게는 이러한 의미지칭이론의 입장을 그대로 받아들일 경우 발생하는 문제를 지적*하며, 이를 해결하기 위해 지시체와 '뜻'을 구분하여 고유 이름이 의미하는 바를 새롭게 설명

10 하는 이론을 제시한다.

먼저 프레게는 고유 이름이 의미하는 바가 지시체라는 의미지칭이론의 입장을 따를 경우에 발생하는 문제를 밝힌다. 다음의 두 문장을 보자.

15 1) 샛별은 샛별이다.
2) 샛별은 개밥바라기이다.

프레게에 의하면 의미지칭이론의 입장에서 1)과 2)는 완전히 동일한 의미를 지녀야 한다. 왜냐하면 의미지칭이론에 따르면 밑줄

20 친 '샛별'과 '개밥바라기'라는 두 고유 이름이 의미하는 바는 금성이라는 지시체로 동일하기 때문이다. 하지만 프레게는 1)은 동어의 반복이기에 정보를 제공하지 않고, 2)는 정보를 제공하기 때문에 사람들은 두 문장을 다르게 인식하게 된다고 말한다. 그리고 이러한 인식적 차이가 발생하는 이유가 고유 이름이 지시체 그 자체가 아

25 닌 '뜻'을 의미하기 때문이라고 주장한다. 즉 프레게는 '샛별'은 아침에 뜨는 별이라는 뜻을, '개밥바라기'는 저녁에 뜨는 별이라는 뜻을 의미하며, '샛별'과 '개밥바라기'는 동일한 지시체인 금성을 서로 다른 제시 방식으로 제시한 것이라고 말한다. 프레게는 이처럼 동일한 지시체의 서로 다른 제시 방식인 '샛별'과 '개밥바라기'는 다른 뜻

30 을 가진다고 말한다. 따라서 프레게는 고유 이름이 의미하는 바는 지시체가 아니기에 지시체와 뜻을 구분해야 하고, 뜻의 차이로 인해 1)과 2)가 인식적 차이가 있음을 설명하려고 한 것이다.

프레게는 고유 이름에 한정* 기술*구도 포함되어야 한다고 주장한다. 한정 기술구란 오직 하나의 대상만이 만족하는 조건을 몇 개

35 의 단어나 이런저런 기호로 구성한 언어 표현이다. 예를 들어 프레게는 '플라톤의 가장 유명한 제자'나 『니코마코스 윤리학』의 저자'와 같은 한정 기술구도 '아리스토텔레스'와 같은 고유 이름으로 간주한다. 그래서 프레게에 따르면 '플라톤의 가장 유명한 제자'와 『니코마코스 윤리학』의 저자'는 고유 이름들이며, 아리스토텔레

40 스라는 사람에 대한 서로 다른 제시 방식으로 각각은 다른 뜻을 가진다.

[A] ┌ 한편 프레게는 특정 지시체에 대해 개인이 갖고 있는 관념*을 뜻과 혼동해서는 안 된다고 말한다. 관념은 지시체에서 개인
└ 이 감각적 경험을 통해 얻게 된 주관적인 내적 이미지이다. 반

면 뜻은 우리가 의사소통을 통해 전달하고 이해할 수 있어야 하기에, 언어 공동체가 공유할 수 있는 객관적으로 합의*된 재산인 것이다. 다시 말해 우리가 성공적으로 의사소통할 수 있는 이유는 뜻이 공적인 것이기 때문이다. 만약 뜻이 개인의 관념과

05 같다고 한다면 뜻은 사람마다 다르게 되고, 의사소통은 성공적으로 이루어지기 어렵게 된다. 따라서 프레게는 언어 표현의 뜻은 개인이 지시체에 대해 갖는 관념과는 다르다는 것을 분명히 한다.

결국 프레게는 지시체와 뜻을 구분함으로써 고유 이름이 의미하는 바를 명확히 하였다. 또한 이를 통해 의미지칭이론에서 설명하 10 지 못하는 ⊙'유니콘'과 같이 지시체가 존재하지 않는 허구적인 대상의 고유 이름이 의미하는 바를 설명할 수 있게 되었다.

06

윗글에 대한 설명으로 가장 적절한 것은?

① 기존의 이론을 비판한 새로운 이론을 예를 중심으로 설명하고 있다.

② 특정 학자가 주장한 이론의 변천 과정을 통시적 관점에서 분석하고 있다.

③ 상반된 이론을 제시한 후 두 이론을 절충한 새로운 이론을 소개하고 있다.

④ 특정 이론에 대한 다양한 관점을 제시하고 각 관점의 장단점을 비교하고 있다.

⑤ 특정 학자가 자신의 이론에 제기된 문제점을 수용하는 과정을 단계별로 밝히고 있다.

07

〈보기〉는 프레게의 이론을 비유적으로 설명하기 위한 예시이다. 윗글의 [A]를 참고하여 프레게의 입장에서 〈보기〉의 ⓐ~ⓒ를 설명할 수 있는 말로 적절한 것을 고른 것은?

보기

우리 가족들은 천문대에 가서 ⓐ밤하늘의 달을 보았다. 그날 우리는 하나의 망원경을 통해 달을 보고 이야기를 나눌 수 있었다. ⓑ우리 가족이 나눈 대화 속 망원경 렌즈에 맺힌 달의 형상은 모두 같았지만, 그날 망원경의 렌즈를 거쳐 ⓒ망막에 맺힌 달은 우리 가족에게 서로 다른 추억으로 기억되고 있다.

	ⓐ	ⓑ	ⓒ
①	지시체	관념	뜻
②	내적 이미지	뜻	관념
③	지시체	뜻	관념
④	내적 이미지	관념	뜻
⑤	지시체	내적 이미지	뜻

08

윗글을 읽은 학생이 프레게의 입장에서 〈보기〉에 대해 보일 수 있는 반응으로 적절하지 <u>않은</u> 것은? [3점]

보기

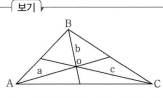

왼쪽에 있는 삼각형의 각 꼭짓점에서 그 대변의 중점으로 이어지는 선을 a, b, c라고 할 때, ㉮'a와 b의 교점'과 ㉯'b와 c의 교점'의 지시체는 ㉰o이다. 따라서 ㉯'o는 a와 b의 교점이다.'와 같은 문장으로 표현할 수 있다.

① ㉮와 ㉯는 동일한 지시체를 지칭하지만 뜻은 서로 다르다고 볼 수 있겠군.
② ㉮와 ㉯는 몇 개의 단어와 기호로 구성되어 있지만 고유 이름으로 볼 수 있겠군.
③ ㉮와 ㉯로 의사소통이 가능한 이유는 ㉰에 대한 개인의 내적 이미지가 일치하기 때문이겠군.
④ ㉰에 대한 제시 방식에는 ㉮와 ㉯뿐만 아니라 'a와 c의 교점'도 포함할 수 있겠군.
⑤ ㉯는 'o는 o이다.'라는 문장과 인식적 차이가 발생한다고 할 수 있겠군.

09

윗글을 참고할 때, 의미지칭이론에서 ㉠을 설명하지 못하는 이유를 추론한 내용으로 가장 적절한 것은?

① 고유 이름은 다수의 지시체를 의미한다고 보기 때문이겠군.
② 고유 이름과 지시체는 서로 관련이 없다고 보기 때문이겠군.
③ 고유 이름이 의미하는 바를 지시체 그 자체로 보기 때문이겠군.
④ 고유 이름과 지시체가 서로 다른 정보를 제공한다고 보기 때문이겠군.
⑤ 고유 이름으로는 언어와 대상의 관계를 밝힐 수 없다고 보기 때문이겠군.

📖 점수를 올려 주는 **어휘**

- **언어철학(**말씀 言, 말씀 語, 밝을 哲, 배울 學**)** 언어의 기능이나 본질 따위를 연구함으로써 인간과 삶과 세계에 대하여 근본적으로 이해하고자 연구하는 학문.
- **지적(**가리킬 指, 딸 摘**)** 꼭 집어서 가리킴. / 허물 따위를 드러내어 폭로함.
- **한정(**한계 限, 정할 定**)** 수량이나 범위 따위를 제한하여 정함. 또는 그런 한도. / 어떤 개념이나 범위를 명확히 하거나 범위를 확실히 함.
- **기술(**기록할 記, 지을 述**)** 대상이나 과정의 내용과 특징을 있는 그대로 열거하거나 기록하여 서술함. 또는 그런 기록.
- **관념(**볼 觀, 생각할 念**)** 어떤 일에 대한 견해나 생각.
- **합의(**합할 合, 뜻 意**)** 서로 의견이 일치함. 또는 그 의견.

📝 분석 노트 5쪽에서 지문을 정리해 보세요.

⏱ 풀이 시간 10분 30초

01~05 **다음 글을 읽고 물음에 답하시오.**

　도움이 필요한 할머니를 외면하고 약속 시간을 지키는 것이 옳은가, 아니면 늦더라도 할머니를 돕는 것이 옳은가? 이렇게 대립하는 가치들 중 어떤 가치를 선택해야 하는가의 문제, 즉 도덕적 갈등 문제를 바라보는 다양한 관점이 있다.

05　먼저 ㉠도덕적 원칙주의자는 합리적°인 이성을 통해 찾을 수 있는 선험적°인 도덕 법칙이 존재한다고 본다. 그리고 모든 인간은 이를 반드시 따라야 한다고 주장한다. 따라서 도덕적 원칙주의자는 갈등 상황이 생겼을 때 주관적 욕구나 개인이 처한 상황을 고려하지 말고 도덕 법칙에 따라 행동하라고 말한다.

10　도덕적 원칙주의는 인간의 합리적인 이성을 신뢰하고 이를 통해 윤리적으로 올바른 삶이란 무엇인가를 ⓐ규명하려고 했다는 점에서 의의가 있다. 하지만 어느 사회에나 보편적°으로 적용되는 선험적인 도덕 법칙이 존재한다면, 도덕적 갈등은 나타나지 않거나 나타나더라도 쉽게 해결이 돼야 하는데 실제로는 그렇지 않다는 점에 15 서 한계가 있다.

　㉡도덕적 자유주의자는 도덕적 원칙주의자와 달리 선험적인 도덕 법칙이 존재하지 않는다고 본다. 대신 개인들이 합의를 통해 만든 상위 원리를 바탕으로 갈등을 해결해야 한다고 주장한다. 자신의 이익만을 생각하는 편협°한 입장에서 벗어나 객관적이고 공평한 20 지점에서 상위 원리를 만들 수 있다고 보기 때문이다. 상위 원리를 통해 법과 같은 현실적인 규범이나 지침°을 만들면 사람들이 이를 ⓑ준수함으로써 도덕적 갈등이 해결된다는 것이다. 따라서 도덕적 자유주의자는 공정한 형식적 절차를 마련하는 것을 최우선으로 삼는다.

25　도덕적 자유주의는 인간의 자율성을 ⓒ보장하면서 갈등 상황을 해결할 수 있는 현실적인 방법을 만들어 냈다는 데 의의가 있다. 하지만 누구나 동의할 수 있는 상위 원리를 만들어 내는 것이 항상 가능한 것은 아니다. 또한 합의를 통해 상위 원리를 만들었다고 하더라도 구체적인 규범과 지침을 마련하는 과정에서 또 다른 갈등이 30 발생할 수 있다.

[가] ┌ 한편 도덕적 다원주의자는 해결 불가능한 도덕적 갈등이 있다고 주장한다. 이는 도덕적 가치의 우선순위를 판단하는 통일된 지표를 마련하는 것이 어려운 경우가 존재한다고 보기 때문이다. 가령 자유나 평등처럼 가치가 본래 지닌 내재적 속성이 35 상충되어 어느 하나를 추구하다 보면 다른 것을 상대적으로 덜 중시할 수밖에 없는 경우도 있으며, 어떤 조건에서는 우선시되는 가치가 다른 조건에서는 그렇지 않은 경우도 있다.
　따라서 도덕적 다원주의자는 중재°를 통해 타협점을 ⓓ모색하는 방식을 제안한다. 가령 정의라는 가치가 중요하더라도 특 40 └ 정 갈등 상황에서 배려라는 가치가 더 중요하다면 타협을 통해

그것을 선택할 수도 있다고 말한다. 또한 타협하는 과정에서 기존의 도덕적 가치들 외에 새로운 가치를 생성할 수도 있다고 본다. 도덕적 다원주의자는 도덕적 갈등 상황에서 어떤 가치가 옳고 그른지 판단하는 것보다 갈등 당사자 간의 인간관계가 ⓔ훼 손되지 않는 것을 중시한다. 갈등 당사자들이 서로 다른 도덕적 05 가치를 주장한다고 하더라도 한 공동체 안에서 상호 작용하며 살아가야 하는 구성원들이라고 보기 때문이다.

　도덕적 다원주의는 도덕적 갈등을 해결할 수 있는 현실적인 지침을 제공하지 않는다는 비판을 받기도 한다. 하지만 갈등 상황에서 따라야 할 단일 기준을 내세우지 않는다는 것은 상황에 따라 문제 10 를 해결할 수 있는 풍부한 기지와 창조력을 발휘°할 수 있는 기회를 제공한다고도 할 수 있다. 이러한 점에서 도덕적 다원주의는 도덕적 갈등을 바라보는 근본적인 인식을 바꾸었다는 의의가 있다.

01

윗글의 내용 전개 방식으로 가장 적절한 것은?

① 도덕적 갈등 문제에 대한 상반된 관점을 제시하고 절충 방안을 모색하고 있다.
② 도덕적 갈등 문제에 대한 다양한 관점을 비교하면서 그 한계와 의의를 밝히고 있다.
③ 도덕적 갈등 문제에 대한 관점을 유형별로 나누면서 그 분류 기준의 문제점을 설명하고 있다.
④ 도덕적 갈등 문제에 대한 관점이 시대에 따라 달라지는 과정을 서술하고 새로운 관점이 나타날 것을 전망하고 있다.
⑤ 도덕적 갈등 문제에 대한 관점이 분화된 배경을 제시하고 관점들이 혼재하게 될 경우 나타날 문제점을 서술하고 있다.

02

㉠과 ㉡에 대한 설명으로 적절하지 않은 것은?

① ㉠은 어느 사회에나 보편적으로 적용되는 도덕 법칙이 있다고 본다.
② ㉡은 상위 원리를 통해 현실적인 규범을 만들 수 있다고 본다.
③ ㉠은 ㉡과 달리 도덕적 가치의 우선순위를 판단할 수 있다고 본다.
④ ㉡은 ㉠과 달리 선험적인 도덕 법칙을 인정하지 않는다.
⑤ ㉠과 ㉡ 모두 도덕적 갈등 상황을 해결할 수 있다고 본다.

03

[가]의 '도덕적 다원주의자'의 관점에서 〈보기〉를 설명한 내용으로 가장 적절한 것은?

> ┌ 보기 ┐
>
> A는 친구 B에게 1,000만 원을 빌렸지만 형편이 어려워 B에게 돈을 갚지 못했다. 이에 B는 소송을 제기했다. ㉮판사 C는 A의 상황이 딱하다고 생각했으나 A가 법을 어긴 것은 잘못이라고 판단하여, A가 B에게 돈을 갚으라고 판결하였다.
>
> 한편, 판사 C의 친구 D는 C에게서 1,000만 원을 빌렸지만 형편이 어려워 C에게 돈을 갚지 못하고 있다. 이에 ㉯C는 소송을 제기할 것을 고민했으나, 친구의 어려움을 배려하는 것이 더 중요하다고 생각해서 소송을 단념했다.

① ㉮와 ㉯에서 C가 올바른 가치 판단을 하기 위해서는 통일된 지표가 있어야 한다.

② ㉮와 ㉯에서 C가 서로 다르게 판단한 것은 조건에 따라 가치의 우선순위가 다를 수 있기 때문이다.

③ ㉮에서 C가 우선시한 가치와 ㉯에서 C가 우선시한 가치는 동일하다.

④ ㉮에서 C는 통일된 지표에 따라 판단하였고, ㉯에서 C는 조건에 따라 판단하였다.

⑤ ㉮에서는 두 가치 간의 내재적 속성이 상충되지만, ㉯에서는 두 가치 간의 내재적 속성이 상충되지 않는다.

04

윗글을 바탕으로 〈보기〉에 대해 보인 반응으로 적절하지 않은 것은? [3점]

> ┌ 보기 ┐
>
> 이웃에 살고 있는 갑과 을은 공공장소에 CCTV 설치를 확대해야 하는가를 두고 갈등하고 있다. 갑은 CCTV가 없는 곳에서 범죄를 당한 적이 있다며, 공공의 안전이라는 가치를 위해 CCTV 수를 늘려야 한다고 주장한다. 반면 을은 CCTV로 인해 개인정보가 노출된 적이 있다며, 사생활 보호라는 가치를 위해 CCTV 수를 늘리면 안 된다고 주장한다.

① 도덕적 원칙주의자는 CCTV 설치 확대를 둘러싼 갈등을 해결하는 데 갑이 범죄를 당한 적이 있다는 사실을 고려해서는 안 된다고 생각하겠군.

② 도덕적 자유주의자는 공정한 절차에 따른 합의에 의해 CCTV 설치 확대가 결정된다면 을은 그 결정을 따라야 한다고 생각하겠군.

③ 도덕적 자유주의자는 CCTV로 인해 개인정보가 노출된 적이 있는 을의 입장이 고려되어야 한다는 점에서 갑이 양보해야 한다고 생각하겠군.

④ 도덕적 다원주의자는 갑과 을이 CCTV 설치 확대 문제를 이분법적으로 결정하기보다는 타협할 수 있는 지점을 찾아야 한다고 생각하겠군.

⑤ 도덕적 다원주의자는 갑과 을이 CCTV 설치 확대 문제를 둘러싼 갈등으로 인해 둘 사이의 관계가 나빠지지 않도록 하는 것이 중요하다고 생각하겠군.

05

ⓐ~ⓔ의 사전적 의미로 적절하지 않은 것은?

① ⓐ: 어떤 사실을 자세히 따져서 바로 밝힘.

② ⓑ: 전례나 규칙, 명령 따위를 그대로 좇아서 지킴.

③ ⓒ: 잘 보호하여 기름.

④ ⓓ: 일이나 사건 따위를 해결할 수 있는 방법이나 실마리를 더듬어 찾음.

⑤ ⓔ: 헐거나 깨뜨려 못 쓰게 만듦.

📖 점수를 올려 주는 어휘

- **합리적**(합할 合, 다스릴 理, 과녁 的) 이론이나 이치에 합당한 것.
- **선험적**(먼저 先, 시험 驗, 과녁 的) 경험에 앞서서 인식의 주관적 형식이 인간에게 있다고 주장하는 것. 대상에 관계되지 않고 대상에 대한 인식이 선천적으로 가능함을 밝히려는 인식론적 태도를 말한다.
- **보편적**(널리 普, 두루 遍, 과녁 的) 모든 것에 두루 미치거나 통하는 것.
- **편협**(치우칠 偏, 좁을 狹 / 좁을 褊, 좁을 狹) 한쪽으로 치우쳐 도량이 좁고 너그럽지 못함.
- **지침**(가리킬 指, 바늘 針) 생활이나 행동 따위의 지도적 방법이나 방향을 인도하여 주는 준칙.
- **중재**(버금 仲, 마를 裁) 분쟁에 끼어들어 쌍방을 화해시킴.
- **발휘**(필 發, 휘두를 揮) 재능, 능력 따위를 떨치어 나타냄.

🗒 분석 노트 6쪽에서 지문을 정리해 보세요.

⏱ 풀이 시간 8분 30초

06~09 다음 글을 읽고 물음에 답하시오.

공리주의는 일반적으로 어떤 행위의 옳고 그름이 공리에 따라, 즉 그 행위가 인간의 이익과 행복을 늘리는 데 결과적으로 얼마나 기여하는가에 따라 결정된다고 보는 이론이다. 이러한 공리주의는 인간이 자신과 더불어 다른 존재들의 이익과 행복을 공평하게 고려
05 해야 한다는 것을 전제로 한다. 그리고 인간은 자신의 이익과 행복을 증진*하려 하는데, 그러한 인간이 할 수 있는 행위들 중에서 인간의 최대 이익과 행복이라는 '최선*의 결과'를 가져오는 행위를 옳은 행위로 본다. 공리주의는 이러한 최선의 결과를 본래적 가치로 여긴다. 이때 본래적 가치란 그 자체로서 지니는 가치를 의미하는
10 데, 이는 다른 어떤 것을 위한 수단으로서의 가치인 도구적 가치와는 상대되는 개념이다. 그런데 최선의 결과를 무엇으로 보느냐에 따라 공리주의는 크게 쾌락주의적 공리주의, 선호 공리주의, 이상 공리주의 등으로 나누어 볼 수 있다.

㉠쾌락주의적 공리주의는 최선의 결과를 쾌락의 증진으로 보는
15 이론이다. 다시 말해 인간의 심리적 경험인 쾌락을 본래적 가치로 여기고 있는 것이다. 이 이론에 따르면 도덕적으로 옳은 행위는 자신뿐 아니라, 그 행위가 영향을 미치는 모든 인간들의 쾌락을 가장 많이 증진하는 행위이다. 그러나 쾌락주의적 공리주의는 인간이 어떤 행위를 선택할 때 쾌락만을 추구*하는 것이 아니라 다른 것을 추
20 구하기도 한다는 것을 설명하기 어렵다는 한계를 지닌다.

쾌락주의적 공리주의의 이런 한계를 극복하기 위해 등장한 이론이 ㉡선호 공리주의이다. 이 이론은 최선의 결과를 선호의 실현*으로 본다. 여기에서 선호란 사람마다 원하는 것 혹은 실현하고자 하는 것을 말한다. 선호 공리주의에 따르면 도덕적으로 옳은 행위는
25 자신뿐 아니라, 그 행위가 영향을 미치는 모든 사람들 각자가 지닌 선호를 가장 많이 실현시키는 행위이다. 선호 공리주의는 쾌락뿐만 아니라 쾌락이 아닌 다른 것을 추구하기도 하는 인간의 행위가 개인의 선호를 반영한 것이고, 이런 선호의 실현이 곧 최선의 결과라고 설명함으로써 쾌락주의적 공리주의의 한계를 극복했다. 그러
30 나 선호 공리주의는 보편적인 관점에서 볼 때 비정상적인 욕구에 기반을 둔 선호의 실현과 정상적인 욕구에 기반을 둔 선호의 실현이 동일한 비중*을 갖지 않는다는 점을 설명하기 어렵다는 한계를 지닌다.

쾌락주의적 공리주의와 선호 공리주의에 대한 대안*으로 등장한
35 것이 ㉢이상 공리주의이다. 이 이론은 앞의 두 이론과 마찬가지로 인간의 최대 이익과 행복을 가져오는 인간의 행위를 옳은 행위로 여긴다. 그러나 이상 공리주의는 쾌락주의적 공리주의와 달리 쾌락을 유일한 본래적 가치라고 생각하지 않는다. 이 이론은 진실, 아름다움, 정의, 평등, 자유, 생명, 배려 등의 이상들도 본래적 가치에
40 해당한다고 본다. 또 선호 공리주의와 달리 이상 공리주의는 이런 이상들이 인간의 선호와 무관하게 실현되어야 할 본래적 가치라고 주장한다. 결국 이 이론은 이상의 실현을 최선의 결과로 본다. 이상 공리주의에 따르면 본래적 가치에 해당하는 이상들은 인간의 이익

과 행복을 구성한다. 그렇기 때문에 이상 공리주의는 인간들의 서로 다른 관심과는 무관하게 실현되어야 할 이상들을 인간이 더 많이 실현하는 것이 곧 최대의 이익과 행복이라고 본다. 그러나 ⓐ이상 공리주의는 본래적 가치에 해당하는 이상들이 갈등하는 경우 어떤 이상의 실현이 최선의 결과일지에 대해 설명하기 어렵다는 한계 05 를 지니고 있다.

공리주의에서 말하는 최선의 결과에 대한 논의는 지금도 계속되고 있다. 인간이 이익과 행복을 증진하려는 노력을 계속하는 한 공리주의 담론에서 최선의 결과에 대한 논의는 계속될 것이다.

06

윗글의 내용 전개 방식으로 가장 적절한 것은?

① '최선의 결과'에 대한 역사적인 사건을 제시하고 최선의 결과를 다루고 있는 세 이론의 한계를 지적하고 있다.

② '최선의 결과'를 강조하는 세 이론을 제시하고 각각의 입장을 뒷받침하는 예시들을 활용하여 구체화하고 있다.

③ '최선의 결과'에 대해 서로 다른 관점을 지닌 세 이론을 제시하고 각각의 주장과 한계를 중심으로 설명하고 있다.

④ '최선의 결과'를 중심으로 세 이론을 소개하고 이론들이 제기한 문제점이 해결된 사회적 상황을 부각하고 있다.

⑤ '최선의 결과'에 대한 문제점을 제기하는 세 이론을 소개하고 그 문제점을 보완하는 새로운 이론을 제안하고 있다.

07

윗글의 내용과 일치하지 않는 것은?

① 쾌락주의적 공리주의와 선호 공리주의에 대한 대안으로 이상 공리주의가 등장하였다.

② 선호 공리주의는 쾌락을 추구하는 인간의 행위에 개인의 선호가 반영되어 있다고 본다.

③ 공리주의는 인간의 이익과 행복의 증진과는 무관하게 행위의 옳고 그름이 정해진다고 주장한다.

④ 쾌락주의적 공리주의는 인간이 쾌락이 아닌 다른 것을 추구하기도 한다는 것을 설명하기 어렵다.

⑤ 공리주의는 인간이 자신뿐 아니라 다른 존재들의 이익과 행복을 공평하게 고려해야 한다는 것을 전제로 한다.

08

〈보기〉는 ⓐ에 관해 학생들이 나눈 대화의 일부이다. ㉮에 들어갈 말로 가장 적절한 것은? [3점]

┌─ 보기 ┐

학생 1: 어떤 경우에 이상들이 갈등할까?

학생 2: 안전벨트 착용을 법제화하는 과정에서 자유와 생명이라는 가치가 갈등했을 거야. 그런데 사회적 차원에서의 인간 행복이라는 가치를 상위의 목적으로 설정하고 이를 실현시키기 위해 자유가 아닌 생명이라는 가치를 실현하는 것이 최선의 결과라고 생각해.

학생 1: 나는 이상 공리주의 관점에서, 너의 의견이 ㉮ 고 봐.

① 생명이라는 가치를 자유라는 본래적 가치의 실현을 위한 도구적 가치로 여기고 있기 때문에 부적절하다

② 사회적 차원에서의 인간 행복이라는 가치를 생명이라는 본래적 가치의 실현을 위한 도구적 가치로 여기고 있기 때문에 적절하다

③ 생명이라는 가치를 사회적 차원에서의 인간 행복이라는 본래적 가치의 실현을 위한 도구적 가치로 여기고 있기 때문에 부적절하다

④ 사회적 차원에서의 인간 행복이라는 가치를 자유라는 도구적 가치를 통해 실현하고자 하는 본래적 가치로 여기고 있기 때문에 적절하다

⑤ 자유라는 가치를 사회적 차원에서의 인간 행복이라는 도구적 가치를 통해 실현하고자 하는 본래적 가치로 여기고 있기 때문에 부적절하다

09

㉠~㉢의 관점에서 〈보기〉에 대해 보인 반응으로 적절하지 않은 것은?

┌─ 보기 ┐

인문학 서적을 읽는 것을 가장 좋아하는 A는 인문학 서적을 더 많이 읽기 위해 같은 성향을 가진 친구들을 모아 동아리를 만들었다. 배려와 관련된 인문학 서적을 읽고 즐거움을 느낀 A는 동아리 첫 시간에 그 서적을 동아리 친구들과 함께 읽었다. 그 인문학 서적을 읽고 A와 동아리 친구들은 모두 큰 즐거움을 느꼈고, 동아리 내에서 서로에 대한 배려를 실현하였다.

① ㉠: A가 인문학 서적을 읽는 것에 대해 동일한 성향을 가진 친구들을 모아 동아리를 만든 행위는 쾌락이라는 심리적 경험을 증진하기 위한 것이라고 볼 수 있겠군.

② ㉠: A가 배려와 관련된 인문학 서적을 동아리 친구들과 함께 읽은 행위는 자신을 포함한 동아리 친구들의 쾌락을 증진하였으므로 동아리 내에서 도덕적으로 옳은 행위라고 볼 수 있겠군.

③ ㉡: A와 동아리 친구들이 인문학 서적을 읽은 것은 A와 동아리 친구들의 선호 실현이라는 인간의 최대 이익과 행복을 가져오는 행위라고 볼 수 있겠군.

④ ㉡: A가 배려와 관련된 인문학 서적을 동아리 친구들과 함께 읽은 행위는 자신과 더불어 동아리 친구들의 선호를 실현시켰으므로 동아리 내에서 도덕적으로 옳은 행위라고 볼 수 있겠군.

⑤ ㉢: A와 동아리 친구들이 배려와 관련된 인문학 서적을 읽고 동아리 내에서 실현한 배려라는 것은 배려에 대한 그들의 관심에 따라 실현되어야 하는 이상이라고 볼 수 있겠군.

📖ⓖ **점수를 올려 주는 어휘**

• **증진(더할 增, 나아갈 進)** 기운이나 세력 따위가 점점 더 늘어 가고 나아감.

• **최선(가장 最, 착할 善)** 가장 좋고 훌륭함. 또는 그런 일.

• **추구(쫓을 追, 구할 求)** 목적을 이룰 때까지 뒤좇아 구함.

• **실현(열매 實, 나타날 現)** 꿈, 기대 따위를 실제로 이룸.

• **비중(견줄 比, 무거울 重)** 다른 것과 비교할 때 차지하는 중요도.

• **대안(대신할 代, 책상 案)** 어떤 안(案)을 대신하는 안.

📝 분석 노트 7쪽에서 지문을 정리해 보세요.

풀이 시간 8분 30초

01~04 다음 글을 읽고 물음에 답하시오.

에릭 번이 창시한 '교류 분석 이론'은 심리 치료 및 상담에 널리 활용되는 이론이다. 이 이론을 이해하기 위한 주요 개념들로 '자아상태'와 '스토로크'가 있다.

자아상태 모델은 인간의 성격을 A(어른), P(어버이), C(어린이)의 세 가지 자아상태로 설명하며, 건강하고 균형 잡힌 성격이 되려면 세 가지 자아상태를 모두 필요로 한다고 본다. 이때 자아상태란 특정 순간에 보이는 일련°의 행동, 사고, 감정의 총체°를 일컫는 것이므로 특정 순간마다 자아상태는 달라질 수 있다. 예를 들어 보자. 김 군이 교통이 혼잡한 도로에서 주변 상황을 살피며 차를 몰고 있다. 그때 갑자기 다른 차가 끼어든다. 뒤따르는 차가 없는 것을 얼른 확인하고 브레이크를 밟아 충돌을 면한다. 이때 김 군은 'A 자아상태'에 놓여 있다. A 자아상태는 지금 여기에서 가장 현실적인 대책을 찾는, 객관적이며 합리적인 자아상태이다.

끼어들었던 차가 사라지자 김 군은 어릴 때 아버지가 했던 것처럼 "저런 운전자는 운전을 못하게 해야 해!"라고 말한다. 이때 김 군은 'P 자아상태'로 바뀐 것이다. P 자아상태는 자신 혹은 타인을 가르치려 들거나 보살피려 하는 자세를 취하는 자아상태로서, 어린 시절 부모가 자신에게 했던 행동이나 태도, 사고를 내면화°한 것이다. 어릴 때 무엇을 해야 하는지 가르치고 통제했던 부모의 역할을 따라 하고 있다면 'CP(통제적 어버이)' 상태, 따뜻하게 배려하고 돌봐 주었던 부모처럼 남을 돌봐 준다면 'NP(양육적 어버이)' 상태에 놓여 있다고 말한다.

잠시 후 김 군은 직장 상사와의 약속에 늦었다는 사실을 알고 당황한다. 이때 김 군은 학창 시절에 지각하여 선생님에게 벌을 받을까 겁을 먹었던 기억이 되살아나 'C 자아상태'로 이동한 것이다. C 자아상태는 어릴 때 했던 것처럼 행동하거나 사고하거나 감정을 느끼는 자아상태이다. 부모의 요구에 순응하며 살았던 행동 양식들을 재연할 경우를 'AC(순응하는 어린이)' 상태, 부모의 요구나 압력과 상관없이 독립적으로 행동했던 어린 시절의 방식대로 행동할 경우를 'FC(자유로운 어린이)' 상태라고 한다.

세 가지 자아상태 중 어느 한 상태에서 누군가에게 말을 걸면 상대방도 어느 한 상태에서 반응하게 된다. 이러한 의사소통 과정에서 자신이 기대하는 반응이 올 수도 있고, 기대하지 않는 반응이 올 수도 있다. 우리는 남들이 자기를 알아봐 줬으면 좋겠다는 인정°의 욕구로 인해 서로 상대방을 인지한다는 신호를 보낸다. 이런 행위를 '스토로크(stroke)'라 부르는데, 스토로크는 다음과 같이 구분할 수 있다. 먼저 언어로 신호를 보내는 언어적 스토로크와 몸짓, 표정 등으로 신호를 보내는 비언어적 스토로크로 나눌 수 있다. 다음으로 상대방을 즐겁게 하는 긍정적 스토로크와 상대방을 고통스럽게 하는 부정적 스토로크로 나눌 수 있다. 끝으로 "일을 참 잘 처리했더군."과 같이 상대방의 행위에 반응하는 조건적 스토로크와 "난 당신이 좋아."와 같이 아무 조건 없이 존재 그 자체에 반응하는 무조건적 스토로크로 나눌 수 있다.

일반적으로 사람들은 상대로부터 긍정적 스토로크를 받기 원하지만, 긍정적 스토로크가 충분하지 않다고 여기면 부정적 스토로크라도 얻으려고 한다. 어떤 스토로크든 스토로크를 받지 못하는 것보다는 낫다는 원리가 작용하는 것이다. 그리고 어떤 행위를 통해 자신이 원하는 스토로크를 받게 되면, 그 스토로크를 계속 받기 위해 같은 행동을 반복하며 강화°한다.

이와 같은 개념을 바탕으로 정립°된 교류 분석 이론은 관찰 가능한 인간 행동을 간결하고 쉬운 용어로 분석함으로써 사람들이 이해하기 쉽게 설명해 준다. 또한 과거의 경험을 통해 인간의 성격을 파악할 수 있게 했을 뿐 아니라 인간의 욕구와 관련지어 의사소통 과정을 분석할 수 있게 한 점에서도 의의가 있다.

01

윗글의 전개 방식에 대한 설명으로 가장 적절한 것은?

① 이론이 정립된 과정을 소개하고, 각 단계의 차이점을 설명하고 있다.

② 이론이 가지는 한계점을 지적하고, 이를 보완하는 다른 이론을 제시하고 있다.

③ 이론을 이해하는 데 필요한 개념을 설명하고, 이론이 지니는 의의를 밝히고 있다.

④ 이론이 나타나게 된 배경을 제시하고, 이론의 타당성을 사례를 들어 검증하고 있다.

⑤ 이론을 구성하는 요소들을 나열하고, 요소 간의 공통점과 차이점을 분석하고 있다.

02

윗글에 대한 이해로 적절하지 <u>않은</u> 것은?

① 한 사람의 자아상태가 고정되어 있는 것은 아니다.

② 스토로크는 상대방을 인지한다는 신호를 보내는 행위이다.

③ 인간은 부정적 스토로크보다는 무관심과 무반응을 기대하는 경향이 있다.

④ 세 가지의 자아상태 중 한 가지라도 결핍되면 건강한 성격이라 볼 수 없다.

⑤ 의사소통의 과정에서 자신이 기대하지 않는 자아상태의 반응이 올 수도 있다.

※ 〈자료〉를 바탕으로 **03**번, **04**번 두 물음에 답하시오.

┌─ **자료** ┐

〈상황 1〉은 어린 시절 철호가 겪은 일이고, 〈상황 2〉는 어른이 된 철호가 직장에서 겪은 일이다. 〈상황 3〉은 철호가 자신의 고민을 해결하기 위해 상담실을 찾은 장면이다.

〈상황 1〉

아버지: ㉠(차가운 말투로) 너 할머니께 아까 보인 태도가 뭐냐? 좀 더 예의를 갖출 수 없어?

철호: (머리를 떨구며) 죄송해요.

〈상황 2〉

철호: (냉담하게) 너 아까 부장님께 너무 버릇없이 굴었어. 앞으로는 더 예의를 갖추도록 해.

후배: (당황하면서) 그런가요? 제 나름대로는 예의를 보인 것인데 앞으로는 더 주의하겠습니다.

〈상황 3〉

상담사: 주위 사람들에게 너무 엄격한 것 같아 고민이시군요. 그렇다면 문제의 원인을 찾고, 어떻게 할지 함께 생각해 보죠. 우선 질문을 몇 가지 드릴게요. 혹시 당신의 부모님은 엄격한 편이셨나요?

철호: 예. 제 아버지는 어릴 때 제가 조금이라도 버릇없이 굴면 늘 질책을 하셨어요. 그래서 그때 많이 힘들었어요.

상담사: 많이 힘들었겠군요. 그런데 어릴 때 당신은 아버지의 말씀을 잘 받아들이는 아이였겠죠?

철호: 그럴 수밖에요. 늘 아버지의 기대에 부응하려 노력했어요. 아버지는 제가 어른들께 예의 바르게 인사를 할 때면 얼굴이 환해지셨죠. 그래서 저는 누구보다 인사를 잘하기 위해 애를 썼었습니다.

└────────────────────────┘

03

㉠에 대한 설명으로 적절한 것은?

① 언어적, 긍정적, 조건적 스트로크이다.

② 언어적, 부정적, 조건적 스트로크이다.

③ 언어적, 부정적, 무조건적 스트로크이다.

④ 비언어적, 긍정적, 무조건적 스트로크이다.

⑤ 비언어적, 부정적, 무조건적 스트로크이다.

04

윗글을 바탕으로 〈자료〉를 이해한 내용으로 적절하지 않은 것은?

[3점]

① 〈상황 1〉과 관련지어 볼 때 〈상황 2〉의 철호는 CP 상태에서 후배에게 말을 하고 있다고 할 수 있군.

② 〈상황 2〉에서 철호의 자아상태와 후배의 자아상태는 서로 일치하지 않는 것으로 볼 수 있군.

③ 〈상황 3〉에서 상담사는 현재의 문제 상황에 대한 해결책을 찾는 합리적인 태도를 보이므로 A 자아상태라고 할 수 있군.

④ 〈상황 3〉에서 상담사의 두 번째 질문은 철호의 FC 상태를 확인하기 위한 것이라고 할 수 있군.

⑤ 〈상황 3〉에서 철호의 말을 통해 그가 아버지로부터 인정을 받기 위해 인사하는 행동을 강화했음을 확인할 수 있군.

점수를 올려 주는 어휘

• **일련**(하나 一, 잇닿을 連) 하나로 이어지는 것.

• **총체**(거느릴 總, 몸 體) 있는 것들을 모두 하나로 합친 전부 또는 전체.

• **내면화**(안 內, 낯 面, 될 化) 정신적·심리적으로 깊이 마음속에 자리 잡힘. 또는 그렇게 되게 함.

• **인정**(알 認, 정할 定) 확실히 그렇다고 여김.

• **강화**(강할 强, 될 化) 세력이나 힘을 더 강하고 튼튼하게 함. / 수준이나 정도를 더 높임.

• **정립**(정할 定, 설 立) 정하여 세움.

📄 분석 노트 8쪽에서 지문을 정리해 보세요.

⏱ 풀이 시간 10분 30초

05~09 다음 글을 읽고 물음에 답하시오.

심리치료는 심리학적 지식을 바탕으로 심리적 고통과 부적응 문제를 해결하고자 한다. 이에 대부분의 심리치료는 상처, 결핍*, 장애 등의 신경증에 초점을 맞추고, 이들이 제거되어 고통에서 벗어난 일상을 지향*한다. 그러나 아우슈비츠 수용소에서 살아남은 빅터 프랭클은 삶의 고통은 인간 실존의 일반적 구성 요소이며, 삶의 일부로 받아들여야 한다고 보았다. 그러므로 심리치료는 고통을 제거하는 것이 아니라 고통 속에서도 견뎌 내는 힘을 길러 주는 것이어야 한다고 주장하였다. 프랭클은 현대인이 자신의 존재가 목적도 없고 이유도 없다고 느끼는 감정, 즉 실존적 공허감을 겪고 있다고 보아 인간 존재의 본질에 대한 해답을 찾고자 하였다. 그는 프로이트와 아들러로 대표되는 기존의 심리학을 비판적으로 수용하면서 자신의 이론을 펼쳤다.

프로이트의 심리학은 인간의 무의식을 발견하고 그 중요성에 주목했다는 점에서 프랭클에게 큰 영향을 미쳤다. 프로이트는 인간이 심리적 고통과 부적응을 겪는 원인을 밝히는 데 주력*하였다. 그 결과 그는 무의식 속에 억압되어 있는 인간의 원초적* 욕구를 원인으로 지목하였다. 프로이트에 따르면 인간은 성적 본능, 공격성 등과 같은 쾌락 의지를 원초적 욕구로 갖는데, 어린 시절에 이러한 쾌락 의지가 좌절되어 무의식 속에 억압되어 있다가 이후 신경증을 유발한다. 프로이트는 사람의 행동, 사상, 정서를 결정하는 원인을 오직 쾌락 의지라고 보았다. 따라서 그의 심리치료는 잠재*된 무의식 속 성적 본능, 공격성 등을 의식의 영역으로 끌어오는 것을 통해 이루어진다.

프랭클은 프로이트가 인간을 단순히 성적 본능이나 공격성 등에 따라 행동하는 존재로 파악하는 점에 한계가 있다고 보았다. 프랭클은 무의식이 인간의 본질을 규명*하는 중요한 요소라는 점에 동의하면서도 인간은 본능과 충동의 차원을 넘어선 영적 존재라고 생각하였다. 이에 인간의 무의식 속에는 본능과 충동만 있는 것이 아니라 보다 중요한 책임감, 양심 등이 감추어져 있다고 보았다. 프랭클은 이를 영적 무의식이라 명명하고, 현대인의 심리적 고통과 부적응은 영적 존재로서 인간의 본질을 잃어버렸기 때문이라고 설명한다.

아들러의 심리학은 프랭클이 자유와 책임을 인간 존재의 본질로 파악하는 밑거름이 되었다. 아들러는 인간의 원초적 욕구를 타인보다 우월*하고 싶은 권력 의지로 보았다. 그런데 인간의 타고난 기질적 불완전성 때문에 우월성에 대한 추구는 자동적으로 열등감을 발생시키고, 그 결과 인간은 누구나 열등감을 갖게 된다. 이에 인간은 열등감을 극복하고 권력 의지의 욕구를 충족하기 위해 끊임없이 노력하는데, 열등감을 극복하기 위해 어떤 행동을 선택하느냐는 개인의 자유이다. 이 과정에서 삶의 목적을 부적절하게 설정하거나 부적응적 행동을 선택하게 되면 신경증이 발생한다. 따라서 그의 심리치료는 자신의 삶에 책임감을 가지고 올바른 목적을 설정하여 부적절한 동기와 행동을 변화시키는 데 초점을 맞춘다.

프랭클은 아들러가 인간을 자기 결정권과 자유의지*를 지닌 존재로 보았다는 점에서 긍정적으로 평가하였지만, 원초적 욕구를 인간 행동을 설명하는 결정적 요소로 보는 한계가 있다고 지적했다. ㉠프랭클은 인간이 원초적 욕구에 따라 행동하는 존재이기는 하지만, 원초적 욕구가 인간의 본질이 될 수는 없다고 보았다. 이처럼 프로이트와 아들러의 심리학을 비판적으로 수용한 프랭클은 자유 의지를 지닌 영적 존재로서 인간의 본질을 파악하였다. 그는 실존적 공허감에서 벗어날 수 있는 심리치료 기법으로 의미 치료를 제시하였다. 의미 치료는 삶에 대한 책임 의식을 바탕으로 자신의 인생에 긍정적이고 가치 있는 의미를 부여하여 삶의 목적을 찾는 것을 핵심으로 한다.

프랭클은 삶의 의미를 찾은 사람은 더 이상 상황에 의해 결정되는 존재가 아니라고 보았다. 그는 힘겨운 상황 속에서도 어떤 태도를 보이느냐 하는 것은 개인의 선택에 달려 있다는 것을 강조했다. 아무리 부정적이고 나아질 수 없는 상황이라 할지라도, 고통에 좌절하지 않고 대항*할 수 있는 자유가 그에게 있기 때문이다. 이처럼 인간이 주어진 상황과 조건들에 맞설 수 있는 자유를 가지고 있다고 본 점은 프랭클 심리학의 중요한 특징이라고 할 수 있다.

05

윗글에 대한 설명으로 가장 적절한 것은?

① 중심 화제의 특징을 다른 이론들과의 관계 속에서 설명하고 있다.

② 중심 화제의 개념을 정의하고 이를 바탕으로 장단점을 설명하고 있다.

③ 중심 화제의 문제점과 해결 방안을 구체적 사례를 들어 제시하고 있다.

④ 중심 화제의 변화 과정을 바탕으로 앞으로의 전개 방향을 예측하고 있다.

⑤ 중심 화제의 등장 배경을 제시한 후 다양한 분야에 미친 영향을 소개하고 있다.

06

윗글을 이해한 내용으로 적절하지 않은 것은?

① 프로이트는 사람의 행동이 성적 본능이나 공격성에 따라 결정된다고 보았다.

② 아들러는 열등감은 누구나 갖는 것으로 그 자체는 신경증이 아니라고 보았다.

③ 아들러는 열등감으로 인해 타인보다 우월해지고 싶은 욕구가 생긴다고 보았다.

④ 프랭클은 인간을 본능과 충동의 차원을 넘어선 영적 존재로 보았다.

⑤ 프랭클은 무의식이 인간의 본질을 규명하는 중요한 요소라고 보았다.

07

㉠의 이유로 가장 적절한 것은?

① 인간의 고통은 원초적 욕구에 따라 행동하는 과정에서 나타난 것이기 때문에
② 원초적 욕구로는 인간이 존재하는 목적과 이유를 파악할 수 없기 때문에
③ 심리학자에 따라 원초적 욕구가 무엇인지 다르게 보았기 때문에
④ 인간은 원초적 욕구를 극복하고자 끊임없이 노력하기 때문에
⑤ 원초적 욕구가 인간에게만 존재하는 것이 아니기 때문에

08

'프랭클'의 관점에서 〈보기〉에 대해 반응한 내용으로 가장 적절한 것은? [3점]

> ┤ 보기 ├
> 아우슈비츠 수용소의 극한 상황에서 유대인 수용자들이 보인 태도는 다양하였다. 자신의 상황을 비관하여 자포자기하는 사람들도 있었지만, 아픈 몸으로 노약자를 보살펴 주거나 독가스실로 끌려가면서 승리의 노래를 부르는 사람들도 있었다.

① 극한 상황에 처한 수용자들을 통해 고통은 인간 실존의 일반적 구성 요소가 아님을 확인할 수 있다.
② 독가스실에 끌려가면서도 승리의 노래를 부르는 사람은 자신이 처한 상황에 좌절한 존재라고 할 수 있다.
③ 아픈 몸으로 노약자를 보살펴 주는 사람은 고통을 제거하기 위해 긍정적 삶의 의미를 찾는 존재라고 할 수 있다.
④ 자신의 상황을 비관하여 자포자기하는 사람은 삶에 대한 책임 의식을 바탕으로 자유롭고자 하는 존재라고 할 수 있다.
⑤ 수용자들이 보인 다양한 반응을 통해 힘겨운 상황 속에서도 어떤 태도를 보이느냐는 것은 개인의 선택에 달려 있음을 확인할 수 있다.

09

윗글을 읽고 〈보기〉를 이해한 내용으로 적절하지 <u>않은</u> 것은?

> ┤ 보기 ├
> A는 형과 비교당하며 어린 시절을 보냈다. 형은 건강하고 활달한 모범생이었으나, A는 병치레로 학교에 제대로 다니지 못했다. 이후 신체적 병은 나았지만, A는 여전히 자신이 무가치한 존재라는 생각에 괴로워하며 매사 자신감 없이 행동한다.

① 프로이트의 심리치료는 A의 어린 시절에 주목하여 당시에 억압된 쾌락 의지가 있다고 전제한다.
② 프로이트의 심리치료는 A가 겪는 괴로움의 원인을 의식의 영역으로 끌어오는 것을 통해 이루어진다.
③ 아들러의 심리치료는 A가 올바른 목적을 설정하여 자신감 없는 행동을 변화시킬 수 있다고 전제한다.
④ 아들러의 심리치료는 A가 학교에 제대로 다니지 못했던 것이 권력 의지가 좌절된 원인임을 밝히는 데 초점을 둔다.
⑤ 프랭클의 심리치료는 A가 자신을 무가치한 존재로 여기는 실존적 공허감에서 벗어나 인생에 의미를 부여하도록 돕는다.

📖 점수를 올려 주는 어휘

- **결핍**(이지러질 缺, 가난할 乏) 있어야 할 것이 없어지거나 모자람.
- **지향**(뜻 志, 향할 向) 어떤 목표로 뜻이 쏠리어 향함. 또는 그 방향이나 그쪽으로 쏠리는 의지.
- **주력**(물댈 注, 힘 力) 어떤 일에 온 힘을 기울임.
- **원초적**(근원 原, 처음 初, 과녁 的) 일이나 현상이 비롯하는 맨 처음이 되는 것.
- **잠재**(자맥질할 潛, 있을 在) 겉으로 드러나지 않고 속에 잠겨 있거나 숨어 있음.
- **규명**(꼴 糾, 밝을 明) 어떤 사실을 자세히 따져서 바로 밝힘.
- **우월**(넉넉할 優, 넘을 越) 다른 것보다 나음.
- **자유의지**(스스로 自, 말미암을 由, 뜻 意, 뜻 志) 외적인 제약이나 구속을 받지 아니하고 내적 동기나 이상에 따라 어떤 목적을 위한 행동을 자유롭게 선택하는 의지.
- **대항**(대답할 對, 막을 抗) 굽히거나 지지 않으려고 맞서서 버티거나 항거함.

📑 분석 노트 9쪽에서 지문을 정리해 보세요.

⏱ 풀이 시간 10분 30초

01~05 **다음 글을 읽고 물음에 답하시오.**

데카르트로 대표되는 서양의 근대 철학은 주체 중심의 철학이었다. '나는 생각한다. 고로 존재한다.'에서 '생각하는 나'는 존재하는 모든 것의 근거인 주체가 되고, 주체 앞에 놓인 모든 것들은 주체가 지배할 수 있는 대상으로 이해되었다. 하지만 2차 세계대전, 유대인 학살과 같은 폭력의 경험은 이러한 철학 사유를 반성하는 계기가 되었다. 주체 중심의 철학이 타자에 대한 폭력을 정당화˙하는 근거를 제공한다고 여겼기 때문이다. 전쟁의 참상˙ 앞에 ⓐ놓였던 철학자 ㉮레비나스는 주체성의 의미를 새롭게 정의하고 타자 중심의 철학을 제안하였다.

레비나스는 인간의 삶은 진정한 삶을 향해 나아가는 것, 곧 초월이라고 보았다. 초월은 a에서 b로의 이행이며, 그의 철학은 이러한 이행 과정에서 ㉠타자의 존재가 어떤 의미가 있는지에 대해 탐구하는 것이었다. 그는 기존의 철학에서 주체는 주위의 모든 것들을 자기와 동일한 것으로 끊임없이 환원˙하는 자기중심적 존재로, 이 주체는 타자를 마음대로 할 수 있는 대상으로 취급했다고 보았다. 레비나스는 이러한 주체를 동일자라는 개념으로 설명하면서 타자는 동일자의 틀 안에 들어올 수 없기에 주체가 마음대로 할 수 없는 존재라고 보았다. 이처럼 주체로 환원되지 않는 타자의 성질을 레비나스는 '타자성'이라고 하였다.

이러한 타자 개념을 바탕으로 레비나스는 주체성의 의미를 두 가지로 제시했다. 하나는 '향유'의 주체성이고, 또 하나는 '환대'의 주체성이다. 그는 전자에서 후자로 나아가야 한다고 보았다. 향유는 즐김과 누림이며, 다른 누구도 대신해 줄 수 없는 개체의 고유한 행위이다. 배고픈 사람에게 먹을 것을 줄 수는 있지만, 그를 대신해서 먹어 주지는 못한다. 이와 같이 어떤 것에 의존하지 않고 홀로 무엇을 누릴 때 나로서의 모습, '자기성'이 성립한다. 이런 점에서 향유의 주체성은 자기성을 바탕으로 이루어진 주체성이다. 하지만 향유의 대상인 세계는 불확실하기에 주체의 욕구는 항상 충족˙되지는 않는다. 이에 주체는 주변의 존재들을 소유해 가며 자기성을 계속 확장해 나간다. 이처럼 향유의 주체성은 본질적으로 이기적이며 자기 삶에만 관심을 갖기 때문에 스스로는 초월할 수 없다.

따라서 자신만의 갇힌 세계에서 열린 세계로 초월하기 위한 계기가 요구되는데, 레비나스는 이를 '타자의 출현'이라고 보았다. 세계를 향유하던 주체 앞에 낯선 타자가 나타나 호소한다. 레비나스는 타자의 호소를 무조건적으로 받아들이고 응답할 때 기존과는 다른 참다운 주체의 모습으로 나아가게 된다고 보았다. 타자에 대한 무조건적인 수용을 '환대'라고 하며, 환대의 주체성은 타자의 문제를 자신의 문제로 받아들여 책임을 지는 주체성이다. 타자의 출현으로 인해 주체는 그동안 누려 왔던 자유와 이기성에 의문을 제기하며, 타자의 요구에 무조건적인 응답을 해야 한다는 것이다. 이러한

점에서 주체와 타자는 비상호적 관계이며, 타자를 주체보다 우월한 위치에 올려놓는다는 점에서 비대칭적 관계가 된다.

그렇다면 타자를 환대하기 위해 자기성은 완전히 포기해야 하는 것인가. 레비나스는 타자의 출현은 주체의 이기성을 제한하고 책임의 주체로 설 수 있도록 하는 것이지, 이로 인해 자기성이 상실되는 것이 아님을 분명히 한다. 타자는 주체의 존재를 침몰˙시키는 위협적인 존재가 아니라, 오히려 자기성에 갇힌 주체를 무한히 열린 세계로 초월할 수 있게 하는 존재라고 본 것이다.

이처럼 레비나스는 주체성의 의미를 새롭게 정립했다. 또한 그동안 주체가 마음대로 지배하고 배제˙할 수 있는 대상으로 인식했던 타자를 주체보다 높은 위치로 올려놓았다. 레비나스의 철학은 기존의 철학 사유로는 극복할 수 없었던 문제들을 새로운 방식으로 접근할 수 있는 인식의 틀을 제공했으며, 인간 개개인의 고유성을 존중할 수 있는 근거를 마련했다는 점에서 그 가치를 인정받고 있다.

01

윗글에 대한 이해로 적절하지 않은 것은?

① 동일자는 주위의 모든 것들을 자기중심적으로 대한다.
② 환대는 타자의 호소를 무조건적으로 수용함을 가리킨다.
③ 향유는 다른 누구도 대신할 수 없는 개체의 고유한 행위이다.
④ 타자성은 타자를 위해 주체를 기꺼이 희생하는 성질을 의미한다.
⑤ 자기성은 어떤 것에 의존하지 않고 홀로 무엇을 누릴 때 성립한다.

02

㉠에 대한 레비나스의 답으로 가장 적절한 것은?

① 주체의 욕구가 항상 충족된 상태가 되도록 이끈다.
② 주체의 일부분으로 환원되어 주체와의 합일을 이룬다.
③ 주체의 분열을 유도하여 자기성이 소멸되도록 만든다.
④ 주체를 진정한 삶으로 이끌어 초월을 가능하도록 한다.
⑤ 주체를 열린 세계에서 갇힌 세계로 나아갈 수 있도록 한다.

03

ⓐ와 문맥적 의미가 가장 유사한 것은?

① 새로 산 연필이 책상 위에 놓여 있다.
② 어느 하루도 마음이 놓인 날이 없었다.
③ 들판을 가로지르는 새 도로가 놓여 있었다.
④ 하루빨리 다리가 놓여야 학교에 갈 수 있다.
⑤ 꽃무늬가 놓인 장롱을 보면 할머니가 생각난다.

04

㉮와 〈보기〉의 관점을 비교하여 이해한 것으로 가장 적절한 것은?

┌ 보기 ┐

　인간은 자기 보존을 위해 무한히 욕망을 추구하는 이기적 존재이다. 타자는 나와 투쟁의 관계에 있으며, 나의 생명과 자유를 박탈하려는 잠재적인 적이다. 이러한 위협과 죽음의 공포에서 벗어나기 위해서는 중재가 필요하다. 모든 인간이 자유에 기반한 권리를 주장하는 한 투쟁은 끝나지 않을 것이기 때문이다. 따라서 공동의 이익과 평화를 위해 인간을 엄격히 통제할 수 있는 힘을 가진 국가가 요구된다. 이러한 국가는 상호 간의 합의와 계약에 근거하여 성립한다.

① ㉮는 인간을 욕망을 추구하는 이기적 존재로 여기는 점에서 〈보기〉와 다르군.
② ㉮는 타자와의 중재를 위해 국가의 존재를 필요로 한다는 점에서 〈보기〉와 다르군.
③ 〈보기〉는 자신을 해칠지도 모르는 잠재적인 적으로 타자를 대한다는 점에서 ㉮와 다르군.
④ ㉮와 〈보기〉는 합의와 계약에 근거하여 타자에 대한 의무를 강제해야 한다고 본 점에서 유사하군.
⑤ ㉮와 〈보기〉는 공동의 이익과 평화를 위해서라도 주체의 이익은 제한될 수 없다고 본 점에서 유사하군.

05

〈보기〉는 학급 토론의 한 장면이다. 윗글을 바탕으로 〈보기〉를 이해한 내용으로 적절하지 않은 것은? [3점]

┌ 보기 ┐

│ 토론 주제: 난민 신청을 한 외국인들을 받아들여야 한다. │

A: 그들을 받아들여서는 안 된다. 그들의 문제는 그들이 해결해야 한다. 그들을 받아들이면 나의 이익과 자유가 제한될 수 있기 때문에 그들을 자국으로 돌려보내는 것이 당연하다.
B: 살길을 찾아온 그들을 아무런 조건 없이 환영해야 한다. 그들은 외국인이기 이전에 인격을 가진 인간으로서 존중받아야 한다. 그들의 문제는 그들만의 문제가 아니다. 그들을 위해 내가 가진 것을 나눠 주는 것은 당연하다.

① A는 타자인 외국인들을 마음대로 할 수 있는 대상으로 바라보는 입장이군.
② A는 그동안 누려 온 자신의 자유에 의문을 제기하며 새로운 주체의 모습으로 나아가고 있군.
③ B는 외국인들의 문제를 자신의 문제로 받아들여 책임지려는 태도를 보이고 있군.
④ B가 외국인들을 환영해야 한다는 것은 그들을 자신보다 더 높은 위치에 올려놓는다는 것을 의미하는군.
⑤ B는 A와 달리 자신이 가진 것을 나누려는 환대의 주체성을 지닌 존재로 볼 수 있군.

🔋 점수를 올려 주는 어휘

• **정당화(바를 正, 마땅할 當, 될 化)** 정당성이 없거나 정당성에 의문이 있는 것을 무엇으로 둘러대어 정당한 것으로 만듦.
• **참상(참혹할 慘, 형상 狀)** 비참하고 끔찍한 상태나 상황.
• **환원(돌아올 還, 으뜸 元)** 본디의 상태로 다시 돌아감. 또는 그렇게 되게 함.
• **충족(가득할 充, 발 足)** 넉넉하여 모자람이 없음. / 일정한 분량을 채워 모자람이 없게 함.
• **침몰(잠길 沈, 잠길 沒)** 세력이나 기운 따위가 쇠함을 비유적으로 이르는 말.
• **배제(물리칠 排, 덜 除)** 받아들이지 아니하고 물리쳐 제외함.

📝 분석 노트 10쪽에서 지문을 정리해 보세요.

풀이 시간 10분 30초

06~10 다음 글을 읽고 물음에 답하시오.

실존주의˙는 현대 과학 기술 문명과 전쟁 속에서 비인간화되어 가는 현실을 고발하는 과정에서 등장한 철학 사조로, 개인으로서의 인간의 주체적 존재성을 강조한다. 사르트르(J. P. Sartre)는 실존주의를 대표하는 철학자로, 이전의 철학자들이 인간의 본질이 무엇이냐는 근원적 물음을 탐구했다면, 사르트르는 개개인의 실존을 문제 삼았다. 그의 사상은 '실존은 본질에 선행한다.'로 집약할 수 있는데, 여기서 '본질'은 어떤 존재에 관해 '그 무엇'이라고 정의될 수 있는 성질을 뜻하고, '실존'은 자기의 존재를 자각˙하면서 존재하는 주체적인 상태를 뜻한다.

무신론자였던 사르트르는 인간은 사물과 달리 그 본질이나 목적을 가지고 판단할 수 없다고 보았다. 예를 들어, 연필은 처음부터 '쓴다'는 목적으로 만들어진다. 무엇인가를 쓴다는 것은 연필의 본질이므로, 연필의 존재는 그 본질로부터 나온다. 즉 사물은 본질이 그 존재에 선행˙하는 것이다. 그러나 인간은 사물과 다르다. 사르트르는 인간이 신의 뜻에 따라 만들어진 존재라는 기존의 통념˙을 거부하면서, 인간은 우연히 이 세계에 내던져진 채 스스로를 만들어 가는 존재라고 보았다.

사르트르는 이 세계의 모든 존재를 '의식'의 유무를 기준으로 의식이 없는 '사물 존재'와 의식이 있는 '인간 존재'로 구분하였다. 그리고 사물 존재를 '즉자존재(Being in itself)'로, 인간 존재를 '대자존재(Being for itself)'로 각각 명명˙하였다. 여기서 즉자존재는 일상의 사물들처럼 자기의식이 없기 때문에, 그 자리에 계속 그것인 상태로 남아 있다. 반면에 대자존재는 자기의식을 가진 존재이다. 따라서 자기 자신을 대상화˙하여 스스로를 바라볼 수도 있고, 매 순간 자유로운 선택을 통해 자신을 만들어 갈 수도 있다. 그런데 모든 것이 인간의 선택으로 결정이 된다면, 그 선택에 따른 책임도 자기 스스로 져야 한다. 그래서 사르트르는 진실한 인간이라면 책임감이라는 부담 때문에 번민˙하고, 그 번민의 원인이 되는 자유로부터 도피하고 싶은 욕망이 생길 수 있다고 보았다.

또한 사르트르는 인간의 자유로운 선택이 타자와 연관된다고 여겼다. 왜냐하면 내가 주체적 의식을 지니고 살아가듯이 타자도 주체적 의식을 지니고 있어서, 내가 아무리 주체성을 지닌 존재라 하더라도 나를 바라보는 다른 사람은 나를 즉자존재처럼 객체화하여 파악할 수 있기 때문이다. 그래서 사르트르는 타인의 시선으로 규정되는 인간의 모습을 일컬어 '대타존재(Being for others)'라고 명명하였다. 예를 들어, 길을 걷다가 친구의 장난스러운 표정이 떠올라 웃었다고 가정해 보자. 그런데 그런 상황을 모르는 타자는 '저 사람 참 실없는 사람이네.'라는 시선을 보낼 수 있다. 이때 타자에 의해 '실없다'라고 규정되는 존재가 대타존재인 것이다.

그런데 이런 시선은 타자만 나에게 보내는 것이 아니라 나도 타자에게 보낼 수 있다. 왜냐하면 [㉠   ] 그래서 사르트르는 나와 타자가 맺는 관계는 공존이 아니라 갈등과 투쟁으로 여겨서, '타자는 지옥이다.'라는 극단적인 표현까지 동원

하기도 하였다. 그러나 그는 이렇게 자신이 타자의 시선에 노출되더라도 자신의 행위를 계속해 나가야 한다고 말한다. 자신의 선택에 따라 행동하며 그것을 타자가 받아들이도록 함으로써 타자를 자신의 선택 속에 끌어들일 수 있는 것이다. 그러니까 인간은 참된 자아를 찾기 위해 타자의 시선을 두려워하거나 피할 것이 아니라 이를 극복하고 계속 자신의 행위를 선택하며 살아가야 한다.

사르트르의 실존주의는 개인이 사회적 관습에 의해 제약을 받는다는 사실을 간과˙하였다는 점, 나와 타자가 맺어 가는 인간관계를 지나치게 비관적으로 설정하였다는 점 등에서 비판을 받기도 하였다. 하지만 그의 실존주의는 주체성을 상실한 채 획일화˙되어 가는 우리의 삶을 반성하게 하고, 주체적이고 개성적인 삶을 살아가도록 도움을 준다는 점에서 오늘날까지 그 가치가 높이 평가되고 있다.

＊**대상화**: 자기의 주관 안에 있는 것을 객관적인 대상으로 구체화하여 밖에 있는 것처럼 다룸.

06

윗글의 표제와 부제로 가장 적절한 것은?

① 사르트르 실존주의의 장단점
　　－ 인간과 사물의 차이점을 중심으로
② 사르트르 실존주의의 발생 배경
　　－ 현대 과학 기술 문명의 발전을 중심으로
③ 사르트르 실존주의의 변천 과정
　　－ 본질과 실존의 우선순위 변화를 중심으로
④ 사르트르 실존주의의 특성과 의의
　　－ 사물, 나, 타자에 대한 이해를 중심으로
⑤ 사르트르 실존주의의 주요 개념과 한계
　　－ 자유와 책임의 상호 관계를 중심으로

07

윗글의 '사르트르'의 견해로 적절하지 않은 것은?

① 사물의 본질은 존재에서 나온다.
② 선택의 자유가 번민의 계기가 될 수 있다.
③ 모든 존재는 의식의 유무로 양분할 수 있다.
④ 인간은 대자존재이자 대타존재로 규정될 수 있다.
⑤ 개인과 개인은 갈등과 투쟁의 관계로 맺어져 있다.

08

㉠에 들어갈 말로 가장 적절한 것은?

① 서로가 서로의 자유로운 선택을 인정하기 때문이다.
② 나와 타자가 각자의 방식으로 자신을 돌아보기 때문이다.
③ 서로가 서로를 주체성을 지닌 존재로 파악하기 때문이다.
④ 나와 타자가 서로의 시선에서 벗어나기를 원하기 때문이다.
⑤ 서로가 서로를 대상으로 삼아 객체화하려고 하기 때문이다.

09

윗글과 〈보기〉를 활용하여 '사르트르'와 '키르케고르'의 입장을 비교한 내용으로 적절하지 않은 것은?

┌ 보기 ┐

유신론적 실존주의자인 키르케고르는 인간은 스스로의 결단을 통해 자신의 삶을 결정할 수 있다고 보았다. 그는 참된 자아실현의 과정을 3단계로 나누었다. 쾌락을 추구하며 살아가는 '미적 실존'의 단계에서는 끝없는 쾌락의 추구로, 윤리 규범을 준수하며 살아가는 '윤리적 실존'의 단계에서는 자신의 불완전성으로, 결국 절망을 느끼게 된다고 보았다. 따라서 이를 극복하고 참된 자아를 찾기 위해서는 신의 명령에 따라 살아가는 '종교적 실존'의 단계를 스스로 선택해야 한다고 주장하였다.

① 키르케고르와 달리 사르트르는 신에 의존하지 않는 삶을 추구했겠군.
② 사르트르와 달리 키르케고르는 자아실현의 과정이 단계별로 진행된다고 생각했겠군.
③ 사르트르와 키르케고르는 모두 인간이 자신의 삶을 주체적으로 결정할 수 있다고 믿었겠군.
④ 사르트르와 키르케고르는 모두 참된 자아를 찾기 위해서 극복해야 할 대상이 있다고 여겼겠군.
⑤ 사르트르와 키르케고르는 모두 윤리 규범과 같은 사회적 관습을 지키는 것이 중요하다고 여겼겠군.

10

윗글을 바탕으로 〈보기〉를 이해한 내용으로 적절하지 않은 것은? [3점]

┌ 보기 ┐

(학생이 선생님과 상담하는 상황)

학생: 선생님, 저는 어렸을 때부터 누가 장래 희망을 물어보면 늘 의사라고 대답하곤 했는데, 고2가 되면서 제가 정말 의사가 되고 싶은지 의문이 들었어요.

선생님: 왜 그런 생각을 하게 된 거야?

학생: 의사라는 꿈이 제 꿈이 아니라 부모님의 꿈이라는 생각이 들었거든요. 저는 어렸을 때부터 '너는 의사가 될 거야.'라는 말을 들으며 자랐어요. 그래서 당연히 의사가 되어야 한다고 생각했어요.

선생님: 그렇구나. 그런데 처음부터 해야 할 일이 정해진 사람은 없어. 네 꿈은 네가 고민해서 선택하는 것이 맞지 않을까?

학생: 그렇기는 하지만…… 부모님께서 반대하시면요?

선생님: 어떤 선택을 하든 네가 선택한 것에 책임감 있게 행동하면, 부모님도 너의 선택을 인정해 주시지 않을까? 선생님은 네가 하고 싶은 일을 스스로 찾았으면 좋겠어.

① '학생'은 장래 희망과 관련하여 스스로를 대상화하고 있군.
② 부모님의 기대를 의식하는 '학생'은 대타존재에 해당하겠군.
③ '선생님'은 선천적으로 주어진 본질이란 없다고 생각하고 있군.
④ 학생이 의사가 되기를 바라는 '부모님'은 대자존재에 해당하겠군.
⑤ '학생'은 장래 희망과 관련된 선택에서 타자의 시선을 고려하고 있군.

점수를 올려 주는 어휘

- **실존주의**(열매 實, 있을 存, 주인 主, 옳을 義) 19세기의 합리주의적 관념론이나 실증주의에 반대하여, 개인으로서의 인간의 주체적 존재성을 강조하는 철학.
- **자각**(스스로 自, 깨달을 覺) 현실을 판단하여 자기의 입장이나 능력 따위를 스스로 깨달음.
- **선행**(먼저 先, 다닐 行) 어떠한 것보다 앞서가거나 앞에 있음.
- **통념**(통할 通, 생각할 念) 일반적으로 널리 통하는 개념.
- **명명**(목숨 命, 이름 名) 사람, 사물, 사건 등의 대상에 이름을 지어 붙임.
- **번민**(괴로워할 煩, 번민할 悶) 마음이 번거롭고 답답하여 괴로워함.
- **간과**(볼 看, 지날 過) 큰 관심 없이 대강 보아 넘김.
- **획일화**(새길 劃, 하나 一, 될 化) 모두가 한결같아서 다름이 없게 됨. 또는 모두가 한결같아서 다름이 없게 함.

📝 분석 노트 11쪽에서 지문을 정리해 보세요.

철학자들의 시선

`01~05` **다음 글을 읽고 물음에 답하시오.**

출퇴근에 대한 관념은 근대 이후에 형성되었다. 집과 일터의 경계가 뚜렷하지 않았던 전근대• 사회와 달리 19세기 이후의 도시적 삶에서는 주거를 위한 사적 공간과 노동을 위한 공적 공간이 분리되었다. 여가를 즐길 수 있는 곳은 사적 공간으로, 경제적 활동을 하는 곳은 공적 공간으로 인식되었으며 이 둘의 관계는 내부와 외부, 실내와 거리의 관계에 대응된다.

게오르크 짐멜은 대표적인 사적 공간인 실내의 공간적 의미를 도시의 삶과 관련지어 분석하였다. 짐멜은 도시에서 살아가는 개인이 외적 자극의 과잉•으로 인해 신경과민에 ⓐ빠지게 되는데, 이에 대응하는 전형적인 방식이 내면으로의 침잠•이라고 설명하였다. 외부와 차단된 실내는 내면을 지키기에 가장 유리한 공간이라는 것이다. 또한 짐멜은 개인이 개성을 실현할 수 있는 공간이라는 의미를 실내에 부여하였다. 19세기에는 실내를 가구와 공예품으로 빈틈없이 장식하는 것이 유행했는데, 그는 다양한 양식을 지닌 사물을 취향에 따라 조합함으로써 일상에서 개성을 드러낼 수 있다는 점에서 이를 긍정적으로 평가하였다. 또 양식이라는 보편적인 표현 형태를 매개•로 하는 공예품은 평온함과 안정감을 줄 수 있다고 덧붙였다. ㉠실내에 대한 짐멜의 설명은 도시적 삶이 가져오는 불안과 몰개성•을 사적 공간에서 해소하려는 개인의 욕망에 부응한다. 실내가 개인의 은신처이자 일상의 심미화를 추구할 수 있는 공간으로 자리매김함에 따라, 거주자를 외부로부터 보호하고 자유로운 개성 표현을 보장하는 실내의 설계가 당시 건축의 주요한 구성 원리로 등장하였다.

발터 베냐민은 실내 장식에 집착한 19세기의 주거 문화를 '주거 중독증'으로 표현하면서 이는 도시의 공적 공간에서 개인적 흔적을 남길 수 없는 데 대한 보상 심리에서 기인한 것이라고 설명하였다. 베냐민은 실내가 사회적 세계와의 연관성을 잃어 가면서 점점 더 인위적인 공간이 되었으며 그곳에서의 은둔은 공적 공간으로부터의 도피를 의미한다고 보았다. 그는 신화나 자연에서 모티프•를 딴 가구와 공예품들의 조합을 통해 몽환적 분위기를 조성했던 19세기의 실내 풍경을 예로 들면서, 이러한 실내는 거주자를 환상에 빠지게 함으로써 도피에 대한 욕망을 충족시킬 뿐이라고 주장하였다.

실내에 대한 베냐민의 비판적 고찰•은 사적 공간과 공적 공간의 괴리•를 문제 삼는 데로 이어지는데, 이때 베냐민이 주목한 것은 파리의 '파사주'이다. 파사주는 몇 채의 건물을 잇는 통로 형태의 상가로, 베냐민에 따르면 유행의 리듬이 지배하는 최초의 자본주의적 소비 공간이다. 유행은 새로운 것을 부단히 연출함으로써 상품을 향한 욕망을 재생산한다. 서로 마주 보는 상점들이 늘어선 구조는 오가는 이들의 시선을 붙잡아 소비를 부추겼다•. 또한 파사주는 건축학적으로 거리와 실내 사이에 위치하는 '사이공간'이다. 베냐민은 그렇기 때문에 파사주에서는 외부와 내부가 혼동되는 경험이 가능하다고 보았다. 전적으로 공적이지도 않고 사적이지도 않은 중간 영역의 존재는 경계 해체의 단초•를 제공한다.

사적 공간과 공적 공간의 분리를 신봉•하는 낡은 개념을 대신할 새로운 주거 개념을 탐색하면서, 베냐민은 신건축과의 관계에서 파사주의 의미를 다시 조명하였다. 1920년대에 등장한 신건축은 산업 기술의 발전에도 불구하고 건축의 미학화 경향이 지속되는 상황에 대한 반론의 성격을 띤다. 베냐민은 공간의 이분법을 극복하려는 사유의 연장선상에서 신건축의 구성 원리를 탐구하였다. 신건축에서는 철골을 재료로 사용하면서 벽을 제거하는 설계가 가능해져 내부와 외부의 경계를 완화할 수 있게 되었다. 또 빛이 투과하는 유리 사용의 확대는 내부와 외부의 통합을 공간적으로 구현할 수 있게 했다. 이에 비해 파사주는 새로운 재료를 사용하면서도 과거의 건축 양식들이 절충적으로 혼합되어 지어졌다는 점에서 기술의 발전에 부합하는 건축 양식으로 이어지지 못했다는 것이 베냐민의 설명이다. 이처럼 베냐민은 파사주의 한계를 지적하면서도, 외부로부터 차단된 '그릇 속에서의 삶'이 지배했던 19세기에서 '관계와 투과'의 원리가 지배하는 20세기로 넘어가는 문지방의 의미를 파사주에서 발견하였다.

01

윗글에 대한 설명으로 가장 적절한 것은?

① 건축 재료의 발달 과정을 중심으로 건축사를 단계별로 설명하고 있다.

② 주거 문화에 대한 관점이 기술의 발전에 미친 영향을 인과적으로 밝히고 있다.

③ 특정 도시의 다양한 사회상을 제시하고 이를 시대적 기준에 따라 분류하고 있다.

④ 사적 공간과 공적 공간을 대비하고 이들 공간의 긍정적 측면과 부정적 측면을 각각 분석하고 있다.

⑤ 실내에 대한 학자들의 견해를 제시하면서 그러한 견해의 형성 배경 및 견해 간의 차이를 드러내고 있다.

02

㉠을 이해한 내용으로 적절하지 않은 것은?

① 주거와 여가를 구분하면 일상의 심미화가 가능하다고 보았다.

② 신경과민 상태의 개인이 내면을 보호하려는 자구책이라고 보았다.

③ 양식화된 공예품의 조합에 따라 개인의 개성이 표현된다고 보았다.

④ 양식의 보편성을 매개로 평온함과 안정감을 얻을 수 있다고 보았다.

⑤ 도시적 삶에서 오는 자극에 대응하기 위하여 내면으로의 침잠이 나타나게 된다고 보았다.

03

윗글의 베냐민의 관점에서 본 '파사주'에 대한 이해로 적절하지 <u>않은</u> 것은?

① 유행의 교체를 통해 욕망을 끊임없이 자아내는 공간이다.
② 소비 심리를 자극하는 방식으로 상점들이 배치된 공간이다.
③ 거리와 실내의 경계가 모호해지는 경험을 가능하게 하는 공간이다.
④ 최신 기술과 소재에 부합하는 새로운 건축 양식을 사용하여 지어진 공간이다.
⑤ 사적 공간에서 칩거하는 시대에서 사적 공간과 공적 공간의 통합을 지향하는 시대로 이행 중임을 보여 주는 공간이다.

① 채광을 조절하여 아늑한 느낌이 유지되도록 설계된 ㉮에 대해, 베냐민은 외부로부터 도피하기 위한 공간이라고 생각하겠군.
② 건물의 한쪽 면에만 창을 배치하여 외부와 차단되도록 설계된 ㉮에 대해, 짐멜은 거주자가 내면을 지키기에 적합한 공간이라고 생각하겠군.
③ 장식 없이 간결하게 마감되어 거주자가 취향에 따라 꾸밀 수 있도록 설계된 ㉮에 대해, 짐멜은 개성을 표현할 수 있는 공간이라고 생각하겠군.
④ 수평으로 넓게 퍼진 창을 통해 외부를 향해 개방되도록 설계된 ㉯에 대해, 베냐민은 내부와 외부의 통합을 추구하는 공간이라고 생각하겠군.
⑤ 기둥만으로 건물을 떠받치는 구조를 통해 공중에 떠 있는 느낌이 들도록 설계된 ㉯에 대해, 짐멜은 도시적 삶을 추구하는 개인의 욕망에 부응하는 공간이라고 생각하겠군.

05

ⓐ와 문맥상 의미가 가장 가까운 것은?

① 나는 물에 <u>빠진</u> 생쥐 꼴이 되고 말았다.
② 어디서 묻었는지 얼룩이 잘 <u>빠지지</u> 않았다.
③ 중요한 회의니까 오늘은 절대 <u>빠지면</u> 안 된다.
④ 그동안 잘 진행되던 협상이 교착 상태에 <u>빠졌다</u>.
⑤ 아무리 찾아보아도 그의 지원 서류가 <u>빠지고</u> 없었다.

04

윗글을 바탕으로 〈보기〉를 이해한 내용으로 적절하지 <u>않은</u> 것은?
[3점]

┌─ 보기 ─────────────────┐

㉮ 　㉯

㉮는 오스트리아의 건축가 로스가 지은 '차라 하우스'이다. 거주자의 취향에 따라 가구, 공예품 등을 배치하기 좋도록 건물의 내벽이나 천장, 바닥 등은 장식 없이 간결하게 마감되어 있다. 건물의 한쪽 면에만 배치된 창을 통해 외부를 차단하고, 채광을 조절하여 은신처의 아늑한 느낌을 유지한다. ㉯는 프랑스의 건축가 르 코르뷔지에가 지은 '빌라 사보아'로, 신건축을 대표하는 주택이다. 철골 기둥만으로 건물 본체를 지탱하는 구조로 설계되어 건물이 공중에 떠 있는 듯한 느낌을 준다. 수평으로 넓게 퍼진 창은 내부를 넘어 외부 풍경으로 열려 있는 공간을 구현하였다.

└───────────────────────┘

📖 점수를 올려 주는 어휘

- **전근대(앞 前, 가까울 近, 시대 代)** 근대의 바로 앞 시대.
- **과잉(지날 過, 남을 剩)** 예정하거나 필요한 수량보다 많아 남음.
- **침잠(잠길 沈, 자맥질할 潛)** 마음을 가라앉혀서 깊이 생각하거나 몰입함.
- **매개(중매 媒, 끼일 介)** 둘 사이에서 양편의 관계를 맺어 줌.
- **몰개성(잠길 沒, 낱 個, 성품 性)** 어떤 대상에 마땅히 있어야 할 개성이 없는 상태.
- **모티프(motif)** 회화, 조각, 소설 따위의 예술 작품을 표현하는 동기가 된 작가의 중심 사상.
- **고찰(상고할 考, 살필 察)** 어떤 것을 깊이 생각하고 연구함.
- **괴리(어그러질 乖, 떠날 離)** 서로 어그러져 동떨어짐.
- **부추기다** 감정이나 상황 따위가 더 심해지도록 영향을 미치다.
- **단초(바를 端, 처음 初)** 일이나 사건을 풀어 나갈 수 있는 첫머리.
- **신봉(믿을 信, 받들 奉)** 사상이나 학설, 교리 따위를 옳다고 믿고 받듦.

📝 분석 노트 12쪽에서 지문을 정리해 보세요.

06~10 다음 글을 읽고 물음에 답하시오.

누구나 한번쯤은 경치 좋은 곳에 누워 아무 일도 하지 않는 자신의 삶을 꿈꿔 본 적이 있을 것이다. 이러한 상상에는 '일', 즉 '노동˚'에 대한 우리의 부정적 생각이 깔려 있다. 하지만 역사 속에서 인간은 노동을 통해 개인과 사회를 발전시켜 왔고, 이러한 점에서 노동은 나름의 가치를 지닌다고 볼 수 있다. 그렇다면 철학자들은 이러한 인간의 노동에 어떤 철학적 의미를 부여˚했을까?

로크는 노동을 ㉠소유의 권리와 관련하여 설명했다. 로크는 신이 인류의 생존을 위해 인간에게 자연을 공유물로 주면서, 동시에 인간이 신의 목적대로 자연을 이용할 수 있도록 이성도 주었다고 주장한다. 그런데 그는 신이 인간에게 공유물로 주지 않은 유일한 것이 신체이기 때문에 각자의 신체에 대해서는 본인만이 배타적˚ 권리를 가진다고 본다. 이렇게 신체가 한 개인의 소유라면 그 신체의 활동인 노동 역시 그 개인의 소유가 되는 것이다. 그리하여 인간이 공유상태인 어떤 사물에 노동을 부여하는 것은 공유물에 배타적 소유권을 첨가하는 것이 된다. 따라서 모든 개인은 노동을 통해 소유권의 주체가 될 수 있다. 다만 로크는 모든 노동이 공유물에 대한 소유권의 근거가 되는 것은 아니라고 보았다. 로크에게 노동은 단순히 신체를 사용하는 것이 아니라 삶과 편의에 최대한 도움이 되도록 자연을 이용하는 것을 의미하기 때문이다. 이에 따라 로크는 만약 어떤 개인이 신체를 사용하여 공유물을 인류의 삶에 손해가 되도록 만든 경우, 그것은 ⓐ노동에 해당하지 않기 때문에 소유권을 인정받을 수 없다고 주장했다.

한편 헤겔은 노동을 사적 소유권의 근거를 넘어 주체와 객체˚가 통일되는 과정이며, 인간이 자기의식과 자기 정체성을 확보˚하는 계기라고 주장했다. 또한 인간은 동물과 달리 자연을 그대로 받아들이지 않고 노동을 통해 자신에게 맞게 바꾸어 필요한 물품과 적절한 생활환경을 마련하며 생명을 보전˚한다고 보았다. ⓑ이때 자립성을 지닌 객체는 주체의 노동에 저항하기 마련인데, 객체의 자립성은 인간의 노동에 의해 일정하게 제거되고 약화되어 주체에 알맞게 변화된다. 한편 주체는 노동 과정에서 ⓒ객체에 내재된 질서나 법칙을 일정 정도 받아들이면서 자신의 욕구나 목적을 객체 속에 실현한다. 그 결과 객체는 주체의 노동으로 사라지거나 파괴되는 것이 아니라 인간과 무관한 것에서 인간을 위한 노동 산물˚로 변화하는 것이다. 이렇게 하여 주체는 객체 안으로 들어가고 객체는 주체의 고유한 형식을 받아들이게 된다. 헤겔은 이처럼 노동을 통해 주체가 자신을 객체 속에 나타내는 것을 자기 대상화라 하였다. 결국 주체와 객체는 서로 분리·고립되어 있다가 노동을 통해 노동 산물 속에서 통일되어 가며, 주체는 그 속에 실현된 자기 대상화의 정도만큼 자기의식을 확보한다는 것이다. 그런데 헤겔은 노동 산물이 주체의 ㉡소유지만, 여전히 주체와 분리되어 있고, 주체를 완전히 표현하지도 못하기에 노동을 통한 주객 통일에 한계가 있다고 지적했다.

이에 비해 마르크스는 ⓓ헤겔의 노동관을 수용하면서도 노동 자체가 한계를 지닌다는 주장에는 동의하지 않았다. 마르크스는 인간은 노동을 통해 외부 대상인 자연을 가공하여 인간의 욕구와 자기실현에 알맞은 인간화된 자연으로 만든다고 보았다. 결국 그에게 노동은 객체에 인간적 형식을 부여하기 위해 자연적 소재의 형식을 부정함으로써 주체의 주관적 욕구나 목적을 대상으로 객관화하는 것이다. 그리하여 가공된 대상에는 주체의 형식이 부여되고, 주체의 욕구나 목적 등은 물질화되어 구체적 노동 산물이 된다. 그 결과 인간은 노동을 통해 만들어 낸 노동 산물에서 ⓔ자신의 능력을 확인하고 자기의식과 정체성을 확보하게 된다. 더 나아가 자신의 능력을 더욱 개발하여 자연의 구속으로부터 벗어나 자유를 획득하면서 자아를 실현하게 되는 것이다. 이러한 관점에서 그는 노동이 가장 현실적인 주객 통일의 방법이자 인간의 자아실현 과정이라 주장한 것이다. 다만 그는 노동을 통한 주객 통일의 한계가 사회적 구조의 한계에서 비롯된다고 분석하며, 노동을 통한 인간의 자아실현을 완성하기 위해서는 사회 구조를 변혁˚해야 한다고 역설˚했다.

06

윗글에서 답을 찾을 수 있는 질문에 해당하지 않는 것은?

① 로크는 인간에게 이성을 부여한 신의 의도를 무엇이라 생각하는가?

② 헤겔은 인간이 동물과 달리 자연을 자신에게 맞게 바꾸는 목적을 무엇이라 생각하는가?

③ 헤겔은 인간이 노동을 통해 자신을 객체 속에 나타내어 얻게 되는 결과를 무엇이라 생각하는가?

④ 마르크스는 노동이 인간의 자아를 실현하는 과정이 될 수 있는 이유를 무엇이라 생각하는가?

⑤ 마르크스는 노동이 주객 통일을 완성하는 것을 방해하는 사회적 구조의 한계를 무엇이라 생각하는가?

07

㉠과 ㉡에 대한 이해로 가장 적절한 것은?

① ㉠과 ㉡은 모두 인간을 신으로부터 자유롭게 한다.
② ㉠과 ㉡은 모두 인간의 노동을 성립 기반으로 하고 있다.
③ ㉠은 이타심의 실현을 목적으로 하는 반면, ㉡은 이기심의 실현을 목적으로 한다.
④ ㉠은 인간과 자연의 합일을 강화하는 반면, ㉡은 인간과 자연의 분리를 강화한다.
⑤ ㉠은 공유물의 존재에 의해 보장되는 반면, ㉡은 주객 통일의 완성에 의해 보장된다.

08

윗글의 마르크스의 관점에서 〈보기〉를 이해한 내용으로 적절하지 않은 것은?

┌── 보기 ──
　캐릭터 아티스트를 꿈꾸는 A씨는 관련 공부를 위해 미국으로 건너가 예술 학교에서 공부를 마치고 B사에 입사했다. 그런데 그곳에서 그는 유명한 몇몇 캐릭터만 반복적으로 그려야 하는 현실에 염증을 느끼고 캐릭터 아티스트로서 더 이상 성장할 수 없겠다는 생각이 들어 C사로 직장을 옮겼다. 이후 그는 다양한 종류의 캐릭터를 마음껏 변용해 그리는 동시에 여러 동물들의 모습을 관찰하여 자신만의 독창적인 캐릭터를 창작하게 되었다.
└────────────

① A씨는 노동을 통해 자신의 욕구를 객체 속에 실현하려고 노력해 왔겠군.
② A씨는 노동을 통해 자신의 형식을 부여한 노동 산물을 만드는 데 관심을 가지고 있겠군.
③ A씨가 제한된 캐릭터를 그리는 노동에 염증을 느꼈던 이유는 자기의식 확보에 대한 갈증 때문이겠군.
④ A씨가 직장을 옮긴 것은 노동을 자신의 재능을 개발하고 자유를 확장하는 계기로 삼기 위한 것이겠군.
⑤ A씨가 예술 학교에서 공부한 기간은 외부 대상인 자연의 형식에 맞게 자신의 목적을 객관화시킨 시기였겠군.

09

윗글과 〈보기〉에 대한 반응으로 가장 적절한 것은? [3점]

┌── 보기 ──
　제레미 리프킨은 첨단 과학 기술이 생산 수단에 접목되는 상황으로 인한 노동의 종말을 예언했다. 그는 노동의 종말이 긍정적으로는 여가적 삶의 증대를, 부정적으로는 대량 실업으로 인한 정체성의 시련을 초래할 수 있다고 지적했다. 그래서 대량 실업의 피해자들을 위해 사회적 경제 부분의 일자리 공유 전략을 가동해야 한다고 주장했다. 이를 통해 그들이 삶의 이유를 찾고, 사회 구성원으로서의 자신의 가치를 입증할 기회를 제공해야 한다는 것이다.
└────────────

① 윗글과 〈보기〉 모두 노동이 인간의 정신보다 신체에 더 큰 영향을 끼친다는 것을 인지하고 있군.
② 윗글과 〈보기〉 모두 인간이 자신을 긍정적으로 인식하게 하는 데 노동이 기여한다는 것을 인정하고 있군.
③ 윗글의 노동의 한계는 〈보기〉의 노동의 종말로 인해 나타난 결과이겠군.
④ 윗글의 노동의 기능은 〈보기〉의 노동의 기능과 대립하고 있군.
⑤ 윗글은 〈보기〉와 달리 사회 변화가 노동에 미칠 수 있는 영향을 언급하고 있군.

10

문맥상 @~@와 바꿔 쓰기에 적절하지 않은 것은?

① @: 공유물에 첨가한 노동이 아니므로
② ⓑ: 자연을 인간에게 알맞게 바꿀 때
③ ⓒ: 객체가 지닌 자립성을 일부 수용하면서
④ ⓓ: 노동을 자기의식과 자기 정체성 확보의 계기로 인정하지만
⑤ ⓔ: 주체의 주관적 욕구나 목적을 객관화하는 능력을

📖 **점수를 올려 주는 어휘**

• **노동**(수고로울 勞, 움직일 動) 몸을 움직여 일을 함.
• **부여**(붙을 附, 더불 與) 사람에게 권리·명예·임무 따위를 지니도록 해 주거나, 사물이나 일에 가치·의의 따위를 붙여 줌.
• **배타적**(물리칠 排, 다를 他, 과녁 的) 남을 배척하는 것.
• **객체**(손님 客, 몸 體) 의사나 행위가 미치는 대상. / 작용의 대상이 되는 쪽.
• **확보**(굳을 確, 보전할 保) 확실히 보증하거나 가지고 있음.
• **보전**(보전할 保, 온전할 全) 온전하게 보호하여 유지함.
• **산물**(낳을 産, 만물 物) 일정한 곳에서 생산되어 나오는 물건. / 어떤 것에 의하여 생겨나는 사물이나 현상을 비유적으로 이르는 말.
• **변혁**(변할 變, 가죽 革) 급격하게 바꾸어 아주 달라지게 함.
• **역설**(힘 力, 말씀 說) 자기의 뜻을 힘주어 말함. 또는 그런 말.

📝 분석 노트 13쪽에서 지문을 정리해 보세요.

⏱ 풀이 시간 8분 30초

01~04 **다음 글을 읽고 물음에 답하시오.**

브레송은 일상의 순간에 예술적 생명감을 불어넣은 '결정적 순간'의 미학을 탄생시킨 사진작가이다. 그는 피사체*가 의식하지 못한 상태에서 피사체의 자연스러운 동작이나 표정을 찍는 사진 기법을 활용하여 자신의 예술성을 드러내었다.

05 ㉠브레송은 자신의 예술성을 드러내기 위해 안정된 구도와 유동성*을 기반으로 하여 움직임 가운데 균형을 잡아 낸 사진을 촬영하였다. '안정된 구도'란 회화에 기초한 구도를 통해 사진에서 안정감을 느낄 수 있도록 하는 것을 의미한다. 그가 사용한 회화의 구도는 황금분할* 구도, 기하학적 구도, 주요 요소들을 대비시킨 구도였

10 다. 황금분할 구도는 3:2의 비율로 화면을 분할한 것이고, 기하학적 구도는 여러 종류의 도형이 채워져 있는 것이다. 주요 요소들 간의 대비로는 동(動)과 정(靜)의 대비, 상하 대비, 좌우 대비, 좌우 대각선 대비 등을 사용하였다. 그는 이와 같은 안정된 구도의 기반이 되는 공간을 미리 계획하였다. 그리고 '유동성'은 움직이는 대상에

15 집중하는 것으로, 그는 자신이 미리 계획했던 구도에 움직이는 대상이 들어와 원하는 형태적 구성을 완성한 순간이 포착*될 때까지 끈질기게 기다렸다. 한편 카메라를 눈의 연장으로 생각했던 그는, 화각이 인간의 시야와 가장 비슷한 표준 렌즈를 주로 사용해 사람의 눈높이에서 촬영했다. 이때 화각은 카메라 렌즈를 통해 이미지

20 를 담을 수 있는 범위를 뜻한다. 그는 표준 렌즈에 비해 화각이 넓은 광각 렌즈나 플래시의 사용을 가급적 피했다. 이런 장치를 사용하면 눈으로 보는 실제 모습과 달라지기 때문이었다.

그는 『순간 이미지』라는 자신의 사진집에서 '결정적 순간'이란 어떤 하나의 사실과 관련해 시각적으로 포착된 다양한 모습들이 하나

25 의 긴밀한 구성을 이루고, 그 구성 안에 의미가 실리는 것을 순간적으로 동시에 인식하는 것이라 정의 내렸다. 그는 내용과 구성이 조화를 이룬 '결정적 순간'을 발견하고 타이밍에 맞추어 촬영하였던 것이다.

이후 사진작가들에게 브레송의 미학은 큰 영향을 주었다. 1960

30 년대부터 활동한 ㉡마크 코헨은 브레송의 '결정적 순간'에 영향을 받아 자신만의 결정적 순간을 포착하고자 했다. 그는 돌발성*을 기반으로 한 근접 촬영 방식을 택해 독특하면서도 기발한 결정적 순간을 포착했다. 그는 광각 렌즈를 부착한 카메라를 들고 길거리에서 마주치는 사람들에게 돌발적으로 접근해 카메라를 허리 밑에 위

35 치한 상태에서 자유로운 각도로 촬영하였다. 그리고 그는 대상의 일부만을 잘라 낸 구도를 사용하기도 하였으며 플래시를 사용해 그림자의 모양을 자신의 의도대로 변화시키기도 하였다. 즉 그는 자신이 원한 형태의 사진을 촬영하기에 적합한 방식으로 눈으로 보는 세상과는 다르게 보이도록 인공적으로 만든 자신만의 결정적 순간

40 을 포착한 것이다.

이처럼 예술가가 자신이 원하는 순간을 포착하는 것의 중요성을 보여 준 브레송의 '결정적 순간'은 사진작가 각자의 개성이 담긴 결정적 순간으로 확대되면서 예술 지평*을 넓혔다는 평가를 받았다.

01

윗글에 대한 설명으로 가장 적절한 것은?

① '결정적 순간'의 미학이 등장하게 된 시대적 배경을 설명하고 있다.

② '결정적 순간'의 의미를 설명하며 이후에 끼친 영향을 제시하고 있다.

③ '결정적 순간'에 대한 상반된 견해를 제시하며 절충점을 모색하고 있다.

④ '결정적 순간'의 사례를 제시하면서 이에 대한 다양한 견해를 비교하고 있다.

⑤ '결정적 순간'을 규정하는 조건이 시대에 따라 달라지는 원인을 분석하고 있다.

02

다음은 윗글을 읽은 후 정리한 독서 노트이다. 그 내용이 적절하지 **않은** 것은?

알게 된 점	브레송의 사진에 회화가 미친 영향 ·················· ①	
	브레송의 사진에 주로 사용된 구도 ················ ②	
	브레송의 '결정적 순간'이 갖는 예술사적 의의 ···· ③	
더 알고 싶은 내용	마크 코헨이 결정적 순간을 포착하기 위해 주로 사용한 렌즈 ·················· ④	
	마크 코헨의 결정적 순간이 잘 드러난 대표 작품 ················· ⑤	

03

㉠과 ㉡에 대한 설명으로 적절하지 **않은** 것은?

① ㉠은 내용과 구성이 조화를 이루는 순간을 촬영하였다.

② ㉠은 카메라의 위치나 렌즈 선택 시 사람 눈과의 유사성을 중시하였다.

③ ㉡은 근접 촬영을 통해 독특하고 기발한 이미지를 담았다.

④ ㉡은 인공의 빛을 이용해 눈으로 보는 세상과는 다른 순간을 포착하였다.

⑤ ㉠과 ㉡은 모두 돌발성을 기반으로 하여 사진작가의 의도대로 촬영하였다.

04

〈보기〉는 브레송의 '생 라자르 역(1932)'을 분석하기 위한 그림이다. 윗글을 바탕으로 할 때 〈보기〉에 대해 이해한 것으로 적절하지 **않은** 것은? [3점]

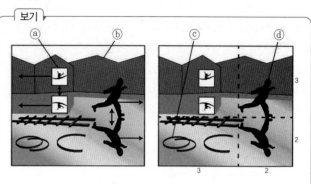

ⓐ : 화살표 방향으로 운동하는 댄서가 있는 포스터

ⓑ : 연속된 삼각형 모양의 지붕과 오각형 건물

ⓒ : 물 위에 흩어져 있는 둥근 모양의 철제 고리

ⓓ : 사다리를 밟고 고요한 물 위를 건너뛰는 남자

① 움직이는 남자와 고요한 물에서 동과 정의 대비를 확인할 수 있군.

② 남자와 그림자, 포스터와 그림자의 위치에서 상하 대비를 보이는 안정된 구도를 확인할 수 있군.

③ 건물, 지붕, 사다리, 고리의 모습에서 여러 종류의 도형이 이루는 기하학적 구도를 찾아볼 수 있군.

④ 남자와 그림자가 일정한 비율로 분할된 곳에 위치한 것에서 황금분할에 기초한 구도를 찾아볼 수 있군.

⑤ 남자와 포스터 속 댄서를 좌우 대각선에 배치한 것에서 미리 계획한 구도에 변화를 주었음을 알 수 있군.

🔖 점수를 올려 주는 어휘

• **피사체**(입을 被, 베낄 寫, 몸 體) 사진을 찍는 대상이 되는 물체.

• **유동성**(흐를 流, 움직일 動, 성품 性) 액체와 같이 흘러 움직이는 성질. / 형편이나 경우에 따라 이리저리 변동될 수 있는 성질.

• **황금분할**(누를 黃, 쇠 金, 나눌 分, 나눌 割) 한 선분을 두 부분으로 나눌 때에, 전체에 대한 큰 부분의 비와 큰 부분에 대한 작은 부분의 비가 같도록 나눈 것. 가로와 세로가 황금비인 직사각형은 고대 그리스 이래로 가장 아름답고 조화를 이룬 모양이라고 생각되었다.

• **포착**(사로잡을 捕, 잡을 捉) 꼭 붙잡음.

• **돌발성**(부딪칠 突, 필 發, 성품 性) 예측할 수 없게 갑자기 일어나는 성질이나 특성.

• **지평**(땅 地, 평평할 平) 사물의 전망이나 가능성 따위를 비유적으로 이르는 말.

📝 분석 노트 14쪽에서 지문을 정리해 보세요.

05~09 다음 글을 읽고 물음에 답하시오.

미의 본질에 대한 최초의 연구는 고대 그리스 피타고라스학파에 의해서 이루어졌는데, 이들은 미가 물질적인 대상의 형식적인 구조 속에 표현되는 객관적인 법칙이라고 생각하였다. 피타고라스는 수를 이 세상의 근원으로 보았기 때문에 아름다움은 그 대상을 구성하는 여러 요소들 간의 수적인 비례에 의한 것이라는 균제 이론을 내세웠다. 피타고라스의 철학은 그 후 플라톤, 아리스토텔레스 등 서양 철학사를 주도한 이들에게 수용되어 균제 이론은 서양 미학의 하나의 전통이 되었다.

플로티노스는 몇 가지 이유를 들어 미의 본질은 균제로 대표되는 수적 비례에 있는 것이 아니라고 주장한다. 균제 이론은 부분과 부분, 또는 부분과 전체의 관계 속에서 아름다움을 찾는 것이다. 플로티노스는 균제를 이루고 있는 대상이라 하더라도 아름답지 않은 경우가 있을 수 있으며, 균제를 이루지 않는 단순한 색이나 소리도 아름다울 수 있음을 내세운다. 또한 그는 품위 있는 행동이나 훌륭한 법률과 같은 것들도 아름다울 수 있는데, 그러한 비물질적인 특질에 어떻게 균제를 적용할 수 있는지 반문*한다.

미의 본질에 대한 전통적인 견해를 부정한 플로티노스는 균제를 대체할 수 있는 미의 본질을 정신에서 찾았다. 플라톤은 이 세계를 이데아계와 현상계로 나누고, 현상계는 이데아계를 본떠서 생겨난 것이라고 생각했는데, 플로티노스도 플라톤과 마찬가지로 세상을 이데아계인 예지계와 감각세계인 현상계로 구분했다. 그러나 두 세계가 근본적으로 단절되어 있다고 본 플라톤과는 달리 플로티노스는 '유출(流出)'과 '테오리아(theōria)'의 개념을 통해 이 둘이 연결되어 있다고 주장했다. 플로티노스에 의하면 세상의 근원인 '일자(一者)'는 가장 완전하고 충만한 원천으로 마치 광원(光源)*과도 같아서 만물은 일자의 빛이 흘러넘침, 즉 유출에 의해 순차적으로 생성된다. 일자로부터 가장 먼저 나온 것은 절대적이며 초개별적인 '정신'이고, 정신으로부터 우주 영혼과 개별 영혼들이 산출된다. 일자, 정신, 영혼 이 세 가지 존재자들이 비물질적인 예지계를 구성한다. 이를 뒤이어 감각적 존재자들의 현상계가 출현하는데, 먼저 영혼으로부터 실재하는 감각 대상들의 세계인 자연이 유출되며, 다시 자연으로부터 가장 낮은 단계의 존재자들인 아무런 형상이 없는 질료*들이 유출된다.

ⓐ일자에서 ⓑ정신, ⓒ영혼, ⓓ자연, ⓔ질료로의 유출은 존재의 완전성 정도에 따라 순차적으로 이루어지는 것으로 자기 동일성의 타자적 발현이라 할 수 있다. 따라서 유출로 연결된 존재 간에는 어떤 동일성이 유지되어 있으며, 위계질서를 가진다. 이처럼 예지계와 현상계는 분리되어 있는 것처럼 보이나 질적으로는 서로 연결되어 있다는 것이 플로티노스의 주장이다. 이런 생각에 의거하여 미(美)는 마치 빛이 그 광원에서 멀어질수록 밝기가 약해지듯이, 일자에서 질료로 내려갈수록 점차 추(醜)에 가까워지게 된다.

미에 대한 플로티노스의 이런 생각으로 인해 그는 예술의 가치에 대해 플라톤과 다른 입장을 취했다. 플라톤은 예술이 이데아계를

모방한 현상계를 다시 모방하는 것에 불과하다고 폄하했다. 하지만 아름다움이 실질적으로 정신에서 비롯된 것으로 보고 질적이고 정신적인 미의 중요성을 높이 평가한 플로티노스에게 예술은 모방의 모방이 아니라 정신의 아름다움과 진리를 물질화하는 것이 된다. 플로티노스에게 있어 미의 형상은 본래 정신에 있는 것이지만 예술가의 영혼에도 정신의 속성인 미의 형상이 내재해 있다. 이때 영혼 안에 있는 미의 형상을 질료에 실현시키는 것이 바로 예술이다. 그러므로 예술이란 ㉠귀납*적 표상으로 형성되는 관념상을 그리는 행위가 아니라 선험적 관념상, 즉 ㉡연역*적 표상을 현상계의 감각적인 것으로 유출시키는 행위인 것이다. 예술가는 이렇게 질료에 미의 형상을 부여함으로써 자연이 부족하게 가지고 있는 것을 보완한다. 그런 의미에서 플로티노스는 플라톤처럼 예술을 예지계와 현상계 다음에 위치시키지 않는다. 그에게 있어 예술은 예지계와 현상계 중간에 있는 것이다.

플로티노스는 예술을 우리 영혼이 현상계에서 일자로 올라가기 위해 딛고 서야 할 디딤돌이라고 보았다. 영혼은 근원인 일자의 속성을 지니고 있지만 동일한 근원이 다른 모습으로 나타났기에 근원에서 벗어난 것이기도 하다. 그래서 우리 인간은 자신의 영혼이 일자와 동일한 것을 공유한다는 것을 잊고 물질세계의 감각적인 것에 매몰되어 있다. 우리의 영혼이 일자와 합일해야 한다고 본 플로티노스는 영혼이 내면을 관조함으로써 자신의 근원인 일자를 상기할 수 있으며, 일자로 돌아갈 수 있다고 했다. 이렇게 일자로부터의 유출로 생성된 각 단계의 존재들이 거꾸로 예지계의 일자에게로 회귀하는 상승 운동이 '테오리아'이다. 테오리아를 위해서는 자신의 영혼에 정신의 미가 존재하고 있다는 사실부터 깨달아야 하는데, 이것을 깨닫게 해 주는 것이 바로 감각적인 미이다. 플로티노스가 예술을 중시하는 것은 예술이 미적 경험을 환기하여 테오리아를 일으키는 강력한 추동력*을 갖고 있기 때문이다.

이처럼 예술가의 내면, 나아가 그 원형인 정신세계의 아름다움을 담은 예술의 가치를 높이 평가한 플로티노스의 미 이론은 인간의 영혼과 초월적인 존재의 신성함을 표현하려 했던 중세의 비잔틴 예술을 탄생하게 했다. 또한 가시적인 외부 세계의 재현을 부정하고 현실 세계에서 벗어난 예술을 이해할 수 있는 단초를 제공하였다는 점에서 그의 미 이론은 낭만주의와 현대 추상 회화의 근본을 마련하였다는 평가를 받는다.

* 질료: 물체의 생성과 변화의 바탕이 되는 재료.

05

윗글에서 언급된 내용이 아닌 것은?

① 미에 대한 피타고라스학파의 인식
② 플로티노스가 분류한 예술의 유형
③ 균제 이론에 대한 플로티노스의 시각
④ 플라톤과 플로티노스 예술관의 차이
⑤ 플로티노스의 미 이론이 지니는 의의

06

ⓐ~ⓔ에 대한 플로티노스의 생각으로 적절하지 <u>않은</u> 것은?

① ⓐ의 속성은 위계적 차등에 따라 ⓑ, ⓒ, ⓓ, ⓔ로 전해진다.
② ⓐ에 가까운 정도를 기준으로 하여 미, 추를 판단할 수 있다.
③ ⓐ~ⓔ는 동일성을 함유하면서 질적으로 서로 연결되어 있다.
④ 유출은 ⓐ에서 ⓔ로, 테오리아는 ⓔ에서 ⓐ로 향하는 방향성을 갖는다.
⑤ ⓐ, ⓑ, ⓒ의 예지계와 ⓓ, ⓔ의 현상계는 정신에 의해 상호 보완적 관계를 유지한다.

07

윗글의 '피타고라스', '플라톤', '플로티노스'가 〈보기〉에 대해 보일 수 있는 반응으로 적절하지 <u>않은</u> 것은?

┌ 보기 ┐

기원전 1~2세기 경에 만들어진 것으로 알려진 「밀로의 비너스」 석상은 양팔이 잘려 있는 모습으로 발견되었는데, 이데아계에 존재하는 비너스 여신의 모습을 키가 머리 길이의 8배를 이루는 황금비율로 형상화하였다.

① 피타고라스는 비너스 석상이 황금비율이라는 수적 비례를 지켰기에 미의 본질을 구현했다고 평가했겠군.
② 플라톤은 이데아계와 현상계는 단절되었기 때문에 이데아계의 여신을 비너스 석상과 동일시할 수 없다고 보았겠군.
③ 플라톤은 비너스 석상은 이데아계를 직접 모방한 것으로 인간에게 이데아계를 지향하게 하는 작품이라고 인정했겠군.
④ 플로티노스는 비너스 석상이 감상자로 하여금 일자로 회귀하는 테오리아를 일으킨다는 점에서 높게 평가했겠군.
⑤ 플로티노스는 돌을 질료로 하여 예술가가 자신의 영혼에 내재된 미를 비너스 석상으로 형상화한 것으로 인식했겠군.

08

윗글의 '플로티노스'와 〈보기〉의 '칸딘스키'의 공통된 예술관으로 가장 적절한 것은?

┌ 보기 ┐

칸딘스키의 추상은 세잔, 입체파, 몬드리안 식의 그것과는 다르다. 그의 추상은 사물의 단계적 단순화로 시작하여 종국에 그 본원적 모습을 밝히는 것이 아니라 직관적인 방법으로 정신이나 초월적인 것을 구현해 내기 위한 것이었다. 그에게 있어 예술은 형이상학적 관념을 구현하는 것으로 예술가는 그것의 발견자 내지 전달자이다.

① 정신의 아름다움과 진리를 질료를 통해 물질화할 수 없다고 본 점
② 예술이 바람직한 삶의 자세에 대한 형이상학적 깨달음을 줄 수 있다고 본 점
③ 객관적인 법칙이 형식적인 구조 속에 표현될 때 미적 가치가 구현될 수 있다고 본 점
④ 초월적인 존재의 미적 가치를 드러내기 위해서는 감각적 미를 탈피해야 한다고 본 점
⑤ 예술의 본질이 현실 세계에서 감각적으로 지각되지 않는 관념을 표현하는 데 있다고 본 점

09

다음은 윗글의 ㉠, ㉡과 관련한 독서 활동 과정이다. 과제 해결 단계의 (A), (B)에 들어갈 말로 적절한 것은? [3점]

과제 설정	• 글의 맥락을 고려할 때 ㉠, ㉡의 의미는 무엇일까?
⇩	
자료 조사	• 백과사전에서 '귀납', '연역', '표상'의 의미 찾기 귀납: 개개의 현상으로부터 보편적 원리를 도출하는 것 연역: 보편적 원리로부터 개개의 현상을 이끌어 내는 것 표상: 마음이나 의식에 나타나는 것
⇩	
의미 구성	• 조사 내용을 바탕으로 의미 구성해 보기 ㄱ. 현상계의 경험에서 도출한 보편적 미를 형상화하는 행위 ㄴ. 일자에서 비롯된 미의 형상을 발견해 질료에 담는 행위 ㄷ. 질료의 형식적 구조에서 비물질적 특성을 도출하는 행위 ㄹ. 영혼이 내면을 관조하여 자연에 존재하는 미를 발견하는 행위
⇩	
과제 해결	• 구성 내용 중 적절한 것을 골라 과제 해결하기 → ㉠은 (A)이고, ㉡은 (B)이다.

	(A)	(B)
①	ㄱ	ㄴ
②	ㄱ	ㄷ
③	ㄴ	ㄷ
④	ㄴ	ㄹ
⑤	ㄷ	ㄹ

📖 점수를 올려 주는 어휘

• **반문**(돌이킬 反, 물을 問) 상대의 주장이나 의견에 대하여 동의하지 않는 부분이 있어 이의를 제기하며 질문함.
• **광원**(빛 光, 근원 源) 제 스스로 빛을 내는 물체.
• **귀납**(돌아올 歸, 들일 納) 개별적인 특수한 사실이나 원리로부터 일반적이고 보편적인 명제 및 법칙을 유도해 내는 일.
• **연역**(멀리 흐를 演, 당길 繹) 어떤 명제로부터 추론 규칙에 따라 결론을 이끌어 냄. 또는 그런 과정.
• **추동력**(옮길 推, 움직일 動, 힘 力) 어떤 일을 추진하기 위하여 고무하고 격려하는 힘.

📝 분석 노트 15쪽에서 지문을 정리해 보세요.

사회

지문 구성

인문 영역과 함께 출제 비율이 높은 영역이다. 하나의 단독 지문으로 출제되며, 주로 4~5문단 내외의 분량으로 구성된다. 지문의 내용과 관련된 도표나 그래프가 함께 제시되기도 한다.

지문 성격

경제, 행정, 법률, 제도 등 사회 전반의 다양한 분야를 다룬 글이 지문으로 출제되는데, 그중 경제와 법률 분야를 다룬 글이 최근 출제 비율이 높다. 전문 용어가 포함되면 지문의 체감 난도가 높아지는 경향이 있다.

문항 유형

주로 4~5개 문항으로 구성된다. 인문·예술 영역과 마찬가지로 수능 국어에서 평가하고자 하는 사고 유형에 부합하는 다양한 문항이 출제된다. 지문이 실생활과 관계있는 내용으로 구성되는 만큼 구체적 상황이나 다른 상황에 적용하는 문제가 자주 출제된다. 경우에 따라 어휘 문제가 포함되는 경우도 있다.

🕐 풀이 시간 10분 30초

01~05 **다음 글을 읽고 물음에 답하시오.**

식물의 품종이란 같은 종류의 식물을 고유한 특징에 따라 나눈 것을 말한다. 예를 들어 딸기의 품종에는 과실이 단단하고 저장성*이 좋은 매향, 수확기가 이르고 키우기 쉬운 설향, 당도가 높고 기형 과실의 발생이 적은 죽향 등이 있다. 품종의 개량은 이전 품종이 가진 단점을 보완하거나 장점을 더욱 ⓐ부각하는 방향으로 이루어지는데, 품종의 개량이 판매 증대로 이어지면 큰 부가가치를 창출할 수 있다.

그러나 오랜 노력과 경제적 비용을 들여 품종을 개량했는데, 다른 사람이 이를 무단으로 사용한다면 육성자*에게 적절한 보상이 이루어지지 않게 된다. 따라서 육성자의 지식 재산권*을 보호하는 제도가 필요하다. 우리나라는 식물 신품종에 대한 지식 재산권을 보호하고, 육성자의 식물 품종 개량을 촉진하며, 우리나라 종자 산업의 발전을 ⓑ도모하기 위하여 '식물 신품종 보호법'을 실시하고 있다. 이 법에 따르면 열매의 수확을 목적으로 하는 과수, 산림 조성을 목적으로 하는 임목, 꽃의 관상을 목적으로 하는 화훼 등 모든 식물이 품종보호의 대상이 된다.

만약 육성자가 자신이 개량한 식물의 품종보호권을 얻고 싶다면 먼저 해당 품종이 품종보호 요건을 ⓒ충족하고 있는지를 검토하여야 하는데, 그 요건에는 크게 신규성, 구별성, 안정성 등이 있다. '신규성'은 해당 품종이 품종보호 출원*일 이전의 일정 기간에 상업적 이용이 없을 때만 인정된다. 과수나 임목의 종자나 수확물은 국내에서 1년 이상 국외에서 6년 이상일 경우에 인정되며, 그 이외의 식물의 종자나 수확물은 국내에서 1년 이상 국외에서 4년 이상일 경우에 인정된다. '구별성'은 기존에 품종보호권이 설정된 품종이나 현재 시중에 유통 중인 품종과 확연하게 구별되는 점이 있을 경우에 인정된다. '안정성'은 반복적으로 증식된 후에도 품종의 특성이 변하지 아니할 경우에 인정된다.

해당 품종이 품종보호 요건을 모두 충족한다고 판단하였다면, 육성자는 품종의 명칭, 품종의 육성 과정에 대한 설명, 품종의 종자 시료* 등을 포함한 출원 서류를 작성하여 담당 기관에 제출하여야 한다. 재외자(在外者)*가 품종을 개량하고 자신이 거주하고 있는 나라와 우리나라 모두에서 품종보호권을 얻고 싶다면 두 나라에 각각 품종보호를 출원해야 한다. 재외자인 육성자가 자신이 거주하는 나라에 최초로 품종보호를 출원한 다음 날부터 1년 이내에 우리나라에 품종보호를 출원하는 경우, 품종보호 출원일의 적용은 우리나라에 출원한 날이 아니라 최초의 출원일을 품종보호 출원일로 인정한다.

품종보호 출원이 접수되면 담당 기관은 접수된 출원 내용을 일반인이 볼 수 있도록 품종보호 공보*로 홈페이지 등에 일정 기간 공개한다. 출원품종이 품종보호 요건을 위반하고 있음을 발견한 이라면

누구든지 이 기간에 이의신청을 할 수 있다. 이의신청이 없다면, 법률에서 정한 자격을 가진 심사관이 출원품종이 품종보호 요건을 충족하는지 ⓓ심사하게 된다. 이때 신규성의 충족 여부는 서류 심사로, 구별성과 안정성의 충족 여부는 재배 심사로 확인한다. 재배 심사는 출원 서류에 포함된 종자 시료를 직접 재배하여 심사하므로 심사에 1년에서 2년의 기간이 소요된다. 심사관이 심사 과정에서 품종보호 출원에 대해 거절 이유를 발견할 수 없다면 품종보호를 결정하게 되고, 육성자가 담당 기관에 첫 품종보호료를 납부하면 품종보호권이 설정된다.

품종보호권자가 보호품종을 독점적으로 실시*할 수 있는 기간인 품종보호권의 존속 기간은 과수나 임목은 품종보호권의 설정 등록일로부터 25년으로, 그 이외의 식물은 20년으로 설정하고 있다. 이때 품종보호권자가 품종보호권을 유지하려면 품종보호권의 존속 기간 동안 품종보호료를 매년 납부하여야 한다. 품종보호권이 설정된 품종을 실시하고자 하는 자는 품종보호권자에게 품종실시료를 지불해야 한다. 단, 새로운 품종의 육성을 위한 연구를 목적으로 실시하는 경우 등에는 품종실시료를 지불하지 않아도 된다. 품종실시료의 기준은 법률적으로 정해져 있지 않으므로 시장의 수요와 공급에 따른 권리자와 사용자 간의 계약에 따라 결정된다. 품종보호권의 존속 기간이 ⓔ경과하거나, 품종보호권의 존속 기간 중일지라도 품종보호권자가 정해진 기한까지 품종보호료를 납부하지 않은 경우에는 품종보호권이 소멸한다. 그러면 품종실시료의 지불 없이 누구나 해당 품종을 자유로이 실시할 수 있게 된다.

✽**육성자**: 어떤 식물이나 동물의 종을 개량하거나 새로운 품종을 개량하여 이용 가치를 더 높인 사람.
✽**재외자**: 외국에 살고 있는 우리나라 또는 외국 국적의 사람.
✽**공보**: 관공서에서 발행하는 문서.
✽**실시**: 보호품종의 종자나 수확물을 증식·생산·판매하는 등의 행위.

01

윗글에 대한 설명으로 가장 적절한 것은?

① 품종보호권의 발전 과정을 단계적으로 설명하고 향후 전망을 제시하고 있다.
② 품종보호권에 대한 대립적인 입장을 소개하고 각각의 장단점을 비교하고 있다.
③ 식물 신품종 보호법이 제정된 배경을 밝히고 그 법이 가진 한계를 분석하고 있다.
④ 식물 신품종 보호법의 필요성을 밝히고 품종보호권의 설정 과정을 설명하고 있다.
⑤ 품종보호권에 관한 사회 문제를 언급하고 이를 해결할 수 있는 다양한 방안을 소개하고 있다.

02

윗글에 대한 이해로 가장 적절한 것은?

① 품종보호권의 존속 기간이 경과하더라도 품종보호료를 납부하면 품종보호권이 유지된다.

② 식물 신품종 보호법에서 품종보호의 대상은 열매의 수확을 목적으로 하는 식물만 가능하다.

③ 품종보호권이 소멸되지 않은 품종에 대한 실시료는 시장의 수요와 공급을 바탕으로 계약에 따라 그 금액이 결정된다.

④ 신규성의 충족 여부를 심사할 때 국외에서 해당 품종의 상업적 이용이 없어야 하는 기간은 과수보다 화훼가 더 길다.

⑤ 재외자가 품종을 개량하여 거주하는 나라에 품종보호권을 설정하면 우리나라에 품종보호권을 신청하지 않아도 우리나라에서 그 권리가 인정된다.

03

윗글을 바탕으로 품종보호권 설정을 위한 절차를 〈보기〉와 같이 정리하였다. 이에 대한 이해로 적절하지 않은 것은?

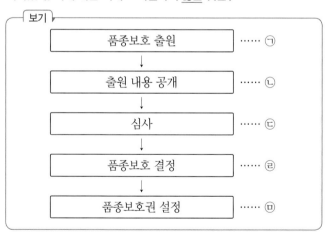

┌─ 보기 ┐

품종보호 출원 …… ㉠

↓

출원 내용 공개 …… ㉡

↓

심사 …… ㉢

↓

품종보호 결정 …… ㉣

↓

품종보호권 설정 …… ㉤

① ㉠: 품종보호권의 설정을 원하는 육성자는 출원 서류를 작성하여 담당 기관에 접수하여야 한다.

② ㉡: 출원품종이 품종보호 요건을 어긴다는 사실을 발견한 사람이라면 누구든지 이의신청을 할 수 있다.

③ ㉢: 출원품종이 타 품종과 구별되는지, 반복 증식 후에도 특성이 변화하지 않는지는 재배 심사로 확인한다.

④ ㉣: 심사관이 품종보호 출원에 대한 거절 이유를 발견할 수 없을 경우에 품종보호가 결정된다.

⑤ ㉤: 품종보호가 결정된 품종에 대한 품종보호권은 품종보호료의 납부 여부와 상관없이 자동적으로 설정된다.

04

윗글을 바탕으로 〈보기〉를 이해한 내용으로 적절하지 않은 것은?

[3점]

┌─ 보기 ┐

[사례 1] 외국에 살고 있는 '갑'은 장미꽃의 품종 중 하나를 A로 개량하였다. '갑'은 A에 대한 최초의 품종보호를 자신이 거주하는 나라에 2020년 1월 1일에 출원하였고, 우리나라에는 2020년 5월 1일에 출원하였다. 우리나라에서 A의 품종보호권은 '갑'이 2022년 1월부터 현재까지 유지하고 있다.

[사례 2] 포도나무의 품종 중 하나인 B는 당도가 높지만 병충해에 약하다. 우리나라에서 B의 품종보호권은 '을'이 2020년부터 현재까지 유지하고 있다. '병'은 신품종 육성을 목적으로 B를 재배하면서 연구하였는데, 당도도 높고 병충해에 강한 C로 개량하여 우리나라에 품종보호를 출원하였다.

① [사례 1]에서 '갑'은 2020년 5월 1일에 우리나라에 품종보호 출원을 하였지만, A의 품종보호 출원일은 2020년 1월 1일로 인정되겠군.

② [사례 2]에서 '병'의 연구로 개량된 C는 기존 품종인 B가 가진 단점이 보완된 품종이겠군.

③ [사례 2]에서 '병'은 B의 재배로 인한 품종실시료를 B의 품종보호권을 가진 '을'에게 지불하지 않아도 되겠군.

④ 심사관의 서류 심사를 통해 [사례 1]의 A와 [사례 2]의 B가 모두 신규성을 충족하고 있음이 인정되었겠군.

⑤ 품종보호료를 앞으로도 매년 납부한다고 할 때 품종보호권자가 보호품종을 독점적으로 실시할 수 있는 기간은 [사례 1]의 A가 [사례 2]의 B보다 더 길겠군.

05

ⓐ~ⓔ의 사전적 의미로 적절하지 않은 것은?

① ⓐ: 어떤 사물을 특징지어 두드러지게 함.

② ⓑ: 어떤 일을 이루기 위하여 대책과 방법을 세움.

③ ⓒ: 일정한 분량을 채워 모자람이 없게 함.

④ ⓓ: 자세하게 조사하여 당락 따위를 결정함.

⑤ ⓔ: 어떤 곳을 거쳐 지남.

📖 **점수를 올려 주는 어휘**

• **저장성(쌓을 貯, 감출 藏, 성품 性)** 오래 보관하여도 상하지 아니하는 성질.

• **지식 재산권(알 知, 알 識, 재물 財, 낳을 産, 권세 權)** 지적 활동으로 인하여 발생하는 모든 재산권. 산업 발전을 목적으로 하는 공업 소유권과 문화 창달을 목적으로 하는 저작권으로 크게 나뉜다.

• **출원(날 出, 바랄 願)** 청원이나 원서를 냄.

• **시료(시험할 試, 되질할 料)** 시험, 검사, 분석 따위에 쓰는 물질이나 생물.

📝 분석 노트 16쪽에서 지문을 정리해 보세요.

06~10 다음 글을 읽고 물음에 답하시오.

[A] 정보 통신 기술의 발달로 개인에 대한 정보가 데이터베이스화되면서 개인정보 유출로 인한 피해가 증가하고 있다. 이에 따라 최근 개인정보를 보호해야 한다는 사회적 인식이 커지고 있다. 개인은 자신에 관한 정보가 언제, 누구에게, 어느 범위까지 알려지고 이용될 것인지를 스스로 결정할 수 있는 권리를 가지는데, 이러한 권리를 '개인정보자기결정권'이라고 한다. 이는 타인에 의해 개인정보가 함부로° 공개되지 않도록 보장°받을 권리와 개인정보에 대해 열람, 삭제, 정정 등의 행위를 요구할 수 있는 권리 등을 포함한다. 우리나라는 헌법 제17조에 명시°된 사생활의 비밀과 자유가 보장되어야 한다는 내용을 주된 근거로 개인정보자기결정권이 기본권 중 하나임을 인정하고 있다.

이러한 개인정보자기결정권을 보호하기 위해 제정°된 법률이 개인정보보호법이다. ⓐ개인정보보호법에서 규정하는 개인정보는 살아 있는 개인에 관한 정보이다. 사망자에 관한 정보나 단체 혹은 법인에 관한 정보는 개인정보에 포함되지 않는다. 또한 성명, 주민등록번호, 사진이나 동영상 등과 같이 개인을 알아볼 수 있는 정보여야 한다. 그리고 주어진 정보만으로 특정 개인을 알아볼 수 없더라도 다른 정보와 쉽게 결합하여 알아볼 수 있다면 이 역시 법적 보호 대상으로서의 개인정보에 포함된다. 가령 휴대 전화 번호의 뒷자리 숫자를 집 전화번호와 같은 다른 정보와 결합하여 사용자를 식별°할 수 있다면 개인정보에 해당한다.

개인정보보호법에 따른 사전 동의 제도는 정보 주체인 개인이 개인정보에 대한 자기 결정을 표현할 수 있다는 점에서 개인정보자기결정권을 보호하는 중요한 수단이다. 개인정보를 처리하는 개인이나 단체를 의미하는 개인정보 처리자는, 정보 주체의 동의를 구할 때 정보 수집·이용의 목적, 수집 항목, 보유 및 이용 기간 등을 고지°해야 한다. 또한 동의를 거부할 권리가 있다는 사실과, 동의 거부에 따른 불이익이 있는 경우 그 불이익의 내용 역시 알려야 한다.

수집·이용하려는 개인정보 중 고유 식별 정보와 민감 정보는 별도로 동의를 받아야 한다. 고유 식별 정보는 여권 번호와 같이 개인을 고유하게 구별하기 위해 부여된 정보이며, 민감 정보는 건강 정보나 정치적 견해와 같이 주체의 사생활을 현저히 침해할 우려가 있는 정보이다. 이때 정보 주체가 알아보기 쉽도록 수집하려는 고유 식별 정보와 민감 정보의 항목을 밑줄이나 큰 글씨로 강조해야 한다.

개인정보보호법에서는 개인이 수집·이용에 동의했더라도 개인정보가 무분별°하게 이용되어 개인의 권리가 침해되는 것을 막기 위해 수집 목적을 달성할 수 있는 한에서 개인정보를 ㉠익명 정보로 처리하여 보존하거나 이용하도록 하고 있다. 익명 정보란 다른 정보를 사용하더라도 더 이상 개인을 알아볼 수 없는 정보를 의미한다. 익명 정보는 시간이나 비용, 현재의 기술 수준이나 충분히 예견°될 수 있는 기술의 발전 등을 고려했을 때 원래의 개인정보로 복원되는 것이 불가능하다고 판단되는 정보로, 익명 처리를 마친 정보는 수집 목적 이외의 분야에서 활용하기 어렵다는 제약이 있다.

최근 정보 활용의 중요성이 커지면서 개인정보 활용의 유연성을 높여야 한다는 주장이 대두°되었다. 이에 개인정보보호법에서는 개인정보를 익명 정보가 아닌 가명 정보로 가공하여 활용할 수 있도록 하는 방안을 마련하였다. ㉡가명 정보는 개인정보의 일부를 삭제 혹은 대체한 것으로, 추가 정보와 비교적 쉽게 결합하여 개인을 식별할 수 있으므로 개인정보보호법의 보호 대상이 된다. 이러한 가명 정보는 통계 작성, 과학적 연구, 공익적 기록 보존 등을 위해 정보 주체의 동의 없이 이용·제공될 수 있다. 단, 가명 정보는 익명 정보와 달리 개인정보와 일대일 대응이 가능하기 때문에 가명 정보를 제3자에게 제공하는 경우 특정 개인을 알아보는 데 사용될 수 있는 정보를 포함해서는 안 된다.

06

윗글에서 알 수 있는 내용으로 적절하지 <u>않은</u> 것은?

① 개인정보자기결정권의 개념
② 개인정보를 익명 처리하는 과정
③ 개인정보보호법을 제정하게 된 목적
④ 개인정보 활용의 유연성을 높이는 방안
⑤ 개인정보 보호에 대한 인식이 확산된 배경

07

㉠과 ㉡에 대한 설명으로 적절한 것은?

① ㉠은 익명 처리되기 전의 개인정보와 일대일로 대응한다.
② ㉡은 이용 목적에 상관없이 정보 주체의 동의가 필수적이다.
③ ㉠은 ㉡과 달리 개인정보보호법의 보호 대상이 아니다.
④ ㉡은 ㉠과 달리 수집 목적 이외의 분야에서 활용되기 어렵다.
⑤ ㉠과 ㉡은 모두 개인정보 처리자가 제3자에게 제공할 수 없다.

08

[A]를 참고할 때, 〈보기〉의 빈칸에 들어갈 내용으로 가장 적절한 것은?

┌─ 보기 ─
헌법 제17조에서는 타인에 의해 자유를 제한받지 않을 권리를 보장하는데, 이러한 권리는 일반적으로 소극적 성격의 권리로 해석된다. 이는 적극적으로 타인에게 일정한 행위를 요구할 수 있는 청구권적 성격을 포괄하기 어려워, 헌법 제17조만으로는 개인정보자기결정권을 보장하는 근거가 불충분하다는 견해가 있다. 그것은 개인정보자기결정권이 (   ) 하기 때문이다.

① 공익을 목적으로 타인의 개인정보를 자유롭게 이용할 수 있는 권리에 해당

② 특정 대상에 대한 개인적 견해와 같은 사적인 정보를 보호받을 권리를 포함

③ 개인정보가 정보 주체의 동의가 없더라도 개인정보 처리자에게 제공되도록 허용

④ 정보 주체의 이익보다 개인정보의 활용으로 인한 사회적 이익을 우선하여 보장

⑤ 개인정보에 대한 열람, 삭제, 정정 등을 적극적으로 요구할 수 있는 권리를 포함

09

ⓐ의 사례에 해당하지 않는 것은?

① 학교 홈페이지에 담임을 맡은 학급과 함께 게시된, '김○우'라는 교사의 이름

② 국가에서 설립한 기관에서 장(長)의 직책을 맡고 있는 사람의 휴대 전화 번호

③ 의사자를 추모하기 위한 행사에서 추도사를 읽는 유족의 얼굴을 촬영한 동영상

④ 원격 수업에 참여한 학생들의 얼굴을 모두 확인할 수 있도록 컴퓨터 화면을 캡처한 이미지

⑤ 생전에 모은 재산 전액을 기증한 '이부자'를 기리기 위해 만들어진 '이부자 장학 재단'이라는 명칭

10

윗글을 바탕으로 인터넷 사이트에서 회원 가입 시 제시하는 다음 동의서를 이해한 내용으로 적절하지 않은 것은? [3점]

┌────────────────────
가. 개인정보 수집 및 이용 동의

주식회사 ○○(이하 '회사')는 ○○ 서비스 회원(이하 '회원')의 권리를 적극적으로 보장합니다.
1. 수집 항목: 아이디, 비밀번호
        ⋮
4. 개인정보 수집 및 이용 동의를 거부할 권리
    4-1. 회원은 개인정보의 수집 및 이용 동의를 거부할 권리가 있습니다.
    4-2. 수집 및 이용 동의를 거부할 경우, 서비스 이용이 제한됩니다.
□ 개인정보를 수집하고 이용하는 것에 동의합니다.

나. 건강 정보 수집 및 이용 동의
1. 수집 항목: **건강 정보**
        ⋮
□ 건강 정보를 수집하고 이용하는 것에 동의합니다.
────────────────────┘

① '가'에서 '회사'는 개인정보 처리자, '회원'은 개인정보의 주체에 해당하겠군.

② '가'의 4-2는 정보 제공 동의를 거부할 경우 정보 주체가 받을 수 있는 불이익에 해당하겠군.

③ '가'에서 '회원'의 동의 여부를 확인하는 것은 '회원'의 개인정보자기결정권을 보호하기 위한 수단이겠군.

④ '나'의 1은 개인의 건강 정보가 고유 식별 정보에 해당하기 때문에 수집 항목을 강조하여 표시한 것이겠군.

⑤ '나'는 정보 주체의 사생활이 현저히 침해되는 것을 방지하는 차원에서 '가'와 별도로 동의를 받는 것이겠군.

📖 **점수를 올려 주는 어휘**

- **함부로** 조심하거나 깊이 생각하지 아니하고 마음 내키는 대로 마구.
- **보장(보전할 保, 가로막을 障)** 어떤 일이 어려움 없이 이루어지도록 조건을 마련하여 보증하거나 보호함.
- **명시(밝을 明, 보일 示)** 분명하게 드러내 보임.
- **제정(억제할 制, 정할 定)** 제도나 법률 따위를 만들어서 정함.
- **식별(알 識, 다를 別)** 분별하여 알아봄.
- **고지(아뢸 告, 알 知)** 게시나 글을 통하여 알림.
- **무분별(없을 無, 나눌 分, 다를 別)** 분별이 없음.
- **예견(미리 豫, 볼 見)** 앞으로 일어날 일을 미리 짐작함.
- **대두(들 擡, 머리 頭)** 머리를 쳐든다는 뜻으로, 어떤 세력이나 현상이 새롭게 나타남을 이르는 말.

📝 분석 노트 17쪽에서 지문을 정리해 보세요.

⏰ 풀이 시간 10분 30초

01~05 다음 글을 읽고 물음에 답하시오.

　유엔해양법협약은 해양의 이용을 둘러싸고 ⓐ발생하는 국가 간의 상반*된 이익을 절충하고 갈등을 해결하는 규범의 역할을 담당하고 있다.

　유엔해양법협약에 따르면 해양을 둘러싸고 해당 협약에 대한 해석이나 적용에 관해 국가 간 분쟁이 발생하였을 때, 분쟁 당사국들은 우선 의무적으로 분쟁 해결에 관하여 신속히 의견을 ⓑ교환해야 하고 교섭*이나 조정* 절차 등 국가 간 합의에 의한 평화적 수단을 통해 분쟁 해결을 위해 노력해야 한다. 이러한 평화적 분쟁 해결 수단을 거쳐야 할 의무를 당사국에 부과하는 이유는 국제법의 특성상, 분쟁 해결의 원리가 기본적으로 각 국가의 동의를 바탕으로 적용되기 때문이다. 그런데 만약 이러한 방법으로도 분쟁이 해결되지 못할 경우에는 구속력* 있는 결정을 수반*하는 절차에 들어가게 되는데 이를 강제절차라고 한다.

　강제절차란 분쟁 당사국들이 국제적인 분쟁 해결 기구를 통해 분쟁을 해결하는 절차이다. 이때 당사국들은 자국의 이익이나 분쟁 내용 등을 고려해 분쟁 해결 기구를 선택할 수 있는데, 선택 가능한 기구에는 중재재판소, 국제해양법재판소 등 유엔해양법협약에 의해 설립된 분쟁 해결 기구들이 있다. 이 중 중재재판소는 필요할 때마다 분쟁 당사국 간의 합의를 통해 구성되고, 국제해양법재판소는 상설* 기구로 재판관 임명이나 재판소 조직 등이 사전에 결정되어 있다. 만약 분쟁 당사국들이 분쟁 해결 기구를 선택하지 않았거나 양국이 동일한 선택을 하지 않은 경우에는 별도의 합의를 하지 않는 한, 사건이 중재재판소에 회부*된다.

　본안 소송을 담당하는 재판소가 분쟁에 대한 최종 판결을 내리기 위해서는 먼저 본안 소송 관할권*의 존재 여부를 판단하여 확정하는 심리* 절차를 거쳐야 한다. 여기서 관할권이란 회부된 사건을 재판소가 다룰 수 있는 권한을 의미하는데, 이후 본안 소송의 관할권이 확정된 사안에 대해 해당 재판소는 재판 과정을 거쳐 분쟁에 대한 최종 판결을 내리게 된다.

　그런데 재판의 최종 판결이 내려지기까지 일정 시간이 ⓒ소요되기 때문에, 해당 재판소는 분쟁 당사국의 요청이 있으면 필요한 경우 잠정조치를 명령할 수 있다. 이때 잠정조치란 긴급한 상황에서 분쟁 당사국의 이익을 보호하거나 해양 환경의 중대한 피해를 방지할 목적으로 내려지는 구속력 있는 임시 조치이다. 잠정조치는 효력이 임시적이므로 본안 소송의 최종 판결이 내려지면 효력이 종료된다.

　분쟁 당사국이 소송을 제기하여 재판소에 사건이 회부되면 소송 절차가 개시되고, 그 이후 분쟁 당사국들은 언제든지 잠정조치를 요청할 수 있다. 일반적으로 잠정조치는 사건이 회부된 재판소에서 ⓓ담당하지만, 본안 소송의 재판소와 잠정조치를 명령하는 재판소가 다른 경우도 있다. 본안 소송과 마찬가지로 잠정조치도 관할권을 필요로 한다.

　예를 들어 유엔해양법협약에 의한 중재재판소에 사건이 회부되었지만, 사안이 긴급하여 재판소 구성을 기다릴 수 없는 경우에 국제해양법재판소가 잠정조치를 담당할 수 있다. 이때 본안 소송을 담당하는 중재재판소의 관할권이 확정되지 않았더라도, 잠정조치가 요청된 국제해양법재판소에서 ㉠본안 소송의 관할권을 심리한 결과, 중재재판소가 관할권을 갖게 될 가능성이 예측되어야 국제해양법재판소는 ㉡잠정조치의 관할권을 가질 수 있다. 기본적으로 잠정조치에 대한 관할권은 본안 소송을 담당하는 재판소가 관할권을 갖게 될 가능성이 큰 경우에 인정되기 때문이다. 결국 사건이 회부된 중재재판소의 본안 소송의 관할권 존재 가능성이 예측되고, 분쟁 해결이 긴급하여 잠정조치의 필요성이 인정되면, 분쟁 당사국의 이익을 보호하거나 해양 환경의 중대한 피해를 ⓔ방지하기 위해 국제해양법재판소가 잠정조치 재판을 통해 잠정조치를 명령할 수 있는 것이다.

✱ 심리: 사실 관계 및 법률관계를 명확히 하기 위하여 증거나 방법 따위를 심사하는 것.

01

윗글에서 알 수 있는 내용으로 적절하지 않은 것은?

① 잠정조치 재판에서 내려진 결정은 구속력이 없는 임시 조치이다.
② 분쟁 당사국들은 자국의 이익을 고려하여 분쟁 해결 기구를 선택할 수 있다.
③ 유엔해양법협약에 따른 분쟁 해결 원리는 각 국가의 동의를 바탕으로 적용된다.
④ 국제해양법재판소는 유엔해양법협약에 의해 설립된 국제적인 분쟁 해결 기구이다.
⑤ 유엔해양법협약은 분쟁 당사국들에게 분쟁 해결에 대한 신속한 의견 교환 의무를 부과하고 있다.

02

〈보기〉는 '유엔해양법협약에 대한 모의재판' 수업에 사용된 사례이다. 윗글을 참고할 때 〈보기〉에 대한 반응으로 적절하지 <u>않은</u> 것은? [3점]

┌ 보기 ┐

유엔해양법협약에 가입된 A국과 B국 간에 해양을 둘러싼 분쟁이 발생하였다. A국은 B국의 공장 건설로 인하여 자국의 인근 바다에 해양 오염 물질이 유출될 것을 우려하여, B국과 교섭을 시도하였으나 B국은 이에 응하지 않았다. 추후 A국은 국제해양법재판소를, B국은 중재재판소를 통한 재판을 원하였으나 합의를 이루지 못했다. 이후 절차에 따라 양국이 제기한 소송은 재판에 회부되었다. A국은 판결이 내려지기까지 오랜 시일이 걸릴 것을 염려하여 잠정조치를 바로 요청하였다. 이를 받아들여 재판소는 잠정조치를 명령하였다.

① A국이 잠정조치를 요청할 수 있었던 것은 B국과의 사건이 재판에 회부되었기 때문이겠군.
② A국이 요청한 결과 잠정조치 명령이 내려졌으므로 B국과의 본안 소송 재판은 종결되겠군.
③ A국이 B국에게 교섭을 시도한 것은 분쟁 당사국들에게 평화적 해결 수단을 거쳐야 할 의무가 있기 때문이겠군.
④ A국과 B국은 동일한 분쟁 해결 기구를 선택하지 않았으므로 두 국가 간 분쟁은 중재재판소를 통해 해결되겠군.
⑤ A국이 재판에 사건이 회부된 후 바로 잠정조치를 요청한 것은 B국으로 인한 자국의 해양 오염을 시급히 막기 위함이겠군.

03

다음은 윗글에 제시된 분쟁 해결 절차를 도식화한 것이다. 이를 이해한 것으로 적절하지 <u>않은</u> 것은?

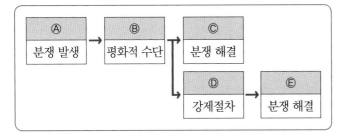

① Ⓐ는 유엔해양법협약의 해석과 적용에 대하여 국가 간 다툼이 있다는 것을 의미한다.
② Ⓓ를 진행하는 모든 분쟁 해결 기구는 분쟁이 발생하기 전에 재판소가 구성되어 있다.
③ Ⓑ를 통해 Ⓒ로 가는 과정은 분쟁 당사국 간 합의에 따라 진행된 것이다.
④ Ⓓ를 통해 Ⓔ로 가는 과정은 국제적 분쟁 해결 기구의 구속력 있는 결정을 통해 이루어진 것이다.
⑤ Ⓓ를 통해 Ⓔ로 가는 과정에서 잠정조치 명령이 내려졌다면 그 효력은 최종 판결 전까지만 유효하다.

04

⊙, ⓒ에 대한 이해로 가장 적절한 것은?

① ⊙의 존재 가능성이 예측되어야 ⓒ은 인정된다.
② ⊙에 대한 판단에 앞서 ⓒ의 존재 여부를 판단한다.
③ ⓒ이 확정되지 않으면 ⊙은 인정되지 않는다.
④ 본안 소송의 최종 판결 이후 ⊙이 확정된다.
⑤ 본안 소송의 개시 시점은 ⓒ의 인정 시점과 일치한다.

05

문맥상 ⓐ~ⓔ와 바꿔 쓰기에 적절하지 <u>않은</u> 것은?

① ⓐ: 생겨나는
② ⓑ: 주고받아야
③ ⓒ: 짧아지기
④ ⓓ: 맡지만
⑤ ⓔ: 막기

📖 정수를 올려 주는 **어휘**

• **상반(서로 相, 돌이킬 反)** 서로 반대되거나 어긋남.
• **교섭(사귈 交, 건널 涉)** 어떤 일을 이루기 위하여 서로 의논하고 절충함.
• **조정(고를 調, 머무를 停)** 분쟁을 중간에서 화해하게 하거나 서로 타협점을 찾아 합의하도록 함.
• **구속력(잡을 拘, 묶을 束, 힘 力)** 자유행동을 구속하는 효력.
• **수반(따를 隨, 짝 伴)** 붙좇아서 따름. / 어떤 일과 더불어 생김.
• **상설(항상 常, 베풀 設)** 언제든지 이용할 수 있도록 설치함.
• **회부(돌아올 回, 붙을 附)** 물건이나 사건 따위를 어떤 대상이나 과정으로 돌려보내거나 넘김.
• **관할권(피리 管, 다스릴 轄, 권세 權)** 특정한 사건에 대하여 법원이 처리할 수 있는 권한.

📝 분석 노트 18쪽에서 지문을 정리해 보세요.

06~11 다음 글을 읽고 물음에 답하시오.

범죄인이 다른 나라로 도피하면 그 신병*을 확보하기 어려워 처벌이 힘들다. 이 때문에 근대에 들어 각국은 국제법상 범죄인인도제도를 발전시켰다. 범죄인인도제도는 해외에서 죄를 범한 범죄인이 자국 영역으로 도피해 온 경우, 그를 처벌하기를 원하는 외국의
05 청구에 응해 해당자를 인도하는 제도이다.

범죄인인도제도는 서로 범죄인인도를 할 것을 합의하고 그에 대한 사항을 규정하는 국가 간의 조약인 범죄인인도조약을 기초로 이루어진다. 범죄인인도가 원만히 진행되려면 상대국의 사법제도에 대한 상호 신뢰가 필요하므로, 범죄인인도조약은 주로 양자조약의
10 형태로 발달하였으며 범세계적*인 조약은 ㉠성립되지 않고 있다. 사전에 체결된 범죄인인도조약에 의해서만 상대 국가에 대한 범죄인인도청구에 응할 의무가 발생하며, 어떤 국가가 범죄인인도조약을 맺지 않은 국가의 범죄인인도청구에 응해야 할 국제법상의 의무는 없다.

15 범죄인인도제도의 구체적인 내용은 범죄인인도조약에 따라 차이가 있지만, 전체적으로 표준화되어 있다고 할 만큼 국제적으로 공통되는 것이 많다. 우선 대부분의 범죄인인도조약은 처벌 가능한 최소 형기를 기준으로 인도대상범죄를 규정한다. 범죄인인도를 청구하는 청구국과 인도를 청구받는 피청구국 모두에서 범죄로 성립
20 되고, 주로 해당 범죄의 형기가 징역 1년 이상에 해당하는 경우만을 인도대상으로 규정하는 방식이다. 여기에 부합하면 내국인이든 외국인이든 범죄인인도의 대상이 될 수 있다. 청구국의 범죄인인도청구가 공식적으로 외교 경로를 통해 전달되면, 피청구국은 범죄인인도청구에 응하여 실제로 범죄인을 인도할지를 결정한다. 이때 범죄
25 인인도는 대부분 피청구국 법원의 허가를 받아야 한다.

범죄인인도조약에 의해 범죄인인도청구에 응할 의무가 있다고 해도 피청구국이 청구국에 범죄인을 반드시 인도해야 하는 것은 아니다. 범죄인인도거절 ㉡사유로는 피청구국이 범죄인인도를 할 수 없는 절대적 인도거절 사유와 범죄인인도를 하지 않을 수 있는 임
30 의적 인도거절 사유가 있다.

절대적 인도거절 사유에는 대표적으로 다음과 같은 것들이 있다. 인도청구된 범죄에 대하여 이미 피청구국에서 재판이 진행 중이거나 피청구국에서 확정 판결*을 받은 경우는 중복 처벌을 피하기 위해 범죄인인도가 허용되지 않는다. 그리고 피청구국에서 공소시효
35 가 끝난 경우에도 범죄인인도가 거절된다.

또한 정치범도 일반적으로 범죄인인도가 불허된다. 정치범이란 국가나 국가 권력을 ㉢침해함으로써 성립하는 불법 행위를 저지른 사람을 말하는데, 정치범죄의 판단기준이 시대나 상황에 따라 달라질 수 있으므로 범죄인인도조약에 정치범죄의 정의가 포함되는 경
40 우는 찾기 어렵다. 결국 어떤 행위가 정치범죄에 해당하는가의 판단은 피청구국에서 하게 된다. 대부분의 정치범죄가 일반 형사범죄로서의 성격도 함께 지니는 이른바 상대적 정치범죄인데, 일반적으로 범죄행위의 정치적 성격이 일반 형사범죄로서의 성격보다 우월

할 때 그것을 정치범죄로 판단한다. 하지만 어떤 범죄는 정치적 성격이 있더라도 정치범죄로 인정될 수 없다. 예를 들어 국가원수나 그 가족의 생명·신체를 침해하는 행위는 정치범 불인도 대상에서 제외되며 이를 가해조항이라 부른다. 그리고 무고한 불특정 다수를 대상으로 하는 테러행위 등은 많은 범죄인인도조약에서 정치범 05 로 인정되지 않는다고 규정하고 있다.

임의적 인도거절 사유는 범죄인인도조약에 따라 다르다. 우선 범죄인이 피청구국의 자국민일 경우 피청구국이 범죄인인도를 거절할 수 있게 하는 경우가 있다. 그런데 피청구국이 이런 자국민 불인도 조항에 따라 자국민 범죄인의 인도를 거절하고 범죄인을 처벌하 10 지도 않으면, 결과적으로 범죄인이 처벌을 면할 수 있다. 이에 다수의 범죄인인도조약에는 피청구국이 자국민이라는 이유만으로 범죄인인도를 거절할 경우, 청구국의 요청이 있으면 피청구국은 기소*당국에 사건을 회부해야 한다는 조항을 넣기도 한다. 또 범죄인이 청구국에 인도된 뒤 비인도적인 대우를 받을 것이 ㉣예견될 때는 15 범죄인의 인권을 보호하기 위해 범죄인인도를 거절할 수 있게 하는 경우가 있다. 같은 이유에서 사형을 폐지한 피청구국은 청구국이 대상 범죄인을 사형에 처하지 않을 것이라는 ㉤보증을 하지 않을 경우 범죄인인도를 거절할 수 있게 하는 일도 많다.

범죄인이 청구국으로 인도되면 인도청구 사유가 되었던 범죄에 20 대해서만 처벌을 받는데, 다만 인도 후 새로 저지른 범죄나 피청구국이 처벌에 동의한 범죄 등은 인도청구 사유에 명시되지 않았어도 처벌이 가능하다. 이를 특정성의 원칙이라고 하며, 이 또한 범죄인의 인권을 보호하기 위한 장치로 볼 수 있다.

06

윗글을 통해 해결할 수 있는 질문으로 적절하지 않은 것은?

① 범죄인인도조약의 개념은 무엇일까?
② 범죄인인도거절 사유로는 어떤 것들이 있을까?
③ 인도대상범죄를 규정하는 기준에는 무엇이 있을까?
④ 범죄인인도청구에 응할 의무는 무엇에 의해 발생하는 것일까?
⑤ 범죄인인도를 법원이 허가하면 범죄인의 신병은 언제 인도될까?

07

범죄인인도제도에 대한 설명으로 적절하지 않은 것은?

① 근대에 들어 발전한 국제법상의 제도이다.
② 범죄인인도조약에 따라 구체적인 내용에 차이가 있다.
③ 해외에 있는 범죄인의 신병을 확보하기 위한 제도이다.
④ 범세계적인 범죄인인도조약의 규정을 기초로 하여 운영되고 있다.
⑤ 원활하게 운영되기 위해서는 국가 간 사법제도에 대한 상호 신뢰가 필요하다.

※ 〈보기〉의 (가)와 (나)는 서로 범죄인인도조약을 맺고 있는 A국과 B국 사이의 가상 사례이다. **08**번과 **09**번 물음에 답하시오.

보기

(가) 제3국 국민인 X는 A국에서 경제 범죄를 저질러 구속영장이 발부되자 B국으로 탈주했다. A국은 B국에 X에 대한 범죄인인도를 청구했다. B국 법원은 X의 범죄가 인도대상 범죄에 해당한다고 판단한 뒤 사건을 검토하여 X의 인도를 허가하기로 결정하였다. (단, X는 A국, B국 중 어떤 나라와도 범죄인인도조약을 맺고 있지 않은 나라의 국민이다.)

(나) A국 정부에 반대하는, A국 국민 Y가 그 정부를 전복하려는 활동의 하나로 A국의 무인 공공시설물을 파손하려다 발각된 뒤 B국으로 도피했고, A국은 B국에 Y에 대한 범죄인인도를 청구했다. B국 법원은 Y의 행위가 인도대상 범죄에는 해당한다고 판단한 뒤, 해당 사건의 일반 형사 범죄로서의 성격과 정치범죄로서의 성격을 검토한 후 이를 바탕으로 인도를 불허한다는 결정을 내렸다.

08

윗글을 바탕으로 (가)와 (나)를 이해한 것으로 적절하지 <u>않은</u> 것은? [3점]

① A국과 B국의 법률에서는 X와 Y의 행위를 모두 범죄로 규정하고 있을 것이다.

② A국과 B국 간의 범죄인인도조약에 자국민 불인도 조항이 있더라도, X와 Y는 해당 조항의 적용대상이 되지 않을 것이다.

③ Y의 행위는 X의 행위와 달리 범죄인인도조약상 B국이 범죄인인도를 허가할 수 없는 절대적 인도거절 사유에 해당할 것이다.

④ X는 Y와 달리 B국과 범죄인인도조약을 체결하지 않은 국가의 국민이지만, B국은 X, Y 모두에 대한 A국의 범죄인인도 청구에 응해야 할 의무를 질 것이다.

⑤ 인도가 청구된 범죄에 대해 X와 Y가 인도청구 전에 이미 B국에서 유죄 판결을 받았다면, B국은 X와 Y의 처벌을 위해 그 신병을 모두 A국으로 인도해야 할 것이다.

09

윗글을 읽은 학생이 (나)에 대해 이해한 것으로 가장 적절한 것은?

① A국 법원이 B국 법원 대신 Y의 행위가 정치범죄로 인정받을 수 있는지 여부를 결정할 수 있겠군.

② B국 법원은 Y의 행위가 일반 형사범죄로서의 성격보다 정치적 범죄로서의 성격이 더 강한 범죄라고 판단했겠군.

③ A국은 범죄인인도를 청구하면서 Y의 행위가 가해조항의 적용을 받으므로 Y의 신병을 A국에 인도해야 한다고 주장했겠군.

④ B국 법원은 대부분의 범죄인인도조약에 명시된 정치범죄에 대한 정의를 기준으로 적용하여 Y의 행위의 정치적 성격을 판단했겠군.

⑤ B국 법원은 Y의 행위가 무고한 불특정 다수를 대상으로 하는 테러행위가 아니므로 정치범 불인도의 대상에서 제외되어야 한다고 판단했겠군.

10

〈보기〉는 학습 자료로 만든 범죄인인도조약의 일부이다. 윗글을 읽은 학생이 〈보기〉에 대해 보인 반응으로 적절하지 <u>않은</u> 것은?

보기

제4조 피청구국은 자국민을 인도할 의무는 없으나 재량에 따라 자국민을 인도할 권한을 갖는다. 자국민인 범죄인의 인도를 국적만을 이유로 거절하는 때에는, 피청구국은 청구국의 요청이 있을 경우 기소 당국에 사건을 회부하여야 한다.

제5조 인도청구되는 범죄가 청구국의 법률상 사형선고가 가능한 경우에는 피청구국은 해당 범죄인의 인도를 거절할 수 있다. 단, 청구국이 사형을 선고하지 않거나, 사형선고를 할 경우에도 집행하지 않는다고 보증하는 경우에는 그러하지 않다.

제6조 인도되는 범죄인은 피청구국에 의해 인도가 허용된 범죄, 인도 이후에 저지른 범죄, 피청구국이 처벌에 동의하는 범죄를 제외하고는 청구국에서 처벌될 수 없다.

① 제4조에는 피청구국이 자국민 범죄인의 인도를 거절하고 범죄인을 처벌하지도 않을 경우에 대비한 규정이 포함되어 있군.

② 제5조에는 청구국의 법률상 사형선고가 가능한 경우, 피청구국이 청구국에 보증을 할 필요가 있다는 내용이 포함되어 있군.

③ 제6조의 내용으로 보아 이 조항은 특정성의 원칙과 관련된 조항이라고 볼 수 있겠군.

④ 제4조와 제5조는 모두 임의적 인도거절 사유에 해당하는 조항이라고 볼 수 있겠군.

⑤ 제5조와 제6조는 범죄인인도의 대상이 되는 범죄인의 인권을 보호하기 위한 장치로 볼 수 있겠군.

11

㉠~㉤의 사전적 의미로 적절하지 <u>않은</u> 것은?

① ㉠: 기관이나 조직체 따위를 만들어 일으킴.

② ㉡: 일의 까닭.

③ ㉢: 침범하여 해를 끼침.

④ ㉣: 앞으로 일어날 일을 미리 짐작함.

⑤ ㉤: 어떤 사물이나 사람에 대하여 책임지고 틀림이 없음을 증명함.

📖 **점수를 올려 주는 어휘**

• **신병**(몸 身, 자루 柄) 보호나 구금의 대상이 되는 사람의 몸.

• **범세계적**(뜰 汎, 세계 世, 경계 界, 과녁 的) 널리 온 세계에 다 관계되는 것.

• **확정 판결**(굳을 確, 정할 定, 판가름할 判, 결정할 決) 확정된 효력을 지니는 판결.

• **기소**(일어날 起, 하소연할 訴) 검사가 특정한 형사 사건에 대하여 법원에 심판을 요구하는 일.

📝 분석 노트 19쪽에서 지문을 정리해 보세요.

⏱ 풀이 시간 10분 30초

01~05 다음 글을 읽고 물음에 답하시오.

분쟁이 예견되거나 진행 중인 상황에서 후일 상대방이 사실을 번복하거나 그런 내용을 고지받지 못했다고 주장하는 것을 막기 위해 '내용증명'을 활용할 수 있다. 내용증명이란 누가, 언제, 누구에게, 어떤 내용의 문서를 보냈다는 사실을 우체국에서 공적으로 증명해
05 주는 특수한 우편 제도로, 이를 활용하면 ㉠향후 법적 분쟁의 소지를 줄일 수 있다.

내용증명은 개인 간 채권˚·채무˚ 관계나 권리·의무를 더욱 명확하게 할 필요가 있을 때 주로 이용된다. 예를 들어 방문 판매를 통해 충동적으로 구입한 화장품, 건강식품 등의 구매 계약을 철회 기
10 간 내에 취소하고 싶을 때 사용할 수 있다. 특히 판매자와 연락이 되지 않는 등의 사유로 계약을 철회할 수 있는 기간 내에 철회가 불가능한 경우에도 사용한다.

내용증명은 다른 우편물과는 달리 우체국에 같은 내용의 문서 3부를 제출해야 한다. 이는 발신인, 수신인, 우체국 3자가 각각 동일
15 한 내용의 문서를 소지하기 위함이다. 그 결과 발신인이 작성한 어떤 내용의 문서가 언제 누구에게 발송되었는지를 우체국장이 증명할 수 있게 되는 것이다. 그러나 이것이 문서의 내용이 맞는다는 것까지 증명하는 것은 아니라는 점에 유의해야 한다. 내용증명 우편이 발송되었다는 사실은 입증하지만 문서 내용의 진위까지 입증하
20 는 것은 아니므로 그 자체로 문제가 해결되는 것은 아니다.

그렇다면 내용증명은 어떠한 기능을 하는 것일까? 우선, 내용증명은 문서를 발송하였다는 것을 공적으로 증명하는 증거 효력을 갖는다. 만약 법적 대응 과정에서 내용증명을 제출한다면 상대방은 그와 같은 내용의 문서를 언제 받았다는 사실만큼은 문제 삼을 수
25 없다. 다음으로, 내용증명은 상대방에게 심리적 부담을 주어 그 내용의 이행을 실현하게 하기도 한다. 왜냐하면 내용증명을 보내는 사람이 추후 강력한 법적 대응을 이어갈 의지가 있음을 알리기 때문이다. 예를 들어 A에게 돈을 빌린 B가 채무 이행을 독촉하는 내용증명을 받으면 B는 A가 이후 법적 대응을 할 수도 있다는 심리적
30 부담을 느껴 자발적으로 돈을 갚을 가능성이 있다는 것이다.

또한 내용증명은 그 자체만으로는 단순히 최고˚하는 것에 불과하지만, 소멸시효˚를 중단˚시키는 데 중요한 역할을 한다. 채권에는 소멸시효가 있기 때문에 제때 권리 행사를 하지 않으면 소멸시효가 만료되어 그 권리가 소멸된다. 따라서 소멸시효가 만료될 무
35 렵까지 채무 이행이 이루어지지 않고 있다면 채권자는 소멸시효가 더 이상 진행되지 못하도록 중단시켜야 한다. 그러나 내용증명을 발송하였다고 하여 바로 소멸시효가 중단되는 것은 아니다. 내용증명을 보낸 날짜로부터 6개월 이내에 청구나 압류, 가압류, 가처분˚ 등을 해야만 소멸시효가 중단되는 효력이 발생한다. 이러한 법적
40 대응을 하게 되면 해당 사안의 소멸시효가 내용증명을 보낸 시점에

중단되는 효력이 발생한다. 이렇게 소멸시효가 중단되면 그때까지 경과한 소멸시효의 기간은 무효가 되고 중단 사유가 종료된 때로부터 소멸시효가 새로이 시작된다.

[A]
내용증명을 작성할 때 정해진 양식이 있는 것은 아니지만 특정일에 특정 내용을 전달했다는 증거가 되므로 발신인, 수신인, 05 제목, 본문, 날짜 등이 순서대로 포함되어야 한다. 기재된 발신인 및 수신인의 주소와 이름은 반드시 봉투 겉면에 작성하는 주소, 이름과 일치하도록 해야 하고, 제목에는 손해 배상 청구 등과 같이 내용증명의 구체적 목적이 담겨야 한다. 본문에는 계약 경위와 같은 객관적 사실 관계와 요구 사항 등을 분명히 제시해 10 야 한다. 날짜에는 발송 날짜를 쓰고 발신인의 도장을 찍거나 서명을 하도록 한다. 작성하면서 글자나 기호를 정정, 삽입 또는 삭제할 때에는 반드시 '정정', '삽입' 또는 '삭제'라는 문자 및 수정한 글자 수를 여백에 기재하고 그곳에 발송인의 도장 또는 지장˚을 찍거나 서명을 하여야 한다. 15

민법의 규정에 따라 문서의 우편 발송은 수신인에게 도달된 때로부터 효력이 발생한다. 그러나 방문판매 등의 청약 철회를 요청하는 내용증명의 경우에는 수신인의 수취 여부와 상관없이 서면˚을 발송한 날부터 발생한다. 내용증명으로 발송한 우편물은 3년간 우체국에서 보관한다. 발신인이나 수신인이 이를 분실할 경우 발송 20 우체국에 특수우편물수령증, 주민등록증 등을 제시해 본인임을 입증하면 보관 중인 내용증명의 열람을 청구할 수 있으며 필요시에는 복사를 요청할 수도 있다.

＊ **최고**: 다른 사람에게 일정한 행위를 할 것을 요구하는 통지를 냄.

01

윗글에 대한 설명으로 가장 적절한 것은?

① 특정 제도의 특징과 기능을 구체적인 사례를 들어 소개하고 있다.

② 특정 제도의 형성 배경과 발달 과정을 순차적으로 서술하고 있다.

③ 특정 제도가 지닌 문제점과 한계를 다양한 측면에서 고찰하고 있다.

④ 특정 제도가 실시되었을 때 예상되는 장점과 단점을 분석하고 있다.

⑤ 특정 제도의 필요성을 언급한 뒤 그 속성을 유사한 대상에 빗대어 설명하고 있다.

02

윗글의 내용과 일치하지 <u>않는</u> 것은?

① 내용증명을 받은 수신인은 심리적 부담감을 느끼고 문제 해결을 시도할 수 있다.
② 방문판매의 청약 철회를 요청하는 내용증명의 효력은 서면을 발송한 날부터 발생한다.
③ 내용증명 발송 직후 발신인이 이를 분실한 경우 발송 우체국에서 복사를 요청할 수 있다.
④ 내용증명을 위해 우체국에 같은 내용의 문서를 3부 제출하여 발신인도 그중 하나를 갖는다.
⑤ 계약을 철회할 수 있는 기간이 지난 후 발송한 내용증명도 법적 대응 과정에서 효력을 가질 수 있다.

03

[A]를 바탕으로 다음의 자료를 이해한 내용으로 적절하지 <u>않은</u> 것은?

```
┌─────────────────────────────┐
│           내용증명            │
│                             │
│ 수신인: □□시 □□구 □□동 □□번지 ┐        │
│          ◇◇ 상사         ┘········ ㉮ │
│        방문판매 계약 관련 ········ ㉯  │
│ 1. 귀사의 발전을 기원합니다.          │
│ 2. 본인의 아들 홍○○(만 16세)가 2021년 6월 1일 귀사의 서적│
│   시리즈 1세트를 월 15,000원씩 20개월간 납입하기로 하고│
│   곧장 계약하였습니다.               │
│   삭제 (홍길동) ··············· ㉰    │
│ 3. 그러나 본인의 아들 홍○○은 미성년자로서, 민법상 행 ┐│
│   위무능력자가 책을 구입할 경우에는 반드시 법정대리인 │··㉱│
│   인 부모의 동의를 얻어야 하는데, 위 경우 법정대리인의 │
│   동의 없이 물품을 구입하였습니다.       ┘│
│ 4. 이에 「방문판매 등에 관한 법률의 규정」에 따라 인도받은 서적│
│   을 반환합니다.                    │
│          2021년 6월 3일  ┐········ ㉲ │
│          발신인: 홍 길 동 (홍길동) ┘    │
└─────────────────────────────┘
```

① ㉮: 봉투 겉면에 작성하는 것과 일치하도록 발신인의 주소와 이름을 추가해야 해.
② ㉯: 제목에 해당하는 부분이므로 발신인의 목적이 구체적으로 드러나도록 '계약 철회 요청'으로 작성하면 좋겠어.
③ ㉰: 두 글자를 삭제하였으므로 삭제한 글자 수까지 명시하여 '2자 삭제'로 적어야 해.
④ ㉱: 요구 사항이 분명하게 드러나도록 '따라서 이 계약의 취소를 요청합니다.'를 추가해야 해.
⑤ ㉲: 특정일에 전달받았다는 증거가 되도록 수신인이 내용증명을 받게 될 날짜를 밝혀야 해.

04

㉠의 이유로 가장 적절한 것은?

① 수신인에게 분쟁을 철회할 것을 요청하기 때문에
② 수신인에게 의사 표시를 할 것을 주장하기 때문에
③ 발신인이 충동적으로 계약을 맺는 것을 막아 주기 때문에
④ 발신인이 의사 표시를 했음을 객관적으로 드러내기 때문에
⑤ 발신인이 주장하는 내용의 진위를 법적으로 입증하기 때문에

05

윗글을 바탕으로 〈보기〉의 상황을 이해한 내용으로 가장 적절한 것은? [3점]

> **보기**
> 을은 갑에게 돈을 빌려주었으며, 해당 채무 관계의 소멸시효는 3년으로 2020년 12월 31일에 만료된다. 그런데 갑은 만료일이 다가오도록 을에게 채무를 이행하지 않고 있다. 이에 을은 주변의 조언을 받아 2020년 10월 31일에 채무 이행을 요구하는 내용증명을 보내어 갑에게 도달하였음을 확인하였다.

① 을이 갑에게 내용증명을 보낸 궁극적인 목적은 소멸시효 만료를 알리기 위함이다.
② 을이 보낸 내용증명으로 인해 소멸시효 만료일인 2020년 12월 31일로부터 중단 효력이 발생한다.
③ 을이 내용증명을 소멸시효 만료 2개월 전에 보냈으므로 중단 사유 종료 후 소멸시효가 2개월 연장된다.
④ 을이 이후 법적 대응을 할 뜻이 없다면 을이 돈을 받을 수 있는 권리는 2020년 12월 31일까지만 유지된다.
⑤ 을이 2021년 6월 30일까지 가압류, 가처분 등의 조치를 하면 소멸시효는 2020년 10월 31일에 중단된 것으로 본다.

점수를 올려 주는 어휘

- **채권(빚 債, 권세 權)** 재산권의 하나. 특정인이 다른 특정인에게 어떤 행위를 청구할 수 있는 권리이다.
- **채무(빚 債, 힘쓸 務)** 재산권의 하나. 특정인이 다른 특정인에게 어떤 행위를 하여야 할 의무를 이른다.
- **소멸시효(꺼질 消, 멸망할 滅, 때 時, 본받을 效)** 권리자가 자신의 권리를 행사할 수 있음에도 불구하고 일정 기간 동안 권리를 행사하지 아니하는 경우에 그 권리를 소멸하는 제도.
- **중단(가운데 中, 끊을 斷)** 중도에서 끊어져 이제까지의 효력을 잃게 하는 일.
- **가처분(거짓 假, 곳 處, 나눌 分)** 민사 소송법에서, 금전 채권이 아닌 청구권에 대한 집행을 보전하거나 권리 관계의 다툼에 대하여 임시적인 지위를 정하기 위하여 법원이 행하는 일시적인 명령.
- **지장(가리킬 指, 글월 章)** 도장을 대신하여 손가락에 인주 따위를 묻혀 그 지문(指紋)을 찍은 것.
- **서면(글 書, 낯 面)** 일정한 내용을 적은 문서.

📝 분석 노트 20쪽에서 지문을 정리해 보세요.

⏱ 풀이 시간 10분 30초

06~10 다음 글을 읽고 물음에 답하시오.

주택 임대차는 임차인*이 주택의 소유자인 임대인*에게 보증금*을 지급하고 합의한 기간 동안 목적물인 주택을 사용한 후, 기간이 만료되면 보증금을 반환받는 계약이다. 임대차를 체결하여 임차인에게 발생하는 권리인 ⓐ임차권은 채권에 해당한다. 채권을 가진 사람은 원칙적으로 특정한 채무자에 대해서만 일정한 행위를 요구할 수 있고, 제삼자에게는 권리를 주장할 수 없다. 반면에 소유권이나 저당권, 전세권 등 물건에 대한 지배권이라 할 수 있는 물권*은 누구에게나 주장할 수 있는 권리이다. 따라서 물권은 일반적으로 채권에 우선하는 효력이 인정되며, 같은 물권들 사이에서는 선순위 물권이 후순위보다 우선한다. 그래서 임차인은 계약을 맺은 임대인에 대해서만 임차권을 주장할 수 있고, 매매 등으로 주택의 소유권이 변경되면 새로운 소유자에게는 임차권을 주장하지 못할 수 있다.

이 문제를 해결하기 위한 방법으로 민법에는 ⓑ전세권이 있다. 이는 보증금을 지급하고 부동산을 약정 기간 동안 이용한 후 부동산을 반환하고 보증금을 돌려받는 권리로, 임차권과 내용이 같지만 물권이라는 점에서 차이가 있다. 임차한 주택에 전세권을 설정하면 임대차 내용이 등기부*에 기재된다. 등기는 부동산에 관한 물권의 권리관계를 등기부에 기재하여 공시함으로써 제삼자가 해당 내용을 알 수 있도록 하는 제도이다. 전세권을 설정하기 위해서는 임대인의 동의가 필요한데 대체로 임차인의 지위가 낮은 현실에서 임대인의 동의를 얻기는 쉽지 않다. 이러한 임차인의 지위를 보호하여 국민 주거 생활을 안정시키기 위해 제정된 특별법이 주택임대차보호법이다. 이 법률은 임차인이 일정한 요건을 갖추었을 경우 임차권에 물권적 효력을 부여하여 임차인의 지위를 강화한다. 그 요건은 임차인이 주택을 인도받는 것과 전입 신고를 마치는 것이다. 요건을 충족한 다음 날부터 임차권은 제삼자에게도 대항력*을 갖는다. 요건만 갖추면 효력이 발생하고 임대인의 동의도 필요하지 않기 때문에 임차인을 효과적으로 보호하는 것이 가능하다.

대항력을 갖는다는 것은 제삼자에게도 임차권을 주장할 수 있게 되었다는 의미이다. 예컨대 임차한 주택이 경매되면 일반적으로 임차권은 소멸하지만 주택임대차보호법에 따른 대항력을 갖춘 경우에는 그렇지 않다. 임차인은 이에 덧붙여 주민센터 등의 공공 기관에서 주택 임대차 계약서에 확정일자*를 받을 수 있다. 우선변제권을 확보하기 위해서이다. 임차한 주택이 경매되었을 때 임차인은 자신의 우선변제권 성립보다 뒤에 설정된 물권에 우선하여 보증금을 변제받을 수 있다. 우선변제권의 효력은 대항력과 확정일자 모두 갖추어진 날부터 발생한다. 또한 주택임대차보호법에서는 사회적 약자를 보호하는 취지에서, 대항력을 갖춘 소액임차인에게는 정해진 금액까지의 보증금을 선순위 물권자보다 우선하여 변제받을 수 있는 최우선변제권까지 부여한다. 소액임차인으로 인정될 수 있는 보증금의 기준과 최우선변제권으로 변제받을 수 있는 금액은 대통령령으로 정해지며 지역에 따라 다르다.

주택 임대차가 만료되었는데 임차인이 임대인으로부터 보증금을 반환받지 못하는 일이 생기기도 한다. 이 경우 임차인은 이사를 가면 자신의 권리 순위가 상실될 수 있다는 우려를 하게 된다. 이런 문제 때문에 주택임대차보호법에는 임차권등기명령 제도가 포함되어 있다. 이는 종료된 임차권을 법원의 명령으로 등기부에 공시할 수 있도록 하는 것이다. 임대차가 종료된 후 보증금이 반환되지 않은 경우 임차인은 관할 법원에 임차권등기명령을 신청할 수 있고, 법원이 이를 심리하여 결정한다. 이때 임대인의 동의는 필요하지 않고, 전입 신고를 하지 않았거나 확정일자를 받지 않았던 임차인도 임차권등기를 하게 되면 대항력과 우선변제권을 취득하게 된다. 한편 ⓒ임차권이 등기된 뒤에 해당 주택에 새로 임대차를 체결한 다른 소액임차인은 보증금의 최우선변제를 받을 수 없도록 하였다. 임차권등기를 한 임차인이 예상하지 못한 손해를 입을 수 있기 때문이다.

06

윗글의 내용과 일치하지 않는 것은?

① 주택임대차보호법은 일정한 요건을 갖춘 임차인의 지위를 강화한다.
② 주택 임대차가 체결되면 관할 법원은 임대차 내용을 등기부에 기재해야 한다.
③ 주택 임대차가 만료되면 임차인은 임대인에게 임대차의 목적물을 반환해야 한다.
④ 최우선변제권이 있는 소액임차인이더라도 보증금의 전부를 반환받지 못할 수 있다.
⑤ 어떤 물건에 대한 지배권을 모든 사람에게 주장하려면 해당 물건에 대한 물권이 필요하다.

07

ⓐ, ⓑ을 이해한 내용으로 적절하지 않은 것은?

① ⓐ을 가진 사람은 원칙적으로는 임대인에게만 계약 내용에 따른 행위를 요구할 수 있다.
② ⓑ을 설정하기 위해서는 임대인의 동의가 필요하다.
③ ⓑ을 가진 임차인은 임대차 기간 동안 목적물이 되는 주택의 소유권을 가지게 된다.
④ ⓐ이나 ⓑ을 가진 사람은 계약상의 주택에 대한 자신의 권리를 주장할 수 있다.
⑤ 일반적으로 ⓑ은 ⓐ에 우선하는 효력이 인정된다.

08

주택임대차보호법을 이해한 내용으로 적절하지 <u>않은</u> 것은?

① 임차인이 대항력을 갖추면 임차한 주택이 경매되더라도 임차권이 유지될 수 있도록 한다.

② 임차인이 전입 신고를 하지 않으면 확정일자를 받더라도 계약 기간 동안 우선변제권이 생기지 않는다.

③ 대항력을 갖춘 임차인이 주택 임대차 계약서에 확정일자를 받으면 다음 날부터 우선변제권의 효력이 발생한다.

④ 소액임차인이 다른 지역에서 새로운 임대차를 체결하면 그 지역에서는 최우선변제권을 부여받지 못할 수도 있다.

⑤ 임차한 주택을 인도받고 전입 신고를 한 날에 주택에 다른 물권이 성립되면 임차권은 새로운 물권보다 후순위가 된다.

09

윗글을 바탕으로 〈보기〉를 이해한 내용으로 적절한 것은? [3점]

> ┤ 보기 ├
>
> 을이 갑에게 2억 원의 보증금을 지급하고 갑 소유의 A 주택을 2021년 2월 5일부터 2년간 임대하기로 하는 임대차가 갑과 을 사이에 체결되었다. 을은 2021년 2월 5일에 A 주택으로 이사하고 전입 신고를 하였지만 계약 기간 내내 확정일자는 받지 않았다. A 주택에 거주해 오던 을은 임대차 만료를 앞두고 이사 갈 집을 구하여 새로운 임대차를 체결하였고, 2022년 12월 4일에 갑에게 기존의 임대차를 연장하지 않겠다는 의사를 밝혔다. 갑은 사정이 생겨 보증금을 제때 돌려주지 못한다고 통보하였다. 갑은 임대차가 만료된 현재까지 보증금을 돌려주지 않고 있다.

① 을은 2022년 12월 4일부터 임차권등기명령을 신청할 수 있다.

② 을은 임차권등기명령을 신청하는 즉시 갑에게 보증금을 돌려받을 수 있다.

③ 을은 기존의 우선변제권이 유지되도록 임차권등기명령 제도를 이용할 수 있다.

④ 을의 신청으로 임차권등기명령이 내려지면 갑은 A 주택을 다른 사람에게 매도할 수 없다.

⑤ 을의 신청으로 임차권등기명령이 내려지면 을이 이사를 가더라도 을이 가지고 있던 임차권은 등기부에 기재된다.

10

ⓒ의 이유를 추론한 것으로 가장 적절한 것은?

① 최우선변제권은 사회적 약자를 보호하는 취지에서 인정되는 것이기 때문에

② 소액임차인이 임대차를 체결할 때 등기부에 기재된 임차권을 알 수 없기 때문에

③ 최우선변제권이 생기면 원래의 임차인이 가지고 있던 우선변제권이 사라지기 때문에

④ 소액임차인의 최우선변제권이 인정되면 등기부상의 선순위 물권보다도 우선 변제되기 때문에

⑤ 원래의 임차인과 달리 새로 입주한 소액임차인은 주택의 인도라는 요건이 필요하지 않기 때문에

📖 **점수를 올려 주는 어휘**

- **임차인**(품팔이 賃, 빌릴 借, 사람 人) 임대차 계약에서, 돈을 내고 물건을 빌려 쓰는 사람.
- **임대인**(품팔이 賃, 빌릴 貸, 사람 人) 임대차 계약에 따라 돈을 받고 다른 사람에게 물건을 빌려준 사람.
- **보증금**(보전할 保, 증거 證, 쇠 金) 일정한 채무의 담보로 미리 채권자에게 주는 금전.
- **물권**(만물 物, 권세 權) 특정한 물건을 직접 지배하여 이익을 얻을 수 있는 배타적 권리. 점유권, 소유권, 지상권, 지역권, 전세권, 유치권, 질권, 저당권 따위이다.
- **등기부**(오를 登, 기록할 記, 장부 簿) 부동산이나 동산·채권 등의 담보 따위에 관한 권리관계를 적어 두는 공적 장부.
- **대항력**(대답할 對, 막을 抗, 힘 力) 민법에서, 이미 유효하게 이루어진 권리관계를 제삼자가 인정하지 않을 때, 이를 물리칠 수 있는 법률에서의 권리와 능력.
- **확정일자**(굳을 確, 정할 定, 날 日, 글자 字) 증서가 작성된 일자에 대하여 완전한 증거력이 있다고 법률에서 인정하는 일자.

📝 분석 노트 21쪽에서 지문을 정리해 보세요.

⏱ 풀이 시간 10분 30초

01~05　다음 글을 읽고 물음에 답하시오.

　경제학에서는 개별 경제 주체들이 주어진 조건하에서 자신이 ⓐ조절할 수 있는 변수°들을 적절히 선택하여 최적°의 결과를 추구°한다고 본다. 그런데 최적의 결과를 얻기 어려운 상황에 놓인다면 경제 주체들은 일반적으로 효율성°을 ⓑ고려하여 차선°의 선택을 고민하게 된다. 하지만 립시와 랭카스터는 차선의 의미에 대해 새로운 관점을 보여 주는 '차선의 이론'을 제시했다.

　차선의 이론에서는 최적의 결과를 얻기 위한 여러 조건 중 한 가지 이상의 조건이 ⓒ충족되지 못하는 상황이라면 나머지 조건들이 모두 충족되더라도 그 결과는 차선이 아닐 수 있다고 본다. 예를 들어 ㉠효율성을 달성하기 위한 10개의 조건 중 9개의 조건이 충족되는 것이 8개의 조건이 충족되는 것보다 반드시 더 낫다고 볼 수는 없다는 의미이다.

　여기서 왜 효율성을 달성하기 위한 10개의 조건 중 9개의 조건이 충족되는 것이 차선이 아닌지를 ⓓ입증하기 위해서는 공평성을 함께 고려해야 한다. 한 사회가 어떤 것을 공평하다고 여기는지는 사회무차별곡선°을 통해 확인할 수 있다. 사회무차별곡선은 개별 경제 주체가 경제 활동을 통해 얻은 주관적 만족감인 효용°수준을 종합한 사회후생°수준을 보여 준다. 사회무차별곡선의 모양을 보면 그 사회가 개인의 효용수준에 대한 평가를 통해 공평성에 대해 어떠한 가치판단을 하고 있는지 확인할 수 있다.

　사회무차별곡선 위의 모든 점은 동일한 사회후생수준을 나타내는데, 이 곡선이 원점에서 멀리 위치할수록 사회후생수준이 높다는 것을 나타낸다. 일반적으로 사회무차별곡선의 모양은 원점에 대해 볼록한 곡선으로, 우하향할수록 기울기가 완만해진다. 이는 높은 효용수준을 누리는 사람의 효용에는 상대적으로 낮은 가중치°를 ⓔ적용하고, 낮은 효용수준밖에 누리지 못하는 사람들의 효용에는 높은 가중치를 적용해 사회후생을 계산하는 것이 공평하다는 가치판단이 반영된 결과이다.

　〈그림〉은 사회에서 경제적 자원을 모두 활용하여 쌀과 옷 두 가지 상품만 생산한다는 가정하에 생산가능곡선 CD와 사회무차별곡선(SIC)을 통해 차선의 이론의 예를 보여 준다. 〈그림〉의 생산가능곡선 CD는 원점에 대해 오목한 모양으로 이 곡선 위의 점들은 생산의 효율성을 충족한다는 것을 의미하며, 곡선의 바깥쪽은 생산이 불가능함을, 곡선의 안쪽은 생산은 가능하나 비효율적임을 나타낸다. 이때 생산가능곡선과 사회무차별곡선

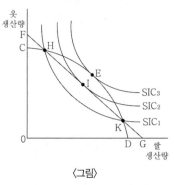

〈그림〉

이 접하는 E 지점이 최적인데, 만약 선분° FG와 같은 어떤 제약이 가해져 이 선분의 바깥쪽에 있는 지점은 선택할 수 없게 되어 최적의 결과를 얻기 어려운 상황이라고 가정해 보자. 이때 H 지점은 제약하에서도 생산가능곡선 CD 위에 위치하기에 생산의 효율성이나마 충족하고 있으므로 차선의 선택이라고 생각하기 쉽지만 사회후생수준을 고려하면 그렇지 않다. 왜냐하면 SIC_1과 SIC_2의 원점에서의 위치를 고려했을 때 SIC_1 위에 있는 H 지점보다 SIC_2 위에 있는 I 지점의 사회후생수준이 더 높기 때문이다. 따라서 제약하에서 사회후생수준을 고려하면 I 지점이 차선의 선택이 된다.

01

윗글을 읽고 답을 찾을 수 없는 질문은?

① 차선의 이론이 갖는 의미는 무엇인가?
② 생산가능곡선 위의 점들이 의미하는 것은 무엇인가?
③ 립시와 랭카스터가 입증한 차선의 이론의 한계는 무엇인가?
④ 경제 주체들이 차선의 선택을 고민하게 되는 이유는 무엇인가?
⑤ 사회무차별곡선의 모양이 우하향할수록 기울기가 완만해지는 이유는 무엇인가?

02

사회무차별곡선에 대한 이해로 적절하지 않은 것은?

① 사회무차별곡선 위의 모든 점은 동일한 사회후생수준을 나타낸다.
② 사회무차별곡선은 일반적으로 원점에 대해 볼록한 곡선 모양이다.
③ 사회무차별곡선을 통해 공평성에 대한 사회의 가치판단을 확인할 수 있다.
④ 사회무차별곡선은 개별 경제 주체의 효용수준을 종합한 사회후생수준을 보여 준다.
⑤ 사회무차별곡선에는 높은 효용수준을 누리는 사람들의 주관적 만족감이 반영되어 있지 않다.

03

차선의 이론을 통해 ㉠의 이유를 설명한 것으로 가장 적절한 것은?

① 효율성과 다른 기준도 함께 고려할 필요가 있기 때문이다.
② 경제 주체들이 스스로 자신의 효용수준에 대해 평가하기 때문이다.
③ 효율성을 달성하기 위한 조건들의 중요도가 서로 다르기 때문이다.
④ 낮은 효용수준을 누리는 사람의 효용에는 가중치를 적용할 수 없기 때문이다.
⑤ 효율성을 달성하기 위한 모든 조건이 충족되지 않는다면 개별 주체의 효용수준에 영향을 미치지 못하기 때문이다.

04

다음은 윗글을 읽고 〈그림〉에 대해 경제 동아리 학생들이 나눈 대화이다. 적절하지 않은 것은? [3점]

> 동아리 회장: 오늘 살펴본 경제 자료 속 그래프에 대해 더 하고 싶은 얘기가 있으면 해 보자.
> 부원 1: 나는 H가 생산가능곡선 위에 있기 때문에 그렇지 않은 I보다 생산의 효율성이 높다고 생각해.
> 부원 2: 선분 FG와 같은 제약이 있는 상황에서 H가 아닌 I가 차선으로 선택되었다면 그 이유는 사회후생수준을 고려했기 때문이라고 생각해.
> 부원 3: I의 위치를 고려하면 생산이 가능하지 않아 비효율적인 지점이라고 생각해.
> 부원 4: 선분 FG와 같은 제약이 있는 상황에서 생산가능곡선을 고려하면 K도 H와 마찬가지로 생산의 효율성을 충족하는 지점이라고 생각해.
> 부원 5: SIC_3은 SIC_1과 SIC_2보다 사회후생수준이 높다고 생각해.

① 부원 1의 생각
② 부원 2의 생각
③ 부원 3의 생각
④ 부원 4의 생각
⑤ 부원 5의 생각

05

ⓐ~ⓔ의 사전적 의미로 적절하지 않은 것은?

① ⓐ: 균형이 맞게 바로 잡음.
② ⓑ: 생각하고 헤아려 봄.
③ ⓒ: 일정한 분량을 채워 모자람이 없게 함.
④ ⓓ: 어떤 증거 따위를 내세워 증명함.
⑤ ⓔ: 일정한 조건이나 환경 따위에 맞추어 응하거나 알맞게 됨.

📖 **점수를 올려 주는 어휘**

- **변수(변할 變, 셀 數)** 어떤 상황의 가변적 요인.
- **최적(가장 最, 갈 適)** 가장 알맞음.
- **추구(쫓을 追, 구할 求)** 목적을 이룰 때까지 뒤좇아 구함.
- **효율성(본받을 效, 율 率, 성품 性)** 들인 노력과 얻은 결과의 비율이 높은 특성.
- **차선(버금 次, 착할 善)** 최선의 다음.
- **무차별곡선(없을 無, 어그러질 差, 다를 別, 굽을 曲, 선 線)** 몇 가지의 재화가 소비자에게 주는 효용이 같은 수량끼리 묶은 조합을 나타내는 곡선. 이 곡선 위의 점에 해당되는 수량의 조합이 실현되면 어느 조합이나 소비자에게 같은 만족을 주기 때문에 차별이 없다.
- **효용(본받을 效, 쓸 用)** 보람 있게 쓰거나 쓰임. 또는 그런 보람이나 쓸모. / 인간의 욕망을 만족시킬 수 있는 재화의 효능.
- **후생(두터울 厚, 날 生)** 사람들의 생활을 넉넉하고 윤택하게 하는 일.
- **가중치(더할 加, 무거울 重, 값 値)** 일반적으로 평균치를 산출할 때 개별치에 부여되는 중요도.
- **선분(선 線, 나눌 分)** 직선 위에서 그 위의 두 점에 한정된 부분. 직선 상의 두 점을 A, B라고 할 때 A, B를 양 끝으로 하는 선분을 '선분 AB'라고 한다.

📋 분석 노트 22쪽에서 지문을 정리해 보세요.

⏱ 풀이 시간 10분 30초

06~10 다음 글을 읽고 물음에 답하시오.

특정 상황에서 어떤 방안을 선택함으로써 얻을 수 있는 이익을 그 방안이 갖는 효용이라고 하며, 효용을 최대화하는 행동을 합리적 행위라고 한다. 허버트 사이먼은 합리적 행위와 관련하여 ㉠포괄˙적 합리성과 ㉡제한적 합리성이라는 두 가지 관점을 제시했다. 먼저 포괄적 합리성은 의사를 결정하는 행위자가 분명한 목적을 가지고 그것을 달성하기 위한 모든 방안을 찾는다고 보는 관점이다. 나아가 행위자는 각 방안에서 초래˙될 모든 결과를 정확히 평가하여 효용을 극대화하는 방안을 의도적으로 선택하며, 이러한 경향이 행위자의 특성에 상관없이 언제나 일관되게 선택 과정에 반영된다고 전제한다. 반면 제한적 합리성은 행위자가 자신의 목적을 달성하는 데 있어 지식과 인지 능력에 한계가 있음을 인정하는 관점이다. 행위자는 목적 달성에 필요한 정보인 자신이 처한 상황과 선택 가능한 방안, 선택의 결과 등을 정확히 인지하지 못한다고 보는 것이다. 따라서 제한적 합리성의 관점에서 선택의 합리성 여부를 판단하기 위해서는 행위자의 목적과 관련하여 그가 가진 정보와, 그 정보를 바탕으로 추론할 수 있는 능력 등 행위자의 특성에 대해서도 알아야 한다. 그레이엄 앨리슨은 이러한 관점들을 바탕으로 국제 사회의 외교 정책˙ 행위를 몇 가지 모델로 분석하고자 하였다.

그중 합리적 행위자 모델은 포괄적 합리성을 바탕으로 정책 행위를 설명한다. 이 모델은 결정된 정책 행위가 특정 목적에 대해 최대 효용을 갖는 방안이라고 상정˙하기 때문에 그 목적을 찾아냄으로써 행위자가 왜 그러한 방안을 선택했는지를 설명한다. 여기서 행위자는 단일한 의사 결정자로서의 국가이며, 모든 국가는 포괄적 합리성을 가지고 행동한다. 이 모델에서는 행위자인 국가가 정책 행위를 결정한 목적을 몇 가지로 예상해 보고, 분석하고자 하는 정책 행위가 각각의 목적에서 갖는 효용을 계산한다. 그 결과 가장 큰 효용을 갖게 되는 목적을 찾아 선택의 의도를 추론하는 것이다. 이때 행위자는 언제나 일관된 경향으로 결정을 내리는 존재이므로 행위자가 처한 상황과 목적에 대한 객관적 지식만으로 정책 행위를 해석할 수 있다. 행위자가 처한 위기나 기회는 무엇인지, 목적 달성을 위해 선택할 수 있었던 방안들의 효용은 무엇인지, 그중 행위자의 목적을 최대한 달성하기 위한 최선의 선택은 무엇인지를 종합적으로 판단하여 정책 행위를 이해하는 것이다.

이러한 관점 때문에 합리적 행위자 모델은 포괄적 합리성에서 벗어나는 외교 사례를 설명할 수 없다는 한계가 있다. 앨리슨은 이를 보완하기 위해 제한적 합리성을 바탕으로 한 조직 과정 모델을 제시하였다. 이 모델은 정책 행위가 제한적 정보만으로 결정된다고 보기 때문에, 정책 행위의 목적보다는 그 정책 행위가 어떻게 결정되었는지에 주목한다. 이 모델에서 행위자는 독자적인 여러 조직이 모인 연합체˙로서의 국가이며, 정책 행위는 행위자의 의도적 선택이 아닌 미리 규정된 절차에 따라 조직들이 수행한 결과가 모여 만들어진 기계적 산출물로 인식된다. 각 조직은 원활한 업무 수행을 위해 자체적인 표준운영절차(SOP), 즉 일을 처리하는 규칙에 따라 작동하는데, 국가는 그 규모가 크기 때문에 조직의 모든 활동을 국가의 의도에 맞게 완전히 통제하거나 감독할 수 없다. 결과적으로 국가는 조직이 SOP에 따라 처리한 제한된 정보만으로 정책 행위를 탐색하고 결정한다는 점에서 이 모델은 제한적 합리성에 기반을 ⓐ둔다고 할 수 있다. 또한 조직은 불확실한 미래를 추측하고 그에 맞게 행동하는 것을 매우 꺼리기 때문에 문제의 심각성이나 긴박성에 따른 새로운 해결책을 강구˙하기보다 일상적인 SOP에 의존하여 판단을 내리는 경향이 강하다. 이러한 경향으로 인해 조직 과정 모델은 조직이 최적의 방안을 찾기보다 SOP에 부합하는, '그만하면 충분히 만족스러운' 방안을 선택한다고 본다. 이 과정에서 조직이 미처 고려하지 못한 방안이 가질 수 있는 더 큰 효용은 무시될 가능성이 높아지고, 합리적 행위자 모델로는 설명하기 힘든 정책 행위가 선택될 수 있다. 하지만 조직 과정 모델은 조직들의 SOP와 역량, 조직 간의 관계에 대해 분석하기 때문에 포괄적 합리성에서 벗어나는 외교 정책 행위를 설명할 수 있다.

이처럼 합리적 행위자 모델과 조직 과정 모델은 ㉮분석 대상이 되는 정책 행위를 바라보는 시각이 다르기 때문에 같은 현상에 대해서도 다른 분석 결과를 도출하게 된다. 이때 두 모델은 대립 관계에 있는 것이 아니라 외교 사건을 다각적으로 설명할 수 있게 해 준다는 것이 앨리슨의 정책 결정 모델이 갖는 의의이다.

06

윗글에 대한 설명으로 적절하지 않은 것은?

① 합리적 행위자 모델이 지닌 한계와 관련하여 조직 과정 모델이 갖는 의의를 제시하고 있다.

② 합리적 행위자 모델과 조직 과정 모델의 특징을 사이먼이 제시한 합리성과 관련지어 서술하고 있다.

③ 합리적 행위자 모델과 조직 과정 모델의 정책 행위 분석 단계를 구체적인 사례를 들어 설명하고 있다.

④ 합리적 행위자 모델과 조직 과정 모델에서 외교 정책 행위를 분석하는 방식을 비교하여 설명하고 있다.

⑤ 합리적 행위자 모델과 조직 과정 모델에서 바라보는 국가의 성격을 바탕으로 각 모델의 분석 대상을 서술하고 있다.

07

㉮에 대한 이해로 가장 적절한 것은?

① 합리적 행위자 모델은 규정된 절차에 따라 정책 행위가 결정된다고 보지만, 조직 과정 모델은 조직의 역량에 따라 정책 행위가 결정된다고 본다.

② 합리적 행위자 모델은 정책 행위를 연합체로서의 국가가 선택한 결과로 보지만, 조직 과정 모델은 정책 행위를 단일체로서의 국가가 선택한 결과로 본다.

③ 합리적 행위자 모델은 정책 행위를 목적에 따른 행위자의 의도적 선택으로 보지만, 조직 과정 모델은 정책 행위를 조직의 수행에 따른 기계적 산출물로 본다.

④ 합리적 행위자 모델은 국가가 효용을 계산하여 정책 행위를 결정한다고 보지만, 조직 과정 모델은 국가가 조직을 완전히 통제하여 정책 행위를 결정한다고 본다.

⑤ 합리적 행위자 모델은 정책 행위를 객관적 정보를 종합한 결과로 보지만, 조직 과정 모델은 정책 행위를 불확실한 미래를 추측하여 문제에 대한 새로운 해결책을 찾은 결과로 본다.

08

㉠과 ㉡에 대한 이해로 가장 적절한 것은?

① ㉠은 행위자의 지식이, ㉡은 행위자의 목적이 선택에 가장 큰 영향을 미치는 요소라고 본다.

② ㉠은 ㉡과 달리 행위자가 어떤 방안을 선택할 때 자신이 달성하고자 하는 목적을 고려한다고 본다.

③ ㉠은 ㉡과 달리 행위자의 인지적 한계를 이유로 행위자가 처한 상황에 대한 분석이 중요하다고 본다.

④ ㉡은 ㉠과 달리 행위자가 어떤 방안을 선택했을 때 그 방안이 합리적인지 판단할 수 있다고 본다.

⑤ ㉡은 ㉠과 달리 목적과 상황이 동일하더라도 행위자의 특성에 따라 결정이 달라질 수 있다고 본다.

09

윗글을 바탕으로 〈보기〉를 이해한 내용으로 적절하지 않은 것은?

[3점]

> **보기**
>
> A국과 B국은 군사적으로 대립 관계에 있는 인접 국가이다. A국은 B국보다 약한 군사력을 보완하기 위해 B국과의 국경 근처에 군대를 추가적으로 배치했다. 한편 B국의 정보 조직은 A국의 군대 배치 정보를 입수했지만, 일상적인 SOP에 따라 정보를 처리한 결과 이 정보가 상부에 전달되지 않았다. 결국 B국은 A국의 상황을 모른 채, A국에 대한 안보를 확보하기 위한 정책으로 군사력 강화와 평화 협정 체결 중 후자의 방안을 선택하게 되었다.
>
> ※ 단, A국과 B국은 독립 국가이며 국내외의 다른 정치 외교적 상황은 양국의 정책 행위에 영향을 미치지 않는다고 가정한다.

① 합리적 행위자 모델의 관점에서 A국의 목적을 군사력 증강으로 분석했다면, 군대의 추가 배치가 이 목적에 대해 가장 큰 효용을 가졌다고 분석했기 때문이겠군.

② 합리적 행위자 모델의 관점에서 B국의 정책 행위를 분석한다면, B국의 정보 조직이 파악한 정보가 상부에 전달되지 않은 과정에 주목하겠군.

③ 합리적 행위자 모델의 관점에서 B국의 평화 협정 체결이 국가 안보 확보를 위한 최적의 방안이 아니라고 분석했더라도, 이 관점에서는 왜 B국이 평화 협정 체결을 정책 행위로 선택했는지를 설명하지 못하겠군.

④ 조직 과정 모델의 관점에서 A국의 정책 행위를 분석한다면, 군대를 추가적으로 배치한 목적이 무엇인가보다는 어떻게 그 정책 행위가 선택되었는가를 분석하겠군.

⑤ 조직 과정 모델의 관점에서 B국이 평화 협정 체결을 선택하게 된 과정을 분석한다면, 관련 조직들의 SOP 및 조직 간의 관계를 중심으로 B국의 정책 행위를 설명하겠군.

10

문맥상 ⓐ의 의미와 가장 가까운 것은?

① 기준을 어디에 두느냐가 중요하다.

② 주말에 바둑을 두는 것이 취미이다.

③ 앞의 사람과 간격을 두며 줄을 섰다.

④ 위험물을 여기 그대로 두면 안 된다.

⑤ 그 사건은 평생을 두고 잊을 수 없다.

📖 **점수를 올려 주는 어휘**

- **포괄**(쌀 包, 묶을 括) 일정한 대상이나 현상 따위를 어떤 범위나 한계 안에 모두 끌어 넣음.
- **초래**(부를 招, 올 來) 어떤 결과를 가져오거나 이끌어 냄.
- **정책**(정사 政, 꾀 策) 정치적 목적을 실현하기 위한 방책.
- **상정**(생각 想, 정할 定) 어떤 정황을 가정적으로 생각하여 단정함. 또는 그런 단정.
- **연합체**(잇닿을 聯, 합할 合, 몸 體) 서로 다른 여러 조직체나 단체들이 공동의 목적 아래에 자체의 독자성을 유지하면서 연합하여 이룬 조직체.
- **강구**(강론할 講, 궁구할 究) 좋은 대책과 방법을 궁리하여 찾아내거나 좋은 대책을 세움.

📝 분석 노트 23쪽에서 지문을 정리해 보세요.

⏱ 풀이 시간 12분 30초

01~06 다음 글을 읽고 물음에 답하시오.

가계, 기업, 정부는 경제 주체*로서 가계는 소비, 기업은 생산, 정부는 정책 결정 시 합리적인 선택을 하기 위해 노력한다. 이때 합리적인 선택을 하려면 편익과 비용을 충분히 고려하여 편익에서 비용을 뺀 순편익이 가장 큰 대안*을 선택해야 한다.
05 편익이란 어떤 선택을 할 때 얻는 이득으로, 기업의 판매 수입과 같은 금전적인 것이나 소비자가 상품을 소비함으로써 얻는 정신적 만족감과 같은 비금전적인 것을 말한다. 비용이란 암묵적* 비용 중 가장 큰 것과 명시적* 비용을 합친 것이다. 암묵적
[A] 비용은 어떤 선택으로 인해 포기한 다른 대안의 가치를, 명시적
10 비용은 그 선택을 할 때 화폐로 직접 지불하는 비용을 말한다.

순편익은 한계편익과 한계비용이 같을 때 가장 커지는데, 한계편익은 어떤 선택에 의해 추가로 발생하는 편익이며 한계비용은 그 선택에 의해 추가로 발생하는 비용이다. 예를 들어, 볼펜을 1개 더 살지 고민하고 있는 소비자의 한계편익은 볼펜을
15 1개 더 사는 데에서 추가로 얻는 만족감이며, 한계비용은 볼펜을 1개 더 사기 위해 추가로 드는 비용이다.

기업은 상품을 얼마나 생산하면 이윤을 극대화할 수 있을지 한계비용과 한계수입을 고려해 합리적인 판단을 ⓐ내릴 수 있다. 기업 입장에서 한계비용은 상품 생산량을 한 단위 증가시키는 데 추가로
20 드는 비용이며, 한계수입은 상품을 한 단위 더 생산하여 판매할 때 추가로 얻는 수입이다. 완전경쟁*시장에 있는 기업이라면 상품의 시장 가격* 그 자체가 한계수입이 된다. 완전경쟁시장은 많은 수의 공급자와 수요자로 구성되어 있고 거래되는 상품이 동질적*이므로 개별 공급자나 수요자가 시장 가격에 영향을 미칠 수 없다. 즉 기업
25 이나 소비자는 시장에서 결정된 상품 가격을 주어진 것으로 받아들이며 이 가격이 기업의 한계수입이 된다. 상품을 사려는 사람들이 많아져 시장 수요가 증가하여 상품 가격이 오른다면, 한계수입도 그만큼 동일하게 오른다.

생산을 계속할 때 손실이 발생하는 상황이 아니라면, 기업은 한
30 계비용과 한계수입이 일치하도록 생산량을 조절해 이윤을 극대화할 수 있다. 한계비용이 한계수입보다 큰 경우에는 상품 생산량을 한 단위 더 줄일 때 그로 인해 추가로 절약되는 비용이 줄어들 수입보다 크므로 생산량을 줄여 이윤을 증가시킬 수 있다. 이와 반대로 한계수입이 한계비용보다 큰 경우에는 생산량을 늘려 이윤을 증가
35 시킬 수 있다.

그런데 생산을 계속할 때 이윤이 남는 것이 아니라 오히려 손실을 볼 수도 있기 때문에 어떤 상황에서 손실이 발생하는지 판단하는 것도 기업 입장에서 중요하다. 이때 고려할 수 있는 것 중 하나가 평균비용이다. 평균비용은 어떤 양의 상품을 생산하는 데 투입*
40 된 총비용을 생산량으로 나눈 것으로, 상품을 한 단위 생산하는 데

드는 평균적인 비용을 말한다. 여기에서 총비용은 고정비용과 가변비용으로 구분된다. 한계비용이 총비용 중 가변비용에만 영향을 받는 것과 달리, 평균비용은 고정비용과 가변비용에 모두 영향을 받는다. 고정비용은 생산량에 따라 변하지 않고 일정한 크기를 유지하는 비용으로, 생산량이 많든 적든 매달 똑같이 내야 하는 임대료 05 가 그 예이다. 가변비용은 생산량에 따라 달라지는 비용으로, 각종 재료비, 상품 생산을 늘리기 위해 추가로 고용*하는 직원에게 지급되는 보수* 등이 그 예이다.

그렇다면 기업은 손실이 발생하는지 평균비용을 통해 어떻게 알 수 있을까? 총비용을 전부 회수*하는 것이 언제라도 가능한 기업이 10 완전경쟁시장에 있다고 가정해 보자. 이 기업은 평균비용을 상품의 시장 가격과 비교해 보고 만약 가격이 평균비용곡선의 최저점에도 미치지 못한다면, 생산량이 얼마이든 그 가격에 상품을 판매해 보았자 손실을 피할 수 없다고 판단할 것이다. 그렇다면 투입된 총비용을 전부 회수하여 손실 발생을 막는 것이 이 기업에 합리적인 결 15 정일 수 있다. 기업이 의도한 생산량에서의 평균비용이 시장 가격보다는 낮아야 이윤이 남는데, 어떻게 해도 손실을 피할 수 없다면 생산을 계속할 것인지 신중하게 고민해야 하는 것이다. ㉠이처럼 평균비용은 한계비용과 더불어 기업이 생산에 관한 의사 결정을 내릴 때 유용하게 활용된다.
20

합리적 선택을 중심으로 생산에 관한 기업의 의사 결정을 살펴보는 것은 경제 활동을 더 잘 이해하게 한다는 점에서 의미가 있다. 특히, 기업의 생산 활동은 소비자의 수요를 충족해 주고 고용 증가, 경제 성장 등 사회 전체에 미치는 영향이 크다는 점에서 주의 깊게 살펴볼 필요가 있을 것이다.
25

01

윗글의 내용 전개 방식으로 가장 적절한 것은?

① 합리적인 선택을 할 때의 장점을 제시하며 기업의 의사 결정 과정을 평가하고 있다.

② 합리적인 선택이 지닌 한계를 제시하며 기업의 사회적 책임에 대해 서술하고 있다.

③ 경제 주체가 되기 위한 조건을 제시하며 각 경제 주체가 수행하는 역할을 비교하고 있다.

④ 합리적인 선택을 하기 위한 방법을 제시하며 생산과 관련된 기업의 의사 결정에 대해 설명하고 있다.

⑤ 기업이 생산 활동을 할 때 고려하는 요소를 제시하며 생산량을 결정할 때의 어려움을 원인에 따라 분류하고 있다.

02

윗글에서 알 수 있는 내용으로 적절하지 않은 것은?

① 총비용에서 고정비용을 제외한 나머지는 모두 가변비용이다.

② 완전경쟁시장의 개별 소비자는 시장 가격을 주어진 것으로 받아들인다.

③ 생산량과 상관없이 기업이 매달 똑같이 내야 하는 임대료는 한계비용에 영향을 준다.

④ 평균비용은 총비용이 생산된 상품에 똑같이 배분되었을 때 얼마인지를 나타내는 비용이다.

⑤ 같은 편익을 주는 대안이 여러 개 있다면 비용이 가장 적게 드는 것을 선택하는 것이 합리적이다.

03

윗글을 참고할 때, ㉠의 의미를 추론한 내용으로 가장 적절한 것은?

① 평균비용은 고정비용이 얼마인지, 한계비용은 가변비용이 얼마인지 알아볼 때 유용하다.

② 평균비용은 시장 가격이 왜 오르는지, 한계비용은 시장 가격이 왜 떨어지는지 알아볼 때 유용하다.

③ 평균비용은 생산을 멈추어야 하는 시기가 언제인지, 한계비용은 생산에 드는 암묵적 비용이 얼마인지 알아볼 때 유용하다.

④ 평균비용은 생산을 중단할 만한 상품 가격이 얼마인지, 한계비용은 이윤을 늘리기 위해 도달해야 할 생산량이 얼마인지 알아볼 때 유용하다.

⑤ 평균비용은 생산량 증가로 총비용이 얼마나 늘어나는지, 한계비용은 상품 가격 하락으로 판매 수입이 얼마나 줄어드는지 알아볼 때 유용하다.

04

윗글의 [A]를 참고할 때, [독서 후 심화 활동]을 수행한 내용으로 적절하지 않은 것은?

> **[독서 후 심화 활동]** 글의 내용을 아래 상황에 적용해 보자.
>
> 　3,000원을 가지고 가게에 간 갑은 각각 1,000원인 ○○ 과자와 △△ 음료수를 모두 사고 싶지만, 먼저 ○○ 과자 소비량을 합리적 선택을 통해 결정하기로 했다. 과자 소비량에 따른 비용과 편익은 아래 표와 같다. 비용에는 갑이 과자 소비로 포기한 음료수 소비의 가치를 금전적으로 환산해 반영했으며, 편익은 과자 소비의 만족감을 고려해 각 소비량만큼 과자를 사기 위해 갑이 지불할 마음이 있는 최대한의 금액으로 나타냈다. 갑의 소비에 영향을 미치는 다른 조건은 모두 무시한다.
>
> | ○○ 과자 소비량(개) | 비용(원) | 편익(원) |
> |---|---|---|
> | 0 | 0 | 0 |
> | 1 | 2,500 | 4,000 |
> | 2 | 5,500 | 7,500 |
> | 3 | 9,000 | 9,500 |

① 갑이 과자 소비에서 얻는 순편익은 과자를 3개 살 때보다 1개 살 때 더 크겠군.

② 갑이 과자 소비량을 합리적으로 선택하여 과자를 샀다면 음료수 1개 값이 남겠군.

③ 갑이 과자 소비량을 0개에서 1개씩 늘릴 때마다 얻는 한계 편익은 점점 줄어들겠군.

④ 갑이 과자 소비량을 2개에서 3개로 늘리기 위해 추가로 드는 비용은 추가로 얻는 만족감보다 크겠군.

⑤ 갑이 과자를 사기 위해 포기한 음료수 소비의 금전적 가치는 과자를 구입하는 개수가 늘어날수록 점점 작아지겠군.

05

〈보기〉는 완전경쟁시장에 있는 어느 기업에서 생산하는 상품과 관련된 비용과 수입을 나타낸 것이다. 윗글을 바탕으로 〈보기〉를 이해한 내용으로 가장 적절한 것은? [3점]

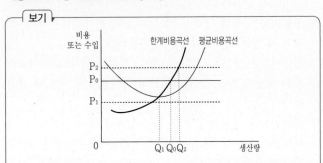

보기

* 현재 생산량은 Q_0, 상품의 시장 가격은 P_0임. 이 기업은 언제라도 총비용을 전부 회수할 수 있으며, 생산한 상품은 생산량이 얼마이든 모두 판매된다고 전제함.

① 생산량을 Q_0로 유지하면, 평균비용이 한계수입보다 작으므로 이윤이 극대화되겠군.

② 생산량을 Q_2로 늘리면, 한계비용이 한계수입보다 커지므로 이윤이 남지 않겠군.

③ 가격이 P_0로 유지되면, 생산량을 Q_1으로 줄여도 한계비용과 평균비용이 모두 줄어들기 때문에 이윤에는 변함이 없겠군.

④ 시장 수요의 감소로 가격이 P_1이 되면, 생산량을 Q_1으로 줄여야 평균비용이 제일 적게 들어가므로 손실을 0으로 만들 수 있겠군.

⑤ 시장 수요의 증가로 가격이 P_2가 되면, 한계수입이 한계비용보다 커지므로 생산량을 Q_2에 가깝게 늘릴수록 이윤이 증가하겠군.

06

문맥상 의미가 ⓐ와 가장 가까운 것은?

① 동생이 기차에서 내리면서 나를 보았다.
② 심사위원은 그에 대해 평가를 내리지 않았다.
③ 그때는 이미 전국에 폭풍 주의보를 내린 뒤였다.
④ 선반 위에서 상자를 내리려면 사다리가 필요하다.
⑤ 그는 게시판의 글을 내리는 것이 좋겠다고 생각했다.

📖 정수를 올려 주는 어휘

- **경제 주체**(경서 經, 건널 濟, 주인 主, 몸 體) 경제 활동을 하는 단위.
- **대안**(대신할 代, 책상 案) 어떤 안(案)을 대신하는 안.
- **암묵적**(어두울 暗, 잠잠할 默, 과녁 的) 자기의 의사를 밖으로 나타내지 아니한 것.
- **명시적**(밝을 明, 보일 示, 과녁 的) 내용이나 뜻을 분명하게 드러내 보이는 것.
- **완전경쟁**(완전할 完, 온전할 全, 다툴 競, 다툴 爭) 근대 경제학에서 이상적으로 보는 경쟁 모델. 단독으로는 가격을 움직일 수 없을 만큼 같은 생산물을 파는 사람과 사는 사람이 많고, 각자가 시장에 대하여 완전한 지식을 갖고 자유롭게 거래할 수 있는 상태이다.
- **시장 가격**(시장 市, 마당 場, 값 價, 격식 格) 상품이 시장에서 그때그때 실제적으로 거래되는 가격.
- **동질적**(같을 同, 바탕 質, 과녁 的) 성질이 같은 것.
- **투입**(던질 投, 들 入) 던져 넣음. / 사람이나 물자, 자본 따위를 필요한 곳에 넣음.
- **고용**(품팔 雇, 쓸 用) 삯을 주고 사람을 부림.
- **보수**(갚을 報, 술 권할 酬) 일한 대가로 주는 돈이나 물품.
- **회수**(돌아올 回, 거둘 收) 도로 거두어들임.

📑 분석 노트 24쪽에서 지문을 정리해 보세요.

⏱ 풀이 시간 12분 30초

07~12 다음 글을 읽고 물음에 답하시오.

파생상품이란 기초자산의 가치 변동에 따라 가격이 결정되는 금융상품이다. 이때 기초자산은 농축산물이나 원자재 같은 실물자산뿐만 아니라 주식이나 채권 등 가격이 매겨질 수 있는 모든 대상을 의미하는데, 기초자산의 가치 변동에 따른 파생상품의 가격 변화는 거래 당사자에게 손익˚을 발생시킨다.

파생상품은 기초자산에 해당하는 거래대상의 미래 가격이 불확실하기 때문에 미래의 특정 시점에서 발생할 수 있는 손실의 위험에 대비하기 위해 만들어졌다. 파생상품이 만들어지기 이전에는, 이러한 불확실성으로 인해 거래대상을 팔려는 매도자는 가격 하락에 대한, 거래대상을 사려는 매수자는 가격 상승에 대한 두려움이 클 수밖에 없었다. 그래서 거래 당사자들은 그들의 이해관계˚가 일치하는 경우 기초자산을 계약 체결˚ 시점에 정해 놓은 가격과 수량으로 미래의 특정 시점, 즉 계약 만기˚ 시점에 인수˚·인도˚하기로 약속하는 계약을 통해 미래의 위험에 대비하고자 하였다. 19세기 중반 이전까지는 ㉠선도˚라는 파생상품이 이러한 계약으로서 기능하였다. 그런데 선도는 정해진 가격으로 계약과 동시에 물품을 인수·인도하는 현물 거래와는 형태가 달랐다. 그래서 선도의 경우 거래 당사자들이 자기가 거래하고자 하는 물품의 가격, 수량, 만기 시점 등에 있어 이해관계가 일치하는 거래 상대방을 찾기가 어려웠다. 또한 계약을 체결했더라도 만기 이전에 그 계약을 임의로 파기˚할 위험이 높다는 불안정성이 늘 존재했다.

이런 문제점을 해결하기 위해, 경제 활동의 규모가 커지게 된 19세기 중반부터는 ㉡선물이라는 파생상품이 나타났다. 선물은 기초자산을 계약 체결 시점에 정해 놓은 가격과 수량으로 계약 만기 시점에 거래한다는 점에서는 선도와 동일하다. 하지만 공인된 거래소에서 거래가 이루어진다는 점에서는 차이가 있다. 거래소의 역할은 다음과 같다. 첫째, 이해관계가 일치하는 거래 당사자들이 쉽게 만날 수 있는 장을 마련해 주었다. 둘째, 거래 당사자들 사이에서 거래의 매개˚적 역할을 하였다. 셋째, 거래와 관련된 다양한 제도적 장치를 마련해 주었다. 이를 통해 거래 안정성이 확보되어 계약 만기 전에 이루어지는 선물 거래로 차익˚을 얻고자 하는 사람들의 거래가 활발하게 이루어지게 되었다. 그 결과, 선물은 미래의 위험에 대비하려는 수단이자 현재의 이익 창출을 위한 투자 수단으로 활성화되었다.

선물 거래의 안정성을 확보하기 위한 제도적 장치로는 반대거래, 증거금, 일일정산 등이 있다. 반대거래는 계약 만기 시점 이전에 거래 당사자들이 원할 경우 언제든지 선물을 거래할 수 있는 장치이다. 이를 통해 선물 거래의 당사자는 바뀌지만, 정해진 가격과 수량의 기초자산을 만기 시점에 인수·인도하는 계약 자체는 유지되므로 안정적인 거래가 가능해진다. 증거금은 계약 당사자가 해당 계약을 확실히 이행한다는 것을 보증하여 거래의 안정성을 확보하기 위한 장치인데, 대표적으로 개시증거금과 유지증거금이 있다. 개시증거금은 계약 당사자가 선물 거래를 시작하기 위해 맡겨야 하는 증거금으로, 계약 체결 시점에 정해진 기초자산의 가격에 수량을 곱한 액수의 일부이므로 상대적으로 적은 금액이다. 유지증거금은 선물 거래가 유지되기 위한 최소한의 증거금을 의미한다. 일일정산은 선물 거래가 유지되는 동안 날마다 당일의 거래 마감 시점의 가격으로 선물 거래 당사자의 손익을 계산하여 이를 증거금에서 차감 또는 가산하는 장치이다. 이를 통해, 거래 당사자들은 매일매일의 손익을 따지면서 반대거래 여부를 결정할 수 있기 때문에 거래의 안정성이 확보된다. 한편 일일정산의 결과 특정 거래자의 증거금 계좌 잔고가 유지증거금 이하로 떨어졌을 경우 거래소는 계약의 이행 가능성을 회복하기 위해 증거금 계좌 잔고가 개시증거금 이상이 되도록 증거금의 추가 납부를 요구하는데 이를 마진콜이라고 한다. 이러한 마진콜을 충족하기 전까지 마진콜을 받은 당사자의 일일정산은 불가능하다.

주식을 기초자산으로 하는 선물 거래를 통해 만기 시점과 반대거래 시점에서의 손익 계산 방법을 파악해 보면 다음과 같다. 현재 시점에서 A가 B에게 특정 기업의 주식을 미래의 특정 시점에, 정해진 수량만큼 정해진 가격으로 사겠다는 계약을 B와 체결한다. 이는 곧 A가 B에게 그 계약, 즉 선물을 산 것을 의미한다. 계약 체결 시점의 선물 가격은 계약 만기 시점에 거래하기로 정한 주식 한 주당 가격이다. 만약 이 계약이 만기 시점까지 유지된다면 A의 손익은 계약 만기 시점의 주식 가격에서 계약 체결 시점의 선물 가격을 뺀 것에 거래승수*를 곱하고, 이것에 다시 계약 수*를 곱한 금액이 된다. 이때 B의 손익은 A의 손익과 정반대가 된다. 그런데 만약 계약 만기 시점 이전에 A가 C에게 자신이 보유한 선물을 파는 반대거래가 이루어져 A와 B 사이의 선물 거래 관계가 청산˚되는 경우를 가정해 보자. A의 손익은 A가 B와 계약을 만기까지 유지한 경우 A의 손익 계산 방법에서, 계약 만기 시점의 주식 가격을 반대거래가 이루어진 시점의 선물 가격으로 바꾸기만 하면 된다. 이때 B의 손익은 A의 손익과 정반대가 된다. 한편 앞에서 언급한 반대거래가 발생하면 그 시점에서 A는, 선물 계약에 따른 만기 시점의 주식 거래와 관련된 B에 대한 의무를 C에게 넘기게 된다. 그러므로 선물 계약의 만기 시점이 되면 C는 계약에서 정한 대로 특정 기업의 주식을 정해진 가격과 수량으로 B에게 사게 된다.

✱ **거래승수**: 선물 거래의 수량을 표준화하기 위해 곱해 주는 수치.
✱ **계약 수**: 선물 거래의 표준화된 단위를 1계약이라고 할 때, 그 계약의 수량.

07

윗글에서 다룬 내용이 <u>아닌</u> 것은?

① 파생상품의 전망
② 파생상품의 종류
③ 파생상품의 정의
④ 파생상품의 기능
⑤ 파생상품의 등장 배경

08

㉠과 ㉡에 대한 설명으로 적절하지 <u>않은</u> 것은?

① ㉠과 ㉡은 모두 기초자산의 가치 변동에 따라 거래 당사자의 손익이 결정되는 금융상품이다.
② ㉠은 ㉡과 달리 계약을 체결하더라도 만기 이전에 그 계약을 임의적으로 파기할 위험이 높았다.
③ ㉠은 ㉡과 달리 계약 체결 시점에 정해 놓은 가격과 수량으로 미래의 특정 시점에 기초자산을 거래한다는 계약이다.
④ ㉡은 ㉠과 달리 거래의 안정성을 확보하기 위해서 반대거래, 증거금, 일일정산 등의 제도적 장치를 갖추고 있다.
⑤ ㉡은 ㉠과 달리 이해관계가 일치하는 거래 당사자들의 매개적 역할을 하는 공인된 거래소에서 거래가 이루어진다.

09

윗글을 바탕으로 〈보기〉를 이해한 내용으로 적절하지 <u>않은</u> 것은?

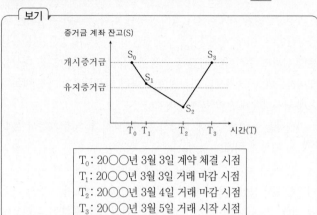

보기

증거금 계좌 잔고(S)

T_0 : 20○○년 3월 3일 계약 체결 시점
T_1 : 20○○년 3월 3일 거래 마감 시점
T_2 : 20○○년 3월 4일 거래 마감 시점
T_3 : 20○○년 3월 5일 거래 시작 시점

* 단, $T_0 \sim T_3$에서는 반대거래가 이루어지지 않았으며, 증거금 계좌에서 일일정산을 제외한 인출은 없었다고 가정함.

① T_0에서는 S_0이 개시증거금에 해당하는 금액이므로 선물 거래의 시작이 가능하다.
② T_0에서 T_1이 될 때 S_0이 S_1로 하락한 것은 일일정산에 의해 손해를 본 만큼의 금액이 증거금에서 차감되었기 때문이다.
③ T_1에서는 S_1이 유지증거금에 해당하는 금액보다 크기 때문에 선물 거래의 유지가 가능하다.
④ T_2에서는 유지증거금에 해당하는 금액에서 S_2를 뺀 만큼을 추가로 입금하라는 마진콜이 발생한다.
⑤ T_2의 S_2보다 높아진 금액인 S_3은 개시증거금에 해당하는 금액이므로 T_3에서는 일일정산이 가능해진다.

10

윗글과 〈보기〉를 읽은 학생이 보일 수 있는 반응으로 가장 적절한 것은?

보기

　선물 거래에서 발생할 수 있는 레버리지 효과란 개시증거금만으로도 거래를 시작할 수 있어 선물 가격 변동의 몇 배에 해당하는 큰 수익을 얻게 되는 것을 의미한다. 그러나 반대로 큰 손실을 입게 될 가능성도 크다.

① 정해진 가격으로 계약 이전에 물품을 인수·인도하는 현물 거래가 이루어지면 레버리지 효과가 발생하겠군.
② 레버리지 효과가 발생하면 만기 시점 이전에 기초자산을 거래할 수 있게 되어 거래의 안정성이 확보되겠군.
③ 개시증거금은 계약 체결 시점에 정해진 기초자산의 가격과 수량을 곱한 액수의 일부이기 때문에 레버리지 효과가 발생하겠군.
④ 레버리지 효과가 발생하면 가치가 커진 기초자산의 수량이 늘어나서 개시증거금이 줄어들기 때문에 큰 수익을 얻게 되겠군.
⑤ 선물 가격은 항상 일정하게 유지되기 때문에 개시증거금으로 인한 레버리지 효과에 의해 거래 당사자의 손익은 정반대가 되겠군.

※ 윗글과 〈보기〉를 바탕으로 **11**번과 **12**번 물음에 답하시오.

┌─ 보기 ┐

[상황]

  20○○년 5월 10일, 갑은 △△ 기업의 주식을 한 주당 15만 원의 가격으로 6월 8일에 을에게 사겠다는 S계약을 체결한다. 그런데 5월 30일에 갑은 보유한 선물을 병에게 파는 반대거래를 한다. 그리고 이 선물은 6월 8일까지 반대거래 없이 유지된다.

[주식 가격과 선물 가격의 변화 (단위: 만 원)]

일자 / 가격	5월 10일	5월 30일	6월 8일
주식 가격	13	10	7
선물 가격	15	12	8

＊ 단, 거래승수는 10주로 하고, 거래 수수료 등 거래 비용은 없다고 가정함.

11

윗글을 바탕으로 〈보기〉의 '상황'을 이해한 내용으로 적절하지 <u>않은</u> 것은? [3점]

① 5월 10일에 갑과 을의 선물 거래가 이루어질 때 갑은 을에 대해서 선물의 매수자, 을은 갑에 대해서 선물의 매도자가 된다.

② 5월 30일에 갑과 병의 반대거래가 이루어질 때 갑과 을 사이의 선물 거래 관계는 청산된다.

③ 5월 30일에 갑과 병의 반대거래가 이루어질 때 갑은 병에 대해서 선물의 매도자, 병은 갑에 대해서 선물의 매수자가 된다.

④ 6월 8일에 선물 계약에 따른 주식의 거래가 이루어질 때 갑과 을 사이의 주식 거래 관계는 청산된다.

⑤ 6월 8일에 선물 계약에 따른 주식의 거래가 이루어질 때 을은 병에 대해서 주식의 매도자, 병은 을에 대해서 주식의 매수자가 된다.

12

다음은 윗글과 〈보기〉를 읽은 학생이 보인 반응이다. ⓐ와 ⓑ에 들어갈 내용으로 가장 적절한 것은?

  갑이 5월 30일에 병과 반대거래를 하는 경우 갑의 손익은 (ⓐ)만 원이 되는데, 만약에 반대거래를 하지 않고 선물을 만기까지 유지했다면 갑의 손익은 (ⓑ)만 원이 되었을 것이다.

	ⓐ	ⓑ
①	−150	−350
②	−150	−400
③	−30	−80
④	15	40
⑤	250	400

📖 **점수를 올려 주는 어휘**

• **손익**(덜 損, 더할 益) 손해와 이익을 아울러 이르는 말.

• **이해관계**(이로울 利, 해로울 害, 빗장 關, 걸릴 係) 서로 이해가 걸려 있는 관계.

• **체결**(맺을 締, 맺을 結) 계약이나 조약 따위를 공식적으로 맺음.

• **만기**(찰 滿, 기약할 期) 미리 정한 기한이 다 참. 또는 그 기한.

• **인수**(끌 引, 받을 受) 물건이나 권리를 건네받음.

• **인도**(끌 引, 건널 渡) 사물이나 권리 따위를 넘겨줌.

• **선도**(먼저 先, 건널 渡) 거래 매매에서, 계약 후 일정 기한이 지난 뒤에 화물이 인도되는 일.

• **파기**(깨뜨릴 破, 버릴 棄) 계약, 조약, 약속 따위를 깨뜨려 버림.

• **매개**(중매 媒, 끼일 介) 둘 사이에서 양편의 관계를 맺어 줌.

• **차익**(어그러질 差, 더할 益) 매매의 결과나 가격, 환시세의 개정이나 변동 따위로 생기는 이익. 또는 그 이익의 액수.

• **청산**(맑을 淸, 계산 算) 서로 간에 채무·채권 관계를 셈하여 깨끗이 해결함. / 과거의 부정적 요소를 깨끗이 씻어 버림.

📝 분석 노트 25쪽에서 지문을 정리해 보세요.

⏱ 풀이 시간 10분 30초

01~05 **다음 글을 읽고 물음에 답하시오.**

시장은 수요와 공급이 일치하지 않는 불균형이 발생할 경우 가격 변화에 의해 균형을 회복한다. 예를 들어, 시장에서 초과 공급이 발생하면 가격 하락으로 수요량이 늘고 공급량이 줄면서 균형이 회복된다. 이러한 시장의 가격 조정 기능과 관련하여 거시 경제학°에서
05 는 시간대를 단기와 장기로 구분한다. 단기는 가격 조정이 원활히 이루어지지 않아 시장 불균형이 지속되는 시간대이며, 장기는 신축적 가격 조정에 의해 시장 균형이 달성되는 시간대이다. 그런데 단기의 지속 시간, 즉 시장 불균형이 발생한 이후 다시 균형을 회복하는 데 걸리는 시간에 대해 서로 다른 입장들이 존재해 왔다.

10 1930년대 이전까지 경제학의 주류를 이루었던 ㉠고전학파는, 시장은 가격의 신축적인 조정에 의해 항상 ⓐ균형을 달성한다고 보았다. 이른바 '보이지 않는 손'에 의한 시장의 자기 조정 능력을 신뢰하는 입장으로, 이에 따르면 단기는 존재하지 않는다. 즉 불균형이 발생할 경우 즉시 가격이 변화하여 시장은 균형을 회복한다는 것이
15 다. 따라서 고전학파는 호황°이나 불황이 나타나는 경기 변동 현상은 발생하지 않는다고 보았다.

하지만 케인즈는 고전학파의 주장과 달리 장기에는 가격이 신축적이지만 단기에는 ⓑ경직적이라고 생각했다. 그는 오랜 경기 침체와 대규모의 실업이 발생했던 1930년대 대공황의 원인이 이러한
20 시장의 가격 경직성에 있다고 주장했다. 가격 경직성이 심할수록 소비나 투자 등 총수요°가 변동할 때 극심한 경기 변동 현상이 유발된다고 보았기 때문이다. 또한 노동 시장에서의 가격인 임금이 경직적인 경우 기업의 노동 수요 감소가 임금 하락으로 상쇄°되는 대신 대규모 실업을 불러일으킨다고 주장했다.

25 이러한 케인즈의 주장은 ㉡케인즈학파에 의해 발전된다. 케인즈학파는 경기 변동을 시장 균형으로부터의 이탈과 회복, 즉 불균형 상태와 균형 상태가 반복되는 현상으로 보고, 총수요 변동이 유발한 불균형 상태가 가격 경직성으로 말미암아° 오래 지속될 수 있다고 보았다. 따라서 이들은 정부가 재정 정책이나 통화 정책 등 경기
30 안정화 정책을 통해 경제의 총수요를 ⓒ관리함으로써 경기 변동을 조절해야 한다고 주장했다. 가격 경직성의 존재에도 불구하고 정부의 '보이는 손'을 통해 시장의 균형이 회복될 수 있다고 본 것이다. 특히 1950년대 이후 컴퓨터의 발달과 통계학의 발전으로 거시 계량 모형이 개발되어 경기 예측과 정책 효과 분석에 이용됨에 따라 케
35 인즈학파는 정책을 통해 ⓓ경기 변동을 제거할 수 있을 것으로 기대했다.

그러나 케인즈학파는 이후 여러 비판에 직면°했다. 특히 1970년대, ㉢새고전학파는 케인즈학파의 거시 계량 모형에 오류가 있음을 지적했다. 케인즈학파의 거시 계량 모형은 소비와 소득, 금리와
40 통화량 등 거시 경제 변수들 간의 상관관계를 가정한 방정식으로

구성되었는데, 이러한 방정식의 계수는 과거의 자료를 통해 통계적인 방법으로 추정되었다. 하지만 새로운 정보가 전해지면 경제 주체들은 기존에 보유하고 있던 정보에 추가된 정보를 반영하여 합리적으로 ⓔ기대를 형성하고 이에 따라 반응을 바꾸므로, 방정식의 계수 혹은 방정식 자체가 바뀌어야 한다. 새고전학파는 케인즈학파 05 가 거시 경제 변수 간의 관계를 임의로 가정하고 과거 자료만으로 이 관계를 추정하려 했다는 점을 비판하면서, 경제 주체의 합리적 선택에 대한 미시적° 분석을 바탕으로 거시 경제 현상을 분석해야 한다고 주장했다. 이에 따라 이들은 시장 불균형이 발생한 경우 가격이 조정되는 속도는 매우 빠르다는 고전학파의 전제를 유지하면 10 서, 경기 변동을 균형 자체가 변화하는 현상으로 분석했다. 그리고 총수요 변동이 아닌 기술 변화가 지속적인 경기 변동을 유발한다고 주장했다.

[A]
이에 대응해 케인즈학파는 경제 주체의 합리적 선택을 미시적으로 분석하는 새고전학파의 방법론을 받아들여 새케인즈학 15 파로 발전하였다. 하지만 새케인즈학파는 경제 주체들이 합리적 선택을 한 결과로 가격 경직성이 나타난다고 설명함으로써, 경제 주체들이 합리적으로 기대를 형성하더라도 가격 경직성으로 인해 경기 변동이 발생할 수 있다고 주장했다. 그리고 이러한 가격 경직성의 근거로 '메뉴 비용 이론'과 '효율 임금 이론'을 20 제시했다. 메뉴 비용이란 기업이 가격을 변화시킬 때 발생하는 유·무형의 비용을 지칭한다. 메뉴 비용 이론에 따르면 기업은 제품 가격을 변화시킴으로써 얻을 수 있는 이득과 메뉴 비용을 비교하여 가격을 변화시키며, 이에 따라 제품 시장의 가격 경직성이 발생할 수 있다. 또한 효율 임금은 노동자의 생산성을 유 25 도하는 임금을 말하는데, 효율 임금 이론은 노동자의 생산성이 임금을 결정한다는 전통적인 임금 이론과 달리 임금이 높을수록 노동자의 생산성이 높아진다고 주장했다. 기업이 노동자에게 높은 임금을 지급함으로써 노동자의 이직과 태만°을 방지할 수 있기 때문이라는 것이다. 이와 같이 새케인즈학파는 케인즈 30 학파가 임의로 가정하였던 가격 경직성의 근거를 입증하는 데 주력°하면서, 총수요 관리 정책은 여전히 효과를 갖는다고 주장하였다.

＊**총수요:** 한 나라의 모든 경제 주체들이 소비 또는 투자의 목적 등으로 사려고 하는 제품과 서비스의 총합.

01

윗글의 내용과 일치하는 것은?

① 고전학파와 새고전학파는 경기 변동의 존재 여부에 대해 서로 다른 입장을 보였다.

② 새고전학파는 시장에 나타난 가격 경직성을 미시적 분석을 통해 해소할 수 있다고 보았다.

③ 케인즈는 노동 시장에 나타나는 임금 경직성이 극심한 고용량의 변화를 방지한다고 보았다.

④ 케인즈는 단기에는 가격이 신축적으로 변화해도 수요와 공급의 불일치를 해소할 수 없다고 보았다.

⑤ 새케인즈학파는 메뉴 비용의 존재로 인해 제품 시장에서 가격이 조정되는 속도가 빠르다고 보았다.

02

〈보기〉의 '모형'에 대한 ㉠, ㉡의 해석을 추론한 내용으로 적절하지 않은 것은?

보기

〈그림〉은 총수요 변동에 따른 국민 총소득 변화를 나타낸 모형이다. Y^*는 장기 균형 국민 총소득 수준을, AD 곡선은 총수요를 나타낸다. 총수요가 증가하면 AD 곡선이 우측으로, 감소하면 좌측으로 평행 이동한다고 가정한다.

예를 들어, 총수요가 AD_0이고 물가가 P_0, 국민 총소득이 Y^*인 상태에서 총수요가 AD_2로 증가한 경우, 총수요 증가에 따라 물가가 P_2까지 상승하면 국민 총소득은 Y^*로 동일하지만, 물가가 P_0에 고정돼 있으면 국민 총소득은 Y_2로 증가한다. 이때 국민 총소득이 Y^*보다 큰 경우는 호황을, Y^*보다 작은 경우는 불황을 나타낸다.

* 단, 총수요는 AD_1과 AD_2 사이에서만 변동한다고 가정한다.

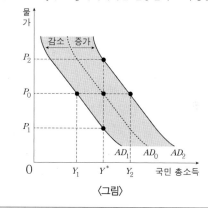

〈그림〉

① ㉠: 호황이나 불황은 발생하지 않으므로, AD 곡선이 이동하더라도 국민 총소득이 Y^*로 일정할 것이다.

② ㉠: 시장은 항상 균형 상태에 있으므로, AD 곡선이 이동하더라도 물가가 P_0이고 국민 총소득이 Y^*인 장기 균형이 항상 성립할 것이다.

③ ㉡: 단기에는 가격 경직성으로 말미암아 총수요 변동이 시장 불균형을 유발하므로, AD 곡선이 이동할 때 물가는 P_1과 P_2 사이의 폭보다 작은 폭으로 변화하여 국민 총소득은 Y^*를 이탈할 것이다.

④ ㉡: 가격 경직성이 심할수록 총수요 변동에 따라 극심한 경기 변동이 유발되므로, 물가가 완전히 경직적이라면 AD 곡선이 이동할 때 물가가 P_0에 고정되어 국민 총소득의 변동성은 Y_1에서 Y_2까지 나타날 것이다.

⑤ ㉡: 가격 경직성이 존재하더라도 정부가 '보이는 손'을 통해 경기 변동을 제거할 수 있으므로, 경기 안정화 정책이 유효하다면 물가가 P_0에 고정되더라도 국민 총소득이 Y^*로 일정할 수 있을 것이다.

03

〈보기〉의 '경제학자 갑'의 정책 제안에 대해 ⓒ이 할 수 있는 비판으로 가장 적절한 것은? [3점]

> **보기**
>
> 경제학자 갑은 소득과 통화량이 늘어날수록 소비가 증가할 것이라고 가정하고, 이를 반영하여 소비 예측 모형을 개발하였다. 그리고 K국의 지난 10년간의 자료를 통계적으로 분석하여 모형의 계수를 추정하였다. 모형의 분석 결과, 갑은 통화량이 증가한 경우 다음 달의 소비가 증가한다는 결론을 도출한 뒤, 통화량을 늘리는 정책을 K국 정부에 제안하였다. K국 정부는 갑의 제안을 받아들이고 2020년 4월 1일에 확장적 통화 정책을 시행하겠다고 발표하였다.
>
> * 단, 현재는 2020년 3월 12일이며, K국은 매년 12월 31일에 해당 시점의 통화량을 발표한다.

① K국의 확장적 통화 정책이 2019년의 통화량에 대한 K국 국민들의 합리적 기대 형성에 영향을 미쳐 K국 국민들의 반응이 바뀔 수 있다는 점을 고려하지 않았다.

② K국 정부가 확장적 통화 정책을 발표한 이후 통화량에 대한 K국 국민들의 예상이 달라짐에 따라 정책 효과 분석도 달라져야 한다는 점을 고려하지 않았다.

③ 확장적 통화 정책으로 인해 K국의 통화량이 변화할 경우, 2020년 이전의 자료는 배제한 채 소비의 변화를 예측해야 한다는 점을 고려하지 않았다.

④ 2020년 4월 1일에 확장적 통화 정책을 시행함으로써 2020년 12월 30일까지는 K국 국민들의 소비가 변화하지 않을 것이라는 점을 고려하지 않았다.

⑤ K국 정부의 인위적인 통화량 조절로 유발된 총수요 변동이 불황을 불러일으킬 수 있다는 점을 고려하지 않았다.

04

[A]를 이해한 내용으로 가장 적절한 것은?

① 기업이 이윤 추구를 위해 제품 가격과 임금을 결정한 결과로 시장에 가격 경직성이 나타날 수 있다.

② 경제 주체들이 합리적으로 기대를 형성하는 경우에는 총수요 관리 정책이 경기 변동을 줄이는 역할을 할 수 없다.

③ 기업이 공급자로 참여하는 제품 시장과 수요자로 참여하는 노동 시장에서의 기업의 행동 차이로 인해 시장의 가격 경직성이 제거될 수 있다.

④ 메뉴 비용의 크기가 클수록 제품 가격의 변동성 역시 커진다는 것을 밝힐 수 있다면, 제품 시장에 존재하는 가격 경직성의 근거를 입증할 수 있다.

⑤ 기업이 노동 시장의 균형 임금보다 높은 임금을 노동자에게 지급함으로써 생산성을 높일 수 있다면, 노동의 초과 수요가 발생하더라도 임금이 하락할 수 있다.

05

ⓐ~ⓔ를 문맥상 바꿔 쓴 것으로 적절하지 않은 것은?

① ⓐ : 수요와 공급이 일치한다고

② ⓑ : 즉시 바뀌지 않는다고

③ ⓒ : 적절한 수준으로 변화시킴으로써

④ ⓓ : 시장 균형을 없앨 수

⑤ ⓔ : 미래를 예상하고

📖 **점수를 올려 주는 어휘**

- **거시 경제학(클 巨, 볼 視, 경서 經, 건널 濟, 배울 學)** 국민 총생산, 국민 소득, 고용, 투자, 저축, 소비 등 국민 경제 전반의 통계량을 토대로 하여 경제 순환의 동태를 총계 및 확률 면에서 포착하여 경기 변동이나 경제 성장의 규칙성을 분석하는 경제학.
- **호황(좋을 好, 상황 況)** 경기(景氣)가 좋음. 또는 그런 상황.
- **상쇄(서로 相, 감할 殺)** 상반되는 것이 서로 영향을 주어 효과가 없어지는 일.
- **말미암다** 어떤 현상이나 사물 따위가 원인이나 이유가 되다.
- **직면(곧을 直, 낯 面)** 어떠한 일이나 사물을 직접 당하거나 접함.
- **미시적(작을 微, 볼 視, 과녁 的)** 사람의 감각으로 직접 식별할 수 없을 만큼 몹시 작은 현상에 관한 것. / 사물이나 현상을 전체적인 면에서가 아니라 개별적으로 포착하여 분석하는 것.
- **태만(게으를 怠, 게으를 慢)** 열심히 하려는 마음이 없고 게으름.
- **주력(물댈 注, 힘 力)** 어떤 일에 온 힘을 기울임.

📑 분석 노트 26쪽에서 지문을 정리해 보세요.

풀이 시간 10분 30초

06~10 다음 글을 읽고 물음에 답하시오.

국내외 사정으로 경기가 불안정할 때에 정부와 중앙은행˙은 경기 안정 정책을 펼친다. 정부는 정부 지출과 조세 등을 조절하는 재정정책을, 중앙은행은 통화량˙과 이자율을 조정하는 통화정책을 활용한다. 이 정책들은 경기 상황에 따라 달리 활용된다. 경기가 좋지
05 않을 때에는 총수요˙를 증가시키기 위해 정부 지출을 늘리거나 조세를 감면하는 확장적 재정정책이나 통화량을 늘리고 이자율을 낮추는 확장적 통화정책이 활용된다. 또 경기 과열이 우려될 때에는 정부 지출을 줄이거나 세금을 올리는 긴축˙적 재정정책이나 통화량을 줄이고 이자율을 올리는 긴축적 통화정책이 활용된다. 이러한
10 정책들의 효과 여부에 대해서는 이견˙들이 존재하는데 대표적으로 '통화주의'와 '케인스주의'를 들 수 있다. 두 학파의 입장 차이를 확장적 정책을 중심으로 살펴보자.

먼저 정부의 시장 개입을 최소화해야 한다고 보는 통화주의는 화폐 수요가 소득 증가에 민감하게 반응한다고 주장했다. 여기서 화
15 폐란 물건을 교환하기 위한 수단을 말하고, 화폐 수요는 특정한 시점에 사람들이 보유하고 싶어 하는 화폐의 총액을 의미한다. 통화주의에서는 화폐 수요의 변화에 따라 이자율 변화가 크게 나타나고 이자율이 투자 수요에 미치는 영향도 크다고 보았다. 따라서 불경기에 정부 지출을 증가시키는 재정정책을 펼치면 국민 소득이 증
20 가함에 따라 화폐 수요가 크게 증가하고 이에 영향을 받아 이자율이 매우 높게 상승한다고 보았다. 더불어 이자율에 크게 영향을 받는 투자 수요는 높아진 이자율로 인해 예상된 투자 수요보다 급격히 감소하면서 경기를 호전˙시키지 못한다고 보았다. 이 때문에 확장적 재정정책의 효과가 기대보다 낮을 것이라 주장했다. 결국 불
25 황기에는 정부 주도의 재정정책보다는 중앙은행의 통화정책을 통해 통화량을 늘리고 이자율을 낮추는 방식을 택하면 재정정책과 달리 투자 수요가 증가하여 경기를 부양˙시킬 수 있다고 본 것이다.

반면에 경기 안정을 위해 정부의 적극적인 개입이 필요하다고 보는 케인스주의는 화폐를 교환 수단으로만 보지 않고 이자율과 역
30 의 관계를 가지는 투기적 화폐 수요가 존재한다고 보았다. 투기적 화폐 수요는 통화량이 늘어나도 소비하지 않고 더 높은 이익을 얻기 위해 화폐를 소유하고자 하는 수요이다. 따라서 통화정책을 통해 통화량을 늘리고 이자율을 낮추면 투기적 화폐 수요가 늘어나 화폐가 시중에 돌지 않기 때문에 투자 수요가 거의 증가하지 않는
35 다고 본 것이다. 즉 케인스주의는 실제로 사람들이 화폐를 거래 등에 얼마나 자주 사용하였는지가 소득의 변화보다 화폐 수요에 크게 영향을 미친다고 본 것이다. 그래서 케인스주의는 확장적 재정정책을 시행하여 정부 지출이 증가하면 국민 소득은 증가하지만, 소득의 변화가 화폐 수요에 미치는 영향이 작기 때문에 화폐 수요도 작
40 게 증가할 것이라 보았다. 이에 따라 이자율도 낮게 상승하기 때문에 투자 수요가 예상된 것보다 작게 감소할 것이라 보았던 것이다.

또한 확장적 재정정책의 효과는 ㉠승수 효과와 ㉡구축 효과가 나타나는 정도에 따라 달리 볼 수 있다. 승수 효과란 정부의 재정

지출이 그것의 몇 배나 되는 국민 소득의 증가로 이어지면서 소비와 투자가 촉진˙되는 것을 의미한다. 케인스주의는 이러한 승수 효과를 통해 경기 부양이 가능하다고 보았다. 한편 승수 효과가 발생하기 위해서는 케인스주의가 주장한 바와 같이 정부 지출을 늘렸을 때 이자율의 변화가 거의 없어 투자 수요가 예상 투자 수요보다 크게 감소하지 않아야 한다. 그런데 정부가 재정정책을 펼치기 위해 재정 적자를 감수˙하고 국가가 일종의 차용˙ 증서인 국채˙를 발행해 시중의 돈을 빌리게 되는 경우가 많다. 국채 발행으로 시중의 돈이 정부로 흘러 들어가면 이자율이 오르고 이에 대한 부담으로 가
10 계나 기업들의 소비나 투자 수요가 감소되는 상황이 발생하게 된다. 결국 세금으로 충당˙하기 어려운 재정정책을 펼치기 위해 국채를 활용하는 과정에서 이자율이 ㉮올라가고 이로 인해 민간의 소비나 투자를 줄어들게 하는 구축 효과가 발생하게 된다는 것이다. 통화주의에서는 구축 효과에 의해 승수 효과가 감쇄˙되어 확장적 재
15 정정책의 효과가 기대보다 줄어들 것이라고 본 것이다.

이처럼 경기를 안정화시키기 위해 특정한 정책의 긍정적 효과만을 고려하여 정책을 시행하게 될 경우 예상치 못한 문제들이 발생하여 기대했던 경기 안정을 가져오지 못할 수 있다. 경제학자들은 재정정책과 통화정책의 의의를 인정하면서, 이 정책들을 적절하게 활용한다면 경기 안정이라는 목적을 달성하는 데에 중요한 열쇠가
20 될 수 있을 것이라 보았다.

＊ **총수요:** 국내에서 생산된 재화와 서비스에 대해 모든 경제 주체들이 일정 기간 동안 구입하고자 하는 것.

06

윗글을 통해 해결할 수 있는 질문으로 적절하지 않은 것은?

① 정부의 재정 적자를 해소하는 방법은 무엇인가?
② 확장적 정책과 긴축적 정책의 시행 시기는 언제인가?
③ 투기적 화폐 수요가 투자 수요에 미치는 영향은 무엇인가?
④ 정부의 지출 증가가 국민 소득에 미치는 영향은 무엇인가?
⑤ 정부와 중앙은행이 각각 활용하는 경기 안정 정책은 무엇인가?

07

㉠과 ㉡에 대한 설명으로 적절하지 않은 것은?

① ㉠은 정부의 재정 지출에 비해 더 큰 소득의 증가가 나타나는 현상에 대한 설명이다.
② ㉡은 세금으로 충당하기 어려운 정부 지출을 위해 시중의 돈이 줄어드는 상황에서 나타나는 것이다.
③ ㉠과 달리 ㉡은 정부 지출이 정부의 의도만큼 효과를 거두지 못할 것이라는 주장의 근거가 된다.
④ ㉡과 달리 ㉠은 정부가 재정 지출을 늘릴 경우 투자 수요가 줄어들 것이라는 주장의 근거가 된다.
⑤ ㉠과 ㉡은 모두 정부 지출을 확대했을 때 발생할 수 있는 결과들에 대해 분석한 것이다.

08

윗글을 바탕으로 할 때, 〈보기〉의 A~D에 들어갈 말을 바르게 짝지은 것은?

> ┌ 보기 ┐
>
> 국내 사정으로 경기가 (A)되어 정부가 긴축적 재정정책을 사용하면 시중 통화량이 (B)하고, 이에 따라 이자율이 변동한다. 이러한 정책을 통해 경기가 안정되었지만 대외 경제 상황에 의해 경기 (C)이/가 우려된다면, 중앙은행의 경우 통화량을 줄이고 이자율을 (D) 경기 안정을 도모할 수 있다.

	A	B	C	D
①	과열	감소	과열	올려
②	과열	증가	침체	내려
③	과열	감소	침체	올려
④	침체	감소	침체	올려
⑤	침체	증가	과열	내려

09

〈보기〉는 '확장적 재정정책'에 대한 '통화주의'와 '케인스주의'의 주장을 그래프로 나타낸 것이다. 윗글을 바탕으로 〈보기〉에 대해 이해한 내용으로 가장 적절한 것은? [3점]

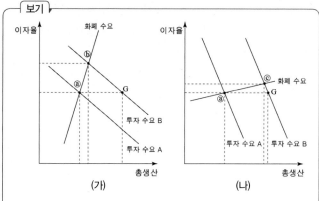

* ⓐ는 확장적 재정정책 활용 이전의 상태를, ⓑ와 ⓒ는 확장적 재정정책 활용 이후의 결과를 나타낸 것이다.
* G는 이자율의 변화를 고려하지 않고 정부 지출을 통해 총생산이 증가될 것으로 예상된 지점을 가정한 것이다.
* 총생산의 증가는 소득이 증가한 것이라 가정한다.

① (가)는 (나)에 비해 정부 지출에 따른 화폐 수요의 변화가 투자 수요에 미치는 영향이 더 큰 것으로 보아, (가)는 '케인스주의'의 그래프이겠군.

② (가)는 (나)에 비해 화폐 수요의 변화에 따른 이자율의 변화가 작은 것으로 보아, (가)는 '통화주의'의 그래프이겠군.

③ (나)는 (가)에 비해 이자율에 따른 투자 수요 곡선의 기울기가 완만한 것으로 보아, (나)는 '통화주의'의 그래프이겠군.

④ (나)는 (가)에 비해 국민 소득 변화에 따른 화폐 수요의 변화가 작은 것으로 보아, (나)는 '케인스주의'의 그래프이겠군.

⑤ (나)는 (가)에 비해 정책 활용 결과에서 도출된 총생산 값이 예상된 총생산보다 많이 감소한 것으로 보아, (나)는 '케인스주의'의 그래프이겠군.

10

문맥상 의미가 ㉮와 가장 가까운 것은?

① 서울에 올라가는 대로 편지를 보내겠습니다.
② 압력이 지나치게 올라가면 폭발 위험이 있다.
③ 그는 높은 곳에 올라가 종이비행기를 날렸다.
④ 강의 상류로 올라가면 아름다운 풍경이 펼쳐진다.
⑤ 담임 선생님의 응원에 학생들의 사기가 올라갔다.

📖 점수를 올려 주는 어휘

- **중앙은행(가운데 中, 가운데 央, 은 銀, 다닐 行)** 한 나라의 금융과 통화 정책의 주체가 되는 은행. 은행권을 발행하고 국고의 출납을 다루며 금융 정책을 시행한다.
- **통화량(통할 通, 재화 貨, 헤아릴 量)** 나라 안에서 실제로 쓰고 있는 돈의 양.
- **긴축(팽팽할 緊, 오그라들 縮)** 재정의 기초를 다지기 위하여 지출을 줄임.
- **이견(다를 異, 볼 見)** 어떠한 의견에 대한 다른 의견. 또는 서로 다른 의견.
- **호전(좋을 好, 구를 轉)** 일의 형세가 좋은 쪽으로 바뀜.
- **부양(뜰 浮, 오를 揚)** 가라앉은 것이 떠오름. 또는 가라앉은 것을 떠오르게 함.
- **촉진(재촉할 促, 나아갈 進)** 다그쳐 빨리 나아가게 함.
- **감수(달 甘, 받을 受)** 책망이나 괴로움 따위를 달갑게 받아들임.
- **차용(빌릴 借, 쓸 用)** 돈이나 물건 따위를 빌려서 씀.
- **국채(나라 國, 빚 債)** 국가가 재정상의 필요에 따라 국가의 신용으로 설정하는 금전상의 채무. 또는 그것을 표시하는 채권. 내국채와 외국채가 있는데, 지방채와 함께 공채라 불러 사채와 구별하기도 한다.
- **충당(가득할 充, 마땅할 當)** 모자라는 것을 채워 메움.
- **감쇄(덜 減, 죽일 殺)** 줄어 없어짐. 또는 줄여 없앰.

📝 분석 노트 27쪽에서 지문을 정리해 보세요.

변동 요인과 소비

⏱ 풀이 시간 10분 30초

01~05 **다음 글을 읽고 물음에 답하시오.**

물가란 시장에서 거래되는 개별 상품의 가격을 종합하여 평균한 것으로, 물가 변동은 전반적인 상품의 가격 변동을 나타낸다. 물가지수는 이러한 물가 변동을 알기 쉽게 지수화한 경제지표°를 일컫는다. 지수란 기준이 되는 시점의 수치를 100으로 해서 비교 시점의 수치를 나타낸 것인데, 이를테면 어느 특정 시점의 물가지수가 115라면 이는 기준 시점보다 물가 수준이 15% 높다는 것을 의미한다.

물가지수를 정확하게 측정하려면 모든 재화°와 서비스의 가격 변동을 조사해야 하지만 이는 현실적으로 불가능하다. 그래서 정부는 일정 기준에 의해 선정°된 대표 품목만을 대상으로 가격을 조사하여 물가지수를 구한다. 이때 선정된 품목들의 가격지수부터 구하게 되는데, 가격지수란 기준이 되는 시점에서 개별 상품의 가격 변동을 지수로 나타낸 수치를 말한다. 이처럼 선정된 품목들의 개별 가격지수의 합을 평균하는 방법으로 물가 수준의 변화를 파악하는 것을 단순물가지수라고 한다. 그러나 모든 품목이 전체 물가에 동일한 영향을 주는 것으로 전제하기 때문에 단순물가지수로 현실적인 물가 상승률을 드러내는 데에는 한계가 있다. 따라서 해당 품목이 차지하는 중요도에 따라 가격지수에 가중치°를 부여하여 체감 물가에 근접한 결과를 측정하고자 한다. 이때 품목별 가중치를 가격지수에 곱한 후 합하여 얻어지는 값을 가중물가지수라고 한다. 가중물가지수는 거래 비중이 큰 품목의 가격 변동이 물가지수에 더 많이 영향을 미치도록 계산한 것이다.

이러한 물가지수는 어떤 용도로 쓰일까? 먼저, 물가지수는 화폐의 구매력을 측정할 수 있는 수단이 된다. 만일 시장에서 물가가 지속적으로 상승하는 경우 구입할 수 있는 상품의 양은 물가가 오르기 전보다 감소하게 되므로 화폐의 구매력은 떨어지게 된다. 다음으로, 물가지수는 경기판단지표로서의 역할을 한다. 일반적으로 물가는 경기가 호황일 때 수요 증가에 의하여 상승하고 경기가 불황°일 때 수요 감소로 하락한다.

또한 물가지수는 명목 가치를 실질 가치로 바꾸는 역할을 한다. 금액으로 표시되어 있는 통계 자료를 다룰 때 종종 현재의 금액을 과거 어느 시점(T년도)의 금액으로 환산°할 필요성을 느끼게 되는데, 이때 물가지수가 이용된다. 현재의 금액을 두 기간 사이의 물가지수 비율로 나누어 과거 시점의 금액으로 환산할 수 있는 것이다.

$$\text{T년도 금액} = \text{현재 금액} \div \frac{\text{현재 물가지수}}{\text{T년도 물가지수}}$$

이처럼 금액으로 표시되어 있는 통계 자료를 물가지수 등락°률로 나눔으로써 가격 변동 효과를 제거할 수 있는데, 원래의 통계치인 '현재 금액'은 명목 가치에, 환산하여 얻어지는 통계치인 'T년도 금액'은 실질 가치에 해당한다.

물가지수는 이용 목적에 따라 여러 가지 형태로 작성되는데, 그것을 보여 주는 사례가 소비자물가지수와 생산자물가지수이다. 소비자물가지수는 소비자가 일상생활에서 구입하는 상품이나 서비스의 가격 변동을 알아보기 위해, 생산자물가지수는 생산자가 생산을 위해 거래하는 상품의 가격 변동을 알아보기 위해 작성된다. 이때 어떤 품목의 가격 변동이 중요한가는 생산자와 소비자의 입장에 따라 다르다. 예를 들어, 지하철 요금의 인상은 일반 소비자들에게는 물가 상승의 현실로 다가오지만 기업에게는 생산원가의 직접적인 인상 요인으로 다가오지는 않는다. 그러나 철판 가격의 인상은 소비자보다 생산자에게 중요한 영향을 미친다. 따라서 ㉠생산자의 입장에서 유용한 물가지수와 소비자의 입장에서 유용한 물가지수는 다르게 작성된다.

두 물가지수가 같은 품목을 포함한다고 하더라도 품목에 부여하는 가중치는 서로 다르다. 예를 들어 경유는 기업에서 연료로 쓰이는 비중이 크기 때문에 생산자물가지수를 산출할 때 부여하는 가중치가 소비자물가지수에서보다 훨씬 크다. 반면, 채소는 가계에서 소비하는 비중이 커서 소비자물가지수를 산출할 때 부여하는 가중치가 생산자물가지수에서보다 크다. 이는 생산자물가지수의 품목별 가중치는 매출액 기준으로 산출되기 때문에 매출액이 큰 품목일수록 가중치가 큰 데 비하여, 소비자물가지수의 품목별 가중치는 도시가계 소비 지출액 기준이므로 소비 지출액이 큰 품목의 가중치가 더 크게 나타나기 때문이다. 이처럼 조사하는 품목이 다르고, 같은 품목이라고 하더라도 두 지수에서 적용되는 가중치가 다르다 보니 소비자물가지수와 생산자물가지수가 서로 다른 방향의 변동을 나타내거나, 같은 방향으로 움직이더라도 변동 수준에 차이를 보이는 경우를 쉽게 볼 수 있다.

생산자물가지수는 소비자물가지수에 앞서 움직이는 양상을 보이기도 하는데, 이는 가격 조사 단계의 차이에서 원인을 찾을 수 있다. 생산자물가지수는 생산자 판매 단계의 공장도 가격을 조사하여 작성되는 반면, 소비자물가지수는 소비자 구입 단계의 소매가격을 조사하여 작성된다. 원재료, 중간재° 등을 포괄하는 생산자물가지수에는 시장 변화의 영향이 곧바로 파급°되지만, 소비자물가지수에는 몇 차례의 가공 단계를 거쳐 소비재로 만들어진 후에야 그 영향이 도달하게 되므로 생산자물가지수가 소비자물가지수보다 앞서 변동하게 되는 것이다. 즉, 생산자물가지수의 상승은 시차를 두고 소비자물가지수의 상승으로 이어질 가능성이 높다. 이와 같은 이유로 소비자물가지수의 선행지표로서 생산자물가지수를 이해하기도 한다.

01

윗글을 통해 확인할 수 없는 것은?

① 물가와 물가지수의 차이점은 무엇인가?
② 물가지수를 측정하는 방법은 무엇인가?
③ 물가지수의 용도에는 어떤 것들이 있는가?
④ 물가지수의 개념은 어떻게 변화해 왔는가?
⑤ 물가지수와 경기 상황은 어떤 관계가 있는가?

02

윗글을 읽고 이해한 내용으로 적절하지 않은 것은?

① 화폐의 구매력은 물가의 움직임에 따라 변화하는군.
② 물가지수는 시장의 수요 변화에 큰 영향을 미치는군.
③ 명목 가치에서 가격 변동 효과를 제거함으로써 실질 가치를 구할 수 있군.
④ 시장의 수요가 증가하면 같은 소득으로 시장에서 구매할 수 있는 상품의 양이 줄어들겠군.
⑤ 현재의 금액을 과거의 금액으로 환산할 때 현재 물가지수가 과거 물가지수보다 높을수록 환산된 금액이 적어지겠군.

03

㉠에 대한 이해로 가장 적절한 것은?

① 소비자와 생산자가 물가지수를 이용하는 목적은 동일하다.
② 소비자와 생산자의 입장에 따라 실질 가치를 산출하는 계산식이 다르다.
③ 소비자와 생산자로 대상을 분류하면 보다 쉽게 물가지수를 측정할 수 있다.
④ 소비자물가지수의 조사 대상 품목군과 생산자물가지수의 조사 대상 품목군은 일치하지 않는다.
⑤ 소비자물가지수와 생산자물가지수 중 하나만 가지고는 전반적인 상품 가격의 변화를 판단할 수 없다.

04

윗글을 바탕으로 〈보기〉를 설명한 내용으로 적절하지 않은 것은?

[3점]

> **보기**
>
> 아래 표는 소비자물가지수를 작성하기 위해 기준 시점 대비 각 품목의 가격 변동을 조사한 자료이다.

구분	A	B	C
가격지수	104	110	110
가중치	0.6	0.3	0.1

① 품목별 소비 지출액은 A>B>C의 순으로 나타난다.
② 단순물가지수를 사용하면 소비자물가지수는 108이다.
③ 단순물가지수에서는 B와 C의 가격 변동이 전체 물가에 동일한 영향을 준다고 전제한다.
④ 단순물가지수를 사용했을 때보다 가중물가지수를 사용할 때 물가 상승률이 높게 나타난다.
⑤ 가중물가지수를 사용하면 거래 비중이 큰 A의 가격 변동이 물가지수에 더 많이 영향을 미치게 된다.

05

윗글을 바탕으로 〈보기〉를 이해한 내용으로 적절하지 않은 것은?

> **보기**
>
> 다음 소식입니다. 올 여름 자연재해로 인해 농작물의 작황이 나빠 농산물 가격이 크게 올랐습니다. 또한 원유 등 국제 원자재 가격도 올랐습니다. 이로 인해 소비자물가지수와 생산자물가지수에 변동이 있었습니다.
>
> – ○○ 경제 뉴스 –

① 원유 가격의 상승으로 인해 향후 소비자물가지수가 오를 가능성이 있다.
② 다른 조사 품목의 가격 변동이 없다면 농산물의 가격 상승은 소비자물가지수의 상승으로 이어질 것이다.
③ 생산자물가지수는 원재료, 중간재 등을 포괄하므로 원유 가격의 상승이 생산자물가지수에 곧바로 파급될 것이다.
④ 생산자물가지수와 소비자물가지수에서 농산물의 가중치는 다르기 때문에 두 지수의 변동 수준에 차이가 생길 수 있다.
⑤ 농산물의 생산자 판매 단계의 가격은 소비자 구입 단계의 가격보다 낮으므로 생산자물가지수가 소비자물가지수보다 낮을 것이다.

📖 **점수를 올려 주는 어휘**

- **경제지표**(경서 經, 건널 濟, 가리킬 指, 표 標) 경제 활동의 상태를 알아내기 위하여 특정 경제 현상을 통계 수치로 나타낸 것. 국민 소득 통계, 생산 지수, 고용 지수 따위가 있다.
- **재화**(재물 財, 재화 貨) 사람이 바라는 바를 충족시켜 주는 모든 물건.
- **선정**(가릴 選, 정할 定) 여럿 가운데서 어떤 것을 뽑아 정함.
- **가중치**(더할 加, 무거울 重, 값 値) 일반적으로 평균치를 산출할 때 개별치에 부여되는 중요도.
- **불황**(아닐 不, 상황 況) 경제 활동이 일반적으로 침체되는 상태.
- **환산**(바꿀 換, 계산 算) 어떤 단위나 척도로 된 것을 다른 단위나 척도로 고쳐서 헤아림.
- **등락**(오를 騰, 떨어질 落) 물가 따위가 오르고 내림.
- **중간재**(가운데 中, 사이 間, 재물 財) 생산 과정에서 다른 재화를 생산하기 위하여 사용하는 재화. 원재료 따위의 생산재를 이른다.
- **파급**(물결 波, 미칠 及) 어떤 일의 여파나 영향이 차차 다른 데로 미침.

📝 분석 노트 28쪽에서 지문을 정리해 보세요.

06~10 **다음 글을 읽고 물음에 답하시오.**

우리는 소비를 할 때 벌어들인 소득 전부를 지출하지 않고 일부를 저축하기도 하고, 대출을 받아 자신이 벌어들인 소득보다 많이 지출하기도 한다. 예를 들어, 적금에 가입해 미래에 있을 지출에 대비하거나 대출을 받아 자동차를 구매하면서 여러 해에 걸쳐 대출금
05 과 이자를 ⓐ상환하기도 한다. 이와 같이 소비는 여러 기간에 걸친 자금의 흐름을 고려하여 이루어진다. 따라서 저축과 대출 등의 금융 행위와 그것의 수익과 비용을 결정하는 이자율은 소비 계획의 결정에 있어 중요한 요소이다.

이자율이 소비에 미치는 영향을 분석하기 위해 다음과 같은 '2기
10 간 소비 모형'을 가정하자. 가상의 소비자 K는 1기와 2기의 두 기간만 생존하며, 1기와 2기에 각각 소득 M1과 M2를 얻는다. 이때 1기 소비 지출액과 2기 소비 지출액의 합은 K가 전 기간에 걸쳐 벌어들일 총소득을 넘어설 수 없다. 또한 소비 지출액이 증가할수록 효용*은 증가하며, K는 한 시기의 소비 지출액만 지나치게 많은 것보다
15 각 시기의 소비 지출액이 균등*한 것을 ⓑ선호한다.

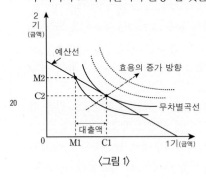
〈그림 1〉

〈그림 1〉은 이자율이 r일 때 K의 최적* 소비 계획을 나타낸 것이다. 〈그림 1〉의 예산선은 K가 총소득을 전부 지출할 때 소비할 수 있는 소비 계획들을 ⓒ연결한 선으로, 초기 부존점* (M1, M2)를 지나는 우하향

직선으로 나타난다. 이때 예산선의 기울기는 이자율에 의해 결정된
25 다. 예를 들어, K가 1기에 r의 이자율로 100만 원을 빌린다면 1기에 소비할 수 있는 금액은 100만 원만큼 늘어나지만, 반대로 2기에 소비할 수 있는 금액은 '(1+r)×100만 원'만큼 줄어든다. 따라서 이자율이 r인 경우 예산선은 기울기가 −(1+r)인, 초기 부존점을 지나는 직선이 된다. 이때 초기 부존점 왼쪽의 예산선은 저축할 때, 오른쪽
30 의 예산선은 돈을 빌릴 때 선택 가능한 소비 계획들을 의미한다.

〈그림 1〉의 무차별곡선은 효용이 동일한 K의 소비 계획들을 연결한 선으로, 볼록한 모양의 우하향 곡선으로 나타난다. 이때 좌측 아래의 무차별곡선보다 우측 위의 무차별곡선일수록 더 높은 효용을 나타내는데, 이는 매 시기의 소비가 많을수록 효용이 증가하기
35 때문이다. 즉 (M1, M2)를 지나는 무차별곡선보다 (C1, C2)를 지나는 무차별곡선이 우측 위에 나타나므로, (M1, M2)에 비해 (C1, C2)가 효용이 더 높은 소비 계획이다. 이는 (C1, C2)의 매 시기 소비 지출액이 (M1, M2)에 비해 더 ⓓ균등하기 때문이다.

따라서 K는 예산선과 무차별곡선이 접하는 지점인 (C1, C2)에서
40 최적 소비 계획을 결정한다. 즉 (C1, C2)를 ⓔ제외한 예산선상의 다른 소비 계획들과 예산선 아래쪽의 소비 계획들은 (C1, C2)보다 효용이 작기 때문에 선택되지 않으며, 예산선 위쪽의 소비 계획들은 K의 총소득 범위를 넘어가므로 더 효용이 높지만 선택할 수 없

다. 그러므로 K는 (C1−M1)을 대출하여 (C1, C2)의 소비 계획을 선택한다.

이제 이자율 변화가 K의 소비 계획에 미치는 영향을 알아보기 위해 이자율이 상승한 경우를 가정해 보자. 이자율의 기울기는
05 −(1+r)이므로 이자율이 상승하면 예산선의 기울기가 가파르게 변화한다. 따라서 이자율 상승 시 예산선은 초기 부존점을 기준으로 시계 방향으로 회전한다.

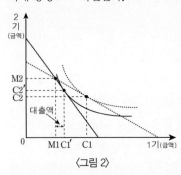
〈그림 2〉

〈그림 2〉는 이자율 상승에 따른 K의 최적 소비 계획
10 변화를 나타낸 것이다. 이 그림에서 무차별곡선과 예산선이 접하는 지점이 변화한 것을 통해 K는 이자율이 상승하면 1기 소비 지출액과
15 대출액을 줄이는 방향으로 최적 소비 계획을 변화시킨다는 것을 알 수 있다.

K가 최적 소비 계획을 바꾼 이유는 두 가지이다. 첫 번째 이유는 ㉠이자율이 상승함에 따라 2기 소비에 대한 1기 소비의 상대적* 가치가 하락했기 때문이다. 따라서 K는 2기 소비를 늘리고, 상대적으
20 로 가치가 하락한 1기 소비를 줄인다. 이렇게 1기와 2기 소비의 상대 가치 변화로 인해 최적 소비 계획이 변하는 효과를 대체효과라고 한다.

두 번째 이유는 이자율 상승으로 인해 상환해야 할 대출 이자가 늘어 K의 총소득이 감소하는 효과가 나타났기 때문이다. 따라서 총소득 감소에 따라 K는 1기 소비 지출액과 2기 소비 지출액을 모두
25 줄이는 방향으로 최적 소비 계획을 변경한다. 이렇게 총소득 변화에 따라 최적 소비 계획이 변하는 효과를 소득효과라고 한다.

따라서 이자율이 상승한 경우 대체효과와 소득효과로 인해 K는 1기 소비 지출액을 줄인다. 2기 소비 지출액은 대체효과와 소득효과가 상충*되므로 각 효과의 상대적 차이에 의해 결정되는데, 〈그
30 림 2〉는 대체효과가 소득효과보다 커서 2기 소비 지출액이 증가한 경우를 가정한 것이다.

이처럼 2기간 소비 모형을 통해 이자율이 소비에 미치는 영향을 이해할 수 있다. 이는 소비자가 소비를 결정하는 데 있어, 현재의 소득만이 아니라 미래에 자신이 벌 것으로 예상하는 소득과 두 시
35 기를 연결하는 매개 변수인 이자율을 고려한다는 것을 시사*한다.

＊효용: 소비자가 소비 행위를 통해 얻는 만족을 수치로 나타낸 것.
＊초기 부존점: 저축이나 대출 등 금융 행위가 불가능할 때의 소비 계획.

06

윗글의 내용과 일치하지 <u>않는</u> 것은?

① 소비자는 여러 기간에 걸친 자신의 자금 흐름을 고려하여 소비 계획을 결정한다.

② 2기간 소비 모형에 따르면, 예산선은 총소득을 전부 지출할 때 소비할 수 있는 소비 계획들을 의미한다.

③ 2기간 소비 모형에 따르면, 예산선과 무차별곡선이 접하는 지점에서 최적 소비 계획이 결정된다.

④ 2기간 소비 모형에 따르면, 이자율이 하락하면 초기 부존점을 기준으로 예산선이 시계 방향으로 회전한다.

⑤ 소비자는 현재 소비를 결정할 때 이자율, 현재 소득, 미래 예상 소득을 모두 고려한다.

07

'〈그림 1〉에 제시된 K의 최적 소비 계획'(㉮)과 '〈그림 2〉에 제시된 K의 최적 소비 계획'(㉯)에 대한 이해로 적절하지 <u>않은</u> 것은?

① ㉮는 〈그림 1〉의 예산선에서 K의 효용을 가장 크게 하는 소비 계획이다.

② ㉮는 〈그림 1〉의 초기 부존점에 비해 각 시기의 소비 지출액이 보다 균등한 소비 계획이다.

③ ㉮를 지나는 무차별곡선은, ㉮를 제외한 〈그림 1〉의 예산선상의 다른 소비 계획을 지나는 무차별곡선들보다 우측 위에 존재한다.

④ ㉮에 비해 ㉯의 2기 소비 지출액이 큰 것은 이자율 상승으로 인한 대체효과가 소득효과보다 큰 경우를 가정했기 때문이다.

⑤ ㉮와 ㉯에서의 K의 대출액의 차이는 ㉮와 ㉯에서의 1기 소비 지출액의 차이보다 작다.

08

〈보기〉를 참고하여 ㉠의 이유를 추론한 것으로 가장 적절한 것은?

> 보기
>
> 이자율이 r인 경우 현 시기(1기) 100만 원의 가치는 다음 시기(2기)의 '$(1+r) \times 100$만 원'과 같은 가치를 지닌다. 이를 역으로 보면 다음 시기의 '$(1+r) \times 100$만 원'은 현 시기 100만 원의 가치와 같다고 판단할 수 있다. 이처럼 미래의 특정 금액의 가치는 이자율을 매개로 현재 가치로 환산할 수 있다. 이때 현재 가치란 어떤 금액이 현재 지니는 가치를 말한다.

① 이자율 상승으로 인해 1기 소비 지출액과 동일한 2기 소비 지출액의 현재 가치가 상승하기 때문이다.

② 이자율 상승으로 인해 1기 소비 지출액과 동일한 2기 소비 지출액의 현재 가치가 하락하기 때문이다.

③ 이자율 상승으로 인해 1기에 상환해야 하는 대출액이 감소하기 때문이다.

④ 이자율 상승으로 인해 1기 소비 지출액의 현재 가치가 하락하기 때문이다.

⑤ 이자율 상승으로 인해 1기 소비 지출액의 현재 가치가 상승하기 때문이다.

09

〈보기〉에 제시된 상황에 대한 설명으로 가장 적절한 것은? [3점]

> 보기
>
> 갑국 정부는 내년부터 모든 소비자에게 보조금을 지급하는 정책을 수립하였다. 정부는 이러한 정책이 소비 진작을 통한 경제 활성화에 기여할 것으로 기대하고 있다. 정책 발표로 인해 갑국의 모든 소비자는 내년부터 보조금을 지급받게 된다는 것을 알게 되었다. 갑국 정부는 모든 소비자가 2기간 소비 모형의 모든 가정을 충족한다고 판단하고 있다. 또한 정책 시행 이전과 이후 이자율은 변하지 않는다고 판단하고 있다.
>
> * 단, 정책 시행 이전과 이후 다른 조건의 변화는 없다.

① 보조금 지급 이전인 올해에는 소비가 증가하지 않을 것으로 갑국 정부는 예상할 것이다.

② 보조금 지급은 대체효과는 일으키지 않고 소득효과만 일으킬 것으로 갑국 정부는 예상할 것이다.

③ 모든 소비자가 내년에 지급받을 보조금만큼의 금액을 올해 모두 소비할 것으로 갑국 정부는 예상할 것이다.

④ 소비자의 저축액과 대출액에 따라 보조금 지급으로 인한 소비의 증감 여부가 결정될 것으로 갑국 정부는 예상할 것이다.

⑤ 보조금 지급으로 인한 대체효과와 소득효과의 상대적 차이에 의해 내년 소비의 증감 여부가 결정될 것으로 갑국 정부는 예상할 것이다.

10

문맥상 ⓐ~ⓔ와 바꿔 쓴 것으로 적절하지 <u>않은</u> 것은?

① ⓐ: 갚기도

② ⓑ: 좋아한다

③ ⓒ: 이은

④ ⓓ: 고르기

⑤ ⓔ: 없앤

🔍 **점수를 올려 주는 어휘**

• **균등**(고를 均, 같을 等) 고르고 가지런하여 차별이 없음.

• **최적**(가장 最, 갈 適) 가장 알맞음.

• **상대적**(서로 相, 대답할 對, 과녁 的) 서로 맞서거나 비교되는 관계에 있는 것.

• **상충**(서로 相, 찌를 衝) 맞지 아니하고 서로 어긋남.

• **시사**(보일 示, 부추길 唆) 어떤 것을 미리 간접적으로 표현해 줌.

📄 분석 노트 29쪽에서 지문을 정리해 보세요.

과학

지문 구성
하나의 단독 지문으로 출제된다. 이해를 돕기 위해 그림 또는 도표 등이 함께 제시되기도 한다. 한 회의 시험에서 과학과 기술 중 하나의 영역만이 출제된다는 특징이 있다.

지문 성격
생명과학, 지구과학, 물리학, 화학 등 다양한 분야에서 출제되는데, 최근에는 생명과학 분야를 다룬 글이 지문으로 출제되는 비율이 높다. 과학적 사실이나 원리를 설명하는 글이 주를 이룬다.

문항 유형
주로 4~5개 정도의 문항이 출제된다. 세부 정보를 파악하는 유형과 구체적 상황에 적용하는 유형의 출제 빈도가 높다. 과학적 이론 또는 원리를 구체적 상황에 적용하는 문제에서는 고도의 추론적 사고를 요하는 경우가 많으므로 다양한 문제 풀이를 통한 연습이 필요하다.

생체의 신비

🕐 풀이 시간 10분 30초

01~05 다음 글을 읽고 물음에 답하시오.

　시각기관인 눈은 시각을 감지하는 데에 관여하는 안구, 안구를 움직이는 근육이나 안구를 보호하는 눈꺼풀과 같은 부속 기관으로 이루어져 있다. 이 중 안구는 두개골*의 오목한 부위인 안와에 들어 있는 공 모양의 구조물이다.

05　〈그림〉의 안구를 보면, 안구벽은 세 층으로 되어 있다. 바깥층은 공막인데, 검은자위 부분에서 투명하게 변형되어 ㉠각막을 이룬다. 각막은 빛을 통과시켜 망막에 상을 맺게 해 준다. 중간층은 ㉡맥락막, 섬

10　모체 등으로 구성된다. 맥락막에는 안구의 각 부분에 영양분을 공급하는 혈관 중 다수가 밀집해 있어 빛의

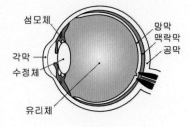
〈그림〉

통과를 막아, 빛이 공막으로 분산되지 않도록 하여 상이 잘 맺히도록 한다. 섬모체는 수정체와 가느다란 실로 연결되어 있어, 수정체

15　가 물체의 원근*에 따라 초점을 조절하는 것을 돕는다. 안쪽층은 빛을 감지하는 ㉢망막이다. 안구벽 안쪽에는 유리체가 넓은 부위를 차지하고 있고, 유리체의 앞쪽에는 수정체가 자리 잡고 있다.

　그런데 이러한 안구는 단단하지 않다. 단단하지 않은 물체가 기

20　압에 저항해 원래의 모양을 유지하기란 쉽지 않다. 내부 기압이 외부 기압보다 낮으면 물체는 찌그러지며, 반대의 경우에는 부풀어 오를 수 있다. 빛을 수용*하고 상을 맺게 하는 눈의 특성상, 약간의 모양 변화로도 빛의 방향이 ⓐ틀어져 초점이 달라지기 때문에 정확한 안구 형태를 유지하는 것은 매우 중요하다.

25　이를 일차적으로 담당하는 것은 유리체이다. 안구 내부에서 가장 많은 면적을 채우고 있는 유리체는 투명한 젤 형태의 물질이다. 유리체는 안구 내압을 적정하게 유지함으로써 맥락막에 대하여 망막을 지지해 주고, 안구벽의 붕괴를 방지함으로써 안구의 형태를 유지하는 역할을 한다. 하지만 눈은 단순한 구조가 아니기에, 이것만

30　으로는 안구 전체뿐 아니라 안구를 구성하는 각 부분을 정확한 형태로 유지하기 어렵다.

　이 경우 가장 문제가 되는 것이 각막과 수정체 사이의 '안방'이라는 공간이다. 만약 이 공간이 비어 있다면 외부에서 누르는 기압과 이에 대응하기 위해 유리체가 밀어내는 압력 때문에 각막과 수정체

35　는 서로 달라붙거나 찌그러질 가능성이 높다. 그러면 수정체가 원활하게 움직이기가 어려워진다. 따라서 눈은 수정체와 각막 사이의 공간에 채워진 방수로 적절한 내부 압력을 유지한다.

　'방에 든 물'을 뜻하는 방수(房水)는 투명한 약알칼리성 액체로, 눈물과는 구별된다. 방수는 안방에 들어차 각막의 형태를 유지하

40　고, 혈관 분포가 없어 투명한 구조인 각막이나 수정체에 영양분을

공급하고 노폐물을 배출하는 역할을 한다. 단순히 공간을 채우는 것만이 아니라 영양분을 공급한다는 것은 방수가 순환되는 물이라는 전제를 포함한다. 섬모체에서 만들어진 방수는 안방을 채우고 섬유주라는 조직을 통해 배출된 후 슐렘관으로 흡수되어 심장으로 들어가 혈액에 합류*된다.

05

　눈의 구조와 시력 유지를 위해 꼭 필요한 방수는 적정량이 제대로 흘러야 한다. 제 역할을 다한 방수는 흘러나가야 하는데, 섬유주의 구조 변화나 슐렘관에 이상이 생기는 등의 이유로 이 과정이 원활하지 않으면 문제가 발생한다. 방수의 배출 여부와 관계없이 섬모체는 계속 방수를 만들어 내기 때문에 결국 과도한 방수로 안압이 높아진다. 그 결과 안구의 모든 조직에 압력이 가해져 문제가 생기는데, 그중 특히 약한 조직인 시신경이 먼저 심하게 손상을 받게 된다.

10

01

윗글에 대한 이해로 적절하지 않은 것은?

① 각막은 공막과 달리 투명하다.
② 수정체는 빛이 통과할 수 있는 구조이다.
③ 유리체는 맥락막에 대하여 망막을 지지해 준다.
④ 섬모체는 수정체와 연결되어 물체의 원근을 감지한다.
⑤ 방수는 슐렘관을 거쳐 심장으로 들어가 혈액에 합쳐진다.

02

윗글을 참고할 때, <보기>의 ㉮~㉰에 들어갈 말로 적절한 것은?

┌─ 보기 ┐

안방이 비어 있다면, 외부에서 누르는 기압에 대응하기 위해 유리체가 (㉮)는 압력 때문에 안방이 찌그러질 가능성이 높다. 따라서 방수가 이 공간을 채우는데, 만약 방수의 공급량에 비해 배출량이 (㉯)지게 되면 안압이 (㉰)하여 시신경이 손상된다.

	㉮	㉯	㉰
①	밀어내	적어	상승
②	밀어내	적어	하강
③	밀어내	많아	상승
④	당기	많아	하강
⑤	당기	많아	상승

03

㉠~㉢에 대한 이해로 적절한 것은?

① ㉠에는 영양분을 공급하는 혈관이 다수 밀집되어 있다.
② ㉢은 수정체가 초점을 조절하는 것을 돕는다.
③ ㉠과 ㉡은 안구를 보호하는 데 필요한 부속 기관이다.
④ ㉡은 빛의 분산을 막아 ㉢에서 상을 맺는 것을 돕는다.
⑤ ㉢을 통과한 빛이 ㉠에서 감지된다.

04

윗글의 방수 와 <보기>의 눈물 을 비교한 내용으로 적절하지 않은 것은? [3점]

┌─ 보기 ┐

눈물 은 윗눈꺼풀 안쪽의 누선에서 분비된다. 눈을 깜박일 때마다 눈물은 안구 표면 전체를 적시는데, 특히 각막을 고르게 덮어 준다. 이때 눈물은 각막에 습기를 지속적으로 공급하고, 안구의 운동을 원활하게 한다. 또한 먼지나 병균을 씻어 내어 안구를 청결하게 유지한다. 제 역할을 다한 눈물은 안쪽 눈구석에 있는 누점을 통해 누관을 타고 콧속으로 배출된다. 정상적인 눈물은 분비와 배출의 비율이 일정 수준으로 유지되어야 한다.

① 방수는 섬유주를 통해, 눈물은 누점을 통해 배출된다.
② 방수는 각막에 영양분을, 눈물은 각막에 습기를 공급한다.
③ 방수는 안구의 형태를 유지하는 데, 눈물은 안구의 청결 상태를 유지하는 데 기여한다.
④ 방수와 눈물은 모두 적정한 양이 유지되어야 정상적인 상태라고 볼 수 있다.
⑤ 방수와 눈물은 모두 안구 표면을 적셔 안구가 원활하게 움직일 수 있도록 한다.

05

ⓐ와 문맥적 의미가 가장 유사한 것은?

① 날아가던 공이 오른쪽으로 틀어졌다.
② 늦잠을 자는 바람에 계획이 틀어졌다.
③ 햇볕에 오래 두었더니 목재가 틀어졌다.
④ 마음이 틀어져서 아무 말도 하지 않았다.
⑤ 초등학교 때부터 사귀던 친구와 틀어졌다.

📖 점수를 올려 주는 어휘

• **두개골(머리 頭, 덮을 蓋, 뼈 骨)** 척추동물의 머리를 이루는 뼈를 통틀어 이르는 말.
• **원근(멀 遠, 가까울 近)** 멀고 가까움.
• **수용(받을 受, 얼굴 容)** 어떠한 것을 받아들임.
• **합류(합할 合, 흐를 流)** 둘 이상의 흐름이 한데 합하여 흐름. 또는 그 물줄기.
• **원활(둥글 圓, 어지러울 滑)** 모난 데가 없고 원만함. / 거침이 없이 잘 되어 나감.

📝 분석 노트 30쪽에서 지문을 정리해 보세요.

⏱ 풀이 시간 8분 30초

06~09 다음 글을 읽고 물음에 답하시오.

우리 주변에 존재하는 생물들 중에는 독을 가진 경우가 흔하다. 이러한 생물들은 위협적인 상대로부터 자신을 보호하거나 종족˚을 보존˚하기 위해 독을 이용한다. 특히 동물은 사냥감을 포획˚하기 위한 수단으로도 독을 사용한다. 이와 같은 독은 식물과 동물에 따
05 라 다양한 특징을 보인다.

식물 독의 주성분은 대부분 알칼로이드라는 물질인데 이는 질소를 함유하는 염기성 유기화합물을 일컫는 것으로, 그 예에는 투구꽃의 '아코니틴'과 흰독말풀의 '아트로핀'이 있다. 아코니틴과 아트로핀은 모두 동물의 신경계에서 '근육에 가해진 자극이나 뇌가 내
10 린 명령'에 관한 정보가 전달되는 것을 방해한다. 먼저 ㉠아코니틴은 신경 세포의 나트륨 이온˚ 통로를 계속 열어 두기 때문에 나트륨 이온을 세포 안으로 다량 유입˚시킨다. 이로 인해 이온의 농도 차에 의한 나트륨 이온의 이동이 정상적으로 일어나지 않아, 전기 신호인 활동 전위˚가 신경 세포에서 일어나지 못하게 된다. 그러면 아
15 세틸콜린이 분비되지 않아, 결국 호흡 곤란으로 이어질 수 있다. 하지만 적정량을 사용하면 진정 효과 등의 약리˚ 작용이 있기 때문에 아코니틴을 진통제의 성분으로 이용하기도 한다.

한편 아트로핀은 부교감 신경˚의 시냅스˚에서 아세틸콜린 대신에 아세틸콜린 수용체와 결합함으로써 아세틸콜린의 작용을 방해
20 한다. 여기서 아세틸콜린은 활동 전위에 의해 신경 세포 말단에 있는 시냅스 소포에서 분비된 후, 다른 신경 세포로 정보를 전달하는 물질이다. 아세틸콜린의 분비가 억제되거나 아세틸콜린이 아세틸콜린 수용체와 결합하지 못하면 신경의 흥분이 억제되어 근육은 이완되지만 아세틸콜린이 과잉 분비되면 그 반대 현상이 일어난다.
25 아트로핀은 아세틸콜린과 화학 구조가 유사하기 때문에 아세틸콜린 수용체와 결합함으로써 시냅스에서 이루어지는 정보 전달을 방해하게 된다. 이를 이용해 아트로핀은 ⓐ일부 독의 해독제로 쓰이기도 한다.

반면 동물 독은 독의 성질이 제각기 다르다. 대표적으로 뱀의 독
30 에는 주로 단백질 계열의 50~60종의 성분이 있으며, 뱀마다 독의 작용에도 큰 차이가 있다. 코브라에게 물리면 '오피오톡신'이 시냅스에서 아세틸콜린 수용체와 결합해 근육으로의 정보 전달이 방해된다. 이와 달리 살무사에게 물리면 '크로탈로톡신'이라는 독이 혈액 내의 혈구 세포와 혈소판 등을 파괴한다. 이로 인해 근육이 괴
35 사되고 출혈이 멈추지 않아 죽게 된다. 한편 복어는 '테트로도톡신'이라는 알칼로이드 계열의 독소를 가지고 있다. ㉡테트로도톡신은 신경 세포의 나트륨 이온 통로를 차단함으로써 나트륨 이온이 들어오지 못하게 하기 때문에 활동 전위가 일어나지 않는다. 이로 인해 아세틸콜린이 분비되지 않는다. 특히 테트로도톡신은 복어가 스스
40 로 만들어 내는 것이 아니라, 복어가 먹이로 섭취한 플랑크톤에 의해 축적되거나 복어 체내에 기생하는 균에 의해 만들어진다는 특징이 있다.

독이 우리 몸에 유입되면 해독제를 신속하게 투여˚하는 것이 중요하다. 해독제로는 산과 염기의 반응을 이용한 중화제, 독소 분자를 분해하는 효소, 유입된 독과 서로 반대 작용을 하는 독을 활용할 수 있다.

＊**활동 전위**: 생물체의 세포나 조직이 활동할 때 일어나는 전압 변화.

06

윗글에서 답을 찾을 수 있는 질문에 해당하지 <u>않는</u> 것은?

① 아코니틴에 의해 나타나는 증상은 무엇일까?
② 복어의 독소는 무엇에 의해 만들어지는 것일까?
③ 알칼로이드가 질소를 함유하는 이유는 무엇일까?
④ 살무사에게 물리면 출혈이 멈추지 않는 이유는 무엇일까?
⑤ 오피오톡신과 크로탈로톡신의 작용에는 어떤 차이가 있을까?

07

ⓐ의 이유로 가장 적절한 것은?

① 아트로핀이 아세틸콜린을 분해하는 물질의 작용을 방해하기 때문에
② 아트로핀이 아세틸콜린을 소모하여 부교감 신경의 흥분을 유도하기 때문에
③ 아트로핀이 아세틸콜린을 분비시켜 신경계의 정보 전달을 유도하기 때문에
④ 아트로핀이 아세틸콜린의 작용을 방해해 부교감 신경의 흥분을 억제하기 때문에
⑤ 아트로핀이 아세틸콜린의 분비를 억제하고 다른 신경전달물질을 활성화하기 때문에

08

㉠과 ㉡에 대한 설명으로 가장 적절한 것은?

① ㉠은 ㉡과 달리 나트륨 이온의 농도 차이를 일정하게 유지시킨다.
② ㉠은 ㉡과 달리 세포 안으로 나트륨 이온이 들어오지 못하도록 방해한다.
③ ㉡은 ㉠과 달리 아세틸콜린과 화학 구조가 유사하다.
④ ㉡은 ㉠과 달리 아세틸콜린의 분비에 영향을 미치지 않는다.
⑤ ㉠과 ㉡은 모두 신경 세포에서 활동 전위가 일어나지 못하게 방해한다.

09

윗글을 바탕으로 〈보기〉를 이해한 내용으로 적절하지 않은 것은?
[3점]

┌ 보기 ┐
○ A의 잎에는 알칼로이드에 속하는 스코폴라민이 포함되어 있는데, 강한 쓴맛 때문에 동물에게 먹히지 않는다. 스코폴라민이 몸속에 들어오면 아세틸콜린 수용체와 결합하므로 멀미약의 성분으로 이용된다.
○ B는 꼬리에 있는 독침에서 분비되는 단백질 계열의 카리브도톡신을 이용한다. 카리브도톡신이 먹잇감인 곤충의 몸속에 들어가면 활동 전위가 계속 일어나도록 하기 때문에 시냅스 말단에서는 아세틸콜린이 과잉 분비된다.
└────────────────────┘

① A의 스코폴라민은 시냅스에서 이루어지는 정보 전달을 방해하는 작용을 하겠군.
② B의 카리브도톡신은 신경의 흥분을 억제하므로 근육으로의 정보 전달을 방해하겠군.
③ A의 스코폴라민은 근육을 이완시키고, B의 카리브도톡신은 근육을 수축시키겠군.
④ A의 스코폴라민은 산성 물질을, B의 카리브도톡신은 단백질 분해 효소를 해독제로 활용할 수 있겠군.
⑤ A에게 스코폴라민은 자신을 보호하기 위한, B에게 카리브도톡신은 사냥감을 포획하기 위한 수단이겠군.

📖 **점수를 올려 주는 어휘**

• **종족(씨 種, 겨레 族)** 같은 종류의 생물 전체를 이르는 말.
• **보존(보전할 保, 있을 存)** 잘 보호하고 간수하여 남김.
• **포획(사로잡을 捕, 얻을 獲)** 짐승이나 물고기를 잡음.
• **이온(ion)** 전하를 띠는 원자 또는 원자단. 전기적으로 중성인 원자가 전자를 잃으면 양전하를, 전자를 얻게 되면 음전하를 가진 이온이 된다.
• **유입(흐를 流, 들 入)** 액체나 기체, 열 따위가 어떤 곳으로 흘러듦.
• **약리(약 藥, 다스릴 理)** 생체에 들어간 약품이 일으키는 생리적인 변화.
• **부교감 신경(버금 副, 사귈 交, 느낄 感, 귀신 神, 경서 經)** 교감 신경과 더불어 자율 신경 계통을 이루는 신경. 교감 신경이 촉진되면 억제하는 일을 하고, 신체가 흥분되면 심장의 구실을 억제하며 소화 기관의 작용을 촉진한다.
• **시냅스(synapse)** 신경 세포의 신경 돌기 말단이 다른 신경 세포와 접합하는 부위. 이곳에서 한 신경 세포에 있는 흥분이 다음 신경 세포에 전달된다.
• **투여(던질 投, 더불 與)** 약 따위를 환자에게 복용시키거나 주사함.

📝 분석 노트 31쪽에서 지문을 정리해 보세요.

⏱ 풀이 시간 8분 30초

01~04 **다음 글을 읽고 물음에 답하시오.**

바이러스•는 체내에 들어와 문제를 일으킬 수 있어 주의해야 할 대상이다. 생명체와 달리, 바이러스는 세포가 아니기 때문에 스스로 생장•이 불가능하다. 그래서 바이러스는 살아 있는 숙주• 세포에 기생하고, 그 안에서 증식•함으로써 살아간다. 바이러스는 바깥
05 을 둘러싸는 피막의 유무에 따라 구조가 달라진다. 피막이 있는 바이러스는 피막의 바깥에 부착 단백질이 박혀 있고 피막 안에는 캡시드라는 단백질이 있다. 캡시드 안에는 핵산•이 있는데, 핵산은 DNA와 RNA 중 하나로만 구성된다. 이러한 구조를 갖는 바이러스는 숙주 세포에 어떻게 감염하는 것일까?

10 ⎡   바이러스의 감염 가능 여부는 숙주 세포 수용체의 특성에 따라 결정된다. 바이러스는 감염이 가능한 숙주 세포와 접촉한 후 바이러스 피막의 부착 단백질을 이용해 숙주 세포 수용체에 달라붙는다. 달라붙은 부위를 통해 바이러스가 숙주 세포 내부로 침투하고, 바이러스의 핵산이 캡시드로부터 분리되어 숙주 세
15 포 내부로 빠져나온다. 이후 핵산은 효소•를 이용하여 복제된다. 핵산이 DNA일 경우 숙주 세포에 있는 효소를 그대로 이용
[A] 하고, 반면 RNA일 경우 숙주 세포에 있는 효소를 이용해 자신에 맞는 효소를 합성한다. 또한 핵산은 mRNA라는 전달 물질을 통해 단백질을 합성한다. 합성된 단백질의 일부는 캡시드가 되
20 어 복제된 핵산을 둘러싸고 다른 일부는 숙주 세포막에 부착되어 바이러스의 부착 단백질이 될 준비를 한다. 그 후 단백질이 부착된 숙주 세포막이 캡시드를 감싸 피막이 되면서 증식된 바
⎣ 이러스가 숙주 세포 밖으로 배출된다.

우리 몸은 주로 위의 과정을 통해 지속감염이 일어나기도 하고
25 위와는 다른 과정을 거쳐 급성감염이 일어나기도 한다. ㉠급성감염은 일반적으로 짧은 기간 안에 일어나는데, 바이러스는 감염된 숙주 세포를 증식 과정에서 죽이고 바이러스가 또 다른 숙주 세포에서 증식하며 질병을 일으킨다. 시간이 흐르면서 체내의 방어 체계에 의해 바이러스를 제거해 나가면 체내에는 더 이상 바이러스가
30 남아 있지 않게 된다. 반면 ㉡지속감염은 급성감염에 비해 상대적으로 오랜 기간 동안 바이러스가 체내에 잔류•한다. 지속감염에서는 바이러스가 장기간 숙주 세포를 파괴하지 않으면서도 체내의 방어 체계를 회피하며 생존한다. 지속감염은 바이러스의 발현 양상에 따라 잠복감염과 만성감염, 지연감염으로 나뉜다.
35 잠복감염은 초기 감염으로 증상이 나타난 후 한동안 증상이 사라졌다가 특정 조건에서 바이러스가 재활성화되어 증상을 다시 동반한다. 이때 같은 바이러스에 의한 것임에도 첫 번째와 두 번째 질병이 다르게 발현되기도 한다. 잠복감염은 질병이 재발하기까지 바이러스가 감염성을 띠지 않고 잠복하게 되는데, 이러한 상태의 바이
40 러스를 프로바이러스라고 부른다. 만성감염은 감염성 바이러스가

숙주로부터 계속 배출되어 항상 검출•되고 다른 사람에게 옮길 수 있는 감염 상태이다. 하지만 사람에 따라서 질병이 발현되거나 되지 않기도 하며 때로는 뒤늦게 발현될 수도 있다는 특성이 있다. 지연감염은 초기 감염 후 특별한 증상이 나타나지 않다가, 장기간에
05 걸쳐 감염성 바이러스의 수가 점진적•으로 증가하여 반드시 특정 질병을 유발하는 특성이 있다.

01

윗글의 내용과 일치하지 않는 것은?

① 피막이 있는 바이러스는 숙주 세포막의 효소와 결합하여 숙주 세포 내부로 침투한다.
② 피막이 있는 바이러스의 핵산이 DNA라면 캡시드 안에 RNA는 존재하지 않는다.
③ 바이러스가 숙주 세포에 기생하는 이유는 세포가 아니기 때문이다.
④ 피막이 있는 바이러스의 가장 바깥에는 부착 단백질이 있다.
⑤ 피막이 있는 바이러스는 캡시드를 피막이 감싸고 있다.

02

〈보기〉는 특정 바이러스 감염 과정의 일부를 그림으로 나타낸 것이다. [A]를 바탕으로 〈보기〉를 이해한 내용으로 적절하지 <u>않은</u> 것은?

[3점]

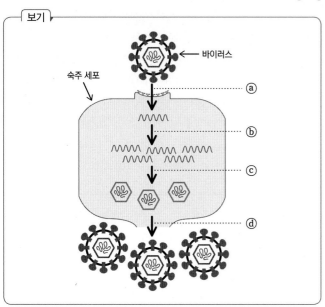

① ⓐ에서 바이러스의 핵산이 숙주 세포 내부로 빠져 나오려면, 바이러스 피막의 부착 단백질을 이용하는 과정이 필요하다.

② ⓑ에서 숙주 세포의 효소를 그대로 이용하지 않는다면, 이 바이러스의 핵산은 RNA이다.

③ ⓑ에서 캡시드가 분리되며 빠져나온 효소는 ⓒ에서 다시 캡시드를 형성하는 데 도움을 준다.

④ ⓒ에서 바이러스의 핵산을 둘러싸거나 ⓓ에서 바이러스의 부착 단백질이 되는 물질은 mRNA를 통해 합성된다.

⑤ ⓓ에서는 배출되는 바이러스의 피막이 숙주 세포의 구성 요소를 통해 만들어진다.

03

㉠과 ㉡에 대한 설명으로 적절한 것은?

① ㉠은 ㉡과 달리 체내에서 감염성 바이러스의 수가 점진적으로 증가한다.

② ㉠은 ㉡에 비해 바이러스가 체내의 방어 체계를 오랫동안 회피한다.

③ ㉡은 ㉠과 달리 바이러스가 증식하는 과정에서 숙주 세포를 소멸시킨다.

④ ㉡은 ㉠에 비해 감염한 바이러스가 체내에 장기간 남아 있게 된다.

⑤ ㉠과 ㉡은 체내의 바이러스가 질병을 발현하는지 여부에 따라 구분된다.

04

윗글을 참고할 때, 〈보기〉에 대한 반응으로 적절하지 <u>않은</u> 것은?

보기

o '수두-대상포진 바이러스(VZV)'에 감염되면, 처음에는 미열과 발진성 수포가 생기는 수두가 발병한다. 시간이 지나면 자연적으로 치료되나 'VZV'를 평생 갖고 살아가게 된다. 그러다가 신체의 면역력이 저하되면 피부에 통증과 수포가 생겨날 수 있는데, 이를 대상포진이라 한다.

o 'C형 간염 바이러스(HCV)'에 감염된 환자의 약 80%는 해당 바이러스를 보유하고도 증세가 나타나지 않아 감염 여부를 인지하지 못하다가 우연히 알게 되기도 한다. 하지만 감염 환자의 약 20%는 간에 염증이 나타나고 이에 따른 합병증이 나타나기도 한다.

① 수두를 앓다가 나은 사람은 대상포진이 발병하지 않았을 때 'VZV' 프로바이러스를 갖고 있겠군.

② 'VZV'를 가진 사람의 피부에 통증과 수포가 발생하는 것은 'VZV'가 다시 활성화되는 특정 조건이 되겠군.

③ 'HCV'에 감염된 사람은 간 염증을 앓고 있지 않더라도 타인에게 바이러스를 옮길 수 있겠군.

④ 'HCV'에 감염된 사람은 나이와 상관없이 간 염증이 나타날 수도 있고 전혀 나타나지 않을 수도 있겠군.

⑤ 'VZV'나 'HCV'에 의한 질병이 발현된 상황이라면, 모두 체내에 잔류한 바이러스가 주변 세포를 감염시키고 있겠군.

🔖 점수를 올려 주는 어휘

- **바이러스(virus)** 동물, 식물, 세균 따위의 살아 있는 세포에 기생하고, 세포 안에서만 증식이 가능한 비세포성 생물. 핵산과 단백질을 주요 성분으로 하고, 세균 여과기에 걸리지 않으며, 병원체가 되기도 한다.
- **생장(날 生, 길 長)** 나서 자람. 또는 그런 과정.
- **숙주(잠잘 宿, 주인 主)** 기생 생물에게 영양을 공급하는 생물.
- **증식(더할 增, 번성할 殖)** 생물이나 조직 세포 따위가 세포 분열을 하여 그 수를 늘려 감. 또는 그런 현상.
- **핵산(씨 核, 초 酸)** 염기, 당, 인산으로 이루어진 뉴클레오타이드가 긴 사슬 모양으로 중합된 고분자 물질. 유전이나 단백질 합성을 지배하는 중요한 물질로, 생물의 증식을 비롯한 생명 활동 유지에 중요한 작용을 한다.
- **효소(술밑 酵, 흴 素)** 생물의 세포 안에서 합성되어 생체 속에서 행하여지는 거의 모든 화학 반응의 촉매 구실을 하는 고분자 화합물을 통틀어 이르는 말.
- **잔류(쇠잔할 殘, 낙숫물 溜)** 남아서 괴. 또는 그런 것.
- **검출(검사할 檢, 날 出)** 화학 분석에서, 물질 속에 어떤 화학 성분이나 미생물이 있는지를 검사하여 확인하는 일.
- **점진적(차차 漸, 나아갈 進, 과녁 的)** 조금씩 앞으로 나아가는 것.

📝 분석 노트 32쪽에서 지문을 정리해 보세요.

05~09 다음 글을 읽고 물음에 답하시오.

인체는 끊임없이 세균과 바이러스, 기생충과 같은 외부 물질의 공격을 받는다. 이들은 주로 감염이나 질병의 원인이 되므로 인체는 이와 같은 외부 물질의 침입에 저항하고 방어하는 작용을 하게 되는데, 이를 면역 반응˚이라 한다. 따라서 건강하다는 것은 면역
05 반응이 활발하여 외부 물질들을 완벽하게 제거하는 상태를 의미하는 것으로 이해하기 쉽다.

그러나 면역 반응이 과도˚해지면 오히려 인체에 해를 끼치기도 한다. 최근 급증하는 알레르기나 천식˚, 자가면역질환˚은 불필요한 면역 반응으로 인해 발생한다. 면역계가 일반적으로는 해가 되지
10 않는 물질들인 꽃가루나 먼지뿐만 아니라 자신의 조직까지 제거해야 할 대상으로 인식하여 공격하는 것이다. 그런데 이와 같은 면역계 과민˚ 반응으로 인한 질병들은 의료 환경이 발달한 선진국에서 점점 더 증가하는 추세이다. 그렇다면 이와 같은 면역계 과민 반응이 나타나는 이유는 무엇일까?

15 과학자들은 그 이유를 인체가 수백만 년 동안 진화해 온 환경에서 찾았다. 인체는 무균˚ 지대나 청정 지대가 아니라 세균과 바이러스, 기생충 등과 함께 진화해 왔다. 즉 이들 침입자는 인체의 면역계로부터 자신을 보호하기 위해 면역 반응을 억제하도록 진화했고, 인체는 면역 반응을 억제하는 외부 물질의 침입에 대비하여 면
20 역 반응을 일으키도록 진화했다. 그런데 현대 의학의 발달과 환경 개선으로 바이러스 등이 줄어들게 되자 면역 반응이 지나치게 된 것이다. 이를 위생가설이라고 한다. 위생가설에 따르면 바이러스에 접할 기회가 줄어든 깨끗한 환경이 오히려 질병의 원인이 된다.

위생가설은 인체가 외부 물질과의 공존 속에서 면역 반응의 균형
25 을 찾는다는 시사점을 주었다. 모든 외부 물질들이 배척˚되기만 한다면 면역 반응에 제동을 걸어 줄 존재가 사라지므로 균형이 깨어지는 것이다. 그렇다면 면역계는 어떻게 외부 물질과 공존할 수 있을까? 장(腸)에 존재하는 미생물을 통해 이를 설명할 수 있다. 우리 장 안에는 몸 전체의 세포 수보다 10여 배나 더 많은 장내미생물이
30 살고 있는데, 이는 면역계가 이들의 존재를 인정하고 받아들였기 때문이다.

면역계를 구성하는 면역세포들은 인체에 유입된 외부 물질을 인지하고 이를 제거하는 면역 반응을 일으킨다. 중추적˚ 역할을 하는 면역세포는 수지상˚세포와 T세포이다. 수지상세포는 말 그대로 세
35 포막이 나뭇가지처럼 기다랗게 뻗어 나와 있는 모양의 세포이다. 수지상세포는 인체에 침입한 외부 물질을 인지하고, 소장과 대장 주변에 분포한 림프절에서 미성숙T세포를 조력T세포와 세포독성T세포로 분화시킨다. 이 두 종류의 T세포가 몸 안에 침입한 이물질을 없애는 역할을 한다.

40 그런데 장내미생물은 조력T세포나 세포독성T세포의 공격을 피하기 위해 수지상세포에 영향을 미쳐 그 성격을 바꿔 놓는다. 즉 수지상세포가 면역 반응을 일으키지 못하게 만드는 것이다. 이렇게 성격이 변한 수지상세포를 조절수지상세포라고 부른다. 조절수지

상세포는 림프절에서 미성숙T세포를 조절T세포로 성숙시키는데, 조절T세포는 조력T세포나 세포독성T세포와는 달리 면역 반응을 억제하는 역할을 한다. 그 결과 장내미생물은 외부 물질이면서도 면역계와 공존할 수 있게 된 것이다.

장내미생물은 조절T세포를 통해 자신의 생존을 꾀하지만 그 결 05 과 인체의 면역계는 면역 반응의 강약을 조절하게 된다. 조절T세포가 면역계 과민 반응으로 인한 질병을 치료하는 역할을 담당하게 된 것이다. 실제로 알레르기 환자의 몸에 조절T세포가 작용하면 과민 면역 반응으로 인해 발생한 염증이 억제되면서 증상이 완화˚된다. 이처럼 조절T세포를 만들게 하는 데 외부 물질인 장내미생물이 10 중요한 역할을 한다는 사실이 밝혀지면서 면역계와 공존하는 외부 물질에 대한 인식의 전환이 일어나게 되었다.

05

윗글에 대한 설명으로 가장 적절한 것은?

① 면역 반응이 일어나는 과정을 분석하여 가설의 수정이 필요함을 제안하고 있다.
② 면역계 과민 반응의 원인을 설명하여 면역 반응에 대한 통념에 변화를 주고 있다.
③ 면역 반응에 대한 상반된 관점을 소개하고 각각의 관점이 지닌 한계를 설명하고 있다.
④ 면역계 과민 반응의 해결 방안을 제시하고 예상되는 반론을 반박하면서 주장을 강화하고 있다.
⑤ 면역 반응에 주도적 역할을 하는 면역세포를 생성 위치에 따라 분류한 뒤 각각의 역할을 구체화하고 있다.

06

윗글을 통해 답을 확인할 수 없는 질문은?

① 장내미생물이 인체에서 어떻게 생존할 수 있을까?
② 인체가 바이러스를 접할 기회가 줄어든 이유는 무엇일까?
③ 면역계 과민 반응으로 인해 일어나는 질병에는 어떤 것이 있을까?
④ 위생가설에 따를 때 깨끗한 환경이 인체에 미치는 긍정적 변화는 무엇일까?
⑤ 인체가 외부 물질을 제거하지 않고 공존할 때 어떤 이익을 얻을 수 있을까?

07

윗글을 이해한 내용으로 적절하지 <u>않은</u> 것은?

① 인체의 면역계는 과도한 면역 반응을 스스로 조절하는 능력이 있다.
② 인체가 건강하다는 것은 면역 반응의 강약이 조절되는 것을 의미한다.
③ 외부 물질이 인체에 유해한 경우도 있지만 유해하지 않은 경우도 있다.
④ 현대 의학의 발달과 환경 개선은 면역 반응이 지나치게 된 원인에 해당한다.
⑤ 장내미생물은 자신을 공격 대상으로 인식하지 못하도록 면역계에 영향을 미친다.

08

윗글을 바탕으로 〈보기〉를 이해한 내용으로 적절하지 <u>않은</u> 것은?

┌ 보기 ┐
다음은 윗글에서 설명한 면역계의 작용을 도식화한 것이다.

① (가)의 수지상세포는 (나)의 조절수지상세포와 달리 외부 물질을 제거해야 할 대상으로 인지한다.
② (가)의 T세포는 (나)의 T세포와 달리 몸 안에 침입한 이물질을 없애는 역할을 한다.
③ (나)의 미성숙T세포는 (가)의 미성숙T세포와 달리 두 종류의 면역세포로 분화되지 않는다.
④ (나)의 T세포는 (가)의 T세포와 달리 과민 면역 반응으로 발생한 염증을 억제하는 역할을 한다.
⑤ (가)와 (나)의 작용은 모두 외부 물질의 유입을 막음으로써 인체를 보호하기 위해 일어난다.

09

〈보기〉를 활용하여 윗글을 보충하고자 할 때, 그 구체적 방안으로 가장 적절한 것은? [3점]

┌ 보기 ┐
최근 기생충이 특정한 질병의 치료에 효과가 있는 것으로 밝혀졌다. 해당 질병을 가진 환자의 뇌 조직을 관찰한 결과, 그 질병 역시 면역계 과민 반응과 연관이 있다는 것이 알려지면서 기생충을 이용한 치료가 시도되었고, 이것이 성과를 거두고 있다.

① 외부 물질과 공존하여 면역 반응이 균형을 이루게 됨을 보여 주는 사례로 활용한다.
② 외부 물질이 면역 반응을 활발하게 하는 역할을 함을 뒷받침하는 사례로 활용한다.
③ 인체가 무균 지대나 청정 지대에서 진화를 거듭해 왔음을 드러내는 사례로 활용한다.
④ 면역계가 환경의 발전에 따라 지속적으로 적응하며 변화하고 있음을 설명하는 사례로 활용한다.
⑤ 인체에 침입한 유해한 외부 물질들을 제거하는 면역계의 중요성을 설명하는 사례로 활용한다.

📋 점수를 올려 주는 어휘

• **면역 반응(면할 免, 염병 疫, 돌이킬 反, 응할 應)** 생체의 몸 안에서 생긴 물질이나 몸 밖에서 들어온 물질이 생체 자신과 다를 때 자신의 통일성과 개체의 생존 유지 및 종의 존속을 위하여 그 물질들을 제거하는 일련의 생체 반응.
• **과도(지날 過, 법도 度)** 정도에 지나침.
• **천식(헐떡거릴 喘, 숨 쉴 息)** 기관지에 경련이 일어나는 병.
• **자가면역질환(스스로 自, 집 家, 면할 免, 염병 疫, 병 疾, 근심 患)** 자신의 항원에 대하여 항체를 만들어서 생기는 면역병.
• **과민(지날 過, 민첩할 敏)** 감각이나 감정이 지나치게 예민함.
• **무균(없을 無, 버섯 菌)** 균이 없음.
• **배척(물리칠 排, 물리칠 斥)** 따돌리거나 거부하여 밀어 내침.
• **중추적(가운데 中, 지도리 樞, 과녁 的)** 가장 중요한 부분이나 자리가 되는 것.
• **수지상(나무 樹, 가지 枝, 형상 狀)** 나뭇가지처럼 여러 가닥으로 벋어 나간 모양.
• **완화(느릴 緩, 화목할 和)** 긴장된 상태나 급박한 것을 느슨하게 함.

📝 분석 노트 33쪽에서 지문을 정리해 보세요.

⏱ 풀이 시간 10분 30초

01~05 다음 글을 읽고 물음에 답하시오.

[A]
약은 생체의 작용에 영향을 미쳐 생물학적 효과를 내기 위한 목적으로 이용하는 의약품을 말한다. 약은 생체에서 수용체˙와 결합하여 유익 작용 및 유해 작용을 나타내는 방식을 취하기도 한다. 이 경우 약은 생체의 리간드와 유사한 화학적 분자 구조를 가진 성분을 포함하는데, 이러한 성분으로 인해 약은 생체 내에서 리간드로 기능한다. 여기서 리간드란 수용체와 결합하여 신경 자극이나 화학 반응과 같은 생물학적 반응을 촉발˙할 수 있는 물질이다. 생체 내에서 수용체와 친화성이 높은 리간드가 결합하면, 리간드와 결합한 수용체의 작용에 의해 생체의 변화가 일어나기도 하고, 수용체에 의해 리간드의 구조 변화가 일어남으로써 이후의 생물학적 반응이 유도되기도 한다. 이러한 점에서 약은 특정 수용체와 결합할 수 있는 리간드를 인위적으로 생체에 증가시킴으로써 리간드와 결합한 수용체의 수가 일정 시간 동안 일정 수준 이상이 되게 하여 효과를 낸다고 할 수 있다.

대체로 약은 병원체에 작용하거나 생체에 직접 작용하는 방식으로 생물학적 효과를 낸다. 박테리아˙나 바이러스에 의한 질병의 치료에 활용되는 항생제나 항바이러스제 등은 전자의 방식에 해당하는 경우가 많다. 가령 박테리아에 의한 질병 치료에 사용되는 ⊙설파제는, 인간과 박테리아가 모두 대사 과정에서 엽산˙이라는 물질을 필요로 하는데 엽산을 섭취하여 사용할 수 있는 인간과 달리 박테리아는 엽산을 스스로 만들어야만 한다는 점을 이용한다. 박테리아는 엽산을 만들기 위한 수용체를 가지고 있는데, 파라아미노벤조산(PABA)이 그 수용체와 결합하여 최종적으로 엽산이 된다. 박테리아에 감염된 환자가 설파제를 복용하면 설파제는 체내에서 화학적 변화를 거쳐 PABA와 분자 구조가 매우 유사한 설파닐아마이드가 되어 PABA가 결합할 수용체와 먼저 결합한다. 이로 인해 박테리아는 엽산을 만들지 못하고 결국 죽게 된다.

항바이러스제는, 스스로는 증식하지 못하고 다른 세포에 기생하여 DNA 복제 과정을 거치며 증식하는 바이러스의 특성을 활용하여, 바이러스에 감염된 세포의 증식을 막는 방식으로 바이러스 확산을 억제하기도 한다. ⊙뉴클레오사이드 유도체를 포함한 항바이러스제가 이러한 방식의 약에 해당한다. 뉴클레오사이드 유도체는 뉴클레오타이드와 유사하지만, 뉴클레오사이드 유도체가 세포의 DNA나 RNA의 수용체와 결합하면 결과적으로 DNA 복제 과정이 이루어지지 않는다. 또한 뉴클레오사이드 유도체는 바이러스에 감염된 세포와는 쉽게 결합하지만 감염되지 않은 세포와는 잘 결합하지 않는 특성이 있다. 이 때문에 뉴클레오사이드 유도체는 바이러스에 감염된 세포들이 더 이상 증식하지 못하게 할 수 있으며, 이를 통해 바이러스 확산을 억제한다.

한편 신경작용제는 신경전달물질˙의 작용에 관여하는 방식으로 사람의 정신이나 행동에 영향을 주는 생물학적 효과를 내는 약이다. 하나의 뉴런에서 발생한 전기 신호는 뉴런 말단에 도달하여 신경전달물질을 분비하게 하고, 이러한 신경전달물질은 연접˙한 다른 뉴런에 존재하는 수용체에 화학 신호를 전달함으로써 연접한 뉴런 간에 신호를 전달하는 매개체의 역할을 한다. 우울증과 관련된 것으로 알려진 신경전달물질인 세로토닌이나 노르에피네프린은, 보통 후(後)연접 뉴런 수용체에서 기능을 다하고 전(前)연접 뉴런에 재흡수되는 과정을 거치는데, 이 과정에서 뉴런 간 연접 틈새에서 세로토닌이나 노르에피네프린의 농도가 낮아지면 우울증이 나타나는 것으로 알려져 있다. 항우울제는 연접 틈새에서 이들 신경전달물질의 부족을 해소하는 방식으로 약효를 낸다. TCA 항우울제는 전연접 뉴런의 수용체와 결합하여 신경전달물질의 재흡수가 일어나지 않도록 하는 방식으로, SNRI 항우울제는 신경전달물질의 재흡수를 억제하거나 후연접 뉴런의 수용체와 결합하는 방식으로, 연접 틈새에서 신경전달물질의 농도가 높아진 것과 같은 효과를 낸다.

대부분의 약들은 약효가 여러 가지인 경우가 많기 때문에 두 가지 약을 함께 복용하면 이들 약의 일차적인 약효는 서로 다를지라도 이차적인 약효는 같을 수 있어, 공통되는 이차적인 약효가 한층 커질 수 있다. 이와 같이 약들이 서로 도와 약효를 높이는 효과를 상승효과라고 한다. 한편 약을 장기간 남용하게 되면 수용체의 민감도가 떨어지게 되어, 결과적으로 기존과 동일한 효과를 내기 위해서 더 많은 약을 필요로 하게 되는 내성이 생길 수 있다.

01

윗글의 내용과 일치하지 <u>않는</u> 것은?

① 약을 두 종류 이상 함께 복용하면 상승효과가 나타날 수 있다.
② 약은 생체의 신경 자극이나 화학 반응을 조절하는 효과를 낼 수 있다.
③ 약은 생체에서 수용체와 결합하여 유익 작용과 유해 작용을 나타낼 수 있다.
④ 약은 생체의 리간드와 유사한 물질을 포함하여 생체의 생물학적 반응을 조절할 수 있다.
⑤ 약은 생체의 대사 작용에 관여하는 물질을 제거함으로써 병원체를 직접적으로 죽게 할 수 있다.

02

[A]를 이해한 내용으로 가장 적절한 것은?

① 생체에서 리간드에 의해 수용체의 구조에 변화가 일어나면 세포의 기능에 변화가 일어난다.

② 생체에서 생물학적 반응이 일어나면 수용체와 리간드는 동일한 화학적 분자 구조로 변화된다.

③ 약을 복용하면 리간드와 결합된 수용체의 수가 일정 시간 동안 복용 전보다 많은 정도가 유지된다.

④ 약의 효과를 높이기 위해서는 약이 생체의 리간드와 친화성이 높은 리간드를 많이 포함하고 있어야 한다.

⑤ 수용체와 동일한 화학적 분자 구조를 가진 물질을 포함한 약은 생체에서 생물학적 효과를 더 크게 일으킨다.

03

㉠, ㉡에 대한 설명으로 적절하지 않은 것은?

① ㉠은 생체 내에서 화학적 변화를 거친 후 약효를 발휘한다.

② ㉠은 병원체가 대사 과정에서 필요로 하는 물질의 생성을 방해하여 병원체의 사멸을 유도한다.

③ ㉡은 바이러스에 감염된 세포의 DNA 복제 과정에 개입하여 바이러스의 확산을 억제한다.

④ ㉠과 ㉡ 모두 병원체와 병원체에 감염될 수 있는 생체의 차이를 활용하여 생물학적 효과를 낸다.

⑤ ㉠과 ㉡ 모두 병원체와 생체가 공통적으로 필요로 하는 물질을 사용하여 병원체의 확산을 억제한다.

04

〈보기〉는 항우울제의 작용을 이해하기 위한 그림이다. 〈보기〉를 이해한 내용으로 적절하지 않은 것은? [3점]

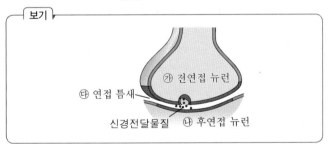

┌─ 보기 ┐

㉮ 전연접 뉴런
㉯ 연접 틈새
신경전달물질   ㉰ 후연접 뉴런

① 보통 ㉮에서 분비된 세로토닌이나 노르에피네프린은 ㉰에 작용한 후 다시 ㉮로 재흡수된다.

② SNRI 항우울제는 ㉮에 지속적으로 흡수됨으로써 ㉯에서 신경전달물질의 농도가 높아지는 효과를 낸다.

③ 우울증의 치료를 위해 ㉯에서 세로토닌이나 노르에피네프린의 농도가 높아지도록 하는 방식을 활용한다.

④ ㉯에서 신경전달물질의 농도가 높은 상태로 장기간 유지되면 수용체의 민감도가 떨어지게 된다.

⑤ 항우울제는 ㉮나 ㉰의 수용체와 결합하여 우울증이 발현되는 원인을 완화하는 효과를 낸다.

05

윗글을 바탕으로 〈보기〉에 대해 보인 반응으로 적절하지 않은 것은?

┌─ 보기 ┐

생체의 리간드인 히스타민은 알레르기와 염증의 발생, 위산 분비 등에 모두 관여하는 것으로 알려져 있다. 항히스타민약으로 개발된 메피라민은 알레르기와 염증에는 효과가 있지만 위산 분비 조절에는 거의 효과가 없었다. 이에 연구자들은 히스타민과 친화성을 갖는 두 종류 이상의 수용체가 있을 것으로 가정하고, 위산 분비를 조절하는 새 항히스타민약을 개발하였다.

① 새 항히스타민약을 개발한 연구자들은 히스타민이 알레르기와 염증 발생에 관여하는 수용체 및 위산 분비에 관여하는 수용체 모두와 친화성을 갖는다고 가정했을 것이다.

② 메피라민은 위산 분비에 관여하는 수용체보다 알레르기와 염증 발생에 관여하는 수용체와 친화성이 높을 것이다.

③ 메피라민과 새 항히스타민약은 모두 히스타민과 유사한 화학적 분자 구조를 가진 성분을 포함할 것이다.

④ 메피라민과 새 항히스타민약은 모두 생체에서의 위산 분비 조절을 일차적인 약효로 가질 것이다.

⑤ 새 항히스타민약은 메피라민보다 위산 분비에 관여하는 수용체와 더 높은 친화성을 가질 것이다.

📖 점수를 올려 주는 어휘

- **수용체(받을 受, 얼굴 容, 몸 體)** 세포막이나 세포 내에 존재하며 호르몬이나 항원, 빛 따위의 외부 인자와 반응하여 세포 기능에 변화를 일으키는 물질. 호르몬 수용체, 항원 수용체, 빛 수용체 따위가 있다.

- **촉발(닿을 觸, 필 發)** 어떤 일을 당하여 감정, 충동 따위가 일어남. 또는 그렇게 되게 함. / 닿거나 부딪쳐 폭발함. 또는 그렇게 폭발시킴.

- **박테리아(bacteria)** 생물체 가운데 가장 미세하고 가장 하등에 속하는 단세포 생활체. 다른 생물체에 기생하여 병을 일으키기도 하고 발효나 부패 작용을 하기도 하여 생태계의 물질 순환에 중요한 역할을 한다.

- **엽산(나뭇잎 葉, 초 酸)** 헤모글로빈 형성에 관여하는 비타민 비(B) 복합체.

- **신경전달물질(귀신 神, 경서 經, 전할 傳, 통할 達, 만물 物, 바탕 質)** 체내의 신경 세포에서 방출되며 인접하는 신경 세포나 근육에 정보를 전달하는 물질. 아세틸콜린, 아드레날린 따위가 있다.

- **연접(잇닿을 連, 접할 接)** 서로 잇닿음. 또는 이어 맞닿게 함.

📝 분석 노트 34쪽에서 지문을 정리해 보세요.

06~10 다음 글을 읽고 물음에 답하시오.

　세포핵 속 DNA에 저장된 생물체의 유전 정보는 mRNA로 전사*되어 세포질*로 내보내진 후 리보솜*을 통해 단백질로 합성된다. 바이러스는 단백질로 둘러싸인 DNA나 RNA를 유전 물질로 갖는 기생체로, 생물체에 침입하여 자신의 유전 물질을 mRNA로 바꾼
05 뒤 숙주 세포가 스스로 바이러스 단백질을 합성하게 한다. 이에 대항해 생물체는 바이러스 단백질을 항원*으로 인식하고 항체*를 만들어 대항하거나 기억 세포를 생성해 같은 바이러스가 침입할 경우를 대비한다. 따라서 바이러스를 인공적으로 흉내 낸 물질인 백신을 접종하여 면역 반응을 일으키면 바이러스 감염에 미리 대비할
10 수 있다.

　mRNA 백신은 바이러스 단백질의 유전 정보를 암호화한 ⓐmRNA를 접종하는 것으로, 주입된 mRNA를 통해 바이러스 단백질을 합성하여 면역 반응을 유도한다. 바이러스를 배양하여 접종하는 기존의 백신과 달리 mRNA 백신은 바이러스가 아니기 때문
15 에 인체가 바이러스에 감염될 위험이 없으며 체내 효소에 의해 쉽게 분해된다. 반면 이처럼 체내에서 불안정할 뿐 아니라 분자의 크기가 크고 음전하*를 띠고 있어 세포에 거의 흡수되지 않는 문제가 있다. 따라서 mRNA를 보호하여 세포 내로 진입시키기 위해 지질*나노 입자를 이용한다.

20 　지질 분자는 지방산으로 이루어져 있기 때문에 물 분자와 섞이지 않는 소수성*을 갖는다. 물은 분자 내 전하가 양극으로 분리된 상태인 극성을 띠거나 분자가 전하를 띠는 물질, 즉 친수성 물질과만 섞이고 소수성 물질은 소수성 물질과만 섞이기 때문이다. 한편 ㉠생물체의 세포막은 인지질로 구성되는데, 인지질은 지방산으로
25 이루어진 소수성 꼬리와 음전하를 띤 ⓑ인산기 머리를 갖고 있다. 따라서 인지질은 친수성 용매나 소수성 용매 모두와 섞이는 양친매성 물질이다. 이에 따라 인지질의 친수성 머리는 세포 외부나 세포질의 수용액에 접하고 소수성 꼬리는 소수성 분자 간의 인력으로 인해 서로 몰려 있는 상태로 세포막이 구성된다. 세포막의 이러한
30 특징으로 인해 친수성 물질이 세포막을 투과하는 것이 차단된다.

　양이온성 지질을 지질 나노 입자로 사용하면 mRNA와 세포막 사이에 전기적 반발력이 발생하는 것을 막을 수 있다. 음전하를 띤 mRNA가 양이온성 지질로 둘러싸이면 음전하를 띤 세포막의 인산기 머리와 서로 반발하지 않기 때문이다. 그런데 양이온성 지질은
35 실험실 환경에서는 mRNA를 세포 내로 진입시키는 데 도움이 되지만 체내에서는 양이온성 지질에 ⓒ혈장 단백질이 흡착되어 mRNA의 세포막 투과가 제한된다.

　따라서 용액의 pH*에 따라 양이온성이 달라지는 ⓓ이온화 지질을 지질 나노 입자의 재료로 사용한다. pH가 낮은 용액에서는 수소
40 이온 농도가 높으므로 이온화 지질이 양이온화된다. 반면 pH가 높은 용액에서는 수소 이온을 적게 받아들여 이온화 지질이 전기적으로 중성이 되므로 이온화 지질에 혈장 단백질이 흡착되지 않는다. 즉 낮은 pH에서 mRNA와 이온화 지질을 결합시킨 뒤 pH를 높이

면 중성의 'mRNA-지질 나노 입자 복합체'를 만들 수 있고, 이 복합체는 세포막의 수용체에 결합하여 내포 작용에 의해 세포 내부로 진입할 수 있다. 내포 작용이란 일종의 생화학적 싱크홀 현상으로, 세포막의 일부가 수용체에 결합한 외부 물질과 함께 세포질로 함입*되는 현상이다. 내포 작용이 일어나면 세포질 안에 엔도솜 구조체
05 가 형성된다. 세포질에서 엔도솜 내부는 산성화되는데, 이에 따라 ㉡세포막에서 유래한 엔도솜 막이 불안정해져 mRNA가 세포질로 방출된다. 그리고 방출된 mRNA가 리보솜과 결합하여 바이러스 단백질을 합성하고 기억 세포를 생성함으로써 인체가 바이러스 감염에 대비할 수 있게 된다.
10

＊pH: 수용액의 수소 이온 농도를 나타내는 지표. 중성 수용액의 pH는 7이며, 산성 용액에서는 7보다 낮다.

06

mRNA 백신에 대해 이해한 내용으로 적절한 것은?

① 바이러스 대신 인체 내에서 합성된 바이러스 단백질을 항체로 이용하여 면역 반응을 유도한다.
② 바이러스에 감염되는 경우와 마찬가지로 유전 물질을 통한 세포의 단백질 합성 과정이 수반된다.
③ 기억 세포의 유전 정보를 암호화한 유전 물질을 이용하기 때문에 바이러스 감염으로부터 안전하다.
④ 세포핵 안에서 유전 정보가 전사되는 과정을 조절하여 리보솜의 단백질 합성 작용에 영향을 미친다.
⑤ 바이러스를 배양해서 접종하는 경우와 달리 유전 정보가 제거된 바이러스 단백질을 백신으로 주입한다.

07

㉠을 설명한 내용으로 적절하지 않은 것은?

① 인산기가 세포 바깥쪽에, 지방산이 세포질에 접하는 형태로 구성된다.
② 수용체를 통해 특정의 세포 외부 물질을 세포 내부로 진입시킬 수 있다.
③ 내포 작용이 발생하면 일부가 세포질로 함입되어 엔도솜 구조체를 형성한다.
④ 친수성 물질 및 소수성 물질 모두와 섞일 수 있는 양친매성의 인지질로 이루어진다.
⑤ 인지질의 소수성 꼬리로 인해 세포 내외의 친수성 물질이 세포막을 투과하는 것을 제한한다.

08

ⓐ~ⓓ에 대한 설명으로 적절하지 <u>않은</u> 것은?

① ⓓ는 ⓐ가 체내 효소에 의해 분해되는 것을 방지하는 인공 외막으로 기능한다.

② ⓐ와 ⓑ는 모두 음전하를 띠기 때문에 둘 사이에 서로를 밀어내는 힘이 작용한다.

③ ⓐ가 리보솜에 전달되려면 세포 밖에서 ⓓ와 결합한 후 세포 안에서 ⓓ와 분리되어야 한다.

④ ⓒ는 음전하를 띠는 반면 ⓓ는 주변에 분포하는 수소 이온의 양에 따라 이온화의 정도가 변화한다.

⑤ ⓐ와 결합하면서 ⓓ가 전기적으로 중성이 되기 때문에 체내에서 ⓒ가 흡착되는 현상이 억제된다.

09

〈보기〉는 'mRNA-지질 나노 입자 복합체'의 형성 과정을 나타낸 것이다. 윗글을 참고하여 〈보기〉를 이해한 내용으로 적절하지 <u>않은</u> 것은? [3점]

> ┤ 보기 ├
>
> 산성 용액에 녹인 mRNA와 에탄올에 녹인 이온화 지질을 Y자 형태의 미세관에 일정한 속도로 흘려보낸다. 이렇게 혼합된 용액을 수용성 완충 용액으로 투석 처리하여 pH를 높인다. 그리고 에탄올을 제거하여 균일한 상태의 mRNA-지질 나노 입자 복합체를 얻어 낸다.
>
> ＊ 단, 이때 에탄올의 pH는 7임.
>
>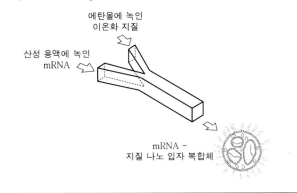
>
> 에탄올에 녹인 이온화 지질
> 산성 용액에 녹인 mRNA
> mRNA - 지질 나노 입자 복합체

① 이온화 지질이 에탄올에 녹을 수 있는 것은 에탄올이 지질과 섞일 수 있는 소수성을 가진 물질이기 때문이겠군.

② mRNA와 이온화 지질이 녹은 각 용액의 투입 속도를 조절해 투입량을 조절하면 mRNA-지질 나노 입자 복합체의 균일도가 유지되겠군.

③ mRNA가 녹은 산성 용액과 이온화 지질이 녹은 에탄올이 혼합되면 이온화 지질이 양전하를 띠면서 이온화 지질과 mRNA가 결합하는 현상이 나타나겠군.

④ 수용성 완충 용액으로 산성 용액을 투석 처리하면 수소 이온의 농도가 낮아져 이온화 지질이 전기적으로 중성이 되겠군.

⑤ pH가 높아지면 이온화 지질의 소수성이 약해져 소수성 분자 간의 인력이 감소하므로 더욱 미세한 크기의 mRNA-지질 나노 입자 복합체가 형성되겠군.

10

ⓛ의 이유를 추론한 내용으로 가장 적절한 것은?

① 엔도솜 내부의 pH가 낮아짐에 따라 mRNA와 지질 나노 입자 사이에 전기적인 반발력이 발생하기 때문이다.

② 엔도솜 막의 인산기와 양이온화된 지질이 서로 결합함으로써 mRNA를 둘러싼 엔도솜 막이 붕괴하기 때문이다.

③ 내포 작용으로 세포질에 함입된 세포막이 엔도솜 내부의 산성화에 따라 다시 세포 표면으로 방출되기 때문이다.

④ 엔도솜 내부가 산성화됨에 따라 mRNA가 음이온화되면서 mRNA와 리보솜 사이에 결합력이 발생하기 때문이다.

⑤ 엔도솜 내부의 pH 변화로 인해 엔도솜 막이 산성화되면서 체내 효소에 의한 엔도솜 분해 작용이 나타나기 때문이다.

🔲 점수를 올려 주는 어휘

- **전사(구를 轉, 베낄 寫)** 디엔에이(DNA)의 유전 정보가 일단 전령 아르엔에이(RNA)에 옮겨지는 과정. 유전 정보의 복사물인 전령 아르엔에이가 단백질을 합성한다.

- **세포질(가늘 細, 태보 胞, 바탕 質)** 세포에서 핵을 제외한 세포막 안의 부분. 주성분은 단백질, 물, 무기 염류이며 생명 현상이 발현되는 살아 있는 부분으로 탄성과 점성이 있다.

- **리보솜(ribosome)** 세포질 속에 있는, 단백질을 합성하는 단백질과 아르엔에이(RNA)로 이루어진 아주 작은 알갱이.

- **항원(막을 抗, 근원 原)** 생체 속에 침입하여 항체를 형성하게 하는 단백성 물질. 세균이나 독소 따위가 있다.

- **항체(막을 抗, 몸 體)** 항원의 자극에 의하여 생체 내에 만들어져 특이하게 항원과 결합하는 단백질. 생체에 그 항원에 대한 면역성이나 과민성을 준다.

- **음전하(응달 陰, 번개 電, 연 荷)** 음의 전기를 띤 전하. 또는 음의 부호를 가지는 전하. 물체가 양전기보다 음전기를 많이 가지고 있는 상태이다.

- **지질(기름 脂, 바탕 質)** 생물체 안에 존재하며 물에 녹지 아니하고 유기 용매에 녹는 유기 화합물을 통틀어 이르는 말.

- **소수성(트일 疏, 물 水, 성품 性)** 물과의 친화력이 적은 성질.

- **함입(빠질 陷, 들 入)** 표면에 있는 세포층의 일부가 안쪽으로 빠져 들어가서 그곳에서 새로운 층을 만듦. 또는 그런 현상.

📑 분석 노트 35쪽에서 지문을 정리해 보세요.

풀이 시간 12분 30초

01~06 다음 글을 읽고 물음에 답하시오.

패러다임이란 한 시대 사람들의 견해나 사고를 지배하고 있는 이론적 틀이나 개념의 집합체를 뜻하는 말로 과학철학자인 토머스 쿤이 새롭게 제시하여 널리 쓰이는 개념이다. 쿤은 패러다임 속에서 진행되는 연구 활동을 정상 과학이라고 하였으며, 기존의 패러다임
05 에서는 예상하지 못했던 현상을 변칙˚ 사례라고 하였다. 쿤은 정상 과학이 변칙 사례를 설명해 내기도 하나 중요한 변칙 사례가 미해결 상태로 남으면 새로운 패러다임으로의 급격한 대체 과정, 즉 과학혁명이 일어난다고 ⓐ보았다. 그러나 쿤은 옛 패러다임과 새로운 패러다임 중 어떤 패러다임이 더 우월한지는 판단할 수 없다고
10 주장하였다.

18세기 말 라부아지에가 새로운 연소 이론을 확립하기 전까지의 패러다임은 플로지스톤이라는 개념으로 연소 현상을 설명하는 것이었다. 그리스어로 '불꽃'을 뜻하는 플로지스톤은 18세기 초 베허와 슈탈이 제안한 개념으로, 가연성˚ 물질이나 금속에 포함되어 있
15 을 것이라고 생각했던 물질이다. 베허와 슈탈은 종이, 숯, 황처럼 잘 타는 물질에 플로지스톤이 많이 포함되어 있으며, 연소는 물질에 포함되어 있던 플로지스톤이 방출되는 과정이라고 주장하였다. 또한 플로지스톤 개념으로 물질의 굳기, 광택, 색의 변화를 설명하기도 하였는데, 플로지스톤을 잃은 물질은 쉽게 부서지며 탁하고
20 어둡게 된다고 보았다. 연소 현상뿐만 아니라 금속이 녹스는 현상, 음식이 소화되는 생화학 작용 등 다양한 현상이 플로지스톤 이론을 통해 이해될 수 있었다.

18세기 중반 캐번디시는 자신이 순수한 플로지스톤을 추출˚하는 데 성공했다고 믿었다. 캐번디시는 금속을 산에 녹일 때 발생하는
25 기체가 매우 잘 타는 성질을 ⓑ띠고 있음을 발견하고 이 기체를 '가연성 공기'라고 명명하였다. 녹슨 금속을 산에 녹일 때는 이 기체가 발생하지 않았으므로 ㉠이 기체는 금속에 있던 플로지스톤이 빠져나온 것이라고 생각하였다. 이후 캐번디시는 이 가연성 공기를 태울 때 물이 형성되는 현상을 관찰하기도 하였다.

30 18세기 후반 프리스틀리는 캐번디시가 발견한 가연성 공기를 활용하여 금속회*를 금속으로 환원하는 실험을 시행하였다. 먼저 프리스틀리는 물을 채운 넓적한 그릇에 빈 유리그릇을 엎어 놓고 그 안에 가연성 공기를 채웠다. 그리고 그 안에 금속회를 놓고 렌즈로 햇빛을 모아 가열하였다. 프리스틀리는 금속회가 플로지스톤을 흡
35 수하여 금속이 될 것이라고 예측하였는데 예측대로 금속회는 금속이 되었다. 또한 유리그릇 안쪽의 수위가 높아지는 현상이 관찰되었는데 이는 유리그릇 안에 있던 플로지스톤이 소모된 증거라고 보았다. 금속에서 나온 기체가 가연성이라는 점, 그 기체를 활용하여 금속회를 금속으로 만들 수 있다는 점이 모두 플로지스톤 패러다임
40 안에서 설명된 것이다.

그런데 라부아지에는 금속이 녹슬 때 질량이 변화한다는 사실에 주목하며 플로지스톤 이론에 의문을 가졌다. 라부아지에는 연소 현상에서도 그러한 질량 변화가 있을 것이라고 보고 정밀하게 질량을 측정˚할 수 있는 기구를 동원하여 실험을 시행하였다. 라부아지에는 밀폐된 유리병 안에서 인과 황을 가열한 후에 가열 전과 비교 05
하여 인과 황의 질량이 늘어난다는 사실을 확인하였고, 이때 질량이 증가한 양은 유리병 속 기체의 질량이 감소한 양과 같음을 확인하였다. 라부아지에는 연소 반응에서 발생하거나 소모되는 기체를 모아 정확히 질량을 측정하면 반응 전후의 총 질량은 변화가 없다는 사실을 근거로, 연소는 플로지스톤을 잃는 것이 아니라 공기 중 10 의 산소와 결합하는 현상이라고 주장하였다.

가연성 공기를 태울 때 물이 형성된다는 캐번디시의 관찰 결과를 토대로 라부아지에는 프리스틀리의 실험을 자신의 이론으로 재해석하였다. 프리스틀리의 실험에서 나타난 현상은 플로지스톤과 금속회가 결합한 것이 아니라 금속회에 있던 산소가 유리그릇으로 방 15
출된 것이며, 이 산소는 유리그릇을 채우고 있던 가연성 공기와 결합하여 물이 되었을 것이라는 설명이었다. 프리스틀리의 기존 실험은 물 위에서 시행되었기 때문에 새롭게 형성된 물을 관찰하기 어려웠으나 같은 실험을 물이 아닌 수은 위에서 다시 시행하자 수은 위에 소량의 물이 형성되는 현상을 관찰할 수 있었다. 20

이후 플로지스톤 학파는 기존 패러다임 안에서 이론을 일부 수정하여 라부아지에의 이론을 반박하기도 하였으나 정확한 질량 측정을 기반으로 한 라부아지에의 핵심적인 문제 제기는 끝내 명확하게 설명해 내지 못했다. 결국 플로지스톤이라는 개념과 그것으로 연소 현상을 이해하려는 패러다임은 ⓒ사라지고, 연소를 산소와의 결합으 25
로 이해하는 새로운 패러다임이 자리 잡게 되었다. 또한 물질의 성질을 추상적으로 설명하는 것에서, 정밀한 측정 도구를 활용하여 실험 과정을 정량화˚하는 것으로 화학 연구의 패러다임이 ⓓ바뀌었다.

쿤은 과학사의 이러한 장면들을 통해 과학적 진보는 누적적인 것이 아니라 혁명적인 것이라고 주장하였다. 정상 과학의 시기에는 30
패러다임이라는 인식의 틀 안에서 퍼즐을 맞추는 활동을 수행하는 것일 뿐 새로운 과학 지식을 만들어 내지는 못한다는 것이다. 더 나아가 쿤은, 하나의 이론 체계를 ⓔ받아들인다는 것은 그것의 개념, 법칙, 가정을 포함한 패러다임 전체를 믿는 행위이므로 새로운 패러다임을 옛것과 비교하여 어떤 패러다임이 더 우월한 것인지 평가 35
할 논리적 기준은 있을 수 없다고 보았다. 쿤의 과학혁명 가설은 과학의 발전을 새롭게 바라보는 통찰력 있는 관점으로서 많은 과학자들로 하여금 기존 패러다임으로 설명되지 않는 변칙 사례에 주목하게 하였고, 고정된 틀 속에서 문제를 해결하려 한 정상 과학을 반성적으로 바라볼 수 있게 하였다. 40

＊금속회(Calx): 금속의 산화물.

01

윗글에 대한 이해로 적절하지 <u>않은</u> 것은?

① 라부아지에는 연소 실험 전후에 물질의 질량을 정밀하게 측정하였다.

② 베허와 슈탈은 종이가 플로지스톤을 많이 포함하고 있기 때문에 잘 타는 것이라고 보았다.

③ 플로지스톤 패러다임에서는 음식이 소화되는 과정을 플로지스톤이 빠져나가는 것으로 이해하였다.

④ 라부아지에는 금속을 산에 녹일 때 나온 기체가 가연성을 띤다는 캐번디시의 실험 결과를 반박하였다.

⑤ 쿤의 과학혁명 가설은 기존의 이론적 틀 안에서 문제를 해결하려 하는 태도를 반성적으로 바라볼 수 있게 하였다.

02

캐번디시가 ㉠과 같이 판단한 이유로 가장 적절한 것은?

① 이 기체는 잘 타는 성질을 갖고 있고 타면서 물이 형성되었기 때문에

② 이 기체는 금속에 많이 포함되어 있고 금속이 녹슬면서 나온 것이기 때문에

③ 이 기체는 산에 많이 포함되어 있고 금속을 산에 녹일 때 나온 것이기 때문에

④ 이 기체는 잘 타는 성질을 갖고 있고 녹슬지 않은 금속에서만 나온 것이기 때문에

⑤ 이 기체는 녹슨 금속을 산에 녹일 때는 나오지 않고 가열할 때만 나온 것이기 때문에

03

윗글을 참고할 때 라부아지에가 갖게 된 의문의 내용으로 가장 적절한 것은?

① 금속이 플로지스톤을 잃어 녹슨 것이라면 녹슬기 전보다 질량이 늘어나야 하지 않을까?

② 금속이 플로지스톤을 잃어 녹슨 것이라면 녹슬기 전보다 질량이 줄어들어야 하지 않을까?

③ 금속이 플로지스톤을 잃어 녹슨 것이라도 녹슬기 전후의 질량은 동일하여야 하지 않을까?

④ 금속이 플로지스톤을 얻어 녹슨 것이라면 녹슬기 전보다 질량이 늘어나야 하지 않을까?

⑤ 금속이 플로지스톤을 얻어 녹슨 것이라도 녹슬기 전후의 질량은 동일하여야 하지 않을까?

04

윗글을 바탕으로 〈보기〉를 이해한 것으로 적절하지 <u>않은</u> 것은?

[3점]

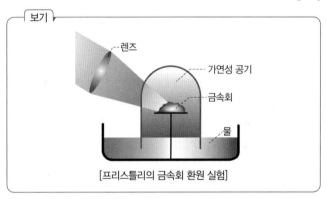

[프리스틀리의 금속회 환원 실험]

① 프리스틀리는 가열 전의 금속회는 플로지스톤이 결핍된 상태라고 보았다.

② 프리스틀리는 실험 과정 중 가연성 공기가 소모되어 수위가 상승한다고 이해하였다.

③ 프리스틀리는 가연성 공기를 활용하여 금속회를 금속으로 변화시킬 수 있다고 생각하였다.

④ 라부아지에는 금속회를 가열하면 가연성 공기와는 다른 기체인 산소가 방출된다고 보았다.

⑤ 라부아지에는 수은 위에서 실험을 시행하면 물 위에서 실험했을 때와는 달리 새로운 물이 형성될 것이라고 보았다.

05

〈보기〉의 관점에서 윗글의 토머스 쿤 의 주장을 비판한 내용으로 가장 적절한 것은?

> **보기**
>
> 새로운 패러다임이 기존의 패러다임보다 더 나아졌다고 말할 수 없다면 우리는 과학이 진보하고 있다고 말할 수 없다. 과학은 객관적인 관찰과 자료 분석, 논리적인 접근으로 유도된 지식의 총합이며 이런 지식의 누적이 바로 과학적 진보이다. 뉴턴의 역학은 아리스토텔레스의 이론이 설명하지 못하는 부분까지 해명하므로 뉴턴의 역학이 더 진보되었다고 우리는 믿어 왔다. 그리고 우리가 아인슈타인의 상대성 이론에 열광한 것도 뉴턴 역학으로 설명할 수 없는 부분을 해명할 수 있었기 때문이다.

① 라부아지에는 변칙 사례를 발견하고 이를 정상 과학으로 해명하려 노력하였다는 점에서 정상 과학은 새로운 과학 지식을 만들어 낸다고 볼 수 있다.

② 가연성 공기와 관련한 캐번디시의 실험은 정상 과학의 범주에서 이루어졌다는 점에서 새로운 패러다임은 기존의 패러다임보다 더 진보되었다고 볼 수 있다.

③ 플로지스톤 패러다임에서는 미해결 상태로 남았던 변칙 사례가 라부아지에의 이론으로 해명되었다는 점에서 패러다임 간의 우월성은 존재한다고 볼 수 있다.

④ 플로지스톤 패러다임은 상태 변화의 원인에, 라부아지에의 이론은 물질의 질량 변화에 각각 주목한 것일 뿐이므로 과학적 진보는 혁명적이라고 볼 수 없다.

⑤ 라부아지에 역시 프리스틀리의 실험 결과를 활용하여 자신의 이론을 설명하였다는 점에서 하나의 이론 체계를 받아들인다는 것은 패러다임 전체를 믿는 행위라 볼 수 없다.

06

문맥상 ⓐ~ⓔ와 바꿔 쓴 것으로 가장 적절한 것은?

① ⓐ : 조망(眺望)하였다
② ⓑ : 소유(所有)하고
③ ⓒ : 생략(省略)되고
④ ⓓ : 전도(顚倒)되었다
⑤ ⓔ : 수용(受容)한다는

📖 **점수를 올려 주는 어휘**

- **변칙**(변할 變, 법 則) 원칙에서 벗어나 달라짐. 또는 그런 법칙이나 규정.
- **가연성**(옳을 可, 사를 燃, 성품 性) 불에 잘 탈 수 있거나 타기 쉬운 성질.
- **추출**(뺄 抽, 날 出) 전체 속에서 어떤 물건, 생각, 요소 따위를 뽑아냄. / 고체 또는 액체의 혼합물에 용매(溶媒)를 가하여 혼합물 속의 어떤 물질을 용매에 녹여 뽑아내는 일.
- **측정**(잴 測, 정할 定) 일정한 양을 기준으로 하여 같은 종류의 다른 양의 크기를 잼.
- **정량화**(정할 定, 헤아릴 量, 될 化) 양을 정하는 일. 곧 어떤 양을 헤아려 수치를 매기는 일을 이른다.

📝 분석 노트 36쪽에서 지문을 정리해 보세요.

⏱ 풀이 시간 12분 30초

07~12 **다음 글을 읽고 물음에 답하시오.**

고래의 유선형* 몸매나 북극곰의 흰색 털처럼 주어진 환경에 어울리는 생물학적 '적응'은 어떻게 일어났을까? 찰스 다윈은 『종의 기원』에서 '자연선택에 의한 진화'를 그 해답으로 제시하였다. 개체*의 번식에 도움이 되는 유전적 변이*만을 여러 세대에 걸쳐 우직하
05 게 골라내는 자연선택*의 과정이 결국 환경에 딱 맞는 개체를 만들어 낸다는 것이다. 다윈은 자연선택이 각 개체의 적합도(fitness), 즉 번식 성공도를 높이는 방향으로 ⓐ일어난다고 보았다.

그렇다면 자신은 번식을 하지 않으면서 집단을 위해 평생 헌신하는 [일벌]이나 일개미의 행동은 어떻게 설명할 수 있을까? 다윈은
10 그와 같은 경우 집단의 번성*에 이득을 주므로 자연선택이 되었다고 결론을 내렸는데, 이것은 자연선택이 개체에게 이득이 되는 방향으로 일어난다는 그의 기본적인 생각에서 벗어난 것이었다.

윌리엄 해밀턴은 다윈 이론의 틀 안에서 일벌이나 일개미와 같은 개체의 이타적* 행동이 자연선택 되는 과정을 규명*하고자 하였다.
15 즉, 다윈 시대에는 없던 '유전자' 개념을 진화 이론에 도입함으로써, 개체 자신의 번식 성공도는 낮추면서 상대방의 번식 성공도를 높이는 이타적 행동이 여러 세대를 거치면서 결국은 개체 자신에게 이득이 되는 방향으로 자연선택 됨을 입증하려 한 것이다.

다윈이 정리한 자연선택의 과정을 해밀턴은 각 개체가 다음 세대
20 에 자신의 유전자 복제본을 더 많이 남기는 과정으로 보았다. 이때 행위 당사자인 개체는 자기 자신의 번식 성공도를 높임으로써 직접 자신의 유전자 복제본을 남길 수도 있지만, 자신과 유전자를 공유할 확률이 있는 상대의 번식 성공도를 높이는 데 도움을 줌으로써 간접적으로 자신의 유전자 복제본을 남길 수도 있다. 쉽게 설명하
25 면, 철수는 스스로 자식을 많이 낳음으로써 직접 자신의 유전자 복제본을 다음 세대에 남길 수도 있지만, 유전자를 공유하고 있는 동생 영수가 자식을 많이 낳도록 도움으로써 자신의 유전자 복제본을 다음 세대에 남길 수도 있는 것이다. 해밀턴은 전자는 '직접 적합도'를 높이는 것으로, 후자는 ㉠'간접 적합도'를 높이는 것으로 설명하
30 며, 개체의 자연선택은 두 적합도를 합한 '포괄* 적합도'를 높이는 방향으로 일어난다고 보았다.

해밀턴에 따르면 이타적 행동 또한 개체의 포괄 적합도를 높이는 방향으로 자연선택이 일어난다. 그런데 이타적 행동은 개체 자신의 번식 성공도인 직접 적합도를 낮추게 되므로 그를 상쇄*하고도 남
35 을 정도로 간접 적합도를 높일 수 있어야 자연선택이 일어날 수 있다. 즉, 개체 자신이 남기는 유전자 복제본에 대한 손실보다 유전자를 공유할 확률이 있는 상대방을 통해 남기는 유전자 복제본에 대한 이득이 더 클 때 이타적 행동은 선택되는 것이다.

이때 개체와 상대방이 유전자를 공유할 확률을 '유전적 근연*도'
40 라 하는데, 유전적으로 100% 같은 경우는 유전적 근연도가 1이 된다. 유전적 근연도의 값이 클수록 개체와 상대방이 유전자를 공유할 가능성이 크므로, 개체가 상대방을 통해 자신의 유전자 복제본을 남길 수 있는 가능성 또한 커진다.

[A] 이를 바탕으로 해밀턴은 아래와 같은 '해밀턴 규칙'을 도출*하였다.

$$rb > c \ (단, \ b > c > 0 으로 \ 가정함.)$$

즉, 이타적 행동은 그로 인해 상대방이 얻는 이득(b)이 충분히 커서 1보다 작은 유전적 근연도(r)를 가중하더라도 개체가 감수하는 손실(c)보다 클 때 선택된다는 것을 확인할 수 있다. 이러한 해밀턴의 규칙은 이득, 손실, 유전적 근연도의 세 가지 변수를 활용하여 이타성이 진화하는 조건을 알려 준다.

해밀턴의 '포괄 적합도 이론'은 다윈의 이론을 발전시켜 이타성이 왜 진화했는지를 매끄럽게 설명함으로써 진화생물학자들이 이타적
10 행동에 대해 통찰력을 가질 수 있는 계기를 제공하였으며, 자연선택이 유전자의 수준에서 일어난다는 점을 분명히 하여 이후 진화에 대한 연구의 길잡이가 되었다.

﹡ **개체**: 하나의 독립된 생물체.

07

윗글의 표제와 부제로 가장 적절한 것은?

① 진화생물학의 발전 과정
   – 적합도에 관한 논쟁을 중심으로
② 해밀턴 규칙의 성립 조건
   – 유전자, 개체, 집단의 위계성을 중심으로
③ 자연선택을 통한 생물학적 적응
   – 유전적 근연도 값을 중심으로
④ 포괄 적합도 이론의 의의와 한계
   – 진화의 패러다임 변화를 중심으로
⑤ 이타적 행동이 자연선택 되는 이유
   – 해밀턴의 이론을 중심으로

08

윗글을 이해한 내용으로 적절하지 않은 것은?

① 개체가 주어진 환경에 적응한 것은 자연선택의 결과이다.
② 유전적 근연도는 두 개체 간에 유전자를 공유할 확률을 의미한다.
③ 개체의 포괄 적합도를 높이는 데 기여하지 못하는 유전적 변이는 자연선택에서 도태된다.
④ 해밀턴은 다윈이 살았던 시기에는 없었던 개념을 적용하여 이타적 행동의 진화를 설명하였다.
⑤ 진화생물학자들은 이타성이 진화하는 다양한 이유를 제시하여 해밀턴의 이론을 뒷받침하였다.

09

[A]를 바탕으로 할 때, ㉮~㉱에 들어갈 말로 적절한 것은?

> 두 개체 사이의 유전적 근연도가 (㉮), 손실에 비해 이득이 (㉯) 이타적 행동은 선택되기 (㉰).

	㉮	㉯	㉰
①	낮을수록	작을수록	쉽다
②	낮을수록	클수록	어렵다
③	높을수록	작을수록	쉽다
④	높을수록	클수록	쉽다
⑤	높을수록	작을수록	어렵다

10

〈보기〉를 참고하여 일벌에 대해 이해한 내용으로 적절하지 않은 것은? [3점]

> **보기**
>
> 성 염색체에 의해 성이 결정되는 사람과 달리, 벌은 염색체 수에 의해 성이 결정된다. 한 짝의 염색체를 가지면 수컷, 두 짝의 염색체를 가지면 암컷이 된다. 암컷들은 수벌에게서 받는 한 짝의 염색체를 공유하고, 나머지 한 짝은 여왕벌이 가지고 있는 두 짝의 염색체 중에서 하나를 물려받는다. 암컷은 발육 과정에서 여왕벌과 일벌로 분화되는데, 그중 일벌은 번식을 포기하고 평생 친동생을 키우며 산다.

① 일벌들 간의 유전적 근연도는 1이다.
② 일벌의 직접 적합도는 0으로 볼 수 있다.
③ 일벌이 살아가는 모습은 이타적 행동으로 볼 수 있다.
④ 일벌의 간접 적합도를 높이는 방향으로 자연선택이 일어난다.
⑤ 일벌이 친동생을 키우는 것은 결국 개체 자신에게 이득이 되기 때문이다.

11

⊙의 이유로 가장 적절한 것은?

① 개체 수준의 자연선택을 결정하는 요소이기 때문에
② 행위 당사자와 상대방의 유진자가 동일하기 때문에
③ 상대방을 통해 자신의 유전자 복제본을 남기는 것이 어렵기 때문에
④ 행위 당사자의 번식 성공도와 상대방의 번식 성공도는 무관하기 때문에
⑤ 다음 세대에 남기는 자신의 유전자 복제본 개수에 영향을 미칠 수 있기 때문에

12

밑줄 친 단어 중, ⓐ와 문맥적 의미가 가장 유사한 것은?

① 사람마다 일어나는 시간이 다르다.
② 자동차가 지나가자 흙먼지가 일어났다.
③ 한류 열풍이 새로운 형태로 일어나고 있다.
④ 심사 결과를 발표하자 큰 환호성이 일어났다.
⑤ 그들은 자리에서 일어나 문을 향해 걸어갔다.

📖 점수를 올려 주는 어휘

- **유선형(흐를 流, 선 線, 거푸집 型)** 물이나 공기의 저항을 최소한으로 하기 위하여 앞부분을 곡선으로 만들고, 뒤쪽으로 갈수록 뾰족하게 한 형태.
- **유전적 변이(남길 遺, 전할 傳, 과녁 的, 변할 變, 다를 異)** 유전자의 조성(組成) 변환이나 변화에 의하여 일어나는 변이. 변화한 성질은 자손에게 전해진다.
- **자연선택(스스로 自, 그럴 然, 가릴 選, 가릴 擇)** 자연계에서 그 생활 조건에 적응하는 생물은 생존하고, 그러지 못한 생물은 저절로 사라지는 일.
- **번성(풀 우거질 蕃, 성할 盛 / 많을 繁, 성할 盛)** 한창 성하게 일어나 퍼짐.
- **이타적(이로울 利, 다를 他, 과녁 的)** 자기의 이익보다는 다른 이의 이익을 더 꾀하는 것.
- **규명(꼴 糾, 밝을 明)** 어떤 사실을 자세히 따져서 바로 밝힘.
- **포괄(쌀 包, 묶을 括)** 일정한 대상이나 현상 따위를 어떤 범위나 한계 안에 모두 끌어 넣음.
- **상쇄(서로 相, 감할 殺)** 상반되는 것이 서로 영향을 주어 효과가 없어지는 일.
- **근연(가까울 近, 인연 緣)** 가까이하여 인연을 맺음. 또는 가까운 인연.
- **도출(이끌 導, 날 出)** 판단이나 결론 따위를 이끌어 냄.

📑 분석 노트 37쪽에서 지문을 정리해 보세요.

물질과 운동

⏱ 풀이 시간 10분 30초

01~05 다음 글을 읽고 물음에 답하시오.

과학과 공학에서 '차원'이란 길이, 질량, 시간과 같이 일반화된 물리량˙의 성질을 말한다. 이러한 차원은 흔히 단위로 나타내는데 길이 단위인 미터(m), 질량 단위인 킬로그램(kg), 시간 단위인 초(s) 등이 있다. "학교까지의 거리는 100m이다."라고 말할 때, 미터(m)
05 는 거리를 나타내는 '단위'이고, 거리는 길이 '차원'에 해당한다. 미터(m), 킬로미터(km)처럼 하나의 차원을 표시하는 단위는 여러 개일 수 있다. 차원은 대괄호를 사용해 표현하는데, 지름, 거리 등은 길이 차원이므로 [길이]로 표현한다. 면적은 길이 곱하기 길이이므로 [길이^2]으로 표현하는데, [길이]와 [길이^2]은 물리량의 성질
10 이 다르므로 서로 다른 차원이다. 속도는 길이 나누기 시간이므로 [길이/시간]으로 차원을 표현한다. 이러한 차원을 ⓐ분석하여 단순 비교가 어려운 물리량 변수˙들 사이의 관계를 미루어 알아내는 방법을 '차원해석'이라 한다. 차원해석을 위해서는 차원의 동일성과 무차원화를 이해해야 한다.
15 물리적 수식 양변의 각 항들은 동일한 차원을 지녀야 하는데, 이를 ㉠'차원의 동일성'이라 한다. 차원의 동일성을 통해 물리량 변수들의 관계를 알 수 있다. 예를 들어 'v(속도) = s/t(거리/시간)'라는 수식에서 [속도]와 [길이/시간]은 차원이 같다. 이를 통해 속도, 거리, 시간 세 변수들의 관계가 드러난다. 위의 식에서 [길이/시간]
20 과 같이 한 차원으로 다른 차원을 나누는 것은 가능함을 알 수 있다. 이처럼 한 차원으로 다른 차원을 곱하거나 나눌 때는 차원의 동일성이 유지된다. 차원이 같은 항을 더하거나 빼면 차원의 동일성이 유지되지만, 차원이 다른 항을 더하거나 빼면 차원의 동일성이 유지되지 않는다. 그래서 [속도] = [길이/시간] + [질량]과 같은 수
25 식은 성립할 수 없다. 수식에서 2, π와 같은 상수˙들은 차원을 갖지 않아 무시한다.

다음으로 '무차원화'란 차원을 지닌 변수나 수식을 차원이 없는 상태로 만드는 작업을 말한다. 차원은 단위로 나타내므로 차원이 없다는 것은 단위가 없다는 의미이다. 간단한 무차원화 방법으로
30 어떤 기준이 되는 양을 놓고 이 양과 상대적인 크기를 비교하는 것이 있다. 전체 인원(N)에서의 순위(n)가 있을 때 기준이 되는 양인 전체 인원으로 순위를 나누면 무차원화되어 상대적인 크기(n/N)만 남는다. 예를 들어, 참가 선수 100명(N) 중에서 10위(n)를 했다면 n/N = 0.1에 해당하고, 20명 중 10위를 했다면 n/N = 0.5에 해
35 당한다. 무차원화된 수는 0에서 1 사이의 값을 갖는데, 0.1과 0.5와 같이 차원이 없어져 상대적인 크기의 비교가 가능해진다.

[A]
무차원화는 변수들 사이의 관계를 나타낼 때에도 편리하다. 이때는 차원을 가진 두 개의 변수 x와 y의 관계 대신, 두 변수를 기준이 되는 양(A, B)으로 나누어 각각을 무차원화한 X, Y의 관
40 계를 그래프로 나타낼 수 있다. 이때 X는 x/A, Y는 y/B 값이다.

차원의 동일성과 무차원화를 고려하며 다음과 같은 차원해석을 해 볼 수 있다. 지상에서 질량 m인 물체를 위쪽을 향해 속도 v로 던졌을 때 도달하는 최대 높이를 구하려고 한다. 최대 높이(h)는 물체의 질량(m), 던지는 속도(v), 중력가속도˙(g)에 의해 결정될 것이라 ⓑ가정한다. h의 값은 각 변수들의 거듭제곱의 ⓒ조합으로 이루어 05 진다고 생각할 수 있다.

[B]
이를 [h] = [m^{a}v^{b}g^c]로 나타낼 수 있다. 각 변수의 차원은 [h] = [길이], [m] = [질량], [v] = [길이/시간], [g] = [길이/시간^2]이다. 양변의 차원이 동일해야 하므로 a = 0, b = 2, c = −1이 되면 우변에서 [길이] 외의 차원은 없어져 좌변처럼 [길이]가 된다. 따라 10 서 차원해석을 한 결과는 다음과 같이 ⓓ정리할 수 있다.

$$h = C(v^2/g)$$

중력가속도(g)는 정해진 값이 있으므로, 결론적으로 이 식에서 위로 던진 물체의 최대 높이(h)는 질량과 관계가 없으며 (m^0), 속도의 제곱에 비례한다(v^2)는 것을 알 수 있다. 이렇게 15 차원해석으로 실험 없이 단순히 각 변수들의 차원만 분석해도 꽤 구체적인 결과를 ⓔ도출할 수 있다. 남은 변수들과의 관계를 고려해 실험을 하면 상수값 C를 도출할 수 있는데, 과학에서 상수값 C의 수치를 아는 것보다 변수들 간의 관계를 이해하는 것이 훨씬 중요하다.
20

차원해석을 활용하면 변수가 많아 복잡한 과학적, 공학적 문제의 의미를 일반화하고 단순화할 수 있다. 그래서 차원이 달라서 비교할 수 없었던 변수들끼리 비교하는 것이 가능하게 될 뿐 아니라, 그것의 실험이나 작업량을 확연히 줄일 수 있다.

01

윗글의 표제와 부제로 가장 적절한 것은?

① 무차원화의 의미와 의의
  – 차원의 동일성이 지닌 의미를 중심으로
② 무차원화의 여러 가지 방법들
  – 차원의 동일성과 변수들의 관계를 중심으로
③ 차원해석의 역사와 방법
  – 다양한 무차원화 이론을 중심으로
④ 차원해석의 이해와 의의
  – 차원의 동일성과 무차원화의 이해를 중심으로
⑤ 차원해석의 기능과 효율성
  – 단위와 차원의 분류를 중심으로

02

⊙을 고려해 〈보기〉의 수식을 분석한 내용으로 적절한 것은?

┌ 보기 ┐
어떤 면적 A를 구하는 식이 'A = 2(B×C) + πD'라 가정한다.
└────┘

① B, C, D 모두 [길이]이어야 수식이 성립한다.
② B, C, D 모두 [길이²]이어야 수식이 성립한다.
③ B와 C는 [길이], D는 [길이²]이어야 수식이 성립한다.
④ B와 D는 [길이], C는 [길이²]이어야 수식이 성립한다.
⑤ B는 [길이²], C와 D는 [길이]이어야 2와 π의 영향으로 차원이 같아져 수식이 성립한다.

03

[A]를 바탕으로 〈보기〉를 이해한 내용으로 적절하지 **않은** 것은?

[3점]

┌ 보기 ┐
〈그림 1〉은 '시간(t)'과 '몸무게(m)'라는, 차원이 있는 두 변수로 나타낸 사람(㉮)과 어느 개(㉯)의 성장 곡선이다. 〈그림 2〉는 두 변수를 무차원화한 '무차원 시간(t/T)'과 '무차원 몸무게(m/M)'의 관계를 그래프로 나타낸 것이다.
* 단, ㉮의 수명(T)은 80년, 성체 몸무게(M)는 68kg, ㉯의 수명(T)은 10년, 성체 몸무게(M)는 10kg이라 가정한다.
└────┘

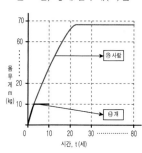 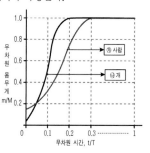

〈그림 1〉 차원이 있는 변수로 표시된 성장 곡선   〈그림 2〉 무차원 변수로 표시된 성장 곡선

① 〈그림 1〉에서는 ㉮와 ㉯가 각각 시간에 따라 몸무게가 어떻게 변화하는지를 두 변수의 관계로 파악할 수 있다.
② 〈그림 1〉에서는 ㉮와 ㉯의 수명이 달라 둘의 몸무게 변화 과정에 대한 상대적인 크기를 비교하기 어렵다.
③ 〈그림 2〉에서 첫 교차 지점까지를 제외하면 ㉯보다 ㉮의 성장이 대체로 빠르다는 것을 알 수 있다.
④ 〈그림 2〉에서 ㉯가 성체 몸무게에 도달하는 시점은 ㉮가 성체 몸무게에 도달하는 시점보다 빠르다.
⑤ 〈그림 2〉는 몸무게(m)를 성체 몸무게(M)로, 시간(t)을 수명(T)으로 나누어 0에서 1 사이의 값으로 나타내었다.

04

[B]에 대한 학생의 반응으로 적절한 것은?

① 변수들의 관계보다 상수값 C를 아는 게 중요하군.
② g를 제곱하여서 양변의 차원을 동일하게 만들었군.
③ 차원해석으로 h는 v와 무관하다는 것을 알 수 있군.
④ 물체의 질량을 달리하며 실험을 반복할 필요가 없겠군.
⑤ a, b, c의 합이 1이 되면 좌변은 차원이 없는 상태가 되겠군.

05

@~⑥의 사전적 의미로 적절하지 **않은** 것은?

① ⓐ : 얽혀 있거나 복잡한 것을 풀어서 개별 요소나 성질로 나눔.
② ⓑ : 사실인지 아닌지 분명하지 않은 것을 임시로 인정함.
③ ⓒ : 여럿을 모아 한 덩어리로 짬.
④ ⓓ : 흐트러지거나 혼란스러운 상태에 있는 것을 한데 모으거나 치워서 질서 있는 상태가 되게 함.
⑤ ⑥ : 시간이나 물건의 양 따위를 헤아리거나 잼.

🔍 점수를 올려 주는 **어휘**

• **물리량(만물 物, 다스릴 理, 헤아릴 量)** 물질계의 성질이나 상태를 나타내는 양. 보통 한 개의 수치 또는 한 쌍을 이루는 여러 개의 수치로 표시한다.
• **변수(변할 變, 셀 數)** 어떤 상황의 가변적 요인. / 어떤 관계나 범위 안에서 여러 가지 값으로 변할 수 있는 수.
• **상수(항상 常, 셀 數)** 정하여진 수량. / 물질의 물리적·화학적 성질을 표시하는 수치. / 변하지 아니하는 일정한 값을 가진 수나 양.
• **중력가속도(무거울 重, 힘 力, 더할 加, 빠를 速, 법도 度)** 물체가 운동할 때 중력의 작용으로 생기는 가속도. 물체에 작용하는 중력을 그 물체의 질량으로 나눈 것.

📝 분석 노트 38쪽에서 지문을 정리해 보세요.

⏱ 풀이 시간 10분 30초

06~10 다음 글을 읽고 물음에 답하시오.

물질은 여러 가지 다른 상(phase)으로 ⓐ존재할 수 있다. 물질의 상이란 화학적 조성은 물론 물리적 상태가 전체적으로 균질한 물질의 형태를 말하며, 일반적으로 고체, 액체, 기체로 ⓑ구분된다. 고
05 체는 일정한 부피와 모양을 가지고 있으며, 물질을 구성하는 원자*들이 각자의 위치를 중심으로 결합되어 서로 고정된 상태이다. 액체는 일정한 부피를 가지나 모양이 일정하지는 않으며, 물질을 구성하는 분자* 간 인력*이 분자 위치를 고정할 만큼 강하지 못하여 분자가 액체 내부를 무질서하게 돌아다니는 상태이다. 기체는 부피와 모양이 모두 일정하지 않으며, 물질을 구성하는 분자 간 인력이
10 매우 작은 편으로 기체의 분자 간 평균적인 거리는 고체나 액체일 경우에 비해 매우 먼 상태이다.

물질은 압력과 온도 조건의 변화에 따라 다른 상으로 변할 수 있다. 화학적 조성의 변화는 ⓒ수반되지 않으면서 물질의 상이 전환되는 현상을 상변화(phase change)라 하며, 압력은 동일하지만 온
15 도가 더 높은 조건에서 존재하는 상일 때의 물질을 높은 상 물질이라고 한다. 이러한 모든 상변화에서는 물질의 내부 에너지 변화가 일어나는 특징이 있다.

상평형 그림(phase diagram)은 닫힌계*에서 압력과 온도 조건의 변화에 따른 물질의 상변화를 나타낼 수 있는 방법이다. 아래의
20 〈그림〉은 물의 상평형 그림으로, 압력과 온도 조건에 따른 물의 상

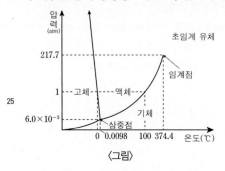
〈그림〉

을 보여 준다. 상평형 그림에서 상과 상 사이의 선들을 상 경계라고 하는데, 선의 각 점은 두 상이 평형을 이루는 압력과 온도 조건을 나타내며, 상 경계는 두 상이 평형을 이루는 압
력과 온도 조건의 집합이 된다. 상평형 그림에서 고체상과 액체상
30 이 평형을 이루는 조건을 융해* 곡선, 기체상과 고체상이 평형을 이루는 조건을 승화* 곡선, 기체상과 액체상이 평형을 이루는 조건을 증기 압력 곡선이라 한다.

　　닫힌계에서 기체상과 액체상이 평형을 이루는 상태에 대해
　　설명해 보자. 액체가 기체로 상이 전환되는 것은, 같은 온도에
35　서도 액체의 분자가 각각 서로 다른 에너지를 가지고 있을 수
　　있어서 그중 높은 에너지를 갖는 분자가 증발할 수 있기 때문이
　　다. 액체의 분자들을 한데 묶어 두는 분자 간 인력이 존재함에
[A]　도 불구하고, 액체의 표면에 있는 분자들은 각각 다른 정도의
　　운동 에너지를 갖기 때문에 그중 운동 에너지가 큰 분자들은 분
40　자 간 인력을 극복하고 증발하여 기체 상태로 변한다. 하지만
　　기체의 분자들 일부는 반대로 에너지를 잃고 응결*되어 액체로
　　변한다. 그리고 이러한 과정의 초기에는 액체의 표면을 떠나는
　　분자의 수가 돌아오는 수보다 훨씬 많으나, 기체의 분자 수 증

가로 기체의 압력 또한 높아져 액체의 표면에서 응결되는 분자 수 또한 증가하게 된다. 결국 분자들의 증발 또는 응결은 지속적으로 이루어지고 있으나, 특정한 압력과 온도 조건에서 액체의 증발 속도와 기체의 응결 속도는 같아지게 되어 거시적으로
05 평형을 유지하게 된다. 그리고 이러한 상태에서의 압력과 온도 조건들이 상평형 그림의 증기 압력 곡선이 된다.

한편, 위 〈그림〉에서 고체와 기체 사이의 상 경계를 따라가면 두 선이 ⓓ분기하는 점이 나타난다. 이 점은 세 개의 상이 평형을 이루며 공존하는 상태로, ㉠삼중점(triple point)이라고 한다. 그리고 액체와 기체 사이의 상 경계를 따라가면 선이 끝나는 임계점*을 만
10 나는데, 이때의 온도를 임계 온도, 압력을 임계 압력이라 한다. 임계 온도는 아무리 압력을 높여도 기체가 액화되지 않는 온도이며, 임계 압력은 아무리 온도를 높여도 액체가 증발되지 않는 압력으로, 임계점에서 두 상은 액체도 기체도 아닌 초임계 유체를 ⓔ형성
15 한다.

* 닫힌계: 주위와 물질 교환을 하지 않으나 에너지 교환은 할 수 있는 계.

06

윗글에 대한 설명으로 가장 적절한 것은?

① 물질의 상과 상변화 개념을 제시하고, 상평형 그림을 활용하여 물질의 상변화를 설명하고 있다.
② 물질의 상을 구분하고, 압력 변화에 따라 물질을 구성하는 원자나 분자가 달라지는 원인을 분석하고 있다.
③ 물질이 물리적 형태에 따라 나타내는 특성들을 제시하고, 다양한 물질의 예를 들어 각 특성들을 설명하고 있다.
④ 물질의 상과 상변화의 관련성을 설명하고, 압력과 온도 변화에 따른 물질의 화학적 조성 변화 원인을 분석하고 있다.
⑤ 물질의 상변화 과정에서 나타나는 압력과 온도 사이의 상관성을 분석하고, 물질의 화학적 변화 이유를 제시하고 있다.

07

〈보기〉와 윗글의 〈그림〉을 관련지어 이해한 내용으로 적절하지 않은 것은?

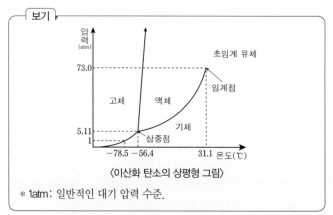
〈이산화 탄소의 상평형 그림〉

* 1atm: 일반적인 대기 압력 수준.

① 이산화 탄소는 물에 비해 임계점이 상대적으로 더 낮은 압력과 온도 조건에 있군.
② 이산화 탄소는 물과 달리 일반적인 대기 압력 수준에서 액체로 존재할 수 없겠군.
③ 물과 이산화 탄소는 동일한 압력 조건에서 고체, 액체, 기체 중 기체가 높은 상 물질이겠군.
④ 물은 이산화 탄소와 달리 온도가 높아질수록 고체와 액체 간 평형을 이루는 압력이 낮아지겠군.
⑤ 물과 이산화 탄소는 어떤 압력과 온도 조건에서도 고체에서 기체로의 상변화가 일어날 수 없겠군.

08

[A]를 참고하여 〈보기〉를 이해한 내용으로 적절하지 <u>않은</u> 것은?
[3점]

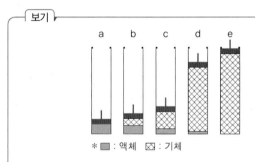

> 보기
>
> ※ ▨ : 액체 ▨ : 기체
>
> 위 그림은 액체가 담긴 밀폐된 용기의 피스톤을 위로 당기는 과정을 단계적으로 도식화한 것이다. 그림의 a~e는 일정한 온도에서 압력의 감소에 따라 연속적으로 일어나는 액체에서 기체로의 전환을 보여 준다. a에서 e의 순서로 진행되며, a는 액체 상태, c만 상평형 상태, e는 기체 상태이다.

① a에서 e까지의 과정에서 액체의 분자 수는 감소하고 기체의 분자 수는 증가할 것이다.
② b는 액체의 표면을 떠나는 분자의 수가 기체에서 액체로 돌아오는 분자의 수보다 많은 상태일 것이다.
③ c는 액체의 분자가 증발하는 속도와 기체의 분자가 응결하는 속도가 같은 상태일 것이다.
④ c에서 e까지의 과정에서 액체의 분자와 기체의 분자는 모두 분자 간 인력이 커질 것이다.
⑤ e는 a에 비해 분자 간 평균적인 거리가 먼 상태일 것이다.

09

㉠에 대한 이해로 가장 적절한 것은?

① 물질이 분자 수준에서는 상변화가 일어나고 있으나 거시적으로는 세 가지 상이 평형을 유지하고 있는 상태를 의미한다.
② 물질이 일정한 부피와 모양을 유지하면서 화학적 조성과 물리적 형태에는 변화가 없는 상태를 의미한다.
③ 물질이 세 가지 상으로 구별되나 압력과 온도의 변화에도 특정한 상을 유지하려는 상태를 의미한다.
④ 물질을 구성하는 분자 간의 인력이 강해지나 물질의 내부 에너지는 증가하는 상태를 의미한다.
⑤ 물질의 내부 에너지가 증가하며 지속적으로 압력과 온도가 상승하는 상태를 의미한다.

10

ⓐ~ⓔ의 사전적 의미로 적절하지 <u>않은</u> 것은?

① ⓐ : 현실에 실제로 있음.
② ⓑ : 일정한 기준에 따라 전체를 몇 개로 갈라 나눔.
③ ⓒ : 어떤 일과 더불어 생김.
④ ⓓ : 나뉘어서 갈라짐.
⑤ ⓔ : 어떤 물건의 형상을 본뜸.

📖⑥ 점수를 올려 주는 어휘

- **원자(근원 原, 아들 子)** 물질의 기본적 구성단위. 하나의 핵과 이를 둘러싼 여러 개의 전자로 구성되어 있다. 한 개 또는 여러 개가 모여 분자를 이룬다.
- **분자(나눌 分, 아들 子)** 물질에서 화학적 형태와 성질을 잃지 않고 분리될 수 있는 최소의 입자. 보통은 두 개 이상의 원자가 공유 결합에 의하여 결합되어 이루어진, 전기적으로 중성인 입자이다. 원자 수가 수천, 수만인 것을 고분자라고 한다.
- **인력(끌 引, 힘 力)** 공간적으로 떨어져 있는 물체끼리 서로 끌어당기는 힘. 질량을 가진 모든 물체 사이나 서로 다른 부호를 가진 전하들 사이에 작용하며, 핵력 때문에 소립자들 사이에서도 생긴다.
- **융해(녹을 融, 풀 解)** 녹아 풀어짐. 또는 녹여서 풂. / 고체에 열을 가했을 때 액체로 되는 현상.
- **승화(오를 昇, 빛날 華)** 고체에 열을 가하면 액체가 되는 일이 없이 곧바로 기체로 변하는 현상. 얼음이 증발하는 경우에서 볼 수 있다. 또는 그 반대의 변화 과정을 이르기도 한다.
- **응결(엉길 凝, 맺을 結)** 액체 또는 기체 중에 분산되어 있는 솔(Sol)의 콜로이드 입자들이 큰 입자로 뭉쳐져서 가라앉는 현상.
- **임계점(임할 臨, 경계 界, 점찍을 點)** 물질의 구조와 성질이 다른 상태로 바뀔 때의 온도와 압력. 평형 상태의 두 물질이 하나의 상(相)을 이룰 때나 두 액체가 완전히 일체화할 때의 온도와 압력을 이른다.

📑 분석 노트 39쪽에서 지문을 정리해 보세요.

기술

출제 경향

지문 구성
하나의 단독 지문으로 출제된다. 과학과 마찬가지로 이해를 돕기 위해 시각 자료가 함께 제시되는 경우가 많다. 전문적인 기술을 제재로 다루지만 지문만으로 충분히 이해할 수 있도록 출제된다. 한 회의 시험에서 과학과 기술 중 하나의 영역만이 출제된다는 특징이 있다.

지문 성격
산업 기술, 통신 기술, 컴퓨터 기술, 장비 기술 등의 분야에서 출제되며, 우리 생활 전반에 영향을 미치는 기술의 원리와 발달 과정, 활용 분야와 전망 등에 대한 내용을 주로 담고 있다.

문항 유형
주로 4~5개 정도의 문항이 출제된다. 기본적으로 세부 정보를 파악하는 유형의 문제가 출제되며, 지문에서 설명한 기술의 원리를 제시된 구체적 상황에 적용해 보는 문항이 자주 출제된다. 제재의 생소함으로 인해 체감 난도가 높을 수 있지만, 문항의 난도는 높지 않게 출제되는 경우가 많다.

⏱ 풀이 시간 8분 30초

01~04 **다음 글을 읽고 물음에 답하시오.**

터치스크린 패널은 스크린의 특정 지점을 직접 접촉*하면 그 위치를 파악하여 해당 위치에 설정된 기능을 직관적으로 조작할 수 있도록 설계된 장치를 말한다. 터치스크린 패널 중 정전용량방식의 패널은 전기가 통하는 전도성* 물체를 스크린에 접촉했을 때 발생하는 정전용량*의 변화를 측정하여 접촉된 위치를 파악한다. 터치스크린 패널에 사용되는 정전용량방식에는 일반적으로 표면정전방식과 투영정전방식이 있다.

㉠표면정전방식은 패널의 네 모서리에 있는 각각의 감지회로가 동시에 정전용량의 변화를 감지하여 전도성 물체의 접촉 위치를 파악하는 방식이다. 표면정전방식에서는 패널의 표면에 덮인 전도성 투명 필름이 전도성 물체의 접촉을 인식하는 센서 역할을 한다. 센서에 전도성 물체가 접촉하게 되면 물체의 전하량*과 패널의 전하량의 차이에 의해 전압이 변화하고, 이로 인해 형성된 전기장은 정전용량을 변화시킨다. 네 모서리에 있는 감지회로는 정전용량의 변화된 정도를 측정하여 물체가 접촉된 위치를 파악하는 것이다. 표면정전방식은 투영정전방식에 비해 구조가 단순하고 단가가 낮다는 장점이 있다. 하지만 접촉된 위치를 대략적으로만 파악할 수 있어 정확도가 낮고 한 번에 하나의 접촉만 인식할 수 있기 때문에 여러 지점을 접촉했을 때 인식이 불가능하다는 단점이 있다.

투영정전방식은 접촉을 감지할 수 있는 센서를 패널의 일정한 구역마다 배치하여 활용하는 방식으로 ㉡자기정전방식과 ㉢상호정전방식으로 나눌 수 있다. 자기정전방식은 패널에 전도성 물체가 접촉하면 물체의 전하량과 패널의 전하량의 차이에 의해 전압이 변화하고, 이때 형성된 전기장에 의해 증가하는 정전용량을 측정하는 방식이라는 점에서 그 원리가 표면정전방식과 유사하다. 하지만 자기정전방식은 표면정전방식과 달리 하나의 층에 여러 개의 행과 열의 형태로 배치된 각각의 센서들을 활용한다. 센서가 특정 지점의 접촉을 인식하면 센서의 각 행과 열의 끝에 배치된 감지회로가 접촉 지점에서 일어난 정전용량의 변화를 감지하고, 이를 바탕으로 행과 열의 교차점인 접촉 위치를 정교하고 빠르게 파악할 수 있다.

반면 상호정전방식은 가로축으로 배열된 센서인 구동 라인과 세로축으로 배열된 센서인 감지 라인이 두 개의 층을 이루고 있다. 패널에 전도성 물체와의 접촉이 없을 때 구동 라인에서는 전압에 의해 전기장이 형성되며, 이 전기장은 모두 감지 라인으로 들어가 일정한 크기의 전기장을 유지하여 구동 라인과 감지 라인 사이에 상호 정전용량을 형성한다. 하지만 패널에 전도성 물체가 접촉하게 되면 일정한 크기를 유지하던 전기장의 일부가 접촉된 물체로 흡수된다. 전기장이 물체에 흡수되면 구동 라인과 감지 라인 사이에 형성된 상호 정전용량이 감소하며 전기장의 크기 역시 줄어든다. 이때 접촉이 정확하게 일어날수록 해당 지점에 전기장이 더 많이 줄어들게 된다. 결국 패널에는 접촉 전과는 다른 전기장의 흐름이 나타나 상호 정전용량이 변화하고 구동 라인과 감지 라인의 교차점인 터치좌표쌍이 인식된다. 이때 터치좌표쌍은 구동 라인과 감지 라인이 개별적으로 인식된 교차점이기에 하나의 패널에서는 여러 개의 터치좌표쌍이 만들어질 수 있다.

이후 터치좌표쌍의 정보를 터치 컨트롤러가 디지털 신호로 변환해 이미지로 처리하여 중앙처리장치(CPU)에 전달함으로써 해당 터치스크린 패널은 전도성 물체의 접촉 여부 및 접촉한 위치를 최종적으로 판단하게 된다. 이러한 상호정전방식은 구동 라인과 감지 라인의 교차점을 개별적으로 인식하는 과정을 거치기에 측정 시간이 많이 소요되지만, ⓐ두 지점을 접촉하는 멀티 터치가 가능하여 최근 스마트폰이나 태블릿과 같은 기기에 많이 활용되는 추세*이다.

＊정전용량: 물체가 지니고 있는 전하의 용량. 여기서 전하는 물체가 가지고 있는 전기적 성질을 의미함.

01

윗글의 내용과 일치하지 않는 것은?

① 터치스크린 패널은 직접적인 접촉을 통한 직관적 조작이 가능하다.
② 자기정전방식은 접촉점에 해당하는 행과 열의 교차점을 터치 지점으로 인식한다.
③ 표면정전방식을 실현하기 위해서는 스크린에 전도성이 없는 투명 필름을 입혀야 한다.
④ 상호정전방식에서는 수집된 행과 열의 정보가 터치 컨트롤러에서 이미지로 처리된다.
⑤ 투영정전방식은 표면정전방식보다 구조가 복잡하지만 더욱 정교한 좌표 인식이 가능하다.

02

⊙~ⓒ에 대해 이해한 내용으로 적절하지 <u>않은</u> 것은?

① ⊙~ⓒ은 모두 전도성 물체의 접촉에 따른 정전용량의 변화를 측정한다.
② ⊙~ⓒ은 모두 패널에 있는 센서를 이용하여 접촉 부분의 위치를 알아내는 방식이다.
③ ⊙과 달리 ⓒ은 하나의 접촉점을 인식하기 위해 두 개 이상의 감지회로를 활용하는 방식이다.
④ ⓒ과 달리 ⓒ은 센서층이 두 개의 층을 이루고 있다.
⑤ ⓒ과 달리 ⓒ은 접촉 부분에서 증가하는 정전용량을 감지하는 방식이다.

03

윗글을 읽고 〈보기〉를 이해한 반응으로 적절하지 <u>않은</u> 것은? [3점]

> ┤보기├
> 다음은 터치스크린 패널의 작동 원리를 이해하기 위해 설정된 자료이다. 〈자료 1〉은 터치스크린 패널의 한 종류를 도식화한 것이고, 〈자료 2〉는 〈자료 1〉의 ⓐ~ⓒ 지점에 형성된 전기장의 크기를 나타낸 그래프이다.
>
>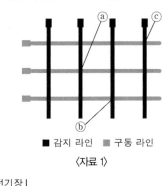
>
> ■ 감지 라인 ■ 구동 라인
> 〈자료 1〉
>
>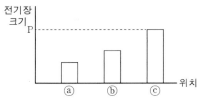
>
> * 단, P는 전도성 물체의 접촉이 없는 상태의 전기장 크기이다.
> 〈자료 2〉

① ⓐ에서 접촉된 물체가 흡수한 전기장의 크기는 ⓑ에서 접촉된 물체가 흡수한 전기장의 크기보다 크겠군.
② 전기장의 크기로 보아 ⓑ보다 ⓐ에서 더 정확한 접촉이 이루어진 것으로 볼 수 있겠군.
③ ⓒ에서는 구동 라인에서 발생한 전기장의 크기와 감지 라인으로 들어가는 전기장의 크기가 일치하겠군.
④ ⓒ와 달리 ⓑ에서는 감지 라인으로 들어가야 할 전기장의 일부가 접촉된 물체로 흘러들어 갔겠군.
⑤ ⓐ와 ⓒ에서는 구동 라인과 감지 라인 사이에서 형성된 상호 정전용량이 감소했겠군.

04

Ⓐ에 대한 이유를 추론한 것으로 가장 적절한 것은?

① 교차점의 위치를 빠르게 측정할 수 있기 때문이다.
② 중앙처리장치가 행과 열의 정보를 분할하기 때문이다.
③ 센서의 행과 열 끝에 감지회로가 배치되어 있기 때문이다.
④ 구동 라인과 감지 라인의 교차점이 개별적으로 인식되기 때문이다.
⑤ 하나의 패널에서 한 개의 터치좌표쌍만 만들어질 수 있기 때문이다.

📖 **점수를 올려 주는 어휘**

• **접촉**(접할 接, 닿을 觸) 서로 맞닿음.
• **전도성**(전할 傳, 이끌 導, 성품 性) 열이나 전기가 물체 속을 이동하는 성질.
• **전하량**(번개 電, 연 荷, 헤아릴 量) 어떤 물체 또는 입자가 띠고 있는 전기의 양.
• **추세**(달릴 趨, 기세 勢) 어떤 현상이 일정한 방향으로 나아가는 경향.

📑 분석 노트 40쪽에서 지문을 정리해 보세요.

⏱ 풀이 시간 8분 30초

05~08 다음 글을 읽고 물음에 답하시오.

　오염된 물을 사용 목적에 맞게 정화하는 정수 처리 기술에서 침전˙ 과정은 부유˙하는 오염 물질을 가라앉혀 물의 탁도˙를 제거하는 것을 목적으로 한다. 부유물이 물보다 비중이 큰 경우, 다른 물질과의 상호 작용 없이 중력만으로 가라앉힐 수 있는데 이를 '보통 침전 방식'이라고 한다. 하지만 중력만으로 침전시키기 어려운 콜로이드˙ 입자와 같은 물질들은 화학 약품을 이용하여 입자들을 응집˙시켜 가라앉히는 방식을 사용하는데 이를 '약품 침전 방식'이라고 한다.

　일반적으로 미세한 입자들은 입자 간의 거리가 일정 거리 이하로 좁혀지면 서로를 끌어당기는 ㉠반데르발스 힘의 영향을 받아 응집하게 된다. 하지만 물속에서 부유하는 미세한 콜로이드 입자들은 수산화 이온과의 결합 등으로 인해 음(−) 전하를 띠고 있어 서로를 밀어내는 ㉡전기적 반발력의 영향을 받기 때문에 일정 거리 이하로 입자들의 거리가 좁혀지지 않는다. 그 결과 콜로이드 입자들은 물속에서 균일하게 분산되어 안정성을 가지고 부유하게 된다. 이런 입자의 안정성은 물의 탁도를 높이는 주요한 원인이 된다.

　약품 침전 방식에서는 응집제를 주입하여 전기적 중화 작용과 가교˙ 작용을 통해 콜로이드 입자의 영향으로 발생한 물의 탁도를 낮추는 과정을 거치게 된다. 이때 사용된 응집제는 보편적으로 알루미늄염과 철염 등의 양이온계 응집제로 이들은 물과 화학 반응을 하면서 단계적으로 다양한 종류의 화합물을 형성하게 된다.

　우선 전기적 중화 작용에서는 탁도가 높은 물에 주입된 응집제가 물과 화학 반응을 거쳐 양(+) 전하의 금속 화합물을 형성하고, 이 화합물이 음(−) 전하를 띤 콜로이드 입자와 결합하면 콜로이드 입자 간 전기적 반발력이 감소하게 된다. 그 결과 콜로이드 입자들이 불안정화되고 물 분자 운동이나 물의 흐름에 의해 움직이다가 반데르발스 힘이 작용할 정도로 가까워지게 되면 서로 응집하여 침전이 가능한 작은 플록을 형성하게 된다. 이러한 전기적 중화 작용은 응집제 주입 후 극히 단시간 안에 이루어지기 때문에 콜로이드 입자와 금속 화합물이 빠르게 결합하여 반응하게 하기 위해 물을 빠르게 젓는 급속 교반을 해야 한다.

　다음으로 가교 작용에서는 전기적 중화 작용에서 형성된 작은 플록을 더 크게 만든다. 침전 속도를 높이기 위해서는 플록의 크기가 더 커져야 하는데, 반데르발스 힘만으로는 플록의 크기를 키우는 데 한계가 있기 때문이다. 응집제의 주입으로 형성된 화합물 중 긴 사슬 형태의 고분자 화합물은 플록과 플록을 연결하는 일종의 가교 역할을 하게 된다. 이런 작용을 통해 연결된 여러 플록들은 하나의 큰 플록이 되어 중력의 영향을 받아 빠르게 침전한다. 이러한 가교 작용 과정에서는 침전에 용이한 큰 플록을 만들기 위해 플록이 다른 플록과 연결될 때 접촉 시간을 늘려 주고, 연결이 깨지지 않도록 물을 천천히 저어 주어야 한다. 이를 완속 교반이라고 한다.

　한편, 이와 같은 과정을 거쳐 탁도가 낮아진 물에, 전기적 중화 작용과 가교 작용에서 반응하지 못한 응집제가 많이 남아 있게 되면 전기적으로 중화되었던 콜로이드 입자들이 오히려 양(+) 전하를 띠게 된다. 이를 전하 역전 현상이라고 한다. 이렇게 되면 콜로이드 입자들이 재안정화되면서 물의 탁도는 다시 높아진다. 이 상태에서 여분의 응집제는 물과 화학 반응을 통해 최종적으로 침전성 금속 화합물을 형성하게 되고, 이 화합물은 마치 그물망처럼 콜로이드 입자들을 흡착하면서 가라앉는데 이를 체 거름 현상이라고 한다.

05

윗글에서 알 수 있는 내용으로 적절하지 않은 것은?

① 급속 교반은 콜로이드 입자와 금속 화합물의 결합을 촉진한다.
② 약품 침전 방식은 콜로이드 입자의 응집을 위해 화학 약품을 이용한다.
③ 부유물의 비중이 물보다 큰 경우 중력만으로 부유물을 침전시킬 수 있다.
④ 물을 빠르게 저어 플록끼리 접촉할 시간을 늘리면 체 거름 현상이 나타난다.
⑤ 양이온계 응집제는 물과 화학 반응하여 다양한 종류의 화합물을 형성한다.

06

⊙, ⓒ에 대한 이해로 가장 적절한 것은?

① ⊙은 입자가 일정 거리 안에서 서로를 밀어내는 힘이라고 할 수 있다.

② ⊙은 입자가 물속에서 균일하게 분산할 수 있게 해 주는 힘이라고 할 수 있다.

③ ⓒ은 입자 간의 거리가 멀어지면 발생하는 힘이라고 할 수 있다.

④ ⓒ은 입자가 띠고 있는 전하의 성질로 인해 작용하는 힘이라고 할 수 있다.

⑤ ⊙과 ⓒ은 모두 입자가 이온과 결합할 때 형성되는 힘이라고 할 수 있다.

07

〈보기〉는 응집제의 투입에 따른 물의 탁도 변화를 설명하기 위한 그래프이다. 윗글을 읽은 학생들이 〈보기〉에 대해 보인 반응으로 적절하지 <u>않은</u> 것은? [3점]

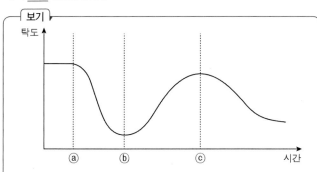

┌─ 보기 ─┐

탁도

ⓐ ⓑ ⓒ 시간

* 교반을 제외하고 응집에 영향을 미치는 다른 요소들은 고려하지 않음.

① ⓐ에서 주입된 응집제는 ⓐ와 ⓑ 사이에서 콜로이드 입자 간의 거리를 좁히는 작용을 하겠군.

② ⓐ와 ⓑ 사이에서 형성된 고분자 화합물은 플록과 플록을 연결하여 침전에 용이한 큰 플록을 만들겠군.

③ ⓐ와 ⓑ 사이에서 탁도가 급속하게 낮아진 것은 가교 작용으로 형성된 플록의 침전 속도가 높아졌기 때문이라고 할 수 있겠군.

④ ⓑ와 ⓒ 사이에서 탁도가 다시 높아진 것은 ⓐ에서 주입된 응집제가 전기적 중화 작용과 가교 작용에서 반응하지 못하고 남아 있는 것이 원인으로 작용했기 때문이겠군.

⑤ ⓒ 이후 탁도가 낮아지는 것은 ⓑ에서 형성된 긴 사슬 형태의 화합물이 콜로이드 입자들과 흡착하여 침전했기 때문이겠군.

08

〈보기〉는 윗글을 읽은 학생이 정리한 내용의 일부이다. ㉮~㉲에 들어갈 말로 적절한 것은?

┌─ 보기 ─┐

오염된 물에 존재하는 콜로이드 입자는 수산화 이온과의 결합 등의 원인으로 (㉮)된 상태에서 부유한다. 응집제를 주입하면 (㉯)이/가 일어나고 콜로이드 입자는 (㉰)된다. 응집제를 과다하게 주입하면 (㉱)이/가 나타난다.

	㉮	㉯	㉰	㉱
①	안정화	전하 역전	불안정화	전기적 중화
②	불안정화	전기적 중화	안정화	전하 역전
③	안정화	전기적 중화	불안정화	전하 역전
④	불안정화	전하 역전	안정화	전기적 중화
⑤	안정화	전기적 중화	불안정화	전기적 중화

🔊 점수를 올려 주는 **어휘**

• **침전(잠길 沈, 찌끼 澱)** 액체 속에 있는 물질이 밑바닥에 가라앉음. 또는 그 물질.

• **부유(뜰 浮, 놀 遊 / 뜰 浮, 헤엄칠 游)** 물 위나 물속, 또는 공기 중에 떠다님.

• **탁도(흐릴 濁, 법 度)** 물이 흐린 정도. 증류수 1리터 가운데에 백토 1mg이 섞여 있을 때를 1도로 한다.

• **콜로이드(colloid)** 기체·액체·고체 속에 분산 상태로 있고 확산 속도가 느리며, 현미경으로는 볼 수 없으나 원자 또는 저분자보다는 커서 반투막을 통과할 수 없을 정도의 물질. 또는 그렇게 분산하여 있는 상태.

• **응집(엉길 凝, 모을 集)** 안정성을 잃은 콜로이드 따위의 입자가 모여서 덩어리가 되어 가라앉는 현상. 또는 분자나 원자가 모이는 현상.

• **가교(시렁 架, 다리 橋)** 서로 떨어져 있는 것을 이어 주는 사물이나 사실.

📝 분석 노트 41쪽에서 지문을 정리해 보세요.

⏱ 풀이 시간 8분 30초

01~04 다음 글을 읽고 물음에 답하시오.

　고층 건물을 건설하는 현장을 보면 우뚝 솟아 있는 타워 크레인이 사람들의 시선을 끈다. 타워 크레인은 수십 톤에 ⓐ달하는 중량물을 들어 올리는 건설 기계 장비이다. 그렇다면 타워 크레인은 어떻게 수십 톤의 무거운 건설 자재˙를 들어 올릴 수 있는 것일까?

05　타워 크레인은 〈그림〉과 같이 기초부, 마스트, 텔레스코핑 케이

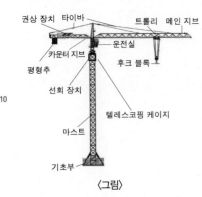
〈그림〉

지, 운전실, 지브, 트롤리, 후크 블록 등으로 구성된다. 기초부는 타워 크레인을 지지˙하는 부분이고, 마스트는 타워 크레인을 지지하는 기둥이다. 텔레스코핑 케이지는 타워 크레인의 높이를 조절하는 장치로, 유압 장

15　치를 통해 운전실을 들어 올린 후 마스트와 운전실 사이의 빈 공간에 단위 마스트를 끼워 넣어 높이를 조절˙한다.
　운전실은 타워 크레인을 ⓑ제어하는 곳으로, 하단에는 중량물˙을 수평으로 이동시키는 선회˙ 장치가 있고, 상단의 타워 헤드에는 지브의 인장˙력을 보강˙하면서 평형 유지를 돕는 타이바가 ⓒ연결

20　되어 있다. 지브는 카운터 지브와 메인 지브로 구성되는데, 카운터 지브는 길이가 짧으며 일정한 무게의 콘크리트 평형추가 고정되어 있는 부분이고, 메인 지브는 길이가 길고 중량물을 들어 올리는 역할을 하는 부분이다. 트롤리는 메인 지브의 레일을 통해 중량물을 수평으로 이동시키는 역할을 한다.

25　카운터 지브와 메인 지브의 길이가 다름에도 불구하고 지브가 한쪽으로 기울어지지 않고 평형을 이룰 수 있는 것은 무엇 때문일까? 그것은 바로 지레의 원리로 설명할 수 있다. 지레에는 작용점, 받침점, 힘점이 있는데, 작용점에 가하는 힘을 F, 작용점에서 받침점까지의 거리를 D, 힘점에 작용하는 힘을 f, 힘점에서 받침점까지의 거

30　리를 d라고 할 때, $FD = fd$이면 지레는 어느 한쪽으로 기울어지지 않고 평형을 이루게 된다. 마찬가지로 타워 크레인의 평형추는 작용점, 운전실 지점은 받침점, 트롤리는 힘점에 해당˙하는데, 타워 크레인은 두 지브의 길이가 다르기 때문에 길이가 짧은 카운터 지브에 무거운 평형추를 설치하여 길이가 긴 메인 지브와 평형을 이

35　루도록 한다. 그런데 타워 크레인은 메인 지브에 있는 트롤리의 위치에 따라 들어 올릴 수 있는 중량물의 무게가 달라진다. 메인 지브의 바깥쪽에서 들어 올린 중량물을 메인 지브 안쪽으로 이동시키는 것은 자유롭지만, ㉠반대로 메인 지브의 안쪽에서 들어 올린 중량물을 메인 지브 바깥쪽으로 이동시키지 못할 수도 있다.

　타워 크레인이 수십 톤에 달하는 무거운 건축 자재를 들어 올릴 수 있는 것은 중량물을 매다는 후크 블록에 움직도르래를 사용하기 때문이다. 후크 블록의 움직도르래는 와이어로프를 통해 권상 장치와 연결되어 있다. 권상 장치는 그 안에 있는 전동기의 회전 방향에 따라 와이어로프를 원통 모양의 드럼에 감거 05나 풀어 중량물을 들어 올리거나 내린다. 도르래˙를 사용할 때의 역학˙ 관계는 '일의 양(W) = 줄을 당긴 힘(F) × 감아올린 줄의 길이(S)'로 나타낼 수 있다. 동일한 무게의 물체를 들어 올린 높이가 같다면 권상 장치가 물체를 들어 올리기 위해 한 일의 양이 같다. 그런데 고정도르래만 사용할 때와 비교해, 움직도르래 10

[A]　1개를 사용하여 지상에서 같은 높이로 물체를 들어 올리면, 일의 양은 같지만 도르래 양쪽으로 물체의 무게가 반씩 ⓓ분산되기 때문에 물체를 들어 올리는 힘의 크기는 1/2로 줄어들게 되고, 감아올린 줄의 길이는 2배로 길어진다. 이러한 움직도르래를 타워 크레인에서 추가적으로 사용할 때마다 동일한 무게의 15중량물을 같은 높이로 들어 올릴 때 권상 장치가 사용하는 힘의 크기가 더 ⓔ감소하지만, 권상 장치가 감아올리는 와이어로프의 길이는 더 길어지게 된다. 하지만 여러 개의 움직도르래를 사용하게 되면 여러 가닥의 와이어로프가 바람에 의해 꼬여 손상˙되는 일이 발생할 수 있기 때문에 사용할 수 있는 움직도르 20래의 개수가 제한된다.

01

윗글을 통해 알 수 있는 내용이 아닌 것은?

① 타이바는 길이가 다른 두 개의 지브가 한쪽으로 기울어지지 않도록 돕는 역할을 한다.
② 타워 크레인으로 들어 올린 중량물의 수평 이동은 트롤리와 선회 장치에 의해 이루어진다.
③ 후크 블록에 여러 개의 움직도르래가 사용되면 와이어로프가 꼬여 손상될 가능성이 높아진다.
④ 타워 크레인이 중량물을 들어 올릴 때와 내릴 때에 권상 장치에 있는 전동기의 회전 방향은 반대가 된다.
⑤ 타워 크레인의 높이를 높이기 위해서는 텔레스코핑 케이지의 유압 장치를 이용해 마스트를 들어 올려야 한다.

◆ 정답과 해설 p. 149~152

02

㉠의 이유로 가장 적절한 것은?

① 평형추와 운전실 사이의 거리와 평형추의 무게가 고정되어 있기 때문에

② 평형추와 운전실 사이의 거리에 비해 트롤리와 운전실 사이의 거리가 가까워지기 때문에

③ 트롤리와 운전실 사이의 거리가 멀어질수록 힘점과 받침점 사이의 거리가 가까워지기 때문에

④ 카운터 지브에 설치된 평형추의 무게와 권상 장치에 있는 중량물의 무게의 비가 달라지기 때문에

⑤ 트롤리가 메인 지브의 바깥쪽으로 이동할수록 평형추가 있는 카운터 지브 쪽으로 타워 크레인이 기울어지기 때문에

04

문맥에 맞게 ⓐ~ⓔ를 바꿔 쓴 것으로 적절하지 <u>않은</u> 것은?

① ⓐ: 이르는

② ⓑ: 받치는

③ ⓒ: 이어져

④ ⓓ: 나뉘기

⑤ ⓔ: 줄지만

03

[A]를 바탕으로 〈보기 1〉을 이해한 내용을 〈보기 2〉와 같이 정리할 때, (ㄱ), (ㄴ)에 들어갈 말로 적절한 것은? [3점]

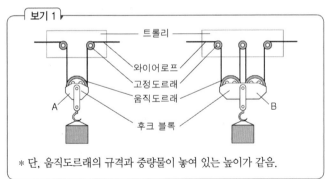

보기 1

트롤리
와이어로프
고정도르래
움직도르래
후크 블록
A
B

* 단, 움직도르래의 규격과 중량물이 놓여 있는 높이가 같음.

보기 2

A, B를 이용해 같은 무게의 중량물을 각각 들어 올릴 때, 권상 장치가 감아올린 와이어로프의 길이가 같다면 권상 장치가 중량물을 들어 올릴 때 사용한 힘의 크기는 (ㄱ), 들어 올린 중량물의 높이는 (ㄴ).

	(ㄱ)	(ㄴ)
①	A가 B보다 크고	A가 B보다 높다
②	A가 B보다 크고	A가 B보다 낮다
③	A가 B보다 작고	A가 B보다 높다
④	A가 B보다 작고	A가 B보다 낮다
⑤	A와 B가 같고	A와 B가 같다

📓 점수를 올려 주는 어휘

• **자재(재물 資, 재목 材)** 무엇을 만들기 위한 기본적인 재료.

• **지지(지탱할 支, 가질 持)** 무거운 물건을 받치거나 버팀.

• **조절(고를 調, 마디 節)** 균형이 맞게 바로잡음. 또는 적당하게 맞추어 나감.

• **중량물(무거울 重, 헤아릴 量, 만물 物)** 부피에 비하여 무거운 물건.

• **선회(돌 旋, 돌아올 回)** 둘레를 빙글빙글 돎. / 항공기가 곡선을 그리듯 진로를 바꿈.

• **인장(끌 引, 베풀 張)** 어떤 힘이 물체의 중심축에 평행하게 바깥 방향으로 작용할 때 물체가 늘어나는 현상. 이때 힘의 작용선이 중심축과 일치하면 단순 인장, 일치하지 않으면 편심 인장이라 한다.

• **보강(기울 補, 강할 強)** 보태거나 채워서 본디보다 더 튼튼하게 함.

• **해당(갖출 該, 마땅할 當)** 무엇에 관계되는 바로 그것. / 어떤 범위나 조건 따위에 바로 들어맞음.

• **도르래** 바퀴에 홈을 파고 줄을 걸어서 돌려 물건을 움직이는 장치.

• **역학(힘 力, 배울 學)** 부분을 이루는 요소가 서로 의존적 관계를 가지고 서로 제약하는 현상.

• **손상(덜 損, 상처 傷)** 물체가 깨지거나 상함.

📝 분석 노트 42쪽에서 지문을 정리해 보세요.

05~09 다음 글을 읽고 물음에 답하시오.

세상에는 너무 작아서 눈으로 볼 수 없는 세계가 많다. 사람의 눈으로 볼 수 있는 가시광선 영역은 파장*이 길기 때문에 단백질 분자 구조와 같은 물질의 내부 구조는 관찰할 수 없다. 그래서 미세한 물질의 내부 구조를 파악하기 위해서는 보다 짧은 파장의 빛의 영역
05 까지 활용할 수 있어야 하는데, 이때 활용 가능한 빛이 바로 방사광이다. 방사광이란 빛의 속도에 가깝게 빠른 속도로 운동하는 전자가 방향을 바꿀 때, 바뀐 운동 궤도 곡선의 접선 방향으로 방출*되는 좁은 퍼짐의 전자기파*를 가리킨다.

방사광은 적외선*, 가시광선, 자외선*, X선*에 이르는 다양한 파
10 장을 가진 빛으로, 실험 목적에 따라 파장을 선택하여 사용할 수 있는 파장 가변성을 ⓐ지닌다. 그리고 방사광은 휘도가 높은 빛이다. 휘도란 빛의 집중 정도를 나타내는 것으로, 빛의 세기가 크면 클수록, 그리고 빛의 퍼짐이 작으면 작을수록 높은 휘도 값을 갖는다. 예를 들어 방사광에서 실험을 위해 선택된 X선은, 기존에 쓰던 X선
15 보다 휘도가 수만 배 이상이라서 이를 활용하면 물질의 정보를 보다 자세하게 얻을 수 있다.

방사광은 자연에서는 별이 수명을 다해 폭발할 때 발생하기도 하지만, 이를 연구에 활용하는 것은 어려우므로 고성능 슈퍼 현미경이라고도 불리는 방사광가속기를 사용해 인위적으로 만들어 사용
20 한다. 방사광가속기는 일반적으로 크게 전자입사장치, 저장링, 빔라인 등으로 구성되어 있다. 전자입사장치는 전자를 방출시킨 뒤 빛의 속도에 가깝게 가속시켜 저장링으로 주입하는 장치로, 전자총과 선형가속기로 구성된다. 전자총은 고유한 파장을 가진 금속에 그 파장보다 짧은 파장의 빛을 가하면 전자가 방출되는 광전효과를
25 활용하여 지속적으로 전자를 방출시킨다. 이때 방출되는 전자는 상대적으로 속도가 느려 높은 에너지를 가지지 못하므로, 선형가속기에서는 음(−)전하를 띤 전자가 양(+)전하를 띤 양극 쪽으로 움직이려는 전기적인 힘의 원리를 활용하여 전자를 가속시킨다. 선형가속기에서 빛의 속도에 근접하게 된 전자는 이후 저장링으로 보내
30 진다.

저장링은 휨전자석, 삽입장치, 고주파 공동장치 등으로 구성되어 있고, 일반적으로 n각형 모양으로 설계하여 n개의 직선 부분과 n개의 모서리 부분으로 이루어져 있다. 저장링의 모서리 부분에는 전자의 방향을 조절해 주는 휨전자석을 설치하여 전자가 지속적으
35 로 궤도를 따라 회전할 수 있도록 한다. 전자는 휨전자석을 지나면서 자석 주위의 자기장의 힘을 받아 휘게 되는데, 이때 전자의 운동 궤도 곡선의 접선 방향으로 방사광이 방출된다. 저장링의 직선 부분에는 N극과 S극을 번갈아 배열한 삽입장치가 설치되어 있다. 전자는 삽입장치에서 자기장의 영향을 받아 N극과 S극의 사이에서
40 주기적으로 방향이 바뀌며 구불구불하게 움직이게 되는데, 방향이 주기적으로 바뀔 때마다 방사광이 방출된다. 이렇게 방출된 방사광은, 위상이 동일한 방사광과 서로 중첩되면서 진폭이 커지는 간섭 현상이 나타난다. 그래서 삽입장치에서 중첩*되어 진폭*이 커진 방

사광은, 휨전자석에서 방출된 방사광보다 큰 에너지를 지닌 더 밝은 방사광이 된다. 이때 휨전자석과 삽입장치를 통과하며 방사광을 방출한 전자는 에너지를 잃게 되고, 고주파 공동장치는 이러한 전자에 에너지를 보충하여 전자가 계속 궤도를 돌게 한다.

마지막으로 빔라인은 실험 목적에 맞도록 방사광에서 원하는 파
05 장을 분리시켜 실험에 이용하는 장치로, 크게 진공 자외선 빔라인과 X선 빔라인으로 나눌 수 있다. 진공 자외선 빔라인에서는 주로 기체 상태의 물질의 구조나 고체 표면에서의 물질의 구조 등에 관한 실험들이 이루어지고, X선 빔라인에서는 다른 빛보다 상대적으로 짧은 파장을 가진 X선의 특성을 이용하여 주로 물질의 내부 구
10 조, 원자 배열 등에 대한 실험이 이루어진다. 특히 X선 빔라인들 중하나인 ㉠X선 현미경은 최대 15 나노미터 정도 되는 생체 조직 등과 같은 물질의 내부 구조까지도 확대하여 관찰할 수 있다. X선은 가시광선과 달리 유리 렌즈나 거울을 써서 굴절*시키거나 반사시키기 어렵다. 그래서 X선 현미경은, 강력한 전자기장으로 X선을 굴절
15 시켜 빛을 모을 수 있는 특수 금속 렌즈를 이용해 X선을 실험에 활용한다.

05

윗글을 이해한 내용으로 적절하지 <u>않은</u> 것은?

① 실험 목적에 따라 빔라인의 종류는 달라질 수 있다.
② 휨전자석의 개수는 저장링의 모양에 따라 달라질 수 있다.
③ 빛의 집중 정도는 빛의 세기와 퍼짐에 따라 달라질 수 있다.
④ 전자는 양전하를 띤 양극 쪽으로 움직이려는 전기적인 힘이 있다.
⑤ 금속의 고유한 파장보다 긴 파장의 빛을 금속에 쏘면 전자를 방출시킬 수 있다.

06

방사광에 대한 설명으로 적절하지 <u>않은</u> 것은?

① 실험 목적에 따라 파장을 선택해 사용할 수 있는 빛이다.
② 방사광가속기에서 연구 목적으로 가속시키는 전자기파이다.
③ 자연적으로 발생하기도 하고 인위적으로 만들 수도 있는 빛이다.
④ 휘도가 높아 물질에 대한 자세한 정보를 얻을 수 있게 하는 빛이다.
⑤ 빛의 속도에 가깝게 운동하는 전자가 방향을 바꿀 때 방출되는 전자기파이다.

07

〈보기〉는 방사광가속기의 주요 장치를 도식화한 것이다. 윗글을 바탕으로 〈보기〉를 이해한 내용으로 적절하지 <u>않은</u> 것은? [3점]

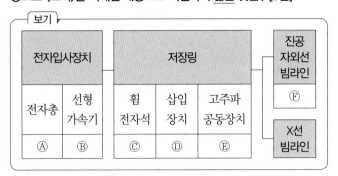

보기					
전자입사장치		저장링			진공 자외선 빔라인
전자총	선형 가속기	휨 전자석	삽입 장치	고주파 공동장치	Ⓕ
Ⓐ	Ⓑ	Ⓒ	Ⓓ	Ⓔ	X선 빔라인

① Ⓐ에서 광전효과를 활용하여 방출시킨 전자는 Ⓑ에서 빛의 속도에 가깝게 가속되어 높은 에너지를 갖게 되겠군.

② 전자는 Ⓒ를 지나면서 자석 주위의 자기장의 힘을 받아 방향이 바뀌면서 궤도를 따라 회전할 수 있게 되겠군.

③ Ⓒ에서 방출된 방사광이 Ⓓ에서 방출된 방사광보다 밝은 이유는 Ⓓ에서 방사광이 서로 중첩되어 진폭이 더 커졌기 때문이겠군.

④ Ⓒ와 Ⓓ를 통과하며 에너지가 손실된 전자는 Ⓔ로부터 에너지를 공급받아 궤도를 계속 돌게 되겠군.

⑤ Ⓕ는 실험 목적에 맞게 방사광에서 원하는 파장을 분리시켜 실험에 이용하는 장치이겠군.

08

윗글의 ⊙과 〈보기〉의 ⓛ을 비교한 내용으로 가장 적절한 것은?

> 보기
>
> ⓛ광학 현미경은 가시광선을 굴절시켜 빛을 모을 수 있는 유리 렌즈를 이용해 물질의 표면을 확대하는 실험 장치이다. 일반적으로 광학 현미경의 렌즈 배율을 최대로 높이면 크기가 200 나노미터 정도 되는 물질까지 관찰할 수 있다.

① ⊙과 달리 ⓛ은 물질의 내부 구조를 관찰할 수 있는 장치이다.

② ⓛ과 달리 ⊙은 빛이 굴절하는 성질을 이용하여 실험하는 장치이다.

③ ⓛ과 달리 ⊙은 유리 렌즈를 활용하여 빛을 모아 물질을 확대하는 장치이다.

④ ⓛ은, ⊙에서 사용하는 빛의 영역이 아닌 인간의 눈으로 볼 수 없는 빛의 영역을 이용하는 장치이다.

⑤ ⊙은, ⓛ에서 사용하는 빛보다 상대적으로 짧은 파장의 빛을 이용하여 물질을 관찰할 수 있는 장치이다.

09

문맥상 @와 가장 가까운 의미로 쓰인 것은?

① 그는 딸의 사진을 품속에 지니고 다닌다.

② 그는 일을 성사시킬 책임을 지니고 있다.

③ 그는 어릴 때의 모습을 그대로 지니고 있었다.

④ 그는 유년 시절의 추억을 가슴속에 지니고 살았다.

⑤ 그는 자신의 이론이 보편성을 지니고 있다고 주장했다.

📖 점수를 올려 주는 **어휘**

- **파장(물결 波, 길 長)** 파동에서, 같은 위상을 가진 서로 이웃한 두 점 사이의 거리.
- **방출(놓을 放, 날 出)** 입자나 전자기파의 형태로 에너지를 내보냄.
- **전자기파(번개 電, 자석 磁, 기운 氣, 물결 波)** 공간에서 전기장과 자기장이 주기적으로 변화하면서 전달되는 파동.
- **적외선(붉을 赤, 바깥 外, 선 線)** 파장이 가시광선보다 길며 극초단파보다 짧은 전자기파. 눈으로는 볼 수 없고 일반적으로 공기 가운데에서 산란되기 어려우며, 가시광선보다 투과력이 강하다.
- **자외선(자줏빛 紫, 바깥 外, 선 線)** 파장이 엑스선보다 길고, 가시광선보다 짧은 전자기파. 눈으로 볼 수는 없으나 광화학 반응을 일으키는 화학 작용이나 생리적 작용이 강하고 살균 작용을 하며, 태양 광선 속의 자외선은 대기 중의 산소 분자에 의하여 대부분이 흡수되어 오존을 만든다.
- **엑스선(X, 선 線)** 감마선과 자외선의 중간 파장에 해당하는 전자기파. 눈에 직접 보이지는 않으나 굴절, 반사, 편광, 간섭, 회절 따위의 현상을 나타내며 강한 형광 작용, 전리 작용, 사진 작용, 투과 작용 따위를 한다. 학문적으로 중요할 뿐만 아니라 실제 사용 면에서도 질병의 진단 및 치료, 금속 재료의 내부 검사, 미술품의 감정 등 그 용도가 매우 넓다.
- **중첩(무거울 重, 겹쳐질 疊)** 거듭 겹치거나 포개어짐.
- **진폭(떨친 振, 폭 幅)** 진동하고 있는 물체가 정지 또는 평형 위치에서 최대 변위까지 이동하는 거리. 진동하는 폭의 절반이다.
- **굴절(굽을 屈, 꺾을 折)** 광파, 음파, 수파 따위가 한 매질에서 다른 매질로 들어갈 때 경계면에서 그 진행 방향이 바뀌는 현상.

📝분석 노트 43쪽에서 지문을 정리해 보세요.

🕐 풀이 시간 8분 30초

01~04 **다음 글을 읽고 물음에 답하시오.**

최근 스마트폰이나 자동차 등에서 인공지능 음성 언어 비서 시스템이 사용되고 있다. 이 시스템이 제대로 작동하기 위해서는 사용자의 음성이 올바르게 인식되어야 한다. 그런데 불분명하게 발음하거나 여러 단어를 쉼 없이 발음하는 경우 시스템이 어떻게 이를 올바른 문장으로 인식할 수 있을까? 이럴 때는 입력된 음성 언어를 문자 언어로 변환˙한 다음, 통계 데이터를 활용하여 단어나 문장의 오류를 보정˙하는 자연어 처리 기술이 사용된다. 이러한 기술에는 철자˙ 오류 보정 방식과 띄어쓰기 오류 보정 방식이 있다.

[A]
철자 오류 보정 방식은 교정 사전과 어휘별 통계 데이터를 ㉠기반으로 잘못된 문자열*을 올바른 문자열로 바꿔 주는 방식이다. 철자 오류 보정은 '전처리, 오류 문자열 판단, 교정 후보 집합 생성, 최종 교정 문자열 탐색' 과정을 거친다. 먼저 '전처리'는 입력 문장에서 사용자의 발음이 불분명하게 입력되어 시스템에서 처리가 불가능한 문자열을 처리가 가능한 문자열로 바꿔 주는 과정이다. 가령, '실크'가 '싥'으로 인식될 경우, '싥'이라는 음절˙이 국어에 쓰이지 않으므로 '실크'로 바꿔 준다. 이렇게 전처리가 끝나면 다음 단계인 '오류 문자열 판단' 단계로 넘어간다. 이 단계에서는 입력된 문장을 어절˙ 단위의 문자열로 ㉡구분하여, 각 문자열이 교정 사전의 오류 문자열에 존재하는지 여부를 확인한다. 교정 사전이란 오류 문자열과 이를 수정한 교정 문자열이 쌍을 이루어 구축˙되어 있는 사전이다. 예를 들어 사람들이 자주 틀리는 어휘인 '할려고'의 경우, 교정 사전의 오류 문자열에 '할려고', 이를 수정한 교정 문자열에 '하려고'가 들어가 있다.

처리된 문자열이 교정 사전의 오류 문자열에 존재하지 않을 경우 바로 결과 문장으로 도출˙되지만, 존재할 경우 '교정 후보 집합 생성' 단계로 넘어간다. 이 단계에서는 오류 문자열과 교정 문자열 모두를 교정 후보로 하는 교정 후보 집합을 ㉢생성한다. 예컨대 처리된 문자열이 '할려고'일 경우, '할려고'와 '하려고' 모두를 교정 후보로 하는 교정 후보 집합을 생성한다. 그런 다음 '최종 교정 문자열 탐색' 단계로 넘어간다. 여기서는 철자 오류가 거의 없는 교과서나 신문 기사와 같은 자료에서 어휘들의 사용 빈도를 추출˙한 어휘별 통계 데이터를 활용하여, 교정 후보 중 사용 빈도가 높은 문자열을 최종 교정 문자열로 선택하여 결과 문장을 도출한다. 만일 통계 데이터에서 '할려고'의 사용 빈도가 1회, '하려고'의 사용 빈도가 100회라면 '하려고'를 최종 교정 문자열로 선택하는 것이다.

띄어쓰기 오류 보정 방식은 잘못된 띄어쓰기를 통계 데이터와 비교하여 올바른 띄어쓰기로 바꿔 주는 방식이다. 이를 위해서는 입력된 문장의 띄어쓰기를 시스템에서 처리할 수 있도록 이진법˙으로 변환하는 과정이 요구된다. 이 과정에서 음절의 좌나 우, 혹은 음절의 사이에 공백이 있을 때 1, 공백이 없을 때 0으로 표기한다. 가령 '동생이 밥 을 먹었다'라는 문장에서 '밥'은 음절의 좌, 우에 모두 공백이 있으므로 이를 이진법으로 나타내 '1밥1'이 되는데, 이를 편의상 '밥(11)'로 나타낸다. 같은 방법으로 '밥 을'은 두 음절의 좌, 사이, 우에 모두 공백이 있으므로 '밥을(111)'이 되고, '밥 을 먹'은 '밥을먹(1110)'이 된다. 이때 문장의 처음과 끝은 공백이 있는 것으로 처리한다. 이렇게 띄어쓰기를 이진법으로 변환한 다음, 올바르게 띄어쓰기가 구현된 문장에서 ㉣추출한 통계 데이터와 비교한다. 그 결과 빈도수가 높은 띄어쓰기 결과에 맞춰 띄어쓰기 오류를 보정한다. 만약 통계 데이터에서 '밥을(111)'의 빈도수가 낮고 '밥을(101)'의 빈도수가 높을 경우, 이에 따라 '밥 을'은 '밥을'로 띄어쓰기가 보정된다.

이러한 방법들은 모두 올바른 단어나 문장에서 추출된 통계 데이터를 기반으로 보정이 이루어진다는 공통점이 있다. 보정의 정확도를 ㉤향상시키기 위해서는 통계 데이터의 양을 늘리는 것이 요구되지만, 이 경우 데이터 처리 속도가 감소하게 된다는 단점이 있다. 이러한 문제점을 해결하기 위해 최근 보정의 정확도와 데이터의 처리 속도를 모두 향상시키기 위한 방안˙이 지속적으로 연구되고 있다.

＊**문자열**: 데이터로 다루는 일련의 문자.

01

윗글에서 알 수 있는 내용으로 적절하지 <u>않은</u> 것은?

① 잘못 입력된 문장이 보정되지 않으면 음성 언어 비서 시스템이 제 기능을 발휘하지 못한다.

② 음성 인식 오류를 보정할 때는 사용자의 음성 언어를 문자 언어로 변환하는 과정이 선행된다.

③ 철자 오류 보정 방식은 각 단계마다 입력된 문장을 음절 단위로 구분하여 데이터를 처리한다.

④ 띄어쓰기 오류 보정 방식에서 입력된 문장의 처음과 끝은 공백이 있는 것으로 처리된다.

⑤ 통계 데이터에 포함된 데이터의 양을 늘리면 보정의 정확도는 증가하지만 처리 속도는 감소한다.

02

[A]를 참고로 하여 〈보기〉의 ㉮~㉱를 설명한 내용으로 적절하지 <u>않은</u> 것은? [3점]

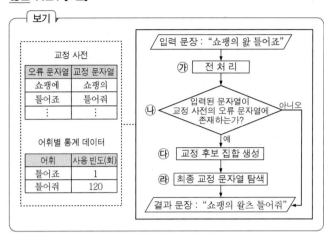

① ㉮ : '왋'을 '왈츠'로 교정하여 처리가 가능한 문자열로 바꿔 준다.

② ㉯ : '쇼팽의'를 교정 사전에서 확인한 결과 오류 문자열에 해당하지 않으므로 결과 문장으로 바로 보낸다.

③ ㉯ : '틀어죠'를 교정 사전에서 확인한 결과 오류 문자열에 해당하므로 '교정 후보 집합 생성' 단계로 보낸다.

④ ㉰ : '틀어죠'가 교정 사전의 오류 문자열에 있으므로 '틀어줘'만을 교정 후보로 하는 교정 후보 집합을 생성한다.

⑤ ㉱ : 어휘별 통계 데이터를 적용하여 사용 빈도가 높은 '틀어줘'를 최종 교정 문자열로 선택한다.

03

윗글을 바탕으로 할 때, ㄱ~ㅁ에서 〈보기〉의 띄어쓰기 오류 보정이 일어난 이유로 가장 적절한 것은?

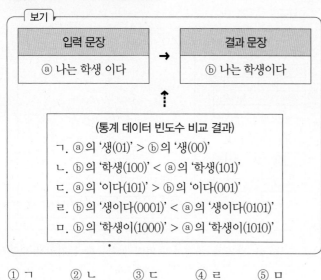

보기

입력 문장	결과 문장
ⓐ 나는 학생 이다	ⓑ 나는 학생이다

(통계 데이터 빈도수 비교 결과)

ㄱ. ⓐ의 '생(01)' > ⓑ의 '생(00)'

ㄴ. ⓑ의 '학생(100)' < ⓐ의 '학생(101)'

ㄷ. ⓐ의 '이다(101)' > ⓑ의 '이다(001)'

ㄹ. ⓑ의 '생이다(0001)' < ⓐ의 '생이다(0101)'

ㅁ. ⓑ의 '학생이(1000)' > ⓐ의 '학생이(1010)'

① ㄱ　　② ㄴ　　③ ㄷ　　④ ㄹ　　⑤ ㅁ

04

문맥에 맞게 ㉠~㉤을 바꿔 쓴 것으로 적절하지 <u>않은</u> 것은?

① ㉠: 바탕으로

② ㉡: 나누어

③ ㉢: 만든다

④ ㉣: 고친

⑤ ㉤: 높이기

📖 **점수를 올려 주는 어휘**

- **변환(변할 變, 바꿀 換)** 달라져서 바뀜. 또는 다르게 하여 바꿈.
- **보정(기울 補, 바를 正)** 부족한 부분을 보태어 바르게 함.
- **철자(이을 綴, 글자 字)** 자음과 모음을 맞추어 음절 단위의 글자를 만드는 일. 'ㄱ'과 'ㅏ'를 맞추어 '가'를 만드는 것 따위이다.
- **음절(소리 音, 마디 節)** 하나의 종합된 음의 느낌을 주는 말소리의 단위. 몇 개의 음소로 이루어지며, 모음은 단독으로 한 음절이 되기도 한다.
- **어절(말씀 語, 마디 節)** 문장을 구성하고 있는 각각의 마디. 문장 성분의 최소 단위로서 띄어쓰기의 단위가 된다.
- **구축(얽을 構, 쌓을 築)** 체제, 체계 따위의 기초를 닦아 세움.
- **도출(이끌 導, 날 出)** 판단이나 결론 따위를 이끌어 냄.
- **추출(뺄 抽, 날 出)** 전체 속에서 어떤 물건, 생각, 요소 따위를 뽑아냄.
- **이진법(두 二, 나아갈 進, 법 法)** 숫자 0과 1만을 사용하여, 둘씩 묶어서 윗자리로 올려 가는 표기법.
- **방안(모 方, 책상 案)** 일을 처리하거나 해결하여 나갈 방법이나 계획.

📖 분석 노트 44쪽에서 지문을 정리해 보세요.

05~09 다음 글을 읽고 물음에 답하시오.

⏱ 풀이 시간 10분 30초

데이터를 주고받을 때, 송신° 측은 데이터별로 고유°하게 부여°된 순서 번호에 ⓐ따라 순차적°으로 데이터를 송신하고, 수신° 측은 데이터의 순서 번호에 맞추어 송신 측에 응답 데이터를 보내 준다. 만약 수신 측에서 데이터 전송 오류가 발생한 것을 파악했다면 오류가 발생한 데이터를 다시 전송해 주도록 송신 측에 요청해야 한다. 이때 자동 반복 요청 방식(ARQ)을 주로 사용한다. ARQ에서 오류가 없는 데이터가 도착할 때 송신 측에 보내는 수신 측의 응답을 ACK, 전송받은 데이터에서 오류가 검출될 경우에 보내는 수신 측의 응답을 NAK라고 한다. 그런데 송신 측에서는 데이터를 전송한 시점부터 타이머를 작동해 지정된 시간 동안 수신 측으로부터 아무런 응답이 없는 경우 '타임 아웃'으로 간주°한다. 타임 아웃은 수신 측이 송신 측에 응답을 하지 않거나, 송신 측과 수신 측이 주고받는 데이터가 상대측에 도달하지 못하고 전송이 중단된 경우에 발생한다. 송신 측은 타임 아웃이 되는 동시에 데이터를 재전송한다.

ARQ는 정지-대기 ARQ, 고-백-앤 ARQ, 선택적 재전송 ARQ 등으로 그 유형을 나눌 수 있다. 정지-대기 ARQ는 가장 단순한 자동 반복 요청 방식으로, 수신 측은 송신 측으로부터 받은 데이터를 먼저 수신 측의 버퍼*인 수신 윈도우에 저장한 후 오류 검사를 실시한다. 그 결과에 따라 수신 측은 ACK 또는 NAK를 전송한 후 해당 데이터를 수신 윈도우에서 삭제한다. 송신 측이 수신 측으로부터 ACK를 수신하면 그다음 데이터를 전송하고, NAK를 수신하거나 타임 아웃이 되면 그에 해당하는 데이터를 재전송한다.

고-백-앤 ARQ는 송신 측이 수신 측의 응답을 기다리지 않고 연속해서 순서 번호가 부여된 데이터를 전송하는 방식으로, 오류가 발생하면 오류가 발생한 데이터를 포함하여 이후에 전송된 모든 데이터를 재전송한다. 이 방식에서 수신 측은 데이터를 수신 윈도우에 하나씩 저장하는데, 송신 측으로부터 오류가 없는 데이터를 수신한 경우에는 무조건 ACK를 ⓑ보내지만 오류가 있는 데이터를 수신한 경우에는 NAK를 보내거나 무시할 수 있다. 그리고 오류가 발생한 순번 이후의 데이터에 대해서는 수신을 거부한다. 오류가 있는 데이터에 대해 NAK를 보내는 방식을 명시적 방법, NAK를 보내지 않고 무시하는 방식을 묵시적° 방법이라고 한다. 명시적 방법을 사용할 경우 송신 측은 NAK를 수신하거나 타임 아웃이 되면 이에 해당하는 데이터부터 순서대로 모든 데이터를 재전송하지만, 묵시적 방법을 사용할 경우 송신 측은 타임 아웃 시간 동안 ACK를 수신하지 않았을 때만 이에 해당하는 데이터부터 순서대로 모든 데이터를 재전송한다.

선택적 재전송 ARQ는 데이터 전송의 기본 원리가 고-백-앤 ARQ와 ⓒ같지만, 오류가 발생할 경우 송신 측에서는 오류가 발생한 데이터만 재전송한다. 수신 측은 먼저 도착한 데이터의 오류 검사가 끝나지 않았더라도 수신한 데이터는 모두 수신 윈도우에 저장한다. 오류가 발생한 이후의 순번 데이터는 ACK를 보내지 않고 수신 윈도우에 저장한 다음, 재전송된 데이터가 도착하면 해당 데이

터에 대한 ACK를 보낸 후, 수신 윈도우에 저장된 데이터와 함께 순서 번호를 맞추어 다음 단계로 전달°한다. 이 방식 역시 명시적 방법과 묵시적 방법으로 ⓓ나눌 수 있다.

그런데 NAK를 수신하거나 타임 아웃이 발생하여 송신 측이 데이터를 재전송하기 위해서는 송신 측에게도 전송한 데이터를 저장하기 위한 버퍼가 필요한데, 이 버퍼를 송신 윈도우라고 한다. 송신 윈도우에 보관된 데이터는 수신 측에게 전송되었으나, 아직 ACK를 받지 못한 데이터라 할 수 있다. 송신 측이 수신 측으로부터 ACK를 받지 않고도 전송할 수 있는 데이터의 최대 개수를 송신 윈도우 크기라고 한다. 또한 수신 측이 전송받은 데이터에 대한 응답을 보내지 않고도 저장할 수 있는 데이터의 최대 개수를 수신 윈도우 크기라 하는데, 이러한 윈도우의 크기는 데이터 통신 방식에 따라 차이가 난다. 정지-대기 ARQ는 송신 측과 수신 측 모두 하나의 데이터와 그 데이터에 대한 응답 값을 주고받는다는 점에서 송신 윈도우와 수신 윈도우의 크기는 모두 1이 된다. 이와 달리 고-백-앤 ARQ의 경우 송신 측은 ACK를 받지 않아도 여러 개의 데이터를 전송할 수 있기 때문에 수신 윈도우의 크기만 1이 된다. ㉠선택적 재전송 ARQ는 수신 윈도우 크기가 여러 개의 데이터를 송신할 수 있는 송신 윈도우의 크기와 같아 데이터를 더욱 빠르게 전송할 수 있다.

한편 송신 윈도우에 저장된 데이터의 관리는 일반적으로 데이터의 전송이 순서 번호를 기반°으로 ⓔ이루어지는 '슬라이딩 윈도우 프로토콜*'에 의해 진행되는데, 이 프로토콜에서는 낮은 순서 번호부터 차례로 데이터 전송이 처리되며 ACK의 회신에 따라 윈도우에 새로 추가될 데이터의 순서 번호도 순차적으로 높은 번호로 이동한다. 이 과정에서 순서 번호에 해당하는 데이터들이 수신 측에 전송된다. 예를 들어, 순서 번호의 최댓값이 9, 송신 윈도우의 크기가 3인 데이터를 전송할 경우, 먼저 '0번, 1번, 2번' 3개의 데이터를 전송한다. 0번 데이터에 대한 ACK가 도착하면 0번 데이터는 송신 윈도우에서 삭제되고, 3번 데이터가 송신 윈도우에 저장되어 수신 측으로 전송된다. 만약 동시에 1번과 2번 데이터의 ACK가 도착하면 송신 윈도우에는 3번 데이터만 남게 되기 때문에 4번과 5번 데이터가 송신 윈도우에 저장되어 수신 측으로 전송된다. 이러한 방식으로 데이터를 전송하다 9번 데이터에 대한 ACK가 도착했다면 다음에 전송되는 데이터는 순서 번호가 0이 되며, 송신 측의 데이터가 모두 전송될 때까지 이 과정이 반복된다.

---

* 버퍼: 동작 속도가 크게 다른 두 장치 사이에 접속되어 속도 차를 조정하기 위하여 이용되는 일시적인 저장 장치.
* 프로토콜: 컴퓨터와 컴퓨터 사이, 또는 한 장치와 다른 장치 사이에서 데이터를 원활히 주고받기 위하여 약속한 여러 가지 규약.

05

윗글을 통해 알 수 있는 내용으로 가장 적절한 것은?

① 정지-대기 ARQ에서 수신 측은 NAK를 보낸 후에도 해당 데이터를 수신 윈도우에 저장한다.

② 고-백-앤 ARQ에서 수신 윈도우는 정지-대기 ARQ와 마찬가지로 데이터를 하나씩 저장한다.

③ 선택적 재전송 ARQ와 고-백-앤 ARQ 모두 송신 측은 ACK를 수신한 후에 다음 순번의 데이터를 전송한다.

④ 송신 윈도우의 크기는 송신 측이 수신 측으로부터 동시에 받을 수 있는 ACK의 최대 개수에 따라 결정된다.

⑤ 데이터 전송 과정에서 송신 측이 보내는 데이터는 송신 윈도우 크기보다 큰 순서 번호부터 전송된다.

06

윗글을 바탕으로 〈보기〉의 '슬라이딩 윈도우 프로토콜'을 이해한 것으로 적절하지 <u>않은</u> 것은?

> ┤ 보기 ├
>
> 송신 측에서 수신 측에 전송하려는 데이터의 개수는 12개이다. 송신 측은 순서 번호의 최댓값을 5로 설정한 후, 슬라이딩 윈도우 프로토콜을 이용하여 데이터를 전송하였다. 아래는 데이터 전송 과정에서 송신 윈도우의 데이터 저장 상태를 도식화한 것이다.
>
>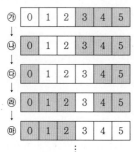
>
> * ㉮: 송신 윈도우의 최초 저장 상태
> * ☐: 윈도우에 저장된 데이터
> * ▨: 윈도우에 저장되지 않은 데이터

① ㉮를 통해 알 수 있는 송신 윈도우의 크기는 3이다.

② ㉰에서 순서 번호 '3'에 해당하는 데이터가 저장된 것은 ㉮에서 보낸 데이터의 ACK가 모두 도착했기 때문이다.

③ '㉯ → ㉰' 과정에서 송신 윈도우에 추가된 데이터의 수는 '㉱ → ㉲' 과정에서 송신 윈도우에 추가된 데이터의 수보다 적다.

④ ㉲에서 전송한 데이터에 대한 ACK가 모두 도착했다면, 바로 다음에 전송되는 데이터의 순서 번호는 ㉮와 같다.

⑤ '㉮ → ㉲'의 과정이 한 번 더 반복된 후 송신 측이 보낸 데이터의 ACK가 모두 도착했다면, 송신 윈도우에 저장된 데이터의 수는 0개이다.

07

㉠의 이유를 추론한 것으로 가장 적절한 것은?

① 먼저 도착한 데이터부터 순서대로 데이터 오류 검사를 실시하기 때문에

② 오류 검사가 끝나면 수신 윈도우에 저장된 데이터가 모두 삭제되기 때문에

③ 수신 윈도우에 저장된 데이터의 순번과 상관없이 ACK를 보낼 수 있기 때문에

④ 순번이 빠른 데이터의 오류 검사가 끝나지 않아도 데이터의 수신이 가능하기 때문에

⑤ 데이터에 오류가 발생하면 해당 데이터가 재전송될 때까지 데이터 수신을 거부하기 때문에

08

〈보기〉는 자동 반복 요청 방식을 이용한 데이터 전송 오류 제어 과정의 일부를 도식화한 것이다. 윗글을 참고하여 〈보기〉를 이해한 내용으로 적절하지 <u>않은</u> 것은? [3점]

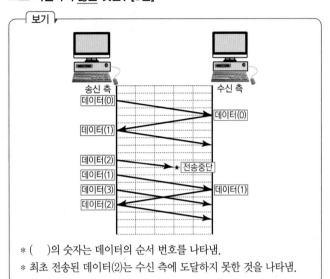

┌─ 보기 ┐

송신 측
데이터(0)
데이터(1)
데이터(2)
데이터(1)
데이터(3)
데이터(2)

수신 측
데이터(0)
★ 전송중단
데이터(1)

* ( )의 숫자는 데이터의 순서 번호를 나타냄.
* 최초 전송된 데이터(2)는 수신 측에 도달하지 못한 것을 나타냄.

① 데이터(1)을 재전송한 후 데이터(3)을 전송하는 것을 보니 〈보기〉의 오류 전송은 선택적 재전송 ARQ 방식에 해당하겠군.

② 처음 수신한 데이터(1)에 대한 응답 값을 수신 측이 전송하지 않은 것으로 보아 〈보기〉는 묵시적 방법에 해당하겠군.

③ 데이터(1)을 전송한 후 데이터(1)을 재전송하는 데 걸린 시간은 '타임 아웃'으로 설정된 시간에 해당되겠군.

④ 송신 측이 데이터(2)를 재전송한 이유는 최초 전송된 데이터(2)에 대해 수신 측이 NAK를 보내지 않았기 때문이겠군.

⑤ 수신 측이 데이터(3)과 재전송된 데이터(2)에 대해 ACK를 보낸다면 데이터(2)와 데이터(3)은 순서 번호에 맞추어 다음 단계로 전달되겠군.

09

문맥상 ⓐ~ⓔ의 단어와 가장 가까운 의미로 쓰인 것은?

① ⓐ: 그들은 법에 따라 문제를 해결했다.

② ⓑ: 관중들은 선수들에게 응원을 <u>보내느라</u> 정신이 없었다.

③ ⓒ: 여행을 할 때에는 신분증 같은 것을 <u>가지고</u> 다녀야 한다.

④ ⓓ: 수익은 공정하게 <u>나누어야</u> 불만이 생기지 않는다.

⑤ ⓔ: 열심히 노력했더니 소원이 <u>이루어졌다.</u>

📖 **점수를 올려 주는 어휘**

- **송신**(보낼 送, 믿을 信) 주로 전기적 수단을 이용하여 전신이나 전화, 라디오, 텔레비전 방송 따위의 신호를 보냄. 또는 그런 일.
- **고유**(굳을 固, 있을 有) 본래부터 가지고 있는 특유한 것.
- **부여**(붙을 附, 더불 與) 사람에게 권리·명예·임무 따위를 지니도록 해 주거나, 사물이나 일에 가치·의의 따위를 붙여 줌.
- **순차적**(순할 順, 버금 次, 과녁 的) 순서를 따라 차례대로 하는 것.
- **수신**(받을 受, 믿을 信) 전신이나 전화, 라디오, 텔레비전 방송 따위의 신호를 받음. 또는 그런 일.
- **간주**(볼 看, 지을 做) 상태, 모양, 성질 따위가 그와 같다고 봄. 또는 그렇다고 여김.
- **묵시적**(잠잠할 默, 보일 示, 과녁 的) 직접적으로 말이나 행동으로 드러내지 않고 은연중에 뜻을 나타내 보이는 것.
- **전달**(전할 傳, 통할 達) 지시, 명령, 물품 따위를 다른 사람이나 기관에 전하여 이르게 함. / 자극, 신호, 동력 따위가 다른 기관에 전하여짐.
- **기반**(터 基, 소반 盤) 기초가 되는 바탕. 또는 사물의 토대.

📝 분석 노트 45쪽에서 지문을 정리해 보세요.

주제 통합

출제 경향

지문 구성

두 개의 글이 (가)와 (나)로 엮이어 지문으로 출제된다. (가)와 (나) 각각 3문단 내외의 짧은 글로 구성되는데, 두 개의 글이 함께 지문으로 제시되므로 다른 영역에 비해서 전체 지문의 분량이 긴 편이다.

지문 성격

(가)와 (나)는 연관된 제재를 다루고 있는데, 하나의 제재에 대해 서로 다른 입장을 (가)와 (나)로 각각 제시하거나, 하나의 제재에 대해 서로 다른 시대의 관점을 (가)와 (나)로 각각 제시하는 경우 등이 있다. 주로 인문과 사회 분야의 글이 주제 통합 지문으로 출제되는 비율이 높다.

문항 유형

지문의 길이가 다른 영역에 비해 긴 만큼 출제되는 문항 수도 많은 편이다. 보통 6문항이 출제되며, (가)와 (나)의 내용을 엮어서 물어보는 복합형 문항을 포함하여 구체적 상황에 적용하는 유형 등이 출제된다.

⏱ 풀이 시간 10분 30초

01~05 **다음 글을 읽고 물음에 답하시오.**

(가)

우리는 친구들과 같은 사진을 보고도 서로 다르게 인식하는 경우가 있다. 또한 배고플 때와 달리 배부를 때는 빵 가게를 인식하지 못할 때도 있다. 이처럼 동일한 대상에 대해서도 사람이나 상황에

5 따라 인식이 다를 수 있는데, '후설'은 우리가 대상의 의미를 파악하는 과정을 통해 이러한 현상을 설명하고 있다. 후설은 우리의 의식은 대상과 독립적으로 존재하는 것이 아니라, 어떤 대상을 구체적으로 지향°하며, 이를 통해 대상과의 관계에서 어떤 의미를 형성하는 성질을 지니고 있다고 말한다. 이 성질을 의식의 '지향성'이라고

10 하는데, 의식이 대상을 향하지 않으면 우리는 그 대상을 인식하지 못한다는 것이다.

한편 우리의 의식이 대상을 만나 의미를 형성할 때는 시간과 공간의 영향을 받게 된다. 왜냐하면 의식이 의미를 형성하는 과정은 한 번으로 끝나는 것이 아니라 시간의 흐름에 따라 반복되고, 공간

15 도 대상과 함께 인식되어 의미 형성에 영향을 주기 때문이다. 후설에 따르면 이렇게 의식이 대상을 만나서 의미를 형성하는 과정이 반복되고 그것이 누적°되면 자기만의 '지평'을 갖게 된다. ㉠'지평'이란 우리가 인식하는 대상과 그 대상을 둘러싼 배경을 말한다. 우리가 친구의 뒷모습을 보고 단번에° 알아볼 수 있는 것은 이전부터

20 알았던 친구에 대한 다양한 정보를 고려했기 때문이다. 사람은 개인마다 경험이 다르기 때문에 대상에서 형성하는 의미도 달라져 그결과 서로 다른 지평을 갖게 되고, 지평이 넓어질수록 개인의 인식범위°는 확장된다. 그리고 인식의 주체는 지평을 바탕으로 다양한상황에서 의미를 파악할 수 있다고 본 것이다.

25 전통 철학에서는 의식과 독립적으로 대상이 존재하고, 주체성°을가진 인간, 즉 주체가 대상을 객관적으로 파악함으로써 의미가 얻어진다고 보았다. 하지만 후설은 주체가 지평에 따라 대상에서 형성하는 의미가 달라지므로 대상을 객관적으로 파악하는 것은 불가능하다고 보았다. 이처럼 후설은 의미가 대상으로부터 객관적으로

30 얻어지는 것이 아니라 의식과 지평을 지닌 주체에서 비롯된다°고본 것이다.

(나)

ⓐ자전거를 한번 배우고 나면 오랫동안 쉬었다 하더라도 쉽게다시 탈 수 있다. 마치 몸 자체가 자전거 타기에 관한 지식을 내재°한 듯 느껴진다. 이때 자전거 타기를 배운 것은 나의 의식일까? 몸일까? 전통 철학은 의식과 신체는 독립되어 있고 의식이 객관적 세 05계를 인식한다고 보았는데, '메를로퐁티'는 이를 비판하며 신체를통해 세계를 지각할 수 있다고 말한다. 그에 의하면 신체, 즉 |몸|은의식과 결합하여 있는 '신체화된 의식'이라고 규정°한다.

메를로퐁티는 몸이 세상과 반응하는 것을 '지각'이라고 했는데,그는 후설의 지향성 개념을 수용하여 몸이 지향성을 지니고 있어 10세상을 지각할 수 있다고 보았다. 늘 집에 방치°되어 있던 자전거도 우리 몸이 지향함으로써 지각되고 의미가 생긴다는 것이다. 그렇다면 몸에 의한 지각은 어떻게 이루어질까? 그는 몸이 '현실적 몸의 층'과 '습관적 몸의 층'으로 이루어져 있다고 규정하였다. 여기서현실적 몸의 층이란 몸이 새로운 세상을 지각하는 경험이며, 이런 15경험이 우리 몸에 배면° 습관적 몸의 층을 형성하게 된다고 보았다.이렇게 형성된 습관적 몸의 층은 몸에 내재되어 세상과 반응할 때다시 영향을 미치며, 우리를 다양한 상황에 적응할 수 있게 한다.이러한 몸의 대응 능력을 ㉡'몸틀'이라 하며, 몸틀은 지각 경험들이시간이 흐르면서 누적됨으로써 형성된다. 예를 들어 자전거 타기를 20배우는 경우, 처음에는 자전거와 반응하며 현실적 몸의 층을 형성하게 되고, 자전거를 타는 연습이 반복되면 새로운 운동 습관을 익히며 몸틀을 재편°하게 된다. 이와 같이 메를로퐁티는 몸틀을 통해몸의 지각 원리를 설명한다.

한편 메를로퐁티는 몸이 '애매성'을 지니고 있다고 말한다. 예를 25들어 나의 오른손과 왼손이 맞잡고 있을 때, 내 몸은 잡고 잡히는이중적이며 모호한 상황을 경험한다. 이 경우 어떤 것이 지각의 주체인지 혹은 지각의 대상인지 분명하게 말하기 어렵다. 또 내가 언짢은 표정을 한 상태에서 밝은 미소를 띤 상대방의 얼굴을 봤을 때,나는 상대방의 밝은 모습에 동화되면서 동시에 상대방은 나의 언짢 30은 모습에 얼굴이 경직°되는 듯한 변화를 보이게 된다. 이처럼 구체적 삶에서 우리가 경험하는 몸의 지각은 대부분 주체와 대상이 서로 얽혀 있고 명확하게 구분되지 않는다는 것이다. 즉 메를로퐁티는 몸을 지각의 주체로만 보지 않고 지각의 대상이 될 수도 있다고보았다. 35

01

다음은 (가)와 (나)를 읽은 학생이 작성한 학습 활동지의 일부이다. ㄱ~ㅁ에 들어갈 내용으로 적절하지 <u>않은</u> 것은?

학습 항목	학습 내용	
	(가)	(나)
도입 문단의 내용 제시 방식 파악하기	ㄱ	ㄴ
⋮	⋮	⋮
글의 내용 전개 방식 이해하기	ㄷ	ㄹ
두 글을 통합적으로 비교하기	ㅁ	

① ㄱ : '인식'과 연관된 상황을 언급하며 이에 대한 특정 철학자의 주장을 제시하였음.

② ㄴ : 일상의 경험을 바탕으로 의문을 제기하며 특정 철학자가 사용한 개념을 제시하였음.

③ ㄷ : '인식'과 관련하여 특정 철학자가 사용한 개념을 정의한 뒤 그 개념을 바탕으로 대상의 의미를 파악하는 과정을 제시하였음.

④ ㄹ : '지각'의 주체를 상반된 시각으로 바라보는 특정 이론들을 제시하고 각각의 이론이 지닌 한계와 의의를 제시하였음.

⑤ ㅁ : 특정 철학자들의 주장에 나타나는 공통점과 그 주장이 전통 철학과 어떤 차이를 지니고 있는지를 파악할 수 있었음.

02

메를로퐁티의 관점에서 몸 을 이해한 내용으로 적절하지 <u>않은</u> 것은?

① 의식과 결합하여 존재한다.

② 세상과 반응하여 의미를 형성한다.

③ 지향성이 없더라도 세계를 지각할 수 있다.

④ 현실적 몸의 층과 습관적 몸의 층으로 이루어져 있다.

⑤ 지각의 주체가 되는 동시에 지각의 대상이 되기도 한다.

03

㉠, ㉡에 대한 이해로 가장 적절한 것은?

① ㉠은 대상으로부터 의미를 객관적으로 파악할 수 있게 한다.

② ㉡은 시간이 흐르더라도 변하지 않는다.

③ ㉠은 ㉡과 달리 의미를 형성하는 과정에서 의식의 쓰임이 나타나지 않는다.

④ ㉡은 ㉠과 달리 다양한 상황에 대해서도 그 의미를 파악할 수 있게 한다.

⑤ ㉠과 ㉡은 모두 이전의 경험이 쌓이면서 형성된다.

04

ⓐ의 이유에 대한 메를로퐁티의 견해로 가장 적절한 것은?

① 몸의 경험은 연습의 양과 상관없이 누적되기 때문이다.
② 몸이 자전거 타기를 통해 습관적 몸의 층을 형성했기 때문이다.
③ 자전거를 배우기 전과 후의 몸틀에 변화가 없었기 때문이다.
④ 몸의 지각은 현실적 몸이 의식과 독립적으로 작용한 결과이기 때문이다.
⑤ 새로운 운동 습관이 내재될 경우 몸틀이 재편되어 자전거를 다시 배워야 하기 때문이다.

05

윗글을 바탕으로 〈보기〉를 이해한 내용으로 적절하지 <u>않은</u> 것은?
[3점]

> **보기**
>
> 어느 날 산속에 피어 있는 꽃을 가리키며 제자가 스승에게 물었다. "이 진달래꽃은 깊은 산속에서 저절로 피었다 지곤 하니 그것이 제 마음과 무슨 상관이 있습니까? 사물은 제 마음과 상관없이 존재한다고 생각합니다." 그러자 스승은 "그대가 이 꽃을 보기 전에 이 꽃은 그대의 마음에 없었지만, 그대가 와서 이 꽃을 보는 순간 이 꽃의 모습은 그대의 마음에서 일시에 분명해진 것이네."라고 말하였다.

① 후설은 '제자'가 꽃의 이름이 진달래꽃임을 알고 있는 것에 대해 그의 지평이 작용했다고 생각하겠군.
② 후설은 사물이 마음과 상관없이 존재한다고 말하는 '제자'와 달리 의식과 대상이 서로 독립적으로 존재하는 것은 아니라고 생각하겠군.
③ 메를로퐁티는 '제자'가 꽃을 지각하는 동시에 꽃으로 인해 그에게 변화가 생겼다는 '스승'의 말에 동의하겠군.
④ 메를로퐁티는 꽃을 봄으로써 꽃의 모습이 마음에서 분명해진 것이라고 생각하는 '스승'과 달리 몸의 지각과 상관없이 의식이 독립적으로 세계를 인식한다고 생각하겠군.
⑤ 후설과 메를로퐁티는 모두 꽃을 보기 전까지 꽃은 마음에 없었다고 말한 '스승'과 마찬가지로 주체가 대상을 지향하지 않으면 대상의 의미가 형성되지 않는다고 생각하겠군.

📖 **점수를 올려 주는 어휘**

(가)

• **지향(뜻 志, 향할 向)** 어떤 목표로 뜻이 쏠리어 향함. 또는 그 방향이나 그쪽으로 쏠리는 의지.
• **누적(묶을 累, 쌓을 積)** 포개어 여러 번 쌓음. 또는 포개져 여러 번 쌓임.
• **단번에(홑 單, 차례 番)** 단 한 번에.
• **범위(법 範, 둘레 圍)** 일정하게 한정된 영역. / 어떤 것이 미치는 한계.
• **주체성(주인 主, 몸 體, 성품 性)** 인간이 어떤 일을 실천할 때 나타내는 자유롭고 자주적인 성질.
• **비롯되다** 처음으로 시작되다.

(나)

• **내재(안 內, 있을 在)** 어떤 사물이나 범위의 안에 들어 있음. 또는 그런 존재.
• **규정(법 規, 정할 定)** 내용이나 성격, 의미 따위를 밝혀 정함. 또는 그 정하여 놓은 것.
• **방치(놓을 放, 둘 置)** 내버려 둠.
• **배다** 버릇이 되어 익숙해지다.
• **재편(다시 再, 엮을 編)** 다시 편성함. 또는 그런 편성.
• **경직(굳을 硬, 곧을 直)** 몸 따위가 굳어서 뻣뻣하게 됨.

📝 분석 노트 46~47쪽에서 지문을 정리해 보세요.

⏱ 풀이 시간 12분 30초

06~11 다음 글을 읽고 물음에 답하시오.

(가)

소쉬르의 언어학은 언어에 대한 전통적인 견해에 대해서 의문을 제기하고 이를 뒤집는다. 소쉬르 이전의 사람들은 일반적으로 언어가 현실 세계의 대상을 지칭한다고 생각했다. 반면 소쉬르는 언어가 현실 세계를 있는 그대로 묘사하는 것이 아니라는 것을 언어의 기호˚ 체계를 통해 설명하며, 오히려 사람들이 그들의 언어 체계에 맞춰 현실 세계를 새롭게 인식한다고 주장한다.

소쉬르에 따르면 언어는 기호 체계로, 현실 세계를 묘사하는 것이 아니라 근본적으로 자의적˚인 체계이다. 기호란 어떠한 뜻을 나타내기 위해 쓰이는 표지를 이르는데, 기표˚와 기의˚로 이루어진다. 기표는 귀로 들을 수 있는 소리로써 의미를 전달하는 외적 형식을 ㉠이르며, 기의는 말에 있어서 소리로 표시되는 의미를 이른다. 예컨대 언어의 소리 측면을 지칭하는 '산[san]'이라는 기표에, 그 소리가 지칭하는 의미를 나타내는 '평지보다 높이 솟아 있는 땅의 부분'이라는 기의가 대응하는 것이다. 소쉬르에 따르면 기표와 기의의 관계는 필연적˚이지 않고 자의적이며, 단지 그 기호를 사용하는 사람들의 사회적 약속일 뿐이다. 이는 '평지보다 높이 솟아 있는 땅의 부분'이라는 기의가, 한국어에서는 '산[san]', 중국어에서는 '山[shān]', 영어에서는 'mountain[máuntən]' 등의 다른 기표로 나타나는 것에서 확인할 수 있다. 즉 언어는 자의적인 성격을 지닐 뿐이며 현실 세계를 묘사하는 것이 아니라는 것이다.

더불어 소쉬르는 사람들이 언어 체계에 맞춰 현실 세계를 새롭게 인식한다는 것을 설명하기 위해 '랑그'와 '파롤'이라는 개념을 제시한다. 랑그란 언어가 갖는 추상적인 체계이고, 파롤은 랑그에 바탕을 ㉡두고 개인이 실현하는 구체적인 발화이다. 소쉬르는 어떤 사람이 어떠한 발화를 하더라도 그 발화의 표현 방식이나 범위는 사실상 그가 사용하는 언어 체계인 랑그에 의해서 지배되거나 제약받는다고 주장한다. 예를 들어 한국어에서는 빨강 계통의 색을 '빨갛다', '시뻘겋다', '새빨갛다', '불긋불긋하다' 등 다채롭게 표현할 수 있다. 하지만 영어에서는 한국어만큼 빨강 계통의 색을 다채롭게 표현할 수 있는 단어가 많지 않다. 따라서 소쉬르는 영어를 사용하는 사람들이 실제로는 다양하게 존재하는 빨강 계통의 색을 그들이 사용하는 랑그에 맞게 인식한다고 본다. 이는 결국 랑그의 차이에 따라 사람들이 현실 세계를 인식하는 방식이 달라진다는 것을 의미하는 것이다.

일반적으로 사람들은 어휘를 선택하고 그것을 언어 체계에 맞추어 발화하는 주체가 자신이라고 생각한다. 하지만 소쉬르는 발화의 진정한 주체는 발화자가 아닌 랑그라는 사실을 전제하고 있다. 결국 소쉬르의 언어학은 언어가 현실 세계를 수동적으로 재현하는 수단이 아니며, 오히려 언어가 현실 세계를 구성한다는 생각을 함축하고 있는 것이다.

(나)

비트겐슈타인에게 언어는 삶의 다양한 맥락˚에 ㉢따라 서로 다르게 혹은 유사한 모습으로 존재한다. 이에 따라 비트겐슈타인은 언어를 이해하는 것은 그것이 어떻게 사용될 수 있는지를 이해하는 것이라는 '의미사용이론'을 제시한다. 비트겐슈타인은 언어를 배우는 것이, 일상 활동들의 맥락 속에서 언어를 어떻게 사용하고 또한 타인의 언어에 어떻게 반응해야 하는지를 배우는 것이라고 말한다. 가령 '빨강'이라는 단어의 의미를 배우는 것은 사전에 실려 있는 추상적 개념을 배우는 것이 아니라, 실제 미술 시간에 눈앞에 있는 빨간 사과를 그려 보라는 교사의 말에 물감 중 필요한 빨간색을 ㉣골라 사용할 수 있게 되는 일이다.

비트겐슈타인은 이런 의미사용이론을 설명하기 위해 언어를 게임에 비유하여 설명한다. 예컨대 땅따먹기와 같은 게임의 규칙은 절대 불변의 법칙이 아니라 땅따먹기라는 게임을 원활˚하게 진행하기 위해서 만들어진 것이며, 이런 게임의 규칙은 그것에 참가한 사람들이 게임을 수행˚할 수 있도록 만드는 형식에 불과하다. 이렇게 언어를 게임에 빗대어 설명한다는 것은 곧 언어가 그것을 사용하는 사람들의 구체적인 활동과 관련해서만 의미가 있다는 것을 보여 준다.

비트겐슈타인은 언어가 사람들의 삶과 엉켜 있으면서 사람들의 삶을 반영한다는 것을 언어의 모호성˚을 통해서 설명하기도 한다. '크다'나 '작다'와 같은 표현들은 사람에 따라 의미가 다르게 사용되기 때문에 듣는 사람에게 모호하다는 느낌을 줄 수 있다. 하지만 이와 같은 표현이 없다면, 정확한 크기를 알 수 없는 경우에 대해서는 언급 자체를 할 수가 없게 된다. 더욱이 사람들은 간혹 의도적으로 모호한 표현을 사용하기도 한다. 따라서 비트겐슈타인은 언어에 존재하는 많은 불명확성˚이 오히려 단점이 아닌 장점이 될 수도 있으며, 높은 수준의 명확성이 오히려 융통성의 여지를 없앨 수도 있다고 말한다.

전통적으로 어떤 개념을 형성하는 일은, 수많은 종류의 나무로부터 공통 요소를 추출하여 '나무'라는 개념을 형성하는 것처럼 서로 다른 개별적이고 구체적인 대상으로부터 공통 요소를 추출하는 과정을 통해 이루어졌다. 하지만 비트겐슈타인은 개념을 사용할 때 그것의 적용 사례들에 어떤 공통 요소가 반드시 있어야 한다는 강박 관념˚을 버려야 한다고 강조한다. 이는 결국 언어가 그것을 사용하는 사람들의 삶과 ㉤맞물려 있어 삶의 양식이 다양한 만큼 언어 역시 다양하기 때문이다. 따라서 비트겐슈타인에게 있어 언어란 현실 세계를 재현하는 것이 아니라, 언어를 사용하는 사람들의 소통에 의해서 만들어지는 것이라고 할 수 있다.

06

(가)와 (나)의 서술상의 공통점으로 가장 적절한 것은?

① 언어에 대한 특정한 이론을 관련 사례를 들어 소개하고 있다.
② 언어에 대한 상반된 주장을 제시하여 절충 방안을 모색하고 있다.
③ 언어에 대한 관점들이 통합되어 가는 역사적 과정을 부각하고 있다.
④ 언어에 대한 이론들을 시대순으로 나열하여 공통적인 특성을 도출하고 있다.
⑤ 언어에 대한 다양한 이론을 소개하며 각 이론이 지닌 의의와 한계를 설명하고 있다.

07

랑그, 파롤에 대한 이해로 가장 적절한 것은?

① 랑그는 현실 세계를 재현하는 수단이다.
② 파롤은 언어의 추상적 체계를 지칭한다.
③ 랑그는 개인이 실현하는 구체적인 발화이다.
④ 파롤의 표현 방식은 랑그에 의해서 제약을 받는다.
⑤ 랑그는 파롤을 바탕으로 발화자가 주체임을 드러낸다.

08

다음은 온라인 수업 게시판의 일부이다. 윗글을 바탕으로 학생들이 과제를 수행했다고 할 때, ㉮~㉰에 들어갈 말로 가장 적절한 것은?

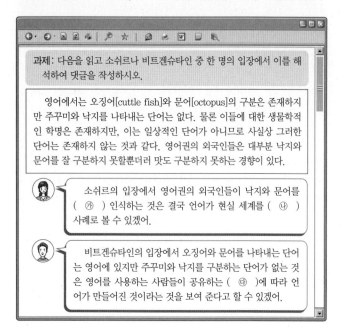

과제: 다음을 읽고 소쉬르나 비트겐슈타인 중 한 명의 입장에서 이를 해석하여 댓글을 작성하시오.

영어에서는 오징어[cuttle fish]와 문어[octopus]의 구분은 존재하지만 주꾸미와 낙지를 나타내는 단어는 없다. 물론 이들에 대한 생물학적인 학명은 존재하지만, 이는 일상적인 단어가 아니므로 사실상 그러한 단어는 존재하지 않는 것과 같다. 영어권의 외국인들은 대부분 낙지와 문어를 잘 구분하지 못할뿐더러 맛도 구분하지 못하는 경향이 있다.

소쉬르의 입장에서 영어권의 외국인들이 낙지와 문어를 (㉮) 인식하는 것은 결국 언어가 현실 세계를 (㉯) 사례로 볼 수 있겠어.

비트겐슈타인의 입장에서 오징어와 문어를 나타내는 단어는 영어에 있지만 주꾸미와 낙지를 구분하는 단어가 없는 것은 영어를 사용하는 사람들이 공유하는 (㉰)에 따라 언어가 만들어진 것이라는 것을 보여 준다고 할 수 있겠어.

	㉮	㉯	㉰
①	다르게	구성한다는	삶의 양식
②	다르게	묘사한다는	높은 수준의 명확성
③	비슷하게	구성한다는	삶의 양식
④	비슷하게	구성한다는	높은 수준의 명확성
⑤	비슷하게	묘사한다는	삶의 양식

※ 〈보기〉는 윗글을 읽은 학생의 독서 활동 과정이다. 09번과 10번 물음에 답하시오.

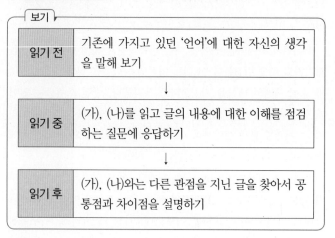

보기

읽기 전	기존에 가지고 있던 '언어'에 대한 자신의 생각을 말해 보기
읽기 중	(가), (나)를 읽고 글의 내용에 대한 이해를 점검하는 질문에 응답하기
읽기 후	(가), (나)와는 다른 관점을 지닌 글을 찾아서 공통점과 차이점을 설명하기

09

다음은 '읽기 중' 단계에서 학생이 수행한 활동지의 일부이다. 학생의 응답으로 적절하지 않은 것은?

질문	학생의 응답		
	예	아니요	
소쉬르는 언어가 현실 세계의 대상을 지칭하는 것이라고 주장하고 있나요?		✓	····· ①
비트겐슈타인은 언어에 존재하는 많은 불명확성에 대해 긍정하고 있나요?	✓		····· ②
소쉬르와 비트겐슈타인은 모두, 언어에 대한 전통적인 입장을 고수하고 있나요?		✓	····· ③
소쉬르는 비트겐슈타인과 달리, 언어가 사람들의 약속에 의해 형성된다는 것을 비판하고 있나요?	✓		····· ④
비트겐슈타인은 소쉬르와 달리, 언어가 사용하는 사람들의 맥락에 따라 다르게 사용될 수도 있다는 것을 부정하고 있나요?		✓	····· ⑤

10

다음은 '읽기 후' 단계에서 학생이 찾은 다른 학자들의 견해이다. 윗글을 바탕으로 주제 통합적 읽기를 수행한 학생의 이해로 적절하지 <u>않은</u> 것은? [3점]

> ⓐ 말소리와 지시물 간에는 직접적인 관계가 없으며 개념이 말소리와 직접적으로 연결된다. 지시물은 개념을 통해 말소리와 간접적으로 연결되어 언어는 일정한 의미를 형성하게 된다.
> ⓑ 언어란 현실 세계를 재현하기 위한 수단이며 언어의 의미는 곧 언어가 구체적으로 지시하는 대상이다. 세계가 먼저 있고 그 세계를 재현하기 위해서 언어가 존재하는 것이다.
> ⓒ 언어에서 사물의 이름은 임의적으로 붙여진 것이 아니다. 사물은 자연의 일부로서 자연을 닮고 서로 유사함을 나누어 가지며, 사물의 이름은 이런 자연의 법칙에 따라 지어진 것이다.

① 개념이 말소리와 직접적으로 연결된다는 ⓐ의 입장과 유사하게, 소쉬르는 언어가 기표와 기의의 대응을 통해 이루어진다고 주장하고 있다.

② 언어는 일정한 의미를 형성하게 된다는 ⓐ의 입장과 달리, 비트겐슈타인은 언어가 사람들의 소통에 의해서 만들어진다고 주장하고 있다.

③ 언어란 현실 세계를 재현하기 위한 수단이라는 ⓑ의 입장과 달리, 소쉬르는 언어가 자의적인 성격을 지닐 뿐이며 현실 세계를 재현하는 것이 아니라고 주장하고 있다.

④ 세계가 먼저 있고 그 세계를 재현하기 위해서 언어가 존재한다는 ⓑ의 입장과 유사하게, 비트겐슈타인은 언어가 먼저 있고 절대 불변의 법칙에 따라 세계가 존재한다고 주장하고 있다.

⑤ 언어에서 사물의 이름은 임의적으로 붙여진 것이 아니라는 ⓒ의 입장과 달리, 소쉬르는 기표와 기의의 관계가 필연적이지 않다고 주장하고 있다.

11

문맥상 ㉠~㉤의 단어와 가장 가까운 의미로 쓰인 것은?

① ㉠: 그녀는 약속 장소에 <u>이르며</u> 친구에게 전화를 걸었다.

② ㉡: 우리 회사는 세계 곳곳에 많은 지점을 <u>두고</u> 있다.

③ ㉢: 예전에 어머니를 <u>따라</u> 시장 구경을 갔던 기억이 났다.

④ ㉣: 탁자 위에 쌓인 여러 책들 중에 한 권을 <u>골라</u> 주었다.

⑤ ㉤: 그의 입술은 굳게 <u>맞물려</u> 떨어질 줄을 몰랐다.

📖 점수를 올려 주는 어휘

(가)

• **기호**(기록할 記, 부르짖을 號) 어떠한 뜻을 나타내기 위하여 쓰이는 부호, 문자, 표지 따위를 통틀어 이르는 말.

• **자의적**(방자할 恣, 뜻 意, 과녁 的) 일정한 질서를 무시하고 제멋대로 하는 것.

• **기표**(기록할 記, 표 標) 소쉬르의 기호 이론에서, 귀로 들을 수 있는 소리로써 의미를 전달하는 외적 형식을 이르는 말. 말이 소리와 그 소리로 표시되는 의미로 성립된다고 할 때, 소리를 이른다.

• **기의**(기록할 記, 뜻 意) 소쉬르의 기호 이론에서, 말에 있어서 소리로 표시되는 의미를 이르는 말.

• **필연적**(반드시 必, 그럴 然, 과녁 的) 사물의 관련이나 일의 결과가 반드시 그렇게 될 수밖에 없는 것.

(나)

• **맥락**(맥 脈, 이을 絡) 사물 따위가 서로 이어져 있는 관계나 연관.

• **원활**(둥글 圓, 어지러울 滑) 모난 데가 없고 원만함. / 거침이 없이 잘 되어 나감.

• **수행**(이룰 遂, 다닐 行) 생각하거나 계획한 대로 일을 해냄.

• **모호성**(법 模, 풀 糊, 성품 性) 여러 뜻이 뒤섞여 있어서 정확하게 무엇을 나타내는지 알기 어려운 말의 성질.

• **불명확성**(아닐 不, 밝을 明, 굳을 確, 성품 性) 명백하고 확실하지 아니한 성질.

• **강박 관념**(강할 強, 닥칠 迫, 볼 觀, 생각할 念) 마음속에서 떨쳐 버리려 해도 떠나지 아니하는 억눌린 생각.

📑 분석 노트 48~49쪽에서 지문을 정리해 보세요.

⏱ 풀이 시간 **12분 30초**

01~06 **다음 글을 읽고 물음에 답하시오.**

(가)

'예술은 재현˚의 기술이기 때문에 무가치한 것이다.' 이는 플라톤의 예술관이 드러난 말로, 세계를 '가지˚적 세계'와 '가시적 세계'로 구분하는 그의 세계관과 밀접한 연관이 있다. 플라톤에게 가지적 세계는 우리의 지성으로만 알 수 있는 세계이며, 결코 변하지 않는 본질, 즉 실재인 '에이도스'가 있는 세계이다. 반면 가시적 세계는 우리 눈으로 지각이 가능한 현실 세계로, 이 세계는 가지적 세계를 모방하여 재현한 환영이자 이미지에 불과하다.

플라톤은 가시적 세계의 사물들을 '에이돌론'이라 부르며, 에이돌론을 에이도스의 성질을 얼마나 반영했는지에 따라 '에이콘'과 '판타스마'로 구분한다. 에이콘은 사물을 만드는 주체가 건축가나 장인처럼 에이도스에 대한 지식을 가지고 에이도스의 성질을 가능한 정확하게 재현한 좋은 이미지이다. 반면 판타스마는 에이도스에 대한 지식은 없이 눈에 보이는 현상만을 모방하여 재현한 나쁜 이미지이다. 즉 모방한 것을 다시 모방한, 사본˚의 사본에 불과하다. 플라톤은 판타스마를 에이도스의 성질이 없는 가짜, 사이비라는 의미로 '시뮬라크르'라고 부르며 예술이 시뮬라크르에 해당한다고 말한다. 플라톤은 특히 회화는 화가가 실재에 대해 아무것도 모른 채 사람들이 실재라고 믿도록 기만하는 사이비 기술이며, 이러한 기술로 그려진 작품은 본질에서 멀어진 무가치한 것이라고 주장한다.

하지만 반플라톤주의 철학자 들뢰즈는 플라톤이 원본의 성질을 재현한 정도에 따라 원본과 사본, 시뮬라크르로 위계˚적인 질서를 부여한다고 지적하며, 이러한 플라톤식 사유˚에는 주체가 이성을 통해 대상의 가치를 판단하고 재단˚하는 폭력성이 내재해 있다고 비판한다. 다시 말해 플라톤은 원본과의 유사성을 근거로 들어 진짜 유사와 가짜 유사를 구분 짓고 시뮬라크르만을 무가치한 것으로 폐기했다는 것이다.

시뮬라크르가 모방을 거듭하면서 본질에서 멀어진 가짜라고 주장하는 플라톤과 달리 들뢰즈는 사물 그 자체라고 주장한다. 들뢰즈에 의하면 시뮬라크르는 주체의 판단과 상관없이 독립된 존재로서, 원본과 사본의 시뮬라크르에 대한 우위를 부정하는 역동적인 힘이 있다. 그 힘은 반복을 통해 실현되는데, 시뮬라크르를 반복해서 생성할 때 드러나는 모든 차이가 바로 시뮬라크르가 실재로서 지닌 의미 그 자체이다. 이렇듯 시뮬라크르를 긍정하는 들뢰즈에 의하면 예술의 목표는 예술가가 플라톤식 사유에서 벗어나 가장 일상적인 반복에서도 서로 다른 의미를 지닌 예술 작품을 생성해 내는 것이다. 왜냐하면 그것이 예술이 주체의 판단에 의해 가치 없는 것으로 폐기되지 않고 존재 가치를 보존하는 길이기 때문이다. 그래서 들뢰즈는 ㉮"예술은 모방이 아니라 반복할 뿐이다."라고 선언한다.

(나)

철학자 장 보드리야르는 현대 사회는 미디어와 광고가 생산하는 복제 이미지들로 만들어진 세계라고 ⓐ말한다. 보드리야르에 의하면 플라톤 이래 원본과 이미지의 경계가 분명했던 서구 근대 사회에서는 복제 이미지가 단순한 복사물에 불과했지만, 현대 사회에서는 실재보다 더 실재적이고 우월한 것이 된다. 그런 의미에서 그는 현대 사회의 이미지를 '초과실재'라 부른다. 이 초과실재가 바로 보드리야르가 말하는 시뮬라크르이다. 오늘날 우리가 역사적 사실보다 현실처럼 믿는 영화 속 이미지나, 실재한다고 믿는 상품 광고 속 캐릭터 등을 그 예로 들 수 있다.

보드리야르는 시뮬라크르가 산출˚되는 과정을 '시뮬라시옹 현상'이라 부르며, 시뮬라시옹 현상으로 모든 실재가 사라진다고 말한다. 그에 의하면 시뮬라시옹 현상이 끊임없이 일어나는 현대 사회에서 시뮬라크르는 그 자체로서 실재를 대신한다. 우리가 실재보다 시뮬라크르를 더 실재라고 믿고, 그것이 사물의 본질이라고 믿기 때문에 현대 사회의 모든 영역은 '내파'하여 사라진다. 이때 내파란 무한히 증식˚하여 재생산된 시뮬라크르들이 원래 실재를 지시하던 기능과 가치를 잃어버려 실재와 시뮬라크르 사이의 경계가 붕괴˚되는 것을 의미한다. 보드리야르는 시뮬라시옹 현상의 예로 쥐를 모델로 하여 만들어진 만화 주인공 미키마우스를 든다. 미키마우스는 다양한 미디어에서 반복되면서 쥐를 지시하던 기능과 가치가 사라졌고 사실상 쥐와 별개의 존재가 되었다. 다시 말해 실제 쥐와 미키마우스 사이의 경계는 붕괴되었고, 미키마우스는 모델이었던 실제 쥐보다 오히려 더 실재적이고 우월한 초과실재가 되었다.

이러한 시뮬라시옹 현상은 오늘날 우리 문화 현상이 되었고 예술의 영역까지 확장된다. 보드리야르는 오늘날 예술 작품이 시뮬라시옹 현상에 의해 도처˚에서 증식하면서 예술이 가지고 있던 미적 가치가 사라지고 있다고 비판한다. 예술이 일상적 사물에 가까워지고, 일상적 사물은 예술에 가까워지면서 미적인 것은 비미적인 것과의 변별성˚을 잃고 내파되어 사라지고 있기 때문이다. 보드리야르에 의하면 예술가가 전시장에 깃발, 청소기, 식탁 등과 같은 일상적 사물을 두고 예술을 논하는 등 모든 것이 미학적인 것이 될 때, 그 어떤 것도 더 이상 아름답거나 추하지 않게 되며, 동시에 예술은 자신의 한계를 넘어서 그 자체를 부정하고 청산˚한다. 즉, 예술 그 자체가 내파되어 사라진 상태가 된다. 보드리야르는 이러한 현상을 '초미학'이라 부르며, ㉯"예술은 너무 많기 때문에 극도로 보잘것없는 것이다."라고 역설했다.

01

(가)와 (나)에 대한 설명으로 가장 적절한 것은?

① (가)와 달리 (나)는 시뮬라크르가 지닌 오류를 증명하는 과정을 사고 실험을 통해 설명하고 있다.

② (나)와 달리 (가)는 특정한 철학적 관점에서 파생된 예술관을 바탕으로 시뮬라크르가 사라지는 현상의 이유를 밝히고 있다.

③ (가)와 (나)는 모두 특정 철학자의 세계관을 바탕으로 해당 철학자의 시뮬라크르에 대한 관점을 소개하고 있다.

④ (가)와 (나)는 모두 특정한 철학적 관점을 바탕으로 현대의 시뮬라크르가 지닌 문제점에 대한 극복 방법을 제시하고 있다.

⑤ (가)와 (나)는 모두 시뮬라크르에 대한 다양한 예술관이 지닌 문제점을 지적하고 이에 맞서는 새로운 예술관을 모색하고 있다.

02

(가)의 가지적 세계와 가시적 세계에 대한 이해로 적절하지 않은 것은?

① 가지적 세계는 지성으로만 알 수 있는 세계이다.

② 가시적 세계는 눈으로 지각 가능한 현실 세계이다.

③ 가시적 세계의 사물들은 에이콘과 판타스마로 구분된다.

④ 가시적 세계는 가지적 세계를 모방한 환영에 불과한 세계이다.

⑤ 가지적 세계에 있는 본질은 에이도스와 에이돌론으로 구분된다.

※ 윗글과 〈보기〉를 바탕으로 **03**번과 **04**번의 물음에 답하시오.

┌─ 보기 ┐

[자료 1]

음료 회사로부터 캐릭터 제작을 의뢰받은 A는 실제 상품을 베낀 초안을 그린 후 이를 변형한 첫 캐릭터를 그렸지만, 음료 회사는 첫 캐릭터에서 상품의 특징이 드러나지 않는다고 혹평했다. A는 첫 캐릭터를 의인화한 최종 캐릭터를 다시 그렸고, 음료 회사는 최종 캐릭터를 담은 광고를 반복하여 방영했다. 이후 최종 캐릭터는 설문 조사에서, 가장 영향력 있는 인물로 선정되는 등 실제 상품보다 사랑받는 인기 캐릭터가 되었다.

[자료 2]

가구 장인 B가 자신이 만든 의자를 본떠 직접 그린 '의자 1'은 예술성을 인정받아 미술관에 전시됐다. 화가 C는 '의자 1'을 보고 자신만의 방식으로 '의자 2'를 그린 후, 다시 이를 변형한 '의자 3'을 그려 전시했다. 그러자 B는 '의자 1'의 모델인 실제 의자를 '의자 0'으로 전시했고, 평론가들은 이것이야말로 진정한 원본이라고 극찬했다. 이후 예술가들이 깃발, 책상 등을 그대로 전시하고 예술을 논하는 현상이 각국 미술관에서 일어났다.

03

다음은 윗글을 읽은 학생이 〈보기〉를 이해한 내용을 정리한 것이다. 적절하지 않은 것은?

[자료 1]	들뢰즈와 달리 플라톤은 A가 그린 '첫 캐릭터'를, 모방을 거듭한 가짜로 여길 것이다. ·············· ㉠
	플라톤과 달리 들뢰즈는 '초안', '첫 캐릭터', '최종 캐릭터' 사이에 드러나는 차이를 실재로서 지닌 의미로 여길 것이다. ·············· ㉡
	들뢰즈와 달리 보드리야르는 가장 영향력 있는 인물로 선정된 '최종 캐릭터'가 실재를 대신한다고 여길 것이다. ·············· ㉢
[자료 2]	보드리야르와 달리 플라톤은 '의자 0'이 실재보다 우월해졌다고 여길 것이다. ·············· ㉣
	플라톤과 달리 들뢰즈는 '의자 3'이 '의자 1'의 우위를 부정하는 힘이 있다고 여길 것이다. ·············· ㉤

① ㉠   ② ㉡   ③ ㉢   ④ ㉣   ⑤ ㉤

04

윗글을 바탕으로 〈보기〉에 대해 보인 반응으로 적절하지 <u>않은</u> 것은?

[3점]

① 플라톤은 [자료 2]의 B가 만든 의자와 달리 [자료 1]의 초안은 눈에 보이는 현상만을 모방한 나쁜 이미지라고 보겠군.

② 플라톤은 [자료 1]의 A가 그린 캐릭터들과 [자료 2]의 C가 그린 그림들은 모두 사이비 기술로 그려진 것들이라고 보겠군.

③ 들뢰즈는 [자료 1]에서 첫 캐릭터에 대해 음료 회사가 한 혹평과 [자료 2]에서 '의자 0'에 대해 평론가들이 한 극찬에는 모두 대상의 가치를 재단하는 폭력성이 내재해 있다고 보겠군.

④ 보드리야르는 [자료 1]의 인기 캐릭터가 된 최종 캐릭터는 초과실재가, [자료 2]의 '의자 1'은 예술성을 인정받은 순간에 초미학 상태가 되었다고 보겠군.

⑤ 보드리야르는 [자료 1]의 설문 조사 결과를 보고 실제 상품과 광고 속 캐릭터 간의 경계가, [자료 2]의 각국 미술관에서는 일상 사물과 예술 작품 간의 경계가 내파된 현상이 일어났다고 보겠군.

05

㉮와 ㉯에 담긴 의미를 추론한 내용으로 가장 적절한 것은?

① ㉮에는 예술 작품이 사물 그 자체로서 존재 가치를 보존하는 방법이, ㉯에는 예술 작품이 예술로서 미적 가치를 선택하는 방법이 담겨 있다.

② ㉮에는 예술 작품을 사본의 사본으로 평가하는 입장에 대한 수용이, ㉯에는 모든 것이 미학적인 것이 되는 현상에 대한 비판이 담겨 있다.

③ ㉮에는 반복이 실현된 예술 작품은 본질에서 멀어진다는 의미가, ㉯에는 미적인 것과 비미적인 것의 변별성이 사라졌다는 의미가 담겨 있다.

④ ㉮에는 예술 작품을 주체의 판단에서 독립된 존재로 만들지 못하는 예술가의 한계가, ㉯에는 예술 자체를 부정하지 못하는 예술가의 한계가 담겨 있다.

⑤ ㉮에는 반복을 통해 위계적 질서에서 벗어난 예술에 대한 긍정적 태도가, ㉯에는 증식을 통해 그 어떤 것도 아름답거나 추하지 않게 된 예술에 대한 부정적 태도가 담겨 있다.

06

문맥상 ⓐ의 의미와 가장 가까운 것은?

① 사람들은 흔히 내 글을 관념적이라고 <u>말한다</u>.

② 청중들에게 자신의 감정을 <u>말하는</u> 일은 매우 어렵다.

③ 힘센 걸로 <u>말하면</u> 우리 아버지를 따라갈 사람이 없다.

④ 경비 아저씨에게 아이가 오면 문을 열어 달라고 <u>말해</u> 두었다.

⑤ 동생에게 끼니를 거르지 말라고 아무리 <u>말해도</u> 듣지를 않는다.

📖 **점수를 올려 주는 어휘**

(가)
- **재현**(다시 再, 나타날 現) 다시 나타남. 또는 다시 나타냄.
- **가지**(옳을 可, 알 知) 알 만함. 또는 알 수 있음.
- **사본**(베낄 寫, 근본 本) 원본을 그대로 베낌. 또는 베낀 책이나 서류.
- **위계**(자리 位, 섬돌 階) 지위나 계층 따위의 등급.
- **사유**(생각 思, 생각할 惟) 개념, 구성, 판단, 추리 따위를 행하는 인간의 이성 작용.
- **재단**(마를 裁, 끊을 斷) 옳고 그름을 가려 결정함.

(나)
- **산출**(낳을 産, 날 出) 물건을 생산하여 내거나 인물·사상 따위를 냄.
- **증식**(더할 增, 번성할 殖) 늘어서 많아짐. 또는 늘려서 많게 함.
- **붕괴**(무너질 崩, 무너질 壞) 무너지고 깨어짐.
- **도처**(다다를 到, 곳 處) 이르는 곳.
- **변별성**(분별할 辨, 다를 別, 성품 性) 다른 것과 구별이 되는 성질.
- **청산**(맑을 淸, 계산 算) 과거의 부정적 요소를 깨끗이 씻어 버림.

📝 분석 노트 50~51쪽에서 지문을 정리해 보세요.

07~12 다음 글을 읽고 물음에 답하시오. ⏱ 풀이 시간 12분 30초

(가)

16~18세기 유럽의 계몽주의˚는 구시대의 권위에 반대하여 합리적 이성을 통해 인류의 진보˚를 꾀하려 한 이념이다. 이는 17세기 과학 혁명과 함께 근대의 시작을 알리며, 중세의 어둠에서 벗어난
05 서구인들에게 이성에 기초한 사회야말로 인류에게 자유와 풍요˚를 선사˚할 것이라는 희망을 안겨 주었다. 그러나 아도르노는 "완전히 계몽된 지구에는 재앙의 ⓐ징후만이 빛나고 있다."라고 하며 계몽에 대해 다른 입장을 제시하였다.

아도르노는 계몽의 전개를, '자연에 대한 지배'와 '인간에 대한 지
10 배'에서, '인간의 내적 자연에 대한 지배'로 이어지는 과정으로 설명하였다. 첫 번째 단계인 자연에 대한 지배는 인간이 자연의 위협에서 벗어나 자기 보존을 꾀하기 위해 자연을 지배하는 것이다. 뉴턴에 의해 완성된 근대 과학 혁명은 사람들로 하여금 미신과 환상에서 벗어나 자연에 대한 합리적이고 경험적인 지식을 갖게 하였다.
15 이를 무기로 인간은 지배와 피지배˚라는 사회적 관계를 공고히 하여 자연에 맞서는 집단적 힘을 키움으로써 자연을 지배할 수 있게 되었다.

그런데 사회적 지배 양식이 강화되면서 계몽의 두 번째 단계인 인간에 대한 지배로 이어진다. 이 과정에서 이성은 사물의 본질을
20 인식하는 본연˚의 기능에서 벗어나, 인간과 자연을 지배하기 위한 도구적 이성으로 변질된다. 이는 합리성이라는 ⓑ미명 아래 오로지 목적 달성을 위한 도구로 사용되는 이성이라 할 수 있다. 사회 전체가 도구적 이성에 의해 총체적˚으로 관리되면서, 개인은 자율성과 비판적 사유 능력을 상실한 채 목적 달성을 위한 수단으로 전
25 락˚하였다. 그 결과 사회는 점차 전체를 위해 개인의 자유와 권리를 억압하는 전체주의˚적 경향을 띠게 되었다.

자연과 인간 사회의 지배자가 된 인간은, 계몽의 마지막 단계로 인간의 내적 자연마저 지배하게 된다. 내적 자연이란, 감정이나 욕망과 같이 인간의 내면에 있는 자연적 요소를 말한다. 이는 비합리
30 적일 뿐만 아니라 목적 달성의 방해 요소라고 여겨졌으므로 사회적으로 통제 가능한 합리적 주체가 되기 위해 인간은 스스로 내적 자연을 억압해야만 했다. 역설적이게도 자연에 대한 폭력적 지배가 인간 스스로에 대한 폭력적 지배로 ⓒ귀결된 것이다. 그로 인해 인간은 존재의 허무감이나 자기 소외로 인한 불안과 절망을 감당˚해
35 야 했다. 아도르노는 『오디세이아』에 나오는 [세이렌의 일화]를 계몽의 전개 과정이 집약적으로 드러난 알레고리˚로 보고 그 과정을 설명하였다.

이처럼 아도르노는 근대 문명이 파국으로 치닫게 된 원인을 계몽의 전개 과정, 즉 인간의 자기 보존에서 시작되어 자연에 대한 지배
40 와 인간의 내적 자연에 대한 지배로까지 이어진 결과로 보았다. 특히 인간의 자율성을 억압하는 전체주의, 히틀러에 의한 나치즘과 유대인 학살은, 지배 논리로 전화(轉化)˚된 근대 이성이 얼마나 폭력적이고 비합리적일 수 있는지 단적˚으로 보여 준다. 이러한 관점

에서 아도르노는 ㉠"이성의 차가운 빛 아래 새로운 야만의 싹이 자라난다."라며 애도하였다.

＊ **알레고리**: A를 말하기 위해 B를 사용하여 그 유사성을 적절히 암시하면서 A를 상징적으로 나타내는 방법.
＊ **전화**: 질적으로 바뀌어서 달리 됨.

(나)

고대의 신화, 그리고 중세의 신 중심의 사고에서 벗어난 근대 서구인들에게 이성은 인류를 구원할 빛이자 진리였다. 그러나 이성을 ⓓ맹신한 결과 전쟁의 비극과 물질문명의 병폐˚를 경험한 유럽인
10 들은, 이성에 대한 깊은 회의감˚과 함께 인간의 실존 문제에 관심을 갖게 되었다. 특히 전쟁의 소용돌이 한가운데 있던 독일의 젊은 예술가들은 사회·정치적 긴장 상태에 항거˚하며, 그동안 근대 이성의 그늘에 가려 소외되어 왔던 인간의 내면을 회화를 통해 분출하고자
15 하였는데, 이러한 예술 운동을 표현주의˚라고 부른다.

표현주의는 한마디로 '감정을 표현한다.'라는 의미이다. 기존의 사실주의˚ 회화가 대상을 있는 그대로 표현하려고 한 반면, 표현주의 회화는 눈에 보이는 대상의 모습이 아닌 작가의 감정이나 내면 등을 표현하려고 하였다. 표현주의 화가인 마티스는 『화가 노트』에
20 서 "회화는 결국 표현이다."라고 주장하면서, 표현이 눈으로 본 것을 눈에 전달하는 것이 아니라 마음으로 느낀 것을 마음에 전달하는 수단임을 강조하였다. 이는 회화의 기본 목적이 대상을 사실적으로 재현하는 것이라는 전통적 규범을 거부하였다는 점에서 아방가르드＊ 운동의 일종이라 할 수 있다.

25 표현주의는 화가의 감정을 표현하는 데 중점을 두기 때문에 대상의 색이나 형태가 왜곡되어 나타난다는 특징이 있다. 특히 색의 경우, 각각의 색감이 주는 주관적 느낌을 통해 작가가 느끼는 감정이나 감각을 표현하려 하였다. 따라서 표현주의 작품에서는 사물이 갖는 고유한 색은 무시된 채 내면을 드러내기 위해 작가가 자의
30 적으로 선택한 색이 사용되었다. 또한 순간적으로 분출되는 강렬한 감정을 포착˚하는 과정에서, 다소 과장되고 거친 붓놀림이 특징적으로 나타났다. 이러한 방법을 통해 표현주의는 전쟁 이후 사회의 불안감이나 인간의 근원적 고통을 화폭˚에 담아내었다.

표현주의는 ⓔ도외시되어 온 인간의 감정을 표현하려 했다는 점
35 에서, 회화의 영역을 대상의 외면에 국한˚하지 않고 인간의 내면까지 확장시킨 운동으로 평가받았다. 이는 훗날 선이나 형, 색 등의 조형 요소를 통해 작가의 감정을 표현하는 현대 추상 미술이 등장하는 기반이 되었다.

＊ **아방가르드**: 기성의 예술 관념이나 형식을 부정하고 혁신적 예술을 주장한 예술 운동.

07

(가)와 (나)의 공통점으로 가장 적절한 것은?

① 근대 사회에 내재된 여러 문제와 이의 해결 방안을 분석하고 있다.

② 근대 사회가 발전하게 된 과정을 예술적 관점에서 고찰하고 있다.

③ 근대 사회의 부정적인 측면에 대한 비판적인 입장을 제시하고 있다.

④ 근대 사회의 특성을 상반된 관점에서 분석한 두 이론을 소개하고 있다.

⑤ 근대 사회의 과학 혁명을 이어 가기 위한 당시 사람들의 노력을 설명하고 있다.

08

㉠과 같이 말한 의도로 가장 적절한 것은?

① 계몽에 대한 반작용으로 다시 자연으로 회귀하려는 사회적 움직임을 옹호하고 있다.

② 인류의 진보를 지향했던 계몽주의가 인류의 자율성을 억압하는 방향으로 역행한 것을 경고하고 있다.

③ 신화적 상상력을 기반으로 인간이 자연을 지배하는 과정에서 이성의 힘이 약화되는 것을 우려하고 있다.

④ 인간 소외 문제를 해결해야 한다는 사회적 요구를 반영하여 인간의 집단적 힘이 필요함을 제안하고 있다.

⑤ 근대 문명의 추악한 현실을 극복하기 위해 인간의 자기 보존에 대한 욕망을 회복해야 함을 강조하고 있다.

09

(가)의 내용을 고려할 때 〈보기〉의 ⒜, ⒝에 해당하는 단계로 가장 적절한 것은?

┌─ 보기 ┐

아도르노는 인간을 유혹해 제물로 삼는 세이렌을 자연의 위협으로 보고, 오디세우스가 여기에서 벗어나는 과정을 계몽의 전개 과정과 연계하여 설명하였다.

┌─────────────┐
│ 세이렌의 일화 │
└─────────────┘

바다 요정 세이렌은 섬을 지나는 사람들을 아름다운 노랫소리로 유혹해 제물로 삼는다. 세이렌의 유혹에 빠지지 않고 섬을 지나기 위해 ⒜오디세우스는 부하들의 귀를 밀랍으로 막아 아무 소리도 듣지 못하게 만들고, 노를 저어 섬을 지나갈 것을 지시한다. 그리고 ⒝아름다운 노랫소리의 유혹에 빠지려는 욕망을 스스로 억압하기 위해 돛대에 자신의 몸을 묶어 움직이지 못하게 한다. 세이렌의 섬을 지날 때 노랫소리가 들려오자 오디세우스는 이성을 잃고 풀어 달라고 애원하지만, 부하들은 아무 소리도 듣지 못한 채 힘차게 노를 저어 무사히 섬을 지나간다.

	⒜	⒝
①	인간에 대한 지배	자연에 대한 지배
②	인간에 대한 지배	내적 자연에 대한 지배
③	내적 자연에 대한 지배	인간에 대한 지배
④	내적 자연에 대한 지배	자연에 대한 지배
⑤	자연에 대한 지배	인간에 대한 지배

10

(나)에서 알 수 있는 내용으로 적절하지 <u>않은</u> 것은?

① 근대 이성에 회의를 느낀 유럽인들은 인간 실존의 문제에 관심을 갖게 되었다.

② 표현주의는 전쟁을 경험한 독일의 젊은 예술가들을 중심으로 등장한 예술 운동이다.

③ 마티스에 의하면 표현의 의미는 눈으로 본 것을 눈에 전달하는 수단이라 할 수 있다.

④ 표현주의는 대상의 외면에만 국한하지 않고 인간의 감정까지 다루었다는 평가를 받는다.

⑤ 표현주의는 대상을 사실적으로 재현하지 않았다는 점에서 당시 혁신적인 예술 운동이었다.

11

(가)의 '아도르노'와 (나)의 '표현주의'의 관점에서 〈보기〉의 작품을 감상한 내용으로 적절하지 **않은** 것은? [3점]

┌─ 보기 ┐

표현주의 작가인 뭉크의 작품 「절규」에서는, 해골의 형상을 한 남자가 공포에 가득 찬 표정으로 귀를 틀어막으며 비명을 지르고 있다. 그 뒤로 핏빛으로 물든 하늘과 검은색 강물을 꿈틀거리듯 왜곡하여 표현함으로써 존재의 허무감에서 오는 불안과 고통을 감상자들이 그대로 느낄 수 있도록 하였다.

뭉크, 「절규」

① (가): 작가가 표현하려고 한 감정은 근대 이성에 의해 억눌려 온 인간의 내적 자연으로 볼 수 있겠군.

② (가): 작가가 전달하는 불안과 고통은 이성이 팽배했던 근대 사회에서 한 개인이 느꼈던 존재의 허무감과 관련이 있다고 볼 수 있겠군.

③ (나): 해골 형상과 꿈틀거리는 강물은 작가가 느끼는 공포를 표현하기 위해 의도적으로 형태를 왜곡한 것이라고 볼 수 있겠군.

④ (나): 비명을 지르는 남자의 모습을 회화적 전통에 따라 표현함으로써 감상자도 그 고통을 그대로 느끼게 한 것으로 볼 수 있겠군.

⑤ (나): 강물의 검은색은 실제 색이라기보다는 작가가 느끼는 고통을 효과적으로 표현하기 위해 자의적으로 선택한 색이 사용된 것으로 볼 수 있겠군.

12

ⓐ~ⓔ의 사전적 의미로 적절하지 **않은** 것은?

① ⓐ: 겉으로 나타나는 낌새.

② ⓑ: 어떤 사실을 자세히 따져서 바로 밝힘.

③ ⓒ: 어떤 결말이나 결과에 이름.

④ ⓓ: 옳고 그름을 가리지 않고 덮어놓고 믿는 일.

⑤ ⓔ: 상관하지 아니하거나 무시함.

📖 **점수를 올려 주는 어휘**

(가)

• **계몽주의**(열 啓, 어릴 蒙, 주인 主, 옳을 義) 16~18세기에 유럽 전역에 일어난 혁신적 사상. 교회의 권위에 바탕을 둔 구시대의 정신적 권위와 사상적 특권과 제도에 반대하여 인간적이고 합리적인 사유를 제창하고, 이성의 계몽을 통하여 인간 생활의 진보와 개선을 꾀하려 하였다.

• **진보**(나아갈 進, 걸음 步) 정도나 수준이 나아지거나 높아짐.

• **풍요**(풍년 豐, 넉넉할 饒) 흠뻑 많아서 넉넉함.

• **선사**(반찬 膳, 줄 賜) 존경, 친근, 애정의 뜻을 나타내기 위하여 남에게 선물을 줌.

• **피지배**(입을 被, 지탱할 支, 짝 配) 지배를 당함.

• **본연**(근본 本, 그럴 然) 인공을 가하지 아니한 본디 그대로의 자연.

• **총체적**(거느릴 總, 몸 體, 과녁 的) 있는 것들을 모두 하나로 합치거나 묶은 것.

• **전락**(구를 轉, 떨어질 落) 나쁜 상태나 타락한 상태에 빠짐.

• **전체주의**(온전할 全, 몸 體, 주인 主, 옳을 義) 개인의 모든 활동은 민족·국가와 같은 전체의 존립과 발전을 위하여서만 존재한다는 이념 아래 개인의 자유를 억압하는 사상.

• **감당**(견딜 堪, 마땅할 當) 일 따위를 맡아서 능히 해냄. / 능히 견디어 냄.

• **단적**(바를 端, 과녁 的) 곧바르고 명백한 것.

(나)

• **병폐**(병들 病, 폐단 弊) 병통과 폐단을 아울러 이르는 말.

• **회의감**(품을 懷, 의심할 疑, 느낄 感) 의심이 드는 느낌.

• **항거**(막을 抗, 막을 拒) 순종하지 아니하고 맞서서 반항함.

• **표현주의**(겉 表, 나타날 現, 주인 主, 옳을 義) 객관적인 사실보다 사물이나 사건에 의하여 야기되는 주관적인 감정과 반응을 표현하는 데에 중점을 두는 예술 사조. 20세기 초 독일을 중심으로 인상주의와 자연주의에 대한 반동으로 일어났다.

• **사실주의**(베낄 寫, 열매 實, 주인 主, 옳을 義) 일반적으로 현실을 있는 그대로 묘사·재현하려고 하는 창작 태도. 19세기 중엽에 유럽에서 일어난 예술 사조로, 현실을 존중하고, 주관에 의한 개변·장식을 배제한 채 객관적으로 관찰하여 그 개성적 특질을 있는 그대로 그려 내려고 하는 경향 또는 양식이다.

• **포착**(사로잡을 捕, 잡을 捉) 꼭 붙잡음. / 요점이나 요령을 얻음.

• **화폭**(그림 畵, 폭 幅) 그림을 그려 놓은 천이나 종이의 조각.

• **국한**(판 局, 한계 限) 범위를 일정한 부분에 한정함.

📝 분석 노트 52~53쪽에서 지문을 정리해 보세요.

DAY 23
주제 통합

풀이 시간 12분 30초

01~06 다음 글을 읽고 물음에 답하시오.

(가)

헌법은 국민의 기본권과 국가의 통치 조직을 규정한 최고의 기본법이다. 헌법의 특질인 '최고규범성'은 헌법이 국민적 합의°에 의해 제정되었기 때문에 인정된다. 헌법의 하위에 있는 법규범°들은 헌법으로부터 그 효력을 부여받으며 존속°을 보장받으므로, 법률은 헌법에 합치°되어야 하며 헌법을 위반하는 내용의 법률은 무효가 된다. 따라서 법률은 헌법에 모순되어서는 안 될 뿐만 아니라 적극적으로 헌법적 가치를 실현하여야 한다.

헌법의 최고규범성에도 불구하고 헌법은 규범 체계상 하위에 있는 법규범들과는 달리 스스로를 보장하지 않으면 안 된다. 다른 법규범들에는 상위의 법규범인 헌법이 있을 뿐만 아니라 국가 권력이라는 절대적인 강제 수단이 있어 그 효력이 보장되지만 헌법은 그렇지 못하다. 즉 헌법은 국가 권력이 그 효력을 부정하거나 침해할 수 없도록 헌법재판제도와 같은 장치를 스스로 마련하여 지니고 있다는 점에서 다른 법규범과는 상이한 특징을 갖는데, 이것이 바로 헌법의 [자기보장성]이다. 그러나 헌법재판은 일반 소송과 달리 국가 기관이 그 재판 결과를 ㉠따르지 않아도 이를 강제적으로 따르게 할 수 없는 한계가 있다. 헌법재판소의 결정은 국가 권력을 포함한 헌법의 적용을 받는 모든 대상들이 이를 존중하는 조건하에 실현된다. 예를 들면, 대여금 지급 소송에서 돈을 빌려준 사람이 이기는 경우 그 사람은 법원의 도움을 얻어 돈을 빌린 사람이 가지고 있는 재산을 강제로 팔아 빌려준 돈을 받을 수 있다. 하지만 헌법 재판의 경우에는 어떠한 법률 조항에 대하여 헌법에 합치하지 아니하다며 입법자에게 개선 입법을 촉구하여도 입법부가 이를 따르지 않을 경우 헌법재판소가 입법부로 하여금 강제로 지키게 할 수 있는 수단이 따로 없다. 따라서 헌법의 최고 규범으로서의 효력은 (㉮   )에 좌우된다고 할 수 있다.

헌법은 서로 다른 사람들 간에 존재하는 공통의 가치를 연결 고리로 하여 국가를 창설°해 낸다. 헌법은 국가 내에서 이러한 공통의 가치를 최대한 실현할 수 있도록 갈등을 해결하고, 국가 작용을 체계화하기 위하여 그것을 담당할 기관과 절차를 규정한다. 그러나 헌법은 단순히 국가 작용을 체계화하고 국가 기관을 조직하는 데 그치지 않는다. 더 나아가서 헌법은 국가 작용을 담당하는 기관이 그 권한을 남용하여 오히려 국가가 추구하는 목적인 공통의 가치를 위험에 빠뜨리지 않도록 노력하고 있다. 이러한 헌법의 '권력제한성'을 통해 헌법은 처음부터 조직적인 측면에서 권력의 악용과 남용의 가능성을 배제하고 있다.

(나)

헌법을 바라보는 여러 관점 중 헌법해석학에 커다란 영향을 미친 헌법관으로는 법실증주의°적 헌법관, 결단주의적 헌법관, 통합론적 헌법관을 들 수 있다.

법실증주의적 헌법관은 헌법을 국가의 조직과 작용에 관한 근본 규범으로 보는 관점으로, 권력자의 자의적 통치를 배제하고 법규범에 의한 통치를 지향하며 등장하였다. 국가는 강제적 법질서이고, 헌법은 실정 법질서에서의 최상위 규범이며, 국민은 법질서에 복종하는 존재라는 것이 법실증주의자들의 인식이었다. **법실증주의 헌법학자**들은 존재적 요소인 도덕·자연법 등을 배제하고 당위°를 헌법학의 연구 대상으로 규정함으로써, 법학의 정확성과 엄격성, 법적 안정성 확보에 기여하였다. 그러나 법실증주의는 산업화, 다원화°에 따라 변화하는 사회와 그에 따라 변화된 헌법을 이론적으로 설명하기 어려웠고, 정해진 법규범을 지나치게 강조하여 실정법 만능주의라는 비판을 받았다.

결단주의적 헌법관은 헌법을 헌법제정권력의 근본적 결단으로 보는 관점으로, 주권자인 헌법제정권력자의 의지를 강조하였다. 헌법은 내용적으로 올바르기 때문에 효력을 가지는 것이 아니라, 정치적 의지의 힘을 가진 자, 곧 헌법제정권력자의 의사에 의하여 정립되었기 때문에 정당성을 가진다고 보았다. 결단주의적 헌법관은 정치세력들의 일정한 타협의 결과, 즉 정치 결단적° 요소를 인정하며 헌법의 현실적 배경을 설득력 있게 정리하였다. 그러나 헌법의 규범성을 경시°하고 현실적 영향력만을 강조하여 국가를 권력 투쟁의 장이 되게 하고, 독재자의 결단이 곧 국민의 의사라는 논리로 권위주의적 독재 국가의 등장에 이론적 근거를 제공하였다는 비판을 받았다.

통합론적 헌법관은 헌법을 국가 통합을 위한 법질서로 보는 관점으로, 국가를 완전한 통일체로 보지 않고 지속적인 갱신의 과정으로 보았다. **통합론적 헌법학자**들은 적대적 정치세력으로 분열된 국가를 새로운 통일체로 형성하기 위한 도구로 헌법을 인식하며, 헌법이란 공감대적인 가치를 바탕으로 국가의 통합을 실현하고 촉진하기 위한 것이라고 보았다. 통합론적 헌법관은 헌법을 완성물이 아닌 하나의 과정으로 바라보며 오늘날의 민주주의적 상황과 다원적 산업 사회의 현실을 효과적으로 설명하였다. 그러나 통합의 중요성을 지나치게 강조한 나머지 헌법의 규범성을 소홀히 하고, 통합 과정을 너무 조화롭게만 보아 갈등의 요소를 경시했다는 비판을 받았다.

헌법이란 어느 한 요소에만 환원시킬 수 없는 국가라는 현상의 기본 질서이므로, 헌법의 본질을 설명하기 위해서는 복합적인 요소들을 종합적으로 고찰°하여야 한다. 따라서 헌법의 효력이나 헌법의 해석이 문제되는 경우에는 세 가지 헌법관을 함께 생각할 수 있는 자세가 필요하다.

01

다음은 (가), (나)를 읽고 학생이 작성한 활동지의 일부이다. ⓐ~ⓒ에 대한 평가를 바르게 짝지은 것은?

공통점	• 헌법의 다양한 특성을 드러내기 위해 정보를 병렬적으로 제시하고 있다. ┄┄┄┄┄┄ ⓐ
차이점	• (가)는 (나)와 달리 헌법에 대한 서로 다른 견해를 통해 종합적인 절충안을 도출하고 있다. ┄┄┄┄ ⓑ
	• (나)는 (가)와 달리 헌법과 관련한 여러 입장의 긍정적 측면과 부정적 측면을 함께 밝히고 있다. ┄┄ ⓒ

	ⓐ	ⓑ	ⓒ
①	적절	적절	적절
②	적절	부적절	부적절
③	적절	부적절	적절
④	부적절	적절	적절
⑤	부적절	부적절	부적절

02

자기보장성에 대한 이해로 가장 적절한 것은?

① 헌법은 국가 기관의 행위를 일반 소송을 통해 제한한다.
② 헌법은 주권자인 국민의 합의에 의해 규범성이 인정된다.
③ 헌법은 효력을 보장하기 위한 장치를 헌법 내에 마련한다.
④ 헌법은 규범 체계상 하위의 법규범에 의해 효력이 보장된다.
⑤ 헌법은 헌법에 의한 권력 남용의 가능성을 스스로 제한한다.

03

㉮에 들어갈 내용으로 가장 적절한 것은?

① 헌법재판소의 결정 이행을 위한 강제 수단 마련
② 헌법에 의해 권한을 부여받은 입법부의 독자성 보장
③ 최고 규범을 판단하는 기관인 헌법재판소의 법적 권위
④ 헌법의 실효성을 높이기 위한 국가 권력의 법적 제재 수단
⑤ 헌법의 내용을 실현하고자 하는 모든 구성원들의 적극적 의지

04

'통합론적 헌법학자'의 관점에서 '법실증주의 헌법학자'를 비판한 내용으로 가장 적절한 것은?

① 헌법을 통해 자의적 통치를 배제하고자 하는 것으로는 헌법의 규범성을 설명할 수 없다.
② 정해진 법규범을 지나치게 강조하는 것으로는 지속적으로 변화하는 사회와 헌법을 설명할 수 없다.
③ 존재적 요소를 헌법학의 연구 대상으로 규정하는 것으로는 다원적 산업 사회의 현실을 설명할 수 없다.
④ 국민을 법질서에 복종하는 존재로 인식하는 것으로는 헌법 제정권력자로서의 국민의 의지를 설명할 수 없다.
⑤ 국가를 권력 투쟁의 장으로 보는 것으로는 분열된 국가를 새로운 통일체로 형성하는 도구로서의 헌법을 설명할 수 없다.

DAY 24 주제 특강

05

〈보기〉는 헌법재판소 판례의 일부이다. (가)와 (나)를 바탕으로 〈보기〉의 ⓐ, ⓑ에 대해 이해한 내용으로 적절하지 <u>않은</u> 것은? [3점]

┌─ 보기 ─────────────────────────────────┐

〈유통산업발전법 제12조의2 위헌소원(2016헌바 등 병합)〉
• 헌법 제119조 제2항에 따르면 국가는 경제주체 간의 조화를 통한 경제의 민주화를 위하여 경제에 관한 규제와 조정을 할 수 있다. ⓐ심판대상조항은 구청장·군수·시장 등이 대형 마트에 대해 영업시간 제한 및 의무 휴업일 지정을 할 수 있도록 규정한 것인데, 이는 대형 마트와 중소 유통업의 상생 발전을 도모하기 위한 규제라 할 것이므로 입법 목적의 정당성이 인정된다. 따라서 심판대상조항은 헌법에 위배되지 아니한다.

〈근로기준법 제35조 제3호 위헌소원(2014헌바3)〉
• 헌법 제32조 제3항에 따르면 근로조건의 기준은 인간의 존엄성을 보장하도록 법률로 정하여야 한다. ⓑ심판대상조항은 해고예고제도에서 월급 근로자 중 6개월이 되지 못한 자를 적용 예외로 규정한 것인데, 돌발적 해고 시 해당 근로자의 생활이 곤란해지는 것을 막지 못하므로 근로자의 권리를 침해한다. 제도의 적용 대상 범위 등을 정하는 것은 입법자의 권한이나, 이 역시 헌법에 어긋나서는 안 된다. 따라서 심판대상조항은 헌법에 위배된다.

└──────────────────────────────────────┘

① 헌법의 최고규범성을 고려하면, ⓐ를 '경제주체 간의 조화'라는 헌법적 가치를 실현하기 위한 것으로 볼 수 있겠군.
② 헌법의 권력제한성을 고려하면, ⓑ와 관련된 '입법자의 권한'은 국가 공통의 가치를 실현하는 범위 내로 한정되어야 한다고 볼 수 있겠군.
③ 법실증주의적 헌법관에 따르면, ⓐ에는 '경제에 관한 규제와 조정'이라는 권력자의 통치 이념이 반영된 것으로 볼 수 있겠군.
④ 결단주의적 헌법관에 따르면, ⓑ에는 '인간의 존엄성을 보장'하여야 한다는 주권자의 의사가 반영되지 못한 것으로 볼 수 있겠군.
⑤ 통합론적 헌법관에 따르면, ⓐ에는 '경제의 민주화'라는 가치를 바탕으로 국가의 통합을 실현하려는 노력이 반영된 것으로 볼 수 있겠군.

06

문맥상 ㉠의 단어와 가장 가까운 의미로 쓰인 것은?

① 우리는 명령을 <u>따르며</u> 급히 움직였다.
② 어머니를 <u>따라</u> 풍물 시장 구경을 갔다.
③ 나는 아버지의 음식 솜씨를 <u>따를</u> 수 없다.
④ 최근 개발에 <u>따른</u> 공해 문제가 불거지고 있다.
⑤ 의원들이 모두 의장을 <u>따라</u> 자리에서 일어섰다.

📖 점수를 올려 주는 **어휘**

(가)
• **합의**(합할 合, 뜻 意) 서로 의견이 일치함. 또는 그 의견.
• **법규범**(법도 法, 법 規, 법 範) 법을 구성하는 개개의 규범.
• **존속**(있을 存, 이을 續) 어떤 대상이 그대로 있거나 어떤 현상이 계속됨.
• **합치**(합할 合, 이를 致) 의견이나 주장 따위가 서로 맞아 일치함.
• **창설**(비롯할 創, 베풀 設) 기관이나 단체 따위를 처음으로 베풂.

(나)
• **법실증주의**(법도 法, 열매 實, 증거 證, 주인 主, 옳을 義) 법학의 연구 대상을 실정법에만 국한하려는 태도.
• **당위**(마땅할 當, 할 爲) 마땅히 그렇게 하거나 되어야 하는 것.
• **다원화**(많을 多, 으뜸 元, 될 化) 사물을 형성하는 근원이 많아짐.
• **결단적**(결정할 決, 끊을 斷, 과녁 的) 결정적인 판단을 하거나 단정을 내리는 것.
• **경시**(가벼울 輕, 볼 視) 대수롭지 않게 보거나 업신여김.
• **고찰**(상고할 考, 살필 察) 어떤 것을 깊이 생각하고 연구함.

📑 분석 노트 54~55쪽에서 지문을 정리해 보세요.

⏱ 풀이 시간 12분 30초

07~12 **다음 글을 읽고 물음에 답하시오.**

(가)

　㉠'완전경쟁시장'은 많은 수의 수요자와 공급자 사이에 동질적인 상품이 거래되는 시장으로, 다른 기업의 시장 진입을 막는 진입장벽이 없어 누구나 들어와 경쟁할 수 있는 시장구조를 말한다. 이에 반해 ㉡'독점시장'은 비슷한 대체재*가 없는 재화*를 한 기업이 독점적으로 공급하는 극단적인 시장으로, 자원의 희소성이나 기술적 우월성 등으로 인해 진입장벽이 존재하는 시장구조를 말한다.

　완전경쟁시장에서는 경쟁자가 다수이기 때문에 개별 공급자와 수요자가 가격에 영향을 미치기 어렵다. 이때 기업은 '가격수용자'로서 시장에서 결정된 가격을 그대로 받아들일 수밖에 없고, 시장가격으로 원하는 물량을 얼마든지 판매할 수 있다. 또한 제품을 한 단위 더 판매함으로써 추가로 얻게 되는 한계수입은 일정하며, 가격과 거래량도 수요와 공급이 일치하는 지점에서 결정된다. 반면에 독점시장에서 기업은 '가격결정자'로서 시장가격을 조정할 힘을 가지며, 이를 통해 이윤을 극대화할 수 있다. 따라서 독점기업은 더 높은 가격을 받으면서 더 적은 제품을 생산할 수 있는 시장지배력을 가진다. 그렇다면, 독점기업은 이윤 극대화를 위한 가격과 생산량을 어떻게 결정할까?

[A] ┌　시장의 유일한 공급자인 독점기업이 생산량을 줄이면 시장가격이 상승하고, 반대의 경우 시장가격이 하락한다. 가령 독점기업이 생산한 제품 한 단위를 100만 원에 판매할 경우, 생산량을 한 단위 더 늘려 두 단위를 판매한다면 가격을 이전보다 낮춰야 다 팔 수 있다. 이때의 가격을 90만 원이라 한다면 총수입은 180만 원이 되고, 제품을 한 단위 더 판매했을 때 추가로 얻는 한계수입은 80만 원이 된다. 즉, 독점기업이 생산량을 늘리면 종전 판매 가격도 함께 낮춰야 하기 때문에, 독점기업의 한계수입은 가격보다 항상 낮다. 이때 독점기업은 이윤 극대화를 위해 한계수입과 더불어 한계비용을 고려한다. 한계비용은 제품을 한 단위 더 생산할 때 추가로 드는 비용을 말한다. 만일 한계수입이 한계비용보다 높으면 생산량을 증가시키고, 반대의 경우 생산량을 감소시킴으로써 한계수입과 한계비용이 일치하는 지점에서 최적 생산량을 결정한다. 이후 독점기업은 이윤 극대화를 위해 수요자들의 최대 지불 용의를 고려하여 최적 생산량을 판매할 수 있는 최고가격을 찾아낸다. 즉, 해당 생산량에서 수요자가 최대로 지불할 수 있는 금액이 최종 시장가격으로 결정되는 것이다. 이처럼 독점시장에서 기업은 시장가격의 상승을 유발하여 수요자에게 부정적 영향을 끼치고, 시장의 비효율성을 유발할 수 있다.

(나)

　공정거래법이라고도 불리는 '독점규제 및 공정거래에 관한 법률'에서는 사업자의 독과점* 자체를 금지하지는 않으나, 시장 지배적 지위 남용*과 부당한 공동행위* 등 경쟁 제한 행위로 인하여 일정한 폐해*가 초래되는 경우에는 이를 규제하는 '폐해규제주의'를 @취하고 있다.

　시장 지배적 지위 남용은 거래 상대방으로부터 독점적 이익을 과도하게 얻어 내는 '착취 남용'과 현실적·잠재적 경쟁사업자의 사업 활동을 방해하거나 배제하는 '방해 남용'으로 ⓑ나눌 수 있다. 먼저, 착취 남용은 정당한 이유 없이 상품 가격이나 용역* 대가를 변경하거나, 출고량 조절로 시장가격의 상승이나 하락에 중대한 영향을 끼친 경우를 ⓒ말한다. 다음으로 방해 남용은 시장 지배적 사업자와 경쟁 관계에 있는 다른 사업자의 사업 활동을 부당하게 방해하거나, 신규 경쟁사업자의 시장 진입을 배제하여 경쟁 제한의 폐해를 초래하는 것이다. 대표적으로는 '약탈적 가격 설정'과 '배타조건부 거래'가 있다. 약탈적 가격 설정은 상품 또는 용역을 통상적*인 가격에 비하여 부당하게 낮은 대가로 공급하거나 높은 대가로 구매하여 경쟁사업자를 배제하는 것이다. 그리고 배타조건부 거래는 다른 경쟁사업자와 거래하지 않는 조건으로 거래 상대방과 거래하는 행위를 말한다. 이 경우 시장 지배적 사업자의 일방적, 강제적 요구뿐만 아니라 거래 상대방과 합의하여 결정한 경우도 모두 포함된다.

　공정거래법에서는 사업자의 부당한 공동행위 또한 제한하고 있다. 흔히 '카르텔'이라고 ⓓ불리는 부당한 공동행위는 동일 업종의 복수 사업자가 경쟁의 제한을 목적으로 가격, 생산량, 거래조건, 입찰 내용 등을 합의하여 형성하는 독과점 형태를 말한다. 이때 합의는 명시적 합의뿐만 아니라 묵시적 합의 모두를 포함한다. 이러한 담합*은 사업자 간에 은밀하게 ⓔ이루어지는 경향이 많아 위법성을 입증하기가 어렵다. 따라서 입증 부담을 경감*하고 규제의 실효성을 높이기 위해 둘 이상의 사업자 간에 경쟁 제한적인 합의만 있다면, 비록 그것이 실행되지 않았다 하더라도 부당한 공동행위가 성립한 것으로 본다.

　공정거래법을 위반하면 공정거래위원회는 해당 사업자에게 시정 조치를 명하거나, 금전적 제재 수단으로 과징금을 부과할 수 있다. 이를 통해 과도한 경제력의 집중을 방지하고, 국민 경제의 균형 있는 발전을 도모하고 있다.

　＊담합: 서로 의논해서 합의함.

07

(가)와 (나)에 대한 설명으로 가장 적절한 것은?

① (가)는 시장구조를 바라보는 다양한 관점을 제시하고 있고, (나)는 공정거래법에 대한 상반된 관점을 제시하고 있다.

② (가)는 시장에서 독점이 필요한 이유를 밝히고 있고, (나)는 부당한 독점 행위를 해결하기 위한 사례를 서술하고 있다.

③ (가)는 균등한 소득 분배를 위한 경제학적 대책을 제안하고 있고, (나)는 경쟁을 제한하기 위한 대책을 제시하고 있다.

④ (가)는 독점기업의 이윤 추구 방법을 설명하고 있고, (나)는 공정한 거래를 저해하는 행위들을 유형별로 제시하고 있다.

⑤ (가)는 독점이 시장에 끼치는 부정적 영향을 언급하고 있고, (나)는 독점 행위를 규제하는 제도의 문제점을 서술하고 있다.

08

㉠, ㉡에 대한 이해로 적절하지 않은 것은?

① ㉠에서 개별 기업은 가격수용자로서 시장에서 결정된 가격에 따라 제품을 판매한다.

② ㉡에서 기업이 제품의 생산량을 늘려 나가는 과정에서 얻게 되는 한계수입은 가격보다 낮아진다.

③ ㉡에서 독점기업은 시장의 유일한 공급자로서 독점기업이 판매량을 늘리려면 가격을 낮춰야 한다.

④ ㉠에는 진입장벽이 존재하지 않으므로, ㉡에 비해 개별 기업들의 시장 진입이 자유롭다.

⑤ ㉠에는 많은 수의 공급자와 수요자가 존재하므로, ㉡보다 기업이 시장을 지배하는 힘이 크다.

09

[A]를 바탕으로 〈보기〉를 이해한 내용으로 적절하지 않은 것은?

[3점]

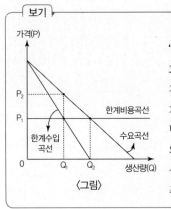

〈보기〉

〈그림〉은 가상의 독점기업 '갑'이 생산하는 제품의 가격과 생산량을 그래프로 나타낸 것이다. 한계수입곡선과 한계비용곡선은 수량 한 단위의 변화에 따른 총수입과 총비용의 변화를 보여 주고, 수요곡선은 제품에 대한 수요자의 최대 지불 용의를 나타낸다.

① '갑'은 이윤을 최대로 높이기 위한 최적 생산량 수준을, 한계수입곡선과 한계비용곡선이 교차하는 Q_1 지점으로 결정할 것이다.

② '갑'이 생산량을 Q_1에서 Q_2로 늘리면서 제품의 가격을 P_2에서 P_1으로 낮춰 공급하더라도, 독점으로 얻고 있던 이윤은 유지될 것이다.

③ '갑'의 생산량이 Q_1보다 적으면 한계수입이 한계비용보다 높으므로, 이윤을 높이려면 생산량을 Q_1 수준까지 증가시켜야 할 것이다.

④ '갑'의 생산량이 Q_1이고 공급할 제품의 가격이 P_2라면, 해당 기업이 제품을 판매할 때 얻게 되는 단위당 이윤은 $P_2 - P_1$이 될 것이다.

⑤ '갑'은 이윤 극대화를 위해 수요자의 최대 지불 용의 수준을 고려하여 공급할 제품의 최종 시장가격을 P_1이 아닌 P_2로 결정할 것이다.

10

(가)와 (나)를 참고할 때, Ⓐ~Ⓒ에 들어갈 말을 바르게 짝지은 것은?

독점기업이 제품의 가격을 한계비용보다 (Ⓐ) 설정하면, 한계비용보다 지불 용의가 낮은 수요자들의 (Ⓑ)가 일어나 결과적으로 상호 이득이 될 수 있었던 거래의 기회가 줄어들게 된다. 이에 공정거래법에서는 시장 진입 제한을 막고, 기업 간 경쟁을 (Ⓒ)하여 독점으로 인한 경제적 손실을 해소하고자 한다.

	Ⓐ	Ⓑ	Ⓒ
①	높게	소비 감소	촉진
②	높게	소비 감소	억제
③	높게	소비 증가	억제
④	낮게	소비 감소	억제
⑤	낮게	소비 증가	촉진

11

(나)를 바탕으로 〈보기〉를 이해한 내용으로 적절하지 않은 것은?

┌─ 보기 ─┐

[사례 1] 반도체 판매 1위인 A사는 국내 PC 제조업체들에게 경쟁업체 B사의 반도체를 구매하지 않겠다는 약속의 대가로, 상호 합의를 거쳐 반도체 대금으로 받은 금액 일부를 되돌려 주었다. 이에 대해 공정거래위원회는 A사에 과징금을 부과하였다.

[사례 2] 국내 건설업체 C사는 신축 공사 입찰에서 평소 친분이 있는 건설업체 D사가 낙찰받을 수 있도록 입찰 가격을 묵시적으로 합의하고, D사의 입찰 예정 금액보다 높은 금액을 입찰 가격으로 제시하였다. 그 결과 D사가 최종 사업체로 선정되었지만, 공정거래위원회는 시정 조치를 명하였다.

① [사례 1]에서 공정거래위원회는 A사가 시장 지배적 지위 남용을 통해 경쟁사업자인 B사의 사업 활동을 부당하게 배제하였다고 보았겠군.

② [사례 1]에서 공정거래위원회는 A사와 국내 PC 제조업체들의 상호 합의에 의해 방해 남용인 배타조건부 거래가 발생했다고 판단했겠군.

③ [사례 2]에서 C사와 D사의 합의가 명시적인 형태가 아니라 묵시적인 형태로 이루어졌다고 할지라도, 경쟁 제한 행위의 위법성은 인정될 수 있겠군.

④ [사례 2]에서 C사가 만약 D사와의 입찰 담합을 약속하고도 실제 입찰 과정에서 이를 실행하지 않았다면, 부당한 공동행위는 없었던 것이 되겠군.

⑤ 사업자의 독과점 추구 자체는 금지되어 있지 않지만, [사례 1]과 [사례 2]에서 확인되는 A사와 C사의 행위는 경쟁 제한의 폐해를 초래했기 때문에 규제 대상이 되었겠군.

12

문맥상 ⓐ~ⓔ의 단어와 가장 가까운 의미로 쓰인 것은?

① ⓐ: 그 문제에 대해 강경한 태도를 취했다.
② ⓑ: 나는 그녀와 슬픔을 나누는 친근한 사이이다.
③ ⓒ: 그를 나쁘게 말하는 사람은 별로 없다.
④ ⓓ: 반 아이들의 이름이 하나하나 불렸다.
⑤ ⓔ: 교향악단은 최정상급의 연주자들로 이루어졌다.

📖 **점수를 올려 주는 어휘**

(가)
• **대체재(대신할 代, 바꿀 替, 재물 財)** 서로 대신 쓸 수 있는 관계에 있는 두 가지의 재화.
• **재화(재물 財, 재화 貨)** 사람이 바라는 바를 충족시켜 주는 모든 물건. 이것을 획득하는 데에 대가가 필요한 것을 경제재라고 하며, 필요하지 않은 것을 자유재라고 한다.

(나)
• **독과점(홀로 獨, 적을 寡, 차지할 占)** 독점과 과점을 아울러 이르는 말.
• **남용(넘칠 濫, 쓸 用)** 권리나 권한 따위를 본래의 목적이나 범위를 벗어나 함부로 행사함.
• **공동행위(함께 共, 같을 同, 다닐 行, 할 爲)** 뜻을 같이하는 두 사람 이상의 의사 표시가 결합하여 성립되는 행위. 회사의 설립 행위 따위가 이에 해당한다.
• **폐해(폐단 弊, 해로울 害)** 폐단으로 생기는 해.
• **용역(쓸 用, 부릴 役)** 물질적 재화의 형태를 취하지 아니하고 생산과 소비에 필요한 노무를 제공하는 일.
• **통상적(통할 通, 항상 常, 과녁 的)** 특별하지 아니하고 예사로운 것.
• **경감(가벼울 輕, 덜 減)** 부담이나 고통 따위를 덜어서 가볍게 함.

📑 분석 노트 56~57쪽에서 지문을 정리해 보세요.

⏱ 풀이 시간 12분 30초

01~06 **다음 글을 읽고 물음에 답하시오.**

(가)

다윈은 같은 종에 속하는 개체들이 생존 경쟁에서 살아남아 번식하면 그 형질* 중 일부가 자손에게 전달돼 진화가 일어난다는 '자연 선택설'을 주장하였다. 그런데 개체가 다른 개체들과의 생존 경쟁에서 이기기 위해서는 이기적인 행동을 할 수밖에 없지만, 자연계에서는 동물들의 이타적* 행동이 자주 ⓐ관찰된다. 이에 진화론을 옹호하는 학자들은 동물의 이타적 행동을 설명하는 이론을 제시하였다.

해밀턴은 개체들의 이타적 행동은 자신과 같은 유전자를 공유하는 친족*들의 생존과 번식에 도움을 줌으로써 자신의 유전자를 후세에 많이 전달하기 위한 행동이라는 ㉮혈연 선택 가설을 제시하였다. ㉠해밀턴의 법칙에 의하면, 'r×b−c > 0'을 만족할 때 개체의 이타적 유전자가 진화한다. 이때 'r'은 유전적 근연*도로 이타적 행위자와 이의 수혜자*가 유전자를 공유할 확률을, 'b'는 이타적 행위의 수혜자가 얻는 이득을, 'c'는 이타적 행위자가 ⓑ감수하는 손실을 의미한다. 부나 모가 자식과 같은 유전자를 공유할 확률은 50%이고, 형제자매 간에 같은 유전자를 공유할 확률도 50%이다. r은 2촌인 형제자매를 기준으로 1촌이 늘어날 때마다 반씩 준다. 가령, 행위자가 세 명의 형제를 구하고 죽는다면 '0.5×3−1 > 0'이므로 행위자의 유전자는 그의 형제들을 통해 다음 세대로 퍼지게 된다. 이러한 해밀턴의 이론은 유전자의 개념으로 동물의 이타적 행동을 설명한 것으로, 이타적 행동의 진화에 얽힌 수수께끼를 푸는 중요한 열쇠로 평가된다.

도킨스는 ㉯『이기적 유전자』에서 동물의 이타적인 행동은 유전자가 다른 유전자와의 생존 경쟁에서 살아남아 더 많은 자신의 복제본을 퍼뜨리기 위한 행동이라고 설명하였다. 그에 따르면 유전자란 다음 세대에 다른 DNA 서열로 대체될 수 있는 DNA 단편으로, 염색체상에서 임의의 어떤 DNA 단편은 그와 동일한 위치나 순서에 있는 다른 유전자들과 경쟁 관계에 있다. 그는 다윈과 같은 기존의 진화론자와 달리 생존 경쟁의 주체를 유전자로 보고 개체는 단지 그러한 유전자를 다음 세대로 전달하는 운반체에 불과하다고 보았다. 그러므로 이타적으로 보이는 개체의 행동은 겉보기에만 그럴 뿐, 실은 유전자가 다른 DNA와의 생존 경쟁에서 이기기 위한 이기적인 행동인 셈이다. 이러한 도킨스의 이론은 유전자의 이기성으로 동물의 여러 행동을 설명하여 과학계에 큰 반향*을 불러일으켰으나, 개체를 단순히 유전자의 생존을 돕는 수동적 존재로 보았다는 점에서 비판을 받기도 하였다.

(나)

경제학적 관점에서 이타적 행동이란 자신의 손해를 감수하면서 타인에게 이익을 주는 행동이기 때문에 이기적 사람들과 이타적 사람들이 공존*할 경우 이타적 사람들은 자연히 ⓒ도태될 수밖에 없다. 그럼에도 불구하고 우리 주변에는 여전히 이타적 행동을 하는 사람들이 존재한다. 이에 대해 최근 진화적 게임 이론*에서는 '반복−상호성 가설'과 '집단 선택 가설'을 통해 사람들이 이타적 행동을 하는 이유 및 이타적 인간이 진화하는 이유에 대해 설명하고 있다.

㉰반복−상호성 가설에서는 자신이 이기적으로 행동할 경우 상대방도 이기적인 행동으로 보복할 수 있기 때문에 이를 피하기 위해 이타적 행동을 한다고 주장하는데, 이를 게임 이론 중 하나인 TFT 전략 으로 설명한다. TFT 전략이란 상대방이 협조할지 배신할지 모르고 선택이 매회 동시에 일어나는 상황에서 처음에는 무조건 상대방에게 협조하고 그다음부터는 상대방이 바로 전에 사용한 방법을 모방하는 전략이다. 즉 상대방이 이타적으로 행동하면 자신도 이타적으로, 상대방이 이기적으로 행동하면 자신도 이기적으로 행동하는 것이다. 이러한 행동이 반복되면 점점 상대방의 배신 횟수는 줄고 협조 횟수는 늘어 서로에게 이득이 되는 결과를 얻게 된다. 반복−상호성 가설은 혈연관계가 아닌 사람들 사이의 이타적 행동을 설명하는 데 ⓓ유용하지만 반복적이지 않은 상황에서 나타나는 이타적 행동을 설명하는 데는 한계*가 있다.

㉱집단 선택 가설에서는 이타적 구성원이 많은 집단이 그렇지 않은 집단과의 생존 경쟁에 유리하기 때문에 이타적 인간이 진화한다고 설명한다. 개인 간의 생존 경쟁에서 우월한 개인이 생존하는 개인 선택에서는 이기적 인간이 살아남는 데 유리하지만, 집단 간의 생존 경쟁에서 우월한 집단이 생존하는 집단 선택에서는 이타적 구성원이 많은 집단일수록 식량을 구하거나 다른 집단과의 분쟁에 효과적으로 ⓔ대응할 수 있기 때문에 생존할 확률이 높다. 따라서 집단 선택에 의해 이타적인 구성원이 많은 집단이 생존하게 되면 자연히 이를 구성하는 이타적 인간도 진화하게 된다. 실제로 인류는 혹독한 빙하기를 거쳐 살아남은 존재라는 점에서 집단 선택 가설은 설득력을 얻는다. 하지만 이타적인 구성원이 많은 집단이라 하더라도 그 안에는 이기적인 구성원도 함께 존재하기 마련이다. 그러므로 집단 선택에 의해서 이타적인 구성원이 진화하기 위해서는 ㉡집단 선택이 일어나는 속도가 개인 선택이 일어나는 속도를 압도*해야 한다. 그러나 사회생물학*에서는 집단 선택의 속도가 현저하게 느리다는 점을 들어 집단 선택 가설은 논리적으로만 가능할 뿐이라고 비판하고 있다. 이에 대해 최근 집단 선택 가설에서는 개인 선택이 일어나는 속도를 늦추고 집단 선택의 효과를 높이는 장치로서 법과 관습과 같은 제도에 주목하면서, 집단 선택의 유효성을 높일 수 있는 방안에 대해서도 연구를 진행하고 있다.

01

(가)와 (나)의 서술상의 공통점으로 가장 적절한 것은?

① 이타적 행동을 설명하는 대립된 이론을 절충하고 있다.
② 이타적 행동을 정의한 후 구체적 유형을 분류하고 있다.
③ 이타적 행동에 관한 이론들을 통시적으로 고찰하고 있다.
④ 이타적 행동을 설명하는 이론의 발전 방향을 전망하고 있다.
⑤ 이타적 행동에 관한 이론과 그에 대한 평가를 제시하고 있다.

02

㉠을 이해한 내용으로 적절하지 않은 것은?

① 유전적 근연도에 초점을 맞춰 이타적 행위를 설명하고 있다.
② 개체의 이기적 행동에 숨겨진 이타적 동기에 대해 설명하고 있다.
③ 이타적 행위자와 그의 수혜자가 삼촌 관계일 경우 r은 0.25가 된다.
④ 이타적 행위자와 수혜자가 부모 자식이나 형제자매 관계일 경우 r은 같다.
⑤ 이타적 행위자와 그의 수혜자가 혈연관계일 때, b와 c가 같으면 이타적 유전자가 진화하지 않는다.

03

(나)의 TFT 전략을 참고할 때 〈보기〉의 질문에 대한 답으로 적절한 것은?

> **보기**
>
> 다음은 A와 B의 협조 여부에 따른 보수(편익과 비용의 합)를 행렬로 나타낸 것이다. A와 B가 상대방의 선택을 모르고 선택이 동시에 이루어지는 상황에서 A만 'TFT 전략'을 사용한다고 가정하자. B가 첫 회에만 비협조 전략을 사용한다면, B가 두 번째 회까지 얻게 되는 보수의 합은 얼마인가?

		B	
	전략	협조	비협조
A	협조	(1, 1)	(−1, 2)
	비협조	(2, −1)	(0, 0)

* (2, −1)은 A가 비협조 전략, B가 협조 전략을 사용할 때, A의 보수가 2, B의 보수가 −1임을 나타냄.

① 0　　② 1　　③ 2　　④ 3　　⑤ 4

04

㉡의 이유를 추론한 내용으로 가장 적절한 것은?

① 집단 선택의 속도가 개인 선택의 속도보다 느릴 경우, 이타적 구성원의 수가 천천히 증가하기 때문에
② 개인 선택으로 이타적인 구성원이 먼저 소멸한 후, 집단 선택에 의해 이기적인 구성원이 소멸하기 때문에
③ 집단 선택이 천천히 일어날 경우 집단 간의 생존 경쟁이 발생하지 않아 집단 선택이 일어나지 않기 때문에
④ 개인 선택으로 이타적인 구성원이 먼저 소멸하면, 이타적 구성원을 진화하게 하는 집단 선택이 발생할 수 없기 때문에
⑤ 개인 선택의 속도가 집단 선택의 속도보다 빠를 경우, 이타적인 구성원이 많은 집단이 개인 선택에 불리해지기 때문에

05

㉮~㉱를 바탕으로 〈보기〉를 이해한 내용으로 적절하지 <u>않은</u> 것은?

[3점]

┌─ 보기 ┐

ㄱ. 개미의 경우, 수정란(2n)은 암컷이 되고, 미수정란(n)은 수컷이 된다. 여왕개미가 낳은 암컷들은 부와는 1, 모와는 0.5, 자매와는 0.75의 유전적 근연도를 갖는다. 암컷 중 여왕개미가 되지 못한 일개미들은 직접 번식을 하지 않고 여왕개미가 낳은 수많은 자신의 자매들을 돌보며 목숨을 걸고 개미 군락을 지키는 역할을 한다.

ㄴ. 현재 지구상에는 390여 개의 부족이 수렵과 채취에 의존해 살아가고 있다. 이러한 부족은 대체로 몇 개의 서로 다른 친족들로 구성되어 있으며, 평등주의적 부족 질서 아래 사냥감을 서로 나누어 먹는 식량 공유 관습을 가지고 있다. 이는 개인의 사냥 성공률이 낮은 상황에서 효과적인 생존 방식이라 할 수 있다.

① ㄱ: ㉮에서는 일개미가 자식을 낳지 않고 자매들을 돌보는 것을 부보다 모의 유전자를 후세에 더 많이 전달하기 위한 전략으로 보겠군.

② ㄱ: ㉯에서는 일개미가 목숨을 걸고 개미 군락을 지키는 것을 다른 DNA와의 생존 경쟁에서 이기기 위한 유전자의 이기적인 행동으로 보겠군.

③ ㄴ: ㉰에서는 자신이 식량을 나눠 주지 않으면 사냥에 실패했을 때 자신도 얻어먹지 못할 수 있기 때문에 식량 공유 관습이 생긴 것으로 보겠군.

④ ㄴ: ㉱에서는 식량 공유 관습을 이기적인 구성원도 식량을 공유하게 함으로써 이타적 구성원이 사회에서 사라지지 않도록 하는 제도로 보겠군.

⑤ ㄴ: ㉮에서는 혈연관계가 없는 구성원과의 식량 공유를 설명할 수 없지만, ㉱에서는 협업을 통해 집단의 생존 확률을 높이는 행동으로 보겠군.

06

밑줄 친 단어가 ⓐ~ⓔ와 동음이의어인 것은?

① ⓐ: 그는 형의 모습을 유심히 <u>관찰</u>하였다.
② ⓑ: 이 사전은 여러 전문가가 <u>감수</u>하였다.
③ ⓒ: 그 기업은 경쟁사에 밀려 <u>도태</u>되었다.
④ ⓓ: 이것은 장소를 검색하는 데 <u>유용</u>하다.
⑤ ⓔ: 우리는 적극적으로 상황에 <u>대응</u>하였다.

🔍 점수를 올려 주는 어휘

(가)

- **형질**(형상 形, 바탕 質) 사물의 생긴 모양과 성질. / 동식물의 모양, 크기, 성질 따위의 고유한 특징.
- **이타적**(이로울 利, 다를 他, 과녁 的) 자기의 이익보다는 다른 이의 이익을 더 꾀하는 것.
- **친족**(친할 親, 겨레 族) 촌수가 가까운 일가. / 생물의 종류나 언어 따위에서, 같은 것에서 기원하여 나누어진 개체나 부류를 이르는 말.
- **근연**(가까울 近, 인연 緣) 가까이하여 인연을 맺음. 또는 가까운 인연.
- **수혜자**(받을 受, 은혜 惠, 놈 者) 혜택을 받는 사람.
- **반향**(돌이킬 反, 소리 울릴 響) 어떤 사건이나 발표 따위가 세상에 영향을 미치어 일어나는 반응.

(나)

- **공존**(함께 共, 있을 存) 두 가지 이상의 사물이나 현상이 함께 존재함.
- **게임 이론**(game, 다스릴 理, 논의할 論) 이해가 대립되는 집단의 행동을 수학적으로 다룬 이론. 수학자 노이만과 경제학자 모르겐슈테른이 경제 이론에 도입하였다.
- **한계**(한계 限, 경계 界) 사물이나 능력, 책임 따위가 실제 작용할 수 있는 범위. 또는 그런 범위를 나타내는 선.
- **압도**(누를 壓, 넘어질 倒) 보다 뛰어난 힘이나 재주로 남을 눌러 꼼짝 못 하게 함.
- **사회생물학**(모일 社, 모일 會, 날 生, 만물 物, 배울 學) 사회 현상을 생물학적인 지식과 방법으로 연구하는 학문. 선악의 문제를 유전자나 개인의 체험과 관련시켜 밝히려는 연구 따위로, 미국의 생물학자 윌슨이 주장하였다.

📝 분석 노트 58~59쪽에서 지문을 정리해 보세요.

⏱ 풀이 시간 12분 30초

07~12 다음 글을 읽고 물음에 답하시오.

(가)

　미국의 헌법학자 제롬 배런은 1967년 언론 매체 접근·이용권을 최초로 주장하였다. 언론 매체 접근·이용권이란 국민이 자신의 사상이나 의견을 표명˚하기 위하여 언론 매체에 자유로이 접근하여
05 이를 이용할 수 있는 권리를 말한다.

　배런은 당시 미국과 영국 내 언론의 독과점으로 인해 국민의 다양한 의견을 표출할 수 있는 통로가 점점 사라지고 있음을 지적했다. 또한 그는 상업적 이익만을 추구하는 언론사가 보다 많은 시청자나 독자 등을 확보하기 위하여 사람들이 불편하게 여기는 주장이
10 나 의견보다는 대중적인 주장이나 의견만을 전달하고 있다고 비판하였다. 언론 매체가 공론장의 역할을 하지 못해 국민의 다양하고 공정한 여론을 형성하는 기능을 수행하지 못함을 지적한 것이다. 이러한 상황에서 국민들이 언론 매체가 아닌 다른 수단을 통해 자신의 의견을 표명하려고 해도 매스미디어에 ⓐ견주면 그 전달 범위
15 가 극히 제한적이라고 보았다. 매스미디어의 거대화, 독점화에 따라 언론의 자유가 매체를 소유하거나 지배하는 소수의 계층이나 집단의 것으로 전락하였기 때문에 시민들의 언론의 자유를 보장하기 위해 언론 매체 접근·이용권을 인정해야 함을 주장한 것이다.

　법적으로 보장받는 언론 매체 접근·이용권의 대표적인 형태는
20 반론권˚이다. 이는 언론 매체에 의하여 명예 훼손·비판·공격 등으로 피해를 입은 국민이 자기와 관련이 있는 보도에 대해 반론이나 정정 또는 해명의 기회를 요구할 수 있는 권리이다. 반론권은 언론 매체에 정정 및 반론 보도, 추후 보도 등을 청구˚할 수 있는 권리로 구체화되어 있다. 반론권 이외에도 방송법에 언론 매체가 사회의
25 다양성을 해치거나 임의로 특정 의견을 차별하지 못하게 하는 조항을 마련하고 있으며, 시청자 참여 프로그램을 편성˚하도록 하는 조항 등을 통해 국민이 언론 매체를 이용하여 자신의 의사를 표명할 수 있도록 하고 있다.

　언론 매체 접근·이용권은 국민의 언론의 자유를 보장하고 민주
30 주의 실현에 ⓑ이바지하는 중요한 권리이다. 그러나 언론 매체 접근·이용권은 언론 매체가 신문 등의 표현 내용을 결정하는 권리인 편집권˚과 ⓒ맞부딪칠 수도 있다. 이에 언론 매체에 일정한 기준의 재량˚권을 부여하고, 만약 언론 매체가 일정한 재량권을 일탈하거나 남용할 때는 구제˚ 수단을 활용하여 국민의 언론 매체 접근·이
35 용권을 보호하고 있다.

(나)

　언론 보도에 의해 명예나 권리를 침해˚받은 때에는 어떻게 해야 할까? 명예 훼손죄로 고소할 수도 있지만, 판결이 나오기까지 시간이 오래 걸린다. 따라서 언론중재법에는 언론 매체에 의해 피해를 받은 개인에게 신속하고 대등한 방어 수단을 제공하기 위해 정정 보도 청구권과 반론 보도 청구권이 규정되어 있다.

　정정 보도 청구권은 진실하지 않은 언론 보도 등으로 인해 피해를 입었을 경우 보도 내용의 잘못을 바로잡는 정정 보도를 요구할 수 있는 권리이며, 반론 보도 청구권은 언론 보도 등으로 인해 피해를 입었을 경우 그 보도 내용에 관한 반론을 보도해 줄 것을 요구할 10 수 있는 권리이다. 정정 보도를 청구하는 피해자는 원 보도가 허위임을 입증해야 한다. 반면 반론 보도는 원 보도의 진위˚ 여부와 상관없이 청구할 수 있다.

　정정 보도 청구권과 반론 보도 청구권의 주체는 보도 내용과 개별적 연관성이 있으며 그 보도로 인해 피해를 입은 자이다. 청구권 15 의 주체는 언론 보도의 '사실적 주장'에 대해 정정 보도와 반론 보도를 청구할 수 있는데, '사실적 주장'이라는 것은 증거에 의해서 그 존재 여부를 판단할 수 있는 사실 관계에 관한 주장을 의미한다. 따라서 단순한 의견이나 논평˚, 광고 등은 청구의 대상이 아니다. 피해자는 해당 언론 보도 등이 있음을 안 날로부터 3개월 이내에 정 20 정 또는 반론 보도를 청구할 수 있는데, 해당 언론 보도 등이 있은 후 6개월이 지났을 때에는 이를 청구할 수 없다. 정정 또는 반론 보도 청구는 언론사 등의 대표자에게 서면˚으로 하여야 하며, 언론사가 청구를 수용한다면 청구를 받은 날부터 7일 이내에 정정 또는 반론 보도문을 방송하거나 ⓓ싣게 된다. ㉠이때의 보도는 원 보도 25 와 동일한 채널, 지면에서 이루어져야 하며, 방송 진행자는 보도문을 읽을 때 통상적인 속도로 읽어야 한다.

　만약 언론중재법상 정정 보도를 청구할 수 있는 기간이 지났다면 민법 제764조에 의거하여 정정 보도를 청구할 수도 있다. 민법상 정정 보도 청구권에 따르면 언론 보도 등으로 명예를 훼손당한 30 사람은 언론 보도가 있음을 안 날로부터 3년 이내에 법원에 소˚를 제기할 수 있는데, 해당 언론 보도가 있은 후 10년이 지났을 때에는 불가하다. 민법상 정정 보도를 청구할 때는 언론사 등의 대표자 뿐만이 아니라, 잘못된 언론 보도로 손해를 가한 기자, 편집자 등에 대해서도 공동으로 청구할 수 있다. 그런데 민법상 정정 보도 청구 35 권이 성립하려면 언론중재법과 달리 언론사의 고의 또는 과실이 있다는 것과, 해당 보도에 위법성˚이 있음이 입증되어야 한다. 만약 언론 보도가 타인의 명예를 훼손했다 하더라도 해당 보도가 공공의 이익을 위한 것일 때는 위법이 아니라고 인정된다. 이처럼 민법상 정정 보도 청구권은 언론중재법상 정정 보도 청구권을 행사하는 것 40 보다 엄격한 성립 요건을 필요로 한다.

　정정 보도 청구권 및 반론 보도 청구권은 피해를 입은 개인의 입장을 제공하게 하여 개인의 피해 회복을 ⓔ돕고 우리 사회가 진실을 발견하고 올바른 여론을 형성하는 데 일조한다.

07

(가)와 (나)에 대한 설명으로 가장 적절한 것은?

① (가)는 권리의 유형을 구분하였고, (나)는 권리의 주체를 법률의 내용에 따라 분류하였다.

② (가)는 권리의 발전 과정을 소개하였고, (나)는 권리의 실행 과정에 나타나는 한계를 지적하였다.

③ (가)는 권리의 등장 배경과 실현 양상을 설명하였고, (나)는 근거한 법에 따른 권리의 성립 요건 차이를 비교하였다.

④ (가)는 시대에 따라 변화하는 권리의 의의를 평가하였고, (나)는 다른 권리와 대비하며 권리의 특성을 분석하였다.

⑤ (가)는 권리가 올바르게 실행되기 위한 조건을 제시하였고, (나)는 권리의 실행으로 인해 변화된 양상을 서술하였다.

08

(가), (나)의 내용과 일치하지 <u>않는</u> 것은?

① 언론 매체가 재량권을 남용한 경우에 국민의 언론 매체 접근·이용권은 보호받을 수 있다.

② 공공의 이익을 위한 보도가 타인의 명예를 훼손한 경우 민법상 정정 보도 청구권은 성립하지 않는다.

③ 민법상 정정 보도 청구권은 언론중재법상 정정 보도 청구권보다 보도를 청구할 수 있는 기한이 길다.

④ 언론중재법상 정정 보도 또는 반론 보도를 청구하려면 언론 보도로 인해 피해를 입은 사실이 있어야 한다.

⑤ 배런은 시민에게 매체를 소유할 수 있는 권리가 주어지지 않아 언론의 자유가 소수의 것으로 전락했다고 보았다.

09

㉠의 이유를 추론한 내용으로 가장 적절한 것은?

① 원 보도와 동일한 효과를 낼 수 있는 대등한 방어 수단을 제공하기 위해서이다.

② 원 보도를 한 언론사의 대표자에게 원 보도를 진실에 맞게 수정해 달라고 요구하기 위해서이다.

③ 원 보도에 비해 신속한 전달 수단을 제공하여 언론 매체에 의한 피해를 최소화하기 위해서이다.

④ 언론 매체가 대중적인 주장과 사람들이 불편하게 여기는 주장을 차별적으로 보도하지 않도록 하기 위해서이다.

⑤ 양측의 주장을 같은 방식으로 제공하여 옳고 그름에 대한 판단을 시청자 또는 독자가 내리도록 하기 위해서이다.

10

(가)를 바탕으로 〈보기〉를 이해한 내용으로 적절하지 <u>않은</u> 것은?

[3점]

> ┌ 보기 ┐
>
> ㄱ. 방송법 제6조 제9항
>
> 　방송은 정부 또는 특정 집단의 정책 등을 공표하는 경우 의견이 다른 집단에 균등한 기회가 제공되도록 노력하여야 하고, 또한 각 정치적 이해 당사자에 관한 방송 프로그램을 편성하는 경우에도 균형성이 유지되도록 하여야 한다.
>
> ㄴ. 방송법 제6조 제2항
>
> 　방송은 성별·연령·직업·종교·신념·계층·지역·인종 등을 이유로 방송편성에 차별을 두어서는 아니 된다.
>
> ㄷ. 언론중재법 제17조 제1항
>
> 　언론 등에 의하여 범죄 혐의가 있거나 형사상의 조치를 받았다고 보도 또는 공표된 자는 그에 대한 형사 절차가 무죄 판결 또는 이와 동등한 형태로 종결되었을 때에는 그 사실을 안 날부터 3개월 이내에 언론사 등에 이 사실에 관한 추후 보도의 게재를 청구할 수 있다.

① ㄱ은 언론 매체가 공정한 여론을 형성하는 공론장의 역할을 해야 한다는 인식을 반영하고 있다.

② ㄱ은 언론 매체에 의하여 비판을 당한 국민이 반론의 기회를 요구할 수 있는 권리를 보장하고 있다.

③ ㄴ은 언론 매체가 사회의 다양성을 해치지 못하도록 하고 있다.

④ ㄷ은 매스미디어를 소유하지 않아도 언론의 자유를 보장받을 수 있도록 하고 있다.

⑤ ㄷ은 언론 보도로 피해를 입은 사람이 자신의 의사를 표명할 수 있도록 하고 있다.

11

(나)를 바탕으로 〈보기〉를 탐구한 내용으로 적절하지 않은 것은?

> **보기**
>
> ○○동물 병원을 운영하는 A는 △△신문의 기자 B가 제보 내용에 대한 별도의 취재 없이 보도한 기사로 인해 매출이 줄어드는 피해를 입었다. A는 다음의 내용으로 △△신문의 대표자 C 또는 기자 B에게 정정 및 반론 보도를 요청하고자 한다.
>
> ┌─────────────────────────────────┐
> │ 본 신문은 2022년 9월 1일자 10면에 '○○시 소재 동물 병원, 입원한 반려견 방치하고 처방전 미발급'이라는 제목으로 ○○시에 소재한 모 동물 병원이 입원한 반려견에게 먹이를 주지 않았으며 처방전을 발급하지 않고 의약품을 투약했다고 보도하였습니다.
> │ 그러나 해당 동물 병원의 CCTV 영상을 확인한 결과 동물 병원의 직원들이 입원한 반려견에게 적정량의 먹이를 제공한 것으로 밝혀져 이를 바로잡습니다. 또한 해당 동물 병원에서는 처방전을 발급하지 않은 것은 사실이지만, 관련 법에 근거하여 수의사가 직접 처방 대상 동물용 의약품을 투약하는 경우에는 처방전을 발급하지 않을 수 있다고 밝혀 왔습니다.
> └─────────────────────────────────┘

① A가 별도의 취재를 하지 않은 B에게 정정 보도를 청구하려면 법원에 소를 제기해야겠군.

② A는 먹이 제공과 관련된 내용은 정정 보도를, 처방전 미발급과 관련된 내용은 반론 보도를 청구하려는 것이겠군.

③ A가 △△신문의 보도가 있음을 안 날이 2023년 9월 1일이라면 민법 제764조에 의거하여 권리를 행사해야겠군.

④ B의 기사 중 입원한 반려견에게 먹이를 주지 않았다는 내용은 사실적 주장에 해당하지 않겠군.

⑤ C가 언론중재법에 의거한 A의 청구를 수용한다면, 청구를 받은 날부터 일주일 이내에 A가 요청한 보도문을 △△신문에 싣겠군.

12

문맥상 ⓐ~ⓔ와 바꾸어 쓰기에 적절하지 않은 것은?

① ⓐ : 비하면

② ⓑ : 기여하는

③ ⓒ : 충돌할

④ ⓓ : 게재하게

⑤ ⓔ : 증진하고

📖 **점수를 올려 주는 어휘**

(가)
- **표명(겉 表, 밝을 明)** 의사나 태도를 분명하게 드러냄.
- **반론권(돌이킬 反, 논의할 論, 권세 權)** 남의 논설이나 비난, 논평 따위에 대하여 반박할 수 있는 권리.
- **청구(청할 請, 구할 求)** 상대편에 대하여 일정한 행위나 급부를 요구하는 일.
- **편성(엮을 編, 이룰 成)** 엮어 모아서 책·신문·영화 따위를 만듦.
- **편집권(엮을 編, 모을 輯, 권세 權)** 편집에 대한 모든 일을 간섭받지 않고 할 수 있는 권리. 신문·잡지·서적 따위의 편집 방침을 결정하여 실행하고, 필요한 모든 관리를 하는 권리를 이른다.
- **재량(마를 裁, 헤아릴 量)** 자기의 생각과 판단에 따라 일을 처리함.
- **구제(구원할 救, 건널 濟)** 자연적인 재해나 사회적인 피해를 당하여 어려운 처지에 있는 사람을 도와줌.

(나)
- **침해(침노할 侵, 해로울 害)** 침범하여 해를 끼침.
- **진위(참 眞, 거짓 僞)** 참과 거짓 또는 진짜와 가짜를 통틀어 이르는 말.
- **논평(논의할 論, 품평 評)** 어떤 글이나 말 또는 사건 따위의 내용에 대하여 논하여 비평함. 또는 그런 비평.
- **서면(글 書, 낯 面)** 일정한 내용을 적은 문서.
- **소(하소연할 訴)** 원고가 법원에 대하여 특정한 소송물의 정당성 여부를 심판하여 권리 보호를 허락하여 달라고 요구하는 신청. 소를 제기하는 자를 원고, 그 상대편을 피고라고 하며, 소에 의하여 제일심의 소송 절차가 개시된다.
- **위법성(어길 違, 법도 法, 성품 性)** 어떤 행위가 범죄 또는 불법 행위로 인정되는 객관적 요건. 민법에서는 권리 침해를, 형법에서는 어떤 행위가 정당 행위·정당방위·긴급 피난 따위에 해당하지 않음을 이것의 구성 요건으로 규정한다.

📝 분석 노트 60~61쪽에서 지문을 정리해 보세요.

MEMO

MEMO

MEMO

MEMO

MEMO

MEMO

MEMO

MEMO

MEMO

이 책을 검토해 주신 분들

강원

박경원 성균관국어논술학원
서장원 으뜸장원학원
신명선 전인기독학교
이강호 반전팩토리학원
이기연 더와이(The Y)국어논술학원
이창선 으뜸장원학원
이현준 최용훈국어학원
전광표 대성고등학교

경기

강영애 강영애국어
강전석 일산네모국어학원
강 찬 새강학원
고슬기 고선생국어논술학원
고유미 이투스247일산서구점
고재영 오산교일1230
고창우 이룸입시학원
곽기범 곽기범국어학원
곽현주 평택고등학교
구찬미 맨투맨학원
김경태 최용훈국어전문학원 수원정자원
김광진 이매고등학교
김남준 연세나로국어학원
김다솔 다솔국어
김다영 다채움국어학원
김명선 명샘국어교습소
김명훈 배지희국어학원고3관
김명희 분당연세나로국어학원
김병찬 아라국어전문학원
김봉관 오늘의국어학원
김빛나 성남여자고등학교
김연진 국어의샘학원
김영대 수성고등학교
김영민 오늘부터
김유정 김태영국어
김정욱 김정욱국어논술학원
김정일 비전국어
김주선 국어의샘
김주예 단지, 국어
김준옥 김준옥국어학원
김지선 성주중학교
김지윤 롯데공부방
김채연 국어김채연
김혜인 국풀국어전문학원 용인동백원
김 흠 김흠국어전문학원
김희진 시소국어논술학원
문민호 슬공학원
민석준 감자국어
박두선 공부의정석학원
박영숙 패러다임국어교습소
박유진 찔레샘국어
박윤조 양서고등학교
박진록 박진록국어전문학원
박진선 평촌에듀플렉스
박현종 초당필탑학원
방수정 독서논술라임국어학원
배다안 배다안국어
백수미 쨈국어교습소, 인천팁탑학원
백승미 백프로국어
봉정훈 시그니처학원
설 란 화성고등학교
송예림 남양중학교

신범선 와이티학원
신병선 국신신병선학원
신영은 돼감신쌤국어
신혜원 필즈학원
안유신 토평고등학교
유 준 진성고등학교
윤여권 양서고등학교
윤은규 전문과외
윤채림 서로국어논술학원
이경재 아름다운11월학원
이미연 서로국어 남동탄원
이병준 이강학원
이보라 이룸공감
이상진 이상진국어
이성우 오디세이국어교실
이송훈 이상국어학원
이숙연 김포여자중학교
이순형 늘찬국어학원
이승우 더하다학원
이영완 로고스멘토학원
이영지 영지퍼펙트국어논술학원
이용수 이용수국어전문학원
이재경 연세나로학원
이정우 이정우국어학원
이지영 에스포국영수전문학원 소사벌점
이진영 올킬영어국어학원
이채림 전문과외
이하늘 전문과외
이혜정 한우리통합논리학원
이효전 전문과외
인창교 클래스가다른학원
장인숙 언어비전국어전문학원
전선영 전쌤국어
전이수 메가스터디러셀
전희재 더나은국어전문학원2관
정경은 김정욱국어논술학원
정재홍 엔터스카이2관학원
정지성 고선생국어논술학원
정지윤 봉쌤국어학원
조성오 과천사막여우국어논술
조양숙 조양숙국어교실
주예림 후니홀릭수능작전소
지강현 필에듀입시학원
차성만 차오름국어교습소
최 후 로고스멘토
최고운 베리타스나의빛, 지혜의숲 국어논술
최보선 제이엠학원
최영재 야탑고등학교
최유경 날개달기학원
최재하 해오름국어학원
편é준호 안성탑클래스본원
한성오 G1230 금촌
허성완 S4 고덕국제점
홍승억 전문과외

경남

강인식 가림토강인식국어논술전문학원
계동진 창신고등학교
김미란 학이당학원(김미란국어논술)
김상연 창원사파고등학교
김연우 비상한국어논술전문학원
김현수 영광의아침국어학원
남상호 정음국어학원

박상준 필(必)통(通)국어
박용범 앎삶YB국어
백승재 우리모두의학원
송유진 삼천포고등학교
송진호 삼현여자고등학교
송화진 송화진국어논술학원
여경미 창원성민여자고등학교
유승기 양산제일고등학교
유찬근 YK국어수학전문학원
이경화 공감국어수학학원
이다운 전문과외
이상덕 프린스턴입시학원
이애리 삼성장학원
전현주 경상국립대학교사범대학부설고등학교
차민기 비상한국어논술전문학원
최윤기 혜윤국어논술학원
하영아 전문과외
한지담 지담국어학원

경북

문정선 아우름국어학원
박진홍 경주중학교
배금조 대성초이스학원
성민경 포항중앙여자고등학교
염도경 3030영어학원
이나련 울진고등학교
이대일 멘사수학과연세국어학원
이승우 포항제철고등학교
이현수 이현수날개달기국어
정수진 석적고등학교
조동윤 GOS학원
조인규 아우름국어학원
황병식 하양여자고등학교

광주

김서령 서령국어교습소
박보서 보서쌤국어교실
박윤선 규장각국어학원
윤경희 대광여자고등학교
윤기한 박선생국어논술
이신화 중고등국어
이영조 와와학습코칭센터 치평점
이태희 올스터디학원
장미경 리리국어
장미진 박선생교육문화원
정찬흠 일취월장국어학원
차은보 금호고등학교
최성진 생각의빛국어논술학원

대구

강정복 강선생 국어교실
금정원 소나무입시학원
김나혜 한결국어교습소
김철홍 계성고등학교
김현우 명륜국어논술학원
김혜정 국어의훈 테크노학원
박노덕 건민재
박성민 박쌤국어학원
박창면 전문과외
서동민 계피맛국어학원
유숙희 훈민정음국어
유진아 채움국어교습소
이정현 봉국어학원
이정희 이정희국어학원
이지영 샘이깊은국어교습소

정수연 클라쎄입시학원
조승희 전문과외
주월돈 송원학원 독학재수전문관
지상훈 도원고등학교
최은미 잉글과한글 영어국어전문학원
최인정 나무와숲국어교실
한주연 전문과외
황윤철 정인국어

대전

강영기 강영기바른교육학원
김원석 달곰국어
김지연 일품인재학원
김태호 중일고등학교
박소연 국어의정원학원
박인수 박인수수능연구소
유은재 일취월장입시학원
이은영 리샘국어논술
장현철 연세나로국어
정몽주 서일고등학교
정지은 청명대입학원
정평숙 옹골쌤국어옹골찬영어학원
조승현 호연지기학원
최경옥 청담프라임학원
한기연 제일학원
한용현 보문고등학교

부산

강원용 수어재학원
강재윤 해운대고등학교
강현우 금정여자고등학교
김명호 김샘국어전문학원
김혜정 전문과외
박가연 박가연국어교습소
박경아 시너지학원
박두일 배정고등학교
박여진 리만국어학원
박은지 이투스247해운대점
박정임 올바른국어
신정근 바른국어
신혜영 수오재
안정화 전문과외
유정희 유정희언어논술교습소
유현주 유선생부산대국어
이혜원 청어람학원
정서은 정서은국어논술
조용범 부산장안고등학교
최동수 정음국어학원
최은희 최선생국어학원
홍성추 큰뜻국어

서울

강경희 뿌리학원
강상훈 지성과감성
강인진 광문고등학교
강인혜 연세나로국어
권로사 입시전문코벤트
권민서 연하늘국어
권지혜 창동고등학교
김도연 조지형국어논술학원
김미정 김미정국어
김민경 레인메이커학원
김선아 밝음학원
김영준 김영준국어논술학원
김 욱 압구정센티움학원

김윤정	국어온	정현유	국풍2000	**전북**	
김은옥	김은옥국어논술교습소	정혜채	지혜의숲국어논술	강라연	반전국어학원
김정관	경신고등학교	정희숙	정샘국어	강서진	전문과외
김주혁	장훈고등학교	조우현	조지형국어학원	고민석	전주해성중학교
김주희	전문과외	조정윤	조지형국어논술학원	김영규	군산제일고등학교
김태균	글마루학원	조혜정	조혜정국어	김예곤	이승수국어논술학원
김태범	강북 메가스터디, 대치명인학원(중계)	지선영	겨루국어교습소	김정아	김정아국어교습소
김현유	강북청솔학원	최병두	아비투스대치	김희원	마루수학국어학원
김형준	숭의여자고등학교	최보린	은평탑학원	송미영	전문과외
김홍석	성북명인학원	최용수	강동구주이배초중등 카이관	양성정	세종국어논술학원
노병곤	미래국어논술학원	최인호	우신고등학교	이동익	전문과외
노희성	천호하나학원	최진아	일신학원	이지훈	전일고등학교
류성일	경복여자고등학교	최현일	대원여자고등학교	주현숙	양현국어
박동춘	국풍학원	하 랑	서강학원	최창국	전문과외
박소미	두다국어학원	현덕구	원투원플러스학원	**제주**	
박수인	탑국어학원	홍석영	숙명여자고등학교	강현광	대기고등학교
박태순	참좋은2관학원	홍승민	손글국어교습소	고영란	신성여자고등학교
백선영	명지고등학교	홍혜란	전문과외	김예사	샤인학원
사승훈	너나교육열매국어학원	황은영	GOS에듀	김윤슬	봄날의곰국어학원
성옥주	봄국어전문학원	황창식	상승국어	김창우	예인학원
신거산	바로글논술	**세종**		송창현	대기고등학교
신준배	국풍2000 석촌관	김봉수	더올림입시학원	오지희	1등급知국어논술
안광규	말과글국어전문	김성희	맥국어	이예은	이예은단비국어학원
안민정	잠실오름국어학원	박태준	더플러스입시학원	이지은	제주낭만고등국어학원
안보람	보람국어교습소	박혜문	글봄국어전문학원	현정대	대기고등학교
안상미	안상미국어	안솔이	혜음국어학원	**충남**	
양선희	종로학원 신촌점	이경주	로운국어전문학원	강현우	압구정국어논술학원
양은비	전문과외	**울산**		김영웅	생각올림국영수단과연합
오도현	송파메가스터디	김병수	독보적국어	류가진	기민중학교
오승현	오늘국어	김진렬	국자감국어전문학원	방제숙	모비국어논술
오현경	도전학원	성부경	국어여행학원	유한종	서야중학교
우보영	원묵고등학교	송수연	해냄국어전문학원	이선영	천안중앙고등학교
유명관	시대인재 목동	이유림	이유림국어연구소	이언지	충남삼성고등학교
유혜민	민국어	조민철	생각의창국어논술전문학원	전윤찬	천안압구정국어논술
윤경민	윤경민국어전문학원	**인천**		정미경	국어에빠지다
윤미정	천개의고원	김석현	전문과외	정지영	안면고등학교
윤준호	성북메가스터디	김 솔	전문과외	조용아	서천중학교
윤지영	성북메가스터디	이상명	전문과외	조효준	조효준국어학원, ebsi, 강남인강
윤현지	산김영준국어논술학원	조대련	이재식국어전문학원청라	천정은	천안압구정국어논술학원
이동근	동국대학교사범대학부속여자고등학교	배성현	논술국어자신감	황병식	미래엔탑학원
이민주	목동아이비학원	김진홍	책임에듀학원	**충북**	
이범구	중랑구세계학원	강민근	강민근국어논술	김동훈	케네디학원
이서현	수능국어	박가람	국어스토리	박규경	솔밭중학교
이성훈	한얼국어논술전문학원	박신아	해냄학원	박대권	피디케이교습소
이영준	너나교육열매국어학원	황재준	고대국어논술학원	이빛나	일신여자고등학교
이윤주	연세윤(允)국어	김윤정	뿌리깊은국어학원	이주현	지음국어전문학원
이정복	석률학원	김지은	김쌤국어전문학원	이효정	더블제이국어
이정선	대성고등학교	최승수	명신여자고등학교	장수진	이레국어교습소
이진영	강남리더스학원	홍선희	거인의발자국	정미향	이루다국어논술
이창열	서울제일학원	이유진	인천하늘중학교	정인탁	형석중학교
이충환	송파메가스터디	박정신	일등급국어	한상철	파란한맥단과전문학원
이한준	강동뉴스터디	문미진	엠투엠수학국어학원		
이형섭	가리온학원	김현지	김현지국어		
이홍진	대일외국어고등학교	**전남**			
장애선	H2국어학원	강수진	강쌤국어클리닉		
장정미	네오스터디학원	김경주	김경주국어논술전문학원		
전예은	맑은숲국어논술전문학원	박종섭	백제고등학교		
정기후	배남학원	안정광	안비국어		
정민지	세라국어	이도실	일등급국어신대학원		
정성아	캐슬국어	이동규	완도고등학교		
정승훈	피큐브아카데미	정해연	책봄논술		
정한아	랑그에튜학원	진달래	에토스학원		

빠른 정답 찾기

기출의 바이블 고2 독서

기출의 바이블

고2 독서

....

1권 │ 문제편

....

1권	2권	특별 부록
문제편	**정답과 해설편**	**분석 노트**
· 반드시 학습해야 할 5개년 학력평가 기출문제 수록 · 출제될 가능성이 높은 테마 중심의 기출문제 2세트 연계 구성	· 지문과 문제의 이해를 돕는 꼼꼼한 첨삭 표기 · 핵심을 꿰뚫는 지문 분석과 문제를 이해하는 데 필요한 상세한 해설	· 지문의 핵심 내용을 간추려 만들어 보는 '나만의 분석 노트' · 문제 해결에 실질적인 도움이 되는 지문 독해 방법 훈련

가르치기 쉽고 빠르게 배울 수 있는 **이투스북**

www.etoosbook.com

○ **도서 내용 문의**
홈페이지 > 이투스북 고객센터 > 1:1 문의

○ **도서 정답 및 해설**
홈페이지 > 도서자료실 > 정답/해설

○ **도서 정오표**
홈페이지 > 도서자료실 > 정오표

○ **선생님을 위한 강의 지원 서비스 T폴더**
홈페이지 > 교강사 T폴더

고
2

독
서

기출의 바이블
Bible of Korean

2권 정답과 해설편

이투스북

기출의

바이블

Bible of Korean

 **2권 정답과 해설편**

이 책의
구성과 특징

1 빈출 테마별 학습을 통한 배경지식 강화와 출제 경향 파악

독서의 세부 영역(인문·예술, 사회, 과학, 기술, 주제 통합)별로 빈출 테마를 선별하고, 고2 전국연합학력평가의 우수 기출 문제를 테마별로 분류하여 수록하였습니다. 테마별 학습을 통해 지문 독해에 도움이 되는 배경지식을 익히며 최신 출제 경향도 파악할 수 있도록 하였습니다.

2 하루 2세트씩 효율적인 학습 스케줄

하루에 독서 지문 2세트씩, 총 25일간 학습할 수 있도록 구성하였습니다. 학습 분량에 대한 부담은 줄이는 대신, 효율적이고 집중적인 학습을 통해 실력 향상과 성취감을 함께 얻을 수 있도록 하였습니다.

3 '분석 노트'를 활용한 지문 분석 훈련

모든 지문에 대해 스스로 분석하고 정리할 수 있는 '분석 노트'를 별권으로 구성하였습니다. 문제 풀이 후 분석 노트를 활용하여 지문 내용을 정리하고 독해 방법을 훈련할 수 있습니다. 완성한 분석 노트는 복습 시에도 활용할 수 있습니다.

영역별·테마별 기출 문제

○ **우수 학평 기출 수록**
최근 5개년(2019~2023년)의 고2 전국연합학력평가 독서 문항 중에서 테마별로 우수한 문항을 선별하여 구성하였습니다.

○ **한눈에 보는 구성**
지문과 문항을 한눈에 보면서 학습할 수 있도록 한 세트를 맞쪽으로 수록하였습니다.

○ **점수를 올려 주는 어휘**
어휘의 뜻을 알아야 지문을 빠르고 정확하게 독해할 수 있습니다. 독해력을 높이는 데 도움이 되도록 지문에 활용된 어휘 중 자주 쓰이는 어휘, 낯선 어휘 등의 사전적 의미를 제시하였습니다.

상세한 정답과 해설

◎ **지문과 선택지의 이해를 돕는 첨삭 해설**
지문의 내용 중 설명이 필요한 부분에 첨삭 해설을 제
시하였습니다. 또한 선택지의 정오 여부를 직관적으로
판단할 수 있도록 선택지 첨삭 해설도 제시하였습니다.

◎ **지식을 쌓는 배경지식**
지문과 관련된 배경지식을 쌓을 수 있도록 읽을거리를
추가로 수록하였습니다.

◎ **지문 분석하기 + 한컷 정리하기**
지문의 구조와 내용을 한눈에 정리해 볼 수 있도록 시
각화하여 수록하였습니다.

◎ **선택지 속 함정**
오답의 함정에 빠지지 않고 정답을 찾을 수 있도록, 문
제 풀이 사고 과정에서 잘못된 부분을 바로잡을 수 있
는 방법을 제시하였습니다.

지문 분석 노트

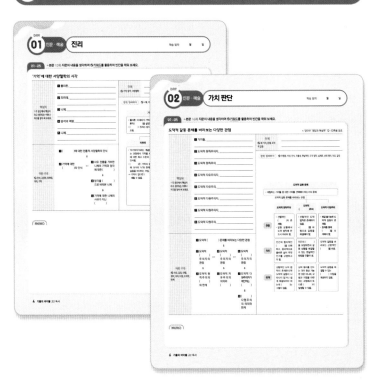

◎ **지문 분석(핵심어, 지문 구조, 주제)**
주어진 키워드를 활용하여 각 문단별 핵심어, 지문 구
조, 주제 코너의 빈칸을 채워 넣는 활동을 통해 지문의
내용을 완벽하게 정리할 수 있도록 설계하였습니다.

◎ **한컷 정리하기**
지문의 내용을 압축하여 정리한 도표를 완성하며, 주요 내
용의 이해도를 스스로 점검해 볼 수 있도록 하였습니다.

이 책의 차례

정답과 해설

DAY 01 인문·예술 진리

01~05 2021년 9월 고2 전국연합학력평가 　　　본문 12~13쪽

01 ①　　**02** ⑤　　**03** ②　　**04** ②　　**05** ③

◯ 문단별 핵심어 　★■■■ 중심 문장

• '기억'에 대한 서양철학의 시각

1 서양철학에서는 많은 철학자들이 기억을 중요한 사유로 인식하며 논의해 왔다. 플라톤은 사물의 영원하고 불변하는 본질적 원형인 이데아가 기억을 통해 인식될 수 있다고 하였다. 이데아에 대한 기억이 그것에 대한 망각보다 ⓐ뛰어난 상태라고 이야기함으로써
이데아
둘 사이에 가치론적 이분법을 설정한 것이다. 더 나아가 하이데거는 진리가 망각이 없는 상태, 즉 기억이 지배하는 상태를 의미한다
기억에 대한 하이데거의 관점
고 강조하였다. 이렇듯 전통적 서양철학에서 기억은 긍정적인 능력으로, 망각은 부정적인 능력으로 인식되어 온 것이다.

2 이와 같은 철학적 사유 속에서, 피히테는 자기의식이라는 개념을 체계적으로 확대하여 설명하는 과정에서 ⑤기억을 세계 경험에 대한 최고 수준의 기능으로 인식하였다. 그는 어떤 대상에 대해 'ⓒA
피히테의 기억에 대한 인식
는 A이다'라는 명제에 의거하여 주장을 할 때, '나는 나이다'가 성립해야만 한다고 생각하였다. 「이는 동일성을 주장하는 '의자는 의자이다'와 같은 명제로 이해할 수 있다. 예전에 친구와 같이 앉았
『 』: 과거의 경험에 대한 기억을 통해 과거의 대상과 현재의 대상을 같다고 의식하는 예시
던 의자를 보았을 때, 우리는 이 의자가 바로 그때의 의자라고 주장할 수 있다.」즉 'A는 A이다'라는 명제는 '과거의 A가 현재의 A이다'
과거의 A에 대한 경험을 기억하고 있다면, 과거의 A는 현재의 A와 같다고 의식할 수 있음.
라는 주장으로 현실화된다. 이러한 주장이 가능하기 위해서는 과거의 의자를 기억하고 있어야 한다는 것이 전제되어야 하고, 이는 과거 그 의자에 앉았던 자신을 기억하는 것과 마찬가지라는 것이었다. 따라서 그가 주장한 ⓒ자기의식은 기억의 능력을 통해 과거의
자기의식의 의미
'나'와 현재의 '나'가 같음을 의식하는 것으로 볼 수 있다. 자기의식을 망각한다면 우리는 친구를 만나도 친구인 줄 모를 것이므로, 그의 입장에서는 기억이 없다면 세계도 존재할 수 없는 것이었다.

3 한편, 니체는 이와 같은 사유 전통을 거부하며 기억 능력에 대해 비판하였다. 그는 기억이 부정적이고 수동적인 능력이라면, 망각은 능동적이며 창조적인 능력이라고 인식하였다. 그에게 있어 망각은
피히테와는 대조적인 니체의 생각
기억을 뛰어넘고자 하는 치열한 투쟁이었다. 그는 망각에 대해 긍정하기 위해 신체와 관련된 사례를 제시하였다. 「새로운 음식을 먹
『 』: 비유를 활용하여 망각을 긍정함.
으려면 위를 비워야 하며 음식물을 배설하지 못한다면 건강한 삶을

ⓑ살아갈 수 없듯이, 과거의 기억들이 정신에 가득 차 있다면 무언
니체가 망각을 긍정적으로 보는 이유
가를 새롭게 인식하는 것은 불가능하다고 주장하였다.」그에 따르면 기억에만 집착하는 사람들은 새로운 것을 ⓒ낯설고 불편한 것으로 여겨 변화와 차이를 긍정할 수 없기 때문에 현재를 행복하게 살아
니체가 기억을 부정적으로 보는 이유
갈 수 없는 것이었다.

4 또한 그는 건강한 망각의 역량을 복원하기 위해서 궁극적으로
니체
순진무구한 아이와 같은 모습이 되어야 한다고 주장하였다. 「예를 들어 아이가 바닷가에 놀러가 모래성을 만들었을 때, 이것이 부서
『 』: 건강한 망각의 역량의 예시
지더라도 슬퍼하기보다는 웃으면서 즐거워할 것이라고 보았다. 아이는 그 자리에 다시 새로운 모래성을 만들 수 있음을 직감하기 때문에 부서진 모래성을 기억하면서 좌절하고 우울해할 필요가 없다는 것이었다.」이렇듯 니체에게 아이는 망각의 창조적 능력을 ⓓ되
니체의 관점에서 '아이'가 갖는 의미
찾은 인간을 상징하였다. 결국 그는 현재를 행복하게 살아가기 위한 능력으로써 망각을 긍정적으로 바라보았던 것이다.

5 그러나 니체가 인간이 가진 기억 능력 자체를 완전히 제거하자고 주장했던 것은 아니다. 철저한 망각은 현실적으로 불가능할 뿐만 아니라, 현재를 향유할 수 있도록 어느 정도 지속되는 기억이 필
기억 능력이 필요한 이유
요했기 때문이었다. 「마치 음식이 위에서 전혀 머무르지 않고 바로
『 』: 비유를 활용하여 기억의 필요성을 제시함.
배설된다면 건강한 삶을 살 수 없는 것처럼 말이다.」그럼에도 불구하고 기억이 주된 사유로 인식되던 서양철학에서 망각의 능력을
니체의 망각에 대한 사유의 의의
ⓔ찾아내고자 했다는 점에서 니체의 사유를 주목할 필요가 있을 것이다.

지식을 쌓는 배경지식

에빙하우스의 망각 곡선

① 에빙하우스의 기억 실험
- 19세기 후반에 독일의 심리학자 에빙하우스가 기억과 망각에 대해 연구함.
- 에빙하우스는 의미가 없는 철자열에 대한 학습 내용이 시간의 흐름에 따라 자연적으로 망각되는 모습을 그린 망각 곡선을 제시함.

② 결과
- 학습 직후에 망각이 가장 급속하게 일어나고, 어느 정도 시간이 경과하면 망각이 천천히 진행되는 것으로 나타남.
- 학습한 내용을 오래 기억하기 위해서는 반복 학습과 시간 간격을 두고 여러 번 수행하는 분산 학습이 효과적임.
- 의미가 없는 철자열과 같은 무의미 기억 자료가 아닌 의미 기억 자료를 사용하면 결과가 달라질 수 있다는 비판이 제기되기도 함.

지문 분석하기

|지문 구조|

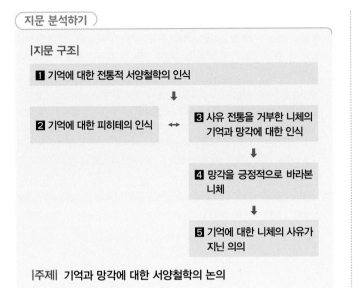

1 기억에 대한 전통적 서양철학의 인식

↓

2 기억에 대한 피히테의 인식 ↔ **3** 사유 전통을 거부한 니체의 기억과 망각에 대한 인식

↓

4 망각을 긍정적으로 바라본 니체

↓

5 기억에 대한 니체의 사유가 지닌 의의

|주제| 기억과 망각에 대한 서양철학의 논의

한컷 정리하기

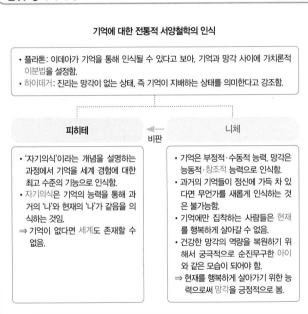

기억에 대한 전통적 서양철학의 인식

- 플라톤: 이데아가 기억을 통해 인식될 수 있다고 보아, 기억과 망각 사이에 가치론적 이분법을 설정함.
- 하이데거: 진리는 망각이 없는 상태, 즉 기억이 지배하는 상태를 의미한다고 강조함.

피히테 ← 비판 **니체**

피히테	니체
· '자기의식'이라는 개념을 설명하는 과정에서 기억을 세계 경험에 대한 최고 수준의 기능으로 인식함. · 자기의식은 기억의 능력을 통해 과거의 '나'와 현재의 '나'가 같음을 의식하는 것임. ⇒ 기억이 없다면 세계도 존재할 수 없음.	· 기억은 부정적·수동적 능력, 망각은 능동적·창조적 능력으로 인식함. · 과거의 기억들이 정신에 가득 차 있다면 무언가를 새롭게 인식하는 것은 불가능함. · 기억에만 집착하는 사람들은 현재를 행복하게 살아갈 수 없음. · 건강한 망각의 역량을 복원하기 위해서 궁극적으로 순진무구한 아이와 같은 모습이 되어야 함. ⇒ 현재를 행복하게 살아가기 위한 능력으로써 망각을 긍정적으로 봄.

01 핵심 내용의 파악 정답 ①

선택률	① 89%	② 4%	③ 2%	④ 4%	⑤ 1%

독서의 분야를 고려하여 윗글을 읽는다고 할 때, ㉮에 들어갈 내용으로 가장 적절한 것은?

보기

_____ ㉮ _____ 하며 읽어야겠군.

정답 풀이

① 인간의 사상을 탐구하고 있으므로, 글에 담긴 관점을 정확하게 파악

[해설] 1문단에서 플라톤과 하이데거의 기억에 대한 관점이 서술되어 있으며, 2문단에서는 피히테의 기억, 3문단에서 5문단까지는 니체의 기억과 망각에 대한 사유가 서술되어 있다. 따라서 기억과 망각이라는 인간의 사상을 탐구하고 있으므로 각 사상가의 관점을 정확하게 파악하며 읽는 것이 적절한 읽기 방법이라고 할 수 있다.

오답 풀이

② 사회 현상을 다루고 있으므로, 관련된 배경지식을 적극적으로 활용

[해설] 이 글은 인간의 사상에 대해 다루고 있을 뿐 사회 현상을 다루고 있지 않다.

③ 삶의 문제를 분석하고 있으므로, 글에 반영된 사회적 요구를 논리적으로 평가

[해설] 이 글에서 사회적 요구가 반영된 내용은 찾을 수 없다. 또한 삶의 문제를 분석한다기보다는 기억과 망각에 대한 학자들의 견해를 제시하는 글이다.

④ 사실과 법칙을 인과적으로 설명하고 있으므로, 용어나 개념을 명확하게 이해

[해설] 과학적 사실과 법칙을 원인과 결과에 따라 설명하는 것이 아니라, 기억과 망각에 대한 각 사상가들의 사상에 대해 설명하고 있는 글이다.

⑤ 연구 성과를 실생활에 응용하고 있으므로, 사용된 자료의 신뢰성을 적절히 판단

[해설] 사상가들의 연구 성과를 실생활에 응용한 것은 아니다. 이 글에 사용된 예시는 사상의 이해를 돕기 위한 것일 뿐이며, 사용된 자료도 없다.

02 세부 정보의 파악 정답 ⑤

선택률	① 3%	② 3%	③ 5%	④ 8%	⑤ 81%

윗글의 내용과 일치하지 않는 것은?

정답 풀이

⑤ 니체는 현재를 행복하게 살아가기 위해 철저한 망각이 필요하다고 판단하였다.
↳ 망각과 함께 어느 정도 지속되는 기억이 필요하다고

[해설] 5문단에서 니체는 인간이 가진 기억 능력 자체를 완전히 제거하자고 주장했던 것이 아님을 알 수 있다. 철저한 망각은 현실적으로 불가능할 뿐만 아니라, 현재를 향유할 수 있도록 어느 정도 지속되는 기억이 필요하다고 보았다.

오답 풀이

① 플라톤은 가치론적 이분법을 통해 기억을 설명하였다.
가치를 서로 대립하여 구분하는 방법

[해설] 1문단에서 플라톤은 이데아에 대한 기억이 그것에 대한 망각보다 뛰어난 상태라고 이야기함으로써 둘 사이에 가치론적 이분법을 설정하였다고 하였다.

② 하이데거는 기억이 지배하는 상태를 진리로 인식하였다.

[해설] 1문단에서 하이데거는 진리가 망각이 없는 상태, 즉 기억이 지배하는 상태를 의미한다고 보았음을 알 수 있다.

③ 니체는 망각을 긍정적인 능력이라고 판단하며 서양철학의 전통적 사유를 비판하였다.

[해설] 3문단의 '니체는 이와 같은 사유 전통을 거부하며 기억 능력에 대해 비판하였다. 그는 기억이 부정적이고 수동적인 능력이라면, 망각은 능동적이며 창조적인 능력이라고 인식하였다.'라는 부분을 통해 니체는 망각을 긍정적인 능력으로 판단했다는 것을 알 수 있다. 또한 1문단에서 전통적인 서양철학에서 기억은 긍정적인 능력으로 본다고 하였으므로, 니체가 비판한 기억 능력은 서양철학의 전통적 사유를 비판한 것과 같다고 볼 수 있다.

④ 니체는 음식물이 위에 가득 남아 있는 상황과 정신이 기억으로 가득 찬 상태가 유사하다고 생각하였다.

[해설] 3문단에서 니체는 새로운 음식을 먹으려면 위를 비워야 하며 음식물을 배설하지 못한다면 건강한 삶을 살아갈 수 없듯이, 과거의 기억들이 정신에 가득 차 있다면 무언가를 새롭게 인식하는 것은 불가능하다고 하였다. 이를 통해 음식물이 위에 가득 남아 있는 상황은 과거의 기억이 정신에 가득 차 있는 상태를 설명하기 위해 제시한 것으로 파악할 수 있다.

03 특정 정보의 파악
정답 ②

선택률	① 2%	② 81%	③ 4%	④ 6%	⑤ 7%

㉠~㉢에 대한 이해로 가장 적절한 것은?
= ㉠: 기억, ㉡: A는 A0이다, ㉢: 자기의식

정답 풀이

② ㉠이 가능해야만 ㉢도 가능하다.

해설 2문단에서 피히테는 ㉠ '기억'의 능력을 통해 과거의 '나'가 현재의 '나'와 같음을 의식하는 것이 ㉢ '자기의식'이라고 보았음을 알 수 있다. 따라서 기억이 가능해야만 자기의식도 가능하다고 판단할 수 있다.

오답 풀이

① ㉠이 없어도 ㉡에 의거한 주장이 가능하다.
↳ 있어야

해설 2문단에서 피히테는 기억이 있어야 예전에 친구와 같이 앉았던 의자(A)를 보았을 때, 우리는 이 의자(A)가 과거에 봤던 그때 그 의자라고 주장할 수 있다고 보았음을 알 수 있다. 따라서 기억이 존재해야만, 'A는 A0이다'라는 주장이 가능하다.

③ ㉡이 성립해야만 ㉠이 성립한다.
↳ ㉠이   ↳ ㉡이

해설 2문단에서 피히테는 기억이 있어야 예전에 친구와 같이 앉았던 의자(A)를 보았을 때, 우리는 이 의자(A)가 과거에 봤던 그때 그 의자라고 주장할 수 있다고 보았음을 알 수 있다. 즉 기억이 존재해야만, 'A는 A0이다'라는 주장이 성립한다고 볼 수 있다.

④ ㉢은 ㉠을 위해 존재한다.
↳ ㉠이 ㉢을 가능하게 만드는 전제임.

해설 2문단에서 피히테는 기억의 능력을 통해 과거의 '나'가 현재의 '나'와 같음을 의식하는 것이 자기의식이라고 보았음을 알 수 있다. 자기의식이 기억을 위해 존재한다고 본 것은 아니다.

⑤ ㉢은 ㉡이 전제되어야 한다.
↳ ㉠이

해설 2문단에서 피히테는 기억의 능력을 통해 과거의 '나'가 현재의 '나'와 같음을 의식하는 것이 자기의식이라고 보았음을 알 수 있다. 따라서 기억이 전제되어야만 자기의식이 가능한 것이라고 볼 수 있다.

04 구체적 상황에 적용
정답 ②

선택률	① 4%	② 46%	③ 18%	④ 8%	⑤ 24%

윗글을 바탕으로 〈보기〉에 대해 이해한 내용으로 적절하지 않은 것은? [3점]

보기

갑: 지갑이 많이 낡았네. 하나 새로 사 줄까?

을: 아직은 새로 사기 싫어요. 아빠가 생일 선물로 처음 사 주신 거라서 저한테는 의미가 있고 익숙해서 좋아요.
  과거의 경험을 통해서 '과거의 나'와 '현재의 나'를 같다고 여김.

갑: 그렇구나. 근데 지난번에는 평소와 달리 국어 시험 못 봤다고 했잖아. 이번 시험 준비는 잘하고 있니?

을: 지난 시험은 지난 시험일 뿐이죠. 잊을 건 잊고 이번 국어 시험도 열심히 준비하고 있어요.
  망각을 긍정적으로 인식하고 있음.

정답 풀이

② 피히테는 을의 '지난 시험은 지난 시험이다.'라는 주장은 '시험은 시험이다'라는 명제가 현실화된 것이라고 볼 것이다.
↳ '시험은 시험이다'라는 명제가 현실화된 것이라면 '지난 시험은 현재의 시험이다.'가 되어야 함.

해설 '지난 시험은 지난 시험이다.'라는 주장은 얼핏 보면 피히테가 2문단에서 이야기한 'A는 A0이다'와 같은 문장처럼 보이지만, 'A는 A0이다'라는 명제는 '과거의 A가 현재의 A0이다'라는 의미로 보아야 한다. 따라서 피히테의 관점에 따르면 '시험은 시험이다'라는 명제가 현실화되려면 '지난 시험은 현재의 시험이다.'라는 문장이 되어야 한다.

오답 풀이

① 피히테는 을이 선물을 받았던 자신과 현재의 자신이 같음을 기억의 능력을 통해 의식하고 있다고 볼 것이다.

해설 2문단에서 피히테는 인간이 기억의 능력을 통해 과거의 자신과 현재의 자신이 같음을 의식한다고 보았음을 알 수 있다. 을이 현재 자신의 지갑이 과거에 생일 선물로 받은 지갑이라고 말하고 있는 것은, 을이 과거의 지갑을 기억하고 있음을 보여 주는 것이다. 따라서 피히테의 관점에서 을은 과거의 지갑을 기억하고 있고 이는 과거의 자신을 기억하는 것과 마찬가지이며, 피히테는 을이 기억의 능력을 통해 선물을 받았던 자신과 현재의 자신이 같음을 의식하고 있다고 볼 것이다.

③ 니체는 을이 지갑에 대한 과거의 기억에 집착하여 지갑을 새로 사는 것을 긍정하지 않는다고 볼 것이다.

해설 3문단에서 니체는 기억에 집착하면 새로운 것을 낯설고 불편한 것으로 여겨 변화와 차이를 긍정할 수 없다고 보았음을 알 수 있다. 을이 아빠가 생일 선물로 처음 사 준 것이라 자신에게 의미가 있고 익숙하기 때문에 지갑을 새로 사고 싶지 않다고 한 것은, 을이 지갑에 대한 과거의 기억에 사로잡혀 있음을 보여 주는 것이다. 따라서 니체의 관점에서 을은 지갑에 대한 과거의 기억에 집착하여 지갑을 새로 사는 것을 긍정하지 않는다고 볼 수 있다.

④ 니체는 을이 국어 시험을 다시 준비하는 것을 보고 기억을 뛰어넘어 현재를 행복하게 살아갈 수 있는 사람이라고 볼 것이다.

해설 3문단에서 니체는 망각을 능동적이며 창조적인 능력이자, 기억을 뛰어넘고자 하는 치열한 투쟁으로 보았음을 알 수 있다. 또한 4문단에서 니체는 망각을 현재를 행복하게 살아가기 위한 능력으로 보았음을 알 수 있다. 을이 지난번의 좋지 않은 시험 결과를 잊고 이번 국어 시험을 열심히 준비하고 있는 것은, 과거의 기억을 뛰어넘고자 하는 것으로 볼 수 있다. 따라서 니체의 관점에서 을은 기억을 뛰어넘어 현재를 행복하게 살아갈 수 있는 사람이라고 볼 수 있다.

⑤ 니체는 을이 지난 시험 결과에 대해 좌절하지 않는 것은 다음 시험에서 좋은 결과를 얻을 수 있을 것임을 직감하기 때문이라고 볼 것이다.

해설 4문단에서 니체는 망각의 역량을 강조하며, 순진무구한 아이처럼, 자신이 만든 모래성이 부서지더라도 좌절하거나 우울해하지 않고 새로운 모래성을 만들 수 있음을 직감하며 웃으면서 즐거워할 수 있어야 한다고 주장하였음을 알 수 있다. 을이 지난 시험은 지난 시험일 뿐이라며 좌절하지 않고 다음 시험을 열심히 준비하고 있는 것은, 을이 건강한 망각의 역량을 가졌음을 보여 주는 것이라 할 수 있다. 따라서 니체의 관점에서 을은 다음 시험에서 좋은 결과를 얻을 수 있을 것임을 직감하기 때문에 좌절하지 않는 것이라고 볼 수 있다.

😈 선택지 속 함정

헷갈릴 만한 매력적인 오답이 2개나 제시된 만만찮은 문제였어. ③을 선택했다면 성급한 판단을 했거나, 을이 아니라 니체가 '지갑을 새로 사는 것을 긍정하지 않는다.'라고 문장의 주어를 잘못 파악했을 가능성이 높아. 서술어와 주어의 관계는 늘 유의해서 파악해야겠지? ⑤를 선택했다면 '좋은 결과를 직감'한 것은 아니지 않아? 하는 생각을 했을 거야. 지문에 '직감'이라는 단어가 나와 있는 만큼 지문과 〈보기〉를 대응해서 파악해야 해. 정답을 찾기 위해서는 피히테가 말하는 'A는 A0이다'의 의미를 '기억'이라는 지문의 중심 어휘를 통해 '과거의 A는 현재의 A0이다'로 바꿔서 생각해야 했어.

05 어휘의 문맥적 의미 파악

정답 ③

선택률	① 2%	② 15%	③ 73%	④ 5%	⑤ 5%

문맥상 ⓐ~ⓔ와 바꿔 쓰기에 적절하지 <u>않은</u> 것은?

정답 풀이

③ ⓒ: 난해(難解)하고
= 낯설고

해설 '낯설다'는 '전에 본 기억이 없어 익숙하지 아니하다.'라는 의미이다. '난해하다'는 '뜻을 이해하기 어렵다.'라는 의미이므로 ⓒ와 바꿔 쓰기에 적절하지 않다.

오답 풀이

① ⓐ: 우월(優越)한
= 뛰어난

해설 '뛰어나다'는 '남보다 월등히 훌륭하거나 앞서 있다.'라는 의미이다. '우월하다'는 '다른 것보다 낫다.'라는 의미이므로 ⓐ와 바꿔 쓸 수 있다.

② ⓑ: 영위(營爲)할
= 살아갈

해설 '살아가다'는 '목숨을 이어 가거나 생활을 해 나가다.'라는 의미이다. '영위하다'는 '일을 꾸려 나가다.'라는 의미이므로 ⓑ와 바꿔 쓸 수 있다.

④ ⓓ: 회복(回復)한
= 되찾은

해설 '되찾다'는 '다시 찾거나 도로 찾다.'라는 의미이다. '회복하다'는 '원래의 상태로 돌이키거나 원래의 상태를 되찾다.'라는 의미이므로 ⓓ와 바꿔 쓸 수 있다.

⑤ ⓔ: 발견(發見)하고자
= 찾아내고자

해설 '찾아내다'는 '모르는 것을 알아서 드러내다.'라는 의미이다. '발견하다'는 '미처 찾아내지 못하였거나 아직 알려지지 아니한 사물이나 현상, 사실 따위를 찾아내다.'라는 의미이므로 ⓔ와 바꿔 쓸 수 있다.

06~09 2020년 11월 고2 전국연합학력평가

본문 14~15쪽

06 ① **07** ③ **08** ③ **09** ③

◯ 문단별 핵심어 ★ ▬▬ 중심 문장

• 프레게의 '고유 이름'에 대한 이해

1 언어철학에서 특정 인물이나 사물 등을 나타내는 고유 이름은 언어와 대상의 관계를 밝히는 데 중요한 역할을 하는 언어 표현이다. 그래서 고유 이름이 의미하는 바가 무엇인지에 대한 논의는 언어철학자들의 중요한 관심사였다. 그중 의미지칭이론에 따르면 고유 이름이 의미하는 바는 그 표현이 지칭하는 것, 즉 지시체 자체이다.
고유 이름의 의미에 대한 의미지칭이론의 견해
이들에 따르면 '금성'이라는 고유 이름이 의미하는 바는 금성 자체인 것이다. 하지만 프레게는 이러한 의미지칭이론의 입장을 그대로 받아들일 경우 발생하는 문제를 지적하며, 이를 해결하기 위해 지시체와 '뜻'을 구분하여 고유 이름이 의미하는 바를 새롭게 설명
의미지칭이론을 비판한 프레게의 새로운 이론
하는 이론을 제시한다.

2 먼저 프레게는 고유 이름이 의미하는 바가 지시체라는 의미지칭이론의 입장을 따를 경우에 발생하는 문제를 밝힌다. 다음의 두 문장을 보자.

1) 샛별은 샛별이다.

2) 샛별은 개밥바라기이다.

3 프레게에 의하면 의미지칭이론의 입장에서 1)과 2)는 완전히 동일한 의미를 지녀야 한다. 왜냐하면 의미지칭이론에 따르면 밑줄 친 '샛별'과 '개밥바라기'라는 두 고유 이름이 의미하는 바는 금성이라는 지시체로 동일하기 때문이다. 하지만 프레게는 1)은 동어의 반복이기에 정보를 제공하지 않고, 2)는 정보를 제공하기 때문에 사
두 문장이 다르게 인식됨을 보여 주며 의미지칭이론의 문제점을 지적함.
람들은 두 문장을 다르게 인식하게 된다고 말한다. 그리고 이러한 인식적 차이가 발생하는 이유가 고유 이름이 지시체 그 자체가 아
고유 이름의 의미에 대한 프레게의 견해 ①
닌 뜻을 의미하기 때문이라고 주장한다. 즉 프레게는 '샛별'은 아침에 뜨는 별이라는 뜻을, '개밥바라기'는 저녁에 뜨는 별이라는 뜻을 의미하며, '샛별'과 '개밥바라기'는 동일한 지시체인 금성을 서로 다른 제시 방식으로 제시한 것이라고 말한다. 프레게는 이처럼 동일한 지시체의 서로 다른 제시 방식인 '샛별'과 '개밥바라기'는 다른 뜻을 가진다고 말한다. 따라서 프레게는 고유 이름이 의미하는 바는 지시체가 아니기에 지시체와 뜻을 구분해야 하고, 뜻의 차이로 인해 1)과 2)가 인식적 차이가 있음을 설명하려고 한 것이다.

4 프레게는 고유 이름에 한정 기술구도 포함되어야 한다고 주장한
고유 이름의 의미에 대한 프레게의 견해 ②
다. 한정 기술구란 오직 하나의 대상만이 만족하는 조건을 몇 개의 단어나 이런저런 기호로 구성한 언어 표현이다. 예를 들어 프레게는 '플라톤의 가장 유명한 제자'나 『니코마코스 윤리학』의 저자'와 같은 한정 기술구도 '아리스토텔레스'와 같은 고유 이름으로 간주한다. 그래서 프레게에 따르면 '플라톤의 가장 유명한 제자'와 『니코마코스 윤리학』의 저자'는 고유 이름들이며, 아리스토텔레스라는 사람에 대한 서로 다른 제시 방식으로 각각은 다른 뜻을 가진다.

5 한편 프레게는 특정 지시체에 대해 개인이 갖고 있는 관념
고유 이름의 의미에 대한 프레게의 견해 ③
을 뜻과 혼동해서는 안 된다고 말한다. 관념은 지시체에서 개인이 감각적 경험을 통해 얻게 된 주관적인 내적 이미지이다. 반
관념에 대한 프레게의 견해
면 뜻은 우리가 의사소통을 통해 전달하고 이해할 수 있어야 하
뜻에 대한 프레게의 견해
기에, 언어 공동체가 공유할 수 있는 객관적으로 합의된 재산인

[A] 것이다. 다시 말해 우리가 성공적으로 의사소통할 수 있는 이유는 뜻이 공적인 것이기 때문이다. 만약 뜻이 개인의 관념과 같다고 한다면 뜻은 사람마다 다르게 되고, 의사소통은 성공적으
관념과 뜻을 혼동해서는 안 되는 이유
로 이루어지기 어렵게 된다. 따라서 프레게는 언어 표현의 뜻은 개인이 지시체에 대해 갖는 관념과는 다르다는 것을 분명히 한다.

6 결국 프레게는 지시체와 뜻을 구분함으로써 고유 이름이 의미하는 바를 명확히 하였다. 또한 이를 통해 의미지칭이론에서 설명하지 못하는 ⊙'유니콘'과 같이 지시체가 존재하지 않는 허구적인 대상의 고유 이름이 의미하는 바를 설명할 수 있게 되었다.

<small>프레게 이론의 의의 ①</small>

<small>프레게 이론의 의의 ②</small>

지식을 쌓는 배경지식

러셀의 논리적 원자론과 기술 이론

① 논리적 원자론
- 세계와 언어는 각각 더 이상 나뉠 수 없는 최소의 단위인 원자로 구성되어 있다는 이론
- 우리가 사용하는 명제는 세계와 1대 1로 대응하기에 의미를 가진다고 봄.

② 기술 이론
- 세계를 기술하는 모든 명제는 논리적 분석을 통해 원자 명제로 나누어지며, 그 진위는 원자 명제의 진위에 따라 결정된다는 이론
- "현재 프랑스 왕은 대머리이다" : '프랑스 왕이 있다'와 '그는 대머리이다'라는 두 명제가 결합된 것으로, 첫 번째 명제가 참이어야만 전체 명제가 의미 있을 수 있는데 현재 프랑스 왕은 존재하지 않으므로 주장 전체가 거짓이라고 설명함.

지문 분석하기

|지문 구조|

1 고유 이름의 의미에 대한 의미지칭이론의 견해와 이를 비판한 프레게의 이론

↓

2 의미지칭이론을 따를 때 발생하는 문제를 지적한 프레게

↓

3 프레게의 견해 ① – 고유 이름은 뜻을 의미함.	↔	**4** 프레게의 견해 ② – 고유 이름에 한정 기술구도 포함되어야 함.	↔	**5** 프레게의 견해 ③ – 관념과 뜻을 구분해야 함.

↓

6 프레게 이론의 의의

|주제| 고유 이름의 의미에 대한 프레게의 이론

한컷 정리하기

의미지칭이론	← 비판	프레게
• 고유 이름은 지시체 자체라고 봄. • 서로 다른 고유 이름으로 표현한 두 문장은 완전히 동일한 의미를 지닌다고 봄.		• 지시체와 뜻을 구분하여 고유 이름이 의미하는 바를 새롭게 설명하는 이론을 제시함.

프레게의 이론
- 고유 이름이 지시체 그 자체가 아닌 '뜻'을 의미한다고 봄.
- 고유 이름에 한정 기술구도 포함되어야 한다고 주장함.
- 특정 지시체에 대해 개인이 갖고 있는 관념을 뜻과 혼동해서는 안 된다고 말함.

---

06 글의 전개 방식 파악

정답 ①

선택률	① 87%	② 5%	③ 3%	④ 1%	⑤ 4%

윗글에 대한 설명으로 가장 적절한 것은?

[정답 풀이]

① 기존의 이론을 비판한 새로운 이론을 예를 중심으로 설명하고 있다.

[해설] 고유 이름이 의미하는 바를 지시체 자체로 본 기존의 의미지칭이론을 비판하고, 고유 이름이 의미하는 바를 새롭게 설명한 프레게의 이론을 '샛별'과 '개밥바라기', '아리스토텔레스', '유니콘' 등의 예를 통해 설명하고 있으므로 적절하다.

[오답 풀이]

② 특정 학자가 주장한 이론의 변천 과정을 통시적 관점에서 분석하고 있다.

[해설] 프레게의 이론이 제시되어 있지만, 그 이론의 변천 과정이 나타나 있지는 않다.

③ 상반된 이론을 제시한 후 두 이론을 절충한 새로운 이론을 소개하고 있다.

[해설] 고유 이름이 의미하는 바를 지시체 자체로 본 의미지칭이론과 이를 비판하며 고유 이름이 의미하는 바를 새롭게 설명한 프레게의 이론이 제시되어 있지만, 두 이론을 절충한 새로운 이론을 소개하고 있지는 않다.

④ 특정 이론에 대한 다양한 관점을 제시하고 각 관점의 장단점을 비교하고 있다.

[해설] 의미지칭이론과 이를 비판한 프레게의 이론이 제시되어 있지만, 특정 이론에 대한 다양한 관점이 제시되어 있지는 않다.

⑤ 특정 학자가 자신의 이론에 제기된 문제점을 수용하는 과정을 단계별로 밝히고 있다.

[해설] 의미지칭이론의 입장을 수용할 경우 발생하는 문제점을 지적한 프레게의 이론이 제시되어 있을 뿐, 프레게가 자신의 이론에 제기된 문제점을 수용하는 과정을 단계별로 밝히고 있지는 않다.

---

07 구체적 상황에 적용

정답 ③

선택률	① 7%	② 2%	③ 86%	④ 2%	⑤ 3%

〈보기〉는 프레게의 이론을 비유적으로 설명하기 위한 예시이다. 윗글의 [A]를 참고하여 프레게의 입장에서 〈보기〉의 ⓐ~ⓒ를 설명할 수 있는 말로 적절한 것을 고른 것은?

보기

우리 가족들은 천문대에 가서 ⓐ밤하늘의 달을 보았다. 그날 우리는 하나의 망원경을 통해 달을 보고 이야기를 나눌 수 있었다. ⓑ우리 가족이 나눈 대화 속 망원경 렌즈에 맺힌 달의 형상은 모두 같았지만, 그날 망원경의 렌즈를 거쳐 ⓒ망막에 맺힌 달은 우리 가족에게 서로 다른 추억으로 기억되고 있다.

<small>ⓐ 지시체 자체</small>

<small>ⓑ 언어 공동체가 객관적으로 합의된 '뜻'에 의해 의사소통함.</small>

<small>ⓒ 개인이 감각적 경험을 통해 얻게 된 주관적 내적 이미지인 관념</small>

③   ⓐ   ⓑ   ⓒ
    지시체   뜻   관념

해설 5문단에서 프레게는 특정 지시체에 대해 개인이 갖고 있는 관념을 뜻과 혼동해서는 안 된다고 말하며, 관념은 지시체에서 개인이 감각적 경험을 통해 얻게 된 주관적인 내적 이미지이고, 뜻은 의사소통을 위해 언어 공동체가 공유할 수 있는 객관적으로 합의된 것이라고 하였다. 이러한 프레게의 입장에서 〈보기〉의 ⓐ는 가족들이 관찰한 대상이므로 '지시체'에 해당한다. 그리고 ⓑ에서는 가족이 나눈 대화 속 망원경 렌즈에 맺힌 달의 형상이 모두 같았다고 하였으므로 이는 지시체인 달에 대해 언어 공동체가 객관적으로 합의된 '뜻'을 통해 서로 의사소통한 것을 비유했다고 이해할 수 있다. 마지막으로 ⓒ에서는 망막에 맺힌 달은 우리 가족에게 서로 다른 추억으로 기억되고 있다고 하였는데, 이는 지시체인 달에서 개인이 감각적 경험을 얻게 된 주관적인 내적 이미지인 '관념'을 비유한 것으로 이해할 수 있다.

①   지시체   관념   뜻
                 ↳ 뜻   ↳ 관념

해설 〈보기〉에서 비유적으로 제시된 ⓑ는 가족들이 하나의 렌즈에 맺힌 달의 형상을 보고 이야기를 나누었으므로 '뜻'으로 설명할 수 있다. 또한 〈보기〉에서 비유적으로 제시된 ⓒ는 우리 가족에게 서로 다른 추억으로 기억되고 있다는 것으로 보아 '관념'으로 설명할 수 있다.

②   내적 이미지   뜻   관념
   ↳ 지시체

해설 〈보기〉의 ⓐ는 우리 가족들이 관찰한 대상이므로 '지시체'로 설명할 수 있다. 프레게의 이론에서 '내적 이미지'는 '관념'에 해당하므로 적절하지 않다.

④   내적 이미지   관념   뜻
   ↳ 지시체   ↳ 뜻   ↳ 관념

해설 〈보기〉의 ⓐ는 우리 가족들이 관찰한 대상이므로 '지시체'로 설명할 수 있다. 프레게의 이론에서 '내적 이미지'는 '관념'에 해당하므로 적절하지 않다. 또한 〈보기〉에서 비유적으로 제시된 ⓑ는 가족들이 하나의 렌즈에 맺힌 달의 형상을 보고 이야기를 나누었으므로 '뜻'으로 설명할 수 있고, ⓒ는 우리 가족에게 서로 다른 추억으로 기억되고 있다는 것으로 보아 '관념'으로 설명할 수 있다.

⑤   지시체   내적 이미지   뜻
              ↳ 뜻   ↳ 관념

해설 〈보기〉에서 비유적으로 제시된 ⓑ는 가족들이 하나의 렌즈에 맺힌 달의 형상을 보고 이야기를 나누었으므로 '뜻'으로 설명할 수 있다. 프레게의 이론에서 '내적 이미지'는 '관념'에 해당하므로 적절하지 않다. 또한 〈보기〉에서 비유적으로 제시된 ⓒ는 우리 가족에게 서로 다른 추억으로 기억되고 있다는 것으로 보아 '관념'으로 설명할 수 있다.

08 구체적 상황에 적용   정답 ③

선택률	① 8%	② 13%	③ 67%	④ 4%	⑤ 8%

윗글을 읽은 학생이 프레게의 입장에서 〈보기〉에 대해 보일 수 있는 반응으로 적절하지 않은 것은? [3점]

보기

왼쪽에 있는 삼각형의 각 꼭짓점에서 그 대변의 중점으로 이어지는 선을 a, b, c 라고 할 때, ㉮'a와 b의 교점'과 ㉯'b와 c의 교점'의 지시체는 ㉰o
이다. 따라서 ㉱'o는 a와 b의 교점이다.'와 같은 문장으로 표현할 수 있다.

(㉮ ㉯ 아래: 한정 기술구, 고유 이름 / ㉰ 아래: 지시체)

③ ㉮와 ㉯로 의사소통이 가능한 이유는 ㉰에 대한 개인의 내적 이미지가 일치하기 때문이겠군.
    ↳ ㉰의 뜻이 공적인 것이기

해설 5문단에서 프레게는, 관념은 지시체에서 개인이 감각적 경험을 통해 얻게 된 주관적 내적 이미지이며, 뜻은 언어 공동체가 공유할 수 있는 객관적으로 합의된 재산으로, 우리가 성공적으로 의사소통할 수 있는 이유는 뜻이 공적인 것이기 때문이라고 하였다. 따라서 이러한 프레게의 입장에서 〈보기〉의 ㉮와 ㉯로 의사소통이 가능한 이유는 ㉰에 대한 개인의 내적 이미지가 일치하기 때문이 아니라, 뜻이 공적인 것이기 때문이다.

① ㉮와 ㉯는 동일한 지시체를 지칭하지만 뜻은 서로 다르다고 볼 수 있겠군.

해설 3문단과 4문단에서 프레게는 동일한 지시체의 서로 다른 제시 방식들은 다른 뜻을 가진다고 보았음을 알 수 있다. 〈보기〉에서 ㉮와 ㉯의 지시체는 ㉰라고 하였으므로 ㉮와 ㉯는 동일한 지시체인 ㉰를 서로 다른 제시 방식으로 지칭한 고유 이름들이다. 따라서 프레게의 입장에서 ㉮와 ㉯는 동일한 지시체를 지칭하지만 뜻은 서로 다르다고 볼 수 있다.

② ㉮와 ㉯는 몇 개의 단어와 기호로 구성되어 있지만 고유 이름으로 볼 수 있겠군.

해설 1문단에서 고유 이름은 특정 인물이나 사물 등을 나타낸다고 하였고, 4문단에서 프레게는 오직 하나의 대상만이 만족하는 조건을 몇 개의 단어나 이런저런 기호로 구성한 언어 표현인 한정 기술구도 고유 이름에 포함되어야 한다고 주장하였음을 알 수 있다. 따라서 프레게의 입장에서 ㉮와 ㉯는 몇 개의 단어와 기호로 구성되어 있지만 고유 이름으로 볼 수 있다.

🎈 선택지 속 함정

이 문제는 제시된 그림에 대한 이해가 필요해. ㉮, ㉯, ㉰를 그냥 언어적으로만 이해하려고 하지 말고, 그림을 활용하면 쉽게 이해할 수 있어. ㉮와 ㉯는 그림에서 확인하면 모두 ㉰와 동일한 지점을 가리키니 동일한 지시체인 ㉰를 서로 다른 제시 방식으로 표현한 것이지. 이때 ㉮와 ㉯가 어떤 한 지점, 즉 특정 사물을 나타내므로 '고유 이름'임을 알 수 있고, 4문단에서 '몇 개의 단어나 이런저런 기호로 구성한 언어 표현'을 '한정 기술구'라고 했으니 '고유 이름'에 포함되는 '한정 기술구'라고 연결하여 이해할 수 있어.

④ ㉰에 대한 제시 방식에는 ㉮와 ㉯뿐만 아니라 'a와 c의 교점'도 포함할 수 있겠군.

해설 4문단에서 프레게는 오직 하나의 대상만이 만족하는 조건을 몇 개의 단어나 이런저런 기호로 구성한 언어 표현인 한정 기술구도 고유 이름에 포함되어야 한다고 주장하였으며, 동일한 지시체를 서로 다른 제시 방식으로 제시할 수 있다고 보았음을 알 수 있다. 〈보기〉의 그림을 보면 'a와 c의 교점'도 지시체 ㉰를 가리키는 다른 제시 방식이 될 수 있음을 알 수 있으므로, 프레게의 입장에서 ㉰에 대한 제시 방식에는 ㉮와 ㉯뿐만 아니라 'a와 c의 교점'도 포함할 수 있다고 볼 수 있다.

⑤ ㉱는 'o는 o이다.'라는 문장과 인식적 차이가 발생한다고 할 수 있겠군.

해설 3문단에서 프레게는 동어의 반복이기에 정보를 제공하지 않는 문장과 정보를 제공하는 문장을 사람들이 다르게 인식하게 된다고 말하며, 이러한 인식적 차이가 발생하는 이유는 고유 이름이 지시체 그 자체가 아닌 '뜻'을 의미하기 때문이라고 주장하였음을 알 수 있다. 따라서 프레게의 입장에서 'o는 o이다.'라는 문장은 동어의 반복이기에 정보를 제공하지 않는 반면, ㉱는 정보를 제공하기 때문에 두 문장에 인식적 차이가 발생한다고 할 수 있다.

윗글을 참고할 때, 의미지칭이론에서 ㉠을 설명하지 못하는 이유를 추론한 내용으로 가장 적절한 것은?

= '유니콘'과 같이 지시체가 존재하지 않는 허구적인 대상의 고유 이름이 의미하는 바

정답 풀이

③ 고유 이름이 의미하는 바를 지시체 그 자체로 보기 때문이겠군.

해설 1문단에서 의미지칭이론에 따르면 고유 이름이 의미하는 바는 그 표현이 지칭하는 것, 즉 지시체 자체라고 하였다. 이러한 의미지칭이론에서는 '유니콘'과 같이 지시체가 존재하지 않는 대상에 대해서는 고유 이름이 의미하는 바를 설명할 수 없다. 따라서 의미지칭이론에서 ㉠을 설명하지 못하는 이유는 고유 이름이 의미하는 바를 지시체 그 자체로 보기 때문이다.

오답 풀이

① 고유 이름은 다수의 지시체를 의미한다고 보기 때문이겠군.

해설 1문단에서 의미지칭이론에 따르면 고유 이름이 의미하는 바는 그 표현이 지칭하는 것, 즉 지시체 자체라고 하였다. 의미지칭이론에서 고유 이름이 다수의 지시체를 의미한다고 본다는 내용은 확인할 수 없다.

② 고유 이름과 지시체는 서로 관련이 없다고 보기 때문이겠군.

해설 1문단에서 의미지칭이론에 따르면 고유 이름이 의미하는 바는 그 표현이 지칭하는 것, 즉 지시체 자체라고 하였다. 고유 이름과 지시체가 서로 관련이 없다고 본 것이 아니라, 고유 이름이 의미하는 바가 지시체 그 자체라고 본 것이다.

④ 고유 이름과 지시체가 서로 다른 정보를 제공한다고 보기 때문이겠군.

해설 1문단에서 의미지칭이론에 따르면 고유 이름이 의미하는 바는 그 표현이 지칭하는 것, 즉 지시체 자체라고 하였다. 고유 이름과 지시체가 서로 다른 정보를 제공한다고 본 것이 아니라, 고유 이름이 의미하는 바가 지시체 그 자체라고 본 것이다.

⑤ 고유 이름으로는 언어와 대상의 관계를 밝힐 수 없다고 보기 때문이겠군.

해설 1문단에서 언어철학에서 고유 이름은 언어와 대상의 관계를 밝히는 데 중요한 역할을 하는 언어 표현이기 때문에 고유 이름이 의미하는 바가 무엇인지에 대한 논의는 언어철학자들의 중요한 관심사였다고 하였다. 의미지칭이론도 이러한 논의 중 하나라고 하였으므로, 고유 이름이 언어와 대상의 관계를 밝히는 데 중요한 역할을 한다고 보았을 것이다.

DAY 02 인문·예술

가치 판단

01~05   2020년 3월 고2 전국연합학력평가   본문 16~17쪽

01 ②	02 ③	03 ②	04 ③	05 ③

◯ 문단별 핵심어   ★ 중심 문장

• 도덕적 갈등 문제를 바라보는 다양한 관점

1 도움이 필요한 할머니를 외면하고 약속 시간을 지키는 것이 옳은가, 아니면 늦더라도 할머니를 돕는 것이 옳은가? 이렇게 대립하는 가치들 중 어떤 가치를 선택해야 하는가의 문제, 즉 도덕적 갈등 문제를 바라보는 다양한 관점이 있다.

약속 시간 준수 vs 약한 사람 돕기

2 먼저 ㉠도덕적 원칙주의자는 합리적인 이성을 통해 찾을 수 있는 선험적인 도덕 법칙이 존재한다고 본다. 그리고 모든 인간은 이를 반드시 따라야 한다고 주장한다. 따라서 도덕적 원칙주의자는 갈등 상황이 생겼을 때 주관적 욕구나 개인이 처한 상황을 고려하지 말고 도덕 법칙에 따라 행동하라고 말한다.

예외가 없는 절대적인 기준 / 도덕 법칙보다 덜 중요한 가치 / 도덕적 행동의 기준

3 도덕적 원칙주의는 인간의 합리적인 이성을 신뢰하고 이를 통해 윤리적으로 올바른 삶이란 무엇인가를 ⓐ규명하려고 했다는 점에서 의의가 있다. 하지만 어느 사회에나 보편적으로 적용되는 선험적인 도덕 법칙이 존재한다면, 도덕적 갈등은 나타나지 않거나 나타나더라도 쉽게 해결이 돼야 하는데 실제로는 그렇지 않다는 점에서 한계가 있다.

도덕 법칙 탐색 / 도덕적 원칙주의는 도덕 법칙에 따라 행동하면 도덕적 갈등을 해결할 수 있다고 봄.

4 ㉡도덕적 자유주의자는 도덕적 원칙주의자와 달리 선험적인 도덕 법칙이 존재하지 않는다고 본다. 대신 개인들이 합의를 통해 만든 상위 원리를 바탕으로 갈등을 해결해야 한다고 주장한다. 자신의 이익만을 생각하는 편협한 입장에서 벗어나 객관적이고 공평한 지점에서 상위 원리를 만들 수 있다고 보기 때문이다. 상위 원리를 통해 법과 같은 현실적인 규범이나 지침을 만들면 사람들이 이를 ⓑ준수함으로써 도덕적 갈등이 해결된다는 것이다. 따라서 도덕적 자유주의자는 공정한 형식적 절차를 마련하는 것을 최우선으로 삼는다.

도덕적 원칙주의에 대한 부정 / 상위 원리 합의 시 유의점 / 상위 원리 합의의 주안점 / 상위 원리를 바탕으로 만들어짐.

5 도덕적 자유주의는 인간의 자율성을 ⓒ보장하면서 갈등 상황을 해결할 수 있는 현실적인 방법을 만들어 냈다는 데 의의가 있다. 하지만 누구나 동의할 수 있는 상위 원리를 만들어 내는 것이 항상 가능한 것은 아니다. 또한 합의를 통해 상위 원리를 만들었다고 하더라도 구체적인 규범과 지침을 마련하는 과정에서 또 다른 갈등이 발생할 수 있다.

상위 원리가 개인들의 합의에 의해 만들어짐. / 도덕적 자유주의의 한계 ① / 도덕적 자유주의의 한계 ②

6 한편 도덕적 다원주의자는 해결 불가능한 도덕적 갈등이 있다고 주장한다. 이는 도덕적 가치의 우선순위를 판단하는 통일된 지표를 마련하는 것이 어려운 경우가 존재한다고 보기 때문이다. 가령 자유나 평등처럼 가치가 본래 지닌 내재적 속성이 상충되어 어느 하나를 추구하다 보면 다른 것을 상대적으로 덜 중시할 수밖에 없는 경우도 있으며, 어떤 조건에서는 우선시되는 가치가 다른 조건에서는 그렇지 않은 경우도 있다.

갈등 상황을 해결할 수 있는 단일한 기준 마련의 어려움
가치의 상대적 평가의 어려움

7 따라서 도덕적 다원주의자는 중재를 통해 타협점을 ⓓ모색

[가] 하는 방식을 제안한다. 가령 정의라는 가치가 중요하더라도 특정 갈등 상황에서 배려라는 가치가 더 중요하다면 타협을 통해 그것을 선택할 수도 있다고 말한다. 또한 타협하는 과정에서 기존의 도덕적 가치들 외에 새로운 가치를 생성할 수도 있다고 본다. 도덕적 다원주의자는 도덕적 갈등 상황에서 어떤 가치가 옳고 그른지 판단하는 것보다 갈등 당사자 간의 인간관계가 ⓔ훼손되지 않는 것을 중시한다. 갈등 당사자들이 서로 다른 도덕적 가치를 주장한다고 하더라도 한 공동체 안에서 상호 작용하며 살아가야 하는 구성원들이라고 보기 때문이다.

절대적인 가치가 있다고 보지 않음.
이유
각각의 가치보다 공동체의 상호 작용을 우선시함.

8 도덕적 다원주의는 도덕적 갈등을 해결할 수 있는 현실적인 지침을 제공하지 않는다는 비판을 받기도 한다. 하지만 갈등 상황에서 따라야 할 단일 기준을 내세우지 않는다는 것은 상황에 따라 문제를 해결할 수 있는 풍부한 기지와 창조력을 발휘할 수 있는 기회를 제공한다고도 할 수 있다. 이러한 점에서 도덕적 다원주의는 도덕적 갈등을 바라보는 근본적인 인식을 바꾸었다는 의의가 있다.

상황에 따라 다양한 해결책의 탐색이 가능함.
구성원들과의 다양한 합의가 가능함.

지식을 쌓는 배경지식

가치 일원주의, 가치 다원주의, 가치 상대주의

① 가치 일원주의
· 오직 하나의 가치만을 인정하여, 다른 모든 가치는 인정하지 않는 관점
· 단 하나의 가치에 다른 모든 가치를 비추어 옳고 그름을 판단함.

② 가치 다원주의
· 여러 다양한 가치를 수용하고 동등하게 인정하는 관점
· 가치의 다양성을 인정하지만, 다양성을 관통하는 공통적인 가치가 존재한다고 본다는 점에서 가치 상대주의와 다름.

③ 가치 상대주의
· 유일하고 절대적인 가치는 없으며, 가치는 개인이나 사회에 따라 가변적이고 상대적이라는 관점
· 가치 판단의 절대적 기준이 없어 도덕의 가능성을 의심하는 도덕적 회의주의에 빠질 수 있음.

|지문 구조|

1 도덕적 갈등 문제를 바라보는 다양한 관점
↓
2 도덕적 원칙주의자의 관점 ↔ 4 도덕적 자유주의자의 관점 ↔ 6 도덕적 다원주의자의 관점
↓ ↓ ↓
3 도덕적 원칙주의의 의의와 한계 | 5 도덕적 자유주의의 의의와 한계 | 7 도덕적 다원주의자가 제안하는 타협
↓
8 도덕적 다원주의의 의의와 한계

|주제| 도덕적 갈등 문제를 바라보는 세 가지 관점

한컷 정리하기

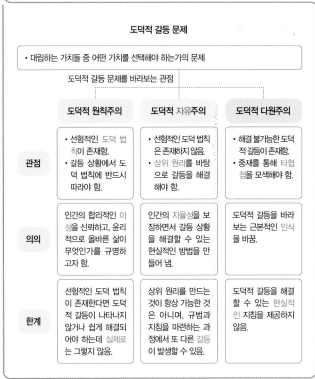

도덕적 갈등 문제

· 대립하는 가치들 중 어떤 가치를 선택해야 하는가의 문제

도덕적 갈등 문제를 바라보는 관점

	도덕적 원칙주의	도덕적 자유주의	도덕적 다원주의
관점	· 선험적인 도덕 법칙이 존재함. · 갈등 상황에서 도덕 법칙에 반드시 따라야 함.	· 선험적인 도덕 법칙은 존재하지 않음. · 상위 원리를 바탕으로 갈등을 해결해야 함.	· 해결 불가능한 도덕적 갈등이 존재함. · 중재를 통해 타협점을 모색해야 함.
의의	인간의 합리적인 이성을 신뢰하고, 윤리적으로 올바른 삶이 무엇인가를 규명하고자 함.	인간의 자율성을 보장하면서 갈등 상황을 해결할 수 있는 현실적인 방법을 만들어 냄.	도덕적 갈등을 바라보는 근본적인 인식을 바꿈.
한계	선험적인 도덕 법칙이 존재한다면 도덕적 갈등이 나타나지 않거나 쉽게 해결되어야 하는데 실제로는 그렇지 않음.	상위 원리를 만드는 것이 항상 가능한 것은 아니며, 규범과 지침을 마련하는 과정에서 또 다른 갈등이 발생할 수 있음.	도덕적 갈등을 해결할 수 있는 현실적인 지침을 제공하지 않음.

---

01 글의 전개 방식 파악

정답 ②

선택률	① 7%	② 83%	③ 4%	④ 2%	⑤ 4%

윗글의 내용 전개 방식으로 가장 적절한 것은?

정답 풀이

② 도덕적 갈등 문제에 대한 다양한 관점을 비교하면서 그 한계와 의의를 밝히고 있다.
도덕적 원칙주의, 도덕적 자유주의, 도덕적 다원주의

해설 1문단에서 도덕적 갈등 문제를 바라보는 다양한 관점이 있음을 밝힌 뒤 2문단에서 도덕적 원칙주의, 4문단에서 도덕적 자유주의, 6~7문단에서 도덕적 다원주의에 대해 설명하며 비교하고 있다. 또한 3문단, 5문단, 8문단에서 각각의 관점의 한계와 의의를 함께 서술하고 있다.

오답 풀이

① **도덕적 갈등 문제에 대한 상반된 관점을 제시하고 절충 방안을 모색하고 있다.**

해설 도덕적 원칙주의와 도덕적 자유주의는 획일적인 기준으로 갈등을 해결하지만 도덕적 다원주의는 다양한 해결 방안을 모색할 수 있다는 점에서 상반된 관점으로 이해할 수도 있다. 하지만 상반되는 관점들의 절충 방안을 모색하는 내용은 서술되어 있지 않다.

③ **도덕적 갈등 문제에 대한 관점을 유형별로 나누면서 그 분류 기준의 문제점을 설명하고 있다.**

해설 도덕적 원칙주의는 도덕 법칙, 도덕적 자유주의는 상위 원리, 도덕적 다원주의는 구성원들의 중재로 갈등 문제를 해결한다는 점에서 해결 방법을 기준으로 유형을 분류할 수 있으나, 이 기준의 문제점은 서술되지 않다.

④ **도덕적 갈등 문제에 대한 관점이 시대에 따라 달라지는 과정을 서술하고 새로운 관점이 나타날 것을 전망하고 있다.**

해설 도덕적 갈등 문제에 대한 다양한 관점이 나타나 있지만, 시대에 따라 이러한 관점들이 달라진다거나 새로운 관점이 나타날 것이라는 내용은 서술되어 있지 않다.

⑤ **도덕적 갈등 문제에 대한 관점이 분화된 배경을 제시하고 관점들이 혼재하게 될 경우 나타날 문제점을 서술하고 있다.**

해설 도덕적 갈등 문제에 대한 다양한 관점은 나타나지만 이렇게 다양하게 분화하게 된 배경은 나타나지 않는다. 또한 각 관점의 한계는 제시되지만 관점들이 혼재하게 될 경우 나타날 문제점은 서술되어 있지 않다.

02 특정 정보의 파악   정답 ③

선택률	① 7%	② 3%	③ 76%	④ 3%	⑤ 11%

= 도덕적 자유주의자
⊙과 ⓒ에 대한 설명으로 적절하지 **않은** 것은?
= 도덕적 원칙주의자

정답 풀이

③ **⊙은 ⓒ과 달리 도덕적 가치의 우선순위를 판단할 수 있다고 본다.**
↳ ⊙과 ⓒ은 모두

해설 2문단에서 ⊙ '도덕적 원칙주의자'는 갈등 상황에서 도덕 법칙에 따라 행동하라고 말한다고 하였다. 또한 4문단에서 ⓒ '도덕적 자유주의자'는 상위 원리를 통해 법과 같은 현실적인 규범이나 지침을 준수해야 갈등이 해결된다고 주장한다고 하였다. 따라서 두 관점은 모두 도덕적 가치의 우선순위가 있음을 전제로 하고 있다는 것을 알 수 있다.

오답 풀이

① **⊙은 어느 사회에나 보편적으로 적용되는 도덕 법칙이 있다고 본다.**
선험적인 도덕 법칙

해설 2문단에서 도덕적 원칙주의자는 도덕 법칙이 선험적이라고 하였는데, 이는 경험에 앞서 선천적으로 도덕 법칙을 갖고 태어난다는 것을 의미한다. 또한 이 도덕 법칙은 모든 인간이 반드시 따라야 하는 것으로 나타나기에 도덕 법칙은 어느 사회에나 모든 구성원들에게 보편적으로 적용된다는 것을 알 수 있다.

② **ⓒ은 상위 원리를 통해 현실적인 규범을 만들 수 있다고 본다.**
공정한 형식적 절차

해설 4문단에서 도덕적 자유주의는 상위 원리를 통해 법과 같은 현실적인 규범이나 지침을 만들면 사람들이 이를 준수함으로써 도덕적 갈등이 해결된다고 보았음을 알 수 있다.

④ **ⓒ은 ⊙과 달리 선험적인 도덕 법칙을 인정하지 않는다.**
경험에 앞서 선천적으로 가지는

해설 4문단에서 도덕적 자유주의는 도덕적 원칙주의와 달리 선험적인 도덕 법칙이 존재하지 않는 것으로 보았다고 하였다.

⑤ **⊙과 ⓒ 모두 도덕적 갈등 상황을 해결할 수 있다고 본다.**

해설 2문단에서 도덕적 원칙주의자는 모든 인간이 선험적인 도덕 법칙을 반드시 따름으로써 도덕적 갈등 상황을 해결할 수 있다고 보았음을 알 수 있고, 4문단에서 도덕적 자유주의자는 개인들의 합의를 통해 만든 상위 원리를 바탕으로 도덕적 갈등 상황을 해결할 수 있다고 보았음을 알 수 있다.

03 구체적 상황에 적용   정답 ②

선택률	① 5%	② 66%	③ 5%	④ 20%	⑤ 4%

[가]의 '도덕적 다원주의자'의 관점에서 〈보기〉를 설명한 내용으로 가장 적절한 것은?

〈보기〉

A는 친구 B에게 1,000만 원을 빌렸지만 형편이 어려워 B에게 돈을 갚지 못했다. 이에 B는 소송을 제기했다. ㉮판사 C는 A의 상황이 딱하다고 생각했으나 A가 법을 어긴 것은 잘못이라고 판단하여, A가 B에게 돈을 갚으라고 판결하였다.
현실적인 규범이나 지침에 의한 판결

한편, 판사 C의 친구 D는 C에게서 1,000만 원을 빌렸지만 형편이 어려워 C에게 돈을 갚지 못하고 있다. 이에 ㉯C는 소송을 제기할 것을 고민했으나, 친구의 어려움을 배려하는 것이 더 중요하다고 생각해서 소송을 단념했다.
인간관계를 더 중요시한 결정
갈등 상황에 따라 중요시하는 가치가 달라질 수 있음. → 도덕적 다원주의

정답 풀이

② **㉮와 ㉯에서 C가 서로 다르게 판단한 것은 조건에 따라 가치의 우선순위가 다를 수 있기 때문이다.**
타협하는 과정에서 기존의 도덕적 가치들 외의 새로운 가치도 형성 가능함.

해설 7문단에서 도덕적 다원주의자는 중재를 통한 타협점을 모색하는 방안을 제안하기에 특정 갈등 상황에 따라 중요시하는 가치가 달라질 수 있다고 봄을 알 수 있다.

오답 풀이

① **㉮와 ㉯에서 C가 올바른 가치 판단을 하기 위해서는 통일된 지표가 있어야 한다.**
↳ 가치의 중재를 통해 타협점을 모색해야 한다

해설 7문단에서 도덕적 다원주의자에 따르면 가치들을 타협하는 과정에서 기존의 도덕적 가치들 외에 새로운 가치까지 생성할 수도 있다고 하였으므로 통일된 지표가 있어야 한다는 설명은 적절하지 않다.

③ **㉮에서 C가 우선시한 가치와 ㉯에서 C가 우선시한 가치는 동일하다.**
↳ 동일하지 않다

해설 ㉮에서 C는 준법의 가치를, ㉯에서 C는 인간관계의 가치를 더 중요시하였으므로 우선시한 가치가 동일하지 않다.

④ **㉮에서 C는 통일된 지표에 따라 판단하였고, ㉯에서 C는 조건에 따라 판단하였다.**
↳ ㉮와 ㉯에서 C는 상황에 따라 가치의 우선순위를 판단하였음.

해설 도덕적 다원주의자는 상황에 따라 중요한 가치가 달라질 수 있다는 관점에서 상황을 이해할 것이므로, ㉮와 ㉯에서 C가 우선시한 가치관이 각각 준법과 인간관계로 달랐던 것은 상황에 따라 우선시되는 가치가 다르기 때문이라고 설명할 것이다. 따라서 도덕적 다원주의자의 관점에서는 ㉮에서 C가 통일된 지표에 따라 판단한 것으로 보지 않을 것이다.

😀 **선택지 속 함정**

〈보기〉의 내용을 판단할 때 많이 나타나는 실수가 문제의 기준을 고려하지 않고 〈보기〉 자체의 내용에 빠져 문제를 푸는 것이야. 이 문제도 〈보기〉만을 봤을 때는 ㉮의 상황은 준법과 관련되고 ㉯의 상황은 관계와 관련되기에 각각 도덕적 원칙주의와 도덕적 다원주의로 이해해야 한다고 착각할 수 있어. 하지만 문제에서 분명히 '도덕적 다원주의자'의 관점에서 〈보기〉를 설명한 내용이라고 했으니, 이 관점에서 〈보기〉를 분석해야 해.

⑤ **㉮에서는 두 가치 간의 내재적 속성이 상충되지만, ㉯에서는 두 가치 간의 내재적 속성이 상충되지 않는다.**
↳ ㉮와 ㉯ 모두 두 가치 간의 내재적 속성이 상충되고 있음.

해설 ㉮와 ㉯ 모두 준법과 친구와의 인간관계라는 가치가 충돌하고 있는데 ㉮에서는 준법을, ㉯에서는 인간관계를 더 중시하는 차이점을 보이고 있다. 따라서 ㉯에서도 ㉮와 같이 두 가치 간의 내재적 속성이 상충되고 있다.

04 구체적 상황에 적용   정답 ③

선택률	① 12%	② 8%	③ 74%	④ 3%	⑤ 3%

윗글을 바탕으로 〈보기〉에 대해 보인 반응으로 적절하지 않은 것은?
[3점]

─〔보기〕─

이웃에 살고 있는 갑과 을은 공공장소에 CCTV 설치를 확대해야 하는가를 두고 갈등하고 있다. 갑은 CCTV가 없는 곳에서 범죄를 당한 적이 있다며, 공공의 안전이라는 가치를 위해 CCTV 수를 늘려야 한다고 주장한다. 반면 을은 CCTV로 인해 개인정보가 노출된 적이 있다며, 사생활 보호라는 가치를 위해 CCTV 수를 늘리면 안 된다고 주장한다.

↑ 공공의 안전과 사생활 보호라는 가치가 대립함.

〔정답 풀이〕

③ 도덕적 자유주의자는 CCTV로 인해 개인정보가 노출된 적이 있는 을의 입장이 고려되어야 한다는 점에서 갑이 양보해야 한다고 생각하겠군.

↪ 갑의 입장과 동일하게 고려되어야 한다는 점에서 중재를 통한 타협점 모색을 생각하겠군

〔해설〕 4문단에서 도덕적 자유주의자는 개인들의 합의를 통해 만든 상위 원리를 바탕으로 갈등을 해결해야 한다는 입장임을 알 수 있다. 따라서 도덕적 자유주의자가 충분한 합의 없이 갑의 입장이 을에게 양보되어야 한다고 생각하지는 않을 것이다.

〔오답 풀이〕

① 도덕적 원칙주의자는 CCTV 설치 확대를 둘러싼 갈등을 해결하는 데 갑이 범죄를 당한 적이 있다는 사실을 고려해서는 안 된다고 생각하겠군.

개인이 처한 상황

〔해설〕 2문단에서 도덕적 원칙주의자는 갈등 상황이 생겼을 때 주관적 욕구나 개인이 처한 상황을 고려하지 말고 도덕 법칙에 따라 행동해야 한다는 입장임을 알 수 있다. 따라서 갑이 자신의 경험을 내세워 갈등을 해결하려고 하는 것에 대해 부정적일 것이다.

개인들의 합의를 통해 만든 상위 원리가 바탕이 된 현실적 규범, 지침

② 도덕적 자유주의자는 공정한 절차에 따른 합의에 의해 CCTV 설치 확대가 결정된다면 을은 그 결정을 따라야 한다고 생각하겠군.

〔해설〕 4문단에서 도덕적 자유주의자는 상위 원리를 통해 법과 같은 현실적인 규범이나 지침을 만들면 사람들이 이를 준수함으로써 도덕적 갈등이 해결된다고 보았음을 알 수 있다. 따라서 절차와 합의에 의해 결정된 사안은 도덕적 자유주의자라면 반드시 따라야 한다고 볼 것이다.

④ 도덕적 다원주의자는 갑과 을이 CCTV 설치 확대 문제를 이분법적으로 결정하기보다는 타협할 수 있는 지점을 찾아야 한다고 생각하겠군.

중재를 통해 타협점을 모색하는 방식

〔해설〕 7문단에서 도덕적 다원주의자는 중재를 통해 타협점을 모색하는 방식으로 도덕적 갈등을 해결하고자 하였음을 알 수 있다. 따라서 도덕적 다원주의자는 갑과 을이 서로 타협할 수 있는 지점을 찾아야 한다고 생각할 것이다.

⑤ 도덕적 다원주의자는 갑과 을이 CCTV 설치 확대 문제를 둘러싼 갈등으로 인해 둘 사이의 관계가 나빠지지 않도록 하는 것이 중요하다고 생각하겠군.

갈등 당사자 간의 인간관계 훼손 방지를 중시

〔해설〕 7문단에서 도덕적 다원주의자는 갈등 상황에서 어떤 가치가 옳고 그른지 판단하는 것보다 갈등 당사자 간의 인간관계가 더 중요하다고 보았음을 알 수 있다. 따라서 갑과 을의 가치관 대립보다 인간관계 훼손 방지를 더 중요하게 생각할 것이다.

05 어휘의 사전적 의미 파악   정답 ③

선택률	① 5%	② 4%	③ 81%	④ 2%	⑤ 8%

ⓐ~ⓔ의 사전적 의미로 적절하지 않은 것은?

〔정답 풀이〕

③ ⓒ: 잘 보호하여 기름.

＝보장

〔해설〕 '보장'의 사전적 의미는 '어떤 일이 어려움 없이 이루어지도록 조건을 마련하여 보증하거나 보호함.'이다. '잘 보호하여 기름.'의 뜻을 지닌 단어는 '보양(保養)'이다.

〔오답 풀이〕

① ⓐ: 어떤 사실을 자세히 따져서 바로 밝힘.

＝규명

〔해설〕 '규명'의 사전적 의미는 '어떤 사실을 자세히 따져서 바로 밝힘.'이다. '시민들은 사건의 진상 규명을 촉구하였다.'와 같이 쓰인다.

② ⓑ: 전례나 규칙, 명령 따위를 그대로 좇아서 지킴.

＝준수

〔해설〕 '준수'의 사전적 의미는 '전례나 규칙, 명령 따위를 그대로 좇아서 지킴.'이다. '안전 수칙 준수'와 같이 쓰인다.

④ ⓓ: 일이나 사건 따위를 해결할 수 있는 방법이나 실마리를 더듬어 찾음.

＝모색

〔해설〕 '모색'의 사전적 의미는 '일이나 사건 따위를 해결할 수 있는 방법이나 실마리를 더듬어 찾음.'이다. '해결 방안의 모색'과 같이 쓰인다.

⑤ ⓔ: 헐거나 깨뜨려 못 쓰게 만듦.

＝훼손

〔해설〕 '훼손'의 사전적 의미는 '헐거나 깨뜨려 못 쓰게 만듦.'이다. '자연환경 훼손이 심하다.'와 같이 쓰인다.

06~09 2019년 11월 고2 전국연합학력평가   본문 18~19쪽

06 ③   07 ③   08 ③   09 ⑤

◯ 문단별 핵심어   ★ 중심 문장

• 공리주의의 종류와 특징

1 공리주의는 일반적으로 어떤 행위의 옳고 그름이 공리에 따라, 즉 그 행위가 인간의 이익과 행복을 늘리는 데 결과적으로 얼마나 기여하는가에 따라 결정된다고 보는 이론이다.

공리주의의 개념

이러한 공리주의는 인간이 자신과 더불어 다른 존재들의 이익과 행복을 공평하게 고려해야 한다는 것을 전제로 한다.

공리주의의 전제: 모두의 이익과 행복을 공평하게 고려

그리고 인간은 자신의 이익과 행복을 증진하려 하는데, 그러한 인간이 할 수 있는 행위들 중에서 인간의 최대 이익과 행복이라는 '최선의 결과'를 가져오는 행위를 옳은 행위로 본다. 공리주의는 이러한 최선의 결과를 본래적 가치로 여긴다.

최선의 결과(최대 이익과 행복)를 우선시함.

이때 본래적 가치란 그 자체로서 지니는 가치를 의미하는데, 이는 다른 어떤 것을 위한 수단으로서의 가치인 도구적 가치와 상대되는 개념이다.

최선의 결과는 어떤 것을 위한 수단이 아닌 그 자체로서 가치를 지님.

그런데 최선의 결과를 무엇으로 보느냐에 따라 공리주의는 크게 쾌락주의적 공리주의, 선호 공리주의, 이상 공리주의 등으로 나누어 볼 수 있다.

공리주의의 분류 기준 / 공리주의의 종류

2 ㉠쾌락주의적 공리주의는 최선의 결과를 쾌락의 증진으로 보는 이론이다. 다시 말해 인간의 심리적 경험인 쾌락을 본래적 가치로 여기고 있는 것이다. 이 이론에 따르면 도덕적으로 옳은 행위는 자신뿐 아니라, 그 행위가 영향을 미치는 모든 인간들의 쾌락을 가장 많이 증진하는 행위이다. 그러나 쾌락주의적 공리주의는 인간이 어떤 행위를 선택할 때 쾌락만을 추구하는 것이 아니라 다른 것을 추구하기도 한다는 것을 설명하기 어렵다는 한계를 지닌다.

쾌락 = 본래적 가치
쾌락을 가장 많이 증진하는 행위 = 도덕적으로 옳은 행위
쾌락주의적 공리주의의 한계

3 쾌락주의적 공리주의의 이런 한계를 극복하기 위해 등장한 이론이 ㉡선호 공리주의이다. 이 이론은 최선의 결과를 선호의 실현으로 본다. 여기에서 선호란 사람마다 원하는 것 혹은 실현하고자 하는 것을 말한다. 선호 공리주의에 따르면 도덕적으로 옳은 행위는 자신뿐 아니라, 그 행위가 영향을 미치는 모든 사람들 각자가 지닌 선호를 가장 많이 실현시키는 행위이다. 선호 공리주의는 쾌락뿐만 아니라 쾌락이 아닌 다른 것을 추구하기도 하는 인간의 행위가 개인의 선호를 반영한 것이고, 이런 선호의 실현이 곧 최선의 결과라고 설명함으로써 쾌락주의적 공리주의의 한계를 극복했다. 그러나 선호 공리주의는 보편적인 관점에서 볼 때 비정상적인 욕구에 기반을 둔 선호의 실현과 정상적인 욕구에 기반을 둔 선호의 실현이 동일한 비중을 갖지 않는다는 점을 설명하기 어렵다는 한계를 지닌다.

선호의 의미
선호를 가장 많이 실현시키는 행위 = 도덕적으로 옳은 행위
사람들의 선호에 쾌락도 반영될 수 있음.
선호의 실현 = 최선의 결과
선호 공리주의의 한계

4 쾌락주의적 공리주의와 선호 공리주의에 대한 대안으로 등장한 것이 ㉢이상 공리주의이다. 이 이론은 앞의 두 이론과 마찬가지로 인간의 최대 이익과 행복을 가져오는 인간의 행위를 옳은 행위로 여긴다. 그러나 이상 공리주의는 쾌락주의적 공리주의와 달리 쾌락을 유일한 본래적 가치라고 생각하지 않는다. 이 이론은 진실, 아름다움, 정의, 평등, 자유, 생명, 배려 등의 이상들도 본래적 가치에 해당한다고 본다. 또 선호 공리주의와 달리 이상 공리주의는 이런 이상들이 인간의 선호와 무관하게 실현되어야 할 본래적 가치라고 주장한다. 결국 이 이론은 이상의 실현을 최선의 결과로 본다. 이상 공리주의에 따르면 본래적 가치에 해당하는 이상들은 인간의 이익과 행복을 구성한다. 그렇기 때문에 이상 공리주의는 인간들의 서로 다른 관심과는 무관하게 실현되어야 할 이상들을 인간이 더 많이 실현하는 것이 곧 최대의 이익과 행복이라고 본다. 그러나 ⓐ이상 공리주의는 본래적 가치에 해당하는 이상들이 갈등하는 경우 어떤 이상의 실현이 최선의 결과일지에 대해 설명하기 어렵다는 한계를 지니고 있다.

세 가지 공리주의의 공통점
쾌락주의적 공리주의와의 차이점
선호 공리주의와의 차이점
이상이 실현되어야 이익과 행복을 실현할 수 있음.
이상들을 더 많이 실현하는 행위 = 최대 이익과 행복
이상 공리주의의 한계

5 공리주의에서 말하는 최선의 결과에 대한 논의는 지금도 계속되고 있다. 인간이 이익과 행복을 증진하려는 노력을 계속하는 한 공

리주의 담론에서 최선의 결과에 대한 논의는 계속될 것이다.

최선의 결과에 대한 기준은 계속 바뀔 수 있음.

지식을 쌓는 배경지식

벤담의 공리주의와 밀의 공리주의

① 벤담의 공리주의
- "최대 다수의 최대 행복": 벤담의 공리주의의 기본 원칙으로, 가장 많은 사람들에게 가장 큰 행복을 주는 행위가 도덕적으로 옳은 행위라는 의미임.
- 모든 쾌락은 질적으로 동일하며, 양적으로 측정할 수 있다고 주장함.

② 밀의 공리주의
- "배부른 돼지가 되기보다는 차라리 배고픈 인간이, 만족스러운 바보가 되기보다는 불만족스러운 소크라테스가 되는 것이 낫다": 밀은 쾌락의 질적인 차이를 주장하며, 인간이 질적으로 높고 고상한 쾌락을 추구한다고 봄.

지문 분석하기

|지문 구조|

1 공리주의의 개념 및 최선의 결과에 대한 관점에 따른 공리주의의 구분

↓

| **2** 쾌락주의적 공리주의 이론 | ↔ | **3** 선호 공리주의 이론 | **4** 이상 공리주의 이론 |

↓

5 공리주의 담론에서 계속되는 최선의 결과에 대한 논의

|주제| 최선의 결과에 대한 세 가지 공리주의 이론

한컷 정리하기

공리주의

- 어떤 행위의 옳고 그름이 공리, 즉 그 행위가 인간의 이익과 행복을 늘리는 데 결과적으로 얼마나 기여하는가에 따라 결정된다고 보는 이론
- 최선의 결과를 가져오는 행위를 옳은 행위로 보고, 최선의 결과를 본래적 가치로 여김.

최선의 결과를 무엇으로 보느냐에 따라

	쾌락주의적 공리주의	선호 공리주의	이상 공리주의
개념	최선의 결과를 쾌락의 증진으로 보는 이론	최선의 결과를 선호의 실현으로 보는 이론	최선의 결과를 이상의 실현으로 보는 이론
옳은 행위	모든 사람의 쾌락을 가장 많이 증진하는 행위	모든 사람 각자의 선호를 가장 많이 실현시키는 행위	본래적 가치에 해당하는 이상들을 더 많이 실현하는 행위
한계	어떤 행위를 선택할 때 쾌락 외의 다른 것을 추구하기도 한다는 것을 설명하기 어려움.	비정상적인 욕구에 기반한 선호의 실현과 반대의 경우가 동일한 비중을 갖지 않는다는 점을 설명하기 어려움.	본래적 가치에 해당하는 이상들 중 어떤 이상의 실현이 최선의 결과일지에 대해 설명하기 어려움.

16 기출의 바이블 고2 독서

06 글의 전개 방식 파악 정답 ③

선택률	① 5%	② 3%	③ 82%	④ 3%	⑤ 7%

윗글의 내용 전개 방식으로 가장 적절한 것은?

[정답 풀이]

③ '최선의 결과'에 대해 서로 다른 관점을 지닌 세 이론을 제시하고 각각의 주장과 한계를 중심으로 설명하고 있다. *쾌락주의적 공리주의, 선호 공리주의, 이상 공리주의*

[해설] '최선의 결과'에 대해 쾌락주의적 공리주의는 2문단에서 쾌락의 증진, 선호 공리주의는 3문단에서 선호의 실현, 이상 공리주의는 4문단에서 이상의 실현으로 본다고 설명하고 있다. 따라서 세 이론은 '최선의 결과'에 대해 서로 다른 관점을 지니고 있음을 알 수 있다. 또한 각각의 공리주의가 가지는 한계를 함께 제시하고 있다.

[오답 풀이]

① '최선의 결과'에 대한 역사적인 사건을 제시하고 최선의 결과를 다루고 있는 세 이론의 한계를 지적하고 있다.

[해설] 2~4문단에서 세 가지 공리주의가 가지는 한계를 각각 지적하고 있지만, '최선의 결과'에 대한 역사적인 사건은 서술되어 있지 않다.

② '최선의 결과'를 강조하는 세 이론을 제시하고 각각의 입장을 뒷받침하는 예시들을 활용하여 구체화하고 있다.
↳ 입장이 지닌 한계를 서술하고 있다

[해설] 1문단에서 공리주의는 인간이 할 수 있는 행위들 중에서 인간의 최대 이익과 행복이라는 '최선의 결과'를 가져오는 행위를 옳은 행위로 본다는 것을 설명한 후, 2~4문단에서 '최선의 결과'를 무엇으로 보느냐에 따라 공리주의의 관점을 크게 세 개로 나누어 각각의 공리주의를 설명하고 있다. 하지만 각각의 이론을 예시들을 활용하여 구체화하고 있지는 않다.

④ '최선의 결과'를 중심으로 세 이론을 소개하고 이론들이 제기한 문제점이 해결된 사회적 상황을 부각하고 있다.
↳ 각 이론의 한계점을 서술하고 있다

[해설] 1문단에서 '최선의 결과'를 무엇으로 보느냐에 따라 공리주의의 관점이 크게 쾌락주의적 공리주의, 선호 공리주의, 이상 공리주의로 나누어진다고 언급한 후, 2~4문단에서 각각의 공리주의를 설명하고 있다. 그리고 각각의 공리주의의 한계 또한 언급하고 있는데, 쾌락주의적 공리주의의 한계를 극복하기 위해 등장한 것이 선호 공리주의이고, 쾌락주의적 공리주의와 선호 공리주의에 대한 대안으로 등장한 것이 이상 공리주의라고 언급하고 있다. 하지만 각각의 이론들이 제기한 문제점이 해결된 사회적 상황을 부각하고 있지는 않다.

⑤ '최선의 결과'에 대한 문제점을 제기하는 세 이론을 소개하고 그 문제점을 보완하는 새로운 이론을 제안하고 있다.

[해설] 1문단에서 공리주의는 어떤 행위가 인간의 이익과 행복을 늘리는 데 얼마나 기여하는가에 따라 그 행위의 옳고 그름이 결정된다고 보는 이론임을 언급한 후, 인간의 행위들 중에서 인간의 최대 이익과 행복이라는 '최선의 결과'를 가져오는 행위를 옳은 행위로 본다고 설명하고 있다. 공리주의가 '최선의 결과'에 대한 문제점을 제기하는 이론은 아니며, 이 글에서 새로운 이론을 제안하고 있지도 않다.

07 세부 정보의 파악 정답 ③

선택률	① 3%	② 6%	③ 85%	④ 3%	⑤ 3%

윗글의 내용과 일치하지 않는 것은?

[정답 풀이]

③ 공리주의는 인간의 이익과 행복의 증진과는 무관하게 행위의 옳고 그름이 정해진다고 주장한다.
↳ 증진에 얼마나 기여하느냐에 따라

[해설] 1문단에서 공리주의는 어떤 행위가 인간의 이익과 행복을 늘리는 데 결과적으로 얼마나 기여하는가에 따라 그 행위의 옳고 그름이 결정된다고 보는 이론임을 알 수 있다. 따라서 공리주의는 행위의 옳고 그름이 인간의 이익과 행복의 증진과 무관하다고 보지 않는다.

[오답 풀이]

① 쾌락주의적 공리주의와 선호 공리주의에 대한 대안으로 이상 공리주의가 등장하였다.

[해설] 4문단에서 이상 공리주의는 쾌락주의적 공리주의와 선호 공리주의에 대한 대안으로 등장하였음을 알 수 있다. 이상 공리주의는 쾌락주의적 공리주의와 달리 쾌락을 유일한 본래적 가치라고 보지 않으며, 선호 공리주의와 달리 이상들은 인간의 선호와 무관하게 실현되어야 할 본래적 가치라고 보며 이상의 실현을 최선의 결과로 본다.

② 선호 공리주의는 쾌락을 추구하는 인간의 행위에 개인의 선호가 반영되어 있다고 본다.

[해설] 3문단에서 선호 공리주의는 쾌락뿐만 아니라 쾌락이 아닌 다른 것을 추구하기도 하는 인간의 행위가 개인의 선호를 반영한 것이라고 봄을 알 수 있다. 즉, 선호 공리주의의 관점에서는 쾌락을 추구하는 인간의 행위에 개인의 선호가 반영되어 있다고 본다.

④ 쾌락주의적 공리주의는 인간이 쾌락이 아닌 다른 것을 추구하기도 한다는 것을 설명하기 어렵다.

[해설] 2문단에서 쾌락주의적 공리주의는 인간이 어떤 행위를 선택할 때 쾌락만을 추구하는 것이 아니라 다른 것을 추구하기도 한다는 것을 설명하기 어렵다는 한계를 지님을 알 수 있다. 즉, 쾌락주의적 공리주의의 관점으로는 인간이 쾌락이 아닌 다른 것을 추구하기도 한다는 것을 설명하기 어렵다.

⑤ 공리주의는 인간이 자신뿐 아니라 다른 존재들의 이익과 행복을 공평하게 고려해야 한다는 것을 전제로 한다.

[해설] 1문단에서 공리주의는 인간이 자신과 더불어 다른 존재들의 이익과 행복을 공평하게 고려해야 한다는 것을 전제로 함을 알 수 있다.

08 특정 정보의 추론 정답 ③

선택률	① 9%	② 20%	③ 51%	④ 12%	⑤ 8%

〈보기〉는 ⓐ에 관해 학생들이 나눈 대화의 일부이다. ㉮에 들어갈 말로 가장 적절한 것은? [3점]

= 이상 공리주의는 본래적 가치에 해당하는 이상들이 갈등하는 경우 어떤 이상의 실현이 최선의 결과일지에 대해 설명하기 어렵다는 한계를 지니고 있다

[보기]

학생 1: 어떤 경우에 이상들이 갈등할까?

학생 2: 안전벨트 착용을 법제화하는 과정에서 자유와 생명이라는 가치가 갈등했을 거야. 그런데 사회적 차원에서의 인간 행복이라는 가치를 상위의 목적으로 설정하고 이를 실현시키기 위해 자유가 아닌 생명이라는 가치를 실현하는 것이 최선의 결과라고 생각해.
본래적 가치
『 ╎행복을 본래적 가치로, 생명을 도구적 가치로 생각함.

학생 1: 나는 이상 공리주의 관점에서, 너의 의견이 ㉮ 고 봐.
실현되어야 할 이상들을 더 많이 실현하는 것이 최선의 결과

[정답 풀이]

③ 생명이라는 가치를 사회적 차원에서의 인간 행복이라는 본래적 가치의 실현을 위한 도구적 가치로 여기고 있기 때문에 부적절하다

[해설] 〈보기〉에서 학생 2는 사회적 차원에서의 인간 행복을 본래적 가치로 보고, 이를 실현하기 위한 도구를 생명으로 보고 있다. 즉, 생명을 도구적 가치로 본 것이다. 1문단에서 본래적 가치는 그 자체로서 지니는 가치를 의미하고, 이는 다른 어떤 것을 위한 수단으로서의 가치인 도구적 가치와는 상대된다고 하였다. 그리고 4문단에서 이상 공리주의에서는 생명을 본래적 가치로 본다고 하였다. 따라서 이상 공리주의의 관점에서 보면, 생명을 도구적 가치로 여기는 것은 부적절하다.

① 생명이라는 가치를 <del>자유라는</del> →행복이라는 본래적 가치의 실현을 위한 도구적 가치로 여기고 있기 때문에 부적절하다

해설 4문단에서 이상 공리주의에서는 자유와 생명 모두를 본래적 가치로 본다고 하였다. 이를 통해 볼 때, 이상 공리주의의 관점에서 생명을 도구적 가치로 여기는 것은 부적절하다. 하지만 〈보기〉에서 학생 2는 생명을, 자유의 실현이 아니라 행복의 실현을 위한 도구적 가치로 보고 있다.

② <del>사회적 차원에서의 인간 행복이라는 가치를</del> →생명이라는 <del>생명이라는</del> →행복이라는 본래적 가치의 실현을 위한 도구적 가치로 여기고 있기 때문에 <del>적절하다</del> →부적절하다

해설 1문단에서 공리주의에서는 인간의 행복을 증진하는 행위를 옳은 것으로 본다고 하였고, 4문단에서 이상 공리주의에서는 생명을 포함한 여러 이상을 본래적 가치로 본다고 하였다. 이를 통해 볼 때, ②에서 행복을 도구적 가치로 여기는 것을 적절하다고 설명한 것은 이상 공리주의의 관점에 부합하지 않는다. 또한 〈보기〉에서 학생 2는 사회적 차원에서의 인간 행복을 본래적 가치로 보고, 생명을 이를 실현하기 위한 도구적 가치로 보고 있다. ②는 이를 반대로 설명하고 있다.

👻 선택지 속 함정

②를 고른 학생들은 이상 공리주의의 관점을 제대로 파악하지 못했거나 본래적 가치와 도구적 가치를 명확하게 구분하지 못했을 거야. 학생 2는 생명을 행복을 실현하기 위한 수단, 즉 도구적 가치로 보았기 때문에 생명을 본래적 가치로 보는 이상 공리주의의 입장과는 맞지 않아.

④ 사회적 차원에서의 인간 행복이라는 가치를 <del>자유라는</del> →생명이라는 도구적 가치를 통해 실현하고자 하는 본래적 가치로 여기고 있기 때문에 <del>적절하다</del> →부적절하다

해설 4문단에서 이상 공리주의에서는 자유를 본래적 가치로 본다고 하였다. 이를 통해 볼 때, ④에서 자유를 도구적 가치로 여기는 것을 적절하다고 설명한 것은 이상 공리주의의 관점에 부합하지 않는다. 또한 〈보기〉에서 학생 2는 사회적 차원에서의 인간 행복을 본래적 가치로 보고, 이를 실현하기 위한 도구적 가치로 자유가 아니라 생명을 제시하고 있다.

⑤ <del>자유라는</del> →행복이라는 가치를 사회적 차원에서의 <del>인간 행복이라는</del> →생명이라는 도구적 가치를 통해 실현하고자 하는 본래적 가치로 여기고 있기 때문에 부적절하다

해설 4문단에서 이상 공리주의에서는 자유를 본래적 가치로 본다고 하였다. 이를 통해 볼 때, ⑤에서 자유를 본래적 가치로 여기는 것을 부적절하다고 설명한 것은 이상 공리주의의 관점에 부합하지 않는다. 또한 〈보기〉에서 학생 2는 사회적 차원에서의 인간 행복을 도구적 가치가 아니라 본래적 가치로 보고 있다.

---

09 구체적 상황에 적용   정답 ⑤

선택률	① 6%	② 5%	③ 10%	④ 9%	⑤ 70%

㉠~㉢의 관점에서 〈보기〉에 대해 보인 반응으로 적절하지 않은 것은? = ㉠: 쾌락주의적 공리주의, ㉡: 선호 공리주의, ㉢: 이상 공리주의

보기

인문학 서적을 읽는 것을 가장 좋아하는 A는 인문학 서적을 더 많이 읽기 위해 같은 성향을 가진 친구들을 모아 동아리를 만들었다. 배려와 관련된 인문학 서적을 읽고 즐거움을 느낀 A는 동 *쾌락주의적 공리주의에서 최선의 결과는 쾌락의 증진임.* 아리 첫 시간에 그 서적을 동아리 친구들과 함께 읽었다. 그 인문학 서적을 읽고 A와 동아리 친구들은 모두 큰 즐거움을 느꼈고, *선호 공리주의에서는 선호를 가장 많이 실현시키는 행위가 도덕적으로 옳은 행위임.* 동아리 내에서 서로에 대한 배려를 실현하였다.

⑤ ㉢: A와 동아리 친구들이 배려와 관련된 인문학 서적을 읽고 동아리 내에서 실현한 배려라는 것은 배려에 대한 그들의 <del>관심에 따라</del> 실현되어야 하는 이상이라고 볼 수 있겠군. →관심과는 무관하게

해설 4문단에서 ㉢ '이상 공리주의'에서는 인간들의 서로 다른 관심과는 무관하게 실현되어야 할 이상들을 인간이 더 많이 실현하는 것이 최대 이익과 행복이라고 본다고 하였다. 따라서 〈보기〉의 A와 친구들이 책을 읽고 실현한 배려라는 이상은 그들의 관심과 무관하게 실현되어야 하는 이상으로 볼 수 있다.

① ㉠: A가 인문학 서적을 읽는 것에 대해 동일한 성향을 가진 친구들을 모아 동아리를 만든 행위는 쾌락이라는 심리적 경험을 증진하기 위한 것이라고 볼 수 있겠군.

해설 〈보기〉에서 A가 동아리를 만든 것은, A가 인문학 서적을 읽는 것을 가장 좋아하기 때문에 이를 더 많이 읽기 위해 이루어진 행위이다. 2문단에서 ㉠ '쾌락주의적 공리주의'에서는 인간이 어떤 행위를 선택할 때 인간의 심리적 경험인 쾌락을 추구하며, 이를 증진하는 것을 최선의 결과로 본다는 것을 알 수 있다. 따라서 쾌락주의적 공리주의의 관점에서 볼 때, 자신이 좋아하는 일을 하고자 한 A의 행위는 쾌락이라는 심리적 경험을 증진하기 위한 것이라고 볼 수 있다.

② ㉠: A가 배려와 관련된 인문학 서적을 동아리 친구들과 함께 읽은 행위는 자신을 포함한 동아리 친구들의 쾌락을 증진하였으므로 동아리 내에서 도덕적으로 옳은 행위라고 볼 수 있겠군.

해설 〈보기〉에서 A는 인문학 서적을 읽는 것을 가장 좋아하고, 자신과 같은 성향을 가진 친구들과 동아리를 만들어 그들과 함께 배려와 관련된 인문학 서적을 읽었다. 그리고 이 행위를 통해 A와 친구들은 모두 큰 즐거움을 느꼈다. 2문단에서 ㉠ '쾌락주의적 공리주의'에서는 자신뿐 아니라, 그 행위가 영향을 미치는 모든 인간들의 쾌락을 가장 많이 증진하는 행위를 도덕적으로 옳은 행위로 본다는 것을 알 수 있다. 따라서 쾌락주의적 공리주의의 관점에서 볼 때, 자신뿐 아니라 동아리 친구들의 쾌락도 증진하였으므로 A의 행위는 도덕적으로 옳은 행위라고 볼 수 있다.

③ ㉡: A와 동아리 친구들이 인문학 서적을 읽은 것은 A와 동아리 친구들의 선호 실현이라는 인간의 최대 이익과 행복을 가져오는 행위라고 볼 수 있겠군.

해설 〈보기〉에서 A와 동아리 친구들은 모두 인문학 서적을 읽는 것을 가장 좋아하는 성향을 가졌다. 1문단에서 공리주의에서는 인간의 최대 이익과 행복을 가져오는 행위를 옳은 행위로 본다는 것을 알 수 있고, 3문단에서 ㉡ '선호 공리주의'에서는 사람마다 원하는 것 혹은 실현하고자 하는 것을 선호라고 보며, 이러한 선호를 가장 많이 실현시키는 행위를 옳은 행위로 본다는 것을 알 수 있다. 따라서 선호 공리주의의 관점에서 볼 때, 인문학 서적을 읽은 것은 A와 동아리 친구들이 자신들이 가장 좋아하는 행위를 한 것이므로, 이는 그들의 선호 실현이라는 최대 이익과 행복을 가져오는 행위라고 볼 수 있다.

④ ㉡: A가 배려와 관련된 인문학 서적을 동아리 친구들과 함께 읽은 행위는 자신과 더불어 동아리 친구들의 선호를 실현시켰으므로 동아리 내에서 도덕적으로 옳은 행위라고 볼 수 있겠군.

해설 〈보기〉에서 A는 인문학 서적을 읽는 것을 가장 좋아하여, 인문학 서적을 더 많이 읽기 위해 자신과 같은 성향을 가진 친구들과 동아리를 만들어 그들과 함께 배려와 관련된 인문학 서적을 읽었다. 그리고 이 행위를 통해 A와 친구들은 모두 큰 즐거움을 느꼈다. 3문단에서 ㉡ '선호 공리주의'에서는 자신뿐 아니라, 그 행위가 영향을 미치는 모든 사람들 각자가 지닌 선호를 가장 많이 실현시키는 행위를 도덕적으로 옳은 행위로 본다는 것을 알 수 있다. 따라서 선호 공리주의의 관점에서 볼 때, A의 행위는 자신뿐 아니라 친구들의 선호를 실현하였으므로 도덕적으로 옳은 행위라고 볼 수 있다.

| 01~04 | 2019년 6월 고2 전국연합학력평가 | 본문 20~21쪽 |

01 ③　　**02** ③　　**03** ②　　**04** ④

◯ 문단별 핵심어　★ 중심 문장

● 교류 분석 이론

1 에릭 번이 창시한 교류 분석 이론은 심리 치료 및 상담에 널리 활용되는 이론이다. 이 이론을 이해하기 위한 주요 개념들로 자아 상태와 스트로크가 있다.
<small>교류 분석 이론의 주요 개념</small>

2 자아상태 모델은 인간의 성격을 A(어른), P(어버이), C(어린이)의 세 가지 자아상태로 설명하며, 건강하고 균형 잡힌 성격이 되려면 세 가지 자아상태를 모두 필요로 한다고 본다. 이때 자아상태란 특정 순간에 보이는 일련의 행동, 사고, 감정의 총체를 일컫는 것이므로 특정 순간마다 자아상태는 달라질 수 있다. 예를 들어 보자. 김 군이 교통이 혼잡한 도로에서 주변 상황을 살피며 차를 몰고 있다. 그때 갑자기 다른 차가 끼어든다. 뒤따르는 차가 없는 것을 얼른 확인하고 브레이크를 밟아 충돌을 면한다. 이때 김 군은 'A 자아상태'에 놓여 있다. A 자아상태는 지금 여기에서 가장 현실적인 대책을 찾는, 객관적이며 합리적인 자아상태이다.

3 끼어들었던 차가 사라지자 김 군은 어릴 때 아버지가 했던 것처럼 "저런 운전자는 운전을 못하게 해야 해!"라고 말한다. 이때 김 군은 'P 자아상태'로 바뀐 것이다. P 자아상태는 자신 혹은 타인을 가르치려 들거나 보살피려 하는 자세를 취하는 자아상태로서, 어린 시절 부모가 자신에게 했던 행동이나 태도, 사고를 내면화한 것이다. 어릴 때 무엇을 해야 하는지 가르치고 통제했던 부모의 역할을 따라 하고 있다면 'CP(통제적 어버이)' 상태, 따뜻하게 배려하고 돌봐 주었던 부모처럼 남을 돌봐 준다면 'NP(양육적 어버이)' 상태에 놓여 있다고 말한다.

4 잠시 후 김 군은 직장 상사와의 약속에 늦었다는 사실을 알고 당황한다. 이때 김 군은 학창 시절에 지각하여 선생님에게 벌을 받을까 겁을 먹었던 기억이 되살아나 'C 자아상태'로 이동한 것이다. C 자아상태는 어릴 때 했던 것처럼 행동하거나 사고하거나 감정을 느끼는 자아상태이다. 부모의 요구에 순응하며 살았던 행동 양식들을 재연할 경우를 'AC(순응하는 어린이)' 상태, 부모의 요구나 압력과 상관없이 독립적으로 행동했던 어린 시절의 방식대로 행동할 경우를 'FC(자유로운 어린이)' 상태라고 한다.

5 세 가지 자아상태 중 어느 한 상태에서 누군가에게 말을 걸면 상대방도 어느 한 상태에서 반응하게 된다. 이러한 의사소통 과정에서 자신이 기대하는 반응이 올 수도 있고, 기대하지 않는 반응이 올 수도 있다. 우리는 남들이 자기를 알아봐 줬으면 좋겠다는 인정의 욕구로 인해 서로 상대방을 인지한다는 신호를 보낸다. 이런 행위를 스트로크(stroke)라 부르는데, 스트로크는 다음과 같이 구분할 수 있다. 먼저 언어로 신호를 보내는 언어적 스트로크와 몸짓, 표정 등으로 신호를 보내는 비언어적 스트로크로 나눌 수 있다. 다음으로 상대방을 즐겁게 하는 긍정적 스트로크와 상대방을 고통스럽게 하는 부정적 스트로크로 나눌 수 있다. 끝으로 "일을 참 잘 처리했더군."과 같이 상대방의 행위에 반응하는 조건적 스트로크와 "난 당신이 좋아."와 같이 아무 조건 없이 존재 그 자체에 반응하는 무조건적 스트로크로 나눌 수 있다.

6 일반적으로 사람들은 상대로부터 긍정적 스트로크를 받기 원하지만, 긍정적 스트로크가 충분하지 않다고 여기면 부정적 스트로크라도 얻으려고 한다. 어떤 스트로크든 스트로크를 받지 못하는 것보다는 낫다는 원리가 작용하는 것이다. 그리고 어떤 행위를 통해 자신이 원하는 스트로크를 받게 되면, 그 스트로크를 계속 받기 위해 같은 행동을 반복하며 강화한다.

7 이와 같은 개념을 바탕으로 정립된 교류 분석 이론은 관찰 가능한 인간 행동을 간결하고 쉬운 용어로 분석함으로써 사람들이 이해하기 쉽게 설명해 준다. 또한 과거의 경험을 통해 인간의 성격을 파악할 수 있게 했을 뿐 아니라 인간의 욕구와 관련지어 의사소통 과정을 분석할 수 있게 한 점에서도 의의가 있다.

지식을 쌓는 배경지식

교류 분석에서의 심리게임

· 교류 분석에서 궁극적으로 분석하고자 하는 것인 '심리게임'은 상대를 기분 나쁘게 하는 대화를 말하는데, 이러한 대화에는 공통된 공식이 있음.

· 교류 분석 이론을 창시한 에릭 번은 항상 같은 규칙으로 반복되는 게임처럼 대화에서도 상대나 상황이 달라지더라도 주로 사용하는 나쁜 말버릇을 반복하여 사용한다는 유사성에 착안하여 심리게임이라는 이름을 붙임.

· 심리게임에 해당하는 발화를 하는 사람을 '게이머'라고 하는데, 대화 내용을 분석하는 교류 분석을 통해 누가 게이머인지, 게이머가 어떤 심리게임을 사용하는지, 왜 그러한 심리게임을 사용하는지 알 수 있음.

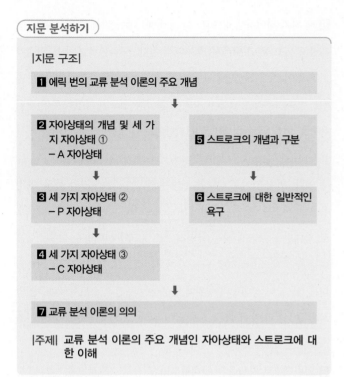

|지문 구조|

1 에릭 번의 교류 분석 이론의 주요 개념

⬇

2 자아상태의 개념 및 세 가지 자아상태 ①
－ A 자아상태

5 스트로크의 개념과 구분

⬇

3 세 가지 자아상태 ②
－ P 자아상태

6 스트로크에 대한 일반적인 욕구

⬇

4 세 가지 자아상태 ③
－ C 자아상태

⬇

7 교류 분석 이론의 의의

|주제| 교류 분석 이론의 주요 개념인 자아상태와 스트로크에 대한 이해

한컷 정리하기

교류 분석 이론

- 에릭 번이 창시한 이론으로, 심리 치료 및 상담에 널리 활용됨.
- 관찰 가능한 인간 행동을 간결하고 쉬운 용어로 분석함으로써 사람들이 이해하기 쉽게 설명해 줌.
- 과거의 경험을 통해 인간의 성격을 파악할 수 있게 했을 뿐 아니라 인간의 욕구와 관련지어 의사소통 과정을 분석할 수 있게 함.

선택률	① 6%	② 3%	③ 77%	④ 6%	⑤ 8%

윗글의 전개 방식에 대한 설명으로 가장 적절한 것은?

정답 풀이

③ 이론을 이해하는 데 필요한 개념을 설명하고, 이론이 지니는 의의를 밝히고 있다.

[해설] 교류 분석 이론을 이해하기 위한 주요 개념인 '자아상태'와 '스트로크'를 설명하고, 교류 분석 이론이 지니는 의의를 밝히며 글을 마무리하고 있다.

오답 풀이

① 이론이 정립된 과정을 소개하고, 각 단계의 차이점을 설명하고 있다.

[해설] 교류 분석 이론이 정립된 과정을 소개하고 있지 않다.

② 이론이 가지는 한계점을 지적하고, 이를 보완하는 다른 이론을 제시하고 있다.

[해설] 교류 분석 이론이 가지는 한계점을 지적하고 있지 않으며, 교류 분석 이론을 보완하는 다른 이론을 제시하고 있지도 않다.

④ 이론이 나타나게 된 배경을 제시하고, 이론의 타당성을 사례를 들어 검증하고 있다.

[해설] 교류 분석 이론이 나타나게 된 배경을 제시하고 있지 않으며, 이론의 타당성을 사례를 들어 검증하고 있지도 않다.

⑤ 이론을 구성하는 요소들을 나열하고, 요소 간의 공통점과 차이점을 분석하고 있다.

[해설] 교류 분석 이론을 이해하기 위한 주요 개념인 '자아상태'와 '스트로크'를 설명하고 있지만, 요소 간의 공통점과 차이점을 분석하고 있지는 않다.

선택률	① 3%	② 4%	③ 87%	④ 4%	⑤ 2%

윗글에 대한 이해로 적절하지 <u>않은</u> 것은?

정답 풀이

③ 인간은 부정적 스트로크보다는 무관심과 무반응을 기대하는 경향이 있다.

[해설] 6문단에서 사람들은 긍정적 스트로크가 충분하지 않다고 여기면 부정적 스트로크라도 얻으려고 하는데, 이는 어떤 스트로크든 스트로크를 받지 못하는 것보다는 낫다는 원리가 작용하는 것이라고 하였다. 따라서 인간은 무관심과 무반응보다는 부정적 스트로크라도 받기를 기대하는 경향이 있다고 할 수 있다.

오답 풀이

① 한 사람의 자아상태가 고정되어 있는 것은 아니다.

[해설] 2문단에서 자아상태란 특정 순간에 보이는 일련의 행동, 사고, 감정의 총체를 일컫는 것이므로 특정 순간마다 자아상태는 달라질 수 있다고 하였다.

② 스트로크는 상대방을 인지한다는 신호를 보내는 행위이다.

[해설] 5문단에서 서로 상대방을 인지한다는 신호를 보내는 행위를 스트로크라고 부른다고 하였다.

④ 세 가지의 자아상태 중 한 가지라도 결핍되면 건강한 성격이라 볼 수 없다.

[해설] 2문단에서 자아상태 모델은 인간의 성격을 A(어른), P(어버이), C(어린이)의 세 가지 자아상태로 설명하며, 건강하고 균형 잡힌 성격이 되려면 세 가지 자아상태를 모두 필요로 한다고 본다고 하였다.

⑤ 의사소통의 과정에서 자신이 기대하지 않는 자아상태의 반응이 올 수도 있다.

[해설] 5문단에서 세 가지 자아상태 중 어느 한 상태에서 누군가에게 말을 걸면 상대방도 어느 한 상태에서 반응하게 되는데, 이러한 의사소통 과정에서 자신이 기대하는 반응이 올 수도 있고, 기대하지 않는 반응이 올 수도 있다고 하였다.

※ 〈자료〉를 바탕으로 **03**번, **04**번 두 물음에 답하시오.

┌─ **자료** ─

〈상황 1〉은 어린 시절 철호가 겪은 일이고, 〈상황 2〉는 어른이 된 철호가 직장에서 겪은 일이다. 〈상황 3〉은 철호가 자신의 고민을 해결하기 위해 상담실을 찾은 장면이다.

〈상황 1〉

아버지: ㉠(차가운 말투로) 너 할머니께 아까 보인 태도가 뭐냐? 좀 더 예의를 갖출 수 없어?

철호: (머리를 떨구며) 죄송해요.

〈상황 2〉

철호: (냉담하게) 너 아까 부장님께 너무 버릇없이 굴었어. 앞으로는 더 예의를 갖추도록 해.
　　　　　어린 시절, 가르치고 통제했던 아버지의 역할을 따라 함.

후배: (당황하면서) 그런가요? 제 나름대로는 예의를 보인 것인데 앞으로는 더 주의하겠습니다.

〈상황 3〉

상담사: 주위 사람들에게 너무 엄격한 것 같아 고민이시군요. 그렇다면 문제의 원인을 찾고, 어떻게 할지 함께 생각해 보죠. 우
　　　　　문제 상황에 대한 현실적인 대책을 찾고자 함.
선 질문을 몇 가지 드릴게요. 혹시 당신의 부모님은 엄격한 편이셨나요?

철호: 예. 제 아버지는 어릴 때 제가 조금이라도 버릇없이 굴면 늘 질책을 하셨어요. 그래서 그때 많이 힘들었어요.

상담사: 많이 힘들었겠군요. 그런데 어릴 때 당신은 아버지의 말씀을 잘 받아들이는 아이였겠죠?

철호: 그럴 수밖에요. 늘 아버지의 기대에 부응하려 노력했어요.
　　　　　부모의 요구에 순응함.
아버지는 제가 어른들께 예의 바르게 인사를 할 때면 얼굴이 환해지셨죠. 그래서 저는 누구보다 인사를 잘하기 위해 애를
　　　　　원하는 스트로크를 계속 받기 위해 행동을 강화함.
썼었습니다.

03　**특정 정보의 이해**　　　　　정답 ②

| 선택률 | ① 4% | ② 79% | ③ 10% | ④ 3% | ⑤ 4% |

㉠에 대한 설명으로 적절한 것은?
= (차가운 말투로) 너 할머니께 아까 보인 태도가 뭐냐?

┌ **정답 풀이** ┐

② 언어적, 부정적, 조건적 스트로크이다.

〔해설〕 ㉠은 차가운 말투의 언어로 신호를 보낸 것이므로 언어적 스트로크에 해당한다. 또 ㉠에 대해 철호는 머리를 떨구며 죄송하다고 대답하였고, 아버지의 질책으로 많이 힘들었다고 하였으므로 ㉠은 상대방을 고통스럽게 하는 부정적 스트로크에 해당한다. 그리고 ㉠은 철호가 할머니께 보인 태도, 즉 철호의 행위에 대한 반응이므로 조건적 스트로크에 해당한다.

┌ **오답 풀이** ┐

① 언어적, **긍정적**, 조건적 스트로크이다.
　　　　　　　↳ 부정적

③ 언어적, 부정적, **무조건적** 스트로크이다.
　　　　　　　　　　↳ 조건적

④ **비언어적**, **긍정적**, **무조건적** 스트로크이다.
　　↳ 언어적　↳ 부정적　↳ 조건적

⑤ **비언어적**, 부정적, **무조건적** 스트로크이다.
　　↳ 언어적　　　　　↳ 조건적

04　**구체적 상황에 적용**　　　　　정답 ④

| 선택률 | ① 4% | ② 13% | ③ 5% | ④ 76% | ⑤ 2% |

윗글을 바탕으로 〈자료〉를 이해한 내용으로 적절하지 않은 것은?
[3점]

┌ **정답 풀이** ┐

④ 〈상황 3〉에서 상담사의 두 번째 질문은 철호의 **FC** 상태를 확인하기 위한
　　　　　　　　　　　　　　　　　　　　　　　↳ AC 상태를
것이라고 할 수 있군.

〔해설〕 〈상황 3〉에서 상담사의 두 번째 질문은 철호가 어릴 때 부모의 요구에 순응하였는지를 묻는 질문이다. 따라서 철호의 AC 상태를 확인하기 위한 것이라고 할 수 있다.

┌ **오답 풀이** ┐

① 〈상황 1〉과 관련지어 볼 때 〈상황 2〉의 철호는 CP 상태에서 후배에게 말을
　　　　　　　　　　　　　　　　　　　　　　통제적 어버이
하고 있다고 할 수 있군.

〔해설〕 〈상황 1〉과 관련지어 볼 때, 〈상황 2〉의 철호는 어린 시절 아버지의 행동을 내면화하여 자신을 가르치고 통제했던 아버지의 역할을 따라 하고 있다. 따라서 〈상황 2〉의 철호는 CP 상태에서 후배에게 말하고 있다고 볼 수 있다.

② 〈상황 2〉에서 철호의 자아상태와 후배의 자아상태는 서로 일치하지 않는 것으로 볼 수 있군.

〔해설〕 〈상황 2〉에서 철호는 어릴 때 자신을 가르치고 통제했던 아버지의 역할을 따라 후배를 가르치려 하고 있으므로, 철호의 자아상태는 CP 상태이다. 한편 후배는 철호의 말에 당황하면서 철호의 말에 순응하고 있으므로, 후배의 자아상태는 CP 상태로 볼 수 없다. 따라서 〈상황 2〉에서 철호의 자아상태와 후배의 자아상태는 서로 일치하지 않는다.

🔍 **선택지 속 함정**

〈상황 3〉에서 철호가 늘 아버지의 기대에 부응하려 노력했다는 내용을 보고 철호의 자아상태가 AC 상태라고 판단하지 않도록 주의해야 해. ②에서는 〈상황 2〉에서의 철호의 자아상태에 대해 묻고 있으니, 〈상황 3〉에 제시된 정보와는 상관없이, 〈상황 2〉에 드러나는 철호의 모습을 통해서만 파악해야 하는 거야. 〈상황 2〉에서 철호는 후배를 가르치려 드는 자세를 취하고 있으므로 CP 상태이고, 후배는 철호의 말에 순응하는 반응을 보이고 있으므로 CP 상태로 볼 수 없지.

③ 〈상황 3〉에서 상담사는 현재의 문제 상황에 대한 해결책을 찾는 합리적인 태도를 보이므로 **A** 자아상태라고 할 수 있군.
　　　　　　　어른

〔해설〕 〈상황 3〉에서 상담사는 철호의 고민에 대해 문제의 원인을 찾고, 어떻게 할지 함께 생각해 보자고 하였다. 따라서 상담사는 지금 여기에서 가장 현실적인 대책을 찾는, 객관적이며 합리적인 자아상태인 A 자아상태라고 할 수 있다.

⑤ 〈상황 3〉에서 철호의 말을 통해 그가 아버지로부터 인정을 받기 위해 인사하는 행동을 강화했음을 확인할 수 있군.

〔해설〕 〈상황 3〉에서 철호는 아버지의 긍정적 반응, 즉 철호가 어른들께 예의 바르게 인사할 때 얼굴이 환해지는 반응을 얻으려고 인사를 잘하기 위해 애를 썼다고 하였다. 즉 철호는 아버지로부터 인정을 받기 위해 인사하는 행동을 강화한 것으로 볼 수 있다.

◯ 문단별 핵심어 　★ ▣ 중심 문장

● 프랭클의 심리학

1 심리치료는 심리학적 지식을 바탕으로 심리적 고통과 부적응 문제를 해결하고자 한다. 이에 대부분의 심리치료는 상처, 결핍, 장애 등의 신경증에 초점을 맞추고, 이들이 제거되어 고통에서 벗어난 일상을 지향한다. 그러나 아우슈비츠 수용소에서 살아남은 빅터 프랭클은 삶의 고통은 인간 실존의 일반적 구성 요소이며, 삶의 일부로 받아들여야 한다고 보았다. 그러므로 심리치료는 고통을 제거하는 것이 아니라 고통 속에서도 견뎌 내는 힘을 길러 주는 것이어야 한다고 주장하였다. 프랭클은 현대인이 자신의 존재가 목적도 없고 이유도 없다고 느끼는 감정, 즉 실존적 공허감을 겪고 있다고 보아 인간 존재의 본질에 대한 해답을 찾고자 하였다. 그는 프로이트와 아들러로 대표되는 기존의 심리학을 비판적으로 수용하면서 자신의 이론을 펼쳤다.

2 프로이트의 심리학은 인간의 무의식을 발견하고 그 중요성에 주목했다는 점에서 프랭클에게 큰 영향을 미쳤다. 프로이트는 인간이 심리적 고통과 부적응을 겪는 원인을 밝히는 데 주력하였다. 그 결과 그는 무의식 속에 억압되어 있는 인간의 원초적 욕구를 원인으로 지목하였다. 프로이트에 따르면 인간은 성적 본능, 공격성 등과 같은 쾌락 의지를 원초적 욕구로 갖는데, 어린 시절에 이러한 쾌락 의지가 좌절되어 무의식 속에 억압되어 있다가 이후 신경증을 유발한다. 프로이트는 사람의 행동, 사상, 정서를 결정하는 원인을 오직 쾌락 의지라고 보았다. 따라서 그의 심리치료는 잠재된 무의식 속 성적 본능, 공격성 등을 의식의 영역으로 끌어오는 것을 통해 이루어진다.

3 프랭클은 프로이트가 인간을 단순히 성적 본능이나 공격성 등에 따라 행동하는 존재로 파악하는 점에 한계가 있다고 보았다. 프랭클은 무의식이 인간의 본질을 규명하는 중요한 요소라는 점에 동의하면서도 인간은 본능과 충동의 차원을 넘어선 영적 존재라고 생각하였다. 이에 인간의 무의식 속에는 본능과 충동만 있는 것이 아니라 보다 중요한 책임감, 양심 등이 감추어져 있다고 보았다. 프랭클은 이를 영적 무의식이라 명명하고, 현대인의 심리적 고통과 부적응은 영적 존재로서 인간의 본질을 잃어버렸기 때문이라고 설명한다.

4 아들러의 심리학은 프랭클이 자유와 책임을 인간 존재의 본질로 파악하는 밑거름이 되었다. 아들러는 인간의 원초적 욕구를 타인보다 우월하고 싶은 권력 의지로 보았다. 그런데 인간의 타고난 기질적 불완전성 때문에 우월성에 대한 추구는 자동적으로 열등감을 발생시키고, 그 결과 인간은 누구나 열등감을 갖게 된다. 이에 인간은 열등감을 극복하고 권력 의지의 욕구를 충족하기 위해 끊임없이 노력하는데, 열등감을 극복하기 위해 어떤 행동을 선택하느냐는 개인의 자유이다. 이 과정에서 삶의 목적을 부적절하게 설정하거나 부적응적 행동을 선택하게 되면 신경증이 발생한다. 따라서 그의 심리치료는 자신의 삶에 책임감을 가지고 올바른 목적을 설정하여 부적절한 동기와 행동을 변화시키는 데 초점을 맞춘다.

5 프랭클은 아들러가 인간을 자기 결정권과 자유의지를 지닌 존재로 보았다는 점에서 긍정적으로 평가하였지만, 원초적 욕구를 인간 행동을 설명하는 결정적 요소로 보는 한계가 있다고 지적했다. ㉠프랭클은 인간이 원초적 욕구에 따라 행동하는 존재이기는 하지만, 원초적 욕구가 인간의 본질이 될 수는 없다고 보았다. 이처럼 프로이트와 아들러의 심리학을 비판적으로 수용한 프랭클은 자유의지를 지닌 영적 존재로서 인간의 본질을 파악하였다. 그는 실존적 공허감에서 벗어날 수 있는 심리치료 기법으로 의미 치료를 제시하였다. 의미 치료는 삶에 대한 책임 의식을 바탕으로 자신의 인생에 긍정적이고 가치 있는 의미를 부여하여 삶의 목적을 찾는 것을 핵심으로 한다.

6 프랭클은 삶의 의미를 찾은 사람은 더 이상 상황에 의해 결정되는 존재가 아니라고 보았다. 그는 힘겨운 상황 속에서도 어떤 태도를 보이느냐 하는 것은 개인의 선택에 달려 있다는 것을 강조했다. 아무리 부정적이고 나아질 수 없는 상황이라 할지라도, 고통에 좌절하지 않고 대항할 수 있는 자유가 그에게 있기 때문이다. 이처럼 인간이 주어진 상황과 조건들에 맞설 수 있는 자유를 가지고 있다고 본 점은 프랭클 심리학의 중요한 특징이라고 할 수 있다.

지식을 쌓는 **배경지식**

칼 융의 분석심리학

① 분석심리학의 특징
· 프로이트의 정신분석학에 영향을 받은 융은 무의식의 개념을 확장하여 분석심리학이라는 새로운 이론을 구축함.
· 분석심리학은 인간 정신의 구조를 의식과 무의식으로 구분하고, 둘 사이의 관계를 확립하고 이해하는 데 초점을 둠.

② 프로이트의 정신분석학과의 차이점
· 프로이트는 개인 무의식을 강조하였으나 융은 보편적이고 원초적인 차원에서 전체로서의 인류에게 나타나는 집단 무의식을 강조함.

지문 분석하기

|지문 구조|

1 심리치료에 대한 프랭클의 견해

↓

2 프로이트의 심리학과 심리 치료

↓

3 프로이트 심리학에 대한 프 랭클의 비판적 수용

4 아들러의 심리학과 심리 치료

↓

5 아들러의 심리학에 대한 프 랭클의 비판적 수용

+

↓

6 프랭클 심리학의 특징

|주제| 프로이트와 아들러의 심리학을 비판적으로 수용한 프랭클 의 심리학

한컷 정리하기

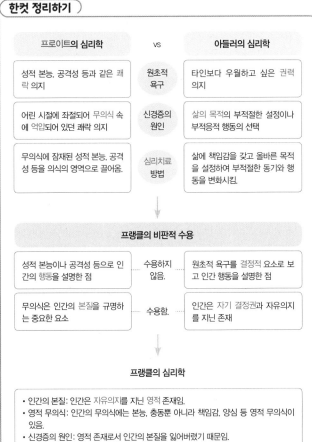

---

05 글의 전개 방식 파악

정답 ①

| 선택률 | ① 89% | ② 3% | ③ 2% | ④ 3% | ⑤ 3% |

윗글에 대한 설명으로 가장 적절한 것은?

정답 풀이

① **중심 화제의 특징을 다른 이론들과의 관계 속에서 설명하고 있다.**

해설 중심 화제인 프랭클의 심리학과 심리치료 기법의 특징을 프로이트와 아들 러의 심리학과의 관계 속에서 설명하고 있다. 2, 3문단에서는 프로이트의 이론 과 이를 비판적으로 수용한 프랭클 이론의 특징을 설명하고, 4, 5문단에서는 아 들러의 이론과 이를 비판적으로 수용한 프랭클 이론의 특징을 설명하고 있다.

오답 풀이

② **중심 화제의 개념을 정의하고 이를 바탕으로 장단점을 설명하고 있다.**

해설 중심 화제의 개념을 정의하거나 중심 화제의 장단점을 설명하고 있지는 않다.

③ **중심 화제의 문제점과 해결 방안을 구체적 사례를 들어 제시하고 있다.**

해설 중심 화제의 문제점과 해결 방안을 제시하지 않았으며 구체적 사례를 들 고 있지도 않다.

④ **중심 화제의 변화 과정을 바탕으로 앞으로의 전개 방향을 예측하고 있다.**

해설 중심 화제의 변화 과정을 바탕으로 앞으로의 전개 방향을 예측하고 있지 는 않다.

⑤ **중심 화제의 등장 배경을 제시한 후 다양한 분야에 미친 영향을 소개하고 있다.**

해설 1문단에서 중심 화제의 등장 배경은 드러나지만, 중심 화제가 다양한 분야 에 미친 영향을 소개하고 있지는 않다.

---

06 세부 정보의 파악

정답 ③

| 선택률 | ① 6% | ② 16% | ③ 66% | ④ 4% | ⑤ 8% |

윗글을 이해한 내용으로 적절하지 않은 것은?

정답 풀이

③ **아들러는 열등감으로 인해 타인보다 우월해지고 싶은 욕구가 생긴다고 보 았다.**
↳ 열등감으로 인해 우월해지고 싶은 욕구가 생기는 것이 아니라, 인간의 기질적 불완전성 때문에 우월해지고 싶은 욕구를 추구하면 열등감이 발생하는 것임.

해설 4문단에서 아들러는 인간의 원초적 욕구를 권력 의지로 보고, 인간의 타 고난 기질적 불완전성으로 인해 우월성에 대한 추구(권력 의지)가 자동적으로 열등감을 발생시킨다고 보았음을 알 수 있다. 따라서 아들러가 열등감으로 인해 타인보다 우월해지고 싶은 욕구가 생긴다고 보았다는 이해는 적절하지 않다.

오답 풀이

① **프로이트는 사람의 행동이 성적 본능이나 공격성에 따라 결정된다고 보았다.**

해설 2문단에서 프로이트는 인간은 성적 본능, 공격성 등과 같은 쾌락 의지를 갖는데, 사람의 행동, 사상, 정서를 결정하는 원인이 오직 쾌락 의지라고 보았음 을 알 수 있다. 또한 3문단에서 프랭클은 프로이트가 인간을 단순히 성적 본능 이나 공격성 등에 따라 행동하는 존재로 파악하는 점에 한계가 있다고 보았다고 하였다. 따라서 프로이트는 사람의 행동이 성적 본능이나 공격성에 따라 결정된 다고 보았다는 이해는 적절하다.

② **아들러는 열등감은 누구나 갖는 것으로 그 자체는 신경증이 아니라고 보았다.**

해설 4문단에서 아들러는 인간은 누구나 열등감을 갖게 되는데, 인간이 열등감 을 극복하는 과정에서 삶의 목적을 부적절하게 설정하거나 부적응적 행동을 선 택하게 되면 신경증이 발생한다고 보았음을 알 수 있다. 따라서 아들러는 열등감 은 누구나 갖는 것으로 그 자체는 신경증이 아니라고 보았다는 이해는 적절하다.

④ 프랭클은 인간을 본능과 충동의 차원을 넘어선 영적 존재로 보았다.

해설 3문단에서 프랭클은 인간은 본능과 충동의 차원을 넘어선 영적 존재라고 생각하였다고 하였으므로 적절하다.

⑤ 프랭클은 무의식이 인간의 본질을 규명하는 중요한 요소라고 보았다.

해설 3문단에서 프랭클은 프로이트의 심리학에 대하여 무의식이 인간의 본질을 규명하는 중요한 요소라는 점에 동의하였다고 하였으므로 적절하다.

07 구체적 이유 추론　　　　정답 ②

선택률	① 10%	② 58%	③ 9%	④ 20%	⑤ 3%

⊙의 이유로 가장 적절한 것은?
= 프랭클은 인간이 원초적 욕구에 따라 행동하는 존재이기는 하지만, 원초적 욕구가 인간의 본질이 될 수는 없다고 보았다.

정답 풀이

② 원초적 욕구로는 인간이 존재하는 목적과 이유를 파악할 수 없기 때문에

해설 1문단에서 프랭클은 현대인이 존재의 목적과 이유가 없다고 느끼는 실존적 공허감을 겪고 있다고 보고, 인간 존재의 본질에 대한 해답을 찾고자 하였음을 알 수 있다. 이러한 점에서 프랭클이 원초적 욕구가 인간의 본질이 될 수 없다고 본 이유는 원초적 욕구로는 인간이 존재하는 목적과 이유를 설명할 수 없다고 보았기 때문임을 추론할 수 있다.

오답 풀이

① 인간의 고통은 원초적 욕구에 따라 행동하는 과정에서 나타난 것이기 때문에

해설 1문단에서 프랭클은 현대인의 고통이 실존적 공허감으로 인한 것이라고 보았음을 알 수 있고, 3문단에서 프랭클은 현대인의 심리적 고통과 부적응은 영적 존재로서 인간의 본질을 잃어버렸기 때문이라고 설명한다고 하였다. 프랭클이 인간의 고통을 원초적 욕구에 따라 행동하는 과정에서 나타난 것으로 보지는 않았다.

③ 심리학자에 따라 원초적 욕구가 무엇인지 다르게 보았기 때문에

해설 프로이트와 아들러가 원초적 욕구가 무엇인지 서로 다르게 본 것은 맞지만, 프랭클이 이를 문제 삼은 내용은 확인할 수 없다.

④ 인간은 원초적 욕구를 극복하고자 끊임없이 노력하기 때문에

해설 아들러는 인간이 원초적 욕구를 충족하기 위해 끊임없이 노력한다고 보았으며, 프랭클도 인간이 원초적 욕구에 따라 행동하는 존재라는 점은 인정하였다. 따라서 인간이 원초적 욕구를 극복하고자 끊임없이 노력한다는 것은 프랭클이 원초적 욕구가 인간의 본질이 될 수 없다고 본 이유로 적절하지 않다.

🔥 선택지 속 함정

이 문제는 5문단에 있는 ⊙의 이유에 대한 근거가 1문단에 제시되어 있어서 어려웠을 거야. 보통 ⊙의 이유를 추론하는 문제는 ⊙ 근처에 근거가 있는 경우가 많거든. 4문단에 '극복'이라는 표현도 등장하고 '끊임없이 노력'한다는 표현도 등장하니까 ④를 정답으로 착각하기 쉬워. 같은 표현에 속지 말고 맥락을 파악해 보면, 아들러는 인간이 권력 의지, 즉 원초적 욕구를 '충족'하기 위해 끊임없이 노력한다고 보았음을 알 수 있어. 그리고 ⊙에서 '프랭클은 인간이 원초적 욕구에 따라 행동하는 존재이기는 하지만'이라고 하였으므로 프랭클이 인간이 원초적 욕구를 극복하고자 끊임없이 노력한다고 본 것도 아니라는 점을 확인할 수 있지. ⊙의 핵심은 '인간의 본질'이므로 이에 대한 프랭클의 생각이 언급된 부분을 찾으면 정답을 찾을 수 있어.

⑤ 원초적 욕구가 인간에게만 존재하는 것이 아니기 때문에

해설 원초적 욕구가 인간에게 존재하는 것이 아니라는 내용은 제시되어 있지 않다.

08 구체적 상황에 적용　　　　정답 ⑤

선택률	① 5%	② 3%	③ 9%	④ 5%	⑤ 78%

'프랭클'의 관점에서 〈보기〉에 대해 반응한 내용으로 가장 적절한 것은? [3점]

> 보기
>
> 아우슈비츠 수용소의 극한 상황에서 유대인 수용자들이 보인
> 　　　　　　　　같은 상황이더라도 개인이 자신의 태도를 선택할 자유가 있음.
> 태도는 다양하였다. 자신의 상황을 비관하여 자포자기하는 사람들도 있었지만, 아픈 몸으로 노약자를 보살펴 주거나 독가스실로 끌려가면서 승리의 노래를 부르는 사람들도 있었다.

정답 풀이

⑤ 수용자들이 보인 다양한 반응을 통해 힘겨운 상황 속에서도 어떤 태도를 보이느냐는 것은 개인의 선택에 달려 있음을 확인할 수 있다.

해설 〈보기〉의 수용자들은 극한의 상황에서 다양한 반응을 보이고 있다. 6문단에서 프랭클은 힘겨운 상황 속에서도 어떤 태도를 보이느냐 하는 것은 개인의 선택에 달려 있다는 것을 강조했다고 하였다. 따라서 프랭클의 관점에서 〈보기〉의 수용자들이 보인 다양한 반응은 주어진 상황에서 보이는 태도가 개인의 선택에 달려 있음을 보여 주는 것이라고 할 수 있다.

오답 풀이

① 극한 상황에 처한 수용자들을 통해 고통은 인간 실존의 일반적 구성 요소가 아님을 확인할 수 있다.
　　　　　　　　　　　　　　　　　↳ 구성 요소임을

해설 1문단에서 프랭클은 삶의 고통은 인간 실존의 일반적 구성 요소이며, 삶의 일부로 받아들여야 한다고 보았다고 하였다. 따라서 고통이 인간 실존의 일반적 구성 요소가 아니라고 보는 것은 프랭클의 관점에 부합하지 않는다.

② 독가스실에 끌려가면서도 승리의 노래를 부르는 사람은 자신이 처한 상황에 좌절한 존재라고 할 수 있다.
　　　　　　　　↳ 좌절하지 않는 존재라고

해설 6문단에서 프랭클은 삶의 의미를 찾은 사람은 더 이상 상황에 의해 결정되는 존재가 아니며, 부정적이고 나아질 수 없는 상황에서도 고통에 좌절하지 않고 대항할 수 있는 자유가 있다고 보았음을 알 수 있다. 따라서 프랭클의 관점에서 독가스실에 끌려가면서도 승리의 노래를 부르는 사람은 자신이 처한 상황에 좌절한 존재가 아니라, 부정적이고 나아질 수 없는 상황에서도 고통에 좌절하지 않고 대항할 수 있는 자유가 있는 '삶의 의미를 찾은 사람'이라고 할 수 있다.

③ 아픈 몸으로 노약자를 보살펴 주는 사람은 고통을 제거하기 위해 긍정적 삶의 의미를 찾는 존재라고 할 수 있다.
　　　　　　　　　↳ 프랭클의 관점에서 고통은 제거의 대상이 아님.

해설 1문단에서 프랭클은 삶의 고통을 삶의 일부로 받아들여야 한다고 보았으며, 심리치료는 고통을 제거하는 것이 아니라 고통 속에서도 견뎌 내는 힘을 길러 주는 것이어야 한다고 주장하였다고 하였다. 따라서 고통을 제거하기 위해 긍정적 삶의 의미를 찾는다는 것은 프랭클의 관점에 부합하지 않는다.

④ 자신의 상황을 비관하여 자포자기하는 사람은 삶에 대한 책임 의식을 바탕으로 자유롭고자 하는 존재라고 할 수 있다.
　　　　　　　　　　　　↳ 프랭클의 관점에서 자포자기하는 사람은 삶에 대한 책임 의식을 가진 사람이 아님.

해설 5문단에서 프랭클은 삶에 대한 책임 의식을 바탕으로 자신의 인생에 긍정적이고 가치 있는 의미를 부여하여 삶의 목적을 찾아야 한다고 보았음을 알 수 있다. 또한 6문단에서 프랭클은 인간이 주어진 상황과 조건들에 맞설 수 있는 자유를 가지고 있다고 보았음을 알 수 있다. 따라서 자신의 상황을 비관하여 자포자기하는 것이 삶에 대한 책임 의식을 바탕으로 했다고 보는 것은 프랭클의 관점에 부합하지 않는다.

09 구체적 상황에 적용

정답 ④

선택률	① 4%	② 13%	③ 11%	④ 66%	⑤ 6%

윗글을 읽고 〈보기〉를 이해한 내용으로 적절하지 않은 것은?

─ 보기 ─

A는 형과 비교당하며 어린 시절을 보냈다. 형은 건강하고 활발한 모범생이었으나, A는 병치레로 학교에 제대로 다니지 못했다. 이후 신체적 병은 나았지만, A는 여전히 자신이 무가치한 존재라 (실존적 공허감을 겪고 있음.) 는 생각에 괴로워하며 매사 자신감 없이 행동한다.

정답 풀이

④ 아들러의 심리치료는 A가 학교에 제대로 다니지 못했던 것이 권력 의지가 좌절된 원인임을 밝히는 데 초점을 둔다.

해설 신경증의 원인을 과거에서 찾는 데 초점을 두는 것은 프로이트의 심리치료이다. 4문단에서 아들러의 심리치료는 자신의 삶에 책임감을 가지고 올바른 목적을 설정하여 부적절한 동기와 행동을 변화시키는 데 초점을 맞춘다고 하였다. 따라서 아들러의 심리치료는 A가 자신의 삶에 책임감을 가지고 올바른 목적을 설정하여 자신감 없이 행동하는 것을 변화시키는 데 초점을 둘 것이다.

오답 풀이

① 프로이트의 심리치료는 A의 어린 시절에 주목하여 당시에 억압된 쾌락 의지가 있다고 전제한다.

해설 2문단에서 프로이트는 어린 시절에 쾌락 의지가 좌절되어 무의식 속에 억압되어 있다가 이후 신경증을 유발한다고 보았음을 알 수 있다. 따라서 프로이트의 심리치료는 A의 어린 시절에 주목하여 당시에 억압된 쾌락 의지가 있다고 전제할 것이다.

② 프로이트의 심리치료는 A가 겪는 괴로움의 원인을 의식의 영역으로 끌어오는 것을 통해 이루어진다.

해설 2문단에서 프로이트는 무의식 속에 억압되어 있는 인간의 원초적 욕구가 심리적 고통과 부적응의 원인이 된다고 보았으며, 프로이트의 심리치료는 잠재된 무의식 속 원초적 욕구를 의식의 영역으로 끌어오는 것을 통해 이루어진다는 것을 알 수 있다. 따라서 프로이트의 심리치료는 A가 겪는 괴로움의 원인을 무의식 속에 억압되어 있는 원초적 욕구로 보고, 이를 의식의 영역으로 끌어오는 것을 통해 이루어질 것이다.

③ 아들러의 심리치료는 A가 올바른 목적을 설정하여 자신감 없는 행동을 변화시킬 수 있다고 전제한다.

해설 4문단에서 아들러의 심리치료는 자신의 삶에 책임감을 가지고 올바른 목적을 설정하여 부적절한 동기와 행동을 변화시키는 데 초점을 맞춘다고 하였다. 따라서 아들러는 심리치료를 통해 올바른 목적을 설정하여 A의 자신감 없는 행동을 변화시킬 수 있다고 전제할 것이다.

⑤ 프랭클의 심리치료는 A가 자신을 무가치한 존재로 여기는 실존적 공허감에서 벗어나 인생에 의미를 부여하도록 돕는다.

해설 1문단에서 프랭클은 현대인이 자신의 존재가 목적도 없고 이유도 없다고 느끼는 감정인 실존적 공허감을 겪고 있다고 본다고 하였고, 3문단에서 이러한 현대인의 심리적 고통과 부적응은 자신의 본질을 잃어버렸기 때문이라고 설명한다고 하였다. 그리고 5문단에서 프랭클은 실존적 공허감에서 벗어날 수 있는 심리치료 기법으로 삶에 대한 책임 의식을 바탕으로 자신의 인생에 긍정적이고 가치 있는 의미를 부여하여 삶의 목적을 찾는 것을 핵심으로 하는 의미 치료를 제시하였다고 하였다. 따라서 프랭클의 심리치료는 A가 자신을 무가치한 존재로 여기는 실존적 공허감에서 벗어나 인생에 의미를 부여하도록 도울 것이다.

DAY 04 인문·예술 존재성

01~05 2021년 6월 고2 전국연합학력평가

본문 24~25쪽

01 ④   02 ④   03 ①   04 ③   05 ②

◯ 문단별 핵심어 ★ 중심 문장

• 레비나스가 제안한 타자 중심의 철학

1 데카르트로 대표되는 서양의 근대 철학은 주체 중심의 철학이었다. '나는 생각한다. 고로 존재한다.'에서 '생각하는 나'는 존재하는 모든 것의 근거인 주체가 되고, 주체 앞에 놓인 모든 것들은 주체가 (주체 중심 철학의 내용) 지배할 수 있는 대상으로 이해되었다. 하지만 2차 세계대전, 유대인 학살과 같은 폭력의 경험은 이러한 철학 사유를 반성하는 계기가 되었다. 주체 중심의 철학이 타자에 대한 폭력을 정당화하는 근 (주체 중심의 철학 사유를 반성하게 된 이유) 거를 제공한다고 여겼기 때문이다. 전쟁의 참상 앞에 ⓐ놓였던 철학자 ㉮레비나스는 주체성의 의미를 새롭게 정의하고 타자 중심의 철학을 제안하였다. (변화)

2 레비나스는 인간의 삶은 진정한 삶을 향해 나아가는 것, 곧 초월 (레비나스의 인간 삶에 대한 관점) 이라고 보았다. 초월은 a에서 b로의 이행이며, 그의 철학은 이러한 이행 과정에서 ㉠타자의 존재가 어떤 의미가 있는지에 대해 탐구하는 것이었다. 그는 기존의 철학에서 주체는 주위의 모든 것들을 자기와 동일한 것으로 끊임없이 환원하는 자기중심적 존재로, 이 주 (기존 철학에서 주체의 의미) 체는 타자를 마음대로 할 수 있는 대상으로 취급했다고 보았다. 레비나스는 이러한 주체를 동일자라는 개념으로 설명하면서 타자는 동일자의 틀 안에 들어올 수 없기에 주체가 마음대로 할 수 없는 존 (레비나스의 타자 개념) 재라고 보았다. 이처럼 주체로 환원되지 않는 타자의 성질을 레비나스는 타자성이라고 하였다. (타자성의 의미)

3 이러한 타자 개념을 바탕으로 레비나스는 주체성의 의미를 두 가지로 제시했다. 하나는 향유의 주체성이고, 또 하나는 '환대'의 주체성이다. 그는 전자에서 후자로 나아가야 한다고 보았다. 향유 (향유의 주체성) (환대의 주체성) 는 즐김과 누림이며, 다른 누구도 대신해 줄 수 없는 개체의 고유한 (향유의 개념) 행위이다. 배고픈 사람에게 먹을 것을 줄 수는 있지만, 그를 대신해서 먹어 주지는 못한다. 이와 같이 어떤 것에 의존하지 않고 홀로 (자기성의 의미) 무엇을 누릴 때 나로서의 모습, 자기성이 성립한다. 이런 점에서 향유의 주체성은 자기성을 바탕으로 이루어진 주체성이다. 하지만 향유의 대상인 세계는 불확실하기에 주체의 욕구는 항상 충족되지는 않는다. 이에 주체는 주변의 존재들을 소유해 가며 자기성을 계속 확장해 나간다. 이처럼 향유의 주체성은 본질적으로 이기적이며 자기 삶에만 관심을 갖기 때문에 스스로는 초월할 수 없다.

4 따라서 자신만의 갇힌 세계에서 열린 세계로 초월하기 위한 계기가 요구되는데, 레비나스는 이를 타자의 출현이라고 보았다. 세계를 향유하던 주체 앞에 낯선 타자가 나타나 호소한다. 레비나스는 타자의 호소를 무조건적으로 받아들이고 응답할 때 기존과는 다른 참다운 주체의 모습으로 나아가게 된다고 보았다. 타자에 대한 무조건적인 수용을 환대라고 하며, 환대의 주체성은 타자의 문제를 자신의 문제로 받아들여 책임을 지는 주체성이다. 타자의 출현으로 인해 주체는 그동안 누려 왔던 자유와 이기성에 의문을 제기하며, 타자의 요구에 무조건적인 응답을 해야 한다는 것이다. 이러한 점에서 주체와 타자는 비상호적 관계이며, 타자를 주체보다 우월한 위치에 올려놓는다는 점에서 비대칭적 관계가 된다.

5 그렇다면 타자를 환대하기 위해 자기성은 완전히 포기해야 하는 것인가. 레비나스는 타자의 출현은 주체의 이기성을 제한하고 책임의 주체로 설 수 있도록 하는 것이지, 이로 인해 자기성이 상실되는 것이 아님을 분명히 한다. 타자는 주체의 존재를 침몰시키는 위협적인 존재가 아니라, 오히려 자기성에 갇힌 주체를 무한히 열린 세계로 초월할 수 있게 하는 존재라고 본 것이다.

6 이처럼 레비나스는 주체성의 의미를 새롭게 정립했다. 또한 그동안 주체가 마음대로 지배하고 배제할 수 있는 대상으로 인식했던 타자를 주체보다 높은 위치로 올려놓았다. 레비나스의 철학은 기존의 철학 사유로는 극복할 수 없었던 문제들을 새로운 방식으로 접근할 수 있는 인식의 틀을 제공했으며, 인간 개개인의 고유성을 존중할 수 있는 근거를 마련했다는 점에서 그 가치를 인정받고 있다.

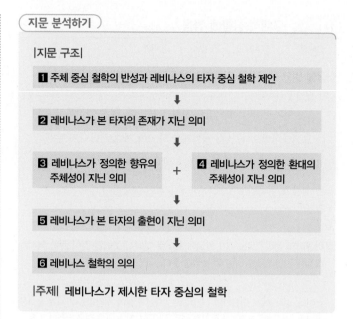

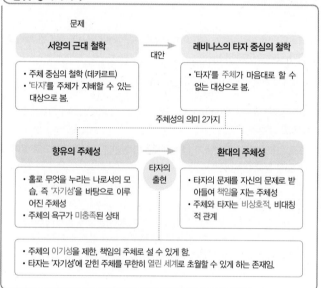

지식을 쌓는 배경지식

주체에 대한 다른 철학자들의 견해

① 칸트
  · 인식론 : 인식하는 주체와 인식 대상이 분명히 구분되어 있으며, 인식 주체가 대상에 전적으로 영향을 미친다고 봄.

② 사르트르
  · '실존은 본질에 앞선다.' : 인간은 '이 세상에 던져진 존재'로서 먼저 실존한 후에 자신의 주체적인 선택을 통해 스스로를 형성해 가는 존재임.
  · 주체성과 자유 : 인간은 신에 의지하지 않고 스스로 자기 자신의 모든 것을 선택하고 그에 대한 전적인 책임을 져야 하는 존재임.

③ 키르케고르
  · '주체성이 진리이다' : 실존적 상황에서는 객관성이 아니라 주체성만이 답을 줄 수 있으며, 진리는 개별적이고 주관적인 것임.
  · 인간은 선택 상황에서 불안을 느끼는데, 이때 주체적 결정을 회피하여 빠지게 되는 절망을 '죽음에 이르는 병'이라고 부름.

01 세부 정보의 파악 　　　　정답 ④

선택률	① 8%	② 3%	③ 3%	④ 82%	⑤ 4%

윗글에 대한 이해로 적절하지 <u>않은</u> 것은?

정답 풀이

④ 타자성은 타자를 위해 주체를 기꺼이 희생하는 성질을 의미한다.
　　　↳ 주체로 환원되지 않는 타자의

해설 2문단에서 '타자성'은 주체로 환원되지 않는 타자의 성질이라고 하였다. 따라서 타자성이 타자를 위해 주체를 기꺼이 희생하는 성질이라고 볼 수 없다.

오답 풀이

① 동일자는 주위의 모든 것들을 자기중심적으로 대한다.

해설 2문단에서 레비나스에 따르면 기존의 철학에서 주체는 주위의 모든 것들을 자기와 동일한 것으로 끊임없이 환원하는 자기중심적 존재로, 이 주체는 타자를 마음대로 할 수 있는 대상으로 취급한다고 하였다. 그리고 레비나스는 이러한 주체를 동일자라는 개념으로 설명하였다고 하였다. 따라서 동일자는 주위의 모든 것들을 자기중심적으로 대한다고 할 수 있다.

② 환대는 타자의 호소를 무조건적으로 수용함을 가리킨다.

해설 4문단에서 '환대'는 타자에 대한 무조건적인 수용이라고 하였다.

③ 향유는 다른 누구도 대신할 수 없는 개체의 고유한 행위이다.

해설 3문단에서 '향유'는 즐김과 누림으로, 다른 누구도 대신할 수 없는 개체의 고유한 행위라고 하였다.

⑤ 자기성은 어떤 것에 의존하지 않고 홀로 무엇을 누릴 때 성립한다.

해설 3문단에서 어떤 것에 의존하지 않고 홀로 무엇을 누릴 때 나로서의 모습을 '자기성'이라고 하였다.

02 특정 정보의 추론 　　　　정답 ④

선택률	① 2%	② 5%	③ 3%	④ 83%	⑤ 7%

㉠에 대한 레비나스의 답으로 가장 적절한 것은?
= 타자의 존재가 어떤 의미가 있는지

정답 풀이

④ 주체를 진정한 삶으로 이끌어 초월을 가능하도록 한다.

해설 2문단에서 레비나스는 인간의 삶은 진정한 삶을 향해 나아가는 것, 곧 초월이라고 보았으며, 이때 초월을 a에서 b로의 이행으로 보았음을 알 수 있다. 그리고 4문단에서 타자의 출현이 자신만의 갇힌 세계에서 열린 세계로 초월하기 위한 계기라고 보았음을 알 수 있다. 따라서 레비나스는 타자의 존재의 의미에 대해 주체를 진정한 삶으로 이끌어 초월을 가능하도록 한다고 말할 것이다.

오답 풀이

① 주체의 욕구가 항상 충족된 상태가 되도록 이끈다.
　↳ 주체의 욕구가 항상 충족된 상태일 수 없음.
해설 3문단에서 향유의 대상인 세계는 불확실하기에 주체의 욕구는 항상 충족되지는 않고, 이에 주체는 주변의 존재들을 소유해 가며 자기성을 계속 확장해 나간다고 하였다. 따라서 타자의 존재가 주체의 욕구를 항상 충족된 상태가 되도록 이끈다고 볼 수 없다.

② 주체의 일부분으로 환원되어 주체와의 합일을 이룬다.
　↳ 타자는 주체로 환원될 수 없음.
해설 2문단에서 레비나스는 주체의 틀 안에 들어올 수 없기에 주체가 마음대로 할 수 없는 존재를 타자로 보았으며, 타자는 주체로 환원되지 않는 성질인 '타자성'을 갖고 있다고 보았음을 알 수 있다.

③ 주체의 분열을 유도하여 자기성이 소멸되도록 만든다.
　↳ 타자가 주체의 분열을 유도하는 것은 아님.
해설 5문단에서 레비나스는 타자의 출현은 주체의 이기성을 제한하고 책임의 주체로 설 수 있도록 하는 것이지, 이로 인해 자기성이 상실되는 것은 아니라고 하였음을 알 수 있다. 따라서 주체의 분열을 유도하여 자기성이 소멸되도록 만드는 것이 타자의 존재 의미라고 볼 수 없다.

⑤ 주체를 열린 세계에서 갇힌 세계로 나아갈 수 있도록 한다.
　↳ 타자가 주체를 갇힌 세계로 나아가게 하는 것이 아님.
해설 5문단에서 타자는 주체의 존재를 침몰시키는 위협적인 존재가 아니라, 오히려 자기성에 갇힌 주체를 무한히 열린 세계로 초월할 수 있게 하는 존재라고 하였다.

03 어휘의 문맥적 의미 파악 　　　　정답 ①

선택률	① 39%	② 33%	③ 15%	④ 3%	⑤ 10%

ⓐ와 문맥적 의미가 가장 유사한 것은?
= 놓였던
정답 풀이

① 새로 산 연필이 책상 위에 놓여 있다.

해설 ⓐ와 ①에서 '놓이다'는 '물체가 일정한 곳에 두어지다.'라는 의미로 사용되었다.

오답 풀이

② 어느 하루도 마음이 놓인 날이 없었다.

해설 이 선택지에서는 '걱정이나 근심, 긴장 따위가 사라지거나 풀리다.'라는 의미로 사용되었다.

🎈 선택지 속 함정

　②를 정답이라고 생각한 학생들은 ⓐ의 앞에 쓰인 '전쟁의 참상'이라는 표현을 보고, 감정 등의 마음과 관련된다고 생각해서 ②의 '마음'이라는 표현을 보고는 정답을 ②로 고른 것 같아. 이는 우리말의 문장 구조와 문장 성분을 제대로 파악하지 못했기 때문인 것 같아. 이런 유형의 문제를 풀 때는 문맥 속의 단어의 의미를 파악할 때 문장 구조도 염두에 두고 파악해야 해. ⓐ가 쓰인 부분을 보면 '전쟁의 참상 앞에 ⓐ놓였던 철학자 레비나스'인데, 이를 주어와 서술어의 관계를 알기 쉽게 풀어서 보면 '철학자 레비나스가 / 전쟁의 참상 앞에 / 놓였다.'가 돼. 이렇게 '놓이다'가 쓰인 구조를 파악하고 보면 '주어가 ~에 놓이다'의 문장 구조를 가진다는 것을 알 수 있지. 의미로 보아도 '~에 두어지다'라는 뜻으로 쓰였으니까 ②는 답이 될 수 없고, ①이 답인 거야.

③ 들판을 가로지르는 새 도로가 놓여 있었다.

해설 이 선택지에서는 '일정한 곳에 기계나 장치, 구조물 따위가 설치되다.'라는 의미로 사용되었다.

④ 하루빨리 다리가 놓여야 학교에 갈 수 있다.

해설 이 선택지에서는 '일정한 곳에 기계나 장치, 구조물 따위가 설치되다.'라는 의미로 사용되었다.

⑤ 꽃무늬가 놓인 장롱을 보면 할머니가 생각난다.

해설 이 선택지에서는 '무늬나 수가 새겨지다.'라는 의미로 사용되었다.

= 레비나스

㉮와 〈보기〉의 관점을 비교하여 이해한 것으로 가장 적절한 것은?

> 보기
>
> 인간은 자기 보존을 위해 무한히 욕망을 추구하는 이기적 존재
> 이다. 타자는 나와 투쟁의 관계에 있으며, 나의 생명과 자유를 박
> 〈보기〉의 관점에서 보는 타자의 의미
> 탈하려는 잠재적인 적이다. 이러한 위협과 죽음의 공포에서 벗어
> 나기 위해서는 중재가 필요하다. 모든 인간이 자유에 기반한 권
> 리를 주장하는 한 투쟁은 끝나지 않을 것이기 때문이다. 따라서
> 공동의 이익과 평화를 위해 인간을 엄격히 통제할 수 있는 힘을
> 국가의 존재를 필요로 함.
> 가진 국가가 요구된다. 이러한 국가는 상호 간의 합의와 계약에
> 근거하여 성립한다.

정답 풀이

③ 〈보기〉는 자신을 해칠지도 모르는 잠재적인 적으로 타자를 대한다는 점에서 ㉮와 다르군.

해설 〈보기〉에서 나와 타자는 투쟁 관계로, 타자를 자신의 생명과 자유를 박탈하려는 잠재적인 적으로 여기고 있다. 반면 ㉮는 타자를 마음대로 할 수 없는 존재라고 여길 뿐, 자신을 해칠 잠재적인 적으로 생각하지 않는다.

오답 풀이

① ㉮는 인간을 욕망을 추구하는 이기적 존재로 여기는 점에서 〈보기〉와 다르군.
↳ 〈보기〉와 같군

해설 3문단에서 ㉮는 주체성이 본질적으로 이기적이라고 보았음을 알 수 있고, 또한 5문단에서 ㉮는 주체를 이기성을 가진 존재로 보았음을 알 수 있다. 그리고 〈보기〉 또한 인간을 '자기 보존을 위해 무한히 욕망을 추구하는 이기적 존재'로 보았다. 따라서 ㉮와 〈보기〉는 인간을 욕망을 추구하는 이기적 존재로 여기는 점에서 유사하다고 할 수 있다.
↳ 〈보기〉는

② ㉮는 타자와의 중재를 위해 국가의 존재를 필요로 한다는 점에서 〈보기〉와 다르군.
↳ ㉮와

해설 타자와의 중재를 위해 국가의 존재를 필요로 하는 것은 ㉮가 아니라 〈보기〉이다.
↳ 〈보기〉는

④ ㉮와 〈보기〉는 합의와 계약에 근거하여 타자에 대한 의무를 강제해야 한다고 본 점에서 유사하군.
↳ ㉮와 다르군

해설 〈보기〉는 상호 간의 합의와 계약에 근거하여 성립한 국가가 인간을 통제해야 한다고 보았다. 그러나 4문단에서 ㉮는 타자의 호소를 무조건 받아들이고 응답해야 한다고 보았음을 알 수 있다.

⑤ ㉮와 〈보기〉는 공동의 이익과 평화를 위해서라도 주체의 이익은 제한될 수 없다고 본 점에서 유사하군.
↳ 있다고

해설 〈보기〉는 공동의 이익과 평화를 위해서 주체의 이익은 제한될 수 있다는 관점을 취하고 있다. 마찬가지로 4문단을 통해 ㉮도 타자를 환대할 때 주체의 이익은 제한될 수 있다고 보았음을 알 수 있다.

〈보기〉는 학급 토론의 한 장면이다. 윗글을 바탕으로 〈보기〉를 이해한 내용으로 적절하지 않은 것은? [3점]

> 보기
>
> | 토론 주제: 난민 신청을 한 외국인들을 받아들여야 한다. |
>
> A: 그들을 받아들여서는 안 된다. 그들의 문제는 그들이 해결해
> 야 한다. 그들을 받아들이면 나의 이익과 자유가 제한될 수
> 자기성을 바탕으로 한 향유의 주체성을 말하고 있음.
> 있기 때문에 그들을 자국으로 돌려보내는 것이 당연하다.
>
> B: 살길을 찾아온 그들을 아무런 조건 없이 환영해야 한다. 그들
> 환대의 주체성을 말하고 있음.
> 은 외국인이기 이전에 인격을 가진 인간으로서 존중받아야 한
> 다. 그들의 문제는 그들만의 문제가 아니다. 그들을 위해 내
> 가 가진 것을 나눠 주는 것은 당연하다.

정답 풀이

② A는 그동안 누려 온 자신의 자유에 의문을 제기하며 새로운 주체의 모습으로 나아가고 있군.

해설 A는 타자를 자신의 이익과 자유를 제한하는 존재로 여기고 있으므로, 타인을 환대하는 새로운 주체의 모습으로 나아가지 못하고 있다.

오답 풀이

① A는 타자인 외국인들을 마음대로 할 수 있는 대상으로 바라보는 입장이군.

해설 A는 자신의 이익과 자유를 위해 난민 신청을 한 외국인들을 자국으로 돌려보내야 한다고 말하고 있다. 이를 볼 때 A는 타자를 마음대로 할 수 있는 대상으로 취급하고 있음을 알 수 있다.

③ B는 외국인들의 문제를 자신의 문제로 받아들여 책임지려는 태도를 보이고 있군.

해설 B가 외국인들을 위해 자신이 가진 것을 나누려 하는 모습에서, 타인의 문제를 자신의 문제로 받아들여 책임지려는 태도를 볼 수 있다.

④ B가 외국인들을 환영해야 한다는 것은 그들을 자신보다 더 높은 위치에 올려놓는다는 것을 의미하는군.

해설 B는 외국인들을 환대하고 있으며, 이는 타자를 주체보다 높은 위치에 올려놓는다는 것을 의미한다.

🔍 **선택지 속 함정**

④는 얼핏 보면 틀린 것으로 생각하기 쉬워. 외국인들을 환영하려면, 그들을 나 자신보다 더 높은 위치에 올려놓아야 한다는 말은 직관적으로 와닿지 않을 수 있거든. 그렇지만 〈보기〉의 B가 말하는 '환영'이 지문의 '환대'와 연결될 수 있음을 이해하면, 4문단에서 환대란 타자에 대한 무조건적인 수용이며 더 나아가 타자를 주체보다 우월한 위치에 놓는 비대칭적 관계에까지 이른다는 것과 연결할 수 있어. 그동안 주체가 마음대로 지배하고 배제할 수 있는 대상에 불과했던 타자가, 주체보다 높은 위치에 올라선 셈이지.

⑤ B는 A와 달리 자신이 가진 것을 나누려는 환대의 주체성을 지닌 존재로 볼 수 있군.

해설 A는 자기성이 바탕이 된 향유의 주체성, B는 타인의 문제를 책임지는 환대의 주체성이 나타나고 있다.

• 사르트르의 실존주의

1 실존주의는 현대 과학 기술 문명과 전쟁 속에서 비인간화되어 가는 현실을 고발하는 과정에서 등장한 철학 사조로, 개인으로서의 인간의 주체적 존재성을 강조한다. 사르트르(J. P. Sartre)는 실존주의를 대표하는 철학자로, 이전의 철학자들이 인간의 본질이 무엇이냐는 근원적 물음을 탐구했다면, 사르트르는 개개인의 실존을 문제 삼았다. 그의 사상은 '실존은 본질에 선행한다.'로 집약할 수 있는데, 여기서 본질은 어떤 존재에 관해 '그 무엇'이라고 정의될 수 있는 성질을 뜻하고, 실존은 자기의 존재를 자각하면서 존재하는 주체적인 상태를 뜻한다.

2 무신론자였던 사르트르는 인간은 사물과 달리 그 본질이나 목적을 가지고 판단할 수 없다고 보았다. 예를 들어, 연필은 처음부터 '쓴다'는 목적으로 만들어진다. 무엇인가를 쓴다는 것은 연필의 본질이므로, 연필의 존재는 그 본질로부터 나온다. 즉 사물은 본질이 그 존재에 선행하는 것이다. 그러나 인간은 사물과 다르다. 사르트르는 인간이 신의 뜻에 따라 만들어진 존재라는 기존의 통념을 거부하면서, 인간은 우연히 이 세계에 내던져진 채 스스로를 만들어 가는 존재라고 보았다.

3 사르트르는 이 세계의 모든 존재를 '의식'의 유무를 기준으로 의식이 없는 '사물 존재'와 의식이 있는 '인간 존재'로 구분하였다. 그리고 사물 존재를 '즉자존재(Being in itself)'로, 인간 존재를 '대자존재(Being for itself)'로 각각 명명하였다. 여기서 즉자존재는 일상의 사물들처럼 자기의식이 없기 때문에, 그 자리에 계속 그것인 상태로 남아 있다. 반면에 대자존재는 자기의식을 가진 존재이다. 따라서 자기 자신을 대상화*하여 스스로를 바라볼 수도 있고, 매 순간 자유로운 선택을 통해 자신을 만들어 갈 수도 있다. 그런데 모든 것이 인간의 선택으로 결정이 된다면, 그 선택에 따른 책임도 자기 스스로 져야 한다. 그래서 사르트르는 진실한 인간이라면 책임감이라는 부담 때문에 번민하고, 그 번민의 원인이 되는 자유로부터 도피하고 싶은 욕망이 생길 수 있다고 보았다.

4 또한 사르트르는 인간의 자유로운 선택이 타자와 연관된다고 여겼다. 왜냐하면 내가 주체적 의식을 지니고 살아가듯이 타자도 주체적 의식을 지니고 있어서, 내가 아무리 주체성을 지닌 존재라 하더라도 나를 바라보는 다른 사람은 나를 즉자존재처럼 객체화하여 파악할 수 있기 때문이다. 그래서 사르트르는 타인의 시선으로 규정되는 인간의 모습을 일컬어 대타존재(Being for others)'라고 명명하였다. 예를 들어, 길을 걷다가 친구의 장난스러운 표정이 떠올라 웃었다고 가정해 보자. 그런데 그런 상황을 모르는 타자는 '저 사람 참 실없는 사람이네.'라는 시선을 보낼 수 있다. 이때 타자에 의해 '실없다'라고 규정되는 존재가 대타존재인 것이다.

5 그런데 이런 시선은 타자만 나에게 보내는 것이 아니라 나도 타자에게 보낼 수 있다. 왜냐하면 　　　⊙　　　 그래서 사르트르는 나와 타자가 맺는 관계는 공존이 아니라 갈등과 투쟁으로 여겨서, '타자는 지옥이다.'라는 극단적인 표현까지 동원하기도 하였다. 그러나 그는 이렇게 자신이 타자의 시선에 노출되더라도 자신의 행위를 계속해 나가야 한다고 말한다. 자신의 선택에 따라 행동하며 그것을 타자가 받아들이도록 함으로써 타자를 자신의 선택 속에 끌어들일 수 있는 것이다. 그러니까 인간은 참된 자아를 찾기 위해 타자의 시선을 두려워하거나 피할 것이 아니라 이를 극복하고 계속 자신의 행위를 선택하며 살아가야 한다.

6 사르트르의 실존주의는 개인이 사회적 관습에 의해 제약을 받는다는 사실을 간과하였다는 점, 나와 타자가 맺어 가는 인간관계를 지나치게 비관적으로 설정하였다는 점 등에서 비판을 받기도 하였다. 하지만 그의 실존주의는 주체성을 상실한 채 획일화되어 가는 우리의 삶을 반성하게 하고, 주체적이고 개성적인 삶을 살아가도록 도움을 준다는 점에서 오늘날까지 그 가치가 높이 평가되고 있다.

＊대상화: 자기의 주관 안에 있는 것을 객관적인 대상으로 구체화하여 밖에 있는 것처럼 다룸.

지식을 쌓는 배경지식

실존주의 철학자들의 견해

① 니체
 · '신은 죽었다.' : 신을 부정하는 무신론적 실존을 주장하며, 현실의 생을 긍정하며 살아야 한다고 봄.

② 야스퍼스
 · 실존해명 : 실존을 밝혀 주는 방법을 실존해명에서 찾고, 죽음, 고뇌, 책임, 투쟁과 같은 한계 상황에서 실존이 가장 잘 해명된다고 주장함.

③ 하이데거
 · 현존재로서의 인간 : 현존재로서의 인간의 존재 방식은 염려이며, 이 염려가 현존재의 유한성과 시간성을 드러내 준다고 봄.

|지문 구조|

1 실존주의를 대표하는 철학자 사르트르의 사상

↓

2, **3** 사르트르의 실존주의 ① – 사물과 인간에 대한 이해

↓

4, **5** 사르트르의 실존주의 ② – '나'와 타자에 대한 이해

↓

6 사르트르의 실존주의의 한계와 의의

|주제| 사르트르의 실존주의의 특성과 의의

한컷 정리하기

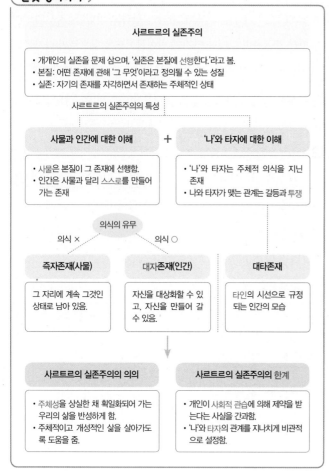

06 중심 화제의 파악   정답 ④

선택률	① 10%	② 2%	③ 2%	④ 77%	⑤ 9%

윗글의 표제와 부제로 가장 적절한 것은?

정답 풀이

④ 사르트르 실존주의의 특성과 의의

  – 사물, 나, 타자에 대한 이해를 중심으로

해설 이 글은 사물, 나, 타자에 대한 설명을 중심으로 사르트르 실존주의의 특성과 의의에 대해 설명하고 있다.

오답 풀이

① 사르트르 실존주의의 장단점

  – 인간과 사물의 차이점을 중심으로

해설 6문단에 사르트르 실존주의의 장단점에 대해 언급되어 있고, 2문단과 3문단에 인간과 사물의 차이점이 언급되어 있다. 그러나 전체 내용이 드러나지 않아 표제와 부제로는 적절하지 않다.

② 사르트르 실존주의의 발생 배경

  – 현대 과학 기술 문명의 발전을 중심으로

해설 사르트르 실존주의의 발생 배경은 1문단에 드러나 있지만, 이를 글의 표제로 삼기에는 적절하지 않다. 또한 현대 과학 기술 문명의 발전 또한 드러나지 않는다.

③ 사르트르 실존주의의 변천 과정

  – 본질과 실존의 우선순위 변화를 중심으로

해설 사르트르 실존주의의 변천 과정은 드러나지 않는다. 1문단에 따르면, 사르트르 이전의 철학자들은 인간의 본질이 무엇인지 탐구하였고, 사르트르는 실존이 본질에 선행한다고 말하였으므로 본질과 실존의 우선순위 변화에 대한 언급이 있었다고는 볼 수 있다.

⑤ 사르트르 실존주의의 주요 개념과 한계

  – 자유와 책임의 상호 관계를 중심으로

해설 사르트르 실존주의의 주요 개념과 한계라는 표제는 적절하지만, 자유와 책임의 상호 관계를 중심으로 서술되어 있지는 않다.

07 세부 정보의 파악   정답 ①

선택률	① 61%	② 14%	③ 7%	④ 9%	⑤ 9%

윗글의 '사르트르'의 견해로 적절하지 <u>않은</u> 것은?

정답 풀이

① 사물의 본질은 존재에서 나온다.
    ↳ 존재에 선행한다

해설 2문단에서 사르트르는 사물은 본질이 존재에 선행한다고 하였으므로 사물의 본질이 존재에서 나온다고 보지 않았을 것이다.

오답 풀이

② 선택의 자유가 번민의 계기가 될 수 있다.

해설 3문단에서 사르트르는 자유로운 선택에 따른 책임을 스스로 져야 한다고 하면서 책임감이라는 부담 때문에 번민하고 또 도피하고 싶은 욕망도 생길 수 있다고 하였다.

③ 모든 존재는 의식의 유무로 양분할 수 있다.

해설 3문단에서 사르트르는 이 세계의 모든 존재를, 의식의 유무를 기준으로 의식이 없는 '사물 존재'와 의식이 있는 '인간 존재'로 구분하였다고 하였다.

④ 인간은 대자존재이자 대타존재로 규정될 수 있다.

해설 3문단에서 사르트르는 인간 존재를 '대자존재'로 명명하였으며, 4문단에서 타인의 시선으로 규정되는 인간의 모습은 '대타존재'라고 명명하였다고 나타나 있다.

⑤ 개인과 개인은 갈등과 투쟁의 관계로 맺어져 있다.

해설 5문단에서 사르트르는 개인과 개인이 맺는 관계는 공존이 아니라 갈등과 투쟁으로 여기며, '타자는 지옥이다.'라는 극단적인 표현까지 사용하였다고 하였다.

08 특정 정보의 추론 　　　　　　정답 ⑤

| 선택률 | ① 5% | ② 6% | ③ 10% | ④ 5% | ⑤ 74% |

⊙에 들어갈 말로 가장 적절한 것은?

정답 풀이

⑤ 서로가 서로를 대상으로 삼아 객체화하려고 하기 때문이다.

해설 친구의 표정이 떠올라 웃는 사람이 실없는 사람으로 취급받는 것은, 타자의 시선으로 규정되는 사례, 즉 '대타존재'가 된 사례에 해당한다. 그런데 이는 타자가 나에게 보내는 것뿐만 아니라, 나 또한 타자에게 보낼 수 있는 것이다. 다시 말하면 타자가 나를 즉자존재처럼 객체화할 수도 있고, 나 또한 타자를 즉자존재처럼 객체화할 수도 있다는 것이다. 따라서 서로가 서로를 대상으로 삼아 객체화하기 때문이라는 말이 ⊙에 들어갈 수 있다.

오답 풀이

① 서로가 서로의 자유로운 선택을 인정하기 때문이다.

해설 4문단에서 인간의 자유로운 선택이 타자와 연관된다고 하였다. 내가 주체적 의식을 지니고 살아가는 것처럼 타자 또한 주체적 의식을 지니고 있어, 타인이 나를 즉자존재처럼 객체화하여 파악할 수 있다. 그러나 서로가 자유로운 선택을 인정하기 때문에 서로를 객체화하고, 이로 말미암아 갈등과 투쟁의 관계에까지 이른다고 보기는 어렵다.

② 나와 타자가 각자의 방식으로 자신을 돌아보기 때문이다.

해설 인간이 자신을 돌아보는 것은 '대자존재'의 모습이므로 '대타존재'에 대한 내용인 ⊙에 들어갈 말로 적절하지 않다.

③ 서로가 서로를 주체성을 지닌 존재로 파악하기 때문이다.

해설 서로가 서로를 주체성을 지닌 존재로 파악하는 것은 '대자존재'로서 인정하는 것이다.

④ 나와 타자가 서로의 시선에서 벗어나기를 원하기 때문이다.

해설 나와 타자가 서로를 객체화한다는 것만 알 수 있을 뿐 서로의 시선에서 벗어나기를 원하는지는 알 수 없다.

09 관점의 비교 이해 　　　　　　정답 ⑤

| 선택률 | ① 8% | ② 5% | ③ 11% | ④ 10% | ⑤ 66% |

윗글과 〈보기〉를 활용하여 '사르트르'와 '키르케고르'의 입장을 비교한 내용으로 적절하지 않은 것은?

　보기

유신론적 실존주의자인 키르케고르는 인간은 스스로의 결단을 통해 자신의 삶을 결정할 수 있다고 보았다. 그는 참된 자아실현의 과정을 3단계로 나누었다. 쾌락을 추구하며 살아가는 '미적 실존'의 단계에서는 끝없는 쾌락의 추구로, 윤리 규범을 준수하며 살아가는 '윤리적 실존'의 단계에서는 자신의 불완전성으로, 결국 절망을 느끼게 된다고 보았다. 따라서 이를 극복하고 참된 자아를 찾기 위해서는 신의 명령에 따라 살아가는 '종교적 실존'의 단계를 스스로 선택해야 한다고 주장하였다.

(미적 실존 단계 밑) 참된 자아실현의 1단계 과정
(윤리적 실존 단계 밑) 참된 자아실현의 2단계 과정
(종교적 실존 단계 밑) 참된 자아실현의 3단계 과정 - 키르케고르가 주장한 인간이 참된 자아를 찾는 방법

정답 풀이

⑤ 사르트르와 키르케고르는 모두 윤리 규범과 같은 사회적 관습을 지키는 것이 중요하다고 여겼겠군.

해설 〈보기〉에서 키르케고르는 윤리 규범을 준수하며 살아가는 윤리적 실존 단계를 언급하였다. 그러나 사르트르는 윤리 규범의 중요성을 언급한 바 없고, 6문단에 따르면 오히려 개인이 사회적 관습에 의해 제약을 받는다는 점을 간과했다고 비판받기도 하였다.

오답 풀이

① 키르케고르와 달리 사르트르는 신에 의존하지 않는 삶을 추구했겠군.

해설 2문단에 따르면, 사르트르는 인간이 신의 뜻에 따라 만들어진 존재라는 것을 부정하였지만 〈보기〉의 키르케고르는 인간이 신의 명령에 따라 살아가야 한다고 하였다. 즉 인간이 신에 의존하여 살아야 한다고 본 키르케고르와 달리 사르트르는 인간이 신에 의존하지 않는 삶을 살아야 한다고 본 것이다.

② 사르트르와 달리 키르케고르는 자아실현의 과정이 단계별로 진행된다고 생각했겠군.

해설 사르트르는 자아실현의 과정을 단계별로 나누지 않았지만, 키르케고르는 〈보기〉에서 '미적 실존 – 윤리적 실존 – 종교적 실존'의 3단계로 자아실현의 과정을 설명하였다.

③ 사르트르와 키르케고르는 모두 인간이 자신의 삶을 주체적으로 결정할 수 있다고 믿었겠군.

해설 3문단에서 사르트르는 인간은 매 순간 자유로운 선택을 통해 자신을 만들어 갈 수 있다고 하였다. 또한 〈보기〉에서 키르케고르는 인간은 스스로의 결단을 통해 자신의 삶을 결정할 수 있다고 보았다.

④ 사르트르와 키르케고르는 모두 참된 자아를 찾기 위해서 극복해야 할 대상이 있다고 여겼겠군.

해설 5문단에서 사르트르는 타자와의 관계 맺음을 갈등과 투쟁이라 언급하면서 이를 극복하고 나아가야 한다고 하였다. 〈보기〉의 키르케고르는 윤리적 실존 단계에서 자신의 불완전성으로 느끼는 절망을 극복하고 참된 자아를 찾기 위해 종교적 실존 단계로 나아가야 한다고 하였다.

10 구체적 상황에 적용 　　　　　　정답 ②

| 선택률 | ① 20% | ② 29% | ③ 10% | ④ 35% | ⑤ 6% |

윗글을 바탕으로 〈보기〉를 이해한 내용으로 적절하지 않은 것은? [3점]

　보기

(학생이 선생님과 상담하는 상황)

학생: 선생님, 저는 어렸을 때부터 누가 장래 희망을 물어보면 늘 의사라고 대답하곤 했는데, 고2가 되면서 제가 정말 의사가 되고 싶은지 의문이 들었어요.

선생님: 왜 그런 생각을 하게 된 거야?

학생: 의사라는 꿈이 제 꿈이 아니라 부모님의 꿈이라는 생각이 들었거든요. 저는 어렸을 때부터 '너는 의사가 될 거야.'라는 말을 들으며 자랐어요. 그래서 당연히 의사가 되어야 한다고 생각했어요.

(밑줄 밑) 부모님은 학생을 '대타존재'로 객체화하여 바라봄.

선생님: 그렇구나. 그런데 처음부터 해야 할 일이 정해진 사람은 없어. 네 꿈은 네가 고민해서 선택하는 것이 맞지 않을까?

학생: 그렇기는 하지만…… 부모님께서 반대하시면요?

선생님: 어떤 선택을 하든 네가 선택한 것에 책임감 있게 행동하면, 부모님도 너의 선택을 인정해 주시지 않을까? 선생님은 네가 하고 싶은 일을 스스로 찾았으면 좋겠어.

정답 풀이

② 부모님의 기대를 의식하는 '학생'은 <del>대타존재</del>에 해당하겠군.
↳ 대자존재에

해설 3문단에서 사르트르는 의식의 유무를 기준으로 인간 존재를 자기의식을 가진 '대자존재'라고 명명하였음을 알 수 있고, 4문단에서 사르트르는 타인의 시선으로 규정되는 인간의 모습을 일컬어 '대타존재'라고 명명하였음을 알 수 있다. 따라서 부모님의 기대를 의식한다는 것은 학생이 자기의식을 가지고 있는 것이므로, 학생은 대타존재가 아닌 대자존재이다.

오답 풀이

① '학생'은 장래 희망과 관련하여 스스로를 대상화하고 있군.

해설 학생은 장래 희망과 관련하여 자신이 정말 의사가 되고 싶은지 의문을 품는다. 이는 대자존재로서 자기 자신을 대상화하여 바라보는 것이다.

③ '선생님'은 선천적으로 주어진 본질이란 없다고 생각하고 있군.

해설 선생님은 처음부터 해야 할 일이 정해진 사람은 없다고 말하고 있다. 이는 선천적으로 주어진 본질이 없다고 생각하는 것이다.

④ 학생이 의사가 되기를 바라는 '부모님'은 대자존재에 해당하겠군.

해설 3문단에서 사르트르는 인간 존재를 대자존재로 명명하였다. 부모님은 인간 존재이므로 대자존재에 해당한다.

👿 선택지 속 함정

정답인 ②는 적절한 내용이라고 생각하고 오답인 ④는 적절하지 않은 내용이라고 생각한 학생들이 많았어. ②, ④를 두고 정답을 고르는 데 고민한 것은 '대자존재'와 '대타존재'의 개념을 명확하게 파악하지 못해서일 거야. 사르트르는 인간은 모두 '대자존재'라고 보았으니까, 학생과 부모님 모두 대자존재이지, 대타존재는 아니야. 다만 부모님이 학생에게 '너는 의사가 될 거야.'라고 말한 데에서, 부모님이 학생을 객체화하여 대했다고 볼 수 있겠지. 하지만 그렇다고 해서 인간 존재인 학생 자체가 대타존재가 되는 것은 아니야. 타인인 부모님이 학생의 모습을 그렇게 본 것일 뿐이지.

⑤ '학생'은 장래 희망과 관련된 선택에서 타자의 시선을 고려하고 있군.

해설 학생은 장래 희망과 관련하여 '너는 의사가 될 거야.'라는 부모님, 즉 타자의 시선을 고려하고 있다.

01~05 2023년 3월 고2 전국연합학력평가 ················ 본문 28~29쪽

01 ⑤ 02 ① 03 ④ 04 ⑤ 05 ④

⬭ 문단별 핵심어 ★ ▬▬ 중심 문장

• '실내'에 대한 짐멜과 베냐민의 견해

1 출퇴근에 대한 관념은 근대 이후에 형성되었다. 집과 일터의 경계가 뚜렷하지 않았던 전근대 사회와 달리 19세기 이후의 도시적 삶에서는 주거를 위한 (사적 공간)과 노동을 위한 (공적 공간)이 (분리)되었다. 여가를 즐길 수 있는 곳은 사적 공간으로, 경제적 활동을 하는 곳은 공적 공간으로 인식되었으며 이 둘의 관계는 (내부)와 (외부), (실내)와 (거리)의 관계에 대응된다.

2 (게오르크 짐멜)은 대표적인 사적 공간인 (실내의 공간적 의미)를 (도시의 삶)과 관련지어 분석하였다. 짐멜은 도시에서 살아가는 개인이 외적 자극의 과잉으로 인해 신경과민에 ⓐ빠지게 되는데, 이에 대응하는 전형적인 방식이 내면으로의 침잠이라고 설명하였다. 외부와 차단된 실내는 (내면을 지키기)에 가장 유리한 공간이라는 것이다. 또한 짐멜은 개인이 (개성을 실현)할 수 있는 공간이라는 의미를 실내에 부여하였다. 19세기에는 실내를 가구와 공예품으로 빈틈없이 장식하는 것이 유행했는데, 그는 다양한 양식을 지닌 사물을 취향에 따라 조합함으로써 일상에서 개성을 드러낼 수 있다는 점에서 이를 긍정적으로 평가하였다. 또 양식이라는 보편적인 표현 형태를 매개로 하는 공예품은 평온함과 안정감을 줄 수 있다고 덧붙였다.

㉠실내에 대한 짐멜의 설명은 도시적 삶이 가져오는 불안과 몰개성을 (사적 공간)에서 해소하려는 (개인의 욕망)에 부응한다. 실내가 개인의 은신처이자 일상의 심미화를 추구할 수 있는 공간으로 자리매김함에 따라, 거주자를 외부로부터 보호하고 자유로운 개성 표현을 보장하는 실내의 설계가 당시 건축의 주요한 구성 원리로 등장하였다.

3 (발터 베냐민)은 실내 장식에 집착한 19세기의 (주거 문화)를 '주거 중독증'으로 표현하면서 이는 도시의 공적 공간에서 개인적 흔적을 남길 수 없는 데 대한 (보상 심리)에서 기인한 것이라고 설명하였다. 베냐민은 (실내)가 사회적 세계와의 연관성을 잃어 가면서 점점 더 인위적인 공간이 되었으며 그곳에서의 은둔은 (공적 공간으로부터의 도피)를 의미한다고 보았다. 그는 신화나 자연에서 모티프를 딴 가구와 공예품들의 조합을 통해 몽환적 분위기를 조성했던 19세기의 실내 풍경을 예로 들면서, 이러한 실내는 거주자를 환상에 빠지게 함으로써 도피에 대한 욕망을 충족시킬 뿐이라고 주장하였다.

4 실내에 대한 베냐민의 비판적 고찰은 사적 공간과 공적 공간의 괴리를 문제 삼는 데로 이어지는데, 이때 베냐민이 주목한 것은 파리의 (파사주)이다. 파사주는 몇 채의 건물을 잇는 통로 형태의 상가로, 베냐민에 따르면 유행의 리듬이 지배하는 최초의 자본주의적 소비 공간이다.

_{파사주의 개념}

유행은 새로운 것을 부단히 연출함으로써 상품을 향한 욕망을 재생산한다. 서로 마주 보는 상점들이 늘어선 구조는 오가는 이들의 시선을 붙잡아 소비를 부추겼다. 또한 파사주는 건축학적으로 거리와 실내 사이에 위치하는 (사이공간)이다.

_{공적 공간, 외부　　사적 공간, 내부　　파사주의 건축학적 특징}

베냐민은 그렇기 때문에 파사주에서는 외부와 내부가 혼동되는 경험이 가능하다고 보았다.

_{사이공간으로서의 파사주의 특징}

전적으로 공적이지도 않고 사적이지도 않은 중간 영역의 존재는 (경계 해체)의 단초를 제공한다.

_{사이공간}

5 사적 공간과 공적 공간의 분리를 신봉하는 낡은 개념을 대신할

_{19세기의 주거 개념}

새로운 주거 개념을 탐색하면서, 베냐민은 (신건축)과의 관계에서 (파사주의 의미)를 다시 조명하였다. 1920년대에 등장한 신건축은 산업 기술의 발전에도 불구하고 건축의 미학화 경향이 지속되는 상황에 대한 반론의 성격을 띤다.

_{신건축의 성격}

베냐민은 공간의 이분법을 극복하려는 사유의 연장선상에서 (신건축의 구성 원리)를 탐구하였다.

_{사적 공간과 공적 공간의 분리}

신건축에서는 철골을 재료로 사용하면서 벽을 제거하는 설계가 가능해져 내부와 외부의 (경계를 완화)할 수 있게 되었다.

_{신건축의 특징 ①}

또 빛이 투과하는 유리 사용의 확대는 내부와 외부의 (통합)을 공간적으로 구현할 수 있게 했다.

_{신건축의 특징 ②}

이에 비해 파사주는 새로운 재료를 사용하면서도 과거의 건축 양식들이 절충적으로 혼합되어 지어졌다는 점에서 기술의 발

_{파사주에 대한 베냐민의 비판적 평가}

전에 부합하는 건축 양식으로 이어지지 못했다는 것이 베냐민의 설명이다. 이처럼 베냐민은 (파사주)의 한계를 지적하면서도, 외부로부터 차단된 '그릇 속에서의 삶'이 지배했던 19세기에서 '관계와 투과'

_{신건축과의 관계에서 베냐민이 발견한 파사주의 의미}

의 원리가 지배하는 20세기로 넘어가는 (문지방)의 의미를 파사주에서 발견하였다.

_{지식을 쌓는} **배경지식**

근대 도시와 새로운 예술에 대한 발터 베냐민의 고찰

① 근대 도시에 대한 탐구
· 근대 도시에서는 옛것과 새것, 자연과 인공 등 이질적인 것이 섞여 빠르게 흘러가고, 다양한 구경거리가 등장해 근대 도시인에게 충격을 줌.

② 새로운 예술에 대한 탐구
· 사진이나 카메라 등 기술적 장치들의 발달로 전통적인 예술 작품이 지니는 '아우라(Aura)'가 붕괴되었다고 주장함.
· 근대 도시의 복합적 특성이 영화라는 새로운 예술 형식에 드러난다고 봄.
· 카메라에 의해 조립된 영상인 영화에서 아우라는 사라졌지만, 근대 도시인에게 새로운 감성과 감각을 불러일으키고 대중이 예술 작품에 쉽게 접근할 수 있게 만든다는 점에서 새로운 예술의 가능성을 엿봄.

지문 분석하기

|지문 구조|

1 19세기 이후에 나타난 사적 공간과 공적 공간의 분리
↓
2 실내에 대한 게오르크 짐멜의 견해 ↔ **3** 실내에 대한 발터 베냐민의 견해
↓
4 사적 공간과 공적 공간의 경계를 해체하는 파사주
↓
5 신건축과의 관계에서 베냐민이 발견한 파사주의 의미

|주제| 실내에 대한 짐멜과 베냐민의 견해와 신건축과 관련한 베냐민의 공간관

한컷 정리하기

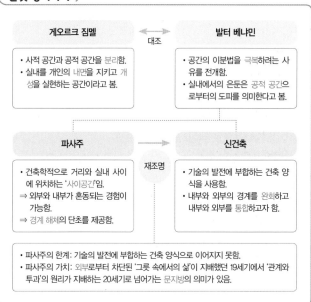

게오르크 짐멜	대조	발터 베냐민
· 사적 공간과 공적 공간을 분리함. · 실내를 개인의 내면을 지키고 개성을 실현하는 공간이라고 봄.	↔	· 공간의 이분법을 극복하려는 사유를 전개함. · 실내에서의 은둔은 공적 공간으로부터의 도피를 의미한다고 봄.

파사주	재조명	신건축
· 건축학적으로 거리와 실내 사이에 위치하는 '사이공간'임. ⇒ 외부와 내부가 혼동되는 경험이 가능함. ⇒ 경계 해체의 단초를 제공함.	→	· 기술의 발전에 부합하는 건축 양식을 사용함. · 내부와 외부의 경계를 완화하고 내부와 외부를 통합하고자 함.

· 파사주의 한계: 기술의 발전에 부합하는 건축 양식으로 이어지지 못함.
· 파사주의 가치: 외부로부터 차단된 '그릇 속에서의 삶'이 지배했던 19세기에서 '관계와 투과'의 원리가 지배하는 20세기로 넘어가는 문지방의 의미가 있음.

---

01 글의 전개 방식 파악　　정답 ⑤

선택률	① 5%	② 7%	③ 4%	④ 12%	⑤ 72%

윗글에 대한 설명으로 가장 적절한 것은?

정답 풀이

⑤ 실내에 대한 학자들의 견해를 제시하면서 그러한 견해의 형성 배경 및 견해 간의 차이를 드러내고 있다.

해설 이 글은 실내에 대한 짐멜과 베냐민의 견해가 형성된 배경과 두 견해 간의 차이를 드러내고 있다. 2문단에서 도시적 삶이 가져오는 불안과 몰개성에 대응하기 위한 개인의 욕구는 내면으로의 침잠으로 나타나며, 실내는 거주자를 외부로부터 보호하는 공간이자 개성을 실현하는 공간이라고 본 짐멜의 견해를 제시하고 있다. 그리고 3문단에서 이러한 짐멜의 견해와 달리, 실내 장식에 집착한 주거 문화는 도시의 공간에서 개인적 흔적을 남길 수 없는 데 대한 보상 심리에서 기인한 것이며, 실내는 공적 공간으로부터의 도피의 공간이라고 본 베냐민의 견해를 제시하고 있다.

(오답 풀이)

① **건축 재료의 발달 과정을 중심으로 건축사를 단계별로 설명하고 있다.**

[해설] 건축 재료의 발달 과정이나 건축사에 대한 설명을 제시하고 있지 않다.

② **주거 문화에 대한 관점이 기술의 발전에 미친 영향을 인과적으로 밝히고 있다.**

[해설] 5문단에서 새로운 재료와 기술의 발전을 바탕으로 한 신건축에 대해 제시하고 있으나, 주거 문화에 대한 관점이 기술의 발전에 미친 영향을 인과적으로 밝힌 것은 아니다.

③ **특정 도시의 다양한 사회상을 제시하고 이를 시대적 기준에 따라 분류하고 있다.**

[해설] 특정 도시의 다양한 사회상을 제시하고 있지 않다.

④ **사적 공간과 공적 공간을 대비하고 이들 공간의 긍정적 측면과 부정적 측면을 각각 분석하고 있다.**

[해설] 1문단에서 사적 공간과 공적 공간을 대비하고 있으며, 사적 공간에 대하여는 짐멜과 베냐민의 견해를 통해 긍정적 측면과 부정적 측면이 제시되었다고 볼 수 있다. 그러나 공적 공간의 긍정적 측면과 부정적 측면을 분석하고 있지는 않다.

---

02 특정 정보의 이해

정답 ①

선택률	① 56%	② 11%	③ 12%	④ 11%	⑤ 10%

㉠을 이해한 내용으로 적절하지 않은 것은?

= 실내에 대한 짐멜의 설명

(정답 풀이)

① **주거와 여가를 구분하면 일상의 심미화가 가능하다고 보았다.**

[해설] 1문단에서 주거와 여가는 모두 사적 공간에 해당하는 성격임을 파악할 수 있다. 또한 2문단에서 짐멜은 다양한 양식을 지닌 사물을 취향에 따라 조합함으로써 일상에서 개성을 드러낼 수 있다는 점에서 실내를 일상의 심미화를 추구할 수 있는 공간으로 보았음을 알 수 있다. 따라서 주거와 여가를 구분하면 일상의 심미화가 가능하다는 것은 실내에 대한 짐멜의 설명을 이해한 내용으로 적절하지 않다.

(오답 풀이)

② **신경과민 상태의 개인이 내면을 보호하려는 자구책이라고 보았다.**

[해설] 2문단에서 짐멜은 신경과민에 빠진 개인이 외부와 차단된 실내에서 내면을 지키고자 한다고 보았음을 알 수 있다.

③ **양식화된 공예품의 조합에 따라 개인의 개성이 표현된다고 보았다.**

[해설] 2문단에서 짐멜은 다양한 양식을 지닌 사물을 취향에 따라 조합함으로써 실내에서 개성을 드러낼 수 있다고 보았음을 알 수 있다.

> 🐥 **선택지 속 함정**
>
> ③을 얼핏 보면 틀린 것으로 생각하기 쉬워. 일반적으로 '양식화된'이라는 표현은 '개성'과 어울리지 않는 것 같거든. 하지만 '다양한 양식을 지닌 사물을 취향에 따라 조합함으로써 일상에서 개성을 드러낼 수 있다'라는 지문의 서술을 그대로 이해하면, 문맥에서 '양식화된'이라는 표현이 '개성'과 어울리지 않는 표현이 아니라는 점을 알 수 있어. 우리가 일반적으로 단어에 대해 가지고 있는 느낌으로 선택지를 판단하면 안 되고, 반드시 지문에 근거하여 판단해야 해.

④ **양식의 보편성을 매개로 평온함과 안정감을 얻을 수 있다고 보았다.**

[해설] 2문단에서 짐멜은 실내를 공예품으로 장식하는 주거 문화에 대하여, 양식이라는 보편적인 표현 형태를 매개로 하는 공예품은 평온함과 안정감을 줄 수 있다고 보았음을 알 수 있다.

⑤ **도시적 삶에서 오는 자극에 대응하기 위하여 내면으로의 침잠이 나타나게 된다고 보았다.**

[해설] 2문단에서 짐멜은 도시에서 살아가는 개인은 외적 자극의 과잉으로 인해 신경과민에 빠지게 되며, 이에 대응하는 전형적인 방식이 내면으로의 침잠이라고 보았음을 알 수 있다.

---

03 핵심 정보의 파악

정답 ④

선택률	① 5%	② 4%	③ 7%	④ 75%	⑤ 9%

윗글의 베냐민의 관점에서 본 '파사주'에 대한 이해로 적절하지 않은 것은?

(정답 풀이)

④ **최신 기술과 소재에 부합하는 새로운 건축 양식을 사용하여 지어진 공간이다.**

[해설] 5문단에서 베냐민은 파사주는 새로운 재료를 사용하면서도 과거의 건축 양식들이 절충적으로 혼합되어 지어졌다는 점에서 기술의 발전에 부합하는 건축 양식으로 이어지지 못했다고 보았음을 알 수 있다. 따라서 파사주가 최신 기술과 소재에 부합하는 새로운 건축 양식을 사용하여 지어진 공간이라는 것은 베냐민의 관점에서 본 파사주에 대한 이해로 적절하지 않다.

(오답 풀이)

① **유행의 교체를 통해 욕망을 끊임없이 자아내는 공간이다.**

[해설] 4문단에서 베냐민은 파사주를 새로운 것을 부단히 연출함으로써 상품을 향한 욕망을 재생산하는 유행의 리듬이 지배하는 공간으로 보았음을 알 수 있다.

② **소비 심리를 자극하는 방식으로 상점들이 배치된 공간이다.**

[해설] 4문단에서 파사주는 서로 마주 보는 상점들이 늘어선 구조를 통해 오가는 사람들의 시선을 붙잡아 소비를 부추기는 공간임을 알 수 있다.

③ **거리와 실내의 경계가 모호해지는 경험을 가능하게 하는 공간이다.**

[해설] 4문단에서 베냐민은 파사주는 건축학적으로 거리와 실내 사이에 위치하는 사이공간으로, 파사주에서는 외부와 내부가 혼동되는 경험이 가능하며 이는 두 공간의 경계를 모호하게 한다고 보았음을 알 수 있다.

⑤ **사적 공간에서 칩거하는 시대에서 사적 공간과 공적 공간의 통합을 지향하는 시대로 이행 중임을 보여 주는 공간이다.**

[해설] 4문단에서 사이공간으로서의 파사주가 사적 공간과 공적 공간의 경계 해체의 단초를 제공한다고 하였고, 5문단에서 베냐민은 외부로부터 차단된 '그릇 속에서의 삶'이 지배했던 19세기에서 '관계와 투과'의 원리가 지배하는 20세기로 넘어가는 문지방의 의미를 파사주에서 발견하였다고 하였다. 따라서 이러한 베냐민의 관점에서 파사주는 사적 공간에서 칩거하는 19세기에서 공간 간의 통합을 지향하는 20세기로 이행 중임을 보여 주는 공간이다.

04 구체적 상황에 적용
정답 ⑤

선택률	① 7%	② 7%	③ 8%	④ 9%	⑤ 69%

윗글을 바탕으로 〈보기〉를 이해한 내용으로 적절하지 <u>않은</u> 것은?
[3점]

┌─ 보기 ─

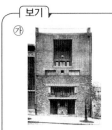 

㉮는 오스트리아의 건축가 로스가 지은 '차라 하우스'이다. 거
주자의 취향에 따라 가구, 공예품 등을 배치하기 좋도록 건물의
　　　　　자유로운 개성 표현을 보장하는 실내의 설계
내벽이나 천장, 바닥 등은 장식 없이 간결하게 마감되어 있다. 건
물의 한쪽 면에만 배치된 창을 통해 외부를 차단하고, 채광을 조
　　　　　거주자를 외부로부터 보호하는 실내의 설계
절하여 은신처의 아늑한 느낌을 유지한다. ㉯는 프랑스의 건축
가 르 코르뷔지에가 지은 '빌라 사보아'로, 신건축을 대표하는 주
택이다. 철골 기둥만으로 건물 본체를 지탱하는 구조로 설계되어
　　　　　철골을 재료로 사용하여 벽을 제거한 설계
건물이 공중에 떠 있는 듯한 느낌을 준다. 수평으로 넓게 퍼진 창
　　　　　유리 사용의 확대로 내부와 외부의 통합을 공간적으로 구현한 설계
은 내부를 넘어 외부 풍경으로 열려 있는 공간을 구현하였다.

└────

〔정답 풀이〕

⑤ 기둥만으로 건물을 떠받치는 구조를 통해 공중에 떠 있는 느낌이 들도록 설
계된 ㉯에 대해, 짐멜은 도시적 삶을 추구하는 개인의 욕망에 부응하는 공
간이라고 생각하겠군.

〔해설〕 2문단에서 짐멜은 실내를 도시에서 살아가는 개인이 내면을 지키기 위한
공간으로 보았다고 하였고, 이러한 실내에 대해 짐멜은 도시적 삶이 가져오는
불안과 몰개성을 사적 공간에서 해소하려는 개인의 욕망에 부응한다고 하였다.
그러나 기둥만으로 건물을 떠받치는 구조를 통해 공중에 떠 있는 느낌이 들도록
설계된 ㉯는 내부와 외부의 경계를 완화하는 신건축이므로, 짐멜이 도시적
삶을 추구하는 개인의 욕망에 부응하는 공간이라고 생각할 것이라는 이해는 적
절하지 않다.

〔오답 풀이〕

① 채광을 조절하여 아늑한 느낌이 유지되도록 설계된 ㉮에 대해, 베냐민은 외
부로부터 도피하기 위한 공간이라고 생각하겠군.

〔해설〕 3문단에서 베냐민은 실내에서의 은둔은 공적 공간으로부터의 도피를 의
미한다고 보았음을 알 수 있다. 따라서 채광을 조절하여 아늑한 느낌이 유지되
도록 설계된 ㉮에 대해, 베냐민이 외부로부터 도피하기 위한 공간이라고 생각할
것이라는 이해는 적절하다.

② 건물의 한쪽 면에만 창을 배치하여 외부와 차단되도록 설계된 ㉮에 대해,
짐멜은 거주자가 내면을 지키기에 적합한 공간이라고 생각하겠군.

〔해설〕 2문단에서 짐멜은 외부와 차단된 실내를 내면을 지키기에 가장 유리한 공
간으로 보았음을 알 수 있다. 따라서 건물의 한쪽 면에만 창을 배치하여 외부와
차단되도록 설계된 ㉮에 대해, 짐멜이 거주자가 내면을 지키기에 적합한 공간이
라고 생각할 것이라는 이해는 적절하다.

③ 장식 없이 간결하게 마감되어 거주자가 취향에 따라 꾸밀 수 있도록 설계된
㉮에 대해, 짐멜은 개성을 표현할 수 있는 공간이라고 생각하겠군.

〔해설〕 2문단에서 짐멜은 실내를 다양한 양식을 지닌 사물을 취향에 따라 조합함
으로써 일상에서 개성을 드러낼 수 있는 공간으로 보았음을 알 수 있다. 따라서
장식 없이 간결하게 마감되어 거주자가 취향에 따라 꾸밀 수 있도록 설계된 ㉮
에 대해, 짐멜이 개성을 표현할 수 있는 공간이라고 생각할 것이라는 이해는 적
절하다.

④ 수평으로 넓게 퍼진 창을 통해 외부를 향해 개방되도록 설계된 ㉯에 대해,
베냐민은 내부와 외부의 통합을 추구하는 공간이라고 생각하겠군.

〔해설〕 5문단에서 베냐민은 공간의 이분법을 극복하려는 사유의 연장선상에서
신건축의 구성 원리를 탐구하였으며, 신건축에서는 빛이 투과하는 유리 사용의
확대로 내부와 외부의 통합을 공간적으로 구현할 수 있게 했다는 점을 알 수 있
다. 따라서 수평으로 넓게 퍼진 창을 통해 외부를 향해 개방되도록 설계된 ㉯에
대해, 베냐민이 내부와 외부의 통합을 추구하는 공간이라고 생각할 것이라는 이
해는 적절하다.

05 어휘의 문맥적 의미 파악
정답 ④

선택률	① 2%	② 1%	③ 3%	④ 90%	⑤ 4%

ⓐ와 문맥상 의미가 가장 가까운 것은?

= 빠지게

〔정답 풀이〕

④ 그동안 잘 진행되던 협상이 교착 상태에 빠졌다.

〔해설〕 ⓐ와 ④에서 '빠지다'는 '곤란한 처지에 놓이다.'라는 의미로 사용되었다.

〔오답 풀이〕

① 나는 물에 빠진 생쥐 꼴이 되고 말았다.

〔해설〕 '물이나 구덩이 따위 속으로 떨어져 잠기거나 잠겨 들어가다.'라는 의미로
사용되었다.

② 어디서 묻었는지 얼룩이 잘 빠지지 않았다.

〔해설〕 '때, 빛깔 따위가 씻기거나 없어지다.'라는 의미로 사용되었다.

③ 중요한 회의니까 오늘은 절대 빠지면 안 된다.

〔해설〕 '어떤 일이나 모임에 참여하지 아니하다.'라는 의미로 사용되었다.

⑤ 아무리 찾아보아도 그의 지원 서류가 빠지고 없었다.

〔해설〕 '차례를 거르거나 일정하게 들어 있어야 할 곳에 들어 있지 아니하다.'라는
의미로 사용되었다.

• '노동'에 대한 로크, 헤겔, 마르크스의 견해

1 누구나 한번쯤은 경치 좋은 곳에 누워 아무 일도 하지 않는 자신의 삶을 꿈꿔 본 적이 있을 것이다. 이러한 상상에는 '일', 즉 노동에 대한 우리의 부정적 생각이 깔려 있다. 하지만 역사 속에서 인간은 노동을 통해 개인과 사회를 발전시켜 왔고, 이러한 점에서 노동은 나름의 가치를 지닌다고 볼 수 있다. ─노동이 가치를 가지는 이유─ 그렇다면 철학자들은 이러한 인간의 노동에 어떤 철학적 의미를 부여했을까?

2 로크는 노동을 ㉠소유의 권리와 관련하여 설명했다. 로크는 신이 인류의 생존을 위해 인간에게 자연을 공유물로 주면서, 동시에 인간이 신의 목적대로 자연을 이용할 수 있도록 이성도 주었다고 주장한다. 그런데 그는 신이 인간에게 공유물로 주지 않은 유일한 것이 신체이기 때문에 각자의 신체에 대해서는 본인만이 배타적 권리를 가진다고 본다. ─신체에 대한 로크의 관점─ 이렇게 신체가 한 개인의 소유라면 그 신체의 활동인 노동 역시 그 개인의 소유가 되는 것이다. 그리하여 인간이 공유상태인 어떤 사물에 노동을 부여하는 것은 공유물에 배타적 소유권을 첨가하는 것이 된다. ─어떤 사물에 노동을 부여하는 것의 의미─ 따라서 모든 개인은 노동을 통해 소유권의 주체가 될 수 있다. ─로크가 부여한 노동의 철학적 의미─ 다만 로크는 모든 노동이 공유물에 대한 소유권의 근거가 되는 것은 아니라고 보았다. 로크에게 노동은 단순히 신체를 사용하는 것이 아니라 삶과 편의에 최대한 도움이 되도록 자연을 이용하는 것을 의미하기 때문이다. ─노동에 대한 로크의 관점─ 이에 따라 로크는 만약 어떤 개인이 신체를 사용하여 공유물을 인류의 삶에 손해가 되도록 만든 경우, 그것은 ⓐ노동에 해당하지 않기 때문에 소유권을 인정받을 수 없다고 주장했다. ─노동에 해당하지 않아 소유권을 인정받을 수 없는 상황─

3 한편 헤겔은 노동을 사적 소유권의 근거를 넘어 주체와 객체가 통일되는 과정이며, 인간이 자기의식과 자기 정체성을 확보하는 계기라고 주장했다. ─헤겔이 부여한 노동의 철학적 의미─ 또한 인간은 동물과 달리 자연을 그대로 받아들이지 않고 노동을 통해 자신에게 맞게 바꾸어 필요한 물품과 적절한 생활환경을 마련하며 생명을 보전한다고 보았다. ─인간이 동물과 다른 점─ ⓑ이때 자립성을 지닌 객체는 주체의 노동에 저항하기 마련인데, 객체의 자립성은 인간의 노동에 의해 일정하게 제거되고 약화되어 주체에 알맞게 변화된다. ─주체의 노동에 의한 객체의 변화─ 한편 주체는 노동 과정에서 ⓒ객체에 내재된 질서나 법칙을 일정 정도 받아들이면서 자신의 욕구나 목적을 객체 속에 실현한다. 그 결과 객체는 주체의 노동으로 사라지거나 파괴되는

것이 아니라 인간과 무관한 것에서 인간을 위한 노동 산물로 변화하는 것이다. 이렇게 하여 주체는 객체 안으로 들어가고 객체는 주체의 고유한 형식을 받아들이게 된다. ─주체와 객체가 통일되는 과정─ 헤겔은 이처럼 노동을 통해 주체가 자신을 객체 속에 나타내는 것을 자기 대상화라 하였다. ─자기 대상화의 개념─ 결국 주체와 객체는 서로 분리·고립되어 있다가 노동을 통해 노동 산물 속에서 통일되어 가며, 주체는 그 속에 실현된 자기 대상화의 정도만큼 자기의식을 확보한다는 것이다. 그런데 헤겔은 노동 산물이 주체의 ㉡소유지만, 여전히 주체와 분리되어 있고, 주체를 완전히 표현하지도 못하기에 노동을 통한 주객 통일에 한계가 있다고 지적했다. ─헤겔이 지적한 노동의 한계─

4 이에 비해 마르크스는 ⓓ헤겔의 노동관을 수용하면서도 노동 자체가 한계를 지닌다는 주장에는 동의하지 않았다. ─노동에 대한 헤겔의 주장에 대한 마르크스의 견해─ 마르크스는 인간은 노동을 통해 외부 대상인 자연을 가공하여 인간의 욕구와 자기실현에 알맞은 인간화된 자연으로 만든다고 보았다. 결국 그에게 노동은 객체에 인간적 형식을 부여하기 위해 자연적 소재의 형식을 부정함으로써 주체의 주관적 욕구나 목적을 대상으로 객관화하는 것이다. ─노동에 대한 마르크스의 관점─ 그리하여 가공된 대상에는 주체의 형식이 부여되고, 주체의 욕구나 목적 등은 물질화되어 구체적 노동 산물이 된다. 그 결과 인간은 노동을 통해 만들어 낸 노동 산물에서 ⓔ자신의 능력을 확인하고 자기의식과 정체성을 확보하게 된다. 더 나아가 자신의 능력을 더욱 개발하여 자연의 구속으로부터 벗어나 자유를 획득하면서 자아를 실현하게 되는 것이다. 이러한 관점에서 그는 노동이 가장 현실적인 주객 통일의 방법이자 인간의 자아실현 과정이라 주장한 것이다. ─마르크스가 부여한 노동의 철학적 의미─ 다만 그는 노동을 통한 주객 통일의 한계가 사회적 구조의 한계에서 비롯된다고 분석하며, ─노동의 한계에 대한 마르크스의 분석─ 노동을 통한 인간의 자아실현을 완성하기 위해서는 사회 구조를 변혁해야 한다고 역설했다. ─마르크스가 제시한 노동을 통한 인간의 자아실현의 완성을 위한 요소─

고전경제학파의 노동가치설

① 노동가치설의 개념
- 상품의 실체는 그 상품을 생산한 노동이며, 상품의 가치는 그 생산에 필요한 노동 시간이 결정한다는 학설

② 애덤 스미스
- 교환 가치의 척도를 노동이라고 규정하고, 상품의 가격은 이 교환 가치를 화폐로 표현한 것이라고 보아 노동가치설의 이론적 체계를 갖춤.

③ 리카도
- 스미스의 노동가치설을 발전시켜, 시장에서 희소재를 제외한 상품의 가치는 투하노동의 상대량에 의해 결정된다는 투하노동가치설을 주장함.

④ 마르크스
- 고전경제학의 노동가치설은 마르크스에 의해 비판적으로 계승되어 잉여가치설로 발전됨.
- 오로지 인간의 노동만이 모든 가치를 창출하며, 생산 과정에서 추가적으로 산출된 '잉여가치'도 노동을 통해 형성된 것이라는 잉여가치설을 구성하고, 이를 통해 자본주의의 경제적 운동 법칙을 밝힘.

[지문 분석하기]

|지문 구조|

1 노동에 부여된 철학적 의미에 대한 환기

↓

2 로크가 부여한 노동의 철학적 의미 → **3** 헤겔이 부여한 노동의 철학적 의미 → **4** 마르크스가 부여한 노동의 철학적 의미

|주제| 철학자들이 노동에 부여한 철학적 의미

[한컷 정리하기]

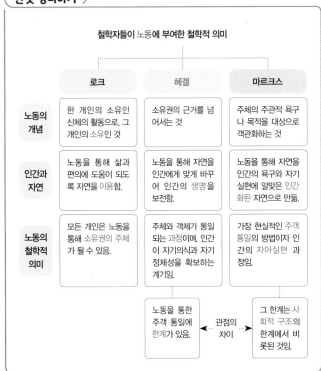

철학자들이 노동에 부여한 철학적 의미

	로크	헤겔	마르크스
노동의 개념	한 개인의 소유인 신체의 활동으로, 그 개인의 소유인 것	소유권의 근거를 넘어서는 것	주체의 주관적 욕구나 목적을 대상으로 객관화하는 것
인간과 자연	노동을 통해 삶과 편의에 도움이 되도록 자연을 이용함.	노동을 통해 자연을 인간에게 맞게 바꾸어 인간의 생명을 보전함.	노동을 통해 자연을 인간의 욕구와 자기실현에 알맞은 인간화된 자연으로 만듦.
노동의 철학적 의미	모든 개인은 노동을 통해 소유권의 주체가 될 수 있음.	주체와 객체가 통일되는 과정이며, 인간이 자기의식과 자기 정체성을 확보하는 계기임.	가장 현실적인 주객 통일의 방법이자 인간의 자아실현 과정임.

노동을 통한 주객 통일에 한계가 있음. ──관점의 차이── 그 한계는 사회적 구조의 한계에서 비롯된 것임.

06　세부 정보의 파악　　정답 ⑤

선택률	① 7%	② 6%	③ 8%	④ 9%	⑤ 70%

윗글에서 답을 찾을 수 있는 질문에 해당하지 <u>않는</u> 것은?

[정답 풀이]

⑤ 마르크스는 노동이 주객 통일을 완성하는 것을 방해하는 사회적 구조의 한계를 무엇이라 생각하는가?

[해설] 4문단에서 마르크스는 노동을 통한 주객 통일의 한계가 사회적 구조의 한계에서 비롯된다고 분석하였음을 알 수 있지만, 그 사회적 구조의 한계가 무엇인지 구체적으로 제시하지는 않았다.

[오답 풀이]

① 로크는 인간에게 이성을 부여한 신의 의도를 무엇이라 생각하는가?

[해설] 2문단에서 로크는 인간에게 이성을 부여한 신의 의도가 '인간이 신의 목적대로 자연을 이용할 수 있도록' 하기 위해서라고 생각했음을 알 수 있다.

② 헤겔은 인간이 동물과 달리 자연을 자신에게 맞게 바꾸는 목적을 무엇이라 생각하는가?

[해설] 3문단에서 헤겔은 인간이 '필요한 물품과 적절한 생활환경을 마련하여 생명을 보전'할 목적으로, 동물과 달리 자연을 자신에게 맞게 바꾼다고 보았음을 알 수 있다.

③ 헤겔은 인간이 노동을 통해 자신을 객체 속에 나타내어 얻게 되는 결과를 무엇이라 생각하는가?

[해설] 3문단에서 헤겔은 인간이 노동을 통해 자신을 객체 속에 나타내는 '자기 대상화'의 정도만큼 '자기의식을 확보한다'고 보았음을 알 수 있다.

④ 마르크스는 노동이 인간의 자아를 실현하는 과정이 될 수 있는 이유를 무엇이라 생각하는가?

[해설] 4문단에서 마르크스는 노동이 인간의 자아를 실현하는 과정이 될 수 있는 이유를 인간은 노동을 통해 자연을 가공하고, 주체의 형식이 부여된 노동 산물을 만들어 내고, 여기에서 '자신의 능력을 확인하고 자기의식과 정체성을 확보하게' 되며 '더 나아가 자신의 능력을 더욱 개발하여 자연의 구속으로부터 벗어나 자유를 획득하면서 자아를 실현하게' 되기 때문이라고 보았음을 알 수 있다.

07　특정 정보의 이해　　정답 ②

선택률	① 5%	② 48%	③ 8%	④ 15%	⑤ 24%

㉠과 ㉡에 대한 이해로 가장 적절한 것은?
㉠ = 소유　㉡ = 소유

[정답 풀이]

② ㉠과 ㉡은 모두 인간의 노동을 성립 기반으로 하고 있다.

[해설] 2문단에서 로크는 모든 개인이 노동을 통해 소유권의 주체가 될 수 있다고 보았음을 알 수 있고, 3문단에서 헤겔은 노동을 통해 얻은 노동 산물이 주체의 소유라고 보았음을 알 수 있다. 따라서 ㉠과 ㉡은 모두 인간의 노동을 성립 기반으로 하고 있다.

[오답 풀이]

① ㉠과 ㉡은 모두 인간을 신으로부터 자유롭게 한다.

[해설] 2문단에서 로크는 신이 인간에게 준 자연이라는 공유물에 대해 노동을 부여함으로써 소유권의 주체가 될 수 있다고 보았음을 알 수 있으므로, ㉠이 인간을 신으로부터 자유롭게 한다고 볼 수 없다. 또한 헤겔의 견해와 관련하여 ㉡이 인간을 신으로부터 자유롭게 한다는 내용도 확인할 수 없다.

③ ⊙은 이타심의 실현을 목적으로 하는 반면, ⓒ은 이기심의 실현을 목적으로 한다.

[해설] 2문단에서 로크는 인간이 공유상태인 어떤 사물에 노동을 부여하는 것은 공유물에 배타적 소유권을 첨가하는 것이 된다고 하였음을 알 수 있으므로, ⊙이 이타심의 실현을 목적으로 한다고 보기 어렵다. 한편 3문단에서 헤겔은 주체는 노동 과정에서 자신의 욕구나 목적을 객체 속에 실현하며 노동 산물은 주체의 소유라고 하였지만, 그렇다고 해서 주체가 반드시 자신의 이익만을 위해 노동한다고 할 수는 없으므로, ⓒ이 이기심의 실현을 목적으로 한다고 보기는 어렵다.

④ ⊙은 인간과 자연의 합일을 강화하는 반면, ⓒ은 인간과 자연의 분리를 강화한다.

[해설] 2문단에서 로크에게 노동은 삶과 편의에 최대한 도움이 되도록 자연을 이용하는 것을 의미한다고 하였으므로, ⊙이 인간과 자연의 합일을 강화한다고 보기는 어렵다. 한편 3문단에서 헤겔은 주체와 객체는 서로 분리·고립되어 있다가 노동을 통해 노동 산물 속에서 통일되어 간다고 보았음을 알 수 있으므로, ⓒ이 인간과 자연의 분리를 강화하는 것은 아니다.

⑤ ⊙은 공유물의 존재에 의해 보장되는 반면, ⓒ은 주객 통일의 완성에 의해 보장된다.

[해설] 2문단에서 로크는 인간이 공유상태인 어떤 사물에 노동을 부여하는 것은 공유물에 배타적 소유권을 첨가하는 것이므로 모든 개인은 노동을 통해 소유권의 주체가 될 수 있다고 보았음을 알 수 있다. 즉 로크는 공유물에 노동을 부여하여 배타적 소유권을 첨가함으로써 소유권의 주체가 될 수 있다고 본 것이므로 공유물의 존재에 의해 ⊙이 보장되는 것은 아니다. 한편 3문단에서 헤겔은 노동을 통해 만들어진 노동 산물이 주체의 소유지만, 여전히 주체와 분리되어 있고, 주체를 완전히 표현하지도 못하기에 노동을 통한 주객 통일에 한계가 있음을 지적하였음을 알 수 있다. 따라서 ⓒ이 주객 통일의 완성에 의해 보장되는 것은 아니다.

🙂 선택지 속 함정

⑤의 핵심은 '보장된다'라는 어휘의 의미에 있어. ⊙이 공유물의 존재에 의해 보장된다는 것은 '공유물의 존재'라는 조건이 마련되면 ⊙이 이루어진다는 의미이고, ⓒ이 주객 통일의 완성에 의해 보장된다는 것은 '주객 통일의 완성'이라는 조건이 마련되면 ⓒ이 이루어진다는 의미로 이해할 수 있지. 이렇게 보면, 로크는 공유물에 '노동을 부여하여' 배타적 소유권을 첨가함으로써 소유권의 주체가 될 수 있다고 보았으므로 공유물의 존재만으로 ⊙이 보장되는 것은 아님을 알 수 있어. 또한 헤겔은 노동을 통해 만들어진 노동 산물이 주체의 소유지만, 주객 통일에는 한계가 있다고 보았으므로 주객 통일이 완성되어야만 ⓒ이 보장되는 것은 아님을 알 수 있어. '보장된다'라는 어휘의 의미에 주의를 기울이지 않으면, '공유물의 존재', '주객 통일'이라는 표현만 보고 적절한 것으로 착각할 수 있어.

38 기출의 바이블 고2 독서

---

08 구체적 상황에 적용   정답 ⑤

선택률 ① 13% ② 8% ③ 11% ④ 9% ⑤ 59%

윗글의 마르크스의 관점에서 〈보기〉를 이해한 내용으로 적절하지 않은 것은?

┌ 보기 ┐

캐릭터 아티스트를 꿈꾸는 A씨는 관련 공부를 위해 미국으로 건너가 예술 학교에서 공부를 마치고 B사에 입사했다. 그런데 그곳에서 그는 유명한 몇몇 캐릭터만 반복적으로 그려야 하는 현실 [자기의식을 확보하기 어려운 환경] 에 염증을 느끼고 캐릭터 아티스트로서 더 이상 성장할 수 없겠다는 생각이 들어 C사로 직장을 옮겼다. 이후 그는 다양한 종류의 캐릭터를 마음껏 변용해 그리는 동시에 여러 동물들의 모습을 관찰하여 자신만의 독창적인 캐릭터를 창작하게 되었다. [자신의 형식을 부여한 노동 산물]

(정답 풀이)

⑤ A씨가 예술 학교에서 공부한 기간은 외부 대상인 자연의 형식에 맞게 자신의 목적을 객관화시킨 시기였겠군.
↳ 자연의 형식을 부정함으로써

[해설] 4문단에서 마르크스는 인간이 노동을 통해 외부 대상인 자연을 가공하여 인간의 욕구와 자기실현에 알맞은 인간화된 자연으로 만든다고 보았으며, 마르크스에게 노동은 객체에 인간적 형식을 부여하기 위해 자연적 소재의 형식을 부정함으로써 주체의 주관적 욕구나 목적을 대상으로 객관화하는 것이라고 하였다. 따라서 이러한 마르크스의 관점에서는 A씨가 예술 학교에서 공부한 기간은 외부 대상인 자연의 형식에 맞게 자신의 목적을 객관화한 시기가 아니라, 자연의 형식을 부정함으로써 자신의 목적을 객관화한 시기로 볼 것이다.

(오답 풀이)

① A씨는 노동을 통해 자신의 욕구를 객체 속에 실현하려고 노력해 왔겠군.

[해설] 3문단에서 헤겔은 주체가 노동 과정에서 자신의 욕구나 목적을 객체 속에 실현한다고 보았으며, 4문단에서 마르크스는 이러한 헤겔의 노동관을 수용한다고 하였다. 따라서 마르크스의 관점에서는 캐릭터 아티스트로서 성장하기 위해 직장을 옮기고, 자신만의 독창적인 캐릭터를 창작한 A씨가 노동을 통해 자신의 욕구를 객체 속에 실현하려고 노력해 왔다고 볼 것이다.

② A씨는 노동을 통해 자신의 형식을 부여한 노동 산물을 만드는 데 관심을 가지고 있겠군.

[해설] 4문단에서 마르크스는 노동을 통해 가공된 대상에는 주체의 형식이 부여되고, 주체의 욕구나 목적 등은 물질화되어 구체적 노동 산물이 된다고 보았음을 알 수 있다. 따라서 마르크스의 관점에서는 캐릭터 아티스트를 꿈꾸며 자신만의 독창적인 캐릭터를 창작한 A씨가 노동을 통해 자신의 형식을 부여한 노동 산물을 만드는 데 관심을 가지고 있을 것이라고 볼 것이다.

③ A씨가 제한된 캐릭터를 그리는 노동에 염증을 느꼈던 이유는 자기의식 확보에 대한 갈증 때문이겠군.

[해설] 4문단에서 마르크스는 인간은 노동을 통해 만들어 낸 노동 산물에서 자신의 능력을 확인하고 자기의식과 정체성을 확보하게 된다고 보았음을 알 수 있다. 따라서 마르크스의 관점에서는 A씨가 B사에서 유명한 몇몇 캐릭터만 반복적으로 그리는 노동에 염증을 느꼈던 이유는 자기의식 확보에 대한 욕구가 충족되지 않은 갈증 때문이라고 볼 것이다.

④ A씨가 직장을 옮긴 것은 노동을 자신의 재능을 개발하고 자유를 확장하는 계기로 삼기 위한 것이겠군.

[해설] 4문단에서 마르크스는 노동을 통해 자신의 능력을 더욱 개발하여 자연의 구속으로부터 벗어나 자유를 획득하면서 자아를 실현하게 된다고 보았음을 알 수 있다. 따라서 마르크스의 관점에서는 A씨가 캐릭터 아티스트로서 더 이상 성장할 수 없겠다는 생각이 들어 C사로 직장을 옮긴 것은 노동을 자신의 재능을 개발하고 자유를 확장하는 계기로 삼기 위한 것이라고 볼 것이다.

09 관점의 비교 이해   정답 ②

선택률	① 7%	② 53%	③ 18%	④ 13%	⑤ 9%

윗글과 〈보기〉에 대한 반응으로 가장 적절한 것은? [3점]

> ── 보기 ──
> 제레미 리프킨은 첨단 과학 기술이 생산 수단에 접목되는 상
>   └ 노동에 영향을 미치는 사회 변화
> 황으로 인한 노동의 종말을 예언했다. 그는 노동의 종말이 긍정
> 적으로는 여가적 삶의 증대를, 부정적으로는 대량 실업으로 인한
> 정체성의 시련을 초래할 수 있다고 지적했다. 그래서 대량 실업
> 의 피해자들을 위해 사회적 경제 부분의 일자리 공유 전략을 가
> 동해야 한다고 주장했다. 이를 통해 그들이 삶의 이유를 찾고, 사
>   └ 노동의 가치
> 회 구성원으로서의 자신의 가치를 입증할 기회를 제공해야 한다
> 는 것이다.

정답 풀이

② 윗글과 〈보기〉 모두 인간이 자신을 긍정적으로 인식하게 하는 데 노동이 기여한다는 것을 인정하고 있군.

해설 2문단에서 로크는 인간의 노동이 각 개인을 배타적 소유권을 가진 주체로 만드는 데 기여한다고 보았음을 알 수 있고, 3문단에서 헤겔은 인간의 노동이 주객 통일의 과정이자 인간이 자기의식과 자기 정체성을 확보하는 데 기여한다고 하였음을 알 수 있다. 또한 4문단에서 마르크스는 인간의 노동이 자기의식과 정체성을 확보하게 하고, 더 나아가 자아실현에 기여한다고 보았음을 알 수 있다. 한편 〈보기〉의 리프킨은 개인이 삶의 이유를 찾고 자신의 가치를 입증하는 데 노동이 기여한다고 보았다. 따라서 이 글과 〈보기〉는 모두 인간이 자신을 긍정적으로 인식하게 하는 데 노동이 기여한다는 것을 인정하고 있다.

오답 풀이

① 윗글과 〈보기〉 모두 노동이 인간의 정신보다 신체에 더 큰 영향을 끼친다는 것을 인지하고 있군.

해설 3문단에서 헤겔은 인간이 노동을 통해 만들어 낸 노동 산물에서 자신의 능력을 확인하고 자기의식과 정체성을 확보한다고 보았음을 알 수 있고, 4문단에서 마르크스는 노동이 자아실현의 과정이라고 주장하였음을 알 수 있다. 또한 〈보기〉의 리프킨은 대량 실업이 정체성의 시련을 초래할 수 있으며, 대량 실업의 피해자들을 위해 일자리 공유 전략을 가동하여 그들이 삶의 이유를 찾고 자신의 가치를 입증할 기회를 제공해야 한다고 하였다. 따라서 이 글과 〈보기〉는 모두 노동이 인간의 정신에 끼치는 영향에 대해 제시하고 있을 뿐, 노동이 인간의 정신과 신체에 끼치는 영향을 비교하여 보고 있지는 않다.

③ 윗글의 노동의 한계는 〈보기〉의 노동의 종말로 인해 나타난 결과이겠군.

해설 3문단에서 헤겔은 노동 산물이 주체의 소유지만, 여전히 주체와 분리되어 있고, 주체를 완전히 표현하지도 못하기에 노동을 통한 주객 통일에 한계가 있다고 지적하였다고 하였다. 그리고 4문단에서 마르크스는 노동을 통한 주객 통일의 한계가 사회적 구조의 한계에서 비롯된다고 분석하였다고 하였다. 따라서 이 글의 노동의 한계가 〈보기〉에 제시된 노동의 종말로 인해 나타난 결과라고 볼 수 없다.

👁 선택지 속 함정

③을 정답으로 골랐다면, 〈보기〉에서 노동의 종말로 인해 나타난 대량 실업으로 인한 정체성의 시련이 노동의 한계라고 잘못 이해했을 수 있어. 지문에서 제시한 '노동의 한계'는 헤겔이 지적한 '주객 통일의 한계'이니까 〈보기〉에서 언급하고 있는 노동의 종말로 인해 나타난 결과와는 관련이 없어. 〈보기〉에서 '정체성', '사회적 전략', '삶의 이유', '자신의 가치' 등에 대해 언급하고 있다고, 느낌상 지문과 이어진다고 착각하지 않도록 주의해야 해.

④ 윗글의 노동의 기능은 〈보기〉의 노동의 기능과 대립하고 있군.

해설 이 글에서는 노동의 기능으로 사적 소유권의 근거가 된다는 점, 인간이 자기의식과 자기 정체성을 확보하는 계기가 된다는 점, 주객 통일의 과정이자 인간의 자아실현 과정이라는 점을 제시하고 있다. 그리고 〈보기〉에서는 노동의 기능으로 인간이 삶의 이유를 찾고, 사회 구성원으로서의 자신의 가치를 입증하는 기회라는 점을 제시하였다. 따라서 이 글의 노동의 기능과 〈보기〉의 노동의 기능이 서로 대립하고 있다고 볼 수 없다.

⑤ 윗글은 〈보기〉와 달리 사회 변화가 노동에 미칠 수 있는 영향을 언급하고 있군.
     └ 윗글과 〈보기〉는 모두

해설 4문단에서 마르크스는 사회 구조를 변혁하면 노동을 통한 인간의 자아실현을 완성할 수 있다고 하였음을 알 수 있다. 〈보기〉에서는 첨단 과학 기술이 생산 수단에 접목되는 상황으로 인하여 노동의 종말이 올 것이라고 언급하고 있다. 따라서 이 글과 〈보기〉는 모두 사회 변화가 노동에 미칠 수 있는 영향을 언급하고 있다.

10 세부 정보의 파악   정답 ①

선택률	① 55%	② 8%	③ 10%	④ 15%	⑤ 12%

문맥상 ⓐ~ⓔ와 바꿔 쓰기에 적절하지 않은 것은?

정답 풀이

① ⓐ: 공유물에 첨가한 노동이 아니므로
= 노동에 해당하지 않기 때문에

해설 로크에게 노동은 단순히 신체를 사용하는 것이 아니라 삶과 편의에 최대한 도움이 되도록 자연을 이용하는 것을 의미한다고 하였다. 따라서 어떤 개인이 신체를 사용하여 공유물을 인류의 삶에 손해가 되도록 만든 경우, 삶과 편의에 도움이 되도록 자연을 이용한 것이 아니므로 노동에 해당하지 않는다고 보는 것이다. 이러한 문맥을 고려할 때 ⓐ는 '삶과 편의에 도움을 준 것이 아니기 때문에'로 바꿔 쓸 수 있다.

오답 풀이

② ⓑ: 자연을 인간에게 알맞게 바꿀 때
= 이때

해설 앞 문장에서 언급한 '인간은 동물과 달리 자연을 그대로 받아들이지 않고 노동을 통해 자신에게 맞게 바꾸어'를 고려할 때, ⓑ를 '자연을 인간에게 알맞게 바꿀 때'로 바꿔 쓰는 것은 적절하다.

③ ⓒ: 객체가 지닌 자립성을 일부 수용하면서
= 객체에 내재된 질서나 법칙을 일정 정도 받아들이면서

해설 헤겔은 객체의 자립성은 인간의 노동에 의해 일정하게 제거되고 약화되어 주체에 알맞게 변화되고, 주체는 노동 과정에서 객체에 내재된 질서나 법칙을 일정 정도 받아들이면서 자신의 욕구나 목적을 객체 속에 실현하여, 주체는 객체 안으로 들어가고 객체는 주체의 고유한 형식을 받아들이게 된다고 하였다. 이러한 문맥을 고려할 때, '객체에 내재된 질서나 법칙'은 '객체가 지닌 자립성'과 같은 의미로 볼 수 있고, '일정 정도 받아들'인다는 것은 '일부 수용'한다는 것과 같은 의미이므로 ⓒ를 '객체가 지닌 자립성을 일부 수용하면서'로 바꿔 쓰는 것은 적절하다.

④ ⓓ: 노동을 자기의식과 자기 정체성 확보의 계기로 인정하지만
= 헤겔의 노동관을 수용하면서도

해설 헤겔은 노동을 주체와 객체가 통일되는 과정이며, 인간이 자기의식과 자기 정체성을 확보하는 계기라고 주장하였다. 따라서 ⓓ를 '노동을 자기의식과 자기 정체성 확보의 계기로 인정하지만'으로 바꿔 쓰는 것은 적절하다.

⑤ ⓔ: 주체의 주관적 욕구나 목적을 객관화하는 능력을
= 자신의 능력을

해설 마르크스는 노동은 주체의 주관적 욕구나 목적을 대상으로 객관화하는 것이며, 주체의 욕구나 목적 등은 물질화되어 구체적 노동 산물이 된다고 하였다. 따라서 노동을 통해 만들어 낸 노동 산물에서 확인할 수 있는 '자신의 능력'은 '주체의 주관적 욕구나 목적을 대상으로 객관화하는 능력'이라고 볼 수 있으므로 ⓔ를 '주체의 주관적 욕구나 목적을 객관화하는 능력을'로 바꿔 쓰는 것은 적절하다.

| 01~04 | 2019년 9월 고2 전국연합학력평가 | 본문 32~33쪽 |

01 ② 　 02 ④ 　 03 ⑤ 　 04 ⑤

◯ 문단별 핵심어 　★▬ 중심 문장

● **브레송의 '결정적 순간'**

1 브레송은 일상의 순간에 예술적 생명감을 불어넣은 결정적 순간의 미학을 탄생시킨 사진작가이다. 그는 피사체가 의식하지 못한 상태에서 피사체의 자연스러운 동작이나 표정을 찍는 사진 기법을 활용하여 자신의 예술성을 드러내었다.

2 ㉠브레송은 자신의 예술성을 드러내기 위해 안정된 구도와 유동성을 기반으로 하여 움직임 가운데 균형을 잡아 낸 사진을 촬영하였다. 안정된 구도란 회화에 기초한 구도를 통해 사진에서 안정감을 느낄 수 있도록 하는 것을 의미한다. 그가 사용한 회화의 구도는 황금분할 구도, 기하학적 구도, 주요 요소들을 대비시킨 구도였다. 황금분할 구도는 3:2의 비율로 화면을 분할한 것이고, 기하학적 구도는 여러 종류의 도형이 채워져 있는 것이다. 주요 요소들 간의 대비로는 동(動)과 정(靜)의 대비, 상하 대비, 좌우 대비, 좌우 대각선 대비 등을 사용하였다. 그는 이와 같은 안정된 구도의 기반이 되는 공간을 미리 계획하였다. 그리고 유동성은 움직이는 대상에 집중하는 것으로, 그는 자신이 미리 계획했던 구도에 움직이는 대상이 들어와 원하는 형태적 구성을 완성한 순간이 포착될 때까지 끈질기게 기다렸다. 한편 카메라를 눈의 연장으로 생각했던 그는, 화각이 인간의 시야와 가장 비슷한 표준 렌즈를 주로 사용해 사람의 눈높이에서 촬영했다. 이때 화각은 카메라 렌즈를 통해 이미지를 담을 수 있는 범위를 뜻한다. 그는 표준 렌즈에 비해 화각이 넓은 광각 렌즈나 플래시의 사용을 가급적 피했다. 이런 장치를 사용하면 눈으로 보는 실제 모습과 달라지기 때문이었다.

3 그는 『순간 이미지』라는 자신의 사진집에서 결정적 순간이란 어떤 하나의 사실과 관련해 시각적으로 포착된 다양한 모습들이 하나의 긴밀한 구성을 이루고, 그 구성 안에 의미가 실리는 것을 순간적으로 동시에 인식하는 것이라 정의 내렸다. 그는 내용과 구성이 조화를 이룬 '결정적 순간'을 발견하고 타이밍에 맞추어 촬영하였던 것이다.

4 이후 사진작가들에게 브레송의 미학은 큰 영향을 주었다. 1960년대부터 활동한 ㉡마크 코헨은 브레송의 '결정적 순간'에 영향을 받아 자신만의 결정적 순간을 포착하고자 했다. 그는 돌발성을 기반으로 한 근접 촬영 방식을 택해 독특하면서도 기발한 결정적 순간을 포착했다. 그는 광각 렌즈를 부착한 카메라를 들고 길거리에서 마주치는 사람들에게 돌발적으로 접근해 카메라를 허리 밑에 위치한 상태에서 자유로운 각도로 촬영하였다. 그리고 그는 대상의 일부만을 잘라 낸 구도를 사용하기도 하였으며 플래시를 사용해 그림자의 모양을 자신의 의도대로 변화시키기도 하였다. 즉 그는 자신이 원한 형태의 사진을 촬영하기에 적합한 방식으로 눈으로 보는 세상과는 다르게 보이도록 인공적으로 만든 자신만의 결정적 순간을 포착한 것이다.

5 이처럼 예술가가 자신이 원하는 순간을 포착하는 것의 중요성을 보여 준 브레송의 '결정적 순간'은 사진작가 각자의 개성이 담긴 결정적 순간으로 확대되면서 예술 지평을 넓혔다는 평가를 받았다.

지식을 쌓는 **배경지식**

포토저널리즘과 매그넘 포토스

① 포토저널리즘
· 대상이 되는 사실이나 시사 문제를 사진으로 포착하여 보도하는 저널리즘
· 브레송은 세상에 포토저널리즘을 소개한 인물로, 현대의 포토저널리즘에 큰 영향을 줌.

② 매그넘 포토스
· '세상을 있는 그대로 기록한다.'라는 가치를 바탕으로 세계적으로 유명한 사진작가인 브레송, 카파, 시무어, 로저 등이 모여 창립한 사진작가 집단으로, 제2차 세계대전 후의 포토저널리즘을 선도함.
· 특정 사건에 대한 객관적인 기록의 성격을 띠고 있으면서도 사진가의 개성과 비판적 시각이 강하게 반영되어 있다는 점이 특징임.

(지문 분석하기)

|지문 구조|

1 결정적 순간의 미학을 탄생시킨 브레송

↓

2 안정된 구도와 유동성을 기반으로 한 브레송의 촬영 기법

↓

3 브레송이 정의한 결정적 순간

↓

4 브레송의 미학에 영향을 받은 마크 코헨의 촬영 방식

↓

5 브레송의 결정적 순간의 예술사적 의의

|주제| 브레송의 결정적 순간의 의미와 예술사적 의의

한컷 정리하기

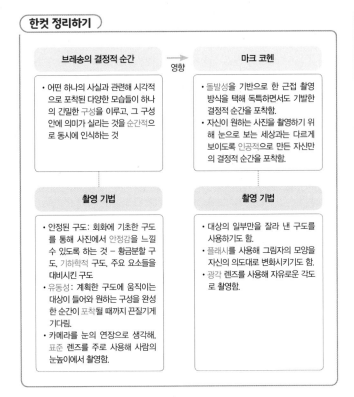

브레송의 결정적 순간	영향 →	마크 코헨
• 어떤 하나의 사실과 관련해 시각적으로 포착된 다양한 모습들이 하나의 긴밀한 구성을 이루고, 그 구성 안에 의미가 실리는 것을 순간적으로 동시에 인식하는 것		• 돌발성을 기반으로 한 근접 촬영 방식을 택해 독특하면서도 기발한 결정적 순간을 포착함. • 자신이 원하는 사진을 촬영하기 위해 눈으로 보는 세상과는 다르게 보이도록 인공적으로 만든 자신만의 결정적 순간을 포착함.

촬영 기법	촬영 기법
• 안정된 구도: 회화에 기초한 구도를 통해 사진에서 안정감을 느낄 수 있도록 하는 것 – 황금분할 구도, 기하학적 구도, 주요 요소들을 대비시킨 구도 • 유동성: 계획한 구도에 움직이는 대상이 들어와 원하는 구성을 완성한 순간이 포착될 때까지 끈질기게 기다림. • 카메라를 눈의 연장으로 생각해. 표준 렌즈를 주로 사용해 사람의 눈높이에서 촬영함.	• 대상의 일부만을 잘라 낸 구도를 사용하기도 함. • 플래시를 사용해 그림자의 모양을 자신의 의도대로 변화시키기도 함. • 광각 렌즈를 사용해 자유로운 각도로 촬영함.

01 글의 전개 방식 파악   정답 ②

선택률	① 5%	② 79%	③ 6%	④ 7%	⑤ 3%

윗글에 대한 설명으로 가장 적절한 것은?

정답 풀이

② '결정적 순간'의 의미를 설명하며 이후에 끼친 영향을 제시하고 있다.

해설 1~3문단에서 브레송의 '결정적 순간'에 대해 설명하고, 4문단에서 브레송의 '결정적 순간'이 마크 코헨에게 미친 영향을 설명하고 있다. 그리고 마지막으로 5문단에서는 브레송의 '결정적 순간'의 예술사적 의의에 대해 제시하고 있다.

오답 풀이

① '결정적 순간'의 미학이 등장하게 된 시대적 배경을 설명하고 있다.

해설 1문단에서 브레송이 '결정적 순간'의 미학을 탄생시켰음을 제시하고 있지만, '결정적 순간'의 미학이 등장하게 된 시대적 배경을 설명하고 있지는 않다.

③ '결정적 순간'에 대한 상반된 견해를 제시하며 절충점을 모색하고 있다.

해설 '결정적 순간'에 대한 상반된 견해를 제시하고 있지 않다.

④ '결정적 순간'의 사례를 제시하면서 이에 대한 다양한 견해를 비교하고 있다.

해설 '결정적 순간'의 사례를 제시하고 있지 않으며, '결정적 순간'에 대한 다양한 견해를 비교하고 있지도 않다.

⑤ '결정적 순간'을 규정하는 조건이 시대에 따라 달라지는 원인을 분석하고 있다.

해설 '결정적 순간'을 규정하는 조건이 시대에 따라 달라지는 원인을 분석하고 있지는 않다.

02 세부 정보의 파악   정답 ④

선택률	① 10%	② 2%	③ 3%	④ 48%	⑤ 37%

다음은 윗글을 읽은 후 정리한 독서 노트이다. 그 내용이 적절하지 않은 것은?

알게 된 점	브레송의 사진에 회화가 미친 영향 ·········· ①
	브레송의 사진에 주로 사용된 구도 ·········· ②
	브레송의 '결정적 순간'이 갖는 예술사적 의의 ······· ③
더 알고 싶은 내용	마크 코헨이 결정적 순간을 포착하기 위해 주로 사용한 렌즈 ·········· ④
	마크 코헨의 결정적 순간이 잘 드러난 대표 작품 ···· ⑤

정답 풀이

④ 더 알고 싶은 내용 – 마크 코헨이 결정적 순간을 포착하기 위해 주로 사용한 렌즈

해설 4문단에서 마크 코헨은 결정적 순간을 포착하기 위해 광각 렌즈를 사용하였음을 알 수 있다. 따라서 더 알고 싶은 내용으로 정리한 것은 적절하지 않다.

오답 풀이

① 알게 된 점 – 브레송의 사진에 회화가 미친 영향

해설 2문단에서 브레송은 회화에 기초한 구도를 통해 사진에서 안정감을 느낄 수 있도록 하는 '안정된 구도'를 기반으로 하여 사진을 촬영하였음을 알 수 있다.

② 알게 된 점 – 브레송의 사진에 주로 사용된 구도

해설 2문단에서 브레송은 황금분할 구도, 기하학적 구도, 주요 요소들을 대비시킨 구도를 사용하였음을 알 수 있다.

③ 알게 된 점 – 브레송의 '결정적 순간'이 갖는 예술사적 의의

해설 5문단에서 브레송의 '결정적 순간'은 사진작가 각자의 개성이 담긴 결정적 순간으로 확대되면서 예술 지평을 넓혔다는 평가를 받았음을 알 수 있다.

⑤ 더 알고 싶은 내용 – 마크 코헨의 결정적 순간이 잘 드러난 대표 작품

해설 마크 코헨의 결정적 순간이 잘 드러난 대표 작품은 설명하고 있지 않으므로, 이를 더 알고 싶은 내용으로 정리한 것은 적절하다.

🔍 선택지 속 함정

일반적인 세부 정보를 파악하는 유형의 문제처럼 풀었다면 ⑤를 틀린 것으로 착각하기 쉬워. ①~④는 모두 지문에 제시된 내용인 데 반해, ⑤는 지문에 제시되어 있지 않거든. 그런데 이 문제에서는 '알게 된 점'과 '더 알고 싶은 내용'으로 구분되어 있으니, 이에 맞게 적절성을 판단해야 해. '알게 된 점'은 이미 지문에 제시된 내용, '더 알고 싶은 내용'은 지문에 제시되지 않은 내용이어야 해. ⑤는 지문에 제시되지 않은 내용이니까 '더 알고 싶은 내용'이 될 수 있는 거지.

03 특정 정보의 이해   정답 ⑤

선택률	① 10%	② 5%	③ 4%	④ 6%	⑤ 75%

= 마크 코헨
⊙과 ⓒ에 대한 설명으로 적절하지 않은 것은?
= 브레송

정답 풀이

⑤ ⊙과 ⓒ은 모두 돌발성을 기반으로 하여 사진작가의 의도대로 촬영하였다.
→ ⓒ은

해설 돌발성을 기반으로 하여 자신만의 결정적 순간을 포착한 것은 ⓒ이다. ⊙은 안정된 구도와 유동성을 기반으로 사진을 촬영하였다.

① ㉠은 내용과 구성이 조화를 이루는 순간을 촬영하였다.

해설 3문단에서 ㉠은 내용과 구성이 조화를 이룬 '결정적 순간'을 발견하고 타이밍에 맞추어 촬영하였다고 하였다.

② ㉠은 카메라의 위치나 렌즈 선택 시 사람 눈과의 유사성을 중시하였다.

해설 2문단에서 ㉠은 카메라를 눈의 연장으로 생각하여, 화각이 인간의 시야와 가장 비슷한 표준 렌즈를 주로 사용해 사람의 눈높이에서 촬영했다고 하였다.

③ ㉡은 근접 촬영을 통해 독특하고 기발한 이미지를 담았다.

해설 4문단에서 ㉡은 돌발성을 기반으로 한 근접 촬영 방식을 택해 독특하면서도 기발한 결정적 순간을 포착했다고 하였다.

④ ㉡은 인공의 빛을 이용해 눈으로 보는 세상과는 다른 순간을 포착하였다.

해설 4문단에서 ㉡은 플래시를 사용해 그림자의 모양을 자신의 의도대로 변화시키는 등의 기법을 활용해 눈으로 보는 세상과는 다르게 보이도록 인공적으로 만든 자신만의 결정적 순간을 포착했다고 하였다.

04 구체적 상황에 적용 정답 ⑤

선택률	① 6%	② 5%	③ 5%	④ 6%	⑤ 78%

〈보기〉는 브레송의 '생 라자르 역(1932)'을 분석하기 위한 그림이다. 윗글을 바탕으로 할 때 〈보기〉에 대해 이해한 것으로 적절하지 않은 것은? [3점]

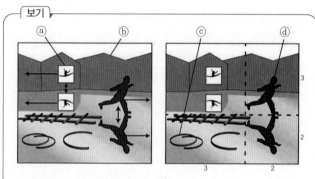

보기

ⓐ : 화살표 방향으로 운동하는 댄서가 있는 포스터
ⓑ : 연속된 삼각형 모양의 지붕과 오각형 건물
ⓒ : 물 위에 흩어져 있는 둥근 모양의 철제 고리
ⓓ : 사다리를 밟고 고요한 물 위를 건너뛰는 남자

⑤ 남자와 포스터 속 댄서를 좌우 대각선에 배치한 것에서 미리 계획한 구도에 변화를 주었음을 알 수 있군.

해설 〈보기〉의 그림에서 남자와 포스터 속 댄서를 좌우 대각선에 배치한 것은 브레송이 사용한 회화의 구도 중 주요 요소들을 대비시킨 구도(좌우 대각선 대비)에 해당한다. 2문단에서 브레송은 이와 같은 안정된 구도의 기반이 되는 공간을 미리 계획하였고, 자신이 미리 계획했던 구도에 움직이는 대상이 들어와 원하던 형태적 구성이 완성된 순간이 포착될 때까지 끈질기게 기다렸다고 하였다. 따라서 남자와 포스터 속 댄서를 좌우 대각선에 배치한 것은 미리 계획한 구도에 변화를 준 것으로 볼 수 없다.

① 움직이는 남자와 고요한 물에서 동과 정의 대비를 확인할 수 있군.

해설 2문단에서 브레송은 주요 요소들을 대비시킨 구도를 사용하였는데, 주요 요소들 간의 대비로 동과 정의 대비 등을 사용하였음을 알 수 있다. 이를 바탕으로 볼 때, 〈보기〉에서 사다리를 밟고 물 위를 건너뛰는 남자의 움직임과 고요한 물은 동과 정의 대비를 보여 준다고 할 수 있다.

② 남자와 그림자, 포스터와 그림자의 위치에서 상하 대비를 보이는 안정된 구도를 확인할 수 있군.

해설 2문단에서 브레송은 안정된 구도를 기반으로 하였으며, 안정된 구도에는 상하 대비와 같이 주요 요소들을 대비시킨 구도가 있었음을 알 수 있다. 이를 바탕으로 볼 때, 〈보기〉에서 남자와 그림자, 포스터와 그림자가 상하 대비되어 안정된 구도를 보여 준다고 할 수 있다.

③ 건물, 지붕, 사다리, 고리의 모습에서 여러 종류의 도형이 이루는 기하학적 구도를 찾아볼 수 있군.

해설 2문단에서 브레송은 여러 종류의 도형이 채워져 있는 기하학적 구도를 사용하였음을 알 수 있다. 이를 바탕으로 볼 때, 〈보기〉에서 연속된 삼각형 모양의 지붕과 오각형 건물, 사다리의 형태, 둥근 모양의 철제 고리는 여러 종류의 도형이 이루는 기하학적 구도를 보여 준다고 할 수 있다.

④ 남자와 그림자가 일정한 비율로 분할된 곳에 위치한 것에서 황금분할에 기초한 구도를 찾아볼 수 있군.

해설 2문단에서 브레송은 3:2의 비율로 화면을 분할한 황금분할 구도를 사용하였음을 알 수 있다. 이를 바탕으로 볼 때, 〈보기〉에서 남자와 그림자가 3:2의 비율로 화면을 분할한 곳에서 상하 대비를 이루며 맞닿아 위치하고 있으므로 황금분할에 기초한 구도를 보여 준다고 할 수 있다.

05~09 2021년 3월 고2 전국연합학력평가 본문 34~35쪽

05 ② **06** ⑤ **07** ③ **08** ⑤ **09** ①

◯ 문단별 핵심어 ★ ▬ 중심 문장

• 플로티노스의 예술론

1 (미의 본질)에 대한 최초의 연구는 고대 그리스 피타고라스학파에 의해서 이루어졌는데, 이들은 미가 물질적인 대상의 형식적인 구조 속에 표현되는 객관적인 법칙이라고 생각하였다. (피타고라스)는 수를 이 세상의 근원으로 보았기 때문에 아름다움은 그 대상을 구성하는 여러 요소들 간의 수적인 비례에 의한 것이라는 (균제 이론)을 내세웠다. 피타고라스의 철학은 그 후 플라톤, 아리스토텔레스 등 서양 철학사를 주도한 이들에게 수용되어 균제 이론은 서양 미학의 하나의 전통이 되었다.

2 (플로티노스)는 몇 가지 이유를 들어 미의 본질은 균제로 대표되는 수적 비례에 있는 것이 아니라고 주장한다. (균제 이론)은 부분과 부분, 또는 부분과 전체의 관계 속에서 아름다움을 찾는 것이다. 플로티노스는 균제를 이루고 있는 대상이라 하더라도 아름답지 않은 경우가 있을 수 있으며, 균제를 이루지 않는 단순한 색이나 소리도 아름다울 수 있음을 내세운다. 또한 그는 품위 있는 행동이나 훌륭한 법률과 같은 것들도 아름다울 수 있는데, 그러한 비물질적인 특질에 어떻게 균제를 적용할 수 있는지 (반문)한다.

3 미의 본질에 대한 전통적인 견해를 부정한 플로티노스는 균제를 대체할 수 있는 미의 본질을 정신에서 찾았다. 플라톤은 이 세계를 이데아계와 현상계로 나누고, 현상계는 이데아계를 본떠서 생겨난 것이라고 생각했는데, 플로티노스도 플라톤과 마찬가지로 세상을 이데아계인 예지계와 감각세계인 현상계로 구분했다. 그러나 두 세계가 근본적으로 단절되어 있다고 본 플라톤과는 달리 플로티노스는 유출(流出)과 테오리아(theōria)'의 개념을 통해 이 둘이 연결되어 있다고 주장했다. 플로티노스에 의하면 세상의 근원인 '일자(一者)'는 가장 완전하고 충만한 원천으로 마치 광원(光源)과도 같아서 만물은 일자의 빛이 흘러넘침, 즉 유출에 의해 순차적으로 생성된다. 일자로부터 가장 먼저 나온 것은 절대적이며 초개별적인 '정신'이고, 정신으로부터 우주 영혼과 개별 영혼들이 산출된다. 일자, 정신, 영혼 이 세 가지 존재자들이 비물질적인 예지계를 구성한다. 이를 뒤이어 감각적 존재자들의 현상계가 출현하는데, 먼저 영혼으로부터 실재하는 감각 대상들의 세계인 자연이 유출되며, 다시 자연으로부터 가장 낮은 단계의 존재자들인 아무런 형상이 없는 질료*들이 유출된다.

4 ⓐ일자에서 ⓑ정신, ⓒ영혼, ⓓ자연, ⓔ질료로의 유출은 존재의 완전성 정도에 따라 순차적으로 이루어지는 것으로 자기 동일성의 타자적 발현이라 할 수 있다. 따라서 유출로 연결된 존재 간에는 어떤 동일성이 유지되어 있으며, 위계질서를 가진다. 이처럼 예지계와 현상계는 분리되어 있는 것처럼 보이나 질적으로는 서로 연결되어 있다는 것이 플로티노스의 주장이다. 이런 생각에 의거하여 미(美)는 마치 빛이 그 광원에서 멀어질수록 밝기가 약해지듯이, 일자에서 질료로 내려갈수록 점차 추(醜)에 가까워지게 된다.

5 미에 대한 플로티노스의 이런 생각으로 인해 그는 예술의 가치에 대해 플라톤과 다른 입장을 취했다. 플라톤은 예술이 이데아계를 모방한 현상계를 다시 모방하는 것에 불과하다고 폄하했다. 하지만 아름다움이 실질적으로 정신에서 비롯된 것으로 보고 질적이고 정신적인 미의 중요성을 높이 평가한 플로티노스에게 예술은 모방의 모방이 아니라 정신의 아름다움과 진리를 물질화하는 것이 된다. 플로티노스에게 있어 미의 형상은 본래 정신에 있는 것이지만 예술가의 영혼에도 정신의 속성인 미의 형상이 내재해 있다. 이때 영혼 안에 있는 미의 형상을 질료에 실현시키는 것이 바로 예술이다. 그러므로 예술이란 ㉠귀납적 표상으로 형성되는 관념상을 그리는 행위가 아니라 선험적 관념상, 즉 ㉡연역적 표상을 현상계의 감각적인 것으로 유출시키는 행위인 것이다. 예술가는 이렇게 질

료에 미의 형상을 부여함으로써 자연이 부족하게 가지고 있는 것을 보완한다. 그런 의미에서 플로티노스는 플라톤처럼 예술을 예지계와 현상계 다음에 위치시키지 않는다. 그에게 있어 예술은 예지계와 현상계 중간에 있는 것이다.

6 플로티노스는 예술을 우리 영혼이 현상계에서 일자로 올라가기 위해 딛고 서야 할 디딤돌이라고 보았다. 영혼은 근원인 일자의 속성을 지니고 있지만 동일한 근원이 다른 모습으로 나타났기에 근원에서 벗어난 것이기도 하다. 그래서 우리 인간은 자신의 영혼이 일자와 동일한 것을 공유한다는 것을 잊고 물질세계의 감각적인 것에 매몰되어 있다. 우리의 영혼이 일자와 합일해야 한다고 본 플로티노스는 영혼이 내면을 관조함으로써 자신의 근원인 일자를 상기할 수 있으며, 일자로 돌아갈 수 있다고 했다. 이렇게 일자로부터의 유출로 생성된 각 단계의 존재들이 거꾸로 예지계의 일자에게로 회귀하는 상승 운동이 테오리아이다. 테오리아를 위해서는 자신의 영혼에 정신의 미가 존재하고 있다는 사실부터 깨달아야 하는데, 이것을 깨닫게 해 주는 것이 바로 감각적인 미이다. 플로티노스가 예술을 중시하는 것은 예술이 미적 경험을 환기하여 테오리아를 일으키는 강력한 추동력을 갖고 있기 때문이다.

7 이처럼 예술가의 내면, 나아가 그 원형인 정신세계의 아름다움을 담은 예술의 가치를 높이 평가한 플로티노스의 미 이론은 인간의 영혼과 초월적인 존재의 신성함을 표현하려 했던 중세의 비잔틴 예술을 탄생하게 했다. 또한 가시적인 외부 세계의 재현을 부정하고 현실 세계에서 벗어난 예술을 이해할 수 있는 단초를 제공하였다는 점에서 그의 미 이론은 낭만주의와 현대 추상 회화의 근본을 마련하였다는 평가를 받는다.

＊질료: 물체의 생성과 변화의 바탕이 되는 재료.

배경지식

낭만주의 예술
① 개념
・고전의 엄격함과 규칙을 중시하여 표현하는 신고전주의 예술에 반발하여 18세기 중반 이후부터 19세기 전반에 유럽에서 전개된 예술 경향
② 낭만주의 회화의 특징
・인간의 자유로운 상상력과 감수성을 중시함.
・이성보다 감성을 강조하며 객관적인 묘사보다 주관적인 표현을 중시함.
・인간 이성의 한계를 벗어난 초월적인 숭고의 미를 표현하고자 함.
・낭만주의 미술의 대표적 화가인 들라크루아는 대담하고 자유분방한 색채와 극적인 주제 및 역동적인 구도를 통해 낭만주의의 특색을 보여 줌.

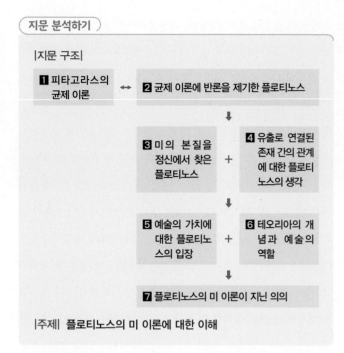

|지문 구조|

1 피타고라스의 균제 이론 ↔ **2** 균제 이론에 반론을 제기한 플로티노스

↓

3 미의 본질을 정신에서 찾은 플로티노스 + **4** 유출로 연결된 존재 간의 관계에 대한 플로티노스의 생각

↓

5 예술의 가치에 대한 플로티노스의 입장 + **6** 테오리아의 개념과 예술의 역할

↓

7 플로티노스의 미 이론이 지닌 의의

|주제| 플로티노스의 미 이론에 대한 이해

피타고라스의 균제 이론
- 아름다움은 그 대상을 구성하는 여러 요소들 간의 수적인 비례에 의한 것임.

← 반론 제기

플로티노스
- 미의 본질은 균제로 대표되는 수적 비례에 있는 것이 아니라고 주장함.
- 미의 본질에 대한 전통적인 견해를 부정하고, 미의 본질을 정신에서 찾음.
- 세상을 예지계와 현상계로 구분하고, '유출'과 '테오리아'의 개념을 통해 예지계와 현상계가 연결되어 있다고 주장함.

유출
- 만물은 유출에 의해 순차적으로 생성됨.
- 일자, 정신, 영혼은 비물질적인 예지계를 구성하고, 자연, 질료는 감각세계인 현상계를 구성함.
- 유출로 연결된 존재 간에는 어떤 동일성이 유지되어 있으며, 위계질서를 가짐.
- 예지계와 현상계는 분리되어 있는 것처럼 보이나 질적으로는 서로 연결되어 있음.
⇒ 예술은 정신의 아름다움과 진리를 물질화하는 것으로, 예지계와 현상계의 중간에 있음.

테오리아
- 테오리아는 일자로부터의 유출로 생성된 각 단계의 존재들이 거꾸로 예지계의 일자에게로 회귀하는 상승 운동임.
- 예술은 미적 경험을 환기하여 테오리아를 일으키는 강력한 추동력을 갖고 있음.

---

05 세부 정보의 파악 정답 ②

| 선택률 | ① 3% | ② 76% | ③ 8% | ④ 6% | ⑤ 7% |

윗글에서 언급된 내용이 아닌 것은?

정답 풀이

② 플로티노스가 분류한 예술의 유형

해설 플로티노스가 예술의 유형을 어떻게 분류했는지는 언급되어 있지 않다.

오답 풀이

① 미에 대한 피타고라스학파의 인식

해설 미의 본질을 균제로 본 피타고라스학파의 인식은 1문단에서 확인할 수 있다.

③ 균제 이론에 대한 플로티노스의 시각

해설 균제 이론을 비판한 플로티노스의 시각은 2문단에서 확인할 수 있다.

④ 플라톤과 플로티노스 예술관의 차이

해설 예술의 가치를 폄하한 플라톤과 예술의 가치를 높이 평가한 플로티노스의 예술관의 차이는 5문단에서 확인할 수 있다.

⑤ 플로티노스의 미 이론이 지니는 의의

해설 플로티노스의 미 이론이 중세의 비잔틴 예술을 탄생하게 했으며 낭만주의와 현대 추상 회화의 근본을 마련하였다는 점에서 의의를 지닌다는 내용을 7문단에서 확인할 수 있다.

06 특정 정보의 이해 정답 ⑤

| 선택률 | ① 8% | ② 8% | ③ 9% | ④ 18% | ⑤ 57% |

ⓐ~ⓔ에 대한 플로티노스의 생각으로 적절하지 않은 것은?
ⓐ=일자, ⓑ=정신, ⓒ=영혼, ⓓ=자연, ⓔ=질료

정답 풀이

⑤ ⓐ, ⓑ, ⓒ의 예지계와 ⓓ, ⓔ의 현상계는 정신에 의해 상호 보완적 관계를 유지한다.

해설 3문단에서 ⓐ, ⓑ, ⓒ는 예지계를 구성하고, ⓓ, ⓔ는 현상계를 구성함을 알 수 있다. 4문단에서 일자에서 정신, 영혼, 자연, 질료로의 유출은 존재의 완전성 정도에 따라 순차적으로 이루어진다고 하였고, 유출로 연결된 존재 간에는 위계질서를 가진다고 하였다. 이를 통해 유출은 예지계에서 현상계의 방향으로 이루어진다는 것을 알 수 있고, 6문단에서 테오리아는 거꾸로 현상계에서 예지계의 방향으로 이루어진다는 것을 알 수 있다. 따라서 예지계와 현상계가 예지계의 구성 요소 중 하나인 정신에 의해 상호 보완적 관계를 유지한다는 설명은 적절하지 않다.

오답 풀이

① ⓐ의 속성은 위계적 차등에 따라 ⓑ, ⓒ, ⓓ, ⓔ로 전해진다.

해설 4문단에서 일자에서 정신, 영혼, 자연, 질료로의 유출은 존재의 완전성 정도에 따라 순차적으로 이루어진다고 하였고, 유출로 연결된 존재 간에는 위계질서를 가진다고 하였다. 따라서 ⓐ의 속성이 위계적 차등에 따라 ⓑ, ⓒ, ⓓ, ⓔ로 전해지는 것으로 이해할 수 있다.

② ⓐ에 가까운 정도를 기준으로 하여 미, 추를 판단할 수 있다.

해설 4문단에서 미는 일자에서 질료로 내려갈수록 점차 추에 가까워진다고 하였다. 따라서 ⓐ에 가까운 정도를 기준으로 하여 미, 추를 판단할 수 있다.

③ ⓐ~ⓔ는 동일성을 함유하면서 질적으로 서로 연결되어 있다.

해설 4문단에서 일자에서 정신, 영혼, 자연, 질료로의 유출은 자기 동일성의 타자적 발현이라 할 수 있으며, 유출로 연결된 존재 간에는 어떤 동일성이 유지되어 있다고 하였다. 또한 예지계와 현상계는 질적으로 서로 연결되어 있다고 하였다. 따라서 ⓐ~ⓔ는 동일성을 함유하면서 질적으로 서로 연결되어 있다고 이해할 수 있다.

④ 유출은 ⓐ에서 ⓔ로, 테오리아는 ⓔ에서 ⓐ로 향하는 방향성을 갖는다.

해설 3문단에서 유출은 일자에서 질료의 방향으로 향한다는 것을 알 수 있고, 6문단에서 테오리아는 거꾸로 질료에서 일자의 방향으로 향한다는 것을 알 수 있다.

07 구체적 상황에 적용 정답 ③

선택률	① 3%	② 15%	③ 58%	④ 15%	⑤ 9%

윗글의 '피타고라스', '플라톤', '플로티노스'가 〈보기〉에 대해 보일 수 있는 반응으로 적절하지 <u>않은</u> 것은?

보기

기원전 1~2세기 경에 만들어진 것으로 알려진 「밀로의 비너스」 석상은 양팔이 잘려 있는 모습으로 발견되었는데, 이데아계에 존재하는 비너스 여신의 모습을 키가 머리 길이의 8배를 이루는 황금 비율로 형상화하였다.

수적 비례

정답 풀이

③ 플라톤은 비너스 석상은 이데아계를 직접 모방한 것으로 인간에게 이데아계를 지향하게 하는 작품이라고 인정했겠군.

해설 5문단에서 플라톤은 예술이 이데아계를 모방한 현상계를 다시 모방하는 것에 불과하다고 보았음을 알 수 있다. 따라서 플라톤은 비너스 석상이라는 예술 작품이 이데아계를 '직접 모방한 것'으로 보지 않았을 것이다.

오답 풀이

① 피타고라스는 비너스 석상이 황금비율이라는 수적 비례를 지켰기에 미의 본질을 구현했다고 평가했겠군.

해설 1문단에서 피타고라스는 아름다움은 그 대상을 구성하는 여러 요소들 간의 수적인 비례에 의한 것으로 보았음을 알 수 있다. 따라서 피타고라스는 비너스 석상이 황금비율이라는 수적 비례를 지켜 미의 본질을 구현했다고 평가하였을 것이다.

② 플라톤은 이데아계와 현상계는 단절되었기 때문에 이데아계의 여신을 비너스 석상과 동일시할 수 없다고 보았겠군.

해설 3문단에서 플라톤은 이데아계와 현상계가 단절되어 있다고 보았음을 알 수 있다. 따라서 플라톤은 이데아계에 존재하는 여신과 예술 작품으로서의 비너스 석상을 동일시할 수 없다고 보았을 것이다.

④ 플로티노스는 비너스 석상이 감상자로 하여금 일자로 회귀하는 테오리아를 일으킨다는 점에서 높게 평가했겠군.

해설 6문단에서 테오리아는 일자로부터의 유출로 생성된 각 단계의 존재들이 거꾸로 예지계의 일자에게로 회귀하는 상승 운동이며, 플로티노스는 예술이 미적 경험을 환기하여 테오리아를 일으키는 강력한 추동력을 갖고 있기 때문에 예술을 높이 평가했음을 알 수 있다. 따라서 플로티노스는 비너스 석상이 감상자로 하여금 일자로 회귀하는 테오리아를 일으킨다는 점에서 높게 평가하였을 것이다.

⑤ 플로티노스는 돌을 질료로 하여 예술가가 자신의 영혼에 내재된 미를 비너스 석상으로 형상화한 것으로 인식했겠군.

해설 5문단에서 플로티노스는 예술을 영혼에 내재된 미의 형상을 질료에 실현시키는 것으로 보았음을 알 수 있다. 따라서 플로티노스는 비너스 석상에 대해 예술가가 자신의 영혼에 내재된 미를 돌이라는 질료에 실현시킨 것으로 인식하였을 것이다.

08 관점의 비교 이해 정답 ⑤

선택률	① 8%	② 18%	③ 10%	④ 16%	⑤ 48%

윗글의 '플로티노스'와 〈보기〉의 '칸딘스키'의 공통된 예술관으로 가장 적절한 것은?

보기

칸딘스키의 추상은 세잔, 입체파, 몬드리안 식의 그것과는 다르다. 그의 추상은 사물의 단계적 단순화로 시작하여 종국에 그 본원적 모습을 밝히는 것이 아니라 직관적인 방법으로 정신이나 초월적인 것을 구현해 내기 위한 것이었다. 그에게 있어 예술은 형이상학적 관념을 구현하는 것으로 예술가는 그것의 발견자 내지 전달자이다.

칸딘스키의 추상
칸딘스키의 예술관

정답 풀이

⑤ 예술의 본질이 현실 세계에서 감각적으로 지각되지 않는 관념을 표현하는 데 있다고 본 점

해설 5문단에서 플로티노스는 예술을 선험적 관념상을 현상계의 감각적인 것으로 유출시키는 행위로 보았음을 알 수 있다. 선험적이라는 것은 경험 이전에 존재하는 것이므로 플로티노스는 예술의 본질이 현실 세계의 경험을 통해 감각적으로 지각되는 것을 표현하는 것이 아니라고 본 것이다. 〈보기〉에서 칸딘스키도 이와 마찬가지로 예술을 정신이나 초월적인 것을 구현해 내는 것으로 보았음을 알 수 있다. 따라서 플로티노스와 칸딘스키의 공통된 예술관은 예술의 본질이 현실 세계에서 감각적으로 지각되지 않는 관념을 표현하는 데 있다고 본 점이다.

오답 풀이

① 정신의 아름다움과 진리를 질료를 통해 물질화할 수 없다고 본 점

해설 플로티노스는 정신의 아름다움과 진리를 질료를 통해 실현시킨 예술이 지닌 가치를 인정하였다. 따라서 정신의 아름다움과 진리를 질료를 통해 물질화할 수 없다고 본 점은 플로티노스와 칸딘스키의 공통된 예술관으로 적절하지 않다.

② 예술이 바람직한 삶의 자세에 대한 형이상학적 깨달음을 줄 수 있다고 본 점

해설 〈보기〉에서 칸딘스키에게 있어 예술은 형이상학적 관념을 구현하는 것으로 예술가는 그것의 발견자 내지 전달자라고 하였다. 하지만 플로티노스는 예술은 정신의 아름다움과 진리를 물질화하는 것이며, 예술의 본질은 영혼에 내재된 일자의 속성을 상기하게 하는 것이라 보았다. 예술이 바람직한 삶의 자세에 대한 형이상학적 깨달음을 줄 수 있다는 것은 플로티노스의 예술관으로 보기 어렵다.

🔍 선택지 속 함정

두 관점의 공통점을 찾는 문제는 처음부터 무엇이 공통점인지에 집중하기보다는 한 관점에 대하여 먼저 선택지를 살피며 그 관점에 해당하지 않는 선택지를 지워 나가면 쉽게 풀 수 있어. 이 문제도 먼저 '플로티노스'의 예술관에 대해서만 선택지의 정오를 판별해도 ⑤를 제외한 나머지 선택지는 모두 적절하지 않음을 확인할 수 있지. ②는 '칸딘스키'의 예술관에는 부합하는 내용이므로 공통점을 파악하는 것에만 집중하면 헷갈릴 수도 있는데, 플로티노스는 예술의 본질은 현실 세계에서 감각적으로 지각되지 않는 관념을 표현하는 데 있다고 보았을 뿐, '바람직한 삶의 자세에 대한 형이상학적 깨달음'은 플로티노스의 예술관과는 관련이 없어.

③ 객관적인 법칙이 형식적인 구조 속에 표현될 때 미적 가치가 구현될 수 있다고 본 점

해설 객관적 법칙이 형식적인 구조 속에 표현될 때 미적 가치가 구현될 수 있다고 본 것은 플로티노스나 칸딘스키가 아니라, 피타고라스학파이다.

④ 초월적인 존재의 미적 가치를 드러내기 위해서는 감각적 미를 탈피해야 한다고 본 점

[해설] 플로티노스는 자신의 영혼에 정신의 미가 존재하고 있다는 사실을 깨닫게 해 주는 것이 감각적인 미라고 하며 예술의 가치를 인정하였다. 따라서 초월적인 존재의 미적 가치를 드러내기 위해서는 감각적 미를 탈피해야 한다는 것은 플로티노스의 예술관에 부합하지 않는다. 또한 〈보기〉에서 칸딘스키의 추상은 직관적인 방법으로 정신이나 초월적인 것을 구현해 내기 위한 것이라고 하였으나, 이를 위해 감각적 미를 탈피해야 한다고 하지는 않았다.

09 특정 정보의 추론   정답 ①

선택률	① 46%	② 22%	③ 14%	④ 13%	⑤ 5%

= 연역적 표상을 현상계의 감각적인 것으로 유출시키는 행위

다음은 윗글의 ㉠, ㉡과 관련한 독서 활동 과정이다. 과제 해결 단계의 (A), (B)에 들어갈 말로 적절한 것은? [3점]
↳ = 귀납적 표상으로 형성되는 관념상을 그리는 행위

과제 설정	• 글의 맥락을 고려할 때 ㉠, ㉡의 의미는 무엇일까?

⇩

자료 조사	• 백과사전에서 '귀납', '연역', '표상'의 의미 찾기 귀납 : 개개의 현상으로부터 보편적 원리를 도출하는 것 연역 : 보편적 원리로부터 개개의 현상을 이끌어 내는 것 표상 : 마음이나 의식에 나타나는 것

⇩

의미 구성	• 조사 내용을 바탕으로 의미 구성해 보기 ㄱ. 현상계의 경험에서 도출한 보편적 미를 형상화하는 행위 ㄴ. 일자에서 비롯된 미의 형상을 발견해 질료에 담는 행위 ㄷ. 질료의 형식적 구조에서 비물질적 특성을 도출하는 행위 ㄹ. 영혼이 내면을 관조하여 자연에 존재하는 미를 발견하는 행위

⇩

과제 해결	• 구성 내용 중 적절한 것을 골라 과제 해결하기 → ㉠은 (A)이고, ㉡은 (B)이다.

정답 풀이

	(A)	(B)
①	ㄱ	ㄴ

[해설] 자료 조사에서 '귀납'의 의미는 '개개의 현상으로부터 보편적 원리를 도출하는 것'이라고 하였으므로 ㉠은 개개의 현상, 즉 현상계의 경험으로부터 도출한 보편적 미를 형상화하는 것으로 볼 수 있다. 한편 '연역'의 의미는 '보편적 원리로부터 개개의 현상을 이끌어 내는 것'이라고 하였으므로 '연역적 표상'은 경험에 앞선 선험적 관념을 형상화하는 것이라 할 수 있다. 플로티노스에게 선험적 관념상은 일자에서 비롯된 미의 형상이라 할 수 있고, 이를 형상화한다는 것은 질료를 통해 실현시키는 것이라 할 수 있다. 즉 ㉡은 일자에서 비롯된 미의 형상을 발견해 질료에 담는 행위로 볼 수 있다.

오답 풀이

	(A)	(B)
②	ㄱ	ㄷ

🎭 **선택지 속 함정**

문제에 너무 정보가 많아서 ㉠과 ㉡의 의미를 파악하기가 더 어려웠을 수 있어. 사실은 지문의 ㉠과 ㉡의 앞뒤 맥락에 힌트가 있어. 앞 문장에서 플로티노스에게 예술은 미의 형상을 질료에 실현시키는 것이라고 했고, 뒤 문장에서도 예술가는 질료에 미의 형상을 부여한다고 했으니 ㉡은 ㄴ과 연결된다는 것을 추론할 수 있지.

	(A)	(B)
③	ㄴ	ㄷ
④	ㄴ	ㄹ
⑤	ㄷ	ㄹ

DAY 07 사회 **권리 보호**

01~05 2022년 6월 고2 전국연합학력평가   본문 38~39쪽

01 ④   **02** ③   **03** ⑤   **04** ⑤   **05** ⑤

◯ 문단별 핵심어   ★ 중심 문장

• 식물 신품종 보호법

1 식물의 품종이란 같은 종류의 식물을 고유한 특징에 따라 나눈
것을 말한다. 예를 들어 딸기의 품종에는 과실이 단단하고 저장성
이 좋은 매향, 수확기가 이르고 키우기 쉬운 설향, 당도가 높고 기
형 과실의 발생이 적은 죽향 등이 있다. 품종의 개량은 이전 품종이
가진 단점을 보완하거나 장점을 더욱 ⓐ부각하는 방향으로 이루어
지는데, 품종의 개량이 판매 증대로 이어지면 큰 부가가치를 창출
할 수 있다.

2 그러나 오랜 노력과 경제적 비용을 들여 품종을 개량했는데, 다
른 사람이 이를 무단으로 사용한다면 육성자에게 적절한 보상이
이루어지지 않게 된다. 따라서 육성자의 지식 재산권을 보호하는
제도가 필요하다. 우리나라는 식물 신품종에 대한 지식 재산권을
보호하고, 육성자의 식물 품종 개량을 촉진하며, 우리나라 종자 산
업의 발전을 ⓑ도모하기 위하여 식물 신품종 보호법을 실시하고
있다. 이 법에 따르면 열매의 수확을 목적으로 하는 과수, 산림 조
성을 목적으로 하는 임목, 꽃의 관상을 목적으로 하는 화훼 등 모든
식물이 품종보호의 대상이 된다.

3 만약 육성자가 자신이 개량한 식물의 품종보호권을 얻고 싶다
면 먼저 해당 품종이 품종보호 요건을 ⓒ충족하고 있는지를 검토하
여야 하는데, 그 요건에는 크게 신규성, 구별성, 안정성 등이 있다.
신규성은 해당 품종이 품종보호 출원일 이전의 일정 기간에 상업
적 이용이 없을 때만 인정된다. 과수나 임목의 종자나 수확물은 국
내에서 1년 이상 국외에서 6년 이상일 경우에 인정되며, 그 이외의
식물의 종자나 수확물은 국내에서 1년 이상 국외에서 4년 이상일
경우에 인정된다. 구별성은 기존에 품종보호권이 설정된 품종이나
현재 시중에 유통 중인 품종과 확연하게 구별되는 점이 있을 경우
에 인정된다. 안정성은 반복적으로 증식된 후에도 품종의 특성이
변하지 아니할 경우에 인정된다.

4 해당 품종이 품종보호 요건을 모두 충족한다고 판단하였다면,
육성자는 품종의 명칭, 품종의 육성 과정에 대한 설명, 품종의 종
자 시료 등을 포함한 출원 서류를 작성하여 담당 기관에 제출하여
야 한다. 재외자(在外者)가 품종을 개량하고 자신이 거주하고 있는
나라와 우리나라 모두에서 품종보호권을 얻고 싶다면 두 나라에 각
각 품종보호를 출원해야 한다. 재외자인 육성자가 자신이 거주하는
나라에 최초로 품종보호를 출원한 다음 날부터 1년 이내에 우리나
라에 품종보호를 출원하는 경우, 품종보호 출원일의 적용은 우리나
라에 출원한 날이 아니라 최초의 출원일을 품종보호 출원일로 인정
한다.

5 품종보호 출원이 접수되면 담당 기관은 접수된 출원 내용을 일
반인이 볼 수 있도록 품종보호 공보*로 홈페이지 등에 일정 기간 공
개한다. 출원품종이 품종보호 요건을 위반하고 있음을 발견한 이라
면 누구든지 이 기간에 이의신청을 할 수 있다. 이의신청이 없다면,
법률에서 정한 자격을 가진 심사관이 출원품종이 품종보호 요건을
충족하는지 ⓓ심사하게 된다. 이때 신규성의 충족 여부는 서류 심
사로, 구별성과 안정성의 충족 여부는 재배 심사로 확인한다. 재배
심사는 출원 서류에 포함된 종자 시료를 직접 재배하여 심사하므로
심사에 1년에서 2년의 기간이 소요된다. 심사관이 심사 과정에서
품종보호 출원에 대해 거절 이유를 발견할 수 없다면 품종보호를
결정하게 되고, 육성자가 담당 기관에 첫 품종보호료를 납부하면
품종보호권이 설정된다.

6 품종보호권자가 보호품종을 독점적으로 실시*할 수 있는 기간
인 품종보호권의 존속 기간은 과수나 임목은 품종보호권의 설정 등
록일로부터 25년으로, 그 이외의 식물은 20년으로 설정하고 있다.
이때 품종보호권자가 품종보호권을 유지하려면 품종보호권의 존속
기간 동안 품종보호료를 매년 납부하여야 한다. 품종보호권이 설정
된 품종을 실시하고자 하는 자는 품종보호권자에게 품종실시료를
지불해야 한다. 단, 새로운 품종의 육성을 위한 연구를 목적으로 실
시하는 경우 등에는 품종실시료를 지불하지 않아도 된다. 품종실시
료의 기준은 법률적으로 정해져 있지 않으므로 시장의 수요와 공급
에 따른 권리자와 사용자 간의 계약에 따라 결정된다. 품종보호권
의 존속 기간이 ⓔ경과하거나, 품종보호권의 존속 기간 중일지라
도 품종보호권자가 정해진 기한까지 품종보호료를 납부하지 않은
경우에는 품종보호권이 소멸한다. 그러면 품종실시료의 지불 없이
누구나 해당 품종을 자유로이 실시할 수 있게 된다.

⁕ **육성자**: 어떤 식물이나 동물의 종을 개량하거나 새로운 품종을 개량하여 이용 가치를 더 높
인 사람.
⁕ **재외자**: 외국에 살고 있는 우리나라 또는 외국 국적의 사람.
⁕ **공보**: 관공서에서 발행하는 문서.
⁕ **실시**: 보호품종의 종자나 수확물을 증식·생산·판매하는 등의 행위.

종자전쟁의 개념 및 현황

· 식물 신품종의 개발과 공급을 둘러싸고 국가나 기업 간에 경제적·정치적 대립이 격화되는 현상을 말함.
· 국제식물신품종보호동맹(UPOV)의 협약에 따라 신품종에 대한 지적 재산권이 보호되면서 각 국가나 기업이 앞다투어 신품종 개발에 힘을 쏟고 있음.
· 종자 산업 시장이 확대되고 농업 관련 유전자원의 중요성에 대한 인식이 확산되면서 많은 나라에서 자국의 고유 품종이 다른 나라로 유출되는 것을 법으로 금지하며 종자를 보호하고 있음.
· 거대 기업들이 막대한 자금을 투자하여 경쟁력 있는 품종의 수집 및 보존과 신품종 개발 능력 향상에 박차를 가하고 있어 식물 종자를 둘러싼 국제적인 '종자전쟁'이 더욱 치열해질 전망임.

(지문 분석하기)

|지문 구조|

1 식물의 품종 및 품종 개량의 개념

↓

2 식물 신품종 보호법의 제정 목적 및 품종보호의 대상

↓

3 품종보호권 설정을 위한 절차 ① – 품종보호 요건 검토

↓

4 품종보호권 설정을 위한 절차 ② – 품종보호 출원

↓

5 품종보호권 설정을 위한 절차 ③~⑥ – 출원 내용 공개, 심사, 품종보호 결정, 품종보호권 설정

↓

6 품종보호권의 존속 기간 및 품종실시료의 지불

|주제| 식물 신품종 보호법과 품종보호권의 설정 절차

(한컷 정리하기)

식물의 품종 개량	관련 법 →	식물 신품종 보호법
· 이전 품종이 가진 단점을 보완하거나 장점을 더욱 부각하는 방향으로 이루어짐. · 판매 증대로 이어지면 큰 부가가치를 창출함.		· 식물 신품종에 대한 지식 재산권을 보호하고, 육성자의 식물 품종 개량을 촉진하며, 우리나라 종자 산업의 발전을 도모하기 위해 실시함. · 과수, 임목, 화훼 등 모든 식물이 품종보호의 대상임.

품종보호권 설정 절차

· 품종보호 요건 검토: 품종보호 요건인 신규성, 구별성, 안정성을 충족하고 있는지를 검토

↓

· 품종보호 출원: 품종의 명칭, 육성 과정에 대한 설명, 종자 시료 등을 포함한 출원 서류를 작성하여 담당 기관에 제출

↓

· 출원 내용 공개: 담당 기관은 접수된 출원 내용을 일정 기간 공개하고, 누구든지 이 기간에 이의신청을 할 수 있음.

↓

· 심사: 심사관이 출원품종이 품종보호 요건을 충족하는지 심사

↓

· 품종보호 결정: 심사 과정에서 품종보호 출원에 대해 거절 이유를 발견할 수 없다면 품종보호를 결정

↓

· 품종보호권 설정: 육성자가 담당 기관에 첫 품종보호료를 납부하면 품종보호권 설정

---

01 글의 전개 방식 파악   정답 ④

선택률	① 2%	② 1%	③ 6%	④ 89%	⑤ 2%

윗글에 대한 설명으로 가장 적절한 것은?

(정답 풀이)

④ 식물 신품종 보호법의 필요성을 밝히고 품종보호권의 설정 과정을 설명하고 있다.

해설 2문단에서 식물 신품종 보호법의 필요성을 밝히고, 3~5문단에서 품종보호권의 설정 과정을 단계적으로 설명하고 있으므로 적절하다.

(오답 풀이)

① 품종보호권의 ~~발전 과정을~~ 단계적으로 설명하고 ~~향후 전망을 제시하고~~ 있다.
　　　　　　　↳ 설정 절차를

해설 품종보호권의 발전 과정과 향후 전망은 제시하고 있지 않다.

② 품종보호권에 대한 ~~대립적인 입장을 소개하고 각각의 장단점을 비교하고~~ 있다.

해설 품종보호권에 대한 대립적인 입장을 소개하여 각각의 장단점을 비교하고 있지 않다.

③ 식물 신품종 보호법이 제정된 배경을 밝히고 ~~그 법이 가진 한계를 분석하고~~ 있다.

해설 2문단에서 식물 신품종 보호법이 제정된 배경을 밝히고 있으나, 식물 신품종 보호법이 가진 한계를 분석하고 있지는 않다.

⑤ 품종보호권에 관한 ~~사회 문제를 언급하고 이를 해결할 수 있는 다양한 방안을 소개하고~~ 있다.

해설 품종보호권에 관한 사회 문제를 언급하여 이를 해결할 수 있는 다양한 방안을 소개하고 있지 않다.

02 세부 정보의 파악
정답 ③

선택률	① 5%	② 4%	③ 81%	④ 6%	⑤ 4%

윗글에 대한 이해로 가장 적절한 것은?

정답 풀이

③ 품종보호권이 소멸되지 않은 품종에 대한 실시료는 시장의 수요와 공급을 바탕으로 계약에 따라 그 금액이 결정된다.

해설 6문단에서 품종보호권이 설정된 품종을 실시하고자 하는 자는 품종보호권자에게 품종실시료를 지불해야 하는데, 품종실시료의 기준은 법률적으로 정해져 있지 않으므로 시장의 수요와 공급에 따른 권리자와 사용자 간의 계약에 따라 결정된다고 하였다.

오답 풀이

① 품종보호권의 존속 기간이 경과하더라도 품종보호료를 납부하면 품종보호권이 유지된다.

해설 6문단에서 품종보호권의 존속 기간이 경과하면 품종보호권이 소멸한다고 하였다.

② 식물 신품종 보호법에서 품종보호의 대상은 열매의 수확을 목적으로 하는 식물만 가능하다.

해설 2문단에서 식물 신품종 보호법에 따르면 열매의 수확을 목적으로 하는 과수, 산림 조성을 목적으로 하는 임목, 꽃의 관상을 목적으로 하는 화훼 등 모든 식물이 품종보호의 대상이 된다고 하였다.

④ 신규성의 충족 여부를 심사할 때 국외에서 해당 품종의 상업적 이용이 없어야 하는 기간은 과수보다 화훼가 더 길다.
　　↳ 과수가 화훼보다

해설 3문단에서 신규성의 충족 여부를 심사할 때 국외에서 해당 품종의 상업적 이용이 없어야 하는 기간은 과수는 6년 이상, 화훼는 4년 이상이라고 하였다. 따라서 과수가 화훼보다 더 길다.

⑤ 재외자가 품종을 개량하여 거주하는 나라에 품종보호권을 설정하면 우리나라에 품종보호권을 신청하지 않아도 우리나라에서 그 권리가 인정된다.
　　↳ 품종보호를 출원해야 인정됨

해설 4문단에서 재외자가 품종을 개량하고 자신이 거주하고 있는 나라와 우리나라 모두에서 품종보호권을 얻고 싶다면 두 나라에 각각 품종보호를 출원해야 한다고 하였다.

03 자료를 활용한 내용 이해
정답 ⑤

선택률	① 2%	② 2%	③ 4%	④ 5%	⑤ 87%

윗글을 바탕으로 품종보호권 설정을 위한 절차를 〈보기〉와 같이 정리하였다. 이에 대한 이해로 적절하지 않은 것은?

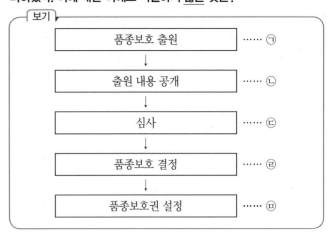

보기

품종보호 출원 ······ ㉠
↓
출원 내용 공개 ······ ㉡
↓
심사 ······ ㉢
↓
품종보호 결정 ······ ㉣
↓
품종보호권 설정 ······ ㉤

정답 풀이

⑤ ㉤: 품종보호가 결정된 품종에 대한 품종보호권은 품종보호료의 납부 여부와 상관없이 자동적으로 설정된다.
　　↳ 첫 품종보호료를 납부하면

해설 5문단에서 심사관이 품종보호를 결정한 후, 육성자가 담당 기관에 첫 품종보호료를 납부하면 품종보호권이 설정된다고 하였다. 품종보호료의 납부 여부와 상관없이 품종보호권이 자동적으로 설정되는 것은 아니다.

오답 풀이

① ㉠: 품종보호권의 설정을 원하는 육성자는 출원 서류를 작성하여 담당 기관에 접수하여야 한다.

해설 4문단에서 품종보호권을 얻고 싶은 육성자는 품종의 명칭, 품종의 육성 과정에 대한 설명, 품종의 종자 시료 등을 포함한 출원 서류를 작성하여 담당 기관에 제출하여야 한다고 하였다.

② ㉡: 출원품종이 품종보호 요건을 어긴다는 사실을 발견한 사람이라면 누구든지 이의신청을 할 수 있다.

해설 5문단에서 담당 기관은 접수된 출원 내용을 일반인이 볼 수 있도록 품종보호 공보로 홈페이지 등에 일정 기간 공개하는데, 이때 출원품종이 품종보호 요건을 위반하고 있음을 발견한 이라면 누구든지 이 기간에 이의신청을 할 수 있다고 하였다.

③ ㉢: 출원품종이 타 품종과 구별되는지, 반복 증식 후에도 특성이 변화하지 않는지는 재배 심사로 확인한다.

해설 3문단에서 '구별성'은 기존에 품종보호권이 설정된 품종이나 현재 시중에 유통 중인 품종과 확연하게 구별되는 점이 있을 경우에 인정되며, '안정성'은 반복적으로 증식된 후에도 품종의 특성이 변하지 아니할 경우에 인정된다고 하였다. 따라서 '출원품종이 타 품종과 구별되는지, 반복 증식 후에도 특성이 변화하지 않는지' 확인하는 것은 구별성과 안정성의 충족 여부를 확인하는 것임을 알 수 있다. 5문단에서 구별성과 안정성의 충족 여부는 재배 심사로 확인한다고 하였다.

④ ㉣: 심사관이 품종보호 출원에 대한 거절 이유를 발견할 수 없을 경우에 품종보호가 결정된다.

해설 5문단에서 심사관이 심사 과정에서 품종보호 출원에 대해 거절 이유를 발견할 수 없다면 품종보호를 결정하게 된다고 하였다.

04 구체적 상황에 적용　　　정답 ⑤

선택률	① 4%	② 2%	③ 14%	④ 9%	⑤ 71%

윗글을 바탕으로 〈보기〉를 이해한 내용으로 적절하지 않은 것은?

[3점]

> ┌ 보기 ┐
>
> [사례 1] 외국에 살고 있는 '갑'은 장미꽃의 품종 중 하나를 A로 개
> 　　　　（갑은 재외자임.）　　　　　（A는 화훼임.）
> 량하였다. '갑'은 A에 대한 최초의 품종보호를 자신이 거주하
> 는 나라에 2020년 1월 1일에 출원하였고, 우리나라에는 2020
> 　　　　　　（최초의 출원일）　　　　　　（다음 날로부터 1년 이내에 출원함.）
> 년 5월 1일에 출원하였다. 우리나라에서 A의 품종보호권은
> '갑'이 2022년 1월부터 현재까지 유지하고 있다.
>
> [사례 2] 포도나무의 품종 중 하나인 B는 당도가 높지만 병충해에
> 　　　　（B는 과수임.）　　　　　　　　　（B가 가진 단점）
> 약하다. 우리나라에서 B의 품종보호권은 '을'이 2020년부터
> 현재까지 유지하고 있다. '병'은 신품종 육성을 목적으로 B를
> 　　　　　　　　　　　　　（품종실시료를 지불하지 않아도 됨.）
> 재배하면서 연구하였는데, 당도도 높고 병충해에 강한 C로 개
> 　　　　　　　　　　　　　　　　　（B가 가진 단점이 보완됨.）
> 량하여 우리나라에 품종보호를 출원하였다.

┌ 정답 풀이 ┐

⑤ **품종보호료를 앞으로도 매년 납부한다고 할 때 품종보호권자가 보호품종을 독점적으로 실시할 수 있는 기간은 [사례 1]의 A가 [사례 2]의 B보다 더 길겠군.**
↳ 짧겠군

해설 6문단에서 품종보호권의 존속 기간은 과수나 임목은 25년, 이외의 식물은 20년이며, 품종보호권자가 품종보호권을 유지하려면 품종보호권의 존속 기간 동안 품종보호료를 매년 납부하여야 한다고 하였다. [사례 1]의 A는 화훼, [사례 2]의 B는 과수에 해당하므로 품종보호료를 앞으로도 매년 납부한다고 할 때 품종보호권자가 보호품종을 독점적으로 실시할 수 있는 기간은 [사례 1]의 A가 20년, [사례 2]의 B가 25년이다. 따라서 [사례 1]의 A가 [사례 2]의 B보다 더 짧다.

┌ 오답 풀이 ┐

① **[사례 1]에서 '갑'은 2020년 5월 1일에 우리나라에 품종보호 출원을 하였지만, A의 품종보호 출원일은 2020년 1월 1일로 인정되겠군.**

해설 [사례 1]에서 재외자인 갑은 자신이 거주하는 나라에 2020년 1월 1일에 최초의 품종보호 출원을 하였고, 다음 날로부터 1년 이내인 2020년 5월 1일에 우리나라에 품종보호 출원을 하였다. 이러한 경우 품종보호 출원일의 적용은 우리나라에 출원한 날이 아니라 최초의 출원일을 품종보호 출원일로 인정한다고 하였으므로 A의 품종보호 출원일은 2020년 1월 1일이다.

② **[사례 2]에서 '병'의 연구로 개량된 C는 기존 품종인 B가 가진 단점이 보완된 품종이겠군.**

해설 [사례 2]에서 병은 당도가 높지만 병충해에 약한 B를 연구하여 당도도 높고 병충해에 강한 C로 개량하였다. 따라서 C는 기존 품종인 B가 가진 단점이 보완된 품종이라고 볼 수 있다.

③ **[사례 2]에서 '병'은 B의 재배로 인한 품종실시료를 B의 품종보호권을 가진 '을'에게 지불하지 않아도 되겠군.**

해설 6문단에서 새로운 품종의 육성을 위한 연구를 목적으로 실시하는 경우 등에는 품종실시료를 지불하지 않아도 된다고 하였다. [사례 2]에서 병은 신품종 육성을 목적으로 B를 재배하면서 연구하였으므로 B의 품종보호권을 가진 을에게 품종실시료를 지불하지 않아도 된다.

④ **심사관의 서류 심사를 통해 [사례 1]의 A와 [사례 2]의 B가 모두 신규성을 충족하고 있음이 인정되었겠군.**

해설 [사례 1]의 A와 [사례 2]의 B는 모두 품종보호권이 설정된 품종이며, 이는 심사 과정에서 품종보호 요건을 모두 충족하였다는 의미이다. 5문단에서 신규성의 충족 여부는 서류 심사로 확인한다고 하였으므로 [사례 1]의 A와 [사례 2]의 B는 모두 심사관의 서류 심사를 통해 신규성을 충족하고 있음이 인정되었다고 볼 수 있다.

05 어휘의 사전적 의미 파악　　　정답 ⑤

선택률	① 4%	② 14%	③ 5%	④ 6%	⑤ 71%

ⓐ~ⓔ의 사전적 의미로 적절하지 않은 것은?

┌ 정답 풀이 ┐

⑤ **ⓔ: 어떤 곳을 거쳐 지남.**
= 경과

해설 '경과'의 사전적 의미는 '시간이 지나감.'이다. '어떤 곳을 거쳐 지남.'의 뜻을 지닌 단어는 '경유(經由)'이다.

┌ 오답 풀이 ┐

① **ⓐ: 어떤 사물을 특징지어 두드러지게 함.**
= 부각

해설 '부각'의 사전적 의미는 '어떤 사물을 특징지어 두드러지게 함.'이다. '후보자의 긍정적인 이미지의 부각을 위해 노력하고 있다.'와 같이 쓰인다.

② **ⓑ: 어떤 일을 이루기 위하여 대책과 방법을 세움.**
= 도모

해설 '도모'의 사전적 의미는 '어떤 일을 이루기 위하여 대책과 방법을 세움.'이다. '오늘 이 자리는 친목 도모를 위해 만들어졌습니다.'와 같이 쓰인다.

🙂 선택지 속 함정

　어휘의 사전적 의미를 묻는 유형은 대체로 정답률이 높은 편인데, 이 문제는 비교적 정답률이 낮아. 아마 두 가지 요인을 원인으로 볼 수 있을 텐데, 하나는 ⓑ의 '도모'의 뜻을 알지 못했기 때문이고, 다른 하나는 ⓔ의 '경과'의 뜻을 '지나다'라는 느낌으로만 대충 알고 있었기 때문일 거야. 먼저 ⓑ의 '도모'는 독서 영역에서 특히 자주 등장하는 어휘이므로 반드시 뜻을 숙지하고 넘어가야 해. 사전적 의미를 미리 정확히 알고 있다면 좋겠지만, 그렇지 않을 때는 선택지에 제시된 사전적 의미를 해당 문맥에 넣어 이해하면 답을 쉽게 찾을 수 있어. ⓑ의 문맥에서는 우리나라 종자 산업의 발전을 이루기 위하여 그 대책과 방법으로 '식물 신품종 보호법'을 실시하고 있다는 뜻으로 이해할 수 있겠지. 마찬가지로 ⓔ의 문맥에서는 주어가 '존속 기간이'이므로 장소와 관련된 의미를 나타내는 '어떤 곳을 거쳐 지남.'은 ⓔ의 사전적 의미로 적절하지 않음을 파악할 수 있어.

③ **ⓒ: 일정한 분량을 채워 모자람이 없게 함.**
= 충족

해설 '충족'의 사전적 의미는 '일정한 분량을 채워 모자람이 없게 함.'이다. '호기심 충족을 위해 도서관에 갔다.'와 같이 쓰인다.

④ **ⓓ: 자세하게 조사하여 당락 따위를 결정함.**
= 심사

해설 '심사'의 사전적 의미는 '자세하게 조사하여 당락 따위를 결정함.'이다. '요즘은 논문 심사를 위해 바쁘게 지내고 있다.'와 같이 쓰인다.

● **개인정보보호법**

1 정보 통신 기술의 발달로 개인에 대한 정보가 데이터베이스 화되면서 〔개인정보〕유출로 인한 피해가 증가하고 있다. 이에 따라 최근 개인정보를 보호해야 한다는 사회적 인식이 커지고 있다. 개인은 자신에 관한 정보가 언제, 누구에게, 어느 범위까지 알려지고 이용될 것인지를 스스로 결정할 수 있는 권리를 가지 [A] 는데, 이러한 권리를 〔개인정보자기결정권〕이라고 한다. 이는 타인에 의해 개인정보가 함부로 공개되지 않도록 보장받을 권리와 개인정보에 대해 열람, 삭제, 정정 등의 행위를 요구할 수 있는 권리 등을 포함한다. 우리나라는 헌법 제17조에 명시된 사생활의 비밀과 자유가 보장되어야 한다는 내용을 주된 근거로 개인정보자기결정권이 기본권 중 하나임을 인정하고 있다.

2 이러한 개인정보자기결정권을 보호하기 위해 제정된 법률이 〔개인정보보호법〕이다. ⓐ개인정보보호법에서 규정하는 개인정보는 〔살아 있는 개인〕에 관한 정보이다. 사망자에 관한 정보나 단체 혹은 법인에 관한 정보는 개인정보에 포함되지 않는다. 또한 성명, 주민등록번호, 사진이나 동영상 등과 같이 개인을 알아볼 수 있는 정보여야 한다. 그리고 주어진 정보만으로 특정 개인을 알아볼 수 없더라도 다른 정보와 쉽게 결합하여 알아볼 수 있다면 이 역시 법적 보호 대상으로서의 개인정보에 포함된다. 가령 휴대 전화 번호의 뒷자리 숫자를 집 전화번호와 같은 다른 정보와 결합하여 사용자를 식별할 수 있다면 개인정보에 해당한다.

3 개인정보보호법에 따른 〔사전 동의 제도〕는 정보 주체인 개인이 개인정보에 대한 자기 결정을 표현할 수 있다는 점에서 개인정보자기결정권을 보호하는 중요한 수단이다. 개인정보를 처리하는 개인이나 단체를 의미하는 개인정보 처리자는, 정보 주체의 동의를 구할 때 정보 수집·이용의 목적, 수집 항목, 보유 및 이용 기간 등을 〔고지〕해야 한다. 또한 동의를 거부할 권리가 있다는 사실과, 동의 거부에 따른 불이익이 있는 경우 그 불이익의 내용 역시 알려야 한다.

4 수집·이용하려는 개인정보 중 고유 식별 정보와 민감 정보는 〔별도로 동의〕를 받아야 한다. 〔고유 식별 정보〕는 여권 번호와 같이 개인을 고유하게 구별하기 위해 부여된 정보이며, 〔민감 정보〕는 건강 정

보나 정치적 견해와 같이 주체의 사생활을 현저히 침해할 우려가 있는 정보이다. 이때 정보 주체가 알아보기 쉽도록 수집하려는 고유 식별 정보와 민감 정보의 항목을 밑줄이나 큰 글씨로 강조해야 한다.

5 개인정보보호법에서는 개인이 수집·이용에 동의했더라도 개인정보가 무분별하게 이용되어 개인의 권리가 〔침해〕되는 것을 막기 위해 수집 목적을 달성할 수 있는 한에서 개인정보를 ⊙〔익명 정보〕로 처리하여 보존하거나 이용하도록 하고 있다. 익명 정보란 다른 정보를 사용하더라도 더 이상 개인을 알아볼 수 없는 정보를 의미한다. 익명 정보는 시간이나 비용, 현재의 기술 수준이나 충분히 예견될 수 있는 기술의 발전 등을 고려했을 때 원래의 개인정보로 복원되는 것이 불가능하다고 판단되는 정보로, 익명 처리를 마친 정보는 수집 목적 이외의 분야에서 활용하기 어렵다는 제약이 있다.

6 최근 정보 활용의 중요성이 커지면서 개인정보 활용의 〔유연성〕을 높여야 한다는 주장이 대두되었다. 이에 개인정보보호법에서는 개인정보를 익명 정보가 아닌 가명 정보로 가공하여 활용할 수 있도록 하는 방안을 마련하였다. ⓛ〔가명 정보〕는 개인정보의 일부를 삭제 혹은 대체한 것으로, 추가 정보와 비교적 쉽게 결합하여 개인을 식별할 수 있으므로 개인정보보호법의 보호 대상이 된다. 이러한 가명 정보는 통계 작성, 과학적 연구, 공익적 기록 보존 등을 위해 정보 주체의 동의 없이 이용·제공될 수 있다. 단, 가명 정보는 익명 정보와 달리 개인정보와 일대일 대응이 가능하기 때문에 가명 정보를 제3자에게 제공하는 경우 특정 개인을 알아보는 데 사용될 수 있는 정보를 포함해서는 안 된다.

지식을 쌓는 **배경지식**

잊힐 권리

① **잊힐 권리의 개념**
- 인터넷상에 있는 개인과 관련된 각종 정보의 삭제, 수정, 파기를 요구할 수 있는 권리를 가리킴.

② **입법에 대한 찬반 논의**
- 2014년 유럽사법재판소가 부정적인 언론 기사를 포털 사이트 검색에서 나타나지 않도록 해 달라는 청구를 인용하는 취지의 판결을 하면서 논쟁이 본격화됨.
- 찬성 의견은 개인의 권리 강화라는 측면에서 잊힐 권리를 입법화해야 한다고 주장함.
- 반대 의견은 잊힐 권리의 적용 범위, 기술적 한계 및 비용의 문제, 다른 기본권과의 충돌, 인터넷 개방성의 침해 등 많은 문제점이 있으므로 입법화하는 데 신중해야 한다고 주장함.

|지문 구조|

1 개인정보자기결정권의 개념

↓

2 개인정보보호법에서 규정하는 개인정보의 범위

↓

| **3** 개인정보보호법에 따른 사전 동의 제도 ① - 제도의 개념 | + | **4** 개인정보보호법에 따른 사전 동의 제도 ② - 고유 식별 정보와 민감 정보 |

↓

5 개인정보보호법에서의 익명 정보

↓

6 개인정보보호법에서의 가명 정보

|주제| 개인정보자기결정권과 개인정보보호법에서의 개인정보 보호

한컷 정리하기

개인정보자기결정권 → (관련 법) **개인정보보호법**

- 개인이 자신에 관한 정보가 언제, 누구에게, 어느 범위까지 알려지고 이용될 것인지를 스스로 결정할 수 있는 권리
- 타인에 의해 개인정보가 함부로 공개되지 않도록 보장받을 권리와 개인정보에 대해 열람, 삭제, 정정 등의 행위를 요구할 수 있는 권리를 포함함.

- 개인정보자기결정권을 보호하기 위해 제정됨.
- 개인정보의 범위: 살아 있는 개인에 관한 정보, 개인을 알아볼 수 있는 정보, 다른 정보와 쉽게 결합하여 개인을 알아볼 수 있는 정보

개인정보 보호

사전 동의 제도

- 정보 주체의 동의를 구할 때 정보 수집·이용의 목적, 수집 항목, 보유 및 이용 기간, 동의를 거부할 권리가 있다는 사실과 동의 거부에 따른 불이익의 내용을 고지해야 함.
- 고유 식별 정보와 민감 정보는 별도로 동의를 받아야 함.

익명 정보

- 다른 정보를 사용하더라도 더 이상 개인을 알아볼 수 없는 정보
- 원래의 개인정보로 복원되는 것이 불가능하다고 판단되는 정보
- 익명 처리를 마친 정보는 수집 목적 이외의 분야에서 활용하기 어렵다는 제약이 있음.

대안

가명 정보

- 개인정보의 일부를 삭제 혹은 대체한 것
- 개인정보보호법의 보호 대상임.

---

06 세부 정보의 파악　　　　정답 ②

| 선택률 | ① 2% | ② 74% | ③ 7% | ④ 9% | ⑤ 8% |

윗글에서 알 수 있는 내용으로 적절하지 않은 것은?

정답 풀이

② 개인정보를 ~~익명 처리하는 과정~~

해설 개인정보를 익명 처리하는 과정에 대해서는 언급하고 있지 않다.

오답 풀이

① **개인정보자기결정권의 개념**

해설 1문단에서 개인정보자기결정권은 개인이 '자신에 관한 정보가 언제, 누구에게, 어느 범위까지 알려지고 이용될 것인지를 스스로 결정할 수 있는 권리'임을 알 수 있다.

③ **개인정보보호법을 제정하게 된 목적**

해설 2문단에서 '개인정보자기결정권을 보호하기 위해 제정된 법률이 개인정보보호법'임을 알 수 있다.

④ **개인정보 활용의 유연성을 높이는 방안**

해설 6문단에서 개인정보 활용의 유연성을 높이기 위해 개인정보를 익명 정보가 아닌 가명 정보로 가공하여 활용할 수 있도록 하는 방안이 마련되었음을 알 수 있다.

⑤ **개인정보 보호에 대한 인식이 확산된 배경**

해설 1문단에서 정보 통신 기술의 발달로 개인에 대한 정보가 데이터베이스화되면서 개인정보 유출로 인한 피해가 증가하고 있으며, 이에 따라 최근 개인정보를 보호해야 한다는 사회적 인식이 커지고 있다고 하였다.

07 특정 정보의 이해 정답 ③

| 선택률 | ① 9% | ② 7% | ③ 64% | ④ 8% | ⑤ 12% |

= 가명 정보

㉠과 ㉡에 대한 설명으로 적절한 것은?

= 익명 정보

정답 풀이

③ ㉠은 ㉡과 달리 개인정보보호법의 보호 대상이 아니다.

해설 2문단에서 개인정보보호법에서 규정하는 개인정보는 개인을 알아볼 수 있는 정보여야 하며, 다른 정보와 쉽게 결합하여 특정 개인을 알아볼 수 있는 정보도 개인정보에 포함된다고 하였다. 5문단에서 익명 정보(㉠)는 다른 정보를 사용하더라도 더 이상 개인을 알아볼 수 없는 정보이며 원래의 개인정보로 복원되는 것이 불가능하다고 판단되는 정보라고 하였다. 따라서 익명 정보(㉠)는 더 이상 개인정보가 아니므로 개인정보보호법의 보호 대상이 아니다. 반면 6문단에서 가명 정보(㉡)는 개인정보의 일부를 삭제 혹은 대체한 것으로, 추가 정보와 비교적 쉽게 결합하여 개인을 식별할 수 있으므로 개인정보보호법의 보호 대상이 된다고 하였다.

오답 풀이

① ㉠은 익명 처리되기 전의 개인정보와 일대일로 대응한다.

↳ 일대일 대응이 불가능하다

해설 6문단에서 가명 정보(㉡)는 익명 정보(㉠)와 달리 개인정보와 일대일 대응이 가능하다고 하였다. 즉 가명 정보(㉡)는 가명 처리되기 전의 개인정보와 일대일로 대응하지만, 익명 정보(㉠)는 익명 처리되기 전의 개인정보와 일대일로 대응하지 않는다.

② ㉡은 이용 목적에 상관없이 정보 주체의 동의가 필수적이다.

해설 6문단에서 가명 정보(㉡)는 통계 작성, 과학적 연구, 공익적 기록 보존 등을 위해 정보 주체의 동의 없이 이용·제공될 수 있다고 하였다. 즉 가명 정보(㉡)는 이용 목적에 따라 정보 주체의 동의 없이 이용·제공될 수 있다.

④ ㉡은 ㉠과 달리 수집 목적 이외의 분야에서 활용되기 어렵다.

↳ ㉠은 ㉡과 달리

해설 5, 6문단에서 익명 정보(㉠)는 수집 목적 이외의 분야에서 활용하기 어렵다는 제약이 있지만, 가명 정보(㉡)는 익명 정보(㉠)에 비해 보다 유연하게 활용될 수 있음을 알 수 있다.

⑤ ㉠과 ㉡은 모두 개인정보 처리자가 제3자에게 제공할 수 없다.

해설 5문단에서 익명 정보(㉠)는 다른 정보를 사용하더라도 더 이상 개인을 알아볼 수 없는 정보이며 원래의 개인정보로 복원되는 것이 불가능하다고 판단되는 정보라고 하였다. 따라서 익명 정보(㉠)는 개인정보보호법에서 규정하는 개인정보에 해당하지 않으므로 개인정보 처리자가 처리하는 개인정보에 해당하지 않는다. 한편 6문단에서 가명 정보(㉡)는 통계 작성, 과학적 연구, 공익적 기록 보존 등을 위해 정보 주체의 동의 없이 이용·제공될 수 있다고 하였으므로 목적에 따라 개인정보 처리자가 제3자에게 제공할 수 있다.

08 구체적 이유 추론 정답 ⑤

| 선택률 | ① 6% | ② 14% | ③ 8% | ④ 9% | ⑤ 63% |

[A]를 참고할 때, 〈보기〉의 빈칸에 들어갈 내용으로 가장 적절한 것은?

> **보기**
>
> 헌법 제17조에서는 타인에 의해 자유를 제한받지 않을 권리를 보장하는데, 이러한 권리는 일반적으로 소극적 성격의 권리로 해석된다. 이는 적극적으로 타인에게 일정한 행위를 요구할 수 있는 청구권적 성격을 포괄하기 어려워, 헌법 제17조만으로는 개인정보자기결정권을 보장하는 근거가 불충분하다는 견해가 있다. 그것은 개인정보자기결정권이 (   )하기 때문이다.
>
> 소극적 성격의 권리로 해석되는 헌법 제17조

정답 풀이

⑤ 개인정보에 대한 열람, 삭제, 정정 등을 적극적으로 요구할 수 있는 권리를 포함

해설 〈보기〉에서는 헌법 제17조에서 보장하는 권리를 소극적 성격의 권리로 설명하면서, 이러한 헌법 제17조는 적극적으로 타인에게 일정한 행위를 요구할 수 있는 청구권적 성격을 포괄하기 어렵다고 하였다. 그런데 [A]에서 개인정보자기결정권은 '개인정보에 대해 열람, 삭제, 정정 등의 행위를 요구할 수 있는 권리'를 포함한다고 하였다. 즉 개인정보자기결정권은 〈보기〉의 설명에 따르면 청구권적 성격을 지닌다. 따라서 개인정보자기결정권이 개인정보에 대한 열람, 삭제, 정정 등을 적극적으로 요구할 수 있는 권리를 포함한다는 점에서, 청구권적 성격을 포괄하지 못하는 헌법 제17조만으로는 개인정보자기결정권을 보장하는 근거가 불충분하다고 볼 수 있다.

오답 풀이

① 공익을 목적으로 타인의 개인정보를 자유롭게 이용할 수 있는 권리에 해당

해설 [A]에서 개인정보자기결정권은 '타인에 의해 개인정보가 함부로 공개되지 않도록 보장받을 권리'를 포함한다고 하였다. 따라서 개인정보자기결정권이 공익을 목적으로 타인의 개인정보를 자유롭게 이용할 수 있는 권리에 해당한다고 보기는 어렵다.

② 특정 대상에 대한 개인적 견해와 같은 사적인 정보를 보호받을 권리를 포함

해설 특정 대상에 대한 개인적 견해와 같은 사적인 정보를 보호받을 권리는 소극적 성격의 권리로 볼 수 있으며, 적극적으로 타인에게 일정한 행위를 요구하는 청구권적 성격의 권리에 해당하지 않는다. 따라서 ②로는 헌법 제17조만으로 개인정보자기결정권을 보장하는 근거를 충분히 설명하기 어렵다는 견해를 뒷받침하기 어렵다.

🫢 선택지 속 함정

〈보기〉의 핵심을 이해하지 못하면 ②를 정답으로 착각할 수 있어. 〈보기〉의 핵심은 헌법 제17조가 '청구권적 성격'을 포괄하지 못한다는 내용이므로 이와 연결 지어 파악해야 해. 사생활의 비밀과 자유가 보장되어야 한다는 것이 소극적 성격에 해당하고, 적극적으로 타인에게 어떠한 행위를 요구하는 것이 청구권적 성격에 해당한다는 것을 이해하면 ②는 헌법 제17조만으로 개인정보자기결정권을 보장하는 근거가 불충분하다는 견해를 뒷받침할 수 있는 근거가 되기 어렵다는 것을 알 수 있지.

③ 개인정보가 정보 주체의 동의가 없더라도 개인정보 처리자에게 제공되도록 허용

해설 개인정보자기결정권은 '타인에 의해 개인정보가 함부로 공개되지 않도록 보장받을 권리'를 포함한다. 개인정보가 정보 주체의 동의가 없더라도 개인정보 처리자에게 제공되도록 허용하는 것은 아니다.

④ 정보 주체의 이익보다 개인정보의 활용으로 인한 사회적 이익을 우선하여 보장

[해설] [A]에서 개인정보자기결정권은 개인정보에 대한 정보 주체의 권리를 의미함을 알 수 있는데, 이 권리가 정보 주체의 이익보다 개인정보의 활용으로 인한 사회적 이익을 우선하여 보장한다고 보기는 어렵다.

09 구체적 사례 찾기   정답 ⑤

ⓐ의 사례에 해당하지 않는 것은?
= 개인정보보호법에서 규정하는 개인정보

[정답 풀이]

⑤ 생전에 모은 재산 전액을 기증한 '이부자'를 기리기 위해 만들어진 '이부자 장학 재단'이라는 명칭

[해설] 2문단에서 사망자에 관한 정보나 단체 혹은 법인에 관한 정보는 개인정보에 포함되지 않는다고 하였다. '이부자 장학 재단'이라는 명칭은 단체에 관한 정보이므로 ⓐ의 사례에 해당하지 않는다.

[오답 풀이]

① 학교 홈페이지에 담임을 맡은 학급과 함께 게시된, '김○우'라는 교사의 이름

[해설] 2문단에서 ⓐ는 살아 있는 개인에 관한 정보로, 개인을 알아볼 수 있는 정보나 다른 정보와 쉽게 결합하여 개인을 알아볼 수 있는 정보여야 함을 알 수 있다. '김○우'라는 교사의 이름은 개인정보의 일부를 삭제한 가명 정보에 해당하며, '담임을 맡은 학급'이라는 추가 정보와 결합하여 개인을 식별할 수 있으므로 ⓐ의 사례에 해당한다.

② 국가에서 설립한 기관에서 장(長)의 직책을 맡고 있는 사람의 휴대 전화 번호

[해설] '국가에서 설립한 기관에서 장(長)의 직책을 맡고 있는 사람'은 살아 있는 개인에 해당하고, 개인의 '휴대 전화 번호'는 개인을 알아볼 수 있는 정보이므로 ⓐ의 사례에 해당한다.

③ 의사자를 추모하기 위한 행사에서 추도사를 읽는 유족의 얼굴을 촬영한 동영상

[해설] '추도사를 읽는 유족'은 살아 있는 개인에 해당하며, '얼굴을 촬영한 동영상'은 개인을 알아볼 수 있는 정보이므로 ⓐ의 사례에 해당한다.

④ 원격 수업에 참여한 학생들의 얼굴을 모두 확인할 수 있도록 컴퓨터 화면을 캡처한 이미지

[해설] '원격 수업에 참여한 학생들'은 살아 있는 개인에 해당하며, '얼굴을 모두 확인할 수 있도록 컴퓨터 화면을 캡처한 이미지'는 개인을 알아볼 수 있는 정보이므로 ⓐ의 사례에 해당한다.

10 구체적 상황에 적용   정답 ④

윗글을 바탕으로 인터넷 사이트에서 회원 가입 시 제시하는 다음 동의서를 이해한 내용으로 적절하지 않은 것은? [3점]

가. 개인정보 수집 및 이용 동의

주식회사 ○○(이하 '회사')는 ○○ 서비스 회원(이하 '회원')의
   개인정보 처리자   정보 주체
권리를 적극적으로 보장합니다.

1. 수집 항목 : 아이디, 비밀번호

           ⋮

4. 개인정보 수집 및 이용 동의를 거부할 권리

  4-1. 회원은 개인정보의 수집 및 이용 동의를 거부할 권리가 있습니다.

  4-2. 수집 및 이용 동의를 거부할 경우, 서비스 이용이 제한됩니다.
                            동의 거부에 따른 불이익의 내용

☐ 개인정보를 수집하고 이용하는 것에 동의합니다.

나. 건강 정보 수집 및 이용 동의
          민감 정보

1. 수집 항목 : **건강 정보**

           ⋮

☐ 건강 정보를 수집하고 이용하는 것에 동의합니다.

[정답 풀이]

④ '나'의 1은 개인의 건강 정보가 고유 식별 정보에 해당하기 때문에 수집 항목을 강조하여 표시한 것이겠군. → 민감 정보에

[해설] 4문단에서 건강 정보는 민감 정보에 해당하며, 이에 대하여는 정보 주체가 알아보기 쉽도록 항목을 밑줄이나 큰 글씨로 강조해야 함을 알 수 있다. 즉 '나'의 1에서 수집 항목인 '건강 정보'를 밑줄과 큰 글씨로 강조한 것은 건강 정보가 민감 정보에 해당하기 때문이다.

[오답 풀이]

① '가'에서 '회사'는 개인정보 처리자, '회원'은 개인정보의 주체에 해당하겠군.

[해설] 3문단에서 개인정보를 처리하는 개인이나 단체를 의미하는 개인정보 처리자는, 정보 주체의 동의를 구할 때 정보 수집·이용의 목적, 수집 항목, 보유 및 이용 기간 등을 고지해야 한다고 하였다. 따라서 '가'에서 개인정보를 처리하는 단체인 '회사'는 개인정보 처리자, '회원'은 개인정보의 주체에 해당한다.

② '가'의 4-2는 정보 제공 동의를 거부할 경우 정보 주체가 받을 수 있는 불이익에 해당하겠군.

[해설] 3문단에서 개인정보 처리자는 동의 거부에 따른 불이익이 있는 경우 그 불이익의 내용을 알려야 한다고 하였다. '가'의 4-2에서 정보 제공 동의를 거부할 경우 서비스 이용이 제한된다고 밝힌 것은 정보 제공 동의의 거부에 따른 불이익의 내용을 알린 것이다.

③ '가'에서 '회원'의 동의 여부를 확인하는 것은 '회원'의 개인정보자기결정권을 보호하기 위한 수단이겠군.

[해설] 3문단에서 사전 동의 제도는 정보 주체인 개인이 개인정보에 대한 자기 결정을 표현할 수 있다는 점에서 개인정보자기결정권을 보호하는 중요한 수단이라고 하였으므로 '가'에서 정보 주체인 '회원'의 동의 여부를 확인하는 것은 '회원'의 개인정보자기결정권을 보호하기 위한 수단이라고 할 수 있다.

⑤ '나'는 정보 주체의 사생활이 현저히 침해되는 것을 방지하는 차원에서 '가'와 별도로 동의를 받는 것이겠군.

[해설] 4문단에서 민감 정보는 건강 정보나 정치적 견해와 같이 주체의 사생활을 현저히 침해할 우려가 있는 정보이므로 이를 수집·이용할 때는 별도로 동의를 받아야 함을 알 수 있다. 즉 '나'는 민감 정보에 해당하는 건강 정보이므로 정보 주체의 사생활이 현저히 침해되는 것을 방지하는 차원에서 '가'와 별도로 동의를 받는 것이다.

DAY 08 사회 **국제법**

01~05 2021년 11월 고2 전국연합학력평가

01 ① **02** ② **03** ② **04** ① **05** ③

⬭ 문단별 핵심어　★▭ 중심 문장

● **유엔해양법협약에 따른 분쟁 해결 절차**

1 유엔해양법협약은 해양의 이용을 둘러싸고 ⓐ발생하는 국가 간의 상반된 이익을 절충하고 갈등을 해결하는 규범의 역할을 담당하고 있다.
　유엔해양법협약의 역할

2 유엔해양법협약에 따르면 「해양을 둘러싸고 해당 협약에 대한 해석이나 적용에 관해 국가 간 분쟁이 발생하였을 때, 분쟁 당사국들은 우선 의무적으로 분쟁 해결에 관하여 신속히 의견을 ⓑ교환해야 하고 교섭이나 조정 절차 등 국가 간 합의에 의한 평화적 수단을 통해 분쟁 해결을 위해 노력해야 한다.」 이러한 평화적 분쟁 해결 수단을 거쳐야 할 의무를 당사국에 부과하는 이유는 국제법의 특성상, 분쟁 해결의 원리가 기본적으로 각 국가의 동의를 바탕으로 적용되기 때문이다. 그런데 만약 이러한 방법으로도 분쟁이 해결되지 못할 경우에는 구속력 있는 결정을 수반하는 절차에 들어가게 되는데 이를 강제절차라고 한다.
　『 』: 유엔해양법협약에 따른 분쟁 해결 절차 ①
　평화적 분쟁 해결 수단을 거쳐야 할 의무를 당사국에 부과하는 이유
　유엔해양법협약에 따른 분쟁 해결 절차 ②

3 강제절차란 분쟁 당사국들이 국제적인 분쟁 해결 기구를 통해 분쟁을 해결하는 절차이다. 이때 당사국들은 자국의 이익이나 분쟁 내용 등을 고려해 분쟁 해결 기구를 선택할 수 있는데, 선택 가능한 기구에는 중재재판소, 국제해양법재판소 등 유엔해양법협약에 의해 설립된 분쟁 해결 기구들이 있다. 이 중 중재재판소는 필요할 때마다 분쟁 당사국 간의 합의를 통해 구성되고, 국제해양법재판소는 상설 기구로 재판관 임명이나 재판소 조직 등이 사전에 결정되어 있다. 만약 분쟁 당사국들이 분쟁 해결 기구를 선택하지 않았거나 양국이 동일한 선택을 하지 않은 경우에는 별도의 합의를 하지 않는 한, 사건이 중재재판소에 회부된다.
　강제절차의 개념
　유엔해양법협약에 의해 설립된 분쟁 해결 기구
　중재재판소의 특징
　국제해양법재판소의 특징
　사건이 중재재판소에 회부되는 상황

4 본안 소송을 담당하는 재판소가 분쟁에 대한 최종 판결을 내리기 위해서는 먼저 본안 소송 관할권의 존재 여부를 판단하여 확정하는 심리* 절차를 거쳐야 한다. 여기서 관할권이란 회부된 사건을 재판소가 다룰 수 있는 권한을 의미하는데, 이후 본안 소송의 관할권이 확정된 사안에 대해 해당 재판소는 재판 과정을 거쳐 분쟁에 대한 최종 판결을 내리게 된다.
　본안 소송의 절차 ①
　관할권의 개념
　본안 소송의 절차 ②
　본안 소송의 절차 ③
　본안 소송의 절차 ④

5 그런데 재판의 최종 판결이 내려지기까지 일정 시간이 ⓒ소요되기 때문에, 해당 재판소는 분쟁 당사국의 요청이 있으면 필요한 경
　잠정조치가 필요한 이유

우 잠정조치를 명령할 수 있다. 이때 (잠정조치)란 긴급한 상황에서 분쟁 당사국의 이익을 보호하거나 해양 환경의 중대한 피해를 방지할 목적으로 내려지는 (구속력) 있는 (임시 조치)이다. 잠정조치는 효력이 임시적이므로 본안 소송의 최종 판결이 내려지면 효력이 종료된다.
_{잠정조치의 개념}
_{잠정조치의 효력}

6 분쟁 당사국이 소송을 제기하여 재판소에 사건이 회부되면 소송 절차가 개시되고, 그 이후 분쟁 당사국들은 언제든지 (잠정조치)를 (요청)할 수 있다. 「일반적으로 잠정조치는 사건이 회부된 재판소에서 ⓓ담당하지만, 본안 소송의 재판소와 잠정조치를 명령하는 재판소가 다른 경우도 있다.」 본안 소송과 마찬가지로 잠정조치도 (관할권)을 필요로 한다.
_{잠정조치의 요청 시기}
_{「　」: 잠정조치의 담당 재판소}

7 예를 들어 유엔해양법협약에 의한 중재재판소에 사건이 회부되었지만, 사안이 긴급하여 재판소 구성을 기다릴 수 없는 경우에 국제해양법재판소가 (잠정조치)를 담당할 수 있다. 이때 본안 소송을 담당하는 중재재판소의 관할권이 확정되지 않았더라도, 잠정조치가 요청된 국제해양법재판소에서 ㉠본안 소송의 관할권을 심리한 결과, 중재재판소가 관할권을 갖게 될 가능성이 예측되어야 국제해양법재판소는 ㉡(잠정조치의 관할권)을 가질 수 있다. 기본적으로 잠정조치에 대한 관할권은 본안 소송을 담당하는 재판소가 관할권을 갖게 될 가능성이 큰 경우에 인정되기 때문이다. 결국 사건이 회부된 중재재판소의 본안 소송의 관할권 존재 가능성이 예측되고, 분쟁 해결이 긴급하여 잠정조치의 필요성이 인정되면, 분쟁 당사국의 이익을 보호하거나 해양 환경의 중대한 피해를 ⓔ방지하기 위해 국제해양법재판소가 잠정조치 재판을 통해 잠정조치를 명령할 수 있는 것이다.
_{본안 소송의 재판소와 잠정조치를 명령하는 재판소가 다른 상황}
_{잠정조치에 대한 관할권이 인정되기 위한 조건}
_{본안 소송의 재판소와 다른 재판소에서 잠정조치를 명령하기 위한 조건 ①}
_{본안 소송의 재판소와 다른 재판소에서 잠정조치를 명령하기 위한 조건 ②}

＊심리: 사실 관계 및 법률관계를 명확히 하기 위하여 증거나 방법 따위를 심사하는 것.

지식을 쌓는 배경지식

유엔해양법협약의 주요 내용
· 영해의 폭을 최대 12해리로 확대함.
· 200해리에 이르는 배타적 경제수역을 설치할 수 있도록 배타적 경제수역 제도를 설정함.
· 대륙붕의 법적 정의를 규정하고, 국가별 200해리 거리를 기준으로 대륙붕을 설정함.
· 국제해저기구를 설립하여 심해저 자원의 개발을 관리 및 규제하고, 심해저와 그 자원을 인류의 공동유산으로 규정함.
· 국제해양법재판소를 설치하는 등 해양 관련 분쟁 해결을 제도화함.
· 해양오염 방지를 위한 국가의 권리와 의무를 명문화함.
· 연안국의 관할권에서의 해양 과학 조사에 대한 규정을 마련함.

지문 분석하기

|지문 구조|
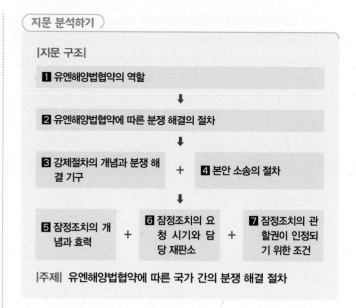

한컷 정리하기
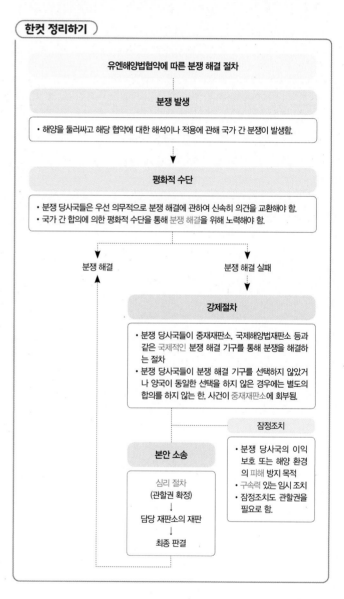

01 세부 정보의 파악 정답 ①

선택률	① 87%	② 1%	③ 3%	④ 4%	⑤ 5%

윗글에서 알 수 있는 내용으로 적절하지 <u>않은</u> 것은?

정답 풀이

① 잠정조치 재판에서 내려진 결정은 구속력이 없는 임시 조치이다.
　　　　　　　　　　　　　　　　　　↳ 있는

해설 7문단에서 잠정조치 재판을 통해 잠정조치를 명령한다고 하였고, 5문단에서 잠정조치는 구속력 있는 임시 조치라고 하였으므로 잠정조치 재판에서 내려진 결정은 구속력이 있는 임시 조치이다.

오답 풀이

② 분쟁 당사국들은 자국의 이익을 고려하여 분쟁 해결 기구를 선택할 수 있다.

해설 3문단에서 당사국들은 자국의 이익이나 분쟁 내용 등을 고려해 분쟁 해결 기구를 선택할 수 있다고 하였으므로 적절하다.

③ 유엔해양법협약에 따른 분쟁 해결 원리는 각 국가의 동의를 바탕으로 적용된다.

해설 2문단에서 유엔해양법협약에 따른 분쟁 해결에 대해 설명하면서, 분쟁 해결의 원리는 기본적으로 각 국가의 동의를 바탕으로 적용된다고 하였으므로 적절하다.

④ 국제해양법재판소는 유엔해양법협약에 의해 설립된 국제적인 분쟁 해결 기구이다.

해설 3문단에서 중재재판소, 국제해양법재판소 등은 유엔해양법협약에 의해 설립된 분쟁 해결 기구들이라고 하였으므로 적절하다.

⑤ 유엔해양법협약은 분쟁 당사국들에게 분쟁 해결에 대한 신속한 의견 교환 의무를 부과하고 있다.

해설 2문단에서 유엔해양법협약에 따르면 국가 간 분쟁이 발생하였을 때, 분쟁 당사국들은 우선 의무적으로 분쟁 해결에 관하여 신속히 의견을 교환해야 한다고 하였으므로 적절하다.

02 구체적 상황에 적용 정답 ②

선택률	① 3%	② 87%	③ 3%	④ 5%	⑤ 2%

〈보기〉는 '유엔해양법협약에 대한 모의재판' 수업에 사용된 사례이다. 윗글을 참고할 때 〈보기〉에 대한 반응으로 적절하지 <u>않은</u> 것은? [3점]

보기

　　유엔해양법협약에 가입된 A국과 B국 간에 해양을 둘러싼 분쟁이 발생하였다. A국은 B국의 공장 건설로 인하여 자국의 인근 바다에 해양 오염 물질이 유출될 것을 우려하여, B국과 교섭을 시도하였으나 B국은 이에 응하지 않았다. <u>추후 A국은 국제해양법</u>　　　　　　　　　　　평화적 분쟁 해결 수단
<u>재판소를, B국은 중재재판소를 통한 재판을 원하였으나 합의를이루지 못했다.</u> <u>이후 절차에 따라 양국이 제기한 소송은 재판에</u>　　　　　　　　　　　　합의에 이르지 못하였으므로 중재재판소에 회부됨.
<u>회부되었다.</u> A국은 판결이 내려지기까지 오랜 시일이 걸릴 것을 염려하여 <u>잠정조치를 바로 요청하였다.</u> 이를 받아들여 재판소는
　　　　　　구속력 있는 임시 조치
잠정조치를 명령하였다.

03 자료를 활용한 내용 이해 정답 ②

선택률	① 3%	② 81%	③ 4%	④ 7%	⑤ 5%

다음은 윗글에 제시된 분쟁 해결 절차를 도식화한 것이다. 이를 이해한 것으로 적절하지 <u>않은</u> 것은?

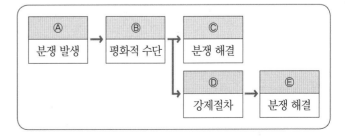

정답 풀이

② A국이 요청한 결과 잠정조치 명령이 내려졌으므로 B국과의 본안 소송 재판은 종결되겠군.

해설 〈보기〉에서 재판소는 A국의 잠정조치 요청을 받아들여 잠정조치를 명령하였다. 4문단에서 본안 소송을 담당하는 재판소가 최종 판결을 내린다고 하였고, 5문단에서 잠정조치는 효력이 임시적이므로 본안 소송의 최종 판결이 내려지면 효력이 종료된다고 하였다. 즉 잠정조치는 최종 판결 전에 내려지는 임시 조치이므로 잠정조치 명령이 내려졌다고 해서 본안 소송 재판이 종결되는 것은 아니다.

오답 풀이

① A국이 잠정조치를 요청할 수 있었던 것은 B국과의 사건이 재판에 회부되었기 때문이겠군.

해설 6문단에서 분쟁 당사국이 소송을 제기하여 재판소에 사건이 회부되면 소송 절차가 개시되고, 그 이후 분쟁 당사국들은 언제든지 잠정조치를 요청할 수 있다고 하였다. 따라서 A국이 잠정조치를 요청할 수 있었던 것은 B국과의 사건이 재판에 회부되었기 때문이라고 할 수 있다.

③ A국이 B국에게 교섭을 시도한 것은 분쟁 당사국들에게 평화적 해결 수단을 거쳐야 할 의무가 있기 때문이겠군.

해설 2문단에서 분쟁 당사국들은 우선 의무적으로 분쟁 해결에 관하여 신속히 의견을 교환해야 하고 교섭이나 조정 절차 등 국가 간 합의에 의한 평화적 수단을 통해 분쟁 해결을 위해 노력해야 하며, 이러한 평화적 분쟁 해결 수단을 거치는 것은 당사국의 의무라고 하였다. 따라서 A국이 B국에게 교섭을 시도한 것은 유엔해양법협약에 따라 분쟁 당사국들에게 평화적 해결 수단을 거쳐야 할 의무가 있기 때문이라고 할 수 있다.

④ A국과 B국은 동일한 분쟁 해결 기구를 선택하지 않았으므로 두 국가 간 분쟁은 중재재판소를 통해 해결되겠군.

해설 3문단에서 양국이 동일한 분쟁 해결 기구를 선택하지 않은 경우에는 별도의 합의를 하지 않는 한, 사건이 중재재판소에 회부된다고 하였다. 따라서 A국과 B국은 동일한 분쟁 해결 기구를 선택하지 않았고, 별도의 합의를 이루지 못했으므로 두 국가 간 분쟁은 중재재판소를 통해 해결된다고 할 수 있다.

⑤ A국이 재판에 사건이 회부된 후 바로 잠정조치를 요청한 것은 B국으로 인한 자국의 해양 오염을 시급히 막기 위함이겠군.

해설 5문단에서 잠정조치는 긴급한 상황에서 분쟁 당사국의 이익을 보호하거나 해양 환경의 중대한 피해를 방지할 목적으로 내려진다고 하였다. 따라서 A국이 재판에 사건이 회부된 후 바로 잠정조치를 요청한 것은 B국으로 인한 자국의 해양 오염을 시급히 막기 위함이라고 할 수 있다.

② ⓓ를 진행하는 모든 분쟁 해결 기구는 분쟁이 발생하기 전에 재판소가 구성되어 있다.

해설 3문단에서 강제절차에서 선택 가능한 분쟁 해결 기구 중 중재재판소는 필요할 때마다 분쟁 당사국 간의 합의를 통해 구성되고, 국제해양법재판소는 상설 기구로 재판관 임명이나 재판소 조직 등이 사전에 결정되어 있다고 하였다. 따라서 모든 분쟁 해결 기구가 분쟁이 발생하기 전에 재판소가 구성되어 있다는 것은 적절하지 않다.

① ⓐ는 유엔해양법협약의 해석과 적용에 대하여 국가 간 다툼이 있다는 것을 의미한다.

해설 2문단에서 유엔해양법협약에 따르면 해양을 둘러싸고 해당 협약에 대한 해석이나 적용에 관해 국가 간 분쟁이 발생한다고 하였으므로 ⓐ는 유엔해양법협약의 해석과 적용에 대하여 국가 간 다툼이 있다는 것을 의미한다.

③ ⓑ를 통해 ⓒ로 가는 과정은 분쟁 당사국 간 합의에 따라 진행된 것이다.

해설 2문단에서 국가 간 분쟁이 발생하였을 때, 분쟁 당사국들은 우선 의무적으로 분쟁 해결에 관하여 신속히 의견을 교환해야 하고 교섭이나 조정 절차 등 국가 간 합의에 의한 평화적 수단을 통해 분쟁 해결을 위해 노력해야 하며, 만약 이러한 방법으로도 분쟁이 해결되지 못할 경우에는 강제절차에 들어가게 된다고 하였다. 따라서 ⓑ를 통해 ⓒ로 가는 과정은 평화적 수단을 통해 분쟁 해결에 이른 것이므로 분쟁 당사국 간 합의에 따라 진행된 것이다.

④ ⓓ를 통해 ⓔ로 가는 과정은 국제적 분쟁 해결 기구의 구속력 있는 결정을 통해 이루어진 것이다.

해설 2문단에서 강제절차는 구속력 있는 결정을 수반하는 절차라고 하였고, 3문단에서 강제절차란 분쟁 당사국들이 국제적인 분쟁 해결 기구를 통해 분쟁을 해결하는 절차라고 하였다. 따라서 ⓓ를 통해 ⓔ로 가는 과정은 국제적 분쟁 해결 기구의 구속력 있는 결정을 통해 이루어진 것이다.

선택지 속 함정

④를 정답으로 골랐다면 2문단의 마지막 문장을 놓쳤을 수 있어. 강제절차에 대해 본격적으로 설명하고 있는 것은 3문단이니까 근거를 찾기 위해 3문단만 계속 살폈다면 '구속력 있는 결정'에 대한 근거를 찾지 못했을 거야. 이처럼 지문에서 앞 문단의 마지막 문장이 뒤 문단의 중심 내용과 관련된 경우에는 지문을 읽을 때 화살표 표시 등을 활용해서 다음 문단과 연결 표시를 해 놓는 것이 좋아. 문제를 풀면서 다시 지문을 확인해야 할 때 도움이 될 거야.

⑤ ⓓ를 통해 ⓔ로 가는 과정에서 잠정조치 명령이 내려졌다면 그 효력은 최종 판결 전까지만 유효하다.

해설 5문단에서 잠정조치는 효력이 임시적이므로 본안 소송의 최종 판결이 내려지면 효력이 종료된다고 하였다. 따라서 ⓓ를 통해 ⓔ로 가는 과정에서 잠정조치 명령이 내려졌다면 그 효력은 최종 판결 전까지만 유효하다.

---

04 특정 정보의 이해 　　　　정답 ①

선택률	① 85%	② 4%	③ 4%	④ 3%	⑤ 4%

= 잠정조치의 관할권
㉠, ㉡에 대한 이해로 가장 적절한 것은?
= 본안 소송의 관할권

① ㉠의 존재 가능성이 예측되어야 ㉡은 인정된다.

해설 7문단에서 잠정조치가 요청된 국제해양법재판소에서 본안 소송의 관할권을 심리한 결과, 중재재판소가 관할권을 갖게 될 가능성이 예측되어야 국제해양법재판소는 잠정조치의 관할권을 가질 수 있다고 하였다. 즉 ㉠을 심리한 결과 ㉠의 존재 가능성이 예측되어야 ㉡이 인정되는 것이다.

② ㉠에 대한 판단에 앞서 ㉡의 존재 여부를 판단한다.
　↳㉡에　　↳㉠의

해설 7문단에서 잠정조치가 요청된 국제해양법재판소에서 본안 소송의 관할권을 심리한 결과, 중재재판소가 관할권을 갖게 될 가능성이 예측되어야 국제해양법재판소는 잠정조치의 관할권을 가질 수 있다고 하였다. 즉 ㉡에 대한 판단에 앞서 ㉠의 존재 여부를 판단하는 것이다.

③ ㉡이 확정되지 않으면 ㉠은 인정되지 않는다.

해설 7문단에서 본안 소송을 담당하는 중재재판소의 관할권이 확정되지 않았더라도, 잠정조치가 요청된 국제해양법재판소에서 본안 소송의 관할권을 심리한 결과, 그 존재 가능성이 예측되어야 잠정조치의 관할권을 가질 수 있다고 하였다. 즉 ㉡이 확정되기 전에 ㉠을 심리하는 것이므로 ㉡이 확정되지 않는다고 해서 ㉠이 인정되지 않는 것은 아니다.

④ 본안 소송의 최종 판결 이후 ㉠이 확정된다.
　　　　　　　　↳이전에

해설 4문단에서 본안 소송을 담당하는 재판소가 분쟁에 대한 최종 판결을 내리기 위해서는 먼저 본안 소송 관할권의 존재 여부를 판단하여 확정하는 심리 절차를 거쳐야 한다고 하였다. 즉 ㉠이 확정된 이후에 최종 판결이 이루어지는 것이다.

⑤ 본안 소송의 개시 시점은 ㉡의 인정 시점과 일치한다.
　　　　　　　　　　　↳일치하지 않는다

해설 6문단에서 분쟁 당사국이 소송을 제기하여 재판소에 사건이 회부되면 소송 절차가 개시되고, 그 이후 분쟁 당사국들은 언제든지 잠정조치를 요청할 수 있다고 하였고, 7문단에서 본안 소송의 관할권을 심리한 결과, 그 존재 가능성이 예측되어야 잠정조치의 관할권을 가질 수 있다고 하였다. 즉 ㉡의 인정 시점은 본안 소송의 개시 시점 이후이다.

---

05 어휘의 문맥적 의미 파악 　　　　정답 ③

선택률	① 1%	② 1%	③ 95%	④ 1%	⑤ 2%

문맥상 ⓐ~ⓔ와 바꿔 쓰기에 적절하지 <u>않은</u> 것은?

③ ⓒ: 짧아지기
= 소요되기

해설 '소요되다'는 '필요로 되거나 요구되다.'라는 의미로 사용되었다. '짧아지다'는 '짧게 되다.'라는 의미이므로 ⓒ와 바꿔 쓰기에 적절하지 않다.

① ⓐ: 생겨나는
= 발생하는

해설 '발생하다'는 '어떤 일이나 사물이 생겨나다.'라는 의미이므로 ⓐ는 '생겨나는'과 바꿔 쓸 수 있다.

② ⓑ: 주고받아야
= 교환해야

해설 '교환하다'는 '서로 주고받고 하다.'라는 의미이므로 ⓑ는 '주고받아야'와 바꿔 쓸 수 있다.

④ ⓓ: 맡지만
= 담당하지만

해설 '담당하다'는 '어떤 일을 맡다.'라는 의미이므로 ⓓ는 '맡지만'과 바꿔 쓸 수 있다.

⑤ ⓔ: 막기
= 방지하기

해설 '방지하다'는 '어떤 일이나 현상이 일어나지 못하게 막다.'라는 의미이므로 ⓔ는 '막기'와 바꿔 쓸 수 있다.

06~11 2020년 11월 고2 전국연합학력평가　본문 44~45쪽

06 ⑤　**07** ④　**08** ⑤　**09** ②　**10** ②　**11** ①

◯ 문단별 핵심어　★▬▬ 중심 문장

• 범죄인인도제도

1 범죄인이 다른 나라로 도피하면 그 신병을 확보하기 어려워 처벌이 힘들다. 이 때문에 근대에 들어 각국은 국제법상 범죄인인도제도를 발전시켰다. 범죄인인도제도는 해외에서 죄를 범한 범죄인이 자국 영역으로 도피해 온 경우, 그를 처벌하기를 원하는 외국의 청구에 응해 해당자를 인도하는 제도이다.
（범죄인인도제도의 개념）

2 범죄인인도제도는 서로 범죄인인도를 할 것을 합의하고 그에 대한 사항을 규정하는 국가 간의 조약인 범죄인인도조약을 기초로 이루어진다. （범죄인인도조약의 개념） 범죄인인도가 원만히 진행되려면 상대국의 사법제도에 대한 상호 신뢰가 필요하므로, 범죄인인도조약은 주로 양자조약의 형태로 발달하였으며 범세계적인 조약은 ㉠성립되지 않고 있다. （범죄인인도조약의 특징 ①） 사전에 체결된 범죄인인도조약에 의해서만 상대 국가에 대한 범죄인인도청구에 응할 의무가 발생하며, 어떤 국가가 범죄인인도조약을 맺지 않은 국가의 범죄인인도청구에 응해야 할 국제법상의 의무는 없다. （범죄인인도조약의 특징 ②）

3 범죄인인도제도의 구체적인 내용은 범죄인인도조약에 따라 차이가 있지만, 전체적으로 표준화되어 있다고 할 만큼 국제적으로 공통되는 것이 많다. 우선 대부분의 범죄인인도조약은 처벌 가능한 최소 형기를 기준으로 인도대상범죄를 규정한다. 「범죄인인도를 청구하는 청구국과 인도를 청구받는 피청구국 모두에서 범죄로 성립되고, 주로 해당 범죄의 형기가 징역 1년 이상에 해당하는 경우만을 인도대상으로 규정하는 방식이다.」「」: 일반적인 범죄인인도제도의 내용 여기에 부합하면 내국인이든 외국인이든 범죄인인도의 대상이 될 수 있다. 청구국의 범죄인인도청구가 공식적으로 외교 경로를 통해 전달되면, 피청구국은 범죄인인도청구에 응하여 실제로 범죄인을 인도할지를 결정한다. （범죄인인도의 절차） 이때 범죄인인도는 대부분 피청구국 법원의 허가를 받아야 한다.

4 범죄인인도조약에 의해 범죄인인도청구에 응할 의무가 있다고 해도 피청구국이 청구국에 범죄인을 반드시 인도해야 하는 것은 아니다. 범죄인인도거절 ㉡사유로는 피청구국이 범죄인인도를 할 수 없는 절대적 인도거절 사유와 범죄인인도를 하지 않을 수 있는 임의적 인도거절 사유가 있다. （범죄인인도거절 사유의 유형）

5 절대적 인도거절 사유에는 대표적으로 다음과 같은 것들이 있다. 인도청구된 범죄에 대하여 이미 피청구국에서 재판이 진행 중 （절대적 인도거절 사유의 예 ①） 이거나 피청구국에서 확정 판결을 받은 경우는 중복 처벌을 피하기 위해 범죄인인도가 허용되지 않는다. 그리고 피청구국에서 공소시효가 끝난 경우에도 범죄인인도가 거절된다. （절대적 인도거절 사유의 예 ②）

6 또한 정치범도 일반적으로 범죄인인도가 불허된다. （절대적 인도거절 사유의 예 ③） 정치범이란 국가나 국가 권력을 ㉢침해함으로써 성립하는 불법 행위를 저지른 사람을 말하는데, （정치범의 정의） 정치범죄의 판단기준이 시대나 상황에 따라 달라질 수 있으므로 범죄인인도조약에 정치범죄의 정의가 포함되는 경우는 찾기 어렵다. 결국 어떤 행위가 정치범죄에 해당하는가의 판단은 피청구국에서 하게 된다. （정치범죄의 판단 주체） 대부분의 정치범죄가 일반 형사범죄로서의 성격도 함께 지니는 이른바 상대적 정치범죄인데, 일반적으로 범죄행위의 정치적 성격이 일반 형사범죄로서의 성격보다 우월할 때 그것을 정치범죄로 판단한다. （정치범죄의 일반적 판단 기준） 하지만 어떤 범죄는 정치적 성격이 있더라도 정치범죄로 인정될 수 없다. 예를 들어 국가원수나 그 가족의 생명·신체를 침해하는 행위는 정치범 불인도 대상에서 제외되며 이를 가해조항이라 부른다. （정치범죄로 인정되지 않는 예 ①） 그리고 무고한 불특정 다수를 대상으로 하는 테러행위 등은 많은 범죄인인도조약에서 정치범죄로 인정되지 않는다고 규정하고 있다. （정치범죄로 인정되지 않는 예 ②）

7 임의적 인도거절 사유는 범죄인인도조약에 따라 다르다. 우선 범죄인이 피청구국의 자국민일 경우 피청구국이 범죄인인도를 거절할 수 있게 하는 경우가 있다. （임의적 인도거절 사유의 예 ①） 그런데 피청구국이 이런 자국민 불인도 조항에 따라 자국민 범죄인의 인도를 거절하고 범죄인을 처벌하지도 않으면, 결과적으로 범죄인이 처벌을 면할 수 있다. 이에 다수의 범죄인인도조약에는 피청구국이 자국민이라는 이유만으로 범죄인인도를 거절할 경우, 청구국의 요청이 있으면 피청구국은 기소당국에 사건을 회부해야 한다는 조항을 넣기도 한다. （범죄인이 처벌을 면하는 것을 방지하기 위한 조항） 또 범죄인이 청구국에 인도된 뒤 비인도적인 대우를 받을 것이 ㉣예견될 때는 （임의적 인도거절 사유의 예 ②） 범죄인의 인권을 보호하기 위해 범죄인인도를 거절할 수 있게 하는 경우가 있다. 같은 이유에서 사형을 폐지한 피청구국은 청구국이 대상 범죄인을 사형에 처하지 않을 것이라는 ㉤보증을 하지 않을 （임의적 인도거절 사유의 예 ③） 경우 범죄인인도를 거절할 수 있게 하는 일도 많다.

8 범죄인이 청구국으로 인도되면 인도청구 사유가 되었던 범죄에 대해서만 처벌을 받는데, 다만 인도 후 새로 저지른 범죄나 피청구국이 처벌에 동의한 범죄 등은 인도청구 사유에 명시되지 않았어도 처벌이 가능하다. 이를 특정성의 원칙이라고 하며, 이 또한 범죄인의 인권을 보호하기 위한 장치로 볼 수 있다.

지문 분석하기

|지문 구조|

1 범죄인인도제도의 개념

↓

2 범죄인인도조약의 개념과 특징

↓

3 범죄인인도제도의 내용 및 범죄인인도의 절차

↓

4 피청구국의 범죄인인도거절 사유

↓

5 절대적 인도거절 사유 ① → **7** 임의적 인도거절 사유

↓

6 절대적 인도거절 사유 ② – 정치범의 범죄인인도 불허

↓

8 범죄인의 인권 보호를 위한 특정성의 원칙

|주제| 범죄인인도제도의 개념과 특성

한컷 정리하기

범죄인인도제도와 범죄인인도조약

· 범죄인인도제도: 해외에서 죄를 범한 범죄인이 자국 영역으로 도피해 온 경우, 그를 처벌하기를 원하는 외국의 청구에 응해 해당자를 인도하는 제도
· 범죄인인도조약: 서로 범죄인인도를 할 것을 합의하고 그에 대한 사항을 규정하는 국가 간의 조약

범죄인인도거절 사유 2가지

절대적 인도거절 사유	임의적 인도거절 사유
· 피청구국이 범죄인인도를 할 수 없음. · 인도청구된 범죄에 대해 이미 피청구국에서 재판이 진행 중이거나 피청구국에서 확정 판결을 받은 경우 · 피청구국에서 공소시효가 끝난 경우 · 정치범으로 판단되는 경우	· 피청구국이 범죄인인도를 하지 않을 수 있음. · 범죄인이 피청구국의 자국민일 경우 · 범죄인이 청구국에 인도된 뒤 비인도적인 대우를 받을 것이 예견될 경우 · 청구국이 대상 범죄인을 사형에 처하지 않을 것이라는 보증을 하지 않을 경우

---

06 세부 정보의 파악 정답 ⑤

선택률	① 1%	② 2%	③ 3%	④ 5%	⑤ 89%

윗글을 통해 해결할 수 있는 질문으로 적절하지 않은 것은?

정답 풀이

⑤ 범죄인인도를 법원이 허가하면 범죄인의 신병은 언제 인도될까?

해설 3문단에서 범죄인인도는 대부분 피청구국 법원의 허가를 받아야 한다고 하였을 뿐, 범죄인의 신병이 언제 인도되는지는 제시되어 있지 않다.

오답 풀이

① 범죄인인도조약의 개념은 무엇일까?

해설 2문단에서 범죄인인도조약은 서로 범죄인인도를 할 것을 합의하고 그에 대한 사항을 규정하는 국가 간의 조약이라고 하였다.

② 범죄인인도거절 사유로는 어떤 것들이 있을까?

해설 4문단에서 범죄인인도거절 사유로는 절대적 인도거절 사유와 임의적 인도거절 사유가 있다고 하였다.

③ 인도대상범죄를 규정하는 기준에는 무엇이 있을까?

해설 3문단에서 대부분의 범죄인인도조약은 처벌 가능한 최소 형기를 기준으로 인도대상범죄를 규정하는데, 이는 범죄인인도를 청구하는 청구국과 인도를 청구받는 피청구국 모두에서 범죄로 성립되고, 주로 해당 범죄의 형기가 징역 1년 이상에 해당하는 경우만을 인도대상으로 규정하는 방식이라고 하였다.

④ 범죄인인도청구에 응할 의무는 무엇에 의해 발생하는 것일까?

해설 2문단에서 사전에 체결된 범죄인인도조약에 의해서만 상대 국가에 대한 범죄인인도청구에 응할 의무가 발생한다고 하였다.

---

07 핵심 정보의 파악 정답 ④

선택률	① 4%	② 4%	③ 9%	④ 81%	⑤ 2%

범죄인인도제도 에 대한 설명으로 적절하지 않은 것은?

정답 풀이

④ 범세계적인 범죄인인도조약의 규정을 기초로 하여 운영되고 있다.
  ↳ 국가 간의 양자조약인

해설 2문단에서 범죄인인도제도는 국가 간의 조약인 범죄인인도조약을 기초로 이루어지며, 범죄인인도조약은 주로 양자조약의 형태로 발달하였으며 범세계적인 조약은 성립되지 않고 있다고 하였다. 따라서 범죄인인도제도가 범세계적인 범죄인인도조약의 규정을 기초로 하여 운영되고 있다는 설명은 적절하지 않다.

오답 풀이

① 근대에 들어 발전한 국제법상의 제도이다.

해설 1문단에서 근대에 들어 각국은 국제법상 범죄인인도제도를 발전시켰다고 하였다.

② 범죄인인도조약에 따라 구체적인 내용에 차이가 있다.

해설 3문단에서 범죄인인도제도의 구체적인 내용은 범죄인인도조약에 따라 차이가 있다고 하였다.

③ 해외에 있는 범죄인의 신병을 확보하기 위한 제도이다.

해설 1문단에서 범죄인이 다른 나라로 도피하면 그 신병을 확보하기 어려워 처벌이 힘들기 때문에 근대에 들어 각국은 국제법상 범죄인인도제도를 발전시켰다고 하였다. 즉 범죄인인도제도는 다른 나라로 도피한, 해외에 있는 범죄인의 신병을 확보하기 위한 제도이다.

⑤ 원활하게 운영되기 위해서는 국가 간 사법제도에 대한 상호 신뢰가 필요하다.

해설 2문단에서 범죄인인도가 원만히 진행되려면 상대국의 사법제도에 대한 상호 신뢰가 필요하다고 하였다.

※ 〈보기〉의 (가)와 (나)는 서로 범죄인인도조약을 맺고 있는 A국과 B국 사이의 가상 사례이다. 08번과 09번 물음에 답하시오.

┌─ 보기 ─
│ (가) 제3국 국민인 X는 A국에서 경제 범죄를 저질러 구속영장이 발부되자 B국으로 탈주했다. A국은 B국에 X에 대한 범죄인
│   _{청구국 피청구국}
│   인도를 청구했다. B국 법원은 X의 범죄가 인도대상범죄에 해당한다고 판단한 뒤 사건을 검토하여 X의 인도를 허가하기로 결정하였다. (단, X는 A국, B국 중 어떤 나라와도 범죄인인도조약을 맺고 있지 않은 나라의 국민이다.)
│
│ (나) A국 정부에 반대하는, A국 국민 Y가 그 정부를 전복하려는 활동의 하나로 A국의 무인 공공시설물을 파손하려다 발각된 뒤 B국으로 도피했고, A국은 B국에 Y에 대한 범죄인인도를
│   _{청구국 피청구국}
│   청구했다. B국 법원은 Y의 행위가 인도대상범죄에는 해당한다고 판단한 뒤, 해당 사건의 일반 형사범죄로서의 성격과 정치범죄로서의 성격을 검토한 후 이를 바탕으로 인도를 불허한다는 결정을 내렸다.
│   _{정치범죄로 인정함.}
└─

08 구체적 상황에 적용 정답 ⑤

| 선택률 | ① 3% | ② 8% | ③ 9% | ④ 20% | ⑤ 60% |

윗글을 바탕으로 (가)와 (나)를 이해한 것으로 적절하지 <u>않은</u> 것은?
[3점]

[정답 풀이]

⑤ 인도가 청구된 범죄에 대해 X와 Y가 인도청구 전에 이미 B국에서 유죄 판결을 받았다면, B국은 X와 Y의 처벌을 위해 그 신병을 모두 A국으로 인도해야 할 것이다.
↳ X와 Y를 A국으로 인도하지 않음

[해설] 5문단에서 인도청구된 범죄에 대하여 이미 피청구국에서 확정 판결을 받은 경우는 중복 처벌을 피하기 위해 범죄인인도가 허용되지 않는다고 하였다. 따라서 〈보기〉에서 인도가 청구된 범죄에 대해 X와 Y가 인도청구 전에 이미 B국에서 유죄 판결을 받았다면, B국은 X와 Y의 신병을 A국으로 인도할 수 없다.

[오답 풀이]

① A국과 B국의 법률에서는 X와 Y의 행위를 모두 범죄로 규정하고 있을 것이다.

[해설] 3문단에서 범죄인인도를 청구하는 청구국과 인도를 청구받는 피청구국 모두에서 범죄로 성립되는 범죄를 인도대상범죄로 규정한다고 하였다. 〈보기〉에서 청구국인 A국은 X와 Y에 대한 범죄인인도를 청구하고 있으며, 피청구국인 B국은 법원에서 X와 Y의 행위가 인도대상범죄에 해당한다고 판단하고 있다. 따라서 A국과 B국의 법률에서는 X와 Y의 행위를 모두 범죄로 규정하고 있을 것이다.

② A국과 B국 간의 범죄인인도조약에 자국민 불인도 조항이 있더라도, X와 Y는 해당 조항의 적용 대상이 되지 않을 것이다.

[해설] 7문단에서 범죄인이 피청구국의 자국민일 경우 피청구국이 범죄인인도를 거절할 수 있다고 하였다. 〈보기〉에서 범죄인인도를 청구받은 피청구국은 B국인데, X는 제3국 국민이고, Y는 A국 국민이므로 둘 다 피청구국인 B국의 자국민이 아니다. 따라서 A국과 B국 간의 범죄인인도조약에 자국민 불인도 조항이 있더라도, X와 Y는 해당 조항의 적용 대상이 되지 않는다.

③ Y의 행위는 X의 행위와 달리 범죄인인도조약상 B국이 범죄인인도를 허가할 수 없는 절대적 인도거절 사유에 해당할 것이다.

[해설] 4문단에서 피청구국이 범죄인인도를 할 수 없는 사유가 절대적 인도거절 사유라고 하였고, 6문단에서 정치범도 일반적으로 범죄인인도가 허락되지 않는다고 하였다. 〈보기〉에서 피청구국인 B국 법원은 Y의 행위에 대하여 일반 형사범죄로서의 성격과 정치범죄로서의 성격을 검토한 후 인도를 불허한다는 결정을 내렸다. 즉 B국 법원은 Y의 행위가 정치범죄에 해당한다고 판단한 것이므로 Y의 행위는 절대적 인도거절 사유에 해당한다. 반면 B국 법원은 X의 인도를 허가하기로 결정하였으므로 X의 행위는 절대적 인도거절 사유에 해당하지 않는다.

④ X는 Y와 달리 B국과 범죄인인도조약을 체결하지 않은 국가의 국민이지만, B국은 X, Y 모두에 대한 A국의 범죄인인도청구에 응해야 할 의무를 질 것이다.

[해설] 2문단에서 사전에 체결된 범죄인인도조약에 의해서만 상대 국가에 대한 범죄인인도청구에 응할 의무가 발생하며, 3문단에서 내국인이든 외국인이든 범죄인인도의 대상이 될 수 있다고 하였다. 〈보기〉의 A국과 B국은 서로 범죄인인도조약을 맺고 있으므로, B국은 X, Y 모두에 대한 A국의 범죄인인도청구에 응해야 할 의무를 지닌다.

👁 **선택지 속 함정**

④를 얼핏 보면 틀린 것으로 생각하기 쉬워. X는 제3국 국민이라고 했으니 직관적으로 A국과 B국의 범죄인인도조약과는 상관이 없어야 할 것 같거든. 하지만 3문단에서 '내국인이든 외국인이든' 범죄인인도의 대상이 될 수 있다고 한 것에 주목해야 해. 여기서 '내국인'은 범죄인인도조약을 맺은 국가의 사람을 의미하고, '외국인'은 범죄인인도조약을 맺은 국가 밖의 사람을 의미하니까 제3국 국민인 X와 같은 사람도 범죄인인도의 대상이 될 수 있는 거지.

09 구체적 상황에 적용 정답 ②

| 선택률 | ① 4% | ② 64% | ③ 11% | ④ 12% | ⑤ 9% |

윗글을 읽은 학생이 (나)에 대해 이해한 것으로 가장 적절한 것은?

[정답 풀이]

② B국 법원은 Y의 행위가 일반 형사범죄로서의 성격보다 정치적 범죄로서의 성격이 더 강한 범죄라고 판단했겠군.

[해설] 6문단에서 정치범은 일반적으로 범죄인인도가 불허된다고 하였고, 일반적으로 범죄행위의 정치적 성격이 일반 형사범죄로서의 성격보다 우월할 때 그것을 정치범죄로 판단한다고 하였다. 〈보기〉에서 B국 법원은 Y의 행위에 대해 일반 형사범죄로서의 성격과 정치범죄로서의 성격을 검토한 후 이를 바탕으로 인도를 불허한다는 결정을 내렸다. 즉 B국 법원은 Y의 행위를 정치범죄로 판단한 것이므로, Y의 행위가 일반 형사범죄로서의 성격보다 정치적 범죄로서의 성격이 더 강한 범죄라고 판단하였을 것이다.

[오답 풀이]

① A국 법원이 B국 법원 대신 Y의 행위가 정치범죄로 인정받을 수 있는지 여부를 결정할 수 있겠군.
↳ 없겠군

[해설] 6문단에서 어떤 행위가 정치범죄에 해당하는가의 판단은 피청구국에서 하게 된다고 하였다. 〈보기〉의 (나)에서는 A국이 B국에 Y에 대한 범죄인인도를 청구하고 있으므로 A국이 청구국이고, B국이 피청구국이다. 따라서 A국 법원이 B국 법원 대신 Y의 행위가 정치범죄로 인정받을 수 있는지 여부를 결정할 수는 없다.

③ A국은 범죄인인도를 청구하면서 Y의 행위가 가해조항의 적용을 받으므로 Y의 신병을 A국에 인도해야 한다고 주장했겠군.
↳ Y의 행위는 가해조항의 적용을 받지 않음.

[해설] 6문단에서 국가원수나 그 가족의 생명·신체를 침해하는 행위는 정치범 불인도 대상에서 제외되며 이를 가해조항이라고 부른다고 하였다. 〈보기〉의 (나)에서 Y는 A국의 무인 공공시설물을 파손하려다 발각된 것이므로 Y의 행위가 가해조항에 해당한다고 볼 수 없다. 따라서 A국은 범죄인인도를 청구하면서 Y의 행위가 가해조항의 적용을 받는다고 주장하지 않았을 것이다.

④ B국 법원은 대부분의 범죄인인도조약에 명시된 정치범죄에 대한 정의를 기준으로 적용하여 Y의 행위의 정치적 성격을 판단했겠군.

[해설] 6문단에서 정치범죄의 판단 기준은 시대나 상황에 따라 달라질 수 있으므로 범죄인인도조약에 정치범죄의 정의가 포함되는 경우는 찾기 어렵다고 하였다. 따라서 B국 법원이 대부분의 범죄인인도조약에 명시된 정치범죄에 대한 정의를 기준으로 적용하여 Y의 행위의 정치적 성격을 판단했다고 볼 수 없다.

⑤ B국 법원은 Y의 행위가 무고한 불특정 다수를 대상으로 하는 테러 행위가 아니므로 정치범 불인도의 대상에서 제외되어야 한다고 판단했겠군.

[해설] 〈보기〉의 (나)에서 Y는 A국의 무인 공공시설물을 파손하려다 발각된 것이므로 Y의 행위는 무고한 불특정 다수를 대상으로 하는 테러 행위가 아니다. B국 법원은 Y의 인도를 불허한다는 결정을 내렸는데, 이는 범죄행위의 정치적 성격이 일반 형사범죄로서의 성격보다 우월한지 검토하여 판단한 결과라고 볼 수 있다. 즉 B국 법원은 Y의 행위가 정치범죄에 해당한다고 본 것이지, Y를 정치범 불인도 대상에서 제외한 것이 아니다.

---

10 자료를 활용한 내용 이해   정답 ②

선택률	① 6%	② 61%	③ 12%	④ 13%	⑤ 8%

〈보기〉는 학습 자료로 만든 범죄인인도조약의 일부이다. 윗글을 읽은 학생이 〈보기〉에 대해 보인 반응으로 적절하지 않은 것은?

── 보기 ──

제4조 피청구국은 자국민을 인도할 의무는 없으나 재량에 따라
임의적 인도거절 사유
자국민을 인도할 권한을 갖는다. 자국민인 범죄인의 인도를 국적만을 이유로 거절하는 때에는, 피청구국은 청구국의 요청이 있을 경우 기소 당국에 사건을 회부하여야 한다.

제5조 인도청구되는 범죄가 청구국의 법률상 사형선고가 가능
임의적 인도거절 사유
한 경우에는 피청구국은 해당 범죄인의 인도를 거절할 수 있다. 단, 청구국이 사형을 선고하지 않거나, 사형선고를 할 경우에도 집행하지 않는다고 보증하는 경우에는 그러하지 않다.

제6조 인도되는 범죄인은 피청구국에 의해 인도가 허용된 범
특정성의 원칙
죄, 인도 이후에 저지른 범죄, 피청구국이 처벌에 동의하는 범죄를 제외하고는 청구국에서 처벌될 수 없다.

(정답 풀이)

② 제5조에는 청구국의 법률상 사형선고가 가능한 경우, 피청구국이 청구국에 보증을 할 필요가 있다는 내용이 포함되어 있군.

[해설] 7문단에서 사형을 폐지한 피청구국은 청구국이 대상 범죄인을 사형에 처하지 않을 것이라는 보증을 하지 않을 경우 범죄인인도를 거절할 수 있게 하는 경우가 있다고 하였다. 〈보기〉의 제5조와 해당 조항에 대한 내용을 설명한 7문단에서 피청구국이 청구국에 보증을 할 필요가 있다는 내용에 대해서는 언급하고 있지 않다.

(오답 풀이)

① 제4조에는 피청구국이 자국민 범죄인의 인도를 거절하고 범죄인을 처벌하지도 않을 경우에 대비한 규정이 포함되어 있군.

[해설] 7문단에서 범죄인이 피청구국의 자국민일 경우 피청구국이 범죄인인도를 거절할 수 있는데, 피청구국이 자국민 범죄인의 인도를 거절하고 범죄인을 처벌하지 않을 경우에 대비해 피청구국이 자국민이라는 이유만으로 범죄인인도를 거절할 경우, 청구국의 요청이 있으면 피청구국은 기소 당국에 사건을 회부해야 한다는 조항을 넣기도 한다고 하였다. 〈보기〉의 제4조에도 '자국민의 범죄인의 인도를 국적만을 이유로 거절하는 때에는, 피청구국은 청구국의 요청이 있을 경우 기소 당국에 사건을 회부하여야 한다.'라는 규정이 포함되어 있다.

③ 제6조의 내용으로 보아 이 조항은 특정성의 원칙과 관련된 조항이라고 볼 수 있겠군.

[해설] 〈보기〉의 제6조에서는 범죄인은 피청구국에 의해 인도가 허용된 범죄, 인도 이후에 저지른 범죄, 피청구국이 처벌에 동의하는 범죄를 제외하고는 청구국에서 처벌될 수 없다고 규정하고 있다. 8문단에서 청구국으로 인도되면 인도청구 사유가 되었던 범죄에 대해서만 처벌을 받는데, 다만 인도 후 새로 저지른 범죄나 피청구국이 처벌에 동의한 범죄 등도 처벌이 가능하다고 하였다. 그리고 이를 특정성의 원칙이라고 한다고 하였다. 따라서 제6조는 특정성의 원칙과 관련된 조항이라고 볼 수 있다.

④ 제4조와 제5조는 모두 임의적 인도거절 사유에 해당하는 조항이라고 볼 수 있겠군.

[해설] 7문단에서 범죄인이 피청구국의 자국민일 경우 피청구국이 범죄인인도를 거절할 수 있게 하는 경우와 사형을 폐지한 피청구국이 청구국이 대상 범죄인을 사형에 처하지 않을 것이라는 보증을 하지 않을 경우 범죄인인도를 거절할 수 있게 하는 경우를 임의적 인도거절 사유의 예로 제시하고 있다. 따라서 〈보기〉의 제4조는 피청구국이 자국민의 범죄인인도를 거절할 수 있는 임의적 인도 거절 사유에 해당하고, 제5조는 대상 범죄인이 청구국에서 사형에 처해질 가능성이 있을 때 해당 범죄인의 인도를 거절할 수 있는 임의적 인도거절 사유에 해당한다.

⑤ 제5조와 제6조는 범죄인인도의 대상이 되는 범죄인의 인권을 보호하기 위한 장치로 볼 수 있겠군.

[해설] 7문단에서 사형을 폐지한 피청구국은 청구국이 대상 범죄인을 사형에 처하지 않을 것이라는 보증을 하지 않을 경우 범죄인인도를 거절할 수 있게 하기도 하는데, 이는 범죄인의 인권을 보호하기 위해서라고 하였다. 〈보기〉의 제5조에서는 인도청구되는 범죄가 청구국의 법률상 사형선고가 가능한 경우에는 피청구국이 해당 범죄인의 인도를 거절할 수 있다고 규정하고 있으므로 범죄인인도의 대상이 되는 범죄인의 인권을 보호하기 위한 장치로 볼 수 있다. 또한 8문단에서 인도 후 인도청구 사유가 되었던 범죄에 대해서만 처벌을 받는데, 인도 후 새로 저지른 범죄나 피청구국이 처벌에 동의한 범죄 등은 처벌이 가능하다고 하였다. 그리고 이를 특정성의 원칙이라고 하며, 이 또한 범죄인의 인권을 보호하기 위한 장치로 볼 수 있다고 하였다. 제6조는 특정성의 원칙과 관련된 조항이므로 범죄인인도의 대상이 되는 범죄인의 인권을 보호하기 위한 장치로 볼 수 있다.

11 | 어휘의 사전적 의미 파악

정답 ①

㉠~㉤의 사전적 의미로 적절하지 않은 것은?

정답 풀이

① ㉠: 기관이나 조직체 따위를 만들어 일으킴.
= 성립
해설 '성립'의 사전적 의미는 '일이나 관계 따위가 제대로 이루어짐.'이다. '기관이나 조직체 따위를 만들어 일으킴.'은 '설립'의 사전적 의미이다.

오답 풀이

② ㉡: 일의 까닭.
= 사유
해설 '사유'의 사전적 의미는 '일의 까닭.'이다. '조퇴 사유를 밝혀야 한다.'와 같이 쓰인다.

③ ㉢: 침범하여 해를 끼침.
= 침해
해설 '침해'의 사전적 의미는 '침범하여 해를 끼침.'이다. '사생활의 침해는 중대하게 다루어져야 할 문제이다.'와 같이 쓰인다.

④ ㉣: 앞으로 일어날 일을 미리 짐작함.
= 예견
해설 '예견'의 사전적 의미는 '앞으로 일어날 일을 미리 짐작함.'이다. '그의 예견은 적중된 적이 없다.'와 같이 쓰인다.

⑤ ㉤: 어떤 사물이나 사람에 대하여 책임지고 틀림이 없음을 증명함.
= 보증
해설 '보증'의 사전적 의미는 '어떤 사물이나 사람에 대하여 책임지고 틀림이 없음을 증명함.'이다. '이 제품이 정품이라는 보증은 이 증서를 보면 알 수 있다.'와 같이 쓰인다.

01~05 2021년 6월 고2 전국연합학력평가 ─────── 본문 46~47쪽

01 ① 02 ⑤ 03 ⑤ 04 ④ 05 ④

◯ 문단별 핵심어 ★▬▬ 중심 문장

• 내용증명

1 분쟁이 예견되거나 진행 중인 상황에서 후일 상대방이 사실을 번복하거나 그런 내용을 고지받지 못했다고 주장하는 것을 막기 위해 '내용증명'을 활용할 수 있다. 내용증명이란 누가, 언제, 누구에게, 어떤 내용의 문서를 보냈다는 사실을 우체국에서 공적으로 증명해 주는 특수한 우편 제도로, 이를 활용하면 ㉠향후 법적 분쟁의 소지를 줄일 수 있다.
— 내용증명의 개념 / 내용증명의 효과

2 내용증명은 개인 간 채권·채무 관계나 권리·의무를 더욱 명확하게 할 필요가 있을 때 주로 이용된다. 『예를 들어 방문 판매를 통해 충동적으로 구입한 화장품, 건강식품 등의 구매 계약을 철회 기간 내에 취소하고 싶을 때 사용할 수 있다. 특히 판매자와 연락이 되지 않는 등의 사유로 계약을 철회할 수 있는 기간 내에 철회가 불가능한 경우에도 사용한다.』
— 내용증명이 이용되는 경우 / 『』: 내용증명을 활용한 사례

3 내용증명은 다른 우편물과는 달리 우체국에 같은 내용의 문서 3부를 제출해야 한다. 이는 발신인, 수신인, 우체국 3자가 각각 동일한 내용의 문서를 소지하기 위함이다. 그 결과 발신인이 작성한 어떤 내용의 문서가 언제 누구에게 발송되었는지를 우체국장이 증명할 수 있게 되는 것이다. 그러나 이것이 문서의 내용이 맞는다는 것까지 증명하는 것은 아니라는 점에 유의해야 한다. 내용증명 우편이 발송되었다는 사실은 입증하지만 문서 내용의 진위까지 입증하는 것은 아니므로 그 자체로 문제가 해결되는 것은 아니다.
— 문서 3부를 제출해야 하는 이유 / 우체국이 문서를 소지하는 이유 / 내용증명의 입증 범위

4 그렇다면 내용증명은 어떠한 기능을 하는 것일까? 우선, 내용증명은 문서를 발송하였다는 것을 공적으로 증명하는 증거 효력을 갖는다. 만약 법적 대응 과정에서 내용증명을 제출한다면 상대방은 그와 같은 내용의 문서를 언제 받았다는 사실만큼은 문제 삼을 수 없다. 다음으로, 내용증명은 상대방에게 심리적 부담을 주어 그 내용의 이행을 실현하게 하기도 한다. 왜냐하면 내용증명을 보내는 사람이 추후 강력한 법적 대응을 이어갈 의지가 있음을 알리기 때문이다. 『예를 들어 A에게 돈을 빌린 B가 채무 이행을 독촉하는 내용증명을 받으면 B는 A가 이후 법적 대응을 할 수도 있다는 심리적 부담을 느껴 자발적으로 돈을 갚을 가능성이 있다는 것이다.』
— 내용증명의 기능 ① / 내용증명의 기능 ② / 『』: '내용증명의 기능 ②'를 보여 주는 예시

5 또한 내용증명은 그 자체만으로는 단순히 최고*하는 것에 불과

하지만, 소멸시효를 중단시키는 데 중요한 역할을 한다. 채권에는
　　　　　　特定人이 다른 特定人에게 어떤 행위를 청구할 수 있는 권리┐
　　　　　　　　　　　내용증명의 기능 ③

소멸시효가 있기 때문에 제때 권리 행사를 하지 않으면 소멸시효가
一定 기간 동안 권리를 행사하지 않으면 권리가 없어지는 제도

만료되어 그 권리가 소멸된다. 따라서 소멸시효가 만료될 무렵까지

채무 이행이 이루어지지 않고 있다면 채권자는 소멸시효가 더 이상
　　　　　　　　　　　　　特定人에게 일정한 빚을 받아 낼 권리를 가진 사람

진행되지 못하도록 중단시켜야 한다. 그러나 내용증명을 발송하였

다고 하여 바로 소멸시효가 중단되는 것은 아니다. 내용증명을 보

낸 날짜로부터 6개월 이내에 청구나 압류, 가압류, 가처분 등을 해
　　　　　　　　　소멸시효가 중단되는 효력을 발생시킬 수 있는 요건

야만 소멸시효가 중단되는 효력이 발생한다. 이러한 법적 대응을
　　　　　　　　　　　　　　　　　　　　　청구, 압류, 가압류, 가처분 등

하게 되면 해당 사안의 소멸시효가 내용증명을 보낸 시점에 중단되
　　　　　　　　　　　　　法的 대응 후 소멸시효가 중단되는 시점

는 효력이 발생한다. 이렇게 소멸시효가 중단되면 그때까지 경과한

소멸시효의 기간은 무효가 되고 중단 사유가 종료된 때로부터 소멸
　　　　　　　　　　중단 사유 종료 후에 소멸시효는 새로 시작됨.

시효가 새로이 시작된다.

┌─ **6** 내용증명을 작성할 때 정해진 양식이 있는 것은 아니지만 특

　　정일에 특정 내용을 전달했다는 증거가 되므로 발신인, 수신인,
　　　　　　　　　　　　　　　　　내용증명서에 기재되어야 하는 항목

　　제목, 본문, 날짜 등이 순서대로 포함되어야 한다. 「기재된 발신

　　인 및 수신인의 주소와 이름은 반드시 봉투 겉면에 작성하는 주
　　　「」: 내용증명의 작성 양식과 방법

　　소, 이름과 일치하도록 해야 하고, 제목에는 손해 배상 청구 등

　　과 같이 내용증명의 구체적 목적이 담겨야 한다. 본문에는 계약

[A]　경위와 같은 객관적 사실 관계와 요구 사항 등을 분명히 제시해

　　야 한다. 날짜에는 발송 날짜를 쓰고 발신인의 도장을 찍거나

　　서명을 하도록 한다. 작성하면서 글자나 기호를 정정, 삽입 또

　　는 삭제할 때에는 반드시 '정정', '삽입' 또는 '삭제'라는 문자 및

　　수정한 글자 수를 여백에 기재하고 그곳에 발송인의 도장 또는

└─ 지장을 찍거나 서명을 하여야 한다.」

7 민법의 규정에 따라 문서의 우편 발송은 수신인에게 도달된 때
　　　　　　　　　　　　　　　　　　　내용증명의 효력 발생 시점

로부터 효력이 발생한다. 그러나 방문판매 등의 청약 철회를 요청

하는 내용증명의 경우에는 수신인의 수취 여부와 상관없이 서면을

발송한 날부터 발생한다. 「내용증명으로 발송한 우편물은 3년간 우
　　　　　　　　　　　「」: 내용증명과 관련된 우체국의 업무

체국에서 보관한다. 발신인이나 수신인이 이를 분실할 경우 발송

우체국에 특수우편물수령증, 주민등록증 등을 제시해 본인임을 입

증하면 보관 중인 내용증명의 열람을 청구할 수 있으며 필요시에는

복사를 요청할 수도 있다.」

＊**최고**: 다른 사람에게 일정한 행위를 할 것을 요구하는 통지를 냄.

지식을 쌓는 **배경지식**

등기우편의 개념과 특징

① 개념

· 우체국에서 우편물의 안전한 송달을 보증하기 위하여 우편물의 인수 및 배
　달 과정을 기록하는 우편물 특수 취급 제도

② 특징

· 우편 처리의 모든 과정을 접수 번호로 기록하고 취급하므로 우편물의 오발
　송과 분실 위험이 적음.

· 우편물이 분실되거나 훼손되었을 때 적법한 절차에 따라 발송자에게 손해
　배상함.

· 송달증의 작성 방식에 따라 특별등기와 일반등기로 구분됨.

· 특별등기의 대상은 현금 및 유가증권, 귀중품 등을 우편으로 발송할 때 이
　용하는 보험취급, 원거리에 있는 판매자와 구매자의 상품 거래의 편의를 위
　해 주로 이용되는 현금추심취급, 내용증명, 접수시각증명, 배달증명으로
　우편물의 취급 사실을 공개 증명하는 증명취급, 일반 우편물보다 빠른 방
　법으로 송달하는 우편인 특급취급, 특별송달, 민원우편, 우편자루배달 등
　의 기타 특수취급에 한함.

지문 분석하기

|지문 구조|

1 내용증명의 개념

↓

2 내용증명 사용의 예

↓

3 내용증명의 특징

↓

4 내용증명의 기능 ①, ②　＋　**5** 내용증명의 기능 ③

↓

6 내용증명의 작성 방법

↓

7 내용증명의 효력 발생 및 보관

|주제| 내용증명의 특징과 기능

내용증명

- 누가, 언제, 누구에게, 어떤 내용의 문서를 보냈다는 사실을 우체국에서 공적으로 증명해 주는 특수한 우편 제도
- 내용증명은 3부 작성하여, 발신인, 수신인, 우체국이 각각 동일한 문서를 소지함.
- 우체국에서 3년간 내용증명 우편물을 보관함.

특징

- 개인 간 채권·채무 관계나 권리·의무를 더욱 명확하게 하고자 할 때 주로 이용함.
- 내용증명이 그 문서 내용의 진위까지 입증하는 것은 아님.
- 발신인, 수신인, 제목, 본문, 날짜 등의 일정한 요소를 갖추어 작성해야 함.
- 수신인이 받은 때부터 효력이 발생하며, 청약 철회를 요청하는 내용증명은 서면 발송일부터 효력이 발생함.

기능

- 문서를 발송하였다는 것을 공적으로 증명하는 증거 효력을 가짐.
- 상대방에게 심리적 부담을 주어 내용의 이행을 실현하게 함.
- 소멸시효를 중단시키는 데 중요한 역할을 함.

---

01 글의 전개 방식 파악   정답 ①

선택률	① 89%	② 2%	③ 2%	④ 2%	⑤ 5%

윗글에 대한 설명으로 가장 적절한 것은?

정답 풀이

① 특정 제도의 특징과 기능을 구체적인 사례를 들어 소개하고 있다.

해설 내용증명 제도의 특징은 1~3문단에 서술되어 있으며, 4~5문단에서는 내용증명 제도의 기능에 대해 다루고 있다. 또한 2문단과 4문단에서는 예시를 통해 내용증명에 대해 소개하고 있다.

오답 풀이

② 특정 제도의 형성 배경과 발달 과정을 순차적으로 서술하고 있다.

해설 내용증명 제도의 형성 배경이나 발달 과정은 서술되어 있지 않다.

③ 특정 제도가 지닌 문제점과 한계를 다양한 측면에서 고찰하고 있다.

해설 내용증명 제도의 문제점은 드러나 있지 않으며, 유의점에 대해서는 3문단에 서술되어 있으나 내용증명의 한계를 다양한 측면에서 고찰하고 있지도 않다.

④ 특정 제도가 실시되었을 때 예상되는 장점과 단점을 분석하고 있다.

해설 이미 실시되고 있는 내용증명 제도에 대해 설명하고 있으며, 내용증명 제도의 장점과 단점을 분석하고 있지도 않다.

⑤ 특정 제도의 필요성을 언급한 뒤 그 속성을 유사한 대상에 빗대어 설명하고 있다.

해설 내용증명 제도의 효과나 이용의 예시는 서술되어 있지만 유사한 대상에 빗대어 설명하고 있지는 않다.

---

02 세부 정보의 파악   정답 ⑤

선택률	① 2%	② 7%	③ 5%	④ 3%	⑤ 83%

윗글의 내용과 일치하지 않는 것은?

정답 풀이

⑤ 계약을 철회할 수 있는 기간이 지난 후 발송한 내용증명도 법적 대응 과정에서 효력을 가질 수 있다. → 기간 내 발송해야 함.

해설 2문단에서 내용증명은 구매 계약을 철회 기간 내에 취소하고 싶을 때 사용할 수 있다고 하였다. 따라서 계약을 철회할 수 있는 기간이 지난 후 발송한 내용증명은 법적 대응 과정에서 효력을 가질 수 없다.

오답 풀이

① 내용증명을 받은 수신인은 심리적 부담감을 느끼고 문제 해결을 시도할 수 있다.

해설 4문단에서 내용증명은 상대방에게 심리적 부담을 주어 그 내용의 이행을 실현하게 하기도 한다고 하였다. 왜냐하면 발신인이 내용증명을 보냈다는 것은, 추후 발신인이 수신인을 상대로 강력한 법적 대응을 이어갈 의지가 있음을 알리는 것이기 때문이다. 따라서 내용증명을 받은 수신인은 심리적 부담감을 느끼고 문제 해결을 시도하고자 할 수 있다.

② 방문판매의 청약 철회를 요청하는 내용증명의 효력은 서면을 발송한 날부터 발생한다. 일정한 내용을 적은 문서

해설 7문단에서 방문판매 등의 청약 철회를 요청하는 내용증명은 수신인의 수취 여부와 상관없이 서면을 발송한 날부터 효력이 발생한다고 하였다. 따라서 방문판매의 청약 철회를 요청하는 내용증명의 효력은 서면을 발송한 날부터 발생하는 것이다.

③ 내용증명 발송 직후 발신인이 이를 분실한 경우 발송 우체국에서 복사를 요청할 수 있다.

해설 7문단에서 내용증명으로 발송한 우편물은 3년간 우체국에서 보관한다고 하였고, 발신인이나 수신인이 이를 분실할 경우 발송 우체국에 특수우편물수령증, 주민등록증 등을 제시해 본인임을 입증하면 보관 중인 내용증명의 열람이나 복사를 요청할 수도 있다고 하였다. 따라서 발송 직후라면 보관 기간이 경과하지 않은 시점이므로 발신인이 발송 우체국에서 복사를 요청할 수 있다.

④ 내용증명을 위해 우체국에 같은 내용의 문서를 3부 제출하여 발신인도 그 중 하나를 갖는다.

해설 3문단에서 발신인, 수신인, 우체국 3자가 각각 동일한 내용의 문서를 소지하기 위해서, 내용증명은 다른 우편물과는 달리 우체국에 같은 내용의 문서 3부를 제출해야 한다고 하였다. 따라서 내용증명을 하기 위해서라면 우체국에 같은 내용의 문서를 3부 제출하여야 하며, 발신인도 그중 하나를 갖는 것이다.

[A]를 바탕으로 다음의 자료를 이해한 내용으로 적절하지 <u>않은</u> 것은?

내용증명

수신인: □□시 □□구 □□동 □□번지 ┐
    ◇◇ 상사   ⑦
→ 수신인 뿐만 아니라 발신인의 주소와 이름도 기재해야 함.

      방문판매 계약 관련 ·········· ⑭
    → 내용증명의 구체적 목적이 담겨야 함.

1. 귀사의 발전을 기원합니다.

2. 본인의 아들 홍○○(만 16세)가 2021년 6월 1일 귀사의 서적 시리즈 1세트를 월 15,000원씩 20개월간 납입하기로 하고 ~~곧장~~ 계약하였습니다.

삭제 ⟨홍길동인⟩ → 글자 삭제 시 수정한 글자 수를 기재하고 도장 또는 지장을 찍거나 ·········· ⑭
        서명을 해야 함.

3. 그러나 본인의 아들 홍○○은 미성년자로서, 민법상 행위무능력자가 책을 구입할 경우에는 반드시 법정대리인인 부모의 동의를 얻어야 하는데, 위 경우 법정대리인의 동의 없이 물품을 구입하였습니다. ┐ ··· ⑭

4. 이에 「방문판매 등에 관한 법률의 규정」에 따라 인도받은 서적을 반환합니다.
→ 본문의 요구 사항을 분명히 제시해야 함.

                 2021년 6월 3일 ┐
          발신인 : 홍 길 동 ⟨홍길동인⟩   ⑭

（정답 풀이）

⑤ ⑭: 특정일에 <u>전달받았다는</u> 증거가 되도록 수신인이 내용증명을 받게 될 <u>날짜를 밝혀야</u> 해.
    └→ 전달했다는   └→ 발신인이 발송하는 날짜를

해설 [A]에서 날짜에는 발송 날짜를 써야 한다고 했으므로 수신인이 내용증명을 받게 될 날짜가 아니라 발신인이 발송하는 날짜를 기재해야 한다.

（오답 풀이）

① ⑦: 봉투 겉면에 작성하는 것과 일치하도록 발신인의 주소와 이름을 추가해야 해.

해설 [A]에서 기재된 발신인 및 수신인의 주소와 이름은 반드시 봉투 겉면에 작성하는 주소, 이름과 일치하도록 해야 한다고 했으므로 위의 자료에도 발신인의 주소와 이름을 추가해야 한다.

② ⑭: 제목에 해당하는 부분이므로 발신인의 목적이 구체적으로 드러나도록 '계약 철회 요청'으로 작성하면 좋겠어.

해설 [A]에서 제목에는 손해 배상 청구 등과 같이 내용증명의 구체적 목적이 담겨야 한다고 했으므로 '계약 철회 요청'처럼 목적이 더 구체적으로 드러날 수 있는 제목으로 작성하는 것이 적절하다.

③ ⑭: 두 글자를 삭제하였으므로 삭제한 글자 수까지 명시하여 '2자 삭제'로 적어야 해.

해설 [A]에서 내용증명을 작성하면서 글자나 기호를 정정, 삽입 또는 삭제할 때에는 반드시 '정정', '삽입' 또는 '삭제'라는 문자 및 수정한 글자 수를 여백에 기재하고 그곳에 발송인의 도장 또는 지장을 찍거나 서명을 하여야 한다고 했으므로 수정한 글자 수를 추가하여 '2자 삭제'라고 쓰는 것이 적절하다.

④ ⑭: 요구 사항이 분명하게 드러나도록 '따라서 이 계약의 취소를 요청합니다.'를 추가해야 해.

해설 [A]에서 내용증명의 본문에는 계약 경위와 같은 객관적 사실 관계와 요구 사항 등을 분명히 제시해야 한다고 했으므로 '이 계약의 취소를 요청합니다.'와 같은 분명한 요구 사항을 추가하는 것이 적절하다.

㉠의 이유로 가장 적절한 것은?
= 향후 법적 분쟁의 소지를 줄일 수 있다

（정답 풀이）

④ 발신인이 의사 표시를 했음을 객관적으로 드러내기 때문에

해설 1문단에서 내용증명은 누가, 언제, 누구에게, 어떤 내용의 문서를 보냈다는 사실을 우체국에서 공적으로 증명해 주는 우편 제도임을 알 수 있다. 또한 4문단에서 법적 대응 과정에서 내용증명을 제출한다면 상대방은 그와 같은 내용의 문서를 언제 받았다는 사실만큼은 문제 삼을 수 없으며, 내용증명은 문서를 발송하였다는 것을 공적으로 증명하는 증거 효력을 갖는다는 것을 알 수 있다. 이를 통해 볼 때, 내용증명이 향후 법적 분쟁의 소지를 줄일 수 있는 이유는 발신인이 의사 표시를 했음을 우체국의 공적 증명을 통해 객관적으로 드러내 줄 수 있기 때문이라 할 수 있다.

（오답 풀이）

① 수신인에게 분쟁을 철회할 것을 요청하기 때문에

해설 1문단에서 내용증명은 분쟁이 예견되거나 진행 중인 상황에서 후일 상대방이 사실을 번복하거나 그런 내용을 고지받지 못했다고 주장하는 것을 막기 위해 활용되는 제도임을 알 수 있고, 2문단에서 내용증명은 개인 간 채권·채무 관계나 권리·의무를 더욱 명확하게 할 필요가 있을 때 주로 이용됨을 알 수 있다. 이를 통해 볼 때, 내용증명이 분쟁을 철회할 것을 요청할 때 이용된다고 보기 어렵다.

② 수신인에게 의사 표시를 할 것을 주장하기 때문에

해설 4문단에서 내용증명은 상대방에게 심리적 부담을 주어 그 내용의 이행을 실현하게 하기도 하는데, 내용증명이 채무 이행을 독촉하는 내용이라면 수신인이 향후 발신인이 법적 대응을 할 수도 있다는 심리적 부담을 느껴 자발적으로 돈을 갚을 가능성이 있기 때문이라고 하였다. 이를 통해 볼 때, 내용증명이 수신인에게 '돈을 갚겠다.'와 같은 의사 표시를 할 것을 독촉하는 효과가 있다고 볼 수는 있으나, 내용증명 자체가 수신인에게 의사 표시를 할 것을 주장하는 것으로 볼 수는 없다.

③ 발신인이 충동적으로 계약을 맺는 것을 막아 주기 때문에

해설 4문단에서 내용증명은 구매 계약의 철회와 같이, 개인 간 채권·채무 관계나 권리·의무를 더욱 명확하게 할 필요가 있을 때 주로 이용됨을 알 수 있다. 이를 통해 볼 때, 내용 증명이 발신인의 충동적 계약을 막아 준다고 보기 어렵다.

⑤ 발신인이 주장하는 내용의 진위를 법적으로 입증하기 때문에

해설 3문단에서 내용증명은 우편이 발송되었다는 사실은 입증하지만 문서 내용의 진위는 입증하지 않음을 알 수 있다. 내용증명이 발신인이 주장하는 내용의 진위를 법적으로 입증하는 것은 아니다.

05 구체적 상황에 적용　　　　　정답 ④

선택률	① 8%	② 8%	③ 9%	④ 53%	⑤ 22%

윗글을 바탕으로 〈보기〉의 상황을 이해한 내용으로 가장 적절한 것은? [3점]

─〈보기〉─

을은 갑에게 돈을 빌려주었으며, 해당 채무 관계의 소멸시효는 3년으로 2020년 12월 31일에 만료된다. 그런데 갑은 만료일이 다가오도록 을에게 채무를 이행하지 않고 있다. 이에 을은 주변
　　　　　　　　　　　　내용증명의 발신인
의 조언을 받아 2020년 10월 31일에 채무 이행을 요구하는 내용
　　　　　　　　　　　　　　　　내용증명의 목적
증명을 보내어 갑에게 도달하였음을 확인하였다.

〔정답 풀이〕

④ 을이 이후 법적 대응을 할 뜻이 없다면 을이 돈을 받을 수 있는 권리는 2020년 12월 31일까지만 유지된다.

〔해설〕 5문단에서 내용증명을 보낸 날짜로부터 6개월 이내에 청구, 압류, 가압류, 가처분 등의 법적 대응을 해야만 소멸시효 중단의 효력을 갖게 된다고 하였다. 따라서 을이 내용증명을 보낸 이후 법적 대응을 하지 않는다면, 소멸시효도 중단되지 않으므로 채무 관계의 소멸시효 날짜인 2020년 12월 31일까지만 을의 권리가 유지된다.

〔오답 풀이〕

① 을이 갑에게 내용증명을 보낸 궁극적인 목적은 소멸시효 만료를 알리기 위함이다.
　　　　　　　　　↳ 갑이 채무 이행을 하도록 하기

〔해설〕 〈보기〉의 갑은 을에게 채무를 이행하고 있지 않으므로, 을이 주변에 조언을 받아 채무 이행을 요구하는 내용증명을 보낸 궁극적인 이유는 갑의 채무 이행을 요구하기 위함으로 볼 수 있다.

② 을이 보낸 내용증명으로 인해 소멸시효 만료일인 2020년 12월 31일로부터 중단 효력이 발생한다.

〔해설〕 5문단에서 내용증명을 발송하였다고 하여 바로 소멸시효가 중단되는 것은 아니라고 하였다. 내용증명 발송 후 6개월 이내에 법적 대응을 해야만 소멸시효가 중단되는 효력이 발생한다.

③ 을이 내용증명을 소멸시효 만료 2개월 전에 보냈으므로 중단 사유 종료 후 소멸시효가 2개월 연장된다.
　　　　　　　　　↳ 새로이 시작된다
〔해설〕 5문단에서 소멸시효가 중단되면 그때까지 경과한 소멸시효 기간은 무효가 되고, 중단 사유가 종료된 때로부터 소멸시효가 새로이 시작된다고 하였다.
　　　　　　　↳ 4월 30일까지
⑤ 을이 2021년 6월 30일까지 가압류, 가처분 등의 조치를 하면 소멸시효는 2020년 10월 31일에 중단된 것으로 본다.

〔해설〕 5문단에서 내용증명을 보낸 날짜로부터 6개월 이내에 청구나 압류, 가압류, 가처분 등의 법적 대응을 해야만, 내용증명을 보낸 시점부터 소멸시효가 중단되는 효력이 발생함을 알 수 있다. 〈보기〉에서 을은 2020년 10월 31일에 내용증명을 보냈으므로, 2021년 6월 30일까지가 아니라 2021년 4월 30일까지 법적 대응을 해야만 내용증명을 보낸 날짜인 2020년 10월 31일자로 소멸시효가 중단되는 효력이 발생하는 것이다.

🔍 선택지 속 함정

5문단에서 내용증명을 보낸 뒤, 소멸시효를 중단시키기 위해 추가로 필요한 법적 대응에 대해서 꼼꼼하게 파악을 했어야 해. 〈보기〉의 날짜와 관련된 계산이 까다롭게 느껴졌을 수도 있어. 소멸시효가 중단되는 시점은 법적 대응을 한 시점이 아니라 내용증명을 보낸 시점이라는 부분과 법적 대응은 내용증명을 보낸 날짜로부터 6개월 이내에 해야만 한다는 점 등을 생각해서 계산해 보면 쉽게 풀 수 있어.

06~10　2023년 3월 고2 전국연합학력평가　　본문 48~49쪽

06 ②　　**07** ③　　**08** ③　　**09** ⑤　　**10** ④

◯ 문단별 핵심어　★ ▬▬ 중심 문장

• 주택임대차보호법

1 주택 임대차는 임차인이 주택의 소유자인 임대인에게 보증금을
　　　　　　　　　　　　　　　　　　　주택 임대차의 개념
지급하고 합의한 기간 동안 목적물인 주택을 사용한 후, 기간이 만료되면 보증금을 반환받는 계약이다. 임대차를 체결하여 임차인에게 발생하는 권리인 ㉠임차권은 채권에 해당한다. 채권을 가진 사람
　　　　　　　　　　　　　　임차권의 개념
은 원칙적으로 특정한 채무자에 대해서만 일정한 행위를 요구할 수
　　　　　　임차권의 성격
있고, 제삼자에게는 권리를 주장할 수 없다. 반면에 소유권이나 저
　　　　　　　채권의 권리 주장의 범위
당권, 전세권 등 물건에 대한 지배권이라 할 수 있는 물권은 누구에
　　　　　　　　　　　　　　　물권의 종류
게나 주장할 수 있는 권리이다. 따라서 물권은 일반적으로 채권에
　　　　　　　　물권의 개념
우선하는 효력이 인정되며, 같은 물권들 사이에서는 선순위 물권이
　　물권의 권리 주장의 범위　　　　　　　　　　물권의 효력의 특징 ①
후순위보다 우선한다. 그래서 임차인은 계약을 맺은 임대인에 대해
　　물권의 효력의 특징 ②　　　　　　　　　임차권의 범위
서만 임차권을 주장할 수 있고, 매매 등으로 주택의 소유권이 변경
되면 새로운 소유자에게는 임차권을 주장하지 못할 수 있다.
　　　　　　　　　　임차권의 문제점

2 이 문제를 해결하기 위한 방법으로 민법에는 ㉡전세권이 있다.
　　　　　　　　　　　임차권의 문제를 해결하기 위한 방법
이는 보증금을 지급하고 부동산을 약정 기간 동안 이용한 후 부동
산을 반환하고 보증금을 돌려받는 권리로, 임차권과 내용이 같지만
　　　전세권의 개념
물권이라는 점에서 차이가 있다. 임차한 주택에 전세권을 설정하면
　　　　　　　　임차권과의 차이점
임대차 내용이 등기부에 기재된다. 등기는 부동산에 관한 물권의
　　　　　　　전세권 설정의 효과　　　　　　등기의 개념
권리관계를 등기부에 기재하여 공시함으로써 제삼자가 해당 내용
을 알 수 있도록 하는 제도이다. 전세권을 설정하기 위해서는 임대인의 동의가 필요한데 대체로 임차인의 지위가 낮은 현실에서 임대인의 동의를 얻기는 쉽지 않다. 이러한 임차인의 지위를 보호하여
　　　　　　　　　　전세권 설정의 어려움
국민 주거 생활을 안정시키기 위해 제정된 특별법이 주택임대차
　　　　　　　　　　　주택임대차보호법의 목적
보호법이다. 이 법률은 임차인이 일정한 요건을 갖추었을 경우 임차권에 물권적 효력을 부여하여 임차인의 지위를 강화한다. 그 요
주택임대차보호법이 임차인의 지위를 강화하는 방법
건은 임차인이 주택을 인도받는 것과 전입 신고를 마치는 것이다.
　　　　　　　　임차인이 갖추어야 하는 요건 ①　　　임차인이 갖추어야 하는 요건 ②
요건을 충족한 다음 날부터 임차권은 제삼자에게도 대항력을 갖는
　　　　　대항력의 발생 시점
다. 요건만 갖추면 효력이 발생하고 임대인의 동의도 필요하지 않기 때문에 임차인을 효과적으로 보호하는 것이 가능하다.

3 대항력을 갖는다는 것은 제삼자에게도 임차권을 주장할 수 있게 되었다는 의미이다. 예컨대 임차한 주택이 경매되면 일반적으로 임차권은 소멸하지만 주택임대차보호법에 따른 대항력을 갖춘 경우에는 그렇지 않다. 임차인은 이에 덧붙여 주민센터 등의 공공 기

관에서 주택 임대차 계약서에 (확정일자)를 받을 수 있다. (우선변제권)을 확보하기 위해서이다. 임차한 주택이 경매되었을 때 임차인은 자신의 우선변제권 성립보다 뒤에 설정된 물권에 우선하여 보증금을 변제받을 수 있다. 우선변제권의 효력은 대항력과 확정일자가 모두 갖추어진 날부터 발생한다. 또한 주택임대차보호법에서는 사회적 약자를 보호하는 취지에서, 대항력을 갖춘 소액임차인에게는 정해진 금액까지의 보증금을 선순위 물권자보다 우선하여 변제받을 수 있는 (최우선변제권)까지 부여한다. 소액임차인으로 인정될 수 있는 보증금의 기준과 최우선변제권으로 변제받을 수 있는 금액은 대통령령으로 정해지며 지역에 따라 다르다.

주택 임대차 계약서에 확정일자를 받는 이유 — 우선변제권
우선변제권의 기능
우선변제권의 효력 발생 시점
최우선변제권의 목적 / 최우선변제권의 기능

4 주택 임대차가 만료되었는데 임차인이 임대인으로부터 보증금을 반환받지 못하는 일이 생기기도 한다. 이 경우 임차인은 이사를 가면 자신의 권리 순위가 상실될 수 있다는 우려를 하게 된다. 이런 문제 때문에 주택임대차보호법에는 (임차권등기명령 제도)가 포함되어 있다. 이는 종료된 임차권을 법원의 명령으로 등기부에 공시할 수 있도록 하는 것이다. 임대차가 종료된 후 보증금이 반환되지 않은 경우 임차인은 관할 법원에 임차권등기명령을 신청할 수 있고, 법원이 이를 심리하여 결정한다. 이때 임대인의 동의는 필요하지 않고, 전입 신고를 하지 않았거나 확정일자를 받지 않았던 임차인도 임차권등기를 하게 되면 (대항력)과 (우선변제권)을 취득하게 된다. 한편 ⓒ임차권이 등기된 뒤에 해당 주택에 새로 임대차를 체결한 다른 소액임차인은 보증금의 최우선변제를 받을 수 없도록 하였다. 임차권등기를 한 임차인이 예상하지 못한 손해를 입을 수 있기 때문이다.

임차권등기명령 제도의 기능
임차권등기의 효과
새로 임대차를 체결한 다른 소액임차인이 최우선변제를 받을 수 없도록 한 이유

지식을 쌓는 **배경지식**

주택임대차보호법에 따른 계약의 갱신

① 당사자 합의에 따른 갱신
  · 임대차 만료 기간이 다가오면 임대인과 임차인은 계약 조건을 변경하거나 기존의 임대차와 동일한 계약 조건으로 합의 갱신할 수 있음.

② 주택임대차보호법에 따른 묵시의 갱신
  · 임대인이 임대차 기간이 끝나기 6개월 전부터 2개월 전까지의 기간에 임차인에게 갱신 거절의 통지를 하지 않거나 계약 조건을 변경하지 않으면 갱신하지 않는다는 뜻의 통지를 하지 않으면 그 기간이 끝난 때에 전 임대차와 동일한 조건으로 다시 임대차한 것으로 봄. 임차인이 임대차 기간이 끝나기 2개월 전까지 통지하지 않은 경우에도 동일함.

지문 분석하기

|지문 구조|

1 주택 임대차의 개념과 임차권의 범위
↓
2 임차인을 보호하기 위한 특별법인 주택임대차보호법
↓
3 임차인을 보호하기 위한 우선변제권과 사회적 약자를 보호하기 위한 최우선변제권
↓
4 보증금을 반환받지 못한 임차인을 보호하기 위한 임차권등기명령 제도

|주제| 임차인을 보호하는 주택임대차보호법

한컷 정리하기

주택 임대차
· 임차인이 임대인에게 보증금을 지급하고 합의한 기간 동안 주택을 사용한 후, 기간이 만료되면 보증금을 반환받는 제도
· 임차인에게 발생하는 권리인 임차권은 특정한 채무자에 대해서만 일정한 행위를 요구할 수 있고, 제삼자에게는 권리를 주장할 수 없음.
⇒ 소유권이 변경되면 새로운 소유자에게는 임차권을 주장하지 못할 수 있음.

해결 방안

전세권 설정	특별법 ⇒	주택임대차보호법

전세권 설정
· 전세권을 설정하면 임대차 내용이 등기부에 기재됨.
⇒ 임차권은 채권이고, 전세권은 물권임. 물권은 일반적으로 채권에 우선함.
· 전세권 설정을 위해서는 임대인의 동의가 필요한데, 임대인의 동의를 얻기가 쉽지 않음.

주택임대차보호법
· 임차인의 지위를 보호하여 국민 주거 생활을 안정시키기 위해 제정된 특별법임.
· 임차인이 주택을 인도받고 전입 신고를 마치면, 다음 날부터 임차권은 제삼자에게도 대항력을 가짐.
· 임차인이 대항력과 확정일자를 모두 갖추면 우선변제권을 확보할 수 있음.
· 대항력을 갖춘 소액임차인에게는 최우선변제권까지 부여함.
· 주택임대차보호법에는 임차권등기명령 제도가 포함되어 있음.

---

06 세부 정보의 파악   정답 ②

선택률	① 3%	② 44%	③ 17%	④ 25%	⑤ 11%

윗글의 내용과 일치하지 않는 것은?

정답 풀이

② 주택 임대차가 체결되면 관할 법원은 임대차 내용을 등기부에 기재해야 한다.

해설 2문단과 4문단에서 임차권이 등기부에 기재되기 위해서는 임차한 주택에 전세권을 설정하거나 임차권등기명령을 신청해야 함을 알 수 있다. 주택 임대차가 체결되었을 때 관할 법원이 임대차 내용을 등기부에 기재해야 하는 것은 아니다.

오답 풀이

① 주택임대차보호법은 일정한 요건을 갖춘 임차인의 지위를 강화한다.

해설 2문단에서 주택임대차보호법은 임차인이 일정한 요건을 갖추었을 경우 임차권에 물권적 효력을 부여하여 임차인의 지위를 강화한다고 하였다.

③ 주택 임대차가 만료되면 임차인은 임대인에게 임대차의 목적물을 반환해야
한다.

해설 1문단에서 주택 임대차는 임차인이 주택의 소유자인 임대인에게 보증금을
지급하고 합의한 기간 동안 목적물인 주택을 사용한 후, 기간이 만료되면 보증
금을 반환받는 계약이라고 하였다. 따라서 주택 임대차가 만료되면 임차인은 임
대인에게 임대차의 목적물을 반환해야 함을 알 수 있다.

④ 최우선변제권이 있는 소액임차인이더라도 보증금의 전부를 반환받지 못할
수 있다.

해설 3문단에서 최우선변제권은 대항력을 갖춘 소액임차인이 정해진 금액까지
의 보증금을 선순위 물권자보다 우선하여 변제받는 권리임을 알 수 있다. 따라
서 최우선변제권이 있는 소액임차인이더라도 보증금의 전부를 반환받지 못할
수 있다.

⑤ 어떤 물건에 대한 지배권을 모든 사람에게 주장하려면 해당 물건에 대한 물
권이 필요하다.

해설 1문단에서 물건에 대한 지배권이라 할 수 있는 물권은 누구에게나 주장할
수 있는 권리라고 하였다. 따라서 어떤 물건에 대한 지배권을 모든 사람에게 주
장하려면 해당 물건에 대한 물권이 필요하다고 할 수 있다.

07 특정 정보의 이해 정답 ③

| 선택률 | ① 8% | ② 10% | ③ 33% | ④ 33% | ⑤ 16% |

= 전세권
㉠, ㉡을 이해한 내용으로 적절하지 않은 것은?
= 임차권

정답 풀이

③ ㉡을 가진 임차인은 임대차 기간 동안 목적물이 되는 주택의 소유권을 가지
게 된다.

해설 2문단에서 전세권은 보증금을 지급하고 부동산을 약정 기간 동안 이용한
후 부동산을 반환하고 보증금을 돌려받는 권리로, 임차권을 제삼자에게 주장할
수 있는 권리임을 알 수 있다. 전세권을 가진 임차인이 주택의 소유권을 가지게
되는 것은 아니다.

오답 풀이

① ㉠을 가진 사람은 원칙적으로는 임대인에게만 계약 내용에 따른 행위를 요
구할 수 있다.

해설 1문단에서 임차권은 채권에 해당하며 채권을 가진 사람은 원칙적으로 특
정한 채무자에 대해서만 일정한 행위를 요구할 수 있기 때문에 임차인은 계약을
맺은 임대인에 대해서만 임차권을 주장할 수 있다고 하였다.

② ㉡을 설정하기 위해서는 임대인의 동의가 필요하다.

해설 2문단에서 전세권을 설정하기 위해서는 임대인의 동의가 필요하다고 하
였다.

④ ㉠이나 ㉡을 가진 사람은 계약상의 주택에 대한 자신의 권리를 주장할 수
있다.

해설 1문단에서 임차권은 임대차를 체결하여 임차인에게 발생하는 권리로 임
차인은 계약을 맺은 임대인에 대해 임차권을 주장할 수 있다고 하였다. 또한 2
문단에서 전세권은 보증금을 지급하고 부동산을 약정 기간 동안 이용한 후 부동
산을 반환하고 보증금을 돌려받는 권리로, 임차권을 제삼자에게 주장할 수 있는
권리라고 하였다. 즉 임차권이나 전세권을 가진 사람은 계약상의 주택에 대한
자신의 권리를 주장할 수 있다.

🎩 선택지 속 함정

㉠과 ㉡ 모두 임차인에게 발생하는 권리라는 점만 파악한다면 적절한 선택지
임을 알 수 있어. ㉠에 대하여서는 '임대차를 체결하여 임차인에게 발생하는 권
리'라고 설명한 것을, ㉡에 대하여서는 '임차권과 내용이 같지만 물권'이라고 설
명한 것을 주목한다면 ㉠이나 ㉡을 가진 사람이 임대차 계약상의 주택에 대한 자
신의 권리를 주장하는 것이 가능함을 이해할 수 있지.

⑤ 일반적으로 ㉡은 ㉠에 우선하는 효력이 인정된다.

해설 1문단에서 임차권은 채권에 해당하고 전세권은 물권에 해당한다고 하였
고, 물권은 일반적으로 채권에 우선하는 효력이 인정된다고 하였다.

08 핵심 정보의 파악 정답 ③

| 선택률 | ① 7% | ② 17% | ③ 41% | ④ 17% | ⑤ 18% |

주택임대차보호법을 이해한 내용으로 적절하지 않은 것은?

정답 풀이

③ 대항력을 갖춘 임차인이 주택 임대차 계약서에 확정일자를 받으면 다음 날
부터 우선변제권의 효력이 발생한다.
↳ 그날부터

해설 3문단에서 우선변제권의 효력은 대항력과 확정일자가 모두 갖추어진 날
부터 발생한다고 하였다. 따라서 대항력을 이미 갖춘 임차인이 주택 임대차 계
약서에 확정일자를 받으면 그날부터 우선변제권의 효력이 발생한다.

오답 풀이

① 임차인이 대항력을 갖추면 임차한 주택이 경매되더라도 임차권이 유지될
수 있도록 한다.

해설 3문단에서 임차한 주택이 경매되면 일반적으로 임차권은 소멸하지만 주
택임대차보호법에 따른 대항력을 갖춘 경우에는 그렇지 않다고 하였다.

② 임차인이 전입 신고를 하지 않으면 확정일자를 받더라도 계약 기간 동안 우
선변제권이 생기지 않는다.

해설 2문단에서 임차인이 주택을 인도받고 전입 신고를 마쳐야 대항력을 갖게
됨을 알 수 있고, 3문단에서 임차인이 우선변제권을 얻기 위해서는 대항력과 확
정일자를 모두 갖추어야 함을 알 수 있다. 따라서 임차인이 전입 신고를 하지 않
으면 대항력이 갖춰지지 않으므로 확정일자를 받더라도 우선변제권이 생기지
않는다.

④ 소액임차인이 다른 지역에서 새로운 임대차를 체결하면 그 지역에서는 최
우선변제권을 부여받지 못할 수도 있다.

해설 3문단에서 소액임차인으로 인정될 수 있는 보증금의 기준과 최우선변제
권으로 변제받을 수 있는 금액은 지역에 따라 다르다고 하였으므로 소액임차인
이 다른 지역에서 새로운 임대차를 체결하면 최우선변제권을 부여받지 못할 수
도 있다.

⑤ 임차한 주택을 인도받고 전입 신고를 한 날에 주택에 다른 물권이 성립되면
임차권은 새로운 물권보다 후순위가 된다.

해설 2문단에서 임차인이 대항력을 갖게 되면 임차권에 물권적 효력이 발생함
을 알 수 있다. 하지만 대항력은 요건을 갖춘 다음 날부터 발생하므로 대항력이
발생하기 전에 해당 주택에 새로운 물권이 성립된다면 임차권은 새로운 물권보
다 후순위가 될 것이다.

윗글을 바탕으로 〈보기〉를 이해한 내용으로 적절한 것은? [3점]

> **〔보기〕**
>
> 을이 갑에게 2억 원의 보증금을 지급하고 갑 소유의 A 주택을 2021년 2월 5일부터 2년간 임대하기로 하는 임대차가 갑과 을 사이에 체결되었다. 을은 2021년 2월 5일에 A 주택으로 이사하고 <u>전입 신고를 하였지만</u> 계약 기간 내내 확정일자는 받지 않았다.
> 대항력을 갖춤.
> 우선변제권은 부여받지 못함.
> A 주택에 거주해 오던 을은 임대차 만료를 앞두고 이사 갈 집을 구하여 새로운 임대차를 체결하였고, 2022년 12월 4일에 갑에게 기존의 임대차를 연장하지 않겠다는 의사를 밝혔다. 갑은 사정이 생겨 보증금을 제때 돌려주지 못한다고 통보하였다. 갑은 <u>임대차가 만료된 현재까지 보증금을 돌려주지 않고 있다.</u>
> 임차권등기명령을 신청할 수 있음.

〔정답 풀이〕

⑤ 을의 신청으로 임차권등기명령이 내려지면 을이 이사를 가더라도 을이 가지고 있던 임차권은 등기부에 기재된다.

〔해설〕 4문단에서 주택 임대차 만료 후 임차인이 임대인으로부터 보증금을 반환받지 못한 상태에서 이사를 가면 임차인의 권리 순위가 상실될 수 있는데, 이를 해결하기 위해 임차권등기명령 제도가 있으며, 임차권등기명령이란 종료된 임차권을 법원의 명령으로 등기부에 공시하는 것임을 알 수 있다. 따라서 임차권등기명령이 내려지면 을이 이사를 가더라도 을의 임차권은 등기부에 기재된다.

〔오답 풀이〕

① 을은 ~~2022년 12월 4일부터~~ 임차권등기명령을 신청할 수 있다.
   ↳ 2023년 2월 5일부터

〔해설〕 4문단에서 임차권등기명령은 임대차가 종료된 이후에 신청하는 것임을 알 수 있다. 〈보기〉에서 2021년 2월 5일부터 2년간 임대하기로 하는 임대차가 갑과 을 사이에 체결되었다고 했으므로 임대차는 2023년 2월 4일에 종료된다. 따라서 을은 2023년 2월 5일부터 임차권등기명령을 신청할 수 있다.

② 을은 임차권등기명령을 ~~신청하는 즉시~~ 갑에게 보증금을 돌려받을 수 있다.

〔해설〕 4문단에서 임차인이 관할 법원에 임차권등기명령을 신청하면 법원이 이를 심리하여 결정한다고 하였으므로 을이 임차권등기명령을 신청하는 즉시 갑에게 보증금을 돌려받을 수 있는 것은 아니다. 또한 임차권등기명령이 내려지더라도 갑에게 즉시 보증금을 돌려받는 것은 아니다.

③ 을은 ~~기존의 우선변제권이 유지되도록~~ 임차권등기명령 제도를 이용할 수 있다.
   ↳ 을은 우선변제권을 갖지 못한 상태임.

〔해설〕 3문단에서 임차인이 확정일자를 받으면 우선변제권이 확보됨을 알 수 있다. 〈보기〉에서 을은 이사 후 전입 신고를 했으므로 대항력은 갖췄지만, 확정일자를 받지 않았으므로 우선변제권이 없는 상태이다. 따라서 기존의 우선변제권이 유지되도록 한다는 이해는 적절하지 않다.

👻 **선택지 속 함정**

지문을 통해 권리 내용이나 관계, 등기의 개념을 파악하는 게 쉽지 않기 때문에 정답인 ⑤와 오답 ③, ④를 두고 고민이 많았을 거야. 전입 신고를 하지 않았거나 확정일자를 받지 않았던 임차인도 임차권등기를 하면 대항력과 우선변제권을 취득하게 된다고 했는데(4문단), 이는 달리 말하면 대항력과 우선변제권을 가진 임차인도 보증금을 받지 못하고 이사를 앞둔 상황에서는 임차권등기명령 제도를 이용한다는 것이지. 즉, 보증금을 받지 못하고 이사해야 할 때 임차권등기명령 제도를 이용하는 이유는, 부동산에 관한 물권의 권리관계를 기재하는 등기부에 종료된 임차권을 등기함으로써 보증금을 돌려받기 전까지 임차권의 효력을 유지하기 위함이라 할 수 있어.

---

④ 을의 신청으로 임차권등기명령이 내려지면 갑은 A 주택을 다른 사람에게 ~~매도할 수 없다.~~
   ↳ 있다

〔해설〕 1문단에서 임차권이 존재한 상태에서도 매매 등으로 주택의 소유권이 변동될 수 있음을 알 수 있다. 따라서 을의 신청으로 임차권등기명령이 내려지더라도 갑은 A 주택을 다른 사람에게 매도할 수 있다.

ⓒ의 이유를 추론한 것으로 가장 적절한 것은?

= 임차권이 등기된 뒤에 해당 주택에 새로 임대차를 체결한 다른 소액임차인은 보증금의 최우선변제를 받을 수 없도록 하였다

〔정답 풀이〕

④ 소액임차인의 최우선변제권이 인정되면 등기부상의 선순위 물권보다도 우선 변제되기 때문에

〔해설〕 3문단에서 최우선변제권은 정해진 금액까지의 보증금을 선순위 물권자보다 우선하여 변제받을 수 있는 권리라고 하였다. 따라서 임차권이 등기된 이후에 해당 주택에 새로 임대차를 체결한 소액임차인이 최우선변제를 받을 수 있게 하면 선순위 물권자인 원래의 임차인이 보증금을 변제받지 못할 수 있다. 임차권등기명령은 임차인을 보호하기 위한 제도이므로 최우선변제권이 임차권등기로 발생하는 물권적 효력보다는 우선할 수 없도록 하는 것이다.

〔오답 풀이〕

① 최우선변제권은 사회적 약자를 보호하는 취지에서 인정되는 것이기 때문에

〔해설〕 최우선변제권이 사회적 약자를 보호하는 취지에서 인정되는 것은 맞지만 ⓒ의 이유로는 적절하지 않다. 임차권등기명령도 지위가 낮은 임차인을 보호하기 위한 제도이다.

② 소액임차인이 임대차를 체결할 때 등기부에 기재된 임차권을 알 수 없기 때문에

〔해설〕 임차권이 등기된다는 것은 임차권이 등기부에 공시되어 해당 내용을 제삼자가 인지할 수 있도록 하는 것이다. 따라서 소액임차인이 임대차를 체결할 때 등기부를 확인하면 등기부에 기재된 임차권을 파악할 수 있다.

③ 최우선변제권이 생기면 원래의 임차인이 가지고 있던 우선변제권이 사라지기 때문에

〔해설〕 최우선변제권이 생기더라도 원래의 임차인이 가지고 있던 우선변제권이 사라지는 것은 아니다. 다만 최우선변제권은 선순위 물권자보다 우선하도록 하므로 이 경우에는 소액임차인의 최우선변제권을 인정하지 않는 것이다.

👻 **선택지 속 함정**

지문 전체의 내용을 깊이 있게 이해하지 못하고 ⓒ이 제시된 부분에서 표면적으로만 파악하려고 하면 ③을 정답으로 착각하기 쉬워. ⓒ의 앞에서 임차인이 임차권등기를 하게 되면 우선변제권을 취득하게 된다는 내용이 등장하고 ⓒ에서는 최우선변제에 대해 언급하고 있으니까 '우선변제권'과 '최우선변제권'이라는 표현이 들어간 ③이 정답이라고 생각한 거지. ⓒ이 제시된 4문단의 내용뿐만 아니라 최우선변제권이 무엇인지에 대해 설명한 3문단의 내용을 종합적으로 이해하면, 최우선변제권이 인정되면 선순위 물권자보다 우선하여 변제받을 수 있는 권리가 생겨 원래의 임차인이 예상하지 못한 손해를 입을 수 있다는 점을 추론할 수 있어.

⑤ 원래의 임차인과 달리 새로 입주한 소액임차인은 주택의 인도라는 요건이 필요하지 않기 때문에

〔해설〕 2문단에서 임차인이 대항력을 갖기 위해서는 주택을 인도받는 것과 전입 신고를 마치는 것이 필요함을 알 수 있다. 새로 입주한 소액임차인도 대항력을 갖추어야 최우선변제권을 부여받을 수 있으므로 주택의 인도라는 요건이 필요하다.

DAY 10 사회 합리적 선택

◯ 문단별 핵심어   ★ ▆▆▆ 중심 문장

• 차선의 이론

1 경제학에서는 개별 경제 주체들이 주어진 조건하에서 자신이 ⓐ조절할 수 있는 변수들을 적절히 선택하여 최적의 결과를 추구한다고 본다. <u>경제학에서 개별 경제 주체들에 대한 전제</u> 그런데 최적의 결과를 얻기 어려운 상황에 놓인다면 경제 주체들은 일반적으로 효율성을 ⓑ고려하여 차선의 선택을 고민하게 된다. <u>최적의 결과를 얻기 어려운 상황에서 차선의 선택을 고민할 때 고려하는 요소</u> 하지만 립시와 랭카스터는 차선의 의미에 대해 새로운 관점을 보여 주는 차선의 이론을 제시했다.

2 차선의 이론에서는 최적의 결과를 얻기 위한 여러 조건 중 한 가지 이상의 조건이 ⓒ충족되지 못하는 상황이라면 나머지 조건들이 <u>차선의 이론에서의 차선에 대한 관점</u> 모두 충족되더라도 그 결과는 차선이 아닐 수 있다고 본다. 예를 들어 ㉠효율성을 달성하기 위한 10개의 조건 중 9개의 조건이 충족되는 것이 8개의 조건이 충족되는 것보다 반드시 더 낫다고 볼 수는 없다는 의미이다.

3 여기서 왜 효율성을 달성하기 위한 10개의 조건 중 9개의 조건이 충족되는 것이 차선이 아닌지를 ⓓ입증하기 위해서는 공평성을 함께 고려해야 한다. <u>차선의 이론에서 효율성과 함께 고려해야 하는 요소</u> 한 사회가 어떤 것을 공평하다고 여기는지는 사회무차별곡선을 통해 확인할 수 있다. 사회무차별곡선은 개별 경제 주체가 경제 활동을 통해 얻은 주관적 만족감인 효용수준을 <u>사회무차별곡선이 보여 주는 내용</u> 을 종합한 사회후생수준을 보여 준다. 사회무차별곡선의 모양을 보면 그 사회가 개인의 효용수준에 대한 평가를 통해 공평성에 대해 <u>공평성에 대한 사회의 가치판단을 확인할 수 있는 사회무차별곡선</u> 어떠한 가치판단을 하고 있는지 확인할 수 있다.

4 사회무차별곡선 위의 모든 점은 동일한 사회후생수준을 나타내 <u>사회무차별곡선 위의 점과 곡선의 위치의 의미</u> 는데, 이 곡선이 원점에서 멀리 위치할수록 사회후생수준이 높다는 것을 나타낸다. 일반적으로 사회무차별곡선의 모양은 원점에 대해 볼록한 곡선으로, 우하향할수록 기울기가 완만해진다. 이는 「높은 효용수준을 누리는 사람의 효용에는 상대적으로 낮은 가중치를 <u>「 」: 공평성에 대한 가치판단이 반영된 사회무차별곡선의 모양</u> ⓔ적용하고, 낮은 효용수준밖에 누리지 못하는 사람들의 효용에는 높은 가중치를 적용해 사회후생을 계산하는 것이 공평하다는 가치판단」이 반영된 결과이다.

5 〈그림〉은 사회에서 경제적 자원을 모두 활용하여 쌀과 옷 두 가지 상품만 생산한다는 가정하에 생산가능곡선 CD와 사회무차별곡선(SIC)을 통해 차선의 이론의 예를 보여 준다. 〈그림〉의 생산가능

곡선 CD는 원점에 대해 오목한 모양으로 이 곡선 위의 점들은 생산의 효율성을 충족한다는 것을 의미하며, 곡 <u>생산가능곡선 위의 점들의 의미</u> 선의 바깥쪽은 생산이 불가 <u>생산가능곡선의 바깥쪽과 안쪽의 의미</u> 능함을, 곡선의 안쪽은 생산

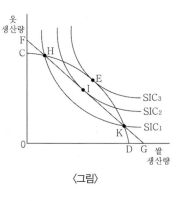
〈그림〉

은 가능하나 비효율적임을 나타낸다. 이때 생산가능곡선과 사회무차별곡선이 접하는 E 지점 <u>효율성과 공평성을 고려한 최적의 결과</u> 이 최적인데, 만약 선분 FG와 같은 어떤 제약이 가해져 이 선분의 바깥쪽에 있는 지점은 선택할 수 없게 되어 최적의 결과를 얻기 어려운 상황이라고 가정해 보자. 이때 H 지점은 제약하에서도 생산가능곡선 CD 위에 위치하기에 생산의 효율성이나마 충족하고 있으므로 차선의 선택이라고 생각하기 쉽지만 사회후생수준을 고려하면 그렇지 않다. 왜냐하면 SIC$_1$과 SIC$_2$의 원점에서의 위치를 고려했을 때 SIC$_1$ 위에 있는 H 지점보다 SIC$_2$ 위에 있는 I 지점의 사회후생수 <u>차선의 이론에서 H 지점이 차선이 아닌 이유</u> 준이 더 높기 때문이다. 따라서 제약하에서 사회후생수준을 고려하면 I 지점이 차선의 선택이 된다. <u>효율성과 공평성을 고려한 차선의 선택</u>

지식을 쌓는 배경지식

생산가능곡선
- 하나의 경제 공동체가 주어진 자원과 기술을 모두 투입하여 최대로 생산할 수 있는 두 재화나 서비스의 조합을 나타내는 곡선
- 생산가능곡선 위의 점들은 효율적 생산 상태, 생산가능곡선 안쪽은 비효율적 생산 상태, 생산가능곡선 바깥쪽은 현재의 자원과 기술 수준으로는 달성할 수 없는 생산 상태임.
- 생산가능곡선은 일반적으로 우하향하며, 원점을 기준으로 오목한 형태를 띰. ⇒ 한 재화나 서비스의 생산이 증가할수록 기회비용도 증가함.
- 생산 기술이 발달하여 동일한 생산 요소로도 더 많은 재화나 서비스를 생산할 수 있게 되거나, 동일한 기술 수준에서 생산 요소가 증가하면 생산가능곡선이 바깥쪽으로 이동함.

|지문 구조|

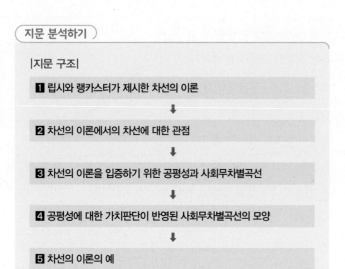

1 립시와 랭카스터가 제시한 차선의 이론

↓

2 차선의 이론에서의 차선에 대한 관점

↓

3 차선의 이론을 입증하기 위한 공평성과 사회무차별곡선

↓

4 공평성에 대한 가치판단이 반영된 사회무차별곡선의 모양

↓

5 차선의 이론의 예

|주제| 차선의 이론에 따른 차선의 선택

한컷 정리하기

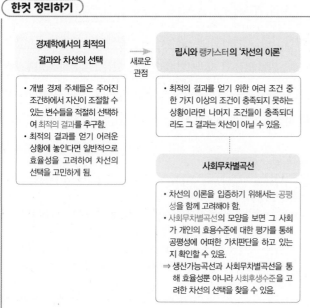

경제학에서의 최적의 결과와 차선의 선택 →(새로운 관점) 립시와 랭카스터의 '차선의 이론'

- 개별 경제 주체들은 주어진 조건하에서 자신이 조절할 수 있는 변수들을 적절히 선택하여 최적의 결과를 추구함.
- 최적의 결과를 얻기 어려운 상황에 놓인다면 일반적으로 효율성을 고려하여 차선의 선택을 고민하게 됨.

- 최적의 결과를 얻기 위한 여러 조건 중 한 가지 이상의 조건이 충족되지 못하는 상황이라면 나머지 조건들이 충족되더라도 그 결과는 차선이 아닐 수 있음.

사회무차별곡선

- 차선의 이론을 입증하기 위해서는 공평성을 함께 고려해야 함.
- 사회무차별곡선의 모양을 보면 그 사회가 개인의 효용수준에 대한 평가를 통해 공평성에 어떠한 가치판단을 하고 있는지 확인할 수 있음.
⇒ 생산가능곡선과 사회무차별곡선을 통해 효율성뿐 아니라 사회후생수준을 고려한 차선의 선택을 찾을 수 있음.

---

01 세부 정보의 파악 정답 ③

| 선택률 | ① 3% | ② 3% | ③ 80% | ④ 9% | ⑤ 5% |

윗글을 읽고 답을 찾을 수 없는 질문은?

(정답 풀이)

③ **립시와 랭카스터가 입증한 차선의 이론의 한계는 무엇인가?**

해설 1문단에서 립시와 랭카스터가 차선의 이론을 제시했음을 알 수 있으나, 이들이 입증한 차선의 이론의 한계는 제시되어 있지 않다.

(오답 풀이)

① **차선의 이론이 갖는 의미는 무엇인가?**

해설 1문단에서 차선의 이론은 차선의 의미에 대해 새로운 관점을 보여 준다고 하였고, 2문단에서 차선의 이론에서는 최적의 결과를 얻기 위한 여러 조건 중 한 가지 이상의 조건이 충족되지 못하는 상황이라면 나머지 조건들이 모두 충족되더라도 그 결과는 차선이 아닐 수 있다고 본다고 설명하고 있다. 그리고 3~5문단에서 차선의 이론에서 왜 그렇게 보는지를 설명하고 있다.

---

② **생산가능곡선 위의 점들이 의미하는 것은 무엇인가?**

해설 5문단에서 생산가능곡선 위의 점들은 생산의 효율성을 충족한다는 것을 의미한다고 하였다.

④ **경제 주체들이 차선의 선택을 고민하게 되는 이유는 무엇인가?**

해설 1문단에서 최적의 결과를 얻기 어려운 상황에 놓인다면 경제 주체들은 일반적으로 효율성을 고려하여 차선의 선택을 고민하게 된다고 하였다.

⑤ **사회무차별곡선의 모양이 우하향할수록 기울기가 완만해지는 이유는 무엇인가?**

해설 4문단에서 일반적으로 사회무차별곡선의 모양은 원점에 대해 볼록한 곡선으로, 우하향할수록 기울기가 완만해지는데, 이는 높은 효용수준을 누리는 사람의 효용에는 상대적으로 낮은 가중치를 적용하고, 낮은 효용수준밖에 누리지 못하는 사람들의 효용에는 높은 가중치를 적용해 사회후생을 계산하는 것이 공평하다는 가치판단이 반영된 결과라고 하였다.

---

02 핵심 정보의 파악 정답 ⑤

| 선택률 | ① 5% | ② 3% | ③ 5% | ④ 8% | ⑤ 79% |

사회무차별곡선에 대한 이해로 적절하지 않은 것은?

(정답 풀이)

⑤ **사회무차별곡선에는 높은 효용수준을 누리는 사람들의 주관적 만족감이 반영되어 있지 않다.**
  ↳ 반영되어 있다

해설 3문단에서 사회무차별곡선은 개별 경제 주체가 경제 활동을 통해 얻은 주관적 만족감인 효용수준을 종합한 사회후생수준을 보여 준다고 하였다. 그리고 4문단에서는 사회무차별곡선의 모양이 원점에 대해 볼록한 곡선이고, 우하향할수록 기울기가 완만해지는 것은 높은 효용수준을 누리는 사람의 효용에는 상대적으로 낮은 가중치를 적용하고, 낮은 효용수준밖에 누리지 못하는 사람들의 효용에는 높은 가중치를 적용해 사회후생을 계산하는 것이 공평하다는 가치판단이 반영된 결과라고 하였다. 따라서 사회무차별곡선에는 높은 효용수준을 누리는 사람들의 주관적 만족감이 반영되어 있지 않다는 이해는 적절하지 않다.

(오답 풀이)

① **사회무차별곡선 위의 모든 점은 동일한 사회후생수준을 나타낸다.**

해설 4문단에서 사회무차별곡선 위의 모든 점은 동일한 사회후생수준을 나타낸다고 하였다.

② **사회무차별곡선은 일반적으로 원점에 대해 볼록한 곡선 모양이다.**

해설 4문단에서 일반적으로 사회무차별곡선의 모양은 원점에 대해 볼록한 곡선이라고 하였다.

③ **사회무차별곡선을 통해 공평성에 대한 사회의 가치판단을 확인할 수 있다.**

해설 3문단에서 사회무차별곡선의 모양을 보면 그 사회가 개인의 효용수준에 대한 평가를 통해 공평성에 대해 어떠한 가치판단을 하고 있는지 확인할 수 있다고 하였다.

④ **사회무차별곡선은 개별 경제 주체의 효용수준을 종합한 사회후생수준을 보여 준다.**

해설 3문단에서 사회무차별곡선은 개별 경제 주체가 경제 활동을 통해 얻은 주관적 만족감인 효용수준을 종합한 사회후생수준을 보여 준다고 하였다.

03 구체적 이유 추론 | 정답 ①

선택률	① 51%	② 11%	③ 15%	④ 8%	⑤ 15%

차선의 이론을 통해 ㉠의 이유를 설명한 것으로 가장 적절한 것은?

= 효율성을 달성하기 위한 10개의 조건 중 9개의 조건이 충족되는 것이 8개의 조건이 충족되는 것보다 반드시 더 낫다고 볼 수는 없다

(정답 풀이)

① 효율성과 다른 기준도 함께 고려할 필요가 있기 때문이다.

해설 3문단에서 왜 효율성을 달성하기 위한 10개의 조건 중 9개의 조건이 충족되는 것이 차선이 아닌지를 입증하기 위해서는 공평성을 함께 고려해야 한다고 하였으므로 ㉠의 이유는 효율성과 다른 기준도 함께 고려할 필요가 있기 때문이라고 설명할 수 있다.

(오답 풀이)

② 경제 주체들이 스스로 자신의 효용수준에 대해 평가하기 때문이다.

해설 경제 주체들이 스스로 자신의 효용수준에 대해 평가한다는 내용은 제시되어 있지 않다.

③ 효율성을 달성하기 위한 조건들의 중요도가 서로 다르기 때문이다.

해설 효율성을 달성하기 위한 조건들의 중요도가 서로 다르다는 내용은 제시되어 있지 않다.

🔍 선택지 속 함정

㉠의 이유를 ㉠에만 국한하여 추론하려고 하면 ③을 적절한 것으로 생각하기 쉬워. 효율성을 달성하기 위한 10개의 조건들이 중요도가 서로 달라서 어떤 조건이 충족되느냐에 따라 결과가 달라질 수 있다고 이해한 거지. 그렇지만 발문을 정확히 확인해 보면, '차선의 이론을 통해 ㉠의 이유를 설명한 것'을 찾으라고 했으니 차선의 이론의 핵심과 연결하여 ㉠의 이유를 추론해야 해. ㉠ 다음에 이어지는 내용에서 차선의 이론, 즉 ㉠을 입증하기 위해서는 공평성을 함께 고려해야 한다고 했으니 ㉠의 이유가 공평성도 함께 고려할 필요가 있기 때문임을 추론할 수 있지. 차선의 이론의 핵심은 효율성과 함께 공평성도 고려해야 한다는 것이고, 이를 친절하게 ㉠의 다음 문장에 제시해 주었으니 자의적으로 ㉠만 두고 판단하면 안 돼. 지문에서 확실한 근거를 찾도록 해야 해.

④ 낮은 효용수준을 누리는 사람의 효용에는 가중치를 적용할 수 없기 때문이다.

해설 4문단에서 사회무차별곡선에는 낮은 효용수준밖에 누리지 못하는 사람들의 효용에는 높은 가중치를 적용해 사회후생을 계산하는 것이 공평하다는 가치 판단이 반영되었다고 하였으므로 낮은 효용수준을 누리는 사람의 효용에는 가중치를 적용할 수 없다는 것은 적절하지 않다.

⑤ 효율성을 달성하기 위한 모든 조건이 충족되지 않는다면 개별 주체의 효용수준에 영향을 미치지 못하기 때문이다.

해설 ㉠은 효율성의 관점에서만 보면 10개의 조건 중 9개의 조건이 충족되는 것이 8개의 조건이 충족되는 것보다 충족되는 조건이 많다는 점에서 차선의 선택이지만, 차선의 이론의 관점에서 보면 반드시 그렇지는 않다는 것이다. 이것이 '효율성을 달성하기 위한 모든 조건이 충족되지 않는다면 개별 주체의 효용수준에 영향을 미치지 못'한다는 의미는 아니다. 3문단에서 효용수준은 '개별 경제 주체가 경제 활동을 통해 얻은 주관적 만족감'임을 알 수 있는데, 주관적 만족감, 즉 효용수준에 영향을 미치는 것이 무엇인지는 이 글에서 설명하고 있지 않다. 한편 현실에서 '효율성을 달성하기 위한 모든 조건이 충족되는' 상황보다 그렇지 않은 상황이 많을 것인데, 1문단에서 그러한 상황에서 개별 경제 주체들이 차선의 선택을 고민함을 설명하며, 이에 대한 새로운 관점을 보여 주는 차선의 이론에 대해 언급하고 있다. 이러한 1문단의 내용과 2~5문단의 설명을 고려할 때, 차선의 이론은 효율성뿐만 아니라 공평성도 함께 고려하여야 차선의 선택이 될 수 있다는 것이다.

04 세부 정보의 추론 | 정답 ③

선택률	① 9%	② 8%	③ 62%	④ 13%	⑤ 8%

다음은 윗글을 읽고 〈그림〉에 대해 경제 동아리 학생들이 나눈 대화이다. 적절하지 않은 것은? [3점]

동아리 회장: 오늘 살펴본 경제 자료 속 그래프에 대해 더 하고 싶은 얘기가 있으면 해 보자.

부원 1: 나는 H가 생산가능곡선 위에 있기 때문에 그렇지 않은 I보다 생산의 효율성이 높다고 생각해.

부원 2: 선분 FG와 같은 제약이 있는 상황에서 H가 아닌 I가 차선으로 선택되었다면 그 이유는 사회후생수준을 고려했기 때문이라고 생각해.

부원 3: I의 위치를 고려하면 생산이 가능하지 않아 비효율적인 지점이라고 생각해.
　　　　생산가능곡선의 안쪽　　　생산은 가능함.

부원 4: 선분 FG와 같은 제약이 있는 상황에서 생산가능곡선을 고려하면 K도 H와 마찬가지로 생산의 효율성을 충족하는 지점이라고 생각해.

부원 5: SIC_3은 SIC_1과 SIC_2보다 사회후생수준이 높다고 생각해.

(정답 풀이)

③ 부원 3의 생각

해설 5문단에서 생산가능곡선의 안쪽은 생산은 가능하나 비효율적임을 나타낸다고 하였다. 〈그림〉에서 I는 생산가능곡선의 안쪽에 있으므로 I는 생산은 가능하나 비효율적인 지점이다. 따라서 I가 생산이 가능하지 않아 비효율적인 지점이라는 부원 3의 생각은 적절하지 않다.

(오답 풀이)

① 부원 1의 생각

해설 5문단에서 생산가능곡선 위의 점들은 생산의 효율성을 충족한다는 것을 의미한다고 하였고, 생산가능곡선의 안쪽은 생산은 가능하나 비효율적임을 나타낸다고 하였다. 〈그림〉에서 H는 생산가능곡선 위의 한 점이고 I는 생산가능곡선 안쪽에 있으므로, H가 생산가능곡선 위에 있어 그렇지 않은 I보다 생산의 효율성이 높다는 부원 1의 생각은 적절하다.

② 부원 2의 생각

해설 5문단에서 제약하에서 사회후생수준을 고려하면 I 지점이 차선의 선택이 된다고 하였다. 따라서 〈그림〉에서 선분 FG와 같은 제약이 있는 상황에서 H가 아닌 I가 차선으로 선택되었다면 그 이유는 사회후생수준을 고려했기 때문이라는 부원 2의 생각은 적절하다.

④ 부원 4의 생각

해설 5문단에서 H 지점은 제약하에서도 생산가능곡선 CD 위에 위치하기에 생산의 효율성이나마 충족하고 있다고 하였다. 〈그림〉에서 선분 FG와 같은 제약이 있는 상황에서 H와 K는 모두 생산가능곡선 위에 있으므로 선분 FG와 같은 제약이 있는 상황에서 생산가능곡선을 고려하면 K도 H와 마찬가지로 생산의 효율성을 충족하는 지점이라는 부원 4의 생각은 적절하다.

⑤ 부원 5의 생각

해설 4문단에서 사회무차별곡선은 원점에서 멀리 위치할수록 사회후생수준이 높다는 것을 나타낸다고 하였다. 〈그림〉에서 사회무차별곡선의 위치를 보면 SIC_3이 SIC_1과 SIC_2보다 원점에서 멀리 위치하고 있으므로 SIC_3은 SIC_1과 SIC_2보다 사회후생수준이 높다는 부원 5의 생각은 적절하다.

| 선택률 | ① 23% | ② 3% | ③ 7% | ④ 3% | ⑤ 64% |

ⓐ~ⓔ의 사전적 의미로 적절하지 않은 것은?

[정답 풀이]

⑤ ⓔ: 일정한 조건이나 환경 따위에 맞추어 응하거나 알맞게 됨.
= 적용
[해설] '적용'의 사전적 의미는 '알맞게 이용하거나 맞추어 씀.'이다. '일정한 조건이나 환경 따위에 맞추어 응하거나 알맞게 됨.'의 뜻을 지닌 단어는 '적응'이다.

[오답 풀이]

① ⓐ: 균형이 맞게 바로잡음.
= 조절
[해설] '조절'의 사전적 의미는 '균형이 맞게 바로잡음.'이다. '건강을 위해서 식사량 조절이 필요하다.'와 같이 쓰인다.

🙂 선택지 속 함정

ⓐ의 사전적 의미로 제시된 '균형이 맞게 바로잡음.'을 ⓐ가 있는 문맥에 넣어 읽어 보았을 때, 의미가 잘 연결되지 않는다고 생각했을 수 있어. 보통 ⓐ의 의미를 떠올릴 때, '변화를 준다'는 정도로만 생각하는 경우가 많거든. ⓐ를 사전에서 검색해 보면 '균형이 맞게 바로잡음. 또는 적당하게 맞추어 나감.'이라고 뜻이 제시되어 있는데, 뒤에 제시된 '적당하게 맞추어 나감.'이 좀 더 우리가 떠올리는 ⓐ의 의미에 가깝지. 그렇지만 ⓐ가 마구잡이로 변화를 준다는 의미가 아니라 '균형이 맞게', '적당하게' 변화를 준다는 의미임을 고려하면 '균형이 맞게 바로잡음.'이 ⓐ의 뜻으로 적절함을 이해할 수 있어. 혹시 단어의 뜻을 공부할 때 두루 뭉술하게 느낌으로만 파악하고 넘어가는 습관이 있다면 지금부터라도 단어의 뜻을 정밀하게 이해하려는 노력을 하는 것이 좋아.

② ⓑ: 생각하고 헤아려 봄.
= 고려
[해설] '고려'의 사전적 의미는 '생각하고 헤아려 봄.'이다. '그 문제는 여전히 고려 중이다.'와 같이 쓰인다.

③ ⓒ: 일정한 분량을 채워 모자람이 없게 함.
= 충족
[해설] '충족'의 사전적 의미는 '일정한 분량을 채워 모자람이 없게 함.'이다. '그 식당은 맛집으로 소개받았지만 기대 충족은 되지 않았다.'와 같이 쓰인다.

④ ⓓ: 어떤 증거 따위를 내세워 증명함.
= 입증
[해설] '입증'의 사전적 의미는 '어떤 증거 따위를 내세워 증명함.'이다. '피해자에게 입증 책임이 있는 것은 부담이 되는 일이다.'와 같이 쓰인다.

| 06~10 | 2022년 9월 고2 전국연합학력평가 | 본문 52~53쪽 |

06 ③   **07** ③   **08** ⑤   **09** ②   **10** ①

◯ 문단별 핵심어   ★ ▬▬ 중심 문장

● 합리적 행위자 모델과 조직 과정 모델

1 특정 상황에서 어떤 방안을 선택함으로써 얻을 수 있는 이익을 그 방안이 갖는 효용이라고 하며, 효용을 최대화하는 행동을 합리적 행위라고 한다. 허버트 사이먼은 합리적 행위와 관련하여 ⊙포괄적 합리성과 ⓛ제한적 합리성이라는 두 가지 관점을 제시했다. 먼저 포괄적 합리성은 의사를 결정하는 행위자가 분명한 목적을 가지고 그것을 달성하기 위한 모든 방안을 찾는다고 보는 관점이다.

나아가 행위자는 각 방안에서 초래될 모든 결과를 정확히 평가하여 효용을 극대화하는 방안을 의도적으로 선택하며, 이러한 경향이 행위자의 특성에 상관없이 언제나 일관되게 선택 과정에 반영된다고 전제한다. 반면 제한적 합리성은 행위자가 자신의 목적을 달성하는 데 있어 지식과 인지 능력에 한계가 있음을 인정하는 관점이다. 행위자는 목적 달성에 필요한 정보인 자신이 처한 상황과 선택 가능한 방안, 선택의 결과 등을 정확히 인지하지 못한다고 보는 것이다. 따라서 제한적 합리성의 관점에서 선택의 합리성 여부를 판단하기 위해서는 행위자의 목적과 관련하여 그가 가진 정보와, 그 정보를 바탕으로 추론할 수 있는 능력 등 행위자의 특성에 대해서도 알아야 한다. 그레이엄 앨리슨은 이러한 관점들을 바탕으로 국제 사회의 외교 정책 행위를 몇 가지 모델로 분석하고자 하였다.

2 그중 합리적 행위자 모델은 포괄적 합리성을 바탕으로 정책 행위를 설명한다. 이 모델은 결정된 정책 행위가 특정 목적에 대해 최대 효용을 갖는 방안이라고 상정하기 때문에 그 목적을 찾아냄으로써 행위자가 왜 그러한 방안을 선택했는지를 설명한다. 여기서 행위자는 단일한 의사 결정자로서의 국가이며, 모든 국가는 포괄적 합리성을 가지고 행동한다. 이 모델에서는 '행위자인 국가가 정책 행위를 결정한 목적을 몇 가지로 예상해 보고, 분석하고자 하는 정책 행위가 각각의 목적에서 갖는 효용을 계산한다. 그 결과 가장 큰 효용을 갖게 되는 목적을 찾아 선택의 의도를 추론'하는 것이다. 이때 행위자는 언제나 일관된 경향으로 결정을 내리는 존재이므로 행위자가 처한 상황과 목적에 대한 객관적 지식만으로 정책 행위를 해석할 수 있다. '행위자가 처한 위기나 기회는 무엇인지, 목적 달성을 위해 선택할 수 있었던 방안들의 효용은 무엇인지, 그중 행위자의 목적을 최대한 달성하기 위한 최선의 선택은 무엇인지를 종합적으로 판단하여 정책 행위를 이해하는 것이다.

3 이러한 관점 때문에 합리적 행위자 모델은 포괄적 합리성에서 벗어나는 외교 사례를 설명할 수 없다는 한계가 있다. 앨리슨은 이를 보완하기 위해 제한적 합리성을 바탕으로 한 조직 과정 모델을 제시하였다. 이 모델은 정책 행위가 제한적 정보만으로 결정된다고 보기 때문에, 정책 행위의 목적보다는 그 정책 행위가 어떻게 결정되었는지에 주목한다. 이 모델에서 행위자는 독자적인 여러 조직이 모인 연합체로서의 국가이며, 정책 행위는 행위자의 의도적 선택이 아닌 미리 규정된 절차에 따라 조직들이 수행한 결과가 모여 만들어진 기계적 산출물로 인식된다. 각 조직은 원활한 업무 수행을 위해 자체적인 표준운영절차(SOP), 즉 일을 처리하는 규칙에 따라

작동하는데, 국가는 그 규모가 크기 때문에 조직의 모든 활동을 국가의 의도에 맞게 완전히 통제하거나 감독할 수 없다. 결과적으로 국가는 조직이 SOP에 따라 처리한 제한된 정보만으로 정책 행위를 탐색하고 결정한다는 점에서 이 모델은 제한적 합리성에 기반을 ⓐ둔다고 할 수 있다. 또한 조직은 불확실한 미래를 추측하고 그에 맞게 행동하는 것을 매우 꺼리기 때문에 문제의 심각성이나 긴박성에 따른 새로운 해결책을 강구하기보다 일상적인 SOP에 의존하여 판단을 내리는 경향이 강하다. 이러한 경향으로 인해 조직 과정 모델은 조직이 최적의 방안을 찾기보다 SOP에 부합하는, '그만하면 충분히 만족스러운' 방안을 선택한다고 본다. 이 과정에서 조직이 미처 고려하지 못한 방안이 가질 수 있는 더 큰 효용은 무시될 가능성이 높아지고, 합리적 행위자 모델로는 설명하기 힘든 정책 행위가 선택될 수 있다. 하지만 조직 과정 모델은 조직들의 SOP와 역량, 조직 간의 관계에 대해 분석하기 때문에 포괄적 합리성에서 벗어나는 외교 정책 행위를 설명할 수 있다.

4 이처럼 합리적 행위자 모델과 조직 과정 모델은 ㉮분석 대상이 되는 정책 행위를 바라보는 시각이 다르기 때문에 같은 현상에 대해서도 다른 분석 결과를 도출하게 된다. 이때 두 모델은 대립 관계에 있는 것이 아니라 외교 사건을 다각적으로 설명할 수 있게 해 준다는 것이 앨리슨의 정책 결정 모델이 갖는 의의이다.

지식을 쌓는 배경지식

앨리슨의 관료 정치 모델

· 앨리슨이 합리적 행위자 모델과 조직 과정 모델과는 별도로 정치적 요소에 초점을 두어 새롭게 제시한 모델임.
· 정책은 해당 정책 사안에 대한 권한을 가진 행정 조직의 관료들 간에 이루어지는 정치적 상호 작용의 결과라고 보는 모델임.
· 정책 결정의 주체를 정책 결정에 참여하는 관료들 개인으로 본다는 점에서, 정책 결정의 주체를 단일한 의사 결정자로서의 국가로 보는 합리적 행위자 모델이나 독자적인 여러 조직이 모인 연합체로서의 국가로 보는 조직 과정 모델과 구별됨.

지문 분석하기

|지문 구조|

1 허버트 사이먼이 제시한 합리적 행위에 대한 두 가지 관점

↓

| **2** 앨리슨의 정책 결정 모델 ① – 합리적 행위자 모델 | ↔ | **3** 앨리슨의 정책 결정 모델 ② – 조직 과정 모델 |

↓

4 앨리슨의 정책 결정 모델의 의의

|주제| 합리적 행위에 대한 두 가지 관점을 바탕으로 한 앨리슨의 정책 결정 모델

한컷 정리하기

포괄적 **합리성**	제한적 **합리성**
· 행위자가 분명한 목적을 가지고 그것을 달성하기 위한 모든 방안을 찾음. · 행위자는 각 방안에서 초래될 모든 결과를 정확히 평가하여 효용을 극대화하는 방안을 의도적으로 선택함. · 이러한 경향이 행위자의 특성에 상관없이 언제나 일관되게 선택 과정에 반영된다고 전제함.	· 행위자는 목적 달성에 필요한 정보인 자신이 처한 상황과 선택 가능한 방안, 선택의 결과 등을 정확히 인지하지 못함. · 선택의 합리성 여부를 판단하기 위해서는 행위자의 특성에 대해서 알아야 함.

········· 외교 정책 행위 분석에 쓰이는 두 관점 ·········

앨리슨의 정책 결정 모델

합리적 행위자 모델	VS	조직 과정 모델
· 단일한 의사 결정자로서의 국가 · 언제나 일관된 경향으로 결정함.	행위자	· 독자적인 여러 조직이 모인 연합체로서의 국가 · 제한된 정보만으로 행위를 탐색하고 결정함.
특정 목적에 대해 최대 효용을 갖는 방안	정책 행위	미리 규정된 절차에 따라 조직들이 수행한 결과가 모여 만들어진 기계적 산출물
그 특정 목적을 찾아냄으로써 행위자가 방안을 선택한 이유를 설명하여 정책 행위를 이해하고자 함.	분석 목표	정책 행위가 어떻게 결정되었는지에 주목하여 조직들의 표준운영절차와 역량, 조직 간의 관계에 대해 분석함.
포괄적 합리성에서 벗어나는 외교 사례를 설명할 수 없음.	한계 보완 ┈┈>	포괄적 합리성에서 벗어나는 외교 정책 행위를 설명할 수 있음.

↓

의의

· 두 모델은 분석 대상이 되는 동일한 정책 행위에 대해 다른 분석 결과를 도출함.
· 두 모델은 대립 관계에 있는 것이 아니라 외교 사건을 다각적으로 설명해 준다는 의의가 있음.

윗글에 대한 설명으로 적절하지 <u>않은</u> 것은?

〔정답 풀이〕

③ 합리적 행위자 모델과 조직 과정 모델의 정책 행위 분석 단계를 구체적인 사례를 들어 설명하고 있다.

〔해설〕 2문단과 3문단에서 각각 합리적 행위자 모델과 조직 과정 모델에 대해 설명하고 있지만, 두 모델의 정책 행위 분석 단계를 구체적인 사례를 들어 설명하지는 않았다.

〔오답 풀이〕

① 합리적 행위자 모델이 지닌 한계와 관련하여 조직 과정 모델이 갖는 의의를 제시하고 있다.

〔해설〕 3문단에서 합리적 행위자 모델은 포괄적 합리성에서 벗어나는 외교 사례를 설명할 수 없다는 한계가 있다고 하였다. 그리고 앨리슨은 이를 보완하기 위해 제한적 합리성을 바탕으로 한 조직 과정 모델을 제시하였으며 조직 과정 모델은 포괄적 합리성에서 벗어나는 외교 정책 행위를 설명할 수 있다고 하여, 합리적 행위자 모델이 지닌 한계와 관련하여 조직 과정 모델이 갖는 의의를 제시하고 있다.

② 합리적 행위자 모델과 조직 과정 모델의 특징을 사이먼이 제시한 합리성과 관련지어 서술하고 있다.

〔해설〕 1문단에서 허버트 사이먼은 합리적 행위와 관련하여 포괄적 합리성과 제한적 합리성이라는 두 가지 관점을 제시했다고 하였다. 2문단에서 합리적 행위자 모델은 포괄적 합리성을 바탕으로 정책 행위를 설명한다고 하였고, 3문단에서 조직 과정 모델은 제한적 합리성을 바탕으로 한다고 하였으므로 합리적 행위자 모델과 조직 과정 모델의 특징을 사이먼이 제시한 합리성과 관련지어 서술하고 있다.

④ 합리적 행위자 모델과 조직 과정 모델에서 외교 정책 행위를 분석하는 방식을 비교하여 설명하고 있다.

〔해설〕 1문단에서 그레이엄 앨리슨은 허버트 사이먼의 포괄적 합리성과 제한적 합리성이라는 두 가지 관점을 바탕으로 외교 정책 행위를 몇 가지 모델로 분석하고자 하였음을 알 수 있다. 그리고 2문단과 3문단에서는 그레이엄 앨리슨이 제시한 외교 정책 행위를 분석하는 두 가지 모델인 합리적 행위자 모델과 조직 과정 모델을 비교하여 설명하고 있다. 2문단에서 합리적 행위자 모델은 정책 행위의 목적에 주목함을 알 수 있고, 3문단에서 조직 과정 모델은 정책 행위의 목적보다는 그 정책 행위가 어떻게 결정되었는지에 주목함을 알 수 있다.

⑤ 합리적 행위자 모델과 조직 과정 모델에서 바라보는 국가의 성격을 바탕으로 각 모델의 분석 대상을 서술하고 있다.

〔해설〕 2문단에서 합리적 행위자 모델에서는 행위자는 단일한 의사 결정자로서의 국가이며 모든 국가는 포괄적 합리성을 가지고 행동한다고 보아, 국가가 정책 행위를 결정한 목적을 몇 가지로 예상해 보고, 분석하고자 하는 정책 행위가 각각의 목적에서 갖는 효용을 계산한다고 하였다. 그리고 3문단에서 조직 과정 모델에서는 행위자는 독자적인 여러 조직이 모인 연합체로서의 국가로 보아, 조직들의 SOP와 역량, 조직 간의 관계에 대해 분석한다고 하였다. 즉 합리적 행위자 모델과 조직 과정 모델에서 바라보는 국가의 성격을 바탕으로 각 모델의 분석 대상을 서술하고 있다.

㉮에 대한 이해로 가장 적절한 것은?
= 분석 대상이 되는 정책 행위를 바라보는 시각

〔정답 풀이〕

③ 합리적 행위자 모델은 정책 행위를 목적에 따른 행위자의 의도적 선택으로 보지만, 조직 과정 모델은 정책 행위를 조직의 수행에 따른 기계적 산출물로 본다.

〔해설〕 1문단에서 합리적 행위를 포괄적 합리성으로 설명하는 관점에 따르면 행위자는 효용을 극대화하는 방안을 의도적으로 선택한다고 하였다. 합리적 행위자 모델은 이러한 포괄적 합리성을 바탕으로 정책 행위를 설명하므로, 정책 행위를 목적에 따른 행위자의 의도적 선택으로 본다. 한편 3문단에서 조직 과정 모델에서 정책 행위는 행위자의 의도적 선택이 아닌 미리 규정된 절차에 따라 조직들이 수행한 결과가 모여 만들어진 기계적 산출물로 인식된다고 하였다.

〔오답 풀이〕

└→ 조직 과정 모델은
① 합리적 행위자 모델은 규정된 절차에 따라 정책 행위가 결정된다고 보지만, 조직 과정 모델은 조직의 역량에 따라 정책 행위가 결정된다고 본다.

〔해설〕 3문단에서 조직 과정 모델에서 정책 행위는 미리 규정된 절차에 따라 조직들이 수행한 결과가 모여 만들어진 기계적 산출물로 인식된다고 하였다. 따라서 규정된 절차에 따라 정책 행위가 결정된다고 보는 것은 합리적 행위자 모델이 아니라 조직 과정 모델이다.

└→ 조직 과정 모델은
② 합리적 행위자 모델은 정책 행위를 연합체로서의 국가가 선택한 결과로 보지만, 조직 과정 모델은 정책 행위를 단일체로서의 국가가 선택한 결과로 본다.
└→ 합리적 행위자 모델은

〔해설〕 2문단에서 합리적 행위자 모델은 행위자를 단일한 의사 결정자로서의 국가로 본다고 하였고, 3문단에서 조직 과정 모델은 행위자를 독자적인 여러 조직이 모인 연합체로서의 국가로 본다고 하였다. 즉, 정책 행위를 연합체로서의 국가가 선택한 결과로 보는 것은 조직 과정 모델이고, 정책 행위를 단일체로서의 국가가 선택한 결과로 보는 것은 합리적 행위자 모델이다.

④ 합리적 행위자 모델은 국가가 효용을 계산하여 정책 행위를 결정한다고 보지만, 조직 과정 모델은 국가가 조직을 완전히 통제하여 정책 행위를 결정한다고 본다.

〔해설〕 3문단에서 조직 과정 모델에서는 국가는 그 규모가 크기 때문에 조직의 모든 활동을 국가의 의도에 맞게 완전히 통제하거나 감독할 수 없다고 하였다. 따라서 조직 과정 모델이 국가가 조직을 완전히 통제하여 정책 행위를 결정한다고 본다는 것은 적절하지 않다.

⑤ 합리적 행위자 모델은 정책 행위를 객관적 정보를 종합한 결과로 보지만, 조직 과정 모델은 정책 행위를 불확실한 미래를 추측하여 문제에 대한 새로운 해결책을 찾은 결과로 본다.

〔해설〕 3문단에서 조직 과정 모델에서는 조직이 불확실한 미래를 추측하고 그에 맞게 행동하는 것을 매우 꺼리기 때문에 문제의 심각성이나 긴박성에 따른 새로운 해결책을 강구하기보다 일상적인 SOP에 의존하여 판단을 내리는 경향이 강하다고 하였다. 따라서 조직 과정 모델이 정책 행위를 불확실한 미래를 추측하여 문제에 대한 새로운 해결책을 찾은 결과로 본다는 것은 적절하지 않다.

08 핵심 정보의 이해   정답 ⑤

= 제한적 합리성
㉠과 ㉡에 대한 이해로 가장 적절한 것은?
= 포괄적 합리성

정답 풀이

⑤ ㉡은 ㉠과 달리 목적과 상황이 동일하더라도 행위자의 특성에 따라 결정이 달라질 수 있다고 본다.

해설 ㉠은 행위자의 특성에 상관없이 행위자는 언제나 효용을 극대화하는 방안을 선택한다고 전제한다고 하였다. 따라서 ㉠은 목적과 상황이 동일하다면 행위자의 특성에 상관없이 언제나 같은 결정을 내릴 것이라고 본다. 반면 ㉡은 행위자가 자신이 처한 상황과 선택 가능한 방안, 선택의 결과 등을 정확하게 인지하지 못한다고 본다고 하였다. 따라서 ㉡은 목적과 상황이 동일하더라도 행위자의 특성에 따라 결정이 달라질 수 있다고 본다.

오답 풀이

① ㉠은 행위자의 지식이, ㉡은 행위자의 목적어 선택에 가장 큰 영향을 미치는 요소라고 본다.

해설 ㉠은 행위자가 각 방안에서 초래될 모든 결과를 정확히 평가하여 효용을 극대화하는 방안을 의도적으로 선택하며, 이러한 경향은 행위자의 특성에 상관없이 언제나 일관되게 선택 과정에 반영된다고 본다고 하였다. 따라서 ㉠은 어떤 방안을 선택함으로써 얻을 수 있는 효용이 선택에 영향을 미친다고 본다. 행위자의 특성인 지식이 선택에 가장 큰 영향을 미치는 요소라고 보지는 않는다. 한편 ㉡은 행위자의 지식이나 인지 능력과 같은 행위자의 특성이 선택에 영향을 미친다고 본다. 행위자의 목적이 선택에 가장 큰 영향을 미치는 요소라고 보는 것은 아니다.

↳ ㉠과 ㉡은 모두
② ㉠은 ㉡과 달리 행위자가 어떤 방안을 선택할 때 자신이 달성하고자 하는 목적을 고려한다고 본다.

해설 ㉠과 ㉡은 모두 행위자가 선택 과정에서 자신이 달성하고자 하는 목적을 고려하여 방안을 선택한다고 본다. ㉡은 행위자가 자신의 목적을 달성하는 데 있어서 인지 능력에 한계가 있다고 본다는 점에서 ㉠과 차이가 있을 뿐이다.

🦉 선택지 속 함정

㉡을 ㉠과 비교하여 명확하게 이해하지 못하면 ②를 적절한 것으로 생각하기 쉬워. 1문단에서 ㉡은 '행위자가 자신의 목적을 달성하는 데 있어 지식과 인지 능력에 한계가 있음을 인정하는 관점'이라고 했고, 3문단에서 '조직 과정 모델'에 대해 설명하면서 '정책 행위의 목적보다는 그 정책 행위가 어떻게 결정되었는지에 주목한다'고 한 것을 보고, ㉡은 목적에 대해서는 고려하지 않는 관점이라고 잘못 이해하면 안 돼. 이 지문에서처럼 큰 범위에서 비교되는 두 대상이 제시되면, 모든 면에서 두 대상이 반대된다고 잘못 생각하지 않도록 주의해야 해. ㉡은 행위자가 목적을 달성하는 데 있어서 인지 능력에 한계가 있다고 본다는 것일 뿐, 목적을 고려하지 않는다는 것은 아니야.

↳ ㉡은 ㉠과 달리
③ ㉠은 ㉡과 달리 행위자의 인지적 한계를 이유로 행위자가 처한 상황에 대한 분석이 중요하다고 본다.

해설 ㉡은 행위자가 자신의 목적을 달성하는 데 있어 지식과 인지 능력에 한계가 있음을 인정하는 관점이라고 하였다. 따라서 행위자의 인지적 한계를 이유로 행위자가 처한 상황에 대한 분석이 중요하다고 보는 것은 ㉠이 아니라 ㉡이다.

↳ ㉠과 ㉡은 모두
④ ㉡은 ㉠과 달리 행위자가 어떤 방안을 선택했을 때 그 방안이 합리적인지 판단할 수 있다고 본다.

해설 ㉠은 행위자가 각 방안에서 초래될 모든 결과를 정확하게 평가하여 효용을 극대화하는 방안을 의도적으로 선택하며, 이러한 경향은 행위자의 특성에 상관없이 언제나 일관되게 선택 과정에 반영된다고 본다고 하였다. 즉 ㉠은 행위자가 어떤 방안을 선택했을 때, 선택된 방안이 목적에 대해 갖는 효용을 따져 합리성 여부를 판단할 수 있다고 본다. 한편 ㉡은 행위자가 자신의 목적과 관련하여 가진 정보와 그 정보를 바탕으로 추론할 수 있는 능력 등 행위자의 특성을 고려하여 선택의 합리성을 판단할 수 있다고 본다.

---

09 구체적 상황에 적용   정답 ②

윗글을 바탕으로 〈보기〉를 이해한 내용으로 적절하지 않은 것은?

[3점]

보기

A국과 B국은 군사적으로 대립 관계에 있는 인접 국가이다. A국은 B국보다 약한 군사력을 보완하기 위해 B국과의 국경 근처에 군대를 추가적으로 배치했다. 한편 B국의 정보 조직은 A국의 (A국이 선택한 정책 행위) 군대 배치 정보를 입수했지만, 일상적인 SOP에 따라 정보를 처리한 결과 이 정보가 상부에 전달되지 않았다. 결국 B국은 A국의 상황을 모른 채, A국에 대한 안보를 확보하기 위한 정책으로 군사력 강화와 평화 협정 체결 중 후자의 방안을 선택하게 되었다. (B국이 선택한 정책 행위)

* 단, A국과 B국은 독립 국가이며 국내외의 다른 정치 외교적 상황은 양국의 정책 행위에 영향을 미치지 않는다고 가정한다.

정답 풀이

↳ 조직 과정 모델의 관점에서
② 합리적 행위자 모델의 관점에서 B국의 정책 행위를 분석한다면, B국의 정보 조직이 파악한 정보가 상부에 전달되지 않은 과정에 주목하겠군.

해설 2문단에서 합리적 행위자 모델은 정책 행위를 분석할 때 행위자의 목적과 그에 따라 선택된 방안의 효용에 주목한다고 하였으므로, 합리적 행위자 모델의 관점에서 B국의 정책 행위를 분석한다면 B국이 A국에 대한 안보를 확보하기 위한 목적으로 평화 협정 체결의 방안을 선택한 것에 주목할 것이다. B국의 정보 조직이 파악한 정보가 상부에 전달되지 않은 과정에 주목하는 것은 조직 과정 모델의 관점이다.

오답 풀이

① 합리적 행위자 모델의 관점에서 A국의 목적을 군사력 증강으로 분석했다면, 군대의 추가 배치가 이 목적에 대해 가장 큰 효용을 가졌다고 분석했기 때문이겠군.

해설 2문단에서 합리적 행위자 모델은 분석하고자 하는 정책 행위가 가장 큰 효용을 갖게 되는 목적을 찾는다고 하였다. 따라서 합리적 행위자 모델의 관점에서 A국의 목적을 군사력 증강으로 분석했다면, 이는 결정된 정책 행위인 군대의 추가 배치가 가장 큰 효용을 갖게 되는 목적이 군사력 증강이라고 분석했기 때문이다.

③ 합리적 행위자 모델의 관점에서 B국의 평화 협정 체결이 국가 안보 확보를 위한 최적의 방안이 아니라고 분석했더라도, 이 관점에서는 왜 B국이 평화 협정 체결을 정책 행위로 선택했는지를 설명하지 못하겠군.

해설 3문단에서 합리적 행위자 모델은 포괄적 합리성에서 벗어나는 외교 사례를 설명할 수 없다는 한계가 있다고 하였다. 합리적 행위자 모델의 관점에서 B국의 평화 협정 체결이 국가 안보 확보를 위한 최적의 방안이 아니라고 분석했다면, B국의 정보 조직이 입수한 정보가 상부에 전달되지 않아서 평화 협정 체결을 정책 행위로 선택한 것은 포괄적 합리성에서 벗어나므로 왜 B국이 평화 협정 체결을 정책 행위로 선택했는지를 설명하지 못할 것이다.

🦉 선택지 속 함정

지문의 내용이 다소 어렵다 보니, 구체적 상황이 제시된 〈보기〉는 더 어렵게 느껴질 수 있어. 적용 문제라고 생각하니 지레 겁을 먹은 거지. 그런데 사실 이 문제는 〈보기〉의 내용을 크게 고려하지 않아도 지문의 내용만으로도 선택지를 판단할 수 있어. ③은 합리적 행위자 모델의 관점에서는 최적의 방안이 아닌 정책 행위가 선택된 것을 설명할 수 없음을 다루고 있어. 지문에서 합리적 행위자 모델의 관점에서는 결정된 정책 행위가 특정 목적에 대해 최대 효용을 갖는 방안이라고 본다는 점과 포괄적 합리성에서 벗어나는 외교 사례를 설명할 수 없다는 점을 떠올린다면 ③이 적절하다는 것을 이해할 수 있지.

④ 조직 과정 모델의 관점에서 A국의 정책 행위를 분석한다면, 군대를 추가적으로 배치한 목적이 무엇인가보다는 어떻게 그 정책 행위가 선택되었는가를 분석하겠군.

해설 3문단에서 조직 과정 모델은 정책 행위의 목적보다는 그 정책 행위가 어떻게 결정되었는지에 주목한다고 하였다.

⑤ 조직 과정 모델의 관점에서 B국이 평화 협정 체결을 선택하게 된 과정을 분석한다면, 관련 조직들의 SOP 및 조직 간의 관계를 중심으로 B국의 정책 행위를 설명하겠군.

해설 3문단에서 조직 과정 모델은 조직들의 SOP와 역량, 조직 간의 관계를 분석한다고 하였다.

---

10 어휘의 문맥적 의미 파악

정답 ①

선택률	① 91%	② 1%	③ 4%	④ 1%	⑤ 3%

문맥상 ⓐ의 의미와 가장 가까운 것은?
= 둔다

정답 풀이

① 기준을 어디에 **두느냐**가 중요하다.

해설 ⓐ와 ①에서 '두다'는 '행위의 준거점, 목표, 근거 따위를 설정하다.'라는 의미로 사용되었다.

오답 풀이

② 주말에 바둑을 **두는** 것이 취미이다.

해설 이 선택지에서는 '바둑이나 장기 따위의 놀이를 하다.'라는 의미로 사용되었다.

③ 앞의 사람과 간격을 **두며** 줄을 섰다.

해설 이 선택지에서는 '시간적 여유나 공간적 간격 따위를 주다.'라는 의미로 사용되었다.

④ 위험물을 여기 그대로 **두면** 안 된다.

해설 이 선택지에서는 '어떤 대상을 일정한 상태로 있게 하다.'라는 의미로 사용되었다.

⑤ 그 사건은 평생을 **두고** 잊을 수 없다.

해설 이 선택지에서는 '어떤 상황이 어떤 시간이나 기간에 걸치다.'라는 의미로 사용되었다.

DAY **11** 사회 **경제 활동**

01~06 2020년 9월 고2 전국연합학력평가 ───○ 본문 54~56쪽

01 ④ **02** ③ **03** ④ **04** ⑤ **05** ⑤ **06** ②

⬭ 문단별 핵심어 ★▬▬ 중심 문장

• **기업의 선택을 위한 편익과 비용**

1 가계, 기업, 정부는 경제 주체로서 가계는 소비, 기업은 생산, 정부는 정책 결정 시 합리적인 선택을 하기 위해 노력한다.
경제 주체
이때 (합리적인 선택)을 하려면 편익과 비용을 충분히 고려하여 편익에서 비용을 뺀 순편익이 가장 큰 대안을 선택해야 한다.
순편익: 편익 – 비용
(편익)이란 어떤 선택을 할 때 얻는 이득으로, 기업의 판매 수입과 같은 금전적인 것이나 소비자가 상품을 소비함으로써 얻는 정신적 만족감과 같은 비금전적인 것을 말한다. (비용)이란 암묵
편익의 개념
[A] 적 비용 중 가장 큰 것과 명시적 비용을 합친 것이다. 암묵적 비
비용의 개념
용은 어떤 선택으로 인해 포기한 다른 대안의 가치를, 명시적 비용은 그 선택을 할 때 화폐로 직접 지불하는 비용을 말한다.

2 (순편익)은 한계편익과 한계비용이 같을 때 가장 커지는데, (한
순편익의 극대화: 한계편익 = 한계비용
계편익)은 어떤 선택에 의해 추가로 발생하는 편익이며 (한계비
한계편익의 개념
용)은 그 선택에 의해 추가로 발생하는 비용이다. 「예를 들어, 볼
한계비용의 개념
펜을 1개 더 살지 고민하고 있는 소비자의 한계편익은 볼펜을 1개
「 」: 볼펜을 예로 든 한계편익과 한계비용에 대한 설명
더 사는 데에서 추가로 얻는 만족감이며, 한계비용은 볼펜을 1
개 더 사기 위해 추가로 드는 비용이다.」

3 (기업)은 상품을 얼마나 생산하면 이윤을 극대화할 수 있을지 (한
계비용)과 (한계수입)을 고려해 합리적인 판단을 ⓐ내릴 수 있다. 기업 입장에서 한계비용은 상품 생산량을 한 단위 증가시키는 데 추
기업 입장에서의 한계비용의 개념
가로 드는 비용이며, 한계수입은 상품을 한 단위 더 생산하여 판매
기업 입장에서의 한계수입의 개념
할 때 추가로 얻는 수입이다. 완전경쟁시장에 있는 기업이라면 상품의 시장 가격 그 자체가 한계수입이 된다. 완전경쟁시장은 많은 수의 공급자와 수요자로 구성되어 있고 거래되는 상품이 동질적이
완전경쟁시장의 특징
므로 개별 공급자나 수요자가 시장 가격에 영향을 미칠 수 없다. 즉 기업이나 소비자는 시장에서 결정된 상품 가격을 주어진 것으로 받아들이며 이 가격이 기업의 한계수입이 된다. 상품을 사려는 사람들이 많아져 시장 수요가 증가하여 상품 가격이 오른다면, 한계수입
한계수입 상승의 조건
도 그만큼 동일하게 오른다.

4 생산을 계속할 때 손실이 발생하는 상황이 아니라면, 기업은 (한
계비용)과 (한계수입)이 (일치)하도록 생산량을 조절해 (이윤을 극대화)

할 수 있다. 한계비용이 한계수입보다 큰 경우에는 상품 생산량을
생산량 줄임. → 이윤 증가
한 단위 더 줄일 때 그로 인해 추가로 절약되는 비용이 줄어들 수입
보다 크므로 생산량을 줄여 이윤을 증가시킬 수 있다. 이와 반대로
한계수입이 한계비용보다 큰 경우에는 생산량을 늘려 이윤을 증가
생산량 늘림. → 이윤 증가
시킬 수 있다.

5 그런데 생산을 계속할 때 이윤이 남는 것이 아니라 오히려 (손실)
을 볼 수도 있기 때문에 어떤 상황에서 손실이 발생하는지 판단하
는 것도 기업 입장에서 중요하다. 이때 고려할 수 있는 것 중 하나
가 평균비용이다. (평균비용)은 어떤 양의 상품을 생산하는 데 투입
된 총비용을 생산량으로 나눈 것으로, 상품을 한 단위 생산하는 데
평균비용 = 총비용 / 생산량
드는 평균적인 비용을 말한다. 여기에서 (총비용)은 고정비용과 가변
비용으로 구분된다. 한계비용이 총비용 중 가변비용에만 영향을 받
는 것과 달리, 평균비용은 고정비용과 가변비용에 모두 영향을 받
한계비용과 평균비용의 차이
는다. (고정비용)은 생산량에 따라 변하지 않고 일정한 크기를 유지
고정비용의 개념
하는 비용으로, 생산량이 많든 적든 매달 똑같이 내야 하는 임대료
가 그 예이다. (가변비용)은 생산량에 따라 달라지는 비용으로, 각종
가변비용의 개념
재료비, 상품 생산을 늘리기 위해 추가로 고용하는 직원에게 지급되는
보수 등이 그 예이다.

6 그렇다면 기업은 (손실이 발생)하는지 (평균비용)을 통해 어떻게 알
수 있을까? 「총비용을 전부 회수하는 것이 언제라도 가능한 기업이
「 」: 기업이 평균비용을 통해 손실 발생 여부를 파악하는 과정
완전경쟁시장에 있다고 가정해 보자. 이 기업은 평균비용을 상품의
(시장 가격)과 비교해 보고 만약 가격이 평균비용곡선의 최저점에도
미치지 못한다면, 생산량이 얼마이든 그 가격에 상품을 판매해 보
았자 손실을 피할 수 없다고 판단할 것이다.」 그렇다면 투입된 총비
용을 전부 회수하여 손실 발생을 막는 것이 이 기업에 합리적인 결
정일 수 있다. 기업이 의도한 생산량에서의 평균비용이 시장 가격
기업 입장에서 이윤이 남는 조건
보다는 낮아야 이윤이 남는데, 어떻게 해도 손실을 피할 수 없다면
생산을 계속할 것인지 신중하게 고민해야 하는 것이다. ㉠이처럼
평균비용은 한계비용과 더불어 기업이 (생산에 관한 의사 결정)을 내
평균비용이 시장 가격보다 낮아야 이윤이 남아서 생산을 계속할 수 있음.
릴 때 유용하게 활용된다.
평균비용<시장 가격: 이윤 발생 → 생산 가능

7 합리적 선택을 중심으로 생산에 관한 기업의 의사 결정을 살펴
보는 것은 경제 활동을 더 잘 이해하게 한다는 점에서 의미가 있다.
특히, (기업의 생산 활동)은 소비자의 수요를 충족해 주고 고용 증가,
기업의 생산 활동의 의의
경제 성장 등 사회 전체에 미치는 영향이 크다는 점에서 주의 깊게
살펴볼 필요가 있을 것이다.

지식을 쌓는 배경지식

기회비용과 매몰비용

① **기회비용**
- 어떤 것을 선택함으로써 포기해야 하는 가치들 가운데 가장 큰 가치
- 주어진 자원이 제한적인 상황에서 인간은 모든 기회를 선택할 수 없으므로, 어떤 기회의 선택은 나머지 기회들에 대한 포기를 의미함.
- 모든 선택에는 기회비용이 따르므로 이를 고려한 선택이 이루어져야 하며, 동일한 선택을 하더라도 그에 대한 기회비용은 사람마다 다르게 나타날 수 있음.

② **매몰비용**
- 어떤 선택을 위해 실제로 지불된 비용 중 다시 회수할 수 없는 비용
- 이미 지불하여 돌이킬 수 없는 매몰비용은 미래의 비용이나 편익에는 아무런 영향을 미치지 못하므로 합리적 의사 결정의 과정에서 배제해야 함.

지문 분석하기

|지문 구조|

1 합리적 선택을 위해 고려해야 하는 편익과 비용의 개념

↓

2 한계편익과 한계비용의 개념

↓

3 이윤 극대화를 위해 기업이 고려하는 한계비용과 한계수입의 개념	**5** 손실 발생 파악을 위해 기업이 고려하는 평균비용, 고정비용, 가변비용의 개념
↓	↓
4 기업이 한계비용과 한계수입을 활용해 이윤을 극대화하는 방법	**6** 기업이 평균비용을 활용해 손실 발생 여부를 판단하는 방법

↓

7 합리적 선택을 중심으로 생산에 관한 기업의 의사 결정을 살펴보는 것의 의의

|주제| 합리적 선택을 중심으로 살펴본 생산에 관한 기업의 의사 결정

합리적 선택을 위해 고려해야 하는 편익과 비용

- 편익: 어떤 선택을 할 때 얻는 이득
- 비용: 암묵적 비용 중 가장 큰 것과 명시적 비용을 합친 것
- 한계편익: 어떤 선택에 의해 추가로 발생하는 편익
- 한계비용: 어떤 선택에 의해 추가로 발생하는 비용

기업이 의사 결정 시 고려하는 요소

한계비용과 한계수입	평균비용
• 기업은 상품을 얼마나 생산하면 이윤을 극대화할 수 있을지 한계비용과 한계수입을 고려해 합리적인 판단을 내릴 수 있음. • 한계비용: 상품 생산량을 한 단위 증가시키는 데 추가로 드는 비용 • 한계수입: 상품을 한 단위 더 생산하여 판매할 때 추가로 얻는 수입 • 기업은 한계비용과 한계수입이 일치하도록 생산량을 조절해 이윤을 극대화할 수 있음.	• 평균비용: 상품을 한 단위 생산하는 데 드는 평균적인 비용으로, 고정비용과 가변비용의 영향을 받음. • 고정비용: 생산량에 따라 변하지 않고 일정한 크기를 유지하는 비용 • 가변비용: 생산량에 따라 달라지는 비용 • 기업의 의도한 생산량에서의 평균비용이 시장 가격보다는 낮아야 이윤이 남는데, 손실을 피할 방법이 없다면 생산을 계속할 것인지 의사 결정을 내려야 함.

01 글의 전개 방식 파악

정답 ④

선택률	① 4%	② 2%	③ 3%	④ 84%	⑤ 7%

윗글의 내용 전개 방식으로 가장 적절한 것은?

정답 풀이

④ 합리적인 선택을 하기 위한 방법을 제시하며 생산과 관련된 기업의 의사 결정에 대해 설명하고 있다.

해설 1문단에서 합리적 선택을 하려면 순편익이 가장 큰 대안을 선택해야 함을, 2문단에서 한계편익과 한계비용이 일치할 때 순편익이 가장 커짐을 말하며 합리적인 선택을 하기 위한 방법을 제시하고 있다. 이를 바탕으로 3~4문단에서 기업이 상품을 얼마나 생산하면 이윤을 극대화할 수 있는지, 5~6문단에서 손실 발생과 관련하여 생산의 지속 여부에 관한 기업의 의사 결정에 대해 설명하고 있다.

오답 풀이

① 합리적인 선택을 할 때의 장점을 제시하며 기업의 의사 결정 과정을 평가하고 있다.
↳ 기업의 합리적인 의사 결정 과정에서 고려해야 할 요소를 설명하고 있음.

해설 1문단에서 순편익이 가장 큰 대안을 선택하면 합리적인 선택을 할 수 있다고 했으므로 어떤 선택을 할 때 얻는 이익이 가장 커진다는 것이 합리적 선택의 장점이라고 미루어 짐작할 수 있다. 그리고 3~6문단에서 기업이 생산에 대한 의사 결정을 할 때 고려하는 요소인 한계비용과 평균비용 등은 제시되어 있다. 하지만 기업의 의사 결정 과정의 가치나 수준을 판단하고 있지는 않으므로 기업의 의사 결정 과정을 평가하고 있다는 설명은 적절하지 않다. 평가란 일정한 기준에 따져서 그 가치나 수준을 판단한다는 뜻이다.

② 합리적인 선택이 지닌 한계를 제시하며 기업의 사회적 책임에 대해 서술하고 있다.

해설 1~2문단은 합리적 선택을 하기 위해 고려해야 할 요소인 순편익에 대해 설명하고 있다. 3~4문단은 한계비용을 활용해 생산량을 조절함으로써 이윤을 극대화하는 방법을 설명하고 있다. 5~6문단은 평균비용을 활용해 손실 발생에 대해 판단하는 방법을 설명하고 있다. 7문단은 합리적 선택을 중심으로 생산에 대한 기업의 의사 결정을 살펴보는 것의 의미와 기업의 생산 활동이 사회 전체에 미치는 영향에 대해 설명하고 있다. 그러므로 합리적인 선택이 지닌 한계와 기업의 사회적 책임에 대해 서술하고 있다는 설명은 적절하지 않다.

③ 경제 주체가 되기 위한 조건을 제시하며 각 경제 주체가 수행하는 역할을 비교하고 있다.

해설 1문단에서 가계, 기업, 정부가 경제 주체라고 설명하고 있으나 경제 주체가 되기 위한 조건은 이 글에서 찾을 수 없다. 또한 1문단에서 각 경제 주체가 하는 역할이 가계는 소비, 기업은 생산, 정부는 정책 결정이라는 것은 알 수 있으나 각각을 견주어 공통점 등을 살피고 있지는 않다. 비교란 둘 이상의 것을 견주어 공통점 등을 살핀다는 뜻이다.

⑤ 기업이 생산 활동을 할 때 고려하는 요소를 제시하며 생산량을 결정할 때의 어려움을 원인에 따라 분류하고 있다.

해설 6문단에서 기업이 생산 활동을 할 때 고려하는 요소는 한계비용과 평균비용 등이라는 점을 알 수 있다. 하지만 생산량을 결정할 때의 어려움은 이 글을 통해 확인할 수 없다. 따라서 그 원인의 분류도 제시되어 있지 않다. 이 글은 '생산에 관한 기업의 합리적 선택과 이를 위해 고려해야 할 요소'에 대해 다루고 있다.

02 세부 정보의 파악

정답 ③

선택률	① 4%	② 5%	③ 79%	④ 8%	⑤ 4%

윗글에서 알 수 있는 내용으로 적절하지 않은 것은?

정답 풀이

③ 생산량과 상관없이 기업이 매달 똑같이 내야 하는 임대료는 한계비용에 영향을 준다.
고정비용에 해당
↳ 주지 않는다

해설 5문단에서 한계비용은 총비용 중 가변비용의 영향만을 받는다고 하였다. 가변비용은 생산량에 따라 달라지는 비용으로 각종 재료비, 상품 생산을 늘리기 위해 추가로 고용되는 직원에게 지급되는 보수 등을 가리킨다. 임대료는 생산량에 따라 변하지 않고 일정한 크기를 유지하는 고정비용에 해당한다. 그러므로 임대료는 한계비용에 영향을 주지 않을 것이다.

오답 풀이

① 총비용에서 고정비용을 제외한 나머지는 모두 가변비용이다.

해설 5문단에서 총비용은 고정비용과 가변비용으로 구분된다고 하였다. 그 이외의 요소는 제시되어 있지 않으므로 총비용에서 고정비용을 제외한 나머지는 모두 가변비용이라는 설명은 적절하다.

② 완전경쟁시장의 개별 소비자는 시장 가격을 주어진 것으로 받아들인다.

해설 3문단에서 완전경쟁시장은 다수의 공급자와 수요자로 구성되어 있고 거래되는 상품의 질은 같으므로 개별 공급자나 수요자가 시장 가격에 영향을 미칠 수 없다고 하였다. 그러므로 완전경쟁시장의 개별 소비자는 시장에서 결정된 상품 가격을 주어진 것으로 받아들인다는 설명은 적절하다.

④ 평균비용은 총비용이 생산된 상품에 똑같이 배분되었을 때 얼마인지를 나타내는 비용이다.

해설 5문단에서 평균비용은 어떤 양의 상품을 생산하는 데 투입된 총비용을 생산량으로 나눈 것이라고 하였다. 이에 따르면 상품 한 단위당 배분되는 비용은 똑같으므로 평균비용은 총비용이 생산된 상품에 똑같이 배분되었을 때 얼마인지를 나타내는 비용이라는 설명은 적절하다.

⑤ 같은 편익을 주는 대안이 여러 개 있다면 비용이 가장 적게 드는 것을 선택하는 것이 합리적이다.

해설 1문단에서 합리적인 선택을 하려면 편익에서 비용을 뺀 순편익이 가장 큰 대안을 선택해야 한다고 하였다. 편익이 같다면 비용이 가장 적게 드는 대안이 순편익이 가장 크다.

03 특정 정보의 추론   정답 ④

선택률	① 5%	② 3%	③ 19%	④ 64%	⑤ 9%

윗글을 참고할 때, ㉠의 의미를 추론한 내용으로 가장 적절한 것은?

㉠ = 이처럼 평균비용은 한계비용과 더불어 기업이 생산에 관한 의사 결정을 내릴 때 유용하게 활용된다.

정답 풀이

④ 평균비용은 생산을 중단할 만한 상품 가격이 얼마인지, 한계비용은 이윤을 늘리기 위해 도달해야 할 생산량이 얼마인지 알아볼 때 유용하다.

해설 6문단에서 기업이 의도한 생산량에서의 평균비용이 시장 가격보다 낮아야 이윤이 남아서 생산을 계속할 수 있다고 하였다. 즉 상품 가격이 평균비용보다 높아야 이윤이 남아서 생산을 계속할 수 있다. 또한 4문단에서 기업은 한계비용과 한계수입이 일치하도록 생산량을 조절해 이윤을 극대화할 수 있고, 한계비용을 고려해 생산량을 조절하면 이윤을 늘릴 수 있다고 하였다.

오답 풀이

① 평균비용은 고정비용이 얼마인지, 한계비용은 가변비용이 얼마인지 알아볼 때 유용하다.

해설 5문단에서 총비용이 고정비용과 가변비용으로 이루어진다는 것은 알 수 있지만, 평균비용을 통해 고정비용이 얼마인지, 한계비용을 통해 가변비용이 얼마인지는 알 수 없다. 한계비용은 가변비용에만 영향을 받고, 평균비용은 고정비용과 가변비용 모두에 영향을 받는다고 서술했을 뿐이다.

② 평균비용은 시장 가격이 왜 오르는지, 한계비용은 시장 가격이 왜 떨어지는지 알아볼 때 유용하다.

해설 4문단에서 기업은 한계비용과 한계수입(= 완전경쟁시장에서의 상품의 시장 가격)의 관계를 살펴보아 생산량을 조절한다고 하였고, 6문단에서 평균비용이 시장 가격보다 낮아야 생산이 계속된다고 했으나, 평균비용과 시장 가격의 상승 간의 관계, 한계비용과 시장 가격의 하락 간의 관계는 알 수가 없다.

③ 평균비용은 생산을 멈추어야 하는 시기가 언제인지, 한계비용은 생산에 드는 암묵적 비용이 얼마인지 알아볼 때 유용하다.

해설 6문단에서 상품의 시장 가격이 평균비용보다 낮아지면 손실을 피할 수 없으므로 기업은 생산을 계속할 것인지 고민하게 됨을 알 수 있다. 그러므로 평균비용은 생산을 멈추어야 하는 시기가 언제인지 알아볼 때 유용하게 활용할 수 있다. 한편 1문단에서 암묵적 비용은 어떤 선택으로 인해 포기한 다른 대안의 가치를 말함을 알 수 있고, 2문단에서 한계비용은 어떤 선택에 의해 추가로 발생하는 비용임을 알 수 있다. 그러므로 한계비용을 통해 생산에 드는 암묵적 비용이 얼마인지는 알 수 없다.

⑤ 평균비용은 생산량 증가로 총비용이 얼마나 늘어나는지, 한계비용은 상품 가격 하락으로 판매 수입이 얼마나 줄어드는지 알아볼 때 유용하다.

해설 5문단에서 평균비용은 어떤 양의 상품을 생산하는 데 투입된 총비용을 생산량으로 나눈 것으로, 상품을 한 단위 생산하는 데 드는 평균적인 비용이라고 하였다. 그래서 증가된 생산량과 평균비용을 곱하면 총비용이 얼마나 늘어나는지 알 수는 있지만 이 글을 참고해 추론한 ㉠의 의미와는 상관이 없다. 또한 4문단에 따르면 한계비용과 한계수입(= 완전경쟁시장에서의 상품의 시장 가격)의 비교를 통해 생산량을 조절해 이윤을 극대화할 수 있지만, 한계비용으로 상품 가격 하락으로 인한 판매 수입의 감소 정도를 알 수는 없다. 게다가 이는 이 글을 참고해 추론한 ㉠의 의미와도 상관이 없다.

04 구체적 상황에 적용   정답 ⑤

선택률	① 9%	② 14%	③ 22%	④ 12%	⑤ 43%

윗글의 [A]를 참고할 때, [독서 후 심화 활동]을 수행한 내용으로 적절하지 않은 것은?

[독서 후 심화 활동] 글의 내용을 아래 상황에 적용해 보자.

3,000원을 가지고 가게에 간 갑은 각각 1,000원인 ○○ 과자와 △△ 음료수를 모두 사고 싶지만, 먼저 ○○ 과자 소비량을 합리적 선택을 통해 결정하기로 했다. 과자 소비량에 따른 비용과 편익은 아래 표와 같다. 비용에는 갑이 과자 소비로 포기한 음료수 소비의 가치를 금전적으로 환산해 반영했으며, (비용: 암묵적 비용 + 명시적 비용) 편익은 과자 소비의 만족감을 고려해 각 소비량만큼 과자를 사기 위해 갑이 지불할 마음이 있는 최대한의 금액으로 나타냈다. (소비자가 상품을 소비함으로써 얻는 정신적 만족감) 갑의 소비에 영향을 미치는 다른 조건은 모두 무시한다.

○○ 과자 소비량(개)	비용(원)	편익(원)
0	0	0
1	2,500	4,000
2	5,500	7,500
3	9,000	9,500

정답 풀이

⑤ 갑이 과자를 사기 위해 포기한 음료수 소비의 금전적 가치는 과자를 구입하는 개수가 늘어날수록 점점 작아지겠군. (비용 – 과잣값) (↳ 커지겠군)

해설 1문단에서 암묵적 비용은 어떤 선택으로 인해 포기한 다른 대안의 가치를, 명시적 비용은 그 선택을 할 때 화폐로 직접 지불하는 비용임을 알 수 있다. 갑이 과자를 사기 위해 포기한 음료수 소비의 금전적 가치는 비용에서 명시적 비용을 제외한 암묵적 비용이다. 그러므로 위의 자료에 나타난 비용을 바탕으로 계산하면 과자를 1개 소비할 때 음료수 소비의 금전적 가치는 비용에서 명시적 비용(과잣값)을 뺀 1,500원(2,500원-1,000원)이고, 과자를 2개 소비할 때 음료수 소비의 금전적 가치는 3,500원(5,500원-2,000원), 과자를 3개 소비할 때 음료수 소비의 금전적 가치는 6,000원(9,000원-3,000원)임을 알 수 있다. 따라서 과자를 소비할 때 포기한 음료수 소비의 금전적 가치는 1,500원, 3,500원, 6,000원으로, 과자를 구입하는 개수가 늘어날수록 점점 커진다.

오답 풀이

① 갑이 과자 소비에서 얻는 순편익은 과자를 3개 살 때보다 1개 살 때 더 크겠군. (편익 – 비용)

해설 1문단에서 순편익은 편익에서 비용을 뺀 것이라고 하였다. 그러므로 갑이 과자 소비에서 얻는 순편익은 과자를 3개 살 때는 500원(9,500원-9,000원)이고, 1개 살 때는 1,500원(4,000원-2,500원)이다. 따라서 갑이 과자 소비에서 얻는 순편익은 과자를 3개 살 때보다 1개 살 때 더 크다.

② 갑이 과자 소비량을 합리적으로 선택하여 과자를 샀다면 음료수 1개 값이 남겠군.

해설 1문단에 따르면 합리적인 선택을 하기 위해 편익에서 비용을 뺀 순편익이 가장 큰 대안을 선택해야 한다. 과자를 1개 선택했을 때 순편익은 1,500원(4,000원-2,500원)이고, 과자를 2개 선택했을 때 순편익은 2,000원(7,500원-5,500원)이고, 과자를 3개 선택했을 때 순편익은 500원(9,500원-9,000원)이다. 그러므로 과자를 2개 선택했을 때 순편익이 가장 크다. 갑이 가진 돈 3,000원에서 과자 2개 값인 2,000원을 소비하면 1,000원이 남고 이는 음료수 1개 값과 동일하다.

③ 갑이 과자 소비량을 0개에서 1개씩 늘릴 때마다 얻는 한계편익은 점점 줄어
들겠군.   _{어떤 선택에 의해 추가로 발생하는 편익}

[해설] 2문단에서 한계편익은 어떤 선택에 의해 추가로 발생하는 편익임을 알
수 있다. 과자 소비량을 0개에서 1개씩 늘릴 때마다 얻는 한계편익은 4,000원
(4,000원−0원), 3,500원(7,500원−4,000원), 2,000원(9,500원−7,500원)으로
점점 줄어든다.

④ 갑이 과자 소비량을 2개에서 3개로 늘리기 위해 추가로 드는 비용은 추가
로 얻는 만족감보다 크겠군.   _{한계편익}

[해설] 갑이 과자 소비량을 2개에서 3개로 늘리기 위해 추가로 드는 비용은
3,500원(9,000원−5,500원)이다. 갑이 과자 소비량을 2개에서 3개로 늘려
서 추가로 얻는 만족감은 한계편익을 말하므로 늘어난 편익인 2,000원(9,500
원−7,500원)이다. 따라서 갑이 과자 소비량을 2개에서 3개로 늘리기 위해 추가
로 드는 비용은 추가로 얻는 만족감보다 크다는 설명은 적절하다.

---

05   자료를 활용한 내용 이해   정답 ⑤

선택률	① 11%	② 17%	③ 12%	④ 17%	⑤ 43%

〈보기〉는 완전경쟁시장에 있는 어느 기업에서 생산하는 상품과 관련
된 비용과 수입을 나타낸 것이다. 윗글을 바탕으로 〈보기〉를 이해한
내용으로 가장 적절한 것은? [3점]

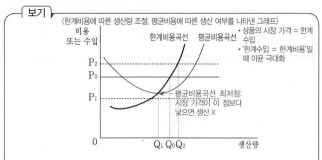

보기
〈한계비용에 따른 생산량 조절, 평균비용에 따른 생산 여부를 나타낸 그래프〉
· 상품의 시장 가격 = 한계
수입
· '한계수입 = 한계비용'일
때 이윤 극대화

평균비용곡선 최저점:
시장 가격이 이 점보다
낮으면 생산 X

※ 현재 생산량은 Q_0, 상품의 시장 가격은 P_0임. 이 기업은 언제라도
총비용을 전부 회수할 수 있으며, 생산한 상품은 생산량이 얼마이
든 모두 판매된다고 전제함.

(정답 풀이)

⑤ 시장 수요의 증가로 가격이 P_2가 되면, 한계수입이 한계비용보다 커지므로
생산량을 Q_2에 가깝게 늘릴수록 이윤이 증가하겠군.
  _{한계비용과 한계수입이 일치하는 지점}

[해설] 3문단에서 완전경쟁시장에서 상품의 시장 가격은 곧 한계수입이라고 하
였다. 그러므로 시장 수요의 증가로 가격이 P_2로 오르면 한계수입도 그만큼 올라서
P_2가 된다. 그런데 현재 생산량은 Q_0이므로 〈보기〉의 한계비용곡선에서 한계비
용은 P_0임을 알 수 있다. 이 상태에서 한계수입 P_2는 한계비용 P_0보다 높다. 한편,
4문단에서 한계비용과 한계수입을 일치하도록 생산량을 조절해 이윤을 극대화
할 수 있다고 하였다. 또한 한계수입이 한계비용보다 큰 경우에는 생산량을 늘려
서 이윤을 증가시킬 수 있다고 하였다. 그러므로 한계비용과 한계수입이 일치하
는 생산량인 Q_2에 가깝게 생산량을 늘릴수록 이윤이 증가한다.

(오답 풀이)

① 생산량을 Q_0로 유지하면, 평균비용이 한계수입보다 작으므로 이윤이 극대
화되겠군.   _{한계비용과 한계수입이 일치하므로}

[해설] 생산량을 Q_0로 유지하면 한계비용과 한계수입이 일치하여 이윤이 극대화
된다. 현재 상품의 시장 가격은 P_0이고 3문단에 따르면 완전경쟁시장에서 상품
의 시장 가격은 한계수입이기 때문이다. 이때 평균비용곡선을 보면 평균비용이
한계수입보다 작다. 하지만 이는 이윤이 남아서 생산을 계속할 수 있다는 사실
에 대한 근거일 뿐이다. 그러므로 생산량이 Q_0로 유지되는 상황에서 평균비용이
한계수입보다 작다는 사실은 이윤이 극대화된다는 사실과 관련이 없다.

---

② 생산량을 Q_2로 늘리면, 한계비용이 한계수입보다 커지므로 이윤이 남자 않
겠군.   _{줄겠군}

[해설] 생산량을 Q_2로 늘리면 4문단에 따라 한계비용이 한계수입보다 커져서 이
윤이 줄어들기는 한다. 하지만 이윤이 남지 않는지 확인하려면 6문단에 따라 평
균비용과 시장 가격(= 완전경쟁시장에서 한계수입) 간의 관계를 살펴보아야 한
다. 그러므로 한계비용이 한계수입보다 커지므로 이윤이 남지 않는다는 설명은
적절하지 않다.

③ 가격이 P_0로 유지되면, 생산량을 Q_1으로 줄여도 한계비용과 평균비용이 모
두 줄어들기 때문에 이윤에는 변함이 없겠군.   _{줄이면 이윤이 줄겠군}

[해설] 가격이 P_0로 유지되면 한계비용과 한계수입이 일치하는 생산량 Q_0에서 이
윤이 극대화된다. 그러므로 가격이 P_0로 유지된 상태에서 생산량을 Q_1으로 줄이
면 이윤 역시 줄어든다.

> 👁 **선택지 속 함정**
>
> ③의 경우 생산량을 Q_0에서 Q_1으로 줄이면 한계비용과 평균비용이 모두 줄어
> 들기는 하지만, 이를 근거로 가격이 P_0로 유지되면 이윤에는 변함이 없다는 사실
> 을 추론할 수는 없어. 이에 대한 어떠한 근거도 지문에서는 찾아볼 수 없기 때문
> 이야. 이윤에 관해서 생각하려면 지문에 나온 이윤이 극대화되는 조건, 이윤이 발
> 생하는 조건을 따져 봐야 해. 근거는 지문과 〈보기〉 등에 있어야 해.

④ 시장 수요의 감소로 가격이 P_1이 되면, 생산량을 Q_1으로 줄여야 평균비용이
제일 적게 들어가므로 손실을 0으로 만들 수 있겠군.   _{손실이 발생하겠군}

[해설] 시장 수요의 감소로 가격이 P_1이 되면 시장 가격이 평균비용곡선의 최저
점보다 낮아지게 된다. 6문단에서 시장 가격이 평균비용보다 높아야 이윤이 남
는다는 것을 알 수 있다. 그러므로 시장 가격이 평균비용보다 낮은 경우 생산량
이 얼마이든 생산을 계속하면 손실이 발생한다.

---

06   어휘의 문맥적 의미 파악   정답 ②

선택률	① 3%	② 90%	③ 3%	④ 1%	⑤ 2%

문맥상 의미가 ⓐ와 가장 가까운 것은?   _{= 내릴}

(정답 풀이)

② 심사위원은 그에 대해 평가를 내리지 않았다.

[해설] ⓐ와 ②에서 '내리다'는 '판단, 결정을 하거나 결말을 짓다.'라는 의미로 사
용되었다.

(오답 풀이)

① 동생이 기차에서 내리면서 나를 보았다.

[해설] '탈것에서 밖이나 땅으로 옮아가다.'라는 의미로 사용되었다.

③ 그때는 이미 전국에 폭풍 주의보를 내린 뒤였다.

[해설] '명령이나 지시 따위를 선포하거나 알려 주다. 또는 그렇게 하다.'라는 의
미로 사용되었다.

④ 선반 위에서 상자를 내리려면 사다리가 필요하다.

[해설] '위에 올려져 있는 물건을 아래로 옮기다.'라는 의미로 사용되었다.

⑤ 그는 게시판의 글을 내리는 것이 좋겠다고 생각했다.

[해설] '컴퓨터 통신망이나 인터넷 신문에 올린 파일이나 글, 기사 따위를 삭제하
다.'라는 의미로 사용되었다.

◯ 문단별 핵심어　★ 중심 문장

DAY
11

사회

• 파생상품

1 파생상품이란 기초자산의 가치 변동에 따라 가격이 결정되는 금융상품이다. 이때 기초자산은 농축산물이나 원자재 같은 실물자산
_{파생상품의 정의}
뿐만 아니라 주식이나 채권 등 가격이 매겨질 수 있는 모든 대상을
_{기초자산의 의미}
의미하는데, 기초자산의 가치 변동에 따른 파생상품의 가격 변화는
거래 당사자에게 손익을 발생시킨다.

2 파생상품은 기초자산에 해당하는 거래대상의 미래 가격이 불확
_{파생상품의 기능}
실하기 때문에 미래의 특정 시점에서 발생할 수 있는 손실의 위험
에 대비하기 위해 만들어졌다. 「파생상품이 만들어지기 이전에는,
「 」: 파생상품이 등장하게 된 배경
이러한 불확실성으로 인해 거래대상을 팔려는 매도자는 가격 하락
에 대한, 거래대상을 사려는 매수자는 가격 상승에 대한 두려움이
클 수밖에 없었다.」 그래서 거래 당사자들은 그들의 이해관계가 일
치하는 경우 기초자산을 계약 체결 시점에 정해 놓은 가격과 수량
으로 미래의 특정 시점, 즉 계약 만기 시점에 인수·인도하기로 약
_{선도의 거래 방식}
속하는 계약을 통해 미래의 위험에 대비하고자 하였다. 19세기 중
반 이전까지는 ㉠선도라는 파생상품이 이러한 계약으로서 기능하
_{파생상품의 종류 ①}
였다. 그런데 선도는 정해진 가격으로 계약과 동시에 물품을 인수·
인도하는 현물 거래와는 형태가 달랐다. 그래서 선도의 경우 거래
당사자들이 자기가 거래하고자 하는 물품의 가격, 수량, 만기 시점
_{선도의 한계 ①}
등에 있어 이해관계가 일치하는 거래 상대방을 찾기가 어려웠다.
또한 계약을 체결했더라도 만기 이전에 그 계약을 임의로 파기할
_{선도의 한계 ②}
위험이 높다는 불안정성이 늘 존재했다.

3 이런 문제점을 해결하기 위해, 경제 활동의 규모가 커지게 된 19
세기 중반부터는 ㉡선물이라는 파생상품이 나타났다. 선물은 기초
_{파생상품의 종류 ②}
자산을 계약 체결 시점에 정해 놓은 가격과 수량으로 계약 만기 시
_{선도와의 공통점}
점에 거래한다는 점에서는 선도와 동일하다. 하지만 공인된 거래소
_{선도와의 차이점}
에서 거래가 이루어진다는 점에서는 차이가 있다. 거래소의 역할은
다음과 같다. 첫째, 이해관계가 일치하는 거래 당사자들이 쉽게 만
_{거래소의 역할 ①}
날 수 있는 장을 마련해 주었다. 둘째, 거래 당사자들 사이에서 거
래의 매개적 역할을 하였다. 셋째, 거래와 관련된 다양한 제도적 장
_{거래소의 역할 ②}　　　　　　　　　　_{거래소의 역할 ③}
치를 마련해 주었다. 이를 통해 거래 안정성이 확보되어 계약 만기
_{거래소의 역할의 의의}
전에 이루어지는 선물 거래로 차익을 얻고자 하는 사람들의 거래가
활발하게 이루어지게 되었다. 그 결과, 선물은 미래의 위험에 대비

하려는 수단이자 현재의 이익 창출을 위한 투자 수단으로 활성화되
었다.

4 선물 거래의 안정성을 확보하기 위한 제도적 장치로는 반대거
래, 증거금, 일일정산 등이 있다. 반대거래는 계약 만기 시점 이전
_{선물 거래의 안정성을 확보하기 위한 제도적 장치의 종류}
에 거래 당사자들이 원할 경우 언제든지 선물을 거래할 수 있는 장
치이다. 이를 통해 선물 거래의 당사자는 바뀌지만, 정해진 가격과
수량의 기초자산을 만기 시점에 인수·인도하는 계약 자체는 유지
_{반대거래의 기능}
되므로 안정적인 거래가 가능해진다. 증거금은 계약 당사자가 해
당 계약을 확실히 이행한다는 것을 보증하여 거래의 안정성을 확보
_{증거금의 기능}
하기 위한 장치인데, 대표적으로 개시증거금과 유지증거금이 있다.
_{증거금의 종류}
개시증거금은 계약 당사자가 선물 거래를 시작하기 위해 맡겨야 하
는 증거금으로, 계약 체결 시점에 정해진 기초자산의 가격에 수량
을 곱한 액수의 일부이므로 상대적으로 적은 금액이다. 유지증거금
은 선물 거래가 유지되기 위한 최소한의 증거금을 의미한다. 일일
정산은 선물 거래가 유지되는 동안 날마다 당일의 거래 마감 시점
의 가격으로 선물 거래 당사자의 손익을 계산하여 이를 증거금에서
차감 또는 가산하는 장치이다. 이를 통해, 거래 당사자들은 매일매
일의 손익을 따지면서 반대거래 여부를 결정할 수 있기 때문에 거
_{일일정산의 기능}
래의 안정성이 확보된다. 한편 일일정산의 결과 특정 거래자의 증
_{거래자가 마진콜을 받게 되는 상황}
거금 계좌 잔고가 유지증거금 이하로 떨어졌을 경우 거래소는 계
약의 이행 가능성을 회복하기 위해 증거금 계좌 잔고가 개시증거금
이상이 되도록 증거금의 추가 납부를 요구하는데 이를 마진콜이라
고 한다. 이러한 마진콜을 충족하기 전까지 마진콜을 받은 당사자
의 일일정산은 불가능하다.

5 주식을 기초자산으로 하는 선물 거래를 통해 만기 시점과 반대
거래 시점에서의 손익 계산 방법을 파악해 보면 다음과 같다. 현재
시점에서 A가 B에게 특정 기업의 주식을 미래의 특정 시점에, 정
해진 수량만큼 정해진 가격으로 사겠다는 계약을 B와 체결한다. 이
는 곧 A가 B에게 그 계약, 즉 선물을 산 것을 의미한다. 계약 체결
시점의 선물 가격은 계약 만기 시점에 거래하기로 정한 주식 한 주
당 가격이다. 만약 이 계약이 만기 시점까지 유지된다면 A의 손익
은 계약 만기 시점의 주식 가격에서 계약 체결 시점의 선물 가격을
_{만기 시점에서 A(매수자)의 손익 계산 방법}
뺀 것에 거래승수[*]를 곱하고, 이것에 다시 계약 수[*]를 곱한 금액이
된다. 이때 B의 손익은 A의 손익과 정반대가 된다. 그런데 만약 계
약 만기 시점 이전에 A가 C에게 자신이 보유한 선물을 파는 반대거
래가 이루어져 A와 B 사이의 선물 거래 관계가 청산되는 경우를 가
정해 보자. A의 손익은 A가 B와 계약을 만기까지 유지한 경우 A의

손익 계산 방법에서, 계약 만기 시점의 주식 가격을 반대거래가 이루어진 시점의 선물 가격으로 바꾸기만 하면 된다. 이때 B의 손익은 A의 손익과 정반대가 된다. 한편 앞에서 언급한 반대거래가 발생하면 그 시점에서 A는, 선물 계약에 따른 만기 시점의 주식 거래와 관련된 B에 대한 의무를 C에게 넘기게 된다. 그러므로 선물 계약의 만기 시점이 되면 C는 계약에서 정한 대로 특정 기업의 주식을 정해진 가격과 수량으로 B에게 사게 된다.

반대거래 시점에서 A의 손익 계산 방법

새로운 매수자

* **거래승수**: 선물 거래의 수량을 표준화하기 위해 곱해 주는 수치.
* **계약 수**: 선물 거래의 표준화된 단위를 1계약이라고 할 때, 그 계약의 수량.

지식을 쌓는 배경지식

파생금융상품의 종류

① 기초자산에 따른 분류
· 금리, 통화, 주식, 채권, 실물 상품 등으로 나누어짐.

② 거래 형태에 따른 분류
· 선도, 선물, 옵션, 스왑 등으로 나누어짐.
· 옵션: 미리 정해진 조건으로 상품이나 유가 증권 등의 특정자산을 일정한 기간 내에 사거나 팔 수 있는 권리를 현재 시점에서 매매하는 거래
· 스왑: 두 거래 당사자가 통화 및 금리 등의 거래 조건을 서로 교환하기로 계약하는 거래

③ 거래 장소에 따른 분류
· 장내 거래: 가격 이외의 모든 거래 요소가 거래소의 규정에 의해 표준화되어 있는 계약
· 장외 거래: 가격뿐 아니라 계약 단위, 상품의 품질, 인도 시기, 대금 결제 방법 등 모든 거래 요소를 거래소를 통하지 않고 계약 당사자 간에 협의하여 결정하는 계약

지문 분석하기

|지문 구조|

1 파생상품의 정의
↓
2 파생상품의 등장 배경 및 파생상품의 유형 ① – 선도 ➡ **3 파생상품의 유형 ② – 선물**
↓
4 선물 거래의 안정성 확보를 위한 제도적 장치
↓
5 주식을 기초자산으로 하는 선물 거래의 손익 계산 방법

|주제| 파생상품의 개념 및 유형과 선물 거래의 특징

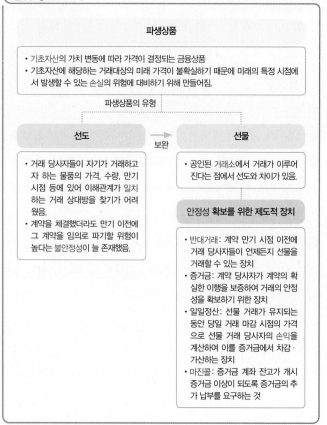

한컷 정리하기

파생상품
· 기초자산의 가치 변동에 따라 가격이 결정되는 금융상품
· 기초자산에 해당하는 거래대상의 미래 가격이 불확실하기 때문에 미래의 특정 시점에서 발생할 수 있는 손실의 위험에 대비하기 위해 만들어짐.

파생상품의 유형

선도
· 거래 당사자들이 자기가 거래하고자 하는 물품의 가격, 수량, 만기 시점 등에 있어 이해관계가 일치하는 거래 상대방을 찾기가 어려웠음.
· 계약을 체결했더라도 만기 이전에 그 계약을 임의로 파기할 위험이 높다는 불안정성이 늘 존재했음.

➡ *보완*

선물
· 공인된 거래소에서 거래가 이루어진다는 점에서 선도와 차이가 있음.

안정성 확보를 위한 제도적 장치
· 반대거래: 계약 만기 시점 이전에 거래 당사자들이 언제든지 선물을 거래할 수 있는 장치
· 증거금: 계약 당사자가 계약의 확실한 이행을 보증하여 거래의 안정성을 확보하기 위한 장치
· 일일정산: 선물 거래가 유지되는 동안 당일 거래 마감 시점의 가격으로 선물 거래 당사자의 손익을 계산하여 이를 증거금에서 차감·가산하는 장치
· 마진콜: 증거금 계좌 잔고가 개시 증거금 이상이 되도록 증거금의 추가 납부를 요구하는 것

---

07 중심 화제의 파악 　　　　정답 ①

선택률	① 87%	② 5%	③ 2%	④ 4%	⑤ 2%

윗글에서 다룬 내용이 아닌 것은?

정답 풀이

① 파생상품의 전망

해설 파생상품의 전망에 대해서는 언급하지 않았다.

오답 풀이

② 파생상품의 종류

해설 2문단과 3문단에서 '선도'와 '선물'이라는 파생상품의 종류가 있음을 확인할 수 있다.

③ 파생상품의 정의

해설 1문단에서 파생상품이란 기초자산의 가치 변동에 따라 가격이 결정되는 금융상품이라고 정의를 제시하고 있다.

④ 파생상품의 기능

해설 2문단에서 파생상품은 기초자산에 해당하는 거래대상의 미래 가격이 불확실하기 때문에 미래의 특정 시점에서 발생할 수 있는 손실에 대비하기 위해 만들어졌으며, 거래 당사자들은 기초자산을 계약 체결 시점에 정해 놓은 가격과 수량으로 미래의 특정 시점, 즉 계약 만기 시점에 인수·인도하기로 약속하는 계약을 통해 미래의 위험에 대비하고자 하였음을 알 수 있다. 이를 통해 파생상품의 기능이 미래의 손실에 대비할 수 있도록 하는 것임을 확인할 수 있다.

⑤ 파생상품의 등장 배경

해설 2문단에서 파생상품이 만들어지기 이전에는, 이러한 불확실성으로 인해 거래대상을 팔려는 매도자는 가격 하락에 대한, 거래대상을 사려는 매수자는 가격 상승에 대한 두려움이 클 수밖에 없었다고 하며 파생상품의 등장 배경을 설명하고 있다.

08 특정 정보의 이해

정답 ③

| 선택률 | ① 7% | ② 6% | ③ 80% | ④ 4% | ⑤ 3% |

㉠과 ㉡에 대한 설명으로 적절하지 않은 것은?

= 선도 = 선물

정답 풀이

↳ ㉠과 ㉡은 모두

③ ㉠은 ㉡과 달리 계약 체결 시점에 정해 놓은 가격과 수량으로 미래의 특정 시점에 기초자산을 거래한다는 계약이다.

해설 3문단에서 선물은 기초자산을 계약 체결 시점에 정해 놓은 가격과 수량으로 계약 만기 시점에 거래한다는 점에서는 선도와 동일하다고 하였다. 즉 ㉠과 ㉡은 모두 계약 체결 시점에 정해 놓은 가격과 수량으로 계약 만기 시점, 즉 미래의 특정 시점에 기초자산을 거래한다는 계약이다.

오답 풀이

① ㉠과 ㉡은 모두 기초자산의 가치 변동에 따라 거래 당사자의 손익이 결정되는 금융상품이다.

해설 1문단에서 파생상품이란 기초자산의 가치 변동에 따라 가격이 결정되는 금융상품으로, 기초자산의 가치 변동에 따른 파생상품의 가격 변화는 거래 당사자에게 손익을 발생시킨다고 하였다. 즉 파생상품인 ㉠과 ㉡은 모두 기초자산의 가치 변동에 따라 거래 당사자의 손익이 결정되는 금융상품이다.

② ㉠은 ㉡과 달리 계약을 체결하더라도 만기 이전에 그 계약을 임의적으로 파기할 위험이 높았다.

해설 2문단에서 선도는 계약을 체결했더라도 만기 이전에 그 계약을 임의로 파기할 위험이 높다는 불안정성이 늘 존재했다고 하였다. 그리고 3문단에서 이러한 선도의 문제점을 해결하기 위해 선물이 나타났으며, 선물은 다양한 제도적 장치를 마련하여 거래 안정성이 확보되었다고 하였다. 즉 ㉠은 ㉡과 달리 계약을 체결하더라도 만기 이전에 그 계약을 임의적으로 파기할 위험이 높았다.

④ ㉡은 ㉠과 달리 거래의 안정성을 확보하기 위해서 반대거래, 증거금, 일일정산 등의 제도적 장치를 갖추고 있다.

해설 2문단에서 선도는 계약을 체결했더라도 만기 이전에 그 계약을 임의로 파기할 위험이 높다는 불안정성이 늘 존재했다고 하였다. 그리고 4문단에서 선물 거래의 안정성을 확보하기 위한 제도적 장치로 반대거래, 증거금, 일일정산 등이 있다고 하였다. 즉, 거래의 불안정성이 존재했던 ㉠과 달리 ㉡은 거래의 안정성을 확보하기 위해서 반대거래, 증거금, 일일정산 등의 제도적 장치를 갖추고 있다.

⑤ ㉡은 ㉠과 달리 이해관계가 일치하는 거래 당사자들의 매개적 역할을 하는 공인된 거래소에서 거래가 이루어진다.

해설 2문단에서 선도는 거래 당사자들이 자기가 거래하고자 하는 물품의 가격, 수량, 만기 시점 등에 있어 이해관계가 일치하는 거래 상대방을 찾기가 어려웠다고 하였다. 그리고 3문단에서 선물은 공인된 거래소에서 거래가 이루어진다는 점에서 선도와 차이가 있으며, 거래소는 거래 당사자들 사이에서 거래의 매개적 역할을 했다고 하였다. 즉 ㉡은 ㉠과 달리 이해관계가 일치하는 거래 당사자들의 매개적 역할을 하는 공인된 거래소에서 거래가 이루어진다.

09 구체적 상황에 적용

정답 ④

| 선택률 | ① 7% | ② 17% | ③ 10% | ④ 50% | ⑤ 16% |

윗글을 바탕으로 〈보기〉를 이해한 내용으로 적절하지 않은 것은?

보기

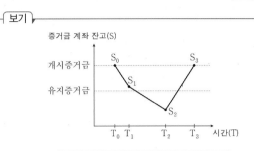

T_0 : 20○○년 3월 3일 계약 체결 시점
T_1 : 20○○년 3월 3일 거래 마감 시점
T_2 : 20○○년 3월 4일 거래 마감 시점
T_3 : 20○○년 3월 5일 거래 시작 시점

* 단, $T_0 \sim T_3$에서는 반대거래가 이루어지지 않았으며, 증거금 계좌에서 일일정산을 제외한 인출은 없었다고 가정함.

정답 풀이

↳ 개시증거금에

④ T_2에서는 유지증거금에 해당하는 금액에서 S_2를 뺀 만큼을 추가로 입금하라는 마진콜이 발생한다.

해설 T_2에서는 S_2가 유지증거금 이하로 떨어졌다. 4문단에서 이러한 경우 거래소는 계약의 이행 가능성을 회복하기 위해 증거금 계좌 잔고가 개시증거금 이상이 되도록 증거금의 추가 납부를 요구하는데 이를 마진콜이라고 한다고 하였다. 즉 T_2에서는 계좌 잔고가 개시증거금 이상이 되도록, '유지증거금'이 아니라 '개시증거금'에 해당하는 금액에서 S_2를 뺀 만큼을 추가로 입금하라는 마진콜이 발생할 것이다.

오답 풀이

① T_0에서는 S_0이 개시증거금에 해당하는 금액이므로 선물 거래의 시작이 가능하다.

해설 4문단에서 개시증거금은 계약 당사자가 선물 거래를 시작하기 위해 맡겨야 하는 증거금이라고 하였다. T_0에서는 개시증거금에 해당하는 금액인 S_0을 증거금으로 납부하였으므로 선물 거래의 시작이 가능하다.

② T_0에서 T_1이 될 때 S_0이 S_1로 하락한 것은 일일정산에 의해 손해를 본 만큼의 금액이 증거금에서 차감되었기 때문이다.

해설 4문단에서 일일정산은 선물 거래가 유지되는 동안 날마다 당일의 거래 마감 시점의 가격으로 선물 거래 당사자의 손익을 계산하여 이를 증거금에서 차감 또는 가산하는 장치라고 하였다. T_0에서 거래 마감 시점인 T_1이 될 때 S_0이 S_1로 하락한 것은 일일정산을 통해 당일의 거래 마감 시점의 가격으로 선물 거래 당사자의 손익을 계산하여 손해를 본 만큼의 금액이 증거금에서 차감되었기 때문이다.

③ T_1에서는 S_1이 유지증거금에 해당하는 금액보다 크기 때문에 선물 거래의 유지가 가능하다.

해설 4문단에서 유지증거금은 선물 거래가 유지되기 위한 최소한의 증거금을 의미한다고 하였다. T_1에서는 S_1이 유지증거금에 해당하는 금액보다 크기 때문에 선물 거래의 유지가 가능하다.

⑤ T_2의 S_2보다 높아진 금액인 S_3은 개시증거금에 해당하는 금액이므로 T_3에서는 일일정산이 가능해진다.

해설 4문단에서 마진콜을 충족하기 전까지 마진콜을 받은 당사자의 일일정산은 불가능하다고 하였다. T_3에서는 증거금을 추가 납부하여 개시증거금에 해당하는 금액인 S_3까지 계좌 잔고가 높아졌으므로, 마진콜을 충족하여 일일정산이 가능해진다.

윗글과 〈보기〉를 읽은 학생이 보일 수 있는 반응으로 가장 적절한 것은?

〔보기〕

선물 거래에서 발생할 수 있는 레버리지 효과란 개시증거금만으로도 거래를 시작할 수 있어 선물 가격 변동의 몇 배에 해당하는 큰 수익을 얻게 되는 것을 의미한다. 그러나 반대로 큰 손실을 입게 될 가능성도 크다.

〔정답 풀이〕

③ 개시증거금은 계약 체결 시점에 정해진 기초자산의 가격과 수량을 곱한 액수의 일부이기 때문에 레버리지 효과가 발생하겠군.

〔해설〕 4문단에서 개시증거금은 계약 체결 시점에 정해진 기초자산의 가격에 수량을 곱한 액수의 일부이므로 상대적으로 적은 금액이라고 하였고, 〈보기〉에서 레버리지 효과는 개시증거금만으로도 거래를 시작할 수 있어 선물 가격 변동의 몇 배에 해당하는 큰 수익을 얻게 되는 것이라고 하였다. 즉 레버리지 효과는 선물 거래에서 계약 금액의 일부에 해당하는 적은 개시증거금만 있으면 계약이 체결되므로 선물 가격 변동의 몇 배에 해당하는 수익이나 손실이 발생하는 것이다. 따라서 개시증거금은 계약 체결 시점에 정해진 기초자산의 가격과 수량을 곱한 액수의 일부인 상대적으로 적은 금액이기 때문에 레버리지 효과가 발생한다고 할 수 있다.

〔오답 풀이〕

① 정해진 가격으로 계약 이전에 물품을 인수·인도하는 현물 거래가 이루어지면 레버리지 효과가 발생하겠군.

〔해설〕 2문단에서 현물 거래는 정해진 가격으로 계약과 동시에 물품을 인수·인도하는 것이라고 하였고, 4문단에서 선물은 기초자산을 계약 체결 시점에 정해 놓은 가격과 수량으로 계약 만기 시점에 거래하는 것이라고 하였다. 〈보기〉의 레버리지 효과는 선물 거래에서 발생한다고 하였으므로, 현물 거래가 이루어지면 레버리지 효과가 발생할 것이라는 반응은 적절하지 않다.

② 레버리지 효과가 발생하면 만기 시점 이전에 기초자산을 거래할 수 있게 되어 거래의 안정성이 확보되겠군.

〔해설〕 〈보기〉의 내용에서 레버리지 효과가 발생하면 만기 시점 이전에 기초자산을 거래할 수 있게 되어 거래의 안정성이 확보되는지는 알 수 없다. 4문단에서는 선물 거래의 안정성 확보를 위한 제도적 장치 중 반대거래를 통해 계약 만기 시점 이전에 거래 당사자들이 원할 경우 언제든지 선물을 거래할 수 있고, 안정적인 거래가 가능해진다고 하였다.

④ 레버리지 효과가 발생하면 가치가 커진 기초자산의 수량이 늘어나서 개시증거금이 줄어들기 때문에 큰 수익을 얻게 되겠군.

〔해설〕 4문단에서 개시증거금은 계약 체결 시점에 정해진 기초자산의 가격에 수량을 곱한 액수의 일부라고 하였으므로 레버리지 효과에 따라 개시증거금이 줄어들지는 않는다. 또한 레버리지 효과는 상대적으로 적은 금액인 개시증거금만으로도 선물 가격 변동에 의해 몇 배에 해당하는 큰 수익을 얻게 되는 것을 의미하는 것이지, 레버리지 효과가 발생하면 기초자산의 수량이 늘어나는 것은 아니다.

🔍 **선택지 속 함정**

④를 얼핏 보아 '레버리지 효과가 발생하면', '큰 수익을 얻게 되겠군'만 보고 적절한 것으로 생각하기 쉬워. 〈보기〉에서 레버리지 효과는 큰 수익을 얻게 되는 것을 의미한다고 했으니 적절하다고 생각한 거지. 하지만 왜 큰 수익을 얻게 되는지를 살펴봐야 해. 레버리지 효과는 개시증거금이 상대적으로 적은 금액이기 때문에 선물 가격의 변동에 의한 수익이나 손실의 폭이 커지는 거야. 레버리지 효과가 발생하면 큰 수익을 얻을 수 있지만, 기초자산의 수량이 늘어나 개시증거금이 줄어들기 때문에 큰 수익을 얻게 되는 것은 아니지.

⑤ 선물 가격은 항상 일정하게 유지되기 때문에 개시증거금으로 인한 레버리지 효과에 의해 거래 당사자의 손익은 정반대가 되겠군.

〔해설〕 1문단에서 파생상품은 기초자산의 가치 변동에 따라 가격이 결정되는 금융상품이라고 하였으므로, 파생상품의 한 종류인 선물도 기초자산의 가치 변동에 따라 가격이 변동된다. 따라서 선물 가격이 항상 일정하게 유지된다는 것은 적절하지 않다. 또한 선물 거래에서 거래 당사자의 손익이 정반대가 되는 것은 맞지만, 이것이 개시증거금으로 인한 레버리지 효과에 의한 것은 아니다.

※ 윗글과 〈보기〉를 바탕으로 **11번**과 **12번** 물음에 답하시오.

〔보기〕

[상황]

20○○년 5월 10일, 갑은 △△ 기업의 주식을 한 주당 15만 원의 가격으로 6월 8일에 을에게 사겠다는 5계약을 체결한다. 그런데 5월 30일에 갑은 보유한 선물을 병에게 파는 반대거래를 한다. 그리고 이 선물은 6월 8일까지 반대거래 없이 유지된다.

(계약 체결 시점 / 계약 만기 시점 / 반대거래 시점)

[주식 가격과 선물 가격의 변화 (단위: 만 원)]

가격＼일자	5월 10일	5월 30일	6월 8일
주식 가격	13	10	7
선물 가격	15	12	8

＊ 단, 거래승수는 10주로 하고, 거래 수수료 등 거래 비용은 없다고 가정함.

11 구체적 상황에 적용   정답 ④

선택률	① 7%	② 19%	③ 13%	④ 47%	⑤ 14%

윗글을 바탕으로 〈보기〉의 '상황'을 이해한 내용으로 적절하지 <u>않은</u> 것은? [3점]

정답 풀이

④ ~~6월 8일에 선물 계약에 따른 주식의 거래가 이루어질 때 갑과 을 사이의 주식 거래 관계는 청산된다.~~

해설 5문단에서 주식을 기초자산으로 하는 선물 거래에서, 계약 만기 시점 이전에 A가 C에게 자신이 보유한 선물을 파는 반대거래가 이루어지면 A와 B 사이의 선물 거래 관계는 청산된다고 하였다. 이를 통해 〈보기〉에서 갑과 을 사이의 주식 거래 관계는 갑과 병의 반대거래가 이루어진 5월 30일에 이미 청산됨을 알 수 있다.

오답 풀이

① 5월 10일에 갑과 을의 선물 거래가 이루어질 때 갑은 을에 대해서 선물의 매수자, 을은 갑에 대해서 선물의 매도자가 된다.

해설 2문단에서 거래대상을 파는 사람을 매도자, 사는 사람을 매수자라고 언급하고 있다. 5문단에서 현재 시점에서 A가 B에게 특정 기업의 주식을 미래의 특정 시점에, 정해진 수량만큼 정해진 가격으로 사겠다는 계약을 B와 체결하면, 이는 곧 A가 B에게 그 계약, 즉 선물을 산 것을 의미한다고 하였다. 이를 통해 〈보기〉에서 5월 10일에 갑과 을의 선물 거래가 이루어질 때 갑은 을에 대해서 선물의 매수자, 을은 갑에 대해서 선물의 매도자가 됨을 알 수 있다.

② 5월 30일에 갑과 병의 반대거래가 이루어질 때 갑과 을 사이의 선물 거래 관계는 청산된다.

해설 5문단에서 계약 만기 시점 이전에 A가 C에게 자신이 보유한 선물을 파는 반대거래가 이루어지면 A와 B 사이의 선물 거래 관계는 청산된다고 하였다. 이를 통해 〈보기〉에서 5월 30일에 갑과 병의 반대거래가 이루어질 때 갑과 을 사이의 선물 거래 관계는 청산됨을 알 수 있다.

③ 5월 30일에 갑과 병의 반대거래가 이루어질 때 갑은 병에 대해서 선물의 매도자, 병은 갑에 대해서 선물의 매수자가 된다.

해설 2문단에서 거래대상을 파는 사람을 매도자, 사는 사람을 매수자라고 언급하고 있다. 〈보기〉에서 갑은 자신이 보유한 선물을 병에게 파는 반대거래를 하였으므로, 5월 30일에 갑과 병의 반대거래가 이루어질 때 갑은 병에 대해서 선물의 매도자, 병은 갑에 대해서 선물의 매수자가 된다.

⑤ 6월 8일에 선물 계약에 따른 주식의 거래가 이루어질 때 을은 병에 대해서 주식의 매도자, 병은 을에 대해서 주식의 매수자가 된다.

해설 2문단에서 거래대상을 파는 사람을 매도자, 사는 사람을 매수자라고 언급하고 있다. 그리고 5문단에서 선물 계약의 만기 시점이 되면 C는 계약에서 정한 대로 특정 기업의 주식을 정해진 가격과 수량으로 B에게 사게 된다고 하였다. 〈보기〉에서 갑은 을과 선물 계약을 체결한 뒤 병과 반대거래를 하였으므로, 6월 8일에 선물 계약에 따른 주식의 거래가 이루어질 때 병은 계약에서 정한대로 주식을 을에게 사게 된다. 따라서 을은 병에 대해서 주식의 매도자, 병은 을에 대해서 주식의 매수자가 된다.

12 구체적 상황에 적용   정답 ②

선택률	① 16%	② 51%	③ 14%	④ 10%	⑤ 9%

다음은 윗글과 〈보기〉를 읽은 학생이 보인 반응이다. ⓐ와 ⓑ에 들어갈 내용으로 가장 적절한 것은?

갑이 5월 30일에 병과 반대거래를 하는 경우 갑의 손익은 (ⓐ)만 원이 되는데, 만약에 반대거래를 하지 않고 선물을 만기까지 유지했다면 갑의 손익은 (ⓑ)만 원이 되었을 것이다.

정답 풀이

	ⓐ	ⓑ
②	−150	−400

해설 5문단에서 선물 계약의 만기 시점에서의 손익 계산은 '(계약 만기 시점의 주식 가격−계약 체결 시점의 선물 가격)×거래승수×계약 수'임을 알 수 있고, 반대거래가 이루어졌을 때의 손익 계산은 '(반대거래가 이루어진 시점의 선물 가격−계약 체결 시점의 선물 가격)×거래승수×계약 수'임을 알 수 있다. 이를 바탕으로 〈보기〉에서 갑의 손익을 계산해 보면, 갑이 5월 30일에 병과 반대거래를 하는 경우 갑의 손익은 '(12−15)×10×5'가 되어 −150만 원이다. 그리고 만약에 반대거래를 하지 않고 선물을 만기까지 유지했다면 갑의 손익은 '(7−15)×10×5'가 되어 −400만 원이다.

오답 풀이

①	−150	−350
		↳ −400

🔍 선택지 속 함정

①을 정답으로 골랐다면 반대거래가 이루어질 때의 손익 계산 방법에 대한 내용인 '계약 만기 시점의 주식 가격을 반대거래가 이루어진 시점의 선물 가격으로 바꾸기만 하면 된다.'에서 '선물 가격'을 '주식 가격'으로 잘못 보아 계산한 거야. 지문의 내용을 잘 파악해서 어떻게 계산하여야 하는지 알면서도 작은 실수로 문제를 틀릴 수 있으니, 세부 정보를 혼동하지 않도록 주의해야 해.

③	−30	−80
	↳ −150	↳ −400
④	15	40
	↳ −150	↳ −400
⑤	250	400
	↳ −150	↳ −400

• 시장의 균형 회복에 대한 서로 다른 관점

1 시장은 수요와 공급이 일치하지 않는 불균형이 발생할 경우 가격 변화에 의해 균형을 회복한다. 예를 들어, 시장에서 초과 공급이 발생하면 가격 하락으로 수요량이 늘고 공급량이 줄면서 균형이 회복된다. 이러한 시장의 가격 조정 기능과 관련하여 거시 경제학에서는 시간대를 단기와 장기로 구분한다. 단기는 가격 조정이 원활히 이루어지지 않아 시장 불균형이 지속되는 시간대이며, 장기는 신축적 가격 조정에 의해 시장 균형이 달성되는 시간대이다. 그런데 단기의 지속 시간 즉 시장 불균형이 발생한 이후 다시 균형을 회복하는 데 걸리는 시간에 대해 서로 다른 입장들이 존재해 왔다.

2 1930년대 이전까지 경제학의 주류를 이루었던 ⊙고전학파는, 시장은 가격의 신축적인 조정에 의해 항상 ⓐ균형을 달성한다고 보았다. 이른바 '보이지 않는 손'에 의한 시장의 자기 조정 능력을 신뢰하는 입장으로, 이에 따르면 단기는 존재하지 않는다. 즉 불균형이 발생할 경우 즉시 가격이 변화하여 시장은 균형을 회복한다는 것이다. 따라서 고전학파는 호황이나 불황이 나타나는 경기 변동 현상은 발생하지 않는다고 보았다.

3 하지만 케인즈는 고전학파의 주장과 달리 장기에는 가격이 신축적이지만 단기에는 ⓑ경직적이라고 생각했다. 그는 오랜 경기 침체와 대규모의 실업이 발생했던 1930년대 대공황의 원인이 이러한 시장의 가격 경직성에 있다고 주장했다. 가격 경직성이 심할수록 소비나 투자 등 총수요*가 변동할 때 극심한 경기 변동 현상이 유발된다고 보았기 때문이다. 또한 노동 시장에서의 가격인 임금이 경직적인 경우 기업의 노동 수요 감소가 임금 하락으로 상쇄되는 대신 대규모 실업을 불러일으킨다고 주장했다.

4 이러한 케인즈의 주장은 ⓒ케인즈학파에 의해 발전된다. 케인즈학파는 경기 변동을 시장 균형으로부터의 이탈과 회복, 즉 불균형 상태와 균형 상태가 반복되는 현상으로 보고, 총수요 변동이 유발한 불균형 상태가 가격 경직성으로 말미암아 오래 지속될 수 있다고 보았다. 따라서 이들은 정부가 재정 정책이나 통화 정책 등 경기 안정화 정책을 통해 경제의 총수요를 ⓒ관리함으로써 경기 변동을 조절해야 한다고 주장했다. 가격 경직성의 존재에도 불구하고

정부의 '보이는 손'을 통해 시장의 균형이 회복될 수 있다고 본 것이다. 특히 1950년대 이후 컴퓨터의 발달과 통계학의 발전으로 거시 계량 모형이 개발되어 경기 예측과 정책 효과 분석에 이용됨에 따라 케인즈학파는 정책을 통해 ⓓ경기 변동을 제거할 수 있을 것으로 기대했다.

5 그러나 케인즈학파는 이후 여러 비판에 직면했다. 특히 1970년대, ⓒ새고전학파는 케인즈학파의 거시 계량 모형에 오류가 있음을 지적했다. 케인즈학파의 거시 계량 모형은 소비와 소득, 금리와 통화량 등 거시 경제 변수들 간의 상관관계를 가정한 방정식으로 구성되었는데, 이러한 방정식의 계수는 과거의 자료를 통해 통계적인 방법으로 추정되었다. 하지만 새로운 정보가 전해지면 경제 주체들은 기존에 보유하고 있던 정보에 추가된 정보를 반영하여 합리적으로 ⓔ기대를 형성하고 이에 따라 반응을 바꾸므로, 방정식의 계수 혹은 방정식 자체가 바뀌어야 한다. 새고전학파는 케인즈학파가 거시 경제 변수 간의 관계를 임의로 가정하고 과거 자료만으로 이 관계를 추정하려 했다는 점을 비판하면서, 경제 주체의 합리적 선택에 대한 미시적 분석을 바탕으로 거시 경제 현상을 분석해야 한다고 주장했다. 이에 따라 이들은 시장 불균형이 발생한 경우 가격이 조정되는 속도는 매우 빠르다는 고전학파의 전제를 유지하면서, 경기 변동을 균형 자체가 변화하는 현상으로 분석했다. 그리고 총수요 변동이 아닌 기술 변화가 지속적인 경기 변동을 유발한다고 주장했다.

6 이에 대응해 케인즈학파는 경제 주체의 합리적 선택을 미시적으로 분석하는 새고전학파의 방법론을 받아들여 새케인즈학파로 발전하였다. 하지만 새케인즈학파는 경제 주체들이 합리적 선택을 한 결과로 가격 경직성이 나타난다고 설명함으로써, 경제 주체들이 합리적으로 기대를 형성하더라도 가격 경직성으로 인해 경기 변동이 발생할 수 있다고 주장했다. 그리고 이러한 가격 경직성의 근거로 '메뉴 비용 이론'과 '효율 임금 이론'을 제시했다. 메뉴 비용이란 기업이 가격을 변화시킬 때 발생하는 유·무형의 비용을 지칭한다. 메뉴 비용 이론에 따르면 기업은 제품 가격을 변화시킴으로써 얻을 수 있는 이득과 메뉴 비용을 비교하여 가격을 변화시키며, 이에 따라 제품 시장의 가격 경직성이 발생할 수 있다. 또한 효율 임금은 노동자의 생산성을 유도하는 임금을 말하는데, 효율 임금 이론은 노동자의 생산성이 임금을 결정한다는 전통적인 임금 이론과 달리 임금이 높을수록 노동자의 생산성이 높아진다고 주장했다. 기업이 노동자에

[A]

게 높은 임금을 지급함으로써 노동자의 이직과 태만을 방지할 수 있기 때문이라는 것이다. 이와 같이 새케인즈학파는 케인즈학파가 임의로 가정하였던 가격 경직성의 근거를 입증하는 데 주력하면서, 총수요 관리 정책은 여전히 효과를 갖는다고 주장하였다.

정부의 개입

★ **총수요**: 한 나라의 모든 경제 주체들이 소비 또는 투자의 목적 등으로 사려고 하는 제품과 서비스의 총합.

지식을 쌓는 **배경지식**

경기 안정화 정책

① 경기 안정화 정책의 개념
· 경기가 침체에 빠지거나 과도한 호황으로 인플레이션이 발생했을 때 경기 침체를 회복하거나 경기 과열을 진정시켜 물가 안정과 경제 성장을 달성하려는 정부의 정책

② 경기 안정화 정책의 종류
· 통화 정책(금융 정책): 중앙은행이 통화량과 금리를 조정하여 경제 활동의 흐름을 조절하는 정책
· 재정 정책: 정부가 재정의 수입과 지출을 조정하여 국민경제의 안정적 성장을 도모하고자 하는 정책

③ 경기 안정화 정책의 시행
· 경기가 과열되었을 때, 정부는 재정 지출을 줄이고 세율을 인상하며, 중앙은행의 금리를 높여 경기를 진정시키는 긴축 정책을 시행함.
· 경기가 침체되었을 때, 정부는 투자 및 소비 지출을 늘리고, 금리와 세율을 인하하여 경기를 활성화하는 확장 정책을 시행함.

지문 분석하기

|지문 구조|

1 시장의 가격 조정 기능과 가격 조정의 속도

↓

2 고전학파의 견해 ↔ **3** 케인즈의 견해

↓ ↓

5 새고전학파의 견해 ↔ **4** 케인즈학파의 견해

↓

6 새케인즈학파의 견해

|주제| 시장의 가격 조정 속도에 대한 서로 다른 관점

한컷 정리하기

시장의 가격 조정 기능과 가격 조정 속도

· 시장의 가격 조정 기능: 수요와 공급이 일치하지 않는 불균형이 발생할 경우 가격 변화에 의해 균형을 회복함.
· 단기: 가격 조정이 원활히 이루어지지 않아 시장 불균형이 지속되는 시간대
· 장기: 신축적 가격 조정에 의해 시장 균형이 달성되는 시간대

단기의 지속 시간에 대한 견해

고전학파 ⟷ **케인즈**

고전학파	케인즈
· 시장은 가격의 신축적인 조정에 의해 항상 균형을 달성함. · 단기는 존재하지 않음. · 경기 변동 현상은 발생하지 않음.	· 단기에는 가격이 경직적임. · 가격 경직성이 심할수록 총수요가 변동할 때 극심한 경기 변동 현상이 유발됨.

새고전학파 ⟹ **케인즈학파**
비판

새고전학파	케인즈학파
· 케인즈학파의 거시 계량 모형에 오류가 있음을 지적함. · 경제 주체의 합리적 선택에 대한 미시적 분석을 바탕으로 경제 현상을 분석해야 함. · 시장 불균형이 발생한 경우 가격이 조정되는 속도는 매우 빠름. · 총수요 변동이 아닌 기술 변화가 지속적인 경기 변동을 유발함.	· 총수요 변동이 유발한 불균형 상태가 가격 경직성으로 말미암아 오래 지속될 수 있음. · 정부가 경기 안정화 정책을 통해 경제의 총수요를 관리함으로써 경기 변동을 조절해야 함.

새케인즈학파

· 새고전학파의 방법론을 수용함.
· 경제 주체들이 합리적으로 기대를 형성하더라도 가격 경직성으로 인해 경기 변동이 발생할 수 있음.
· 가격 경직성의 근거로 '메뉴 비용 이론'과 '효율 임금 이론'을 제시함.
· 총수요 관리 정책은 효과를 가짐.

윗글의 내용과 일치하는 것은?

정답 풀이

① 고전학파와 새고전학파는 경기 변동의 존재 여부에 대해 서로 다른 입장을 보였다.

해설 2문단에서 고전학파는 경기 변동 현상이 발생하지 않는다고 보았음을 알 수 있고, 5문단에서 새고전학파는 기술 변화가 지속적인 경기 변동을 유발한다고 보았음을 알 수 있다.

오답 풀이

② 새고전학파는 시장에 나타난 가격 경직성을 미시적 분석을 통해 해소할 수 있다고 보았다.

해설 5문단에서 새고전학파는 경제 주체의 합리적 선택에 대한 미시적 분석을 바탕으로 거시 경제 현상을 분석해야 한다고 주장했음을 알 수 있다. 그러나 미시적 분석을 통해 가격 경직성을 해소할 수 있다고 주장하지는 않았다.

👻 선택지 속 함정

②를 얼핏 보면 적절한 것으로 생각하기 쉬워. 지문에 제시된 새고전학파에 대한 설명에서 '미시적 분석'은 핵심적인 특징에 해당하거든. 또 새고전학파가 '시장 불균형이 발생한 경우 가격이 조정되는 속도는 매우 빠르다'고 보았다는 내용을 '가격 경직성'을 '해소'하는 것이라고 잘못 이해하면 안 돼. 새고전학파는 가격 경직성을 해소할 수 있다고 본 것이 아니라, 고전학파의 전제를 유지했다고 했으므로 시장이 가격의 신축적인 조정에 의해 항상 균형을 달성한다고 본 거야. 가격이 경직적이지 않고 신축적이라고 본 것이니까 가격 경직성을 해소할 수 있다고 보았다는 설명은 틀린 것임을 확인할 수 있지.

③ 케인즈는 노동 시장에 나타나는 임금 경직성이 극심한 고용량의 변화를 방지한다고 보았다.

해설 3문단에서 케인즈는 노동 시장에서 임금이 경직적인 경우 기업의 노동 수요가 감소하여 대규모 실업을 불러일으킨다고 주장하였음을 알 수 있다. 즉 케인즈는 노동 시장에 나타나는 임금 경직성이 극심한 고용량의 변화를 야기한다고 본 것이다.

④ 케인즈는 단기에는 가격이 신축적으로 변화해도 수요와 공급의 불일치를 해소할 수 없다고 보았다.

해설 3문단에서 케인즈는 장기에는 가격이 신축적이지만 단기에는 경직적이라고 보았음을 알 수 있다. 즉 케인즈는 장기에는 수요와 공급의 불일치로 인한 시장 불균형이 신축적 가격 조정에 의해 균형을 회복할 수 있지만, 단기에는 가격이 경직적이므로 수요와 공급의 불일치로 인한 시장 불균형이 지속된다고 본 것이다. 단기에는 가격이 신축적으로 변화해도 수요와 공급의 불일치를 해소할 수 없다고 본 것은 아니다.

⑤ 새케인즈학파는 메뉴 비용의 존재로 인해 제품 시장에서 가격이 조정되는 속도가 빠르다고 보았다.
↳ 느리다고

해설 6문단에서 새케인즈학파가 가격 경직성의 근거로 메뉴 비용 이론을 제시하였음을 알 수 있다. 메뉴 비용 이론에 따르면 기업은 제품 가격을 변화시킴으로써 얻을 수 있는 이득과 메뉴 비용을 고려하여 가격을 변화시키며, 이에 따라 제품 시장의 가격 경직성이 발생할 수 있다고 하였다. 즉 새케인즈학파는 메뉴 비용의 존재로 인해 제품 시장에서 가격이 조정되는 속도가 느리다고 본 것이다.

02 구체적 상황에 적용
정답 ②

| 선택률 | ① 10% | ② 28% | ③ 25% | ④ 19% | ⑤ 18% |

〈보기〉의 '모형'에 대한 ㉠[= 케인즈학파], ㉡[= 고전학파]의 해석을 추론한 내용으로 적절하지 않은 것은?

보기

〈그림〉은 총수요 변동에 따른 국민 총소득 변화를 나타낸 모형이다. Y*는 장기 균형 국민 총소득 수준을, AD 곡선은 총수요를 나타낸다. 총수요가 증가하면 AD 곡선이 우측으로, 감소하면 좌측으로 평행 이동한다고 가정한다.

예를 들어, 총수요가 AD₀이고 물가가 P₀, 국민 총소득이 Y*인 상태에서 총수요가 AD₂로 증가한 경우, 총수요 증가에 따라 물가가 P₂까지 상승하면 [가격이 신축적임.] 국민 총소득은 Y*로 동일하지만, 물가가 P₀ [가격이 경직적임.] 에 고정돼 있으면 국민 총소득은 Y₂로 증가한다. 이때 국민 총소득이 Y*보다 큰 경우는 호황을, Y*보다 작은 경우는 불황을 나타낸다.

* 단, 총수요는 AD₁과 AD₂ 사이에서만 변동한다고 가정한다.

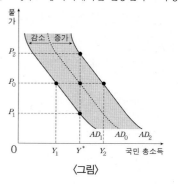

〈그림〉

정답 풀이

② ㉠: 시장은 항상 균형 상태에 있으므로, AD 곡선이 이동하더라도 물가가 P₀이고 국민 총소득이 Y*인 장기 균형이 항상 성립할 것이다.

해설 2문단에서 ㉠은 시장이 가격의 신축적인 조정에 의해 항상 균형을 달성한다고 보았음을 알 수 있다. 따라서 이러한 ㉠의 입장에서는 〈보기〉에서 AD 곡선이 이동하면 물가가 P₁에서 P₂까지 신축적으로 변화하여 국민 총소득이 Y*인 장기 균형이 항상 성립한다고 판단할 것이다.

오답 풀이

① ㉠: 호황이나 불황은 발생하지 않으므로, AD 곡선이 이동하더라도 국민 총소득이 Y*로 일정할 것이다.

해설 2문단에서 ㉠은 시장은 불균형이 발생할 경우 즉시 가격이 변화하여 균형을 회복하므로 호황이나 불황이 나타나는 경기 변동 현상은 발생하지 않는다고 보았음을 알 수 있다. 따라서 이러한 ㉠의 입장에서는 〈보기〉에서 AD 곡선이 이동하더라도 국민 총소득이 Y*로 일정하다고 판단할 것이다.

③ ㉡: 단기에는 가격 경직성으로 말미암아 총수요 변동이 시장 불균형을 유발하므로, AD 곡선이 이동할 때 물가는 P₁과 P₂ 사이의 폭보다 작은 폭으로 변화하여 국민 총소득은 Y*를 이탈할 것이다.

해설 4문단에서 ㉡은 총수요 변동이 유발한 불균형 상태가 가격 경직성으로 말미암아 오래 지속될 수 있다고 보았음을 알 수 있다. 따라서 이러한 ㉡의 입장에서는 〈보기〉에서 AD 곡선이 이동할 때 물가는 가격 경직성으로 인해 P₁과 P₂ 사이의 폭보다 작은 폭으로 변화하여 국민 총소득이 장기 균형인 Y*를 이탈한다고 판단할 것이다.

선택지 속 함정

경제 지문에서 그래프가 등장하면 이를 잘 활용할 수 있어야 해. ③에서 'AD 곡선이 이동할 때 물가는 P₁과 P₂ 사이의 폭보다 작은 폭으로 변화하여 국민 총소득은 Y*를 이탈'한다고 했는데, 그래프를 활용하면 문자만으로 내용을 이해하는 것보다 쉽게 이해할 수 있어. 먼저 그래프에서 AD 곡선이 AD₀에서 AD₂로 이동할 때, ⓒ은 가격이 경직적이라고 보았으니까 물가가 P₂까지 상승하지 못하므로 P₁과 P₂ 사이에 있게 되고, 이때 국민 총소득은 Y*를 이탈하여 Y*과 Y₂ 사이로 증가하게 됨을 알 수 있지. 반대로 AD 곡선이 AD₀에서 AD₁로 이동할 때는 물가가 P₁까지 떨어지지는 않을 것이므로 국민 총소득이 Y*과 Y₁ 사이로 떨어짐을 알 수 있어.

④ ⓒ: 가격 경직성이 심할수록 총수요 변동에 따라 극심한 경기 변동이 유발되므로, 물가가 완전히 경직적이라면 AD 곡선이 이동할 때 물가가 P₀에 고정되어 국민 총소득의 변동성은 Y₁에서 Y₂까지 나타날 것이다.

[해설] 3문단에서 케인즈는 가격 경직성이 심할수록 총수요가 변동할 때 극심한 경기 변동 현상이 유발된다고 보았음을 알 수 있다. 따라서 케인즈의 주장을 받아들여 이를 발전시킨 ⓒ의 입장에서는 〈보기〉에서 물가가 완전히 경직적이라면 물가가 P₀에 고정되어 변하지 않고 이로 인해 국민 총소득이 Y₁에서 Y₂까지 극심한 변화가 나타난다고 판단할 것이다.

⑤ ⓒ: 가격 경직성이 존재하더라도 정부가 '보이는 손'을 통해 경기 변동을 제거할 수 있으므로, 경기 안정화 정책이 유효하다면 물가가 P₀에 고정되더라도 국민 총소득이 Y*로 일정할 수 있을 것이다.

[해설] 4문단에서 ⓒ은 정부가 경기 안정화 정책을 통해 경제의 총수요를 관리함으로써 경기 변동을 조절해야 한다고 주장하였으며, 가격 경직성의 존재에도 불구하고 정부의 '보이는 손'을 통해 시장의 균형이 회복될 수 있다고 보았음을 알 수 있다. 따라서 이러한 ⓒ의 입장에서는 〈보기〉에서 물가가 P₀에 고정되어 완전히 경직적이라도 정부의 경기 안정화 정책에 의해 총수요를 변화시켜 국민 총소득이 장기 균형인 Y*로 일정할 수 있다고 판단할 것이다.

03 관점의 비교 이해

정답 ②

선택률	① 22%	② 40%	③ 22%	④ 9%	⑤ 7%

〈보기〉의 '경제학자 갑'의 정책 제안에 대해 ⓒ이 할 수 있는 비판으로 가장 적절한 것은? [3점]
　　　　　　　　　　　　　　　　= 새고전학파

〔보기〕

　경제학자 갑은 소득과 통화량이 늘어날수록 소비가 증가할 것
　　　　　　　　　　거시 경제 변수 간의 관계를 임의로 가정함.
이라고 가정하고, 이를 반영하여 소비 예측 모형을 개발하였다.
그리고 K국의 지난 10년간의 자료를 통계적으로 분석하여 모형
　　　　　　과거 자료를 통해 방정식의 계수를 추정함. → 케인즈학파의 방식
의 계수를 추정하였다. 모형의 분석 결과, 갑은 통화량이 증가한
경우 다음 달의 소비가 증가한다는 결론을 도출한 뒤, 통화량을
늘리는 정책을 K국 정부에 제안하였다. K국 정부는 갑의 제안을
받아들이고 2020년 4월 1일에 확장적 통화 정책을 시행하겠다고
발표하였다.

* 단, 현재는 2020년 3월 12일이며, K국은 매년 12월 31일에 해당
시점의 통화량을 발표한다.

〔정답 풀이〕

② K국 정부가 확장적 통화 정책을 발표한 이후 통화량에 대한 K국 국민들의 예상이 달라짐에 따라 정책 효과 분석도 달라져야 한다는 점을 고려하지 않았다.

[해설] 〈보기〉의 경제학자 갑은 거시 경제 변수 간의 관계를 임의로 가정하고, 과거 자료를 분석하여 정책을 제안하였다. 5문단에서 ⓒ은 새로운 정보가 전해지면 경제 주체들은 기존에 보유하고 있던 정보에 추가된 정보를 반영하여 합리적으로 기대를 형성하고 이에 따라 반응을 바꾼다고 보았음을 알 수 있다. 따라서 ⓒ은 K국 정부가 확장적 통화 정책을 발표하면 국민들의 합리적 기대에 영향을 미쳐 국민들의 반응이 달라지므로 정책 효과 분석도 이를 반영하여 달라져야 한다고 보아, 경제학자 갑이 이와 같은 점을 고려하지 않았음을 비판할 것이다.

〔오답 풀이〕

① K국의 확장적 통화 정책이 2019년의 통화량에 대한 K국 국민들의 합리적 기대 형성에 영향을 미쳐 K국 국민들의 반응이 바뀔 수 있다는 점을 고려하지 않았다.

[해설] 〈보기〉에서 현재는 2020년 3월 12일이고, K국은 매년 12월 31일에 해당 시점의 통화량을 발표한다고 하였으므로, 2019년의 통화량은 2019년 12월 31일에 이미 발표되었다. 따라서 ⓒ은 K국 정부가 확장적 통화 정책을 발표하더라도, 이미 지난 시기인 2019년의 통화량에 대한 K국 국민들의 합리적 기대 형성에 영향을 미치지 못한다고 판단할 것이다.

③ 확장적 통화 정책으로 인해 K국의 통화량이 변화할 경우, 2020년 이전의 자료는 배제한 채 소비의 변화를 예측해야 한다는 점을 고려하지 않았다.

[해설] 5문단에서 ⓒ은 새로운 정보가 전해지면 경제 주체들은 기존에 보유하고 있던 정보에 추가된 정보를 반영하여 합리적으로 기대를 형성하고 이에 따라 반응을 바꾼다고 보았음을 알 수 있다. 따라서 ⓒ은 '기존에 보유하고 있던 정보'에 해당하는 2020년 이전의 자료도 고려해야 한다고 판단할 것이다.

④ 2020년 4월 1일에 확장적 통화 정책을 시행함으로써 2020년 12월 30일까지는 K국 국민들의 소비가 변화하지 않을 것이라는 점을 고려하지 않았다.

[해설] 5문단에서 ⓒ은 새로운 정보가 전해지면 경제 주체들은 기존에 보유하고 있던 정보에 추가된 정보를 반영하여 합리적으로 기대를 형성하고 이에 따라 반응을 바꾼다고 보았음을 알 수 있다. 따라서 ⓒ은 확장적 통화 정책을 시행한 후 K국 국민들의 소비가 변화하지 않을 것이라고 보지는 않을 것이다.

⑤ K국 정부의 인위적인 통화량 조절로 유발된 총수요 변동이 불황을 불러일으킬 수 있다는 점을 고려하지 않았다.

해설 〈보기〉에서 현재는 정책 시행 전이므로 통화량이 변화하지 않았다. 또한 5문단에서 ⓒ은 총수요 변동이 아닌 기술 변화가 호황이나 불황과 같은 경기 변동을 유발한다고 주장하였다고 하였으므로, K국 정부의 인위적인 통화량 조절로 총수요 변동이 유발되더라도 이것이 불황 등의 경기 변동을 유발하지는 않을 것이라고 판단할 것이다.

---

04 세부 정보의 추론 정답 ①

선택률	① 53%	② 9%	③ 14%	④ 18%	⑤ 6%

[A]를 이해한 내용으로 가장 적절한 것은?

정답 풀이

① 기업이 이윤 추구를 위해 제품 가격과 임금을 결정한 결과로 시장에 가격 경직성이 나타날 수 있다.

해설 [A]에서 새케인즈학파는 가격 경직성의 근거로 '메뉴 비용 이론'과 '효율 임금 이론'을 제시했다고 하였다. '메뉴 비용 이론'에 따르면 기업은 제품 가격을 변화시킴으로써 얻을 수 있는 이득과 메뉴 비용을 비교하여 가격을 변화시키므로, 가격 변화로 인해 이득을 얻지 못하면 가격을 변화시키지 않을 것이다. 또한 '효율 임금 이론'에 따르면 효율 임금은 노동자의 생산성을 유도하는 임금이므로, 시장 상황에 따라 임금이 하락하더라도 기업은 노동자의 생산성을 위해 효율 임금을 지급하려 할 것이다. 즉 기업이 이윤 추구를 위해 제품 가격과 임금을 결정한 결과로 시장에 가격 경직성이 나타날 수 있다.

오답 풀이

② 경제 주체들이 합리적으로 기대를 형성하는 경우에는 총수요 관리 정책이 경기 변동을 줄이는 역할을 할 수 없다.
↳ 있다

해설 [A]에서 새케인즈학파는 경제 주체들이 합리적으로 기대를 형성하더라도 가격 경직성으로 인해 경기 변동이 발생할 수 있으며, 총수요 관리 정책은 여전히 효과를 갖는다고 주장하였다고 하였다. 이에 따르면 경제 주체들이 합리적으로 기대를 형성하는 경우에도 총수요 관리 정책이 경기 변동을 줄이는 역할을 할 수 있다.

③ 기업이 공급자로 참여하는 제품 시장과 수요자로 참여하는 노동 시장에서의 기업의 행동 차이로 인해 시장의 가격 경직성이 제거될 수 있다.

해설 [A]에서 '메뉴 비용 이론'과 '효율 임금 이론'에 따르면 기업은 제품 시장과 노동 시장 모두에서 이윤을 추구하는 행동을 할 것이며, 이러한 기업의 합리적 선택의 결과로 시장에 가격 경직성이 나타나게 된다고 설명하였다. 기업이 공급자로 참여하는 제품 시장과 수요자로 참여하는 노동 시장에서의 기업의 행동 차이로 인해 시장의 가격 경직성이 제거될 수 있다는 내용의 근거는 [A]에서 찾을 수 없다.

④ 메뉴 비용의 크기가 클수록 제품 가격의 변동성 역시 커진다는 것을 밝힐 수 있다면, 제품 시장에 존재하는 가격 경직성의 근거를 입증할 수 있다.
↳ 가격 신축성의 근거를

해설 [A]에서 메뉴 비용은 가격 경직성의 발생 근거로 제시되었다. 만약 메뉴 비용의 크기가 클수록 제품 가격의 변동성 역시 커진다는 것을 밝힌다면, 이는 가격 경직성이 아니라 가격 신축성의 근거가 될 수 있을 것이다.

⑤ 기업이 노동 시장의 균형 임금보다 높은 임금을 노동자에게 지급함으로써 생산성을 높일 수 있다면, 노동의 초과 수요가 발생하더라도 임금이 하락할 수 있다.

해설 [A]에서 '효율 임금 이론'에 따르면 기업이 노동자에게 높은 임금을 지급함으로써 노동자의 이직과 태만을 방지할 수 있기 때문에 임금이 높을수록 노동자의 생산성이 높아진다고 하였다. 따라서 기업이 노동 시장의 균형 임금보다 높은 임금을 노동자에게 지급함으로써 생산성을 높일 수 있다면, 노동의 초과 수요가 발생하여 시장의 균형 임금이 상승했을 때 기업은 더 높은 임금을 지급하여 노동자의 이직과 태만을 방지하려 할 것이다. 노동의 초과 수요가 발생할 경우 임금이 하락할 수 있다는 것은 적절하지 않다.

---

05 세부 내용의 파악 정답 ④

선택률	① 5%	② 10%	③ 7%	④ 73%	⑤ 5%

ⓐ~ⓔ를 문맥상 바꿔 쓴 것으로 적절하지 않은 것은?

정답 풀이

④ ⓓ: 시장 균형을 없앨 수
= 경기 변동을 제거할 수

해설 2문단에서 경기 변동 현상은 호황이나 불황이 나타나는 현상이라고 하였으므로 ⓓ는 '호황이나 불황의 발생을 없앨 수'로 바꾸는 것이 적절하다.

오답 풀이

① ⓐ: 수요와 공급이 일치한다고
= 균형을 달성한다고

해설 1문단에서 시장은 수요와 공급이 일치하지 않는 불균형이 발생할 경우 가격 변화에 의해 균형을 회복한다고 하였다. 이를 통해 시장 균형은 수요와 공급이 일치하는 상태임을 알 수 있으므로 ⓐ는 '수요와 공급이 일치한다고'로 바꿔 쓸 수 있다.

② ⓑ: 즉시 바뀌지 않는다고
= 경직적이라고

해설 2문단에서 고전학파는 시장은 가격의 신축적인 조정에 의해, 즉 불균형이 발생할 경우 즉시 가격이 변화하여 균형을 회복한다고 하였고, 3문단에서 케인즈는 고전학파의 주장과 달리 장기에는 가격이 신축적이지만 단기에는 경직적이라고 보았다고 하였다. 이를 통해 가격이 신축적이라는 것은 가격이 즉시 변화하는 것임을 알 수 있고, 반대로 가격이 경직적이라는 것은 가격 조정이 원활하지 않아 즉시 변화하지 않는다는 것임을 알 수 있으므로 ⓑ는 '즉시 바뀌지 않는다고'로 바꿔 쓸 수 있다.

③ ⓒ: 적절한 수준으로 변화시킴으로써
= 관리함으로써

해설 4문단에서 케인즈학파는 가격 경직성의 존재에도 불구하고 경기 안정화 정책을 통해 총수요를 관리함으로써 시장 균형을 회복할 수 있다고 보았음을 알 수 있다. 따라서 ⓒ는 '적절한 수준으로 변화시킴으로써'로 바꿔 쓸 수 있다.

⑤ ⓔ: 미래를 예상하고
= 기대를 형성하고

해설 5문단에서 새로운 정보가 전해지면 경제 주체들은 기존에 보유하고 있던 정보에 추가된 정보를 반영하여 합리적으로 기대를 형성하고 이에 따라 반응을 바꾼다고 하였다. 즉 경제 주체는 자신이 이용 가능한 정보를 바탕으로 미래를 예상하여 이에 따라 반응을 바꾸는 것이므로 ⓔ는 '미래를 예상하고'로 바꿔 쓸 수 있다.

● 확장적 정책에 대한 서로 다른 관점

1 국내외 사정으로 경기가 불안정할 때에 정부와 중앙은행은 경기
_{경기 안정 정책의 시행 시기}
안정 정책을 펼친다. 정부는 정부 지출과 조세 등을 조절하는 재
정정책을, 중앙은행은 통화량과 이자율을 조정하는 통화정책을 활
용한다. 이 정책들은 경기 상황에 따라 달리 활용된다. 경기가 좋지
_{확장적 정책 시행 시기}
않을 때에는 총수요*를 증가시키기 위해 정부 지출을 늘리거나 조
세를 감면하는 확장적 재정정책이나 통화량을 늘리고 이자율을 낮
추는 확장적 통화정책이 활용된다. 또 경기 과열이 우려될 때에는
_{긴축적 정책 시행 시기}
정부 지출을 줄이거나 세금을 올리는 긴축적 재정정책이나 통화량
을 줄이고 이자율을 올리는 긴축적 통화정책이 활용된다. 이러한
정책들의 효과 여부에 대해서는 이견들이 존재하는데 대표적으로
'통화주의'와 '케인스주의'를 들 수 있다. 두 학파의 입장 차이를 확
장적 정책을 중심으로 살펴보자.

2 먼저 정부의 시장 개입을 최소화해야 한다고 보는 통화주의는
_{통화주의의 관점 ①}
화폐 수요가 소득 증가에 민감하게 반응한다고 주장했다. 여기서
_{통화주의의 주장}
화폐란 물건을 교환하기 위한 수단을 말하고, 화폐 수요는 특정한
_{통화주의의 입장에서 본 화폐의 역할}
시점에 사람들이 보유하고 싶어 하는 화폐의 총액을 의미한다. 통
_{통화주의 입장에서 본 화폐 수요의 의미}
화주의에서는 화폐 수요의 변화에 따라 이자율 변화가 크게 나타나
_{통화주의의 관점 ②}
고 이자율이 투자 수요에 미치는 영향도 크다고 보았다. 따라서 「불
_{『 』: 통화주의의 입장에서 본 확장적 재정정책의 효과}
경기에 정부 지출을 증가시키는 재정정책을 펼치면 국민 소득이 증
가함에 따라 화폐 수요가 크게 증가하고 이에 영향을 받아 이자율
이 매우 높게 상승한다고 보았다. 더불어 이자율에 크게 영향을 받
는 투자 수요는 높아진 이자율로 인해 예상된 투자 수요보다 급격
히 감소하면서 경기를 호전시키지 못한다고 보았다.」 이 때문에 확
장적 재정정책의 효과가 기대보다 낮을 것이라 주장했다. 결국 불
황기에는 정부 주도의 재정정책보다는 중앙은행의 통화정책을 통
_{정부보다는 중앙은행의 통화정책에 비중을 둠}
해 통화량을 늘리고 이자율을 낮추는 방식을 택하면 재정정책과 달
리 투자 수요가 증가하여 경기를 부양시킬 수 있다고 본 것이다.

3 반면에 경기 안정을 위해 정부의 적극적인 개입이 필요하다고
보는 케인스주의는 화폐를 교환 수단으로만 보지 않고 이자율과 역
_{케인스주의의 관점 ①}
의 관계를 가지는 투기적 화폐 수요가 존재한다고 보았다. 투기적
_{케인스주의의 입장에서 본 화폐의 역할}
화폐 수요는 통화량이 늘어나도 소비하지 않고 더 높은 이익을 얻
_{화폐 수요에 투기적 성격이 있다고 본 케인스주의}
기 위해 화폐를 소유하고자 하는 수요이다. 따라서 통화정책을 통

해 통화량을 늘리고 이자율을 낮추면 투기적 화폐 수요가 늘어나
화폐가 시중에 돌지 않기 때문에 투자 수요가 거의 증가하지 않는
다고 본 것이다. 즉 케인스주의는 실제로 사람들이 화폐를 거래 등
_{케인스주의의 관점 ②}
에 얼마나 자주 사용하였는지가 소득의 변화보다 화폐 수요에 크게
영향을 미친다고 본 것이다. 그래서 케인스주의는 확장적 재정정책
을 시행하여 정부 지출이 증가하면 국민 소득은 증가하지만, 소득
_{케인스주의의 입장에서 본 확장적 재정정책의 효과}
의 변화가 화폐 수요에 미치는 영향이 작기 때문에 화폐 수요도 작
게 증가할 것이라 보았다. 이에 따라 이자율도 낮게 상승하기 때문
에 투자 수요가 예상된 것보다 작게 감소할 것이라 보았던 것이다.

4 또한 확장적 재정정책의 효과는 ㉠승수 효과와 ㉡구축 효과가
나타나는 정도에 따라 달리 볼 수 있다. 승수 효과란 정부의 재정
지출이 그것의 몇 배나 되는 국민 소득의 증가로 이어지면서 소비
_{승수 효과의 개념}
와 투자가 촉진되는 것을 의미한다. 케인스주의는 이러한 승수 효
과를 통해 경기 부양이 가능하다고 보았다. 한편 승수 효과가 발생
_{확장적 재정정책에 대한 케인스주의의 긍정적 관점 ← 승수 효과}
하기 위해서는 케인스주의가 주장한 바와 같이 정부 지출을 늘렸을
때 이자율의 변화가 거의 없어 투자 수요가 예상 투자 수요보다 크
_{승수 효과의 발생 조건}
게 감소하지 않아야 한다. 그런데 정부가 재정정책을 펼치기 위해
재정 적자를 감수하고 국가가 일종의 차용 증서인 국채를 발행해
시중의 돈을 빌리게 되는 경우가 많다. 국채 발행으로 시중의 돈이
정부로 흘러 들어가면 이자율이 오르고 이에 대한 부담으로 가계나
_{국채 발행의 결과로 나타나는 구축 효과}
기업들의 소비나 투자 수요가 감소되는 상황이 발생하게 된다. 결
국 세금으로 충당하기 어려운 재정정책을 펼치기 위해 국채를 활용
하는 과정에서 이자율이 ㉮올라가고 이로 인해 민간의 소비나 투자
를 줄어들게 하는 구축 효과가 발생하게 된다는 것이다. 통화주의
에서는 구축 효과에 의해 승수 효과가 감쇄되어 확장적 재정정책의
_{구축 효과를 바탕으로 한 확장적 재정정책에 대한 통화주의의 부정적 관점 ← 구축 효과}
효과가 기대보다 줄어들 것이라고 본 것이다.

5 이처럼 경기를 안정화시키기 위해 특정한 정책의 긍정적 효과만
_{통화주의나 케인스주의의 입장 중 어느 하나만을 고려할 경우}
을 고려하여 정책을 시행하게 될 경우 예상치 못한 문제들이 발생
하여 기대했던 경기 안정을 가져오지 못할 수 있다. 경제학자들은
재정정책과 통화정책의 의의를 인정하면서, 이 정책들을 적절하게
활용한다면 경기 안정이라는 목적을 달성하는 데에 중요한 열쇠가
될 수 있을 것이라 보았다.

*** 총수요:** 국내에서 생산된 재화와 서비스에 대해 모든 경제 주체들이 일정 기간 동안 구입하
고자 하는 것.

중앙은행의 통화정책 수단

① 공개 시장 조작
- 중앙은행이 공개 시장에 개입하여 유가 증권이나 어음 등을 매매하여 시중에 유통되는 통화량을 조절하는 금융 정책

② 지급 준비율 정책
- 중앙은행이 시중 은행이 고객으로부터 받은 예금 중에서 중앙은행에 의무적으로 적립해야 하는 비율인 지급 준비율을 정하여, 시중 은행에 부과하는 지급 준비금을 증감함으로써 시중에 유통되는 통화량을 조절하는 금융 정책

(지문 분석하기)

|지문 구조|

1 경기 안정 정책인 재정정책과 통화정책

↓

| **2** 확장적 정책의 효과에 대한 통화주의의 입장 | ↔ | **3** 확장적 정책의 효과에 대한 케인스주의의 입장 |

↓

4 승수 효과와 구축 효과에 따른 확장적 재정정책의 효과

↓

5 재정정책과 통화정책 시행 시 유의할 점

|주제| 확장적 정책에 대한 통화주의와 케인스주의의 입장

(한컷 정리하기)

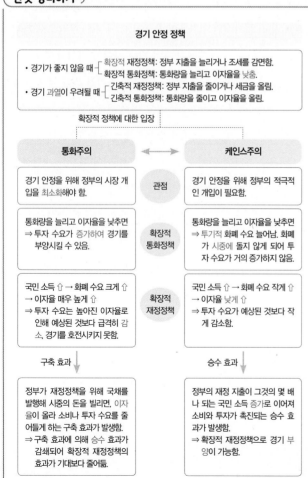

경기 안정 정책

- 경기가 좋지 않을 때 ─┬─ 확장적 재정정책: 정부 지출을 늘리거나 조세를 감면함.
　　　　　　　　　　 └─ 확장적 통화정책: 통화량을 늘리고 이자율을 낮춤.
- 경기 과열이 우려될 때 ─┬─ 긴축적 재정정책: 정부 지출을 줄이거나 세금을 올림.
　　　　　　　　　　　└─ 긴축적 통화정책: 통화량을 줄이고 이자율을 올림.

확장적 정책에 대한 입장

통화주의		케인스주의
경기 안정을 위해 정부의 시장 개입을 최소화해야 함.	관점	경기 안정을 위해 정부의 적극적인 개입이 필요함.
통화량을 늘리고 이자율을 낮추면 ⇒ 투자 수요가 증가하여 경기를 부양시킬 수 있음.	확장적 통화정책	통화량을 늘리고 이자율을 낮추면 ⇒ 투기적 화폐 수요 늘어남. 화폐가 시중에 돌지 않게 되어 투자 수요가 거의 증가하지 않음.
국민 소득 ⇧ → 화폐 수요 크게 ⇧ → 이자율 매우 높게 ⇧ ⇒ 투자 수요는 높아진 이자율로 인해 예상된 것보다 급격히 감소, 경기를 호전시키지 못함.	확장적 재정정책	국민 소득 ⇧ → 화폐 수요 작게 ⇧ → 이자율 낮게 ⇧ ⇒ 투자 수요가 예상된 것보다 작게 감소함.

구축 효과 ↓	승수 효과 ↓
정부가 재정정책을 위해 국채를 발행해 시중의 돈을 빌리면, 이자율이 올라 소비나 투자 수요를 줄어들게 하는 구축 효과가 발생함. ⇒ 구축 효과에 의해 승수 효과가 감쇄되어 확장적 재정정책의 효과가 기대보다 줄어듦.	정부의 재정 지출이 그것의 몇 배나 되는 국민 소득 증가로 이어져 소비와 투자가 촉진되는 승수 효과가 발생함. ⇒ 확장적 재정정책으로 경기 부양이 가능함.

선택률	① 52%	② 16%	③ 13%	④ 13%	⑤ 6%

윗글을 통해 해결할 수 있는 질문으로 적절하지 않은 것은?

(정답 풀이)

① 정부의 재정 적자를 해소하는 방법은 무엇인가?

[해설] 이 글은 경기 안정을 위한 확장적 정책을 중심으로 통화주의와 케인스주의의 입장 차이와 적절한 정책 활용의 필요성에 대해 설명하고 있다. 이 글에서 정부의 재정 적자를 해소하는 방법은 언급하고 있지 않다.

(오답 풀이)

② 확장적 정책과 긴축적 정책의 시행 시기는 언제인가?
　　　　　　　　　　경기 과열이 우려될 때 활용하는 정책
경기가 좋지 않을 때 총수요를 증가시키기 위해 활용하는 정책
[해설] 1문단에서 경기 상황에 따라 다르게 활용되는 정책으로 확장적 정책과 긴축적 정책이 제시되어 있다. 확장적 정책은 경기가 좋지 않을 때, 긴축적 정책은 경기 과열이 우려될 때 활용된다고 설명하고 있다.

③ 투기적 화폐 수요가 투자 수요에 미치는 영향은 무엇인가?
통화량이 늘어도 소비하지 않고 더 높은 이익을 얻기 위해 화폐를 소유하고자 하는 수요
[해설] 3문단에서 케인스주의는 통화정책을 통해 통화량을 늘리고 이자율을 낮추면 투기적 화폐 수요가 늘어나 화폐가 시중에 돌지 않기 때문에 투자 수요가 거의 증가하지 않는다고 보았다고 설명하고 있다.

④ 정부의 지출 증가가 국민 소득에 미치는 영향은 무엇인가?

[해설] 2문단에서 통화주의는 불경기에 정부 지출을 증가시키는 재정정책을 펼치면 국민 소득이 증가함에 따라 화폐 수요가 크게 증가한다고 보았음을 알 수 있고, 3문단에서 케인스주의는 확장적 재정정책을 시행하여 정부 지출이 증가하면 국민 소득은 증가한다고 보았음을 알 수 있다. 이를 통해 정부 지출이 증가하면 국민 소득이 증가함을 알 수 있다.

⑤ 정부와 중앙은행이 각각 활용하는 경기 안정 정책은 무엇인가?

[해설] 1문단에서 경기 안정 정책으로 정부는 정부 지출과 조세 등을 조절하는 재정정책을, 중앙은행은 통화량과 이자율을 조정하는 통화정책을 활용한다고 제시하고 있다.

07 특정 정보의 이해 　　　　　　　　　　정답 ④

선택률	① 5%	② 12%	③ 15%	④ 61%	⑤ 7%

= 구축 효과
㉠과 ㉡에 대한 설명으로 적절하지 <u>않은</u> 것은?
= 승수 효과

정답 풀이

④ ㉡과 달리 ㉠은 정부가 재정 지출을 늘릴 경우 <u>투자 수요가 줄어들 것이라</u>
　　　　　　　　　　　　　　　　↳ 소비와 투자가 촉진될 것이라는
<u>는</u> 주장의 근거가 된다.

해설 4문단에서 ㉡은 정부가 세금으로 충당하기 어려운 재정정책을 펼치기 위
해 국채를 활용하는 과정에서 이자율이 올라가고 이로 인해 민간의 소비나 투자
가 줄어들게 되는 것을 의미함을 알 수 있다. 반면에 ㉠은 정부의 재정 지출이 지
출의 몇 배나 되는 국민 소득의 증가로 이어지면서 소비와 투자가 촉진되는 것
을 의미함을 알 수 있다. 따라서 ㉠은 투자 수요가 줄어들 것이라는 주장의 근거
가 된다는 설명은 적절하지 않다.

오답 풀이

① ㉠은 정부의 재정 지출에 비해 더 큰 소득의 증가가 나타나는 현상에 대한
설명이다.

해설 4문단에서 ㉠은 정부의 재정 지출이 그것의 몇 배나 되는 국민 소득의 증
가로 이어지면서 소비와 투자가 촉진되는 것을 의미한다고 하였으므로 적절한
설명이다.

② ㉡은 세금으로 충당하기 어려운 정부 지출을 위해 시중의 돈이 줄어드는 상
황에서 나타나는 것이다.

해설 4문단에서 ㉡은 정부가 세금으로 충당하기 어려운 재정정책을 펼치기 위
해 국채를 발행하여 활용하는 과정에서 나타나는 현상이라고 하였다. 국채 발행
으로 시중의 돈이 정부로 흘러 들어가면 시중의 돈이 줄어드는 상황이 된다.

③ ㉠과 달리 ㉡은 정부 지출이 정부의 의도만큼 효과를 거두지 못할 것이라는
주장의 근거가 된다.

해설 정부가 확장적 재정정책을 펼치기 위해 활용하는 정부 지출이 정부의 의
도만큼 효과를 거두지 못할 것이라는 주장은 통화주의의 입장이다. 이때 국채를
활용하는 과정에서 이자율이 올라가고 이로 인해 민간의 소비나 투자를 줄어들
게 한다는 ㉡은 확장적 재정정책의 효과가 기대보다 낮을 것이라는 주장의 근거
가 될 수 있다.

⑤ ㉠과 ㉡은 모두 정부 지출을 확대했을 때 발생할 수 있는 결과들에 대해 분
석한 것이다.
　　　　　　　확장적 재정정책

해설 4문단에서 확장적 재정정책의 효과는 승수 효과와 구축 효과가 나타나는
정도에 따라 달리 볼 수 있다고 하였다. 확장적 재정정책은 1문단에서 알 수 있듯
이 정부 지출을 늘리거나 조세를 감면하는 방법이다.

---

08 구체적 상황에 적용 　　　　　　　　　　정답 ①

선택률	① 48%	② 8%	③ 35%	④ 5%	⑤ 4%

윗글을 바탕으로 할 때, 〈보기〉의 A∼D에 들어갈 말을 바르게 짝지
은 것은?

┌ 보기 ┐
　국내 사정으로 경기가 (A)되어 정부가 <u>긴축적 재정정책을</u>
　　　　　　　　　　　　　　　　　　　　　↳ 정부 지출↓, 세금↑
사용하면 시중 통화량이 (B)하고, 이에 따라 이자율이 변동
한다. 이러한 정책을 통해 경기가 안정되었지만 대외 경제 상황
에 의해 경기 (C)이/가 우려된다면, 중앙은행의 경우 <u>통화량</u>
　　　　　　　　　　　　　　　　　　　　　　　　↳ 긴축적 통화정책
<u>을 줄이고 이자율을</u> (D) 경기 안정을 도모할 수 있다.

정답 풀이

	A	B	C	D
①	과열	감소	과열	올려

해설 A에 들어갈 말은 〈보기〉에 제시된 국내 사정으로 정부가 긴축적 재정정책
을 사용하는 것을 통해 '과열'임을 알 수 있다. 이는 1문단의 '경기 과열이 우려될
때에는 정부 지출을 줄이거나 세금을 올리는 긴축적 재정정책이나 통화량을 줄
이고 이자율을 올리는 긴축적 통화정책이 활용된다.'에서 근거를 찾을 수 있다. B
는 긴축적 재정정책 사용과 시중 통화량을 연결 지어 '감소'할 것으로 추론할 수
있다. 긴축적 재정정책을 사용할 경우 정부는 지출을 줄이거나 세금을 올리는데
이로 인해 시중의 통화량이 감소할 것이기 때문이다. 한편 이러한 정책을 통해
경기가 안정되었지만 대외 경제 상황을 고려하여 중앙은행이 통화량을 줄이는
정책을 시행한다고 했으므로, 1문단에 제시된 '통화량을 줄이고 이자율을 올리는
긴축적 통화정책이 활용된다.'를 근거로 이는 긴축적 통화정책에 해당하는 내용
임을 알 수 있다. 이러한 긴축적 통화정책은 1문단에서 경기 과열이 우려될 때에
활용되는 정책이라고 했으므로 C에는 '과열'이 적절하다. 또한 1문단을 통해 긴
축적 통화정책에서는 이자율을 올린다는 것을 알 수 있으므로 D에는 '올려'가 적
절하다.

오답 풀이

	A	B	C	D
②	과열	증가 ↳ 감소	침체 ↳ 과열	내려 ↳ 올려
③	과열	감소	침체 ↳ 과열	올려
④	침체 ↳ 과열	감소	침체 ↳ 과열	올려
⑤	침체 ↳ 과열	증가 ↳ 감소	과열	내려 ↳ 올려

〈보기〉는 '확장적 재정정책'에 대한 '통화주의'와 '케인스주의'의 주장을 그래프로 나타낸 것이다. 윗글을 바탕으로 〈보기〉에 대해 이해한 내용으로 가장 적절한 것은? [3점]

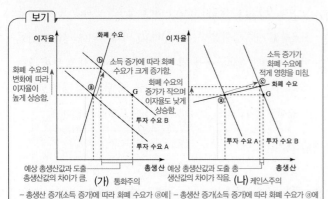

- 〈보기〉
- (가) 통화주의
  - 총생산 증가(소득 증가)에 따라 화폐 수요가 @에서 ⓑ로 (나)에 비해 급격히 증가하며, 이에 따라 이자율 변화에 따른 투자 수요의 변화 폭이 큼.
  - 총생산이 증가될 것으로 예상된 지점(G)보다 정책 활용 결과로 도출된 총생산값(ⓑ)이 (나)보다 많이 줄어듦.
- (나) 케인스주의
  - 총생산 증가(소득 증가)에 따라 화폐 수요가 @에서 ⓒ로 (가)에 비해 작게 증가하며, 이에 따라 이자율 변화에 따른 투자 수요의 변화 폭이 작음.
  - 총생산이 증가될 것으로 예상된 지점(G)보다 정책 활용 결과로 도출된 총생산값(ⓒ)이 (가)보다 적게 줄어듦.

* @는 확장적 재정정책 활용 이전의 상태를, ⓑ와 ⓒ는 확장적 재정정책 활용 이후의 결과를 나타낸 것이다.

* G는 이자율의 변화를 고려하지 않고 정부 지출을 통해 총생산이 증가될 것으로 예상된 지점을 가정한 것이다.
  - 일정 기간 동안 한 경제에서 생산되는 재화와 서비스의 최종 생산물의 총량

* 총생산의 증가는 소득이 증가한 것이라 가정한다.

정답 풀이

④ (나)는 (가)에 비해 국민 소득 변화에 따른 화폐 수요의 변화가 작은 것으로 보아, (나)는 '케인스주의'의 그래프이겠군.

[해설] 〈보기〉에서 총생산의 증가는 소득이 증가한 것이라고 가정한다고 했으므로 국민 소득 변화에 따른 화폐 수요의 변화는 총생산의 변화에 따른 화폐 수요의 변화임을 알 수 있다. 이에 따라 국민 소득의 변화를 그래프의 가로축인 총생산값의 변화에 적용하면 된다. 총생산에 따른 화폐 수요 곡선의 기울기가 (가)에 비해 (나)가 완만한 것으로 보아 화폐 수요의 변화가 (가)보다 (나)가 더 작다는 것을 알 수 있다. 이는 확장적 재정정책을 펼쳤을 때 총생산값의 증가, 즉 소득의 증가가 화폐 수요에 미치는 영향이 상대적으로 작다는 것이다. 3문단에서 케인스주의는 확장적 재정정책을 시행하여 정부 지출이 증가하면 국민 소득은 증가하지만, 소득의 변화가 화폐 수요에 미치는 영향이 작기 때문에 화폐 수요는 작게 증가할 것이라고 보았으므로 (나)는 '케인스주의'의 입장을 나타낸 그래프로 볼 수 있다.

오답 풀이

① (가)는 (나)에 비해 정부 지출에 따른 화폐 수요의 변화가 투자 수요에 미치는 영향이 더 큰 것으로 보아, (가)는 '케인스주의'의 그래프이겠군.
    ↳ '통화주의'의

[해설] 〈보기〉에서 제시된 조건인 정부 지출을 통해 총생산이 증가됨을 고려할 때, 그래프에서 (가)가 (나)보다 총생산 증가에 따른 화폐 수요가 더 크게 변화하고 있다. 이에 따라 이자율의 변화도 큰 것을 알 수 있다. 그리고 이자율의 변화에 따른 투자 수요의 기울기가 (가)가 (나)보다 커 투자 수요의 변화가 큰 것도 알 수 있다. 2문단에서 통화주의는 정부 지출을 증가시키는 확장적 재정정책을 펼쳤을 때 정부 지출이 늘면 국민 소득(총생산)이 증가함에 따라 화폐 수요가 크게 증가하고 이에 영향을 받아 이자율이 매우 높게 상승한다고 보았고, 이에 따라 투자 수요는 급격히 감소한다고 보았다. 따라서 이 조건을 만족시키는 (가)는 '통화주의'의 그래프로 볼 수 있다.

② (가)는 (나)에 비해 화폐 수요의 변화에 따른 이자율의 변화가 작은 것으로 보아, (가)는 '통화주의'의 그래프이겠군.
    ↳ 큰

[해설] 〈보기〉의 제시 조건인 정부 지출을 통해 총생산이 증가됨을 고려할 때, 그래프에서 (가)가 (나)보다 총생산 증가에 따른 화폐 수요가 더 크게 변화하고 이에 따라 이자율의 변화도 크다.

③ (나)는 (가)에 비해 이자율에 따른 투자 수요 곡선의 기울기가 완만한 것으로 보아, (나)는 '통화주의'의 그래프이겠군.
    ↳ '케인스주의'의

[해설] 〈보기〉의 제시 조건인 정부 지출을 통해 총생산이 증가됨을 고려할 때, 그래프에서 (가)가 (나)보다 총생산 증가에 따른 화폐 수요가 더 크게 변화하고 이에 따라 이자율의 변화도 큰 것을 알 수 있다. 그리고 이자율의 변화에 따른 투자 수요의 기울기가 (가)가 (나)보다 커 투자 수요의 변화가 큰 것도 알 수 있다. 즉 (나)는 (가)에 비해 확장적 재정정책 활용 후 투자 수요의 변화가 작으므로 '케인스주의'의 그래프임을 알 수 있다. 3문단에서 케인스주의는 확장적 재정정책을 시행하여 정부 지출이 증가하면 국민 소득은 증가하지만, 소득의 변화가 화폐 수요에 미치는 영향이 작기 때문에 통화주의보다 화폐 수요가 작게 증가하고 이에 따라 이자율이 낮게 상승하여 투자 수요가 작게 감소할 것이라고 보았기 때문이다.

⑤ (나)는 (가)에 비해 정책 활용 결과에서 도출된 총생산 값이 예상된 총생산보다 많이 감소한 것으로 보아, (나)는 '케인스주의'의 그래프이겠군.
    ↳ 적게

[해설] 〈보기〉에서 (가)의 ⓑ와 (나)의 ⓒ가 정책 활용 이후의 결과를 나타낸 것이고, G는 이자율의 변화를 고려하지 않고 정부 지출을 통해 총생산이 증가될 것으로 예상된 지점임을 알 수 있다. 따라서 정책 활용 결과에서 도출된 총생산값과 예상된 총생산값을 비교해 보려면, (가)의 ⓑ와 G, (나)의 ⓒ와 G의 총생산값을 비교해 보면 된다. 그래프를 보면 (나)의 ⓒ의 총생산값이 (가)의 ⓑ의 총생산값보다 G에 대한 감소 폭이 상대적으로 작음을 알 수 있다. 따라서 (나)의 그래프는 확장적 재정정책의 효과가 (가)보다 크다. 이를 통해 (나)가 확장적 재정정책을 지지한 '케인스주의'의 그래프임을 알 수 있다.

😃 선택지 속 함정

정답을 제외한 나머지 오답이 고르게 선택된 까다로운 문제였어. 지문 내용을 그래프에 적용하는 것이 어렵다 보니 전반적으로 내용 파악이 쉽지 않았을 거야. 〈보기〉에서 주어진 조건을 잘 정리하여 그래프가 의미하는 바를 파악하고, 지문의 내용을 이에 적용할 수 있어야 해. 또 선택지의 표현을 판단할 때 주의가 필요한데, ①과 ③은 마지막에 '케인스주의'와 '통화주의'만 바꿔서 진술하였고, ②는 '큰'을 '작은'으로 ⑤는 '적게'를 '많이'로 반대로 진술하여 적절하지 않게 만들었어. 이런 유형의 문제에서는 비교되는 내용만 다르게 진술하여 오답을 만드는 경우가 많으므로 함정에 빠지지 않으려면 주의가 필요해.

10 어휘의 문맥적 의미 파악

정답 ②

선택률	① 3%	② 77%	③ 4%	④ 3%	⑤ 13%

문맥상 의미가 ㉮와 가장 가까운 것은?
= 올라가고

정답 풀이

② 압력이 지나치게 올라가면 폭발 위험이 있다.

해설 ㉮에서 '올라가다'는 '값이나 통계 수치, 온도, 물가가 높아지거나 커지다.'라는 의미로 사용되었다. ②에서도 같은 의미로 사용되었다.

오답 풀이

① 서울에 올라가는 대로 편지를 보내겠습니다.

해설 ①에서 '올라가다'는 '지방에서 중앙으로 가다.'라는 의미이므로 ㉮와는 문맥적 의미가 다르다.

③ 그는 높은 곳에 올라가 종이비행기를 날렸다.

해설 ③에서 '올라가다'는 '낮은 곳에서 높은 곳으로 또는 아래에서 위로 가다.'라는 의미이므로 ㉮와는 문맥적 의미가 다르다.

④ 강의 상류로 올라가면 아름다운 풍경이 펼쳐진다.

해설 ④에서 '올라가다'는 '물의 흐름을 거슬러 위쪽으로 향하여 가다.'라는 의미이므로 ㉮와는 문맥적 의미가 다르다.

⑤ 담임 선생님의 응원에 학생들의 사기가 올라갔다.

해설 ⑤에서 '올라가다'는 '기세나 기운, 열정 따위가 점차 고조되다.'라는 의미이므로 ㉮와는 문맥적 의미가 다르다.

DAY 13 사회 변동 요인과 소비

01~05 2019년 6월 고2 전국연합학력평가

본문 66~67쪽

01 ④	02 ②	03 ④	04 ④	05 ⑤

◯ 문단별 핵심어 ★▬▬ 중심 문장

• 물가지수

1 물가란 시장에서 거래되는 개별 상품의 가격을 종합하여 평균한
　　　물가의 개념
것으로, 물가 변동은 전반적인 상품의 가격 변동을 나타낸다. 물가
　　　　　　　물가 변동의 의미
지수는 이러한 물가 변동을 알기 쉽게 지수화한 경제지표를 일컫는
　　　　　　　　　　물가지수의 개념
다. 지수란 기준이 되는 시점의 수치를 100으로 해서 비교 시점의
　　　　지수의 개념
수치를 나타낸 것인데, 이를테면 어느 특정 시점의 물가지수가 115
라면 이는 기준 시점보다 물가 수준이 15% 높다는 것을 의미한다.

2 물가지수를 정확하게 측정하려면 모든 재화와 서비스의 가격 변
동을 조사해야 하지만 이는 현실적으로 불가능하다. 그래서 정부는
일정 기준에 의해 선정된 대표 품목만을 대상으로 가격을 조사하여
　　　　　　　　　　물가지수를 구하는 주체와 산출 방법
물가지수를 구한다. 이때 선정된 품목들의 가격지수부터 구하게 되
는데, 가격지수란 기준이 되는 시점에서 개별 상품의 가격 변동을
　　　　　　　　　　　　　가격지수의 개념
지수로 나타낸 수치를 말한다. 이처럼 선정된 품목들의 개별 가격
　　　　　　　　　　　　　　단순물가지수를 구하는 방법
지수의 합을 평균하는 방법으로 물가 수준의 변화를 파악하는 것을
단순물가지수라고 한다. 그러나 모든 품목이 전체 물가에 동일한
　　　　　　　　　　단순물가지수로 현실적 물가 상승률을 드러내기 어려운 이유
영향을 주는 것으로 전제하기 때문에 단순물가지수로 현실적인 물
　　　　　　　　　　　　　　　단순물가지수의 한계
가 상승률을 드러내는 데에는 한계가 있다. 따라서 해당 품목이 차
지하는 중요도에 따라 가격지수에 가중치를 부여하여 체감 물가에
근접한 결과를 측정하고자 한다. 이때 품목별 가중치를 가격지수에
　　　　　　　　　　　　　　　　　가중물가지수를 구하는 방법
곱한 후 합하여 얻어지는 값을 가중물가지수라고 한다. 가중물가지
수는 거래 비중이 큰 품목의 가격 변동이 물가지수에 더 많이 영향
　　　　　　가중물가지수가 단순물가지수의 한계를 극복한 방법임을 알 수 있음.
을 미치도록 계산한 것이다.

3 이러한 물가지수는 어떤 용도로 쓰일까? 먼저, 물가지수는 화폐
의 구매력을 측정할 수 있는 수단이 된다. 만일 시장에서 물가가 지
　　　물가지수의 용도 ①
속적으로 상승하는 경우 구입할 수 있는 상품의 양은 물가가 오르
　　　물가 상승 → 화폐 구매력 하락
기 전보다 감소하게 되므로 화폐의 구매력은 떨어지게 된다. 다음
으로, 물가지수는 경기판단지표로서의 역할을 한다. 일반적으로 물
　　　　　　　　물가지수의 용도 ②
가는 경기가 호황일 때 수요 증가에 의하여 상승하고 경기가 불황
　　　　　　경기 호황 → 물가 상승, 경기 불황 → 물가 하락
일 때 수요 감소로 하락한다.

4 또한 물가지수는 명목 가치를 실질 가치로 바꾸는 역할을 한다.
　　　　　　　　　　　　　물가지수의 용도 ③
금액으로 표시되어 있는 통계 자료를 다룰 때 종종 현재의 금액을
과거 어느 시점(T년도)의 금액으로 환산할 필요성을 느끼게 되는

데, 이때 물가지수가 이용된다. 현재의 금액을 두 기간 사이의 물가지수 비율로 나누어 과거 시점의 금액으로 환산할 수 있는 것이다.

$$\text{T년도 금액} = \text{현재 금액} \div \frac{\text{현재 물가지수}}{\text{T년도 물가지수}}$$

현재의 금액을 과거 시점 금액으로 환산할 수 있는 방법

5 이처럼 금액으로 표시되어 있는 통계 자료를 물가지수 등락률로
　　　　　　　　　　　　　　　　　　현재 물가지수 / T년도 물가지수
나눔으로써 가격 변동 효과를 제거할 수 있는데, 원래의 통계치인 '현재 금액'은 (명목 가치)에, 환산하여 얻어지는 통계치인 'T년도 금
　　　　　　　　현재 금액 = 명목 가치, T년도 금액 = 실질 가치
액'은 (실질 가치)에 해당한다.

6 물가지수는 (이용 목적)에 따라 여러 가지 형태로 작성되는데, 그것을 보여 주는 사례가 (소비자물가지수)와 (생산자물가지수)이다. 소비자물가지수는 소비자가 일상생활에서 구입하는 상품이나 서비스
　　　　　　　　　　　　　　　　소비자물가지수의 이용 목적
의 가격 변동을 알아보기 위해, 생산자물가지수는 생산자가 생산을 위해 거래하는 상품의 가격 변동을 알아보기 위해 작성된다. 이
　　　　　생산자물가지수의 이용 목적
때 어떤 품목의 가격 변동이 중요한가는 생산자와 소비자의 입장에
　　　　　　　생산자물가지수와 소비자물가지수가 다르게 작성되는 이유
따라 다르다. '예를 들어, 지하철 요금의 인상은 일반 소비자들에게
　　　　　　　　　　『 』: 예를 통해 소비자와 생산자의 입장에 따라 품목별 가격 변동이 미치는 영향이 다름을 설명함.
는 물가 상승의 현실로 다가오지만 기업에게는 생산원가의 직접적인 인상 요인으로 다가오지는 않는다. 그러나 철판 가격의 인상은 소비자보다 생산자에게 중요한 영향을 미친다. 따라서 ㉠생산자의 입장에서 유용한 물가지수와 소비자의 입장에서 유용한 물가지수는 다르게 작성된다.

7 두 물가지수가 (같은 품목)을 포함한다고 하더라도 품목에 부여하는 (가중치)는 서로 다르다. '예를 들어 경유는 기업에서 연료로 쓰이
　　　　　　　　　　　『 』: 예를 통해 동일 품목이 두 물가지수에서 가중치가 달라지는 이유를 보여 줌.
는 비중이 크기 때문에 생산자물가지수를 산출할 때 부여하는 가중치가 소비자물가지수에서보다 훨씬 크다. 반면, 채소는 가계에서 소비하는 비중이 커서 소비자물가지수를 산출할 때 부여하는 가중치가 생산자물가지수에서보다 크다. 이는 생산자물가지수의 품목
별 가중치는 매출액 기준으로 산출되기 때문에 매출액이 큰 품목일
　　생산자물가지수는 매출액이 큰 품목일수록, 소비자물가지수는 소비 지출액이 큰 품목일수록 가중치가 큼.
수록 가중치가 큰 데 비하여, 소비자물가지수의 품목별 가중치는 도시가계 소비 지출액 기준이므로 소비 지출액이 큰 품목의 가중치가 더 크게 나타나기 때문이다. 이처럼 조사하는 품목이 다르고, 같은 품목이라고 하더라도 두 지수에서 적용되는 가중치가 다르다 보니 소비자물가지수와 생산자물가지수가 서로 다른 방향의 변동을 나타내거나, 같은 방향으로 움직이더라도 변동 수준에 차이를 보이는 경우를 쉽게 볼 수 있다.

8 (생산자물가지수)는 (소비자물가지수)에 앞서 움직이는 양상을 보이기도 하는데, 이는 가격 조사 단계의 차이에서 원인을 찾을 수 있다.

'생산자물가지수는 생산자 판매 단계의 공장도 가격을 조사하여 작
『 』: 두 물가지수의 가격 조사 단계의 차이를 보여 줌.
성되는 반면, 소비자물가지수는 소비자 구입 단계의 소매가격을 조사하여 작성된다. 원재료, 중간재 등을 포괄하는 생산자물가지수에는 시장 변화의 영향이 곧바로 파급되지만, 소비자물가지수에는 몇
　　　생산자물가지수는 물가 변동의 영향을 곧바로 받음.
차례의 가공 단계를 거쳐 소비재로 만들어진 후에야 그 영향이 도
　　　　　소비자물가지수는 물가 변동의 영향을 상대적으로 늦게 받음.
달하게 되므로 생산자물가지수가 소비자물가지수보다 앞서 변동하게 되는 것이다. 즉, 생산자물가지수의 상승은 시차를 두고 소비자
　　　　　　　　　　　　　　생산자물가지수가 선행지표가 되는 이유
물가지수의 상승으로 이어질 가능성이 높다. 이와 같은 이유로 소비자물가지수의 (선행지표)로서 생산자물가지수를 이해하기도 한다.

지식을 쌓는 **배경지식**

GDP 디플레이터

① GDP 디플레이터의 개념
- GDP란 국내총생산을 뜻하고, 디플레이터란 가격변동지수를 뜻함.
- GDP 디플레이터는 국민소득에 영향을 주는 모든 경제 활동을 포괄하는 종합적 물가지수로, 국가의 총체적인 물가 변동을 측정할 때 활용됨.

② GDP 디플레이터의 계산 방법
- 명목 GDP를 실질 GDP로 나누고 100을 곱한 값(GDP 디플레이터= (명목 GDP/실질 GDP) × 100)임.
- 이때 명목 GDP란 당해연도의 물가로 계산한 GDP이고, 실질 GDP란 기준연도의 물가로 계산한 GDP임.

지문 분석하기

|지문 구조|

1 물가와 물가지수의 개념
↓
2 계산 방법에 따른 물가지수의 분류
↓
3, 4, 5 물가지수의 용도
↓
6 이용 목적에 따른 물가지수의 분류
↓
7 소비자물가지수와 생산자물가지수의 품목별 가중치의 차이
↓
8 소비자물가지수에 선행하는 생산자물가지수

|주제| 물가지수의 개념과 분류

한컷 정리하기

물가와 물가지수

- 물가: 시장에서 거래되는 개별 상품의 가격을 종합하여 평균한 것
- 물가지수: 물가 변동을 알기 쉽게 지수화한 경제지표
- 물가지수의 용도
  ① 화폐의 구매력을 측정할 수 있는 수단
  ② 경기판단지표로서의 역할
  ③ 명목 가치를 실질 가치로 바꾸는 역할

물가지수의 종류

계산 방법에 따른 분류

단순물가지수
- 선정된 품목들의 개별 가격지수의 합을 평균함.
- 모든 품목이 전체 물가에 동일한 영향을 주는 것으로 전제함.
⇒ 한계: 현실적인 물가 상승률을 드러내지 못함.

가중물가지수
- 품목별 가중치를 가격지수에 곱한 후 합함.
- 거래 비중이 큰 품목의 가격 변동에 가중치를 두고 계산함.
⇒ 체감 물가에 근접한 결과를 측정함.

이용 목적에 따른 분류

소비자물가지수
소비자가 일상생활에서 구입하는 상품이나 서비스의 가격 변동을 알아보기 위해 작성됨.

생산자물가지수
생산자가 생산을 위해 거래하는 상품의 가격 변동을 알아보기 위해 작성됨.

- 두 물가지수는 조사하는 품목이 다르고, 같은 품목이라도 두 지수에서 적용되는 가중치가 다름.
⇒ 두 물가지수는 서로 다른 방향의 변동을 나타내거나, 같은 방향으로 움직이더라도 변동 수준에 차이를 보임.
- 생산자물가지수는 소비자물가지수의 선행지표로 이해됨.

01 중심 화제의 파악   정답 ④

선택률	① 6%	② 4%	③ 6%	④ 78%	⑤ 6%

윗글을 통해 확인할 수 없는 것은?

정답 풀이

④ 물가지수의 개념은 어떻게 변화해 왔는가?

해설 1문단에서 물가지수의 개념은 물가 변동을 알기 쉽게 지수화한 경제지표라고 설명하고 있지만, 이 글에서 물가지수의 개념이 변화해 온 양상은 나타나지 않는다.

오답 풀이

① 물가와 물가지수의 차이점은 무엇인가?

해설 1문단에서 물가란 시장에서 거래되는 개별 상품의 가격을 종합하여 평균한 것이라고 하였고, 물가지수는 물가 변동을 알기 쉽게 지수화한 경제지표라고 하였으므로, 두 개념의 차이점을 확인할 수 있다.

② 물가지수를 측정하는 방법은 무엇인가?

해설 2문단에서 정부는 일정 기준에 의해 선정된 대표 품목만을 대상으로 가격을 조사하여 물가지수를 구한다고 하였고, 그 종류로 단순물가지수, 가중물가지수를 제시하며 두 물가지수를 측정하는 방법을 설명하였다. 따라서 물가지수를 측정하는 방법을 확인할 수 있다.

③ 물가지수의 용도에는 어떤 것들이 있는가?

해설 3문단에서 물가지수는 화폐의 구매력을 측정하는 수단이 되고 경기판단지표로서의 역할을 한다고 하였고, 4문단에서 명목 가치를 실질 가치로 바꾸는 역할을 한다고 했으므로 물가지수의 용도를 확인할 수 있다.

⑤ 물가지수와 경기 상황은 어떤 관계가 있는가?

해설 3문단에서 물가지수는 경기판단지표로서의 역할을 한다고 하였다. 일반적으로 경기가 호황일 때 물가는 상승하고 경기가 불황일 때 물가는 하락한다고 하였으므로 물가지수와 경기 상황 간의 관계를 확인할 수 있다.

02 세부 정보의 이해   정답 ②

선택률	① 5%	② 28%	③ 24%	④ 20%	⑤ 23%

윗글을 읽고 이해한 내용으로 적절하지 않은 것은?

정답 풀이

② 물가지수는 시장의 수요 변화에 큰 영향을 미치는군.
↳ 시장의 수요 변화는 물가지수에

해설 1문단에서 물가란 시장에서 거래되는 개별 상품의 가격을 종합하여 평균한 것이고, 물가지수는 이러한 물가 변동을 알기 쉽게 지수화한 경제지표라고 하였다. 그리고 3문단에서 경기가 호황일 때 수요 증가에 의해 물가가 상승하고 경기가 불황일 때 수요 감소에 의해 물가가 하락함을 알 수 있다. 즉, 시장의 수요 변화가 물가에 영향을 미치는 것이지, 물가지수가 시장의 수요 변화에 큰 영향을 미치는 것은 아니다.

오답 풀이

① 화폐의 구매력은 물가의 움직임에 따라 변화하는군.

해설 3문단에서 물가가 지속적으로 오르는 경우 구입할 수 있는 상품의 양은 감소하게 된다고 하였다. 이는 물가가 상승하면 화폐 구매력이 떨어진다는 뜻이므로 화폐의 구매력은 물가의 움직임에 따라 변화한다는 설명은 적절하다.

③ 명목 가치에서 가격 변동 효과를 제거함으로써 실질 가치를 구할 수 있군.

해설 5문단에서 현재의 금액을 과거 어느 시점(T년도)의 금액으로 환산하는 식을 설명하면서, 금액으로 표시되어 있는 통계 자료를 물가지수 등락률로 나눔으로써 가격 변동 효과를 제거할 수 있다고 하였다. 그리고 원래의 통계치인 현재 금액은 명목 가치에, 환산하여 얻어지는 통계치인 T년도 금액은 실질 가치에 해당한다고 하였다. 이를 종합하여 보면, '금액으로 표시되어 있는 통계 자료 = 현재 금액 = 명목 가치'를 물가지수 등락률로 나눔으로써, 즉 가격 변동 효과를 제거함으로써 'T년도의 금액 = 실질 가치'를 구할 수 있음을 알 수 있다.

④ 시장의 수요가 증가하면 같은 소득으로 시장에서 구매할 수 있는 상품의 양이 줄어들겠군.

해설 3문단에서 수요 증가에 의해 물가가 상승하고, 물가가 지속적으로 상승하는 경우 시장에서 구입할 수 있는 상품의 양은 물가가 오르기 전보다 감소하게 됨을 알 수 있다. 따라서 시장의 수요가 증가하면 같은 소득으로 시장에서 구매할 수 있는 상품의 양이 줄어든다고 이해할 수 있다.

⑤ 현재의 금액을 과거의 금액으로 환산할 때 현재 물가지수가 과거 물가지수보다 높을수록 환산된 금액이 적어지겠군.

해설 4, 5문단에서 가격 변동 효과를 제거하기 위해서 물가지수 등락률로 현재의 금액을 나누면 T년도 금액, 즉 환산된 금액을 구할 수 있다고 하였다. 물가지수 등락률은 현재 물가지수를 T년도 물가지수로 나눈 값을 말한다. 그러므로 물가지수 등락률이 높을수록, 즉 현재의 물가지수가 과거의 물가지수보다 높을수록 환산된 과거 금액이 적어지겠다는 이해는 적절하다.

🔺 선택지 속 함정

지문에서 '물가지수 등락률'이 의미하는 바를 제대로 파악하지 못했다면 ⑤를 판단하기가 어려웠을 거야. 두 기간, 즉 현재와 과거 사이의 물가지수 비율이 바로 물가지수 등락률이야. T년도 금액을 구하는 공식을 보면 현재 물가지수가 과거 물가지수보다 높을수록 물가지수 등락률이 높아져서 나누는 수가 커진단 사실을 알 수 있어. 나누는 수가 커질수록 계산값인 T년도 금액은 적어질 수밖에 없지. 나눗셈 공식이 나오면 나누는 수, 나누어지는 수가 무엇인지 잘 파악해서 계산값을 판단해야 해.

㉠에 대한 이해로 가장 적절한 것은?
= 생산자의 입장에서 유용한 물가지수와 소비자의 입장에서 유용한 물가지수는 다르게 작성된다

정답 풀이

④ 소비자물가지수의 조사 대상 품목군과 생산자물가지수의 조사 대상 품목군은 일치하지 않는다.

해설 ㉠은 생산자의 입장에서 유용한 물가지수와 소비자의 입장에서 유용한 물가지수는 다르게 작성된다고 하였다. 6문단에서 물가지수는 이용 목적에 따라 여러 가지 형태로 작성된다고 하였으므로, 둘의 물가지수가 다르게 작성되는 것은 두 입장에서 유용한 품목이 다르기 때문이라고 이해할 수 있다. 즉 소비자 입장에서는 일상생활에서 구입하는 상품이나 서비스의 가격 변동을 아는 것이 유용하고, 생산자 입장에서는 생산을 위해 거래하는 상품의 가격 변동을 아는 것이 유용한 것이다. 그렇기 때문에 소비자물가지수의 조사 대상 품목군과 생산자물가지수의 조사 대상 품목군은 일치하지 않는 것이다.

오답 풀이

① 소비자와 생산자가 물가지수를 이용하는 목적은 동일하다.
↳ 동일하지 않다

해설 6문단에서 소비자물가지수는 소비자가 일상생활에서 구입하는 상품이나 서비스의 가격 변동을 알아보기 위해, 생산자물가지수는 생산자가 생산을 위해 거래하는 상품의 가격 변동을 알아보기 위해 작성한다고 하였다. 그러므로 소비자와 생산자가 물가지수를 이용하는 목적은 다르다는 사실을 알 수 있다.

② 소비자와 생산자의 입장에 따라 실질 가치를 산출하는 계산식이 다르다.
↳ 다르지 않다

해설 4문단에서 '현재 금액'을 물가지수 등락률로 나눔으로써 'T년도 금액', 즉 실질 가치를 구할 수 있다고 하였다. 따라서 '소비자와 생산자의 입장'은 실질 가치를 산출하는 계산식에 영향을 미치지 않으므로 소비자와 생산의 입장에 따라 실질 가치를 산출하는 계산식은 다르지 않다.

③ 소비자와 생산자로 대상을 분류하면 보다 쉽게 물가지수를 측정할 수 있다.

해설 6문단에서 소비자물가지수와 생산자물가지수는 이용 목적에 따라 다르게 작성된다는 사실을 알 수 있다. 보다 쉽게 물가지수를 측정하기 위해 소비자와 생산자로 대상을 분류했다고 볼 수 없다.

⑤ 소비자물가지수와 생산자물가지수 중 하나만 가지고는 전반적인 상품 가격의 변화를 판단할 수 없다.
↳ 있다

해설 1문단에서 물가지수란 전반적인 상품의 가격 변동을 알기 쉽게 지수화한 경제지표가 물가지수임을 알 수 있다. 소비자물가지수와 생산자물가지수는 모두 물가지수이므로 각각을 통해 전반적인 상품 가격의 변화를 판단할 수 있다. 또 6문단에서 소비자물가지수로는 소비자가 일상생활에서 구입하는 상품이나 서비스의 가격 변화를 판단할 수 있고, 생산자물가지수로는 생산자가 생산을 위해 거래하는 상품의 가격 변화를 판단할 수 있음을 알 수 있다. 즉 이 둘을 나누는 것은 이용 목적이 다르기 때문일 뿐, 둘의 관계를 이용해 물가 변화를 판단하는 것은 아니다.

윗글을 바탕으로 〈보기〉를 설명한 내용으로 적절하지 않은 것은?
[3점]

보기

아래 표는 소비자물가지수를 작성하기 위해 기준 시점 대비 각 품목의 가격 변동을 조사한 자료이다.

구분	A	B	C
가격지수	104	110	110
가중치	0.6	0.3	0.1

정답 풀이

④ 단순물가지수를 사용했을 때보다 가중물가지수를 사용할 때 물가 상승률이 높게 나타난다.
↳ 낮게

해설 2문단에서 단순물가지수는 선정된 품목들의 개별 가격지수의 합을 평균하여 구하는 것이고, 가중물가지수는 품목별 가중치를 가격지수에 곱한 후 합하여 구하는 것임을 알 수 있다. 이를 바탕으로 계산해 보면, 〈보기〉에서 단순물가지수는 '(104+110+110)/3'이므로 108이고, 가중물가지수는 '(104×0.6)+(110×0.3)+(110×0.1)'이므로 106.4이다. 한편 1문단에서 기준이 되는 시점의 수치를 100으로 해서 비교 시점의 수치를 나타낸 것이 지수라고 하였으므로, 단순물가지수에 따른 물가 상승률은 8%이고, 가중물가지수에 따른 물가 상승률은 6.4%이다. 따라서 단순물가지수를 사용했을 때보다 가중물가지수를 사용했을 때 물가 상승률이 낮게 나타난다.

오답 풀이

① 품목별 소비 지출액은 A>B>C의 순으로 나타난다.

해설 7문단에서 소비자물가지수에서는 소비 지출액이 큰 품목일수록 가중치가 커진다고 하였다. 가중치가 0.6, 0.3, 0.1 순서로 크므로, 품목별 소비 지출액도 A, B, C 순서로 크다.

② 단순물가지수를 사용하면 소비자물가지수는 108이다.

해설 2문단에서 단순물가지수는 선정된 품목들의 개별 가격지수의 합을 평균하여 구하는 것임을 알 수 있다. 따라서 〈보기〉에서 단순물가지수는 (104+110+110)/3이므로 108이다.

③ 단순물가지수에서는 B와 C의 가격 변동이 전체 물가에 동일한 영향을 준다고 전제한다.

해설 2문단에서 단순물가지수는 선정된 품목들의 개별 가격지수의 합을 평균하여 구하는 것임을 알 수 있다. 즉 모든 품목이 전체 물가에 동일한 영향을 주는 것으로 전제하고 있으므로, 단순물가지수에서는 B와 C의 가격 변동이 전체 물가에 동일한 영향을 준다고 전제한다는 설명은 적절하다.

⑤ 가중물가지수를 사용하면 거래 비중이 큰 A의 가격 변동이 물가지수에 더 많이 영향을 미치게 된다.

해설 2문단에서 가중물가지수는 품목별 가중치를 가격지수에 곱한 후 합하여 구하는 것임을 알 수 있다. 이는 해당 품목이 차지하는 중요도에 따라 가격지수에 가중치를 부여해서 거래 비중이 큰 품목의 가격 변동이 물가지수에 영향을 더 많이 미치도록 계산한 것이다. 그러므로 가중물가지수를 사용했을 때 가중치가 가장 큰 A의 가격 변동이 물가지수에 더 많이 영향을 미치게 된다.

05 구체적 상황에 적용

정답 ⑤

| 선택률 | ① 9% | ② 11% | ③ 18% | ④ 13% | ⑤ 49% |

윗글을 바탕으로 〈보기〉를 이해한 내용으로 적절하지 않은 것은?

┌─〔보기〕─
│ 다음 소식입니다. 올 여름 자연재해로 인해 농작물의 작황이
│ 나빠 농산물 가격이 크게 올랐습니다. 또한 원유 등 국제 원자재
│   소비자물가지수의 품목   생산자물가지수의 품목
│ 가격도 올랐습니다. 이로 인해 소비자물가지수와 생산자물가지
│ 수에 변동이 있었습니다.   ─ ○○ 경제 뉴스 ─
└─────────

〔정답 풀이〕

⑤ 농산물의 생산자 판매 단계의 가격은 소비자 구입 단계의 가격보다 낮으므로 생산자물가지수가 소비자물가지수보다 낮을 것이다.
↳ 서로 관련이 없음.

해설 일반적으로 농산물의 생산자 판매 단계의 가격은 소비자 구입 단계의 가격보다 낮을 것이다. 하지만 1문단에 따르면 물가지수는 기준 시점과 비교하여 상품의 가격 변동을 나타낸 지표이지 물가지수가 가격 자체를 드러내는 것은 아니다. 따라서 생산자 판매 단계의 가격이 소비자 구입 단계의 가격보다 낮다고 해서 생산자물가지수가 소비자물가지수보다 낮을 것이라고 판단할 수 없다. 농산물의 생산자 판매 단계의 가격과 소비자 구입 단계의 가격을 비교함으로써 생산자물가지수와 소비자물가지수를 비교할 수 없다는 뜻이다.

〔오답 풀이〕

① 원유 가격의 상승으로 인해 향후 소비자물가지수가 오를 가능성이 있다.

해설 8문단에서 생산자물가지수는 소비자물가지수의 선행지표로서 이해된다고 하였다. 원유는 생산자물가지수에 포함되는 품목이므로 원유 가격의 상승으로 인해 생산자물가지수는 오를 것이다. 따라서 생산자물가지수가 오르면 시차를 두고 향후 소비자물가지수도 오를 가능성이 높다.

② 다른 조사 품목의 가격 변동이 없다면 농산물의 가격 상승은 소비자물가지수의 상승으로 이어질 것이다.

해설 6문단에서 소비자가 일상생활에서 구입하는 상품이나 서비스의 가격 변동을 알아보기 위해 소비자물가지수를 산출한다는 것을 알 수 있다. 그리고 7문단에서 채소와 같은 농산물은 소비자물가지수의 품목에 포함됨을 알 수 있다. 따라서 다른 조사 품목의 가격 변동이 없는 상태라면 농산물의 가격 상승은 소비자물가지수의 상승으로 이어질 것이다.

③ 생산자물가지수는 원재료, 중간재 등을 포괄하므로 원유 가격의 상승이 생산자물가지수에 곧바로 파급될 것이다.

해설 8문단에서 생산자물가지수는 원재료, 중간재 등을 포괄하므로 시장 변화의 영향이 곧바로 파급된다는 사실을 알 수 있다.

🎯 **선택지 속 함정**

③을 적절하지 않다고 본 학생들은 '원유'가 생산자물가지수의 품목이라는 걸 몰랐던 것 같아. '원유'가 소비자물가지수의 품목인지 생산자물가지수의 품목인지가 헷갈렸더라도 뒤에 '원자재'라고 나와 있는 걸 보고 생산자물가지수의 품목임을 알았어야 해. 8문단에서 생산자물가지수는 원재료를 포괄한다고 하였잖아. 낯선 단어라고 해도 그 의미를 파악할 수 있는 단서가 주어진다는 점을 잊지 마!

④ 생산자물가지수와 소비자물가지수에서 농산물의 가중치는 다르기 때문에 두 지수의 변동 수준에 차이가 생길 수 있다.

해설 7문단에서 생산자물가지수와 소비자물가지수 모두에 포함되는 품목일지라도 두 지수에서 적용되는 가중치가 다름을 알 수 있다. 따라서 두 지수의 변동 수준에 차이가 생길 수 있다고 할 수 있다.

06~10 2019년 3월 고2 전국연합학력평가

| 06 ④ | 07 ⑤ | 08 ② | 09 ② | 10 ⑤ |

◯ 문단별 핵심어   ★ 중심 문장

● 이자율 변화가 소비 계획에 미치는 영향

1 우리는 소비를 할 때 벌어들인 소득 전부를 지출하지 않고 일부를 저축하기도 하고, 대출을 받아 자신이 벌어들인 소득보다 많이 지출하기도 한다. 예를 들어, 적금에 가입해 미래에 있을 지출에 대비하거나 대출을 받아 자동차를 구매하면서 여러 해에 걸쳐 대출금과 이자를 ⓐ상환하기도 한다. 이와 같이 소비는 여러 기간에 걸친 자금의 흐름을 고려하여 이루어진다.
소비를 할 때 고려하는 요소
따라서 저축과 대출 등의 금융 행위와 그것의 수익과 비용을 결정하는 이자율은 소비 계획의
이자율의 기능
결정에 있어 중요한 요소이다. ★

2 이자율이 소비에 미치는 영향을 분석하기 위해 다음과 같은 2기간 소비 모형을 가정하자.
'2기간 소비 모형' 가정의 목적
가상의 소비자 K는 1기와 2기의 두 기간
2기간 소비 모형의 '가정 ①'
만 생존하며, 1기와 2기에 각각 소득 M1과 M2를 얻는다. 이때 1기
2기간 소비 모형의 '가정 ②'
소비 지출액과 2기 소비 지출액의 합은 K가 전 기간에 걸쳐 벌어들
2기간 소비 모형의 '가정 ③'
일 총소득을 넘어설 수 없다. 또한 소비 지출액이 증가할수록 효용[*]
2기간 소비 모형의 '가정 ④'
은 증가하며, K는 한 시기의 소비 지출액만 지나치게 많은 것보다
2기간 소비 모형의 '가정 ⑤'
각 시기의 소비 지출액이 균등한 것을 ⓑ선호한다.

3 〈그림 1〉은 이자율이 r일 때 K의 최적 소비 계획을 나타낸 것이

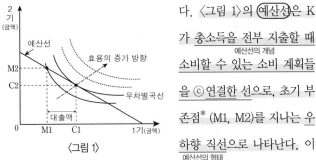

〈그림 1〉

다. 〈그림 1〉의 예산선은 K가 총소득을 전부 지출할 때
예산선의 개념
소비할 수 있는 소비 계획들을 ⓒ연결한 선으로, 초기 부존점[*] (M1, M2)를 지나는 우하향 직선으로 나타난다. 이
예산선의 형태
때 예산선의 기울기는 이자율에 의해 결정된다. 예를 들어, 「K가 1기에 r의 이자율로 100만 원을 빌린다면 1기에 소비할 수 있는 금
┌ : '가정 ③'에 따라, 1기와 2기의 소비 지출액의 합은 총소득을 넘어설 수 없기 때문임.
액은 100만 원만큼 늘어나지만, 반대로 2기에 소비할 수 있는 금액은 '(1+r)×100만 원'만큼 줄어든다.」 따라서 이자율이 r인 경우 예
대출액 + 대출 이자
산선은 기울기가 −(1+r)인, 초기 부존점을 지나는 직선이 된다. 이때 초기 부존점 왼쪽의 예산선은 저축할 때, 오른쪽의 예산선은 돈을 빌릴 때 선택 가능한 소비 계획들을 의미한다.

4 〈그림 1〉의 무차별곡선은 효용이 동일한 K의 소비 계획들을 연
무차별곡선의 개념
결한 선으로, 볼록한 모양의 우하향 곡선으로 나타난다. 이때 좌측
무차별곡선의 형태
아래의 무차별곡선보다 우측 위의 무차별곡선일수록 더 높은 효용

을 나타내는데, 이는 매 시기의 소비가 많을수록 효용이 증가하기 때문이다. 즉 (M1, M2)를 지나는 무차별곡선보다 (C1, C2)를 지나는 무차별곡선이 우측 위에 나타나므로, (M1, M2)에 비해 (C1, C2)가 효용이 더 높은 소비 계획이다. 이는 (C1, C2)의 매 시기 소비 지출액이 (M1, M2)에 비해 더 ⓓ균등하기 때문이다.

5 따라서 K는 예산선과 무차별곡선이 접하는 지점인 (C1, C2)에서 최적 소비 계획을 결정한다. 즉 (C1, C2)를 ⓔ제외한 예산선상의 다른 소비 계획들과 예산선 아래쪽의 소비 계획들은 (C1, C2)보다 효용이 작기 때문에 선택되지 않으며, 예산선 위쪽의 소비 계획들은 K의 총소득 범위를 넘어가므로 더 효용이 높지만 선택할 수 없다. 그러므로 K는 (C1−M1)을 대출하여 (C1, C2)의 소비 계획을 선택한다.

6 이제 이자율 변화가 K의 소비 계획에 미치는 영향을 알아보기 위해 이자율이 상승한 경우를 가정해 보자. 이자율의 기울기는 −(1+r)이므로 이자율이 상승하면 예산선의 기울기가 가파르게 변화한다. 따라서 이자율 상승 시 예산선은 초기 부존점을 기준으로 시계 방향으로 회전한다.

7 〈그림 2〉는 이자율 상승에 따른 K의 최적 소비 계획 변화를 나타낸 것이다. 이 그림에서 무차별곡선과 예산선이 접하는 지점이 변화한 것을 통해 K는 이자율이 상승하면 1기 소비 지출액과 대출액을 줄이는 방향으로 최적 소비 계획을 변화

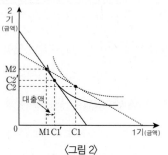

〈그림 2〉

시킨다는 것을 알 수 있다.

8 K가 최적 소비 계획을 바꾼 이유는 두 가지이다. 첫 번째 이유는 ㉠이자율이 상승함에 따라 2기 소비에 대한 1기 소비의 상대적 가치가 하락했기 때문이다. 따라서 K는 2기 소비를 늘리고, 상대적으로 가치가 하락한 1기 소비를 줄인다. 이렇게 1기와 2기 소비의 상대 가치 변화로 인해 최적 소비 계획이 변하는 효과를 대체효과라고 한다.

9 두 번째 이유는 이자율 상승으로 인해 상환해야 할 대출 이자가 늘어 K의 총소득이 감소하는 효과가 나타났기 때문이다. 따라서 총소득 감소에 따라 K는 1기 소비 지출액과 2기 소비 지출액을 모두 줄이는 방향으로 최적 소비 계획을 변경한다. 이렇게 총소득 변화에 따라 최적 소비 계획이 변하는 효과를 소득효과라고 한다.

10 따라서 이자율이 상승한 경우 대체효과와 소득효과로 인해 K는 1기 소비 지출액을 줄인다. 2기 소비 지출액은 대체효과와 소득효과가 상충되므로 각 효과의 상대적 차이에 의해 결정되는데, 〈그림 2〉는 대체효과가 소득효과보다 커서 2기 소비 지출액이 증가한 경우를 가정한 것이다.

11 이처럼 2기간 소비 모형을 통해 이자율이 소비에 미치는 영향을 이해할 수 있다. 이는 소비자가 소비를 결정하는 데 있어, 현재의 소득만이 아니라 미래에 자신이 벌 것으로 예상하는 소득과 두 시기를 연결하는 매개 변수인 이자율을 고려한다는 것을 시사한다.

* 효용: 소비자가 소비 행위를 통해 얻는 만족을 수치로 나타낸 것.
* 초기 부존점: 저축이나 대출 등 금융 행위가 불가능할 때의 소비 계획.

지식을 쌓는 배경지식

대체효과와 소득효과

① 대체효과
· 실질소득의 변화 없이, 상품 간의 상대가격 변화로 인해 상대적으로 비싸진 상품은 구매량이 감소하고, 상대적으로 저렴해진 상품은 구매량이 증가하는 효과
· 재화의 성격과 무관하게 나타나며 늘 부(−)의 관계임.

② 소득효과
· 상품 간 상대가격의 변화 없이, 특정 상품의 절대가격 인하 또는 인상으로 인한 실질소득 증감에 의해 상품 구매량이 변화하는 효과
· 재화의 성격에 따라 달리 나타나는데, 실질소득이 증가할 때 재화 구매량도 증가하는 정(+)의 소득효과가 나타나는 재화는 정상재, 실질소득이 증가할 때 재화 구매량이 오히려 감소하는 부(−)의 소득효과가 나타나는 재화는 열등재라고 함.

지문 분석하기

|지문 구조|

1 소비 계획 결정의 중요한 요소인 이자율

↓

2 이자율이 소비에 미치는 영향을 분석하기 위한 2기간 소비 모형의 가정

↓

3 최적 소비 계획의 결정을 위한 예산선 **+** **4** 최적 소비 계획의 결정을 위한 무차별곡선

↓

5 예산선과 무차별곡선을 고려한 최적 소비 계획 결정

↓

6 이자율 변화가 소비 계획에 미치는 영향을 분석하기 위한 이자율 상승의 가정 **+** **7** 이자율 상승에 따른 최적 소비 계획의 변화

↓

8 최적 소비 계획의 변화 이유 ① – 대체효과 ↔ **9** 최적 소비 계획의 변화 이유 ② – 소득효과

↓

10 이자율 상승에 따른 소비 지출액의 변화

↓

11 2기간 소비 모형의 시사점

|주제| 2기간 소비 모형을 통해 분석한 이자율이 소비에 미치는 영향

한컷 정리하기

2기간 소비 모형

- 저축과 대출 등의 금융 행위와 그것의 수익과 비용을 결정하는 이자율은 소비 계획의 결정에 있어 중요한 요소임.
- 2기간 소비 모형은 소비자가 소비를 결정하는 데 있어, 현재의 소득만이 아니라 미래에 자신이 벌 것으로 예상하는 소득과 두 시기를 연결하는 매개 변수인 이자율을 고려한다는 것을 시사함.

최적 소비 계획의 결정 →(이자율 상승)→ **최적 소비 계획의 변화**

최적 소비 계획의 결정:
- 예산선: 총소득을 전부 지출할 때 소비할 수 있는 소비 계획들을 연결한 선
- 무차별곡선: 효용이 동일한 소비 계획들을 연결한 선
- ⇒ 예산선과 무차별곡선이 접하는 지점에서 최적 소비 계획을 결정함.

최적 소비 계획의 변화:
- 예산선이 초기 부존점을 기준으로 시계 방향으로 회전함.
- ⇒ 1기 소비 지출액과 대출액을 줄이는 방향으로 최적 소비 계획을 변화시킴.
- ⇒ 2기 소비 지출액은 대체효과와 소득효과의 상대적 차이에 의해 결정됨.

↓ 이유

대체효과와 소득효과

- 대체효과: 1기와 2기 소비의 상대 가치 변화로 인해 최적 소비 계획이 변하는 효과
- 소득효과: 총소득 변화에 따라 최적 소비 계획이 변하는 효과

---

06 세부 정보의 파악

정답 ④

윗글의 내용과 일치하지 않는 것은?

정답 풀이

④ 2기간 소비 모형에 따르면, 이자율이 하락하면 초기 부존점을 기준으로 예산선이 시계 방향으로 회전한다.
  └→ 상승하면

[해설] 6문단에서 2기간 소비 모형은 이자율 상승 시 예산선이 초기 부존점을 기준으로 시계 방향으로 회전한다고 하였다. 예산선의 기울기는 −(1+r)이므로 이자율이 하락하면 예산선은 시계 반대 방향으로 회전할 것이다.

오답 풀이

① 소비자는 여러 기간에 걸친 자신의 자금 흐름을 고려하여 소비 계획을 결정한다.

[해설] 1문단에서 소비는 여러 기간에 걸친 자금의 흐름을 고려하여 이루어진다고 하였으므로 적절하다.

② 2기간 소비 모형에 따르면, 예산선은 총소득을 전부 지출할 때 소비할 수 있는 소비 계획들을 의미한다.

[해설] 3문단에서 2기간 소비 모형에 대해 설명하며, 예산선은 총소득을 전부 지출할 때 소비할 수 있는 소비 계획들을 연결한 선이라고 하였으므로 적절하다.

🎈 선택지 속 함정

②를 선택해서 틀린 학생들은 지문을 다시 읽어 보면 왜 틀렸는지 쉽게 파악할 수 있었을 거야. ②는 3문단의 '예산선은 K가 총소득을 전부 지출할 때 소비할 수 있는 소비 계획들을 연결한 선'이라는 진술과 거의 동일하지. 즉, 지문의 내용을 거의 그대로 선택지로 출제한 거야. 하지만 이 지문처럼 정보가 많고, 낯선 개념들이 많이 등장하고, 그래프 해석까지 해야 하는 경우는, 정보를 바로바로 흡수하기 어렵다 보니, 이 선택지처럼 지문의 내용을 그대로 활용한 경우도 정오를 판단하기 쉽지 않은 것이지. 따라서 정보의 양이 많은 지문을 읽을 때는 최대한 내용을 이해해 가면서, 문단별로 어떤 개념이 나왔는지 간략하게라도 정리할 필요가 있어. 그렇게 하면 실전에서 문제를 풀 때 어느 문단을 참고해서 선택지의 정오를 판단해야 하는지 알 수 있을 거야. 시험지에서 정보의 위치를 시각적으로 파악해 두는 연습이 필요해.

③ 2기간 소비 모형에 따르면, 예산선과 무차별곡선이 접하는 지점에서 최적 소비 계획이 결정된다.

[해설] 5문단에서 2기간 소비 모형에 대해 설명하며, 예산선과 무차별곡선이 접하는 지점에서 최적 소비 계획을 결정한다고 하였으므로 적절하다.

⑤ 소비자는 현재 소비를 결정할 때 이자율, 현재 소득, 미래 예상 소득을 모두 고려한다.

[해설] 11문단에서 소비자가 소비를 결정하는 데 있어, 현재의 소득만이 아니라 미래에 자신이 벌 것으로 예상하는 소득과 두 시기를 연결하는 매개 변수인 이자율을 고려한다고 하였으므로 적절하다.

'〈그림 1〉에 제시된 K의 최적 소비 계획'(㉮)과 〈그림 2〉에 제시된 K의 최적 소비 계획'(㉯)에 대한 이해로 적절하지 <u>않은</u> 것은?

[정답 풀이]

⑤ ~~㉮와 ㉯에서의 K의 대출액의 차이는 ㉮와 ㉯에서의 1기 소비 지출액의 차이보다 작다.~~
　↳ 차이와 같다

[해설] ㉯는 ㉮에서 이자율이 상승하여 K가 1기 소비 지출액과 대출액을 줄이는 방향으로 최적 소비 계획을 변화시킨 상황을 나타낸다. 5문단에서 K는 (C1-M1)을 대출한다고 하였고, 〈그림 1〉에도 ㉮에서의 K의 대출액은 (C1-M1)으로 나타나 있다. 〈그림 2〉에는 ㉯에서의 K의 대출액이 (C1'-M1)으로 나타나 있으므로 ㉮와 ㉯에서의 K의 대출액의 차이는 (C1-C1')이다. 한편 ㉮에서의 1기 소비 지출액은 C1이고, ㉯에서의 1기 소비 지출액은 C1'이므로 ㉮와 ㉯에서의 1기 소비 지출액의 차이 또한 (C1-C1')이다. 따라서 ㉮와 ㉯에서의 K의 대출액의 차이는 ㉮와 ㉯에서의 1기 소비 지출액의 차이와 같다.

[오답 풀이]

① ㉮는 〈그림 1〉의 예산선에서 K의 효용을 가장 크게 하는 소비 계획이다.

[해설] ㉮는 이자율 상승 전 K의 최적 소비 계획으로, 최적 소비 계획은 주어진 예산선에서 K의 효용을 극대화하는 소비 계획을 의미하므로 ㉮는 〈그림 1〉의 예산선에서 K의 효용을 가장 크게 하는 소비 계획이다.

② ㉮는 〈그림 1〉의 초기 부존점에 비해 각 시기의 소비 지출액이 보다 균등한 소비 계획이다.

[해설] K는 한 시기의 소비 지출액만 지나치게 많은 것보다 각 시기의 소비 지출액이 균등한 것을 선호한다고 하였다. K가 ㉮를 최적 소비 계획으로 선택한 것은 초기 부존점에 비해 ㉮가 각 시기의 소비 지출액이 보다 균등한 소비 계획이기 때문이다. 이는 초기 부존점을 지나는 무차별곡선보다 ㉮를 지나는 무차별곡선이 우측 위에 존재한다는 점을 통해서도 확인할 수 있다.

③ ㉮를 지나는 무차별곡선은, ㉮를 제외한 〈그림 1〉의 예산선상의 다른 소비 계획을 지나는 무차별곡선들보다 우측 위에 존재한다.

[해설] ㉮는 K의 최적 소비 계획이므로 K가 선택할 수 있는 소비 계획들 중에서 K의 효용을 가장 크게 하는 소비 계획이다. 우측 위의 무차별곡선일수록 더 높은 효용을 나타낸다고 하였으므로, ㉮를 지나는 무차별곡선은 예산선상의 다른 소비 계획을 지나는 무차별곡선들보다 우측 위에 존재한다.

👻 **선택지 속 함정**

　선택지에서 '㉮를 제외한 〈그림 1〉의 예산선상의 다른 소비 계획을 지나는 무차별곡선'이 무엇인지 제대로 파악하지 못해서 ③을 적절하지 않다고 착각한 학생들이 많았어. 〈그림 1〉에는 무차별곡선이 4개 제시되어 있는데, 그중 둘은 점선으로 표시되었어. 이는 우측 위의 무차별곡선일수록 더 높은 효용을 나타냄을 보여 주기 위한 것이야. 그런데 점선으로 표시된 무차별곡선을 보면, 예산선을 벗어나 예산선의 위쪽에 위치하고 있어. 즉 효용이 더 높은 무차별곡선인 것은 맞지만 예산을 벗어난 경우에 해당하기 때문에 선택될 수 없어. 이에 대해 5문단에서 설명했지. 선택지에서는 '예산선상의'라고 하였으니, 〈그림 1〉에서 실선으로 표시된 무차별곡선을 두고 판단해야 하는 거야. 무엇보다 ㉮가 소비 계획 중 가장 효용이 높은 소비 계획이라는 것이 지문의 핵심 내용이니까, 〈그림 1〉을 통해 무차별곡선들을 비교해 보지 않아도, ㉮를 지나는 무차별곡선은, 예산선상의 다른 소비 계획을 지나는 무차별곡선들보다 우측 위에 존재한다고 판단할 수 있어.

④ ㉮에 비해 ㉯의 2기 소비 지출액이 큰 것은 이자율 상승으로 인한 대체효과가 소득효과보다 큰 경우를 가정했기 때문이다.

[해설] ㉯는 ㉮에서 이자율이 상승하여 K가 1기 소비 지출액과 대출액을 줄이는 방향으로 최적 소비 계획을 변화시킨 상황을 나타낸다. 〈그림 2〉는 대체효과가 소득효과보다 커서 2기 소비 지출액이 증가한 경우를 가정한 것이라고 하였으므로, ㉮에 비해 ㉯의 2기 소비 지출액이 큰 것은 이자율 상승으로 인한 대체효과가 소득효과보다 큰 경우를 가정했기 때문이다.

〈보기〉를 참고하여 ㉠의 이유를 추론한 것으로 가장 적절한 것은?
　　　= 이자율이 상승함에 따라 2기 소비에 대한 1기 소비의 상대적 가치가 하락

[보기]

　이자율이 r인 경우 현 시기(1기) 100만 원의 가치는 다음 시기(2기)의 '(1+r)×100만 원'과 같은 가치를 지닌다. 이를 역으로 보면 다음 시기의 '(1+r)×100만 원'은 현 시기 100만 원의 가치
　　　　　(1+r)×100만 원의 현재 가치
와 같다고 판단할 수 있다. 이처럼 미래의 특정 금액의 가치는 이자율을 매개로 현재 가치로 환산할 수 있다. 이때 현재 가치란 어떤 금액이 현재 지니는 가치를 말한다.

[정답 풀이]

② 이자율 상승으로 인해 1기 소비 지출액과 동일한 2기 소비 지출액의 현재 가치가 하락하기 때문이다.

[해설] 〈보기〉에서 미래의 특정 시점의 어떤 금액의 현재 가치는 그 금액을 (1+r)로 나눈 값임을 알 수 있다. 따라서 이자율이 상승할 때 1기 소비 지출액과 동일한 2기 소비 지출액의 현재 가치는 하락한다. 이는 1기 소비에 사용한 지출액의 가치가 상대적으로 하락했다는 것을 의미하므로, 2기 소비에 대한 1기 소비의 상대적 가치는 하락한다.

[오답 풀이]

① 이자율 상승으로 인해 1기 소비 지출액과 동일한 2기 소비 지출액의 현재 가치가 ~~상승하기~~ 때문이다.
　↳ 하락하기

[해설] 이자율이 상승할 때 1기 소비 지출액과 동일한 2기 소비 지출액의 현재 가치는 하락한다.

③ ~~이자율 상승으로 인해 1기에 상환해야 하는 대출액이 감소하기 때문이다.~~

[해설] 2기간 소비 모형에서는 1기와 2기의 두 기간만 있다고 하였으므로 1기에 상환해야 할 대출액은 없다. K는 1기에 대출을 받고, 2기에 이자를 포함한 대출액을 갚는 소비 계획을 선택한 것이다. 또한 이자율이 상승하면 K는 대출액을 줄이는 방향으로 최적 소비 계획을 변화시킨다고 하였는데, 이는 ㉠으로 인한 대체효과와 상환해야 할 대출 이자가 늘어 총소득이 감소해 나타나는 소득효과에 의한 결과이지, ㉠의 원인이 아니다.

④ ~~이자율 상승으로 인해 1기 소비 지출액의 현재 가치가 하락하기 때문이다.~~

[해설] 1기 소비 지출액의 현재 가치는 이자율 상승과 관계없이 일정하다. 이자율 상승에 영향을 받는 것은 2기 소비 지출액의 현재 가치이다.

👻 **선택지 속 함정**

　〈보기〉에서 현재 가치는 미래의 특정 금액을 현재 지니는 가치로 환산하는 것이라고 했으니, 당연히 현 시기에 해당하는 1기 소비 지출액이 아니라 미래의 금액인 2기 소비 지출액을 현재 가치로 환산하는 거야. 이 내용만 잘 파악했어도 ④와 ⑤는 정답이 될 수 없다는 것을 쉽게 확인할 수 있지. 참고로 이 문제처럼 수식이 등장하는 경우에는 차라리 구체적인 수치를 대입하여 보는 것이 도움이 될 수 있어. 예를 들어 이자율이 2%라고 가정하면, 2기의 100만 원의 현재 가치는 '100/(1+0.02)'이므로 약 98만 원이야. 이때 이자율이 5%로 상승한다면, 2기의 100만 원의 현재 가치는 '100/(1+0.05)'가 되어 약 95만 원이 되지. 이렇게 구체적인 수치를 대입해 보면, 2기 소비 지출액의 현재 가치가 하락한다는 것을 알 수 있어.

⑤ ~~이자율 상승으로 인해 1기 소비 지출액의 현재 가치가 상승하기 때문이다.~~

[해설] 1기 소비 지출액의 현재 가치는 이자율 상승과 관계없이 일정하다. 이자율 상승에 영향을 받는 것은 2기 소비 지출액의 현재 가치이다.

09 구체적 상황에 적용 정답 ②

선택률 ① 12% ② 23% ③ 17% ④ 20% ⑤ 28%

〈보기〉에 제시된 상황에 대한 설명으로 가장 적절한 것은? [3점]

보기

갑국 정부는 내년부터 <u>모든 소비자에게 보조금을 지급하는 정</u>
모든 소비자의 총소득 증가
책을 수립하였다. 정부는 이러한 정책이 소비 진작을 통한 경제
활성화에 기여할 것으로 기대하고 있다. 정책 발표로 인해 갑국
의 <u>모든 소비자는 내년부터 보조금을 지급받게 된다는 것을 알게</u>
총소득 변화에 따라 소득효과가 나타날 것임.
되었다. 갑국 정부는 모든 소비자가 2기간 소비 모형의 모든 가
정을 충족한다고 판단하고 있다. 또한 <u>정책 시행 이전과 이후 이</u>
<u>자율은 변하지 않는다고 판단하고 있다.</u>
대체효과는 나타나지 않을 것임.
* 단, 정책 시행 이전과 이후 다른 조건의 변화는 없다.

정답 풀이

② 보조금 지급은 대체효과는 일으키지 않고 소득효과만 일으킬 것으로 갑국
정부는 예상할 것이다.

해설 갑국 정부는 내년부터 모든 소비자에게 보조금을 지급하는 정책을 수립
하였고, 모든 소비자는 내년부터 보조금을 지급받게 된다는 것을 알게 되었으므
로, 갑국의 모든 소비자는 자신의 최적 소비 계획을 결정할 때 내년부터 소득이
증가한다는 것을 고려할 것이다. 이는 2기간 소비 모형의 초기 부존점을 위로
이동시키는 결과를 가져오며, 이때 이자율은 변화하지 않을 것으로 판단하고 있
으므로 갑국 소비자들의 예산선은 위로 평행 이동할 것이다. 따라서 보조금 지
급은 대체효과는 일으키지 않고 소득효과만 일으킬 것으로 갑국 정부는 예상할
것이다.

오답 풀이

① 보조금 지급 이전인 올해에는 소비가 증가하지 않을 것으로 갑국 정부는 예
상할 것이다.

해설 갑국 정부는 2기간 소비 모형에 따라 내년부터 지급하는 보조금이 모든
소비자의 2기 소득을 증가시켜 소득효과를 일으킨다고 예상할 것이다. 소득효과
가 발생하면 소비자는 총소득 증가에 따라 1기 소비 지출액과 2기 소비 지출액
을 모두 늘리는 방향으로 최적 소비 계획을 변경할 것이므로, 갑국 정부는 보조
금 지급 이전인 올해에도 소비가 증가할 것으로 예상할 것이다.

③ 모든 소비자가 내년에 지급받을 보조금만큼의 금액을 올해 모두 소비할 것
으로 갑국 정부는 예상할 것이다.

해설 2기간 소비 모형에 따르면, 각 시기의 소비 지출액이 균등한 것이 선호되
므로, 내년부터 지급하는 보조금이 소득효과를 일으키면 모든 소비자가 총소득
증가에 따라 1기 소비 지출액과 2기 소비 지출액을 모두 늘리는 방향으로 최적
소비 계획을 변경할 것이다. 즉 소비자들은 보조금 지급으로 늘어날 예상 소득
증가분을 보조금 지급 이전인 올해와 보조금 지급 이후인 내년에 나누어 소비할
것이다.

④ 소비자의 저축액과 대출액에 따라 보조금 지급으로 인한 소비의 증감 여부
가 결정될 것으로 갑국 정부는 예상할 것이다.

해설 갑국 정부는 내년부터 모든 소비자에게 보조금을 지급하는 정책을 수립하
였으므로, 소비자의 저축액이나 대출액과 상관없이 모든 소비자의 총소득이 증
가한다. 총소득 증가에 따라 소득효과가 발생하여 모든 소비자가 1기 소비 지출
액과 2기 소비 지출액을 모두 늘리는 방향으로 최적 소비 계획을 변경할 것이므
로, 갑국 정부는 소비자의 저축액과 대출액에 상관없이 보조금 지급으로 인한
소비가 증가할 것으로 예상할 것이다.

⑤ 보조금 지급으로 인한 대체효과와 소득효과의 상대적 차이에 의해 내년 소
비의 증감 여부가 결정될 것으로 갑국 정부는 예상할 것이다.

해설 모든 소비자는 내년부터 보조금을 지급받게 된다는 것을 알게 되어 이를
고려하여 최적 소비 계획을 변경할 것이므로, 갑국 정부는 소득효과가 발생할
것으로 예상할 것이다. 그러나 갑국 정부는 정책 시행 이전과 이후 이자율은 변
하지 않는다고 판단하고 있으므로, 보조금 지급 정책이 이자율 변화와 관련된
대체효과는 일으키지 않을 것으로 예상할 것이다. 따라서 갑국 정부는 대체효과
는 발생하지 않고 소득효과만 발생하여 내년 소비를 증가시킬 것으로 예상할 것
이다.

🐶 선택지 속 함정

10문단에 '2기 소비 지출액은 대체효과와 소득효과가 상충되므로 각 효과의
상대적 차이에 의해 결정'된다는 내용이 제시되어 있어서 ⑤를 적절하다고 판단
했을 수 있어. 하지만 〈보기〉에서 갑국 정부는 '정책 시행 이전과 이후 이자율은
변하지 않는다고 판단'한다고 했으니, 이자율 변화와 관련된 대체효과는 일으키
지 않을 것으로 예상하고 있음을 알 수 있지. 대체효과가 일어나지 않으면 대체
효과와 소득효과가 상충되지 않으므로 소득효과에 의해 2기 소비 지출액이 결정
되는 거야.

10 어휘의 문맥적 의미 파악 정답 ⑤

선택률 ① 10% ② 6% ③ 8% ④ 13% ⑤ 63%

문맥상 ⓐ~ⓔ와 바꿔 쓴 것으로 적절하지 않은 것은?

정답 풀이

⑤ ⓔ: 없앤
= 제외한

해설 ⓔ에서 '제외하다'는 '따로 떼어 내어 한데 헤아리지 아니하다.'라는 의미
로 사용되었다. '없애다'는 '어떤 사실이나 현상이 존재하지 않는 상태이다.'라는
의미의 단어인 '없다'의 사동사이므로 '제외하다'와 바꿔 쓸 수 없다. 문맥상 '제
외하다'는 '전체에서 일부를 제외하거나 덜어 내다.'라는 의미의 '빼다'와 바꿔 쓸
수 있다.

오답 풀이

① ⓐ: 갚기도
= 상환하기도

해설 ⓐ에서 '상환하다'는 '갚거나 돌려주다.'라는 의미로 사용되었으므로 문맥
상 ⓐ를 '갚기도'로 바꿔 쓸 수 있다.

② ⓑ: 좋아한다
= 선호한다

해설 ⓑ에서 '선호하다'는 '여럿 가운데서 특별히 가려서 좋아하다.'라는 의미로
사용되었으므로 문맥상 ⓑ를 '좋아한다'로 바꿔 쓸 수 있다.

③ ⓒ: 이은
= 연결한

해설 ⓒ에서 '연결하다'는 '사물과 사물 또는 현상과 현상이 서로 이어지거나 관
계를 맺다.'라는 의미로 사용되었으므로 문맥상 ⓒ를 '이은'으로 바꿔 쓸 수 있다.

④ ⓓ: 고르기
= 균등하기

해설 ⓓ에서 '균등하다'는 '고르고 가지런하여 차별이 없다.'라는 의미로 사용되
었으므로 문맥상 ⓓ는 '고르기'로 바꿔 쓸 수 있다.

01~05 2022년 6월 고2 전국연합학력평가 본문 72~73쪽

01 ④ **02** ① **03** ④ **04** ⑤ **05** ①

◯ 문단별 핵심어 ★▬▬ 중심 문장

• **눈의 구조와 시력 유지에 필요한 방수의 기능**

1 시각기관인 눈은 시각을 감지하는 데에 관여하는 안구, 안구를 움직이는 근육이나 안구를 보호하는 눈꺼풀과 같은 부속 기관으로 이루어져 있다. 이 중 안구는 두개골의 오목한 부위인 안와에 들어 있는 공 모양의 구조물이다.

2 〈그림〉의 안구를 보면, 안구벽은 세 층으로 되어 있다. 바깥층은 공막인데, 검은자위 부분에서 투명하게 변형되어 ㉠각막을 이룬다. 각막은 빛을 통과시켜 망막에 상을 맺게 해 준다. 중간층은 ㉡맥락막, 섬모체 등

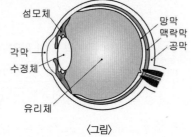

〈그림〉

으로 구성된다. 맥락막에는 안구의 각 부분에 영양분을 공급하는 혈관 중 다수가 밀집해 있어 빛의 통과를 막아, 빛이 공막으로 분산되지 않도록 하여 상이 잘 맺히도록 한다. 섬모체는 수정체와 가느다란 실로 연결되어 있어, 수정체가 물체의 원근에 따라 초점을 조절하는 것을 돕는다. 안쪽층은 빛을 감지하는 ㉢망막이다. 안구벽 안쪽에는 유리체가 넓은 부위를 차지하고 있고, 유리체의 앞쪽에는 수정체가 자리 잡고 있다.

3 그런데 이러한 안구는 단단하지 않다. 단단하지 않은 물체가 기압에 저항해 원래의 모양을 유지하기란 쉽지 않다. 내부 기압이 외부 기압보다 낮으면 물체는 찌그러지며, 반대의 경우에는 부풀어 오를 수 있다. 빛을 수용하고 상을 맺게 하는 눈의 특성상, 약간의 모양 변화로도 빛의 방향이 ⓐ틀어져 초점이 달라지기 때문에 정확한 안구 형태를 유지하는 것은 매우 중요하다.

4 이를 일차적으로 담당하는 것은 유리체이다. 안구 내부에서 가장 많은 면적을 채우고 있는 유리체는 투명한 젤 형태의 물질이다. 유리체는 안구 내압을 적정하게 유지함으로써 맥락막에 대하여 망막을 지지해 주고, 안구벽의 붕괴를 방지함으로써 안구의 형태를 유지하는 역할을 한다. 하지만 눈은 단순한 구조가 아니기에, 이것만으로는 안구 전체뿐 아니라 안구를 구성하는 각 부분을 정확한 형태로 유지하기 어렵다.

5 이 경우 가장 문제가 되는 것이 각막과 수정체 사이의 안방이라는 공간이다. 만약 이 공간이 비어 있다면 '외부에서 누르는 기압과 이에 대응하기 위해 유리체가 밀어내는 압력 때문에 각막과 수정체는 서로 달라붙거나 찌그러질 가능성이 높다. 그러면 수정체가 원활하게 움직이기가 어려워진다., 따라서 눈은 수정체와 각막 사이의 공간에 채워진 방수로 적절한 내부 압력을 유지한다.

6 '방에 든 물'을 뜻하는 방수(房水)는 투명한 약알칼리성 액체로, 눈물과는 구별된다. 방수는 안방에 들어차 각막의 형태를 유지하고, 혈관 분포가 없어 투명한 구조인 각막이나 수정체에 영양분을 공급하고 노폐물을 배출하는 역할을 한다. 단순히 공간을 채우는 것만이 아니라 영양분을 공급한다는 것은 방수가 순환되는 물이라는 전제를 포함한다. 섬모체에서 만들어진 방수는 안방을 채우고 섬유주라는 조직을 통해 배출된 후 슐렘관으로 흡수되어 심장으로 들어가 혈액에 합류된다.

7 눈의 구조와 시력 유지를 위해 꼭 필요한 방수는 적정량이 제대로 흘러야 한다. 제 역할을 다한 방수는 흘러나가야 하는데, 섬유주의 구조 변화나 슐렘관에 이상이 생기는 등의 이유로 이 과정이 원활하지 않으면 문제가 발생한다. '방수의 배출 여부와 관계없이 섬모체는 계속 방수를 만들어 내기 때문에 결국 과도한 방수로 안압이 높아진다. 그 결과 안구의 모든 조직에 압력이 가해져 문제가 생기는데, 그중 특히 약한 조직인 시신경이 먼저 심하게 손상을 받게 된다.,

┌─────────────────────────────────┐
│ 지식을 쌓는 **배경지식**   │
│   │
│ **눈꺼풀의 구조와 기능**   │
│ · 눈꺼풀은 안구의 앞부분을 덮고 있는, 위아래로 움직이는 두 장의 주름진 피 │
│   부로, 피부층, 근육층, 눈꺼풀판, 결막의 네 층으로 이루어져 있음.   │
│ · 눈꺼풀은 외부의 자극으로부터 안구를 보호함. 눈꺼풀 가장자리에 나 있는 │
│   속눈썹은 지각에 민감하여 이물질이 접하면 아래위의 눈꺼풀을 닫아 안구를 │
│   보호함.   │
│ · 눈꺼풀은 눈으로 들어가는 빛의 양을 조절하기도 하고, 눈을 깜박임으로   │
│   써 눈의 표면에 적당한 눈물을 분포시켜 안구를 깨끗하게 하는 기능을 하기 │
│   도 함.   │
└─────────────────────────────────┘

지문 분석하기

|지문 구조|

1 눈의 구성

↓

2 안구의 구조와 각 구조의 기능

↓

3 안구 형태 유지의 중요성

↓

4 안구 형태 유지를 위한 유
리체의 역할
+
5 안구 형태 유지를 위한 방
수의 역할

↓

6 방수의 역할과 순환 경로

↓

7 방수의 배출이 원활하지 않
을 때 발생하는 문제점

|주제| 안구 형태 유지의 중요성과 방수의 역할

한컷 정리하기

안구 형태 유지의 중요성

· 안구는 단단하지 않아서 기압에 저항해 원래의 모양을 유지하기가 쉽지 않음.
· 내부 기압이 외부 기압보다 낮으면 찌그러지며, 반대의 경우에는 부풀어 오를 수 있음.
⇒ 눈은 약간의 모양 변화로도 빛의 방향이 틀어져 초점이 달라지기 때문에 정확한 안구 형태를 유지하는 것이 매우 중요함.

안구 형태 유지를 담당하는 기관

유리체	방수
· 안구 내압을 적정하게 유지함으로써 망막을 지지해 주고, 안구벽의 붕괴를 방지함으로써 안구의 형태를 유지함. · 유리체의 역할만으로는 안구 전체뿐 아니라 안구를 구성하는 각 부분을 정확한 형태로 유지하기 어려움.	· 눈은 수정체와 각막 사이의 공간에 채워진 방수로 적절한 내부 압력을 유지함. · 방수는 안방에 들어차 각막의 형태를 유지하고, 각막이나 수정체에 영양분을 공급하고 노폐물을 배출하는 역할을 함. · 순환되는 물인 방수는 적정량이 제대로 흘러야 함. → 순환이 원활하지 않으면 안압이 높아지는데, 약한 조직인 시신경부터 심하게 손상됨.

01 세부 정보의 파악 정답 ④

선택률	① 23%	② 21%	③ 6%	④ 46%	⑤ 4%

윗글에 대한 이해로 적절하지 않은 것은?

정답 풀이

→ 섬모체는 수정체가 물체의 원근에 따라 초점을 조절하는
④ **섬모체는 수정체와 연결되어 물체의 원근을 감지한다.**   것을 도움.

해설 2문단에서 섬모체는 수정체와 가느다란 실로 연결되어 있어, 수정체가 물체의 원근에 따라 초점을 조절하는 것을 돕는다고 하였다. 즉 섬모체가 수정체와 연결되어 있는 것은 맞지만, 물체의 원근을 감지하는 것은 아니다.

오답 풀이

① **각막은 공막과 달리 투명하다.**

해설 2문단에서 안구벽의 바깥층인 공막은 검은자위 부분에서 투명하게 변형되어 각막을 이룬다고 하였으므로, 각막은 공막과 달리 투명하다.

② **수정체는 빛이 통과할 수 있는 구조이다.**

해설 2문단에서 맥락막은 혈관 중 다수가 밀집해 있어 빛의 통과를 막는다고 하였고, 수정체는 혈관 분포가 없어 투명한 구조라고 하였다. 이를 통해 수정체는 빛의 통과를 막는 혈관이 분포되어 있지 않아서 빛이 통과할 수 있다는 점을 추론할 수 있다.

🤿 선택지 속 함정

②를 얼핏 보면 틀린 것으로 생각하기 쉬워. 지문에 수정체는 빛이 통과할 수 있는 구조라는 내용이 명시적으로 드러나 있지 않거든. 지문에 명시되지 않은 내용이라고 생각해서 적절하지 않다고 판단하고 넘어가는 실수를 범할 수 있어. 그렇지만 2문단에서 '혈관 중 다수가 밀집해 있어 빛의 통과를 막'는다고 한 내용과 6문단에서 '혈관 분포가 없어 투명한 구조인 각막이나 수정체'라고 한 내용을 연결하여 이해하면, 수정체는 빛의 통과를 막는 혈관이 분포되어 있지 않아 빛이 통과할 수 있는 구조라는 점을 추론할 수 있지. 지문에 제시된 〈그림〉을 통해서도 이를 짐작해 볼 수 있는데, 2문단에서 '각막은 빛을 통과시켜 망막에 상을 맺게 해 준다.'라는 내용과 〈그림〉을 연결하여 보면 각막을 통과한 빛이 수정체를 통과하여 망막에 상을 맺는다는 것을 짐작할 수 있어.

③ **유리체는 맥락막에 대하여 망막을 지지해 준다.**

해설 4문단에서 유리체는 안구 내압을 적정하게 유지함으로써 맥락막에 대하여 망막을 지지해 준다고 하였다.

⑤ **방수는 슐렘관을 거쳐 심장으로 들어가 혈액에 합쳐진다.**

해설 6문단에서 방수는 섬유주라는 조직을 통해 배출된 후 슐렘관으로 흡수되어 심장으로 들어가 혈액에 합류된다고 하였다.

02 특정 정보의 추론 정답 ①

선택률	① 63%	② 3%	③ 27%	④ 3%	⑤ 4%

윗글을 참고할 때, 〈보기〉의 ㉮~㉰에 들어갈 말로 적절한 것은?

보기

안방이 비어 있다면, 외부에서 누르는 기압에 대응하기 위해 유리체가 (㉮)는 압력 때문에 안방이 찌그러질 가능성이 높다. 따라서 방수가 이 공간을 채우는데, 만약 방수의 공급량에 비해 배출량이 (㉯)지게 되면 안압이 (㉰)하여 시신경이 손상된다.

정답 풀이

	㉮	㉯	㉰
①	밀어내	적어	상승

해설 5문단에서 안방이 비어 있다면 외부에서 누르는 기압과 이에 대응하기 위해 유리체가 밀어내는 압력 때문에 각막과 수정체는 서로 달라붙거나 찌그러질 가능성이 높다고 하였다. 따라서 ㉮에 들어갈 적절한 말은 '밀어내'이다. 또한 7문단에서 방수의 배출 여부와 관계없이 섬모체는 계속 방수를 만들어 내기 때문에 방수가 원활하게 배출되지 않으면 결국 과도한 방수로 안압이 높아지고, 그 결과 시신경이 손상을 받게 된다고 하였다. 즉 방수의 공급량에 비해 배출량이 적어지면, 과도한 방수로 안압이 상승하여 시신경이 손상되는 것이므로 ㉯에 들어갈 적절한 말은 '적어'이고, ㉰에 들어갈 적절한 말은 '상승'이다.

오답 풀이

| ② | 밀어내 | 적어 | 하강
↳ 상승 |
| ③ | 밀어내 | 많아
↳ 적어 | 상승 |

🔵 선택지 속 함정

㉮와 ㉰에 들어갈 말은 정확하게 파악했는데, ㉯에 들어갈 말을 제대로 파악하지 못한 학생들이 많았어. 6~7문단에서 방수의 핵심적인 특징을 잘 파악하지 못했기 때문이야. 지문을 읽으면서 7문단에서 방수에 이상이 생겼을 때 발생하는 문제점에 대해서 설명했다는 정도는 파악했을 거야. 그런데 그 문제의 핵심이 무엇인지까지는 살피지 못한 것이야. 6문단에서 방수는 '순환되는 물'이라고 하였으니, '순환'에 초점을 두고 7문단에서 이 '순환'에 문제가 생긴 경우를 설명한 것이라는 점을 파악했어야 해. 6문단과 연결해서 7문단을 읽었다면 방수의 배출이 원활하게 이루어지지 않는 것이 문제가 되는 상황임을 알 수 있었을 거야. 그러니까 공급은 계속되는데 배출이 되지 않을 때 문제가 생기는 것이지. 지문을 읽을 때, 문단별로 내용을 파악하는 것이 중요하다는 것은 모두 알 거야. 그런데 각 문단은 유기적으로 연결되어 있다는 점도 잊으면 안 돼. 이 점을 염두에 두고 지문을 읽으면 내용을 파악하는 것이 훨씬 수월해질 거야.

| ④ | 당겨
↳ 밀어내 | 많아
↳ 적어 | 하강
↳ 상승 |
| ⑤ | 당겨
↳ 밀어내 | 많아
↳ 적어 | 상승 |

---

03 특정 정보의 이해
정답 ④

| 선택률 | ① 5% | ② 9% | ③ 11% | ④ 69% | ⑤ 6% |

㉠~㉢에 대한 이해로 적절한 것은?
㉠ = 각막, ㉡ = 맥락막, ㉢ = 망막

정답 풀이

④ ㉡은 빛의 분산을 막아 ㉢에서 상을 맺는 것을 돕는다.

해설 2문단에서 각막은 빛을 통과시켜 망막에 상을 맺게 해 준다고 하였고, 맥락막은 빛이 공막으로 분산되지 않도록 하여 상이 잘 맺히도록 한다고 하였다. 즉 빛이 ㉠을 통과하여 ㉢에 상을 맺는 과정에서 ㉡은 빛의 분산을 막아 상을 맺는 것을 돕는 역할을 한다.

오답 풀이

① ㉠에는 영양분을 공급하는 혈관이 다수 밀집되어 있다.
↳ ㉡에는

해설 2문단에서 맥락막에는 안구의 각 부분에 영양분을 공급하는 혈관 중 다수가 밀집해 있다고 하였다. 즉 영양분을 공급하는 혈관이 다수 밀집되어 있는 것은 ㉠이 아니라 ㉡이다.

② ㉢은 수정체가 초점을 조절하는 것을 돕는다.
↳ 섬모체는

해설 2문단에서 섬모체는 수정체가 물체의 원근에 따라 초점을 조절하는 것을 돕는다고 하였다. 즉 수정체가 초점을 조절하는 것을 돕는 것은 ㉢이 아니라 섬모체이다.

③ ㉠과 ㉡은 안구를 보호하는 데 필요한 부속 기관이다.
↳ 안구를 구성하는 부분임.

해설 ㉠과 ㉡은 모두 안구를 구성하는 부분이다. 1문단에서 안구를 보호하는 데 필요한 부속 기관으로는 눈꺼풀이 있음을 알 수 있다.

⑤ ㉢을 통과한 빛이 ㉠에서 감지된다.
↳ ㉠을   ↳ ㉢에서

해설 2문단에서 각막은 빛을 통과시켜 망막에 상을 맺게 해 준다고 하였고, 망막은 빛을 감지한다고 하였다. 즉 ㉠을 통과한 빛이 ㉢에서 감지되는 것이다.

---

04 정보의 비교 이해
정답 ⑤

| 선택률 | ① 6% | ② 6% | ③ 7% | ④ 7% | ⑤ 74% |

윗글의 방수와 〈보기〉의 눈물을 비교한 내용으로 적절하지 않은 것은? [3점]

보기

눈물은 윗눈꺼풀 안쪽의 누선에서 분비된다. 눈을 깜박일 때마다 눈물은 안구 표면 전체를 적시는데, 특히 각막을 고르게 덮어 준다. 이때 눈물은 각막에 습기를 지속적으로 공급하고, 안구
눈물의 역할 ①
의 운동을 원활하게 한다. 또한 먼지나 병균을 씻어 내어 안구를
눈물의 역할 ②   눈물의 역할 ③
청결하게 유지한다. 제 역할을 다한 눈물은 안쪽 눈구석에 있는
누점을 통해 누관을 타고 콧속으로 배출된다. 정상적인 눈물은
눈물의 배출 경로
분비와 배출의 비율이 일정 수준으로 유지되어야 한다.

정답 풀이

⑤ 방수와 눈물은 모두 안구 표면을 적셔 안구가 원활하게 움직일 수 있도록 한다.
↳ 눈물은

해설 〈보기〉에서 눈물은 안구 표면 전체를 적시고, 안구의 운동을 원활하게 한다고 하였다. 그러나 6문단에서 섬모체에서 만들어진 방수는 안방을 채우고 섬유주라는 조직을 통해 배출된다고 하였으므로 방수가 안구 표면을 적셔 안구가 원활하게 움직일 수 있도록 한다고 볼 수 없다. 참고로 5문단에서 방수는 수정체가 원활하게 움직일 수 있도록 돕는다고 하였다.

오답 풀이

① 방수는 섬유주를 통해, 눈물은 누점을 통해 배출된다.

해설 6문단에서 방수는 섬유주라는 조직을 통해 배출된다고 하였고, 〈보기〉에서 눈물은 누점을 통해 누관을 타고 콧속으로 배출된다고 하였다.

② 방수는 각막에 영양분을, 눈물은 각막에 습기를 공급한다.

해설 6문단에서 방수는 각막이나 수정체에 영양분을 공급한다고 하였고, 〈보기〉에서 눈물은 각막에 습기를 지속적으로 공급한다고 하였다.

③ 방수는 안구의 형태를 유지하는 데, 눈물은 안구의 청결 상태를 유지하는 데 기여한다.

해설 5문단에서 눈은 수정체와 각막 사이의 공간에 채워진 방수로 적절한 내부 압력을 유지하여 안구의 형태를 유지함을 알 수 있고, 6문단에서도 방수는 안방에 들어차 각막의 형태를 유지한다고 하였으므로 방수는 안구의 형태를 유지하는 데 기여한다고 할 수 있다. 또한 〈보기〉에서 눈물은 먼지나 병균을 씻어 내어 안구를 청결하게 유지한다고 하였으므로 눈물은 안구의 청결 상태를 유지하는 데 기여한다고 할 수 있다.

④ 방수와 눈물은 모두 적정한 양이 유지되어야 정상적인 상태라고 볼 수 있다.

해설 7문단에서 방수는 적정량이 제대로 흘러야 문제가 발생하지 않음을 알 수 있고, 〈보기〉에서 정상적인 눈물은 분비와 배출의 비율이 일정 수준으로 유지되어야 한다고 하였다. 따라서 방수와 눈물은 모두 적정한 양이 유지되어야 정상적인 상태라고 볼 수 있다.

05 어휘의 문맥적 의미 파악　　정답 ①

선택률	① 86%	② 4%	③ 4%	④ 4%	⑤ 2%

ⓐ와 문맥적 의미가 가장 유사한 것은?
= 틀어져

정답 풀이

① 날아가던 공이 오른쪽으로 **틀어졌다.**

해설 ⓐ와 ①에서 '틀어지다'는 '본래의 방향에서 벗어나 다른 쪽으로 나가다.'라는 의미로 사용되었다.

오답 풀이

② 늦잠을 자는 바람에 계획이 **틀어졌다.**

해설 이 선택지에서는 '꾀하는 일이 어그러지다.'라는 의미로 사용되었다.

③ 햇볕에 오래 두었더니 목재가 **틀어졌다.**

해설 이 선택지에서는 '어떤 물체가 반듯하고 곧바르지 아니하고 옆으로 굽거나 꼬이다.'라는 의미로 사용되었다.

④ 마음이 **틀어져서** 아무 말도 하지 않았다.

해설 이 선택지에서는 '마음이 언짢아 토라지다.'라는 의미로 사용되었다.

⑤ 초등학교 때부터 사귀던 친구와 **틀어졌다.**

해설 이 선택지에서는 '사귀는 사이가 서로 벌어지다.'라는 의미로 사용되었다.

06~09　2021년 9월 고2 전국연합학력평가　　본문 74~75쪽

06 ③　07 ④　08 ⑤　09 ②

◯ 문단별 핵심어　★ ▬▬ 중심 문장

• **식물과 동물의 독**

1 우리 주변에 존재하는 (생물들) 중에는 (독)을 가진 경우가 흔하다. 이러한 생물들은 위협적인 상대로부터 자신을 보호하거나 종족을 보존하기 위해 독을 이용한다. 특히 동물은 사냥감을 포획하기 위한 수단으로도 독을 사용한다. 이와 같은 독은 식물과 동물에 따라 다양한 특징을 보인다.

2 (식물 독)의 주성분은 대부분 (알칼로이드)라는 물질인데 이는 질소를 함유하는 염기성 유기화합물을 일컫는 것으로, 그 예에는 투구꽃의 '아코니틴'과 흰독말풀의 '아트로핀'이 있다. 아코니틴과 아트로핀은 모두 (동물의 신경계)에서 '근육에 가해진 자극이나 뇌가 내린 명령'에 관한 정보가 전달되는 것을 (방해)한다. 먼저 ㉠(아코니틴)은 신경 세포의 나트륨 이온 통로를 계속 열어 두기 때문에 나트륨

이온을 세포 안으로 다량 유입시킨다. 이로 인해 이온의 농도 차에 의한 나트륨 이온의 이동이 정상적으로 일어나지 않아, 전기 신호인 활동 전위*가 신경 세포에서 일어나지 못하게 된다. 그러면 아세틸콜린이 분비되지 않아, 결국 호흡 곤란으로 이어질 수 있다. 하지만 적정량을 사용하면 진정 효과 등의 약리 작용이 있기 때문에 아코니틴을 진통제의 성분으로 이용하기도 한다.

3 한편 (아트로핀)은 부교감 신경의 시냅스에서 아세틸콜린 대신에 (아세틸콜린 수용체)와 결합함으로써 (아세틸콜린)의 작용을 (방해)한다. 여기서 아세틸콜린은 활동 전위에 의해 신경 세포 말단에 있는 시냅스 소포에서 분비된 후, 다른 신경 세포로 정보를 전달하는 물질이다. 「아세틸콜린의 분비가 억제되거나 아세틸콜린이 아세틸콜린 수용체와 결합하지 못하면 신경의 흥분이 억제되어 근육은 이완되지만 아세틸콜린이 과잉 분비되면 그 반대 현상이 일어난다.」 아트로핀은 아세틸콜린과 화학 구조가 유사하기 때문에 아세틸콜린 수용체와 결합함으로써 시냅스에서 이루어지는 정보 전달을 방해하게 된다. 이를 이용해 아트로핀은 ⓐ일부 독의 해독제로 쓰이기도 한다.

4 반면 (동물 독)은 독의 성질이 제각기 다르다. 대표적으로 (뱀의 독)에는 주로 단백질 계열의 50~60종의 성분이 있으며, 뱀마다 독의 작용에도 큰 차이가 있다. 코브라에게 물리면 '오피오톡신'이 시냅스에서 아세틸콜린 수용체와 결합해 근육으로의 정보 전달이 방해된다. 이와 달리 살무사에게 물리면 '크로탈로톡신'이라는 독이 혈액 내의 혈구 세포와 혈소판 등을 파괴한다. 이로 인해 근육이 괴사되고 출혈이 멈추지 않아 죽게 된다. 한편 (복어)는 '테트로도톡신'이라는 알칼로이드 계열의 독소를 가지고 있다. ㉡테트로도톡신은 신경 세포의 나트륨 이온 통로를 차단함으로써 나트륨 이온이 들어오지 못하게 하기 때문에 활동 전위가 일어나지 않는다. 이로 인해 아세틸콜린이 분비되지 않는다. 특히 테트로도톡신은 복어가 스스로 만들어 내는 것이 아니라, 복어가 먹이로 섭취한 플랑크톤에 의해 축적되거나 복어 체내에 기생하는 균에 의해 만들어진다는 특징이 있다.

5 (독)이 우리 몸에 유입되면 (해독제)를 신속하게 투여하는 것이 중요하다. 해독제로는 산과 염기의 반응을 이용한 중화제, 독소 분자를 분해하는 효소, 유입된 독과 서로 반대 작용을 하는 독을 활용할 수 있다.

＊ **활동 전위**: 생물체의 세포나 조직이 활동할 때 일어나는 전압 변화.

독을 활용한 보톡스

① 보톡스에 사용되는 독
· 보톡스에 사용되는 독은 박테리아가 만들어 내는 독소인 '보툴리눔톡신'임.

② 보툴리눔톡신의 작용
· 보툴리눔톡신은 운동 신경과 근육이 만나는 곳에서 신경전달물질인 아세틸콜린의 분비를 방해함으로써 근육의 수축을 억제하여 근육의 마비를 일으킴.

③ 보툴리눔톡신의 활용
· 보툴리눔톡신은 신경과 근육 사이에 작용하므로 사시, 눈꺼풀 경련, 뇌성마비 등의 치료제로 사용됨.
· 근육을 이완시켜 주름이 펴지게 하는 효과가 있어 미용 목적의 보톡스로도 사용됨.

지문 분석하기

|지문 구조|

1 생물들이 독을 이용하는 이유
↓
2 알칼로이드를 주성분으로 한 식물 독 ① – 아코니틴
↓
3 알칼로이드를 주성분으로 한 식물 독 ② – 아트로핀
↓
4 독의 성질이 제각기 다른 동물 독
↓
5 해독제의 종류

|주제| 생물 독의 다양한 특징

한컷 정리하기

생물들이 독을 이용하는 이유

· 위협적인 상대로부터 자신을 보호하거나 종족을 보호하기 위해 독을 이용함.
· 동물이 사냥감을 포획하기 위한 수단으로 독을 사용함.

식물 독	동물 독
· 주성분은 대부분 알칼로이드라는 물질임.	· 독의 성질이 제각기 다름.
· 식물 독의 예로는 투구꽃의 '아코니틴'과 흰독말풀의 '아트로핀'이 있음.	· 코브라의 독은 '오피오톡신'으로, 시냅스에서 아세틸콜린 수용체와 결합해 근육으로의 정보 전달을 방해함.
· 아코니틴과 아트로핀은 모두 동물의 신경계에서 정보가 전달되는 것을 방해함.	· 살무사의 독은 '크로탈로톡신'으로, 혈액 내의 혈구 세포와 혈소판 등을 파괴함. → 근육이 괴사되고 출혈이 멈추지 않아 죽게 됨.
· 아코니틴은 아세틸콜린이 분비되지 않도록 함. → 호흡 곤란을 일으킬 수 있음.	· 복어의 독은 알칼로이드 계열의 '테트로도톡신'으로, 아세틸콜린이 분비되지 않게 함.
· 아트로핀은 아세틸콜린의 작용을 방해함. → 신경의 흥분이 억제되어 근육 이완을 일으킬 수 있음.	
· 아코니틴은 진통제의 성분으로, 아트로핀은 일부 독의 해독제로 쓰이기도 함.	

---

06 세부 정보의 파악 　　　정답 ③

선택률	① 3%	② 3%	③ 88%	④ 3%	⑤ 3%

윗글에서 답을 찾을 수 있는 질문에 해당하지 <u>않는</u> 것은?

〔정답 풀이〕

③ 알칼로이드가 질소를 함유하는 이유는 무엇일까?
　　　　　　　↳ 이유는 제시되지 않음.

〔해설〕 2문단에서 식물 독의 주성분인 알칼로이드란 질소를 함유하는 염기성 유기화합물을 일컫는 것이라고 설명하고 있지만, 알칼로이드가 질소를 함유하는 이유는 제시되어 있지 않다.

〔오답 풀이〕

① 아코니틴에 의해 나타나는 증상은 무엇일까?

〔해설〕 2문단에서 아코니틴은 신경 세포의 나트륨 이온 통로를 계속 열어 두기 때문에 나트륨 이온을 세포 안으로 다량 유입시키고, 이로 인해 나트륨 이온의 이동이 정상적으로 일어나지 않아 활동 전위가 신경 세포에서 일어나지 못하게 된다고 하였다. 그리고 그 결과 아세틸콜린이 분비되지 않아 호흡 곤란으로 이어질 수 있다고 하였다.

② 복어의 독소는 무엇에 의해 만들어지는 것일까?

〔해설〕 4문단에서 복어의 독소인 테트로도톡신은 복어가 스스로 만들어 내는 것이 아니라, 복어가 먹이로 섭취한 플랑크톤에 의해 축적되거나 복어 체내에 기생하는 균에 의해 만들어진다고 하였다.

④ 살무사에게 물리면 출혈이 멈추지 않는 이유는 무엇일까?

〔해설〕 4문단에서 살무사에게 물리면 크로탈로톡신이라는 독이 혈액 내의 혈구 세포와 혈소판 등을 파괴하고, 이로 인해 근육이 괴사되고 출혈이 멈추지 않아 죽게 된다고 하였다.

⑤ 오피오톡신과 크로탈로톡신의 작용에는 어떤 차이가 있을까?

〔해설〕 4문단에서 코브라에게 물리면 오피오톡신이 시냅스에서 아세틸콜린 수용체와 결합해 근육으로의 정보 전달이 방해된다고 하였다. 그리고 살무사에게 물리면 크로탈로톡신이라는 독이 혈액 내의 혈구 세포와 혈소판 등을 파괴하고, 이로 인해 근육이 괴사되고 출혈이 멈추지 않아 죽게 된다고 하였다. 이를 통해 오피오톡신과 크로탈로톡신의 작용에 어떤 차이가 있는지 알 수 있다.

---

07 구체적 이유 추론 　　　정답 ④

선택률	① 9%	② 6%	③ 5%	④ 74%	⑤ 6%

ⓐ의 이유로 가장 적절한 것은?
= 일부 독의 해독제로 쓰이기도 한다

〔정답 풀이〕

④ 아트로핀이 아세틸콜린의 작용을 방해해 부교감 신경의 흥분을 억제하기 때문에

〔해설〕 3문단에서 아트로핀은 부교감 신경의 시냅스에서 아세틸콜린 대신에 아세틸콜린 수용체와 결합함으로써 아세틸콜린의 작용을 방해하여 신경의 흥분이 억제되도록 한다고 하였다. 5문단에서 유입된 독과 서로 반대 작용을 하는 독을 해독제로 활용할 수 있다고 한 것을 고려할 때, 아세틸콜린이 과잉 분비되도록 하는 일부 독의 경우 아세틸콜린의 작용을 방해하는 아트로핀을 해독제로 사용하여 부교감 신경의 흥분을 억제할 수 있음을 추론할 수 있다.

〔오답 풀이〕

① 아트로핀이 아세틸콜린을 분해하는 물질의 작용을 방해하기 때문에
　　　　　　　↳ 아세틸콜린의

〔해설〕 아트로핀은 아세틸콜린을 분해하는 물질의 작용을 방해하는 것이 아니라, 아세틸콜린의 작용을 방해한다.

② 아트로핀이 아세틸콜린을 ~~소모하여 부교감 신경의 흥분을 유도하기 때문에~~
    ↳ 아세틸콜린이 수용체와 결합하지 못하게 하여   ↳ 억제하기

[해설] 아트로핀이 아세틸콜린을 소모하여 부교감 신경의 흥분을 유도하는 것이 아니라, 아트로핀으로 인해 아세틸콜린이 아세틸콜린 수용체와 결합하지 못하면 신경의 흥분이 억제된다.

③ 아트로핀이 아세틸콜린을 ~~분비시켜 신경계의 정보 전달을 유도하기 때문에~~

[해설] 아트로핀은 아세틸콜린을 분비시키는 것이 아니라, 아세틸콜린의 작용을 방해하여 시냅스에서 이루어지는 정보 전달을 방해한다.

⑤ 아트로핀이 아세틸콜린의 ~~분비를 억제하고 다른 신경전달물질을 활성화하기 때문에~~
    ↳ 아트로핀은 아세틸콜린의 작용을 방해함.

[해설] 아트로핀은 아세틸콜린의 분비를 억제하고 다른 신경전달물질을 활성화하는 것이 아니라, 아세틸콜린 대신 아세틸콜린 수용체와 결합함으로써 아세틸콜린의 작용을 방해한다.

08 특정 정보의 이해   정답 ⑤

선택률	① 3%	② 4%	③ 6%	④ 6%	⑤ 81%

= 테트로도톡신
㉠과 ㉡에 대한 설명으로 가장 적절한 것은?
= 아코니틴

정답 풀이

⑤ ㉠과 ㉡은 모두 신경 세포에서 활동 전위가 일어나지 못하게 방해한다.

[해설] 2문단에서 ㉠은 신경 세포의 나트륨 이온 통로를 계속 열어 두기 때문에 나트륨 이온을 세포 안으로 대량 유입시키고, 이로 인해 나트륨 이온의 이동이 정상적으로 일어나지 않아 활동 전위가 신경 세포에서 일어나지 못하게 된다고 하였다. 그리고 4문단에서 ㉡은 신경 세포의 나트륨 이온 통로를 차단함으로써 나트륨 이온이 들어오지 못하게 하기 때문에 활동 전위가 일어나지 않는다고 하였다. 즉 ㉠과 ㉡은 모두 신경 세포에서 활동 전위가 일어나지 못하게 방해한다.

오답 풀이

① ㉠은 ㉡과 달리 나트륨 이온의 농도 차이를 일정하게 유지시킨다.

[해설] 2문단에서 이온의 농도 차에 의한 나트륨 이온의 이동이 정상적으로 일어나지 않으면 전기 신호인 활동 전위가 신경 세포에서 일어나지 못하게 됨을 알 수 있다. 즉 나트륨 이온의 농도 차이를 일정하게 유지하여야 활동 전위가 일어날 수 있는 것이다. 2문단에서 ㉠은 신경 세포의 나트륨 이온 통로를 계속 열어 두어 나트륨 이온을 세포 안으로 대량 유입시켜 문제를 일으킨다고 하였으므로, 나트륨 이온의 농도 차이를 일정하게 유지하는 역할을 한다고 볼 수 없다. 한편 4문단에서 ㉡은 신경 세포의 나트륨 이온 통로를 차단함으로써 나트륨 이온이 들어오지 못하게 하여 활동 전위가 일어나지 않게 한다고 하였으므로, 나트륨 이온의 농도 차이를 일정하게 유지하는 역할을 한다고 볼 수 없다.

② ㉠은 ~~㉡과 달리~~ 세포 안으로 나트륨 이온이 들어오지 못하도록 방해한다.
    ↳ ㉡은 ㉠과 달리

[해설] 2문단과 4문단에서 ㉠은 나트륨 이온 통로를 계속 열어 두어 나트륨 이온이 유입되도록 하지만, ㉡은 나트륨 이온 통로를 차단하므로 나트륨 이온이 들어오지 못하게 함을 알 수 있다. 즉 세포 안으로 나트륨 이온이 들어오지 못하도록 방해하는 것은 ㉠이 아니라 ㉡이다.

③ ㉡은 ~~㉠과 달리 아세틸콜린과 화학 구조가 유사하다.~~
    ↳ 아트로핀은

[해설] 아세틸콜린과 화학 구조가 유사하면 아세틸콜린 수용체와 결합하는데, ㉠과 ㉡은 이에 해당하지 않는다. 아세틸콜린과 화학 구조가 유사한 것은 ㉠이나 ㉡이 아니라 아트로핀이다.

④ ㉡은 ~~㉠과 달리 아세틸콜린의 분비에 영향을 미치지 않는다.~~
    ↳ ㉠과 ㉡은 모두   ↳ 미친다

[해설] 2문단과 4문단에서 ㉠과 ㉡은 모두 아세틸콜린의 분비를 억제함을 알 수 있다. 따라서 ㉠과 ㉡은 모두 아세틸콜린의 분비에 영향을 미친다.

09 구체적 상황에 적용   정답 ②

선택률	① 4%	② 62%	③ 17%	④ 12%	⑤ 5%

윗글을 바탕으로 〈보기〉를 이해한 내용으로 적절하지 않은 것은?
    [3점]

보기

○ A의 잎에는 알칼로이드에 속하는 스코폴라민이 포함되어 있는
    식물
데, 강한 쓴맛 때문에 동물에게 먹히지 않는다. 스코폴라민이

몸속에 들어오면 아세틸콜린 수용체와 결합하므로 멀미약의 성
    정보 전달을 방해하게 됨.
분으로 이용된다.

○ B는 꼬리에 있는 독침에서 분비되는 단백질 계열의 카리브도톡
    동물
신을 이용한다. 카리브도톡신이 먹잇감인 곤충의 몸속에 들어

가면 활동 전위가 계속 일어나도록 하기 때문에 시냅스 말단에

서는 아세틸콜린이 과잉 분비된다.
    신경의 흥분이 촉진되고 근육이 수축됨.

정답 풀이

② B의 카리브도톡신은 ~~신경의 흥분을 억제하므로~~ 근육으로의 정보 전달을 방해하겠군.
    ↳ 신경의 흥분이 촉진되어 근육이 수축됨

[해설] 3문단에서 아세틸콜린의 분비가 억제되거나 아세틸콜린이 아세틸콜린 수용체와 결합하지 못하면 신경의 흥분이 억제되어 근육은 이완되지만 아세틸콜린이 과잉 분비되면 그 반대 현상이 일어난다고 하였다. 〈보기〉에서 B의 카리브도톡신은 아세틸콜린이 과잉 분비되도록 한다고 하였으므로 신경의 흥분이 촉진되어 근육이 수축되는 현상이 일어난다. 따라서 카리브도톡신이 신경의 흥분을 억제하므로 근육으로의 정보 전달을 방해한다는 것은 적절하지 않다.

오답 풀이

① A의 스코폴라민은 시냅스에서 이루어지는 정보 전달을 방해하는 작용을 하겠군.

[해설] 3문단에서 아세틸콜린은 시냅스 소포에서 분비된 후 다른 신경 세포로 정보를 전달하는 물질이라고 하였고, 아트로핀은 아세틸콜린 수용체와 결합함으로써 시냅스에서 이루어지는 정보 전달을 방해한다고 하였다. 〈보기〉에서 A의 스코폴라민은 아트로핀처럼 아세틸콜린 수용체와 결합한다고 하였으므로 시냅스에서 이루어지는 정보 전달을 방해하는 작용을 할 것이다.

③ A의 스코폴라민은 근육을 이완시키고, B의 카리브도톡신은 근육을 수축시키겠군.

[해설] 3문단에서 아세틸콜린의 분비가 억제되거나 아세틸콜린이 아세틸콜린 수용체와 결합하지 못하면 신경의 흥분이 억제되어 근육이 이완되지만, 아세틸콜린이 과잉 분비되면 그 반대 현상이 일어난다고 하였다. 〈보기〉에서 A의 스코폴라민은 아트로핀처럼 아세틸콜린 수용체와 결합한다고 하였으므로 아세틸콜린이 아세틸콜린 수용체와 결합하지 못하도록 할 것이다. 그러면 신경의 흥분이 억제되어 근육이 이완될 것이다. 그리고 〈보기〉에서 B의 카리브도톡신은 아세틸콜린이 과잉 분비되도록 한다고 하였으므로 근육을 수축시킬 것이다.

🎯 선택지 속 함정

지문과 〈보기〉에서 구체적으로 언급하지 않은 내용을 잘 추론할 수 있어야 해. 먼저 〈보기〉에서 '스코폴라민이 몸속에 들어오면 아세틸콜린 수용체와 결합'한다고 하였는데, 이 내용을 그냥 문자 그대로만 이해할 것이 아니라 스코폴라민의 작용으로 아세틸콜린이 아세틸콜린 수용체와 결합하지 못하게 됨을 추론할 수 있어야 해. 그래야 3문단의 내용과 연결하여 스코폴라민이 근육을 이완시킴을 이해할 수 있지. 또한 3문단에서 '아세틸콜린이 과잉 분비되면 그 반대 현상이 일어난다.'라고 했는데, 여기서도 '그 반대 현상'이 무엇인지 정확히 추론해야 ③이 적절함을 판단할 수 있어. 앞에서는 신경의 흥분이 억제되어 근육이 이완된다고 했으니 '그 반대 현상'은 신경의 흥분이 촉진되어 근육이 수축되는 것이라고 이해할 수 있지.

④ A의 스코폴라민은 산성 물질을, B의 카리브도톡신은 단백질 분해 효소를 해독제로 활용할 수 있겠군.

해설 5문단에서 해독제로는 산과 염기의 반응을 이용한 중화제, 독소 분자를 분해하는 효소를 활용할 수 있다고 하였다. 〈보기〉에서 A의 스코폴라민은 알칼로이드에 속한다고 하였는데, 2문단에서 알칼로이드는 염기성 유기화합물이라고 하였다. 따라서 스코폴라민은 해독제로 산성 물질을 활용할 수 있다. 한편 〈보기〉에서 B의 카리브도톡신은 단백질 계열이라고 하였으므로 해독제로 단백질 분해 효소를 활용할 수 있다.

⑤ A에게 스코폴라민은 자신을 보호하기 위한, B에게 카리브도톡신은 사냥감을 포획하기 위한 수단이겠군.

해설 1문단에서 생물들은 위협적인 상대로부터 자신을 보호하거나 종족을 보존하기 위해 독을 이용하며, 동물은 사냥감을 포획하기 위한 수단으로도 독을 사용한다고 하였다. 〈보기〉의 A는 잎에 스코폴라민이 포함되어 있어 동물에게 먹히지 않으므로 A에게 스코폴라민은 자신을 보호하기 위한 수단이다. 한편 〈보기〉의 B는 카리브도톡신이 먹잇감인 곤충의 몸속에 들어가게 하여 아세틸콜린이 과잉 분비되도록 하므로 B에게 카리브도톡신은 사냥감을 포획하기 위한 수단이다.

01~04 2020년 9월 고2 전국연합학력평가   본문 76~77쪽

01 ①   02 ③   03 ④   04 ②

◯ 문단별 핵심어   ★ ▬ 중심 문장

• 바이러스의 감염과 숙주 세포

1 바이러스는 체내에 들어와 문제를 일으킬 수 있어 주의해야 할 대상이다. 생명체와 달리, 바이러스는 세포가 아니기 때문에 스스로 생장이 불가능하다. 그래서 바이러스는 살아 있는 숙주 세포에 기생하고, 그 안에서 증식함으로써 살아간다. 바이러스는 바깥을 둘러싸는 피막의 유무에 따라 구조가 달라진다. 「피막이 있는 바이러스는 피막의 바깥에 부착 단백질이 박혀 있고 피막 안에는 캡시드라는 단백질이 있다. 캡시드 안에는 핵산이 있는데, 핵산은 DNA와 RNA 중 하나로만 구성된다.」 이러한 구조를 갖는 바이러스는 숙주 세포에 어떻게 감염하는 것일까?

[A]
2 바이러스의 감염 가능 여부는 숙주 세포 수용체의 특성에 따라 결정된다. 「바이러스는 감염이 가능한 숙주 세포와 접촉한 후 바이러스 피막의 부착 단백질을 이용해 숙주 세포 수용체에 달라붙는다. 달라붙은 부위를 통해 바이러스가 숙주 세포 내부로 침투하고, 바이러스의 핵산이 캡시드로부터 분리되어 숙주 세포 내부로 빠져나온다. 이후 핵산은 효소를 이용하여 복제된다. 핵산이 DNA일 경우 숙주 세포에 있는 효소를 그대로 이용하고, 반면 RNA일 경우 숙주 세포에 있는 효소를 이용해 자신에 맞는 효소를 합성한다. 또한 핵산은 mRNA라는 전달 물질을 통해 단백질을 합성한다. 합성된 단백질의 일부는 캡시드가 되어 복제된 핵산을 둘러싸고 다른 일부는 숙주 세포막에 부착되어 바이러스의 부착 단백질이 될 준비를 한다. 그 후 단백질이 부착된 숙주 세포막이 캡시드를 감싸 피막이 되면서 증식된 바이러스가 숙주 세포 밖으로 배출된다.」

3 우리 몸은 주로 위의 과정을 통해 지속감염이 일어나기도 하고 위와는 다른 과정을 거쳐 급성감염이 일어나기도 한다. ㉠급성감염은 일반적으로 짧은 기간 안에 일어나는데, 바이러스는 감염된 숙주 세포를 증식 과정에서 죽이고 바이러스가 또 다른 숙주 세포에서 증식하며 질병을 일으킨다. 시간이 흐르면서 체내의 방어 체계에 의해 바이러스를 제거해 나가면 체내에는 더 이상 바이러스가 남아 있지 않게 된다. 반면 ㉡지속감염은 급성감염에 비해 상대적으로 오랜 기간 동안 바이러스가 체내에 잔류한다. 지속감염에서는

바이러스가 장기간 숙주 세포를 파괴하지 않으면서도 체내의 방어 체계를 회피하며 생존한다. _{지속감염의 특성 ②} 지속감염은 바이러스의 발현 양상에 따라 잠복감염과 만성감염, 지연감염으로 나뉜다. _{지속감염의 분류}

4 잠복감염은 초기 감염으로 증상이 나타난 후 한동안 증상이 사라졌다가 특정 조건에서 바이러스가 재활성화되어 증상을 다시 동반한다. 이때 같은 바이러스에 의한 것임에도 첫 번째와 두 번째 질병이 다르게 발현되기도 한다. 잠복감염은 질병이 재발하기까지 바이러스가 감염성을 띠지 않고 잠복하게 되는데, 이러한 상태의 바이러스를 프로바이러스라고 부른다. 만성감염은 감염성 바이러스가 숙주로부터 계속 배출되어 항상 검출되고 다른 사람에게 옮길 수 있는 감염 상태이다. 하지만 사람에 따라서 질병이 발현되거나 되지 않기도 하며 때로는 뒤늦게 발현될 수도 있다는 특성이 있다. 지연감염은 초기 감염 후 특별한 증상이 나타나지 않다가, 장기간에 걸쳐 감염성 바이러스의 수가 점진적으로 증가하여 반드시 특정 질병을 유발하는 특성이 있다.

지식을 쌓는 배경지식

DNA와 RNA

① DNA
- 살아 있는 모든 유기체 및 많은 바이러스의 유전적 정보를 담고 있는 실 모양의 핵산 사슬로, 유전자의 본체를 이룸.
- DNA 속에 있는 아데닌, 구아닌, 시토신, 티민의 네 가지 염기 배열의 차이로 인해 서로 다른 DNA가 만들어짐.
- DNA는 거의 모든 생물의 유전 물질이지만, 여러 종류의 바이러스들은 유전 물질로 DNA 대신 RNA를 가지고 있음.

② RNA
- 핵산의 한 종류로, 암호화된 유전자를 해독하여 유전자를 발현하고 그 과정을 조절하는 데 필수적인 역할을 함.
- RNA는 아데닌, 구아닌, 시토신, 유라실의 네 가지 염기로 유전 정보를 전달하고, 단백질 합성에 관여함.

지문 분석하기

|지문 구조|

1 바이러스의 생존 방법과 구조

↓

2 바이러스가 숙주 세포에 감염하는 과정

↓

3 바이러스 감염의 구분 – 급성감염, 지속감염

↓

4 발현 양상에 따른 지속감염의 구분 – 잠복감염, 만성감염, 지연감염

|주제| 바이러스 감염 과정과 종류

한컷 정리하기

바이러스
- 생존 방법: 살아 있는 숙주 세포에 기생하고, 그 안에서 증식함.
- 구조: 피막이 있는 바이러스는 부착 단백질, 캡시드(단백질), 핵산(DAN 또는 RNA 중 하나)으로 이루어짐.
- 감염 과정: 바이러스가 부착 단백질을 이용해 숙주 세포 수용체에 붙어 내부로 침투함.
  → 캡시드에서 분리된 핵산이 숙주 세포 내부로 빠져나옴.
  → 핵산이 효소를 이용해 복제되고, mRNA를 통해 단백질을 합성함.
  → 합성된 단백질 일부는 캡시드, 다른 일부는 바이러스의 부착 단백질이 됨.
  → 증식된 바이러스가 숙주 세포 밖으로 배출됨.

바이러스 감염의 종류

급성감염	지속감염
• 짧은 기간 안에 감염이 일어남. • 바이러스가 감염된 숙주 세포를 증식 과정에서 죽이고, 또 다른 숙주 세포에서 증식하며 질병을 일으킴. • 시간이 흐르면 체내에 바이러스가 남아 있지 않게 됨.	• 상대적으로 오랜 기간 동안 바이러스가 체내에 잔류함. • 바이러스가 장기간 숙주 세포를 파괴하지 않으면서도 체내의 방어 체계를 회피하며 생존함.

지속감염의 종류

잠복감염	만성감염	지연감염
• 초기 감염 후 한동안 증상이 없다가 특정 조건에서 바이러스가 재활성화되어 증상을 다시 동반함. • 프로바이러스: 재발 전까지 감염성을 띠지 않고 잠복하는 상태의 바이러스	• 감염성 바이러스가 숙주로부터 계속 배출되어 항상 검출되고 다른 사람에게 옮길 수 있는 감염 상태 • 사람에 따라서 질병이 발현되거나 되지 않기도 하며 뒤늦게 발현될 수도 있음.	• 초기 감염 후 특별한 증상이 나타나지 않다가, 장기간에 걸쳐 감염성 바이러스의 수가 점진적으로 증가하여 반드시 특정 질병을 유발함.

---

01 세부 정보의 파악 정답 ①

선택률	① 69%	② 12%	③ 6%	④ 5%	⑤ 8%

윗글의 내용과 일치하지 않는 것은?

(정답 풀이)

① **피막이 있는 바이러스는 숙주 세포막의 효소와 결합하여 숙주 세포 내부로 침투한다.**
↳ 피막의 부착 단백질을 이용해 숙주 세포 수용체에 달라붙어

해설 2문단에서 피막이 있는 바이러스는 감염이 가능한 숙주 세포와 접촉한 후 피막의 부착 단백질을 이용해 숙주 세포 수용체에 달라붙어 숙주 세포 내부로 침투한다고 하였다. 즉 숙주 세포막의 효소와 결합하는 것이 아니라 피막의 부착 단백질을 이용해 숙주 세포 수용체에 달라붙어 숙주 세포 내부로 침투하는 것이다.

(오답 풀이)

② **피막이 있는 바이러스의 핵산이 DNA라면 캡시드 안에 RNA는 존재하지 않는다.**

해설 1문단에서 피막이 있는 바이러스의 캡시드 안에 있는 핵산은 DNA와 RNA 중 하나로만 구성된다고 하였다.

③ **바이러스가 숙주 세포에 기생하는 이유는 세포가 아니기 때문이다.**

해설 1문단에서 바이러스는 세포가 아니기 때문에 스스로 생장이 불가능하므로 살아 있는 숙주 세포에 기생한다고 하였다.

④ **피막이 있는 바이러스의 가장 바깥에는 부착 단백질이 있다.**

해설 1문단에서 피막이 있는 바이러스는 피막의 바깥에 부착 단백질이 박혀 있다고 하였다.

⑤ 피막이 있는 바이러스는 캡시드를 피막이 감싸고 있다.

[해설] 1문단에서 피막이 있는 바이러스는 피막 안에 캡시드라는 단백질이 있다고 하였다. 즉 피막이 캡시드를 감싸고 있는 형태이다.

| 02 | 자료를 활용한 내용 이해 | 정답 ③ |
| 선택률 | ① 7% ② 7% ③ 63% ④ 10% ⑤ 13% |

〈보기〉는 특정 바이러스 감염 과정의 일부를 그림으로 나타낸 것이다. [A]를 바탕으로 〈보기〉를 이해한 내용으로 적절하지 <u>않은</u> 것은? [3점]

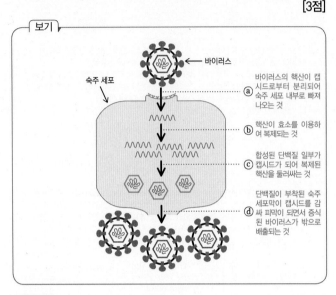

[정답 풀이]

③ <s>ⓑ에서</s> 캡시드가 분리되며 빠져나온 <s>효소</s>는 <s>ⓒ</s>에서 다시 캡시드를 형성하
  ↳ⓐ에서   ↳핵산은
는 데 도움을 준다.

[해설] 바이러스가 숙주 세포 내부로 침투할 때 캡시드로부터 분리되어 빠져나오는 것은 효소가 아니라 바이러스의 핵산이다. 바이러스의 핵산이 캡시드로부터 분리되어 숙주 세포 내부로 빠져나오는 것은 ⓐ에 해당하며, 이후 핵산은 효소를 이용하여 복제된다. 핵산은 mRNA를 통해 단백질을 합성하고, 합성된 단백질의 일부는 ⓒ에서 캡시드가 된다.

[오답 풀이]

① ⓐ에서 바이러스의 핵산이 숙주 세포 내부로 빠져나오려면, 바이러스 피막의 부착 단백질을 이용하는 과정이 필요하다.

[해설] 바이러스는 바이러스 피막의 부착 단백질을 이용해 숙주 세포 수용체에 달라붙는데, 이 과정이 있어야만 이후에 바이러스의 핵산이 숙주 세포 내부로 빠져나올 수 있다.

② ⓑ에서 숙주 세포의 효소를 그대로 이용하지 않는다면, 이 바이러스의 핵산은 RNA이다.

[해설] 핵산이 효소를 이용하여 복제되는 것은 ⓑ에 해당한다. 이때 핵산이 DNA라면 숙주 세포에 있는 효소를 그대로 이용하고, RNA라면 숙주 세포에 있는 효소를 이용해 자신에 맞는 효소를 합성한다. 1문단에서 핵산은 DNA와 RNA 중 하나로만 구성된다고 하였으므로, 숙주 세포의 효소를 그대로 이용하지 않는다면, 이 바이러스의 핵산은 RNA이다.

④ ⓒ에서 바이러스의 핵산을 둘러싸거나 ⓓ에서 바이러스의 부착 단백질이 되는 물질은 mRNA를 통해 합성된다.

[해설] ⓒ에서는 합성된 단백질 일부가 캡시드가 되어 복제된 핵산을 둘러싸고, ⓓ에서는 합성된 단백질의 다른 일부가 숙주 세포막에 부착된 후, 이 세포막이 캡시드를 감싸 피막이 된다. 이때 합성된 단백질은 핵산이 mRNA라는 전달 물질을 통해서 합성한 것이다.

⑤ ⓓ에서는 배출되는 바이러스의 피막이 숙주 세포의 구성 요소를 통해 만들어진다.

[해설] ⓓ에서는 합성된 단백질의 일부가 숙주 세포막에 부착된 후, 이 세포막이 캡시드를 감싸 피막이 되면서 증식된 바이러스가 숙주 세포 밖으로 배출된다. 즉 배출되는 바이러스의 피막은 숙주 세포의 구성 요소인 세포막을 이용해 만들어진 것이다.

| 03 | 특정 정보의 이해 | 정답 ④ |
| 선택률 | ① 6% ② 3% ③ 3% ④ 85% ⑤ 3% |

        =지속감염
㉠과 ㉡에 대한 설명으로 적절한 것은?
 =급성감염

[정답 풀이]

④ ㉡은 ㉠에 비해 감염한 바이러스가 체내에 장기간 남아 있게 된다.

[해설] 3문단에서 지속감염은 급성감염에 비해 상대적으로 오랜 기간 동안 바이러스가 체내에 잔류한다고 하였다.

[오답 풀이]

① ㉠은 <s>㉡</s>과 달리 체내에서 감염성 바이러스의 수가 점진적으로 증가한다.
       ↳㉡ 중 지연감염은
[해설] 3문단에서 급성감염이 일어나면 시간이 흐르면서 체내의 방어 체계에 의해 바이러스가 제거되어 체내에는 더 이상 바이러스가 남아 있지 않게 된다고 하였다. 4문단에서 체내에서 감염성 바이러스의 수가 점진적으로 증가하는 것은 지속감염 중 지연감염에 해당함을 알 수 있다.

② <s>㉠</s>은 <s>㉡</s>에 비해 바이러스가 체내의 방어 체계를 오랫동안 회피한다.
   ↳㉡은 ㉠에 비해
[해설] 3문단에서 바이러스가 체내의 방어 체계를 더 오랫동안 회피하며 생존하는 경우는 급성감염이 아니라 지속감염임을 알 수 있다.

③ <s>㉡</s>은 <s>㉠</s>과 달리 바이러스가 증식하는 과정에서 숙주 세포를 소멸시킨다.
   ↳㉠은 ㉡과 달리
[해설] 3문단에서 급성감염은 바이러스가 감염된 숙주 세포를 증식 과정에서 죽이고, 지속감염에서는 바이러스가 장기간 숙주 세포를 파괴하지 않으면서도 체내의 방어 체계를 회피하며 생존한다고 하였다.

⑤ ㉠과 ㉡은 <s>체내의 바이러스가 질병을 발현하는지 여부</s>에 따라 구분된다.
              ↳감염 지속 시간과 숙주 세포 파괴
[해설] 3문단에서 급성감염과 지속감염은 감염이 지속되는 시간과 바이러스의 숙주 세포 파괴 여부에 따라 구분됨을 알 수 있다. 질병 발현 여부로는 이 둘을 구분할 수 없다.

| 04 | 구체적 상황에 적용 | 정답 ② |
| 선택률 | ① 12% ② 34% ③ 14% ④ 12% ⑤ 28% |

윗글을 참고할 때, 〈보기〉에 대한 반응으로 적절하지 <u>않은</u> 것은?

┌─ 보기 ─┐
○ '수두-대상포진 바이러스(VZV)'에 감염되면, 처음에는 미열과
  발진성 수포가 생기는 수두가 발병한다. 시간이 지나면 자연적
             초기 감염으로 증상이 나타남.
  으로 치료되나 'VZV'를 평생 갖고 살아가게 된다. 그러다가 신
             잠복 상태 - 프로바이러스
  체의 면역력이 저하되면 피부에 통증과 수포가 생겨날 수 있는
             특정 조건에서 바이러스가 재활성화되어 증상을 다시 동반함.
  데, 이를 대상포진이라 한다.
○ 'C형 간염 바이러스(HCV)'에 감염된 환자의 약 80%는 해당 바
                          사람에 따라 질병이 발현되지 않기도 함.
  이러스를 보유하고도 증세가 나타나지 않아 감염 여부를 인지
  하지 못하다가 우연히 알게 되기도 한다. 하지만 감염 환자의
  약 20%는 간에 염증이 나타나고 이에 따른 합병증이 나타나기
             질병이 발현됨.
  도 한다.

② 'VZV'를 가진 사람의 피부에 통증과 수포가 발생하는 것은 'VZV'가 다시 활성화되는 특정 조건이 되겠군.

ㄴ 피부의 통증과 수포는 바이러스 재활성의 조건이 아니라 증상에 해당함.

해설 〈보기〉의 'VZV'에 의한 감염은 잠복감염, 'HCV'에 의한 감염은 만성감염이다. 'VZV'를 가진 사람의 피부에 통증과 수포가 발생하는 것은 신체의 면역력 저하라는 특정 조건에서 바이러스가 재활성화되어 나타나는 증상이다.

① 수두를 앓다가 나은 사람은 대상포진이 발병하지 않았을 때 'VZV' 프로바이러스를 갖고 있겠군.

해설 4문단에서 잠복감염은 질병이 재발하기까지 바이러스가 감염성을 띠지 않고 프로바이러스의 상태로 잠복하게 된다고 하였다. 따라서 수두를 앓다가 나은 사람은 대상포진이 발병하지 않았을 때, 'VZV' 프로바이러스를 갖고 있는 것이다.

③ 'HCV'에 감염된 사람은 간 염증을 앓고 있지 않더라도 타인에게 바이러스를 옮길 수 있겠군.

해설 4문단에서 만성감염은 감염성 바이러스가 숙주로부터 계속 배출되어 항상 검출되고 다른 사람에게 옮길 수 있는 감염 상태지만, 사람에 따라서 질병이 발현되거나 발현되지 않기도 한다고 하였다. 'HCV'에 감염된 환자의 약 80%는 증세가 나타나지 않는다는 점을 통해 'HCV'에 의한 감염은 만성감염에 해당함을 알 수 있다. 따라서 'HCV'에 감염된 사람은 간 염증을 앓고 있지 않더라도 타인에게 바이러스를 옮길 수 있다.

④ 'HCV'에 감염된 사람은 나이와 상관없이 간 염증이 나타날 수도 있고 전혀 나타나지 않을 수도 있겠군.

해설 4문단에서 만성감염은 사람에 따라서 질병이 발현되거나 되지 않기도 하며 때로는 뒤늦게 발현될 수도 있다고 하였다.

⑤ 'VZV'나 'HCV'에 의한 질병이 발현된 상황이라면, 모두 체내에 잔류한 바이러스가 주변 세포를 감염시키고 있겠군.

해설 잠복감염인 'VZV'에 의한 감염이나 만성감염인 'HCV'에 의한 감염은 모두 지속감염에 해당한다. 3문단에서 지속감염은 바이러스가 상대적으로 오랜 기간 동안 체내에 잔류한다고 하였다. 4문단에서 잠복감염은 질병이 재발하기까지 바이러스가 감염성을 띠지 않고 잠복한다고 하였으므로 질병이 재발하면 바이러스가 감염성을 띠게 됨을 알 수 있고, 만성감염은 감염성 바이러스가 숙주로부터 계속 배출되어 항상 검출되고 다른 사람에게 옮길 수 있는 감염 상태라고 하였다. 따라서 'VZV'나 'HCV'에 의한 질병이 발현된 상황이라면, 모두 체내에 잔류한 바이러스가 주변 세포를 감염시키고 있다고 볼 수 있다.

🎯 선택지 속 함정

많은 학생이 ⑤를 선택했어. 이는 잠복감염인 'VZV'와 만성감염인 'HCV'가 지속감염에 속한다는 것을 바탕으로 착각했기 때문인 것 같아. 지속감염은 체내에 잔류한 바이러스가 장기간 숙주 세포를 파괴하지 않는다고 했으니 바이러스가 주변 세포를 감염시키지 않을 것이라고 본 것이지. 하지만 선택지에서 '질병이 발현된 상황이라면'이라는 조건을 제시했으므로 이를 고려해서 판단해야 해.

05~09 2020년 6월 고2 전국연합학력평가   본문 78~79쪽

05 ②   **06** ④   **07** ①   **08** ⑤   **09** ①

◯ 문단별 핵심어 ★ 중심 문장

● 면역 반응과 면역계 과민 반응

1 인체는 끊임없이 세균과 바이러스, 기생충과 같은 외부 물질의 공격을 받는다. 이들은 주로 감염이나 질병의 원인이 되므로 인체는 이와 같은 외부 물질의 침입에 저항하고 방어하는 작용을 하게 되는데, 이를 면역 반응이라 한다.
면역 반응의 개념
따라서 건강하다는 것은 면역 반응이 활발하여 외부 물질들을 완벽하게 제거하는 상태를 의미하는 것으로 이해하기 쉽다.
면역 반응에 대한 통념

2 그러나 면역 반응이 과도해지면 오히려 인체에 해를 끼치기도 한다. 최근 급증하는 알레르기나 천식, 자가면역질환은 불필요한 면역 반응으로 인해 발생한다. 면역계가 일반적으로는 해가 되지 않는 물질들인 꽃가루나 먼지뿐만 아니라 자신의 조직까지 제거해야 할 대상으로 인식하여 공격하는 것이다.
면역계 과민 반응으로 질병이 발생하는 이유
그런데 이와 같은 면역계 과민 반응으로 인한 질병들은 의료 환경이 발달한 선진국에서 점점 더 증가하는 추세이다. 그렇다면 이와 같은 면역계 과민 반응이 나타나는 이유는 무엇일까?

3 과학자들은 그 이유를 인체가 수백만 년 동안 진화해 온 환경에서 찾았다. 인체는 무균 지대나 청정 지대가 아니라 세균과 바이러스, 기생충 등과 함께 진화해 왔다.
인체의 진화 환경
즉 이들 침입자는 인체의 면역계로부터 자신을 보호하기 위해 면역 반응을 억제하도록 진화했고,
『 』: 침입자(세균 등)와 인체의 진화 과정
인체는 면역 반응을 억제하는 외부 물질의 침입에 대비하여 면역 반응을 일으키도록 진화했다. 그런데 현대 의학의 발달과 환경 개선으로 바이러스 등이 줄어들게 되자 면역 반응이 지나치게 된 것이다. 이를 위생가설이라고 한다.
위생가설 – 면역계 과민 반응이 나타나는 이유
위생가설에 따르면 바이러스에 접할 기회가 줄어든 깨끗한 환경이 오히려 질병의 원인이 된다.
위생가설에 따른 질병의 원인

4 위생가설은 인체가 외부 물질과의 공존 속에서 면역 반응의 균형을 찾는다는 시사점을 주었다. 모든 외부 물질들이 배척되기만 한다면 면역 반응에 제동을 걸어 줄 존재가 사라지므로 균형이 깨
외부 물질과 면역계가 공존해야 하는 이유
어지는 것이다. 그렇다면 면역계는 어떻게 외부 물질과 공존할 수 있을까? 장(腸)에 존재하는 미생물을 통해 이를 설명할 수 있다.
외부 물질과 면역계가 공존하는 예
우리 장 안에는 몸 전체의 세포 수보다 10여 배나 더 많은 장내미생물이 살고 있는데, 이는 면역계가 이들의 존재를 인정하고 받아들였기 때문이다.

5 면역계를 구성하는 면역세포들은 인체에 유입된 외부 물질을 인지하고 이를 제거하는 면역 반응을 일으킨다. 중추적 역할을 하는 면역세포는 수지상세포와 T세포이다. 수지상세포는 말 그대로 세포막이 나뭇가지처럼 기다랗게 뻗어 나와 있는 모양의 세포이다. 수지상세포는 인체에 침입한 외부 물질을 인지하고, 소장과 대장 주변에 분포한 림프절에서 미성숙T세포를 조력T세포와 세포독성T 세포로 분화시킨다.
수지상세포의 역할
이 두 종류의 T세포가 몸 안에 침입한 이물질을 없애는 역할을 한다.
조력T세포와 세포독성T세포의 역할

6 그런데 [장내미생물]은 조력T세포나 세포독성T세포의 공격을 피하기 위해 수지상세포에 영향을 미쳐 그 성격을 바꿔 놓는다. 즉 수지상세포가 면역 반응을 일으키지 못하게 만드는 것이다. 이렇게 성격이 변한 수지상세포를 _{장내미생물의 역할} [조절수지상세포]라고 부른다. 조절수지상세포는 림프절에서 미성숙T세포를 조절T세포로 성숙시키는데, [조절T세포]는 조력T세포나 세포독성T세포와는 달리 [면역 반응]을 [억제]하는 역할을 한다. _{장내미생물을 면역계와 공존할 수 있게 하는 조절세포의 역할} 그 결과 장내미생물은 외부 물질이면서도 면역계와 공존할 수 있게 된 것이다.

7 장내미생물은 조절T세포를 통해 자신의 생존을 꾀하지만 그 결과 인체의 면역계는 [면역 반응]의 강약을 [조절]하게 된다. 조절T세포가 면역계 과민 반응으로 인한 질병을 치료하는 역할을 담당하게 된 것이다. 실제로 알레르기 환자의 몸에 조절T세포가 작용하면 과민 면역 반응으로 인해 발생한 염증이 억제되면서 증상이 완화된다. 이처럼 조절T세포를 만들게 하는 데 [외부 물질]인 장내미생물이 중요한 역할을 한다는 사실이 밝혀지면서 면역계와 [공존]하는 외부 물질에 대한 인식의 전환이 일어나게 되었다. _{외부 물질을 완벽하게 제거하는 것이 건강에 이로운 것만은 아님.}

지식을 쌓는 **배경지식**

면역계 과민 반응의 분류

① 제1형 과민 반응
- 가장 흔하게 일어나는 과민 반응으로, 일반적으로 알레르기로 알려져 있음. 알레르기성 비염, 천식, 음식 알레르기, 아토피성 피부염 등이 대표적인 예임.

② 제2형 과민 반응
- 세포 표면에 있는 항원 성분과 결합하는 항체에 의해 면역 반응이 유도되어 세포를 파괴하는 반응으로, 수혈 부작용 등이 대표적인 예임.

③ 제3형 과민 반응
- 몸속 항원과 결합한 면역복합체가 보체를 활성화하고, 활성화된 보체에 의해 염증이 유발되는 반응으로, 류머티즘 관절염, 사구체신염 등이 대표적인 예임.

④ 제4형 과민 반응
- 세포성 면역 반응으로 일어나는 과민 반응으로, 접촉성 피부염 등이 대표적인 예임.

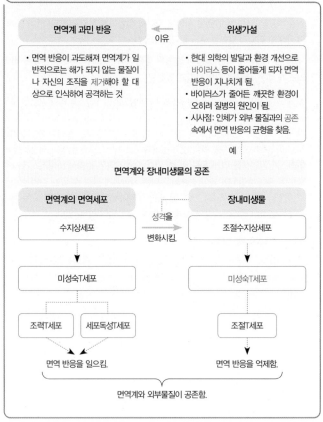

지문 분석하기

|지문 구조|

1 면역 반응의 개념

↓

2 면역계 과민 반응의 개념

↓

3 면역계 과민 반응이 나타나는 이유 – 위생가설

↓

4 위생가설의 시사점 및 장내미생물의 존재

↓

5 면역세포들에 의해 면역 반응이 일어나는 과정

↓

6 장내미생물이 면역 반응을 억제하는 과정

↓

7 면역계와 공존하는 외부 물질에 대한 인식의 전환

|주제| 인체의 면역계와 외부 물질의 공존에 대한 이해

한컷 정리하기

면역계 과민 반응	← 이유	위생가설
• 면역 반응이 과도해져 면역계가 일반적으로는 해가 되지 않는 물질이나 자신의 조직을 제거해야 할 대상으로 인식하여 공격하는 것		• 현대 의학의 발달과 환경 개선으로 바이러스 등이 줄어들게 되자 면역 반응이 지나치게 됨. • 바이러스가 줄어든 깨끗한 환경이 오히려 질병의 원인이 됨. • 시사점: 인체가 외부 물질과의 공존 속에서 면역 반응의 균형을 찾음.

예

면역계와 장내미생물의 공존

면역계의 면역세포	성격을 변화시킴. →	장내미생물
수지상세포		조절수지상세포
↓		↓
미성숙T세포		미성숙T세포
↓		↓
조력T세포　세포독성T세포		조절T세포
면역 반응을 일으킴.		면역 반응을 억제함.

면역계와 외부물질이 공존함.

05 글의 전개 방식 파악 정답 ②

선택률	① 6%	② 76%	③ 3%	④ 3%	⑤ 12%

윗글에 대한 설명으로 가장 적절한 것은?

(정답 풀이)

② 면역계 과민 반응의 원인을 설명하여 면역 반응에 대한 통념에 변화를 주고 있다.

해설 1문단에서 면역 반응이 활발하여 외부 물질이 완벽하게 제거되는 상태가 건강하다고 보는 통념이 있음을 제시한 뒤, 2~3문단에서 면역계 과민 반응이 나타나는 원인을 위생가설을 통해 설명하고 있다. 그리고 4~7문단에서 외부 물질인 장내미생물이 조절T세포를 통해 면역계와 공존함으로써 인체의 면역계가 면역 반응의 강약을 조절하는 것임이 밝혀지면서 면역 반응과 외부 물질에 대한 인식의 전환이 일어났음을 설명하고 있다.

(오답 풀이)

① 면역 반응이 일어나는 과정을 분석하여 가설의 수정이 필요함을 제안하고 있다.
↳ 가설 수정이 필요함은 제안하지 않음.

해설 5문단에서 면역 반응이 일어나는 과정을 제시하고 있지만, 이를 통해 가설 수정이 필요함을 제안한 것은 아니다.

③ 면역 반응에 대한 상반된 관점을 소개하고 각각의 관점이 지닌 한계를 설명하고 있다.
↳ 각각의 관점이 지닌 한계는 제시되지 않음.

해설 1문단에서 면역 반응이 질병으로부터 인체를 보호한다는 관점을, 2문단에서 면역 반응이 지나치면 인체에 해가 된다는 관점을 소개하고 있으나 각각의 관점이 지닌 한계를 설명하는 내용은 확인할 수 없다.

④ 면역계 과민 반응의 해결 방안을 제시하고 예상되는 반론을 반박하면서 주장을 강화하고 있다.
↳ 예상되는 반론을 반박하는 내용은 드러나지 않음.

해설 7문단에서 조절T세포로 면역계 과민 반응의 증상을 완화할 수 있음을 제시하고 있지만 이에 대한 예상되는 반론을 반박하는 내용은 확인할 수 없다.

⑤ 면역 반응에 주도적 역할을 하는 면역세포를 생성 위치에 따라 분류한 뒤 각각의 역할을 구체화하고 있다.
↳ 생성 위치의 차이는 제시되지 않음.

해설 5문단에서 면역 반응에 중추적 역할을 하는 면역세포로 수지상세포와 T세포를 제시하고 각각의 역할을 설명하고 있으나 수지상세포와 T세포가 생성되는 위치의 차이는 확인할 수 없다.

06 세부 정보의 파악 정답 ④

선택률	① 5%	② 7%	③ 7%	④ 74%	⑤ 7%

윗글을 통해 답을 확인할 수 없는 질문은?

(정답 풀이)

④ 위생가설에 따를 때 깨끗한 환경이 인체에 미치는 긍정적 변화는 무엇일까?
↳ 부정적 영향만 알 수 있음.

해설 3문단에서 위생가설에 따르면 바이러스에 접할 기회가 줄어든 깨끗한 환경이 면역계 과민 반응의 원인임을 밝히고 있다. 이처럼 깨끗한 환경이 인체에 미치는 부정적 영향만 확인할 수 있을 뿐 긍정적 변화는 확인할 수 없다.

(오답 풀이)

① 장내미생물이 인체에서 어떻게 생존할 수 있을까?

해설 6문단에서 장내미생물이 생존을 위해 수지상세포에 영향을 미친 결과 조절T세포가 형성되고, 조절T세포가 면역 반응을 억제하는 역할을 함으로써 장내미생물들이 인체에서 생존할 수 있는 것임을 확인할 수 있다.

② 인체가 바이러스를 접할 기회가 줄어든 이유는 무엇일까?

해설 3문단에서 현대 의학의 발달과 환경 개선으로 바이러스 등이 줄어든 것이 이유가 됨을 확인할 수 있다.

③ 면역계 과민 반응으로 인해 일어나는 질병에는 어떤 것이 있을까?

해설 2문단에서 면역계 과민 반응으로 일어나는 질병의 예로 알레르기나 천식, 자가면역질환 등을 제시하고 있다.

⑤ 인체가 외부 물질을 제거하지 않고 공존할 때 어떤 이익을 얻을 수 있을까?

해설 4문단에서 인체가 외부 물질과의 공존 속에서 면역 반응의 균형을 찾는다는 이점을 확인할 수 있다.

07 세부 정보의 파악 정답 ①

선택률	① 53%	② 21%	③ 11%	④ 6%	⑤ 9%

윗글을 이해한 내용으로 적절하지 않은 것은?

(정답 풀이)

① 인체의 면역계는 과도한 면역 반응을 스스로 조절하는 능력이 있다.

해설 4문단에서 외부 물질이 면역 반응에 제동을 걸어 면역계의 균형을 유지하게 한다고 하였다. 이와 같은 외부 물질의 도움 없이 면역계가 과도한 면역 반응을 스스로 조절한다는 내용은 확인할 수 없다.

(오답 풀이)

② 인체가 건강하다는 것은 면역 반응의 강약이 조절되는 것을 의미한다.

해설 2문단에서 인체의 면역 반응이 지나치게 활발하면 오히려 인체에 해가 됨을 지적하고 4, 7문단에서 인체의 면역계가 외부 물질과의 공존 속에서 면역 반응의 강약을 조절하여 균형을 찾을 수 있다고 하였다. 이러한 내용을 바탕으로 인체가 건강하다는 것은 외부 물질과 공존하면서 면역 반응의 강약을 조절하여 균형을 찾는 것을 의미함을 알 수 있다.

🎩 선택지 속 함정

②를 고른 학생들은 외부 물질로 인해 인체의 면역계가 면역 반응의 강약을 조절하게 되었다는 것과 건강하다는 것을 연결시키는 언급이 없어서 그 의미를 제대로 파악하지 못한 것 같아. 이처럼 직접적인 언급이 없는 경우에는 내용의 흐름을 잘 파악해야 해. 1, 2문단에서 '건강하다는 것'과 과도한 면역 반응의 관계를 제시하고 4~7문단에서 외부 물질과의 공존을 통해 면역 반응의 강약을 조절할 수 있음을 설명하였으므로 이를 통해 '건강하다는 것'과 면역 반응의 강약 조절이 연결된다고 볼 수 있어.

③ 외부 물질이 인체에 유해한 경우도 있지만 유해하지 않은 경우도 있다.
↳ 세균, 바이러스, 기생충 ↳ 장내미생물

해설 1문단에서 감염이나 질병의 원인이 되는 세균, 바이러스, 기생충은 인체에 유해한 외부 물질임을 확인할 수 있고, 7문단에서 장내미생물은 면역계 과민 반응으로 인한 질병을 치료하는 조절T세포가 만들어지는 데 중요한 역할을 하므로 인체에 유해하지 않은 외부 물질임을 확인할 수 있다.

④ 현대 의학의 발달과 환경 개선은 면역 반응이 지나치게 된 원인에 해당한다.

해설 3문단에서 현대 의학의 발달과 환경 개선으로 바이러스 등이 줄어들자 면역 반응이 지나치게 된 것이라는 위생가설을 확인할 수 있다.

⑤ 장내미생물은 자신을 공격 대상으로 인식하지 못하도록 면역계에 영향을 미친다.

해설 6문단에서 장내미생물이 공격을 피하기 위해, 즉 면역 반응을 억제하기 위해 수지상세포에 영향을 미쳐 그 성격을 바꾼다는 것을 확인할 수 있다.

윗글을 바탕으로 〈보기〉를 이해한 내용으로 적절하지 <u>않은</u> 것은?

〔보기〕

다음은 윗글에서 설명한 면역계의 작용을 도식화한 것이다.

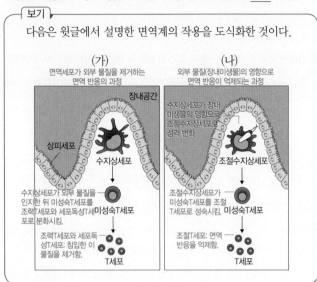

〔정답 풀이〕

⑤ (가)와 (나)의 작용은 모두 외부 물질의 유입을 막음으로써 인체를 보호하기 위해 일어난다.
    → (가)의 작용은

[해설] (가)는 면역세포가 인체에 유입된 외부 물질을 인지하고 이를 제거하는 면역 반응을 일으키는 과정을 나타낸 것이므로 (가)의 작용은 외부 물질의 유입으로부터 인체를 보호하기 위해 일어난다고 할 수 있다. 그러나 (나)는 장내미생물의 영향으로 수지상세포가 조절수지상세포로 변화되어 일어난 작용을 나타낸 것으로 인체로 들어온 외부 물질이 생존하기 위해 인체의 면역 반응을 억제하는 것이다.

〔오답 풀이〕

① (가)의 수지상세포는 (나)의 조절수지상세포와 달리 외부 물질을 제거해야 할 대상으로 인지한다.

[해설] 5문단에서 (가)의 수지상세포는 인체에 침입한 외부 물질을 인지하여 미성숙T세포를 외부 침입 이물질을 제거하는 조력T세포와 세포독성T세포로 분화시킨다는 것을 확인할 수 있다. 그리고 이와 달리 6문단에서 (나)의 조절수지상세포는 미성숙T세포를 조절T세포로 성숙시켜 면역 반응을 억제하도록 함을 알 수 있다.

② (가)의 T세포는 (나)의 T세포와 달리 몸 안에 침입한 이물질을 없애는 역할을 한다.

[해설] 5문단에서 (가)의 T세포는 조력T세포와 세포독성T세포로 몸 안에 침입한 이물질을 없애는 역할을 함을 확인할 수 있고, 6문단에서 (나)의 T세포는 조절T세포로 면역 반응을 억제함을 확인할 수 있다.

③ (나)의 미성숙T세포는 (가)의 미성숙T세포와 달리 두 종류의 면역세포로 분화되지 않는다.

[해설] 5문단에서 (가)의 미성숙T세포는 조력T세포와 세포독성T세포 두 가지로 분화됨을 알 수 있고, 6문단에서 (나)의 미성숙T세포는 조절T세포 한 가지로 성숙됨을 확인할 수 있다.

④ (나)의 T세포는 (가)의 T세포와 달리 과민 면역 반응으로 발생한 염증을 억제하는 역할을 한다.

[해설] 7문단에서 (나)의 조절T세포가 과민 면역 반응으로 인해 발생한 염증을 억제하는 역할을 함을 확인할 수 있다.

〈보기〉를 활용하여 윗글을 보충하고자 할 때, 그 구체적 방안으로 가장 적절한 것은? [3점]

〔보기〕

최근 기생충이 특정한 질병의 치료에 효과가 있는 것으로 밝혀졌다. 해당 질병을 가진 환자의 뇌 조직을 관찰한 결과, 그 질병 역시 면역계 과민 반응과 연관이 있다는 것이 알려지면서 기생충을 이용한 치료가 시도되었고, 이것이 성과를 거두고 있다.
    외부 물질

〔정답 풀이〕

① 외부 물질과 공존하여 면역 반응이 균형을 이루게 됨을 보여 주는 사례로 활용한다.

[해설] 〈보기〉는 면역계 과민 반응과 연관이 있는 질병을 외부 물질인 기생충을 이용하여 치료한 사례이다. 이는 7문단에서 외부 물질인 장내미생물이 조절T세포를 통해 자신의 생존을 꾀하지만 그 결과 인체의 면역계는 면역 반응의 강약을 조절하게 되고, 조절T세포는 면역계 과민 반응으로 인한 질병을 치료하는 역할을 담당하게 된 것이라는 내용과 관련된다. 따라서 이를 외부 물질과 공존하여 면역 반응이 균형을 이루게 됨을 보여 주는 사례로 활용하는 것은 적절하다.

〔오답 풀이〕

② 외부 물질이 면역 반응을 활발하게 하는 역할을 함을 뒷받침하는 사례로 활용한다.
    → 외부 물질은 인체의 면역 반응을 억제함.

[해설] 3문단에서 〈보기〉의 기생충과 같은 외부 물질은 인체의 면역 반응을 억제하도록 진화했다고 하였다. 따라서 〈보기〉를 외부 물질이 면역 반응을 활발하게 하는 역할을 함을 뒷받침하는 사례로 활용하는 것은 적절하지 않다.

③ 인체가 무균 지대나 청정 지대에서 진화를 거듭해 왔음을 드러내는 사례로 활용한다.
    → 인체의 진화 환경은 무균 지대나 청정 지대가 아님.

[해설] 3문단에서 인체는 무균 지대나 청정 지대가 아니라 세균과 바이러스, 기생충 등과 함께 진화해 왔다고 하였다. 그리고 위생가설에 따르면 현대 의학의 발달과 환경 개선으로 바이러스 등이 줄어들게 되자 면역 반응이 지나치게 된 것이라고 하였다. 〈보기〉는 면역계 과민 반응과 연관된 질병의 치료와 관련된 사례이므로 인체가 무균 지대나 청정 지대에서 진화를 거듭해 왔음을 드러내는 사례로 활용하는 것은 적절하지 않다.

④ 면역계가 환경의 발전에 따라 지속적으로 적응하며 변화하고 있음을 설명하는 사례로 활용한다.
    → 〈보기〉는 면역계 과민 반응과 연관된 질병의 치료와 관련된 사례임.

[해설] 3문단에서 위생가설에 따르면 현대 의학의 발달과 환경 개선으로 바이러스 등이 줄어들게 되자 면역 반응이 과민해진 것이며 깨끗한 환경이 오히려 질병의 원인이 된다고 하였다. 즉 면역계가 환경의 발전에 따라 지속적으로 적응하며 변화하지 못하여서 면역 과민 반응이 나타난 것임을 알 수 있다. 〈보기〉는 면역계 과민 반응과 연관된 질병의 치료와 관련된 사례이므로 면역계가 환경의 발전에 따라 지속적으로 적응하며 변화하고 있음을 설명하는 사례로 활용하는 것은 적절하지 않다.

⑤ 인체에 침입한 유해한 외부 물질들을 제거하는 면역계의 중요성을 설명하는 사례로 활용한다.
    → 〈보기〉는 면역 반응이 과도해져 질병이 발생한 것과 관련된 사례임.

[해설] 〈보기〉는 면역계의 과도한 면역 반응을 외부 물질인 기생충을 이용하여 치료한 사례이므로 외부 물질을 제거하는 면역계의 중요성을 설명하는 사례로 활용하는 것은 적절하지 않다.

01~05 2020년 3월 고2 전국연합학력평가

본문 80~81쪽

01 ⑤　　**02** ③　　**03** ⑤　　**04** ②　　**05** ④

◯ 문단별 핵심어　★ ▮▮▮ 중심 문장

• 약이 생체의 작용에 영향을 미치는 과정

1 약은 생체의 작용에 영향을 미쳐 생물학적 효과를 내기 위
한 목적으로 이용하는 의약품을 말한다. 약은 생체에서 수용체
와 결합하여 유익 작용 및 유해 작용을 나타내는 방식을 취하기
도 한다. 이 경우 약은 생체의 리간드와 유사한 화학적 분자 구
조를 가진 성분을 포함하는데, 이러한 성분으로 인해 약은 생
체 내에서 리간드로 기능한다. 여기서 리간드란 수용체와 결합
하여 신경 자극이나 화학 반응과 같은 생물학적 반응을 촉발할
[A] 수 있는 물질이다. 생체 내에서 수용체와 친화성이 높은 리간드
가 결합하면, 리간드와 결합한 수용체의 작용에 의해 생체의 변
화가 일어나기도 하고, 수용체에 의해 리간드의 구조 변화가 일
어남으로써 이후의 생물학적 반응이 유도되기도 한다. 이러한
점에서 약은 특정 수용체와 결합할 수 있는 리간드를 인위적으
로 생체에 증가시킴으로써 리간드와 결합한 수용체의 수가 일
정 시간 동안 일정 수준 이상이 되게 하여 효과를 낸다고 할 수
있다.

2 대체로 약은 병원체에 작용하거나 생체에 직접 작용하는 방식으
로 생물학적 효과를 낸다. 박테리아나 바이러스에 의한 질병의 치
료에 활용되는 항생제나 항바이러스제 등은 전자의 방식에 해당하
는 경우가 많다. 가령 박테리아에 의한 질병 치료에 사용되는 ⓣ설
파제는, 인간과 박테리아가 모두 대사 과정에서 엽산이라는 물질을
필요로 하는데 엽산을 섭취하여 사용할 수 있는 인간과 달리 박테
리아는 엽산을 스스로 만들어야만 한다는 점을 이용한다. 박테리아
는 엽산을 만들기 위한 수용체를 가지고 있는데, 파라아미노벤조산
(PABA)이 그 수용체와 결합하여 최종적으로 엽산이 된다. 박테리
아에 감염된 환자가 설파제를 복용하면 설파제는 체내에서 화학적
변화를 거쳐 PABA와 분자 구조가 매우 유사한 설파닐아마이드가
되어 PABA가 결합할 수용체와 먼저 결합한다. 이로 인해 박테리아
는 엽산을 만들지 못하고 결국 죽게 된다.

3 항바이러스제는, 스스로는 증식하지 못하고 다른 세포에 기생하
여 DNA 복제 과정을 거치며 증식하는 바이러스의 특성을 활용하
여, 바이러스에 감염된 세포의 증식을 막는 방식으로 바이러스 확

산을 억제하기도 한다. ⓛ뉴클레오사이드 유도체를 포함한 항바이
러스제가 이러한 방식의 약에 해당한다. 뉴클레오사이드 유도체는
뉴클레오타이드와 유사하지만, 뉴클레오사이드 유도체가 세포의
DNA나 RNA의 수용체와 결합하면 결과적으로 DNA 복제 과정이
이루어지지 않는다. 또한 뉴클레오사이드 유도체는 바이러스에 감
염된 세포와는 쉽게 결합하지만 감염되지 않은 세포와는 잘 결합하
지 않는 특성이 있다. 이 때문에 뉴클레오사이드 유도체는 바이러
스에 감염된 세포들이 더 이상 증식하지 못하게 할 수 있으며, 이를
통해 바이러스 확산을 억제한다.

4 한편 신경작용제는 신경전달물질의 작용에 관여하는 방식으로
사람의 정신이나 행동에 영향을 주는 생물학적 효과를 내는 약이
다. 하나의 뉴런에서 발생한 전기 신호는 뉴런 말단에 도달하여 신
경전달물질을 분비하게 하고, 이러한 신경전달물질은 연접한 다른
뉴런에 존재하는 수용체에 화학 신호를 전달함으로써 연접한 뉴런
간에 신호를 전달하는 매개체의 역할을 한다. 우울증과 관련된 것
으로 알려진 신경전달물질인 세로토닌이나 노르에피네프린은, 보
통 후(後)연접 뉴런 수용체에서 기능을 다하고 전(前)연접 뉴런에 재
흡수되는 과정을 거치는데, 이 과정에서 뉴런 간 연접 틈새에서 세
로토닌이나 노르에피네프린의 농도가 낮아지면 우울증이 나타나는
것으로 알려져 있다. 항우울제는 연접 틈새에서 이들 신경전달물
질의 부족을 해소하는 방식으로 약효를 낸다. TCA 항우울제는 전
연접 뉴런의 수용체와 결합하여 신경전달물질의 재흡수가 일어나지
않도록 하는 방식으로, SNRI 항우울제는 신경전달물질의 재흡수를
억제하거나 후연접 뉴런의 수용체와 결합하는 방식으로, 연접 틈새
에서 신경전달물질의 농도가 높아진 것과 같은 효과를 낸다.

5 대부분의 약들은 약효가 여러 가지인 경우가 많기 때문에 두 가
지 약을 함께 복용하면 이들 약의 일차적인 약효는 서로 다를지라
도 이차적인 약효는 같을 수 있어, 공통되는 이차적인 약효가 한층
커질 수 있다. 이와 같이 약들이 서로 도와 약효를 높이는 효과를
상승효과라고 한다. 한편 약을 장기간 남용하게 되면 수용체의 민
감도가 떨어지게 되어, 결과적으로 기존과 동일한 효과를 내기 위
해서 더 많은 약을 필요로 하게 되는 내성이 생길 수 있다.

플라시보 효과와 노시보 효과

① 플라시보 효과
· 의사가 효과 없는 약을 처방하더라도 환자가 약효에 대한 긍정적인 믿음을 가지면 병세가 호전되는 현상

② 노시보 효과
· 의사가 약을 올바로 처방했는데도 환자가 약효를 불신하거나 부작용에 대한 염려와 같은 부정적인 믿음을 가지면 약효가 나타나지 않는 현상
· 약효가 발휘되지 않는 결과를 넘어, 건강을 해치거나 심지어 죽음에 이르는 등 부정적인 결과로 발전하기도 함.

③ 플라시보 효과와 노시보 효과의 의의
· 개인의 믿음이 인간의 행동과 감정에 큰 영향을 미친다는 것을 보여 줌.

지문 분석하기

|지문 구조|

■ 약의 개념과 생체 내 기능 방식

↓

| ■ 병원체에 작용하는 방식으로 생물학적 효과를 내는 약① – 설파제 | + | ■ 병원체에 작용하는 방식으로 생물학적 효과를 내는 약② – 항바이러스제 | + | ■ 생체에 직접 작용하는 방식으로 생물학적 효과를 내는 약 – 신경작용제 |

↓

■ 약의 상승효과와 내성

|주제| 약이 생체 내에서 기능하는 방식

한컷 정리하기

약의 생체 내 기능 방식

· 약: 생체의 작용에 영향을 미쳐 생물학적 효과를 내기 위한 목적으로 이용하는 의약품
· 약은 특정 수용체와 결합할 수 있는 리간드를 인위적으로 생체에 증가시켜 리간드와 결합한 수용체의 수가 일정 시간 동안 일정 수준 이상이 되게 하여 효과를 냄.

약이 효과를 내는 방식 2가지

병원체에 작용하는 방식		생체에 직접 작용하는 방식
설파제	항바이러스제	
· 박테리아에 의한 질병 치료에 사용됨. · 체내에서 화학적 변화를 거쳐 PABA와 분자 구조가 매우 유사한 설파닐아마이드가 되어 PABA가 결합할 수용체와 먼저 결합함. · 박테리아가 엽산을 만들지 못하고 죽게 됨.	· 스스로 증식하지 못하는 바이러스의 특성을 활용하여, 바이러스에 감염된 세포의 증식을 막는 방식으로 바이러스 확산을 억제함. · 뉴클레오사이드 유도체를 포함한 항바이러스제: 뉴클레오사이드 유도체가 바이러스에 감염된 세포들이 더 이상 증식하지 못하게 하여 바이러스 확산을 억제함.	· 신경작용제는 신경전달물질의 작용에 관여하는 방식으로 생물학적 효과를 냄. · 항우울제는 뉴런 간 연접 틈새에서 신경전달물질이 세로토닌이나 노르에피네프린의 부족을 해소하는 방식으로 약효를 냄.

---

01 세부 정보의 파악 　　　　정답 ⑤

| 선택률 | ① 7% | ② 6% | ③ 6% | ④ 9% | ⑤ 72% |

윗글의 내용과 일치하지 <u>않는</u> 것은?

정답 풀이

⑤ 약은 생체의 대사 작용에 관여하는 물질을 제거함으로써 병원체를 직접적으로 죽게 할 수 있다.
　　　　　　　　　　　　　　↳ 만들지 못하게 함으로써

해설 2문단에서 설파제는 박테리아가 엽산을 만들지 못하게 하여 박테리아를 죽게 함을 알 수 있다. 즉 생체의 대사 작용에 관여하는 물질인 엽산을 제거하는 것이 아니라 박테리아가 엽산을 만드는 것을 방해하는 방법으로 병원체를 죽게 하는 것이다.

오답 풀이

① 약을 두 종류 이상 함께 복용하면 상승효과가 나타날 수 있다.

해설 5문단에서 두 가지 약을 함께 복용하면 공통되는 이차적인 약효가 한층 커질 수 있는데, 이와 같이 약들이 서로 도와 약효를 높이는 효과를 상승효과라고 한다고 하였다.

② 약은 생체의 신경 자극이나 화학 반응을 조절하는 효과를 낼 수 있다.

해설 1문단에서 약은 생체 내에서 리간드로 기능한다고 하였고, 리간드란 수용체와 결합하여 신경 자극이나 화학 반응과 같은 생물학적 반응을 촉발할 수 있는 물질이라고 하였다. 즉 약은 생체 내에서 리간드처럼 생체의 신경 자극이나 화학 반응과 같은 생물학적 반응을 조절하는 효과를 낼 수 있다.

③ 약은 생체에서 수용체와 결합하여 유익 작용과 유해 작용을 나타낼 수 있다.

해설 1문단에서 약은 생체에서 수용체와 결합하여 유익 작용 및 유해 작용을 나타내는 방식을 취하기도 한다고 하였다.

④ 약은 생체의 리간드와 유사한 물질을 포함하여 생체의 생물학적 반응을 조절할 수 있다.

해설 1문단에서 약은 생체의 리간드와 유사한 화학적 분자 구조를 가진 성분을 포함하여 생체 내에서 리간드로 기능한다고 하였고, 리간드란 수용체와 결합하여 신경 자극이나 화학 반응과 같은 생물학적 반응을 촉발할 수 있는 물질이라고 하였다. 즉 약은 생체 내에서 리간드처럼 생체의 생물학적 반응을 조절할 수 있다.

02 세부 정보의 파악 　　　　정답 ③

| 선택률 | ① 11% | ② 5% | ③ 61% | ④ 17% | ⑤ 6% |

[A]를 이해한 내용으로 가장 적절한 것은?

정답 풀이

③ 약을 복용하면 리간드와 결합된 수용체의 수가 일정 시간 동안 복용 전보다 많은 정도가 유지된다.

해설 [A]에서 약은 특정 수용체와 결합할 수 있는 리간드를 인위적으로 생체에 증가시킴으로써 리간드와 결합한 수용체의 수가 일정 시간 동안 일정 수준 이상이 되게 하여 효과를 낸다고 하였다. 따라서 약을 복용하면 리간드와 결합된 수용체의 수가 일정 시간 동안 복용 전보다 많은 정도가 유지된다.

오답 풀이

① 생체에서 리간드에 의해 수용체의 구조에 변화가 일어나면 세포의 기능에 변화가 일어난다.
　↳ 수용체에 의해 리간드의 구조에

해설 [A]에서 생체에서 리간드와 수용체가 결합하면, 리간드와 결합한 수용체의 작용에 의해 생체의 변화가 일어나기도 하고, 수용체에 의해 리간드의 구조 변화가 일어나 생물학적 반응이 유도되기도 한다고 하였다. 생체에서 리간드에 의해 수용체의 구조에 변화가 일어나는 것은 아니다.

② 생체에서 생물학적 반응이 일어나면 수용체와 리간드는 동일한 화학적 분자 구조로 변화된다.
↳ 동일한 화학적 분자 구조로 변화되는 것은 아님.

해설 [A]에서 생체에서 리간드와 수용체가 결합하면, 리간드와 결합한 수용체의 작용에 의해 생체의 변화가 일어나기도 하고, 수용체에 의해 리간드의 구조 변화가 일어나 생물학적 반응이 유도되기도 한다고 하였다. 수용체에 의해 리간드의 구조 변화가 일어나는 것은 맞지만, 수용체와 리간드가 동일한 화학적 분자 구조로 변화되는 것은 아니다.

④ 약의 효과를 높이기 위해서는 약이 생체의 리간드와 친화성이 높은 리간드를 많이 포함하고 있어야 한다.
↳ 약이 생체 내에서 리간드로 기능하는 것임.

해설 [A]에서 약은 리간드를 포함하는 것이 아니라, 생체의 리간드와 유사한 화학적 분자 구조를 가진 성분을 포함하여 생체 내에서 리간드로 기능한다고 하였다. 또한 이때 약은 생체의 수용체와 친화성이 높은 리간드로서 기능함을 알 수 있다. 약이 생체의 리간드와 친화성이 높은 리간드를 많이 포함하고 있어야 하는 것은 아니다.

선택지 속 함정

약이 생체 내에서 리간드로 기능한다는 내용과 생체 내에서 수용체와 친화성이 높은 리간드가 결합한다는 내용을 명확히 이해하지 못하면 ④를 적절한 것으로 생각하기 쉬워. '리간드', '친화성이 높은'이라는 표현만 보고 맞는 내용이라고 착각한 거지. 약이 리간드와 유사한 화학적 분자 구조를 가진 성분을 포함하여 생체 내에서 리간드로 기능한다고 하였으므로 약이 리간드를 '포함'한다는 것은 틀린 설명이야. 또 약이 생체의 수용체와 친화성이 높은 리간드로서 기능함을 알 수 있으므로 '생체의 리간드'와 친화성이 높다는 것도 틀린 설명이지.
↳ 생체의 리간드와 유사한

⑤ 수용체와 동일한 화학적 분자 구조를 가진 물질을 포함한 약은 생체에서 생물학적 효과를 더 크게 일으킨다.

해설 [A]에서 약은 생체의 리간드와 유사한 화학적 분자 구조를 가진 성분을 포함하여 생체 내에서 리간드로 기능한다고 하였다. 즉 약은 수용체와 동일한 화학적 분자 구조를 가진 물질이 아니라, 생체의 리간드와 유사한 화학적 분자 구조를 가진 물질을 포함하여 수용체와의 결합을 통해 생물학적 효과를 내는 것이다.

03 특정 정보의 이해   정답 ⑤

선택률	① 7%	② 11%	③ 7%	④ 23%	⑤ 52%

= 뉴클레오사이드 유도체를 포함한 항바이러스제
㉠, ㉡에 대한 설명으로 적절하지 않은 것은?
= 설파제

정답 풀이

⑤ ㉠과 ㉡ 모두 병원체와 생체가 공통적으로 필요로 하는 물질을 사용하여 병원체의 확산을 억제한다.
↳ ㉠과 ㉡ 모두 엽산을 사용하지는 않음.

해설 2문단에서 인간과 박테리아는 모두 대사 과정에서 엽산이라는 물질을 필요로 한다고 하였다. 그리고 ㉠은 체내에서 설파닐아마이드가 되어 엽산을 만들기 위한 수용체가 PABA와 결합하는 것을 막아 박테리아가 엽산을 만들지 못하고 죽게 한다고 하였다. 한편 3문단에서 ㉡은 뉴클레오사이드 유도체를 사용하여, 바이러스에 감염된 세포들의 DNA 복제 과정이 이루어지지 않도록 하여 바이러스 확산을 억제함을 알 수 있다. 따라서 ㉠과 ㉡ 모두 병원체와 생체가 공통적으로 필요로 하는 물질을 사용하여 병원체의 확산을 억제하는 것은 아니다.

오답 풀이

① ㉠은 생체 내에서 화학적 변화를 거친 후 약효를 발휘한다.

해설 2문단에서 ㉠은 체내에서 화학적 변화를 거쳐 설파닐아마이드가 되어 PABA가 결합할 수용체와 먼저 결합하고, 이로 인해 박테리아는 엽산을 만들지 못하고 결국 죽게 된다고 하였으므로 적절하다.

② ㉠은 병원체가 대사 과정에서 필요로 하는 물질의 생성을 방해하여 병원체의 사멸을 유도한다.

해설 2문단에서 박테리아는 대사 과정에서 엽산이라는 물질을 필요로 하는데, ㉠은 박테리아가 엽산을 만드는 것을 방해하여 박테리아가 죽게 한다고 하였으므로 적절하다.

③ ㉡은 바이러스에 감염된 세포의 DNA 복제 과정에 개입하여 바이러스의 확산을 억제한다.

해설 3문단에서 항바이러스제는 DNA 복제 과정을 거치며 증식하는 바이러스의 특성을 활용하여, 바이러스에 감염된 세포의 증식을 막는 방식으로 바이러스 확산을 억제하기도 하는데, ㉡이 이러한 방식의 약에 해당한다고 하였으므로 적절하다.

④ ㉠과 ㉡ 모두 병원체와 병원체에 감염될 수 있는 생체의 차이를 활용하여 생물학적 효과를 낸다.

해설 2문단에서 ㉠은 엽산을 섭취하여 사용할 수 있는 인간과 달리 박테리아는 엽산을 스스로 만들어야만 한다는 점을 이용한다고 하였고, 3문단에서 ㉡과 같은 항바이러스제는 스스로는 증식하지 못하고 다른 세포에 기생하여 DNA 복제 과정을 거치며 증식하는 바이러스의 특성을 활용한다고 하였다. 따라서 ㉠과 ㉡은 모두 병원체와 병원체에 감염될 수 있는 생체의 차이를 활용하여 생물학적 효과를 낸다는 설명은 적절하다.

선택지 속 함정

④의 적절성을 판단하기 위해서는 먼저 '병원체'와 '생체'의 개념을 명확히 이해해야 해. '병원체'는 '박테리아'나 '바이러스' 등을 의미하고, '생체'는 '생물의 몸', 즉 '사람의 몸'이라는 것을 파악하면, ㉠에 대하여서는 '인간과 달리 박테리아'이라고 설명하고 있으니 맞는 내용임을 쉽게 알 수 있지. ㉡에 대하여는 '세포'라는 표현으로 설명하고 있고, 차이에 대한 직접적인 표현이 등장하지 않아서 적절성을 판단하기 어려웠을 거야. 항바이러스제는 스스로는 증식하지 못하고 다른 세포에 기생하여 증식하는 바이러스의 특성을 활용한다고 한 부분에서, 생체의 세포는 스스로 증식한다는 점을 추론할 수 있어야 해.

04 자료를 활용한 내용 이해   정답 ②

선택률	① 13%	② 39%	③ 10%	④ 22%	⑤ 16%

〈보기〉는 항우울제의 작용을 이해하기 위한 그림이다. 〈보기〉를 이해한 내용으로 적절하지 않은 것은? [3점]

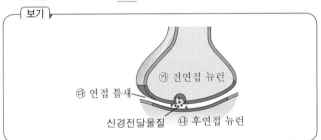

보기
㉮ 전연접 뉴런
㉯ 연접 틈새
신경전달물질   ㉰ 후연접 뉴런

정답 풀이

② SNRI 항우울제는 ㉯에 지속적으로 흡수됨으로써 ㉰에서 신경전달물질의 농도가 높아지는 효과를 낸다.
↳ 신경전달물질의 재흡수를 억제하거나 ㉰의 수용체와 결합하는 방식으로

해설 4문단에서 SNRI 항우울제는 신경전달물질의 재흡수를 억제하거나 후연접 뉴런의 수용체와 결합하는 방식으로, 연접 틈새에서 신경전달물질의 농도가 높아진 것과 같은 효과를 낸다고 하였다. 따라서 SNRI 항우울제가 ㉯에 지속적으로 흡수된다는 설명은 적절하지 않다.

오답 풀이

① 보통 ㉮에서 분비된 세로토닌이나 노르에피네프린은 ㉰에 작용한 후 다시 ㉮로 재흡수된다.

해설 4문단에서 뉴런에서 발생한 전기 신호는 뉴런 말단에 도달하여 신경전달물질을 분비하게 하고, 이러한 신경전달물질은 연접한 다른 뉴런에 존재하는 수용체에 화학 신호를 전달한다고 하였다. 그리고 우울증과 관련된 것으로 알려진 신경전달물질인 세로토닌이나 노르에피네프린은, 보통 후연접 뉴런 수용체에서 기능을 다하고 전연접 뉴런에 재흡수되는 과정을 거친다고 하였다. 이를 종합하면 세로토닌과 노르에피네프린이 ㉮에서 분비되어 ㉰에 작용한 후 다시 ㉮로 재흡수된다는 것을 알 수 있다.

③ 우울증의 치료를 위해 ㉰에서 세로토닌이나 노르에피네프린의 농도가 높아지도록 하는 방식을 활용한다.

[해설] 4문단에서 뉴런 간 연접 틈새에서 우울증과 관련된 것으로 알려진 신경전달물질인 세로토닌이나 노르에피네프린의 농도가 낮아지면 우울증이 나타나는 것으로 알려져 있으며, 항우울제는 연접 틈새에서 이들 신경전달물질의 부족을 해소하는 방식으로 약효를 낸다고 하였다. 따라서 우울증의 치료를 위해 ㉰에서 세로토닌이나 노르에피네프린의 농도가 높아지도록 하는 방식을 활용한다는 설명은 적절하다.

④ ㉰에서 신경전달물질의 농도가 높은 상태로 장기간 유지되면 수용체의 민감도가 떨어지게 된다.

[해설] 4문단에서 항우울제는 연접 틈새에서 신경전달물질의 농도가 높아진 것과 같은 효과를 낸다고 하였고, 5문단에서 약을 장기간 남용하게 되면 수용체의 민감도가 떨어지게 된다고 하였다. 따라서 항우울제의 복용으로 ㉰에서 신경전달물질의 농도가 높은 상태로 장기간 유지되면 수용체의 민감도가 떨어지게 된다는 것을 알 수 있다.

🐷 선택지 속 함정

④는 '㉰에서 신경전달물질의 농도가 높은 상태'가 무엇을 의미하는지 추론할 수 있어야 하고, 4문단과 5문단에 제시된 내용을 종합적으로 이해할 수 있어야 해서 적절성을 판단하기 어려웠을 거야. 먼저 4문단에서 항우울제는 ㉰에서 신경전달물질의 부족을 해소하는 방식으로 약효를 낸다고 하였고, 구체적으로 TCA 항우울제와 SNRI 항우울제는 모두 ㉰에서 신경전달물질의 농도가 높아진 것과 같은 효과를 낸다고 하였으므로 '㉰에서 신경전달물질의 농도가 높은 상태'는 항우울제를 복용한 상태임을 추론할 수 있어. 그리고 5문단에서 약을 장기간 남용하게 되면 수용체의 민감도가 떨어지게 된다고 한 것과 종합하여 이해해 보면, ㉰에서 신경전달물질의 농도가 높은 상태로 장기간 유지되면 수용체의 민감도가 떨어지게 된다는 것이 적절함을 알 수 있지.

⑤ 항우울제는 ㉮나 ㉯의 수용체와 결합하여 우울증이 발현되는 원인을 완화하는 효과를 낸다.

[해설] 4문단에서 뉴런 간 연접 틈새에서 신경전달물질인 세로토닌이나 노르에피네프린의 농도가 낮아지면 우울증이 나타나는 것으로 알려져 있다고 하였다. 그리고 TCA 항우울제는 ㉮의 수용체와 결합하여 신경전달물질의 재흡수가 일어나지 않도록 하는 방식으로, SNRI 항우울제는 신경전달물질의 재흡수를 억제하거나 ㉯의 수용체와 결합하는 방식으로 약효를 낸다고 하였다. 따라서 항우울제는 ㉮나 ㉯의 수용체와 결합하여 우울증이 발현되는 원인을 완화하는 효과를 낸다는 설명은 적절하다.

---

05 구체적 상황에 적용 정답 ④

| 선택률 | ① 8% | ② 7% | ③ 11% | ④ 69% | ⑤ 5% |

윗글을 바탕으로 〈보기〉에 대해 보인 반응으로 적절하지 <u>않은</u> 것은?

┌ 보기 ┐

생체의 리간드인 히스타민은 알레르기와 염증의 발생, 위산 분
　　　알레르기, 염증의 발생, 위산 분비에 관여하는 수용체 모두와 친화성을 가짐.
비 등에 모두 관여하는 것으로 알려져 있다. 항히스타민약으로

개발된 메피라민은 알레르기와 염증에는 효과가 있지만 위산 분
　　　알레르기, 염증 발생에 일차적인 약효를 가짐.
비 조절에는 거의 효과가 없었다. 이에 연구자들은 히스타민과

친화성을 갖는 두 종류 이상의 수용체가 있을 것으로 가정하고,

위산 분비를 조절하는 새 항히스타민약을 개발하였다.
　　　위산 분비 조절을 일차적인 약효로 가짐.

〔정답 풀이〕

④ 메피라민과 새 항히스타민약은 모두 생체에서의 위산 분비 조절을 일차적인 약효로 가질 것이다. ↳ 새 항히스타민약은

[해설] 〈보기〉에서 메피라민은 알레르기와 염증에는 효과가 있지만 위산 분비 조절에는 거의 효과가 없었다고 하였으므로, 메피라민은 알레르기와 염증과 관련한 일차적인 약효를 가진다고 볼 수 있다. 반면 새 항히스타민약은 메피라민과 달리 위산 분비를 조절하는 효과가 있으므로, 생체에서의 위산 분비 조절을 일차적인 약효로 가진다고 할 수 있다.

〔오답 풀이〕

① 새 항히스타민약을 개발한 연구자들은 히스타민이 알레르기와 염증 발생에 관여하는 수용체 및 위산 분비에 관여하는 수용체 모두와 친화성을 갖는다고 가정했을 것이다.

[해설] 〈보기〉에서 히스타민은 알레르기와 염증 발생, 위산 분비 등에 모두 관여하는데 메피라민은 알레르기와 염증에만 효과가 있어, 연구자들은 히스타민과 친화성을 갖는 두 종류 이상의 수용체가 있을 것으로 가정하고 위산 분비를 조절하는 새 항히스타민약을 개발하였다고 하였다. 즉 연구자들은 히스타민이 알레르기와 염증 발생에 관여하는 수용체 및 위산 분비에 관여하는 수용체 모두와 친화성을 갖는다고 가정하고, 이들 수용체와 각각 친화성을 갖는 항히스타민약을 개발한 것이다.

② 메피라민은 위산 분비에 관여하는 수용체보다 알레르기와 염증 발생에 관여하는 수용체와 친화성이 높을 것이다.

[해설] 〈보기〉에서 메피라민은 알레르기와 염증에는 효과가 있지만 위산 분비 조절에는 거의 효과가 없었다고 하였다. 1문단에서 약은 생체 내에서 리간드로 기능하는데 생체 내에서 수용체와 친화성이 높은 리간드가 결합한다는 것으로 볼 때, 메피라민이 알레르기와 염증에 효과가 있다는 것은 알레르기와 염증에 관여하는 수용체와 친화성이 높아, 이와 결합하여 항히스타민 기능을 한다는 의미이다. 반면 메피라민이 위산 분비 조절에는 거의 효과가 없다는 것은 위산 분비에 관여하는 수용체와 친화성이 높지 않다는 것을 의미한다.

③ 메피라민과 새 항히스타민약은 모두 히스타민과 유사한 화학적 분자 구조를 가진 성분을 포함할 것이다.

[해설] 1문단에서 약은 생체의 리간드와 유사한 화학적 분자 구조를 가진 성분을 포함하며, 이로 인해 약은 생체 내에서 리간드로 기능한다고 하였다. 따라서 〈보기〉에서 메피라민과 새 항히스타민약은 생체의 리간드인 히스타민이 관여하는 증상에 효과가 있다는 점에서, 모두 히스타민과 유사한 화학적 분자 구조를 가진 성분을 포함한다고 볼 수 있다.

⑤ 새 항히스타민약은 메피라민보다 위산 분비에 관여하는 수용체와 더 높은 친화성을 가질 것이다.

[해설] 〈보기〉에서 메피라민은 알레르기와 염증에는 효과가 있지만 위산 분비 조절에는 거의 효과가 없어 위산 분비를 조절하는 새 항히스타민약을 개발하였다고 하였다. 따라서 새 항히스타민약은 메피라민보다 위산 분비에 관여하는 수용체와 더 높은 친화성을 가질 것이다.

06~10 2023년 3월 고2 전국연합학력평가

06 ② **07** ① **08** ⑤ **09** ⑤ **10** ②

◯ 문단별 핵심어 ★ ▩▩▩ 중심 문장

• mRNA 백신

1 세포핵 속 DNA에 저장된 생물체의 유전 정보는 mRNA로 전사되어 세포질로 내보내진 후 리보솜을 통해 단백질로 합성된다. <u>생물체의 유전 정보가 단백질로 합성되는 과정</u> 바이러스는 단백질로 둘러싸인 DNA나 RNA를 유전 물질로 갖는 기생체로, 생물체에 침입하여 자신의 유전 물질을 mRNA로 바꾼 뒤 숙주 세포가 스스로 바이러스 단백질을 합성하게 한다. 이에 대항해 생물체는 바이러스 단백질을 항원으로 인식하고 항체를 만들어 대항하거나 기억 세포를 생성해 같은 바이러스가 침입할 경우를 대비한다. 따라서 바이러스를 인공적으로 흉내 낸 물질인 백신을 접종하여 면역 반응을 일으키면 바이러스 감염에 미리 대비할 수 있다.

2 mRNA 백신은 바이러스 단백질의 유전 정보를 암호화한 ⓐ mRNA를 접종하는 것으로, 주입된 mRNA를 통해 바이러스 단백질을 합성하여 면역 반응을 유도한다. 바이러스를 배양하여 접종하는 기존의 백신과 달리 mRNA 백신은 바이러스가 아니기 때문에 인체가 바이러스에 감염될 위험이 없으며 체내 효소에 의해 쉽게 분해된다. 반면 이처럼 체내에서 불안정할 뿐 아니라 분자의 크기가 크고 음전하를 띠고 있어 세포에 거의 흡수되지 않는 문제가 있다. 따라서 mRNA를 보호하여 세포 내로 진입시키기 위해 지질 나노 입자를 이용한다.

3 지질 분자는 지방산으로 이루어져 있기 때문에 물 분자와 섞이지 않는 소수성을 갖는다. 물은 분자 내 전하가 양극으로 분리된 상태인 극성을 띠거나 분자가 전하를 띠는 물질, 즉 친수성 물질과만 섞이고 소수성 물질은 소수성 물질과만 섞이기 때문이다. 한편 ㉠생물체의 세포막은 인지질로 구성되는데, 인지질은 지방산으로 이루어진 소수성 꼬리와 음전하를 띤 ⓑ 인산기 머리를 갖고 있다. 따라서 인지질은 친수성 용매나 소수성 용매 모두와 섞이는 양친매성 물질이다. 이에 따라 인지질의 친수성 머리는 세포 외부나 세포질의 수용액에 접하고 소수성 꼬리는 소수성 분자 간의 인력으로 인해 서로 몰려 있는 상태로 세포막이 구성된다. 세포막의 이러한 특징으로 인해 친수성 물질이 세포막을 투과하는 것이 차단된다.

4 양이온성 지질을 지질 나노 입자로 사용하면 mRNA와 세포막 사이에 전기적 반발력이 발생하는 것을 막을 수 있다. 음전하를 띤 mRNA가 양이온성 지질로 둘러싸이면 음전하를 띤 세포막의 인산

기 머리와 서로 반발하지 않기 때문이다. 그런데 양이온성 지질은 실험실 환경에서는 mRNA를 세포 내로 진입시키는 데 도움이 되지만 체내에서는 양이온성 지질에 ⓒ혈장 단백질이 흡착되어 mRNA의 세포막 투과가 제한된다.

5 따라서 용액의 pH*에 따라 양이온성이 달라지는 ⓓ이온화 지질을 지질 나노 입자의 재료로 사용한다. pH가 낮은 용액에서는 수소 이온 농도가 높으므로 이온화 지질이 양이온화된다. 반면 pH가 높은 용액에서는 수소 이온을 적게 받아들여 이온화 지질이 전기적으로 중성이 되므로 이온화 지질에 혈장 단백질이 흡착되지 않는다. 즉 낮은 pH에서 mRNA와 이온화 지질을 결합시킨 뒤 pH를 높이면 중성의 mRNA-지질 나노 입자 복합체를 만들 수 있고, 이 복합체는 세포막의 수용체에 결합하여 내포 작용에 의해 세포 내부로 진입할 수 있다. 내포 작용이란 일종의 생화학적 싱크홀 현상으로, 세포막의 일부가 수용체에 결합한 외부 물질과 함께 세포질로 함입되는 현상이다. 내포 작용이 일어나면 세포질 안에 엔도솜 구조체가 형성된다. 세포질에서 엔도솜 내부는 산성화되는데, 이에 따라 ㉡세포막에서 유래한 엔도솜 막이 불안정해져 mRNA가 세포질로 방출된다. 그리고 방출된 mRNA가 리보솜과 결합하여 바이러스 단백질을 합성하고 기억 세포를 생성함으로써 인체가 바이러스 감염에 대비할 수 있게 된다.

*pH: 수용액의 수소 이온 농도를 나타내는 지표. 중성 수용액의 pH는 7이며, 산성 용액에서는 7보다 낮다.

지식을 쌓는 배경지식

DNA 백신

① 개념과 원리
• DNA 일부를 직접 인체에 주입해 면역 반응을 유도하는 백신임.
• 병원균이나 바이러스 등의 유전자 중 일부를 복제하여 합성한 뒤 이것을 근육에 주사하여 인체의 면역 체계가 면역 반응을 일으키게 함.
• 차세대 백신으로 기대되고 있으나, 아직 안정성 여부 등 해결해야 할 문제가 남아 있음.

② 장점과 단점
• 인공적으로 만들어 기존의 백신에 비해 순수하게 만들 수 있으며 독성이 없음.
• 한 번에 한 가지의 병원균에 대해서만 면역 반응을 일으키는 기존의 백신과 달리 여러 병원균에 대해서 면역 반응을 일으키도록 만들 수 있음.
• 기존의 백신보다 생산 비용과 저장 비용이 저렴함.
• 투여된 개체에서 항원이 적게 생산되어 면역 반응과 예방 효과가 낮음.

|지문 구조|

1 바이러스 감염에 대비하기 위한 백신

↓

2 mRNA 백신의 특징과 문제점

↓

3 친수성 물질의 투과를 차단하는 세포막의 특징

↓

4 양이온성 지질을 지질 나노 입자로 사용할 때의 문제점

↓

5 mRNA – 지질 나노 입자 복합체를 활용하여 바이러스 감염에 대비하는 과정

|주제| 지질 나노 입자를 이용한 mRNA 백신

한컷 정리하기

mRNA 백신	방법 →	mRNA – 지질 나노 입자 복합체

mRNA 백신
- 바이러스 단백질의 유전 정보를 암호화한 mRNA를 접종하는 것
- 주입된 mRNA를 통해 바이러스 단백질을 합성하여 면역 반응을 유도함.
- 인체가 바이러스에 감염될 위험이 없으며 체내 효소에 의해 쉽게 분해됨.
- 체내에서 불안정할 뿐 아니라 분자의 크기가 크고 음전하를 띠고 있어 세포에 거의 흡수되지 않는 문제가 있음.

mRNA – 지질 나노 입자 복합체
- mRNA를 보호하여 세포 내로 진입시키기 위해 지질 나노 입자를 이용함.
- 용액의 pH에 따라 양이온성이 달라지는 이온화 지질을 지질 나노 입자의 재료로 사용함.
- 낮은 pH에서 mRNA와 이온화 지질을 결합시킨 뒤 pH를 높여 중성의 'mRNA – 지질 나노 입자 복합체'를 만듦.

바이러스 감염에 대비하는 과정
mRNA – 지질 나노 입자 복합체가 세포막의 수용체에 결합하여 내포 작용에 의해 세포 내부로 진입함. → 내포 작용이 일어나면 세포질 안에 엔도솜 구조체가 형성됨. → 엔도솜 내부가 산성화됨에 따라 엔도솜 막이 불안정해져 mRNA가 세포질로 방출됨. → 방출된 mRNA가 리보솜과 결합하여 바이러스 단백질을 합성하고 기억 세포를 생성함. → 인체가 바이러스 감염에 대비할 수 있게 됨.

---

06 핵심 정보의 파악
정답 ②

선택률	① 24%	② 37%	③ 23%	④ 8%	⑤ 8%

mRNA 백신 에 대해 이해한 내용으로 적절한 것은?

정답 풀이

② 바이러스에 감염되는 경우와 마찬가지로 유전 물질을 통한 세포의 단백질 합성 과정이 수반된다.

[해설] 1문단에서 바이러스는 생물체에 침입하여 자신의 유전 물질을 mRNA로 바꾼 뒤 숙주 세포가 스스로 바이러스 단백질을 합성하게 한다고 하였다. 그리고 2문단에서 mRNA 백신은 바이러스 단백질의 유전 정보를 암호화한 mRNA를 접종하는 것으로, 주입된 mRNA를 통해 바이러스 단백질을 합성한다고 하였다. 즉 mRNA 백신은 바이러스에 감염되는 경우와 마찬가지로 유전 물질을 통한 세포의 단백질 합성 과정이 수반된다.

오답 풀이

① 바이러스 대신 인체 내에서 합성된 바이러스 단백질을 항체로 이용하여 면역 반응을 유도한다.
↳ 항원으로

[해설] 1문단에서 바이러스는 생물체에 침입하여 자신의 유전 물질을 mRNA로 바꾼 뒤 숙주 세포가 스스로 바이러스 단백질을 합성하게 하고, 이에 대항해 생물체는 바이러스 단백질을 항원으로 인식하고 항체를 만들어 대항하거나 기억 세포를 생성해 같은 바이러스가 침입할 경우를 대비한다고 하였다. 그리고 2문단에서 mRNA 백신은 주입된 mRNA를 통해 바이러스 단백질을 합성하여 면역 반응을 유도한다고 하였다. 이를 통해 mRNA 백신은 인체가 바이러스 단백질을 항원으로 인식하게 하여 면역 반응을 일으킨다는 것을 알 수 있다.
↳ 바이러스 단백질의

③ 기억 세포의 유전 정보를 암호화한 유전 물질을 이용하기 때문에 바이러스 감염으로부터 안전하다.

[해설] 2문단에서 mRNA 백신은 바이러스 단백질의 유전 정보를 암호화한 mRNA를 접종하는 것이라고 하였다. 기억 세포의 유전 정보를 암호화한 것은 아니다.

④ 세포핵 안에서 유전 정보가 전사되는 과정을 조절하여 리보솜의 단백질 합성 작용에 영향을 미친다.
↳ 세포핵 안에서 유전 정보가 전사되는 과정을 조절하지는 않음.

[해설] 1문단에서 세포핵 속 DNA에 저장된 생물체의 유전 정보는 mRNA로 전사되어 세포질로 내보내진 후 리보솜을 통해 단백질로 합성된다고 하였다. 그런데 2문단에서 mRNA 백신은 바이러스 단백질의 유전 정보를 암호화한 mRNA를 접종하는 것이라고 하였으므로 세포핵 안에서 유전 정보가 전사되는 과정을 조절하는 것은 아니다.

⑤ 바이러스를 배양해서 접종하는 경우와 달리 유전 정보가 제거된 바이러스 단백질을 백신으로 주입한다.
↳ 유전 정보를 암호화한

[해설] 2문단에서 mRNA 백신은 바이러스 단백질의 유전 정보를 암호화한 mRNA를 접종하는 것이라고 하였다. 유전 정보가 제거된 바이러스 단백질을 백신으로 주입하는 것은 아니다.

---

07 특정 정보의 이해
정답 ①

선택률	① 42%	② 25%	③ 13%	④ 7%	⑤ 13%

㉠을 설명한 내용으로 적절하지 않은 것은?
= 생물체의 세포막

정답 풀이

① 인산기가 세포 바깥쪽에, 지방산이 세포질에 접하는 형태로 구성된다.
↳ 지방산으로 이루어진 소수성 꼬리는 서로 몰려 있음.

[해설] 3문단에서 생물체의 세포막은 인지질로 구성되는데, 인지질은 지방산으로 이루어진 소수성 꼬리와 음전하를 띤 인산기 머리를 갖고 있으며, 친수성 머리는 세포 외부나 세포질의 수용액에 접하고 소수성 꼬리는 서로 몰려 있는 상태로 구성된다고 하였다. 즉 지방산은 세포질에 접하지 않는다.

오답 풀이

② 수용체를 통해 특정의 세포 외부 물질을 세포 내부로 진입시킬 수 있다.

[해설] 5문단에서 'mRNA-지질 나노 입자 복합체'는 세포막의 수용체에 결합하여 내포 작용에 의해 세포 내부로 진입할 수 있다고 하였고, 내포 작용이란 세포막의 일부가 수용체에 결합한 외부 물질과 함께 세포질로 함입되는 현상이라고 하였다. 즉 세포막은 수용체를 통해 특정의 세포 외부 물질을 세포 내부로 진입시킬 수 있다.

③ 내포 작용이 발생하면 일부가 세포질로 함입되어 엔도솜 구조체를 형성한다.

[해설] 5문단에서 내포 작용이란 세포막의 일부가 수용체에 결합한 외부 물질과 함께 세포질로 함입되는 현상으로, 내포 작용이 일어나면 세포질 안에 엔도솜 구조체가 형성된다고 하였다.

④ 친수성 물질 및 소수성 물질 모두와 섞일 수 있는 양친매성의 인지질로 이루어진다.

[해설] 3문단에서 생물체의 세포막은 인지질로 구성되는데, 인지질은 지방산으로 이루어진 소수성 꼬리와 음전하를 띤 인산기 머리를 갖고 있어 친수성 용매나 소수성 용매 모두와 섞이는 양친매성 물질이라고 하였다.

⑤ 인지질의 소수성 꼬리로 인해 세포 내외의 친수성 물질이 세포막을 투과하는 것을 제한한다.

[해설] 3문단에서 인지질의 친수성 머리는 세포 외부나 세포질의 수용액에 접하고 소수성 꼬리는 소수성 분자 간의 인력으로 인해 서로 몰려 있는 상태로 세포막이 구성되어 있어서 친수성 물질이 세포막을 투과하는 것이 차단된다고 하였다.

---

④ ⓒ는 음전하를 띠는 반면 ⓓ는 주변에 분포하는 수소 이온의 양에 따라 이온화의 정도가 변화한다.

[해설] 3문단과 4문단에서 ⓒ는 양이온성 지질에는 흡착되지만 전기적으로 중성인 상태의 ⓓ에는 흡착되지 않음을 알 수 있는데, 이는 ⓒ가 음전하를 띠기 때문이다. 한편 5문단에서 ⓓ는 수소 이온의 농도를 나타내는 pH에 따라 양이온성이 달라짐을 알 수 있다.

---

08 세부 정보의 파악   정답 ⑤

선택률	① 17%	② 11%	③ 22%	④ 22%	⑤ 28%

ⓐ~ⓓ에 대한 설명으로 적절하지 않은 것은?
ⓐ=mRNA, ⓑ=인산기 머리, ⓒ=혈장 단백질, ⓓ=이온화 지질

[정답 풀이]
                                    └→ 높은 pH에서
⑤ ⓐ와 결합하면서 ⓓ가 전기적으로 중성이 되기 때문에 체내에서 ⓒ가 흡착되는 현상이 억제된다.

[해설] 5문단에서 pH가 높은 액체에서는 수소 이온을 적게 받아들여 이온화 지질(ⓓ)이 전기적으로 중성이 되므로 이온화 지질에 혈장 단백질(ⓒ)이 흡착되지 않기 때문에, 낮은 pH에서 mRNA(ⓐ)와 이온화 지질(ⓓ)을 결합시킨 뒤 pH를 높이면 중성의 'mRNA-지질 나노 입자 복합체'를 만들 수 있다고 하였다. 즉 ⓐ와 결합하면서 ⓓ가 전기적으로 중성이 되기 때문이 아니라 ⓓ가 높은 pH에서 전기적으로 중성이 되기 때문에 체내에서 ⓒ와 흡착하는 현상이 억제되는 것이다.

[오답 풀이]
① ⓓ는 ⓐ가 체내 효소에 의해 분해되는 것을 방지하는 인공 외막으로 기능한다.

[해설] 2문단에서 mRNA 백신은 체내 효소에 의해 쉽게 분해되고 세포에 거의 흡수되지 않는 문제가 있어 mRNA(ⓐ)를 보호하여 세포 내로 진입시키기 위해 지질 나노 입자를 이용한다고 하였고, 5문단에서 이온화 지질(ⓓ)을 지질 나노 입자의 재료로 사용한다고 하였다. 즉 ⓐ는 체내 효소에 의해 쉽게 분해되므로, ⓐ를 보호하여 세포 내로 진입시키기 위해 ⓓ로 둘러싼 채 세포 내로 진입시키는 것이다.

② ⓐ와 ⓑ는 모두 음전하를 띠기 때문에 둘 사이에 서로를 밀어내는 힘이 작용한다.

[해설] 2문단과 3문단에서 ⓐ와 ⓑ는 모두 음전하를 띤다는 것을 알 수 있다. 또한 4문단에서 음전하를 띤 mRNA(ⓐ)가 양이온성 지질로 둘러싸이면 음전하를 띤 세포막의 인산기 머리(ⓑ)와 서로 반발하지 않는다고 했으므로 ⓐ와 ⓑ 사이에 서로를 밀어내는 힘이 작용함을 알 수 있다.

③ ⓐ가 리보솜에 전달되려면 세포 밖에서 ⓓ와 결합한 후 세포 안에서 ⓓ와 분리되어야 한다.

[해설] 2문단에서 mRNA 백신은 체내 효소에 의해 쉽게 분해되고 세포에 거의 흡수되지 않는 문제가 있어 mRNA를 보호하여 세포 내로 진입시키기 위해 지질 나노 입자를 사용한다고 하였다. 그리고 5문단에서 mRNA(ⓐ)와 이온화 지질(ⓓ)을 결합시켜 세포 내부로 진입시키면 세포질 내에서 엔도솜 내부가 산성화되어 mRNA(ⓐ)가 세포질로 방출되고, 방출된 mRNA(ⓐ)가 리보솜과 결합하여 바이러스 단백질을 합성한다고 하였다. 즉 ⓐ가 리보솜에 전달되려면 세포 밖에서 ⓓ와 결합하여 체내 효소에 의해 분해되지 않아야 하며, 세포 안에서 ⓓ와 분리되어야 리보솜을 통해 바이러스 단백질을 합성한다.

---

09 구체적 상황에 적용   정답 ⑤

선택률	① 5%	② 10%	③ 19%	④ 26%	⑤ 40%

〈보기〉는 'mRNA-지질 나노 입자 복합체'의 형성 과정을 나타낸 것이다. 윗글을 참고하여 〈보기〉를 이해한 내용으로 적절하지 않은 것은? [3점]

┌─ 보기 ─
산성 용액에 녹인 mRNA와 에탄올에 녹인 이온화 지질을 Y자
          └→ 낮은 pH에서 mRNA와 이온화 지질을 결합시킴.
형태의 미세관에 일정한 속도로 흘려보낸다. 이렇게 혼합된 용액
을 수용성 완충 용액으로 투석 처리하여 pH를 높인다. 그리고 에
                    └→ pH를 높여 중성의 mRNA-지질 나노 입자 복합체를 형성함.
탄올을 제거하여 균일한 상태의 mRNA-지질 나노 입자 복합체
를 얻어 낸다.

* 단, 이때 에탄올의 pH는 7임.

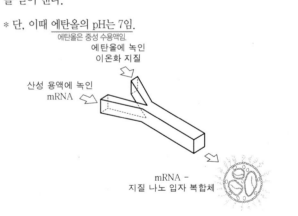

[정답 풀이]
                        └→ 강해져
⑤ pH가 높아지면 이온화 지질의 소수성이 약해져 소수성 분자 간의 인력이 감소하므로 더욱 미세한 크기의 mRNA-지질 나노 입자 복합체가 형성되겠군.
   └→ 증가하므로   └→ 큰

[해설] 5문단에서 pH가 낮은 용액에서는 이온화 지질이 양이온화되고, pH가 높은 용액에서는 이온화 지질이 전기적으로 중성이 된다고 하였으므로 pH가 높아지면 이온화 지질이 중성이 되어 이온화 지질의 소수성이 강해진다. 이에 따라 소수성 분자 간의 인력이 증가하므로 이온화 지질 간 결합이 증가하여 mRNA-지질 나노 입자 복합체의 크기가 더욱 커지게 된다.

[오답 풀이]
① 이온화 지질이 에탄올에 녹을 수 있는 것은 에탄올이 지질과 섞일 수 있는 소수성을 가진 물질이기 때문이겠군.

[해설] 3문단에서 소수성 물질은 소수성 물질과만 섞인다고 하였다. 소수성 물질인 지질이 에탄올에 녹을 수 있는 것은 에탄올이 지질과 섞일 수 있는 소수성을 가진 물질이기 때문이다.

② mRNA와 이온화 지질이 녹은 각 용액의 투입 속도를 조절해 투입량을 조절하면 mRNA – 지질 나노 입자 복합체의 균일도가 유지되겠군.

해설 mRNA와 이온화 지질이 녹은 각 용액의 투입 속도를 조절해 투입량을 조절하면 각각의 용액 속 mRNA와 이온화 지질의 양이 조절되므로 mRNA–지질 나노 입자 복합체의 균일도가 유지된다.

③ mRNA가 녹은 산성 용액과 이온화 지질이 녹은 에탄올이 혼합되면 이온화 지질이 양전하를 띠면서 이온화 지질과 mRNA가 결합하는 현상이 나타나겠군.

해설 mRNA가 녹은 산성 용액과 이온화 지질이 녹은 에탄올이 혼합되면 pH가 낮은 용액이 되어 수소 이온의 농도가 높으므로 이온화 지질이 양이온화된다. 이에 따라 전기적으로 양전하를 띤 이온화 지질과 음전하를 띤 mRNA가 결합하는 현상이 나타난다.

④ 수용성 완충 용액으로 산성 용액을 투석 처리하면 수소 이온의 농도가 낮아져 이온화 지질이 전기적으로 중성이 되겠군.

해설 수용성 완충 용액으로 산성 용액을 투석 처리하여 pH를 높이면 수소 이온의 농도가 낮아져 이온화 지질이 전기적으로 중성이 된다.

🔎 선택지 속 함정

이 문제는 지문에서 'mRNA-지질 나노 입자 복합체'의 형성 과정을 설명한 내용을 바탕으로 〈보기〉를 이해해야 하는데, 〈보기〉에 제시된 내용이 무슨 말인지 이해하기 어려워서 정답을 고르기 어려웠을 거야. 특히 ④는 '수용성 완충 용액으로 산성 용액을 투석 처리'한다는 것이 무엇인지 파악하기가 어렵거든. 그런데 중요한 건 〈보기〉에서 이 말 뒤에 이어지는 'pH를 높인다'는 내용이야. '수용성 완충 용액으로 산성 용액을 투석 처리하여' 얻는 결과가 'pH를 높인다'는 것이니까 결국 pH가 높아졌을 때 이온화 지질에 어떤 변화가 생기는지만 파악하면 돼. 이 내용은 5문단에 'pH가 높은 용액에서는 수소 이온을 적게 받아들여 이온화 지질이 전기적으로 중성이' 된다고 명시적으로 드러나 있으니 적절하다는 것을 판단할 수 있지.

<table>
<tr><td colspan="2">10 구체적 이유 추론</td><td colspan="5">정답 ②</td></tr>
<tr><td>선택률</td><td>① 17%</td><td>② 23%</td><td>③ 27%</td><td>④ 16%</td><td>⑤ 17%</td></tr>
</table>

ⓛ의 이유를 추론한 내용으로 가장 적절한 것은?
= 세포막에서 유래한 엔도솜 막이 불안정해져 mRNA가 세포질로 방출된다

정답 풀이

② 엔도솜 막의 인산기와 양이온화된 지질이 서로 결합함으로써 mRNA를 둘러싼 엔도솜 막이 붕괴되기 때문이다.

해설 5문단에서 이온화 지질에 둘러싸인 mRNA가 내포 작용에 의해 세포질로 함입되면 세포질 안에 엔도솜 구조체가 형성되며, 세포질에서 엔도솜 내부는 산성화된다고 하였다. 이렇게 엔도솜 내부의 pH가 낮아지면 수소 이온을 많이 받아들여 이온화 지질이 양이온화된다. 이때 엔도솜 막은 세포막에서 유래한 것이므로, 음전하를 띤 인산기가 양이온화된 지질과 결합한다. 즉 엔도솜 막의 인산기와 양이온화된 이온화 지질이 서로 결합함으로써 mRNA를 둘러싼 엔도솜 막이 붕괴한다는 것을 추론할 수 있다.

오답 풀이

① 엔도솜 내부의 pH가 낮아짐에 따라 mRNA와 지질 나노 입자 사이에 전기적인 반발력이 발생하기 때문이다.
↳ 전기적인 반발력이 발생하지 않음.

해설 엔도솜 내부의 pH가 낮아지면 수소 이온을 많이 받아들여 이온화 지질이 양이온화된다. 따라서 음전하를 띤 mRNA와 지질 나노 입자 사이에 전기적인 반발력이 발생하지 않는다.

③ 내포 작용으로 세포질에 함입된 세포막이 엔도솜 내부의 산성화에 따라 다시 세포 표면으로 방출되기 때문이다.
↳ 세포막이 다시 세포 표면으로 방출된다는 내용은 드러나지 않음.

해설 내포 작용으로 세포막의 일부가 세포질로 함입되는 것은 맞지만, 엔도솜 내부가 산성화되면 이 세포막이 다시 세포 표면으로 방출된다는 것은 지문을 통해 추론할 수 없다.

🔎 선택지 속 함정

③을 얼핏 보면 ⓛ에 제시된 '방출'이라는 표현이 있으니까 적절한 것으로 생각하기 쉬워. 거기다가 5문단에서 내포 작용이란 '세포막의 일부가 수용체에 결합한 외부 물질과 함께 세포질로 함입되는 현상'이라고 한 것을 볼 때 ③에서 '내포 작용으로 세포질에 함입된 세포막'이라는 표현도 적절한 설명이니까 뒤에 이어지는 내용은 '방출'이라는 표현에만 주목해 적절하다고 판단한 거지. ⓛ에서는 세포질 안에 있는 엔도솜의 막이 불안정해져 mRNA가 세포질로 방출된다고 설명하고 있을 뿐, 세포막이 세포 표면으로 방출된다는 내용은 제시하고 있지 않아. 내용을 정확히 판단하지 않고 겉으로 비슷해 보이는 표현에 속지 않도록 주의해야 해.

④ 엔도솜 내부가 산성화됨에 따라 mRNA가 음이온화되면서 mRNA와 리보솜 사이에 결합력이 발생하기 때문이다.
↳ 엔도솜 내부의 산성화에 따라 mRNA의 이온화 정도가 변화하지는 않음.

해설 4문단에서 mRNA는 음전하를 띤다는 것을 알 수 있다. 엔도솜 내부가 산성화됨에 따라 mRNA의 이온화의 정도가 변화하지는 않는다.

⑤ 엔도솜 내부의 pH 변화로 인해 엔도솜 막이 산성화되면서 체내 효소에 의한 엔도솜 분해 작용이 나타나기 때문이다.
↳ 엔도솜 내부의 pH 변화로 나타나는 작용임을 확인할 수 없음.

해설 5문단에서 이온화 지질에 둘러싸인 mRNA가 내포 작용에 의해 세포질로 함입되면 세포질 안에 엔도솜 구조체가 형성되며, 세포질에서 엔도솜 내부는 산성화된다고 하였다. 그러나 엔도솜 내부의 pH 변화로 인해 엔도솜 막이 산성화된다는 내용이나 이에 따라 체내 효소에 의한 엔도솜 분해 작용이 나타난다는 내용은 지문을 통해 추론할 수 없다.

과학 과학의 가설

01~06	2019년 9월 고2 전국연합학력평가				
01 ④	02 ④	03 ②	04 ⑤	05 ③	06 ⑤

◯ 문단별 핵심어　★ ─ 중심 문장

• 토머스 쿤의 패러다임

1 패러다임이란 한 시대 사람들의 견해나 사고를 지배하고 있는 이론적 틀이나 개념의 집합체를 뜻하는 말로 과학철학자인 토머스 쿤이 새롭게 제시하여 널리 쓰이는 개념이다. (패러다임의 개념) 쿤은 패러다임 속에서 진행되는 연구 활동을 정상 과학이라고 하였으며, (정상 과학의 개념) 기존의 패러다임에서는 예상하지 못했던 현상을 변칙 사례라고 하였다. (변칙 사례의 개념) 쿤은 정상 과학이 변칙 사례를 설명해 내기도 하나 중요한 변칙 사례가 미해결 상태로 남으면 새로운 패러다임으로의 급격한 대체 과정, (쿤의 과학혁명 가설) 즉 과학혁명이 일어난다고 ⓐ보았다. 그러나 쿤은 옛 패러다임과 새로운 패러다임 중 어떤 패러다임이 더 우월한지는 판단할 수 없다고 주장하였다. (패러다임 간의 우월성에 대한 쿤의 견해)

2 18세기 말 라부아지에가 새로운 연소 이론을 확립하기 전까지의 패러다임은 플로지스톤이라는 개념으로 연소 현상을 설명하는 것이었다. (라부아지에의 새로운 연소 이론 이전의, 기존의 패러다임) 그리스어로 '불꽃'을 뜻하는 플로지스톤은 18세기 초 베허와 슈탈이 제안한 개념으로, 가연성 물질이나 금속에 포함되어 있을 것이라고 생각했던 물질이다. (플로지스톤의 개념) 베허와 슈탈은 종이, 숯, 황처럼 잘 타는 물질에 플로지스톤이 많이 포함되어 있으며, 연소는 물질에 포함되어 있던 플로지스톤이 방출되는 과정이라고 주장하였다. (플로지스톤 패러다임) 또한 플로지스톤 개념으로 물질의 굳기, 광택, 색의 변화를 설명하기도 하였는데, 플로지스톤을 잃은 물질은 쉽게 부스러지며 탁하고 어둡게 된다고 보았다. 연소 현상뿐만 아니라 금속이 녹스는 현상, 음식이 소화되는 생화학 작용 등 다양한 현상이 플로지스톤 이론을 통해 이해될 수 있었다.

3 18세기 중반 캐번디시는 자신이 순수한 플로지스톤을 추출하는 데 성공했다고 믿었다. 캐번디시는 「금속을 산에 녹일 때 발생하는 기체가 매우 잘 타는 성질을 ⓑ띠고 있음을 발견하고 이 기체를 가연성 공기라고 명명하였다. (『 』: 캐번디시의 발견) 녹슨 금속을 산에 녹일 때는 이 기체가 발생하지 않았으므로 ㉠이 기체는 금속에 있던 플로지스톤이 빠져 나온 것이라고 생각하였다. 이후 캐번디시는 이 가연성 공기를 태울 때 물이 형성되는 현상을 관찰하기도 하였다.

4 18세기 후반 프리스틀리는 캐번디시가 발견한 가연성 공기를 활용하여 금속회*를 금속으로 환원하는 실험을 시행하였다. 「먼저 프

리스틀리는 물을 채운 넓적한 그릇에 빈 유리그릇을 엎어 놓고 그 안에 가연성 공기를 채웠다. (『 』: 프리스틀리의 실험) 그리고 그 안에 금속회를 놓고 렌즈로 햇빛을 모아 가열하였다. 프리스틀리는 금속회가 플로지스톤을 흡수하여 금속이 될 것이라고 예측하였는데 예측대로 금속회는 금속이 되었다. 또한 유리그릇 안쪽의 수위가 높아지는 현상이 관찰되었는데 이는 유리그릇 안에 있던 플로지스톤이 소모된 증거라고 보았다. 금속에서 나온 기체가 가연성이라는 점, 그 기체를 활용하여 (정상 과학) 금속회를 금속으로 만들 수 있다는 점이 모두 플로지스톤 패러다임 안에서 설명된 것이다.

5 그런데 라부아지에는 금속이 녹슬 때 질량이 변화한다는 사실에 주목하며 플로지스톤 이론에 의문을 가졌다. 「라부아지에는 연소 현상에서도 그러한 질량 변화가 있을 것이라고 보고 정밀하게 질량 (『 』: 라부아지에의 실험) 을 측정할 수 있는 기구를 동원하여 실험을 시행하였다. 라부아지에는 밀폐된 유리병 안에서 인과 황을 가열한 후에 가열 전과 비교하여 인과 황의 질량이 늘어난다는 사실을 확인하였고, 이때 질량이 증가한 양은 유리병 속 기체의 질량이 감소한 양과 같음을 확인하였다. 라부아지에는 연소 반응에서 발생하거나 소모되는 기체를 모아 정확히 질량을 측정하면 반응 전후의 총 질량은 변화가 없다 (변칙 사례) 는 사실을 근거로, 연소는 플로지스톤을 잃는 것이 아니라 공기 중의 산소와 결합하는 현상이라고 주장하였다. (라부아지에의 새로운 연소 이론)

6 가연성 공기를 태울 때 물이 형성된다는 캐번디시의 관찰 결과를 토대로 라부아지에는 프리스틀리의 실험을 자신의 이론으로 재해석하였다. 프리스틀리의 실험에서 나타난 현상은 플로지스톤과 금속회가 결합한 것이 아니라 금속회에 있던 산소가 유리그릇으로 (프리스틀리의 실험에 대한 라부아지에의 재해석) 방출된 것이며, 이 산소는 유리그릇을 채우고 있던 가연성 공기와 결합하여 물이 되었을 것이라는 설명이었다. 프리스틀리의 기존 실험은 물 위에서 시행되었기 때문에 새롭게 형성된 물을 관찰하기 어려웠으나 같은 실험을 물이 아닌 수은 위에서 다시 시행하자 수은 위에 소량의 물이 형성되는 현상을 관찰할 수 있었다.

7 이후 플로지스톤 학파는 기존 패러다임 안에서 이론을 일부 수정하여 라부아지에의 이론을 반박하기도 하였으나 정확한 질량 측정을 기반으로 한 라부아지에의 핵심적인 문제 제기는 끝내 명확하 (변칙 사례가 미해결 상태로 남음.) 게 설명해 내지 못했다. 결국 플로지스톤이라는 개념과 그것으로 (연소 현상의 패러다임 변화) 연소 현상을 이해하려는 패러다임은 ⓒ사라지고, 연소를 산소와의 결합으로 이해하는 새로운 패러다임이 자리 잡게 되었다. 또한 물질의 성질을 추상적으로 설명하는 것에서, 정밀한 측정 도구를 활 (화학 연구의 패러다임 변화) 용하여 실험 과정을 정량화하는 것으로 화학 연구의 패러다임이

ⓓ바뀌었다.

8 쿤은 과학사의 이러한 장면들을 통해 ⟨과학적 진보⟩는 누적적인 것이 아니라 ⟨혁명적⟩인 것이라고 주장하였다. 정상 과학의 시기에는 패러다임이라는 인식의 틀 안에서 퍼즐을 맞추는 활동을 수행하는 것일 뿐 새로운 과학 지식을 만들어 내지는 못한다는 것이다. 더 나아가 쿤은, 하나의 이론 체계를 ⓔ받아들인다는 것은 그것의 개념, 법칙, 가정을 포함한 패러다임 전체를 믿는 행위이므로 새로운 패러다임을 옛것과 비교하여 어떤 패러다임이 더 우월한 것인지 평가

_{패러다임 간의 우월성에 대한 쿤의 견해}

할 논리적 기준은 있을 수 없다고 보았다. ⟨쿤의 과학혁명 가설⟩은 과학의 발전을 새롭게 바라보는 통찰력 있는 관점으로서 많은 과학자들로 하여금 기존 패러다임으로 설명되지 않는 변칙 사례에 주목하

_{쿤의 과학혁명 가설의 의의 ①}

게 하였고, 고정된 틀 속에서 문제를 해결하려 한 정상 과학을 반성

_{쿤의 과학혁명 가설의 의의 ②}

적으로 바라볼 수 있게 하였다.

★ **금속회(Calx):** 금속의 산화물.

지식을 쌓는 배경지식

질량 보존 법칙과 에너지 보존 법칙

① **질량 보존 법칙**
· 화학 반응이 일어날 때 반응 전 물질의 총 질량과 반응 후 생성된 물질의 총 질량이 같다는 법칙으로, 라부아지에가 발견함.

② **에너지 보존 법칙**
· 에너지가 다른 에너지로 전환될 때, 전환 전과 후의 에너지 총합은 항상 일정하게 보존된다는 법칙

③ **아인슈타인 이후 질량-에너지 보존 법칙**
· 아인슈타인이 특수 상대성 이론에서 에너지와 질량의 관계식을 설명한 이후에는 에너지와 질량이 서로 연관되어 에너지-질량이 보존됨이 밝혀져, 질량 보존 법칙과 에너지 보존 법칙이 통합됨.

지문 분석하기

|지문 구조|

1 토머스 쿤이 제시한 패러다임의 개념과 과학혁명 가설

↓

2 플로지스톤 패러다임 ① – 베허와 슈탈의 제안

↓

3 플로지스톤 패러다임 ② – 캐번디시의 발견

↓

4 플로지스톤 패러다임 ③ – 프리스틀리의 실험

↓

5 라부아지에의 새로운 연소 이론

↓

6 라부아지에의 프리스틀리 실험의 재해석

↓

7 연소 현상과 화학 연구의 패러다임 변화

↓

8 쿤의 과학혁명 가설의 의의

|주제| 토머스 쿤의 패러다임에 대한 이해와 과학혁명 가설의 의의

한컷 정리하기

패러다임과 과학혁명

· 패러다임: 한 시대 사람들의 견해나 사고를 지배하고 있는 이론적 틀이나 개념의 집합체
· 과학혁명: 정상 과학에서 중요한 변칙 사례가 미해결 상태로 남을 때 일어나는 새로운 패러다임으로의 급격한 대체 과정

과학혁명의 사례

| 플로지스톤 패러다임 | 패러다임 변화 → | 라부아지에의 새로운 연소 이론 |

플로지스톤 패러다임

· 18세기 초 베허와 슈탈의 제안: 플로지스톤은 가연성 물질이나 금속에 포함되어 있을 것이라고 생각했던 물질로, 연소는 물질에 포함되어 있던 플로지스톤이 방출되는 과정이라고 주장함.
· 18세기 중반 캐번디시의 발견: 금속을 산에 녹일 때 발생하는 기체를 '가연성 공기'라고 명명하고, 금속에 있던 플로지스톤이 빠져 나온 것이라고 생각함.
· 18세기 후반 프리스틀리의 실험: 가연성 공기를 활용하여 금속회를 금속으로 환원하는 실험을 시행함.

라부아지에의 새로운 연소 이론

· 금속이 녹슬 때 질량이 변화한다는 사실에 주목하며 플로지스톤 이론에 의문을 가짐.
· 연소 반응에서 반응 전후의 총 질량은 변화가 없다는 사실을 근거로, 연소는 공기 중의 산소와 결합하는 현상이라고 주장함.
· 프리스틀리의 실험에서 나타난 현상은 금속회에 있던 산소가 방출된 것이며, 산소가 가연성 공기와 결합하여 물이 되었을 것이라고 재해석함.
⇒ 연소를 산소와의 결합으로 이해하는 새로운 패러다임이 자리 잡음.
⇒ 정밀한 측정 도구를 활용하여 실험 과정을 정량화하는 것으로 화학 연구의 패러다임이 바뀜.

01 세부 정보의 파악 　　　　　　정답 ④

선택률	① 6%	② 4%	③ 12%	④ 69%	⑤ 9%

윗글에 대한 이해로 적절하지 않은 것은?

〔정답 풀이〕

④ 라부아지에는 금속을 산에 녹일 때 나온 기체가 가연성을 띤다는 캐번디시의 실험 결과를 반박하였다.
　↳ 캐번디시의 관찰 결과를 토대로 프리스틀리의 실험을 재해석한 것임.

〔해설〕 6문단에서 라부아지에는 가연성 공기를 태울 때 물이 형성된다는 캐번디시의 관찰 결과를 토대로 프리스틀리의 실험을 자신의 이론으로 재해석하였다고 하였다. 라부아지에는 플로지스톤 패러다임을 부정하였으나, 금속을 산에 녹일 때 나온 기체가 가연성을 띤다는 캐번디시의 실험 결과를 반박한 것은 아니다.

〔오답 풀이〕

① 라부아지에는 연소 실험 전후에 물질의 질량을 정밀하게 측정하였다.

〔해설〕 5문단에서 라부아지에는 연소 현상에서도 질량 변화가 있을 것이라고 보고 정밀하게 질량을 측정할 수 있는 기구를 동원하여 실험을 시행하였고, 가열 전과 가열 후의 인과 황의 질량과 유리병 속 기체의 질량을 측정하였음을 알 수 있다.

② 베허와 슈탈은 종이가 플로지스톤을 많이 포함하고 있기 때문에 잘 타는 것이라고 보았다.

〔해설〕 2문단에서 베허와 슈탈은 종이, 숯, 황처럼 잘 타는 물질에 플로지스톤이 많이 포함되어 있다고 보았음을 알 수 있다.

③ 플로지스톤 패러다임에서는 음식이 소화되는 과정을 플로지스톤이 빠져나가는 것으로 이해하였다.

〔해설〕 2문단에서 연소를 물질에 포함되어 있던 플로지스톤이 방출되는 과정이라고 본 플로지스톤 패러다임에서는 연소 현상뿐만 아니라 금속이 녹스는 현상, 음식이 소화되는 생화학 작용 등 다양한 현상을 플로지스톤 이론을 통해 이해하였음을 알 수 있다.

⑤ 쿤의 과학혁명 가설은 기존의 이론적 틀 안에서 문제를 해결하려 하는 태도를 반성적으로 바라볼 수 있게 하였다.

〔해설〕 8문단에서 쿤의 과학혁명 가설은 고정된 틀 속에서 문제를 해결하려 한 정상 과학을 반성적으로 바라볼 수 있게 하였음을 알 수 있다.

02 구체적 이유 추론 　　　　　　정답 ④

선택률	① 5%	② 15%	③ 7%	④ 58%	⑤ 15%

캐번디시가 ㉠과 같이 판단한 이유로 가장 적절한 것은?
＝ 이 기체는 금속에 있던 플로지스톤이 빠져나온 것

〔정답 풀이〕

④ 이 기체는 잘 타는 성질을 갖고 있고 녹슬지 않은 금속에서만 나온 것이기 때문에

〔해설〕 2문단에서 플로지스톤은 가연성 물질이나 금속에 포함되어 있을 것이라고 생각했던 물질로, 잘 타는 물질에 많이 포함되어 있으며, 금속이 녹스는 현상도 플로지스톤 이론을 통해 이해할 수 있다고 여겨졌음을 알 수 있다. 캐번디시는 금속을 산에 녹일 때 발생하는 기체가 매우 잘 타는 성질을 띠고 있다는 점과, 녹슨 금속이 아닌 녹슬지 않은 금속에서만 발생한다는 점을 통해 이 기체는 금속에 있던 플로지스톤이 빠져나온 것이라고 생각한 것이다.

〔오답 풀이〕

① 이 기체는 잘 타는 성질을 갖고 있고 타면서 물이 형성되었기 때문에
　↳ ㉠과 같이 판단한 이후에 관찰한 현상임.

〔해설〕 캐번디시가 가연성 공기를 태울 때 물이 형성되는 현상을 관찰한 것은 ㉠과 같이 판단한 이후이다.

② 이 기체는 금속에 많이 포함되어 있고 금속이 녹슬면서 나온 것이기 때문에
　↳ 플로지스톤은 물질의 잘 타는 속성과 관련이 있음.

〔해설〕 캐번디시는 금속을 산에 녹일 때 발생하는 기체가 매우 잘 타는 성질을 띠고 있다는 점과, 녹슬지 않은 금속을 산에 녹일 때만 발생한다는 점에서, 이 기체가 금속에 있던 플로지스톤이 빠져나온 것이라고 생각한 것이다. 이 기체가 금속에 많이 포함되어 있고 금속이 녹슬면서 나온 것이기 때문에 금속에 있던 플로지스톤이 빠져나온 것이라고 판단한 것은 아니다.

③ 이 기체는 산에 많이 포함되어 있고 금속을 산에 녹일 때 나온 것이기 때문에
　↳ 산에 많이 포함되어 있다는 내용은 드러나지 않음.

〔해설〕 캐번디시가 이 기체가 산에 많이 포함되어 있다고 생각한 것은 아니다.

⑤ 이 기체는 녹슨 금속을 산에 녹일 때는 나오지 않고 가열할 때만 나온 것이기 때문에
　↳ 캐번디시의 실험에서 금속을 가열하지는 않았음.

〔해설〕 캐번디시의 실험에서 금속을 가열하지는 않았으므로 이 기체가 가열할 때만 나온 것이라고 볼 수 없다.

03 핵심 정보의 파악 　　　　　　정답 ②

선택률	① 7%	② 64%	③ 20%	④ 5%	⑤ 4%

윗글을 참고할 때 라부아지에가 갖게 된 의문의 내용으로 가장 적절한 것은?

〔정답 풀이〕

② 금속이 플로지스톤을 잃어 녹슨 것이라면 녹슬기 전보다 질량이 줄어들어야 하지 않을까?

〔해설〕 라부아지에는 금속이 녹슬 때 질량이 변화한다는 사실에 주목하여 플로지스톤 이론에 의문을 가졌다. 그리고 연소 현상에서도 그러한 질량 변화가 있을 것이라고 보고 실험을 통해 연소 후에 인과 황의 질량이 늘어난 만큼 유리병 속 기체의 질량이 감소하였음을 확인하였다. 연소할 때 인과 황에 결합한 산소의 질량만큼 인과 황의 질량이 늘어난 것이다. 즉 플로지스톤 패러다임에서 금속이 녹스는 현상을 금속에 있던 플로지스톤이 방출되는 과정으로 설명한 것에 대해, 라부아지에는 금속이 플로지스톤을 잃어 녹슨 것이라면 녹슬기 전보다 질량이 줄어들어야 하는데 실제로는 연소 현상에서의 질량 변화와 같이 금속이 녹슬 때 질량이 증가한다는 점에서 의문을 가진 것이다.

〔오답 풀이〕

① 금속이 플로지스톤을 잃어 녹슨 것이라면 녹슬기 전보다 질량이 늘어나야 하지 않을까?
　↳ 줄어들어야

〔해설〕 플로지스톤 패러다임에서는 금속이 녹스는 현상을 플로지스톤이 빠져나가는 것으로 이해하였으므로, 라부아지에는 플로지스톤 패러다임에 따라 금속이 플로지스톤을 잃어 녹슨 것이라면 녹슬기 전보다 질량이 줄어들어야 한다고 의문을 제기한 것이다.

③ 금속이 플로지스톤을 잃어 녹슨 것이라도 녹슬기 전후의 질량은 동일하여야 하지 않을까?
　↳ 전보다 질량이 줄어들어야

〔해설〕 플로지스톤 패러다임에서는 금속이 녹스는 현상을 플로지스톤이 빠져나가는 것으로 이해하였으므로, 라부아지에는 플로지스톤 패러다임에 따라 금속이 플로지스톤을 잃어 녹슨 것이라면 녹슬기 전보다 질량이 줄어들어야 한다고 의문을 제기한 것이다.

🎯 선택지 속 함정

5문단에서 라부아지에가 연소 반응 전후의 총 질량은 변화가 없음을 확인하였다는 내용과 ③의 '동일'하다는 표현을 보고 적절하다고 생각했을 수 있어. 하지만 이 문제는 라부아지에가 플로지스톤 패러다임에 대해 갖게 된 의문이 무엇인지를 파악하는 문제니까, 플로지스톤 패러다임을 기준으로 생각해야 해. 플로지스톤 패러다임에서는 금속이 녹스는 현상을 플로지스톤이 빠져나가는 것으로 이해하였다고 했는데, 그러면 금속에서 무엇인가 빠져나갔으니 금속의 질량이 줄어야겠지. 그런데 라부아지에가 인과 황을 가열했더니 질량이 늘어났으므로, 라부아지에가 '금속이 플로지스톤을 잃어 녹슨 것이라면 녹슬기 전보다 질량이 줄어들어야 하지 않을까?'라고 의문을 가지고 실험을 시행했을 거라고 추론할 수 있지.

④ 금속이 플로지스톤을 얻어 녹슨 것이라면 녹슬기 전보다 질량이 늘어나야 하지 않을까? ↳ 잃어 ↳ 줄어들어야

[해설] 플로지스톤 패러다임에서는 금속이 녹스는 현상을 플로지스톤이 빠져나가는 것으로 이해하였으므로, 금속이 플로지스톤을 얻어 녹슨 것이라는 것은 플로지스톤 패러다임에 부합하지 않는다.

⑤ 금속이 플로지스톤을 얻어 녹슨 것이라도 녹슬기 전후의 질량은 동일하여야 하지 않을까? ↳ 잃어 ↳ 전보다 질량이 줄어들어야

[해설] 플로지스톤 패러다임에서는 금속이 녹스는 현상을 플로지스톤이 빠져나가는 것으로 이해하였으므로, 금속이 플로지스톤을 얻어 녹슨 것이라는 것은 플로지스톤 패러다임에 부합하지 않는다.

<table>
<tr><td>**04**</td><td>**자료를 활용한 내용 이해**</td><td>정답 ⑤</td></tr>
<tr><td>선택률</td><td>① 10%　② 18%　③ 8%　④ 27%</td><td>⑤ 37%</td></tr>
</table>

윗글을 바탕으로 〈보기〉를 이해한 것으로 적절하지 않은 것은? [3점]

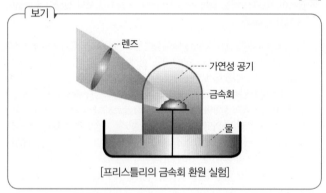

[프리스틀리의 금속회 환원 실험]

[정답 풀이]

⑤ 라부아지에는 수은 위에서 실험을 시행하면 물 위에서 실험했을 때와는 달리 새로운 물이 형성될 것이라고 보았다. ↳ 물 위에서 실험했을 때와 마찬가지로

[해설] 6문단에서 프리스틀리의 기존 실험은 물 위에서 시행되었기 때문에 새롭게 형성된 물을 관찰하기 어려웠으나 같은 실험을 물이 아닌 수은 위에서 다시 시행하자 수은 위에 소량의 물이 형성되는 현상을 관찰할 수 있었다고 하였다. 즉 물 위에서 실험했을 때도 새로운 물이 형성되었지만, 기존의 물 때문에 새롭게 형성된 물을 관찰하기 어려웠던 것이다.

[오답 풀이]

① 프리스틀리는 가열 전의 금속회는 플로지스톤이 결핍된 상태라고 보았다.

[해설] 4문단에서 프리스틀리는 캐번디시가 발견한 가연성 공기를 활용하여 금속회를 금속으로 환원하는 실험을 시행하였는데, 가연성 공기가 채워진 유리그릇 안에 금속회를 놓고 렌즈로 햇빛을 모아 가열하면 금속회가 플로지스톤을 흡수하여 금속이 될 것이라고 예측하였다고 하였다. 즉 프리스틀리는 플로지스톤이 결핍된 금속회가 플로지스톤을 흡수하면 금속이 될 것이라고 본 것이다.

② 프리스틀리는 실험 과정 중 가연성 공기가 소모되어 수위가 상승한다고 이해하였다.

[해설] 4문단에서 프리스틀리는 캐번디시가 발견한 가연성 공기를 활용하여 금속회를 금속으로 환원하는 실험을 시행하였는데, 유리그릇 안쪽의 수위가 높아지는 현상을 유리그릇 안에 있던 플로지스톤이 소모된 증거라고 보았다고 하였다. 즉 프리스틀리는 플로지스톤, 즉 가연성 공기가 소모되어 수위가 상승한다고 이해한 것이다.

③ 프리스틀리는 가연성 공기를 활용하여 금속회를 금속으로 변화시킬 수 있다고 생각하였다.

[해설] 4문단에서 프리스틀리는 캐번디시가 발견한 가연성 공기를 활용하여 금속회를 금속으로 환원하는 실험을 시행하였는데, 금속회가 플로지스톤을 흡수하여 금속이 될 것이라고 예측하였다고 하였다. 즉 프리스틀리는 가연성 공기를 활용하여 금속회를 금속으로 변화시킬 수 있다고 생각한 것이다.

④ 라부아지에는 금속회를 가열하면 가연성 공기와는 다른 기체인 산소가 방출된다고 보았다.

[해설] 6문단에서 라부아지에는 프리스틀리의 실험을 자신의 이론으로 재해석하여, 프리스틀리의 실험에서 나타난 현상은 플로지스톤과 금속회가 결합한 것이 아니라 금속회에 있던 산소가 유리그릇으로 방출된 것이며, 이 산소는 유리그릇을 채우고 있던 가연성 공기와 결합하여 물이 되었을 것이라고 설명하였다고 하였다. 즉 라부아지에는 프리스틀리와 달리, 금속회를 가열하면 가연성 공기와는 다른 기체인 산소가 방출된다고 본 것이다.

😈 선택지 속 함정

④는 프리스틀리의 금속회 환원 실험에 대한 라부아지에의 해석에 대한 내용이니까, 프리스틀리의 금속회 환원 실험을 설명한 4문단이 아니라 6문단에서 근거를 찾아야 해. 라부아지에는 프리스틀리의 실험에서 관찰된 현상, 즉 금속회를 가열할 때 유리그릇 안쪽의 수위가 높아지는 현상을 금속회에 있던 산소가 방출된 것이라고 보았다고 했어. 그리고 이 산소가 가연성 공기와 결합하여 물이 되었을 것이라고 했으니, 라부아지에는 산소와 가연성 공기를 서로 다른 기체로 본 거지. 가연성 공기와 산소가 서로 다른 기체라고 명시되어 있지는 않지만, 두 기체가 서로 결합할 수 있다는 점에서 서로 다른 기체임을 추론할 수 있어야 해.

<table>
<tr><td>**05**</td><td>**관점의 비교 이해**</td><td>정답 ③</td></tr>
<tr><td>선택률</td><td>① 11%　② 12%　③ 57%　④ 9%</td><td>⑤ 11%</td></tr>
</table>

〈보기〉의 관점에서 윗글의 토머스 쿤 의 주장을 비판한 내용으로 가장 적절한 것은?

┌ 보기 ┐

새로운 패러다임이 기존의 패러다임보다 더 나아졌다고 말할 수 없다면 우리는 과학이 진보하고 있다고 말할 수 없다. 과학은 객관적인 관찰과 자료 분석, 논리적인 접근으로 유도된 지식의 총합이며 이런 지식의 누적이 바로 과학적 진보이다. 뉴턴의 역학은 아리스토텔레스의 이론이 설명하지 못하는 부분까지 해명하므로 뉴턴의 역학이 더 진보되었다고 우리는 믿어 왔다. 그리고 우리가 아인슈타인의 상대성 이론에 열광한 것도 뉴턴 역학으로 설명할 수 없는 부분을 해명할 수 있었기 때문이다.

새로운 패러다임 / 기존의 패러다임 / 새로운 패러다임이 기존의 패러다임보다 우월하다는 믿음 / 새로운 패러다임 / 기존의 패러다임

[정답 풀이]

③ 플로지스톤 패러다임에서는 미해결 상태로 남았던 변칙 사례가 라부아지에의 이론으로 해명되었다는 점에서 패러다임 간의 우월성은 존재한다고 볼 수 있다.

[해설] 1문단과 8문단에서 토머스 쿤은 새로운 패러다임과 기존의 패러다임을 비교하여 어떤 패러다임이 더 우월한 것인지 평가할 논리적 기준이 있을 수 없으므로 두 패러다임 중 어떤 패러다임이 더 우월한지는 판단할 수 없다고 보았음을 알 수 있다. 반면 〈보기〉의 관점에서는 새로운 패러다임이 기존의 패러다임으로는 설명할 수 없는 부분을 해명한 사례를 언급하면서, 패러다임 간의 우월성이 존재한다고 본다. 따라서 〈보기〉의 관점에서는 토머스 쿤의 주장에 대해, 플로지스톤 패러다임에서는 미해결 상태로 남았던 변칙 사례가 라부아지에의 이론으로 해명되었다는 점에서 패러다임 간의 우월성은 존재한다고 비판할 것이다.

④ ⓓ: 전도(顚倒)되었다
= 바뀌었다
[해설] ⓓ에서 '바뀌다'는 '원래 있던 것을 없애고 다른 것으로 채워 넣어지거나 대신하게 되다.'라는 의미로 사용되었다. '전도되다'는 '차례, 위치, 이치, 가치관 따위가 뒤바뀌어 원래와 달리 거꾸로 되다.'라는 의미이므로 문맥상 ⓓ를 '전도되었다'로 바꿔 쓰는 것은 적절하지 않다.

① **라부아지에는 변칙 사례를 발견하고 이를 정상 과학으로 해명하려 노력하였다는 점에서 정상 과학은 새로운 과학 지식을 만들어 낸다고 볼 수 있다.**
→ 라부아지에는 새로운 패러다임을 제시함.
→ 〈보기〉의 관점에 해당하지 않음.
[해설] 라부아지에는 플로지스톤 패러다임의 변칙 사례를 정상 과학으로 해명하려 노력한 것이 아니라, 새로운 패러다임을 제시한 것이다. 또한 정상 과학이 새로운 과학 지식을 만들어 낸다는 것은 〈보기〉의 관점으로 볼 수 없다.

② **가연성 공기와 관련한 캐번디시의 실험은 정상 과학의 범주에서 이루어졌다는 점에서 새로운 패러다임은 기존의 패러다임보다 더 진보되었다고 볼 수 있다.**
[해설] 가연성 공기와 관련한 캐번디시의 실험은 정상 과학의 범주에서 이루어진 것으로, 기존의 플로지스톤 패러다임에 해당한다. 따라서 이를 근거로 하여 새로운 패러다임이 기존의 패러다임보다 더 진보되었다고 할 수 없다.

④ **플로지스톤 패러다임은 상태 변화의 원인에, 라부아지에의 이론은 물질의 질량 변화에 각각 주목한 것일 뿐이므로 과학적 진보는 혁명적이라고 볼 수 없다.**
[해설] 과학적 진보가 급격하고 혁명적으로 일어난다는 토머스 쿤의 주장과 달리, 〈보기〉의 관점에서는 과학적 진보가 지식의 누적이라고 본다. 따라서 과학적 진보는 혁명적이라고 볼 수 없다는 것은 〈보기〉의 관점에서 토머스 쿤의 주장을 비판하는 내용으로 적절하다. 그러나 이의 근거로 플로지스톤 패러다임과 라부아지에의 이론이 서로 다른 측면에 주목했음을 제시하는 것이 〈보기〉의 관점에 부합하는지는 알 수 없다.

⑤ **라부아지에 역시 프리스틀리의 실험 결과를 활용하여 자신의 이론을 설명하였다는 점에서 하나의 이론 체계를 받아들인다는 것은 패러다임 전체를 믿는 행위라 볼 수 없다.**
[해설] 하나의 이론 체계를 받아들인다는 것은 패러다임 전체를 믿는 행위라고 본 것은 토머스 쿤이다. 이에 대한 〈보기〉의 관점은 제시되어 있지 않다.

06 어휘의 문맥적 의미 파악   정답 ⑤

선택률	① 3%	② 3%	③ 10%	④ 9%	⑤ 75%

문맥상 ⓐ~ⓔ와 바꿔 쓴 것으로 가장 적절한 것은?

[정답 풀이]

⑤ ⓔ: 수용(受容)한다는
= 받아들인다는
[해설] ⓔ에서 '받아들이다'는 '어떤 사실 따위를 인정하고 용납하거나 이해하고 수용하다.'라는 의미로 사용되었다. '수용하다'는 '어떠한 것을 받아들이다.'라는 의미이므로 문맥상 ⓔ는 '수용한다는'으로 바꿔 쓸 수 있다.

[오답 풀이]

① ⓐ: 조망(眺望)하였다
= 보았다
[해설] ⓐ에서 '보다'는 '대상을 평가하다.'라는 의미로 사용되었다. '조망하다'는 '먼 곳을 바라보다.'라는 의미이므로 문맥상 ⓐ를 '조망하였다'로 바꿔 쓰는 것은 적절하지 않다.

② ⓑ: 소유(所有)하고
= 띠고
[해설] ⓑ에서 '띠다'는 '어떤 성질을 가지다.'라는 의미로 사용되었다. '소유하다'는 '(사람이 사물을) 가지고 있다.'라는 의미이므로 문맥상 ⓑ를 '소유하고'로 바꿔 쓰는 것은 적절하지 않다.

③ ⓒ: 생략(省略)되고
= 사라지고
[해설] ⓒ에서 '사라지다'는 '생각이나 감정 따위가 없어지다.'라는 의미로 사용되었다. '생략되다'는 '전체에서 일부가 줄거나 빠지다.'라는 의미이므로 문맥상 ⓒ를 '생략되고'로 바꿔 쓰는 것은 적절하지 않다.

07~12 2019년 6월 고2 전국연합학력평가   본문 87~89쪽

07 ⑤	08 ⑤	09 ④	10 ①	11 ⑤	12 ③

◯ 문단별 핵심어   ★ 중심 문장

● 해밀턴의 포괄 적합도 이론

1 고래의 유선형 몸매나 북극곰의 흰색 털처럼 주어진 환경에 어울리는 생물학적 '적응'은 어떻게 일어났을까? 찰스 **다윈**은 『종의 기원』에서 자연선택에 의한 진화를 그 해답으로 제시하였다. 개체*
↳ 생물학적 '적응'에 대한 다윈의 이론
의 번식에 도움이 되는 유전적 변이만을 여러 세대에 걸쳐 우직하
↳ 생물학적 '적응'에 대한 다윈의 생각
게 골라내는 자연선택의 과정이 결국 환경에 딱 맞는 개체를 만들어 낸다는 것이다. 다윈은 자연선택이 각 개체의 적합도(fitness),
↳ 자연선택에 대한 다윈의 견해
즉 번식 성공도를 높이는 방향으로 ⓐ일어난다고 보았다.

2 그렇다면 자신은 번식을 하지 않으면서 집단을 위해 평생 **헌신**
↳ 다윈의 견해에 위배되는 개체의 이타적 행동
하는 일벌이나 일개미의 행동은 어떻게 설명할 수 있을까? **다윈**은 그와 같은 경우 집단의 번성에 이득을 주므로 자연선택이 되었다고
↳ 개체의 이타적 행동에 대한 다윈의 견해
결론을 내렸는데, 이것은 자연선택이 개체에게 이득이 되는 방향으로 일어난다는 그의 기본적인 생각에서 벗어난 것이었다.

3 윌리엄 **해밀턴**은 다윈 이론의 틀 안에서 일벌이나 일개미와 같은 개체의 이타적 행동이 자연선택 되는 과정을 규명하고자 하였다. 즉, 다윈 시대에는 없던 유전자 개념을 진화 이론에 도입함으로
↳ 해밀턴이 도입한 개념
써, 개체 자신의 번식 성공도는 낮추면서 상대방의 번식 성공도를 높이는 이타적 행동이 여러 세대를 거치면서 결국은 개체 자신
↳ 이타적 행동이 자연선택 되는 과정에 대한 다윈의 생각을 보완하고자 함.
에게 이득이 되는 방향으로 자연선택이 됨을 입증하려 한 것이다.

4 다윈이 정리한 자연선택의 과정을 **해밀턴**은 각 개체가 다음 세대에 자신의 유전자 복제본을 더 많이 남기는 과정으로 보았다. 이
↳ 자연선택의 과정에 대한 해밀턴의 견해
때 행위 당사자인 개체는 자기 자신의 번식 성공도를 높임으로써
↳ '직접 적합도'를 높이는 것

직접 자신의 유전자 복제본을 남길 수도 있지만, 자신과 유전자를 공유할 확률이 있는 <u>상대의 번식 성공도</u>를 높이는 데 도움을 줌으
'간접 적합도'를 높이는 것
로써 간접적으로 자신의 유전자 복제본을 남길 수도 있다. 쉽게 설명하면, 철수는 스스로 자식을 많이 낳음으로써 직접 자신의 유전자 복제본을 다음 세대에 남길 수도 있지만, 유전자를 공유하고 있는 동생 영수가 자식을 많이 낳도록 도움으로써 자신의 유전자 복제본을 다음 세대에 남길 수도 있는 것이다. 해밀턴은 전자는 '직접 적합도'를 높이는 것으로, 후자는 ㉠'간접 적합도'를 높이는 것으로 설명하며, 개체의 자연선택은 두 적합도를 합한 (포괄 적합도)를 높이는 방향으로 일어난다고 보았다.
해밀턴의 '포괄 적합도 이론'

5 해밀턴에 따르면 (이타적 행동) 또한 개체의 포괄 적합도를 높이는 방향으로 (자연선택)이 일어난다. 그런데 이타적 행동은 개체 자신의 번식 성공도인 직접 적합도를 낮추게 되므로 그를 상쇄하고도 남을 정도로 간접 적합도를 높일 수 있어야 자연선택이 일어날 수
해밀턴에 따른 이타적 행동이 자연선택 되는 조건
있다. 즉, 개체 자신이 남기는 유전자 복제본에 대한 손실보다 유전자를 공유할 확률이 있는 상대방을 통해 남기는 유전자 복제본에 대한 이득이 더 클 때 이타적 행동은 선택되는 것이다.

6 이때 개체와 상대방이 (유전자)를 (공유)할 확률을 (유전적 근연도)
유전적 근연도의 개념
라 하는데, 유전적으로 100% 같은 경우는 유전적 근연도가 1이 된다. 유전적 근연도의 값이 클수록 개체와 상대방이 유전자를 공유할 가능성이 크므로, 개체가 상대방을 통해 자신의 유전자 복제본을 남길 수 있는 가능성 또한 커진다.

7 이를 바탕으로 해밀턴은 아래와 같은 (해밀턴 규칙)을 도출하였다.

$$rb > c \text{ (단, } b > c > 0 \text{으로 가정함.)}$$

[A]

8 즉, 이타적 행동은 그로 인해 상대방이 얻는 (이득)(b)이 충분히 커서 1보다 작은 (유전적 근연도)(r)를 가중하더라도 개체가 감수하는 (손실)(c)보다 클 때 선택된다는 것을 확인할 수 있다. 이러한 해밀턴의 규칙은 이득, 손실, 유전적 근연도의 세 가지 변수를 활용하여 이타성이 진화하는 조건을 알려 준다.
해밀턴 규칙의 내용

9 (해밀턴의 '포괄 적합도 이론)은 (다윈)의 이론을 (발전)시켜 (이타성)이 왜 진화했는지를 매끄럽게 설명함으로써 진화생물학자들이 이
해밀턴의 '포괄 적합도 이론'의 의의 ①
타적 행동에 대해 통찰력을 가질 수 있는 계기를 제공하였으며, (자연선택)이 (유전자)의 수준에서 일어난다는 점을 분명히 하여 이후 진
해밀턴의 '포괄 적합도 이론'의 의의 ②
화에 대한 연구의 길잡이가 되었다.

* **개체**: 하나의 독립된 생물체.

진화에 대한 다윈의 논증

- 『종의 기원』에 제시된 진화에 대한 다윈의 논증은 변이, 유전, 경쟁, 자연선택의 네 가지로 요약할 수 있음.
- 변이: 한 종에 속하는 개체들은 각자 다른 형태, 행동 등을 보이므로 모든 생명체에는 변이가 존재함.
- 유전: 일반적으로 변이는 후대로 전해짐.
- 경쟁: 생존을 위한 경쟁과 극심한 투쟁이 있으며, 생존에 유리한 변이가 일어나는지가 생명체의 생존을 결정함.
- 자연선택: 주어진 환경에 잘 적응하는 데 도움이 되는 형질을 지닌 개체들이 많이 살아남아 더 많은 자손을 남김.

지문 분석하기

|**지문 구조**|

1 다윈의 자연선택에 의한 진화

↓

2 개체의 이타적 행동 설명에 대한 다윈 이론의 한계

↓

3 유전자 개념을 도입하여 다윈 이론을 보완한 해밀턴

↓

4 개체의 자연선택 과정을 포괄 적합도로 설명한 해밀턴

↓

5 이타적 행동이 자연선택 되는 조건에 대한 해밀턴의 견해

↓

6 유전적 근연도의 개념

↓

7, **8** 해밀턴 규칙과 그 내용

↓

9 해밀턴의 포괄 적합도 이론의 의의

|**주제**| 이타적 행동이 자연선택 되는 과정을 설명하는 해밀턴의 포괄 적합도 이론

다윈의 자연선택에 의한 진화	← 보완	해밀턴의 포괄 적합도 이론

다윈의 자연선택에 의한 진화
- 자연선택의 과정이 환경에 딱 맞는 개체를 만들어 냄.
- 자연선택은 각 개체의 적합도, 즉 번식 성공도를 높이는 방향으로 일어난다고 봄.
- 일벌이나 일개미처럼 이타적인 개체는 집단의 번성에 이득을 주므로 자연선택이 되었다고 봄.
- ⇒ 자연선택이 개체에게 이득이 되는 방향으로 일어난다는 다윈 자신의 견해에서 벗어남.

해밀턴의 포괄 적합도 이론
- '유전자' 개념을 도입하여, 이타적 행동이 결국 개체 자신에게 이득이 되는 방향으로 자연선택이 됨을 입증하려 함.
- 자연선택의 과정을 각 개체가 다음 세대에 자신의 유전자 복제본을 더 많이 남기는 과정으로 봄.
- 개체의 자연선택은 직접 적합도와 간접 적합도를 합한 포괄 적합도를 높이는 방향으로 일어난다고 봄.
- 이타적 행동은 직접 적합도를 낮추게 되므로 그를 상쇄하고도 남을 정도로 간접 적합도를 높일 수 있어야 자연선택이 일어날 수 있다고 봄.
- 유전적 근연도의 값이 클수록 유전자 복제본을 남길 수 있는 가능성이 커진다고 봄.
- ⇒ 해밀턴 규칙을 도출하여, 이득, 손실, 유전적 근연도의 세 가지 변수를 활용하여 이타성이 진화하는 조건을 제시함.

③ 자연선택을 통한 생물학적 적응
　- 유전적 근연도 값을 중심으로

해설 유전적 근연도에 대한 내용이 제시되어 있기는 하지만, 이는 해밀턴 규칙의 세 가지 변수 중 하나일 뿐이므로 유전적 근연도 값을 중심으로 설명하고 있다고 볼 수 없다.

④ 포괄 적합도 이론의 의의와 한계
　- 진화의 패러다임 변화를 중심으로

해설 포괄 적합도 이론의 의의는 제시되어 있지만, 포괄 적합도 이론의 한계에 대해서는 제시되어 있지 않다.

08 세부 정보의 파악
정답 ⑤

선택률	① 5%	② 8%	③ 17%	④ 7%	⑤ 63%

윗글을 이해한 내용으로 적절하지 않은 것은?

정답 풀이

⑤ ~~진화생물학자들은 이타성이 진화하는 다양한 이유를 제시하여 해밀턴의 이론을 뒷받침하였다.~~
　└→ 해밀턴의 이론이 진화생물학자들에게 영향을 준 것임.

해설 9문단에서 해밀턴의 이론이 진화생물학자들에게 영향을 주었음을 확인할 수 있지만, 진화생물학자들이 이타성이 진화하는 다양한 이유를 제시하여 해밀턴의 이론을 뒷받침하였는지는 제시되어 있지 않다.

오답 풀이

① 개체가 주어진 환경에 적응한 것은 자연선택의 결과이다.

해설 1문단에서 자연선택의 과정이 결국 환경에 딱 맞는 개체를 만들어 낸다고 하였으므로 주어진 환경에 어울리는 생물학적 '적응'은 자연선택의 결과임을 알 수 있다.

② 유전적 근연도는 두 개체 간에 유전자를 공유할 확률을 의미한다.

해설 6문단에서 유전적 근연도는 개체와 상대방이 유전자를 공유할 확률이라고 하였으므로 적절하다.

③ 개체의 포괄 적합도를 높이는 데 기여하지 못하는 유전적 변이는 자연선택에서 도태된다.

해설 1문단에서 자연선택의 과정은 개체의 번식에 도움이 되는 유전적 변이만을 여러 세대에 걸쳐 골라내는 것이라고 하였고, 4문단에서 개체의 자연선택은 '포괄 적합도'를 높이는 방향으로 일어난다고 하였다. 따라서 개체의 포괄 적합도를 높이는 데 기여하지 못하는 유전적 변이는 자연선택에서 도태될 것이다.

선택지 속 함정

③은 1문단의 내용과 4문단의 내용을 종합하여 추론해야 해서 어려웠을 거야. 1문단에서 자연선택의 과정은 개체의 번식에 도움이 되는 유전적 변이만을 골라내는 것이라고 하였으니, 반대로 개체의 번식에 도움이 되지 않는 유전적 변이는 자연선택이 되지 않는다는 것을 알 수 있어. 그럼 이제 '포괄 적합도'와의 관계를 파악해 보자. '적합도'는 '번식 성공도'라고 한 것과 연결하여 이해해 보면, 개체의 자연선택은 '포괄 적합도'를 높이는 방향으로 일어난다고 했으니 번식에 성공하는 것이 '포괄 적합도'가 높은 것임을 알 수 있어. 이를 종합해 보면 개체의 포괄 적합도를 높이는 데 기여하지 못하는 유전적 변이는 개체의 번식에 도움이 되지 않는다는 의미이니까 자연선택에서 도태되겠지.

④ 해밀턴은 다윈이 살았던 시기에는 없었던 개념을 적용하여 이타적 행동의 진화를 설명하였다.

해설 3문단에서 해밀턴은 다윈 시대에는 없던 '유전자' 개념을 진화 이론에 도입함으로써, 개체의 이타적 행동이 여러 세대를 거치면서 결국은 개체 자신에게 이득이 되는 방향으로 자연선택이 됨을 입증하려 했음을 알 수 있다.

07 중심 화제의 파악
정답 ⑤

선택률	① 10%	② 5%	③ 10%	④ 5%	⑤ 70%

윗글의 표제와 부제로 가장 적절한 것은?

정답 풀이

⑤ 이타적 행동이 자연선택 되는 이유
　- 해밀턴의 이론을 중심으로

해설 이 글은 이타적 행동이 자연선택 되는 이유에 대해 해밀턴의 '포괄 적합도 이론'을 중심으로 설명하고 있다.

오답 풀이

① 진화생물학의 발전 과정
　- 적합도에 관한 논쟁을 중심으로

해설 해밀턴이 제시한 '포괄 적합도'는 다윈의 '적합도' 개념을 보완하고자 한 것이다. 적합도에 관한 논쟁이 드러나 있지는 않다.

선택지 속 함정

①을 얼핏 보면 맞는 것으로 생각하기 쉬워. 다윈의 이론을 보완한 해밀턴의 '포괄 적합도 이론'에 대해 설명하고 있으니, '진화생물학의 발전 과정'이 드러나 있고, '적합도'라는 단어도 지문 전체에 걸쳐 계속 등장하거든. 그렇지만 지문에서 설명하고 있는 것은 적합도에 관한 해밀턴의 이론이지, '논쟁'이 아니야. '적합도에 관한 논쟁'에 대해 다루고 있다면 '적합도'에 대한 상반된 견해가 등장해야 하는데, 해밀턴의 '포괄 적합도 이론'이 다윈이 제시한 '적합도' 개념과 상반되는 것은 아니지.

② 해밀턴 규칙의 성립 조건
　- 유전자, 개체, 집단의 위계성을 중심으로

해설 해밀턴 규칙이 이득, 손실, 유전적 근연도라는 세 가지 변수를 활용해 이타성이 진화하는 조건을 알려 준다는 내용은 제시되어 있지만, 유전자, 개체, 집단의 위계성에 대한 내용은 제시되어 있지 않다.

09   세부 정보의 추론   정답 ④

선택률	① 3%	② 4%	③ 8%	④ 81%	⑤ 4%

[A]를 바탕으로 할 때, ㉮~㉰에 들어갈 말로 적절한 것은?

> 두 개체 사이의 유전적 근연도가 (㉮), 손실에 비해 이득
> 이 (㉯) 이타적 행동은 선택되기 (㉰).

정답 풀이

	㉮	㉯	㉰
④	높을수록	클수록	쉽다

해설 먼저 6문단에서 유전적 근연도의 값이 클수록 개체가 상대방을 통해 자신의 유전자 복제본을 남길 수 있는 가능성이 커진다고 하였으므로, 유전적 근연도가 높을수록 이타적 행동이 선택되기 쉽다. 또한 5문단에서 개체 자신이 남기는 유전자 복제본에 대한 손실보다 유전자를 공유할 확률이 있는 상대방을 통해 남기는 유전자 복제본에 대한 이득이 더 클 때 이타적 행동이 선택된다고 하였으므로, 손실에 비해 이득이 클수록 이타적 행동은 선택되기 쉽다. 즉 두 개체 사이의 유전적 근연도가 높을수록(㉮), 손실에 비해 이득이 클수록(㉯) 이타적 행동은 선택되기 쉽다(㉰)고 할 수 있다.

오답 풀이

①	낮을수록 ↳ 높을수록	작을수록 ↳ 클수록	쉽다
②	낮을수록 ↳ 높을수록	클수록	어렵다 ↳ 쉽다
③	높을수록	작을수록 ↳ 클수록	쉽다
⑤	높을수록	작을수록 ↳ 클수록	어렵다 ↳ 쉽다

오답 풀이

② 일벌의 직접 적합도는 0으로 볼 수 있다.

해설 4문단에서 개체가 자기 자신의 번식 성공도를 높임으로써, 즉 스스로 자식을 많이 낳음으로써 직접 자신의 유전자 복제본을 다음 세대에 남기는 것이 직접 적합도를 높이는 것이라고 하였다. 〈보기〉에서 일벌은 번식을 포기한다고 하였으므로, 일벌의 직접 적합도는 0으로 볼 수 있다.

③ 일벌이 살아가는 모습은 이타적 행동으로 볼 수 있다.

해설 2문단과 3문단에서 자신은 번식을 하지 않으면서 집단을 위해 평생 헌신하는 일벌과 일개미의 행동을 이타적 행동이라고 하였다. 〈보기〉에서 일벌은 자신의 번식 성공도는 낮추면서 여왕벌의 번식 성공도를 높이는 데 도움을 주므로 일벌이 살아가는 모습은 이타적 행동으로 볼 수 있다.

④ 일벌의 간접 적합도를 높이는 방향으로 자연선택이 일어난다.

해설 5문단에서 이타적 행동 또한 개체의 포괄 적합도를 높이는 방향으로 자연선택이 일어나는데, 이타적 행동은 개체 자신의 번식 성공도인 직접 적합도를 낮추게 되므로 그를 상쇄하고도 남을 정도로 간접 적합도를 높일 수 있어야 자연선택이 일어날 수 있다고 하였다. 즉 직접 적합도가 0인 일벌은 간접 적합도를 높이는 방향으로 자연선택이 일어난다.

⑤ 일벌이 친동생을 키우는 것은 결국 개체 자신에게 이득이 되기 때문이다.

해설 3문단과 5문단에서 개체 자신의 번식 성공도는 낮추면서 상대방의 번식 성공도를 높이는 이타적 행동이 여러 세대를 거치면서 결국은 개체 자신에게 이득이 되는 방향으로 자연선택이 되며, 이러한 이타적 행동이 개체의 포괄 적합도를 높이는 방향으로 일어남을 알 수 있다. 또한 개체 자신이 남기는 유전자 복제본에 대한 손실보다 유전자를 공유할 확률이 있는 상대방을 통해 남기는 유전자 복제본에 대한 이득이 더 클 때 이타적 행동이 선택되는 것이라고 하였다. 즉 직접 적합도가 0인 일벌이 친동생을 키우는 것은 결국 개체 자신에게 이득이 되기 때문이라고 볼 수 있다.

10   구체적 상황에 적용   정답 ①

선택률	① 50%	② 17%	③ 10%	④ 9%	⑤ 14%

〈보기〉를 참고하여 일벌에 대해 이해한 내용으로 적절하지 않은 것은? [3점]

> **보기**
>
> 성 염색체에 의해 성이 결정되는 사람과 달리, 벌은 염색체 수에 의해 성이 결정된다. 한 짝의 염색체를 가지면 수컷, 두 짝의 염색체를 가지면 암컷이 된다. 암컷들은 수벌에게서 받는 한 짝의 염색체를 공유하고, 나머지 한 짝은 여왕벌이 가지고 있는 두 짝의 염색체 중에서 하나를 물려받는다. 암컷은 발육 과정에서 여왕벌과 일벌로 분화되는데, 그중 일벌은 번식을 포기하고 평생
> └ 이타적 행동
> 친동생을 키우며 산다.

정답 풀이

① 일벌들 간의 유전적 근연도는 1이다.
└ 모든 일벌이 유전적으로 100% 동일하다고 할 수 없음.

해설 6문단에서 유전적으로 100% 같은 경우는 유전적 근연도가 1이 된다고 하였다. 일벌인 암컷들은 두 짝의 염색체 중 한 짝은 수벌에게서 받아 동일하지만, 나머지 한 짝은 여왕벌이 가지고 있는 두 짝의 염색체 중 하나를 받는 것이므로 모든 일벌이 유전적으로 100% 동일하다고 할 수 없다.

11   구체적 이유 추론   정답 ⑤

선택률	① 14%	② 14%	③ 8%	④ 5%	⑤ 59%

㉠의 이유로 가장 적절한 것은?
= '간접 적합도'를 높이는 것

정답 풀이

⑤ 다음 세대에 남기는 자신의 유전자 복제본 개수에 영향을 미칠 수 있기 때문에

해설 4문단에서 해밀턴은 자연선택의 과정을 각 개체가 다음 세대에 자신의 유전자 복제본을 더 많이 남기는 과정으로 보았다고 하였다. 또한 개체가 다음 세대에 자신의 유전자 복제본을 남기는 방법으로 자기 자신의 번식 성공도를 높임으로써 직접 자신의 유전자 복제본을 남기는 방법인 '직접 적합도'를 높이는 것과, 자신과 유전자를 공유할 확률이 있는 상대의 번식 성공도를 높이는 데 도움을 줌으로써 간접적으로 자신의 유전자 복제본을 남기는 방법인 '간접 적합도'를 높이는 것이 있다고 보았음을 알 수 있다. 따라서 ㉠의 이유는 다음 세대에 남기는 자신의 유전자 복제본 개수에 영향을 미칠 수 있기 때문이다.

오답 풀이

① 개체 수준의 자연선택을 결정하는 요소이기 때문에

해설 1문단에서 다윈은 자연선택의 과정이 환경에 딱 맞는 개체를 만들어 내며, 자연선택이 각 개체의 적합도, 즉 번식 성공도를 높이는 방향으로 일어난다고 보았다고 하였다. 따라서 개체 수준의 자연선택을 결정하는 요소는 '적합도'이다. 개체 수준의 자연선택을 결정하는 요소이기 때문에 '간접 적합도'를 높이는 것은 아니다.

② 행위 당사자와 상대방의 유전자가 동일하기 때문에

[해설] 4문단에서 ㉠은 자신과 유전자를 공유할 확률이 있는 상대의 번식 성공도를 높이는 데 도움을 줌으로써 간접적으로 자신의 유전자 복제본을 남기는 방법이라고 하였다. 유전자를 공유할 확률이 있는 상대방의 번식을 돕는 것이지, 상대방과 유전자가 동일하기 때문에 '간접 적합도'를 높이는 것은 아니다.

③ 상대방을 통해 자신의 유전자 복제본을 남기는 것이 어렵기 때문에

[해설] 4문단에서 ㉠은 자신과 유전자를 공유할 확률이 있는 상대의 번식 성공도를 높이는 데 도움을 줌으로써 간접적으로 자신의 유전자 복제본을 남기는 방법이라고 하였다. 상대방을 통해 자신의 유전자 복제본을 남기는 것이 어렵다면 '간접 적합도'를 높이지 않을 것이다.

④ 행위 당사자의 번식 성공도와 상대방의 번식 성공도는 무관하기 때문에

[해설] 4문단에서 ㉠은 상대의 번식 성공도를 높이는 데 도움을 주는 것이라고 하였고, 5문단에서 이타적 행동은 개체 자신의 번식 성공도인 직접 적합도를 낮추게 된다고 하였다. 따라서 행위 당사자의 번식 성공도와 상대방의 번식 성공도가 무관하다고 볼 수 없으며, ㉠의 이유로도 적절하지 않다.

12 어휘의 문맥적 의미 파악   정답 ③

선택률	① 4%	② 4%	③ 83%	④ 4%	⑤ 5%

밑줄 친 단어 중, ⓐ와 문맥적 의미가 가장 유사한 것은?
= 일어난다

정답 풀이

③ 한류 열풍이 새로운 형태로 일어나고 있다.

[해설] ⓐ와 ①에서 '일어나다'는 '자연이나 인간 따위에게 어떤 현상이 발생하다.'라는 의미로 사용되었다.

오답 풀이

① 사람마다 일어나는 시간이 다르다.

[해설] 이 선택지에서는 '잠에서 깨어나다.'라는 의미로 사용되었다.

② 자동차가 지나가자 흙먼지가 일어났다.

[해설] 이 선택지에서는 '위로 솟거나 부풀어 오르다.'라는 의미로 사용되었다.

④ 심사 결과를 발표하자 큰 환호성이 일어났다.

[해설] 이 선택지에서는 '소리가 나다.'라는 의미로 사용되었다.

⑤ 그들은 자리에서 일어나 문을 향해 걸어갔다.

[해설] 이 선택지에서는 '누웠다가 앉거나 앉았다가 서다.'라는 의미로 사용되었다.

01~05	2021년 6월 고2 전국연합학력평가	본문 90~91쪽

01 ④   02 ③   03 ③   04 ④   05 ⑤

◯ 문단별 핵심어   ★ ▨▨ 중심 문장

• 차원해석

1 과학과 공학에서 (차원)이란 길이, 질량, 시간과 같이 일반화된 (물리량의 성질)을 말한다. 이러한 차원은 흔히 단위로 나타내는데 길이 단위인 미터(m), 질량 단위인 킬로그램(kg), 시간 단위인 초(s) 등이 있다. "학교까지의 거리는 100m이다."라고 말할 때, 미터(m)는 거리를 나타내는 (단위)이고, 거리는 길이 '차원'에 해당한다. 미터(m), 킬로미터(km)처럼 하나의 차원을 표시하는 단위는 여러 개일 수 있다. 차원은 (대괄호)를 사용해 표현하는데, 지름, 거리 등은 길이 차원이므로 [길이]로 표현한다. 면적은 길이 곱하기 길이이므로 [길이²]으로 표현하는데, [길이]와 [길이²]은 물리량의 성질이 다르므로 서로 다른 차원이다. 속도는 길이 나누기 시간이므로 [길이/시간]으로 차원을 표현한다. 이러한 차원을 ⓐ분석하여 단순 비교가 어려운 물리량 변수들 사이의 관계를 미루어 알아내는 방법을 (차원해석)이라 한다. 차원해석을 위해서는 차원의 동일성과 무차원화를 이해해야 한다.

2 물리적 수식 양변의 각 항들은 동일한 차원을 지녀야 하는데, 이를 ㉠(차원의 동일성)이라 한다. 차원의 동일성을 통해 (물리량 변수들의 관계)를 알 수 있다. 예를 들어 'v(속도) = s/t(거리/시간)'라는 수식에서 [속도]와 [길이/시간]은 차원이 같다. 이를 통해 속도, 거리, 시간 세 변수들의 관계가 드러난다. 위의 식에서 [길이/시간]과 같이 한 차원으로 다른 차원을 나누는 것은 가능함을 알 수 있다. 이처럼 한 차원으로 다른 차원을 곱하거나 나눌 때는 차원의 동일성이 유지된다. 차원이 같은 항을 더하거나 빼면 차원의 동일성이 유지되지만, 차원이 다른 항을 더하거나 빼면 차원의 동일성이 유지되지 않는다. 그래서 [속도] = [길이/시간] + [질량]과 같은 수식은 성립할 수 없다. 수식에서 2, π와 같은 상수들은 차원을 갖지 않아 무시한다.

3 다음으로 (무차원화)란 차원을 지닌 변수나 수식을 (차원이 없는 상태)로 만드는 작업을 말한다. 차원은 단위로 나타내므로 차원이 없다는 것은 단위가 없다는 의미이다. 간단한 (무차원화 방법)으로 어떤 기준이 되는 양을 놓고 이 양과 (상대적인 크기)를 비교하는 것이 있다. 전체 인원(N)에서의 순위(n)가 있을 때 기준이 되는 양인

전체 인원으로 순위를 나누면 무차원화되어 상대적인 크기(n/N)만 남는다. 예를 들어, 참가 선수 100명(N) 중에서 10위(n)를 했다면 n/N = 0.1에 해당하고, 20명 중 10위를 했다면 n/N = 0.5에 해당한다. 무차원화된 수는 0에서 1 사이의 값을 갖는데, 0.1과 0.5와 같이 차원이 없어져 상대적인 크기의 비교가 가능해진다.

무차원화의 효과 ①

[A]
4 무차원화는 변수들 사이의 관계를 나타낼 때에도 편리하다.

무차원화의 효과 ②

이때는 차원을 가진 두 개의 변수 x와 y의 관계 대신, 두 변수를 기준이 되는 양(A, B)으로 나누어 각각을 무차원화한 X, Y의 관

무차원화의 방법

계를 그래프로 나타낼 수 있다. 이때 X는 x/A, Y는 y/B 값이다.

5 차원의 동일성과 무차원화를 고려하며 다음과 같은 차원해석을 해 볼 수 있다. 지상에서 질량 m인 물체를 위쪽을 향해 속도 v로 던졌을 때 도달하는 최대 높이를 구하려고 한다. 최대 높이(h)는 물체의 질량(m), 던지는 속도(v), 중력가속도(g)에 의해 결정될 것이라 ⓑ가정한다. h의 값은 각 변수들의 거듭제곱의 ⓒ조합으로 이루어진다고 생각할 수 있다.

[B]
6 이를 $[h] = [m^a v^b g^c]$로 나타낼 수 있다. 각 변수의 차원은 $[h]$ = [길이], $[m]$ = [질량], $[v]$ = [길이/시간], $[g]$ = [길이/시간^2]이다. 양변의 차원이 동일해야 하므로 a = 0, b = 2, c = −1이 되면 우

차원의 동일성과 무차원화를 고려한 차원해석의 과정

변에서 [길이] 외의 차원은 없어져 좌변처럼 [길이]가 된다. 따라서 차원해석을 한 결과는 다음과 같이 ⓓ정리할 수 있다.

$$h = C(v^2 / g)$$

7 중력가속도(g)는 정해진 값이 있으므로, 결론적으로 이 식에서 위로 던진 물체의 최대 높이(h)는 질량과 관계가 없으며

차원해석의 결과

(m^0), 속도의 제곱에 비례한다(v^2)는 것을 알 수 있다. 이렇게 차원해석으로 실험 없이 단순히 각 변수들의 차원만 분석해도 꽤 구체적인 결과를 ⓔ도출할 수 있다. 남은 변수들과의 관계를 고려해 실험을 하면 상수값 C를 도출할 수 있는데, 과학에서 상수값 C의 수치를 아는 것보다 변수들 간의 관계를 이해하는 것이 훨씬 중요하다.

8 차원해석을 활용하면 변수가 많아 복잡한 과학적, 공학적 문제의 의미를 일반화하고 단순화할 수 있다.

차원해석의 의의 ①

그래서 차원이 달라서 비교할 수 없었던 변수들끼리 비교하는 것이 가능하게 될 뿐 아니라,

차원해석의 의의 ②

그것의 실험이나 작업량을 확연히 줄일 수 있다.

차원해석의 의의 ③

지문 분석하기

|지문 구조

1 차원과 차원해석의 개념

↓

2 차원의 동일성의 개념 ＋ **3, 4** 무차원화의 개념과 방법 및 효과

↓

5, 6, 7 차원의 동일성과 무차원화를 고려한 차원해석 과정의 예

↓

8 차원해석의 의의

|주제| 차원의 동일성과 무차원화를 고려한 차원해석의 이해와 의의

한컷 정리하기

차원해석
· 길이, 질량, 시간 등 일반화된 물리량의 성질인 '차원'을 분석하여 단순 비교가 어려운 물리량 변수들 사이의 관계를 알아내는 방법
· 의의
① 복잡한 과학적, 공학적 문제의 의미를 일반화·단순화할 수 있음.
② 차원이 달라 비교할 수 없었던 변수들끼리 비교하는 것이 가능함.
③ 실험이나 작업량을 확연히 줄일 수 있음.

차원해석에서 고려해야 할 점

차원의 동일성	무차원화
· 물리적 수식 양변의 각 항들은 동일한 차원을 지녀야 한다는 것 · 차원의 동일성을 통해 물리량 변수들의 관계를 알 수 있음. · 한 차원으로 다른 차원을 곱하거나 나눌 때는 유지됨. · 차원이 같은 항을 더하거나 빼면 유지되지만, 차원이 다른 항을 더하거나 빼면 유지되지 않음.	· 차원을 지닌 변수나 수식을 차원이 없는 상태로 만드는 작업 · 방법: 기준이 되는 양을 놓고 이 양과 상대적인 크기를 비교하거나, 차원을 가진 두 변수를 기준이 되는 양으로 나누어 각각을 무차원화하여 그 관계를 그래프로 나타낼 수 있음. · 효과: 차원이 없어져 상대적인 크기의 비교가 가능해지고, 변수들 사이의 관계를 나타낼 때 편리함.

01 중심 화제의 파악 정답 ④

선택률	① 3%	② 4%	③ 4%	④ 83%	⑤ 6%

윗글의 표제와 부제로 가장 적절한 것은?

[정답 풀이]

④ **차원해석의 이해와 의의**
 – 차원의 동일성과 무차원화의 이해를 중심으로

[해설] 이 글은 차원의 동일성과 무차원화를 통해 차원해석에 대해 설명하고, 차원해석의 의의를 밝히고 있다. 따라서 '차원해석의 이해와 의의'가 표제로 적절하고, '차원의 동일성과 무차원화의 이해를 중심으로'가 부제로 적절하다.

[오답 풀이]

① **무차원화의 의미와 의의**
 – 차원의 동일성이 지닌 의미를 중심으로

[해설] 무차원화에 대해 설명하고 있지만, 이는 차원해석을 이해하기 위한 것이다. 글 전체의 표제로는 적절하지 않다.

② **무차원화의 여러 가지 방법들**
 – 차원의 동일성과 변수들의 관계를 중심으로

[해설] 무차원화의 방법들에 대해 설명하고 있지만, 이는 차원해석을 이해하기 위한 것이다. 글 전체의 표제로는 적절하지 않다.

③ **차원해석의 역사와 방법**
 – 다양한 무차원화 이론을 중심으로

[해설] 차원해석의 역사에 대해서는 설명하고 있지 않으며, 다양한 무차원화 이론을 제시하고 있지도 않으므로 적절하지 않다.

⑤ **차원해석의 기능과 효율성**
 – 단위와 차원의 분류를 중심으로

[해설] 단위와 차원의 분류를 중심으로 차원해석을 설명하고 있지 않으므로 적절하지 않다.

02 특정 정보의 추론 정답 ③

선택률	① 8%	② 7%	③ 73%	④ 8%	⑤ 4%

= '차원의 동일성'
㉠을 고려해 〈보기〉의 수식을 분석한 내용으로 적절한 것은?

[보기]
어떤 면적 A를 구하는 식이 'A = 2(B×C)+πD'라 가정한다.
[길이²]   더하는 각 항의 차원이 같아야 차원의 동일성이 유지됨.

[정답 풀이]

③ B와 C는 [길이], D는 [길이²]이어야 수식이 성립한다.

[해설] 1문단에서 면적은 [길이²]으로 표현한다고 하였으므로 A는 [길이²]이다. ㉠에 따라 수식이 성립하기 위해서는 수식 양변의 각 항들이 동일한 차원을 지녀야 하므로 우변인 '2(B×C)+πD'의 각 항의 차원도 [길이²]이 되어야 한다. 즉 'A = 2(B×C)+πD'를 차원으로 표현하면 '[길이²]=2[길이²]+π[길이²]'이므로, B와 C는 [길이], D는 [길이²]이어야 한다. 한편 수식에서 2, π와 같은 상수들은 차원을 갖지 않으므로 무시한다.

[오답 풀이]

① B, C, D 모두 [길이]이어야 수식이 성립한다.
 ↳ D는 [길이²]이어야 함.
[해설] D는 [길이²]이어야 수식이 성립한다.

② B, C, D 모두 [길이²]이어야 수식이 성립한다.
 ↳ B와 C는 [길이]이어야 함.
[해설] B와 C는 [길이]이어야 수식이 성립한다.

④ B와 D는 [길이], C는 [길이²]이어야 수식이 성립한다.
 ↳ C는   ↳ D는
[해설] B와 C는 [길이], D는 [길이²]이어야 수식이 성립한다.

⑤ B는 [길이²], C와 D는 [길이]이어야 2와 π의 영향으로 차원이 같아져 수식
 ↳ D는   ↳ B는   ↳ 상수는 차원을 갖지 않아 무시함.
이 성립한다.

[해설] B와 C는 [길이], D는 [길이²]이어야 수식이 성립한다. 또한 수식에서 2, π와 같은 상수들은 차원을 갖지 않아 무시한다고 하였으므로 2와 π의 영향으로 차원이 같아진다는 것도 적절하지 않다.

03 구체적 상황에 적용 정답 ③

선택률	① 7%	② 10%	③ 63%	④ 15%	⑤ 5%

[A]를 바탕으로 〈보기〉를 이해한 내용으로 적절하지 않은 것은? [3점]

[보기]

〈그림 1〉은 '시간(t)'과 '몸무게(m)'라는, 차원이 있는 두 변수로 나타낸 사람(㉮)과 어느 개(㉯)의 성장 곡선이다. 〈그림 2〉는 두 변수를 무차원화한 '무차원 시간(t/T)'과 '무차원 몸무게(m/M)'의 관계를 그래프로 나타낸 것이다.

＊ 단, ㉮의 수명(T)은 80년, 성체 몸무게(M)는 68kg, ㉯의 수명(T)은 10년, 성체 몸무게(M)는 10kg이라 가정한다.

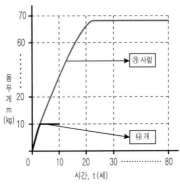
〈그림 1〉 차원이 있는 변수로 표시된 성장 곡선

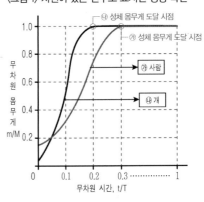
〈그림 2〉 무차원 변수로 표시된 성장 곡선

[정답 풀이]

③ 〈그림 2〉에서 첫 교차 지점까지를 제외하면 ㉯보다 ㉮의 성장이 대체로 빠르다는 것을 알 수 있다.
 ↳ ㉮보다 ㉯의

[해설] 〈그림 2〉에서 첫 교차 지점 이후 ㉮와 ㉯의 성장 곡선의 기울기를 보면 ㉯의 성장 곡선이 ㉮의 성장 곡선보다 기울기가 가파르다. 이 기울기는 성장 속도를 의미하므로 첫 교차 지점까지를 제외하면 ㉮보다 ㉯의 성장이 대체로 빠르다는 것을 알 수 있다.

오답 풀이

① 〈그림 1〉에서는 ㉮와 ㉯가 각각 시간에 따라 몸무게가 어떻게 변화하는지를 두 변수의 관계로 파악할 수 있다.

해설 〈그림 1〉은 ㉮와 ㉯가 시간, 즉 나이(변수 1)에 따른 몸무게(변수 2)의 변화를 나타낸 그래프이다. 따라서 〈그림 1〉에서는 ㉮와 ㉯가 각각 시간에 따라 몸무게가 어떻게 변화하는지를 두 변수, 즉 '시간'과 '몸무게'의 관계로 파악할 수 있다.

② 〈그림 1〉에서는 ㉮와 ㉯의 수명이 달라 둘의 몸무게 변화 과정에 대한 상대적인 크기를 비교하기 어렵다.

해설 ㉮와 ㉯의 수명이 각각 80년과 10년으로 달라 〈그림 1〉에서 ㉮ 곡선은 80년 동안의 몸무게 변화를, ㉯ 곡선은 10년 동안의 몸무게 변화를 나타낸다. 즉 〈그림 1〉에서는 ㉮와 ㉯의 수명이 달라 둘의 몸무게의 변화 과정이 상대적 크기로 드러나지 않으므로 비교하기가 어렵다.

④ 〈그림 2〉에서 ㉯가 성체 몸무게에 도달하는 시점은 ㉮가 성체 몸무게에 도달하는 시점보다 빠르다.

해설 〈그림 2〉에서 ㉮는 무차원 시간 't/T'가 0.3일 때 성체 몸무게에 도달하고, ㉯는 0.2일 때 성체 몸무게에 도달한다. 따라서 ㉯가 성체 몸무게에 도달하는 시점은 ㉮가 성체 몸무게에 도달하는 시점보다 빠르다.

😊 선택지 속 함정

④는 〈그림 2〉에서 '성체 몸무게에 도달하는 시점'이 무차별 몸무게가 1이 되는 지점의 무차원 시간이라는 것을 파악하는 것이 핵심이야. 무차별 몸무게(m/M)는 몸무게(m)를 성체 몸무게(M)로 나눈 값이니까 몸무게가 성체 몸무게가 되었다는 건 m과 M이 같아졌다는 것이고, 즉 m/M의 값이 1이라는 거지. 사실 〈그림 2〉만 유심히 봐도 더 이상 성장 곡선이 우상향하지 않는 지점이 성체 몸무게에 도달한 지점임을 알 수 있어. 그래프도 나오고 숫자도 나오는 이런 문제가 오히려 답을 판단하기는 쉬운 경우도 많으니, 언뜻 복잡해 보인다고 해서 당황하지 말고 차근히 풀어 보도록 하자.

⑤ 〈그림 2〉는 몸무게(m)를 성체 몸무게(M)로, 시간(t)을 수명(T)으로 나누어 0에서 1 사이의 값으로 나타내었다.

해설 〈그림 2〉는 시간(t)과 몸무게(m)라는 두 변수를 무차원화한 무차원 시간(t/T)과 무차원 몸무게(m/M)의 관계를 그래프로 나타낸 것이다. 3문단에서 무차원화된 수는 0에서 1 사이의 값을 갖는다고 하였고, 〈그림 2〉에서 두 축의 값이 0과 1 사이에 있음을 확인할 수 있다.

---

04 세부 정보의 추론

정답 ④

선택률	① 5%	② 6%	③ 13%	④ 67%	⑤ 9%

[B]에 대한 학생의 반응으로 적절한 것은?

정답 풀이

④ 물체의 질량을 달리하며 실험을 반복할 필요가 없겠군.

해설 [B]에 따르면, 차원해석을 통해 위로 던진 물체의 최대 높이(h)는 질량(m)과 관계가 없음을 알 수 있다. 따라서 물체의 질량을 달리하며 실험을 반복할 필요가 없다. 이처럼 차원해석을 활용하면 변수를 줄여 실험이나 작업량을 줄일 수 있다.

오답 풀이

① 변수들의 관계보다 상수값 C를 아는 게 중요하군.
↳ 상수값 C보다 변수들 간의 관계를
해설 [B]에 따르면, 상수값 C보다 변수들 사이의 관계를 아는 것이 중요하다. 상수값 C는 차원해석 후 실험을 통해 도출할 수 있다.

② g를 제곱하여서 양변의 차원을 동일하게 만들었군.

해설 [B]에 따르면, c는 2가 아니라 −1이므로 g를 제곱한 것이 아니다.

③ 차원해석으로 h는 v와 무관하다는 것을 알 수 있군.
↳ 무관하지 않다는
해설 [B]에 따르면, 최대 높이(h)는 속도의 제곱(√²)에 비례하므로 h는 v와 무관하지 않다.

⑤ a, b, c의 합이 1이 되면 좌변은 차원어 없는 상태가 되겠군.

해설 [B]에 따르면, a=0, b=2, c=−1이 되어 a, b, c의 합이 1이 되면 우변은 [길이] 차원만 남아 좌변과 차원이 같아진다. 좌변이 차원이 없는 상태가 되는 것은 아니다.

---

05 어휘의 사전적 의미 파악

정답 ⑤

선택률	① 9%	② 2%	③ 7%	④ 5%	⑤ 77%

@~@의 사전적 의미로 적절하지 않은 것은?

정답 풀이

⑤ @: 시간이나 물건의 양 따위를 헤아리거나 잼.
= 도출
해설 '도출'의 사전적 의미는 '판단이나 결론 따위를 이끌어 냄.'이다. '시간이나 물건의 양 따위를 헤아리거나 잼.'의 뜻을 지닌 단어는 '계측(計測)'이다.

오답 풀이

① @: 얽혀 있거나 복잡한 것을 풀어서 개별 요소나 성질로 나눔.
= 분석
해설 '분석'의 사전적 의미는 '얽혀 있거나 복잡한 것을 풀어서 개별 요소나 성질로 나눔.'이다. '원인 분석이 되어야 문제를 해결할 수 있다.'와 같이 쓰인다.

② @: 사실인지 아닌지 분명하지 않은 것을 임시로 인정함.
= 가정
해설 '가정'의 사전적 의미는 '사실인지 아닌지 분명하지 않은 것을 임시로 인정함.'이다. '대회가 곧 열릴 것이라는 가정 아래 열심히 준비하고 있다.'와 같이 쓰인다.

③ @: 여럿을 모아 한 덩어리로 짬.
= 조합
해설 '조합'의 사전적 의미는 '여럿을 모아 한 덩어리로 짬.'이다. '여러 부품의 조합으로 만든 시계이다.'와 같이 쓰인다.

④ @: 흐트러지거나 혼란스러운 상태에 있는 것을 한데 모으거나 치워서 질서 있는 상태가 되게 함.
= 정리
해설 '정리'의 사전적 의미는 '흐트러지거나 혼란스러운 상태에 있는 것을 한데 모으거나 치워서 질서 있는 상태가 되게 함.'이다. '공부하는 데 있어서 책상 정리는 기본 중의 기본이다.'와 같이 쓰인다.

• 상과 상변화

1 물질은 여러 가지 다른 상(phase)으로 ⓐ존재할 수 있다. 물질의 상이란 화학적 조성은 물론 물리적 상태가 전체적으로 균질한 물질의 형태를 말하며, 일반적으로 고체, 액체, 기체로 ⓑ구분된다. 고체는 일정한 부피와 모양을 가지고 있으며, 물질을 구성하는 원자들이 각자의 위치를 중심으로 결합되어 서로 고정된 상태이다. 액체는 일정한 부피를 가지나 모양이 일정하지는 않으며, 물질을 구성하는 분자 간 인력이 분자 위치를 고정할 만큼 강하지 못하여 분자가 액체 내부를 무질서하게 돌아다니는 상태이다. 기체는 부피와 모양이 모두 일정하지 않으며, 물질을 구성하는 분자 간 인력이 매우 작은 편으로 기체의 분자 간 평균적인 거리는 고체나 액체일 경우에 비해 매우 먼 상태이다.

2 물질은 압력과 온도 조건의 변화에 따라 다른 상으로 변할 수 있다. 화학적 조성의 변화는 ⓒ수반되지 않으면서 물질의 상이 전환되는 현상을 상변화(phase change)라 하며, 압력은 동일하지만 온도가 더 높은 조건에서 존재하는 상일 때의 물질을 높은 상 물질이라고 한다. 이러한 모든 상변화에서는 물질의 내부 에너지 변화가 일어나는 특징이 있다.

3 상평형 그림(phase diagram)은 닫힌계*에서 압력과 온도 조건의 변화에 따른 물질의 상변화를 나타낼 수 있는 방법이다. 아래의

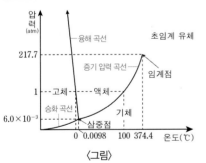

〈그림〉

〈그림〉은 물의 상평형 그림으로, 압력과 온도 조건에 따른 물의 상을 보여 준다. 상평형 그림에서 상과 상 사이의 선들을 상 경계라고 하는데, 선의 각 점은 두 상이 평형을 이루는 압력과 온도 조건을 나타내며, 상 경계는 두 상이 평형을 이루는 압력과 온도 조건의 집합이 된다. 상평형 그림에서 고체상과 액체상이 평형을 이루는 조건을 융해 곡선, 기체상과 고체상이 평형을 이루는 조건을 승화 곡선, 기체상과 액체상이 평형을 이루는 조건을 증기 압력 곡선이라 한다.

4 닫힌계에서 기체상과 액체상이 평형을 이루는 상태에 대해 설명해 보자. 액체가 기체로 상이 전환되는 것은, 같은 온도에서도 액체의 분자가 각각 서로 다른 에너지를 가지고 있을 수 있어서 그중 높은 에너지를 갖는 분자가 증발할 수 있기 때문이다. 액체의 분자들을 한데 묶어 두는 분자 간 인력이 존재함에도 불구하고, 액체의 표면에 있는 분자들은 각각 다른 정도의 운동 에너지를 갖기 때문에 그중 운동 에너지가 큰 분자들은 분자 간 인력을 극복하고 증발하여 기체 상태로 변한다. 하지만 [A] 기체의 분자들 일부는 반대로 에너지를 잃고 응결되어 액체로 변한다. 그리고 이러한 과정의 초기에는 액체의 표면을 떠나는 분자의 수가 돌아오는 수보다 훨씬 많으나, 기체의 분자 수 증가로 기체의 압력 또한 높아져 액체의 표면에서 응결되는 분자 수 또한 증가하게 된다. 결국 분자들의 증발 또는 응결은 지속적으로 이루어지고 있으나, 특정한 압력과 온도 조건에서 액체의 증발 속도와 기체의 응결 속도는 같아지게 되어 거시적으로 평형을 유지하게 된다. 그리고 이러한 상태에서의 압력과 온도 조건들이 상평형 그림의 증기 압력 곡선이 된다.

5 한편, 위 〈그림〉에서 고체와 기체 사이의 상 경계를 따라가면 두 선이 ⓓ분기하는 점이 나타난다. 이 점은 세 개의 상이 평형을 이루며 공존하는 상태로, ㉠삼중점(triple point)이라고 한다. 그리고 액체와 기체 사이의 상 경계를 따라가면 선이 끝나는 임계점을 만나는데, 이때의 온도를 임계 온도, 압력을 임계 압력이라 한다. 임계 온도는 아무리 압력을 높여도 기체가 액화되지 않는 온도이며, 임계 압력은 아무리 온도를 높여도 액체가 증발되지 않는 압력으로, 임계점에서 두 상은 액체도 기체도 아닌 초임계 유체를 ⓔ형성한다.

✽ 닫힌계: 주위와 물질 교환을 하지 않으나 에너지 교환은 할 수 있는 계.

지식을 쌓는 **배경지식**

제4의 물질의 상 '플라즈마'

• 일반적으로 물질의 상은 고체, 액체, 기체의 세 가지로 구분되어 왔는데, 근래에는 플라즈마가 물질의 제4의 상으로 추가됨.

• 플라즈마는 초고온에서 음전하를 가진 전자와 양전하를 띤 이온으로 분리된 기체로, 전체적으로 중성 상태임.

• 기체 분자들은 다른 분자의 운동에 거의 영향을 미치지 않는 반면, 플라즈마 상태에서는 이온들 간에 상호 작용이 일어난다는 점에서 기체와 차이가 있음.

• 플라즈마는 지구에서는 번개나 오로라 등의 자연 현상에서 볼 수 있는 비교적 드문 상태이지만 우주 전체로 보면 가장 흔한 상태로, 태양, 별, 발광성운은 모두 플라즈마 상태이며 우주 전체의 99%가 플라즈마 상태라고 추정됨.

|지문 구조|

1 물질의 상의 개념과 세 가지 상의 특징

↓

2 상변화와 높은 상 물질의 개념 및 상변화의 특징

↓

3 상평형 그림의 개념과 물의 상평형 그림

↓

4 닫힌계에서 기체상과 액체상이 평형을 이루는 상태가 되는 과정

↓

5 삼중점과 임계점의 개념과 특징

|주제| 물질의 상과 상변화에 대한 이해

한컷 정리하기

물질의 상과 상변화	→ 표현	상평형 그림

- **물질의 상**: 화학적 조성과 물리적 상태가 전체적으로 균질한 물질의 형태를 말하며, 일반적으로 고체, 액체, 기체로 구분됨.
- **상변화**: 화학적 조성의 변화는 수반하지 않으면서 물질의 상이 전환되는 현상으로, 모든 상변화에서는 물질의 내부 에너지 변화가 일어남.

- **상평형 그림**: 닫힌계에서 압력과 온도 조건의 변화에 따른 물질의 상변화를 나타냄.
- **상 경계**: 두 상이 평형을 이루는 압력과 온도 조건의 집합
- **삼중점**: 세 개의 상이 평형을 이루며 공존하는 상태
- **임계점**: 임계 온도와 임계 압력의 지점으로, 두 상이 액체도 기체도 아닌 초임계 유체를 형성함.

---

06 글의 전개 방식 파악 정답 ①

선택률	① 55%	② 7%	③ 8%	④ 19%	⑤ 11%

윗글에 대한 설명으로 가장 적절한 것은?

정답 풀이

① 물질의 상과 상변화 개념을 제시하고, 상평형 그림을 활용하여 물질의 상변화를 설명하고 있다.

해설 1문단과 2문단에서 물질의 상과 상변화의 개념을 제시하고, 3~5문단에서는 상평형 그림을 활용하여 압력과 온도 조건에 따른 물질의 상변화를 설명하고 있다.

오답 풀이

② 물질의 상을 구분하고, 압력 변화에 따라 물질을 구성하는 원자나 분자가 달라지는 원인을 분석하고 있다.
↳ 상변화는 화학적 조성의 변화를 수반하지 않음.

해설 1문단에서 물질의 상을 고체, 액체, 기체의 세 가지로 구분하고 있으나, 물질의 상은 화학적 조성은 물론 물리적 상태가 전체적으로 균질한 물질의 형태라고 하였다. 또한 2문단에서 물질의 상은 압력과 온도 조건의 변화에 따라 다른 상으로 변할 수 있지만, 이때 물질을 구성하는 원자나 분자가 달라지는 화학적 조성의 변화는 수반되지 않음을 알 수 있다.

③ 물질이 물리적 형태에 따라 나타내는 특성들을 제시하고, 다양한 물질의 예를 들어 각 특성들을 설명하고 있다.
↳ 다양한 물질의 예를 들지는 않음.

해설 1문단에서 고체, 액체, 기체의 특성을 설명하고 있으나, 다양한 물질의 예를 들지는 않았다.

④ 물질의 상과 상변화의 관련성을 설명하고, 압력과 온도 변화에 따른 물질의 화학적 조성 변화 원인을 분석하고 있다.
↳ 관련성은 설명하고 있지 않음. / 상변화는 화학적 조성의 변화를 수반하지 않음.

해설 1문단에서 물질의 상과 상변화의 개념을 설명하고 있지만, 상과 상변화의 관련성에 대해서는 제시하지 않았다. 또한 2문단에서 상변화는 화학적 조성의 변화를 수반하지 않는다고 하였으므로, 압력과 온도 변화에 따른 물질의 화학적 조성 변화 원인을 분석하고 있는 것도 아니다.

⑤ 물질의 상변화 과정에서 나타나는 압력과 온도 사이의 상관성을 분석하고, 물질의 화학적 변화 이유를 제시하고 있다.
↳ 압력과 온도 사이의 상관성과 물질의 화학적 변화 이유는 드러나지 않음.

해설 이 글에서는 물의 상평형 그림을 통해 압력과 온도 조건의 변화에 따른 물질의 상변화를 설명하고 있다. 그러나 물질의 상변화 과정에서 나타나는 압력과 온도 사이의 상관성을 분석하거나 물질의 화학적 변화 이유를 제시하지는 않았다.

---

07 자료의 비교 이해 정답 ⑤

선택률	① 8%	② 9%	③ 17%	④ 23%	⑤ 43%

〈보기〉와 윗글의 〈그림〉을 관련지어 이해한 내용으로 적절하지 않은 것은?

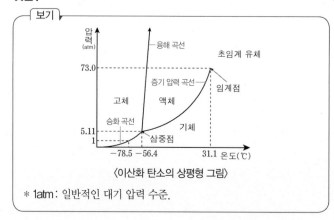

〈이산화 탄소의 상평형 그림〉

*1atm: 일반적인 대기 압력 수준.

정답 풀이

⑤ 물과 이산화 탄소는 ~~어떤~~ 압력과 온도 조건에서도 고체에서 기체로의 상변
↳ 조건에 따라
화가 일어날 수 ~~없겠군.~~
↳ 있겠군

해설 3문단에서 상평형 그림에서 기체상과 고체상이 평형을 이루는 조건을 승
화 곡선이라 한다고 하였다. 이 글의 〈그림〉과 〈보기〉의 〈이산화 탄소의 상평형
그림〉 모두에서 삼중점 이하의 압력과 온도에서 승화 곡선이 나타나 있다. 따
라서 물과 이산화 탄소는 조건에 따라 고체에서 기체로의 상변화가 일어날 수
있다.

오답 풀이

① 이산화 탄소는 물에 비해 임계점이 상대적으로 더 낮은 압력과 온도 조건에
있군.

해설 이 글의 〈그림〉에서 물의 임계 압력은 217.7atm, 임계 온도는 374.4℃임을
확인할 수 있고, 〈보기〉의 〈이산화 탄소의 상평형 그림〉에서 이산화 탄소의 임계
압력은 73atm, 임계 온도는 31.1℃임을 확인할 수 있다. 따라서 이산화 탄소는 물
에 비해 임계점이 상대적으로 더 낮은 압력과 온도 조건에 있다.

② 이산화 탄소는 물과 달리 일반적인 대기 압력 수준에서 액체로 존재할 수
없겠군.

해설 이 글의 〈그림〉에서 물은 일반적인 대기 압력 수준인 1atm일 때 0℃와
100℃ 사이에서 액체로 존재하는 것을 확인할 수 있다. 반면 〈보기〉의 〈이산화
탄소의 상평형 그림〉을 통해 이산화 탄소는 1atm일 때 −78.5℃ 아래에서는 고
체, −78.5℃에서 임계 온도인 31.1℃ 사이에서는 기체로 존재하므로 어떤 온도에
서도 액체로 존재할 수 없음을 확인할 수 있다. 따라서 이산화 탄소는 물과 달리
일반적인 대기 압력 수준에서 액체로 존재할 수 없다.

③ 물과 이산화 탄소는 동일한 압력 조건에서 고체, 액체, 기체 중 기체가 높은
상 물질이겠군.

해설 2문단에서 높은 상 물질은 압력이 동일할 때 온도가 더 높은 조건에서 존
재하는 상일 때의 물질이라고 하였다. 이 글의 〈그림〉과 〈보기〉의 〈이산화 탄소
의 상평형 그림〉에서 같은 압력일 때 온도가 가장 높은 조건에서 존재하는 물질
은 기체이다. 따라서 물과 이산화 탄소는 모두 기체가 높은 상 물질이다.

④ 물은 이산화 탄소와 달리 온도가 높아질수록 고체와 액체 간 평형을 이루는
압력이 낮아지겠군.

해설 이 글의 〈그림〉에서 고체상과 액체상이 평형을 이루는 조건인 융해 곡선
을 보면, 온도가 높아질수록 상평형을 이루는 압력이 낮아지는 것을 확인할 수
있다. 반면 〈보기〉의 〈이산화 탄소의 상평형 그림〉에서 이산화 탄소의 융해 곡선
을 보면 온도가 높아질수록 상평형을 이루는 압력이 높아지는 것을 확인할 수
있다. 따라서 물은 이산화 탄소와 달리 온도가 높아질수록 고체와 액체 간 평형
을 이루는 압력이 낮아진다.

👁 선택지 속 함정

'고체와 액체 간 평형을 이루는' 조건이 융해 곡선을 나타낸다는 것을 파악하
지 못했거나, 지문과 〈보기〉에 제시된 그림에서 융해 곡선을 찾지 못했다면 ④의
적절성을 판단하기 어려웠을 거야. 지문과 〈보기〉의 두 그림에서 모두 어떤 것이
융해 곡선인지 표시해 주지 않았거든. 3문단에서 '고체상과 액체상이 평형을 이
루는 조건을 융해 곡선'이라 한다고 하였으니, 융해 곡선은 고체상과 액체상 사
이의 상 경계에 해당한다고 할 수 있겠지. 이처럼 지문의 내용과 연결하여 그림
에 친절하게 표시되지 않은 내용도 유추하여 파악할 수 있어야 해.

---

08 구체적 상황에 적용   정답 ④

[A]를 참고하여 〈보기〉를 이해한 내용으로 적절하지 않은 것은?
[3점]

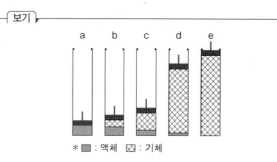

〈보기〉

* ■ : 액체   ☒ : 기체

위 그림은 액체가 담긴 밀폐된 용기의 피스톤을 위로 당기는
과정을 단계적으로 도식화한 것이다. 그림의 a~e는 일정한 온도
에서 압력의 감소에 따라 연속적으로 일어나는 액체에서 기체로
의 전환을 보여 준다. a에서 e의 순서로 진행되며, a는 액체 상태,
<u>액체에서 기체로의 상변화</u>
c만 상평형 상태, e는 기체 상태이다.

정답 풀이

④ c에서 e까지의 과정에서 액체의 분자와 기체의 분자는 모두 분자 간 인력
이 커질 것이다.

해설 c는 액체와 기체가 평형을 이루는 상평형 상태이고 e는 기체 상태이므로,
c에서 e까지의 과정은 분자 간 인력을 극복하고 증발하여 액체 상태의 분자가
기체 상태로 변하는 과정이다. 1문단에서 기체는 분자 간 인력이 매우 작은 편이
라고 한 것을 고려할 때, c에서 e까지의 과정은 점차 분자 간 인력이 상대적으로
작아지는 과정으로 볼 수 있다.

오답 풀이

① a에서 e까지의 과정에서 액체의 분자 수는 감소하고 기체의 분자 수는 증
가할 것이다.

해설 a에서 e까지의 과정은 액체에서 기체로 상이 전환되는 과정이다. [A]에서
액체가 기체로 상이 전환되는 것은 액체 분자가 증발하여 기체 상태로 변하는
것이라고 하였으므로, a에서 e까지의 과정에서 액체의 분자 수는 감소하고 기체
의 분자 수는 증가할 것이다.

② b는 액체의 표면을 떠나는 분자의 수가 기체에서 액체로 돌아오는 분자의
수보다 많은 상태일 것이다.

해설 [A]에서 액체가 기체로 상이 전환되는 과정의 초기에는 액체의 표면을 떠
나는 분자의 수가 돌아오는 수보다 훨씬 많다고 하였다. b는 액체가 기체로 상
이 전환되는 과정의 초기에 해당하므로 액체의 표면을 떠나는 분자의 수가 기체
에서 액체로 돌아오는 분자의 수보다 훨씬 많은 상태일 것이다.

③ c는 액체의 분자가 증발하는 속도와 기체의 분자가 응결하는 속도가 같은
상태일 것이다.

해설 [A]에서 기체상과 액체상이 평형을 이루는 상태는 분자들의 증발 또는 응
결은 지속적으로 이루어지고 있으나, 특정한 압력과 온도 조건에서 액체의 증발
속도와 기체의 응결 속도는 같아지게 되어 거시적으로 평형을 유지하게 되는 것
이라고 하였다. c는 상평형 상태이므로 액체의 분자가 증발하는 속도와 기체의
분자가 응결하는 속도가 같은 상태일 것이다.

⑤ e는 a에 비해 분자 간 평균적인 거리가 먼 상태일 것이다.

해설 1문단에서 기체의 분자 간 평균적인 거리는 고체나 액체일 경우에 비해 매
우 먼 상태라고 하였다. 따라서 기체 상태인 e는 액체 상태인 a에 비해 분자 간
평균적인 거리가 먼 상태일 것이다.

㉠에 대한 이해로 가장 적절한 것은?

= 삼중점(triple point)

【정답 풀이】

① **물질이 분자 수준에서는 상변화가 일어나고 있으나 거시적으로는 세 가지 상이 평형을 유지하고 있는 상태를 의미한다.**

〔해설〕 5문단에서 ㉠은 세 개의 상이 평형을 이루며 공존하는 상태라고 하였으므로, 이때의 압력과 온도 조건에서 고체, 액체, 기체는 상평형을 이룰 것이다. 한편 4문단에서 액체와 기체 간 상평형 상태에 대해, 분자들의 증발 또는 응결은 지속적으로 이루어지고 있으나, 특정한 압력과 온도 조건에서 액체의 증발 속도와 기체의 응결 속도는 같아지게 되어 거시적으로 평형을 유지하게 된다고 하였다. 따라서 ㉠은 물질이 분자 수준에서는 상변화가 일어나고 있으나 거시적으로는 세 가지 상이 평형을 유지하고 있는 상태를 의미한다고 할 수 있다.

【오답 풀이】

② **물질이 일정한 부피와 모양을 유지하면서 화학적 조성과 물리적 형태에는 변화가 없는 상태를 의미한다.** ↳ 고체의 특성임.

〔해설〕 5문단에서 ㉠은 세 개의 상이 평형을 이루며 공존하는 상태라고 하였다. 1문단에서 일정한 부피와 모양을 가지고 있는 것은 고체의 특성임을 알 수 있으므로 물질이 일정한 부피와 모양을 유지하는 것은 세 가지 상이 공존하는 상태가 아닐 것이다. 참고로 상변화는 화학적 조성의 변화는 수반하지 않으므로, 화학적 조성에는 변화가 없다.

③ **물질이 세 가지 상으로 구별되나 압력과 온도의 변화에도 특정한 상을 유지하려는 상태를 의미한다.**

〔해설〕 5문단에서 ㉠은 세 개의 상이 평형을 이루며 공존하는 상태라고 하였으므로, 이때의 압력과 온도 조건에서 고체, 액체, 기체는 상평형을 이룰 것이다. 압력과 온도의 변화가 있으면 ㉠을 벗어나 평형 상태가 깨져 그에 해당하는 상으로의 전환이 이루어질 것이다. 또한 ㉠은 세 개의 상이 평형을 이루는 상태이므로, 고체, 액체, 기체 중 특정한 상을 유지하려는 상태라고 볼 수 없다.

🔺 **선택지 속 함정**

③을 얼핏 보면 맞는 것으로 착각하기 쉬워. 일단 '삼중점'이라는 이름이 '물질이 세 가지 상으로 구별'된다는 것과 직관적으로 관련 있어 보이거든. 거기다가 ㉠ 뒤에 이어지는 임계 온도와 임계 압력에 대한 설명과 혼동해서 '압력과 온도의 변화에도 특정한 상을 유지하려는 상태를 의미한다'는 것도 맞는 것 같다고 느낄 수 있어. 그렇지만 삼중점은 세 개의 상이 평형을 이루며 공존하는 상태라고 한 내용을 바탕으로 이해해 보면, 오히려 삼중점은 세 개의 상이 평형을 이룬 특정 압력과 특정 온도의 지점이므로 압력과 온도의 변화에 따라 고체, 액체, 기체 어느 상으로도 전환이 이루어질 수 있는 지점임을 알 수 있지.

④ **물질을 구성하는 분자 간의 인력이 강해지나 물질의 내부 에너지는 증가하는 상태를 의미한다.**

〔해설〕 4문단에서 액체와 기체 간 상평형 상태에 대해 설명하면서 분자들의 증발 또는 응결은 지속적으로 이루어지고 있으나, 특정한 압력과 온도 조건에서 액체의 증발 속도와 기체의 응결 속도는 같아지게 되어 거시적으로 평형을 유지하게 된다고 하였다. 따라서 물질을 구성하는 분자 간의 인력은 강해지기도 하고 약해지기도 하지만 그 변화의 정도가 같아 거시적으로 평형을 유지하는 것이므로, ㉠이 분자 간의 인력이 강해지나 물질의 내부 에너지는 증가하는 상태를 의미한다고 할 수 없다. 또한 1문단에서 물질을 구성하는 분자 간 인력은 고체, 액체, 기체 중 고체가 가장 크다는 것을 알 수 있으므로 물질을 구성하는 분자 간 인력이 강해지면 세 가지 상의 평형이 유지되지 않을 것이다.

⑤ **물질의 내부 에너지가 증가하며 지속적으로 압력과 온도가 상승하는 상태를 의미한다.**

〔해설〕 ㉠은 세 개의 상이 평형을 이루며 공존하는 특정 압력과 특정 온도이므로, 지속적으로 압력과 온도가 상승하는 상태를 의미한다고 할 수 없다. 지속적으로 압력과 온도가 상승하면 ㉠을 벗어나 평형 상태가 깨질 것이다.

ⓐ~ⓔ의 사전적 의미로 적절하지 않은 것은?

【정답 풀이】

⑤ **ⓔ: 어떤 물건의 형상을 본뜸.**

= 형성

〔해설〕 '형성'의 사전적 의미는 '어떤 형상을 이룸.'이다. '어떤 물건의 형상을 본뜸.'은 '상형'의 사전적 의미이다.

【오답 풀이】

① **ⓐ: 현실에 실제로 있음.**

= 존재

〔해설〕 '존재'의 사전적 의미는 '현실에 실제로 있음.'이다. '인간은 사회적인 존재이다.'와 같이 쓰인다.

② **ⓑ: 일정한 기준에 따라 전체를 몇 개로 갈라 나눔.**

= 구분

〔해설〕 '구분'의 사전적 의미는 '일정한 기준에 따라 전체를 몇 개로 갈라 나눔.'이다. '지금부터 선배와 후배로 구분을 지어 게임을 진행하겠습니다.'와 같이 쓰인다.

③ **ⓒ: 어떤 일과 더불어 생김.**

= 수반

〔해설〕 '수반'의 사전적 의미는 '어떤 일과 더불어 생김.'이다. '투자 시 위험 부담의 수반은 미처 생각하지 못했다.'와 같이 쓰인다.

④ **ⓓ: 나뉘어서 갈라짐.**

= 분기

〔해설〕 '분기'의 사전적 의미는 '나뉘어서 갈라짐.'이다. '민심의 분기가 심해 모두가 원하는 제도를 마련하기가 쉽지 않다.'와 같이 쓰인다.

01~04 2021년 11월 고2 전국연합학력평가 　　　본문 96~97쪽

01 ③　**02** ③　**03** ⑤　**04** ④

◯ 문단별 핵심어　★▨▨▨ 중심 문장

• **터치스크린 패널**

1 ⟨터치스크린 패널⟩은 스크린의 특정 지점을 직접 ⟨접촉⟩하면 그 위
치를 파악하여 해당 위치에 설정된 기능을 직관적으로 조작할 수 *터치스크린 패널의 개념*
있도록 설계된 장치를 말한다. 터치스크린 패널 중 ⟨정전용량방식⟩의
패널은 전기가 통하는 전도성 물체를 스크린에 접촉했을 때 발생하
는 정전용량*의 변화를 측정하여 접촉된 위치를 파악한다. 터치스 *정전용량방식의 작동 원리*
크린 패널에 사용되는 정전용량방식에는 일반적으로 표면정전방식
과 투영정전방식이 있다. *정전용량방식의 종류*

2 ⟨⊙표면정전방식⟩은 패널의 네 모서리에 있는 각각의 감지회로가 *표면정전방식의 작동 원리*
동시에 ⟨정전용량⟩의 변화를 감지하여 전도성 물체의 ⟨접촉 위치⟩를 파
악하는 방식이다. 표면정전방식에서는 패널의 표면에 덮인 전도성
투명 필름이 전도성 물체의 접촉을 인식하는 센서 역할을 한다. 「센 *전도성 물체의 접촉을 인식하는 센서*
서에 전도성 물체가 접촉하게 되면 물체의 전하량과 패널의 전하량 「 」: 표면정전방식의 작동 과정
의 차이에 의해 전압이 변화하고, 이로 인해 형성된 전기장은 정전
용량을 변화시킨다. 네 모서리에 있는 감지회로는 정전용량의 변화
된 정도를 측정하여 물체가 접촉된 위치를 파악하는 것이다.」 표면
정전방식은 투영정전방식에 비해 구조가 단순하고 단가가 낮다는 *표면정전방식의 장점*
⟨장점⟩이 있다. 하지만 접촉된 위치를 대략적으로만 파악할 수 있어 *표면정전방식의 단점 ①*
정확도가 낮고 한 번에 하나의 접촉만 인식할 수 있기 때문에 여러 *표면정전방식의 단점 ②*
지점을 접촉했을 때 인식이 불가능하다는 ⟨단점⟩이 있다.

3 ⟨투영정전방식⟩은 접촉을 감지할 수 있는 센서를 패널의 일정한 *투영정전방식의 작동 원리*
구역마다 배치하여 활용하는 방식으로 ⓒ자기정전방식과 ⓒ상호
정전방식으로 나눌 수 있다. ⟨자기정전방식⟩은 패널에 전도성 물체가 *투영정전방식의 종류*
접촉하면 물체의 전하량과 패널의 전하량의 차이에 의해 ⟨전압⟩이 변 *표면정전방식과 유사한 자기정전방식의 작동 원리*
화하고, 이때 형성된 ⟨전기장⟩에 의해 증가하는 정전용량을 측정하는
방식이라는 점에서 그 원리가 표면정전방식과 유사하다. 하지만 자
기정전방식은 표면정전방식과 달리 하나의 층에 여러 개의 행과 열
의 형태로 배치된 각각의 센서들을 활용한다. 「센서가 특정 지점의 *표면정전방식과의 차이점*
접촉을 인식하면 센서의 각 행과 열의 끝에 배치된 감지회로가 접 「 」: 자기정전방식의 작동 과정
촉 지점에서 일어난 정전용량의 변화를 감지하고, 이를 바탕으로
⟨행과 열의 교차점⟩인 접촉 위치를 정교하고 빠르게 파악할 수 있다.」

4 반면 ⟨상호정전방식⟩은 가로축으로 배열된 센서인 ⟨구동 라인⟩과 세
로축으로 배열된 센서인 ⟨감지 라인⟩이 두 개의 층을 이루고 있다. 패 *자기정전방식과의 차이점*
널에 전도성 물체와의 접촉이 없을 때 「구동 라인에서는 전압에 의
해 전기장이 형성되며, 이 전기장은 모두 감지 라인으로 들어가 일 「 」: 패널에 전도성 물체와의 접촉이 없을 때 구동 라인과 감지 라인의 상태
정한 크기의 전기장을 유지하여 구동 라인과 감지 라인 사이에 상
호 정전용량을 형성한다.」 하지만 패널에 전도성 물체가 접촉하게
되면 「일정한 크기를 유지하던 전기장의 일부가 접촉된 물체로 흡수 「 」: 패널에 전도성 물체가 접촉할 때 일어나는 변화
된다. 전기장이 물체에 흡수되면 구동 라인과 감지 라인 사이에 형
성된 상호 정전용량이 감소하며 ⟨전기장⟩의 크기 역시 ⟨줄어든다⟩.」 이
때 접촉이 정확하게 일어날수록 해당 지점에 전기장이 더 많이 줄
어들게 된다. 결국 패널에는 접촉 전과는 다른 전기장의 흐름이 나 *상호정전방식의 작동 원리*
타나 상호 정전용량이 변화하고 구동 라인과 감지 라인의 교차점인
⟨터치좌표쌍⟩이 인식된다. 이때 터치좌표쌍은 구동 라인과 감지 라인
이 개별적으로 인식된 교차점이기에 하나의 패널에서는 여러 개의 *상호정전방식은 하나 이상의 접촉 위치를 인식할 수 있음.*
터치좌표쌍이 만들어질 수 있다.

5 이후 터치좌표쌍의 정보를 터치 컨트롤러가 ⟨디지털 신호⟩로 변환 *상호정전방식에서 전도성 물체의 접촉 여부 및 접촉 위치를 최종적으로 판단하는 과정*
해 ⟨이미지⟩로 처리하여 중앙처리장치(CPU)에 전달함으로써 해당 터
치스크린 패널은 전도성 물체의 접촉 여부 및 접촉한 위치를 최종
적으로 판단하게 된다. 이러한 ⟨상호정전방식⟩은 구동 라인과 감지
라인의 교차점을 개별적으로 인식하는 과정을 거치기에 측정 시간
이 많이 소요되지만, ⓐ두 지점을 접촉하는 ⟨멀티 터치⟩가 가능하여 *상호정전방식의 단점*
최근 스마트폰이나 태블릿과 같은 기기에 많이 활용되는 추세이다. *상호정전방식의 장점*

＊ **정전용량**: 물체가 지니고 있는 전하의 용량. 여기서 전하는 물체가 가지고 있는 전기적 성질
을 의미함.

지식을 쌓는　**배경지식**

터치스크린의 종류

• 터치스크린은 작동 원리와 구현 방법에 따라 감압식(저항막 방식), 정전용량
방식, 초음파방식, 적외선방식 등으로 구분됨.

• 우리가 일상생활에서 흔히 접하는 스마트폰, 태블릿 PC, 휴대용 게임기 등에
탑재된 터치스크린은 주로 감압식과 정전용량방식이 활용됨.

• 감압식: 터치스크린에 가해지는 압력을 인식해 반응하는 방식으로, 손가락뿐
아니라 여러 물건으로 화면을 터치할 수 있고 제조 비용이 비교적 저렴하나, 화
면 선명도가 떨어지고 충격에 약하며 반응 속도가 느린 편이라는 단점도 있음.

• 정전용량방식: 우리 몸에 있는 정전기를 이용하는 방식으로, 반응 속도가 짧
고 멀티 터치가 가능하며 감압식에 비하여 내구성이 좋으나, 전자를 유도하는
물질이 아니면 화면을 터치할 수 없다는 단점도 있음.

|지문 구조|

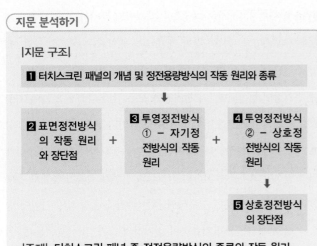

1 터치스크린 패널의 개념 및 정전용량방식의 작동 원리와 종류

↓

2 표면정전방식의 작동 원리와 장단점

+

3 투영정전방식 ① – 자기정전방식의 작동 원리

+

4 투영정전방식 ② – 상호정전방식의 작동 원리

↓

5 상호정전방식의 장단점

|주제| 터치스크린 패널 중 정전용량방식의 종류와 작동 원리

한컷 정리하기

터치스크린 패널 중 정전용량방식의 패널

• 터치스크린 패널: 스크린의 특정 지점을 직접 접촉하면 그 위치를 파악하여 해당 위치에 설정된 기능을 직관적으로 조작할 수 있도록 설계된 장치
• 정전용량방식 패널: 전도성 물체를 스크린에 접촉했을 때 발생하는 정전용량의 변화를 측정하여 접촉된 위치를 파악함.

정전용량방식의 종류

표면정전방식

투영정전방식

표면정전방식
• 패널의 네 모서리에 있는 각각의 감지회로가 동시에 정전용량의 변화를 감지하여 접촉 위치를 파악하는 방식
• 장점: 투영정전방식에 비해 구조가 단순하고 단가가 낮음.
• 단점: 정확도가 낮고 여러 지점을 접촉했을 때 인식이 불가능함.

자기정전방식
• 표면정전방식과 작동 원리가 유사함.
• 하나의 층에 여러 개의 행과 열의 형태로 배치된 각각의 센서들을 활용함.
• 센서가 접촉을 인식하면 감지회로가 접촉 지점에서 일어난 정전용량의 변화를 감지하고, 행과 열의 교차점인 접촉 위치를 정교하고 빠르게 파악함.

상호정전방식
• 가로축 센서인 구동 라인과 세로축 센서인 감지 라인이 두 개의 층을 이루고 있음.
• 전도성 물체가 접촉하면 접촉 전과는 다른 전기장의 흐름이 나타나 상호 정전용량이 변화하고 구동 라인과 감지 라인의 교차점인 터치좌표쌍이 인식됨.
• 장점: 두 지점을 접촉하는 멀티 터치가 가능함.
• 단점: 측정 시간이 많이 소요됨.

---

01 세부 정보의 파악 정답 ③

| 선택률 | ① 2% | ② 4% | ③ 85% | ④ 7% | ⑤ 2% |

윗글의 내용과 일치하지 않는 것은?

정답 풀이

③ 표면정전방식을 실현하기 위해서는 스크린에 전도성이 없는 투명 필름을 입혀야 한다.
                                            ↳ 있는

해설 2문단에서 표면정전방식에서는 패널의 표면에 덮인 전도성 투명 필름이 전도성 물체의 접촉을 인식하는 센서 역할을 한다고 하였다. 따라서 표면정전방식을 실현하기 위해서는 스크린에 전도성이 있는 투명 필름을 입혀야 한다.

오답 풀이

① 터치스크린 패널은 직접적인 접촉을 통한 직관적 조작이 가능하다.

해설 1문단에서 터치스크린 패널은 스크린의 특정 지점을 직접 접촉하면 그 위치를 파악하여 해당 위치에 설정된 기능을 직관적으로 조작할 수 있도록 설계된 장치라고 하였으므로 적절하다.

② 자기정전방식은 접촉점에 해당하는 행과 열의 교차점을 터치 지점으로 인식한다.

해설 3문단에서 자기정전방식은 센서의 각 행과 열의 끝에 배치된 감지회로가 접촉 지점에서 일어난 정전용량의 변화를 감지하고, 이를 바탕으로 행과 열의 교차점인 접촉 위치를 파악한다고 하였으므로 적절하다.

④ 상호정전방식에서는 수집된 행과 열의 정보가 터치 컨트롤러에서 이미지로 처리된다.

해설 4문단에서 상호정전방식은 가로축으로 배열된 센서인 구동 라인과 세로축으로 배열된 감지 라인의 교차점인 터치좌표쌍을 인식한다고 하였고, 5문단에서 터치좌표쌍의 정보를 터치 컨트롤러가 디지털 신호로 변환해 이미지로 처리한다고 하였으므로 적절하다.

⑤ 투영정전방식은 표면정전방식보다 구조가 복잡하지만 더욱 정교한 좌표 인식이 가능하다.

해설 2문단에서 표면정전방식은 투영정전방식에 비해 구조가 단순하고 단가가 낮다는 장점이 있지만, 접촉된 위치를 대략적으로만 파악할 수 있어 정확도가 낮다고 하였으며, 3문단에서 투영정전방식은 접촉 위치를 정교하게 파악할 수 있다고 하였으므로 적절하다.

---

02 특정 정보의 이해 정답 ③

| 선택률 | ① 4% | ② 14% | ③ 66% | ④ 4% | ⑤ 12% |

㉠~㉢에 대해 이해한 내용으로 적절하지 않은 것은?
㉠=표면정전방식, ㉡=자기정전방식, ㉢=상호정전방식

정답 풀이

↳ ㉠과 ㉡은 모두
③ ㉠과 달리 ㉡은 하나의 접촉점을 인식하기 위해 두 개 이상의 감지회로를 활용하는 방식이다.

해설 2문단에서 표면정전방식은 패널의 네 모서리에 있는 각각의 감지회로가 동시에 정전용량의 변화를 감지하여 전도성 물체의 접촉 위치를 파악한다고 하였다. 그리고 3문단에서 자기정전방식은 하나의 층에 여러 개의 행과 열의 형태로 배치된 각각의 센서들을 활용하며, 센서의 각 행과 열의 끝에 배치된 감지회로가 접촉 지점에서 일어난 정전용량의 변화를 감지하여 접촉 위치를 파악한다고 하였다. 따라서 ㉠과 ㉡은 모두 하나의 접촉점을 인식하기 위해 두 개 이상의 감지회로를 활용하는 방식이다.

오답 풀이

① ㉠~㉢은 모두 전도성 물체의 접촉에 따른 정전용량의 변화를 측정한다.

해설 1문단에서 터치스크린 패널 중 정전용량방식의 패널은 전기가 통하는 전도성 물체를 스크린에 접촉했을 때 발생하는 정전용량의 변화를 측정하여 접촉된 위치를 파악한다고 하였다. ㉠~㉢은 모두 정전용량방식에 해당하므로 전도성 물체의 접촉에 따른 정전용량의 변화를 측정한다.

② ㉠~㉢은 모두 패널에 있는 센서를 이용하여 접촉 부분의 위치를 알아내는 방식이다.

해설 2문단에서 표면정전방식에서는 패널의 표면에 덮인 전도성 투명 필름이 전도성 물체의 접촉을 인식하는 센서 역할을 한다고 하였고, 3문단에서 투영정전방식은 접촉을 감지할 수 있는 센서를 패널의 일정한 구역마다 배치하여 활용하는 방식으로 자기정전방식과 상호정전방식으로 나눌 수 있다고 하였다. 따라서 ㉠~㉢은 모두 패널에 있는 센서를 이용하여 접촉 부분의 위치를 알아내는 방식이다.

②가 적절한지 판단할 때는 두 가지 함정에 빠지지 않도록 주의해야 해. 먼저 첫 번째는 ㉠에 대하여 '패널의 표면에 덮인 전도성 투명 필름'이 '센서 역할을 한다'는 서술을 '패널에 있는 센서를 이용'한 것이라고 바르게 이해할 수 있어야 해. 이렇게 지문과 선택지의 표현이 다를 때, 표면적으로 완전히 대응하지 않더라도 그 안에 담긴 의미를 파악하여 지문과 선택지를 바르게 연결하는 것이 중요해. 두 번째는 지문에서 정전용량방식은 ㉠과 투영정전방식으로 나뉘고, 투영정전방식이 다시 ㉡과 ㉢으로 나뉜다는 점을 바르게 파악할 수 있어야 해. ㉡과 ㉢을 포괄하는 투영정전방식에 대한 설명에 명확한 근거가 제시되어 있거든. 지문을 읽으며 항상 도식화하는 연습을 하면 도움이 될 거야.

④ ㉡과 달리 ㉢은 센서층이 두 개의 층을 이루고 있다.

해설 3문단에서 자기정전방식은 하나의 층에 여러 개의 행과 열의 형태로 배치된 각각의 센서들을 활용한다고 하였고, 4문단에서 상호정전방식은 가로축으로 배열된 센서인 구동 라인과 세로축으로 배열된 센서인 감지 라인이 두 개의 층을 이루고 있다고 하였다. 따라서 ㉡과 달리 ㉢은 센서층이 두 개의 층을 이루고 있다.

⑤ ㉢과 달리 ㉡은 접촉 부분에서 증가하는 정전용량을 감지하는 방식이다.

해설 3문단에서 자기정전방식은 패널에 전도성 물체가 접촉할 때 증가하는 정전용량을 측정하는 방식이라고 하였고, 4문단에서 상호정전방식은 패널에 전도성 물체가 접촉하면 전기장이 물체에 흡수되어 구동 라인과 감지 라인 사이에 형성된 상호 정전용량이 감소한다고 하였다. 따라서 ㉢과 달리 ㉡은 접촉 부분에서 증가하는 정전용량을 감지하는 방식이다.

---

03 자료를 활용한 내용 이해   정답 ⑤

선택률	① 7%	② 6%	③ 10%	④ 7%	⑤ 70%

윗글을 읽고 〈보기〉를 이해한 반응으로 적절하지 <u>않은</u> 것은? [3점]

┌─ 보기 ────────────────────────

다음은 터치스크린 패널의 작동 원리를 이해하기 위해 설정된 자료이다. 〈자료 1〉은 터치스크린 패널의 한 종류를 도식화한 것 — 상호정전방식 — 이고, 〈자료 2〉는 〈자료 1〉의 ⓐ~ⓒ 지점에 형성된 전기장의 크 — 감지 라인과 구동 라인이 교차하는 지점 — 기를 나타낸 그래프이다.

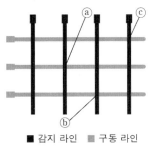

■ 감지 라인 ■ 구동 라인
〈자료 1〉

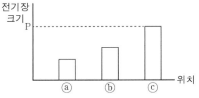

* 단, P는 전도성 물체의 접촉이 없는 상태의 전기장 크기이다.
〈자료 2〉

---

⑤ ⓐ와 ⓒ에서는 구동 라인과 감지 라인 사이에서 형성된 상호 정전용량이 감소했군. → ⓑ에서는

해설 〈자료 1〉은 가로축으로 배열된 구동 라인과 세로축으로 배열된 감지 라인으로 이루어져 있으므로, 상호정전방식의 패널을 도식화한 것임을 알 수 있다. 4문단에서 상호정전방식에서 패널에 전도성 물체와의 접촉이 없을 때는 구동 라인에서 형성된 전기장이 모두 감지 라인으로 들어가 일정한 크기의 전기장을 유지하여 구동 라인과 감지 라인 사이에서 상호 정전용량을 형성한다고 하였다. 그리고 패널에 전도성 물체가 접촉하면 전기장의 일부가 접촉된 물체로 흡수되어 구동 라인과 감지 라인 사이에 형성된 상호 정전용량과 전기장의 크기가 감소한다고 하였다. 이를 바탕으로 〈자료 2〉를 보면 ⓐ와 ⓑ에서는 전기장의 크기가 줄어들었으므로 전도성 물체의 접촉에 의해 구동 라인과 감지 라인 사이에서 형성된 상호 정전용량이 감소했음을 알 수 있다. 이와 달리 ⓒ에서는 전기장의 크기가 P로, 전도성 물체의 접촉이 없는 상태이므로 구동 라인과 감지 라인 사이의 상호 정전용량의 변화가 없음을 알 수 있다.

① ⓐ에서 접촉된 물체가 흡수한 전기장의 크기는 ⓑ에서 접촉된 물체가 흡수한 전기장의 크기보다 크겠군.

해설 4문단에서 패널에 전도성 물체가 접촉하면 전기장의 일부가 접촉된 물체로 흡수되어 구동 라인과 감지 라인 사이의 상호 정전용량과 전기장의 크기가 감소한다고 하였다. 〈자료 2〉에서 P는 전도성 물체의 접촉이 없는 상태의 전기장 크기이므로, ⓐ와 ⓑ에서는 전도성 물체와의 접촉으로 인해 전기장의 일부가 접촉된 물체로 흡수되어 패널에서 유지되던 전기장의 크기가 줄어든 것을 알 수 있다. ⓑ에서보다 ⓐ에서 전기장의 크기가 더 많이 줄어들었으므로 ⓐ에서 접촉된 물체가 흡수한 전기장의 크기가 ⓑ에서 접촉된 물체가 흡수한 전기장의 크기보다 크다는 것을 알 수 있다.

② 전기장의 크기로 보아 ⓑ보다 ⓐ에서 더 정확한 접촉이 이루어진 것으로 볼 수 있겠군.

해설 4문단에서 상호정전방식에서 패널에 전도성 물체가 접촉할 때 접촉이 정확하게 일어날수록 해당 지점에 전기장이 더 많이 줄어들게 된다고 하였다. 〈자료 2〉를 보면 ⓑ에서보다 ⓐ에서 전기장의 크기가 더 많이 줄어들었으므로 ⓑ보다 ⓐ에서 더 정확한 접촉이 이루어진 것으로 볼 수 있다.

③ ⓒ에서는 구동 라인에서 발생한 전기장의 크기와 감지 라인으로 들어가는 전기장의 크기가 일치하겠군.

해설 〈자료 2〉의 ⓒ에서 전기장의 크기는 P로, 전도성 물체의 접촉이 없는 상태임을 알 수 있다. 4문단에서 상호정전방식에서 패널에 전도성 물체와의 접촉이 없을 때는 구동 라인에서 형성된 전기장이 모두 감지 라인으로 들어가 일정한 크기의 전기장을 유지하여 구동 라인과 감지 라인 사이에 상호 정전용량을 형성한다고 하였다. 따라서 ⓒ에서는 구동 라인에서 발생한 전기장의 크기와 감지 라인으로 들어가는 전기장의 크기가 일치한다.

④ ⓒ와 달리 ⓑ에서는 감지 라인으로 들어가야 할 전기장의 일부가 접촉된 물체로 흘러들어 갔겠군.

해설 4문단에서 패널에 전도성 물체가 접촉하면 전기장의 일부가 접촉된 물체로 흡수되어 구동 라인과 감지 라인 사이에 형성된 상호 정전용량과 전기장의 크기가 감소한다고 하였다. 〈자료 2〉를 보면 ⓒ에서는 전기장의 크기가 P로, 전도성 물체의 접촉이 없는 상태이므로 구동 라인에서 발생한 전기장이 모두 감지 라인으로 들어간다. 이와 달리 ⓑ에서는 전기장의 크기가 P보다 작으므로 전도성 물체가 접촉하여 감지 라인으로 들어가야 할 전기장의 일부가 접촉된 물체로 흡수되었음을 알 수 있다.

선택률　① 3%　② 3%　③ 4%　④ 87%　⑤ 3%

Ⓐ에 대한 이유를 추론한 것으로 가장 적절한 것은?
= 두 지점을 접촉하는 멀티 터치가 가능

정답 풀이

④ **구동 라인과 감지 라인의 교차점이 개별적으로 인식되기 때문이다.**

해설 4문단에서 상호정전방식에서 터치좌표쌍은 구동 라인과 감지 라인이 개별적으로 인식된 교차점이기에 하나의 패널에서 여러 개의 터치좌표쌍이 만들어질 수 있다고 하였고, 5문단에서도 상호정전방식은 구동 라인과 감지 라인의 교차점을 개별적으로 인식하는 과정을 거친다고 하였다. 즉 상호정전방식은 두 지점을 접촉할 때 구동 라인과 감지 라인의 교차점이 개별적으로 인식되기 때문에 각각의 터치좌표쌍을 만들 수 있어, 멀티 터치가 가능한 것이다.

오답 풀이

① **교차점의 위치를 빠르게 측정할 수 있기 때문이다.**
↳ 측정 시간이 많이 소요됨.

해설 5문단에서 상호정전방식은 구동 라인과 감지 라인의 교차점을 개별적으로 인식하는 과정을 거치기에 측정 시간이 많이 소요된다고 하였으므로 교차점의 위치를 빠르게 측정할 수 있다는 설명은 적절하지 않다.

② **중앙처리장치가 행과 열의 정보를 분할하기 때문이다.**

해설 5문단에서 터치좌표쌍의 정보를 터치 컨트롤러가 디지털 신호로 변환해 이미지로 처리하여 중앙처리장치에 전달함으로써 해당 터치스크린 패널은 전도성 물체의 접촉 여부 및 접촉한 위치를 최종적으로 판단하게 된다고 하였다. 즉 중앙처리장치는 행과 열의 정보를 분할하는 것이 아니라, 터치좌표쌍의 정보를 전달받아 전도성 물체의 접촉 여부와 접촉 위치를 최종적으로 판단하는 것이다.

③ **센서의 행과 열 끝에 감지회로가 배치되어 있기 때문이다.**
↳ 자기정전방식에 해당함.

해설 3문단에서 자기정전방식은 센서의 각 행과 열의 끝에 감지회로가 배치되어 있다고 하였고, 4문단에서 상호정전방식은 가로축으로 배열된 센서인 구동 라인과 세로축으로 배열된 센서인 감지 라인이 두 개의 층을 이루고 있다고 하였다. 즉 센서의 행과 열 끝에 감지회로가 배치되어 있다는 것은 상호정전방식이 아니라 자기정전방식에 해당하는 설명이다.

⑤ **하나의 패널에서 한 개의 터치좌표쌍만 만들어질 수 있기 때문이다.**
↳ 여러 개의 터치좌표쌍

해설 4문단에서 상호정전방식에서 터치좌표쌍은 구동 라인과 감지 라인이 개별적으로 인식된 교차점이기에 하나의 패널에서 여러 개의 터치좌표쌍이 만들어질 수 있다고 하였다. 따라서 하나의 패널에서 한 개의 터치좌표쌍만 만들어질 수 있다는 것은 적절하지 않다.

본문 98~99쪽

05~08　**2022년 11월 고2 전국연합학력평가**

05 ④　**06** ④　**07** ⑤　**08** ③

⬭ 문단별 핵심어　★ ▬ 중심 문장

• **오염된 물을 정수하는 기술**

1 오염된 물을 사용 목적에 맞게 정화하는 정수 처리 기술에서 침전 과정은 부유하는 오염 물질을 가라앉혀 물의 탁도를 제거하는
정수 처리 기술의 개념 / 침전 과정의 목적
것을 목적으로 한다. 부유물이 물보다 비중이 큰 경우, 다른 물질과의 상호 작용 없이 중력만으로 가라앉힐 수 있는데 이를 보통 침전 방식이라고 한다. 하지만 중력만으로 침전시키기 어려운 콜로이드
부유물이 물보다 비중이 큰 경우, 중력만으로 가라앉히는 방식
입자와 같은 물질들은 화학 약품을 이용하여 입자들을 응집시켜 가라앉히는 방식을 사용하는데 이를 약품 침전 방식이라고 한다.
화학 약품을 이용하여 입자들을 응집시켜 가라앉히는 방식

2 일반적으로 미세한 입자들은 입자 간의 거리가 일정 거리 이하로 좁혀지면 서로를 끌어당기는 ㉠반데르발스 힘의 영향을 받아 응집하게 된다. 하지만 물속에서 부유하는 미세한 콜로이드 입자들은 수산화 이온과의 결합 등으로 인해 음(−) 전하를 띠고 있어 서로를
콜로이드 입자들이 물속에서 안정성을 가지고 부유하는 원인
밀어내는 ㉡전기적 반발력의 영향을 받기 때문에 일정 거리 이하로 입자들의 거리가 좁혀지지 않는다. 그 결과 콜로이드 입자들은 물속에서 균일하게 분산되어 안정성을 가지고 부유하게 된다. 이런 입자의 안정성은 물의 탁도를 높이는 주요한 원인이 된다.
물의 탁도를 높이는 주요 원인

3 약품 침전 방식에서는 응집제를 주입하여 전기적 중화 작용과
약품 침전 방식의 과정 ①
가교 작용을 통해 콜로이드 입자의 영향으로 발생한 물의 탁도를
약품 침전 방식의 과정 ②
낮추는 과정을 거치게 된다. 이때 사용된 응집제는 보편적으로 알루미늄염과 철염 등의 양이온계 응집제로 이들은 물과 화학 반응을
약품 침전 방식에 사용되는 응집제
하면서 단계적으로 다양한 종류의 화합물을 형성하게 된다.
응집제의 기능

4 우선 전기적 중화 작용에서는 탁도가 높은 물에 주입된 응집제가 물과 화학 반응을 거쳐 양(+) 전하의 금속 화합물을 형성하고, 이 화합물이 음(−) 전하를 띤 콜로이드 입자와 결합하면 콜로이드 입자 간 전기적 반발력이 감소하게 된다. 그 결과⌐콜로이드 입자들
⌐ : 전기적 중화 작용의 결과
이 불안정화되고 물 분자 운동이나 물의 흐름에 의해 움직이다가 반데르발스 힘이 작용할 정도로 가까워지게 되면 서로 응집하여 침전이 가능한 작은 플록을 형성하게 된다.⌐ 이러한 전기적 중화 작용은 응집제 주입 후 극히 단시간 안에 이루어지기 때문에 콜로이드 입자와 금속 화합물이 빠르게 결합하여 반응하게 하기 위해 물을 빠르게 젓는 급속 교반을 해야 한다.
전기적 중화 작용에서 필요한 공정

5 다음으로 가교 작용에서는 전기적 중화 작용에서 형성된 작은 플록을 더 크게 만든다. 침전 속도를 높이기 위해서는 플록의 크기가 더 커져야 하는데, 반데르발스 힘만으로는 플록의 크기를 키우
플록의 크기를 키우는 이유
는 데 한계가 있기 때문이다. 응집제의 주입으로 형성된 화합물 중 긴 사슬 형태의 고분자 화합물은 플록과 플록을 연결하는 일종
플록과 플록을 연결하는 가교 역할을 하는 물질
의 가교 역할을 하게 된다. 이런 작용을 통해 연결된 여러 플록들은 하나의 큰 플록이 되어 중력의 영향을 받아 빠르게 침전한다. 이러한 가교 작용 과정에서는 침전에 용이한 큰 플록을 만들기 위해 플록이 다른 플록과 연결될 때 접촉 시간을 늘려 주고, 연결이 깨지지 않도록 물을 천천히 저어 주어야 한다. 이를 완속 교반이라고 한다.
가교 작용에서 필요한 공정

6 한편, 이와 같은 과정을 거쳐 탁도가 낮아진 물에, 전기적 중화 작용과 가교 작용에서 반응하지 못한 응집제가 많이 남아 있게 되면 전기적으로 중화되었던 콜로이드 입자들이 오히려 양(+) 전하를
전하 역전 현상

띠게 된다. 이를 전하 역전 현상이라고 한다. 이렇게 되면 콜로이드 입자들이 재안정화되면서 물의 탁도는 다시 높아진다. 이 상태에서 여분의 응집제는 물과 화학 반응을 통해 최종적으로 침전성 금속 화합물을 형성하게 되고, 이 화합물은 마치 그물망처럼 콜로이드 입자들을 흡착하면서 가라앉는데 이를 체 거름 현상이라고 한다.

지식을 쌓는 배경지식

수돗물의 정수 처리 단계

- 혼화지 : 물속에 있는 작은 알갱이를 빨리 가라앉히기 위해 약품을 넣는 곳
- 응집지 : 약품과 반응한 물속의 작은 알갱이를 크게 만들기 위해 천천히 저어 주는 곳
- 침전지 : 크게 된 알갱이를 바닥에 가라앉히고 맑은 물을 여과지로 보내는 곳
- 여과지 : 침전지에서 제거되지 않은 미세한 불순물을 모래, 자갈층에 통과시켜 걸러 내는 곳
- 오존반응조(오존접촉조) : 오존이 산화 작용으로 유기물을 분해하고 병원성 미생물을 제거하는 곳
- 활성탄여과지 : 입상활성탄(숯)에 뚫려 있는 미세한 구멍으로 남은 유발 물질을 제거하는 곳
- 염소주입실 : 물속의 각종 세균을 제거하기 위하여 염소를 투입하는 곳

지문 분석하기

|지문 구조|

1 정수 처리 기술의 침전 방식

↓

2 물의 탁도를 높이는 콜로이드 입자의 안정성

↓

3 약품 침전 방식에서 사용되는 응집제의 종류 및 기능

↓

4 약품 침전 방식의 과정 ① – 전기적 중화 작용

↓

5 약품 침전 방식의 과정 ② – 가교 작용

↓

6 전하 역전 현상과 체 거름 현상

|주제| 약품 침전 방식에서 물의 탁도를 낮추는 방법

한컷 정리하기

정수 처리 침전 과정 중 약품 침전 방식

다른 물질과의 상호 작용 없이 중력만으로 가라앉히는 '보통 침전 방식'과 달리 화학 약품을 이용하여 입자들을 응집시켜 가라앉히는 방식

과정

전기적 중화 작용	→	가교 작용
• 응집제가 물과 화학 반응을 거쳐 양(+) 전하의 금속 화합물을 형성함. • 금속 화합물이 음(-) 전하를 띤 콜로이드 입자와 결합하면 콜로이드 입자 간 전기적 반발력이 감소함. • 콜로이드 입자들이 불안정화되어 움직이다가 반데르발스 힘이 작용할 정도로 가까워지게 되면 서로 응집하여 침전이 가능한 작은 플록을 형성함.		• 전기적 중화 작용에서 형성된 작은 플록을 더 크게 만듦. • 긴 사슬 형태의 고분자 화합물이 플록과 플록을 연결하는 가교 역할을 하게 됨. • 연결된 여러 플록들은 하나의 큰 플록이 되어 중력의 영향을 받아 빠르게 침전함.

↓

- 전기적 중화 작용과 가교 작용에서 반응하지 못한 응집제가 많이 남아 있게 되면 전하 역전 현상이 일어나 물의 탁도가 다시 높아짐.
- 여분의 응집제와 물의 화학 반응을 통해 최종적으로 형성된 침전성 금속 화합물이 그물망처럼 콜로이드 입자들을 흡착하면서 가라앉는 체 거름 현상이 일어남.

---

05 세부 정보의 파악　　　정답 ④

선택률	① 3%	② 3%	③ 5%	④ 85%	⑤ 4%

윗글에서 알 수 있는 내용으로 적절하지 않은 것은?

(정답 풀이)

④ 물을 빠르게 저어 플록끼리 접촉할 시간을 늘리면 체 거름 현상이 나타난다.

[해설] 5문단에서 가교 작용 과정에서는 침전에 용이한 큰 플록을 만들기 위해 플록이 다른 플록과 연결될 때 접촉 시간을 늘려 주고, 연결이 깨지지 않도록 물을 천천히 저어 주어야 한다고 하였다. 그리고 6문단에서 체 거름 현상은 전기적 중화 작용과 가교 작용을 거친 이후에 반응하지 못한 응집제가 많이 남아 있게 되면 일어나는 현상이라고 하였으므로 물을 빠르게 저어 플록끼리 접촉할 시간을 늘리면 체 거름 현상이 나타난다는 것은 적절하지 않다.

(오답 풀이)

① 급속 교반은 콜로이드 입자와 금속 화합물의 결합을 촉진한다.

[해설] 4문단에서 급속 교반은 콜로이드 입자와 금속 화합물이 빠르게 결합하여 반응하게 하기 위해 하는 것이라고 하였다.

② 약품 침전 방식은 콜로이드 입자의 응집을 위해 화학 약품을 이용한다.

[해설] 1문단에서 약품 침전 방식은 화학 약품을 이용하여 입자들을 응집시켜 가라앉히는 방식이라고 하였고, 3~5문단에서 약품 침전 방식은 응집제를 주입하여 전기적 중화 작용과 가교 작용을 통해 콜로이드 입자를 응집시켜 물의 탁도를 낮추는 것임을 알 수 있다.

③ 부유물의 비중이 물보다 큰 경우 중력만으로 부유물을 침전시킬 수 있다.

[해설] 1문단에서 부유물이 물보다 비중이 큰 경우, 다른 물질과의 상호 작용 없이 중력만으로 부유물을 가라앉힐 수 있다고 하였다.

⑤ 양이온계 응집제는 물과 화학 반응하여 다양한 종류의 화합물을 형성한다

[해설] 3문단에서 양이온계 응집제는 물과 화학 반응을 하면서 단계적으로 다양한 종류의 화합물을 형성한다고 하였다.

⑤ ⓒ 이후 탁도가 낮아지는 것은 ⓑ에서 형성된 긴 사슬 형태의 화합물어 콜로이드 입자들과 흡착하여 침전했기 때문이겠군.
↳ ⓑ 이후에 남은 여분의 응집제가 물과 화학 반응을 통해 형성한 침전성 금속 화합물이

해설 〈보기〉에서 ⓒ 이후는 탁도가 다시 높아진 물에서 체 거름 현상으로 인해 콜로이드 입자들의 침전이 일어나는 구간이다. 5문단에서 응집제의 주입으로 형성된 화합물 중 긴 사슬 형태의 고분자 화합물은 가교 작용에 쓰임을 알 수 있고, 6문단에서는 전기적 중화 작용과 가교 작용에서 반응하지 못해 남은 여분의 응집제가 물과 화학 반응을 통해 침전성 금속 화합물을 형성하게 되고, 이 화합물이 콜로이드 입자들을 흡착하면서 가라앉는다고 하였다. 따라서 ⓒ 이후 탁도가 낮아지는 것이 ⓑ에서 형성된 긴 사슬 형태의 화합물이 콜로이드 입자들과 흡착하여 침전했기 때문이라는 이해는 적절하지 않다. 또한 긴 사슬 형태의 화합물은 응집제의 주입으로 형성된 것으로 가교 작용에 쓰이는 것이므로 ⓑ에서 형성된 것이 아니라, ⓐ와 ⓑ 사이에서 형성된 것이다.

오답 풀이

① ⓐ에서 주입된 응집제는 ⓐ와 ⓑ 사이에서 콜로이드 입자 간의 거리를 좁히는 작용을 하겠군.

해설 ⓐ와 ⓑ 사이는 전기적 중화 작용과 가교 작용으로 인해 콜로이드 입자들의 침전이 일어나는 구간이다. 4문단에서 전기적 중화 작용에서는 응집제의 주입으로 형성된 화합물이 음(−) 전하를 띤 콜로이드 입자와 결합하면 콜로이드 입자 간 전기적 반발력이 감소하고, 그 결과 콜로이드 입자들이 반데르발스 힘이 작용할 정도로 가까워지게 되면 서로 응집하여 침전이 가능한 작은 플록을 형성하게 된다고 하였다. 따라서 ⓐ에서 주입된 응집제는 ⓐ와 ⓑ 사이에서 콜로이드 입자 간의 거리를 좁히는 작용을 한다는 것은 적절하다.

② ⓐ와 ⓑ 사이에서 형성된 고분자 화합물은 플록과 플록을 연결하여 침전에 용이한 큰 플록을 만들겠군.

해설 5문단에서 가교 작용에서는 침전 속도를 높이기 위해 플록을 더 크게 만드는데, 응집제의 주입으로 형성된 화합물 중 긴 사슬 형태의 고분자 화합물이 플록과 플록을 연결하는 가교 역할을 한다고 하였다. 그리고 이런 작용을 통해 연결된 여러 플록들은 하나의 큰 플록이 되어 중력의 영향을 받아 빠르게 침전한다고 하였다. 따라서 ⓐ와 ⓑ 사이에서 형성된 고분자 화합물은 플록과 플록을 연결하여 침전에 용이한 큰 플록을 만든다는 것은 적절하다.

③ ⓐ와 ⓑ 사이에서 탁도가 급속하게 낮아진 것은 가교 작용으로 형성된 플록의 침전 속도가 높아졌기 때문이라고 할 수 있겠군.

해설 5문단에서 가교 작용에서는 침전 속도를 높이기 위해 작은 플록을 더 크게 만든다고 하였고, 연결된 여러 플록들은 하나의 큰 플록이 되어 중력의 영향을 받아 빠르게 침전한다고 하였다. 따라서 ⓐ와 ⓑ 사이에서 탁도가 급속하게 낮아진 것은 가교 작용으로 형성된 플록의 침전 속도가 높아졌기 때문이라는 것은 적절하다.

🎯 선택지 속 함정

그래프가 등장하면 지레 겁부터 먹는 경우가 많아. 그래프에 ⓐ, ⓑ, ⓒ 지점이 표시되어 있으니 이를 기준으로 지문의 내용을 나누어서 판단하면 쉬워. ⓐ는 응집제가 주입된 시점이고, ⓐ와 ⓑ 사이는 탁도가 낮아지는 구간이니까 전기적 중화 작용과 가교 작용으로 인해 콜로이드 입자들의 침전이 일어나는 구간이지. 그리고 ⓑ와 ⓒ 사이는 탁도가 다시 높아지는 구간이니까 전하 역전 현상이 일어나는 구간이고, ⓒ 이후는 다시 탁도가 낮아지는 구간이니까 체 거름 현상이 일어나는 구간이야. ⑤은 ⓐ와 ⓑ 사이에서 일어나는 현상에 대해 묻고 있으니 전기적 중화 작용과 가교 작용에 대해 설명하는 4, 5문단에서 근거를 찾아야 해.

④ ⓑ와 ⓒ 사이에서 탁도가 다시 높아진 것은 ⓐ에서 주입된 응집제가 전기적 중화 작용과 가교 작용에서 반응하지 못하고 남아 있는 것이 원인으로 작용했기 때문이겠군.

해설 6문단에서 탁도가 낮아진 물에, 전기적 중화 작용과 가교 작용에서 반응하지 못한 응집제가 많이 남아 있게 되면 전하 역전 현상이 일어나 물의 탁도가 다시 높아진다고 하였다. 따라서 ⓑ와 ⓒ 사이에서 탁도가 다시 높아진 것은 ⓐ에서 주입된 응집제가 전기적 중화 작용과 가교 작용에서 반응하지 못하고 남아 있는 것이 원인으로 작용했기 때문이라는 것은 적절하다.

---

06 특정 정보의 이해
정답 ④

선택률	① 1%	② 5%	③ 5%	④ 86%	⑤ 3%

= 전기적 반발력
㉠, ㉡에 대한 이해로 가장 적절한 것은?
= 반데르발스 힘

정답 풀이

④ ㉡은 입자가 띠고 있는 전하의 성질로 인해 작용하는 힘이라고 할 수 있다.

해설 2문단에서 물속에서 부유하는 미세한 콜로이드 입자들은 수산화 이온과의 결합 등으로 인해 음(−) 전하를 띠고 있어 서로를 밀어내는 전기적 반발력의 영향을 받는다고 하였다. 즉 ㉡은 입자가 띠고 있는 전하의 성질로 인해 작용하는 힘이라고 할 수 있다.

오답 풀이

① ㉠은 입자가 일정 거리 안에서 서로를 밀어내는 힘이라고 할 수 있다.
↳ 끌어당기는

해설 2문단에서 미세한 입자들은 입자 간의 거리가 일정 거리 이하로 좁혀지면 서로를 끌어당기는 반데르발스 힘의 영향을 받는다고 하였다. 즉 ㉠은 입자가 일정 거리 안에서 서로를 밀어내는 힘이 아니라, 서로를 끌어당기는 힘이다.

② ㉠은 입자가 물속에서 균일하게 분산할 수 있게 해 주는 힘이라고 할 수 있다.
↳ ㉡은

해설 2문단에서 물속에서 부유하는 미세한 콜로이드 입자들은 음(−) 전하를 띠고 있어 서로를 밀어내는 전기적 반발력의 영향을 받기 때문에 일정 거리 이하로 입자들의 거리가 좁혀지지 않으며, 그 결과 물속에서 균일하게 분산된다고 하였다. 즉 입자가 물속에서 균일하게 분산할 수 있게 해 주는 힘은 ㉠이 아니라 ㉡이다.

③ ㉡은 입자 간의 거리가 멀어지면 발생하는 힘이라고 할 수 있다.

해설 2문단에서 물속에서 부유하는 미세한 콜로이드 입자들은 음(−) 전하를 띠고 있어 서로를 밀어내는 전기적 반발력의 영향을 받기 때문에 일정 거리 이하로 입자들의 거리가 좁혀지지 않는다고 하였다. 즉 입자 간의 거리가 멀어지면 ㉡이 발생하는 것이 아니라, ㉡ 때문에 입자 간의 거리가 좁혀지지 않는 것이다.

⑤ ㉠과 ㉡은 모두 입자가 이온과 결합할 때 형성되는 힘이라고 할 수 있다.
↳ ㉡은

해설 2문단에서 일반적으로 미세한 입자들은 입자 간의 거리가 일정 거리 이하로 좁혀지면 서로를 끌어당기는 반데르발스 힘의 영향을 받는데, 물속에서 부유하는 미세한 콜로이드 입자들은 수산화 이온과의 결합 등으로 인해 음(−) 전하를 띠고 있어 서로를 밀어내는 전기적 반발력의 영향을 받는다고 하였다. 즉 ㉡은 입자가 이온과 결합할 때 형성되는 힘이라고 할 수 있지만, ㉠은 그렇지 않다.

---

07 자료를 활용한 내용 이해
정답 ⑤

선택률	① 4%	② 13%	③ 16%	④ 9%	⑤ 58%

〈보기〉는 응집제의 투입에 따른 물의 탁도 변화를 설명하기 위한 그래프이다. 윗글을 읽은 학생들이 〈보기〉에 대해 보인 반응으로 적절하지 않은 것은? [3점]

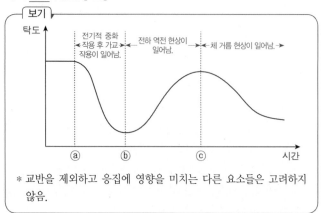

보기

탁도

전기적 중화 작용 후 가교 작용이 일어남. / 전하 역전 현상이 일어남. / 체 거름 현상이 일어남. → 시간

ⓐ ⓑ ⓒ

* 교반을 제외하고 응집에 영향을 미치는 다른 요소들은 고려하지 않음.

08 세부 정보의 파악

정답 ③

선택률	① 2%	② 11%	③ 80%	④ 3%	⑤ 4%

〈보기〉는 윗글을 읽은 학생이 정리한 내용의 일부이다. ㉮~㉱에 들어갈 말로 적절한 것은?

보기

오염된 물에 존재하는 콜로이드 입자는 수산화 이온과의 결합 등의 원인으로 (㉮)된 상태에서 부유한다. 응집제를 주입하면 (㉯)이/가 일어나고 콜로이드 입자는 (㉰)된다. 응집제를 과다하게 주입하면 (㉱)이/가 나타난다.

정답 풀이

	㉮	㉯	㉰	㉱
③	안정화	전기적 중화	불안정화	전하 역전

해설 2문단에서 콜로이드 입자들은 수산화 이온과의 결합 등으로 인해 음(−) 전하를 띠고 있어 전기적 반발력의 영향을 받기 때문에 일정 거리 이하로 입자들의 거리가 좁혀지지 않으며, 그 결과 물속에서 균일하게 분산되어 안정성을 가지고 부유하게 된다고 하였다. 따라서 ㉮에 들어갈 말은 '안정화'이다. 또한 4문단에서 전기적 중화 작용에서는 주입된 응집제가 형성한 양(+) 전하의 금속 화합물이 음(−) 전하를 띤 콜로이드 입자와 결합하면 콜로이드 입자 간 전기적 반발력이 감소하게 되고, 그 결과 콜로이드 입자들이 불안정화된다고 하였다. 따라서 ㉯에 들어갈 말은 '전기적 중화', ㉰에 들어갈 말은 '불안정화'이다. 한편 6문단에서는 전기적 중화 작용과 가교 작용에서 반응하지 못한 응집제가 많이 남아 있게 되면 전기적으로 중화되었던 콜로이드 입자들이 오히려 양(+) 전하를 띠는 전하 역전 현상이 나타난다고 하였다. 따라서 ㉱에 들어갈 말은 '전하 역전'이다.

오답 풀이

①	안정화	전하 역전 ↳ 전기적 중화	불안정화	전기적 중화 ↳ 전하 역전
②	불안정화 ↳ 안정화	전기적 중화	안정화 ↳ 불안정화	전하 역전
④	불안정화 ↳ 안정화	전하 역전 ↳ 전기적 중화	안정화 ↳ 불안정화	전기적 중화 ↳ 전하 역전
⑤	안정화	전기적 중화	불안정화	전기적 역전 ↳ 전하 역전

DAY 20 기술 — 장비 기술

01~04	2021년 3월 고2 전국연합학력평가	본문 100~101쪽

| 01 ⑤ | 02 ① | 03 ① | 04 ② |

◯ 문단별 핵심어   ★ 중심 문장

• 타워 크레인

1 고층 건물을 건설하는 현장을 보면 우뚝 솟아 있는 타워 크레인이 사람들의 시선을 끈다. 타워 크레인은 수십 톤에 ⓐ달하는 중량물을 들어 올리는 건설 기계 장비이다. 그렇다면 타워 크레인은 어떻게 수십 톤의 무거운 건설 자재를 들어 올릴 수 있는 것일까?

2 타워 크레인은 〈그림〉과 같이 기초부, 마스트, 텔레스코핑 케이지, 운전실, 지브, 트롤리, 후크 블록 등으로 구성된다. (타워 크레인의 구성 요소) 기초부는 타워 크레인을 지지하는 (기초부의 역할) 부분이고, 마스트는 타워 크레인을 지지하는 (마스트의 역할) 기둥이다. 텔레스코핑 케이지는 타워 크레인의 높이를 조절하는 장치 (텔레스코핑 케이지의 역할) 로, 「유압 장치를 통해 운

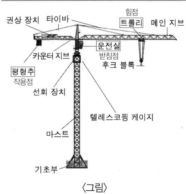

〈그림〉

전실을 들어 올린 후 마스트와 운전실 사이의 빈 공간에 단위 마스트를 끼워 넣어 높이를 조절한다.」 「」: 텔레스코핑 케이지가 타워 크레인의 높이를 조절하는 방법

3 운전실은 「타워 크레인을 ⓑ제어하는 곳으로, 하단에는 중량물을 수평으로 이동시키는 선회 장치가 있고, 상단의 타워 헤드에는 지브의 인장력을 보강하면서 평형 유지를 돕는 타이바가 ⓒ연결되어 있다.」 「」: 운전실의 구성과 역할 지브는 「카운터 지브와 메인 지브로 구성되는데, 카운터 지브는 길이가 짧으며 일정한 무게의 콘크리트 평형추가 고정되어 있는 부분이고, 메인 지브는 길이가 길고 중량물을 들어 올리는 역할을 하는 부분이다.」 「」: 지브의 구성과 역할 트롤리는 메인 지브의 레일을 통해 중량물을 수평으로 이동시키는 역할을 한다. (트롤리의 역할)

4 카운터 지브와 메인 지브의 길이가 다름에도 불구하고 지브가 한쪽으로 기울어지지 않고 평형을 이룰 수 있는 것은 무엇 때문일까? 그것은 바로 지레의 원리로 설명할 수 있다. 지레에는 작용점, 받침점, 힘점이 있는데, 작용점에 가하는 힘을 F, 작용점에서 받침점까지의 거리를 D, 힘점에 작용하는 힘을 f, 힘점에서 받침점까지의 거리를 d라고 할 때, FD = fd이면 지레는 어느 한쪽으로 기울어지지 않고 평형을 이루게 된다. (지레의 원리를 통해 이루어진 평형 상태) 마찬가지로 「타워 크레인의 평형추는 작용점, 운전실 지점은 받침점, 트롤리는 힘점에 해당하는데, 타 「」: 타워 크레인에 적용된 지레의 원리

워 크레인은 두 지브의 길이가 다르기 때문에 길이가 짧은 카운터 지브에 무거운 평형추를 설치하여 길이가 긴 메인 지브와 평형을 이루도록 한다. 그런데 타워 크레인은 메인 지브에 있는 트롤리의 위치에 따라 들어 올릴 수 있는 중량물의 무게가 달라진다. 메인 지브의 바깥쪽에서 들어 올린 중량물을 메인 지브 안쪽으로 이동시키는 것은 자유롭지만, ㉠반대로 메인 지브의 안쪽에서 들어 올린 중량물을 메인 지브 바깥쪽으로 이동시키지 못할 수도 있다.

5 타워 크레인이 수십 톤에 달하는 무거운 건축 자재를 들어 올릴 수 있는 것은 중량물을 매다는 후크 블록에 움직도르래를 사용하기 때문이다. 후크 블록의 움직도르래는 와이어로프를 통해 권상 장치와 연결되어 있다. 권상 장치는 그 안에 있는 전동기의 회전 방향에 따라 와이어로프를 원통 모양의 드럼에 감거나 풀어 중량물을 들어 올리거나 내린다. 도르래를 사용할 때의 역학 관계는 '일의 양(W) = 줄을 당긴 힘(F) × 감아올린 줄의 길이(S)'로 나타낼 수 있다. 동일한 무게의 물체를 들어 올린 높이가 같다면 권상 장치가 물체를 들어 올리기 위해 한 일의 양이 같다. 그런데 고정도르래만 사용할 때와 비교해, 움직

[A] 도르래 1개를 사용하여 지상에서 같은 높이로 물체를 들어 올리면, 일의 양은 같지만 도르래 양쪽으로 물체의 무게가 반씩 ⓓ분산되기 때문에 물체를 들어 올리는 힘의 크기는 1/2로 줄어들게 되고, 감아올린 줄의 길이는 2배로 길어진다. 이러한 움직도르래를 타워 크레인에서 추가적으로 사용할 때마다 동일한 무게의 중량물을 같은 높이로 들어 올릴 때 권상 장치가 사용하는 힘의 크기가 더 ⓔ감소하지만, 권상 장치가 감아올리는 와이어로프의 길이는 더 길어지게 된다. 하지만 여러 개의 움직도르래를 사용하게 되면 여러 가닥의 와이어로프가 바람에 의해 꼬여 손상되는 일이 발생할 수 있기 때문에 사용할 수 있는 움직도르래의 개수가 제한된다.

150 기출의 바이블 고2 독서

지문 분석하기

|지문 구조|

1 타워 크레인의 개념

↓

2 타워 크레인의 구성과 각 부분의 역할 ① – 기초부, 마스트, 텔레스코핑 케이지

\+

3 타워 크레인의 구성과 각 부분의 역할 ② – 운전실, 지브, 트롤리

↓

4 지레의 원리로 설명되는 타워 크레인의 평형

↓

5 움직도르래의 원리로 설명되는 타워 크레인의 힘

|주제| 타워 크레인의 구조와 원리

한컷 정리하기

타워 크레인의 구성과 각 부분의 역할

  • 타워 크레인: 수십 톤에 달하는 중량물을 들어 올리는 건설 기계 장비
  • 기초부: 타워 크레인을 지지하는 부분
  • 마스트: 타워 크레인을 지지하는 기둥
  • 텔레스코핑 케이지: 타워 크레인의 높이를 조절하는 장치
  • 운전실: 타워 크레인을 제어하는 곳으로, 선회 장치와 타이바가 연결되어 있음.
  • 지브: 길이가 짧고 콘크리트 평형추가 고정되어 있는 카운터 지브와 길이가 길고 중량물을 들어 올리는 역할을 하는 메인 지브로 구성됨.
  • 트롤리: 메인 지브의 레일을 통해 중량물을 수평으로 이동시킴.

타워 크레인의 평형

  • 지레의 원리로 설명할 수 있음.
  • 평형추는 작용점, 운전실 지점은 받침점, 트롤리는 힘점에 해당함.
  • 길이가 짧은 카운터 지브에 무거운 평형추를 설치하여 길이가 긴 메인 지브와 평형을 이루도록 함.
  • 메인 지브에 있는 트롤리의 위치에 따라 들어 올릴 수 있는 중량물의 무게가 달라짐.

타워 크레인의 힘

  • 타워 크레인이 수십 톤에 달하는 무거운 건축 자재를 들어 올릴 수 있는 것은 중량물을 매다는 후크 블록에 움직도르래를 사용하기 때문임.
  • 움직도르래를 추가적으로 사용할 때마다 권상 장치가 사용하는 힘의 크기가 감소하지만, 감아올리는 와이어로프의 길이는 길어짐. → 움직도르래의 개수가 제한됨.

01 세부 정보의 파악   정답 ⑤

선택률	① 7%	② 12%	③ 5%	④ 20%	⑤ 56%

윗글을 통해 알 수 있는 내용이 아닌 것은?

(정답 풀이)

⑤ 타워 크레인의 높이를 높이기 위해서는 텔레스코핑 케이지의 유압 장치를 이용해 마스트를 들어 올려야 한다.
    ↳ 운전실을

해설 2문단에서 텔레스코핑 케이지는 타워 크레인의 높이를 조절하는 장치로, 유압 장치를 통해 운전실을 들어 올린 후 마스트와 운전실 사이의 빈 공간에 단위 마스트를 끼워 넣어 높이를 조절한다고 하였다. 즉 타워 크레인의 높이를 높이기 위해서는 텔레스코핑 케이지의 유압 장치를 이용해 마스트가 아니라 운전실을 들어 올려야 한다.

(오답 풀이)

① 타이바는 길이가 다른 두 개의 지브가 한쪽으로 기울어지지 않도록 돕는 역할을 한다.

해설 3문단에서 운전실 상단의 타워 헤드에는 지브의 인장력을 보강하면서 평형 유지를 돕는 타이바가 연결되어 있다고 하였다. 그리고 지브는 카운터 지브와 메인 지브로 구성되는데, 카운터 지브는 길이가 짧고, 메인 지브는 길이가 길다고 하였다. 즉 타이바는 길이가 다른 두 개의 지브가 한쪽으로 기울어지지 않고 평형을 유지하도록 돕는 역할을 하는 것이다.

② 타워 크레인으로 들어 올린 중량물의 수평 이동은 트롤리와 선회 장치에 의해 이루어진다.

해설 3문단에서 선회 장치는 중량물을 수평으로 이동시키고, 트롤리는 메인 지브의 레일을 통해 중량물을 수평으로 이동시키는 역할을 한다고 하였다.

③ 후크 블록에 여러 개의 움직도르래가 사용되면 와이어로프가 꼬여 손상될 가능성이 높아진다.

해설 5문단에서 후크 블록에 여러 개의 움직도르래를 사용하게 되면 여러 가닥의 와이어로프가 바람에 의해 꼬여 손상되는 일이 발생할 수 있다고 하였다.

④ 타워 크레인이 중량물을 들어 올릴 때와 내릴 때에 권상 장치에 있는 전동기의 회전 방향은 반대가 된다.

해설 5문단에서 권상 장치는 그 안에 있는 전동기의 회전 방향에 따라 와이어로프를 원통 모양의 드럼에 감거나 풀어 중량물을 들어 올리거나 내린다고 하였다. 즉 중량물을 들어 올릴 때와 내릴 때의 회전 방향은 반대가 되는 것이다.

👻 **선택지 속 함정**

타워 크레인을 이루는 다양한 구성 요소들이 제시되어 있고, 각 구성 요소들의 기능을 세부적으로 설명하고 있어서 글의 내용이 복잡하게 느껴질 거야. 따라서 지문을 읽을 때 구성 요소들과 그 기능을 연결하며 꼼꼼히 읽어야 해. 지문에 제시된 그림에 중요 내용을 메모하면서 읽는 것도 도움이 될 거야.

02 구체적 이유 추론   정답 ①

선택률	① 36%	② 11%	③ 13%	④ 19%	⑤ 21%

㉠의 이유로 가장 적절한 것은?

= 반대로 메인 지브의 안쪽에서 들어 올린 중량물을 메인 지브 바깥쪽으로 이동시키지 못할 수도 있다

(정답 풀이)

① 평형추와 운전실 사이의 거리와 평형추의 무게가 고정되어 있기 때문에

해설 4문단에서 타워 크레인의 카운터 지브와 메인 지브가 평형을 이루려면 FD = fd를 충족해야 한다고 하였다. 타워 크레인은 평형추의 무게와 평형추와 운전실 사이의 거리가 고정되어 있으므로 FD는 일정하다. 그런데 메인 지브의 안쪽으로 들어 올린 중량물을 메인 지브 바깥쪽으로 이동시키면 중량물은 동일하므로 f는 변하지 않지만 d가 증가하여 fd가 FD보다 커지면서 타워 크레인이 메인 지브 쪽으로 기울게 된다. 따라서 ㉠의 이유는 평형추와 운전실 사이의 거

리와 평형추의 무게가 고정되어 있어서, 메인 지브의 안쪽에서 들어 올린 중량물을 메인 지브 바깥쪽으로 이동시키면 타워 크레인이 평형을 이루지 못하고 메인 지브 쪽으로 기울어지기 때문이다.

(오답 풀이)

② 평형추와 운전실 사이의 거리에 비해 트롤리와 운전실 사이의 거리가 가까워지기 때문에
    ↳ 멀어지기 때문에

해설 중량물을 바깥쪽으로 이동시키면 트롤리와 운전실 사이의 거리가 멀어진다.

③ 트롤리와 운전실 사이의 거리가 멀어질수록 힘점과 받침점 사이의 거리가 가까워지기 때문에
    ↳ 힘점   받침점   ↳ 멀어지기 때문에

해설 4문단에서 트롤리가 힘점, 운전실이 받침점에 해당한다고 하였다. 따라서 트롤리와 운전실 사이의 거리가 멀어진다는 것은 힘점과 받침점 사이가 멀어진다는 것과 같은 말이다.

④ 카운터 지브에 설치된 평형추의 무게와 권상 장치에 있는 중량물의 무게의 비가 달라지기 때문에
    ↳ 무게가 일정하므로 무게의 비도 변하지 않음.

해설 3문단에서 카운터 지브는 길이가 짧고 평형추는 일정한 무게의 콘크리트로 고정되어 있다고 하였다. 또한 권상 장치에 의해 들어 올리는 중량물을 메인 지브 바깥쪽으로 이동시킨다고 해서 중량물의 무게가 달라지는 것은 아니므로 카운터 지브에 설치된 평형추의 무게와 권상 장치에 있는 중량물의 무게의 비는 달라지지 않는다.

⑤ 트롤리가 메인 지브의 바깥쪽으로 이동할수록 평형추가 있는 카운터 지브 쪽으로 타워 크레인이 기울어지기 때문에
    ↳ 메인 지브쪽으로

해설 트롤리가 메인 지브의 바깥쪽으로 이동한다면 fd의 값이 커진다. 따라서 타워 크레인은 메인 지브 쪽으로 기울어지게 된다.

👻 **선택지 속 함정**

⑤를 답으로 고른 학생들은 타워 크레인의 FD와 fd 값의 관계를 정확하게 파악하지 못했기 때문일 거야. 트롤리가 메인 지브의 바깥으로 이동하면 fd의 값이 커지면서 타워 크레인이 카운터 지브가 아니라 메인 지브 쪽으로 기울게 되겠지.

03 구체적 상황에 적용   정답 ①

선택률	① 45%	② 34%	③ 10%	④ 6%	⑤ 5%

[A]를 바탕으로 〈보기 1〉을 이해한 내용을 〈보기 2〉와 같이 정리할 때, (ㄱ), (ㄴ)에 들어갈 말로 적절한 것은? [3점]

보기1

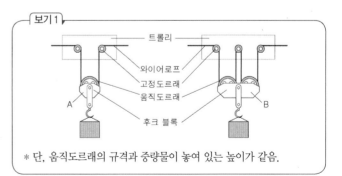

＊ 단, 움직도르래의 규격과 중량물이 놓여 있는 높이가 같음.

보기2

A, B를 이용해 같은 무게의 중량물을 각각 들어 올릴 때, 권상 장치가 감아올린 와이어로프의 길이가 같다면 권상 장치가 중량
    ↳ 감아올린 줄의 길이(S)가 고정됨.
물을 들어 올릴 때 사용한 힘의 크기는 (ㄱ), 들어 올린 중량물의 높이는 (ㄴ).

	(ㄱ)	(ㄴ)
①	A가 B보다 크고	A가 B보다 높다

해설 [A]에서 움직도르래를 추가적으로 사용할 때마다 동일한 무게의 중량물을 같은 높이로 들어 올릴 때 권상 장치가 사용하는 힘의 크기는 더 감소하고, 권상 장치가 감아올리는 와이어로프의 길이는 더 길어진다고 하였다. 따라서 움직도르래가 2개인 B를 이용하여 움직도르래가 1개인 A를 이용할 때와 같은 무게의 중량물을 같은 높이로 들어 올린다면, 권상 장치가 중량물을 들어 올릴 때 사용한 힘의 크기는 감소하고, 권상 장치가 감아올리는 와이어로프의 길이는 더 길어진다. 그런데 권상 장치가 감아올린 와이어로프의 길이가 같다면, A가 중량물을 들어 올리는 힘의 크기가 B보다 크므로 '일의 양(W) = 줄을 당긴 힘(F) × 감아올린 줄의 길이(S)'라는 역학 관계에 따라 A가 한 일의 양이 B가 한 일의 양보다 많다. [A]에서 동일한 무게의 물체를 들어 올린 높이가 같다면 권상 장치가 물체를 들어 올리기 위해 한 일의 양이 같다고 한 것을 고려할 때, A가 B에 비해 더 많은 일을 했다면, A가 B보다 중량물을 더 높이 들어 올린 것으로 볼 수 있다.

오답 풀이

②	A가 B보다 크고	A가 B보다 낮다 └→ 높다
③	A가 B보다 작고 └→ 크고	A가 B보다 높다
④	A가 B보다 작고 └→ 크고	A가 B보다 낮다 └→ 높다
⑤	A와 B가 같고 └→ A가 B보다 크고	A와 B가 같다 └→ A가 B보다 높다

---

04 어휘의 문맥적 의미 파악   정답 ②

선택률	① 2%	② 89%	③ 2%	④ 5%	⑤ 2%

문맥에 맞게 ⓐ~ⓔ를 바꿔 쓴 것으로 적절하지 않은 것은?

정답 풀이

② ⓑ: 받치는
= 제어하는

해설 ⓑ에서 '제어하다'는 '기계나 설비 또는 화학 반응 따위가 목적에 알맞은 작용을 하도록 조절하다.'라는 의미이므로 '물건의 밑이나 옆 따위에 다른 물체를 대다.'라는 의미인 '받치다'로 바꿔 쓰는 것은 적절하지 않다.

오답 풀이

① ⓐ: 이르는
= 달하는

해설 ⓐ에서 '달하다'는 '일정한 표준, 수량, 정도 따위에 이르다.'라는 의미이므로 '이르다'와 바꿔 쓸 수 있다.

③ ⓒ: 이어져
= 연결되어

해설 ⓒ에서 '연결되다'는 '사물과 사물이 서로 이어지거나 현상과 현상이 관계가 맺어지다.'라는 의미이므로 '이어지다'와 바꿔 쓸 수 있다.

④ ⓓ: 나뉘기
= 분산되기

해설 ⓓ에서 '분산되다'는 '갈라져 흩어지다.'라는 의미이므로 '나뉘다'와 바꿔 쓸 수 있다.

⑤ ⓔ: 줄지만
= 감소하지만

해설 ⓔ에서 '감소하다'는 '양이나 수치가 줄다.'라는 의미이므로 '줄다'와 바꿔 쓸 수 있다.

---

05 ⑤	06 ②	07 ③	08 ⑤	09 ⑤

○ 문단별 핵심어   ★ ▩▩▩ 중심 문장

• 방사광과 방사광가속기

1 세상에는 너무 작아서 눈으로 볼 수 없는 세계가 많다. 사람의 눈으로 볼 수 있는 가시광선 영역은 파장이 길기 때문에 단백질 분자 구조와 같은 물질의 내부 구조는 관찰할 수 없다. 그래서 미세한 물질의 내부 구조를 파악하기 위해서는 보다 짧은 파장의 빛의 영역까지 활용할 수 있어야 하는데, 이때 활용 가능한 빛이 바로 방사광이다. 방사광이란 빛의 속도에 가깝게 빠른 속도로 운동하는 전자가 방향을 바꿀 때, 바뀐 운동 궤도 곡선의 접선 방향으로 방출되는 좁은 퍼짐의 전자기파를 가리킨다.
방사광의 활용 목적 / 방사광의 개념

2 방사광은 적외선, 가시광선, 자외선, X선에 이르는 다양한 파장을 가진 빛으로, 실험 목적에 따라 파장을 선택하여 사용할 수 있는 파장 가변성을 ⓐ지닌다. 그리고 방사광은 휘도가 높은 빛이다. 휘도란 빛의 집중 정도를 나타내는 것으로, 빛의 세기가 크면 클수록, 그리고 빛의 퍼짐이 작으면 작을수록 높은 휘도 값을 갖는다. 예를 들어 방사광에서 실험을 위해 선택된 X선은, 기존에 쓰던 X선보다 휘도가 수만 배 이상이라서 이를 활용하면 물질의 정보를 보다 자세하게 얻을 수 있다.
방사광의 특성 ① / 방사광의 특성 ② / 휘도의 개념 / 휘도의 특성 / 휘도가 높은 방사광 활용의 효과

3 방사광은 자연에서는 별이 수명을 다해 폭발할 때 발생하기도 하지만, 이를 연구에 활용하는 것은 어려우므로 고성능 슈퍼 현미경이라고도 불리는 방사광가속기를 사용해 인위적으로 만들어 사용한다. 방사광가속기는 일반적으로 크게 전자입사장치, 저장링, 빔라인 등으로 구성되어 있다. 전자입사장치는 전자를 방출시킨 뒤 빛의 속도에 가깝게 가속시켜 저장링으로 주입하는 장치로, 전자총과 선형가속기로 구성된다. 전자총은 고유한 파장을 가진 금속에 그 파장보다 짧은 파장의 빛을 가하면 전자가 방출되는 광전효과를 활용하여 지속적으로 전자를 방출시킨다. 이때 방출되는 전자는 상대적으로 속도가 느려 높은 에너지를 가지지 못하므로, 선형가속기에서는 음(-)전하를 띤 전자가 양(+)전하를 띤 양극 쪽으로 움직이려는 전기적인 힘의 원리를 활용하여 전자를 가속시킨다. 선형가속기에서 빛의 속도에 근접하게 된 전자는 이후 저장링으로 보내진다.
방사광을 인위적으로 만드는 기계 / 방사광가속기의 주요 장치 / 전자입사장치의 기능 / 전자입사장치의 구성 / 전자총의 기능 / 선형가속기의 기능

4 저장링은 휨전자석, 삽입장치, 고주파 공동장치 등으로 구성되어 있고, 일반적으로 n각형 모양으로 설계하여 n개의 직선 부분과
저장링의 구성

n개의 모서리 부분으로 이루어져 있다. 저장링의 모서리 부분에는
전자의 방향을 조절해 주는 (휨전자석)을 설치하여 전자가 지속적으
로 궤도를 따라 회전할 수 있도록 한다. 전자는 휨전자석을 지나면
서 자석 주위의 자기장의 힘을 받아 휘게 되는데, 이때 전자의 운동
궤도 곡선의 접선 방향으로 방사광이 방출된다. 저장링의 직선 부
분에는 N극과 S극을 번갈아 배열한 (삽입장치)가 설치되어 있다. 「전
자는 삽입장치에서 자기장의 영향을 받아 N극과 S극의 사이에서
주기적으로 방향이 바뀌며 구불구불하게 움직이게 되는데, 방향이
주기적으로 바뀔 때마다 방사광이 방출된다. 이렇게 방출된 방사광
은, 위상이 동일한 방사광과 서로 중첩되면서 진폭이 커지는 간섭
현상이 나타난다. 그래서 삽입장치에서 중첩되어 진폭이 커진 방사
광은, 휨전자석에서 방출된 방사광보다 큰 에너지를 지닌 더 밝은
방사광이 된다. 이때 휨전자석과 삽입장치를 통과하며 방사광을 방
출한 전자는 에너지를 잃게 되고, (고주파 공동장치)는 이러한 전자
에 에너지를 보충하여 전자가 계속 궤도를 돌게 한다.

5 마지막으로 (빔라인)은 실험 목적에 맞도록 방사광에서 원하는 파
장을 분리시켜 실험에 이용하는 장치로, 크게 진공 자외선 빔라인
과 X선 빔라인으로 나눌 수 있다. (진공 자외선 빔라인)에서는 주로
기체 상태의 물질의 구조나 고체 표면에서의 물질의 구조 등에 관
한 실험들이 이루어지고, (X선 빔라인)에서는 다른 빛보다 상대적으
로 짧은 파장을 가진 X선의 특성을 이용하여 주로 물질의 내부 구
조, 원자 배열 등에 대한 실험이 이루어진다. 특히 X선 빔라인들 중
하나인 ㉠X선 현미경은 최대 15 나노미터 정도 되는 생체 조직 등
과 같은 물질의 내부 구조까지도 확대하여 관찰할 수 있다. X선은
가시광선과 달리 유리 렌즈나 거울을 써서 굴절시키거나 반사시키
기 어렵다. 그래서 X선 현미경은, 강력한 전자기장으로 X선을 굴절
시켜 빛을 모을 수 있는 특수 금속 렌즈를 이용해 X선을 실험에 활
용한다.

지식을 쌓는 배경지식

물질의 기본이 되는 단위 물질

· 대부분의 물질은 양성자와 중성자로 이루어져 있는데, 관측실험을 통해 원자
를 구성하는 입자들의 수가 점차 증가하면서 양성자와 중성자가 더 작은 물질
의 단위로 이루어져 있을 가능성이 제기됨.

· 입자가속기가 실험적 증거가 되어 1964년에 겔만이 쿼크이론을 제안함.

· 겔만은 물리적 기초입자로 쿼크 개념을 도입하여, 양성자와 중성자가 쿼크로
이루어져 있다고 주장함.

· 입자물리학의 표준 모형에 따르면 쿼크는 더 작은 입자로 쪼개지지 않고 그
자체로 가장 근본적인 입자임.

지문 분석하기

|지문 구조

1 방사광의 활용성과 개념

↓

2 방사광의 특성

↓

3 방사광가속기의 주요 장치 ① – 전자입사장치

↓

4 방사광가속기의 주요 장치 ② – 저장링

↓

5 방사광가속기의 주요 장치 ③ – 빔라인

|주제| 방사광을 만드는 방사광가속기의 주요 장치

한컷 정리하기

방사광

· 전자가 방향을 바꿀 때, 바뀐 운동 궤도 곡선의 접선 방향으로 방출되는 좁은 퍼짐의
전자기파로, 미세한 물질의 내부 구조를 파악하는 데 활용됨.
· 파장 가변성 : 다양한 파장을 가져 실험 목적에 따라 파장을 선택하여 사용할 수 있음.
· 휘도가 높은 빛 : 물질의 정보를 보다 자세하게 얻을 수 있음.

방사광가속기

주요 장치

전자입사장치	저장링	빔라인
· 전자를 방출시킨 뒤 빛의 속도에 가깝게 가속시켜 저장링으로 주입하는 장치로, 전자총과 선형가속기로 구성됨. · 전자총 : 광전효과를 활용하여 지속적으로 전자를 방출시킴. · 선형가속기 : 음(−)전하를 띤 전자가 양(+)전하를 띤 양극 쪽으로 움직이려는 전기적인 힘의 원리를 활용하여 전자를 가속시킴.	· n개의 직선 부분과 n개의 모서리 부분으로 이루어져 있음. · 휨전자석 : 전자의 방향을 조절해 전자가 지속적으로 궤도를 따라 회전할 수 있도록 함. → 전자의 운동 궤도 곡선의 접선 방향으로 방사광이 방출됨. · 삽입장치 : 전자가 자기장의 영향을 받아 방향이 바뀔 때마다 방사광이 방출됨. → 간섭 현상으로 더 밝은 방사광이 됨. · 고주파 공동장치 : 전자에 에너지를 보충하여 전자가 계속 궤도를 돌게 함.	· 실험 목적에 맞도록 방사광에서 원하는 파장을 분리시켜 실험에 이용하는 장치 · 진공 자외선 빔라인 : 주로 기체 상태의 물질의 구조나 고체 표면에서의 물질의 구조 등에 관한 실험이 이루어짐. · X선 빔라인 : 주로 물질의 내부 구조, 원자 배열 등에 대한 실험이 이루어짐.

05 세부 정보의 파악 정답 ⑤

선택률	① 2%	② 9%	③ 5%	④ 7%	⑤ 77%

윗글을 이해한 내용으로 적절하지 않은 것은?

정답 풀이

⑤ 금속의 고유한 파장보다 긴 파장의 빛을 금속에 쏘면 전자를 방출시킬 수 있다.
　　　　　　　　　　　　　　↳ 짧은

해설 3문단에서 전자총은 고유한 파장을 가진 금속에 그 파장보다 짧은 파장의 빛을 가하면 전자가 방출되는 광전효과를 활용한다고 하였다. 따라서 금속의 고유한 파장보다 긴 파장의 빛을 금속에 쏘면 전자를 방출시킬 수 있다는 것은 적절하지 않다.

오답 풀이

① 실험 목적에 따라 빔라인의 종류는 달라질 수 있다.

해설 5문단에서 빔라인은 실험 목적에 맞도록 방사광에서 원하는 파장을 분리시켜 실험에 이용하는 장치로, 크게 진공 자외선 빔라인과 X선 빔라인으로 나눌 수 있다고 하였다.

② 휨전자석의 개수는 저장링의 모양에 따라 달라질 수 있다.

해설 4문단에서 저장링은 일반적으로 n각형 모양으로 설계하여 n개의 직선 부분과 n개의 모서리 부분으로 이루어져 있으며, 저장링의 모서리 부분에는 휨전자석을 설치한다고 하였다. 즉 휨전자석은 저장링의 모서리 부분에 설치되므로, 휨전자석의 개수는 저장링에 모양에 따라 달라질 수 있다.

③ 빛의 집중 정도는 빛의 세기와 퍼짐에 따라 달라질 수 있다.

해설 2문단에서 휘도란 빛의 집중 정도를 나타내는 것으로, 빛의 세기가 크면 클수록, 그리고 빛의 퍼짐이 작으면 작을수록 높은 휘도 값을 갖는다고 하였다.

④ 전자는 양전하를 띤 양극 쪽으로 움직이려는 전기적인 힘이 있다.

해설 3문단에서 선형가속기에서는 음(−)전하를 띤 전자가 양(+)전하를 띤 양극 쪽으로 움직이려는 전기적인 힘의 원리를 활용한다고 하였다. 따라서 전자는 양전하를 띤 양극 쪽으로 움직이려는 전기적인 힘이 있음을 알 수 있다.

06 핵심 정보의 파악 정답 ②

선택률	① 4%	② 68%	③ 8%	④ 10%	⑤ 10%

방사광에 대한 설명으로 적절하지 않은 것은?

정답 풀이

② 방사광가속기에서 연구 목적으로 가속시키는 전자기파이다.
　↳ 방사광가속기에서 가속시키는 것은 전자임.

해설 1문단에서 방사광이란 빛의 속도에 가깝게 빠른 속도로 운동하는 전자가 방향을 바꿀 때, 바뀐 운동 궤도 곡선의 접선 방향으로 방출되는 좁은 퍼짐의 전자기파를 가리킨다고 하였다. 또한 3문단에서 방사광은 연구에 활용하기 위해 방사광가속기를 사용해 인위적으로 만드는데, 선형가속기에서는 전자가 양(+)전하를 띤 양극 쪽으로 움직이려는 전기적인 힘의 원리를 활용하여 전자를 가속시킨다고 하였다. 따라서 방사광가속기에서 가속시키는 것은 전자기파인 방사광이 아니라 전자이다.

오답 풀이

① 실험 목적에 따라 파장을 선택해 사용할 수 있는 빛이다.

해설 2문단에서 방사광은 실험 목적에 따라 파장을 선택하여 사용할 수 있는 파장 가변성을 지닌다고 하였으므로 적절하다.

③ 자연적으로 발생하기도 하고 인위적으로 만들 수도 있는 빛이다.

해설 3문단에서 방사광은 자연에서는 별이 수명을 다해 폭발할 때 발생하기도 하지만, 이를 연구에 활용하는 것은 어려우므로 고성능 슈퍼 현미경이라고도 불리는 방사광가속기를 사용해 인위적으로 만들어 사용한다고 하였으므로 적절하다.

④ 휘도가 높아 물질에 대한 자세한 정보를 얻을 수 있게 하는 빛이다.

해설 2문단에서 방사광은 휘도가 높은 빛이며, 방사광에서 실험을 위해 선택된 X선은, 기존에 쓰던 X선보다 휘도가 수만 배 이상이라서 이를 활용하면 물질의 정보를 보다 자세하게 얻을 수 있다고 하였으므로 적절하다.

⑤ 빛의 속도에 가깝게 운동하는 전자가 방향을 바꿀 때 방출되는 전자기파이다.

해설 1문단에서 방사광이란 빛의 속도에 가깝게 빠른 속도로 운동하는 전자가 방향을 바꿀 때, 바뀐 운동 궤도 곡선의 접선 방향으로 방출되는 좁은 퍼짐의 전자기파를 가리킨다고 하였으므로 적절하다.

07 자료를 활용한 내용 이해 정답 ③

선택률	① 8%	② 9%	③ 64%	④ 11%	⑤ 8%

〈보기〉는 방사광가속기의 주요 장치를 도식화한 것이다. 윗글을 바탕으로 〈보기〉를 이해한 내용으로 적절하지 않은 것은? [3점]

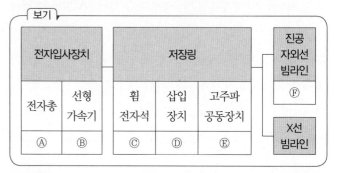

정답 풀이

③ ⓒ에서 방출된 방사광이 ⓔ에서 방출된 방사광보다 밝은 이유는 ⓓ에서 방
　↳ ⓓ에서 　　　　　　　↳ ⓒ에서
사광이 서로 중첩되어 진폭이 더 커졌기 때문이겠군.

해설 4문단에서 ⓓ에서 중첩되어 진폭이 커진 방사광은, ⓒ에서 방출된 방사광보다 큰 에너지를 지닌 더 밝은 방사광이 된다고 하였으므로 적절하지 않다.

오답 풀이

① Ⓐ에서 광전효과를 활용하여 방출시킨 전자는 Ⓑ에서 빛의 속도에 가깝게 가속되어 높은 에너지를 갖게 되겠군.

해설 3문단에서 Ⓐ는 광전효과를 활용하여 지속적으로 전자를 방출시키는데, 이때 방출되는 전자는 상대적으로 속도가 느려 높은 에너지를 가지지 못하므로, Ⓑ에서 전자를 가속시켜 전자가 빛의 속도에 근접하게 된다고 하였으므로 적절하다.

② 전자는 ⓒ를 지나면서 자석 주위의 자기장의 힘을 받아 방향이 바뀌면서 궤도를 따라 회전할 수 있게 되겠군.

해설 4문단에서 ⓒ를 설치하여 전자가 지속적으로 궤도를 따라 회전할 수 있도록 하고, 전자는 ⓒ를 지나면서 자석 주위의 자기장의 힘을 받아 휘게 된다고 하였으므로 적절하다.

④ ⓒ와 ⓓ를 통과하며 에너지가 손실된 전자는 ⓔ로부터 에너지를 공급받아 궤도를 계속 돌게 되겠군.

해설 4문단에서 ⓒ와 ⓓ를 통과하며 방사광을 방출한 전자는 에너지를 잃게 되고, ⓔ는 이러한 전자에 에너지를 보충하여 전자가 계속 궤도를 돌게 한다고 하였으므로 적절하다.

⑤ Ⓕ는 실험 목적에 맞게 방사광에서 원하는 파장을 분리시켜 실험에 이용하는 장치이겠군.

해설 5문단에서 빔라인은 실험 목적에 맞도록 방사광에서 원하는 파장을 분리시켜 실험에 이용하는 장치로, Ⓕ와 X선 빔라인으로 나눌 수 있다고 하였으므로 적절하다.

08 정보의 비교 이해　　　　　　정답 ⑤

선택률	① 3%	② 5%	③ 10%	④ 13%	⑤ 69%

윗글의 ㉠과 〈보기〉의 ㉡을 비교한 내용으로 가장 적절한 것은?
（＝X선 현미경）

┌─ 보기 ─

㉡광학 현미경은 가시광선을 굴절시켜 빛을 모을 수 있는 유리 렌즈를 이용해 물질의 표면을 확대하는 실험 장치이다. 일반적으로 광학 현미경의 렌즈 배율을 최대로 높이면 크기가 200 나노미터 정도 되는 물질까지 관찰할 수 있다.
（긴 파장의 빛）

└──────

정답 풀이

⑤ ㉠은, ㉡에서 사용하는 빛보다 상대적으로 짧은 파장의 빛을 이용하여 물질을 관찰할 수 있는 장치이다.

해설 1문단에서 가시광선 영역은 파장이 길다고 하였고, 5문단에서 X선 빔라인에서는 다른 빛보다 상대적으로 짧은 파장을 가진 X선의 특징을 이용하며, ㉠은 X선 빔라인들 중 하나라고 하였다. 즉 ㉠은 다른 빛보다 상대적으로 짧은 파장을 가진 X선을 이용하고, ㉡은 파장이 긴 가시광선을 이용한다. 따라서 ㉠은, ㉡에서 사용하는 빛보다 상대적으로 짧은 파장의 빛을 이용하여 물질을 관찰할 수 있는 장치라는 설명은 적절하다.

오답 풀이

① ㉠과 달리 ㉡은 물질의 내부 구조를 관찰할 수 있는 장치이다.
　↳ ㉡과 달리 ㉠은

해설 5문단에서 ㉠은 최대 15 나노미터 정도 되는 생체 조직 등과 같은 물질의 내부 구조까지도 확대하여 관찰할 수 있다고 하였고, 〈보기〉에서 ㉡은 물질의 표면을 확대하는 실험 장치라고 하였다. 따라서 물질의 내부 구조를 관찰할 수 있는 장치는 ㉡이 아니라 ㉠이다.

② ㉡과 달리 ㉠은 빛이 굴절하는 성질을 이용하여 실험하는 장치이다.
　↳ ㉠과 ㉡은 모두

해설 5문단에서 ㉠은 강력한 전자기장으로 X선을 굴절시킨다고 하였고, 〈보기〉에서 ㉡은 가시광선을 굴절시킨다고 하였다. 따라서 ㉠과 ㉡은 모두 빛이 굴절하는 성질을 이용하여 실험하는 장치이다.

③ ㉡과 달리 ㉠은 유리 렌즈를 활용하여 빛을 모아 물질을 확대하는 장치이다.
　↳ ㉠과 달리 ㉡은

해설 5문단에서 ㉠은 강력한 전자기장으로 X선을 굴절시켜 빛을 모을 수 있는 특수 금속 렌즈를 이용한다고 하였고, 〈보기〉에서 ㉡은 가시광선을 굴절시켜 빛을 모을 수 있는 유리 렌즈를 이용한다고 하였다. 따라서 유리 렌즈를 활용하여 빛을 모아 물질을 확대하는 장치는 ㉠이 아니라 ㉡이다.

④ ㉡은, ㉠에서 사용하는 빛의 영역이 아닌 인간의 눈으로 볼 수 없는 빛의 영역을 이용하는 장치이다.
　↳ ㉠은, ㉡에서

해설 1문단에서 사람의 눈으로 볼 수 있는 가시광선 영역은 파장이 길다고 하였고, 5문단에서 X선 빔라인에서는 다른 빛보다 상대적으로 짧은 파장을 가진 X선의 특성을 이용한다고 하였다. 따라서 X선을 이용하는 ㉠은 인간의 눈으로 볼 수 없는 빛의 영역을 이용하는 장치이고, ㉡은 인간의 눈으로 볼 수 있는 빛의 영역을 이용하는 장치이다.

👁 선택지 속 함정

㉠이 인간의 눈으로 볼 수 있는 빛의 영역을 이용하는지 아닌지를 지문에서 찾는 데에만 급급했다면 ④의 적절성을 판단하기 어려웠을 거야. 이 문제처럼 ㉠과 ㉡을 비교하여 적절한 것을 고르는 문제는 ㉠과 ㉡에 대해서 모두 옳고 그름을 판단하지 않아도 정답을 찾을 수 있는 경우가 많아. ④에서도 ㉠에 대하여 잘 모르겠더라도 ㉡에 대하여 판단해 보면, ㉡은 가시광선을 이용한다고 했는데 1문단에서 가시광선 영역은 사람의 눈으로 볼 수 있는 영역이라고 했으니 ㉠과 상관없이 ④는 틀렸음을 판단할 수 있지.

09 어휘의 문맥적 의미 파악　　　　　정답 ⑤

선택률	① 2%	② 2%	③ 2%	④ 2%	⑤ 92%

문맥상 ⓐ와 가장 가까운 의미로 쓰인 것은?
（＝지닌다）

정답 풀이

⑤ 그는 자신의 이론이 보편성을 지니고 있다고 주장했다.

해설 ⓐ와 ⑤에서 '지니다'는 '바탕으로 갖추고 있다.'라는 의미로 사용되었다.

오답 풀이

① 그는 딸의 사진을 품속에 지니고 다닌다.

해설 이 선택지에서는 '몸에 간직하여 가지다.'라는 의미로 사용되었다.

② 그는 일을 성사시킬 책임을 지니고 있다.

해설 이 선택지에서는 '어떠한 일 따위를 맡아 가지다.'라는 의미로 사용되었다.

③ 그는 어릴 때의 모습을 그대로 지니고 있었다.

해설 이 선택지에서는 '본래의 모양을 그대로 간직하다.'라는 의미로 사용되었다.

④ 그는 유년 시절의 추억을 가슴속에 지니고 살았다.

해설 이 선택지에서는 '기억하여 잊지 않고 새겨 두다.'라는 의미로 사용되었다.

01~04 2022년 3월 고2 전국연합학력평가 　　본문 104~106쪽

01 ③ **02** ④ **03** ⑤ **04** ④

○ 문단별 핵심어 ★ 중심 문장

● **음성 언어 인식의 자연어 처리 기술**

1 최근 스마트폰이나 자동차 등에서 인공지능 음성 언어 비서 시스템이 사용되고 있다. 이 시스템이 제대로 작동하기 위해서는 사용자의 음성이 올바르게 인식되어야 한다. 그런데 불분명하게 발음하거나 여러 단어를 쉼 없이 발음하는 경우 시스템이 어떻게 이를 올바른 문장으로 인식할 수 있을까? 이럴 때는 입력된 음성 언어를 문자 언어로 변환한 다음, 통계 데이터를 활용하여 단어나 문장의 오류를 보정하는 자연어 처리 기술이 사용된다. 이러한 기술에는 철자 오류 보정 방식과 띄어쓰기 오류 보정 방식이 있다.

2 철자 오류 보정 방식은 교정 사전과 어휘별 통계 데이터를 ㉠기반으로 잘못된 문자열*을 올바른 문자열로 바꿔 주는 방식이다. 철자 오류 보정은 '전처리, 오류 문자열 판단, 교정 후보 집합 생성, 최종 교정 문자열 탐색' 과정을 거친다. 먼저 전처리는 입력 문장에서 사용자의 발음이 불분명하게 입력되어 시스템에서 처리가 불가능한 문자열을 처리가 가능한 문자열로 바꿔 주는 과정이다. 가령, '실크'가 '싫'으로 인식될 경우, '싫'이라는 음절이 국어에 쓰이지 않으므로 '실크'로 바꿔 준다. 이렇게 전처리가 끝나면 다음 단계인 오류 문자열 판단 단계로 넘어간다. 이 단계에서는 입력된 문장을 어절 단위의 문자열로 ㉡구분하여, 각 문자열이 교정 사전의 오류 문자열에 존재하는지 여부를 확인한다. 교정 사전이란 오류 문자열과 이를 수정한 교정 문자열이 쌍을 이루어 구축되어 있는 사전이다. 예를 들어 사람들이 자주 틀리는 어휘인 '할려고'의 경우, 교정 사전의 오류 문자열에 '할려고', 이를 수정한 교정 문자열에 '하려고'가 들어가 있다.

[A]

3 처리된 문자열이 교정 사전의 오류 문자열에 존재하지 않을 경우 바로 결과 문장으로 도출되지만, 존재할 경우 교정 후보 집합 생성 단계로 넘어간다. 이 단계에서는 오류 문자열과 교정 문자열 모두를 교정 후보로 하는 교정 후보 집합을 ㉢생성한다. 예컨대 처리된 문자열이 '할려고'일 경우, '할려고'와 '하려고' 모두를 교정 후보로 하는 교정 후보 집합을 생성한다. 그런 다음 최종 교정 문자열 탐색 단계로 넘어간다. 여기서는 철자 오

류가 거의 없는 교과서나 신문 기사와 같은 자료에서 어휘들의 사용 빈도를 추출한 어휘별 통계 데이터를 활용하여, 교정 후보 중 사용 빈도가 높은 문자열을 최종 교정 문자열로 선택하여 결과 문장을 도출한다. 만일 통계 데이터에서 '할려고'의 사용 빈도가 1회, '하려고'의 사용 빈도가 100회라면 '하려고'를 최종 교정 문자열로 선택하는 것이다.

4 띄어쓰기 오류 보정 방식은 잘못된 띄어쓰기를 통계 데이터와 비교하여 올바른 띄어쓰기로 바꿔 주는 방식이다. 이를 위해서는 입력된 문장의 띄어쓰기를 시스템에서 처리할 수 있도록 이진법으로 변환하는 과정이 요구된다. 이 과정에서 음절의 좌나 우, 혹은 음절의 사이에 공백이 있을 때 1, 공백이 없을 때 0으로 표기한다. 가령 '동생이 밥 을 먹었다'라는 문장에서 '밥'은 음절의 좌, 우에 모두 공백이 있으므로 이를 이진법으로 나타내 '1밥1'이 되는데, 이를 편의상 '밥(11)'로 나타낸다. 같은 방법으로 '밥 을'은 두 음절의 좌, 사이, 우에 모두 공백이 있으므로 '밥을(111)'이 되고, '밥 을 먹'은 '밥을먹(1110)'이 된다. 이때 문장의 처음과 끝은 공백이 있는 것으로 처리한다. 이렇게 띄어쓰기를 이진법으로 변환한 다음, 올바르게 띄어쓰기가 구현된 문장에서 ㉣추출한 통계 데이터와 비교한다. 그 결과 빈도수가 높은 띄어쓰기 결과에 맞춰 띄어쓰기 오류를 보정한다. 만약 통계 데이터에서 '밥을(111)'의 빈도수가 낮고 '밥을(101)'의 빈도수가 높을 경우, 이에 따라 '밥 을'은 '밥을'로 띄어쓰기가 보정된다.

5 이러한 방법들은 모두 올바른 단어나 문장에서 추출된 통계 데이터를 기반으로 보정이 이루어진다는 공통점이 있다. 보정의 정확도를 ㉤향상시키기 위해서는 통계 데이터의 양을 늘리는 것이 요구되지만, 이 경우 데이터 처리 속도가 감소하게 된다는 단점이 있다. 이러한 문제점을 해결하기 위해 최근 보정의 정확도와 데이터의 처리 속도를 모두 향상시키기 위한 방안이 지속적으로 연구되고 있다.

* 문자열: 데이터로 다루는 일련의 문자.

지식을 쌓는 배경지식

머신러닝과 딥러닝

① 머신러닝
- 기계를 뜻하는 'Machine'과 학습을 뜻하는 'Learning'이 합쳐진 말로, 인공지능 연구의 한 분야임.
- 인간의 학습 능력과 같은 기능을 컴퓨터에서 실현하는 기술로, 컴퓨터가 입력된 방대한 데이터를 분석하고 학습하여 미래를 예측하는 기술임.

② 딥러닝
- 머신러닝 기술의 한 분야로, 다른 머신러닝 기술들과 달리 인간의 '가르침'이라는 과정 없이 컴퓨터가 스스로 학습할 수 있도록 하는 기술임.
- 음성 인식, 로봇의 인공지능 시스템 개발 등에 활용되고 있음.

지문 분석하기

|지문 구조|

1 인공지능 음성 언어 비서 시스템에 사용되는 자연어 처리 기술

↓

2 철자 오류 보정 방식 ① – 전처리, 오류 문자열 판단

↓

3 철자 오류 보정 방식 ② – 교정 후보 집합 생성, 최종 교정 문자열 탐색

+

4 띄어쓰기 오류 보정 방식

↓

5 자연어 처리 기술 방식의 공통점과 해결 과제

|주제| 인공지능 음성 언어 비서 시스템에 사용되는 자연어 처리 기술의 두 가지 방식

한컷 정리하기

자연어 처리 기술

철자 오류 보정 방식	띄어쓰기 오류 보정 방식
교정 사전과 어휘별 통계 데이터를 기반으로 잘못된 문자열을 올바른 문자열로 바꿔 주는 방식	잘못된 띄어쓰기를 통계 데이터와 비교하여 올바른 띄어쓰기로 바꿔 주는 방식
과정	과정
전처리: 발음이 불분명하게 입력되어 시스템에서 처리 불가능한 문자열을 처리 가능한 문자열로 바꿈. ↓ 오류 문자열 판단: 문장을 어절 단위의 문자열로 구분하여, 각 문자열이 교정 사전의 오류 문자열에 존재하는지 확인 ↓ 교정 후보 집합 생성: 오류 문자열과 교정 문자열을 교정 후보로 하는 교정 후보 집합 생성 ↓ 최종 교정 문자열 탐색: 어휘별 통계 데이터를 활용하여 교정 후보 중 사용 빈도가 높은 문자열을 최종 교정 문자열로 선택하여 결과 문장 도출	입력된 문장의 띄어쓰기를 시스템에서 처리할 수 있도록 이진법으로 변환 올바르게 띄어쓰기가 구현된 문장에서 추출한 통계 데이터와 비교하여 빈도수가 높은 띄어쓰기 결과에 맞춰 띄어쓰기 오류 보정

---

01 세부 정보의 파악

정답 ③

선택률	① 5%	② 7%	③ 74%	④ 11%	⑤ 3%

윗글에서 알 수 있는 내용으로 적절하지 않은 것은?

정답 풀이

③ 철자 오류 보정 방식은 각 단계마다 입력된 문장을 음절 단위로 구분하여 데이터를 처리한다.
↳ '전처리' 단계에서

해설 2문단에서 철자 오류 보정 방식의 첫 번째 단계인 '전처리' 단계에서는 국어에 쓰이는 음절에 대한 정보를 바탕으로 데이터를 처리함을 알 수 있다. 그러나 두 번째 단계인 '오류 문자열 판단' 단계부터는 입력된 문장을 어절 단위의 문자열로 구분하여 처리하므로, 각 단계마다 입력된 문장을 음절 단위로 구분하여 처리하는 것은 아니다.

오답 풀이

① 잘못 입력된 문장이 보정되지 않으면 음성 언어 비서 시스템이 제 기능을 발휘하지 못한다.

해설 1문단에서 인공지능 음성 언어 비서 시스템이 제대로 작동하기 위해서는 사용자의 음성이 올바르게 인식되어야 하며, 사용자의 불분명한 발음이나 쉼 없는 발음으로 문장의 오류가 발생하였을 때는 통계 데이터를 활용하여 단어나 문장의 오류를 보정하는 자연어 처리 기술이 사용된다고 하였다. 따라서 잘못 입력된 문장이 보정되지 않으면 음성 언어 비서 시스템이 제 기능을 발휘하지 못한다는 설명은 적절하다.

② 음성 인식 오류를 보정할 때는 사용자의 음성 언어를 문자 언어로 변환하는 과정이 선행된다.

해설 1문단에서 자연어 처리 기술을 사용하여 음성 인식 오류를 보정할 때 입력된 음성 언어를 문자 언어로 변환한 다음, 통계 데이터를 활용하여 단어나 문장의 오류를 보정한다고 하였다. 따라서 음성 인식 오류를 보정할 때는 사용자의 음성 언어를 문자 언어로 변환하는 과정이 선행된다는 설명은 적절하다.

④ 띄어쓰기 오류 보정 방식에서 입력된 문장의 처음과 끝은 공백이 있는 것으로 처리된다.

해설 4문단에서 띄어쓰기 오류 보정 방식에서 문장의 처음과 끝은 공백이 있는 것으로 처리한다고 하였으므로 적절하다.

⑤ 통계 데이터에 포함된 데이터의 양을 늘리면 보정의 정확도는 증가하지만 처리 속도는 감소한다.

해설 5문단에서 보정의 정확도를 향상시키기 위해서는 통계 데이터의 양을 늘리는 것이 요구되지만, 이 경우 데이터 처리 속도가 감소하게 된다고 하였으므로 적절하다.

[A]를 참고로 하여 〈보기〉의 ㉮~㉳를 설명한 내용으로 적절하지 않은 것은? [3점]

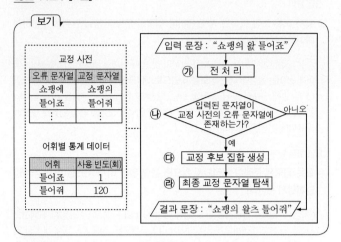

정답 풀이

④ ㉳: '틀어죠'가 교정 사전의 오류 문자열에 있으므로 '틀어줘'만을 교정 후보로 하는 교정 후보 집합을 생성한다.   ↳ '틀어죠'와 '틀어줘' 모두를

해설 〈보기〉에서 '틀어죠'는 교정 사전의 오류 문자열에 존재하므로 '교정 후보 집합 생성' 단계로 넘어간다. 3문단에서 '교정 후보 집합 생성' 단계에서는 오류 문자열과 교정 문자열 모두를 교정 후보로 하는 교정 후보 집합을 생성한다고 하였으므로 '틀어죠'와 '틀어줘' 모두를 교정 후보로 하는 교정 후보 집합을 생성한다.

오답 풀이

① ㉮: '왍'을 '왈츠'로 교정하여 처리가 가능한 문자열로 바꿔 준다.

해설 2문단에서 '전처리' 단계에서는 입력 문장에서 사용자의 발음이 불분명하게 입력되어 시스템에서 처리가 불가능한 문자열을 처리가 가능한 문자열로 바꿔 준다고 하였다. 〈보기〉의 '왍'은 국어에 쓰이지 않는 음절이므로 '왈츠'로 교정하여 처리가 가능한 문자열로 바꿔 준다는 설명은 적절하다.

② ㉯: '쇼팽의'를 교정 사전에서 확인한 결과 오류 문자열에 해당하지 않으므로 결과 문장으로 바로 보낸다.

해설 3문단에서 '오류 문자열 판단' 단계에서 처리된 문자열이 교정 사전의 오류 문자열에 존재하지 않을 경우 바로 결과 문장으로 도출된다고 하였다. 〈보기〉의 '쇼팽의'라는 문자열은 교정 사전의 오류 문자열에 존재하지 않으므로 결과 문장으로 바로 보낸다는 설명은 적절하다.

③ ㉯: '틀어죠'를 교정 사전에서 확인한 결과 오류 문자열에 해당하므로 '교정 후보 집합 생성' 단계로 보낸다.

해설 3문단에서 '오류 문자열 판단' 단계에서 처리된 문자열이 교정 사전의 오류 문자열에 존재하면 '교정 후보 집합 생성' 단계로 넘어간다고 하였다. 〈보기〉의 '틀어죠'는 교정 사전의 오류 문자열에 존재하므로 '교정 후보 집합 생성' 단계로 보낸다는 설명은 적절하다.

⑤ ㉳: 어휘별 통계 데이터를 적용하여 사용 빈도가 높은 '틀어줘'를 최종 교정 문자열로 선택한다.

해설 3문단에서 '최종 교정 문자열 탐색' 단계에서는 어휘별 통계 데이터를 활용하여 교정 후보 중 사용 빈도가 높은 문자열을 최종 교정 문자열로 선택한다고 하였다. 〈보기〉의 어휘별 통계 데이터를 보면 '틀어죠'의 사용 빈도는 1회, '틀어줘'의 사용 빈도는 120회이므로 사용 빈도가 높은 '틀어줘'를 최종 교정 문자열로 선택한다는 설명은 적절하다.

윗글을 바탕으로 할 때, ㄱ~ㅁ에서 〈보기〉의 띄어쓰기 오류 보정이 일어난 이유로 가장 적절한 것은?

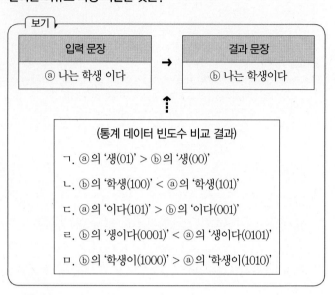

정답 풀이

⑤ ㅁ

해설 〈보기〉에서는 입력 문장인 ⓐ의 '나는 학생 이다'가 결과 문장인 ⓑ의 '나는 학생이다'로 띄어쓰기 오류가 보정되었다. 4문단에서 띄어쓰기 오류 보정 방식에서는 입력된 문장의 띄어쓰기를 이진법으로 변환한 다음, 통계 데이터와 비교하여 빈도수가 높은 띄어쓰기 결과에 맞춰 띄어쓰기 오류를 보정한다고 하였다. 따라서 〈보기〉의 ㄱ~ㅁ 중 띄어쓰기 오류 보정이 일어난 이유로 가장 적절한 것은, ⓑ의 '학생이(1000)'이 ⓐ의 '학생이(1010)'보다 빈도수가 높은 ㅁ이다.

오답 풀이

① ㄱ

해설 ⓐ의 '생(01)'이 ⓑ의 '생(00)'보다 빈도수가 높으므로 ⓐ가 ⓑ로 띄어쓰기 오류 보정이 이루어진 이유로 볼 수 없다.

② ㄴ

해설 ⓐ의 '학생(101)'이 ⓑ의 '학생(100)'보다 빈도수가 높으므로 ⓐ가 ⓑ로 띄어쓰기 오류 보정이 이루어진 이유로 볼 수 없다.

③ ㄷ

해설 ⓐ의 '이다(101)'이 ⓑ의 '이다(001)'보다 빈도수가 높으므로 ⓐ가 ⓑ로 띄어쓰기 오류 보정이 이루어진 이유로 볼 수 없다.

🎯 선택지 속 함정

문제의 핵심을 파악하지 못했다면 이진법으로 나타내어 비교하는 ㄱ~ㅁ 중에서 쉽게 답을 찾지 못했을 거야. 도대체 무엇을 묻는 건지 모르겠고, ⓐ와 ⓑ에서 '학생'과 '이다' 사이의 띄어쓰기 오류가 보정되었으니 '이다'가 들어간 ㄷ이나 ㄹ이 적절할 것이라고 잘못 짐작했을 수 있어. 이 문제의 핵심은 ⓐ가 ⓑ로 띄어쓰기 오류 보정이 되었다는 것과 띄어쓰기 오류 보정 방식에서는 빈도수가 높은 띄어쓰기 결과에 맞춰 오류를 보정한다는 것이야. ⓑ로 띄어쓰기 오류 보정이 되었다는 것은 ⓑ의 빈도수가 더 높다는 것을 의미한다는 점만 파악하면, 이진수의 늪에 빠지지 않고 쉽게 답을 찾을 수 있어. ⓐ보다 ⓑ의 빈도수가 높은 것은 ㅁ 하나밖에 없거든.

④ ㄹ

해설 ⓐ의 '생이다(0101)'이 ⓑ의 '생이다(0001)'보다 빈도수가 높으므로 ⓐ가 ⓑ로 띄어쓰기 오류 보정이 이루어진 이유로 볼 수 없다.

04 어휘의 문맥적 의미 파악

정답 ④

선택률	① 4%	② 2%	③ 4%	④ 88%	⑤ 2%

문맥에 맞게 ㉠~㉤을 바꿔 쓴 것으로 적절하지 <u>않은</u> 것은?

[정답 풀이]

④ ㉣: 고친

[해설] ㉣에서 '추출하다'는 '전체 속에서 어떤 요소를 뽑아내다.'라는 의미로 사용되었다. 따라서 ㉣을 '고친'으로 바꾸어 쓰는 것은 적절하지 않다.

[오답 풀이]

① ㉠: 바탕으로

[해설] ㉠에서 '기반'은 '기초가 될 만한 바탕'이라는 의미로 사용되었다. 따라서 ㉠은 '바탕으로'로 바꾸어 쓸 수 있다.

② ㉡: 나누어

[해설] ㉡에서 '구분하다'는 '일정한 기준에 따라 전체를 몇 개로 갈라 나누다.'라는 의미로 사용되었다. 따라서 ㉡은 '나누어'로 바꾸어 쓸 수 있다.

③ ㉢: 만든다

[해설] ㉢에서 '생성하다'는 '사물이 생겨 이루어지게 하다.'라는 의미로 사용되었다. 따라서 ㉢은 '만든다'로 바꾸어 쓸 수 있다.

⑤ ㉤: 높이기

[해설] ㉤에서 '향상시키다'는 '실력, 수준, 기술 따위가 나아지게 하다.'라는 의미로 사용되었다. 따라서 ㉤ 앞에 '정확도'가 쓰인 문맥을 고려할 때 ㉤은 '높이기'로 바꾸어 쓸 수 있다.

05~09 **2022년 9월 고2 전국연합학력평가**

본문 107~109쪽

05 ②	06 ②	07 ④	08 ④	09 ①

◯ 문단별 핵심어 ★ 중심 문장

데이터 전송 오류를 해결하는 방법

1 데이터를 주고받을 때, 송신 측은 데이터별로 고유하게 부여된 순서 번호에 ⓐ따라 순차적으로 데이터를 송신하고, 수신 측은 데이터의 순서 번호에 맞추어 송신 측에 응답 데이터를 보내 준다. 만약 수신 측에서 데이터 전송 오류가 발생한 것을 파악했다면 오류가 발생한 데이터를 다시 전송해 주도록 송신 측에 요청해야 한다. 이때 자동 반복 요청 방식(ARQ)을 주로 사용한다. ARQ에서 오류가 없는 데이터가 도착할 때 송신 측에 보내는 수신 측의 응답을 ACK, 전송받은 데이터에서 오류가 검출될 경우에 보내는 수신 측의 응답을 NAK라고 한다. 그런데 송신 측에서는 데이터를 전송한 시점부터 타이머를 작동해 지정된 시간 동안 수신 측으로부터 아무런 응답이 없는 경우 타임 아웃으로 간주한다. 타임 아웃은 수신 측이 송신 측에 응답을 하지 않거나, 송신 측과 수신 측이 주고받는 데이터가 상대측에 도달하지 못하고 전송이 중단된 경우에 발생한다. 송신 측은 타임 아웃이 되는 동시에 데이터를 재전송한다.

2 ARQ는 정지-대기 ARQ, 고-백-앤 ARQ, 선택적 재전송 ARQ 등으로 그 유형을 나눌 수 있다. 정지-대기 ARQ는 가장 단순한 자동 반복 요청 방식으로, 수신 측은 송신 측으로부터 받은 데이터를 먼저 수신 측의 버퍼*인 수신 윈도우에 저장한 후 오류 검사를 실시한다. 그 결과에 따라 수신 측은 ACK 또는 NAK를 전송한 후 해당 데이터를 수신 윈도우에서 삭제한다. 송신 측이 수신 측으로부터 ACK를 수신하면 그다음 데이터를 전송하고, NAK를 수신하거나 타임 아웃이 되면 그에 해당하는 데이터를 재전송한다.

3 고-백-앤 ARQ는 송신 측이 수신 측의 응답을 기다리지 않고 연속해서 순서 번호가 부여된 데이터를 전송하는 방식으로, 오류가 발생하면 오류가 발생한 데이터를 포함하여 이후에 전송된 모든 데이터를 재전송한다. 이 방식에서 수신 측은 데이터를 수신 윈도우에 하나씩 저장하는데, 송신 측으로부터 오류가 없는 데이터를 수신한 경우에는 무조건 ACK를 ⓑ보내지만 오류가 있는 데이터를 수신한 경우에는 NAK를 보내거나 무시할 수 있다. 그리고 오류가 발생한 순번 이후의 데이터에 대해서는 수신을 거부한다. 오류가 있는 데이터에 대해 NAK를 보내는 방식을 명시적 방법, NAK를 보내지 않고 무시하는 방식을 묵시적 방법이라고 한다. 명시적 방법을 사용할 경우 송신 측은 NAK를 수신하거나 타임 아웃이 되면 이에 해당하는 데이터부터 순서대로 모든 데이터를 재전송하지만, 묵시적 방법을 사용할 경우 송신 측은 타임 아웃 시간 동안 ACK를 수신하지 않았을 때만 이에 해당하는 데이터부터 순서대로 모든 데이터를 재전송한다.

4 선택적 재전송 ARQ는 데이터 전송의 기본 원리가 고-백-앤 ARQ와 ⓒ같지만, 오류가 발생할 경우 송신 측에서는 오류가 발생한 데이터만 재전송한다. 수신 측은 먼저 도착한 데이터의 오류 검사가 끝나지 않았더라도 수신한 데이터는 모두 수신 윈도우에 저장한다. 「오류가 발생한 이후의 순번 데이터는 ACK를 보내지 않고 수신 윈도우에 저장한 다음, 재전송된 데이터가 도착하면 해당 데이터에 대한 ACK를 보낸 후, 수신 윈도우에 저장된 데이터와 함께 순서 번호를 맞추어 다음 단계로 전달한다. 이 방식 역시 명시적 방법과 묵시적 방법으로 ⓓ나눌 수 있다.

5 그런데 NAK를 수신하거나 타임 아웃이 발생하여 송신 측이 데이터를 재전송하기 위해서는 송신 측에게도 전송한 데이터를 저장하기 위한 버퍼가 필요한데, 이 버퍼를 송신 윈도우라고 한다. 송신 윈도우에 보관된 데이터는 수신 측에게 전송되었으나, 아직 ACK

를 받지 못한 데이터라 할 수 있다. 송신 측이 수신 측으로부터 ACK를 받지 않고도 전송할 수 있는 데이터의 최대 개수를 송신 원도우 크기라고 한다. 또한 수신 측이 전송받은 데이터에 대한 응답을 보내지 않고도 저장할 수 있는 데이터의 최대 개수를 수신 원도우 크기라 하는데, 이러한 윈도우의 크기는 데이터 통신 방식에 따라 차이가 난다. 정지-대기 ARQ는 송신 측과 수신 측 모두 하나의 데이터와 그 데이터에 대한 응답 값을 주고받는다는 점에서 송신 원도우와 수신 원도우의 크기는 모두 1이 된다. 이와 달리 고-백-앤 ARQ의 경우 송신 측은 ACK를 받지 않아도 여러 개의 데이터를 전송할 수 있기 때문에 수신 원도우의 크기만 1이 된다. ㉠선택적 재전송 ARQ는 수신 원도우 크기가 여러 개의 데이터를 송신할 수 있는 송신 원도우의 크기와 같아 데이터를 더욱 빠르게 전송할 수 있다.

6 한편 송신 원도우에 저장된 데이터의 관리는 일반적으로 데이터의 전송이 순서 번호를 기반으로 ⓔ이루어지는 슬라이딩 윈도우 프로토콜*에 의해 진행되는데, 이 프로토콜에서는 낮은 순서 번호부터 차례로 데이터 전송이 처리되며 ACK의 회신에 따라 원도우에 새로 추가될 데이터의 순서 번호도 순차적으로 높은 번호로 이동한다. 이 과정에서 순서 번호에 해당하는 데이터들이 수신 측에 전송된다. 예를 들어, 순서 번호의 최댓값이 9, 송신 원도우의 크기가 3인 데이터를 전송할 경우, 먼저 '0번, 1번, 2번' 3개의 데이터를 전송한다. 0번 데이터에 대한 ACK가 도착하면 0번 데이터는 송신 원도우에서 삭제되고, 3번 데이터가 송신 원도우에 저장되어 수신 측으로 전송된다. 만약 동시에 1번과 2번 데이터의 ACK가 도착하면 송신 원도우에는 3번 데이터만 남게 되기 때문에 4번과 5번 데이터가 송신 원도우에 저장되어 수신 측으로 전송된다. 이러한 방식으로 데이터를 전송하다 9번 데이터에 대한 ACK가 도착했다면 다음에 전송되는 데이터는 순서 번호가 0이 되며, 송신 측의 데이터가 모두 전송될 때까지 이 과정이 반복된다.

＊**버퍼**: 동작 속도가 크게 다른 두 장치 사이에 접속되어 속도 차를 조정하기 위하여 이용되는 일시적인 저장 장치.

＊**프로토콜**: 컴퓨터와 컴퓨터 사이, 또는 한 장치와 다른 장치 사이에서 데이터를 원활히 주고받기 위하여 약속한 여러 가지 규약.

지식을 쌓는 **배경지식**

인터넷 프로토콜(TCP/IP)

① **프로토콜의 개념**
· 컴퓨터 통신 시스템이 데이터를 주고받기 위해 사전에 정하여 놓은 통신 규칙

② **인터넷 프로토콜(TCP/IP)**
· 인터넷 표준 프로토콜로, 컴퓨터들을 서로 연결하고 데이터를 전송하기 위해 만들어진 프로토콜 체계임.
· TCP와 IP는 각각 별개의 네트워킹 프로토콜이지만 서로 밀접하게 연관되어 사용됨.
· 데이터의 흐름을 관리하고 데이터의 정확성을 확인하는 기능(TCP)과 데이터 전송에서 사용되는 데이터의 묶음인 패킷을 목적지로 전송하는 역할(IP)을 담당함.

지문 분석하기

|지문 구조|

1 데이터 전송 오류 시 사용하는 자동 반복 요청 방식(ARQ)

↓

| **2** ARQ의 유형 ① - 정지-대기 ARQ | ↔ | **3** ARQ의 유형 ② - 고-백-앤 ARQ | ↔ | **4** ARQ의 유형 ③ - 선택적 재전송 ARQ |

↓

5 ARQ의 유형별 원도우 크기

↓

6 슬라이딩 윈도우 프로토콜에 의한 송신 원도우의 데이터 관리

|주제| **자동 반복 요청 방식(ARQ)의 유형별 데이터 전송 오류 제어 과정**

④ 송신 윈도우의 크기는 송신 측이 수신 측으로부터 동시에 받을 수 있는 ACK의 최대 개수에 따라 결정된다.
↳ ACK를 받지 않고도 전송
  할 수 있는 데이터의

해설 5문단에서 송신 윈도우 크기는 송신 측이 수신 측으로부터 ACK를 받지 않고도 전송할 수 있는 데이터의 최대 개수라고 하였다. 따라서 송신 윈도우의 크기가 송신 측이 수신 측으로부터 동시에 받을 수 있는 ACK의 최대 개수에 따라 결정되는 것은 아니다.

⑤ 데이터 전송 과정에서 송신 측이 보내는 데이터는 **송신 윈도우 크기보다 큰 순서 번호부터 전송된다.**
↳ 낮은 순서 번호부터 차례로

해설 6문단에서 송신 윈도우에 저장된 데이터의 관리는 일반적으로 데이터의 전송이 순서 번호를 기반으로 이루어지는 '슬라이딩 윈도우 프로토콜'에 의해 진행되는데, 이 프로토콜에서는 낮은 순서 번호부터 차례로 데이터 전송이 처리된다고 하였다. 즉 데이터 전송 과정에서 송신 측이 보내는 데이터는 송신 윈도우 크기와 상관없이 낮은 순서 번호부터 전송된다.

한컷 정리하기

자동 반복 요청 방식(ARQ)

- 수신 측에서 데이터 전송 오류가 발생한 것을 파악했을 때 오류가 발생한 데이터를 다시 전송해 주도록 송신 측에 요청하는 방식
- ACK: 오류가 없는 데이터가 도착할 때 보내는 수신 측의 응답
- NAK: 전송받은 데이터에서 오류가 검출될 때 보내는 수신 측의 응답
- 타임 아웃: 지정된 시간 동안 수신 측이 송신 측에 응답을 하지 않거나, 데이터가 상대 측에 도달하지 못하고 전송이 중단된 경우에 발생

ARQ의 유형

정지-대기 ARQ	고-백-앤 ARQ	선택적 재전송 ARQ
• 가장 단순한 자동 반복 요청 방식 • 송신 측이 수신 측으로부터 ACK를 수신하면 그다음 데이터를 전송하고, NAK를 수신하거나 타임 아웃이 되면 그에 해당하는 데이터를 재전송함.	• 송신 측이 수신 측의 응답을 기다리지 않고 연속해서 순서 번호가 부여된 데이터를 전송하는 방식 • 오류가 발생한 데이터를 포함하여 이후에 전송된 모든 데이터를 재전송함. • 오류 발생 순번 이후의 데이터는 수신을 거부함. • 명시적 방법과 묵시적 방법으로 나눌 수 있음.	• 기본 원리는 고-백-앤 ARQ와 같음. • 오류가 발생한 데이터만 재전송함. • 오류 발생 이후의 데이터는 ACK를 보내지 않고 수신 윈도우에 저장한 다음, 재전송된 데이터가 도착하면 해당 데이터에 대한 ACK를 보낸 후, 수신 윈도우에 저장된 데이터와 함께 순서 번호를 맞추어 다음 단계로 전달함. • 명시적 방법과 묵시적 방법으로 나눌 수 있음.

05 세부 정보의 파악   정답 ②

선택률	① 3%	② 44%	③ 23%	④ 21%	⑤ 9%

윗글을 통해 알 수 있는 내용으로 가장 적절한 것은?

정답 풀이

② 고-백-앤 ARQ에서 수신 윈도우는 정지-대기 ARQ와 마찬가지로 데이터를 하나씩 저장한다.

해설 3문단에서 고-백-앤 ARQ에서 수신 측은 데이터를 수신 윈도우에 하나씩 저장한다고 하였다. 또한 5문단에서 정지-대기 ARQ는 송신 측과 수신 측 모두 하나의 데이터와 그 데이터에 대한 응답 값을 주고받는다는 점에서 송신 윈도우와 수신 윈도우의 크기가 모두 1이 된다고 하였고, 고-백-앤 ARQ는 수신 윈도우의 크기만 1이라고 하였다. 이를 통해 고-백-앤 ARQ와 정지-대기 ARQ의 수신 윈도우는 모두 데이터를 하나씩 저장함을 알 수 있다.

오답 풀이

① 정지-대기 ARQ에서 수신 측은 NAK를 보낸 후에도 해당 데이터를 수신 윈도우에 저장한다.
↳ 수신 윈도우에서 삭제한다

해설 2문단에서 정지-대기 ARQ에서 수신 측은 ACK 또는 NAK를 전송한 후 해당 데이터를 수신 윈도우에서 삭제한다고 하였다.

③ 선택적 재전송 ARQ와 고-백-앤 ARQ 모두 송신 측은 ACK를 수신한 후에 다음 순번의 데이터를 전송한다.
↳ 수신 측의 응답을 기다리지 않고 연속해서

해설 3문단에서 고-백-앤 ARQ의 송신 측은 수신 측의 응답을 기다리지 않고 연속해서 순서 번호가 부여된 데이터를 전송한다고 하였고, 4문단에서 선택적 재전송 ARQ는 데이터 전송의 기본 원리가 고-백-앤 ARQ와 같다고 하였다. 따라서 선택적 재전송 ARQ와 고-백-앤 ARQ 모두 송신 측은 수신 측의 응답을 기다리지 않고 연속해서 데이터를 전송한다는 것을 알 수 있다. 송신 측이 ACK를 수신한 후에 그다음 데이터를 전송하는 것은 정지-대기 ARQ이다.

06 구체적 상황에 적용   정답 ②

선택률	① 4%	② 38%	③ 20%	④ 23%	⑤ 15%

윗글을 바탕으로 〈보기〉의 '슬라이딩 윈도우 프로토콜'을 이해한 것으로 적절하지 않은 것은?

보기

송신 측에서 수신 측에 전송하려는 데이터의 개수는 12개이다.
12개의 데이터가 모두 전송될 때까지 과정이 반복됨.
송신 측은 순서 번호의 최댓값을 5로 설정한 후, 슬라이딩 윈도우
5번 데이터에 대한 ACK가 도착하면 다음 전송 데이터의 순서 번호는 0이 됨.
프로토콜을 이용하여 데이터를 전송하였다. 아래는 데이터 전송 과정에서 송신 윈도우의 데이터 저장 상태를 도식화한 것이다.

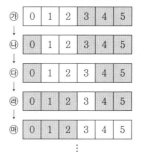

* ㉮: 송신 윈도우의 최초 저장 상태
* □: 윈도우에 저장된 데이터
* ▨: 윈도우에 저장되지 않은 데이터

정답 풀이

② ㉰에서 순서 번호 '3'에 해당하는 데이터가 저장된 것은 ㉮에서 보낸 데이터의 ACK가 모두 도착했기 때문이다.
↳ 데이터 중 순서 번호 '0'에 해당하는 데이터의 ACK가

해설 6문단에서 송신 윈도우 크기가 3인 데이터를 전송할 경우, 먼저 '0번, 1번, 2번' 3개의 데이터를 전송한 후 0번 데이터에 대한 ACK가 도착하면 0번 데이터는 송신 윈도우에서 삭제되고, 3번 데이터가 송신 윈도우에 저장된다고 하였다. 즉 ㉰에서 순서 번호 '3'에 해당하는 데이터가 저장된 것은 ㉮에서 보낸 데이터 중 순서 번호 '0'에 해당하는 데이터의 ACK가 도착했기 때문이다.

오답 풀이

① ㉮를 통해 알 수 있는 송신 윈도우의 크기는 3이다.

해설 5문단에서 송신 측이 수신 측으로부터 ACK를 받지 않고도 전송할 수 있는 데이터의 최대 개수를 송신 윈도우의 크기라고 한다고 하였다. 송신 윈도우의 최초 저장 상태인 ㉮에 저장된 데이터의 개수는 3개이므로 송신 윈도우의 크기는 3이다.

③ 'ⓝ → ⓓ' 과정에서 송신 윈도우에 추가된 데이터의 수는 'ⓔ → ⓕ' 과정에서 송신 윈도우에 추가된 데이터의 수보다 적다.

해설 'ⓝ → ⓓ' 과정에서 송신 윈도우에 추가된 데이터는 순서 번호 '3'에 해당하는 데이터 한 개이다. 그런데 'ⓔ → ⓕ' 과정에서 송신 윈도우에 추가된 데이터는 순서 번호 '4', '5'에 해당하는 데이터 두 개이다. 따라서 'ⓝ → ⓓ' 과정에서 송신 윈도우에 추가된 데이터의 수(1개)는 'ⓔ → ⓕ' 과정에서 송신 윈도우에 추가된 데이터의 수(2개)보다 적다.

④ ⓔ에서 전송한 데이터에 대한 ACK가 모두 도착했다면, 바로 다음에 전송되는 데이터의 순서 번호는 ⓐ와 같다.

해설 6문단에서 순서 번호의 최댓값에 해당하는 데이터에 대한 ACK가 도착했다면 다음에 전송되는 데이터는 순서 번호가 0이 된다고 하였다. 〈보기〉에서 송신 측 순서 번호의 최댓값은 5라고 하였으므로 ⓔ에서 전송한 데이터에 대한 ACK가 모두 도착했다면, 이는 순서 번호의 최댓값에 해당하는 데이터에 대한 ACK가 도착한 것이므로 다음에 전송되는 데이터의 순서 번호는 '0'이 된다. 그런데 〈보기〉의 송신 윈도우 크기는 3이므로, 순서 번호 '0', '1', '2'에 해당하는 데이터가 새롭게 송신 윈도우에 저장된다. 결과적으로 이는 ⓐ에 저장된 데이터의 순서 번호와 같다.

🤔 선택지 속 함정

③, ④, ⑤의 선택률이 모두 높은 것으로 볼 때, 〈보기〉의 도식화된 그림 자체를 이해하지 못한 학생들이 많은 것 같아. 〈보기〉에 전송하려는 데이터의 개수가 12개라는 점과 순서 번호의 최댓값이 5라는 점은 명시적으로 드러나 있지만, 이 문제의 핵심은 송신 윈도우의 크기가 3임을 파악하는 거야. 송신 윈도우의 최초 저장 상태인 ⓐ에서 윈도우에 저장된 데이터가 3개니까 송신 윈도우의 크기가 3이라는 것을 알 수 있지. 이것만 찾아낸다면 6문단에서 송신 윈도우의 크기가 3인 데이터를 전송하는 경우를 예를 들어 설명하고 있으니 그다음부터는 쉬워. 지문도 어렵고 〈보기〉에 적용하는 건 더 어려우니, 비슷한 예로 힌트를 준 거야. 6문단에서는 최댓값이 9이고 〈보기〉에서는 최댓값이 5라는 점만 유의한다면, 6문단의 내용을 〈보기〉의 도식화된 그림에 그대로 적용하여 이해할 수 있어.

⑤ 'ⓐ → ⓔ'의 과정이 한 번 더 반복된 후 송신 측이 보낸 데이터의 ACK가 모두 도착했다면, 송신 윈도우에 저장된 데이터의 수는 0개이다.

해설 'ⓐ → ⓔ'의 과정이 한 번 더 반복된 후 송신 측이 보낸 데이터의 ACK가 모두 도착했다면 송신 측에서 수신 측에 전송하려는 12개의 데이터가 모두 전송 완료된 것이므로 송신 윈도우에 저장된 데이터의 수는 0개이다.

---

07 구체적 이유 추론 정답 ④

| 선택률 | ① 5% | ② 8% | ③ 22% | ④ 59% | ⑤ 6% |

⊙의 이유를 추론한 것으로 가장 적절한 것은?
= 선택적 재전송 ARQ는 수신 윈도우 크기가 여러 개의 데이터를 송신할 수 있는 송신 윈도우의 크기와 같아 데이터를 더욱 빠르게 전송할 수 있다.

정답 풀이

④ 순번이 빠른 데이터의 오류 검사가 끝나지 않아도 데이터의 수신이 가능하기 때문에

해설 2문단과 5문단에서 정지-대기 ARQ는 송신 측과 수신 측 모두 윈도우의 크기가 1이라서, 송신 측이 한 개의 데이터를 보내면 수신 측이 이를 수신 윈도우에 저장하여 오류 검사 후 삭제하여야 다음 데이터를 수신할 수 있음을 알 수 있다. 그리고 3문단과 5문단에서 고-백-앤 ARQ는 송신 측은 윈도우의 크기가 1 이상일 수 있지만 수신 측은 윈도우의 크기가 1이라서, 송신 측은 연속해서 데이터를 전송하지만 수신 측은 데이터를 수신 윈도우에 하나만 저장하기 때문에 오류가 발생한 순번 이후의 데이터에 대해서는 수신을 거부함을 알 수 있다. 한편 4문단에서 선택적 재전송 ARQ는 수신 측이 먼저 도착한 데이터의 오류 검사가 끝나지 않더라도 수신한 데이터를 모두 수신 윈도우에 저장함을 알 수 있다. 이를 종합하여 볼 때, 정지-대기 ARQ나 고-백-앤 ARQ와 달리 선택적 재전송 ARQ에서 데이터를 더욱 빠르게 전송할 수 있는 이유는 순번이 빠른 데이터의 오류 검사가 끝나지 않아도 데이터의 수신이 가능하기 때문이다.

---

① 먼저 도착한 데이터부터 순서대로 데이터 오류 검사를 실시하기 때문에

해설 정지-대기 ARQ, 고-백-앤 ARQ, 선택적 재전송 ARQ는 모두 먼저 도착한 데이터부터 순서대로 데이터 오류 검사를 실시하므로, ⊙의 이유가 될 수 없다.

② 오류 검사가 끝나면 수신 윈도우에 저장된 데이터가 모두 삭제되기 때문에

해설 오류 검사가 끝나면 수신 윈도우에 저장된 데이터가 모두 삭제되는 것은 선택적 재전송 ARQ뿐만 아니라 정지-대기 ARQ, 고-백-앤 ARQ에도 해당하므로, ⊙의 이유가 될 수 없다.

③ 수신 윈도우에 저장된 데이터의 순번과 상관없이 ACK를 보낼 수 있기 때문에

해설 4문단에서 선택적 재전송 ARQ에서 오류가 발생한 이후의 순번 데이터는 ACK를 보내지 않고 수신 윈도우에 저장한 다음, 재전송된 데이터가 도착하면 해당 데이터에 대한 ACK를 보낸 후, 수신 윈도우에 저장된 데이터와 함께 순서 번호를 맞추어 다음 단계로 전달한다고 하였다. 따라서 선택적 재전송 ARQ에서 수신 윈도우에 저장된 데이터의 순번과 상관없이 ACK를 보낼 수 있는 것은 아니므로, ⊙의 이유가 될 수 없다.

⑤ 데이터에 오류가 발생하면 해당 데이터가 재전송될 때까지 데이터 수신을 거부하기 때문에

해설 데이터에 오류가 발생하면 오류가 발생한 순번 이후의 데이터에 대해서는 수신을 거부하는 것은 고-백-앤 ARQ이다. 선택적 재전송 ARQ에서 수신 측은 먼저 도착한 데이터의 오류 검사가 끝나지 않았더라도 수신한 데이터는 모두 수신 윈도우에 저장한다고 하였으므로, ⊙의 이유가 될 수 없다.

---

08 구체적 상황에 적용 정답 ④

| 선택률 | ① 10% | ② 13% | ③ 21% | ④ 45% | ⑤ 11% |

〈보기〉는 자동 반복 요청 방식을 이용한 데이터 전송 오류 제어 과정의 일부를 도식화한 것이다. 윗글을 참고하여 〈보기〉를 이해한 내용으로 적절하지 않은 것은? [3점]

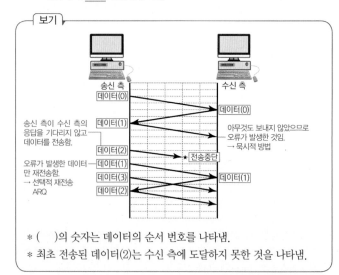

* ( )의 숫자는 데이터의 순서 번호를 나타냄.
* 최초 전송된 데이터(2)는 수신 측에 도달하지 못한 것을 나타냄.

정답 풀이

④ 송신 측이 데이터(2)를 재전송한 이유는 최초 전송된 데이터(2)에 대해 수신 측이 NAK를 보내지 않았기 때문이겠군.
  ↳ 묵시적 방법에서는 수신 측이 NAK를 보내지 않으므로 송신 측이 재전송한 이유가 될 수 없음.

해설 〈보기〉에서 송신 측은 수신 측의 응답을 기다리지 않고 연속해서 순서 번호가 부여된 데이터를 전송하고 있으며, 데이터(1)에서 오류가 발생하였을 때 오류가 발생한 데이터만 재전송하고 있으므로 선택적 재전송 ARQ에 해당한다. 또한 오류가 발생한 데이터에 대해 수신 측이 NAK를 보내지 않고 무시하고 있으므로 묵시적 방법에 해당한다. 한편 1문단에서 송신 측은 데이터를 전송한 시점부터 타이머를 작동해 지정된 시간 동안 수신 측으로부터 응답이 없는 경우 타임 아웃으로 간주하며, 송신 측은 타임 아웃이 되는 동시에 데이터를 재전송함을 알 수 있고, 4문단에서 선택적 재전송 ARQ에서 수신 측은 오류가 없는 데이터에 대해서는 무조건 ACK를 보냄을 알 수 있다. 이를 종합해 볼 때, 〈보기〉의 선택적 재전송 ARQ 방식에서 송신 측이 데이터(2)를 재전송한 이유는 최초 전송된 데이터(2)에 대해 수신 측의 아무런 응답도 받지 못했으므로 타임 아웃이 발생한 것으로 간주하여 데이터를 재전송한 것이다.

오답 풀이

① 데이터(1)을 재전송한 후 데이터(3)을 전송하는 것을 보니 〈보기〉의 오류 전송은 선택적 재전송 ARQ 방식에 해당하겠군.

해설 3문단에서 고-백-앤 ARQ는 송신 측이 수신 측의 응답을 기다리지 않고 연속해서 순서 번호가 부여된 데이터를 전송하는 방식으로, 오류가 발생하면 오류가 발생한 데이터를 포함하여 이후에 전송된 모든 데이터를 전송한다고 하였다. 그리고 4문단에서 선택적 재전송 ARQ는 데이터 전송의 기본 원리가 고-백-앤 ARQ와 같지만, 오류가 발생할 경우 송신 측에서는 오류가 발생한 데이터만 재전송한다고 하였다. 〈보기〉에서 송신 측은 데이터(1)에서 오류가 발생하였을 때 데이터(1)을 재전송한 후 데이터(3)을 전송하고 있으므로 선택적 재전송 ARQ에 해당한다.

② 처음 수신한 데이터(1)에 대한 응답 값을 수신 측이 전송하지 않은 것으로 보아 〈보기〉는 묵시적 방법에 해당하겠군.

해설 3문단에서 오류가 있는 데이터에 대해 NAK를 보내는 방식을 명시적 방법, NAK를 보내지 않고 무시하는 방식을 묵시적 방법이라고 한다고 하였다. 〈보기〉에서 수신 측은 처음 수신한 데이터(1)에 대한 응답 값을 송신 측에 전송하지 않았으므로, 〈보기〉는 묵시적 방법에 해당한다.

③ 데이터(1)을 전송한 후 데이터(1)을 재전송하는 데 걸린 시간은 '타임 아웃'으로 설정된 시간에 해당되겠군.

해설 1문단에서 송신 측에서는 데이터를 전송한 시점부터 타이머를 작동해 지정된 시간 동안 수신 측으로부터 아무런 응답이 없는 경우 타임 아웃으로 간주하고, 타임 아웃이 되는 동시에 데이터를 재전송한다고 하였다. 즉 〈보기〉에서 송신 측은 데이터(1)을 전송한 후 일정한 시간 동안 수신 측으로부터 응답을 받지 못하여, 이를 타임 아웃으로 간주하고, 타임 아웃이 되는 동시에 데이터(1)을 재전송한 것이다. 이때 데이터(1)을 전송한 후 데이터(1)을 재전송하는 데 걸린 시간은 타임 아웃으로 설정된 시간에 해당한다.

👻 선택지 속 함정

이 문제는 〈보기〉에 제시된 자동 반복 요청 방식이 선택적 재전송 ARQ에 해당하고, 그중에서도 묵시적 방법에 해당한다는 것을 모두 파악할 수 있어야 해서 어려웠을 거야. ③은 그래도 1문단의 '송신 측은 타임 아웃이 되는 동시에 데이터를 재전송한다.'라는 문장만 잘 이해하면 비교적 쉽게 적절성을 판단할 수 있어. 데이터를 전송한 시점부터 지정된 시간 동안 아무런 응답이 없으면 타임 아웃이 되고, 타임 아웃이 되는 동시에 데이터를 재전송한다고 했으니 데이터를 처음 전송한 시점부터 데이터를 다시 전송한 딱 그 시점까지가 타임 아웃으로 설정된 시간인 거지. 이렇게 구체적 상황에 적용하는 유형의 문제가 너무 어렵게 느껴진다면, 〈보기〉를 잘 이해하지 못하겠더라도 일단 지문의 내용만으로 선택지의 적절성을 판단할 수 있는지 살펴보는 것이 좋아.

해설 4문단에서 선택적 재전송 ARQ에서 수신 측은 오류가 발생한 이후의 순번 데이터는 ACK를 보내지 않고 수신 윈도우에 저장한 다음, 재전송된 데이터가 도착하면 해당 데이터에 대한 ACK를 보낸 후, 수신 윈도우에 저장된 데이터와 함께 순서 번호를 맞추어 다음 단계로 전달한다고 하였다. 〈보기〉는 선택적 재전송 ARQ에 해당하므로 오류가 발생한 데이터(2) 이후 수신된 데이터(3)은 수신 윈도우에 저장된다. 수신 측이 재전송된 데이터(2)와 데이터(3)에 대해 ACK를 보낸다면 이 데이터에 오류가 없는 것을 의미하므로, 데이터(2)와 데이터(3)은 순서 번호에 맞추어 다음 단계로 전달된다.

09 어휘의 문맥적 의미 파악   정답 ①

선택률	① 68%	② 10%	③ 5%	④ 15%	⑤ 2%

문맥상 ⓐ~ⓔ의 단어와 가장 가까운 의미로 쓰인 것은?

정답 풀이

① ⓐ: 그들은 법에 따라 문제를 해결했다.
= 따라

해설 ⓐ와 ①에서 '따르다'는 '어떤 경우, 사실이나 기준 따위에 의거하다.'라는 의미로 사용되었다.

오답 풀이

② ⓑ: 관중들은 선수들에게 응원을 보내느라 정신이 없었다.
= 보내지만

해설 ⓑ에서 '보내다'는 '사람이나 물건 따위를 다른 곳으로 가게 하다.'라는 의미로 사용되었다. 한편 이 선택지에서는 '상대편에게 자신의 마음가짐을 느끼어 알도록 표현하다.'라는 의미로 사용되었다.

③ ⓒ: 여행을 할 때에는 신분증 같은 것을 가지고 다녀야 한다.
= 같지만

해설 ⓒ에서 '같다'는 '다른 것과 비교하여 그것과 다르지 않다.'라는 의미로 사용되었다. 한편 이 선택지에서는 그런 부류에 속한다는 뜻을 나타내는 말로 사용되었다.

④ ⓓ: 수익은 공정하게 나누어야 불만이 생기지 않는다.
= 나눌

해설 ⓓ에서 '나누다'는 '하나를 둘 이상으로 가르다.'라는 의미로 사용되었다. 한편 이 선택지에서는 '몫을 분배하다.'라는 의미로 사용되었다.

⑤ ⓔ: 열심히 노력했더니 소원이 이루어졌다.
= 이루어지는

해설 ⓔ에서 '이루어지다'는 '어떤 대상에 의하여 일정한 상태나 결과가 생기거나 만들어지다.'라는 의미로 사용되었다. 한편 이 선택지에서는 '뜻한 대로 되다.'라는 의미로 사용되었다.

(가) 후설의 철학

1 우리는 친구들과 같은 사진을 보고도 서로 다르게 인식하는 경우가 있다. 또한 배고플 때와 달리 배부를 때는 빵 가게를 인식하지 못할 때도 있다. 이처럼 동일한 대상에 대해서도 사람이나 상황에 따라 인식이 다를 수 있는데, 후설은 우리가 대상의 의미를 파악하는 과정을 통해 이러한 현상을 설명하고 있다. 후설은 우리의 의식은 대상과 독립적으로 존재하는 것이 아니라, 어떤 대상을 구체적으로 지향하며, 이를 통해 대상과의 관계에서 어떤 의미를 형성하는 성질을 지니고 있다고 말한다. 이 성질을 의식의 '지향성'이라고 하는데, 의식이 대상을 향하지 않으면 우리는 그 대상을 인식하지 못한다는 것이다.
동일한 대상에 대해 사람이나 상황에 따라 인식이 다를 수 있는 이유

2 한편 우리의 의식이 대상을 만나 의미를 형성할 때는 시간과 공간의 영향을 받게 된다. 왜냐하면 의식이 의미를 형성하는 과정은 *의식의 의미 형성에 영향을 미치는 요인* 한 번으로 끝나는 것이 아니라 시간의 흐름에 따라 반복되고, 공간도 대상과 함께 인식되어 의미 형성에 영향을 주기 때문이다. 후설에 따르면 이렇게 의식이 대상을 만나서 의미를 형성하는 과정이 반복되고 그것이 누적되면 자기만의 지평을 갖게 된다. ㉠'지평'이란 우리가 인식하는 대상과 그 대상을 둘러싼 배경을 말한다. 우리 *지평의 개념* 가 친구의 뒷모습을 보고 단번에 알아볼 수 있는 것은 이전부터 알았던 친구에 대한 다양한 정보를 고려했기 때문이다. 사람은 개인마다 경험이 다르기 때문에 대상에서 형성하는 의미도 달라져 그 *사람마다 서로 다른 지평을 갖게 되는 이유* 결과 서로 다른 지평을 갖게 되고, 지평이 넓어질수록 개인의 인식 범위는 확장된다. 그리고 인식의 주체는 지평을 바탕으로 다양한 상황에서 의미를 파악할 수 있다고 본 것이다. *지평의 역할*

3 전통 철학에서는 의식과 독립적으로 대상이 존재하고, 주체성을 가진 인간, 즉 주체가 대상을 객관적으로 파악함으로써 의미가 얻 *대상의 의미에 대한 전통 철학의 견해* 어진다고 보았다. 하지만 후설은 주체가 지평에 따라 대상에서 형성하는 의미가 달라지므로 대상을 객관적으로 파악하는 것은 불가 *대상의 의미에 대한 후설의 견해* 능하다고 보았다. 이처럼 후설은 의미가 대상으로부터 객관적으로 얻어지는 것이 아니라 의식과 지평을 지닌 주체에서 비롯된다고 본 것이다.

(나) 메를로퐁티의 철학

1 ⓐ자전거를 한번 배우고 나면 오랫동안 쉬었다 하더라도 쉽게 다시 탈 수 있다. 마치 몸 자체가 자전거 타기에 관한 지식을 내재한 듯 느껴진다. 이때 자전거 타기를 배운 것은 나의 의식일까? 몸일까? 전통 철학은 의식과 신체는 독립되어 있고 의식이 객관적 세 *의식과 몸에 대한 전통 철학의 견해* 계를 인식한다고 보았는데, 메를로퐁티는 이를 비판하며 신체를 *의식과 몸에 대한 메를로퐁티의 견해* 통해 세계를 지각할 수 있다고 말한다. 그에 의하면 신체, 즉 몸은 의식과 결합하여 있는 신체화된 의식이라고 규정한다. *몸(신체)에 대한 메를로퐁티의 규정*

2 메를로퐁티는 몸이 세상과 반응하는 것을 지각이라고 했는데, *지각의 개념* 그는 후설의 지향성 개념을 수용하여 몸이 지향성을 지니고 있어 세상을 지각할 수 있다고 보았다. 늘 집에 방치되어 있던 자전거도 우리 몸이 지향함으로써 지각되고 의미가 생긴다는 것이다. 그렇다면 몸에 의한 지각은 어떻게 이루어질까? 그는 몸이 현실적 몸의 층과 습관적 몸의 층으로 이루어져 있다고 규정하였다. 여기서 현 *몸의 구성에 대한 메를로퐁티의 규정* 실적 몸의 층이란 몸이 새로운 세상을 지각하는 경험이며, 이런 경 *현실적 몸의 층의 개념* 험이 우리 몸에 배면 습관적 몸의 층을 형성하게 된다고 보았다. 이 *습관적 몸의 층의 형성 방법* 렇게 형성된 습관적 몸의 층은 몸에 내재되어 세상과 반응할 때 다시 영향을 미치며, 우리를 다양한 상황에 적용할 수 있게 한다. 이러한 몸의 대응 능력을 ㉡몸틀이라 하며, 몸틀은 지각 경험들이 *몸틀의 개념* 시간이 흐르면서 누적됨으로써 형성된다. 예를 들어 자전거 타기를 *몸틀의 형성* 배우는 경우, 처음에는 자전거와 반응하며 현실적 몸의 층을 형성하게 되고, 자전거를 타는 연습이 반복되면 새로운 운동 습관을 익히며 몸틀을 재편하게 된다. 이와 같이 메를로퐁티는 몸틀을 통해 몸의 지각 원리를 설명한다.

3 한편 메를로퐁티는 몸이 애매성을 지니고 있다고 말한다. 예를 들어 나의 오른손과 왼손이 맞잡고 있을 때, 내 몸은 잡고 잡히는 이중적이며 모호한 상황을 경험한다. 이 경우 어떤 것이 지각의 주체인지 혹은 지각의 대상인지 분명하게 말하기 어렵다. 또 내가 언짢은 표정을 한 상태에서 밝은 미소를 띤 상대방의 얼굴을 봤을 때, 나는 상대방의 밝은 모습에 동화되면서 동시에 상대방은 나의 언짢은 모습에 얼굴이 경직되는 듯한 변화를 보이게 된다. 이처럼 구체적 삶에서 우리가 경험하는 몸의 지각은 대부분 주체와 대상이 서 *몸의 애매성으로 인한 몸의 지각의 특징* 로 얽혀 있고 명확하게 구분되지 않는다는 것이다. 즉 메를로퐁티는 몸을 지각의 주체로만 보지 않고 지각의 대상이 될 수도 있다고 보았다.

지식을 쌓는 배경지식

후설의 현상학적 환원

① 현상학적 환원

· 현상학적 환원은 후설이 내세운 현상학의 이념을 실현하기 위한 방법으로, 판단중지와 환원이라는 두 단계로 나누어짐.

② 판단중지와 환원

· 판단중지는 객관적인 인식의 가능성을 입증하기 위한 방법으로, 어떤 사물이나 대상에 대한 일체의 판단을 배제하는 것임.

· 환원은 일상적 판단을 배제함으로써 외부 세계에서 내재적 본질의 영역으로 돌아가게 되는 것을 의미함.

· 후설은 일상적인 판단을 배제하여 본질을 찾아낼 수 있다고 보고, 세상의 모든 현상에 대해 '판단중지'하고 '환원'함으로써 순수 의식의 구조를 탐색하고자 함.

회화에 대한 메를로퐁티의 견해

· 메를로퐁티는 지각의 주체이자 대상으로서의 몸에 대한 자신의 철학을 바탕으로 회화의 문제에 관심을 가짐.

· 메를로퐁티는 르네상스 시대의 원근법이 실재의 본 모습을 드러내는 것이 아니라 작위적으로 구성된 시선을 보여 주는 방법에 불과하다고 비판함.

· 메를로퐁티는 화가의 시선이 몸과 떨어진 어느 한 지점에 있는 것이 아니라 몸과 얽혀 있다고 보아, 세계 바깥의 한 지점에서 시작되는 원근법을 인정하지 않고 눈의 관점에 따라 다른 시선이 존재한다고 봄.

· 메를로퐁티는 원근법을 파괴하고 형태를 왜곡한 세잔의 회화를 높게 평가함.

지문 분석하기

|지문 구조|

(가)

1 후설의 의식의 지향성 개념

↓

2 후설의 지평 개념

↓

3 대상의 의미에 대한 전통 철학과 후설의 견해 차이

|주제| 대상의 의미에 대한 후설의 견해

(나)

1 의식과 몸에 대한 전통 철학의 견해를 비판한 메를로퐁티

↓

2 몸틀을 통해 몸의 지각 원리를 설명한 메를로퐁티

↓

3 몸을 지각의 주체이자 지각의 대상으로 본 메를로퐁티

|주제| 의식과 몸에 대한 메를로퐁티의 견해

한컷 정리하기

(가)

전통 철학	←대조→	후설
· 의식과 독립적으로 대상이 존재한다고 봄. · 주체가 대상을 객관적으로 파악함으로써 의미가 얻어진다고 봄.		· 주체가 지평에 따라 대상에서 형성하는 의미가 달라지므로 대상을 객관적으로 파악하는 것은 불가능하다고 봄. · 의미가 대상으로부터 객관적으로 얻어지는 것이 아니라 의식과 지평을 지닌 주체에서 비롯된다고 봄.

후설이 사용한 개념

의식의 지향성

· 의식은 대상과 독립적으로 존재하는 것이 아니라, 어떤 대상을 구체적으로 지향하며, 이를 통해 대상과의 관계에서 의미를 형성하는 성질을 지님.

지평

· 의식이 대상을 만나서 의미를 형성하는 과정이 반복되고 그것이 누적되면 자기만의 지평을 갖게 됨.
· 지평은 우리가 인식하는 대상과 그 대상을 둘러싼 배경임.
· 사람마다 경험이 다르기 때문에 서로 다른 지평을 갖게 됨.
· 지평이 넓어질수록 개인의 의식 범위는 확장됨.
· 인식의 주체는 지평을 바탕으로 다양한 상황에서 의미를 파악할 수 있음.

(나)

전통 철학	←비판	메를로퐁티
· 의식과 신체는 독립되어 있고 의식이 객관적 세계를 인식한다고 봄.		· 신체를 통해 세계를 지각할 수 있다고 말함. · 신체, 즉 몸은 의식과 결합하여 있는 '신체화된 의식'이라고 규정함.

몸에 대한 설명

몸의 지각 원리

· 현실적 몸의 층이란 몸이 새로운 세상을 지각하는 경험이며, 이런 경험이 우리 몸에 배면 습관적 몸의 층을 형성함.
· 습관적 몸의 층은 몸에 내재되어 세상과 반응할 때 다시 영향을 미치며, 다양한 상황에 적응할 수 있게 함.
⇒ 몸의 대응 능력인 '몸틀'은 지각 경험들이 시간이 흐르면서 누적됨으로써 형성됨.

지각의 주체이자 대상으로서의 몸

· 몸은 애매성을 지님.
· 구체적 삶에서 우리가 경험하는 몸의 지각은 주체와 대상이 서로 얽혀 있어 명확하게 구분되지 않음.
⇒ 몸은 지각의 주체이자 지각의 대상이 될 수 있음.

다음은 (가)와 (나)를 읽은 학생이 작성한 학습 활동지의 일부이다. ㄱ~ㅁ에 들어갈 내용으로 적절하지 <u>않은</u> 것은?

학습 항목	학습 내용	
	(가)	(나)
도입 문단의 내용 제시 방식 파악하기	ㄱ	ㄴ
⋮	⋮	⋮
글의 내용 전개 방식 이해하기	ㄷ	ㄹ
두 글을 통합적으로 비교하기	ㅁ	

정답 풀이

④ ㄹ : '지각'의 주체를 상반된 시각으로 바라보는 특정 이론들을 제시하고 각각의 이론이 지닌 한계와 의의를 제시하였음.

해설 (나)의 1문단에서 전통 철학은 의식과 신체는 독립되어 있고 의식이 객관적 세계를 인식한다고 보았는데, 메를로퐁티는 이를 비판하며 의식과 결합하여 있는 신체화된 의식인 몸을 통해 세계를 지각할 수 있다고 보았다고 하였으므로, (나)는 지각의 주체를 상반된 시각으로 바라보는 특정 이론들을 제시하고 있음을 알 수 있다. 그러나 각각의 이론이 지닌 한계와 의의는 제시하지 않았다.

오답 풀이

① ㄱ : '인식'과 연관된 상황을 언급하며 이에 대한 특정 철학자의 주장을 제시하였음.

해설 (가)의 1문단에서 인식과 관련하여 동일한 대상에 대해서도 사람이나 상황에 따라 인식이 다른 상황을 언급하며, 후설이 이러한 현상을 지향성이라는 개념을 통해 설명했음을 제시하고 있다.

② ㄴ : 일상의 경험을 바탕으로 의문을 제기하며 특정 철학자가 사용한 개념을 제시하였음.

해설 (나)의 1문단에서 자전거를 배우고 타는 일상의 경험을 바탕으로 자전거 타기를 배운 것이 의식인지, 몸인지에 대한 의문을 제기하며, 몸은 의식과 결합하여 있는 '신체화된 의식'이라는 몸에 대한 메를로퐁티의 개념을 제시하고 있다.

③ ㄷ : '인식'과 관련하여 특정 철학자가 사용한 개념을 정의한 뒤 그 개념을 바탕으로 대상의 의미를 파악하는 과정을 제시하였음.

해설 (가)의 1문단에서 후설이 제시한 '지향성', 2문단에서 '지평'이라는 개념을 정의한 뒤, 이를 바탕으로 대상의 의미를 파악하는 과정을 제시하고 있다.

⑤ ㅁ : 특정 철학자들의 주장에 나타나는 공통점과 그 주장이 전통 철학과 어떤 차이를 지니고 있는지를 파악할 수 있었음.

해설 (가)의 1문단에서 후설은 우리의 의식이 지향성을 지니고 있다고 주장하였음을 알 수 있고, (나)의 2문단에서 메를로퐁티는 이러한 후설의 지향성 개념을 수용하여 몸이 지향성을 지니고 있어 세상을 지각할 수 있다고 보았음을 알 수 있다. 즉 후설과 메를로퐁티는 모두 지향성의 개념을 공통적으로 활용하여 인식이나 지각에 대해 설명하고 있다. 또한 (가)의 3문단에서는 인식에 대한 후설의 주장과 전통 철학의 관점의 차이점을, (나)의 1문단에서는 신체에 대한 메를로퐁티의 주장과 전통 철학의 관점의 차이점을 제시하고 있다.

---

02 핵심 정보의 파악   정답 ③

선택률	① 4%	② 4%	③ 85%	④ 4%	⑤ 3%

메를로퐁티의 관점에서 [몸]을 이해한 내용으로 적절하지 <u>않은</u> 것은?

정답 풀이

③ 지향성이 없더라도 세계를 지각할 수 있다.
     ↳ 있어

해설 (나)의 2문단에서 메를로퐁티는 몸이 지향성을 지니고 있어 세상을 지각할 수 있다고 보았음을 알 수 있다. 따라서 지향성이 없더라도 세계를 지각할 수 있다는 것은 메를로퐁티의 관점으로 적절하지 않다.

오답 풀이

① 의식과 결합하여 존재한다.

해설 (나)의 1문단에서 메를로퐁티는 신체, 즉 몸을 의식과 결합하여 있는 신체화된 의식이라고 규정하였음을 알 수 있다.

② 세상과 반응하여 의미를 형성한다.

해설 (나)의 2문단에서 메를로퐁티는 몸이 세상과 반응하는 것을 지각이라고 하였고, 우리 몸이 지향함으로써 세상이 지각되고 의미가 생긴다고 보았음을 알 수 있다. 따라서 몸이 세상과 반응하여 의미를 형성한다는 것은 메를로퐁티의 관점으로 적절하다.

④ 현실적 몸의 층과 습관적 몸의 층으로 이루어져 있다.

해설 (나)의 2문단에서 메를로퐁티는 몸이 현실적 몸의 층과 습관적 몸의 층으로 이루어져 있다고 규정하였음을 알 수 있다.

⑤ 지각의 주체가 되는 동시에 지각의 대상이 되기도 한다.

해설 (나)의 3문단에서 메를로퐁티는 몸을 지각의 주체로만 보지 않고 지각의 대상이 될 수도 있다고 보았음을 알 수 있다.

---

03 특정 정보의 이해   정답 ⑤

선택률	① 3%	② 4%	③ 5%	④ 7%	⑤ 81%

ㅤ= '몸틀'
㉠, ㉡에 대한 이해로 가장 적절한 것은?
ㅤ= '지평'

정답 풀이

⑤ ㉠과 ㉡은 모두 이전의 경험이 쌓이면서 형성된다.

해설 (가)의 2문단에서 후설은 의식이 대상을 만나서 의미를 형성하는 과정이 반복되고 그것이 누적되면 자기만의 지평을 갖게 되며, 사람은 개인마다 경험이 다르기 때문에 서로 다른 지평을 갖게 된다고 보았음을 알 수 있다. 그리고 (나)의 2문단에서 메를로퐁티는 몸틀은 지각 경험들이 시간이 흐르면서 누적됨으로써 형성된다고 보았음을 알 수 있다. 따라서 ㉠과 ㉡은 모두 이전의 경험이 쌓이면서 형성되는 것으로 볼 수 있다.

오답 풀이

① ㉠은 대상으로부터 의미를 객관적으로 파악할 수 있게 한다.

해설 (가)의 3문단에서 후설은 주체가 지평에 따라 대상에서 형성하는 의미가 달라지므로 대상을 객관적으로 파악하는 것은 불가능하며, 의미가 대상으로부터 객관적으로 얻어지는 것이 아니라 의식과 지평을 지닌 주체에서 비롯된다고 보았음을 알 수 있다. 따라서 ㉠이 대상으로부터 의미를 객관적으로 파악할 수 있게 한다고 볼 수 없다.

② ㉡은 시간이 흐르더라도 변하지 않는다.

해설 (나)의 2문단에서 메를로퐁티의 견해에 따르면 몸틀은 지각 경험들이 시간이 흐르면서 누적됨으로써 형성된다고 하였다. 따라서 ㉡은 시간이 흐르면서 변하는 것으로 볼 수 있다.

③ ㉠은 ㉡과 달리 의미를 형성하는 과정에서 의식의 쓰임이 나타나지 않는다.
↳ ㉠과 ㉡은 모두 ↳ 나타난다

[해설] (가)의 2문단에서 후설은 의식이 대상을 만나서 의미를 형성하는 과정이 반복되고 그것이 누적되면 자기만의 지평을 갖게 된다고 보았음을 알 수 있다. 그리고 (나)의 1문단과 2문단에서 메를로퐁티는 몸은 의식과 결합하여 있는 신체화된 의식으로, 몸이 지향성을 지니고 있어 대상이 지각되고 의미가 생기며, 몸틀은 지각 경험들이 시간이 흐르면서 누적됨으로써 형성된다고 보았음을 알 수 있다. 따라서 ㉠과 ㉡은 모두 의미를 형성하는 과정에서 의식의 쓰임이 나타난다고 볼 수 있다.

④ ㉡은 ㉠과 달리 다양한 상황에 대해서도 그 의미를 파악할 수 있게 한다.
↳ ㉠과 ㉡은 모두

[해설] (가)의 2문단에서 후설은 인식의 주체는 지평을 바탕으로 다양한 상황에서 의미를 파악할 수 있다고 보았음을 알 수 있다. 그리고 (나)의 2문단에서 메를로퐁티는 다양한 상황에 적응할 수 있게 하는 몸의 대응 능력을 몸틀이라고 하였음을 알 수 있다. 따라서 ㉠과 ㉡은 모두 다양한 상황에 대해서도 그 의미를 파악할 수 있게 한다고 볼 수 있다.

---

04 구체적 이유 추론   정답 ②

선택률	① 4%	② 84%	③ 5%	④ 5%	⑤ 2%

ⓐ의 이유에 대한 메를로퐁티의 견해로 가장 적절한 것은?
= 자전거를 한번 배우고 나면 오랫동안 쉬었다 하더라도 쉽게 다시 탈 수 있다.

[정답 풀이]
② 몸이 자전거 타기를 통해 습관적 몸의 층을 형성했기 때문이다.

[해설] (나)의 2문단에서 메를로퐁티는 몸이 세상을 지각하는 경험이 몸에 배면 습관적 몸의 층을 형성하고, 이것이 몸에 내재되어 세상과 반응할 때 다시 영향을 미친다고 하였음을 알 수 있다. 메를로퐁티에 따르면 자전거 타기를 배울 때, 처음에는 자전거와 반응하며 현실적 몸의 층을 형성하게 되고, 자전거를 타는 연습이 반복되면 새로운 운동 습관을 익히며 몸틀을 재편하게 된다. 즉 메를로퐁티는 자전거를 한번 배우고 나면 오랫동안 쉬었다 하더라도 이미 몸에 내재된 습관적 몸의 층이 영향을 미쳐 자전거를 쉽게 다시 탈 수 있다고 볼 것임을 추론할 수 있다.

[오답 풀이]
① 몸의 경험은 연습의 양과 상관없이 누적되기 때문이다.

[해설] (나)의 2문단에서 메를로퐁티는 몸틀은 지각 경험들이 시간이 흐르면서 누적됨으로써 형성되며, 연습이 반복되면 몸틀이 재편된다고 보았음을 알 수 있다. 즉 메를로퐁티는 몸의 경험은 연습의 양과 상관없이 누적되는 것이 아니라, 연습을 반복함으로써 누적되는 것이라고 보았다.

③ 자전거를 배우기 전과 후의 몸틀에 변화가 없었기 때문이다.

[해설] (나)의 2문단에서 메를로퐁티는 몸틀은 지각 경험들이 시간이 흐르면서 누적됨으로써 형성되며, 자전거를 타는 연습이 반복되면 몸틀이 재편된다고 보았음을 알 수 있다. 즉 메를로퐁티는 자전거를 배우기 전과 후의 몸틀에 변화가 생겼다고 볼 것이다.

④ 몸의 지각은 현실적 몸이 의식과 독립적으로 작용한 결과이기 때문이다.

[해설] (나)의 1문단에서 메를로퐁티는 의식과 신체가 독립되어 있다는 전통 철학의 견해를 비판하고, 몸은 의식과 결합하여 있다고 보았다고 하였다. 따라서 현실적 몸이 의식과 독립적으로 작용한 결과가 몸의 지각이라는 것은 메를로퐁티의 견해로 볼 수 없다.

⑤ 새로운 운동 습관이 내재될 경우 몸틀이 재편되어 자전거를 다시 배워야 하기 때문이다.

[해설] (나)의 2문단에서 자전거 타기를 배울 때 처음에는 현실적 몸의 층을 형성하게 되고, 자전거를 타는 연습이 반복되면 새로운 운동 습관을 익히며 몸틀을 재편하게 된다고 하였다. 그리고 이렇게 습관적 몸의 층이 형성되면 이는 몸에 내재되어 세상과 반응할 때 다시 영향을 미친다고 하였다. 즉 메를로퐁티는 새로운 운동 습관이 내재되어 몸틀이 재편되면 오랫동안 쉬었다 하더라도 자전거를 쉽게 다시 탈 수 있다고 본 것이지, 자전거를 다시 배워야 한다고 본 것은 아니다.

---

05 관점의 비교 이해   정답 ④

선택률	① 3%	② 6%	③ 13%	④ 71%	⑤ 7%

윗글을 바탕으로 〈보기〉를 이해한 내용으로 적절하지 않은 것은?
[3점]

[보기]
　어느 날 산속에 피어 있는 꽃을 가리키며 제자가 스승에게 물었다. "이 진달래꽃은 깊은 산속에서 저절로 피었다 지곤 하니 그것이 제 마음과 무슨 상관이 있습니까? 사물은 제 마음과 상관없이 존재한다고 생각합니다." 그러자 스승은 "그대가 이 꽃을 보기
제자: 사물이 인식 주체의 마음과 상관없이 존재한다고 봄.
전에 이 꽃은 그대의 마음에 없었지만, 그대가 와서 이 꽃을 보는 순간 이 꽃의 모습은 그대의 마음에서 일시에 분명해진 것이네."
스승: 꽃을 지각하는 동시에 꽃으로 인해 인식 주체에게 변화가 생겼다고 봄.
라고 말하였다.

[정답 풀이]
④ 메를로퐁티는 꽃을 봄으로써 꽃의 모습이 마음에서 분명해진 것이라고 생각하는 '스승'과 달리 몸의 지각과 상관없이 의식이 독립적으로 세계를 인식한다고 생각하겠군.
↳ 전통 철학의 견해에 해당함.

[해설] (나)의 1문단에서 메를로퐁티는 의식과 신체는 독립되어 있고 의식이 객관적 세계를 인식한다고 본 전통 철학의 견해를 비판하며, 신체를 통해 세계를 지각할 수 있다고 보았음을 알 수 있다. 메를로퐁티는 몸은 의식과 결합하여 있으며, 지향성을 지니고 있어 세상을 지각할 수 있으며 의미가 생긴다고 보았다. 따라서 메를로퐁티가 몸의 지각과 상관없이 의식이 독립적으로 세계를 인식한다고 생각할 것이라는 이해는 적절하지 않다.

[오답 풀이]
① 후설은 '제자'가 꽃의 이름이 진달래꽃임을 알고 있는 것에 대해 그의 지평이 작용했다고 생각하겠군.

[해설] (가)의 2문단에서 후설은 우리가 인식하는 대상과 그 대상을 둘러싼 배경을 지평이라고 하였음을 알 수 있다. 〈보기〉에서 제자는 산속의 꽃을 가리키며 그 꽃의 이름을 진달래꽃이라고 말하고 있다. 이는 그 꽃에 대한 정보를 이미 알고 있다는 것이므로, 후설은 제자가 꽃의 이름이 진달래꽃임을 알고 있는 것에 대해 그의 지평이 작용했다고 생각할 것이다.

② 후설은 사물이 마음과 상관없이 존재한다고 말하는 '제자'와 달리 의식과 대상이 서로 독립적으로 존재하는 것은 아니라고 생각하겠군.

[해설] (가)의 1문단에서 후설은 의식은 대상과 독립적으로 존재하는 것이 아니라, 어떤 대상을 구체적으로 지향하며, 이를 통해 대상과의 관계에서 어떤 의미를 형성하는 성질을 지니고 있다고 말한다고 하였다. 따라서 후설은 사물이 마음과 상관없이 존재한다고 말하는 제자와 달리 의식과 대상이 서로 독립적으로 존재하는 것은 아니라고 생각할 것이다.

③ 메를로퐁티는 '제자'가 꽃을 지각하는 동시에 꽃으로 인해 그에게 변화가 생겼다는 '스승'의 말에 동의하겠군.

[해설] (나)의 2문단에서 메를로퐁티는 몸이 지향성을 지니고 있어 대상을 지각하고 대상과의 관계에서 의미가 형성된다고 보았음을 알 수 있고, (나)의 3문단에서는 지각의 상황에서 주체와 대상이 서로에게 영향을 받아 동시에 변화를 보이게 된다고 말하였음을 알 수 있다. 따라서 메를로퐁티는 제자가 꽃을 지각하는 동시에 꽃으로 인해 그에게 변화가 생겼다는 스승의 말에 동의할 것이다.

⑤ 후설과 메를로퐁티는 모두 꽃을 보기 전까지 꽃은 마음에 없었다고 말한 '스승'과 마찬가지로 주체가 대상을 지향하지 않으면 대상의 의미가 형성되지 않는다고 생각하겠군.

해설 (가)의 1문단에서 후설은 의식은 어떤 대상을 구체적으로 지향하며, 이를 통해 대상과의 관계에서 어떤 의미를 형성하는 성질인 지향성을 지니고 있으며 의식이 대상을 향하지 않으면 그 대상을 인식하지 못한다고 보았다고 하였다. 그리고 (나)의 2문단에서 메를로퐁티는 후설의 지향성 개념을 수용하여 몸이 지향성을 지니고 있어 세상을 지각할 수 있다고 보았다고 하였다. 즉 후설과 메를로퐁티는 모두 지향성을 주장하고 있으므로, 주체가 대상을 지향하지 않으면 대상의 의미가 형성되지 않는다고 생각할 것이다.

06~11 **2021년 11월 고2 전국연합학력평가** 본문 115~117쪽

| 06 ① | 07 ④ | 08 ③ | 09 ④ | 10 ④ | 11 ④ |

◯ 문단별 핵심어 ★ 중심 문장

(가) 소쉬르의 언어학

1 소쉬르의 언어학은 언어에 대한 전통적인 견해에 대해서 의문을 제기하고 이를 뒤집는다. 소쉬르 이전의 사람들은 일반적으로 언어가 현실 세계의 대상을 지칭한다고 생각했다. 반면 소쉬르는 '언어가 현실 세계를 있는 그대로 묘사하는 것이 아니라는 것을 언어의 기호 체계를 통해 설명하며, 오히려 사람들이 그들의 언어 체계에 맞춰 현실 세계를 새롭게 인식한다고 주장한다.

2 소쉬르에 따르면 언어는 기호 체계로, 현실 세계를 묘사하는 것이 아니라 근본적으로 자의적인 체계이다. 기호란 어떠한 뜻을 나타내기 위해 쓰이는 표지를 이르는데, 기표와 기의로 이루어진다. 기표는 귀로 들을 수 있는 소리로써 의미를 전달하는 외적 형식을 ㉠이르며, 기의는 말에 있어서 소리로 표시되는 의미를 이른다. 예컨대 언어의 소리 측면을 지칭하는 '산[san]'이라는 기표에, 그 소리가 지칭하는 의미를 나타내는 '평지보다 높이 솟아 있는 땅의 부분'이라는 기의가 대응하는 것이다. 소쉬르에 따르면 기표와 기의의 관계는 필연적이지 않고 자의적이며, 단지 그 기호를 사용하는

사람들의 사회적 약속일 뿐이다. 이는 '평지보다 높이 솟아 있는 땅의 부분'이라는 기의가, 한국어에서는 '산[san]', 중국어에서는 '山[shān]', 영어에서는 'mountain[máuntən]' 등의 다른 기표로 나타나는 것에서 확인할 수 있다. 즉 언어는 자의적인 성격을 지닐 뿐이며 현실 세계를 묘사하는 것이 아니라는 것이다.

3 더불어 소쉬르는 사람들이 언어 체계에 맞춰 현실 세계를 새롭게 인식한다는 것을 설명하기 위해 랑그와 파롤이라는 개념을 제시한다. 랑그란 언어가 갖는 추상적인 체계이고, 파롤은 랑그에 바탕을 ㉡두고 개인이 실현하는 구체적인 발화이다. 소쉬르는 어떤 사람이 어떠한 발화를 하더라도 그 발화의 표현 방식이나 범위는 사실상 그가 사용하는 언어 체계인 랑그에 의해서 지배되거나 제약받는다고 주장한다. 예를 들어 한국어에서는 빨강 계통의 색을 '빨갛다', '시뻘겋다', '새빨갛다', '불긋불긋하다' 등 다채롭게 표현할 수 있다. 하지만 영어에서는 한국어만큼 빨강 계통의 색을 다채롭게 표현할 수 있는 단어가 많지 않다. 따라서 소쉬르는 영어를 사용하는 사람들이 실제로는 다양하게 존재하는 빨강 계통의 색을 그들이 사용하는 랑그에 맞게 인식한다고 본다. 이는 결국 랑그의 차이에 따라 사람들이 현실 세계를 인식하는 방식이 달라진다는 것을 의미하는 것이다.

4 일반적으로 사람들은 어휘를 선택하고 그것을 언어 체계에 맞추어 발화하는 주체가 자신이라고 생각한다. 하지만 소쉬르는 발화의 진정한 주체는 발화자가 아닌 랑그라는 사실을 전제하고 있다. 결국 소쉬르의 언어학은 언어가 현실 세계를 수동적으로 재현하는 수단이 아니며, 오히려 언어가 현실 세계를 구성한다는 생각을 함축하고 있는 것이다.

(나) 비트겐슈타인의 의미사용이론

1 비트겐슈타인에게 언어는 삶의 다양한 맥락에 ㉢따라 서로 다르게 혹은 유사한 모습으로 존재한다. 이에 따라 비트겐슈타인은 언어를 이해하는 것은 그것이 어떻게 사용될 수 있는지를 이해하는 것이라는 의미사용이론을 제시한다. 비트겐슈타인은 언어를 배우는 것이, 일상 활동들의 맥락 속에서 언어를 어떻게 사용하고 또한 타인의 언어에 어떻게 반응해야 하는지를 배우는 것이라고 말한다. 가령 '빨강'이라는 단어의 의미를 배우는 것은 사전에 실려 있는 추상적 개념을 배우는 것이 아니라, 실제 미술 시간에 눈앞에 있는 빨간 사과를 그려 보라는 교사의 말에 물감 중 필요한 빨간색을 ㉣골라 사용할 수 있게 되는 일이다.

2 비트겐슈타인은 이런 (의미사용이론)을 설명하기 위해 언어를 (게임에 비유)하여 설명한다. 예컨대 땅따먹기와 같은 게임의 규칙은 절대 불변의 법칙이 아니라 땅따먹기라는 게임을 원활하게 진행하기 위해서 만들어진 것이며, 이런 게임의 규칙은 그것에 참가한 사람들이 게임을 수행할 수 있도록 만드는 형식에 불과하다. 이렇게 언어를 게임에 빗대어 설명한다는 것은 곧 (언어)가 그것을 사용하는 사람들의 (구체적인 활동)과 관련해서만 의미가 있다는 것을 보여 준다.

게임의 규칙의 특징 ①
게임의 규칙의 특징 ②
의미사용이론에서의 언어에 대한 관점 ①

3 비트겐슈타인은 언어가 사람들의 삶과 엉켜 있으면서 사람들의 삶을 반영한다는 것을 (언어의 모호성)을 통해서 설명하기도 한다. '크다'나 '작다'와 같은 표현들은 사람에 따라 의미가 다르게 사용되기 때문에 듣는 사람에게 모호하다는 느낌을 줄 수 있다. 하지만 이와 같은 표현이 없다면, 정확한 크기를 알 수 없는 경우에 대해서는 언급 자체를 할 수가 없게 된다. 더욱이 사람들은 간혹 의도적으로 모호한 표현을 사용하기도 한다. 따라서 비트겐슈타인은 언어에 존재하는 많은 (불명확성)이 오히려 단점이 아닌 (장점)이 될 수도 있으며, 높은 수준의 명확성이 오히려 융통성의 여지를 없앨 수도 있다고 말한다.

의미사용이론에서의 언어에 대한 관점 ②
언어의 모호성이 필요한 이유
언어의 불명확성에 대한 비트겐슈타인의 긍정

4 전통적으로 어떤 개념을 형성하는 일은, 수많은 종류의 나무로부터 공통 요소를 추출하여 '나무'라는 개념을 형성하는 것처럼 서로 다른 개별적이고 구체적인 대상으로부터 공통 요소를 추출하는 과정을 통해 이루어졌다. 하지만 비트겐슈타인은 개념을 사용할 때 그것의 적용 사례들에 어떤 (공통 요소)가 반드시 있어야 한다는 (강박 관념)을 버려야 한다고 강조한다. 이는 결국 (언어)가 그것을 사용하는 사람들의 삶과 ⑩ 맞물려 있어 삶의 양식이 다양한 만큼 언어 역시 다양하기 때문이다. 따라서 비트겐슈타인에게 있어 언어란 현실 세계를 재현하는 것이 아니라, 언어를 사용하는 (사람들의 소통)에 의해서 (만들어지는 것)이라고 할 수 있다.

전통적 견해에 대한 비트겐슈타인의 반박
언어에 있어서 공통 요소에 대한 강박 관념을 버려야 하는 이유
비트겐슈타인에 따른 언어의 의미

소쉬르의 언어학과 구조주의

· 20세기 중반에 등장한 구조주의는 소쉬르의 언어학에서 비롯됨.

· 구조주의는 어떤 사물의 의미가 전체 체계 안에서 다른 사물들과의 관계에 따라 규정된다는 인식을 전제로 한 사상으로, 언어를 기호 체계로 보고 언어가 주체를 규정한다는 소쉬르의 언어 이론이 구조주의의 기초가 됨.

· 소쉬르의 언어학에서 출발한 구조주의는 철학, 인류학, 정신분석학 등 다양한 인문 사회학 분야에 영향을 끼침.

· 레비스트로스는 인류학과 민속학에 구조주의의 방법을 적용하였고, 바르트는 현대 대중사회의 의미 작용 과정을 분석한 문화기호학에 구조주의의 관점을 적용하였으며, 라캉은 소쉬르의 언어학을 프로이트의 정신분석학에 적용함.

비트겐슈타인의 그림 이론

· 비트겐슈타인은 1918년에 쓴 『논리 철학 논고』에서 언어가 세계에 대한 그림이라는 '그림 이론'을 주장함.

· 비트겐슈타인은 언어가 의미를 갖는 것은 언어가 세계와 대응하여 세계에 존재하는 것들을 가리키고 있기 때문이라고 보고, 언어는 세계를 그림처럼 그려 주고 있기 때문에 의미를 갖는다고 주장함.

· "말할 수 없는 것에 대해서는 침묵해야 한다." : 비트겐슈타인은 기존의 철학자들이 해 왔던 신, 자아, 영혼, 윤리적 가치 등에 대한 논의는 그 말들이 가리키는 대상이 세계 속에 존재하지 않으므로 의미 없는 말들에 불과하다고 봄.

지문 분석하기

|지문 구조

(가)

1 언어에 대한 전통적 견해에 의문을 제기한 소쉬르의 언어학

↓

2 언어에 대한 소쉬르의 견해 ① – 언어는 자의적인 기호 체계임.

+

3 언어에 대한 소쉬르의 견해 ② – 언어 체계에 맞춰 현실 세계를 인식함.

↓

4 소쉬르의 언어학에서의 언어의 의미

|주제| 언어에 대한 소쉬르의 이론

(나)

1 비트겐슈타인이 제시한 의미사용이론

↓

2 비트겐슈타인의 의미사용이론 ① – 언어는 사람들의 구체적 활동과 관련해서만 의미가 있음.

+

3 비트겐슈타인의 의미사용이론 ② – 언어는 사람들의 삶을 반영함.

↓

4 비트겐슈타인에 따른 언어의 의미

|주제| 언어에 대한 비트겐슈타인의 이론

한컷 정리하기

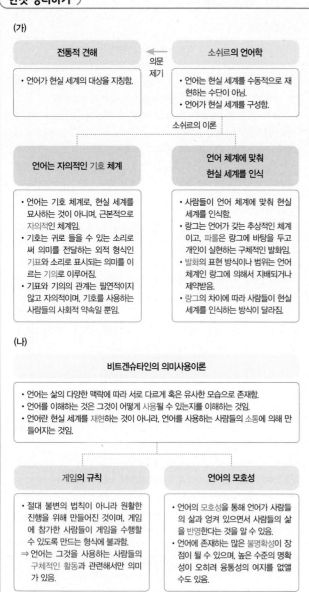

(가)

전통적 견해 ← 소쉬르의 언어학

(의문 제기)

- 언어가 현실 세계의 대상을 지칭함.

- 언어는 현실 세계를 수동적으로 재현하는 수단이 아님.
- 언어가 현실 세계를 구성함.

소쉬르의 이론

언어는 자의적인 기호 체계

- 언어는 기호 체계로, 현실 세계를 묘사하는 것이 아니며, 근본적으로 자의적임.
- 기호는 귀로 들을 수 있는 소리로써 의미를 전달하는 외적 형식인 기표와 소리로 표시되는 의미를 이르는 기의로 이루어짐.
- 기표와 기의의 관계는 필연적이지 않고 자의적이며, 기호를 사용하는 사람들의 사회적 약속일 뿐임.

언어 체계에 맞춰 현실 세계를 인식

- 사람들이 언어 체계에 맞춰 현실 세계를 인식함.
- 랑그는 언어가 갖는 추상적인 체계이고, 파롤은 랑그에 바탕을 두고 개인이 실현하는 구체적인 발화임.
- 발화의 표현 방식이나 범위는 언어 체계 랑그에 의해서 지배되거나 제약받음.
- 랑그의 차이에 따라 사람들이 현실 세계를 인식하는 방식이 달라짐.

(나)

비트겐슈타인의 의미사용이론

- 언어는 삶의 다양한 맥락에 따라 서로 다르게 혹은 유사한 모습으로 존재함.
- 언어를 이해하는 것은 그것이 어떻게 사용될 수 있는지를 이해하는 것임.
- 언어란 현실 세계를 재현하는 것이 아니라, 언어를 사용하는 사람들의 소통에 의해 만들어지는 것임.

게임의 규칙

- 절대 불변의 법칙이 아니라 원활한 진행을 위해 만들어진 것이며, 게임에 참가한 사람들이 게임을 수행할 수 있도록 만드는 형식에 불과함.
- ⇒ 언어는 그것을 사용하는 사람들의 구체적인 활동과 관련해서만 의미가 있음.

언어의 모호성

- 언어의 모호성을 통해 언어가 사람들의 삶과 엮여 있으면서 사람들의 삶을 반영한다는 것을 알 수 있음.
- 언어에 존재하는 많은 불명확성이 장점이 될 수 있으며, 높은 수준의 명확성이 오히려 융통성의 여지를 없앨 수도 있음.

---

06 글의 전개 방식 파악 정답 ①

| 선택률 | ① 89% | ② 3% | ③ 2% | ④ 2% | ⑤ 4% |

(가)와 (나)의 서술상의 공통점으로 가장 적절한 것은?

(정답 풀이)

① 언어에 대한 특정한 이론을 관련 사례를 들어 소개하고 있다.

해설 (가)에서는 언어에 대한 소쉬르의 이론을, (나)에서는 언어에 대한 비트겐슈타인의 이론을 설명하면서, 각 이론과 관련된 사례를 들고 있다.

(오답 풀이)

② 언어에 대한 상반된 주장을 제시하여 절충 방안을 모색하고 있다.

해설 (가)와 (나)에서 언어에 대한 전통적 견해와 다른 소쉬르와 비트겐슈타인의 이론이 각각 제시되어 있다고 볼 수 있으나, (가)와 (나) 모두 상반된 주장과의 절충 방안을 모색하고 있지 않다.

③ 언어에 대한 관점들이 통합되어 가는 역사적 과정을 부각하고 있다.

해설 (가)와 (나) 모두 언어에 대한 관점들이 통합되어 가는 역사적 과정에 대해 제시하고 있지 않다.

---

④ 언어에 대한 이론들을 시대순으로 나열하여 공통적인 특성을 도출하고 있다.

해설 (가)와 (나) 모두 언어에 대한 이론들을 시대순으로 나열하여 공통적인 특성을 도출하고 있지 않다.

⑤ 언어에 대한 다양한 이론을 소개하며 각 이론이 지닌 의의와 한계를 설명하고 있다.

해설 (가)에서는 언어에 대한 소쉬르의 이론, (나)에서는 언어에 대한 비트겐슈타인의 이론을 소개하고 있을 뿐, (가)와 (나) 모두 언어에 대한 다양한 이론을 소개하며 각 이론이 지닌 의의와 한계를 설명하고 있지 않다.

---

07 핵심 정보의 파악 정답 ④

| 선택률 | ① 4% | ② 2% | ③ 3% | ④ 88% | ⑤ 3% |

랑그, 파롤에 대한 이해로 가장 적절한 것은?

(정답 풀이)

④ 파롤의 표현 방식은 랑그에 의해서 제약을 받는다.

해설 (가)의 3문단에서 파롤은 랑그에 바탕을 두고 개인이 실현하는 구체적인 발화이며, 소쉬르는 어떤 사람이 어떠한 발화를 하더라도 그 발화의 표현 방식이나 범위는 사실상 그가 사용하는 언어 체계인 랑그에 의해서 지배되거나 제약받는다고 주장한다고 하였다. 즉 소쉬르에 따르면 개인이 실현하는 구체적인 발화인 파롤의 표현 방식은 랑그에 의해서 제약을 받는다.

(오답 풀이)

① 랑그는 현실 세계를 재현하는 수단이다.

해설 (가)의 4문단에서 소쉬르의 언어학은 언어가 현실 세계를 수동적으로 재현하는 수단이 아니며, 오히려 언어가 현실 세계를 구성한다는 생각을 함축하고 있는 것이라고 하였다. 즉 소쉬르는 언어가 현실 세계를 재현하는 수단이 아니라고 보았으므로 언어가 갖는 추상적인 체계인 랑그 역시 현실 세계를 재현하는 수단이라고 할 수 없다.

② 파롤은 언어의 추상적 체계를 지칭한다.
↳ 랑그는

해설 (가)의 3문단에서 랑그란 언어가 갖는 추상적인 체계이고, 파롤은 랑그에 바탕을 두고 개인이 실현하는 구체적인 발화라고 하였다. 즉 언어의 추상적 체계를 지칭하는 것은 파롤이 아니라 랑그이다.

③ 랑크는 개인이 실현하는 구체적인 발화이다.
↳ 파롤은

해설 (가)의 3문단에서 랑그란 언어가 갖는 추상적인 체계이고, 파롤은 랑그에 바탕을 두고 개인이 실현하는 구체적인 발화라고 하였다. 즉 개인이 실현하는 구체적인 발화는 랑그가 아니라 파롤이다.

⑤ 랑그는 파롤을 바탕으로 발화자가 주체임을 드러낸다.

해설 (가)의 4문단에서 소쉬르는 발화의 진정한 주체는 발화자가 아닌 랑그라는 사실을 전제하고 있다고 하였다. 즉 소쉬르는 발화의 주체를 발화자가 아니라 랑그라고 보았음을 알 수 있으므로 랑그가 파롤을 바탕으로 발화자가 주체임을 드러낸다는 것은 적절하지 않다.

08 구체적 상황에 적용

정답 ③

| 선택률 | ① 6% | ② 1% | ③ 82% | ④ 7% | ⑤ 4% |

다음은 온라인 수업 게시판의 일부이다. 윗글을 바탕으로 학생들이 과제를 수행했다고 할 때, ㉮~㉰에 들어갈 말로 가장 적절한 것은?

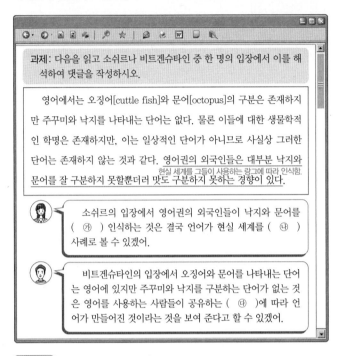

정답 풀이

	㉮	㉯	㉰
③	비슷하게	구성한다는	삶의 양식

해설 과제의 글에서 영어권의 외국인들은 대부분 낙지와 문어를 잘 구분하지 못한다고 하였으므로 ㉮에는 '비슷하게'가 들어가는 것이 적절하다. (가)에서 소쉬르는 랑그의 차이에 따라 사람들이 현실 세계를 인식하는 방식이 달라진다고 보았다고 하였고, 소쉬르의 언어학은 언어가 현실 세계를 구성한다는 생각을 함축하고 있다고 하였다. 낙지를 나타내는 일상적인 단어가 없는 영어권의 외국인들이 낙지와 문어를 잘 구분하지 못하는 것은 현실 세계를 그들이 사용하는 랑그에 따라 인식한 것으로, 언어가 현실 세계를 구성한다는 소쉬르의 언어학을 뒷받침하는 사례로 볼 수 있다. 따라서 ㉯에는 '구성한다는'이 들어가는 것이 적절하다. 한편 (나)에서 비트겐슈타인은 사람들의 삶의 양식이 다양한 만큼 언어역시 다양하다고 보았음을 알 수 있다. 따라서 이러한 비트겐슈타인의 입장에서 영어에 오징어와 문어를 나타내는 단어는 있지만 주꾸미와 낙지를 나타내는 단어는 없는 것은, 영어를 사용하는 사람들이 공유하는 삶의 양식에 따라 영어가 만들어졌다는 것을 의미하므로 ㉰에는 '삶의 양식'이 들어가는 것이 적절하다.

오답 풀이

	㉮	㉯	㉰
①	다르게 ↳ 비슷하게	구성한다는	삶의 양식
②	다르게 ↳ 비슷하게	묘사한다는 ↳ 구성한다는	높은 수준의 명확성 ↳ 삶의 양식

해설 영어권의 외국인들은 대부분 낙지와 문어를 잘 구분하지 못한다고 하였으므로 ㉮에 '다르게'가 들어가는 것은 적절하지 않다. 또한 (가)에서 소쉬르의 언어학은 언어가 현실 세계를 수동적으로 재현하는 수단이 아니며, 오히려 언어가 현실 세계를 구성한다는 생각을 함축하고 있는 것이라고 하였으므로 ㉯에 '묘사한다는'이 들어가는 것은 적절하지 않다. 한편 (나)에서 비트겐슈타인은 언어가 사람들의 삶을 반영한다는 것을 언어의 모호성을 통해 설명하였으며, 높은 수준의 명확성은 오히려 융통성의 여지를 없앨 수 있다고 보았음을 알 수 있다. 따라서 ㉰에 '높은 수준의 명확성'이 들어가는 것은 적절하지 않다.

	㉮	㉯	㉰
④	비슷하게	구성한다는	높은 수준의 명확성 ↳ 삶의 양식
⑤	비슷하게	묘사한다는 ↳ 구성한다는	삶의 양식

※ 〈보기〉는 윗글을 읽은 학생의 독서 활동 과정이다. 09번과 10번 물음에 답하시오.

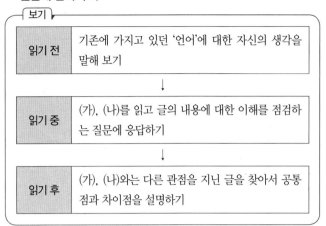

09 세부 정보의 파악

정답 ④

| 선택률 | ① 8% | ② 3% | ③ 8% | ④ 71% | ⑤ 10% |

다음은 '읽기 중' 단계에서 학생이 수행한 활동지의 일부이다. 학생의 응답으로 적절하지 않은 것은?

정답 풀이

④		학생의 응답	
질문		예	아니요
소쉬르는 비트겐슈타인과 달리, 언어가 사람들의 약속에 의해 형성된다는 것을 비판하고 있나요?		✓	

해설 (가)의 2문단에서 소쉬르에 따르면 기표와 기의의 관계는 필연적이지 않고 자의적이며, 단지 그 기호를 사용하는 사람들의 약속일 뿐이라고 하였다. 또한 (나)의 2문단에서 비트겐슈타인은 언어를 게임에 비유하면서, 게임의 규칙은 절대 불변의 법칙이 아니라 게임을 원활하게 진행하기 위해서 만들어진 것이며 게임을 수행할 수 있도록 만드는 형식에 불과하다고 설명하였음을 알 수 있다. 즉 소쉬르와 비트겐슈타인은 모두 언어가 사람들의 약속에 의해 형성된다는 것을 비판하고 있지 않으므로 질문에 '예'라고 한 학생의 응답은 적절하지 않다.

오답 풀이

①		학생의 응답	
질문		예	아니요
소쉬르는 언어가 현실 세계의 대상을 지칭하는 것이라고 주장하고 있나요?			✓

해설 (가)의 1문단에서 소쉬르는 언어가 현실 세계의 대상을 지칭한다는 전통적 견해에 의문을 제기하고, 언어가 현실 세계를 있는 그대로 묘사하는 것이 아니라고 주장하였음을 알 수 있다. 즉 소쉬르는 언어가 현실 세계의 대상을 지칭하는 것이라고 주장하고 있지 않으므로 질문에 '아니요'라고 한 학생의 응답은 적절하다.

②

질문	학생의 응답	
	예	아니요
비트겐슈타인은 언어에 존재하는 많은 불명확성에 대해 긍정하고 있나요?	✓	

해설 (나)의 3문단에서 비트겐슈타인은 언어에 존재하는 많은 불명확성이 오히려 단점이 아닌 장점이 될 수도 있다고 보았음을 알 수 있다. 즉 비트겐슈타인은 언어에 존재하는 많은 불명확성에 대해 긍정하고 있으므로 질문에 '예'라고 한 학생의 응답은 적절하다.

③

질문	학생의 응답	
	예	아니요
소쉬르와 비트겐슈타인은 모두, 언어에 대한 전통적인 입장을 고수하고 있나요?		✓

해설 (가)의 1문단에서 소쉬르는 언어가 현실 세계의 대상을 지칭한다는 전통적 견해에 의문을 제기하고, 언어가 현실 세계를 있는 그대로 묘사하는 것이 아니라고 주장하였음을 알 수 있다. 또한 (나)의 4문단에서 비트겐슈타인은 개념 형성에 대한 전통적 견해와 달리 개념을 사용할 때 그것의 적용 사례들에 어떤 공통 요소가 반드시 있어야 한다는 강박 관념을 버려야 한다고 강조하였으며, 언어가 현실 세계를 재현하는 것이 아니라 언어를 사용하는 사람들의 소통에 의해 만들어지는 것이라고 보았음을 알 수 있다. 즉 소쉬르와 비트겐슈타인은 모두, 언어에 대한 전통적인 입장을 고수하고 있지 않으므로 질문에 '아니요'라고 한 학생의 응답은 적절하다.

⑤

질문	학생의 응답	
	예	아니요
비트겐슈타인은 소쉬르와 달리, 언어가 사용하는 사람들의 맥락에 따라 다르게 사용될 수도 있다는 것을 부정하고 있나요?		✓

해설 (나)의 1문단에서 비트겐슈타인에게 언어는 삶의 다양한 맥락에 따라 서로 다르게 혹은 유사한 모습으로 존재한다고 하였다. 즉 비트겐슈타인은 언어가 사용하는 사람들의 맥락에 따라 다르게 사용될 수도 있다는 것을 부정하고 있지 않으므로 질문에 '아니요'라고 한 학생의 응답은 적절하다.

🙂 선택지 속 함정

(나)의 1문단 첫 번째 문장을 놓쳤거나 그 의미를 이해하지 못했다면 '맥락'이라는 단어가 다른 곳에서는 등장하지 않아서 ⑤의 근거를 찾기 어려웠을 수 있어. 그런데 4문단에 제시된, 언어가 그것을 사용하는 사람들의 삶과 맞물려 있어 삶의 양식이 다양한 만큼 언어 역시 다양하며, 언어란 언어를 사용하는 사람들의 소통에 의해서 만들어진다는 비트겐슈타인의 견해를 이해해 보면, 결국 언어가 사람들의 삶을 반영한다는 의미이므로 언어가 사용하는 사람들의 맥락에 따라 다르게 사용될 수도 있다는 것과 같은 말이라는 것을 알 수 있어. 이처럼 근거가 되는 지엽적인 부분을 놓쳤더라도 중심 내용이나 특정 견해의 핵심 내용을 잘 파악하면 정답을 찾을 수 있으니, 세부 정보를 파악하는 유형의 문제도 글 전체의 주제 안에서 선택지를 판단하는 것이 좋아.

10 관점의 비교 이해
정답 ④

선택률	① 8%	② 5%	③ 9%	④ 71%	⑤ 7%

다음은 '읽기 후' 단계에서 학생이 찾은 다른 학자들의 견해이다. 윗글을 바탕으로 주제 통합적 읽기를 수행한 학생의 이해로 적절하지 않은 것은? [3점]

ⓐ 말소리와 지시물 간에는 직접적인 관계가 없으며 개념이 말소리와 직접적으로 연결된다. 지시물은 개념을 통해 말소리와 간접적으로 연결되어 언어는 일정한 의미를 형성하게 된다.

ⓑ 언어란 현실 세계를 재현하기 위한 수단이며 언어의 의미는 곧 언어가 구체적으로 지시하는 대상이다. 세계가 먼저 있고 그 세계를 재현하기 위해서 언어가 존재하는 것이다.

ⓒ 언어에서 사물의 이름은 임의적으로 붙여진 것이 아니다. 사물은 자연의 일부로서 자연을 닮고 서로 유사함을 나누어 가지며, 사물의 이름은 이런 자연의 법칙에 따라 지어진 것이다.

정답 풀이

④ 세계가 먼저 있고 그 세계를 재현하기 위해서 언어가 존재한다는 ⓑ의 입장과 유사하게, 비트겐슈타인은 언어가 먼저 있고 절대 불변의 법칙에 따라 세계가 존재한다고 주장하고 있다. ↳ 비트겐슈타인은 언어가 사용하는 사람들의 소통에 의해서 만들어진다고 주장함.

해설 (나)의 4문단에서 비트겐슈타인은 언어란 현실 세계를 재현하는 것이 아니라, 언어를 사용하는 사람들의 소통에 의해서 만들어지는 것이라고 주장하였음을 알 수 있다. 따라서 비트겐슈타인의 입장은 세계가 먼저 있고 그 세계를 재현하기 위해서 언어가 존재한다는 ⓑ의 입장과 유사하지 않으며, 비트겐슈타인이 언어가 먼저 있고 절대 불변의 법칙에 따라 세계가 존재한다고 주장하였다는 것도 적절하지 않다.

오답 풀이

① 개념이 말소리와 직접적으로 연결된다는 ⓐ의 입장과 유사하게, 소쉬르는 언어가 기표와 기의의 대응을 통해 이루어진다고 주장하고 있다.

해설 (가)의 2문단에서 소쉬르에 따르면 언어는 기호 체계로 기표와 기의로 이루어지는데, 언어의 소리 측면을 지칭하는 기표에 그 소리가 지칭하는 의미를 나타내는 기의가 대응하는 것임을 알 수 있다. 즉 개념이 말소리와 직접적으로 연결된다는 ⓐ의 입장과 유사하게, 소쉬르는 언어가 기표와 기의의 대응을 통해 이루어진다고 주장하고 있다.

② 언어는 일정한 의미를 형성하게 된다는 ⓐ의 입장과 달리, 비트겐슈타인은 언어가 사람들의 소통에 의해서 만들어진다고 주장하고 있다.

해설 (나)의 1문단에서 비트겐슈타인에게 언어는 삶의 다양한 맥락에 따라 서로 다르게 혹은 유사한 모습으로 존재한다고 하였고, 4문단에서 비트겐슈타인에게 있어 언어란 언어를 사용하는 사람들의 소통에 의해서 만들어지는 것이라고 하였다. 즉 언어는 일정한 의미를 형성하게 된다는 ⓐ의 입장과 달리, 비트겐슈타인은 언어가 사람들의 소통에 의해서 만들어진다고 주장하고 있다.

③ 언어란 현실 세계를 재현하기 위한 수단이라는 ⓑ의 입장과 달리, 소쉬르는 언어가 자의적인 성격을 지닐 뿐이며 현실 세계를 재현하는 것이 아니라고 주장하고 있다.

해설 (가)의 2문단에서 소쉬르에 따르면 언어는 자의적인 성격을 지닐 뿐이며 현실 세계를 묘사하는 것이 아니라고 하였고, 4문단에서 소쉬르의 언어학은 언어가 현실 세계를 수동적으로 재현하는 수단이 아니며, 오히려 언어가 현실 세계를 구성한다는 생각을 함축하고 있다고 하였다. 즉 언어란 현실 세계를 재현하기 위한 수단이라는 ⓑ의 입장과 달리, 소쉬르는 언어가 자의적인 성격을 지닐 뿐이며 현실 세계를 재현하는 것이 아니라고 주장하고 있다.

⑤ 언어에서 사물의 이름은 임의적으로 붙여진 것이 아니라는 ⓒ의 입장과 달리, 소쉬르는 기표와 기의의 관계가 필연적이지 않다고 주장하고 있다.

해설 (가)의 2문단에서 소쉬르에 따르면 언어는 기호 체계로, 현실 세계를 묘사하는 것이 아니라 근본적으로 자의적인 체계이며, 기호를 이루는 기표와 기의의 관계는 필연적이지 않고 자의적이며, 단지 그 기호를 사용하는 사람들의 사회적 약속일 뿐이라고 하였다. 즉 언어에서 사물의 이름은 임의적으로 붙여진 것이 아니라는 ⓒ의 입장과 달리, 소쉬르는 기표와 기의의 관계가 필연적이지 않다고 주장하고 있다.

11 어휘의 문맥적 의미 파악   정답 ④

선택률	① 2%	② 2%	③ 2%	④ 92%	⑤ 2%

문맥상 ㉠~㉤의 단어와 가장 가까운 의미로 쓰인 것은?

정답 풀이

④ ㉣: 탁자 위에 쌓인 여러 책들 중에 한 권을 골라 주었다.
= 골라
해설 ㉣과 ④에서 '고르다'는 '여럿 중에서 가려내거나 뽑다.'라는 의미로 사용되었다.

오답 풀이

① ㉠: 그녀는 약속 장소에 이르며 친구에게 전화를 걸었다.
= 이르며
해설 ㉠에서 '이르다'는 '어떤 대상을 무엇이라고 이름 붙이거나 가리켜 말하다.'라는 의미로 사용되었다. 한편 이 선택지에서는 '어떤 장소나 시간에 닿다.'라는 의미로 사용되었다.

② ㉡: 우리 회사는 세계 곳곳에 많은 지점을 두고 있다.
= 두고
해설 ㉡에서 '두다'는 '행위의 준거점, 목표, 근거 따위를 설정하다.'라는 의미로 사용되었다. 한편 이 선택지에서는 '직책이나 조직, 기구 따위를 설치하다.'라는 의미로 사용되었다.

③ ㉢: 예전에 어머니를 따라 시장 구경을 갔던 기억이 났다.
= 따라
해설 ㉢에서 '따르다'는 '어떤 경우, 사실이나 기준 따위에 의거하다.'라는 의미로 사용되었다. 한편 이 선택지에서는 '다른 사람이나 동물의 뒤에서, 그가 가는 대로 같이 가다.'라는 의미로 사용되었다.

⑤ ㉤: 그의 입술은 굳게 맞물려 떨어질 줄을 몰랐다.
= 맞물려
해설 ㉤에서 '맞물리다'는 '무엇이 서로 밀접한 관련을 맺으며 어우러지다.'라는 의미로 사용되었다. 한편 이 선택지에서는 '아래윗니나 입술, 주둥이, 부리 따위가 마주 물리다.'라는 의미로 사용되었다.

01~06   2022년 11월 고2 전국연합학력평가   본문 118~120쪽

01 ③   02 ⑤   03 ④   04 ④   05 ⑤   06 ①

◯ 문단별 핵심어   ★ ▬ 중심 문장

(가) 시뮬라크르에 대한 상반된 시각

1 '예술은 재현의 기술이기 때문에 무가치한 것이다.' 이는 **플라톤**의 **예술관**이 드러난 말로, 세계를 '**가지적 세계**'와 '**가시적 세계**'로 구분하는 그의 **세계관**과 밀접한 연관이 있다. 플라톤에게 **가지적 세계**는 우리의 지성으로만 알 수 있는 세계이며, 결코 변하지 않는 본질, 즉 실재인 '에이도스'가 있는 세계이다. 반면 **가시적 세계**는 우리 눈으로 지각이 가능한 현실 세계로, 이 세계는 가지적 세계를 모방하여 재현한 환영이자 이미지에 불과하다.

2 **플라톤**은 가시적 세계의 사물들을 '에이돌론'이라 부르며, **에이돌론**을 에이도스의 성질을 얼마나 반영했는지에 따라 '에이콘'과 '판타스마'로 구분한다. **에이콘**은 사물을 만드는 주체가 건축가나 장인처럼 에이도스에 대한 지식을 가지고 에이도스의 성질을 가능한 정확하게 재현한 좋은 이미지이다. 반면 **판타스마**는 에이도스에 대한 지식은 없이 눈에 보이는 현상만을 모방하여 재현한 나쁜 이미지이다. 즉 모방한 것을 다시 모방한, 사본의 사본에 불과하다. 플라톤은 판타스마를 에이도스의 성질이 없는 가짜, 사이비라는 의미로 **시뮬라크르**라고 부르며 **예술**이 시뮬라크르에 해당한다고 말한다. 플라톤은 특히 회화는 화가가 실재에 대해 아무것도 모른 채 사람들이 실재라고 믿도록 기만하는 사이비 기술이며, 이러한 기술로 그려진 작품은 본질에서 멀어진 무가치한 것이라고 주장한다.

3 하지만 반플라톤주의 철학자 **들뢰즈**는 플라톤이 원본의 성질을 재현한 정도에 따라 원본과 사본, 시뮬라크르로 위계적인 질서를 부여한다고 지적하며, 이러한 **플라톤식 사유**에는 주체가 이성을 통해 대상의 가치를 판단하고 재단하는 폭력성이 내재해 있다고 **비판**한다. 다시 말해 플라톤은 원본과의 유사성을 근거로 들어 진짜 유사와 가짜 유사를 구분 짓고 시뮬라크르만을 무가치한 것으로 폐기했다는 것이다.

4 **시뮬라크르**가 모방을 거듭하면서 본질에서 멀어진 가짜라고 주장하는 플라톤과 달리 들뢰즈는 사물 그 자체라고 주장한다. 들뢰즈에 의하면 「시뮬라크르는 주체의 판단과 상관없이 독립된 존재로서, 원본과 사본의 시뮬라크르에 대한 우위를 부정하는 역동적인 힘이 있다. 그 힘은 **반복**을 통해 실현되는데, 시뮬라크르를 반복해

서 생성할 때 드러나는 모든 차이가 바로 시뮬라크르가 실재로서 지닌 의미 그 자체이다. 이렇듯 시뮬라크르를 긍정하는 들뢰즈에 의하면 예술의 목표는 예술가가 플라톤식 사유에서 벗어나 가장 일상적인 반복에서도 서로 다른 의미를 지닌 예술 작품을 생성해 내

~~들뢰즈의 관점에서의 예술의 목표~~

는 것이다. 왜냐하면 그것이 예술이 주체의 판단에 의해 가치 없는 것으로 폐기되지 않고 존재 가치를 보존하는 길이기 때문이다. 그래서 들뢰즈는 ㉠"예술은 모방이 아니라 반복할 뿐이다."라고 선언

~~들뢰즈의 예술관~~

한다.

(나) 현대적 관점에서 본 시뮬라크르

1 철학자 장 보드리야르는 현대 사회는 미디어와 광고가 생산하는 복제 이미지들로 만들어진 세계라고 ⓐ말한다. 보드리야르에 의하

~~현대 사회에 대한 보드리야르의 시각~~

면 플라톤 이래 원본과 이미지의 경계가 분명했던 서구 근대 사회에서는 복제 이미지가 단순한 복사물에 불과했지만, 현대 사회에서는 실재보다 더 실재적이고 우월한 것이 된다. 그런 의미에서 그는 현대 사회의 이미지를 초과실재라 부른다. 이 초과실재가 바로 보

~~실재보다 더 실재적이고 우월한 이미지~~

드리야르가 말하는 시뮬라크르이다. 오늘날 우리가 역사적 사실보다 현실처럼 믿는 영화 속 이미지나, 실재한다고 믿는 상품 광고 속

~~보드리야르의 현대 시뮬라크르의 예~~

캐릭터 등을 그 예로 들 수 있다.

2 보드리야르는 시뮬라크르가 산출되는 과정을 시뮬라시옹 현상

~~시뮬라시옹 현상의 개념~~

이라 부르며, 시뮬라시옹 현상으로 모든 실재가 사라진다고 말한다. 그에 의하면 시뮬라시옹 현상이 끊임없이 일어나는 현대 사회에서 시뮬라크르는 그 자체로서 실재를 대신한다. 우리가 실재보다

~~시뮬라시옹 현상의 결과~~

시뮬라크르를 더 실재라고 믿고, 그것이 사물의 본질이라고 믿기 때문에 현대 사회의 모든 영역은 '내파'하여 사라진다. 이때 내파란 무한히 증식하여 재생산된 시뮬라크르들이 원래 실재를 지시하던

~~내파의 의미~~

기능과 가치를 잃어버려 실재와 시뮬라크르 사이의 경계가 붕괴되는 것을 의미한다. 보드리야르는 시뮬라시옹 현상의 예로 쥐를 모델로 하여 만들어진 만화 주인공 미키마우스를 든다. 미키마우스는 다양한 미디어에서 반복되면서 쥐를 지시하던 기능과 가치가 사라졌고 사실상 쥐와 별개의 존재가 되었다. 다시 말해 실제 쥐와 미키마우스 사이의 경계는 붕괴되었고, 미키마우스는 모델이었던 실재

~~내파가 일어남.~~ ~~실재~~

쥐보다 오히려 더 실재적이고 우월한 초과실재가 되었다.

~~시뮬라크르~~

3 이러한 시뮬라시옹 현상은 오늘날 우리 문화 현상이 되었고 예술의 영역까지 확장된다. 보드리야르는 오늘날 예술 작품이 시뮬라시옹 현상에 의해 도처에서 증식하면서 예술이 가지고 있던 미적 가치가 사라지고 있다고 비판한다. 예술이 일상적 사물에 가까워지

고, 일상적 사물은 예술에 가까워지면서 미적인 것은 비미적인 것

~~시뮬라시옹 현상에 의해 예술의 미적 가치가 사라지고 있는 이유~~

과의 변별성을 잃고 내파되어 사라지고 있기 때문이다. 보드리야르에 의하면 예술가가 전시장에 깃발, 청소기, 식탁 등과 같은 일상적 사물을 두고 예술을 논하는 등 모든 것이 미학적인 것이 될 때, 그 어떤 것도 더 이상 아름답거나 추하지 않게 되며, 동시에 예술은 자신의 한계를 넘어서 그 자체를 부정하고 청산한다. 즉, 예술 그 자체가 내파되어 사라진 상태가 된다. 보드리야르는 이러한 현상을

~~초미학 현상의 의미~~

초미학이라 부르며, ㉡"예술은 너무 많기 때문에 극도로 보잘것없

~~보드리야르의 예술관~~

는 것이다."라고 역설했다.

지문 분석하기

|지문 구조|

(가)

| **1** 플라톤의 예술관과 세계관 |

↓

| **2** 시뮬라크르에 대한 플라톤의 관점 |

↓

| **3** 플라톤식 사유에 대한 들뢰즈의 비판 |

↓

| **4** 시뮬라크르에 대한 들뢰즈의 관점 |

|주제| 시뮬라크르에 대한 플라톤과 들뢰즈의 시각

(나)

■ 현대 시뮬라크르에 대한 보드리야르의 관점

↓

② 시뮬라시옹 현상과 내파의 개념

↓

③ 시뮬라시옹 현상에 의한 초미학 현상의 의미

|주제| 시뮬라크르에 대한 보드리야르의 시각

(한컷 정리하기)

(가)

플라톤	← 비판	들뢰즈

• 세계를 '가지적 세계'와 '가시적 세계'로 구분함.
• 가시적 세계의 사물들인 '에이돌론'을 에이도스의 성질을 얼마나 반영했는지에 따라 '에이콘'과 '판타스마'로 구분함.
• 판타스마를 에이도스의 성질이 없는 가짜, 사이비라는 의미로 '시뮬라크르'라고 부르며 예술이 시뮬라크르에 해당한다고 말함.
⇒ '예술은 재현의 기술이기 때문에 무가치한 것이다.'

• 플라톤식 사유에는 주체가 이성을 통해 대상을 판단하고 재단하는 폭력성이 내재해 있다고 비판함.
• 시뮬라크르는 사물 그 자체이며, 주체의 판단과 상관없이 독립된 존재로서, 원본과 사본의 시뮬라크르에 대한 우위를 부정하는 역동적인 힘이 있다고 봄.
• 시뮬라크르를 반복해서 생성할 때 드러나는 모든 차이가 시뮬라크르가 실재로서 지닌 의미 그 자체라고 봄.
⇒ '예술은 모방이 아니라 반복할 뿐이다.'

(나)

보드리야르의 시뮬라크르와 시뮬라시옹 현상

• 실재보다 더 실재적이고 우월한 현대 사회의 이미지인 '초과실재'가 시뮬라크르라고 함.
• 시뮬라크르가 산출되는 과정인 '시뮬라시옹 현상'으로 인해 모든 실재가 사라진다고 봄.
• 무한히 증식하여 재생산된 시뮬라크르들이 원래 실재를 지시하던 기능과 가치를 잃어버려 실재와 시뮬라크르 사이의 경계가 붕괴되는 내파가 일어나, 현대 사회에서 시뮬라크르가 그 자체로서 실재를 대신한다고 봄.

확장

예술

• 오늘날 예술 작품이 시뮬라시옹 현상에 의해 도처에서 증식하면서 예술이 가지고 있던 미적 가치가 사라지고 있다고 비판함.
• 예술 그 자체가 내파되어 사라진 상태인 '초미학' 현상이 일어난다고 봄.
• '예술은 너무 많기 때문에 극도로 보잘것없는 것이다.'

---

01 글의 전개 방식 파악   정답 ③

선택률	① 2%	② 3%	③ 89%	④ 3%	⑤ 3%

(가)와 (나)에 대한 설명으로 가장 적절한 것은?

(정답 풀이)

③ **(가)와 (나)는 모두 특정 철학자의 세계관을 바탕으로 해당 철학자의 시뮬라크르에 대한 관점을 소개하고 있다.**

해설 (가)는 플라톤의 세계관에 따른 시뮬라크르에 대한 관점을 제시하고 이에 대한 반플라톤주의 철학자 들뢰즈의 비판과 그의 시뮬라크르에 대한 관점을 소개하고 있다. (나)는 철학자 보드리야르의 세계관을 바탕으로 한 시뮬라크르에 대한 현대적 관점을 소개하고 있다.

(오답 풀이)

① **(가)와 달리 (나)는 시뮬라크르가 지닌 오류를 증명하는 과정을 사고 실험을 통해 설명하고 있다.**

해설 (가)와 (나)는 모두 시뮬라크르가 지닌 오류를 증명하는 과정에 대해 설명하고 있지 않다.

② **(나)와 달리 (가)는 특정한 철학적 관점에서 파생된 예술관을 바탕으로 시뮬라크르가 사라지는 현상의 이유를 밝히고 있다.**

해설 (가)에는 플라톤과 들뢰즈, (나)에는 보드리야르의 예술관이 제시되어 있지만, (가)와 (나) 모두 시뮬라크르가 사라지는 현상의 이유를 밝히고 있지는 않다.

④ **(가)와 (나)는 모두 특정한 철학적 관점을 바탕으로 현대의 시뮬라크르가 지닌 문제점에 대한 극복 방법을 제시하고 있다.**

해설 (가)와 (나) 모두 현대의 시뮬라크르가 지닌 문제점에 대한 극복 방법을 제시하고 있지 않다.

⑤ **(가)와 (나)는 모두 시뮬라크르에 대한 다양한 예술관이 지닌 문제점을 지적하고 이에 맞서는 새로운 예술관을 모색하고 있다.**

해설 (가)에 시뮬라크르에 대한 플라톤식 사유를 비판한 들뢰즈의 시뮬라크르에 대한 관점이 제시되어 있지만 (가)와 (나) 모두 시뮬라크르에 대한 다양한 예술관이 지닌 문제점을 지적하고 있지 않으며, 이에 맞서는 새로운 예술관을 모색하고 있지도 않다.

---

02 특정 정보의 파악   정답 ⑤

선택률	① 1%	② 1%	③ 3%	④ 4%	⑤ 91%

(가)의 가지적 세계와 가시적 세계에 대한 이해로 적절하지 않은 것은?

(정답 풀이)

⑤ **가지적 세계에 있는 본질은 에이도스와 에이돌론으로 구분된다.**
         ↳ 에이돌론은 가시적 세계의 사물들임.

해설 (가)의 1문단에서 플라톤은 세계를 가지적 세계와 가시적 세계로 구분하였으며, 플라톤에게 가지적 세계는 결코 변하지 않는 본질, 즉 실재인 에이도스가 있는 세계라고 하였다. 그리고 2문단에서 플라톤은 가시적 세계의 사물들을 에이돌론이라 불렀다고 하였으므로 가지적 세계에 있는 본질이 에이도스와 에이돌론으로 구분된다는 것은 적절하지 않다.

(오답 풀이)

① **가지적 세계는 지성으로만 알 수 있는 세계이다.**

해설 (가)의 1문단에서 가지적 세계는 우리의 지성으로만 알 수 있는 세계라고 하였다.

② **가시적 세계는 눈으로 지각 가능한 현실 세계이다.**

해설 (가)의 1문단에서 가시적 세계는 우리 눈으로 지각이 가능한 현실 세계라고 하였다.

③ **가시적 세계의 사물들은 에이콘과 판타스마로 구분된다.**

해설 (가)의 2문단에서 플라톤은 가시적 세계의 사물들을 에이돌론이라 부르며, 에이돌론을 에이콘과 판타스마로 구분한다고 하였다.

④ **가시적 세계는 가지적 세계를 모방한 환영에 불과한 세계이다.**

해설 (가)의 1문단에서 가시적 세계는 가지적 세계를 모방하여 재현한 환영이자 이미지에 불과하다고 하였다.

※ 윗글과 〈보기〉를 바탕으로 **03**번과 **04**번의 물음에 답하시오.

〈보기〉

[자료 1]

음료 회사로부터 캐릭터 제작을 의뢰받은 A는 실제 상품을 베
<u>긴 초안</u>을 그린 후 이를 변형한 <u>첫 캐릭터</u>를 그렸지만, 음료 회사
_{실제 상품을 모방한 것   실제 상품을 모방한 초안을 변형한 것}
는 첫 캐릭터에서 상품의 특징이 드러나지 않는다고 혹평했다. A
는 첫 캐릭터를 의인화한 <u>최종 캐릭터</u>를 다시 그렸고, 음료 회사
_{첫 캐릭터를 의인화하여 다시 변형한 것}
는 최종 캐릭터를 담은 광고를 반복하여 방영했다. 이후 최종 캐
릭터는 설문 조사에서, 가장 영향력 있는 인물로 선정되는 등 <u>실</u>
<u>제 상품보다 사랑받는 인기 캐릭터</u>가 되었다.
_{초과실재가 됨.}

[자료 2]

가구 장인 B가 자신이 만든 의자를 본떠 직접 그린 <u>'의자 1'</u>은
_{에이콘에 해당함.}
예술성을 인정받아 미술관에 전시됐다. 화가 C는 '의자 1'을 보고
자신만의 방식으로 '의자 2'를 그린 후, 다시 이를 변형한 '의자 3'
을 그려 전시했다. 그러자 B는 '의자 1'의 모델인 실제 의자를 '의
자 0'으로 전시했고, 평론가들은 이것이야말로 진정한 원본이라
고 극찬했다. 이후 예술가들이 깃발, 책상 등을 그대로 전시하고
<u>예술을 논하는 현상</u>이 각국 미술관에서 일어났다.
_{모든 것이 미학적인 것이 됨.}

---

03 관점의 비교 이해 정답 ④

| 선택률 | ① 5% | ② 7% | ③ 10% | ④ 66% | ⑤ 12% |

다음은 윗글을 읽은 학생이 〈보기〉를 이해한 내용을 정리한 것이다. 적절하지 <u>않은</u> 것은?

	들뢰즈와 달리 플라톤은 A가 그린 '첫 캐릭터'를, 모방을 거듭한 가짜로 여길 것이다. ……………… ㉠
[자료 1]	플라톤과 달리 들뢰즈는 '초안', '첫 캐릭터', '최종 캐릭터' 사이에 드러나는 차이를 실재로서 지닌 의미로 여길 것이다. ……………… ㉡
	들뢰즈와 달리 보드리야르는 가장 영향력 있는 인물로 선정된 '최종 캐릭터'가 실재를 대신한다고 여길 것이다. ……………… ㉢
[자료 2]	보드리야르와 달리 플라톤은 '의자 0'이 실재보다 우월해졌다고 여길 것이다. ……………… ㉣
	플라톤과 달리 들뢰즈는 '의자 3'이 '의자 1'의 우위를 부정하는 힘이 있다고 여길 것이다. ……………… ㉤

〔정답 풀이〕

④ ㉣

〔해설〕 '의자 0'은 가구 장인 B가 만든 현실 세계의 의자이다. 플라톤은 사물을 만드는 주체가 장인처럼 에이도스에 대한 지식을 가지고 에이도스의 성질을 가능한 정확하게 재현한 에이콘을 좋은 이미지로 여기기는 했지만 가시적 세계는 가지적 세계를 모방하여 재현한 환영이자 이미지에 불과하다고 보았으므로, 플라톤이 '의자 0'이 실재보다 우월해졌다고 여길 것이라는 이해는 적절하지 않다.

〔오답 풀이〕

① ㉠

〔해설〕 〈보기〉의 [자료 1]에서 A가 그린 '첫 캐릭터'는 실제 상품을 베낀 초안을 그린 후 이를 변형한 것이다. (가)의 2문단에서 플라톤은 모방한 것을 다시 모방한, 사본의 사본에 불과한 판타스마를 에이도스의 성질이 없는 가짜라고 보았음을 알 수 있다. 그리고 4문단에서 시뮬라크르가 모방을 거듭하면서 본질에서 멀어진 가짜라고 주장하는 플라톤과 달리 들뢰즈는 사물 그 자체라고 주장하였음을 알 수 있다. 따라서 들뢰즈와 달리 플라톤은 A가 그린 '첫 캐릭터'를 모방을 거듭한 가짜로 여길 것이다.

② ㉡

〔해설〕 (가)의 4문단에서 시뮬라크르가 모방을 거듭하면서 본질에서 멀어진 가짜라고 주장하는 플라톤과 달리 들뢰즈는 시뮬라크르를 반복해서 생성할 때 드러나는 모든 차이가 바로 시뮬라크르가 실재로서 지닌 의미 그 자체라고 보았음을 알 수 있다. 따라서 〈보기〉의 [자료 1]에서 A가 실제 상품을 베낀 '초안'과 이를 변형한 '첫 캐릭터', 그리고 다시 이를 의인화한 '최종 캐릭터'는 플라톤의 입장에서는 모방한 것을 다시 모방한 것이자, 실재하는 본질에서 멀어진 이미지에 불과한 것이지만, 들뢰즈의 입장에서는 '초안', '첫 캐릭터', '최종 캐릭터'는 반복을 통해 생성된 실재로서, 이들 사이에 드러나는 차이를 실재로서 지닌 의미로 여길 것이다.

③ ㉢

〔해설〕 〈보기〉의 [자료 1]에서 '최종 캐릭터'는 광고로 반복하여 방영된 후 가장 영향력 있는 인물로 선정되는 등 실제 상품보다 사랑받는 인기 캐릭터가 되었다. (나)의 1문단에서 보드리야르는 광고가 생산한 복제 이미지가 실재보다 더 실재적이고 우월한 것이 된 것을 시뮬라크르라고 말한다고 하였고, 2문단에서는 현대 사회에서 시뮬라크르는 그 자체로서 실재를 대신한다고 하였음을 알 수 있다. 따라서 보드리야르는 '초안', '첫 캐릭터', '최종 캐릭터' 사이에 드러나는 차이를 실재로서 지닌 의미로 여기는 들뢰즈와 달리 가장 영향력 있는 인물로 선정된 '최종 캐릭터'가 실재를 대신한다고 여길 것이다.

⑤ ㉤

〔해설〕 〈보기〉의 [자료 2]에서 '의자 3'은 화가 C가 '의자 1'을 보고 자신만의 방식으로 '의자 2'를 그린 후, 다시 이를 변형하여 그린 것이다. (가)의 4문단에서 시뮬라크르가 모방을 거듭하면서 본질에서 멀어진 가짜라고 주장하는 플라톤과 달리 들뢰즈는 원본과 사본의 우위를 부정하는 역동적인 힘이 있는 사물 그 자체라고 주장한다고 하였다. 따라서 플라톤과 달리 들뢰즈는 '의자 3'이 '의자 1'의 우위를 부정하는 힘이 있다고 여길 것이다.

---

04 구체적 상황에 적용 정답 ④

| 선택률 | ① 15% | ② 7% | ③ 26% | ④ 44% | ⑤ 8% |

윗글을 바탕으로 〈보기〉에 대해 보인 반응으로 적절하지 <u>않은</u> 것은?
[3점]

〔정답 풀이〕

④ 보드리야르는 [자료 1]의 인기 캐릭터가 된 최종 캐릭터는 초과실재가, [자료 2]의 '의자 1'은 예술성을 인정받은 순간에 초미학 상태가 되었다고 보겠군.

〔해설〕 (나)의 1문단에서 보드리야르는 현대 사회에서는 복제 이미지가 실재보다 더 실재적이고 우월한 것이 된다고 하였고, 이러한 현대 사회의 이미지를 '초과실재'라고 부른다고 하였다. 그러므로 보드리야르는 〈보기〉의 [자료 1]에서 실제 상품보다 사랑받는 인기 캐릭터가 된 '최종 캐릭터'는 현대 사회의 복제 이미지가 실재보다 더 실재적이고 우월한 것이 된 초과실재가 되었다고 볼 것이다. 한편 (나)의 3문단에서 보드리야르는 오늘날 예술 작품이 시뮬라시옹 현상에 의해 도처에서 증식하면서 예술이 가지고 있던 미적 가치가 사라지고 있다고 비판하며, 예술 그 자체가 내파되어 사라진 상태가 되는 것을 '초미학'이라고 부른다고 하였다. 그러므로 〈보기〉의 [자료 2]에서 B가 자신이 만든 의자를 본떠 직접 그린 '의자 1'이 예술성을 인정받은 순간은 보드리야르의 입장에서 예술 그 자체가 내파되어 사라진 상태가 아니므로 초미학 상태로 보지 않을 것이다.

오답 풀이

① 플라톤은 [자료 2]의 B가 만든 의자와 달리 [자료 1]의 초안은 눈에 보이는 현상만을 모방한 나쁜 이미지라고 보겠군.

해설 (가)의 2문단에서 플라톤은 사물을 만드는 주체가 장인처럼 에이도스에 대한 지식을 가지고 에이도스의 성질을 가능한 정확히 재현한 에이콘은 좋은 이미지이고, 에이도스에 대한 지식은 없이 눈에 보이는 현상만을 모방하여 재현한 판타스마는 나쁜 이미지라고 보았음을 알 수 있다. 이러한 관점에서 플라톤은 〈보기〉의 [자료 2]에서 가구 장인 B가 만든 의자는 좋은 이미지라고 보고, [자료 1]의 실제 상품을 베껴 그린 초안은 나쁜 이미지라고 볼 것이다.

② 플라톤은 [자료 1]의 A가 그린 캐릭터들과 [자료 2]의 C가 그린 그림들은 모두 사이비 기술로 그려진 것들이라고 보겠군.

해설 (가)의 2문단에서 플라톤은 모방한 것을 다시 모방한 것은 가짜, 사이비이며, 특히 회화는 화가가 실재에 대해 아무것도 모른 채 사람들이 실재라고 믿도록 기만하는 사이비 기술이라고 보았음을 알 수 있다. 이러한 관점에서 플라톤은 〈보기〉의 [자료 1]의 A가 그린 캐릭터들과 [자료 2]의 C가 그린 그림들은 모두 사이비 기술로 그려진 것들이라고 볼 것이다.

③ 들뢰즈는 [자료 1]에서 첫 캐릭터에 대해 음료 회사가 한 혹평과 [자료 2]에서 '의자 O'에 대해 평론가들이 한 극찬에는 모두 대상의 가치를 재단하는 폭력성이 내재해 있다고 보겠군.

해설 (가)의 3문단에서 들뢰즈는 원본의 성질을 재현한 정도에 따라 원본과 사본, 시뮬라크르로 위계적인 질서를 부여하는 플라톤식 사유에는 주체가 이성을 통해 대상의 가치를 판단하고 재단하는 폭력성이 내재해 있다고 비판했음을 알 수 있다. 이러한 관점에서 들뢰즈는 〈보기〉의 [자료 1]에서 첫 캐릭터에 대해 음료 회사가 한 혹평은 상품의 특징을 드러낸 것에 따라 위계적인 질서를 부여하고 있고, [자료 2]에서 '의자 O'에 대해 평론가들이 한 극찬은 원본에 가까운 정도에 따라 위계적인 질서를 부여하고 있으므로 모두 대상의 가치를 재단하는 폭력성이 내재해 있다고 볼 것이다.

🤪 **선택지 속 함정**

　③을 얼핏 보면 틀린 것으로 생각하기 쉬워. 일반적으로 '극찬'은 좋은 의미로 사용되니까 '폭력성'과는 어울리지 않는 것 같거든. 그렇지만 (가)에서 들뢰즈가 말하는 '폭력성'은 주체가 대상의 가치를 판단하고 재단하는 것 자체를 말한다는 점을 이해하면, '혹평'이나 '극찬'이나 모두 대상의 가치를 판단하고 재단하는 것이라는 점에서 폭력성과 연결할 수 있어. 들뢰즈의 관점에서 보면 주체인 '음료 회사'와 '평론가들'이 대상인 '첫 캐릭터'와 '의자 O'의 가치를 판단하고 평가한다는 점에서 폭력성이 내재해 있는 것이지.

⑤ 보드리야르는 [자료 1]의 설문 조사 결과를 보고 실제 상품과 광고 속 캐릭터 간의 경계가, [자료 2]의 각국 미술관에서는 일상 사물과 예술 작품 간의 경계가 내파된 현상이 일어났다고 보겠군.

해설 (나)의 2문단에서 내파란 무한히 증식하여 재생산된 시뮬라크르들이 원래 실재를 지시하던 기능과 가치를 잃어버려 실재와 시뮬라크르 사이의 경계가 붕괴되는 것을 의미한다고 하였다. 그리고 3문단에서는 보드리야르에 의하면 예술가가 전시장에 일상적 사물을 두고 예술을 논하는 등 모든 것이 미학적인 것이 될 때, 예술 그 자체가 내파되어 사라진 상태가 된다고 하였다. 이러한 관점에서 보드리야르는 〈보기〉의 [자료 1]의 설문 조사 결과에서 '최종 캐릭터'가 실제 상품보다 사랑받는 인기 캐릭터가 된 것은 최종 캐릭터가 광고에서 반복되면서 실제 상품보다 더 실재적이고 우월한 초과실재가 되어 실재와 시뮬라크르 사이의 경계가 내파된 현상이 일어난 것이고, [자료 2]의 각국 미술관에서 예술가들이 깃발, 책상 등을 그대로 전시하고 예술을 논하는 현상은 일상 사물과 예술 작품 간의 경계가 내파된 현상이 일어난 것으로 볼 것이다.

---

05 특정 정보의 추론 정답 ⑤

선택률	① 5%	② 19%	③ 8%	④ 3%	⑤ 65%

㉮ = "예술은 너무 많기 때문에 극도로 보잘것없는 것이다."
㉮와 ㉯에 담긴 의미를 추론한 내용으로 가장 적절한 것은?
㉯ = "예술은 모방이 아니라 반복할 뿐이다."

정답 풀이

⑤ ㉮에는 반복을 통해 위계적 질서에서 벗어난 예술에 대한 긍정적 태도가, ㉯에는 증식을 통해 그 어떤 것도 아름답거나 추하지 않게 된 예술에 대한 부정적 태도가 담겨 있다.

해설 (가)의 4문단에서 들뢰즈는 플라톤과 달리 시뮬라크르는 주체의 판단과 상관없이 독립된 존재로서, 시뮬라크르가 지닌 원본과 사본의 우위를 부정하는 힘이 반복을 통해 실현된다고 보았으며, 이러한 시뮬라크르를 긍정하였음을 알 수 있다. 즉 ㉮에는 반복을 통해 위계적 질서에서 벗어난 예술에 대한 들뢰즈의 긍정적 태도가 담겨 있다고 볼 수 있다. 한편 (나)의 3문단에서 보드리야르는 예술 작품이 시뮬라시옹 현상에 의해 도처에서 증식하면서 예술이 가지고 있던 미적 가치가 사라지고 있다고 비판하며, 모든 것이 미학적인 것이 될 때, 그 어떤 것도 더 이상 아름답거나 추하지 않게 된다고 보았음을 알 수 있다. 즉 ㉯에는 증식을 통해 그 어떤 것도 아름답거나 추하지 않게 된 예술에 대한 보드리야르의 부정적 태도가 담겨 있다고 볼 수 있다.

오답 풀이

① ㉮에는 예술 작품이 사물 그 자체로서 존재 가치를 보존하는 방법이, ㉯에는 예술 작품이 예술로서 미적 가치를 선택하는 방법이 담겨 있다.

해설 들뢰즈는 예술은 반복을 통해 주체의 판단과 상관없이 독립된 존재로서 존재 가치를 보존한다고 보았으므로 ㉮에는 예술 작품이 사물 그 자체로서 존재 가치를 보존하는 방법이 담겨 있다고 볼 수 있다. 그러나 보드리야르는 오늘날 예술 작품이 시뮬라시옹 현상에 의해 도처에서 증식하면서 예술이 가지고 있던 미적 가치가 사라지고 있다고 비판하였으므로 ㉯에 예술 작품이 예술로서 미적 가치를 선택하는 방법이 담겨 있다고 볼 수 없다.

② ㉮에는 예술 작품을 사본의 사본으로 평가하는 입장에 대한 수용이, ㉯에는 모든 것이 미학적인 것이 되는 현상에 대한 비판이 담겨 있다.

해설 보드리야르는 오늘날 예술 작품이 시뮬라시옹 현상에 의해 도처에서 증식하면서 예술이 가지고 있던 미적 가치가 사라지고 있다고 비판하며, 모든 것이 미학적인 것이 될 때, 그 어떤 것도 더 이상 아름답거나 추하지 않게 된다고 하였으므로 ㉯에는 모든 것이 미학적인 것이 되는 현상에 대한 비판이 담겨 있다고 볼 수 있다. 그러나 들뢰즈는 반복을 통해 예술 작품이 사물 그 자체로서 존재 가치를 보존한다고 보았으므로 ㉮에 예술 작품을 사본의 사본으로 평가하는 입장에 대한 수용이 담겨 있다고 볼 수 없다.

③ ㉮에는 반복이 실현된 예술 작품은 본질에서 멀어진다는 의미가, ㉯에는 미적인 것과 비미적인 것의 변별성이 사라졌다는 의미가 담겨 있다.

해설 보드리야르는 오늘날 예술 작품이 시뮬라시옹 현상에 의해 도처에서 증식하면서 예술이 가지고 있던 미적 가치가 사라지고 있다고 비판하며, 미적인 것은 비미적인 것과의 변별성을 잃고 내파되어 사라지고 있다고 하였으므로 ㉯에는 미적인 것과 비미적인 것의 변별성이 사라졌다는 의미가 담겨 있다고 볼 수 있다. 그러나 들뢰즈는 예술은 반복을 통해 주체의 판단과 상관없이 독립된 존재로서 존재 가치를 보존한다고 보았으므로 ㉮에 반복이 실현된 예술 작품은 본질에서 멀어진다는 의미가 담겨 있다고 볼 수 없다.

④ ㉮에는 예술 작품을 주체의 판단에서 독립된 존재로 만들지 못하는 예술가의 한계가, ㉯에는 예술 자체를 부정하지 못하는 예술가의 한계가 담겨 있다.

해설 들뢰즈는 예술은 반복을 통해 주체의 판단과 상관없이 독립된 존재로서 존재 가치를 보존한다고 보았으므로 ㉮에는 예술 작품을 주체의 판단에서 독립된 존재로 만들지 못하는 예술가의 한계가 담겨 있다고 볼 수 없다. 또한 보드리야르는 오늘날 예술 작품이 시뮬라시옹 현상에 의해 도처에서 증식하면서 예술이 가지고 있던 미적 가치가 사라지고, 예술 그 자체가 내파되어 사라지는 상태가 되는 것을 비판하였으므로 ㉯에는 예술 자체를 부정하지 못하는 예술가의 한계가 담겨 있다고 볼 수 없다.

선택률	① 92%	② 2%	③ 2%	④ 2%	⑤ 2%

문맥상 ⓐ의 의미와 가장 가까운 것은?
　　　　= 말한다

정답 풀이

① 사람들은 흔히 내 글을 관념적이라고 <u>말한다</u>.

해설 ⓐ와 ①에서 '말하다'는 '평가하거나 논하다.'라는 의미로 사용되었다.

오답 풀이

② 청중들에게 자신의 감정을 <u>말하는</u> 일은 매우 어렵다.

해설 이 선택지에서는 '생각이나 느낌 따위를 말로 나타내다.'라는 의미로 사용되었다.

③ 힘센 걸로 <u>말하면</u> 우리 아버지를 따라갈 사람이 없다.

해설 이 선택지에서는 '확인·강조'의 뜻을 나타내는 의미로 사용되었다.

④ 경비 아저씨에게 아이가 오면 문을 열어 달라고 <u>말해</u> 두었다.

해설 이 선택지에서는 '무엇을 부탁하다.'라는 의미로 사용되었다.

⑤ 동생에게 끼니를 거르지 말라고 아무리 <u>말해도</u> 듣지를 않는다.

해설 이 선택지에서는 '말리는 뜻으로 타이르거나 꾸짖다.'라는 의미로 사용되었다.

07~12 2022년 3월 고2 전국연합학력평가 　　　본문 121~123쪽

07 ③ 　　**08** ② 　　**09** ② 　　**10** ③ 　　**11** ④ 　　**12** ②

　　　　　　　　　　　◯ 문단별 핵심어 　■★ 중심 문장

(가) 계몽에 대한 아도르노의 입장

1 16~18세기 유럽의 계몽주의는 구시대의 권위에 반대하여 합리적 이성을 통해 인류의 진보를 꾀하려 한 이념이다. 이는 17세기 과학 혁명과 함께 근대의 시작을 알리며, 중세의 어둠에서 벗어난 서구인들에게 이성에 기초한 사회야말로 인류에게 자유와 풍요를 선사할 것이라는 희망을 안겨 주었다. 그러나 아도르노는 "완전히 계몽된 지구에는 재앙의 ⓐ징후만이 빛나고 있다."라고 하며 계몽에 대해 다른 입장을 제시하였다.

2 아도르노는 계몽의 전개를, '자연에 대한 지배'와 '인간에 대한 지배'에서, '인간의 내적 자연에 대한 지배'로 이어지는 과정으로 설명하였다. 첫 번째 단계인 자연에 대한 지배는 인간이 자연의 위협에서 벗어나 자기 보존을 꾀하기 위해 자연을 지배하는 것이다. 뉴

턴에 의해 완성된 근대 과학 혁명은 사람들로 하여금 미신과 환상에서 벗어나 자연에 대한 합리적이고 경험적인 지식을 갖게 하였다. 이를 무기로 인간은 지배와 피지배라는 사회적 관계를 공고히 하여 자연에 맞서는 집단적 힘을 키움으로써 자연을 지배할 수 있게 되었다.

3 그런데 사회적 지배 양식이 강화되면서 계몽의 두 번째 단계인 인간에 대한 지배로 이어진다. 이 과정에서 이성은 사물의 본질을 인식하는 본연의 기능에서 벗어나, 인간과 자연을 지배하기 위한 도구적 이성으로 변질된다. 이는 합리성이라는 ⓑ미명 아래 오로지 목적 달성을 위한 도구로 사용되는 이성이라 할 수 있다. 사회 전체가 도구적 이성에 의해 총체적으로 관리되면서, 개인은 자율성과 비판적 사유 능력을 상실한 채 목적 달성을 위한 수단으로 전락하였다. 그 결과 사회는 점차 전체를 위해 개인의 자유와 권리를 억압하는 전체주의적 경향을 띠게 되었다.

4 자연과 인간 사회의 지배자가 된 인간은, 계몽의 마지막 단계로 인간의 내적 자연마저 지배하게 된다. 내적 자연이란, 감정이나 욕망과 같이 인간의 내면에 있는 자연적 요소를 말한다. 이는 비합리적일 뿐만 아니라 목적 달성의 방해 요소라고 여겨졌으므로 사회적으로 통제 가능한 합리적 주체가 되기 위해 인간은 스스로 내적 자연을 억압해야만 했다. 역설적이게도 자연에 대한 폭력적 지배가 인간 스스로에 대한 폭력적 지배로 ⓒ귀결된 것이다. 그로 인해 인간은 존재의 허무감이나 자기 소외로 인한 불안과 절망을 감당해야 했다. 아도르노는 『오디세이아』에 나오는 세이렌의 일화를 계몽의 전개 과정이 집약적으로 드러난 알레고리*로 보고 그 과정을 설명하였다.

5 이처럼 아도르노는 근대 문명이 파국으로 치닫게 된 원인을 계몽의 전개 과정, 즉 인간의 자기 보존에서 시작되어 자연에 대한 지배와 인간의 내적 자연에 대한 지배로까지 이어진 결과로 보았다. 특히 인간의 자율성을 억압하는 전체주의, 히틀러에 의한 나치즘과 유대인 학살은, 지배 논리로 전화(轉化)*된 근대 이성이 얼마나 폭력적이고 비합리적일 수 있는지 단적으로 보여 준다. 이러한 관점에서 아도르노는 ㉠"이성의 차가운 빛 아래 새로운 야만의 싹이 자라난다."라며 애도하였다.

*알레고리: A를 말하기 위해 B를 사용하여 그 유사성을 적절히 암시하면서 A를 상징적으로 나타내는 방법.
*전화: 질적으로 바뀌어서 달리 됨.

(나) 표현주의

1 고대의 신화, 그리고 중세의 신 중심의 사고에서 벗어난 근대 서구인들에게 이성은 인류를 구원할 빛이자 진리였다. 그러나 이성을 ⓓ맹신한 결과 전쟁의 비극과 물질문명의 병폐를 경험한 유럽인들은, 이성에 대한 깊은 회의감과 함께 인간의 실존 문제에 관심을 갖게 되었다. 특히 전쟁의 소용돌이 한가운데 있던 독일의 젊은 예술가들은 사회·정치적 긴장 상태에 항거하며, 그동안 근대 이성의 그늘에 가려 소외되어 왔던 인간의 내면을 회화를 통해 분출하고자 하였는데, 이러한 예술 운동을 표현주의라고 부른다.

2 표현주의는 한마디로 '감정을 표현한다.'라는 의미이다. 기존의 사실주의 회화가 대상을 있는 그대로 표현하려고 한 반면, 표현주의 회화는 눈에 보이는 대상의 모습이 아닌 작가의 감정이나 내면 등을 표현하려고 하였다. 표현주의 화가인 마티스는 『화가 노트』에서 "회화는 결국 표현이다."라고 주장하면서, 표현이 눈으로 본 것을 눈에 전달하는 것이 아니라 마음으로 느낀 것을 마음에 전달하는 수단임을 강조하였다. 이는 회화의 기본 목적이 대상을 사실적으로 재현하는 것이라는 전통적 규범을 거부하였다는 점에서 아방가르드* 운동의 일종이라 할 수 있다.

3 표현주의는 화가의 감정을 표현하는 데 중점을 두기 때문에 대상의 색이나 형태가 왜곡되어 나타난다는 특징이 있다. 특히 색의 경우, 각각의 색감이 주는 주관적 느낌을 통해 작가가 느끼는 감정이나 감각을 표현하려 하였다. 따라서 표현주의 작품에서는 사물이 갖는 고유한 색은 무시된 채 내면을 드러내기 위해 작가가 자의적으로 선택한 색이 사용되었다. 또한 순간적으로 분출되는 강렬한 감정을 포착하는 과정에서, 다소 과장되고 거친 붓놀림이 특징적으로 나타났다. 이러한 방법을 통해 표현주의는 전쟁 이후 사회의 불안감이나 인간의 근원적 고통을 화폭에 담아내었다.

4 표현주의는 ⓔ도외시되어 온 인간의 감정을 표현하려 했다는 점에서, 회화의 영역을 대상의 외면에 국한하지 않고 인간의 내면까지 확장시킨 운동으로 평가받았다. 이는 훗날 선이나 형, 색 등의 조형 요소를 통해 작가의 감정을 표현하는 현대 추상 미술이 등장하는 기반이 되었다.

＊**아방가르드**: 기성의 예술 관념이나 형식을 부정하고 혁신적 예술을 주장한 예술 운동.

지식을 쌓는 **배경지식**

계몽주의와 관련된 철학자들의 견해

① 몽테스키외
- 삼권 분립: 정부의 권한인 입법, 행정, 사법권을 분산시켜 균형을 잡아야 한다고 주장함.

② 볼테르
- "이성을 따르지 않는 믿음을 버려라!": 나쁜 풍습과 잘못된 믿음, 사회의 불합리를 비판하고, 본래의 믿음을 벗어난 가톨릭교회를 지적함.

③ 루소
- "자연으로 돌아가라!": 사람은 나면서부터 자유롭고 평등한 존재인데 사람들이 만든 법률, 제도, 문명 등이 사람을 타락시키고 사회의 불행을 만든다고 보고, 다시 참된 인간의 모습을 발견하여야 한다고 주장함.

표현주의 미술의 대표적인 유파

① 야수파 - 마티스, 블라맹크, 루오 등
- 프랑스의 야수파는 내면의 감정을 표현하기 위해 강렬한 원색을 사용하고 형태를 주관적으로 변형함.

② 다리파 - 키르히너, 놀데 등
- 독일의 다리파는 극도로 왜곡된 형태와 색채의 부조화를 통해 사회 현상을 비판적으로 그림.

③ 청기사파 - 칸딘스키, 마르크, 클레 등
- 독일의 청기사파는 미술에 정신적 가치를 담고자 했으며, 단순하고 추상적인 표현을 통해 내적 표현의 자유를 표방함.

지문 분석하기

|지문 구조|

(가)

1 유럽 계몽주의와 이에 대한 아도르노의 입장
↓
2 계몽의 전개 과정 ① – 자연에 대한 지배
↓
3 계몽의 전개 과정 ② – 인간에 대한 지배
↓
4 계몽의 전개 과정 ③ – 인간의 내적 자연에 대한 지배
↓
5 계몽에 대한 아도르노의 비판적 견해

|주제| 계몽에 대한 아도르노의 비판적 견해

(나)

1 표현주의의 등장 배경
↓
2 표현주의의 의미와 성격
↓
3 표현주의 회화의 특징
↓
4 표현주의의 의의

|주제| 표현주의의 성격과 특징에 대한 이해

(가)

유럽의 계몽주의	← 비판	아도르노
• 16~18세기에 합리적 이성을 통해 인류의 진보를 꾀하려 한 이념		• 근대 문명이 파국으로 치닫게 된 원인을 계몽의 전개 과정이 이어진 결과로 봄. • 지배 논리로 전화된 근대 이성의 폭력성과 비합리성을 비판함.

아도르노가 본 계몽의 전개 과정

자연에 대한 지배	→	인간에 대한 지배	→	인간의 내적 자연에 대한 지배
• 인간이 자연의 위협에서 벗어나 자기 보존을 꾀하기 위해 자연을 지배하는 것 • 자연에 대한 합리적이고 경험적인 지식을 갖게 된 인간이 지배와 피지배라는 사회적 관계를 공고히 하여 자연에 맞서는 집단적 힘을 키움.		• 이성이 인간과 자연을 지배하기 위한 도구적 이성으로 변질됨. • 사회 전체가 도구적 이성에 의해 관리되면서, 개인은 자율성과 비판적 사유 능력을 상실한 채 목적 달성을 위한 수단으로 전락함. • 사회는 전체주의적 경향을 띠게 됨.		• 감정이나 욕망과 같이 인간의 내면에 있는 자연적 요소인 내적 자연을 비합리적일 뿐만 아니라 목적 달성의 방해 요소라고 여겨 억압함. • 인간은 존재의 허무감이나 자기 소외로 인한 불안과 절망을 감당해야 하게 됨.

(나)

사실주의	↔ 대조	표현주의
• 대상을 있는 그대로 표현하려고 함. • 대상을 사실적으로 재현하는 것이 회화의 기본 목적임.		• 근대 이성의 그늘에 가려 소외되어 왔던 인간의 내면을 회화를 통해 분출하고자 한 예술 운동 • 눈에 보이는 대상의 모습이 아닌 작가의 감정이나 내면 등을 표현하려고 함. • 전통적 규범을 거부하였다는 점에서 아방가르드 운동의 일종임.

표현주의 회화의 특징	표현주의의 의의
• 대상의 색이나 형태가 왜곡되어 나타남. • 순간적으로 분출되는 강렬한 감정을 포착하는 과정에서, 과장되고 거친 붓놀림이 나타남. ⇒ 전쟁 이후 사회의 불안감, 인간의 근원적 고통을 화폭에 담아냄.	• 회화의 영역을 인간의 내면까지 확장시킴. • 현대 추상 미술 등장의 기반이 됨.

---

07 글의 전개 방식 파악 정답 ③

선택률	① 4%	② 10%	③ 62%	④ 22%	⑤ 2%

(가)와 (나)의 공통점으로 가장 적절한 것은?

정답 풀이

③ 근대 사회의 부정적인 측면에 대한 비판적인 입장을 제시하고 있다.

해설 (가)는 인간의 자율성을 억압하는 근대 이성의 폭력성과 비합리성을 비판적으로 분석한 아도르노의 입장을, (나)는 근대 이성을 맹신한 결과로 전쟁과 물질문명의 병폐를 경험한 유럽의 젊은 예술가들이 근대 이성에 대한 회의감을 바탕으로 기존과 달리 인간의 내면을 표현하고자 하여 등장한 표현주의를 소개하고 있다. 즉 (가)와 (나)는 모두 근대 사회의 부정적인 측면에 대한 비판적인 입장을 제시하고 있다.

오답 풀이

① 근대 사회에 내재된 여러 문제와 이의 해결 방안을 분석하고 있다.

해설 (가)와 (나)는 모두 근대 사회의 부정적인 측면에 대한 비판적 입장을 제시하고 있으므로 근대 사회에 내재된 여러 문제는 제시되어 있다. 그러나 그에 대한 해결 방안을 분석하고 있지는 않다.

② 근대 사회가 발전하게 된 과정을 예술적 관점에서 고찰하고 있다.

해설 (가)와 (나)는 모두 근대 사회의 부정적인 측면에 대한 비판적 입장을 제시한 글로, 근대 사회가 발전하게 된 과정을 예술적 관점에서 고찰하고 있지 않다.

④ 근대 사회의 특성을 상반된 관점에서 분석한 두 이론을 소개하고 있다.

해설 (가)와 (나)는 모두 근대 사회의 특성을 상반된 관점에서 분석한 두 이론을 제시하고 있지 않다.

🦉 선택지 속 함정

④를 정답으로 골랐다면 (가)의 아도르노의 견해와 (나)의 표현주의를 근대 사회의 특성을 상반된 관점에서 분석한 두 이론이라고 생각했을 수 있어. 이 문제는 (가)와 (나)의 공통점을 찾는 문제이므로 (가)와 (나)의 관계를 찾는 것으로 헷갈리면 안 돼. 또한 (가)와 (나)가 서로 상반된 관점의 관계에 있는 것도 아니야. ④가 적절한 선택지가 되려면 (가)에도 상반된 관점의 두 이론이 등장하고, (나)에도 상반된 관점의 두 이론이 등장해야 하지.

⑤ 근대 사회의 과학 혁명을 이어 가기 위한 당시 사람들의 노력을 설명하고 있다.

해설 (가)에는 근대 사회의 과학 혁명에 대한 내용이 제시되어 있지만, 과학 혁명을 이어 가기 위한 당시 사람들의 노력을 설명하고 있지는 않다. (나)에는 과학 혁명에 대한 내용이 제시되어 있지 않다.

---

08 특정 정보의 추론 정답 ②

선택률	① 6%	② 80%	③ 4%	④ 3%	⑤ 7%

㉠과 같이 말한 의도로 가장 적절한 것은?

= "이성의 차가운 빛 아래 새로운 야만의 싹이 자라난다."

정답 풀이

② 인류의 진보를 지향했던 계몽주의가 인류의 자율성을 억압하는 방향으로 역행한 것을 경고하고 있다.

해설 유럽의 계몽주의는 합리적 이성을 통해 인류의 진보를 꾀하려 한 이념이다. 그러나 아도르노는 계몽의 전개 과정의 결과, 지배 논리로 전화되어 폭력적이고 비합리적인 모습이 된 근대 이성에 대해 비판적으로 바라보았다. 즉 "이성의 차가운 빛 아래 새로운 야만의 싹이 자라난다."에서 '야만의 싹'이란 이성이 도구적 이성으로 전락함에 따라 인간이 인간을 폭력적으로 지배하고 자율성을 억압하는 것을 비유한 표현으로 볼 수 있다. 따라서 아도르노가 ㉠과 같이 말한 의도는 인류의 진보를 지향했던 계몽주의가 인류의 자율성을 억압하는 방향으로 역행한 것을 경고하려 한 것이다.

① 계몽에 대한 반작용으로 다시 자연으로 회귀하려는 사회적 움직임을 옹호하고 있다.

해설 계몽에 대한 반작용으로 다시 자연으로 회귀하려는 사회적 움직임은 언급되어 있지 않다.

③ 신화적 상상력을 기반으로 인간이 자연을 지배하는 과정에서 이성의 힘이 약화되는 것을 우려하고 있다.

해설 아도르노는 근대 과학 혁명으로 사람들이 자연에 대한 합리적이고 경험적인 지식을 갖게 되면서 이를 이용해 자연을 지배할 수 있게 되었다고 설명하였다. 즉 아도르노는 인간이 자연을 지배하는 과정이 신화적 상상력을 기반으로 한다고 보지 않았으며, 이 과정에서 이성의 힘이 약화되는 것을 우려하지도 않았다.

④ 인간 소외 문제를 해결해야 한다는 사회적 요구를 반영하여 인간의 집단적 힘이 필요함을 제안하고 있다.

해설 아도르노는 인간의 자율성을 억압하는 전체주의를 근거로 들며 인간이 인간을 폭력적으로 지배하는 것을 비판하고 있으므로, 인간의 집단적 힘이 필요함을 제안하고 있는 것이 아니다.

⑤ 근대 문명의 추악한 현실을 극복하기 위해 인간의 자기 보존에 대한 욕망을 회복해야 함을 강조하고 있다.

해설 아도르노는 근대 문명이 파국으로 치닫게 된 원인을 계몽의 전개 과정, 즉 인간의 자기 보존에서 시작되어 자연에 대한 지배와 인간의 내적 자연에 대한 지배로까지 이어진 결과로 보았다. 따라서 아도르노가 인간의 자기 보존에 대한 욕망을 회복해야 함을 강조하고 있다고 볼 수 없다.

09 구체적 상황에 적용 정답 ②

선택률	① 4%	② 81%	③ 7%	④ 5%	⑤ 3%

(가)의 내용을 고려할 때 〈보기〉의 Ⓐ, Ⓑ에 해당하는 단계로 가장 적절한 것은?

보기

아도르노는 인간을 유혹해 제물로 삼는 세이렌을 자연의 위협으로 보고, 오디세우스가 여기에서 벗어나는 과정을 계몽의 전개 과정과 연계하여 설명하였다.

세이렌의 일화

바다 요정 세이렌은 섬을 지나는 사람들을 아름다운 노랫소리
└ 인간을 위협하는 자연을 상징함.
로 유혹해 제물로 삼는다. 세이렌의 유혹에 빠지지 않고 섬을 지
└ 목적
나기 위해 Ⓐ오디세우스는 부하들의 귀를 밀랍으로 막아 아무 소
└ 목적 달성을 위해 개인의 자율성과 비판적 사유 능력을 상실시킴.
리도 듣지 못하게 만들고, 노를 저어 섬을 지나갈 것을 지시한다.
그리고 Ⓑ아름다운 노랫소리의 유혹에 빠지려는 욕망을 스스로
└ 스스로 내적 자연을 억압함.
억압하기 위해 돛대에 자신의 몸을 묶어 움직이지 못하게 한다.
세이렌의 섬을 지날 때 노랫소리가 들려오자 오디세우스는 이성을 잃고 풀어 달라고 애원하지만, 부하들은 아무 소리도 듣지 못한 채 힘차게 노를 저어 무사히 섬을 지나간다.

	Ⓐ	Ⓑ
②	인간에 대한 지배	내적 자연에 대한 지배

해설 〈보기〉의 Ⓐ에서 오디세우스는 세이렌의 유혹에 빠지지 않고 섬을 무사히 지나는 목적을 달성하기 위해 부하들의 귀를 밀랍으로 막아 아무 소리도 듣지 못하게 만든다. 이는 목적 달성을 위해 부하들 개개인의 자율성과 비판적 사유 능력을 억압한 것으로, 그 결과 부하들이 오로지 목적 달성을 위한 수단으로 전락했다는 점에서 '인간에 대한 지배' 단계에 해당한다. 한편 Ⓑ에서 오디세우스는 세이렌의 노랫소리의 유혹에 빠지려는 욕망을 스스로 억압하기 위해 돛대에 자신의 몸을 묶어 움직이지 못하게 한다. 이는 인간이 자신의 욕망과 감정을 스스로 억압한 것이므로 '내적 자연에 대한 지배' 단계에 해당한다.

①	인간에 대한 지배	자연에 대한 지배
		└ 내적 자연에 대한 지배
③	내적 자연에 대한 지배	인간에 대한 지배
	└ 인간에 대한 지배	└ 내적 자연에 대한 지배
④	내적 자연에 대한 지배	자연에 대한 지배
	└ 인간에 대한 지배	└ 내적 자연에 대한 지배
⑤	자연에 대한 지배	인간에 대한 지배
	└ 인간에 대한 지배	└ 내적 자연에 대한 지배

10 세부 정보의 파악 정답 ③

선택률	① 2%	② 2%	③ 88%	④ 2%	⑤ 6%

(나)에서 알 수 있는 내용으로 적절하지 않은 것은?

③ 마티스에 의하면 표현의 의미는 눈으로 본 것을 눈에 전달하는 수단이라 할
└ 마음으로 느낀 것을 마음에
수 있다.

해설 (나)의 2문단에서 마티스는 표현이 눈으로 본 것을 눈에 전달하는 것이 아니라 마음으로 느낀 것을 마음에 전달하는 수단임을 강조하였다고 하였다. 즉 마티스에 의하면 표현의 의미는 눈으로 본 것을 눈에 전달하는 수단이 아니라 마음으로 느낀 것을 마음에 전달하는 수단이라 할 수 있다.

① 근대 이성에 회의를 느낀 유럽인들은 인간 실존의 문제에 관심을 갖게 되었다.

해설 (나)의 1문단에서 이성을 맹신한 결과 전쟁의 비극과 물질문명의 병폐를 경험한 유럽인들은, 이성에 대한 깊은 회의감과 함께 인간의 실존 문제에 관심을 갖게 되었다고 하였다.

② 표현주의는 전쟁을 경험한 독일의 젊은 예술가들을 중심으로 등장한 예술 운동이다.

해설 (나)의 1문단에서 독일의 젊은 예술가들은 사회·정치적 긴장 상태에 항거하며, 그동안 근대 이성의 그늘에 가려 소외되어 왔던 인간의 내면을 회화를 통해 분출하고자 하였는데, 이러한 예술 운동을 표현주의라고 부른다고 하였다.

④ 표현주의는 대상의 외면에만 국한하지 않고 인간의 감정까지 다루었다는 평가를 받는다.

해설 (나)의 4문단에서 표현주의는 회화의 영역을 대상의 외면에 국한하지 않고 인간의 내면까지 확장시킨 운동으로 평가받았다고 하였다.

⑤ 표현주의는 대상을 사실적으로 재현하지 않았다는 점에서 당시 혁신적인 예술 운동이었다.

해설 (나)의 2문단에서 표현주의는 회화의 기본 목적이 대상을 사실적으로 재현하는 것이라는 전통적 규범을 거부하였다는 점에서 아방가르드 운동의 일종이라 할 수 있다고 하였고, 여기서 '아방가르드'란 기성의 예술 관념이나 형식을 부정하고 혁신적 예술을 주장한 예술 운동임을 각주를 통해 알 수 있다. 이를 종합해 보면, 표현주의는 대상을 사실적으로 재현하지 않았다는 점에서 전통적 규범을 거부한, 당시의 혁신적인 예술 운동이었음을 알 수 있다.

| 선택률 | ① 6% | ② 14% | ③ 3% | ④ 76% | ⑤ 1% |

(가)의 '아도르노'와 (나)의 '표현주의'의 관점에서 〈보기〉의 작품을 감상한 내용으로 적절하지 <u>않은</u> 것은? [3점]

보기

표현주의 작가인 뭉크의 작품 「절규」

에서는, 해골의 형상을 한 남자가 공포
　　　　　형태를 왜곡하여 표현
에 가득 찬 표정으로 귀를 틀어막으며 비

명을 지르고 있다. 그 뒤로 핏빛으로 물

든 하늘과 검은색 강물을 꿈틀거리듯 왜
　　　색과 형태를 왜곡하여 표현
곡하여 표현함으로써 존재의 허무감에서
　　　　　　작품에서 표현하고자 한 감정
오는 불안과 고통을 감상자들이 그대로 느낄 수 있도록 하였다.

뭉크, 「절규」

정답 풀이

④ (나): 비명을 지르는 남자의 모습을 회화적 전통에 따라 표현함으로써 감상자도 그 고통을 그대로 느끼게 한 것으로 볼 수 있겠군.

해설 (나)의 2, 3문단에서 표현주의는 대상을 사실적으로 재현하는 회화의 전통적 규범을 거부하고, 대상의 색이나 형태를 왜곡하여 표현함으로써 작가의 감정이나 내면 등을 표현하려고 하였음을 알 수 있다. 〈보기〉의 작품에서 비명을 지르는 남자의 모습은 해골의 형상으로 왜곡되어 표현되어 있으므로, 표현주의의 관점에서 이러한 남자의 모습을 회화적 전통에 따라 표현한 것으로 보지 않을 것이다.

오답 풀이

① (가): 작가가 표현하려고 한 감정은 근대 이성에 의해 억눌려 온 인간의 내적 자연으로 볼 수 있겠군.

해설 (가)의 4문단에서 아도르노는 도구적 이성으로 변질된 근대 이성에 의해 인간은 스스로 내적 자연을 억압해야 했고, 이로 인해 존재의 허무감이나 자기 소외로 인한 불안과 절망을 감당해야 했다고 보았음을 알 수 있다. 〈보기〉의 작품에서 나타내려고 한 감정은 존재의 허무감에서 오는 불안과 고통이므로 아도르노의 관점에서는 이를 근대 이성에 의해 억눌려 온 인간의 내적 자연이라고 볼 수 있다.

② (가): 작가가 전달하는 불안과 고통은 이성이 팽배했던 근대 사회에서 한 개인이 느꼈던 존재의 허무감과 관련이 있다고 볼 수 있겠군.

해설 (가)의 4문단에서 아도르노는 이성에 기초한 계몽의 전개 과정에서 인간은 존재의 허무감이나 자기 소외로 인한 불안과 절망을 감당해야 했다고 보았음을 알 수 있다. 따라서 아도르노의 관점에서는 〈보기〉의 작품에서 작가가 전달하는 불안과 고통이 이성이 팽배했던 근대 사회에서 한 개인이 느꼈던 존재의 허무감과 관련이 있다고 볼 수 있다.

③ (나): 해골 형상과 꿈틀거리는 강물은 작가가 느끼는 공포를 표현하기 위해 의도적으로 형태를 왜곡한 것이라고 볼 수 있겠군.

해설 (나)의 3문단에서 표현주의는 화가의 감정을 표현하는 데 중점을 두기 때문에 대상의 색이나 형태가 왜곡되어 나타난다는 특징이 있다고 하였다. 따라서 표현주의의 관점에서는 〈보기〉의 작품에서 남자의 얼굴이 해골의 형상을 한 것이나 강물이 꿈틀거리는 모습으로 표현된 것은 작가가 느끼는 공포를 표현하기 위해 의도적으로 형태를 왜곡한 것이라고 볼 수 있다.

⑤ (나): 강물의 검은색은 실제 색이라기보다는 작가가 느끼는 고통을 효과적으로 표현하기 위해 자의적으로 선택한 색이 사용된 것으로 볼 수 있겠군.

해설 (나)의 3문단에서 표현주의는 색감이 주는 주관적 느낌을 통해 작가가 느끼는 감정이나 감각을 표현하려 하였으며, 표현주의 작품에서는 사물이 갖는 고유한 색은 무시된 채 내면을 드러내기 위해 작가가 자의적으로 선택한 색이 사용되었다고 하였다. 따라서 표현주의의 관점에서는 〈보기〉의 작품에서 강물의 검은색은 실제 색이라기보다는 작가가 느끼는 고통의 감정을 효과적으로 표현하기 위해 자의적으로 선택한 색이 사용된 것으로 볼 수 있다.

| 12 | 어휘의 사전적 의미 파악 | | | 정답 ② |

| 선택률 | ① 4% | ② 85% | ③ 2% | ④ 5% | ⑤ 4% |

ⓐ～ⓔ의 사전적 의미로 적절하지 <u>않은</u> 것은?

정답 풀이

② ⓑ: 어떤 사실을 자세히 따져서 바로 밝힘.
＝미명

해설 '미명'의 사전적 의미는 '그럴듯하게 내세운 명목이나 명칭.'이다. '어떤 사실을 자세히 따져서 바로 밝힘.'은 '규명'의 사전적 의미이다.

오답 풀이

① ⓐ: 겉으로 나타나는 낌새.
＝징후

해설 '징후'의 사전적 의미는 '겉으로 나타나는 낌새.'이다. '병의 징후가 나타났다.'와 같이 쓰인다.

③ ⓒ: 어떤 결말이나 결과에 이름.
＝귀결

해설 '귀결'의 사전적 의미는 '어떤 결말이나 결과에 이름.'이다. '그 일은 자연스럽게 귀결이 났다.'와 같이 쓰인다.

④ ⓓ: 옳고 그름을 가리지 않고 덮어놓고 믿는 일.
＝맹신

해설 '맹신'의 사전적 의미는 '옳고 그름을 가리지 않고 덮어놓고 믿는 일.'이다. '그의 신념은 맹신에 가깝다.'와 같이 쓰인다.

⑤ ⓔ: 상관하지 아니하거나 무시함.
＝도외시

해설 '도외시'의 사전적 의미는 '상관하지 아니하거나 무시함.'이다. '현실을 도외시한 절차이다.'와 같이 쓰인다.

01~06 2021년 9월 고2 전국연합학력평가

본문 124~126쪽

01 ③ **02** ③ **03** ⑤ **04** ② **05** ③ **06** ①

◯ 문단별 핵심어 ★ 중심 문장

(가) 헌법의 특질

1 헌법은 국민의 기본권과 국가의 통치 조직을 규정한 최고의 기본법이다. 헌법의 특질인 최고규범성은 헌법이 국민적 합의에 의해 제정되었기 때문에 인정된다. 헌법의 하위에 있는 법규범들은 헌법으로부터 그 효력을 부여받으며 존속을 보장받으므로, 법률은 헌법에 합치되어야 하며 헌법을 위반하는 내용의 법률은 무효가 된다. 따라서 법률은 헌법에 모순되어서는 안 될 뿐만 아니라 적극적으로 헌법적 가치를 실현하여야 한다.

2 헌법의 최고규범성에도 불구하고 헌법은 규범 체계상 하위에 있는 법규범들과는 달리 스스로를 보장하지 않으면 안 된다. 다른 법규범들에는 상위의 법규범인 헌법이 있을 뿐만 아니라 국가 권력이라는 절대적인 강제 수단이 있어 그 효력이 보장되지만 헌법은 그렇지 못하다. 즉 헌법은 국가 권력이 그 효력을 부정하거나 침해할 수 없도록 헌법재판제도와 같은 장치를 스스로 마련하여 지니고 있다는 점에서 다른 법규범과는 상이한 특징을 갖는데, 이것이 바로 헌법의 '자기보장성'이다. 그러나 헌법재판은 일반 소송과 달리 국가 기관이 그 재판 결과를 ㉠따르지 않아도 이를 강제적으로 따르게 할 수 없는 한계가 있다. 헌법재판소의 결정은 국가 권력을 포함한 헌법의 적용을 받는 모든 대상들이 이를 존중하는 조건하에 실현된다. 예를 들면, 대여금 지급 소송에서 돈을 빌려준 사람이 이기는 경우 그 사람은 법원의 도움을 얻어 돈을 빌린 사람이 가지고 있는 재산을 강제로 팔아 빌려준 돈을 받을 수 있다. 하지만 헌법재판의 경우에는 어떠한 법률 조항에 대하여 헌법에 합치하지 아니하다며 입법자에게 개선 입법을 촉구하여도 입법부가 이를 따르지 않을 경우 헌법재판소가 입법부로 하여금 강제로 지키게 할 수 있는 수단이 따로 없다. 따라서 헌법의 최고 규범으로서의 효력은 (㉮)에 좌우된다고 할 수 있다.

3 헌법은 서로 다른 사람들 간에 존재하는 공통의 가치를 연결 고리로 하여 국가를 창설해 낸다. 헌법은 국가 내에서 이러한 공통의 가치를 최대한 실현할 수 있도록 갈등을 해결하고, 국가 작용을 체계화하기 위하여 그것을 담당할 기관과 절차를 규정한다. 그러나 헌법은 단순히 국가 작용을 체계화하고 국가 기관을 조직하는 데 그치지 않는다. 더 나아가서 헌법은 국가 작용을 담당하는 기관이 그 권한을 남용하여 오히려 국가가 추구하는 목적인 공통의 가치를 위험에 빠뜨리지 않도록 노력하고 있다. 이러한 헌법의 권력제한성을 통해 헌법은 처음부터 조직적인 측면에서 권력의 악용과 남용의 가능성을 배제하고 있다.

(나) 헌법을 바라보는 여러 관점

1 헌법을 바라보는 여러 관점 중 헌법해석학에 커다란 영향을 미친 헌법관으로는 법실증주의적 헌법관, 결단주의적 헌법관, 통합론적 헌법관을 들 수 있다.

2 법실증주의적 헌법관은 헌법을 국가의 조직과 작용에 관한 근본 규범으로 보는 관점으로, 권력자의 자의적 통치를 배제하고 법규범에 의한 통치를 지향하며 등장하였다. 국가는 강제적 법질서이고, 헌법은 실정 법질서에서의 최상위 규범이며, 국민은 법질서에 복종하는 존재라는 것이 법실증주의자들의 인식이었다. **법실증주의 헌법학자**들은 존재적 요소인 도덕·자연법 등을 배제하고 당위를 헌법학의 연구 대상으로 규정함으로써, 법학의 정확성과 엄격성, 법적 안정성 확보에 기여하였다. 그러나 법실증주의는 산업화, 다원화에 따라 변화하는 사회와 그에 따라 변화된 헌법을 이론적으로 설명하기 어려웠고, 정해진 법규범을 지나치게 강조하여 실정법 만능주의라는 비판을 받았다.

3 결단주의적 헌법관은 헌법을 헌법제정권력의 근본적 결단으로 보는 관점으로, 주권자인 헌법제정권력자의 의지를 강조하였다. 헌법은 내용적으로 올바르기 때문에 효력을 가지는 것이 아니라, 정치적 의지의 힘을 가진 자, 곧 헌법제정권력자의 의사에 의하여 정립되었기 때문에 정당성을 가진다고 보았다. 결단주의적 헌법관은 정치세력들의 일정한 타협의 결과, 즉 정치 결단적 요소를 인정하며 헌법의 현실적 배경을 설득력 있게 정리하였다. 그러나 헌법의 규범성을 경시하고 현실적 영향력만을 강조하여 국가를 권력 투쟁의 장이 되게 하고, 독재자의 결단이 곧 국민의 의사라는 논리로 권위주의적 독재 국가의 등장에 이론적 근거를 제공하였다는 비판을 받았다.

4 통합론적 헌법관은 헌법을 국가 통합을 위한 법질서로 보는 관점으로, 국가를 완전한 통일체로 보지 않고 지속적인 갱신의 과정으로 보았다. **통합론적 헌법학자**들은 적대적 정치세력으로 분열된 국가를 새로운 통일체로 형성하기 위한 도구로 헌법을 인식하며,

헌법이란 공감대적인 가치를 바탕으로 (국가의 통합)을 실현하고 촉진하기 위한 것이라고 보았다. 통합론적 헌법관은 헌법을 완성물이 아닌 하나의 과정으로 바라보며 오늘날의 민주주의적 상황과 다원적 산업 사회의 현실을 효과적으로 설명하였다. 그러나 통합의 중요성을 지나치게 강조한 나머지 헌법의 규범성을 소홀히 하고, (통합 과정)을 너무 조화롭게만 보아 갈등의 요소를 경시했다는 비판을 받았다.

⁵ 헌법이란 어느 한 요소에만 환원시킬 수 없는 국가라는 현상의 기본 질서이므로, (헌법의 본질)을 설명하기 위해서는 (복합적)인 요소들을 (종합적)으로 고찰하여야 한다. 따라서 헌법의 효력이나 헌법의 해석이 문제되는 경우에는 세 가지 헌법관을 함께 생각할 수 있는 자세가 필요하다.

통합론적 헌법관의 의의
통합론적 헌법관에 대한 비판
법실증주의적 헌법관, 결단주의적 헌법관, 통합론적 헌법관

지식을 쌓는 **배경지식**

국민의 기본권

① 기본권의 개념
· 헌법에 의해 보장되는 국민의 기본적 권리

② 기본권의 분류
· 평등권 : 모든 국민이 사회적 신분이나 성별, 종교에 상관없이 법 앞에서 차별을 받지 않을 권리
· 자유권 : 국가 권력의 간섭을 받지 않고 자유롭게 행동할 수 있는 권리
· 참정권 : 국민이 국가의 의사 결정에 참여할 수 있는 권리
· 청구권 : 국민의 권리가 침해당했을 때 국가에 그 구제를 요구할 수 있는 권리
· 사회권 : 국가에 대하여 인간으로서 누려야 할 최소한의 생활의 보장을 요구할 수 있는 권리

우리 헌법의 기본 원리
· 국민 주권주의 : 국가의 최고 의사를 결정하는 주권이 국민에게 있다는 원리
· 자유 민주주의 : 국가 권력의 지배로부터 국민 개개인의 자유를 보장하고, 국가 권력의 정당성이 국민의 정치적 동의와 합의에 의해 도출된다는 원리
· 복지 국가주의 : 국가에 국민 복지에 대한 책임을 부여하고, 국민의 인간다운 생활을 할 권리를 보장하는 원리
· 평화 통일 추구의 원리 : 남북통일이 우리나라의 주요 과제이자 민족의 역사적 사명임을 명시한 원리
· 국제 평화주의 : 국제 질서를 존중하고, 세계 평화와 인류의 번영을 위해 노력한다는 원리
· 문화 국가의 원리 : 국가는 문화를 보호하고 개인의 문화적 자유와 자율을 보장함으로써 문화의 발전을 지향해야 한다는 원리

지문 분석하기

|지문 구조|

(가)

1 헌법의 특질 ① → **2** 헌법의 특질 ② → **3** 헌법의 특질 ③
  – 최고규범성   – 자기보장성   – 권력제한성

|주제| 헌법의 세 가지 특질에 대한 이해

(나)

1 헌법해석학에 영향을 미친 세 가지 헌법관
↓
2 법실증주의적 헌법관과 이에 대한 비판 ↔ **3** 결단주의적 헌법관과 이에 대한 비판 ↔ **4** 통합론적 헌법관과 이에 대한 비판
↓
5 헌법의 본질을 설명하기 위해 필요한 자세

|주제| 헌법해석학에 영향을 미친 세 가지 헌법관에 대한 이해

한컷 정리하기

(가)

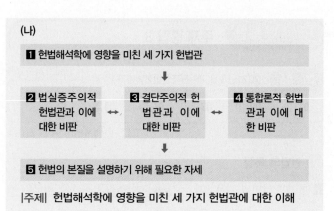

헌법
· 국민의 기본권과 국가의 통치 조직을 규정한 최고의 기본법

특질 3가지

최고규범성	자기보장성	권력제한성
· 헌법은 국민적 합의에 의해 제정되었기 때문에 최고의 기본법으로 인정됨. · 법규범들은 헌법으로부터 그 효력을 부여받으며 존속을 보장받으므로, 법률은 헌법에 합치되어야 하며 헌법을 위반하는 내용의 법률은 무효가 됨. · 법률은 헌법에 모순되어서는 안 되며, 적극적으로 헌법적 가치를 실현해야 함.	· 헌법은 국가 권력이 그 효력을 부정하거나 침해할 수 없도록 헌법재판제도와 같은 장치를 스스로 마련하여 지니고 있음. · 헌법재판은 국가 기관이 그 재판 결과를 따르지 않아도 이를 강제적으로 따르게 할 수 없는 한계가 있음. · 헌법의 최고 규범으로서의 효력은 헌법의 내용을 실현하고자 하는 구성원들의 의지에 좌우됨.	· 헌법은 국가 작용을 담당하는 기관이 그 권한을 남용하여 국가가 추구하는 목적인 공통의 가치를 위험에 빠뜨리지 않도록 함. · 헌법은 조직적인 측면에서 권력의 악용과 남용의 가능성을 배제하고 있음.

(나)

헌법해석학에 영향을 미친 세 가지 헌법관

법실증주의적 헌법관	결단주의적 헌법관	통합론적 헌법관
· 헌법을 국가의 조직과 작용에 관한 근본 규범으로 보는 관점 · 권력자의 자의적 통치를 배제하고 법규범에 의한 통치를 지향함. · 법학의 정확성, 엄격성, 법적 안정성 확보에 기여함.	· 헌법을 헌법제정권력의 근본적 결단으로 보는 관점 · 주권자인 헌법제정권력자의 의지를 강조함. · 정치 결단적 요소를 인정하며 헌법의 현실적 배경을 설득력 있게 정리함.	· 헌법을 국가 통합을 위한 법질서로 보는 관점 · 국가를 지속적인 갱신의 과정으로 봄. · 헌법을 하나의 과정으로 바라보며 민주주의적 상황과 다원적 산업 사회의 현실을 효과적으로 설명함.
비판	비판	비판
· 산업화, 다원화에 따라 변화하는 사회와 변화된 헌법을 이론적으로 설명하기 어려움. · 정해진 법규범을 지나치게 강조하여 실정법 만능주의라는 비판을 받음.	· 헌법의 규범성을 경시하고 현실적 영향력만을 강조하여 국가를 권력 투쟁의 장이 되게 함. · 권위주의적 독재 국가의 등장에 이론적 근거를 제공하였다는 비판을 받음.	· 헌법의 규범성을 소홀히 하고, 통합 과정을 너무 조화롭게만 보아 갈등의 요소를 경시했다는 비판을 받음.

01 글의 전개 방식 파악 정답 ③

선택률	① 3%	② 7%	③ 85%	④ 3%	⑤ 2%

다음은 (가), (나)를 읽고 학생이 작성한 활동지의 일부이다. ⓐ~ⓒ에 대한 평가를 바르게 짝지은 것은?

공통점	• 헌법의 다양한 특성을 드러내기 위해 정보를 병렬적으로 제시하고 있다. ················· ⓐ
차이점	• (가)는 (나)와 달리 헌법에 대한 서로 다른 견해를 통해 ~~종합적인 절충안을 도출하고 있다.~~ ············· ⓑ
	• (나)는 (가)와 달리 헌법과 관련한 여러 입장의 긍정적 측면과 부정적 측면을 함께 밝히고 있다. ··········· ⓒ

〔정답 풀이〕

	ⓐ	ⓑ	ⓒ
③	적절	부적절	적절

해설 (가)는 헌법의 세 가지 특질인 '최고규범성', '자기보장성', '권력제한성'을 병렬적으로 제시하고 있으며, (나)는 헌법해석학에 영향을 미친 세 가지 헌법관인 '법실증주의적 헌법관', '결단주의적 헌법관', '통합론적 헌법관'을 병렬적으로 제시하고 있다. 따라서 ⓐ는 (가)와 (나)의 공통점으로 적절하다. 또한 (가)는 헌법의 세 가지 특질을 설명하고 있을 뿐 헌법에 대한 서로 다른 견해를 통해 종합적인 절충안을 제시하고 있지 않다. 따라서 ⓑ는 부적절하다. 한편 (가)와 달리 (나)는 세 가지 헌법관의 의의와 그에 대한 비판을 함께 제시하고 있으므로 ⓒ는 적절하다.

〔오답 풀이〕

①	적절	적절 ↳ 부적절	적절
②	적절	부적절	부적절 ↳ 적절
④	부적절 ↳ 적절	적절 ↳ 부적절	적절
⑤	부적절 ↳ 적절	부적절	부적절 ↳ 적절

02 특정 정보의 파악 정답 ③

선택률	① 1%	② 6%	③ 72%	④ 4%	⑤ 17%

자기보장성 에 대한 이해로 가장 적절한 것은?

〔정답 풀이〕

③ 헌법은 효력을 보장하기 위한 장치를 헌법 내에 마련한다.

해설 (가)의 2문단에서 헌법은 국가 권력이 그 효력을 부정하거나 침해할 수 없도록 헌법재판제도와 같은 장치를 스스로 마련하여 지니고 있는데, 이러한 특징이 헌법의 '자기보장성'이라고 하였다.

〔오답 풀이〕

① 헌법은 국가 기관의 행위를 일반 소송을 통해 제한한다.

해설 (가)의 2문단에서 헌법은 국가 권력이 그 효력을 부정하거나 침해할 수 없도록 헌법재판제도와 같은 장치를 스스로 마련하여 지니고 있는데, 헌법재판은 일반 소송과 달리 국가 기관이 그 재판 결과를 따르지 않아도 이를 강제적으로 따르게 할 수 없는 한계가 있다고 하였다.

② 헌법은 주권자인 국민의 합의에 의해 규범성이 인정된다.
↳ 최고규범성에 대한 설명임.

해설 (가)의 1문단에서 헌법의 특질인 최고규범성은 헌법이 국민적 합의에 의해 제정되었기 때문에 인정된다고 하였다. 즉 헌법은 주권자인 국민의 합의에 의해 규범성이 인정된다는 것은 헌법의 자기보장성이 아니라 최고규범성에 대한 설명이다.

④ 헌법은 규범 체계상 하위의 법규범에 의해 효력이 보장된다.

해설 (가)의 2문단에서 규범 체계상 하위에 있는 법규범들이 상위의 법규범인 헌법과 국가 권력에 의해 그 효력이 보장되는 것과는 달리, 헌법은 헌법재판제도와 같은 장치를 스스로 마련하여 그 효력을 보장한다고 하였다. 헌법이 규범 체계상 하위의 법규범에 의해 효력이 보장되는 것이 아니라, 규범 체계상 하위의 법규범이 헌법에 의해 효력이 보장되는 것이다.

⑤ 헌법은 헌법에 의한 권력 남용의 가능성을 스스로 제한한다.

해설 (가)의 3문단에서 헌법은 국가 작용을 담당하는 기관이 그 권한을 남용하여 국가가 추구하는 목적인 공통의 가치를 위험에 빠뜨리지 않도록 노력하고 있는데, 이를 헌법의 권력제한성이라고 한다고 하였다. 헌법은 국가 기관의 권력 남용 및 악용의 가능성을 배제하는 권력제한성을 가지고 있는 것이다. 이는 헌법의 자기보장성과는 관련이 없다.

㉮에 들어갈 내용으로 가장 적절한 것은?

정답 풀이

⑤ 헌법의 내용을 실현하고자 하는 모든 구성원들의 적극적 의지

해설 (가)의 2문단에서 다른 법규범들과 달리 헌법은 절대적인 강제 수단이 없고, 헌법재판은 일반 소송과 달리 국가 기관이 그 재판 결과를 따르지 않아도 이를 강제적으로 따르게 할 수 없으며 헌법재판소의 결정은 국가 권력을 포함한 헌법의 적용을 받는 모든 대상들이 이를 존중하는 조건하에 실현된다고 하였다. 따라서 헌법의 최고 규범으로서의 효력은 강제적 수단에 의해 실현되는 것이 아니며, '헌법의 내용을 실현하고자 하는 모든 구성원들의 적극적 의지'에 좌우된다고 추론할 수 있다.

오답 풀이

① 헌법재판소의 결정 이행을 위한 강제 수단 마련

해설 (가)의 2문단에서 다른 법규범들과 달리 헌법은 절대적인 강제 수단이 없고, 헌법재판은 일반 소송과 달리 국가 기관이 그 재판 결과를 따르지 않아도 이를 강제적으로 따르게 할 수 없다고 하였다. 따라서 헌법의 최고 규범으로서의 효력이 '헌법재판소의 결정 이행을 위한 강제 수단 마련'에 좌우된다는 것은 적절하지 않다.

② 헌법에 의해 권한을 부여받은 입법부의 독자성 보장

해설 (가)의 2문단에서 헌법재판의 결과를 입법부가 따르지 않을 경우 헌법재판소가 입법부로 하여금 강제로 지키게 할 수 있는 수단이 따로 없다고 하였다. 따라서 헌법의 최고 규범으로서의 효력이 '헌법에 의해 권한을 부여받은 입법부의 독자성 보장'에 좌우된다는 것은 적절하지 않다. '헌법에 의해 권한을 부여 받은 입법부의 헌법에 대한 존중'에 좌우된다고 보아야 한다.

👻 선택지 속 함정

②를 정답으로 골랐다면 ㉮의 바로 앞부분에 '입법부'와 관련된 사례가 제시되어 있는 것을 보고 ②가 적절하다고 착각했을 거야. '입법부'와 관련된 사례가 등장하기는 했지만, 이 사례를 살펴보면 헌법재판의 결과를 입법부가 따르지 않아도 이를 강제로 지키게 할 수 없다는 내용임을 파악할 수 있어. 입법부가 헌법재판의 결과를 따르지 않을 수 있다는 것은 이미 입법부의 독자성이 보장되어 있는 것이라고 볼 수 있겠지. 그러니까 헌법의 최고 규범의 효력은 강제가 아니라 헌법을 존중하고 이를 실현하고자 하는 모든 구성원들의 적극적 의지에 의해 보장될 수 있는 거야.

③ 최고 규범을 판단하는 기관인 헌법재판소의 법적 권위

해설 (가)의 2문단에서 다른 법규범들과 달리 헌법은 절대적인 강제 수단이 없고, 헌법재판은 일반 소송과 달리 국가 기관이 그 재판 결과를 따르지 않아도 이를 강제적으로 따르게 할 수 없다고 하였다. 따라서 헌법의 최고 규범으로서의 효력이 '최고 규범을 판단하는 기관인 헌법재판소의 법적 권위'에 좌우된다는 것은 적절하지 않다.

④ 헌법의 실효성을 높이기 위한 국가 권력의 법적 제재 수단

해설 (가)의 2문단에서 헌법은 규범 체계상 하위에 있는 법규범들이 상위의 법규범인 헌법과 국가 권력에 의해 그 효력이 보장되는 것과는 달리 헌법재판제도와 같은 장치를 스스로 마련하여 그 효력을 보장한다고 하였다. 따라서 헌법의 최고 규범으로서의 효력이 '헌법의 실효성을 높이기 위한 국가 권력의 법적 제재 수단'에 좌우된다는 것은 적절하지 않다.

'통합론적 헌법학자'의 관점에서 '법실증주의 헌법학자'를 비판한 내용으로 가장 적절한 것은?

정답 풀이

② 정해진 법규범을 지나치게 강조하는 것으로는 지속적으로 변화하는 사회와 헌법을 설명할 수 없다.

해설 (나)의 2문단에서 법실증주의는 산업화, 다원화에 따라 변화하는 사회와 그에 따라 변화된 헌법을 이론적으로 설명하기 어려웠고, 정해진 법규범을 지나치게 강조하여 실정법 만능주의라는 비판을 받았다고 하였다. 그리고 (나)의 4문단에서 통합론적 헌법관은 헌법을 완성물이 아닌 하나의 과정으로 바라보며 오늘날의 민주주의적 상황과 다원적 산업 사회의 현실을 효과적으로 설명하였다고 하였다. 따라서 통합론적 헌법학자의 관점에서는 정해진 법규범을 지나치게 강조하는 것으로는 지속적으로 변화하는 사회와 헌법을 설명할 수 없다고 법실증주의 헌법학자를 비판할 것이다.

오답 풀이

① 헌법을 통해 자의적 통치를 배제하고자 하는 것으로는 헌법의 규범성을 설명할 수 없다.

해설 (나)의 2문단에서 법실증주의는 정해진 법규범을 지나치게 강조하였다고 하였고, (나)의 4문단에서 통합론적 헌법관은 헌법의 규범성을 소홀히 하였다는 비판을 받았다고 하였다. 따라서 헌법의 규범성을 설명할 수 없다는 것은 통합론적 헌법학자의 관점에서 법실증주의 헌법학자를 비판한 내용으로 보기 어렵다.

③ 존재적 요소를 헌법학의 연구 대상으로 규정하는 것으로는 다원적 산업 사회의 현실을 설명할 수 없다. ↳ 법실증주의 헌법학자들은 존재적 요소를 배제하였음.

해설 (나)의 2문단에서 법실증주의 헌법학자들은 존재적 요소인 도덕·자연법 등을 배제하고 당위를 헌법학의 연구 대상으로 규정하였다고 하였다. 따라서 법실증주의 헌법학자에 대한 통합론적 헌법학자의 비판으로 적절하지 않다.

④ 국민을 법질서에 복종하는 존재로 인식하는 것으로는 헌법제정권력자로서의 국민의 의지를 설명할 수 없다. ↳ 결단주의적 헌법관과 관련됨.

해설 (나)의 3문단에서 헌법제정권력자로서의 의지를 강조한 것은 결단주의적 헌법관임을 알 수 있다. 따라서 법실증주의 헌법학자에 대한 통합론적 헌법학자의 비판으로 적절하지 않다. ↳ 결단주의적 헌법관과 관련됨.

⑤ 국가를 권력 투쟁의 장으로 보는 것으로는 분열된 국가를 새로운 통일체로 형성하는 도구로서의 헌법을 설명할 수 없다.

해설 (나)의 3문단에서 국가를 권력 투쟁의 장으로 본 것은 결단주의적 헌법관임을 알 수 있다. 따라서 법실증주의 헌법학자에 대한 통합론적 헌법학자의 비판으로 적절하지 않다.

05 구체적 상황에 적용 정답 ③

선택률	① 3%	② 9%	③ 55%	④ 26%	⑤ 7%

〈보기〉는 헌법재판소 판례의 일부이다. (가)와 (나)를 바탕으로 〈보기〉의 ⓐ, ⓑ에 대해 이해한 내용으로 적절하지 않은 것은? [3점]

보기

〈유통산업발전법 제12조의2 위헌소원(2016헌바 등 병합)〉

• 헌법 제119조 제2항에 따르면 국가는 경제주체 간의 조화를 통한 (헌법적 가치) 경제의 민주화를 위하여 경제에 관한 규제와 조정을 할 수 있다. ⓐ심판대상조항은 구청장·군수·시장 등이 대형 마트에 대해 영업시간 제한 및 의무 휴업일 지정을 할 수 있도록 규정한 것인데, 이는 대형 마트와 중소 유통업의 상생 발전을 도모하기 위한 규제라 할 것이므로 입법 목적의 정당성이 인정된다. 따라서 심판대상조항은 헌법에 위배되지 아니한다.
(합헌 판결)

〈근로기준법 제35조 제3호 위헌소원(2014헌바3)〉

• 헌법 제32조 제3항에 따르면 근로조건의 기준은 인간의 존엄성을 보장하도록 법률로 정하여야 한다. ⓑ심판대상조항은 해고 예고제도에서 월급 근로자 중 6개월이 되지 못한 자를 적용 예외로 규정한 것인데, 돌발적 해고 시 해당 근로자의 생활이 곤란해지는 것을 막지 못하므로 근로자의 권리를 침해한다. 제도의 적용 대상 범위 등을 정하는 것은 입법자의 권한이나, 이 역시 헌법에 어긋나서는 안 된다. 따라서 심판대상조항은 헌법에 (헌법의 최고규범성) (위헌 판결) 위배된다.

정답 풀이

③ 법실증주의적 헌법관에 따르면, ⓐ에는 '경제에 관한 규제와 조정'이라는 권력자의 통치 이념이 반영된 것으로 볼 수 있겠군.
↳ 법실증주의적 헌법관은 권력자의 자의적 통치를 배제함.

해설 (나)의 2문단에서 법실증주의적 헌법관은 권력자의 자의적 통치를 배제하고 법규범에 의한 통치를 지향한다고 하였다. 따라서 ⓐ에 '경제에 관한 규제와 조정'이라는 권력자의 통치 이념이 반영되었다고 보는 것은 법실증주의적 헌법관의 관점과 부합하지 않는다.

오답 풀이

① 헌법의 최고규범성을 고려하면, ⓐ를 '경제주체 간의 조화'라는 헌법적 가치를 실현하기 위한 것으로 볼 수 있겠군.

해설 〈보기〉에서 헌법재판소는 ⓐ의 입법 목적의 정당성을 인정하며 헌법에 위배되지 않는다고 결정하였다. (가)의 1문단에서 헌법의 최고규범성에 따라 법률은 헌법에 모순되어서는 안 될 뿐만 아니라 적극적으로 헌법적 가치를 실현하여야 한다고 하였다. 따라서 헌법의 최고규범성을 고려하면, ⓐ를 '경제주체 간의 조화(헌법 제119조 제2항)'라는 헌법적 가치를 실현하기 위한 것으로 볼 수 있다.

② 헌법의 권력제한성을 고려하면, ⓑ와 관련된 '입법자의 권한'은 국가 공통의 가치를 실현하는 범위 내로 한정되어야 한다고 볼 수 있겠군.

해설 〈보기〉에서 헌법재판소는 제도의 적용 대상 범위 등이 헌법에 어긋나서는 안 된다고 지적하며 ⓑ가 근로자의 권리를 침해하므로 헌법에 위배된다고 결정하였다. (가)의 3문단에서 헌법은 국가 작용을 담당하는 기관이 그 권한을 남용하여 국가가 추구하는 목적인 공통의 가치를 위험에 빠뜨리지 않도록 노력하고 있는데, 이를 헌법의 권력제한성이라고 한다고 하였다. 따라서 헌법의 권력제한성을 고려하면, ⓑ와 관련된 '입법자의 권한'은 국가 공통의 가치를 실현하는 범위 내로 한정되어야 한다고 볼 수 있다.

④ 결단주의적 헌법관에 따르면, ⓑ에는 '인간의 존엄성을 보장'하여야 한다는 주권자의 의사가 반영되지 못한 것으로 볼 수 있겠군.

해설 〈보기〉에서 헌법재판소는 헌법 제32조 제3항에 따르면 근로조건의 기준은 인간의 존엄성을 보장하도록 법률로 정해야 하는데, ⓑ는 근로자의 권리를 침해하므로 헌법에 위배된다고 결정하였다. (나)의 3문단에서 결단주의적 헌법관은 주권자인 헌법제정권력자의 의지를 강조하고, 헌법이 헌법제정권력자의 의사에 의하여 정립되었기 때문에 정당성을 가진다고 본다고 하였다. 따라서 결단주의적 헌법관에 따르면, ⓑ에는 '인간의 존엄성을 보장'하여야 한다는 주권자의 의사가 반영되지 못한 것으로 볼 수 있다.

🎯 선택지 속 함정

'인간의 존엄성을 보장'하여야 한다는 것이 주권자의 의사임을 파악하지 못했다면 ④를 이해하기 어려웠을 거야. 지문에서 결단주의적 헌법관은 주권자인 헌법제정권력자의 의지를 강조하고, 헌법은 헌법제정권력자, 즉 주권자의 의사에 의하여 정립되었다고 본다는 점에 주목해야 해. 이에 따르면 헌법은 주권자의 의사가 반영된 것이니까 〈보기〉에서 헌법 제32조 제3항에 따른 '인간의 존엄성 보장'은 주권자의 의사가 반영된 것임을 알 수 있어. 그런데 ⓑ는 헌법에 위배된다고 했으니 ⓑ에는 이러한 주권자의 의사가 반영되지 못한 것으로 볼 수 있는 거지.

⑤ 통합론적 헌법관에 따르면, ⓐ에는 '경제의 민주화'라는 가치를 바탕으로 국가의 통합을 실현하려는 노력이 반영된 것으로 볼 수 있겠군.

해설 〈보기〉에서 헌법재판소는 ⓐ가 입법 목적의 정당성이 인정되므로 헌법에 위배되지 않는다고 결정하였다. (나)의 4문단에서 통합론적 헌법관에서는 헌법을 공감대적인 가치를 바탕으로 국가의 통합을 실현하고 촉진하기 위한 것으로 본다고 하였다. 따라서 통합론적 헌법관에 따르면, ⓐ에는 '경제의 민주화(헌법 제119조 제2항)'라는 가치를 바탕으로 국가의 통합을 실현하려는 노력이 반영된 것으로 볼 수 있다.

06 어휘의 문맥적 의미 파악 정답 ①

선택률	① 93%	② 2%	③ 2%	④ 2%	⑤ 1%

문맥상 ㉠의 단어와 가장 가까운 의미로 쓰인 것은?
= 따르지

정답 풀이

① 우리는 명령을 따르며 급히 움직였다.

해설 ㉠과 ①에서 '따르다'는 '관례, 유행이나 명령, 의견 따위를 그대로 실행하다.'라는 의미로 사용되었다.

오답 풀이

② 어머니를 따라 풍물 시장 구경을 갔다.

해설 이 선택지에서는 '다른 사람의 뒤에서 그가 가는 대로 같이 가다.'라는 의미로 사용되었다.

③ 나는 아버지의 음식 솜씨를 따를 수 없다.

해설 이 선택지에서는 '앞선 것을 좇아 같은 수준에 이르다.'라는 의미로 사용되었다.

④ 최근 개발에 따른 공해 문제가 불거지고 있다.

해설 이 선택지에서는 '어떤 일이 다른 일과 더불어 일어나다.'라는 의미로 사용되었다.

⑤ 의원들이 모두 의장을 따라 자리에서 일어섰다.

해설 이 선택지에서는 '남이 하는 대로 같이 하다.'라는 의미로 사용되었다.

(가) 독점기업의 이윤 추구 과정

1 ㉠완전경쟁시장은 많은 수의 수요자와 공급자 사이에 동질적인 상품이 거래되는 시장으로, 다른 기업의 시장 진입을 막는 진입장벽이 없어 누구나 들어와 경쟁할 수 있는 시장구조를 말한다. 이에 반해 ㉡독점시장은 비슷한 대체재가 없는 재화를 한 기업이 독점적으로 공급하는 극단적인 시장으로, 자원의 희소성이나 기술적 우월성 등으로 인해 진입장벽이 존재하는 시장구조를 말한다.

2 완전경쟁시장에서는 경쟁자가 다수이기 때문에 개별 공급자와 수요자가 가격에 영향을 미치기 어렵다. 이때 기업은 가격수용자로서 시장에서 결정된 가격을 그대로 받아들일 수밖에 없고, 시장가격으로 원하는 물량을 얼마든지 판매할 수 있다. 또한 제품을 한 단위 더 판매함으로써 추가로 얻게 되는 한계수입은 일정하며, 가격과 거래량도 수요와 공급이 일치하는 지점에서 결정된다. 반면에 독점시장에서 기업은 가격결정자로서 시장가격을 조정할 힘을 가지며, 이를 통해 이윤을 극대화할 수 있다. 따라서 독점기업은 더 높은 가격을 받으면서 더 적은 제품을 생산할 수 있는 시장지배력을 가진다. 그렇다면, 독점기업은 이윤 극대화를 위한 가격과 생산량을 어떻게 결정할까?

[A] **3** 시장의 유일한 공급자인 독점기업이 생산량을 줄이면 시장가격이 상승하고, 반대의 경우 시장가격이 하락한다. 가령 독점기업이 생산한 제품 한 단위를 100만 원에 판매할 경우, 생산량을 한 단위 더 늘려 두 단위를 판매한다면 가격을 이전보다 낮춰야 다 팔 수 있다. 이때의 가격을 90만 원이라 한다면 총수입은 180만 원이 되고, 제품을 한 단위 더 판매했을 때 추가로 얻는 한계수입은 80만 원이 된다. 즉, 독점기업이 생산량을 늘리면 종전 판매 가격도 함께 낮춰야 하기 때문에, 독점기업의 한계수입은 가격보다 항상 낮다. 이때 독점기업은 이윤 극대화를 위해 한계수입과 더불어 한계비용을 고려한다. 한계비용은 제품을 한 단위 더 생산할 때 추가로 드는 비용을 말한다. 만일 한계수입이 한계비용보다 높으면 생산량을 증가시키고, 반대의 경우 생산량을 감소시킴으로써 한계수입과 한계비용이 일치하는 지점에서 최적 생산량을 결정한다. 이후 독점기업은 이윤 극대화를 위해 수요자들의 최대 지불 용의를 고려하여 최적 생산

량을 판매할 수 있는 최고가격을 찾아낸다. 즉, 해당 생산량에서 수요자가 최대로 지불할 수 있는 금액이 최종 시장가격으로 결정되는 것이다. 이처럼 독점시장에서 기업은 시장가격의 상승을 유발하여 수요자에게 부정적 영향을 끼치고, 시장의 비효율성을 유발할 수 있다.

(나) 공정거래법의 이해

1 공정거래법이라고도 불리는 '독점규제 및 공정거래에 관한 법률'에서는 사업자의 독과점 자체를 금지하지는 않으나, 시장 지배적 지위 남용과 부당한 공동행위 등 경쟁 제한 행위로 인하여 일정한 폐해가 초래되는 경우에는 이를 규제하는 폐해규제주의를 ⓐ취하고 있다.

2 시장 지배적 지위 남용은 거래 상대방으로부터 독점적 이익을 과도하게 얻어 내는 착취 남용과 현실적·잠재적 경쟁사업자의 사업 활동을 방해하거나 배제하는 방해 남용으로 ⓑ나눌 수 있다. 먼저, 착취 남용은 정당한 이유 없이 상품 가격이나 용역 대가를 변경하거나, 출고량 조절로 시장가격의 상승이나 하락에 중대한 영향을 끼친 경우를 ⓒ말한다. 다음으로 방해 남용은 시장 지배적 사업자와 경쟁 관계에 있는 다른 사업자의 사업 활동을 부당하게 방해하거나, 신규 경쟁사업자의 시장 진입을 배제하여 경쟁 제한의 폐해를 초래하는 것이다. 대표적으로는 약탈적 가격 설정과 배타조건부 거래가 있다. 약탈적 가격 설정은 상품 또는 용역을 통상적인 가격에 비하여 부당하게 낮은 대가로 공급하거나 높은 대가로 구매하여 경쟁사업자를 배제하는 것이다. 그리고 배타조건부 거래는 다른 경쟁사업자와 거래하지 않는 조건으로 거래 상대방과 거래하는 행위를 말한다. 이 경우 시장 지배적 사업자의 일방적, 강제적 요구뿐만 아니라 거래 상대방과 합의하여 결정한 경우도 모두 포함된다.

3 공정거래법에서는 사업자의 부당한 공동행위 또한 제한하고 있다. 흔히 '카르텔'이라고 ⓓ불리는 부당한 공동행위는 동일 업종의 복수 사업자가 경쟁의 제한을 목적으로 가격, 생산량, 거래조건, 입찰 내용 등을 합의하여 형성하는 독과점 형태를 말한다. 이때 합의는 명시적 합의뿐만 아니라 묵시적 합의 모두를 포함한다. 이러한 담합은 사업자 간에 은밀하게 ⓔ이루어지는 경향이 많아 위법성을 입증하기가 어렵다. 따라서 입증 부담을 경감하고 규제의 실효성을 높이기 위해 둘 이상의 사업자 간에 경쟁 제한적인 합의만 있다면, 비록 그것이 실행되지 않았다 하더라도 부당한 공동행위가 성립한 것으로 본다.

4 공정거래법을 위반하면 공정거래위원회는 해당 사업자에게 시정 조치를 명하거나, 금전적 제재 수단으로 과징금을 부과할 수 있다. _{공정거래위원회의 규제 방법} 이를 통해 과도한 경제력의 집중을 방지하고, 국민 경제의 균형 있는 발전을 도모하고 있다. _{공정거래법의 목적}

＊담합: 서로 의논해서 합의함.

지식을 쌓는 배경지식

시장의 종류

① 완전경쟁시장
· 상품의 공급자와 수요자가 다수이며, 동질적인 상품이 거래되고, 생산 요소의 이동이 자유로운 시장 형태
· 시장가격은 수요와 공급의 상호 작용에 의하여 결정됨.

② 독점시장
· 한 상품의 공급이 한 기업에 의해 이루어지는 시장 형태
· 독점기업이 이윤이 극대화되도록 생산량과 가격을 조절할 수 있음.

③ 독점적경쟁시장
· 다수의 기업이 어느 정도 차별화된 유사 상품을 생산·공급하여 상호 경쟁하는 시장 형태
· 각 기업은 특정 고객에 대해서는 어느 정도 독점적인 지위를 가지고 있지만, 유사 상품을 생산·공급하는 기업들과는 경쟁 관계에 놓여 있음.

④ 과점시장
· 비교적 소수의 기업이 유사한 상품을 생산하고 공급하는 시장 형태
· 어느 한 기업이 가격이나 생산량을 변화시키면 다른 기업에 큰 영향을 끼침.

불공정거래 행위

① 개념
· 공정한 경쟁을 저해할 우려가 있는 행위로, 거래 당사자 중 한쪽이 상대방의 자유를 제한하거나 부당한 방법으로 불이익을 강요하는 행위
· 담합 행위, 거래 거절, 거래 강제, 부당 고객 유인 등이 이에 해당함.

② 불공정거래 행위의 규제를 위한 제도
· 상표 및 상호 제도의 확립, 공정거래법, 부정경쟁방지법 등의 제정을 통해 불공정거래 행위를 규제함.
· 공정거래위원회는 불공정 거래 행위가 있을 때 해당 사업자에게 불공정거래 행위의 중지, 계약 조항의 삭제, 시정을 위해 필요한 조치를 명할 수 있음.

지문 분석하기

|지문 구조|

(가)

1 완전경쟁시장과 독점시장의 개념과 시장구조

↓

2 완전경쟁시장과 독점시장에서의 가격 결정

↓

3 독점기업이 이윤 극대화를 위한 가격과 생산량을 결정하는 과정

|주제| 독점기업이 가격결정자로서 이윤을 극대화하는 과정

(나)

1 공정거래법의 내용

↓

2 공정거래법의 규제 대상 ①
－ 시장 지배적 지위 남용

＋

3 공정거래법의 규제 대상 ②
－ 부당한 공동행위

↓

4 공정거래법의 목적

|주제| 공정거래법의 내용과 규제 대상의 유형

한컷 정리하기

(가)

완전경쟁시장	↔ 비교	독점시장
· 많은 수의 수요자와 공급자 사이에 동질적인 상품이 거래되는 시장 · 진입장벽이 없어 누구나 들어와 경쟁할 수 있는 시장구조 · 개별 공급자와 수요자가 가격에 영향을 미치기 어려움. · 기업은 '가격수용자'로서 시장에서 결정된 가격을 그대로 받아들일 수밖에 없음. · 한계수입은 일정하며, 가격과 거래량은 수요와 공급이 일치하는 지점에서 결정됨.		· 비슷한 대체재가 없는 재화를 한 기업이 독점적으로 공급하는 극단적인 시장 · 자원의 희소성이나 기술적 우월성 등으로 인해 진입장벽이 존재하는 시장구조 · 기업은 '가격결정자'로서 시장가격을 조절하여 이윤을 극대화할 수 있음.

이윤 극대화를 위한
가격과 생산량 결정

· 한계수입과 한계비용이 일치하는 지점에서 최적 생산량을 결정함.
· 수요자들의 최대 지불 용의를 고려하여 최적 생산량을 판매할 수 있는 최고가격을 찾아냄.
· 해당 생산량에서 수요자가 최대로 지불할 수 있는 금액이 최종 시장가격으로 결정됨.

(나)

공정거래법

· 폐해규제주의: 시장 지배적 지위 남용과 부당한 공동행위 등 경쟁 제한 행위로 인하여 일정한 폐해가 초래되는 경우에 이를 규제함.
· 공정거래법을 통해 과도한 경제력의 집중을 방지하고, 국민 경제의 균형 있는 발전을 도모함.

공정거래법의 규제 대상 2가지

시장 지배적 지위 남용		부당한 공동행위
착취 남용	**방해 남용**	· 동일 업종의 복수 사업자가 경쟁의 제한을 목적으로 가격, 생산량, 거래 조건, 입찰 내용 등을 합의하여 형성하는 독과점 형태 · 경쟁 제한적인 합의가 있다면, 실행되지 않았다 하더라도 부당한 공동행위가 성립한 것으로 봄.
거래 상대방으로부터 독점적 이익을 과도하게 얻어 내는 것	현실적·잠재적 경쟁사업자의 사업 활동을 방해하거나 배제하는 것	

약탈적 가격 설정	배타조건부 거래
상품 또는 용역을 부당하게 낮은 대가로 공급하거나 높은 대가로 구매하여 경쟁사업자를 배제하는 것	다른 경쟁사업자와 거래하지 않는 조건으로 거래 상대방과 거래하는 행위

(가)와 (나)에 대한 설명으로 가장 적절한 것은?

[정답 풀이]

④ (가)는 독점기업의 이윤 추구 방법을 설명하고 있고, (나)는 공정한 거래를 저해하는 행위들을 유형별로 제시하고 있다.

[해설] (가)는 독점기업이 이윤 극대화를 위한 가격과 생산량을 어떻게 결정하는지 설명하고 있고, (나)는 공정거래법의 규제 내용을 설명하면서 공정한 거래를 저해하는 행위들을 유형별로 나누어 제시하고 있다.

[오답 풀이]

① ~~(가)는 시장구조를 바라보는 다양한 관점을 제시하고 있고~~, (나)는 공정거래법에 대한 ~~상반된 관점을 제시하고 있다.~~

[해설] (가)에서 완전경쟁시장과 독점시장의 시장구조에 대해 설명하고 있지만, 시장구조를 바라보는 다양한 관점을 제시하고 있지는 않다. 또한 (나)에서 공정거래법에 대한 상반된 관점을 제시하고 있지도 않다.

② ~~(가)는 시장에서 독점이 필요한 이유를 밝히고 있고~~, (나)는 ~~부당한 독점 행위를 해결하기 위한 사례를 서술하고 있다.~~

[해설] (가)에 시장에서 독점이 필요한 이유는 드러나지 않는다. 오히려 (가)의 3문단에서 독점시장에서 기업은 시장가격의 상승을 유발하여 수요자에게 부정적 영향을 끼치고, 시장의 비효율성을 유발할 수 있음을 밝히고 있다. 또한 (나)에서 부당한 독점 행위를 해결하기 위한 사례를 서술하고 있지도 않다.

③ ~~(가)는 균등한 소득 분배를 위한 경제학적 대책을 제안하고 있고~~, (나)는 ~~경쟁을 제한하기 위한 대책을 제시하고 있다.~~

[해설] (가)에서 균등한 소득 분배를 위한 경제학적 대책을 제안하는 내용은 확인할 수 없다. (나)는 공정거래법에 대해 설명하고 있는데, 공정거래법은 경쟁을 제한하기 위한 대책이 아니라, 경쟁을 제한하는 행위로 인한 폐해를 규제하는 대책이다.

⑤ (가)는 독점이 시장에 끼치는 부정적 영향을 언급하고 있고, (나)는 ~~독점 행위를 규제하는 제도의 문제점을 서술하고 있다.~~

[해설] (가)의 3문단에서 독점시장에서 기업은 시장가격의 상승을 유발하여 수요자에게 부정적 영향을 끼치고, 시장의 비효율성을 유발할 수 있다는 부정적 영향을 언급하고 있다. 그러나 (나)에서 독점 행위를 규제하는 제도의 문제점을 서술하고 있지는 않다.

= '독점시장'
㉠, ㉡에 대한 이해로 적절하지 <u>않은</u> 것은?
= '완전경쟁시장'

[정답 풀이]

⑤ ㉠에는 많은 수의 공급자와 수요자가 존재하므로, ㉡보다 기업이 시장을 지배하는 힘이 크다.
　　↳ 약하다

[해설] (가)의 1문단과 2문단에서 ㉠은 많은 수의 수요자와 공급자가 존재하므로 개별 공급자와 수요자가 가격에 영향을 미치기 어려움을 알 수 있고, 이와 달리 ㉡은 한 기업이 독점적으로 재화를 공급하므로 시장지배력을 가짐을 알 수 있다. 따라서 ㉠이 ㉡보다 기업이 시장을 지배하는 힘이 크다는 이해는 적절하지 않다.

[오답 풀이]

① ㉠에서 개별 기업은 가격수용자로서 시장에서 결정된 가격에 따라 제품을 판매한다.

[해설] (가)의 2문단에서 ㉠에서는 기업이 가격수용자로서 시장에서 결정된 가격을 그대로 받아들일 수밖에 없다고 하였으므로 적절하다.

② ㉡에서 기업이 제품의 생산량을 늘려 나가는 과정에서 얻게 되는 한계수입은 가격보다 낮아진다.

[해설] (가)의 3문단에서 독점기업이 생산량을 늘리면 종전 판매 가격도 함께 낮춰야 하기 때문에, 독점기업의 한계수입은 가격보다 항상 낮다고 하였으므로 적절하다.

③ ㉡에서 독점기업은 시장의 유일한 공급자로서 독점기업이 판매량을 늘리려면 가격을 낮춰야 한다.

[해설] (가)의 3문단에서 시장의 유일한 공급자인 독점기업이 생산량을 줄이면 시장가격이 상승하고, 반대의 경우 시장가격이 하락한다고 하였으므로 적절하다.

④ ㉠에는 진입장벽이 존재하지 않으므로, ㉡에 비해 개별 기업들의 시장 진입이 자유롭다.

[해설] (가)의 1문단에서 ㉠에는 다른 기업의 시장 진입을 막는 진입장벽이 없어 누구나 들어와 경쟁할 수 있다고 하였고, ㉡은 자원의 희소성이나 기술적 우월성 등으로 인해 진입장벽이 존재하는 시장구조라고 하였으므로 적절하다.

09 구체적 상황에 적용 　　　　　정답 ②

선택률	① 7%	② 39%	③ 19%	④ 20%	⑤ 15%

[A]를 바탕으로 〈보기〉를 이해한 내용으로 적절하지 않은 것은?
[3점]

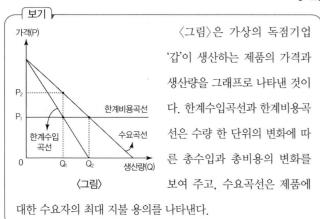

　보기

〈그림〉은 가상의 독점기업 '갑'이 생산하는 제품의 가격과 생산량을 그래프로 나타낸 것이다. 한계수입곡선과 한계비용곡선은 수량 한 단위의 변화에 따른 총수입과 총비용의 변화를 보여 주고, 수요곡선은 제품에 대한 수요자의 최대 지불 용의를 나타낸다.

정답 풀이

② '갑'이 생산량을 Q_1에서 Q_2로 늘리면서 제품의 가격을 P_2에서 P_1으로 낮춰 공급하더라도, 독점으로 얻고 있던 이윤은 유지될 것이다.
　　　　　　　　　↳ 사라질 것이다

해설 독점기업 갑이 생산량을 Q_1에서 Q_2로 늘리면서 제품의 가격을 P_2에서 P_1으로 낮춰 공급하면, 독점으로 얻고 있던 이윤은 사라진다. 생산량이 Q_1이고 제품의 가격이 P_2일 때 얻고 있던 단위당 이윤인 P_2-P_1이 사라지는 것이다.

오답 풀이

① '갑'은 이윤을 최대로 높이기 위한 최적 생산량 수준을, 한계수입곡선과 한계비용곡선이 교차하는 Q_1 지점으로 결정할 것이다.

해설 (가)의 3문단에서 독점기업은 이윤 극대화 과정에서 한계수입과 한계비용이 일치하는 지점에서 최적 생산량을 결정한다고 하였다. 따라서 독점기업 갑의 이윤을 최대로 높이기 위한 최적 생산량 수준은 한계수입곡선과 한계비용곡선이 교차하는 Q_1 지점이 된다.

③ '갑'의 생산량이 Q_1보다 적으면 한계수입이 한계비용보다 높으므로, 이윤을 높이려면 생산량을 Q_1 수준까지 증가시켜야 할 것이다.

해설 (가)의 3문단에서 독점기업은 이윤 극대화 과정에서 한계수입이 한계비용보다 높으면 생산량을 증가시킴으로써 한계수입과 한계비용이 일치하는 지점에서 최적 생산량을 결정한다고 하였다. 따라서 독점기업 갑의 생산량이 Q_1보다 적으면 한계수입이 한계비용보다 높으므로, 이윤을 높이기 위해서는 생산량을 Q_1 수준까지 증가시켜야 한다.

④ '갑'의 생산량이 Q_1이고 공급할 제품의 가격이 P_2라면, 해당 기업이 제품을 판매할 때 얻게 되는 단위당 이윤은 P_2-P_1이 될 것이다.

해설 독점기업 갑이 제품을 판매할 때 얻게 되는 단위당 이윤은 제품의 가격인 P_2에서 한계비용인 P_1을 뺀 값이 된다.

🔍 선택지 속 함정

④는 지문에 직접적으로 언급된 내용이 아니어서 이해하기 어려웠을 수 있어. (가)의 3문단에서 한계비용은 제품을 한 단위 더 생산할 때 추가로 드는 비용이라고 했으니, 제품을 판매할 때 얻게 되는 단위당 이윤은 제품의 가격에서 한계비용을 뺀 값임을 추론할 수 있어야 해. 제품을 한 단위 판매할 때 기업이 얻게 되는 이윤은 가격에서 비용을 뺀 값이기 때문이지.

⑤ '갑'은 이윤 극대화를 위해 수요자의 최대 지불 용의 수준을 고려하여 공급할 제품의 최종 시장가격을 P_1이 아닌 P_2로 결정할 것이다.

해설 (가)의 3문단에서 독점기업은 한계수입과 한계비용이 일치하는 지점에서 최적 생산량을 결정하고, 이후 이윤 극대화를 위해 수요자들의 최대 지불 용의를 고려하여 최적 생산량을 판매할 수 있는 최고가격을 찾아낸다고 하였다. 즉, 해당 생산량에서 수요자가 최대로 지불할 수 있는 금액이 최종 시장가격으로 결정되는 것이다. P_1은 최적 생산량인 Q_1에 대응하는 가격이지만, 이윤이 극대화되는 지점은 아니다. 독점기업 '갑'은 최적 생산량을 Q_1으로 결정하고, 수요자들의 최대 지불 용의 수준을 고려하여 제품의 최종 시장가격을 최적 생산량을 판매할 수 있는 최고가격인 P_2로 결정하게 된다.

10 세부 정보의 추론 　　　　　정답 ①

선택률	① 62%	② 21%	③ 4%	④ 5%	⑤ 8%

(가)와 (나)를 참고할 때, ⓐ~ⓒ에 들어갈 말을 바르게 짝지은 것은?

독점기업이 제품의 가격을 한계비용보다 (ⓐ) 설정하면, 한계비용보다 지불 용의가 낮은 수요자들의 (ⓑ)가 일어나 결과적으로 상호 이득이 될 수 있었던 거래의 기회가 줄어들게 된다. 이에 공정거래법에서는 시장 진입 제한을 막고, 기업 간 경쟁을 (ⓒ)하여 독점으로 인한 경제적 손실을 해소하고자 한다.

정답 풀이

	ⓐ	ⓑ	ⓒ
①	높게	소비 감소	촉진

해설 (가)의 3문단에서 독점기업은 이윤 극대화를 위해 최적 생산량에서 수요자가 최대로 지불할 수 있는 금액을 시장가격으로 결정하는데, 이러한 독점기업의 결정은 시장가격의 상승을 유발하여 수요자에게 부정적 영향을 끼치고, 시장의 비효율성을 유발할 수 있다고 하였다. 즉 독점기업이 이윤 극대화를 위해 제품의 시장가격을 한계비용보다 높게(ⓐ) 설정하면, 시장가격의 상승으로 한계비용보다 지불 용의가 낮은 수요자들은 소비를 포기하게 된다(ⓑ). 결과적으로 상호 이득이 될 수 있었던 거래의 기회가 줄어들게 되고, 시장의 비효율성을 유발할 수 있다. (나)의 1문단에서 공정거래법은 경쟁 제한 행위로 인하여 일정한 폐해가 초래되는 경우에는 이를 규제한다고 하였다. 따라서 공정거래법에서는 시장의 진입 제한을 막고, 기업 간 공정한 경쟁을 촉진(ⓒ)하여 독점으로 인한 경제적 손실을 해소하고자 할 것이다.

오답 풀이

	ⓐ	ⓑ	ⓒ
②	높게	소비 감소	역제 ↳ 촉진
③	높게	소비 증가 ↳ 소비 감소	역제 ↳ 촉진
④	낮게 ↳ 높게	소비 감소	역제 ↳ 촉진
⑤	낮게 ↳ 높게	소비 증가 ↳ 소비 감소	촉진

선택률	① 4%	② 10%	③ 9%	④ 72%	⑤ 5%

(나)를 바탕으로 〈보기〉를 이해한 내용으로 적절하지 않은 것은?

보기

[사례 1] 반도체 판매 1위인 A사는 국내 PC 제조업체들에게 경쟁
<u>시장 지배적 사업자</u>
업체 B사의 반도체를 구매하지 않겠다는 약속의 대가로, 상호
<u>배타조건부 거래</u>
합의를 거쳐 반도체 대금으로 받은 금액 일부를 되돌려 주었
다. 이에 대해 공정거래위원회는 A사에 과징금을 부과하였다.
<u>금전적 제재</u>
[사례 2] 국내 건설업체 C사는 신축 공사 입찰에서 평소 친분
이 있는 건설업체 D사가 낙찰받을 수 있도록 입찰 가격을
묵시적으로 합의하고, D사의 입찰 예정 금액보다 높은 금
<u>부당한 공동행위</u>
액을 입찰 가격으로 제시하였다. 그 결과 D사가 최종 사업
체로 선정되었지만, 공정거래위원회는 시정 조치를 명하
였다.

정답 풀이

④ [사례 2]에서 C사가 만약 D사와의 입찰 담합을 약속하고도 실제 입찰 과정
에서 이를 실행하지 않았다면, 부당한 공동행위는 없었던 것이 되겠군.
<u>실행하지 않았더라도 성립한 것으로 봄.</u>↲

해설 (나)의 3문단에서 공정거래법에서는 담합에 대하여 둘 이상의 사업자 간
에 경쟁 제한적인 합의만 있다면, 비록 그것이 실행되지 않았다 하더라도 부당
한 공동행위가 성립한 것으로 본다고 하였다. 따라서 [사례 2]에서 C사가 만약
D사와의 입찰 담합을 약속하고도 실제 입찰 과정에서 이를 실행하지 않았더라
도, 부당한 공동행위가 성립한 것으로 본다.

오답 풀이

① [사례 1]에서 공정거래위원회는 A사가 시장 지배적 지위 남용을 통해 경쟁
사업자인 B사의 사업 활동을 부당하게 배제하였다고 보았겠군.

해설 (나)의 2문단에서 시장 지배적 지위 남용 중 방해 남용은 시장 지배적 사
업자가 현실적·잠재적 경쟁사업자의 사업 활동을 방해하거나 배제하는 것이
라고 하였다. [사례 1]에서 A사는 경쟁업체 B사와 거래하지 않는 조건으로 국내
PC 제조업체들과 거래하였으므로 공정거래위원회는 A사가 시장 지배적 지위를
남용하여 경쟁사업자인 B사의 사업 활동을 부당하게 배제하였다고 볼 것이다.

② [사례 1]에서 공정거래위원회는 A사와 국내 PC 제조업체들의 상호 합의에
의해 방해 남용인 배타조건부 거래가 발생했다고 판단했겠군.

해설 (나)의 2문단에서 방해 남용 중 배타조건부 거래는 다른 경쟁사업자와 거
래하지 않는 조건으로 거래 상대방과 거래하는 행위라고 하였다. [사례 1]에서 A
사는 경쟁업체 B사와 거래하지 않는 조건으로 국내 PC 제조업체들과 거래하였
으므로 공정거래위원회는 A사와 국내 PC 제조업체들의 상호 합의에 의해 방해
남용인 배타조건부 거래가 발생했다고 판단할 것이다.

③ [사례 2]에서 C사와 D사의 합의가 명시적인 형태가 아니라 묵시적인 형태
로 이루어졌다고 할지라도, 경쟁 제한 행위의 위법성은 인정될 수 있겠군.

해설 (나)의 3문단에서 부당한 공동행위에서 합의는 명시적 합의뿐만 아니라
묵시적 합의 모두를 포함한다고 하였다. 따라서 [사례 2]에서 C사와 D사의 합의
가 명시적인 형태가 아니라 묵시적인 형태로 이루어졌다고 할지라도, 경쟁 제한
행위의 위법성은 인정될 수 있다.

⑤ 사업자의 독과점 추구 자체는 금지되어 있지 않지만, [사례 1]과 [사례 2]에
서 확인되는 A사와 C사의 행위는 경쟁 제한의 폐해를 초래했기 때문에 규
제 대상이 되었겠군.

해설 (나)의 1문단에서 공정거래법은 사업자의 독과점 자체를 금지하지는 않으
나, 시장 지배적 지위 남용과 부당한 공동행위 등 경쟁 제한 행위로 인하여 일
정한 폐해가 초래되는 경우에는 이를 규제하는 '폐해규제주의'를 취하고 있다고
하였다. 따라서 [사례 1]과 [사례 2]에서 확인되는 A사와 C사의 행위는 경쟁 제한
의 폐해를 초래했기 때문에 공정거래법의 규제 대상이 되었다고 볼 수 있다.

선택률	① 68%	② 3%	③ 5%	④ 21%	⑤ 3%

문맥상 ⓐ~ⓔ의 단어와 가장 가까운 의미로 쓰인 것은?

정답 풀이

① ⓐ: 그 문제에 대해 강경한 태도를 **취했다**.
= 취하고
해설 ⓐ와 ①에서 '취하다'는 '어떤 일에 대한 방책으로 어떤 행동을 하거나 일
정한 태도를 가지다.'라는 의미로 사용되었다.

오답 풀이

② ⓑ: 나는 그녀와 슬픔을 **나누는** 친근한 사이이다.
= 나눌
해설 ⓑ에서 '나누다'는 '여러 가지가 섞인 것을 구분하여 분류하다.'라는 의미
로 사용되었다. 그러나 이 선택지에서 '나누다'는 '즐거움이나 고통, 고생 따위를
함께하다.'라는 의미로 사용되었다.

③ ⓒ: 그를 나쁘게 **말하는** 사람은 별로 없다.
= 말한다
해설 ⓒ에서 '말하다'는 '어떤 사정이나 사실, 현상 따위를 나타내 보이다.'라는
의미로 사용되었다. 그러나 이 선택지에서 '말하다'는 '평하거나 논하다.'라는 의
미로 사용되었다.

④ ⓓ: 반 아이들의 이름이 하나하나 **불렸다**.
= 불리는
해설 ⓓ에서 '불리다'는 '무엇이라고 가리켜 말해지거나 이름이 붙여지다.'라는
의미로 사용되었다. 그러나 이 선택지에서 '불리다'는 '이름이나 명단이 소리 내
어 읽히며 대상이 확인되다.'라는 의미로 사용되었다.

🙂 선택지 속 함정

④는 ⓓ의 '불리다' 앞에 '카르텔'이라는 명칭이 등장하고, 선택지에서의 '불
리다' 앞에 '이름'이 등장하니까 둘 다 명칭이나 이름과 관련된다고 생각하여 함
정에 빠질 수 있어. 이렇게 어휘의 문맥적 의미가 헷갈릴 때는 비슷한 뜻을 가진
다른 말로 바꾸어 각 문맥에 넣어 보면 좀 더 쉽게 판단할 수 있어. ⓓ의 문맥에서
는 '불리다'가 '명명되다'와 비슷한 의미로 사용되었는데, 선택지에 제시된 예문
에서는 '불리다' 자리에 '명명되다'를 넣어 보면 뜻이 다름을 확인할 수 있지. 반
대로 선택지에서의 '불리다'는 '소리 내어 읽다'와 같은 의미로 사용되었는데,
ⓓ의 문맥에서 '불리다' 자리에 '소리 내어 읽다'를 넣어 보면 마찬가지로 의미
가 다름을 확인할 수 있어.

⑤ ⓔ: 교향악단은 최정상급의 연주자들로 **이루어졌다**.
= 이루어지는
해설 ⓔ에서 '이루어지다'는 '어떤 대상에 의하여 일정한 상태나 결과가 생기거
나 만들어지다.'라는 의미로 사용되었다. 그러나 이 선택지에서 '이루어지다'는
'몇 가지 부분이나 요소가 모여 일정한 성질이나 모양을 가진 존재가 되다.'라는
의미로 사용되었다.

| 01~06 | 2021년 3월 고2 전국연합학력평가 | | 본문 130~132쪽 |

| **01** ⑤ | **02** ② | **03** ② | **04** ④ | **05** ① | **06** ② |

○ 문단별 핵심어 　★▬▬ 중심 문장

(가) 진화의 관점에서 본 이타적 행동

1 다윈은 같은 종에 속하는 개체들이 생존 경쟁에서 살아남아 번식하면 그 형질 중 일부가 자손에게 전달돼 진화가 일어난다는 자연 선택설을 주장하였다. 그런데 개체가 다른 개체들과의 생존 경쟁에서 이기기 위해서는 이기적인 행동을 할 수밖에 없지만, 자연계에서는 동물들의 이타적 행동이 자주 ⓐ관찰된다. 이에 진화론을 옹호하는 학자들은 동물의 이타적 행동을 설명하는 이론을 제시하였다.

2 해밀턴은 개체들의 이타적 행동은 자신과 같은 유전자를 공유하는 친족들의 생존과 번식에 도움을 줌으로써 자신의 유전자를 후세에 많이 전달하기 위한 행동이라는 ㉠혈연 선택 가설을 제시하였다. ㉢해밀턴의 법칙에 의하면, 'r×b−c > 0'을 만족할 때 개체의 이타적 유전자가 진화한다. 이때 'r'은 유전적 근연도로 이타적 행위자와 이의 수혜자가 유전자를 공유할 확률을, 'b'는 이타적 행위의 수혜자가 얻는 이득을, 'c'는 이타적 행위자가 ⓑ감수하는 손실을 의미한다. 부나 모가 자식과 같은 유전자를 공유할 확률은 50%이고, 형제자매 간에 같은 유전자를 공유할 확률도 50%이다. r은 2촌인 형제자매를 기준으로 1촌이 늘어날 때마다 반씩 준다. 가령, 행위자가 세 명의 형제를 구하고 죽는다면 '0.5×3−1 > 0'이므로 행위자의 유전자는 그의 형제들을 통해 다음 세대로 퍼지게 된다. 이러한 해밀턴의 이론은 유전자의 개념으로 동물의 이타적 행동을 설명한 것으로, 이타적 행동의 진화에 얽힌 수수께끼를 푸는 중요한 열쇠로 평가된다.

3 도킨스는 ㉣『이기적 유전자』에서 동물의 이타적인 행동은 유전자가 다른 유전자와의 생존 경쟁에서 살아남아 더 많은 자신의 복제본을 퍼뜨리기 위한 행동이라고 설명하였다. 그에 따르면 유전자란 다음 세대에 다른 DNA 서열로 대체될 수 있는 DNA 단편으로, 염색체상에서 임의의 어떤 DNA 단편은 그와 동일한 위치나 순서에 있는 다른 유전자들과 경쟁 관계에 있다. 그는 다윈과 같은 기존의 진화론자와 달리 생존 경쟁의 주체를 유전자로 보고 개체는 단지 그러한 유전자를 다음 세대로 전달하는 운반체에 불과하다고 보았다. 그러므로 이타적으로 보이는 개체의 행동은 겉보기에만 그럴

뿐, 실은 유전자가 다른 DNA와의 생존 경쟁에서 이기기 위한 이기적인 행동인 셈이다. 이러한 도킨스의 이론은 유전자의 이기성으로 동물의 여러 행동을 설명하여 과학계에 큰 반향을 불러일으켰으나, 개체를 단순히 유전자의 생존을 돕는 수동적 존재로 보았다는 점에서 비판을 받기도 하였다.

(나) 진화적 게임 이론으로 본 이타적 행동

1 경제학적 관점에서 이타적 행동이란 자신의 손해를 감수하면서 타인에게 이익을 주는 행동이기 때문에 이기적 사람들과 이타적 사람들이 공존할 경우 이타적 사람들은 자연히 ⓒ도태될 수밖에 없다. 그럼에도 불구하고 우리 주변에는 여전히 이타적 행동을 하는 사람들이 존재한다. 이에 대해 최근 진화적 게임 이론에서는 '반복−상호성 가설'과 '집단 선택 가설'을 통해 사람들이 이타적 행동을 하는 이유 및 이타적 인간이 진화하는 이유에 대해 설명하고 있다.

2 ㉤반복−상호성 가설에서는 자신이 이기적으로 행동할 경우 상대방도 이기적인 행동으로 보복할 수 있기 때문에 이를 피하기 위해 이타적 행동을 한다고 주장하는데, 이를 게임 이론 중 하나인 TFT 전략으로 설명한다. TFT 전략이란 『상대방이 협조할지 배신할지 모르고 선택이 매회 동시에 일어나는 상황에서 처음에는 무조건 상대방에게 협조하고 그다음부터는 상대방이 바로 전에 사용한 방법을 모방하는 전략이다.』 즉 『상대방이 이타적으로 행동하면 자신도 이타적으로, 상대방이 이기적으로 행동하면 자신도 이기적으로 행동하는 것이다.』 이러한 행동이 반복되면 점점 상대방의 배신 횟수는 줄고 협조 횟수는 늘어 서로에게 이득이 되는 결과를 얻게 된다. 반복−상호성 가설은 혈연관계가 아닌 사람들 사이의 이타적 행동을 설명하는 데 ⓓ유용하지만 반복적이지 않은 상황에서 나타나는 이타적 행동을 설명하는 데는 한계가 있다.

3 ㉥집단 선택 가설에서는 이타적 구성원이 많은 집단이 그렇지 않은 집단과의 생존 경쟁에 유리하기 때문에 이타적 인간이 진화한다고 설명한다. 개인 간의 생존 경쟁에서 우월한 개인이 생존하는 개인 선택에서는 이기적 인간이 살아남는 데 유리하지만, 집단 간의 생존 경쟁에서 우월한 집단이 생존하는 집단 선택에서는 이타적 구성원이 많은 집단일수록 식량을 구하거나 다른 집단과의 분쟁에 효과적으로 ⓔ대응할 수 있기 때문에 생존할 확률이 높다. 따라서 집단 선택에 의해 이타적인 구성원이 많은 집단이 생존하게 되면 자연히 이를 구성하는 이타적 인간도 진화하게 된다. 실제로 인

류는 혹독한 빙하기를 거쳐 살아남은 존재라는 점에서 집단 선택 가설은 설득력을 얻는다. 하지만 이타적인 구성원이 많은 집단이라 하더라도 그 안에는 이기적인 구성원도 함께 존재하기 마련이다. 그러므로 집단 선택에 의해서 이타적인 구성원이 진화하기 위해서 는 ⓒ집단 선택이 일어나는 속도가 개인 선택이 일어나는 속도를 압도해야 한다. <u>집단 선택 가설이 성립하기 위한 조건</u> 그러나 사회생물학에서는 집단 선택의 속도가 현 저하게 느리다는 점을 들어 집단 선택 가설은 논리적으로만 가능할 뿐이라고 비판하고 있다. <u>집단 선택 가설에 대한 비판</u> 이에 대해 최근 집단 선택 가설에서는 개 인 선택이 일어나는 속도를 늦추고 집단 선택의 효과를 높이는 장 치로서 법과 관습과 같은 제도에 주목하면서, 집단 선택의 유효성 을 높일 수 있는 방안에 대해서도 연구를 진행하고 있다.

지식을 쌓는 배경지식

도킨스의 『이기적 유전자』에 제시된 밈(meme)의 개념
- 밈(meme)이란 어떤 생각이나 행동 또는 양식이 문화 속에서 전달되는 것을 지칭함.
- 도킨스가 『이기적 유전자』에서 처음 제시한 용어로, 도킨스는 문화의 전달이 진화의 형태를 취한다는 점에서 이를 유전자의 전달에 비유하여 모방의 단위 혹은 문화 전달의 단위를 뜻하는 '밈(meme)'이라는 개념을 만들어 냄.
- 밈은 유용한지 해로운지에 관계없이 무차별적으로 번진다는 특징이 있는데, 이는 이기적 유전자처럼 밈의 입장에서 이기적인 행동을 하기 때문임.
- 현재는 온라인상에서 유행하는 2차 창작물이나 패러디물 또는 유행 전반을 통칭하는 개념으로 사용되고 있음.

게임이론과 진화적 게임이론
① 게임이론
- 한 사람의 행위가 상대방의 행위에 영향을 미치는 전략적 상황에서 의사 결정이 어떻게 이루어지는가를 연구하는 이론임.
- 각 경쟁자는 상대방이 어떤 전략을 선택하더라도 자기의 이익을 극대화시킬 수 있는 전략을 선택한다고 봄.
② 진화적 게임이론
- 게임 이론을 생물학적 진화에 적용해 생존을 위한 유전자 사이의 경쟁을 설명한 이론임.
- 개인의 생존에는 도움이 되지 않는 것처럼 보이는 협력과 이타심이 집단의 생존에는 도움이 된다는 사실을 설명함.

지문 분석하기

|지문 구조|

(가)

❶ 동물의 이타적 행동을 설명하는 진화론 옹호 학자들의 이론

↓

❷ 해밀턴의 혈연 선택 가설과 그에 대한 평가 ↔ **❸ 도킨스의 이론과 그에 대한 비판**

|주제| 동물의 이타적 행동을 설명하는 해밀턴과 도킨스의 이론

(나)

❶ 인간의 이타적 행동을 설명하는 진화적 게임 이론

↓

❷ 반복 – 상호성 가설과 그 한계 ↔ **❸ 집단 선택 가설과 그에 대한 비판**

|주제| 인간의 이타적 행동을 설명하는 진화적 게임 이론

한컷 정리하기

(가)

동물의 이타적 행동을 설명하는 이론

해밀턴의 혈연 선택 가설	비교	도킨스의 이론
• 개체들의 이타적 행동은 자신과 같은 유전자를 공유하는 친족들의 생존과 번식에 도움을 줌으로써 자신의 유전자를 후세에 많이 전달하기 위한 행동임. • 'r×b−c > 0'을 만족할 때 개체의 이타적 유전자가 진화함. ⇒ 유전자의 개념으로 동물의 이타적 행동을 설명한 것으로, 이타적 행동의 진화에 얽힌 수수께끼를 푸는 중요한 열쇠로 평가됨.		• 동물의 이타적인 행동은 유전자가 다른 유전자와의 생존 경쟁에서 살아남아 더 많은 자신의 복제본을 퍼뜨리기 위한 행동임. • 생존 경쟁의 주체를 유전자로 보고 개체는 유전자를 다음 세대로 전달하는 운반체에 불과하다고 봄. ⇒ 개체를 단순히 유전자의 생존을 돕는 수동적 존재로 보았다는 점에서 비판을 받음.

(나)

인간의 이타적 행동을 설명하는 진화적 게임 이론

반복–상호성 가설	비교	집단 선택 가설
• 자신이 이기적으로 행동할 경우 상대방도 이기적인 행동으로 보복할 수 있기 때문에 이를 피하기 위해 이타적 행동을 한다고 주장함. • TFT 전략으로 설명: 상대방이 이타적으로 행동하면 자신도 이타적으로, 상대방이 이기적으로 행동하면 자신도 이기적으로 행동하는 것이 반복되면 점점 상대방의 배신 횟수는 줄고 협조 횟수는 늘어 서로에게 이득이 되는 결과를 얻게 됨. ⇒ 혈연관계가 아닌 사람들 사이의 이타적 행동을 설명하는 데 유용하지만, 반복적이지 않은 상황에서 나타나는 이타적 행동을 설명하는 데는 한계가 있음.		• 이타적 구성원이 많은 집단이 생존 경쟁에 유리하기 때문에 이타적인 인간이 진화한다고 설명함. • 집단 선택에서는 이타적 구성원이 많은 집단일수록 생존할 확률이 높음. → 집단 선택에 의해 이타적인 구성원이 많은 집단이 생존하게 되면 이타적 인간도 진화하게 됨. • 집단 선택 가설이 성립하려면 집단 선택이 일어나는 속도가 개인 선택이 일어나는 속도를 압도해야 함. ⇒ 집단 선택의 속도가 현저하게 느리다는 점을 들어 집단 선택 가설은 논리적으로만 가능할 뿐이라는 비판을 받음.

01 글의 전개 방식 파악

정답 ⑤

선택률	① 9%	② 11%	③ 20%	④ 7%	⑤ 53%

(가)와 (나)의 서술상의 공통점으로 가장 적절한 것은?

정답 풀이

⑤ **이타적 행동에 관한 이론과 그에 대한 평가를 제시하고 있다.**

해설 (가)에서는 해밀턴의 이론과 도킨스의 이론에서 각각 동물의 이타적 행동을 어떻게 설명하는지 제시하고, 각 이론에 대한 평가 내용도 제시하고 있다. 또한 (나)에서는 진화적 게임 이론의 반복-상호성 가설과 집단 선택 가설에서 각각 인간이 이타적 행동을 하는 이유와 이타적 인간이 진화하는 이유를 어떻게 설명하는지 제시하고, 각 이론에 대한 평가 내용도 제시하고 있다.

오답 풀이

① **이타적 행동을 설명하는 ~~대립된 이론을 절충하고~~ 있다.**

해설 (가)와 (나)에 제시된 이타적 행동을 설명하는 각각의 이론은 대립된 이론이 아니며, 이를 절충하고 있지도 않다.

② **이타적 행동을 정의한 후 ~~구체적 유형을 분류하고~~ 있다.**

해설 (가)에는 이타적 행동에 대한 해밀턴과 도킨스의 정의가 드러나 있고, (나)에는 이타적 행동에 대한 경제학적 관점에서의 정의가 드러나 있다. 그러나 (가)와 (나) 모두 이타적 행동의 구체적 유형이 무엇인지는 분류하고 있지 않다.

③ **이타적 행동에 관한 이론들을 ~~통시적으로 고찰하고~~ 있다.**

해설 (가)와 (나) 모두 이타적 행동에 관한 이론들을 통시적으로 고찰하고 있지 않다. 통시적으로 고찰한다는 것은 시간의 흐름에 따라 변화해 온 과정을 고찰하는 것이다.

④ **이타적 행동을 설명하는 ~~이론의 발전 방향을 전망하고~~ 있다.**

해설 (나)에서는 최근 집단 선택 가설에서 집단 선택의 유효성을 높일 수 있는 방안에 대해서도 연구를 진행하고 있다며 이론의 발전 방향을 제시하고 있다. 그러나 (가)에서는 이론의 발전 방향에 대한 전망이 나타나 있지 않다.

02 특정 정보의 이해

정답 ②

선택률	① 6%	② 40%	③ 13%	④ 18%	⑤ 23%

㉠을 이해한 내용으로 적절하지 않은 것은?

= 해밀턴의 법칙

정답 풀이

② **개체의 이기적 행동에 숨겨진 이타적 동기에 대해 설명하고 있다.**

해설 ㉠에 의하면, 개체들의 이타적 행동은 자신과 같은 유전자를 공유하는 친족들의 생존과 번식에 도움을 줌으로써 자신의 유전자를 후세에 많이 전달하기 위한 의도가 담긴 행동이다. 따라서 ㉠은 개체의 이기적 행동에 숨겨진 이타적 동기가 아니라, 오히려 개체의 이타적 행동에 자신의 유전자를 많이 전달하려는 숨겨진 동기가 있음을 설명하고 있다고 볼 수 있다.

오답 풀이

① **유전적 근연도에 초점을 맞춰 이타적 행위를 설명하고 있다.**

해설 ㉠에 의하면, '$r \times b - c > 0$'을 만족할 때 개체의 이타적 유전자가 진화한다고 하면서, 이때 r은 유전적 근연도라고 하였다. 따라서 유전적 근연도에 초점을 맞춰 동물의 이타적 행동을 설명하고 있다고 볼 수 있다.

③ **이타적 행위자와 그의 수혜자가 삼촌 관계일 경우 r은 0.25가 된다.**

해설 2촌인 형제자매 간에 같은 유전자를 공유할 확률은 50%로, 이때 r은 0.5이며, 이를 기준으로 1촌이 늘어날 때마다 반씩 준다고 하였다. 이타적 행위자와 그의 수혜자가 삼촌 관계라면 2촌을 기준으로 1촌이 늘어난 것이므로 r은 0.5의 반인 0.25가 된다.

④ **이타적 행위자와 수혜자가 부모 자식이나 형제자매 관계일 경우 r은 같다.**

해설 r은 유전적 근연도로 이타적 행위자와 이의 수혜자가 유전자를 공유할 확률이라고 하였고, 부나 모가 자식과 같은 유전자를 공유할 확률은 50%이며, 형제자매 간에 같은 유전자를 공유할 확률도 50%라고 하였다. 따라서 이타적 행위자와 수혜자가 부모 자식이거나 형제자매 관계일 때 r은 0.5로 서로 같다.

⑤ **이타적 행위자와 그의 수혜자가 혈연관계일 때, b와 c가 같으면 이타적 유전자가 진화하지 않는다.**

해설 ㉠에 의하면, '$r \times b - c > 0$'을 만족할 때 개체의 이타적 유전자가 진화한다. 이때 r은 유전적 근연도로 이타적 행위자와 이의 수혜자가 유전자를 공유할 확률이므로, 이타적 행위자와 그의 수혜자가 혈연관계일 때 r의 범위는 '$0 < r < 1$'이다. 따라서 b와 c가 같으면 '$r \times b$'가 'c'보다 작으므로 '$r \times b - c > 0$'을 만족하지 못해 이타적 유전자가 진화하지 않는다.

🙂 선택지 속 함정

'$r \times b - c > 0$'이라는 수식을 이용하여 문제를 풀어야 하기 때문에 답을 쉽게 찾기 어려웠을 거야. 특히 ⑤는 지문에 서술된 내용으로 바로 판단하기 힘들고, r의 범위가 1에서 0 사이임을 추론할 수 있어야 해서 더 어려웠을 거야. 확률은 100%부터 0%까지 존재할 수 있는데, 이타적 행위자와 그의 수혜자가 혈연관계일 때를 물어봤으니까 r의 범위는 '$0 < r < 1$'이 되는 거지. 이를 파악한 다음 '$r \times b - c > 0$'이라는 수식에 대입해 보면, b와 c가 같으면 b에 1보다 작은 값인 r을 곱한 '$r \times b$'는 무조건 c보다 작으므로 '$r \times b - c > 0$'이 성립하지 않음을 확인할 수 있어. '$r \times b - c > 0$'을 만족해야 이타적 유전자가 진화한다고 했으니, b와 c가 같으면 이타적 유전자가 진화하지 않는다는 것을 알 수 있지.

(나)의 TFT 전략을 참고할 때 〈보기〉의 질문에 대한 답으로 적절한 것은?

〈보기〉

다음은 A와 B의 협조 여부에 따른 보수(편익과 비용의 합)를 행렬로 나타낸 것이다. A와 B가 상대방의 선택을 모르고 선택이 동시에 이루어지는 상황에서 A만 'TFT 전략'을 사용한다고 가정 (처음에는 무조건 상대방에게 협조하고 그다음부터는 상대방이 바로 전에 사용한 방법을 모방함.) 하자. B가 첫 회에만 비협조 전략을 사용한다면, B가 두 번째 회까지 얻게 되는 보수의 합은 얼마인가?

		B	
	전략	협조	비협조
A	협조	(1, 1)	(-1, 2)
	비협조	(2, -1)	(0, 0)

* (2, -1)은 A가 비협조 전략, B가 협조 전략을 사용할 때, A의 보수가 2, B의 보수가 -1임을 나타냄.

정답 풀이

② 1

해설 (나)의 2문단에서 TFT 전략이란 상대방이 협조할지 배신할지 모르고 선택이 매회 동시에 일어나는 상황에서 처음에는 무조건 상대방에게 협조하고 그다음부터는 상대방이 바로 전에 사용한 방법을 모방하는 전략이라고 하였다. 〈보기〉의 상황에서 A는 TFT 전략을 사용한다고 하였으므로 첫 회에는 무조건 협조 전략을 사용하고, 두 번째 회에는 B가 바로 전에 사용한 방법인 비협조 전략을 사용한다. 그리고 B는 첫 회에만 비협조 전략을 사용한다고 하였으므로 두 번째 회에는 협조 전략을 사용한다. 그 결과 첫 회에서 A와 B의 보수는 (-1, 2), 두 번째 회에서 A와 B의 보수는 (2, -1)이 된다. 따라서 B가 두 번째 회까지 얻게 되는 보수의 합은 1이다.

오답 풀이

① 0
③ 2
④ 3
⑤ 4

ⓒ의 이유를 추론한 내용으로 가장 적절한 것은?
= 집단 선택이 일어나는 속도가 개인 선택이 일어나는 속도를 압도해야 한다

정답 풀이

④ 개인 선택으로 이타적인 구성원이 먼저 소멸하면, 이타적 구성원을 진화하게 하는 집단 선택이 발생할 수 없기 때문에

해설 개인 간의 생존 경쟁인 개인 선택에서는 우월한 개인이 생존에 유리하기 때문에 이기적 인간이 살아남는 데 유리하다. 따라서 개인 선택이 일어나는 속도가 집단 선택이 일어나는 속도보다 빠르면, 집단 선택에 의해 이타적 구성원의 진화가 일어나기 전에 개인 선택으로 이타적 구성원이 이기적 구성원과의 생존 경쟁에서 도태되고 집단에는 이기적 구성원들만 살아남게 된다. 그리고 그 결과 이타적 구성원이 진화하게 되는 집단 선택이 일어날 수 없게 된다. 즉 ⓒ의 이유는 개인 선택이 일어나는 속도가 집단 선택이 일어나는 속도보다 더 빠르면 개인 선택으로 이타적인 구성원이 먼저 도태되어 이타적 구성원을 진화하게 하는 집단 선택이 발생할 수 없기 때문이다.

오답 풀이

① ~~집단 선택의 속도가 개인 선택의 속도보다 느릴 경우, 이타적 구성원의 수가 천천히 증가하기 때문에~~

해설 집단 선택의 속도가 개인 선택의 속도보다 느릴 경우, 이타적 구성원이 이기적 구성원과의 생존 경쟁에서 도태되어 사라지게 되므로 이타적 구성원의 수가 증가하기 어렵다.

② ~~개인 선택으로 이타적인 구성원이 먼저 소멸한 후, 집단 선택에 의해 이기적인 구성원이 소멸하기 때문에~~

해설 집단 선택의 속도가 개인 선택의 속도보다 느릴 경우, 개인 선택으로 이타적인 구성원이 먼저 소멸하여 이타적 구성원을 진화하게 하는 집단 선택이 발생할 수 없다. 개인 선택으로 이타적인 구성원이 먼저 소멸한 후, 집단 선택에 의해 이기적인 구성원이 소멸하는 것은 아니다.

③ ~~집단 선택이 천천히 일어날 경우 집단 간의 생존 경쟁이 발생하지 않아 집단 선택이 일어나지 않기 때문에~~

해설 집단 선택이 천천히 일어나더라도 집단 간의 생존 경쟁은 발생한다. 다만 집단 선택의 속도가 개인 선택의 속도보다 느릴 경우 이타적인 구성원이 진화하지 못하는 것이다.

⑤ ~~개인 선택의 속도가 집단 선택의 속도보다 빠를 경우, 이타적인 구성원이 많은 집단이 개인 선택에 불리해지기 때문에~~

해설 개인 선택은 개인 간의 생존 경쟁이다. 개인 선택의 속도가 집단 선택의 속도보다 빠르다고 해서 이타적 구성원이 많은 집단이 개인 선택에 불리해지는 것은 아니다.

05 구체적 상황에 적용

정답 ①

선택률	① 32%	② 12%	③ 15%	④ 29%	⑤ 12%

㉮~㉱를 바탕으로 〈보기〉를 이해한 내용으로 적절하지 않은 것은?
㉮=혈연 선택 가설, ㉯=이기적 유전자, ㉰=반복-상호성 가설, ㉱=집단 선택 가설
[3점]

보기
ㄱ. 개미의 경우, 수정란(2n)은 암컷이 되고, 미수정란(n)은 수컷이 된다. 여왕개미가 낳은 암컷들은 부와는 1, 모와는 0.5, 자매와는 0.75의 유전적 근연도를 갖는다. 암컷 중 여왕개미가 되지 못한 일개미들은 직접 번식을 하지 않고 여왕개미가 낳은 수많은 자신의 자매들을 돌보며 목숨을 걸고 개미 군락을 지키는 역할을 한다. (이타적 행동)

ㄴ. 현재 지구상에는 390여 개의 부족이 수렵과 채취에 의존해 살아가고 있다. 이러한 부족은 대체로 몇 개의 서로 다른 친족들로 구성되어 있으며, 평등주의적 부족 질서 아래 사냥감을 서로 나누어 먹는 식량 공유 관습을 가지고 있다. 이는 개인의 사냥 성공률이 낮은 상황에서 효과적인 생존 방식이라 할 수 있다. (이타적 행동)

정답 풀이

① ㄱ: ㉮에서는 일개미가 자식을 낳지 않고 자매들을 돌보는 것을 부모다 모(→자신의)의 유전자를 후세에 더 많이 전달하기 위한 전략으로 보겠군.

해설 ㉮에서는 개체들의 이타적인 행동을 자신과 같은 유전자를 공유하는 친족들의 생존과 번식에 도움을 줌으로써 자신의 유전자를 후세에 많이 전달하기 위한 행동이라고 본다. 따라서 ㉮의 관점에서 일개미가 자식을 낳지 않고 자매들을 돌보는 이유는, 일개미와 자식 간의 유전적 근연도가 0.50이고 일개미와 자매들 간의 유전적 근연도는 0.75임을 고려할 때 유전적 근연도가 높은 자매들을 돌보는 것이 자신의 유전자를 후세에 더 많이 전달할 수 있기 때문이다.

오답 풀이

② ㄱ: ㉯에서는 일개미가 목숨을 걸고 개미 군락을 지키는 것을 다른 DNA와의 생존 경쟁에서 이기기 위한 유전자의 이기적인 행동으로 보겠군.

해설 ㉯에서는 동물의 이타적인 행동은 유전자가 다른 유전자와의 생존 경쟁에서 이기기 위한 이기적인 행동이라고 본다. 따라서 ㉯에서는 일개미가 목숨을 걸고 개미 군락을 지키는 것을 다른 DNA와의 생존 경쟁에서 이기기 위한 유전자의 이기적인 행동으로 볼 것이다.

③ ㄴ: ㉰에서는 자신이 식량을 나눠 주지 않으면 사냥에 실패했을 때 자신도 얻어먹지 못할 수 있기 때문에 식량 공유 관습이 생긴 것으로 보겠군.

해설 ㉰에서는 자신이 이기적으로 행동할 경우 상대방도 이기적인 행동으로 보복할 수 있기 때문에 이를 피하기 위해 이타적 행동을 한다고 본다. 따라서 ㉰에서는 자신이 식량을 나눠 주지 않으면 상대방도 식량을 나눠 주지 않는 이기적인 행동으로 보복할 수 있기 때문에 식량 공유 관습이 생긴 것으로 볼 것이다.

④ ㄴ: ㉱에서는 식량 공유 관습을 이기적인 구성원도 식량을 공유하게 함으로써 이타적 구성원이 사회에서 사라지지 않도록 하는 제도로 보겠군.

해설 ㉱에서는 이타적인 구성원이 진화하기 위해서는 집단 선택이 일어나는 속도가 개인 선택이 일어나는 속도를 압도해야 한다고 하였고, 법과 관습과 같은 제도를 개인 선택이 일어나는 속도를 늦추고 집단 선택의 효과를 높이는 장치로 보았다. 따라서 ㉱에서는 식량 공유 관습을 이기적인 구성원도 식량을 공유하게 함으로써 이타적 구성원이 사회에서 사라지지 않도록 하는 제도로 볼 것이다.

🎭 선택지 속 함정

④를 얼핏 보면 틀린 것으로 생각하기 쉬워. 이기적인 구성원도 식량을 공유하게 하는 것과 이타적 구성원이 사회에서 사라지지 않도록 하는 것은 관련이 없어 보이거든. 그렇지만 '식량 공유 관습'을 '제도'로 본다는 점에 주목하면, (나)의 3문단에서 법과 관습과 같은 제도가 개인 선택이 일어나는 속도를 늦추고 집단 선택의 효과를 높이는 장치라는 것과 연결할 수 있어. 집단 선택에 의해서 이타적인 구성원이 진화하기 위해서는 집단 선택이 일어나는 속도를 개인 선택이 일어나는 속도를 압도해야 한다고 했으니, 식량 공유 관습은 개인 선택이 일어나는 속도를 늦춰 이타적 구성원이 사회에서 사라지지 않도록 한다고 이해할 수 있지.

⑤ ㄴ: ㉮에서는 혈연관계가 없는 구성원과의 식량 공유를 설명할 수 없지만, ㉱에서는 협업을 통해 집단의 생존 확률을 높이는 행동으로 보겠군.

해설 ㉮에서는 개체들의 이타적 행동은 자신과 같은 유전자를 공유하는 친족들의 생존과 번식에 도움을 줌으로써 자신의 유전자를 후세에 많이 전달하기 위한 행동이라고 보므로 혈연관계가 없는 구성원과의 식량 공유를 설명하기 어렵다. 한편 ㉱에서는 이타적 구성원이 많은 집단일수록 식량을 구하거나 다른 집단과의 분쟁에 효과적으로 대응할 수 있기 때문에 생존할 확률이 높다고 본다. 따라서 ㉱에서는 식량 공유 관습을 협업을 통해 집단의 생존 확률을 높이는 행동으로 볼 것이다.

06 어휘의 문맥적 의미 파악

정답 ②

선택률	① 7%	② 72%	③ 9%	④ 7%	⑤ 5%

밑줄 친 단어가 ⓐ~ⓔ와 동음이의어인 것은?

정답 풀이

② ⓑ: 이 사전은 여러 전문가가 감수하였다.
= 감수
해설 ⓑ에서 '감수'는 '책망이나 괴로움 따위를 달갑게 받아들임.'이라는 의미이고, ②에서 '감수'는 '책의 저술이나 편찬 따위를 지도하고 감독함.'이라는 의미이다. 따라서 ⓑ와 ②의 '감수'는 소리는 같지만 뜻이 다른 동음이의어이다.

오답 풀이

① ⓐ: 그는 형의 모습을 유심히 관찰하였다.
= 관찰
해설 ⓐ와 ①에서 '관찰'은 '사물이나 현상을 주의하여 자세히 살펴봄.'이라는 의미로 사용되었다.

③ ⓒ: 그 기업은 경쟁사에 밀려 도태되었다.
= 도태
해설 ⓒ와 ③에서 '도태'는 '여럿 중에서 불편하거나 부적당한 것을 줄여 없앰.'이라는 의미로 사용되었다.

④ ⓓ: 이것은 장소를 검색하는 데 유용하다.
= 유용
해설 ⓓ와 ④에서 '유용'은 '쓸모가 있음.'이라는 의미로 사용되었다.

⑤ ⓔ: 우리는 적극적으로 상황에 대응하였다.
= 대응
해설 ⓔ와 ⑤에서 '대응'은 '어떤 일이나 사태에 맞추어 태도나 행동을 취함.'이라는 의미로 사용되었다.

◯ 문단별 핵심어 ★ ▬ 중심 문장

(가) 언론 매체 접근·이용권

1 미국의 헌법학자 제롬 배런은 1967년 언론 매체 접근·이용권을 최초로 주장하였다. 언론 매체 접근·이용권이란 국민이 자신의 사상이나 의견을 표명하기 위하여 언론 매체에 자유로이 접근하여 이를 이용할 수 있는 권리를 말한다.
_{언론 매체 접근·이용권의 개념}

2 배런은 당시 미국과 영국 내 언론의 독과점으로 인해 국민의 다양한 의견을 표출할 수 있는 통로가 점점 사라지고 있음을 지적했다.
_{당시 언론 매체에 대한 배런의 비판 ①} 또한 그는 상업적 이익만을 추구하는 언론사가 보다 많은 시청자나 독자 등을 확보하기 위하여 사람들이 불편하게 여기는 주장이나 의견보다는 대중적인 주장이나 의견만을 전달하고 있다고 비판하였다.
_{당시 언론 매체에 대한 배런의 비판 ②} 언론 매체가 공론장의 역할을 하지 못해 국민의 다양하고 공정한 여론을 형성하는 기능을 수행하지 못함을 지적한 것이다.
_{당시 언론 매체에 대한 배런의 비판 ③} 이러한 상황에서 국민들이 언론 매체가 아닌 다른 수단을 통해 자신의 의견을 표명하려고 해도 매스미디어에 ⓐ견주면 그 전달 범위가 극히 제한적이라고 보았다. 매스미디어의 거대화, 독점화에 따라 언론의 자유가 매체를 소유하거나 지배하는 소수의 계층이나 집단의 것으로 전락하였기 때문에 시민들의 언론의 자유를 보장하기
_{배런이 언론 매체 접근·이용권을 주장하게 된 이유} 위해 언론 매체 접근·이용권을 인정해야 함을 주장한 것이다.

3 법적으로 보장받는 언론 매체 접근·이용권의 대표적인 형태는 반론권이다. 이는 언론 매체에 의하여 명예 훼손·비판·공격 등으로 피해를 입은 국민이 자기와 관련이 있는 보도에 대해 반론이나
_{반론권의 개념} 정정 또는 해명의 기회를 요구할 수 있는 권리이다. 반론권은 언론 매체에 정정 및 반론 보도, 추후 보도 등을 청구할 수 있는 권리로
_{반론권의 구체적 내용} 구체화되어 있다. 반론권 이외에도 방송법에 언론 매체가 사회의 다양성을 해치거나 임의로 특정 의견을 차별하지 못하게 하는 조항
_{언론 매체 접근·이용권을 보장하는 방송법 조항 ①} 을 마련하고 있으며, 시청자 참여 프로그램을 편성하도록 하는 조
_{언론 매체 접근·이용권을 보장하는 방송법 조항 ②} 항 등을 통해 국민이 언론 매체를 이용하여 자신의 의사를 표명할 수 있도록 하고 있다.

4 언론 매체 접근·이용권은 국민의 언론의 자유를 보장하고 민주주의 실현에 ⓑ이바지하는 중요한 권리이다.
_{언론 매체 접근·이용권의 의의} 그러나 언론 매체 접근·이용권은 언론 매체가 신문 등의 표현 내용을 결정하는 권리인 편집권과 ⓒ맞부딪칠 수도 있다.
_{편집권의 개념} 이에 언론 매체에 일정한 기준의
_{언론 매체의 편집권을 보장해 줌.} 재량권을 부여하고, 만약 언론 매체가 일정한 재량권을 일탈하거나

남용할 때는 구제 수단을 활용하여 국민의 언론 매체 접근·이용권
_{언론 매체의 권리 남용을 방지함.} 을 보호하고 있다.

(나) 정정 보도 청구권과 반론 보도 청구권

1 언론 보도에 의해 명예나 권리를 침해받은 때에는 어떻게 해야 할까? 명예 훼손죄로 고소할 수도 있지만, 판결이 나오기까지 시간이 오래 걸린다. 따라서 언론중재법에는 언론 매체에 의해 피해를 받은 개인에게 신속하고 대등한 방어 수단을 제공하기 위해 정정
_{정정 보도 청구권과 반론 보도 청구권의 규정 목적} 보도 청구권과 반론 보도 청구권이 규정되어 있다.

2 정정 보도 청구권은 진실하지 않은 언론 보도 등으로 인해 피해를 입었을 경우 보도 내용의 잘못을 바로잡는 정정 보도를 요구할
_{정정 보도 청구권의 개념} 수 있는 권리이며, 반론 보도 청구권은 언론 보도 등으로 인해 피해를 입었을 경우 그 보도 내용에 관한 반론을 보도해 줄 것을 요구할
_{반론 보도 청구권의 개념} 수 있는 권리이다. 정정 보도를 청구하는 피해자는 원 보도가 허위임을 입증해야 한다.
_{정정 보도 청구권과 반론 보도 청구권의 차이} 반면 반론 보도는 원 보도의 진위 여부와 상관없이 청구할 수 있다.

3 정정 보도 청구권과 반론 보도 청구권의 주체는 보도 내용과 개별적 연관성이 있으며 그 보도로 인해 피해를 입은 자이다. 청구권
_{정정 보도와 반론 보도를 청구할 수 있는 권한의 주체, 청구인} 의 주체는 언론 보도의 사실적 주장에 대해 정정 보도와 반론 보도를 청구할 수 있는데,
_{정정 보도와 반론 보도 청구의 대상} '사실적 주장'이라는 것은 증거에 의해서 그 존재 여부를 판단할 수 있는 사실 관계에 관한 주장을 의미한다. 따
_{'사실적 주장'의 개념} 라서 단순한 의견이나 논평, 광고 등은 청구의 대상이 아니다.
_{정정 보도와 반론 보도 청구의 대상이 될 수 없는 것} 피해자는 「해당 언론 보도 등이 있음을 안 날로부터 3개월 이내에 정정
_{「」: 정정 보도와 반론 보도를 청구할 수 있는 기한} 또는 반론 보도를 청구할 수 있는데, 해당 언론 보도 등이 있은 후 6개월이 지났을 때에는 이를 청구할 수 없다.」 정정 또는 반론 보도 청구는 언론사 등의 대표자에게 서면으로 하여야 하며, 언론사가
_{정정 보도와 반론 보도를 청구하는 방법} 「청구를 수용한다면 청구를 받은 날부터 7일 이내에 정정 또는 반론
_{「」: 정정 보도와 반론 보도 수용 시 언론사의 대응 방법} 보도문을 방송하거나 ⓓ싣게 된다. ㉠이때의 보도는 원 보도와 동일한 채널, 지면에서 이루어져야 하며, 방송 진행자는 보도문을 읽을 때 통상적인 속도로 읽어야 한다.」

4 만약 언론중재법상 정정 보도를 청구할 수 있는 기간이 지났다면 민법 제764조에 의거하여 정정 보도를 청구할 수도 있다. 민법상 정정 보도 청구권에 따르면 언론 보도 등으로 명예를 훼손당한 사람은 언론 보도가 있음을 안 날로부터 3년 이내에 법원에 소를
_{민법상 정정 보도를 청구할 수 있는 기한} 제기할 수 있는데, 해당 언론 보도가 있은 후 10년이 지났을 때에는 불가하다. 민법상 정정 보도를 청구할 때는 언론사 등의 대표자뿐만이 아니라, 잘못된 언론 보도로 손해를 가한 기자, 편집자 등에
_{민법상 정정 보도의 피청구인}

대해서도 공동으로 청구할 수 있다. 그런데 민법상 정정 보도 청구권이 성립하려면 언론중재법과 달리 언론사의 (고의 또는 과실)이 있다는 것과, 해당 보도에 (위법성)이 있음이 입증되어야 한다. 만약 언

민법상 정정 보도 청구권의 성립 요건 ①

민법상 정정 보도 청구권의 성립 요건 ②

론 보도가 타인의 명예를 훼손했다 하더라도 해당 보도가 공공의

명예 훼손에 해당하더라도 민법상 위법이 아닌 경우

이익을 위한 것일 때는 위법이 아니라고 인정된다. 이처럼 민법상 정정 보도 청구권은 언론중재법상 정정 보도 청구권을 행사하는 것보다 (엄격한 성립 요건)을 필요로 한다.

5 (정정 보도 청구권)및 (반론 보도 청구권)은 피해를 입은 개인의 입장을 제공하게 하여 (개인의 피해 회복)을 ⓔ돕고 우리 사회가 진실

정정 보도 청구권과 반론 보도 청구권의 의의

을 발견하고 (올바른 여론을 형성)하는 데 일조한다.

지식을 쌓는 **배경지식**

매스미디어

- 매스커뮤니케이션미디어(mass communication media)를 축약한 말로, 불특정 다수인 대중에게 정보를 전달하는 매체를 의미함.
- 인쇄 매체인 신문, 잡지, 도서 등과 전파 매체(시청각 매체)인 TV, 라디오, 영화 등이 대표적이며, 내용적인 분류로는 보도, 교육, 논평, 예술, 교양, 광고, 오락 등으로 나눌 수 있음.
- 정보 통신 기술의 발전으로 인터넷, SNS 등과 같은 뉴미디어가 등장하면서 쌍방향 의사소통이 가능해지고, 매체 간의 경계가 모호해지고 있음.
- 정보를 신속하게, 널리 공유할 수 있게 하지만, 지나치게 상업화된 정보나 거짓된 정보 또는 편파적인 정보를 제공하여 사람들로 하여금 건전한 가치 판단을 하기 어렵게 만들기도 함.

언론중재 및 피해구제 등에 관한 법률(언론중재법)

① 제1장 총칙

- 언론중재법의 목적, 언론의 정의, 언론의 자유와 독립, 언론의 사회적 책임, 언론 등에 의한 피해구제의 원칙, 사망자의 인격권 보호, 고충처리인 등에 대해 규정함.

② 제2장 언론중재위원회

- 언론중재위원회의 설치, 중재위원의 직무상 독립과 결격사유, 중재부와 중재위원 등에 관한 내용이 담겨 있음.

③ 제3장 침해에 대한 규제

- 정정 보도 청구의 요건, 정정 보도 청구권의 행사, 반론 보도 청구권, 추후 보도 청구권 등에 관한 내용이 담겨 있음.

지문 분석하기

|지문 구조|

(가)

1 언론 매체 접근·이용권의 개념

↓

2 언론 매체 접근·이용권의 등장 배경

↓

3 언론 매체 접근·이용권의 대표적 형태인 반론권

↓

4 언론 매체 접근·이용권과 맞부딪칠 수 있는 편집권

|주제| 언론 매체 접근·이용권의 등장 배경과 실현 양상

(나)

1 정정 보도 청구권과 반론 보도 청구권의 규정 목적

↓

2 정정 보도 청구권과 반론 보도 청구권의 개념과 비교

↓

3 정정 보도와 반론 보도 청구의 기준

↓

4 민법상 정정 보도 청구권의 성립 요건

↓

5 정정 보도 청구권과 반론 보도 청구권의 의의

|주제| 언론중재법에서의 정정 보도 청구권 및 반론 보도 청구권과 민법에서의 정정 보도 청구권

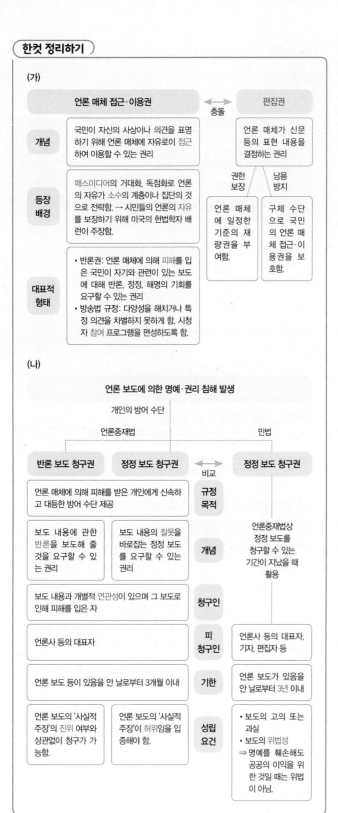

(가)

	언론 매체 접근·이용권	⟷	편집권
		충돌	
개념	국민이 자신의 사상이나 의견을 표명하기 위해 언론 매체에 자유로이 접근하여 이용할 수 있는 권리		언론 매체가 신문 등의 표현 내용을 결정하는 권리
등장 배경	매스미디어의 거대화, 독점화로 언론의 자유가 소수의 계층이나 집단의 것으로 전락함. → 시민들의 언론의 자유를 보장하기 위해 미국의 헌법학자 배런이 주장함.		권한 보장 / 남용 방지
대표적 형태	• 반론권: 언론 매체에 의해 피해를 입은 국민이 자기와 관련이 있는 보도에 대해 반론, 정정, 해명의 기회를 요구할 수 있는 권리 • 방송법 규정: 다양성을 해치거나 특정 의견을 차별하지 못하게 함. 시청자 참여 프로그램을 편성하도록 함.		언론 매체에 일정한 기준의 재량권을 부여함. / 구제 수단으로 국민의 언론 매체 접근·이용권을 보호함.

(나)

언론 보도에 의한 명예·권리 침해 발생
개인의 방어 수단

	언론중재법		민법
	반론 보도 청구권	정정 보도 청구권	정정 보도 청구권
규정 목적	언론 매체에 의해 피해를 받은 개인에게 신속하고 대등한 방어 수단 제공		
개념	보도 내용에 관한 반론을 보도해 줄 것을 요구할 수 있는 권리	보도 내용의 잘못을 바로잡는 정정 보도를 요구할 수 있는 권리	언론중재법상 정정 보도를 청구할 수 있는 기간이 지났을 때 활용
청구인	보도 내용과 개별적 연관성이 있으며 그 보도로 인해 피해를 입은 자		
피 청구인	언론사 등의 대표자		언론사 등의 대표자, 기자, 편집자 등
기한	언론 보도 등이 있음을 안 날로부터 3개월 이내		언론 보도가 있음을 안 날로부터 3년 이내
성립 요건	언론 보도의 '사실적 주장'의 진위 여부와 상관없이 청구가 가능함.	언론 보도의 '사실적 주장'이 허위임을 입증해야 함.	• 보도의 고의 또는 과실 • 보도의 위법성 ⇒ 명예를 훼손해도 공공의 이익을 위한 것일 때는 위법이 아님.

---

07 글의 전개 방식 파악

정답 ③

선택률	① 7%	② 3%	③ 84%	④ 3%	⑤ 3%

(가)와 (나)에 대한 설명으로 가장 적절한 것은?

〔정답 풀이〕

③ **(가)는 권리의 등장 배경과 실현 양상을 설명하였고, (나)는 근거한 법에 따른 권리의 성립 요건 차이를 비교하였다.**

해설 (가)는 1960년대 미국과 영국 내 언론의 독과점 상황을 통해 언론 매체 접근·이용권의 등장 배경을 설명하고, 반론권과 방송법의 조항 등을 통해 언론 매체 접근·이용권의 실현 양상을 설명하였다. (나)는 언론중재법에 근거한 정정 보도 청구권과 달리 민법에 근거한 정정 보도 청구권은 언론사의 고의 또는 과실이 있다는 것과, 해당 보도에 위법성이 입증되어야 한다는 것을 통해 두 권리의 성립 요건 차이를 비교하였다.

〔오답 풀이〕

① ~~(가)는 권리의 유형을 구분하였고, (나)는 권리의 주체를 법률의 내용에 따라 분류하였다.~~

해설 (가)는 권리의 유형을 구분하지 않았다. (나)는 3문단에서 정정 보도 청구권과 반론 보도 청구권의 주체에 대해 언급하였지만, 권리의 주체를 법률의 내용에 따라 분류하지는 않았다.

② ~~(가)는 권리의 발전 과정을 소개하였고, (나)는 권리의 실행 과정에 나타나는 한계를 지적하였다.~~

해설 (가)는 언론 매체 접근·이용권의 등장 배경을 설명하였지만, 권리의 발전 과정을 소개하지는 않았다. (나)는 정정 또는 반론 보도 청구의 기한에 제약이 있음을 언급하기는 했지만, 권리의 실행 과정에 나타나는 한계를 지적하였다고 보기는 어렵다.

④ ~~(가)는 시대에 따라 변화하는 권리의 의의를 평가하였고, (나)는 다른 권리와 대비하며 권리의 특성을 분석하였다.~~

해설 (가)는 시대에 따라 변화하는 권리의 의의를 평가하지 않았다. (나)는 정정 보도 청구권과 반론 보도 청구권을 대비하며 각 권리의 특성을 분석하였다.

⑤ ~~(가)는 권리가 올바르게 실행되기 위한 조건을 제시하였고, (나)는 권리의 실행으로 인해 변화된 양상을 서술하였다.~~

해설 (가)는 권리가 올바르게 실행되기 위한 조건을 제시하지 않았으며, (나)는 권리의 실행으로 인해 변화된 양상을 서술하지 않았다.

08 세부 정보의 파악　　　　정답 ⑤

선택률	① 7%	② 11%	③ 11%	④ 28%	⑤ 43%

(가), (나)의 내용과 일치하지 <u>않는</u> 것은?

정답 풀이

⑤ 배런은 시민에게 매체를 소유할 수 있는 권리가 주어지지 않아 언론의 자유가 소수의 것으로 전락했다고 보았다.
　　　　　　　　　　↳ 매스미디어의 거대화, 독점화에 따라

해설 (가)의 2문단에서 배런은 매스미디어의 거대화, 독점화에 따라 언론의 자유가 매체를 소유하거나 지배하는 소수의 계층이나 집단의 것으로 전락하였기 때문에 시민들의 언론의 자유를 보장하기 위해 언론 매체 접근·이용권을 인정해야 함을 주장하였음을 알 수 있다. 시민에게 매체를 소유할 수 있는 권리가 주어지지 않아 언론의 자유가 소수의 것으로 전락했다고 본 것은 아니다.

오답 풀이

① 언론 매체가 재량권을 남용한 경우에 국민의 언론 매체 접근·이용권은 보호받을 수 있다.

해설 (가)의 4문단에서 국민의 언론 매체 접근·이용권과 언론 매체의 권리인 편집권이 맞부딪칠 수 있기 때문에 언론 매체의 권리를 보장해 주기 위해 언론 매체에 일정한 기준의 재량권을 부여해 줌을 알 수 있다. 하지만 만약에 언론 매체가 일정한 재량권을 일탈하거나 남용할 때는 구제 수단을 활용하여 국민의 언론 매체 접근·이용권을 보호하고 있다고 하였다.

② 공공의 이익을 위한 보도가 타인의 명예를 훼손한 경우 민법상 정정 보도 청구권은 성립하지 않는다.

해설 (나)의 4문단에서 민법상 정정 보도 청구권이 성립하려면 해당 보도에 위법성이 있음이 입증되어야 하는데, 만약 언론 보도가 타인의 명예를 훼손했다 하더라도 해당 보도가 공공의 이익을 위한 것일 때는 위법이 아니라고 인정된다고 하였다. 따라서 공공의 이익을 위한 보도가 타인의 명예를 훼손한 경우 민법상 정정 보도 청구권은 성립하지 않는다.

③ 민법상 정정 보도 청구권은 언론중재법상 정정 보도 청구권보다 보도를 청구할 수 있는 기한이 길다.

해설 (나)의 3문단에서 언론중재법상 정정 보도 청구권은 해당 언론 보도 등이 있음을 안 날로부터 3개월 이내에 청구할 수 있고, 해당 언론 보도 등이 있은 후 6개월이 지났을 때에는 이를 청구할 수 없다고 하였다. 그리고 (나)의 4문단에서 민법상 정정 보도 청구권은 언론 보도가 있음을 안 날로부터 3년 이내에 법원에 소를 제기할 수 있고, 해당 언론 보도가 있은 후 10년이 지났을 때에는 불가하다고 하였다. 즉 민법상 정정 보도 청구권은 언론중재법상 정정 보도 청구권보다 보도를 청구할 수 있는 기한이 길다.

④ 언론중재법상 정정 보도 또는 반론 보도를 청구하려면 언론 보도로 인해 피해를 입은 사실이 있어야 한다.

해설 (나)의 3문단에서 언론중재법상 정정 보도 청구권과 반론 보도 청구권의 주체는 보도 내용과 개별적 연관성이 있으며 그 보도로 인해 피해를 입은 자라고 하였다. 즉 언론중재법상 정정 보도 또는 반론 보도를 청구하려면 언론 보도로 인해 피해를 입은 사실이 있어야 한다.

09 구체적 이유 추론　　　　정답 ①

선택률	① 58%	② 6%	③ 5%	④ 11%	⑤ 20%

㉠의 이유를 추론한 내용으로 가장 적절한 것은?
= 이때의 보도는 원 보도와 동일한 채널, 지면에서 이루어져야 하며, 방송 진행자는 보도문을 읽을 때 통상적인 속도로 읽어야 한다.

정답 풀이

① 원 보도와 동일한 효과를 낼 수 있는 대등한 방어 수단을 제공하기 위해서이다.

해설 (나)의 1문단에서 언론중재법에는 언론 매체에 의해 피해를 받은 개인에게 신속하고 대등한 방어 수단을 제공하기 위해 정정 보도 청구권과 반론 보도 청구권이 규정되어 있다고 하였다. 이때 대등한 방어 수단이라는 것은 언론 매체의 원 보도와 동일한 효과를 낼 수 있어야 한다는 것을 의미한다. 만약 정정 보도나 반론 보도가 원 보도와 다른 방식으로 이루어진다면 원 보도와 동일한 효과를 내기 어려울 것이다. 따라서 ㉠의 이유는 원 보도와 동일한 효과를 낼 수 있는 대등한 방어 수단을 제공하기 위해서라고 추론할 수 있다.

오답 풀이

② 원 보도를 한 언론사의 대표자에게 원 보도를 진실에 맞게 수정해 달라고 요구하기 위해서이다.

해설 (나)의 2문단에서 정정 보도 청구권은 진실하지 않은 보도 등으로 인해 피해를 입었을 경우 보도 내용의 잘못을 바로잡는 정정 보도를 요구할 수 있는 권리이고, 반론 보도 청구권은 언론 보도 등으로 인해 피해를 입었을 경우 그 보도 내용에 관한 반론을 보도해 줄 것을 요구할 수 있는 권리라고 하였다. 따라서 원 보도를 진실에 맞게 수정해 달라고 요구하는 것은 반론 보도 청구권의 내용을 포괄하지 못하며, ㉠의 이유로 볼 수 없다.

③ 원 보도에 비해 신속한 전달 수단을 제공하여 언론 매체에 의한 피해를 최소화하기 위해서이다.

해설 ㉠은 정정 보도 또는 반론 보도가 원 보도와 동일한 효과를 내도록 한 것이다. 따라서 원 보도에 비해 신속한 전달 수단을 제공한다고 볼 수 없다.

④ 언론 매체가 대중적인 주장과 사람들이 불편하게 여기는 주장을 차별적으로 보도하지 않도록 하기 위해서이다.

해설 ㉠은 언론사가 정정 보도 또는 반론 보도를 할 때 원 보도와 차별을 두지 않도록 한 것이다. 정정 보도 및 반론 보도와 원 보도의 관계가 대중적인 주장과 사람들이 불편하게 여기는 주장의 관계라고 보기는 어렵다.

⑤ 양측의 주장을 같은 방식으로 제공하여 옳고 그름에 대한 판단을 시청자 또는 독자가 내리도록 하기 위해서이다.

해설 (나)의 2문단에서 정정 보도는 보도 내용의 잘못을 바로잡는 것이고, 반론 보도는 보도 내용에 관한 반론을 보도하는 것임을 알 수 있다. 즉 반론 보도는 언론 매체의 시청자 또는 독자에게 원 보도와 같은 방식으로 반론 보도 내용을 제공하여 양측의 주장의 옳고 그름에 대한 판단을 시청자 또는 독자가 내리도록 한다고 볼 수 있다. 그러나 정정 보도는 진실하지 않은 원 보도 내용의 잘못을 바로잡는 것이므로 양측의 주장의 옳고 그름에 대한 판단을 시청자 또는 독자가 내리도록 하는 것이 아니다. 따라서 정정 보도와 반론 보도 모두에 적용되는 ㉠의 이유로 볼 수 없다.

👀 선택지 속 함정

⑤는 '반론 보도'에 관하여는 적절한 설명이어서 함정에 빠질 수 있어. ㉠에서 '이때의 보도'가 가리키는 것은 '정정 보도'와 '반론 보도'를 모두 포함하므로 '정정 보도'와 '반론 보도' 모두에 적용되는 ㉠의 이유를 찾아야 해. 그리고 언론과 개인의 관계를 고려해 봐도 이 선택지는 틀린 내용이야. 1문단에서 '개인에게 신속하고 대등한 방어 수단을 제공하기 위해 정정 보도 청구권과 반론 보도 청구권이 규정되어 있다.'라고 했잖아. 언론의 힘에 비해 한 개인의 힘은 미약할 수밖에 없지. 그렇기 때문에 개인의 권리를 보호해 주려는 것이잖아. 그런데 언론이 정정 또는 반론 보도를 할 때, 의도적으로 최대한 사람들의 이목을 끌지 않는 방식으로 한다면, 피해를 입은 개인의 권리가 충분히 실현될 수 없을 거야. 그렇기 때문에 보도하는 방식도 규정하여 피해자에게 대등한 방어 수단을 제공하는 것이지.

(가)를 바탕으로 〈보기〉를 이해한 내용으로 적절하지 않은 것은?

[3점]

┌─ 보기 ─────────────────────────────────

ㄱ. 방송법 제6조 제9항

　방송은 정부 또는 특정 집단의 정책 등을 공표하는 경우 <u>의견</u> <u>이 다른 집단에 균등한 기회가 제공되도록 노력하여야 하고</u>, 또
특정 의견을 차별하지 못하도록 함.
한 각 정치적 이해 당사자에 관한 방송 프로그램을 편성하는 경 우에도 <u>균형성이 유지되도록 하여야 한다.</u>
특정 의견을 차별하지 못하도록 함.

ㄴ. 방송법 제6조 제2항

　방송은 <u>성별·연령·직업·종교·신념·계층·지역·인종 등을 이</u>
사회의 다양성을 해치지 못하도록 함.
<u>유로 방송편성에 차별을 두어서는 아니 된다.</u>

ㄷ. 언론중재법 제17조 제1항

　언론 등에 의하여 범죄 혐의가 있거나 형사상의 조치를 받았 다고 보도 또는 공표된 자는 그에 대한 형사 절차가 무죄 판결 또는 이와 동등한 형태로 종결되었을 때에는 그 사실을 안 날부터 3개 월 이내에 언론사 등에 이 사실에 관한 <u>추후 보도의 게재를 청구</u>
반론권에 해당함.
할 수 있다.

└──

정답 풀이

② ~~ㄱ은 언론 매체에 의하여 비판을 당한 국민이 반론의 기회를 요구할 수 있~~ ~~는 권리를 보장하고 있다.~~ ↳ ㄱ은 국민의 반론권이 아니라 언론 매체가 지켜야 할 내용임.

해설 (가)의 3문단에서 언론 매체에 의하여 명예 훼손 등으로 피해를 입은 국민 이 자기와 관련이 있는 보도에 대해 반론이나 정정 또는 해명의 기회를 요구할 수 있는 권리는, 법적으로 보장받는 언론 매체 접근·이용권의 대표적인 형태인 반론권임을 알 수 있다. 또한 3문단에서 언론 매체 접근·이용권을 법적으로 보 장하기 위해 방송법에 언론 매체가 사회의 다양성을 해치거나 임의로 특정 의견 을 차별하지 못하게 하는 조항을 마련하고 있음을 알 수 있다. 이를 통해 볼 때 ㄱ은 국민이 갖는 반론권에 대한 내용이 아니라, 언론 매체가 사회의 다양성을 해치거나 임의로 특정 의견을 차별하지 못하게 하는 방송법 조항에 해당한다.

오답 풀이

① ㄱ은 언론 매체가 공정한 여론을 형성하는 공론장의 역할을 해야 한다는 인 식을 반영하고 있다.

해설 (가)의 3문단에서 언론 매체 접근·이용권을 법적으로 보장하기 위해 방송 법에 언론 매체가 사회의 다양성을 해치거나 임의로 특정 의견을 차별하지 못 하게 하는 조항을 마련하고 있음을 알 수 있다. 이를 통해 볼 때, ㄱ은 언론 매체 접근·이용권을 보장하는 방송법 조항이다. 한편 (가)의 2문단에서 배런은 언론 매체가 공론장의 역할을 하지 못해 국민의 다양하고 공정한 여론을 형성하는 기 능을 수행하지 못함을 지적하며 언론 매체 접근·이용권을 인정해야 함을 주장 하였음을 알 수 있으므로, ㄱ은 언론 매체가 공정한 여론을 형성하는 공론장의 역할을 해야 한다는 인식을 반영하고 있다고 볼 수 있다.

③ ㄴ은 언론 매체가 사회의 다양성을 해치지 못하도록 하고 있다.

해설 (가)의 3문단에서 언론 매체 접근·이용권을 법적으로 보장하기 위해 방송 법에 언론 매체가 사회의 다양성을 해치지 못하게 하는 조항을 마련하고 있음을 알 수 있다. 이를 통해 볼 때, ㄴ은 언론 매체가 사회의 다양성을 해치지 못하도 록 하는 조항에 해당한다.

④ ㄷ은 매스미디어를 소유하지 않아도 언론의 자유를 보장받을 수 있도록 하 고 있다.

해설 (가)의 3문단에서 언론 매체 접근·이용권의 대표적인 형태인 반론권은 언 론 매체에 정정 및 반론 보도, 추후 보도 등을 청구할 수 있는 권리로 구체화되 어 있다고 하였다. 이를 통해 볼 때, ㄷ은 언론 매체 접근·이용권을 보장하는 언 론중재법 조항에 해당한다. 한편 (가)의 2문단에서 배런은 매스미디어의 거대화, 독점화에 따라 언론의 자유가 매체를 소유하거나 지배하는 소수의 계층이나 집 단의 것으로 전락하였기 때문에 시민들의 언론의 자유를 보장하기 위해 언론 매 체 접근·이용권을 인정해야 함을 주장하였다고 하였다. 이를 통해 볼 때, ㄷ은 언론사 등에 추후 보도의 게재를 청구할 수 있도록 하여, 매스미디어를 소유하 지 않아도 언론의 자유를 보장받을 수 있도록 한 것이다.

🔍 **선택지 속 함정**

　④는 ㄷ의 '언론중재법'이 (가)에는 직접적으로 등장하지 않고, (나)에서만 언 급되어 있어서 적절성을 판단하기 어려웠을 수 있어. 그런데 (가)의 3문단에서 반론권의 구체적 권리로 추후 보도를 청구할 수 있는 권리가 있다고 한 내용과 ㄷ의 '추후 보도의 게재를 청구'한다는 내용을 연결하여 이해하면, 결국 ㄷ은 반 론권과 관련된 법 조항임을 알 수 있지. '언론중재법'이라는 표현에만 갇혀서 ㄷ의 내용을 놓치지 않도록 주의해야 해.

⑤ ㄷ은 언론 보도로 피해를 입은 사람이 자신의 의사를 표명할 수 있도록 하 고 있다.

해설 (가)의 3문단에서 언론 매체에 의하여 명예 훼손·비판·공격 등으로 피해 를 입은 국민이 자기와 관련이 있는 보도에 대해 반론이나 정정 또는 해명의 기 회를 요구할 수 있는 반론권을 가지는데, 반론권은 언론 매체에 정정 및 반론 보 도, 추후 보도 등을 청구할 수 있는 권리로 구체화되어 있음을 알 수 있다. 이를 통해 볼 때, ㄷ은 반론권 중 추후 보도의 청구와 관련된 법 조항이다. 자신이 범 죄 혐의가 있거나 형사상의 조치를 받았다는 언론 보도로 인해 피해를 입은 사 람이 추후 보도의 게재를 청구하여 자신의 의사를 표명할 수 있도록 한 것이다.

11 구체적 상황에 적용 정답 ④

선택률	① 28%	② 9%	③ 13%	④ 44%	⑤ 6%

(나)를 바탕으로 〈보기〉를 탐구한 내용으로 적절하지 않은 것은?

보기

○○동물 병원을 운영하는 A는 △△신문의 기자 B가 제보 내용에 대한 별도의 취재 없이 보도한 기사로 인해 매출이 줄어드는 피해를 입었다. A는 다음의 내용으로 △△신문의 대표자 C 또는 기자 B에게 정정 및 반론 보도를 요청하고자 한다.

본 신문은 2022년 9월 1일자 10면에 '○○시 소재 동물 병원, 입원한 반려견 방치하고 처방전 미발급'이라는 제목으로 ○○시에 소재한 모 동물 병원이 입원한 반려견에게 먹이를 주지 않았으며 처방전을 발급하지 않고 의약품을 투약했다고 보도하였습니다.

「그러나 해당 동물 병원의 CCTV 영상을 확인한 결과 동물 병원의 직원들이 입원한 반려견에게 적정량의 먹이를 제공한 것으로 밝혀져 이를 바로잡습니다. 또한 해당 동물 병원에서는 처방전을 발급하지 않은 것은 사실이지만, 관련 법에 근거하여 수의사가 직접 처방 대상 동물용 의약품을 투약하는 경우에는 처방전을 발급하지 않을 수 있다고 밝혀 왔습니다.」

(기사를 보도한 △△신문 / 「」: 반론 보도의 내용)

정답 풀이

④ B의 기사 중 입원한 반려견에게 먹이를 주지 않았다는 내용은 사실적 주장에 해당하지 않겠군.
↳ 해당하겠군

해설 (나)의 3문단에서 사실적 주장은 증거에 의해서 그 존재 여부를 판단할 수 있는 사실 관계에 관한 주장을 의미한다고 하였다. B의 기사 중 입원한 반려견에게 먹이를 주지 않았다는 내용은 해당 동물 병원의 CCTV 영상이라는 증거에 의해 먹이를 주었는지 혹은 주지 않았는지 판단할 수 있는 사실 관계에 관한 주장에 해당하므로 사실적 주장에 해당한다.

오답 풀이

① A가 별도의 취재를 하지 않은 B에게 정정 보도를 청구하려면 법원에 소를 제기해야겠군.

해설 (나)의 4문단에서 민법상 정정 보도 청구권에 따르면 언론 보도 등으로 명예를 훼손당한 사람은 법원에 소를 제기할 수 있다고 하였다. 그리고 민법상 정정 보도를 청구할 때는 언론사 등의 대표자뿐만이 아니라, 잘못된 언론 보도로 손해를 가한 기자, 편집자 등에 대해서도 공동으로 청구할 수 있다고 하였다. 따라서 A가 별도의 취재를 하지 않은 B에게 정정 보도를 청구하려면 민법 제764조에 의거하여 정정 보도를 청구하는 소를 법원에 제기해야 한다.

② A는 먹이 제공과 관련된 내용은 정정 보도를, 처방전 미발급과 관련된 내용은 반론 보도를 청구하려는 것이겠군.

해설 (나)의 2문단에서 정정 보도는 보도 내용의 잘못을 바로잡는 것이고, 반론 보도는 보도 내용에 관한 반론을 보도하는 것임을 알 수 있다. A는 CCTV 영상을 근거로 하여 모 동물 병원이 입원한 반려견에게 먹이를 주지 않았다는 원 보도 내용이 허위임을 입증하고 원 보도 내용의 잘못을 바로잡고자 하고 있다. 그리고 처방전을 발급하지 않고 의약품을 투약했다는 원 보도 내용에 대하여는 처방전을 발급하지 않은 것은 사실이지만, 관련 법에 근거하여 처방전을 발급하지

않을 수 있는 상황이 있음을 밝히고자 하였다. 즉 A는 먹이 제공과 관련된 내용은 원 보도 내용의 잘못을 바로잡는 정정 보도를 청구하고, 처방전 미발급과 관련된 내용은 원 보도 내용에 관한 반론을 보도해 줄 것을 요구하는 반론 보도를 청구하려는 것이다.

③ A가 △△신문의 보도가 있음을 안 날이 2023년 9월 1일이라면 민법 제764조에 의거하여 권리를 행사해야겠군.

해설 (나)의 3문단에서 언론중재법상 정정 보도와 반론 보도는 해당 언론 보도 등이 있은 후 6개월이 지났을 때에는 청구할 수 없다고 하였다. 그런데 △△신문의 보도가 있은 것은 2022년 9월 1일로, A가 △△신문의 보도가 있음을 안 날이 2023년 9월 1일이라면 보도가 있은 후 6개월이 지났으므로 언론중재법상 권리를 행사할 수 없다. 따라서 언론 보도가 있음을 안 날로부터 3년, 해당 언론 보도가 있은 후 10년 이내에 법원에 소를 제기할 수 있도록 한 민법 제764조에 의거하여 권리를 행사해야 한다.

⑤ C가 언론중재법에 의거한 A의 청구를 수용한다면, 청구를 받은 날부터 일주일 이내에 A가 요청한 보도문을 △△신문에 싣겠군.

해설 (나)의 3문단에서 언론사가 언론중재법에 의거한 정정 보도나 반론 보도의 청구를 수용한다면 청구를 받은 날부터 7일 이내에 정정 또는 반론 보도문을 방송하거나 싣게 되며, 이때의 보도는 원 보도와 동일한 채널, 지면에서 이루어진다고 하였다. 따라서 C가 언론중재법에 의거한 A의 청구를 수용한다면, 청구를 받은 날부터 일주일 이내에 A가 요청한 보도문을 △△신문에 싣게 된다.

12 어휘의 문맥적 의미 파악 정답 ⑤

선택률	① 3%	② 1%	③ 5%	④ 6%	⑤ 85%

문맥상 ⓐ~ⓔ와 바꾸어 쓰기에 적절하지 않은 것은?

정답 풀이

⑤ ⓔ: 증진하고
= 돕고

해설 ⓔ에서 '돕다'는 '남이 하는 일이 잘되도록 거들거나 힘을 보태다.'라는 의미로 사용되었다. '증진하다'는 '기운이나 세력 따위를 점점 더 늘려 가고 나아가게 하다.'라는 의미이므로 ⓔ를 '증진하고'와 바꾸어 쓰는 것은 적절하지 않다.

오답 풀이

① ⓐ: 비하면
= 견주면

해설 ⓐ에서 '견주다'는 '둘 이상의 사물을 질(質)이나 양(量) 따위에서 어떠한 차이가 있는지 알기 위하여 서로 대어 보다.'라는 의미로 사용되었다. '비하다'는 '사물 따위를 다른 것에 비교하거나 견주다.'라는 의미이므로 문맥상 ⓐ를 '비하면'으로 바꾸어 쓸 수 있다.

② ⓑ: 기여하는
= 이바지하는

해설 ⓑ에서 '이바지하다'는 '도움이 되게 하다.'라는 의미로 사용되었다. '기여하다'는 '도움이 되도록 이바지하다.'라는 의미이므로 문맥상 ⓑ를 '기여하는'으로 바꾸어 쓸 수 있다.

③ ⓒ: 충돌할
= 맞부딪칠

해설 ⓒ에서 '맞부딪치다'는 '서로 힘 있게 마주 닿다.'라는 의미로 사용되었다. '충돌하다'는 '서로 맞부딪치거나 맞서다.'라는 의미이므로 문맥상 ⓒ를 '충돌할'로 바꾸어 쓸 수 있다.

④ ⓓ: 게재하게
= 싣게

해설 ⓓ에서 '싣다'는 '글, 그림, 사진 따위를 책이나 신문 따위의 출판물에 내다.'라는 의미로 사용되었다. '게재하다'는 '글이나 그림 따위를 신문이나 잡지 따위에 싣다.'라는 의미이므로 문맥상 ⓓ를 '게재하게'로 바꾸어 쓸 수 있다.

MEMO

MEMO

MEMO

MEMO

MEMO

기출의
바이블

기출의 바이블

고2 독서

2권 │ 정답과 해설편

1권	2권	특별부록
문제편	**정답과 해설편**	**분석 노트**
· 반드시 학습해야 할 5개년 학력평가 기출문제 수록 · 출제될 가능성이 높은 테마 중심의 기출문제 2세트 연계 구성	· 지문과 문제의 이해를 돕는 꼼꼼한 첨삭 표기 · 핵심을 꿰뚫는 지문 분석과 문제를 이해하는 데 필요한 상세한 해설	· 지문의 핵심 내용을 간추려 만들어 보는 '나만의 분석 노트' · 문제 해결에 실질적인 도움이 되는 지문 독해 방법 훈련

가르치기 쉽고 빠르게 배울 수 있는 **이투스북**

www.etoosbook.com

○ **도서 내용 문의**
홈페이지 > 이투스북 고객센터 > 1:1 문의

○ **도서 정답 및 해설**
홈페이지 > 도서자료실 > 정답/해설

○ **도서 정오표**
홈페이지 > 도서자료실 > 정오표

○ **선생님을 위한 강의 지원 서비스 T폴더**
홈페이지 > 교강사 T폴더

기출의
바이블

Bible of Korean

특별
부록 ▸ 분석 노트

기출의
바이블

기출의
바이블

Bible of Korean

독서 어떻게 학습해야 할까?

 국어 독서 출제 방침

독서 능력은 다량의 정보를 신속하고 정확하게 처리해야 하는 정보화 시대의 국어생활 맥락과 비판적·창의적인 문헌 해석 및 활용 능력을 요구하는 학문 활동 환경을 고려할 때 매우 중요하게 요구되는 국어 능력 중 하나이다.

독서 영역에서는 인문학·사회학·자연과학·기술공학·예술·생활 분야의 다양한 글을 제재로 하여, 독서 원리와 방법에 대한 지식과 아울러 어휘력, 사실적·추론적·비판적·창의적 사고력 등을 측정한다. 이를 위해 설명문·논설문·서사문·보고서·생활문 등 다양한 유형의 글을 활용하여 출제하되, 지문에 포함된 내용을 이해하는 데 필요한 배경지식의 수준과 범위가 고교 교육과정을 벗어나지 않도록 한다.

<출처 : 한국교육과정평가원>

 국어 독서 학습 방법

1 어휘력 쌓기

수능 국어는 정보화 시대에 필요한 언어 능력과 올바른 사고력을 갖추고 있는지를 평가하는 데 목적이 있습니다. 이에 따라 수능 국어, 그중 특히 독서 지문에는 수준 높은 고등 어휘가 다수 쓰입니다. 따라서 지문을 제대로 이해하기 위해서는 그에 맞는 수준의 어휘력이 필요합니다. 평소 다양한 분야의 글을 읽으면서 모르는 어휘가 나오면 직접 사전을 찾아보고 뜻을 익혀 가며 어휘력을 쌓기 위해 노력해야 합니다. 적어도 기출 문제에 쓰인 어휘의 의미는 확실하게 알아야 합니다.

2 배경지식 늘리기

수능 국어의 독서 영역에서는 다양한 분야를 다룬 글이 지문으로 출제됩니다. 수능 국어에서 해당 분야의 지식을 평가하는 것은 아니지만, 그에 대한 배경지식을 갖고 있다면 시험장에서 지문의 내용을 한결 빠르고 쉽게 이해할 수 있습니다. 따라서 인문·예술에서는 저명한 학자의 사상과 이론의 핵심 내용을 충분히 학습해 두는 것이 좋습니다. 또한 사회, 과학, 기술에서는 사회적으로 화제가 된 분야에 관해 관심을 갖고 보다 심도 있게 탐구하는 자세가 필요합니다. 그리고 대상을 통합적인 시각에서 비판적으로 이해하는 자세도 필요합니다.

3 독해 방법 익히기

수능 국어는 시간제한이 있기 때문에 지문의 내용을 정확하고 빠르게 이해하는 것이 매우 중요합니다. 따라서 문제를 푼 후 복습할 때 지문을 분석하는 훈련을 해야 실전에서 문제 풀이 시간을 줄일 수 있습니다. 지문을 분석할 때는 각 문단의 핵심어를 찾아 표시하고, 문단 간의 관계를 중심으로 내용의 흐름을 파악해야 합니다. 이해한 내용을 도표의 형태로 일목요연하게 정리해 보는 것도 지문을 분석하는 좋은 방법이 될 수 있습니다.

독해 방법 연습하기

공리주의의 종류와 특징

◆ 답안은 '정답과 해설편' 15~16쪽을 참조

① 핵심어

* 각 문단에서 핵심어라고 생각되는 어휘나 어구를 찾아 써 보세요.

1 공리주의, _____

2 쾌락주의적 공리주의, _____

3 한계를 극복, _____

4 대안, _____

5 최선의 결과, _____

② 지문 구조

☞ 개념, 최선의, 이론, 이상, 쾌락

1 공리주의의 (   ) 및 최선의 결과에 대한 관점에 따른 공리주의의 구분

↓

2 (   ) 주의적 공리주의 이론 ↔ **3** 선호 공리주의 (   ) ↔ **4** (   ) 공리주의 이론

↓

5 공리주의 담론에서 계속되는 (   ) 결과에 대한 논의

③ 주제

☞ 공리주의, 세 가지, 결과

_____

_____

④ 한컷 정리하기 ☞ 공리, 쾌락, 추구, 선호, 본래적, 최선의 결과, 실현

공리주의

• 어떤 행위의 옳고 그름이 (   ), 즉 그 행위가 인간의 이익과 행복을 늘리는 데 결과적으로 얼마나 기여하는가에 따라 결정된다고 보는 이론
• 최선의 결과를 가져오는 행위를 옳은 행위로 보고, 최선의 결과를 (   ) 가치로 여김.

최선의 결과를 무엇으로 보느냐에 따라

	쾌락주의적 공리주의	선호 공리주의	이상 공리주의
개념	최선의 결과를 ( )의 증진으로 보는 이론	최선의 결과를 선호의 ( )으로 보는 이론	최선의 결과를 이상의 실현으로 보는 이론
옳은 행위	모든 사람의 쾌락을 가장 많이 증진하는 행위	모든 사람 각자의 ( )를 가장 많이 실현시키는 행위	본래적 가치에 해당하는 이상들을 더 많이 실현하는 행위
한계	어떤 행위를 선택할 때 쾌락 외의 다른 것을 ( )하기도 한다는 것을 설명하기 어려움.	비정상적인 욕구에 기반한 선호의 실현과 반대의 경우가 동일한 비중을 갖지 않는다는 점을 설명하기 어려움.	본래적 가치에 해당하는 이상들 중 어떤 이상의 실현이 ( )일지에 대해 설명하기 어려움.

---

❶ 핵심어

각 문단에는 서술 내용이나 글의 구조를 파악할 수 있는 핵심어가 있습니다. 각 문단에서 말하고 있는 화제가 무엇인지를 찾아 정리해 봅시다. 핵심어를 찾아 표시해 두면, 세부 내용을 묻는 문제를 풀 때 정보를 빠르게 확인할 수 있습니다.

❷ 지문 구조

각 문단에서 말하고 있는 내용이 무엇인지 한마디로 정리해 봅시다. 그리고 나서 문단 간의 관계를 파악하면서 글의 흐름을 이해해 봅시다. 글의 흐름을 이해하는 연습을 하면 글의 내용을 파악하기가 한결 수월해집니다.

❸ 주제

글 전체를 아우르는 주제를 파악하여 써 봅시다. 글을 통해 글쓴이가 핵심적으로 말하고자 하는 바가 무엇인지를 파악하는 것은 글의 관점을 이해하는 데 매우 중요합니다. 경우에 따라 글의 주제나 화제를 직접적으로 묻는 문제가 출제되기도 합니다.

❹ 한컷 정리하기

글의 핵심 내용을 도표로 정리하며 되새겨 봅시다. 도표로 글을 정리하는 과정에서 주요 내용 간의 관계를 파악하는 것은 물론, 중요한 정보와 그렇지 않은 정보를 분별하는 능력을 키울 수 있습니다.

01~05　＊본문 12쪽 지문의 내용을 생각하며 ⊘키워드를 활용하여 빈칸을 채워 보세요.

'기억'에 대한 서양철학의 시각

◆ 답안은 '정답과 해설편' 6~7쪽을 참조

핵심어

* 각 문단에서 핵심어 라고 생각되는 어휘나 어구를 찾아 써 보세요.

1 플라톤, ＿＿＿＿＿＿＿＿＿＿＿＿＿＿
＿＿＿＿＿＿＿＿＿＿＿＿＿＿＿＿＿＿＿＿

2 피히테, ＿＿＿＿＿＿＿＿＿＿＿＿＿＿
＿＿＿＿＿＿＿＿＿＿＿＿＿＿＿＿＿＿＿＿

3 니체, ＿＿＿＿＿＿＿＿＿＿＿＿＿＿＿

4 망각의 역량, ＿＿＿＿＿＿＿＿＿＿＿
＿＿＿＿＿＿＿＿＿＿＿＿＿＿＿＿＿＿＿＿

5 니체, ＿＿＿＿＿＿＿＿＿＿＿＿＿＿＿
＿＿＿＿＿＿＿＿＿＿＿＿＿＿＿＿＿＿＿＿

주제
⊘ 기억, 망각, 서양철학

＿＿＿＿＿＿＿＿＿＿＿＿＿＿＿＿＿＿＿＿
＿＿＿＿＿＿＿＿＿＿＿＿＿＿＿＿＿＿＿＿

한컷 정리하기 　⊘ 니체, 이분법, 아이, 창조적, 자기의식, 세계, 망각, 하이데거, 현재

기억에 대한 전통적 서양철학의 인식

- 플라톤: 이데아가 기억을 통해 인식될 수 있다고 보아, 기억과 망각 사이에 가치 론적( )을 설정함.
- ( ): 진리는 망각이 없는 상태, 즉 기억이 지배하는 상태를 의미한다고 강 조함.

피히테　←비판→　( )

피히테
- '자기의식'이라는 개념을 설명하 는 과정에서 기억을 세계 경험 에 대한 최고 수준의 기능으로 인식함.
- ( )은 기억의 능력을 통 해 과거의 '나'와 현재의 '나'가 같음을 의식하는 것임.
⇒ 기억이 없다면 ( )도 존 재할 수 없음.

( )
- 기억은 부정적·수동적 능력, 망 각은 능동적·( ) 능력으 로 인식함.
- 과거의 기억들이 정신에 가득 차 있다면 무언가를 새롭게 인식하 는 것은 불가능함.
- 기억에만 집착하는 사람들은 ( )를 행복하게 살아갈 수 없음.
- 건강한 망각의 역량을 복원하기 위해서 궁극적으로 순진무구한 ( )와 같은 모습이 되어 야 함.
⇒ 현재를 행복하게 살아가기 위 한 능력으로써 ( )을 긍 정적으로 봄.

지문 구조

⊘ 인식, 긍정적, 피히테, 의의, 기억

1 ( )에 대한 전통적 서양철학의 인식

↓

2 기억에 대한 ( )의 인식　↔

3 사유 전통을 거부한 니체의 기억과 망각 에 대한 ( )

↓

4 망각을 ( ) 으로 바라본 니체

↓

5 기억에 대한 니체의 사유가 지닌 ( )

MEMO

*본문 14쪽 지문의 내용을 생각하며 ⚓키워드를 활용하여 빈칸을 채워 보세요.

프레게의 '고유 이름'에 대한 이해

◆ 답안은 '정답과 해설편' 9~10쪽을 참조

핵심어

* 각 문단에서 핵심어라고 생각되는 어휘나 어구를 찾아 써 보세요.

1 언어철학, _____

_____

2 의미지칭이론, _____

3 인식, _____

4 고유 이름, _____

_____

5 관념, _____

_____

6 고유 이름이 의미하는 바, _____

_____

주제
⚓ 고유 이름, 프레게

_____

_____

한컷 정리하기 ⚓ 관념, 뜻, 지시체 자체, 한정 기술구

의미지칭이론	비판 ←	프레게
• 고유 이름은 ( )라고 봄. • 서로 다른 고유 이름으로 표현한 두 문장은 완전히 동일한 의미를 지닌다고 봄.		• 지시체와 ( )을 구분하여 고유 이름이 의미하는 바를 새롭게 설명하는 이론을 제시함.

프레게의 이론

• 고유 이름이 지시체 그 자체가 아닌 '뜻'을 의미한다고 봄.
• 고유 이름에 ( )도 포함되어야 한다고 주장함.
• 특정 지시체에 대해 개인이 갖고 있는 ( )을 뜻과 혼동해서는 안 된다고 말함.

지문 구조
⚓ 비판, 한정, 이론, 문제, 관념, 프레게

1 고유 이름의 의미에 대한 의미지칭이론의 견해와 이를 ( )한 프레게의 이론

↓

2 의미지칭이론을 따를 때 발생하는 ( )를 지적한 프레게

↓

3 ( )의 견해 ① – 고유 이름은 뜻을 의미함. ↔ **4** 프레게의 견해 ② – 고유 이름에 ( ) 기술구도 포함되어야 함. ↔ **5** 프레게의 견해 ③ – ( )과 뜻을 구분해야 함.

↓

6 프레게 ( )의 의의

MEMO

01~05　＊본문 16쪽 지문의 내용을 생각하며 🔑키워드를 활용하여 빈칸을 채워 보세요.

도덕적 갈등 문제를 바라보는 다양한 관점

◆ 답안은 '정답과 해설편' 12~13쪽을 참조

핵심어

* 각 문단에서 핵심어라고 생각되는 어휘나 어구를 찾아 써 보세요.

1 가치들, _____

_____

2 도덕적 원칙주의자, _____

3 도덕적 원칙주의, _____

4 도덕적 자유주의자, _____

5 도덕적 자유주의, _____

6 도덕적 다원주의자, _____

7 도덕적 다원주의자, _____

8 도덕적 다원주의, _____

_____

주제

🔑 세 가지, 문제, 도덕적 갈등

_____

_____

한컷 정리하기　🔑 타협점, 이성, 인식, 자율성, 현실적인, 도덕 법칙, 실제로, 상위 원리, 자유, 갈등

도덕적 갈등 문제			
• 대립하는 가치들 중 어떤 가치를 선택해야 하는가의 문제			

도덕적 갈등 문제를 바라보는 관점

	도덕적 원칙주의	도덕적 (　　)주의	도덕적 다원주의
관점	• 선험적인 (　　)이 존재함. • 갈등 상황에서 도덕 법칙에 반드시 따라야 함.	• 선험적인 도덕 법칙은 존재하지 않음. • (　　)를 바탕으로 갈등을 해결해야 함.	• 해결 불가능한 도덕적 갈등이 존재함. • 중재를 통해 (　　)을 모색해야 함.
의의	인간의 합리적인 (　　)을 신뢰하고, 윤리적으로 올바른 삶이 무엇인가를 규명하고자 함.	인간의 (　　)을 보장하면서 갈등 상황을 해결할 수 있는 현실적인 방법을 만들어 냄.	도덕적 갈등을 바라보는 근본적인 (　　)을 바꿈.
한계	선험적인 도덕 법칙이 존재한다면 도덕적 갈등이 나타나지 않거나 쉽게 해결되어야 하는데 (　　)는 그렇지 않음.	상위 원리를 만드는 것이 항상 가능한 것은 아니며, 규범과 지침을 마련하는 과정에서 또 다른 (　　)이 발생할 수 있음.	도덕적 갈등을 해결할 수 있는 (　　) 지침을 제공하지 않음.

지문 구조

🔑 자유, 갈등, 타협, 원칙, 의의, 다원, 도덕적, 한계

1 도덕적 (　　) 문제를 바라보는 다양한 관점

↓

2 도덕적 (　　) 주의자의 관점 ↔ **4** 도덕적 (　　) 주의자의 관점 ↔ **6** 도덕적 (　　) 주의자의 관점

↓　　　　↓　　　　↓

3 도덕적 원칙주의 의의 (　　) 와 한계　**5** 도덕적 자유주의 의의와 (　　)　**7** 도덕적 다원주의자가 제안하는 (　　)

↓

8 (　　) 다원주의의 의의와 한계

공리주의의 종류와 특징

◆ 답안은 '정답과 해설편' 15~16쪽을 참조

핵심어

*각 문단에서 핵심어라고 생각되는 어휘나 어구를 찾아 써 보세요.

1 공리주의, _____

2 쾌락주의적 공리주의, _____

_____

3 한계를 극복, _____

_____

4 대안, _____

_____

5 최선의 결과, _____

_____

주제
⊘ 공리주의, 세 가지, 결과

_____

_____

한컷 정리하기 ⊘ 공리, 쾌락, 추구, 선호, 본래적, 최선의 결과, 실현

공리주의

- 어떤 행위의 옳고 그름이 ( ), 즉 그 행위가 인간의 이익과 행복을 늘리는 데 결과적으로 얼마나 기여하는가에 따라 결정된다고 보는 이론
- 최선의 결과를 가져오는 행위를 옳은 행위로 보고, 최선의 결과를 ( ) 가치로 여김.

최선의 결과를 무엇으로 보느냐에 따라

	쾌락주의적 공리주의	선호 공리주의	이상 공리주의
개념	최선의 결과를 ( )의 증진으로 보는 이론	최선의 결과를 선호의 ( )으로 보는 이론	최선의 결과를 이상의 실현으로 보는 이론
옳은 행위	모든 사람의 쾌락을 가장 많이 증진하는 행위	모든 사람 각자의 ( )를 가장 많이 실현시키는 행위	본래적 가치에 해당하는 이상들을 더 많이 실현하는 행위
한계	어떤 행위를 선택할 때 쾌락 외의 다른 것을 ( )하기도 한다는 것을 설명하기 어려움.	비정상적인 욕구에 기반한 선호의 실현과 반대의 경우가 동일한 비중을 갖지 않는다는 점을 설명하기 어려움.	본래적 가치에 해당하는 이상들 중 어떤 이상의 실현이 ( )일지에 대해 설명하기 어려움.

지문 구조
⊘ 개념, 최선의, 이론, 이상, 쾌락

1 공리주의의 ( ) 및 최선의 결과에 대한 관점에 따른 공리주의의 구분

↓

2 ( ) 주의적 공리주의 이론 ↔ 3 선호 공리주의 ( ) ↔ 4 ( ) 공리주의 이론

↓

5 공리주의 담론에서 계속되는 ( ) 결과에 대한 논의

MEMO

01~04 *본문 20쪽 지문의 내용을 생각하며 ✎키워드를 활용하여 빈칸을 채워 보세요.

교류 분석 이론

◆ 답안은 '정답과 해설편' 19~20쪽을 참조

핵심어
* 각 문단에서 핵심어라고 생각되는 어휘나 어구를 찾아 써 보세요.

1 교류 분석 이론, _____

_____

2 자아상태 모델, _____

3 P 자아상태, _____

_____

4 C 자아상태, _____

_____

5 인지, _____

_____

6 긍정적 스트로크, _____

7 교류 분석 이론, _____

_____

주제
✎ 스트로크, 이해, 교류 분석 _____

_____

한컷 정리하기 ✎ 심리 치료, 모두, 욕구, 순간, 구분, P, 어릴, 순응하는, 행위, 고통스럽게, 인정, 대책

교류 분석 이론

- 에릭 번이 창시한 이론으로, (   ) 및 상담에 널리 활용됨.
- 관찰 가능한 인간 행동을 간결하고 쉬운 용어로 분석함으로써 사람들이 이해하기 쉽게 설명해 줌.
- 과거의 경험을 통해 인간의 성격을 파악할 수 있게 했을 뿐 아니라 인간의 (   )와 관련지어 의사소통 과정을 분석할 수 있게 함.

주요 개념 2가지

자아상태	스트로크
특정 순간에 보이는 일련의 행동, 사고, 감정의 총체를 일컫는 것으로, 특정 ( )마다 달라질 수 있음.	( )의 욕구로 인해 서로 상대방을 인지한다는 신호를 보내는 행위를 말함.

세 가지 자아상태 모델 | 스트로크의 (   )

A . 자아상태	( ) 자아상태	C 자아상태
가장 현실적인 ( )을 찾는. 객관적이며 합리적인 자아상태	자신 혹은 타인을 가르치거나 보살피려 하는 자아상태	( ) 때처럼 행동·사고하거나 감정을 느끼는 자아상태

언어적 스트로크	긍정적 스트로크	조건적 스트로크
언어로 신호를 보내는 행위	상대방을 즐겁게 하는 행위	상대방의 ( )에 반응하는 행위
비언어적 스트로크	부정적 스트로크	무조건적 스트로크
몸짓 표정 등으로 신호를 보내는 행위	상대방을 ( )하는 행위	상대의 존재 그 자체에 반응하는 행위

CP	NP	AC	FC
통제적 어버이	양육적 어버이	( ) 어린이	자유로운 어린이

건강하고 균형 잡힌 성격이 되려면 세 가지 자아상태가 (   ) 필요함.

스트로크를 받지 못하는 것보다는 어떤 스트로크든 받는 게 낫다고 봄.

지문 구조
✎ 세 가지, 에릭 번, 구분, 일반적인, 의의, A, 자아상태

1 (   )의 교류 분석 이론의 주요 개념

↓

2 자아상태의 개념 및 세 가지 자아상태 ①
- (   ) 자아상태

5 스트로크의 개념과 (   )

↓

3 세 가지 (   ) ②
- P 자아상태

6 스트로크에 대한 (   ) 욕구

↓

4 (   ) 자아상태 ③
- C 자아상태

↓

7 교류 분석 이론의 (   )

프랭클의 심리학

◆ 답안은 '정답과 해설편' 22~23쪽을 참조

핵심어

* 각 문단에서 핵심어라고 생각되는 어휘나 어구를 찾아 써 보세요.

1 심리치료, _____

2 프로이트의 심리학, _____
_____

3 프랭클, _____
_____

4 아들러의 심리학, _____

5 프랭클, _____
_____

6 태도, _____
_____

주제
🔑 프랭클, 비판적, 심리학
_____
_____

한컷 정리하기 🔑 자유의지, 프로이트, 행동, 쾌락, 억압, 권력, 삶의 목적, 심리치료, 본질, 결정적, 자기 결정권, 영적, 책임 의식, 무의식

( )의 심리학	vs	아들러의 심리학
성적 본능, 공격성 등과 같은 ( ) 의지	원초적 욕구	타인보다 우월하고 싶은 ( ) 의지
어린 시절에 좌절되어 ( ) 속에 ( )되어 있던 쾌락 의지	신경증의 원인	( )의 부적절한 설정이나 부적응적 행동의 선택
무의식에 잠재된 성적 본능, 공격성 등을 의식의 영역으로 끌어옴.	( ) 방법	삶에 책임감을 갖고 올바른 목적을 설정하여 부적절한 동기와 행동을 변화시킴.

↓

프랭클의 비판적 수용

성적 본능이나 공격성 등으로 인간의 ( )을 설명한 점	수용하지 않음.	원초적 욕구를 ( ) 요소로 보고 인간 행동을 설명한 점
무의식은 인간의 ( )을 규명하는 중요한 요소	수용함.	인간은 ( )과 자유의지를 지닌 존재

↓

프랭클의 심리학

- 인간의 본질: 인간은 ( )를 지닌 ( ) 존재임.
- 영적 무의식: 인간의 무의식에는 본능, 충동뿐 아니라 책임감, 양심 등 영적 무의식이 있음.
- 신경증의 원인: 영적 존재로서 인간의 본질을 잃어버렸기 때문임.
- 의미 치료: 삶에 대한 ( )을 바탕으로 인생에 긍정적이고 가치 있는 의미를 부여하여 삶의 목적을 찾는 것이 심리치료의 핵심

지문 구조

🔑 아들러, 견해, 심리학, 특징, 비판적, 수용

1 심리치료에 대한 프랭클의 ( )

↓

2 프로이트의 ( )과 심리치료   **4** ( )의 심리학과 심리치료

↓

3 프로이트 심리학에 대한 프랭클의 ( ) 수용   +   **5** 아들러의 심리학에 대한 프랭클의 비판적 ( )

↓

6 프랭클 심리학의 ( )

MEMO

01~05　　＊본문 24쪽 지문의 내용을 생각하며 🔑키워드를 활용하여 빈칸을 채워 보세요.

레비나스가 제안한 타자 중심의 철학

◆ 답안은 '정답과 해설편' 25~26쪽을 참조

핵심어

* 각 문단에서 핵심어라고 생각되는 어휘나 어구를 찾아 써 보세요.

1 데카르트, ＿＿＿＿＿＿＿＿＿＿＿＿＿＿
＿＿＿＿＿＿＿＿＿＿＿＿＿＿＿＿＿＿＿＿＿＿

2 레비나스, ＿＿＿＿＿＿＿＿＿＿＿＿＿＿
＿＿＿＿＿＿＿＿＿＿＿＿＿＿＿＿＿＿＿＿＿＿

3 주체성의 의미, ＿＿＿＿＿＿＿＿＿＿＿＿
＿＿＿＿＿＿＿＿＿＿＿＿＿＿＿＿＿＿＿＿＿＿

4 타자의 출현, ＿＿＿＿＿＿＿＿＿＿＿＿＿
＿＿＿＿＿＿＿＿＿＿＿＿＿＿＿＿＿＿＿＿＿＿

5 자기성, ＿＿＿＿＿＿＿＿＿＿＿＿＿＿＿
＿＿＿＿＿＿＿＿＿＿＿＿＿＿＿＿＿＿＿＿＿＿

6 주체성의 의미, ＿＿＿＿＿＿＿＿＿＿＿＿
＿＿＿＿＿＿＿＿＿＿＿＿＿＿＿＿＿＿＿＿＿＿

주제
🔑 타자, 레비나스, 중심
＿＿＿＿＿＿＿＿＿＿＿＿＿＿＿＿＿＿＿＿＿＿
＿＿＿＿＿＿＿＿＿＿＿＿＿＿＿＿＿＿＿＿＿＿

한컷 정리하기 　🔑 주체, 이기성, 미충족, 타자, 자기성, 열린 세계, 책임, 비상호적

문제

서양의 근대 철학	대안 →	레비나스의 타자 중심의 철학
• 주체 중심의 철학 (데카르트) • '(　　　)'를 주체가 지배할 수 있는 대상으로 봄.		• '타자'를 (　　　)가 마음대로 할 수 없는 대상으로 봄.

주체성의 의미 2가지

향유의 주체성	타자의 출현 →	환대의 주체성
• 홀로 무엇을 누리는 나로서의 모습. 즉 '(　　　)'을 바탕으로 이루어진 주체성 • 주체의 욕구가 (　　　)된 상태		• 타자의 문제를 자신의 문제로 받아들여 (　　　)을 지는 주체성 • 주체와 타자는 (　　　), 비대칭적 관계

• 주체의 (　　　)을 제한, 책임의 주체로 설 수 있게 함.
• 타자는 '자기성'에 갇힌 주체를 무한히 (　　　)로 초월할 수 있게 하는 존재임.

지문 구조

🔑 환대, 반성, 의미, 향유, 의의, 출현

1 주체 중심 철학의 (　　　　)과 레비나스의 타자 중심 철학 제안

↓

2 레비나스가 본 타자의 존재가 지닌 (　　　)

↓

3 레비나스가 정의한 (　　　)의 주체성이 지닌 의미　＋　**4** 레비나스가 정의한 (　　　)의 주체성이 지닌 의미

↓

5 레비나스가 본 타자의 (　　　)이 지닌 의미

↓

6 레비나스 철학의 (　　　)

MEMO

사르트르의 실존주의

◆ 답안은 '정답과 해설편' 29~30쪽을 참조

핵심어

*각 문단에서 핵심어 라고 생각되는 어휘나 어구를 찾아 써 보세요.

1 실존주의, _____
_____

2 인간, _____
_____

3 '의식'의 유무, _____
_____

4 인간, _____
_____

5 나와 타자, _____
_____

6 사르트르의 실존주의, _____
_____

지문 구조

❷ 한계, 이해, 사물, 사상

1 실존주의를 대표하는 철학자 사르트르의
(　　　　　)

↓

2, **3** 사르트르의 실존주의 ① – (　　　　)과 인간
에 대한 이해

↓

4, **5** 사르트르의 실존주의 ② – '나'와 타자에 대한
(　　　)

↓

6 사르트르의 실존주의의 (　　　　)와 의의

주제
❷ 특성, 사르트르

_____
_____

한컷 정리하기　❷ 선행, 투쟁, 사물, 스스로, 대자, 주체성, 타인, 타자, 한계, 사회적 관습

사르트르의 실존주의

• 개개인의 실존을 문제 삼으며, '실존은 본질에 (　　　)한다.'라고 봄.
• 본질: 어떤 존재에 관해 '그 무엇'이라고 정의될 수 있는 성질
• 실존: 자기의 존재를 자각하면서 존재하는 주체적인 상태

↓

사르트르의 실존주의의 특성

사물과 인간에 대한 이해

• (　　　　)은 본질이 그 존재에 선
행함.
• 인간은 사물과 달리 (　　　)를
만들어 가는 존재

＋

'나'와 타자에 대한 이해

• '나'와 타자는 주체적 의식을 지닌
존재
• 나와 타자가 맺는 관계는 갈등과
(　　　)

의식의 유무

의식 ✕　　　　의식 ○

즉자존재(사물)

그 자리에 계속 그것
인 상태로 남아 있음.

(　　　)존재(인간)

자신을 대상화할 수
있고, 자신을 만들어
갈 수 있음.

대타존재

(　　　)의 시선으
로 규정되는 인간의
모습

↓

사르트르의 실존주의의 의의

• (　　　)을 상실한 채 획일화되
어 가는 우리의 삶을 반성하게 함.
• 주체적이고 개성적인 삶을 살아가
도록 도움을 줌.

사르트르의 실존주의의 (　　　)

• 개인이 (　　　　)에 의해
제약을 받는다는 사실을 간과함.
• '나'와 (　　　)의 관계를 지나치
게 비관적으로 설정함.

MEMO

01~05　＊본문 28쪽 지문의 내용을 생각하며 ⊙키워드를 활용하여 빈칸을 채워 보세요.

'실내'에 대한 짐멜과 베냐민의 견해

◆ 답안은 '정답과 해설편' 32~33쪽을 참조

핵심어
＊각 문단에서 핵심어라고 생각되는 어휘나 어구를 찾아 써 보세요.

1 사적 공간, ＿＿＿＿＿＿＿＿＿＿＿
＿＿＿＿＿＿＿＿＿＿＿＿＿＿＿＿

2 게오르크 짐멜, ＿＿＿＿＿＿＿＿

3 발터 베냐민, ＿＿＿＿＿＿＿＿＿
＿＿＿＿＿＿＿＿＿＿＿＿＿＿＿＿

4 파사주, ＿＿＿＿＿＿＿＿＿＿＿

5 신건축, ＿＿＿＿＿＿＿＿＿＿＿
＿＿＿＿＿＿＿＿＿＿＿＿＿＿＿＿

주제
⊙ 실내, 신건축, 베냐민
＿＿＿＿＿＿＿＿＿＿＿＿＿＿＿＿
＿＿＿＿＿＿＿＿＿＿＿＿＿＿＿＿

한컷 정리하기　⊙ 외부, 분리, 극복, 내면, 공적 공간, 개성, 완화, 사이공간, 통합, 경계 해체, 문지방

게오르크 짐멜 ⟷ 대조 ⟷ **발터 베냐민**

게오르크 짐멜
• 사적 공간과 공적 공간을 (　　)함.
• 실내를 개인의 (　　)을 지키고 (　　)을 실현하는 공간이라고 봄.

발터 베냐민
• 공간의 이분법을 (　　)하려는 사유를 전개함.
• 실내에서의 은둔은 (　　)으로부터의 도피를 의미한다고 봄.

파사주 → 재조명 → **신건축**

파사주
• 건축학적으로 거리와 실내 사이에 위치하는 '(　　)'임.
⇒ 외부와 내부가 혼동되는 경험이 가능함.
⇒ (　　)의 단초를 제공함.

신건축
• 기술의 발전에 부합하는 건축 양식을 사용함.
• 내부와 외부의 경계를 (　　)하고 내부와 외부를 (　　)하고자 함.

• 파사주의 한계: 기술의 발전에 부합하는 건축 양식으로 이어지지 못함.
• 파사주의 가치: (　　)로부터 차단된 '그릇 속에서의 삶'이 지배했던 19세기에서 '관계와 투과'의 원리가 지배하는 20세기로 넘어가는 (　　)의 의미가 있음.

지문 구조
⊙ 의미, 실내, 경계, 견해, 분리

1 19세기 이후에 나타난 사적 공간과 공적 공간의 (　　)

↓

2 (　　)에 대한 게오르크 짐멜의 견해 ↔ **3** 실내에 대한 발터 베냐민의 (　　)

↓

4 사적 공간과 공적 공간의 (　　)를 해체하는 파사주

↓

5 신건축과의 관계에서 베냐민이 발견한 파사주의 (　　)

MEMO

'노동'에 대한 로크, 헤겔, 마르크스의 견해

◆ 답안은 '정답과 해설편' 36~37쪽을 참조

| 핵심어 *각 문단에서 핵심어 라고 생각되는 어휘나 어구를 찾아 써 보세요. | **1** 노동, _____

 _____

 2 로크, _____

 3 헤겔, _____

 _____

 4 마르크스, _____

 _____ |

주제
🔗 노동, 철학

_____
_____

한컷 정리하기　🔗 소유권의 주체, 노동, 헤겔, 인간화된, 주객 통일, 자아실현, 과정, 생명, 소유, 이용, 한계, 사회적 구조

철학자들이 (ᅟᅵ)에 부여한 철학적 의미

	로크	(ᅟᅵ)	마르크스
노동의 개념	한 개인의 소유인 신체의 활동으로, 그 개인의 (ᅟᅵ)인 것	소유권의 근거를 넘어서는 것	주체의 주관적 욕구나 목적을 대상으로 객관화하는 것
인간과 자연	노동을 통해 삶과 편의에 도움이 되도록 자연을 (ᅟᅵ)함.	노동을 통해 자연을 인간에게 맞게 바꾸어 인간의 (ᅟᅵ)을 보전함.	노동을 통해 자연을 인간의 욕구와 자기실현에 알맞은 (ᅟᅵ) 자연으로 만듦.
노동의 철학적 의미	모든 개인은 노동을 통해 (ᅟᅵ)가 될 수 있음.	주체와 객체가 통일되는 (ᅟᅵ)이며, 인간이 자기의식과 자기 정체성을 확보하는 계기임.	가장 현실적인 (ᅟᅵ)의 방법이자 인간의 (ᅟᅵ) 과정임.

| 지문 구조 🔗 노동, 의미, 철학적, 마르크스 | **1** 노동에 부여된 (ᅟᅵ) 의미에 대한 환기
 ↓
 2 로크가 부여한 (ᅟᅵ)의 철학적 의미 ⇒ **3** 헤겔이 부여한 노동의 철학적 (ᅟᅵ) ⇒ **4** (ᅟᅵ)가 부여한 노동의 철학적 의미 |

노동을 통한 주객 통일에 (ᅟᅵ)가 있음. ◄— 관점의 차이 —► 그 한계는 (ᅟᅵ)의 한계에서 비롯된 것임.

MEMO

미와 예술

01~04 ＊본문 32쪽 지문의 내용을 생각하며 ✒ 키워드를 활용하여 빈칸을 채워 보세요.

브레송의 '결정적 순간'

◆ 답안은 '정답과 해설편' 40~41쪽을 참조

핵심어

＊각 문단에서 핵심어라고 생각되는 어휘나 어구를 찾아 써 보세요.

1 브레송, _____

2 예술성, _____

3 결정적 순간, _____
_____

4 마크 코헨, _____
_____

5 원하는 순간, _____
_____

지문 구조

✒ 기법, 정의한, 의의, 촬영, 미학

1 결정적 순간의 (   )을 탄생시킨 브레송

↓

2 안정된 구도와 유동성을 기반으로 한 브레송의 촬영 (   )

↓

3 브레송이 (   ) 결정적 순간

↓

4 브레송의 미학에 영향을 받은 마크 코헨의 (   ) 방식

↓

5 브레송의 결정적 순간의 예술사적 (   )

주제 _____
✒ 브레송, 순간, 의의 _____

한컷 정리하기 ✒ 포착, 구성, 인공적, 순간적, 플래시, 광각, 안정감, 유동성, 표준, 돌발성, 기하학적

브레송의 결정적 순간	→ 영향	마크 코헨
• 어떤 하나의 사실과 관련해 시각적으로 포착된 다양한 모습들이 하나의 긴밀한 ( )을 이루고, 그 구성 안에 의미가 실리는 것을 ( )으로 동시에 인식하는 것		• ( )을 기반으로 한 근접 촬영 방식을 택해 독특하면서도 기발한 결정적 순간을 포착함. • 자신이 원하는 사진을 촬영하기 위해 눈으로 보는 세상과는 다르게 보이도록 ( )으로 만든 자신만의 결정적 순간을 포착함.

촬영 기법	촬영 기법
• 안정된 구도: 회화에 기초한 구도를 통해 사진에서 ( )을 느낄 수 있도록 하는 것 – 황금분할 구도, ( ) 구도, 주요 요소들을 대비시킨 구도 • ( ): 계획한 구도에 움직이는 대상이 들어와 원하는 구성을 완성한 순간이 ( )될 때까지 끈질기게 기다림. • 카메라를 눈의 연장으로 생각해, ( ) 렌즈를 주로 사용해 사람의 눈높이에서 촬영함.	• 대상의 일부만을 잘라 낸 구도를 사용하기도 함. • ( )를 사용해 그림자의 모양을 자신의 의도대로 변화시키기도 함. • ( ) 렌즈를 사용해 자유로운 각도로 촬영함.

MEMO

플로티노스의 예술론

◆ 답안은 '정답과 해설편' 42~44쪽을 참조

핵심어
* 각 문단에서 핵심어라고 생각되는 어휘나 어구를 찾아 써 보세요.

1 미의 본질, _____

_____

2 플로티노스, _____

_____

3 미의 본질, _____

_____

4 유출로 연결된 존재, _____

_____

5 예술의 가치, _____

6 영혼, _____

7 예술가의 내면, _____

_____

주제
🔑 이해, 플로티노스, 미 이론

_____

_____

한컷 정리하기 🔑 테오리아, 균제, 중간, 수적인, 비례, 정신, 유출, 추동력, 예지계, 위계질서, 상승 운동

피타고라스의 (　　　) 이론 ← 반론 제기 ─ **플로티노스**

- 아름다움은 그 대상을 구성하는 여러 요소들 간의 (　　) 비례에 의한 것임.

- 미의 본질은 균제로 대표되는 수적 (　　)에 있는 것이 아니라고 주장함.
- 미의 본질에 대한 전통적인 견해를 부정하고, 미의 본질을 (　　)에서 찾음.
- 세상을 예지계와 현상계로 구분하고, '유출'과 '(　　)'의 개념을 통해 예지계와 현상계가 연결되어 있다고 주장함.

유출

- 만물은 (　　)에 의해 순차적으로 생성됨.
- 일자, 정신, 영혼은 비물질적인 (　　)를 구성하고, 자연, 질료는 감각세계인 현상계를 구성함.
- 유출로 연결된 존재 간에는 어떤 동일성이 유지되어 있으며, (　　)를 가짐.
- 예지계와 현상계는 분리되어 있는 것처럼 보이나 질적으로는 서로 연결되어 있음.
⇒ 예술은 정신의 아름다움과 진리를 물질화하는 것으로, 예지계와 현상계의 (　　)에 있음.

테오리아

- 테오리아는 일자로부터의 유출로 생성된 각 단계의 존재들이 거꾸로 예지계의 일자에게로 회귀하는 (　　)임.
- 예술은 미적 경험을 환기하여 테오리아를 일으키는 강력한 (　　)을 갖고 있음.

지문 구조
🔑 이론, 반론, 의의, 예술, 본질, 역할, 유출

1 피타고라스의 균제 (　　) ↔ **2** 균제 이론에 (　　)을 제기한 플로티노스

↓

3 미의 (　　)을 정신에서 찾은 플로티노스 + **4** (　　)로 연결된 존재 간의 관계에 대한 플로티노스의 생각

↓

5 (　　)의 가치에 대한 플로티노스의 입장 + **6** 테오리아의 개념과 예술의 (　　)

↓

7 플로티노스의 미 이론이 지닌 (　　)

MEMO

01~05 ＊본문 38쪽 지문의 내용을 생각하며 ◎키워드를 활용하여 빈칸을 채워 보세요.

식물 신품종 보호법

◆ 답안은 '정답과 해설편' 47~48쪽을 참조

핵심어

* 각 문단에서 핵심어 라고 생각되는 어휘나 어구를 찾아 써 보세요.

1 식물의 품종, _____

2 육성자, _____

3 품종보호 요건, _____

4 출원 서류, _____

_____

5 공개, _____

6 품종보호권의 존속 기간, _____

_____

지문 구조

◎ 개념, 검토, 공개, 출원, 지불, 목적

1 식물의 품종 및 품종 개량의 (   )

↓

2 식물 신품종 보호법의 제정 (   ) 및 품종보 호의 대상

↓

3 품종보호권 설정을 위한 절차 ① – 품종보호 요건 (   )

↓

4 품종보호권 설정을 위한 절차 ② – 품종보호 (   )

↓

5 품종보호권 설정을 위한 절차 ③~⑥ – 출원 내용 (   ), 심사, 품종보호 결정, 품종보호권 설정

↓

6 품종보호권의 존속 기간 및 품종실시료의 (   )

주제

◎ 신품종, 절차, 설정

_____

_____

한컷 정리하기 ◎ 이의신청, 신품종, 보완, 지식 재산권, 출원 서류, 품종보호료, 부가가치, 구별성

식물의 품종 개량		식물 ( ) 보호법

관련 법 ⇒

식물의 품종 개량

• 이전 품종이 가진 단점을 (   )하거나 장점을 더욱 부각하는 방향으로 이루어짐.
• 판매 증대로 이어지면 큰 (   )를 창출함.

식물 (   ) 보호법

• 식물 신품종에 대한 (   ) 을 보호하고, 육성자의 식물 품 종 개량을 촉진하며, 우리나라 종자 산업의 발전을 도모하기 위 해 실시함.
• 과수, 임목, 화훼 등 모든 식물이 품종보호의 대상임.

품종보호권 설정 절차

• 품종보호 요건 검토: 품종보호 요건인 신규성, (   ), 안정성을 충족하고 있는지를 검토

↓

• 품종보호 출원: 품종의 명칭, 육성 과정에 대한 설명, 종 자 시료 등을 포함한 (   )를 작성하여 담당 기관에 제출

↓

• 출원 내용 공개: 담당 기관은 접수된 출원 내용을 일정 기 간 공개하고, 누구든지 이 기간에 (   )을 할 수 있음.

↓

• 심사: 심사관이 출원품종이 품종보호 요건을 충족하는지 심사

↓

• 품종보호 결정: 심사 과정에서 품종보호 출원에 대해 거절 이유를 발견할 수 없다면 품종보호를 결정

↓

• 품종보호권 설정: 육성자가 담당 기관에 첫 (   )를 납부하면 품종보호권 설정

MEMO

*본문 40쪽 지문의 내용을 생각하며 ⑤키워드를 활용하여 빈칸을 채워 보세요.

개인정보보호법

◆ 답안은 '정답과 해설편' 51~52쪽을 참조

핵심어

* 각 문단에서 핵심어라고 생각되는 어휘나 어구를 찾아 써 보세요.

1 개인정보, _____

_____

2 개인정보보호법, _____

_____

3 사전 동의 제도, _____

_____

4 별도로 동의, _____

_____

5 침해, _____

_____

6 유연성, _____

_____

주제
⑤ 보호, 개인정보

_____

_____

한컷 정리하기   ⑤ 거부, 복원, 개인정보보호법, 가명, 삭제, 살아 있는, 민감, 익명, 결정

개인정보자기결정권	→ 관련 법	( )
• 개인이 자신에 관한 정보가 언제, 누구에게, 어느 범위까지 알려지고 이용될 것인지를 스스로 ( )할 수 있는 권리 • 타인에 의해 개인정보가 함부로 공개되지 않도록 보장받을 권리와 개인정보에 대해 열람, ( ), 정정 등의 행위를 요구할 수 있는 권리를 포함함.		• 개인정보자기결정권을 보호하기 위해 제정됨. • 개인정보의 범위: ( ) 개인에 관한 정보, 개인을 알아볼 수 있는 정보, 다른 정보와 쉽게 결합하여 개인을 알아볼 수 있는 정보

개인정보 보호

사전 동의 제도	( ) 정보
• 정보 주체의 동의를 구할 때 정보 수집·이용의 목적, 수집 항목, 보유 및 이용 기간, 동의를 ( )할 권리가 있다는 사실과 동의 거부에 따른 불이익의 내용을 고지해야 함. • 고유 식별 정보와 ( ) 정보는 별도로 동의를 받아야 함.	• 다른 정보를 사용하더라도 더 이상 개인을 알아볼 수 없는 정보 • 원래의 개인정보로 ( )되는 것이 불가능하다고 판단되는 정보 • 익명 처리를 마친 정보는 수집 목적 이외의 분야에서 활용하기 어렵다는 제약이 있음.

대안

(   ) 정보
• 개인정보의 일부를 삭제 혹은 대체한 것 • 개인정보보호법의 보호 대상임.

지문 구조
⑤ 익명, 범위, 민감, 동의, 정보, 개념

1 개인정보자기결정권의 (   )

↓

2 개인정보보호법에서 규정하는 개인정보의 (   )

↓

3 개인정보보호법에 따른 사전 (   ) 제도 ① – 제도의 개념 + **4** 개인정보보호법에 따른 사전 동의 제도 ② – 고유 식별 정보와 (   ) 정보

↓

5 개인정보보호법에서의 (   ) 정보

↓

6 개인정보보호법에서의 가명 (   )

MEMO

01~05 *본문 42쪽 지문의 내용을 생각하며 ✔️키워드를 활용하여 빈칸을 채워 보세요.

유엔해양법협약에 따른 분쟁 해결 절차

◆ 답안은 '정답과 해설편' 55~56쪽을 참조

핵심어
* 각 문단에서 핵심어라고 생각되는 어휘나 어구를 찾아 써 보세요.

1 유엔해양법협약, _____

_____

2 유엔해양법협약, _____

_____

3 강제절차, _____

_____

4 본안 소송, _____

_____

5 잠정조치, _____

_____

6 잠정조치, _____

_____

7 잠정조치, _____

_____

주제
✔️ 분쟁, 국가, 절차
_____
_____

[한컷 정리하기] ✔️ 국제적인, 분쟁 해결, 구속력, 심리 절차, 피해, 중재재판소

유엔해양법협약에 따른 분쟁 해결 절차
┊
분쟁 발생
• 해양을 둘러싸고 해당 협약에 대한 해석이나 적용에 관해 국가 간 분쟁이 발생함.
↓
평화적 수단
• 분쟁 당사국들은 우선 의무적으로 분쟁 해결에 관하여 신속히 의견을 교환해야 함.
• 국가 간 합의에 의한 평화적 수단을 통해 ( )을 위해 노력해야 함.

분쟁 해결 ←   분쟁 해결 실패 →

강제절차
• 분쟁 당사국들이 중재재판소, 국제해양법재판소 등과 같은 ( ) 분쟁 해결 기구를 통해 분쟁을 해결하는 절차
• 분쟁 당사국들이 분쟁 해결 기구를 선택하지 않았거나 양국이 동일한 선택을 하지 않은 경우에는 별도의 합의를 하지 않는 한, 사건이 ( )에 회부됨.

잠정조치
• 분쟁 당사국의 이익 보호 또는 해양 환경의 ( ) 방지 목적
• ( ) 있는 임시 조치
• 잠정조치도 관할권을 필요로 함.

본안 소송
( )
(관할권 확정)
↓
담당 재판소의 재판
↓
최종 판결

지문 구조
✔️ 역할, 시기, 절차, 본안, 효력, 조건, 기구

1 유엔해양법협약의 ( )
↓
2 유엔해양법협약에 따른 분쟁 해결의 ( )
↓
3 강제절차의 개념과 분쟁 해결 ( )   +   **4** ( ) 소송의 절차
↓
5 잠정조치의 개념과 ( ) + **6** 잠정조치의 요청 ( )와 담당 재판소 + **7** 잠정조치의 관할권이 인정되기 위한 ( )

[MEMO]

*본문 44쪽 지문의 내용을 생각하며 🔑키워드를 활용하여 빈칸을 채워 보세요.

범죄인인도제도

◆ 답안은 '정답과 해설편' 59~60쪽을 참조

핵심어

* 각 문단에서 핵심어 라고 생각되는 어휘나 어구를 찾아 써 보세요.

1 범죄인, _____

_____

2 범죄인인도조약, _____

_____

3 최소 형기, _____

_____

4 범죄인인도청구, _____

_____

5 절대적 인도거절 사유, _____

_____

6 정치범, _____

_____

7 임의적 인도거절 사유, _____

_____

8 특정성의 원칙, _____

_____

주제
🔑 특성, 범죄인인도제도

_____

_____

한컷 정리하기 🔑 공소시효, 자국민, 청구, 확정 판결, 임의적, 사형, 국가

범죄인인도제도와 범죄인인도조약

- 범죄인인도제도: 해외에서 죄를 범한 범죄인이 자국 영역으로 도피해 온 경우, 그를 처벌하기를 원하는 외국의 (   )에 응해 해당자를 인도하는 제도
- 범죄인인도조약: 서로 범죄인인도를 할 것을 합의하고 그에 대한 사항을 규정하는 (   ) 간의 조약

범죄인인도거절 사유 2가지

절대적 인도거절 사유	( ) 인도거절 사유
• 피청구국이 범죄인인도를 할 수 없음. • 인도청구된 범죄에 대해 이미 피청구국에서 재판이 진행 중이거나 피청구국에서 ( )을 받은 경우 • 피청구국에서 ( )가 끝난 경우 • 정치범으로 판단되는 경우	• 피청구국이 범죄인인도를 하지 않을 수 있음. • 범죄인이 피청구국의 ( )일 경우 • 범죄인이 청구국에 인도된 뒤 비인도적인 대우를 받을 것이 예견될 경우 • 청구국이 대상 범죄인을 ( )에 처하지 않을 것이라는 보증을 하지 않을 경우

지문 구조

🔑 특징, 절차, 개념, 피청구국, 정치범, 절대적, 특정성, 사유

1 범죄인인도제도의 (   )

↓

2 범죄인인도조약의 개념과 (   )

↓

3 범죄인인도제도의 내용 및 범죄인인도의 (   )

↓

4 (   )의 범죄인인도거절 사유

↓

5 (   ) 인도거절 사유 ①

↓

6 절대적 인도거절 사유 ② - (   )의 범죄인인도 불허

↔ **7** 임의적 인도거절 (   )

↓

8 범죄인의 인권 보호를 위한 (   )의 원칙

MEMO

01~05   *본문 46쪽 지문의 내용을 생각하며 ⚓키워드를 활용하여 빈칸을 채워 보세요.

내용증명

◆ 답안은 '정답과 해설편' 63~65쪽을 참조

핵심어

*각 문단에서 핵심어 라고 생각되는 어휘나 어구를 찾아 써 보세요.

1 내용증명, _____

2 채권·채무, _____
_____

3 같은 내용의 문서 3부, _____
_____

4 기능, _____
_____

5 소멸시효를 중단, _____
_____

6 정해진 양식, _____
_____

7 도달, _____
_____

지문 구조

⚓ 내용증명, 개념, 특징, 작성, 예, 효력, 기능

1 내용증명의 (   )

↓

2 내용증명 사용의 (   )

↓

3 내용증명의 (   )

↓

4 내용증명의   +   **5** (   )의
   (   ) ①, ②   기능 ③

↓

6 내용증명의 (   ) 방법

↓

7 내용증명의 (   ) 발생 및 보관

주제
⚓ 기능, 내용증명

_____
_____

한컷 정리하기   ⚓ 이행, 동일한, 3, 진위, 우체국, 수신인, 소멸시효, 제목

내용증명

• 누가, 언제, 누구에게, 어떤 내용의 문서를 보냈다는 사실을 (   )에서 공적으로 증명해 주는 특수한 우편 제도
• 내용증명은 3부 작성하여, 발신인, 수신인, 우체국이 각각 (   ) 문서를 소지함.
• 우체국에서 (   )년간 내용증명 우편물을 보관함.

특징

• 개인 간 채권·채무 관계나 권리·의무를 더욱 명확하게 하고자 할 때 주로 이용함.
• 내용증명이 그 문서 내용의 (   )까지 입증하는 것은 아님.
• 발신인, 수신인, (   ), 본문, 날짜 등의 일정한 요소를 갖추어 작성해야 함.
• (   )이 받은 때부터 효력이 발생하며, 청약 철회를 요청하는 내용증명은 서면 발송일부터 효력이 발생함.

기능

• 문서를 발송하였다는 것을 공적으로 증명하는 증거 효력을 가짐.
• 상대방에게 심리적 부담을 주어 내용의 (   )을 실현하게 함.
• (   )를 중단시키는 데 중요한 역할을 함.

MEMO

주택임대차보호법

◆ 답안은 '정답과 해설편' 67~68쪽을 참조

핵심어
* 각 문단에서 핵심어라고 생각되는 어휘나 어구를 찾아 써 보세요.

1 주택 임대차, _____

_____

2 전세권, _____

_____

3 대항력, _____

_____

4 임차권등기명령 제도, _____

_____

주제
🔑 주택임대차보호법, 보호

_____

_____

한컷 정리하기 🔑 임차권등기명령 제도, 물권, 임대인, 등기부, 특별법, 우선변제권, 최우선변제권, 전입 신고

주택 임대차

• 임차인이 임대인에게 보증금을 지급하고 합의한 기간 동안 주택을 사용한 후, 기간이 만료되면 보증금을 반환받는 제도
• 임차인에게 발생하는 권리인 임차권은 특정한 채무자에 대해서만 일정한 행위를 요구할 수 있고, 제삼자에게는 권리를 주장할 수 없음.
⇒ 소유권이 변경되면 새로운 소유자에게는 임차권을 주장하지 못할 수 있음.

해결 방안

지문 구조
🔑 임차인, 보증금, 범위, 사회적

1 주택 임대차의 개념과 임차권의 (　　　)

↓

2 (　　　　　)을 보호하기 위한 특별법인 주택임대차 보호법

↓

3 임차인을 보호하기 위한 우선변제권과 (　　　) 약자를 보호하기 위한 최우선변제권

↓

4 (　　　　)을 반환받지 못한 임차인을 보호하기 위한 임차권등기명령 제도

전세권 설정 → 특별법 **주택임대차보호법**

• 전세권을 설정하면 임대차 내용이 (　　　)에 기재됨.
⇒ 임차권은 채권이고, 전세권은 (　　　)임. 물권은 일반적으로 채권에 우선함.
• 전세권 설정을 위해서는 (　　　)의 동의가 필요한데, 임대인의 동의를 얻기가 쉽지 않음.

• 임차인의 지위를 보호하여 국민 주거 생활을 안정시키기 위해 제정된 (　　　)임.
• 임차인이 주택을 인도받고 (　　　)를 마치면, 다음 날부터 임차권은 제삼자에게도 대항력을 가짐.
• 임차인이 대항력과 확정일자를 모두 갖추면 (　　　)을 확보할 수 있음.
• 대항력을 갖춘 소액임차인에게는 (　　　　　)까지 부여함.
• 주택임대차보호법에는 (　　　)가 포함되어 있음.

MEMO

01~05 ✳본문 50쪽 지문의 내용을 생각하며 🔘키워드를 활용하여 빈칸을 채워 보세요.

차선의 이론

◆ 답안은 '정답과 해설편' 71~72쪽을 참조

핵심어

*각 문단에서 핵심어 라고 생각되는 어휘나 어구를 찾아 써 보세요.

1 효율성, _____

_____

2 차선의 이론, _____

_____

3 공평성, _____

_____

4 사회무차별곡선, _____

_____

5 생산가능곡선, _____

_____

주제
🔘 차선, 선택   _____

_____

한컷 정리하기   🔘 공평성, 최적의 결과, 사회후생수준, 사회무차별곡선, 랭카스터

경제학에서의 최적의 결과와 차선의 선택		립시와 ( )의 '차선의 이론'
	새로운 관점	

• 개별 경제 주체들은 주어진 조건하에서 자신이 조절할 수 있는 변수들을 적절히 선택하여 (   )를 추구함.
• 최적의 결과를 얻기 어려운 상황에 놓인다면 일반적으로 효율성을 고려하여 차선의 선택을 고민하게 됨.

• 최적의 결과를 얻기 위한 여러 조건 중 한 가지 이상의 조건이 충족되지 못하는 상황이라면 나머지 조건들이 충족되더라도 그 결과는 차선이 아닐 수 있음.

사회무차별곡선

• 차선의 이론을 입증하기 위해서는 (   )을 함께 고려해야 함.
• (   )의 모양을 보면 그 사회가 개인의 효용수준에 대한 평가를 통해 공평성에 어떠한 가치판단을 하고 있는지 확인할 수 있음.
⇒ 생산가능곡선과 사회무차별곡선을 통해 효율성뿐 아니라 (   )을 고려한 차선의 선택을 찾을 수 있음.

지문 구조

🔘 이론, 예, 관점, 가치판단, 입증

1 립시와 랭카스터가 제시한 차선의 (   )

↓

2 차선의 이론에서의 차선에 대한 (   )

↓

3 차선의 이론을 (   )하기 위한 공평성과 사회무차별곡선

↓

4 공평에 대한 (   )이 반영된 사회무차별곡선의 모양

↓

5 차선의 이론의 (   )

MEMO

합리적 행위자 모델과 조직 과정 모델

◆ 답안은 '정답과 해설편' 74~75쪽을 참조

핵심어
* 각 문단에서 핵심어라고 생각되는 어휘나 어구를 찾아 써 보세요.

1 합리적 행위, _____
_____

2 합리적 행위자 모델, _____
_____

3 제한적 합리성, _____
_____

4 앨리슨의 정책 결정 모델, _____
_____

지문 구조
❷ 조직, 합리적, 의의, 두 가지

1 허버트 사이먼이 제시한 합리적 행위에 대한 ( ) 관점
↓
2 앨리슨의 정책 결정 모델 ① - ( ) 행위자 모델 ↔ **3** 앨리슨의 정책 결정 모델 ② - ( ) 과정 모델
↓
4 앨리슨의 정책 결정 모델의 ( )

주제
❷ 정책, 합리적 행위, 관점
_____
_____

한컷 정리하기 ❷ 모든, 제한적, 의도적, 특성, 일관되게, 인지, 정책 결정, 목적, 단일한, 일관된, 이유, 결정, 제한된, 산출물, 다각적

포괄적 합리성
• 행위자가 분명한 ( )을 가지고 그것을 달성하기 위한 모든 방안을 찾음.
• 행위자는 각 방안에서 초래될 ( ) 결과를 정확히 평가하여 효용을 극대화하는 방안을 ( )으로 선택함.
• 이러한 경향이 행위자의 특성에 상관없이 언제나 ( ) 선택 과정에 반영된다고 전제함.

( ) 합리성
• 행위자는 목적 달성에 필요한 정보인 자신이 처한 상황과 선택 가능한 방안, 선택의 결과 등을 정확히 ( )하지 못함.
• 선택의 합리성 여부를 판단하기 위해서는 행위자의 ( )에 대해서 알아야 함.

········ 외교 정책 행위 분석에 쓰이는 두 관점 ········
앨리슨의 ( ) 모델

합리적 행위자 모델	VS		**조직 과정 모델**
• ( ) 의사 결정자로서의 국가 • 언제나 ( ) 경향으로 결정함.		**행위자**	• 독자적인 여러 조직이 모인 연합체로서의 국가 • ( ) 정보만으로 행위를 탐색하고 결정함.
특정 목적에 대해 최대 효용을 갖는 방안		**정책 행위**	미리 규정된 절차에 따라 조직들이 수행한 결과가 모여 만들어진 기계적 ( )
그 특정 목적을 찾아냄으로써 행위자가 방안을 선택한 ( )를 설명하여 정책 행위를 이해하고자 함.		**분석 목표**	정책 행위가 어떻게 ( ) 되었는지에 주목하여 조직들의 표준운영절차와 역량, 조직 간의 관계에 대해 분석함.
포괄적 합리성에서 벗어나는 외교 사례를 설명할 수 없음.	한계 보완 ┄┄→		포괄적 합리성에서 벗어나는 외교 정책 행위를 설명할 수 있음.

↓
의의
• 두 모델은 분석 대상이 되는 동일한 정책 행위에 대해 다른 분석 결과를 도출함.
• 두 모델은 대립 관계에 있는 것이 아니라 외교 사건을 ( )으로 설명해 준다는 의의가 있음.

MEMO

01~06 ＊본문 54쪽 지문의 내용을 생각하며 ✍키워드를 활용하여 빈칸을 채워 보세요.

기업의 선택을 위한 편익과 비용

◆ 답안은 '정답과 해설편' 78~80쪽을 참조

핵심어

＊각 문단에서 핵심어라고 생각되는 어휘나 어구를 찾아 써 보세요.

1 합리적인 선택, _____

_____

2 순편익, _____

_____

3 기업, _____

_____

4 한계비용, _____

_____

5 손실, _____

_____

6 손실이 발생, _____

_____

7 기업의 생산 활동, _____

지문 구조

✍극대화, 합리적, 방법, 발생, 의사, 개념, 손실

1 (　　　　) 선택을 위해 고려해야 하는 편익과 비용의 개념

↓

2 한계편익과 한계비용의 (　　　)

↓

3 이윤 (　　　)를 위해 기업이 고려하는 한계비용과 한계수입의 개념
＋
5 (　　　) 발생 파악을 위해 기업이 고려하는 평균비용, 고정비용, 가변비용의 개념

↓

4 기업이 한계비용과 한계수입을 활용해 이윤을 극대화하는 (　　　)
＋
6 기업이 평균비용을 활용해 손실 (　　　) 여부를 판단하는 방법

↓

7 합리적 선택을 중심으로 생산에 관한 기업의 (　　　) 결정을 살펴보는 것의 의의

주제
✍결정, 생산, 선택

_____

_____

한컷 정리하기 ✍일치, 가변비용, 명시적, 한계비용, 수입, 생산량, 평균비용, 한계편익

합리적 선택을 위해 고려해야 하는 편익과 비용

• 편익: 어떤 선택을 할 때 얻는 이득
• 비용: 암묵적 비용 중 가장 큰 것과 (　　　) 비용을 합친 것
• (　　　): 어떤 선택에 의해 추가로 발생하는 편익
• 한계비용: 어떤 선택에 의해 추가로 발생하는 비용

기업이 의사 결정 시 고려하는 요소

한계비용과 한계수입

• 기업은 상품을 얼마나 생산하면 이윤을 극대화할 수 있을지 한계비용과 한계수입을 고려해 합리적인 판단을 내릴 수 있다.
• (　　　): 상품 생산량을 한 단위 증가시키는 데 추가로 드는 비용
• 한계수입: 상품을 한 단위 더 생산하여 판매할 때 추가로 얻는 (　　　)
• 기업은 한계비용과 한계수입이 (　　　)하도록 생산량을 조절해 이윤을 극대화할 수 있음.

평균비용

• 평균비용: 상품을 한 단위 생산하는 데 드는 평균적인 비용으로, 고정비용과 가변비용의 영향을 받음.
• 고정비용: (　　　)에 따라 변하지 않고 일정한 크기를 유지하는 비용
• (　　　): 생산량에 따라 달라지는 비용
• 기업의 의도한 생산량에서의 (　　　)이 시장 가격보다는 낮아야 이윤이 남는데, 손실을 피할 방법이 없다면 생산을 계속할 것인지 의사 결정을 내려야 함.

MEMO

*본문 57쪽 지문의 내용을 생각하며 🔑키워드를 활용하여 빈칸을 채워 보세요.

파생상품

◆ 답안은 '정답과 해설편' 83~84쪽을 참조

핵심어

* 각 문단에서 핵심어라고 생각되는 어휘나 어구를 찾아 써 보세요.

1 파생상품, _____

2 파생상품, _____

_____

3 선물, _____

_____

4 제도적 장치, _____

_____

5 손익 계산 방법, _____

_____

주제
🔑 선물, 개념, 파생상품

_____

_____

한컷 정리하기 🔑 손익, 손실, 일치, 기초자산, 안정성, 불안정성, 반대거래, 마진콜, 거래소

파생상품

- ( )의 가치 변동에 따라 가격이 결정되는 금융상품
- 기초자산에 해당하는 거래대상의 미래 가격이 불확실하기 때문에 미래의 특정 시점에서 발생할 수 있는 ( )의 위험에 대비하기 위해 만들어짐.

파생상품의 유형

선도	보완	선물

선도
- 거래 당사자들이 자기가 거래하고자 하는 물품의 가격, 수량, 만기 시점 등에 있어 이해관계가 ( )하는 거래 상대방을 찾기가 어려웠음.
- 계약을 체결했더라도 만기 이전에 그 계약을 임의로 파기할 위험이 높다는 ( )이 늘 존재했음.

선물
- 공인된 ( )에서 거래가 이루어진다는 점에서 선도와 차이가 있음.

( ) 확보를 위한
제도적 장치

- ( ): 계약 만기 시점 이전에 거래 당사자들이 언제든지 선물을 거래할 수 있는 장치
- 증거금: 계약 당사자가 계약의 확실한 이행을 보증하여 거래의 안정성을 확보하기 위한 장치
- 일일정산: 선물 거래가 유지되는 동안 당일 거래 마감 시점의 가격으로 선물 거래 당사자의 ( )을 계산하여 이를 증거금에서 차감·가산하는 장치
- ( ): 증거금 계좌 잔고가 개시증거금 이상이 되도록 증거금의 추가 납부를 요구하는 것

지문 구조
🔑 선도, 선물, 장치, 정의, 주식

1 파생상품의 ( )

↓

2 파생상품의 등장 배경 및 파생상품의 유형①–( )

→

3 파생상품의 유형②–( )

↓

4 선물 거래의 안정성 확보를 위한 제도적 ( )

↓

5 ( )을 기초자산으로 하는 선물 거래의 손익 계산 방법

MEMO

경기 변동과 정책

01~05 ＊본문 60쪽 지문의 내용을 생각하며 ✎키워드를 활용하여 빈칸을 채워 보세요.

시장의 균형 회복에 대한 서로 다른 관점

◆ 답안은 '정답과 해설편' 88~89쪽을 참조

핵심어

＊각 문단에서 핵심어라고 생각되는 어휘나 어구를 찾아 써 보세요.

1 시장, _____

2 고전학파, _____

3 케인즈, _____
_____

4 케인즈학파, _____
_____

5 케인즈학파, _____
_____

6 케인즈학파, _____
_____

지문 구조

✎케인즈, 새케인즈학파, 견해, 고전학파, 속도

1 시장의 가격 조정 기능과 가격 조정의 (   )
↓

2 (   )의 견해 ↔ **3** (   )의 견해
↓   ↓

5 새고전학파의 견해 ↔ **4** 케인즈학파의
(   )
↓
6 (   )의 견해

주제
✎관점, 가격, 시장
_____
_____

한컷 정리하기 ✎케인즈학파, 새고전학파, 효율 임금, 가격 변화, 불균형, 단기, 경직적, 신축적, 가격 경직성, 총수요

시장의 가격 조정 기능과 가격 조정 속도

- 시장의 가격 조정 기능: 수요와 공급이 일치하지 않는 불균형이 발생할 경우 (   )에 의해 균형을 회복함.
- 단기: 가격 조정이 원활히 이루어지지 않아 시장 (   )이 지속되는 시간대
- 장기: 신축적 가격 조정에 의해 시장 균형이 달성되는 시간대

단기의 지속 시간에 대한 견해

고전학파 ↔ **케인즈**

고전학파
- 시장은 가격의 (   )인 조정에 의해 항상 균형을 달성함.
- (   )는 존재하지 않음.
- 경기 변동 현상은 발생하지 않음.

케인즈
- 단기에는 가격이 (   )임.
- 가격 경직성이 심할수록 총수요가 변동할 때 극심한 경기 변동 현상이 유발됨.

(   ) → 비판 → **케인즈학파**

(   )
- (   )의 거시 계량 모형에 오류가 있음을 지적함.
- 경제 주체의 합리적 선택에 대한 미시적 분석을 바탕으로 경제 현상을 분석해야 함.
- 시장 불균형이 발생한 경우 가격이 조정되는 속도는 매우 빠름.
- 총수요 변동이 아닌 기술 변화가 지속적인 경기 변동을 유발함.

케인즈학파
- 총수요 변동이 유발한 불균형 상태가 (   )으로 말미암아 오래 지속될 수 있음.
- 정부가 경기 안정화 정책을 통해 경제의 (   )를 관리함으로써 경기 변동을 조절해야 함.

새케인즈학파
- 새고전학파의 방법론을 수용함.
- 경제 주체들이 합리적으로 기대를 형성하더라도 가격 경직성으로 인해 경기 변동이 발생할 수 있음.
- 가격 경직성의 근거로 '메뉴 비용 이론'과 '(   ) 이론'을 제시함.
- 총수요 관리 정책은 효과를 가짐.

MEMO

확장적 정책에 대한 서로 다른 관점

◆ 답안은 '정답과 해설편' 93~94쪽을 참조

핵심어

＊각 문단에서 핵심어라고 생각되는 어휘나 어구를 찾아 써 보세요.

1 재정정책, _____

_____

2 통화주의, _____

_____

3 케인스주의, _____

_____

4 승수 효과, _____

_____

5 경기 안정, _____

_____

_____

지문 구조

🔑 효과, 통화정책, 통화주의, 시행, 확장적

1 경기 안정 정책인 재정정책과 (   )

⬇

2 확장적 정책의 효과   **3** (   ) 정책의
에 대한 (   ) ⟷ 효과에 대한 케인스
의 입장   주의의 입장

⬇

4 승수 효과와 구축 효과에 따른 확장적 재정정책의
(   )

⬇

5 재정정책과 통화정책 (   ) 시 유의할 점

주제

🔑 정책, 통화주의

_____

_____

(한컷 정리하기) 🔑 증가, 감소, 부양, 낮게, 낮춤, 승수, 과열, 확장적, 최소화, 증가하여, 이자율, 투기적, 시중에

경기 안정 정책

• 경기가 좋지 않을 때 ─┌ (   ) 재정정책: 정부 지출을 늘리거나 조세를 감면함.
                  └ 확장적 통화정책: 통화량을 늘리고 이자율을 (   ).

• 경기 (   )이 우려될 때 ─┌ 긴축적 재정정책: 정부 지출을 줄이거나 세금을 올림.
                      └ 긴축적 통화정책: 통화량을 줄이고 이자율을 올림.

⬇

확장적 정책에 대한 입장

통화주의	⟷	케인스주의
경기 안정을 위해 정부의 시장 개입을 ( )해야 함.	관점	경기 안정을 위해 정부의 적극적인 개입이 필요함.
통화량을 늘리고 이자율을 낮추면 ⇒ 투자 수요가 ( ) 경기를 부양시킬 수 있음.	확장적 통화정책	통화량을 늘리고 이자율을 낮추면 ⇒ ( ) 화폐 수요 늘어남. 화폐가 ( ) 돌지 않게 되어 투자 수요가 거의 증가하지 않음.
국민 소득 ⇧ → 화폐 수요 크게 ⇧ → 이자율 매우 높게 ⇧ ⇒ 투자 수요는 높아진 이자율로 인해 예상된 것보다 급격히 ( ), 경기를 호전시키지 못함.	확장적 재정정책	국민 소득 ⇧ → 화폐 수요 작게 ⇧ → 이자율 ( ) ⇒ 투자 수요가 예상된 것보다 작게 감소함.

구축 효과 ⬇   승수 효과 ⬇

정부가 재정정책을 위해 국채를 발행해 시중의 돈을 빌리면, ( )이 올라 소비나 투자 수요를 줄어들게 하는 구축 효과가 발생함. ⇒ 구축 효과에 의해 ( ) 효과가 감쇄되어 확장적 재정정책의 효과가 기대보다 줄어듦.	정부의 재정 지출이 그것의 몇 배나 되는 국민 소득 ( )로 이어져 소비와 투자가 촉진되는 승수 효과가 발생함. ⇒ 확장적 재정정책으로 경기 ( )이 가능함.

변동 요인과 소비

01~05   *본문 66쪽 지문의 내용을 생각하며 ✔키워드를 활용하여 빈칸을 채워 보세요.

물가지수

◆ 답안은 '정답과 해설편' 97~99쪽을 참조

핵심어
* 각 문단에서 핵심어 라고 생각되는 어휘나 어구를 찾아 써 보세요.

1 물가, _____

_____

2 대표 품목, _____

3 화폐의 구매력을 측정, _____

4 명목 가치를 실질 가치로 바꾸는 역할, _____

_____

5 명목 가치, _____

_____

6 이용 목적, _____

_____

7 같은 품목, _____

8 생산자물가지수, _____

_____

주제
✔ 개념, 분류

_____

_____

한컷 정리하기   ✔ 화폐, 변동, 물가지수, 평균, 실질, 동일한, 생산, 가중치, 비중, 현실적인, 일상생활, 수준, 선행지표

┌─────────────────────────────────┐
│ **물가와 ( )** │
├─────────────────────────────────┤
│ • 물가: 시장에서 거래되는 개별 상품의 가격을 종합하여 ( )한 것 │
│ • 물가지수: 물가 ( )을 알기 쉽게 지수화한 경제지표 │
│ • 물가지수의 용도 │
│   ① ( )의 구매력을 측정할 수 있는 수단 │
│   ② 경기판단지표로서의 역할 │
│   ③ 명목 가치를 ( ) 가치로 바꾸는 역할 │
└─────────────────────────────────┘

물가지수의 종류

계산 방법에 따른 분류	이용 목적에 따른 분류

단순물가지수	가중물가지수	소비자물가지수	생산자물가지수
• 선정된 품목들의 개별 가격지수의 합을 평균함. • 모든 품목이 전체 물가에 ( ) 영향을 주는 것으로 전제함. ⇒ 한계: ( ) 물가 상승률을 드러내지 못함.	• 품목별 가중치를 가격지수에 곱한 후 합함. • 거래 ( )이 큰 품목의 가격 변동에 가중치를 두고 계산함. ⇒ 체감 물가에 근접한 결과를 측정함.	소비자가 ( )에서 구입하는 상품이나 서비스의 가격 변동을 알아보기 위해 작성됨.	생산자가 ( )을 위해 거래하는 상품의 가격 변동을 알아보기 위해 작성됨.

┌─────────────────────────────────┐
│ • 두 물가지수는 조사하는 품목이 다르고, 같은 품목이라도 두 지수에서 적용되는 ( )가 다름. │
│ ⇒ 두 물가지수는 서로 다른 방향의 변동을 나타내거나, 같은 방향으로 움직이더라도 변동 ( )에 차이를 보임. │
│ • 생산자물가지수는 소비자물가지수의 ( )로 이해됨. │
└─────────────────────────────────┘

지문 구조
✔ 이용, 물가, 용도, 차이, 선행, 분류

1 ( )와 물가지수의 개념

↓

2 계산 방법에 따른 물가지수의 ( )

↓

3, 4, 5 물가지수의 ( )

↓

6 ( ) 목적에 따른 물가지수의 분류

↓

7 소비자물가지수와 생산자물가지수의 품목별 가중치의 ( )

↓

8 소비자물가지수에 ( )하는 생산자물가지수

MEMO

이자율 변화가 소비 계획에 미치는 영향

◆ 답안은 '정답과 해설편' 101~103쪽을 참조

핵심어

* 각 문단에서 핵심어라고 생각되는 어휘나 어구를 찾아 써 보세요.

1 소비, _____

2 이자율, _____

3 최적 소비 계획, _____

4 무차별곡선, _____

5 접하는 지점, _____

6 이자율이 상승한 경우, _____

7 이자율 상승, _____

8 상대적 가치, _____

9 총소득, _____

10 대체효과, _____

11 2기간 소비 모형, _____

주제
🔗 소비 모형, 이자율

_____

_____

한컷 정리하기   🔗 총소득, 이자율, 차이, 무차별곡선, 시계, 상대, 소득, 미래

2기간 소비 모형

- 저축과 대출 등의 금융 행위와 그것의 수익과 비용을 결정하는 (　　　)은 소비 계획의 결정에 있어 중요한 요소임.
- 2기간 소비 모형은 소비자가 소비를 결정하는 데 있어, 현재의 소득만이 아니라 (　　　)에 자신이 벌 것으로 예상하는 소득과 두 시기를 연결하는 매개 변수인 이자율을 고려한다는 것을 시사함.

최적 소비 계획의 결정

- 예산선: (　　　)을 전부 지출할 때 소비할 수 있는 소비 계획들을 연결한 선
- (　　　): 효용이 동일한 소비 계획들을 연결한 선
⇒ 예산선과 무차별곡선이 접하는 지점에서 최적 소비 계획을 결정함.

이자율 상승 →

최적 소비 계획의 변화

- 예산선이 초기 부존점을 기준으로 (　　　) 방향으로 회전함.
⇒ 1기 소비 지출액과 대출액을 줄이는 방향으로 최적 소비 계획을 변화시킴.
⇒ 2기 소비 지출액은 대체효과와 소득효과의 상대적 (　　　)에 의해 결정됨.

이유

대체효과와 소득효과

- 대체효과: 1기와 2기 소비의 (　　　) 가치 변화로 인해 최적 소비 계획이 변하는 효과
- (　　　)효과: 총소득 변화에 따라 최적 소비 계획이 변하는 효과

지문 구조

🔗 변화, 소비, 계획, 최적, 2기간, 예산선, 결정, 대체효과, 지출액, 시사점, 상승

1 소비 (　　　) 결정의 중요한 요소인 이자율

↓

2 이자율이 소비에 미치는 영향을 분석하기 위한 (　　　) 소비 모형의 가정

↓

3 최적 소비 계획의 결정을 위한 (　　　) + **4** (　　　) 소비 계획의 결정을 위한 무차별곡선

↓

5 예산선과 무차별곡선을 고려한 최적 소비 계획 (　　　)

↓

6 이자율 변화가 소비 계획에 미치는 영향을 분석하기 위한 이자율 (　　　)의 가정 + **7** 이자율 상승에 따른 최적 소비 계획의 (　　　)

↓

8 최적 소비 계획의 변화 이유 ①
－ (　　　) ↔ **9** 최적 (　　　) 계획의 변화 이유 ②
－ 소득효과

↓

10 이자율 상승에 따른 소비 (　　　)의 변화

↓

11 2기간 소비 모형의 (　　　)

MEMO

01~05 *본문 72쪽 지문의 내용을 생각하며 ⊘키워드를 활용하여 빈칸을 채워 보세요.

눈의 구조와 시력 유지에 필요한 방수의 기능

◆ 답안은 '정답과 해설편' 106~107쪽을 참조

핵심어
* 각 문단에서 핵심어
라고 생각되는 어휘나
어구를 찾아 써 보세요.

1 눈, _____
_____

2 안구벽, _____
_____

3 기압, _____
_____

4 유리체, _____
_____

5 안방, _____
_____

6 방수, _____
_____

7 방수, _____
_____

주제
⊘ 안구 형태, 방수
_____
_____

한컷 정리하기 ⊘ 안구벽, 순환, 유지, 기압, 형태, 망막, 방수, 안압, 각막, 영양분, 초점, 노폐물

안구 형태 유지의 중요성

• 안구는 단단하지 않아서 ( )에 저항해 원래의 모양을 유지하기가 쉽지 않음.
• 내부 기압이 외부 기압보다 낮으면 찌그러지며, 반대의 경우에는 부풀어 오를 수 있음.
⇒ 눈은 약간의 모양 변화로도 빛의 방향이 틀어져 ( )이 달라지기 때문에 정확한 안구 ( )를 유지하는 것이 매우 중요함.

안구 형태 유지를 담당하는 기관

유리체	( )
• 안구 내압을 적정하게 유지함으로써 ( )을 지지해 주고, ( )의 붕괴를 방지함으로써 안구의 형태를 유지함. • 유리체의 역할만으로는 안구 전체 뿐 아니라 안구를 구성하는 각 부분을 정확한 형태로 유지하기 어려움.	• 눈은 수정체와 ( ) 사이의 공간에 채워진 방수로 적절한 내부 압력을 유지. • 방수는 안방에 들어차 각막의 형태를 ( )하고, 각막이나 수정체에 ( )을 공급하고 ( )을 배출하는 역할을 함. • ( )되는 물인 방수는 적정량이 제대로 흘러야 함. → 순환이 원활하지 않으면 ( )이 높아지는데, 약한 조직인 시신경부터 심하게 손상됨.

지문 구조
⊘ 유지, 구성, 기능,
중요성, 문제점, 경로,
역할

1 눈의 ( )
↓
2 안구의 구조와 각 구조의 ( )
↓
3 안구 형태 유지의 ( )
↓
4 안구 형태 유지를 위한 유리체의 ( ) + **5** 안구 형태 ( )를 위한 방수의 역할
↓
6 방수의 역할과 순환 ( )
↓
7 방수의 배출이 원활하지 않을 때 발생하는 ( )

MEMO

*본문 74쪽 지문의 내용을 생각하며 🔑키워드를 활용하여 빈칸을 채워 보세요.

식물과 동물의 독

◆ 답안은 '정답과 해설편' 109~110쪽을 참조

핵심어

* 각 문단에서 핵심어라고 생각되는 어휘나 어구를 찾아 써 보세요.

1 생물들, _____

2 식물 독, _____

3 아트로핀, _____

4 동물 독, _____

5 독, _____

지문 구조

🔑이유, 성질, 종류, 주성분, 아코니틴

1 생물들이 독을 이용하는 (   )

↓

2 알칼로이드를 주성분으로 한 식물 독 ①
– (   )

↓

3 알칼로이드를 (   )으로 한 식물 독 ②
– 아트로핀

↓

4 독의 (   )이 제각기 다른 동물 독

↓

5 해독제의 (   )

주제
🔑 생물, 특징, 독

_____
_____

한컷 정리하기 🔑 독, 해독제, 사냥감, 크로탈로톡신, 알칼로이드, 아트로핀, 정보, 보호, 근육, 복어

생물들이 (   )을 이용하는 이유

• 위협적인 상대로부터 자신을 (   )하거나 종족을 보호하기 위해 독을 이용함.
• 동물이 (   )을 포획하기 위한 수단으로 독을 사용함.

식물 독	동물 독
• 주성분은 대부분 ( )라는 물질임. • 식물 독의 예로는 투구꽃의 '아코니틴'과 흰독말풀의 '( )'이 있음. • 아코니틴과 아트로핀은 모두 동물의 신경계에서 ( )가 전달되는 것을 방해함. • 아코니틴은 아세틸콜린이 분비되지 않도록 함. → 호흡 곤란을 일으킬 수 있음. • 아트로핀은 아세틸콜린의 작용을 방해함. → 신경의 흥분이 억제되어 근육 이완을 일으킬 수 있음. • 아코니틴은 진통제의 성분으로, 아트로핀은 일부 독의 ( )로 쓰이기도 함.	• 독의 성질이 제각기 다름. • 코브라의 독은 '오피오톡신'으로, 시냅스에서 아세틸콜린 수용체와 결합해 ( )으로의 정보 전달을 방해함. • 살무사의 독은 '( )'으로, 혈액 내의 혈구 세포와 혈소판 등을 파괴함. → 근육이 괴사되고 출혈이 멈추지 않아 죽게 됨. • ( )의 독은 알칼로이드 계열의 '테트로도톡신'으로, 아세틸콜린이 분비되지 않게 함.

MEMO

의학과 치료 1

01~04 ＊본문 76쪽 지문의 내용을 생각하며 🔑키워드를 활용하여 빈칸을 채워 보세요.

바이러스의 감염과 숙주 세포

◆ 답안은 '정답과 해설편' 112~113쪽을 참조

핵심어
＊각 문단에서 핵심어라고 생각되는 어휘나 어구를 찾아 써 보세요.

1 바이러스, _____

_____

2 바이러스의 감염, _____

_____

3 지속감염, _____

4 잠복감염, _____

_____

주제
🔑 과정, 바이러스

_____

_____

한컷 정리하기 🔑 장기간, 증식, 숙주 세포, 핵산, 복제, 회피, 계속, 프로바이러스, 만성감염

바이러스

• 생존 방법: 살아 있는 (   )에 기생하고, 그 안에서 증식함.
• 구조: 피막이 있는 바이러스는 부착 단백질, 캡시드(단백질), 핵산(DAN 또는 RNA 중 하나)으로 이루어짐.
• 감염 과정: 바이러스가 부착 단백질을 이용해 숙주 세포 수용체에 붙어 내부로 침투함.
→ 캡시드에서 분리된 (   )이 숙주 세포 내부로 빠져나옴.
→ 핵산이 효소를 이용해 (   )되고, mRNA를 통해 단백질을 합성함.
→ 합성된 단백질 일부는 캡시드, 다른 일부는 바이러스의 부착 단백질이 됨.
→ 증식된 바이러스가 숙주 세포 밖으로 배출됨.

바이러스 감염의 종류

급성감염

• 짧은 기간 안에 감염이 일어남.
• 바이러스가 감염된 숙주 세포를 증식 과정에서 죽이고, 또 다른 숙주 세포에서 (   )하며 질병을 일으킴.
• 시간이 흐르면 체내에 바이러스가 남아 있지 않게 됨.

지속감염

• 상대적으로 오랜 기간 동안 바이러스가 체내에 잔류함.
• 바이러스가 장기간 숙주 세포를 파괴하지 않으면서도 체내의 방어 체계를 (   )하며 생존함.

지속감염의 종류

잠복감염

• 초기 감염 후 한동안 증상이 없다가 특정 조건에서 바이러스가 재활성화되어 증상을 다시 동반함.
• (   ): 재발 전까지 감염성을 띠지 않고 잠복하는 상태의 바이러스

(   )

• 감염성 바이러스가 숙주로부터 (   ) 배출되어 항상 검출되고 다른 사람에게 옮길 수 있는 감염 상태
• 사람에 따라서 질병이 발현되거나 되지 않기도 하며 뒤늦게 발현될 수도 있음.

지연감염

• 초기 감염 후 특별한 증상이 나타나지 않다가, (   )에 걸쳐 감염성 바이러스의 수가 점진적으로 증가하여 반드시 특정 질병을 유발함.

지문 구조
🔑 세포, 구분, 구조, 양상

1 바이러스의 생존 방법과 (   )

↓

2 바이러스가 숙주 (   )에 감염하는 과정

↓

3 바이러스 감염의 (   ) – 급성감염, 지속감염

↓

4 발현 (   )에 따른 지속감염의 구분 – 잠복감염, 만성감염, 지연감염

MEMO

면역 반응과 면역계 과민 반응

◆ 답안은 '정답과 해설편' 115~116쪽을 참조

핵심어
*각 문단에서 핵심어라고 생각되는 어휘나 어구를 찾아 써 보세요.

1 저항, _____

_____

2 면역 반응, _____

_____

3 인체, _____

4 외부 물질과의 공존, _____

_____

5 면역세포, _____

_____

6 장내미생물, _____

7 면역 반응, _____

_____

주제
🔑 면역계, 공존, 외부 물질

_____

_____

한컷 정리하기 🔑 성격, 제거, 미성숙T세포, 바이러스, 공존

면역계 과민 반응	◀ 이유	위생가설
• 면역 반응이 과도해져 면역계가 일반적으로는 해가 되지 않는 물질이나 자신의 조직을 ( )해야 할 대상으로 인식하여 공격하는 것		• 현대 의학의 발달과 환경 개선으로 ( ) 등이 줄어들게 되자 면역 반응이 지나치게 됨. • 바이러스가 줄어든 깨끗한 환경이 오히려 질병의 원인이 됨. • 시사점: 인체가 외부 물질과의 ( ) 속에서 면역 반응의 균형을 찾음.

예

면역계와 장내미생물의 공존

면역계의 면역세포   **장내미생물**

수지상세포 ---(   )을 변화시킴.---> 조절수지상세포

미성숙T세포   (   )

조력T세포 세포독성T세포   조절T세포

면역 반응을 일으킴.   면역 반응을 억제함.

면역계와 외부물질이 공존함.

지문 구조
🔑 개념, 전환, 과민, 시사점, 과정, 억제, 위생가설

1 면역 반응의 (   )

↓

2 면역계 (   ) 반응의 개념

↓

3 면역계 과민 반응이 나타나는 이유 – (   )

↓

4 위생가설의 (   ) 및 장내미생물의 존재

↓

5 면역세포들에 의해 면역 반응이 일어나는 (   )

↓

6 장내미생물이 면역 반응을 (   )하는 과정

↓

7 면역계와 공존하는 외부 물질에 대한 인식의 (   )

MEMO

01~05 ＊본문 80쪽 지문의 내용을 생각하며 🔑키워드를 활용하여 빈칸을 채워 보세요.

약이 생체의 작용에 영향을 미치는 과정

◆ 답안은 '정답과 해설편' 119~120쪽을 참조

핵심어
* 각 문단에서 핵심어라고 생각되는 어휘나 어구를 찾아 써 보세요.

1 약, _____

2 병원체에 작용, _____

3 항바이러스제, _____

4 신경작용제, _____
_____

5 약효, _____
_____

주제
🔑 생체, 약, 기능
_____
_____

한컷 정리하기 🔑 증식, 생체, 리간드, 병원체, 항바이러스제, 엽산, 유사한, 바이러스, 신경전달물질, 항우울제, 생물학적

약의 생체 내 기능 방식

• 약: (   )의 작용에 영향을 미쳐 (   ) 효과를 내기 위한 목적으로 이용하는 의약품
• 약은 특정 수용체와 결합할 수 있는 (   )를 인위적으로 생체에 증가시켜 리간드와 결합한 수용체의 수가 일정 시간 동안 일정 수준 이상이 되게 하여 효과를 냄.

약이 효과를 내는 방식 2가지

( )에 작용하는 방식		생체에 직접 작용하는 방식
설파제	( )	

지문 구조
🔑 방식, 작용, 내성, 생체, 효과

1 약의 개념과 생체 내 기능 (   )

↓

2 병원체에 (   )하는 방식으로 생물학적 효과를 내는 약 ① - 설파제

+

3 병원체에 작용하는 방식으로 생물학적 (   )를 내는 약 ② - 항바이러스제

+

4 (   )에 직접 작용하는 방식으로 생물학적 효과를 내는 약 - 신경작용제

↓

5 약의 상승효과와 (   )

• 박테리아에 의한 질병 치료에 사용됨.
• 체내에서 화학적 변화를 거쳐 PABA와 분자 구조가 매우 (   ) 설파닐아마이드가 되어 PABA가 결합할 수용체와 먼저 결합함.
• 박테리아가 (   )을 만들지 못하고 죽게 됨.

• 스스로 증식하지 못하는 (   )의 특성을 활용하여, 바이러스에 감염된 세포의 증식을 막는 방식으로 바이러스 확산을 억제함.
• 뉴클레오사이드 유도체를 포함한 항바이러스제: 뉴클레오사이드 유도체가 바이러스에 감염된 세포들이 더 이상 (   )하지 못하게 하여 바이러스 확산을 억제함.

• 신경작용제는 (   )의 작용에 관여하는 방식으로 생물학적 효과를 냄.
• (   )는 뉴런 간 연접 틈새에서 신경전달물질인 세로토닌이나 노르에피네프린의 부족을 해소하는 방식으로 약효를 냄.

MEMO

*본문 82쪽 지문의 내용을 생각하며 ⑥키워드를 활용하여 빈칸을 채워 보세요.

mRNA 백신

◆ 답안은 '정답과 해설편' 123~124쪽을 참조

핵심어

* 각 문단에서 핵심어라고 생각되는 어휘나 어구를 찾아 써 보세요.

1 바이러스, _____

2 mRNA 백신, _____

3 소수성, _____

4 양이온성 지질, _____

5 이온화 지질, _____

지문 구조

⑥ 백신, 문제점, 과정, 나노, 친수성

1 바이러스 감염에 대비하기 위한 ( )

↓

2 mRNA 백신의 특징과 ( )

↓

3 ( ) 물질의 투과를 차단하는 세포막의 특징

↓

4 양이온성 지질을 지질 ( ) 입자로 사용할 때의 문제점

↓

5 mRNA – 지질 나노 입자 복합체를 활용하여 바이러스 감염에 대비하는 ( )

주제

⑥ 입자, 백신, 지질

_____
_____

한컷 정리하기 ⑥ 엔도솜, 바이러스, mRNA, 음전하, 이온화, 내포 작용, 리보솜, 지질 나노 입자

mRNA 백신	→ 방법	mRNA – ( ) 복합체
• 바이러스 단백질의 유전 정보를 암호화한 ( )를 접종하는 것 • 주입된 mRNA를 통해 바이러스 단백질을 합성하여 면역 반응을 유도함. • 인체가 ( )에 감염될 위험이 없으며 체내 효소에 의해 쉽게 분해됨. • 체내에서 불안정할 뿐 아니라 분자의 크기가 크고 ( )를 띠고 있어 세포에 거의 흡수되지 않는 문제가 있음.		• mRNA를 보호하여 세포 내로 진입시키기 위해 지질 나노 입자를 이용함. • 용액의 pH에 따라 양이온성이 달라지는 ( ) 지질을 지질 나노 입자의 재료로 사용함. • 낮은 pH에서 mRNA와 이온화 지질을 결합시킨 뒤 pH를 높여 중성의 'mRNA – 지질 나노 입자 복합체'를 만듦.

바이러스 감염에 대비하는 과정

mRNA – 지질 나노 입자 복합체가 세포막의 수용체에 결합하여 ( )에 의해 세포 내부로 진입함. → 내포 작용이 일어나면 세포질 안에 ( ) 구조체가 형성됨. → 엔도솜 내부가 산성화됨에 따라 엔도솜 막이 불안정해져 mRNA가 세포질로 방출됨. → 방출된 mRNA가 ( )과 결합하여 바이러스 단백질을 합성하고 기억 세포를 생성함. → 인체가 바이러스 감염에 대비할 수 있게 됨.

MEMO

01~06 ＊본문 84쪽 지문의 내용을 생각하며 ⊘키워드를 활용하여 빈칸을 채워 보세요.

토머스 쿤의 패러다임

◆ 답안은 '정답과 해설편' 127~128쪽을 참조

핵심어
* 각 문단에서 핵심어라고 생각되는 어휘나 어구를 찾아 써 보세요.

1 패러다임, _____

_____

2 플로지스톤, _____

_____

3 캐번디시, _____

_____

4 프리스틀리, _____

_____

5 라부아지에, _____

_____

6 라부아지에, _____

_____

7 새로운 패러다임, _____

_____

8 과학적 진보, _____

_____

주제
⊘ 패러다임, 가설, 토머스 쿤

_____

_____

한컷 정리하기 ⊘ 가연성, 변칙 사례, 프리스틀리, 의문, 산소, 패러다임, 방출, 질량, 플로지스톤

패러다임과 과학혁명

• 패러다임: 한 시대 사람들의 견해나 사고를 지배하고 있는 이론적 틀이나 개념의 집합체
• 과학혁명: 정상 과학에서 중요한 (   )가 미해결 상태로 남을 때 일어나는 새로운 패러다임으로의 급격한 대체 과정

↓ 과학혁명의 사례 ↓

플로지스톤 패러다임 → 패러다임 변화 → **라부아지에의 새로운 연소 이론**

플로지스톤 패러다임
• 18세기 초 베허와 슈탈의 제안: (   )은 가연성 물질이나 금속에 포함되어 있을 것이라고 생각했던 물질로, 연소는 물질에 포함되어 있던 플로지스톤이 (   )되는 과정이라고 주장함.
• 18세기 중반 캐번디시의 발견: 금속을 산에 녹일 때 발생하는 기체를 '(   ) 공기'라고 명명하고, 금속에 있던 플로지스톤이 빠져 나온 것이라고 생각함.
• 18세기 후반 (   )의 실험: 가연성 공기를 활용하여 금속회를 금속으로 환원하는 실험을 시행함.

라부아지에의 새로운 연소 이론
• 금속이 녹슬 때 (   )이 변화한다는 사실에 주목하며 플로지스톤 이론에 (   )을 가짐.
• 연소 반응에서 반응 전후의 총 질량은 변화가 없다는 사실을 근거로, 연소는 공기 중의 (   )와 결합하는 현상이라고 주장함.
• 프리스틀리의 실험에서 나타난 현상은 금속회에 있던 산소가 방출된 것이며, 산소가 가연성 공기와 결합하여 물이 되었을 것이라고 재해석함.
⇒ 연소를 산소와의 결합으로 이해하는 새로운 (   )이 자리 잡음.
⇒ 정밀한 측정 도구를 활용하여 실험 과정을 정량화하는 것으로 화학 연구의 패러다임이 바뀜.

지문 구조
⊘ 재해석, 패러다임, 과학혁명, 실험, 새로운, 변화, 의의, 발견

1 토머스 쿤이 제시한 패러다임의 개념과 (   ) 가설

↓

2 플로지스톤 (   ) ① – 베허와 슈탈의 제안

↓

3 플로지스톤 패러다임 ② – 캐번디시의 (   )

↓

4 플로지스톤 패러다임 ③ – 프리스틀리의 (   )

↓

5 라부아지에의 (   ) 연소 이론

↓

6 라부아지에의 프리스틀리 실험의 (   )

↓

7 연소 현상과 화학 연구의 패러다임 (   )

↓

8 쿤의 과학혁명 가설의 (   )

해밀턴의 포괄 적합도 이론

◆ 답안은 '정답과 해설편' 131~133쪽을 참조

핵심어

* 각 문단에서 핵심어라고 생각되는 어휘나 어구를 찾아 써 보세요.

1 다윈, _____

_____

2 헌신, _____

_____

3 해밀턴, _____

_____

4 해밀턴, _____

_____

5 이타적 행동, _____

_____

6 유전자, _____

_____

7 해밀턴 규칙, _____

_____

8 이득, _____

_____

9 해밀턴의 '포괄 적합도 이론', _____

_____

주제

✏️ 자연선택, 포괄, 이타적 행동

_____

_____

(한컷 정리하기) ✏️ 근연도, 번성, 자연선택, 성공도, 유전자, 간접, 손실, 적합도

지문 구조

✏️ 보완한, 진화, 한계, 적합도, 이타적, 개념, 내용, 이론

1 다윈의 자연선택에 의한 (⬤)

↓

2 개체의 이타적 행동 설명에 대한 다윈 이론의 (⬤)

↓

3 유전자 개념을 도입하여 다윈 이론을 (⬤) 해밀턴

↓

4 개체의 자연선택 과정을 포괄 (⬤)로 설명한 해밀턴

↓

5 (⬤) 행동이 자연선택 되는 조건에 대한 해밀턴의 견해

↓

6 유전적 근연도의 (⬤)

↓

7, 8 해밀턴 규칙과 그 (⬤)

↓

9 해밀턴의 포괄 적합도 (⬤)의 의의

다윈의 자연선택에 의한 진화	◀── 보완 ──	해밀턴의 포괄 ( ) 이론

다윈의 자연선택에 의한 진화

- ( )의 과정이 환경에 딱 맞는 개체를 만들어 냄.
- 자연선택은 각 개체의 적합도, 즉 번식 ( )를 높이는 방향으로 일어난다고 봄.
- 일벌이나 일개미처럼 이타적인 개체는 집단의 ( )에 이득을 주므로 자연선택이 되었다고 봄.
⇒ 자연선택이 개체에게 이득이 되는 방향으로 일어난다는 다윈 자신의 견해에서 벗어남.

해밀턴의 포괄 ( ) 이론

- '유전자' 개념을 도입하여, 이타적 행동이 결국 개체 자신에게 이득이 되는 방향으로 자연선택이 됨을 입증하려 함.
- 자연선택의 과정을 각 개체가 다음 세대에 자신의 ( ) 복제본을 더 많이 남기는 과정으로 봄.
- 개체의 자연선택은 직접 적합도와 ( ) 적합도를 합한 포괄 적합도를 높이는 방향으로 일어난다고 봄.
- 이타적 행동은 직접 적합도를 낮추게 되므로 그를 상쇄하고도 남을 정도로 간접 적합도를 높일 수 있어야 자연선택이 일어날 수 있다고 봄.
- 유전적 ( )의 값이 클수록 유전자 복제본을 남길 수 있는 가능성이 커진다고 봄.
⇒ 해밀턴 규칙을 도출하여, 이득, ( ), 유전적 근연도의 세 가지 변수를 활용하여 이타성이 진화하는 조건을 제시함.

01~05 *본문 90쪽 지문의 내용을 생각하며 🔑키워드를 활용하여 빈칸을 채워 보세요.

차원해석

◆ 답안은 '정답과 해설편' 135~136쪽을 참조

핵심어

* 각 문단에서 핵심어라고 생각되는 어휘나 어구를 찾아 써 보세요.

1 차원, _____

_____

2 차원의 동일성, _____

_____

3 무차원화, _____

_____

4 무차원화, _____

_____

5 차원의 동일성, _____

_____

6 양변의 차원, _____

_____

7 차원해석, _____

_____

8 차원해석, _____

_____

지문 구조

🔑 예, 효과, 개념, 의의, 차원

1 차원과 차원해석의 ( )

↓

2 ( )의 동일성의 개념   +   **3**, **4** 무차원화의 개념과 방법 및 ( )

↓

5, **6**, **7** 차원의 동일성과 무차원화를 고려한 차원해석 과정의 ( )

↓

8 차원해석의 ( )

주제

🔑 무차원화, 차원해석

_____

_____

한컷 정리하기   🔑 양, 동일성, 차원, 단순화, 관계, 유지, 없는, 그래프, 비교, 변수들

차원해석
• 길이, 질량, 시간 등 일반화된 물리량의 성질인 '( )'을 분석하여 단순 비교가 어려운 물리량 변수들 사이의 관계를 알아내는 방법 • 의의 ① 복잡한 과학적, 공학적 문제의 의미를 일반화·( )할 수 있음. ② 차원이 달라 비교할 수 없었던 ( )끼리 비교하는 것이 가능함. ③ 실험이나 작업량을 확연히 줄일 수 있음.

차원해석에서 고려해야 할 점

차원의 ( )	무차원화
• 물리적 수식 양변의 각 항들은 동일한 차원을 지녀야 한다는 것 • 차원의 동일성을 통해 물리량 변수들의 ( )를 알 수 있음. • 한 차원으로 다른 차원을 곱하거나 나눌 때는 유지됨. • 차원이 같은 항을 더하거나 빼면 ( )되지만, 차원이 다른 항을 더하거나 빼면 유지되지 않음.	• 차원을 지닌 변수나 수식을 차원이 ( ) 상태로 만드는 작업 • 방법: 기준이 되는 ( )을 놓고 이 양과 상대적인 크기를 비교하거나, 차원을 가진 두 변수를 기준이 되는 양으로 나누어 각각을 무차원화하여 그 관계를 ( )로 나타낼 수 있음. • 효과: 차원이 없어져 상대적인 크기의 ( )가 가능해지고, 변수들 사이의 관계를 나타낼 때 편리함.

MEMO

*본문 92쪽 지문의 내용을 생각하며 ⊘ 키워드를 활용하여 빈칸을 채워 보세요.

상과 상변화

◆ 답안은 '정답과 해설편' 139~140쪽을 참조

핵심어
* 각 문단에서 핵심어라고 생각되는 어휘나 어구를 찾아 써 보세요.

1 물질의 상, _____

_____

2 압력, _____

3 상평형 그림, _____

_____

4 기체상과 액체상이 평형을 이루는 상태, _____

_____

5 삼중점, _____

_____

주제
⊘ 이해, 물질, 상변화
_____
_____

한컷 정리하기 ⊘ 임계 온도, 액체, 평형, 전환, 상변화, 삼중점, 초임계, 상

지문 구조
⊘ 과정, 상 물질, 그림, 특징, 세 가지

1 물질의 상의 개념과 (   ) 상의 특징

↓

2 상변화와 높은 (   )의 개념 및 상변화의 특징

↓

3 상평형 그림의 개념과 물의 상평형 (   )

↓

4 닫힌계에서 기체상과 액체상이 평형을 이루는 상태가 되는 (   )

↓

5 삼중점과 임계점의 개념과 (   )

물질의 상과 상변화	→ 표현	상평형 그림

물질의 상과 상변화
• 물질의 (   ): 화학적 조성과 물리적 상태가 전체적으로 균질한 물질의 형태를 말하며, 일반적으로 고체, (   ), 기체로 구분됨.
• 상변화: 화학적 조성의 변화는 수반하지 않으면서 물질의 상이 (   )되는 현상으로, 모든 상변화에서는 물질의 내부 에너지 변화가 일어남.

상평형 그림
• 상평형 그림: 닫힌계에서 압력과 온도 조건의 변화에 따른 물질의 (   )를 나타냄.
• 상 경계: 두 상이 (   )을 이루는 압력과 온도 조건의 집합
• (   ): 세 개의 상이 평형을 이루며 공존하는 상태
• 임계점: (   )와 임계 압력의 지점으로, 두 상이 액체도 기체도 아닌 (   ) 유체를 형성함.

MEMO

일상생활 속 기술

01~04 ＊본문 96쪽 지문의 내용을 생각하며 ✏️키워드를 활용하여 빈칸을 채워 보세요.

터치스크린 패널

◆ 답안은 '정답과 해설편' 143~144쪽을 참조

핵심어
＊각 문단에서 핵심어라고 생각되는 어휘나 어구를 찾아 써 보세요.

1 터치스크린 패널, _____

_____

2 표면정전방식, _____

_____

3 투영정전방식, _____

4 상호정전방식, _____

5 디지털 신호, _____

_____

주제
✏️ 터치스크린 패널,
작동 원리

_____

_____

한컷 정리하기 ✏️ 정전용량, 정확도, 터치좌표쌍, 접촉, 투영정전, 구조, 표면정전방식, 교차점,
감지 라인, 멀티 터치, 시간

터치스크린 패널 중 정전용량방식의 패널

• 터치스크린 패널: 스크린의 특정 지점을 직접 (   )하면 그 위치를 파악하여 해당 위치에 설정된 기능을 직관적으로 조작할 수 있도록 설계된 장치
• 정전용량방식 패널: 전도성 물체를 스크린에 접촉했을 때 발생하는 (   )의 변화를 측정하여 접촉된 위치를 파악함.

정전용량방식의 종류

표면정전방식	( )방식	
	자기정전방식	상호정전방식

표면정전방식
• 패널의 네 모서리에 있는 각각의 감지회로가 동시에 정전용량의 변화를 감지하여 접촉 위치를 파악하는 방식
• 장점: 투영정전방식에 비해 (   )가 단순하고 단가가 낮음.
• 단점: (   )가 낮고 여러 지점을 접촉했을 때 인식이 불가능함.

자기정전방식
• (   )과 작동 원리가 유사함.
• 하나의 층에 여러 개의 행과 열의 형태로 배치된 각각의 센서들을 활용함.
• 센서가 접촉을 인식하면 감지회로가 접촉 지점에서 일어난 정전용량의 변화를 감지하고, 행과 열의 (   )인 접촉 위치를 정교하고 빠르게 파악함.

상호정전방식
• 가로축 센서인 구동 라인과 세로축 센서인 (   )이 두 개의 층을 이루고 있음.
• 전도성 물체가 접촉하면 접촉 전과는 다른 전기장의 흐름이 나타나 상호 정전용량이 변화하고 구동 라인과 감지 라인의 교차점인 (   )이 인식됨.
• 장점: 두 지점을 접촉하는 (   )가 가능함.
• 단점: 측정 (   )이 많이 소요됨.

지문 구조
✏️ 상호, 원리, 작동,
장단점, 종류

1 터치스크린 패널의 개념 및 정전용량방식의 작동 원리와 (   )

↓

2 표면정전방식의 작동 원리와 (   )

＋

3 투영정전방식 ① - 자기정전방식의 작동 (   )

＋

4 투영정전방식 ② - 상호정전방식의 (   ) 원리

↓

5 (   ) 정전방식의 장단점

MEMO

오염된 물을 정수하는 기술

◆ 답안은 '정답과 해설편' 146~147쪽을 참조

핵심어

* 각 문단에서 핵심어라고 생각되는 어휘나 어구를 찾아 써 보세요.

1 정수 처리 기술, _____

2 콜로이드 입자들, _____

3 약품 침전 방식, _____

4 전기적 중화 작용, _____

5 가교 작용, _____

6 반응하지 못한 응집제, _____

주제

🔑 약품 침전, 탁도, 방법

_____

_____

한컷 정리하기 🔑 반데르발스 힘, 보통 침전 방식, 전기적 반발력, 작은 플록, 가교, 전하 역전, 체 거름, 응집제, 큰 플록

정수 처리 침전 과정 중 약품 침전 방식

다른 물질과의 상호 작용 없이 중력만으로 가라앉히는 '(_____)'과 달리 화학 약품을 이용하여 입자들을 응집시켜 가라앉히는 방식

과정

전기적 중화 작용 → **가교 작용**

전기적 중화 작용
- (_____)가 물과 화학 반응을 거쳐 양(+) 전하의 금속 화합물을 형성함.
- 금속 화합물이 음(−) 전하를 띤 콜로이드 입자와 결합하면 콜로이드 입자 간 (_____) 이 감소함.
- 콜로이드 입자들이 불안정화되어 움직이다가 (_____) 이 작용할 정도로 가까워지게 되면 서로 응집하여 침전이 가능한 작은 플록을 형성함.

가교 작용
- 전기적 중화 작용에서 형성된 (_____)을 더 크게 만듦.
- 긴 사슬 형태의 고분자 화합물이 플록과 플록을 연결하는 (_____) 역할을 하게 됨.
- 연결된 여러 플록들은 하나의 (_____)이 되어 중력의 영향을 받아 빠르게 침전함.

- 전기적 중화 작용과 가교 작용에서 반응하지 못한 응집제가 많이 남아 있게 되면 (_____) 현상이 일어나 물의 탁도가 다시 높아짐.
- 여분의 응집제와 물의 화학 반응을 통해 최종적으로 형성된 침전성 금속 화합물이 그물망처럼 콜로이드 입자들을 흡착하면서 가라앉는 (_____) 현상이 일어남.

지문 구조

🔑 작용, 침전, 종류, 중화, 현상, 안정성

1 정수 처리 기술의 (_____) 방식

↓

2 물의 탁도를 높이는 콜로이드 입자의 (_____)

↓

3 약품 침전 방식에서 사용되는 응집제의 (_____) 및 기능

↓

4 약품 침전 방식의 과정 ① – 전기적 (_____) 작용

↓

5 약품 침전 방식의 과정 ② – 가교 (_____)

↓

6 전하 역전 현상과 체 거름 (_____)

MEMO

01~04 ＊본문 100쪽 지문의 내용을 생각하며 💿키워드를 활용하여 빈칸을 채워 보세요.

타워 크레인

◆ 답안은 '정답과 해설편' 149~150쪽을 참조

핵심어

＊각 문단에서 핵심어
라고 생각되는 어휘나
어구를 찾아 써 보세요.

1 타워 크레인, _____
_____

2 기초부, _____
_____

3 운전실, _____
_____
_____

4 평형, _____
_____

5 후크 블록, _____
_____

주제
💿 구조, 타워 크레인

_____
_____

한컷 정리하기 💿 평형추, 트롤리, 움직도르래, 무게, 마스트, 높이, 카운터 지브, 메인 지브, 힘

타워 크레인의 구성과 각 부분의 역할

• 타워 크레인: 수십 톤에 달하는 중량물을 들어 올리는 건설 기계 장비
• 기초부: 타워 크레인을 지지하는 부분
• (   ): 타워 크레인을 지지하는 기둥
• 텔레스코핑 케이지: 타워 크레인의 (   )를 조절하는 장치
• 운전실: 타워 크레인을 제어하는 곳으로, 선회 장치와 타이바가 연결되어 있음.
• 지브: 길이가 짧고 콘크리트 평형추가 고정되어 있는 (   )와 길이가
  길고 중량물을 들어 올리는 역할을 하는 메인 지브로 구성됨.
• (   ): 메인 지브의 레일을 통해 중량물을 수평으로 이동시킴.

지문 구조

💿 힘, 평형, 개념,
트롤리, 기초부

1 타워 크레인의 (   )

↓

2 타워 크레인의 구성
과 각 부분의 역할
① - (   ),
마스트, 텔레스코핑
케이지

+

3 타워 크레인의 구성
과 각 부분의 역할
② - 운전실, 지브,
(   )

↓

4 지레의 원리로 설명되는 타워 크레인의 (   )

↓

5 움직도르래의 원리로 설명되는 타워 크레인의
(   )

타워 크레인의 평형

• 지레의 원리로 설명할 수 있음.
• (   )는 작용점, 운전실 지점
  은 받침점, 트롤리는 힘점에 해
  당함.
• 길이가 짧은 카운터 지브에 무거
  운 평형추를 설치하여 길이가 긴
  (   )와 평형을 이루도록 함.
• 메인 지브에 있는 트롤리의 위치
  에 따라 들어 올릴 수 있는 중량물
  의 (   )가 달라짐.

타워 크레인의 힘

• 타워 크레인이 수십 톤에 달하는
  무거운 건축 자재를 들어 올릴 수
  있는 것은 중량물을 매다는 후크
  블록에 (   )를 사용하기
  때문임.
• 움직도르래를 추가적으로 사용할
  때마다 권상 장치가 사용하는
  (   )의 크기가 감소하지만,
  감아올리는 와이어로프의 길이는
  길어짐. → 움직도르래의 개수가
  제한됨.

MEMO

*본문 102쪽 지문의 내용을 생각하며 🔗키워드를 활용하여 빈칸을 채워 보세요.

방사광과 방사광가속기

◆ 답안은 '정답과 해설편' 152~153쪽을 참조

핵심어
* 각 문단에서 핵심어라고 생각되는 어휘나 어구를 찾아 써 보세요.

1 물질의 내부 구조, _____

_____

2 방사광, _____

3 방사광가속기, _____

4 저장링, _____

_____

5 빔라인, _____

_____

지문 구조
🔗 방사광가속기, 활용성, 주요, 저장링, 특성

1 방사광의 (   )과 개념

↓

2 방사광의 (   )

↓

3 방사광가속기의 (   ) 장치 ① – 전자입사장치

↓

4 방사광가속기의 주요 장치 ② – (   )

↓

5 (   )의 주요 장치 ③ – 빔라인

주제
🔗 장치, 방사광

_____

_____

한컷 정리하기 🔗 기체, 내부, 가변성, 빔라인, 저장링, 궤도, 간섭, 에너지, 파장, X선, 높은, 전자총, 방사광

방사광

• 전자가 방향을 바꿀 때, 바뀐 운동 궤도 곡선의 접선 방향으로 방출되는 좁은 퍼짐의 전자기파로, 미세한 물질의 (   ) 구조를 파악하는 데 활용됨.
• 파장 (   ): 다양한 파장을 가져 실험 목적에 따라 파장을 선택하여 사용할 수 있음.
• 휘도가 (   ) 빛: 물질의 정보를 보다 자세하게 얻을 수 있음.

방사광가속기

주요 장치

전자입사장치	저장링	( )
• 전자를 방출시킨 뒤 빛의 속도에 가깝게 가속시켜 ( )으로 주입하는 장치로, 전자총과 선형가속기로 구성됨. • ( ): 광전효과를 활용하여 지속적으로 전자를 방출시킴. • 선형가속기: 음(−)전하를 띤 전자가 양(+)전하를 띤 양극 쪽으로 움직이려는 전기적인 힘의 원리를 활용하여 전자를 가속시킴.	• n개의 직선 부분과 n개의 모서리 부분으로 이루어져 있음. • 휨전자석: 전자의 방향을 조절해 전자가 지속적으로 ( )를 따라 회전할 수 있도록 함. → 전자의 운동 궤도 곡선의 접선 방향으로 방사광이 방출됨. • 삽입장치: 전자가 자기장의 영향을 받아 방향이 바뀔 때마다 ( )이 방출됨. → ( ) 현상으로 더 밝은 방사광이 됨. • 고주파 공동장치: 전자에 ( )를 보충하여 전자가 계속 궤도를 돌게 함.	• 실험 목적에 맞도록 방사광에서 원하는 ( )을 분리시켜 실험에 이용하는 장치 • 진공 자외선 빔라인: 주로 ( ) 상태의 물질의 구조나 고체 표면에서의 물질의 구조 등에 관한 실험이 이루어짐. • ( ) 빔라인: 주로 물질의 내부 구조, 원자 배열 등에 대한 실험이 이루어짐.

MEMO

통신 · 데이터 기술

01~04 ＊본문 104쪽 지문의 내용을 생각하며 🔑키워드를 활용하여 빈칸을 채워 보세요.

음성 언어 인식의 자연어 처리 기술

◆ 답안은 '정답과 해설편' 156~157쪽을 참조

핵심어
* 각 문단에서 핵심어라고 생각되는 어휘나 어구를 찾아 써 보세요.

1 인공지능 음성 언어 비서 시스템, _____
_____

2 철자 오류 보정 방식, _____
_____

3 교정 후보 집합 생성, _____
_____

4 띄어쓰기 오류 보정 방식, _____
_____

5 공통점, _____
_____

주제
🔑 자연어, 인공지능, 방식

_____
_____

한컷 정리하기   🔑 띄어쓰기, 통계 데이터, 교정 사전, 사용 빈도, 빈도수, 전처리, 이진법, 집합

```
                    자연어 처리 기술
                          │
        ┌─────────────────┴─────────────────┐
  철자 오류 보정 방식              (      ) 오류 보정 방식
```

철자 오류 보정 방식	( ) 오류 보정 방식
교정 사전과 어휘별 ( )를 기반으로 잘못된 문자열을 올바른 문자열로 바꿔 주는 방식	잘못된 띄어쓰기를 통계 데이터와 비교하여 올바른 띄어쓰기로 바꿔 주는 방식

과정

( ): 발음이 불명확하게 입력되어 시스템에서 처리 불가능한 문자열을 처리 가능한 문자열로 바꿈.	입력된 문장의 띄어쓰기를 시스템에서 처리할 수 있도록 ( )으로 변환
오류 문자열 판단: 문장을 어절 단위의 문자열로 구분하여, 각 문자열이 ( )의 오류 문자열에 존재하는지 확인	올바르게 띄어쓰기가 구현된 문장에서 추출한 통계 데이터와 비교하여 ( )가 높은 띄어쓰기 결과에 맞춰 띄어쓰기 오류 보정
교정 후보 ( ) 생성: 오류 문자열과 교정 문자열을 교정 후보로 하는 교정 후보 집합 생성	
최종 교정 문자열 탐색: 어휘별 통계 데이터를 활용하여 교정 후보 중 ( )가 높은 문자열을 최종 교정 문자열로 선택하여 결과 문장 도출	

지문 구조
🔑 보정, 기술, 최종, 과제, 오류

1 인공지능 음성 언어 비서 시스템에 사용되는 자연어 처리 (   )

↓

2 철자 오류 보정 방식
① – 전처리,
(   ) 문자열 판단

↓

3 철자 오류 보정 방식
② – 교정 후보 집합 생성, (   ) 교정 문자열 탐색

↔ **4** 띄어쓰기 오류 (   ) 방식

↓

5 자연어 처리 기술 방식의 공통점과 해결 (   )

MEMO

데이터 전송 오류를 해결하는 방법

◆ 답안은 '정답과 해설편' 159~161쪽을 참조

핵심어

* 각 문단에서 핵심어 라고 생각되는 어휘나 어구를 찾아 써 보세요.

1 데이터 전송 오류, ＿＿＿＿＿＿＿＿＿＿

2 ARQ, ＿＿＿＿＿＿＿＿＿＿＿＿＿＿＿＿

＿＿＿＿＿＿＿＿＿＿＿＿＿＿＿＿＿＿＿＿

3 고 – 백 – 앤 ARQ, ＿＿＿＿＿＿＿＿＿＿

4 선택적 재전송 ARQ, ＿＿＿＿＿＿＿＿＿

＿＿＿＿＿＿＿＿＿＿＿＿＿＿＿＿＿＿＿＿

5 데이터, ＿＿＿＿＿＿＿＿＿＿＿＿＿＿＿

6 송신 윈도우에 저장된 데이터의 관리, ＿＿＿＿＿

＿＿＿＿＿＿＿＿＿＿＿＿＿＿＿＿＿＿＿＿

주제

✎ ARQ, 유형, 제어

＿＿＿＿＿＿＿＿＿＿＿＿＿＿＿＿＿＿＿＿

＿＿＿＿＿＿＿＿＿＿＿＿＿＿＿＿＿＿＿＿

한컷 정리하기 ✎ ACK, 송신 측, 중단, 정지 – 대기, 응답, 명시적, 고 – 백 – 앤, 데이터, 수신 윈도우, 순서 번호, NAK

자동 반복 요청 방식(ARQ)

- 수신 측에서 데이터 전송 오류가 발생한 것을 파악했을 때 오류가 발생한 데이터를 다시 전송해 주도록 (　　　)에 요청하는 방식
- ACK: 오류가 없는 데이터가 도착할 때 보내는 수신 측의 응답
- (　　　): 전송받은 데이터에서 오류가 검출될 때 보내는 수신 측의 응답
- 타임 아웃: 지정된 시간 동안 수신 측이 송신 측에 응답을 하지 않거나, 데이터가 상대 측에 도달하지 못하고 전송이 (　　　)된 경우에 발생

ARQ의 유형

(　　　) ARQ	고 – 백 – 앤 ARQ	선택적 재전송 ARQ
• 가장 단순한 자동 반복 요청 방식 • 송신 측이 수신 측으로부터 (　　　)를 수신하면 그다음 데이터를 전송하고, NAK를 수신하거나 타임 아웃이 되면 그에 해당하는 데이터를 재전송함.	• 송신 측이 수신 측의 (　　　)을 기다리지 않고 연속해서 순서 번호가 부여된 데이터를 전송하는 방식 • 오류가 발생한 데이터를 포함하여 이후에 전송된 모든 (　　　)를 재전송함. • 오류 발생 순번 이후의 데이터는 수신을 거부함. • (　　　) 방법과 묵시적 방법으로 나눌 수 있음.	• 기본 원리는 (　　　) ARQ와 같음. • 오류가 발생한 데이터만 재전송함. • 오류 발생 이후의 데이터는 ACK를 보내지 않고 (　　　)에 저장한 다음, 재전송된 데이터가 도착하면 해당 데이터에 대한 ACK를 보낸 후, 수신 윈도우에 저장된 데이터와 함께 (　　　)를 맞추어 다음 단계로 전달함. • 명시적 방법과 묵시적 방법으로 나눌 수 있음.

지문 구조

✎ 재전송, 오류, 유형, 크기, 슬라이딩, 정지

1 데이터 전송 (　　　) 시 사용하는 자동 반복 요청 방식(ARQ)

↓

2 ARQ의 유형① – (　　　) – 대기 ARQ

↔

3 ARQ의 (　　　) ② – 고 – 백 – 앤 ARQ

↔

4 ARQ의 유형③ – 선택적 (　　　) ARQ

↓

5 ARQ의 유형별 윈도우 (　　　)

↓

6 (　　　) 윈도우 프로토콜에 의한 송신 윈도우의 데이터 관리

MEMO

01~05   *본문 112쪽 지문의 내용을 생각하며 ⊘키워드를 활용하여 빈칸을 채워 보세요.

(가) 후설의 철학

◆ 답안은 '정답과 해설편' 164~165쪽을 참조

주제
⊘ 의미, 후설, 대상 _____
_____

핵심어
* 각 문단에서 핵심어라고 생각되는 어휘나 어구를 찾아 써 보세요.

1 동일한 대상, _____
_____

2 의식, _____

3 전통 철학, _____
_____

한컷 정리하기   ⊘ 확장, 주체, 후설, 지향, 배경, 의미, 객관적으로

전통 철학 ◄► 대조 **(   )**

- 의식과 독립적으로 대상이 존재한다고 봄.
- (   )가 대상을 객관적으로 파악함으로써 의미가 얻어진다고 봄.

- 주체가 지평에 따라 대상에서 형성하는 의미가 달라지므로 대상을 (   ) 파악하는 것은 불가능하다고 봄.
- 의미가 대상으로부터 객관적으로 얻어지는 것이 아니라 의식과 지평을 지닌 주체에서 비롯된다고 봄.

후설이 사용한 개념

의식의 지향성

- 의식은 대상과 독립적으로 존재하는 것이 아니라, 어떤 대상을 구체적으로 (   )하며, 이를 통해 대상과의 관계에서 의미를 형성하는 성질을 지님.

지평

- 의식이 대상을 만나서 의미를 형성하는 과정이 반복되고 그것이 누적되면 자기만의 지평을 갖게 됨.
- 지평은 우리가 인식하는 대상과 그 대상을 둘러싼 (   )임.
- 사람마다 경험이 다르기 때문에 서로 다른 지평을 갖게 됨.
- 지평이 넓어질수록 개인의 의식 범위는 (   )됨.
- 인식의 주체는 지평을 바탕으로 다양한 상황에서 (   )를 파악할 수 있음.

지문 구조
⊘ 차이, 개념, 지평

1 후설의 의식의 지향성 (   )
↓
2 후설의 (   ) 개념
↓
3 대상의 의미에 대한 전통 철학과 후설의 견해 (   )

MEMO

(나) 메를로퐁티의 철학

◆ 답안은 '정답과 해설편' 164~165쪽을 참조

핵심어

* 각 문단에서 핵심어
라고 생각되는 어휘나
어구를 찾아 써 보세요.

1 의식, _____

_____

2 몸, _____

_____

3 몸, _____

주제

⊘ 몸, 메를로퐁티, 의식

_____

_____

(한컷 정리하기) ⊘ 몸틀, 애매성, 신체화, 메를로퐁티, 습관적, 내재, 주체, 독립

전통 철학	← 비판	( )
• 의식과 신체는 ( )되어 있고 의식이 객관적 세계를 인식한다고 봄.		• 신체를 통해 세계를 지각할 수 있다고 말함. • 신체, 즉 몸은 의식과 결합하여 있는 '( )된 의식'이라고 규정함.

몸에 대한 설명

몸의 지각 원리	**지각의 주체이자 대상으로서의 몸**
• 현실적 몸의 층이란 몸이 새로운 세상을 지각하는 경험이며, 이런 경험이 우리 몸에 배면 ( ) 몸의 층을 형성함. • 습관적 몸의 층은 몸에 ( ) 되어 세상과 반응할 때 다시 영향을 미치며, 다양한 상황에 적응할 수 있게 함. ⇒ 몸의 대응 능력인 '( )' 은 지각 경험들이 시간이 흐르면서 누적됨으로써 형성됨.	• 몸은 ( )을 지님. • 구체적 삶에서 우리가 경험하는 몸의 지각은 주체와 대상이 서로 얽혀 있고 명확하게 구분되지 않음. ⇒ 몸은 지각의 ( )이자 지각의 대상이 될 수 있음.

지문 구조

⊘ 대상, 의식, 지각

1 (   )과 몸에 대한 전통 철학의 견해를 비판한 메를로퐁티

↓

2 몸틀을 통해 몸의 (   ) 원리를 설명한 메를로퐁티

↓

3 몸을 지각의 주체이자 지각의 (   )으로 본 메를로퐁티

(MEMO)

(가) 소쉬르의 언어학

◆ 답안은 '정답과 해설편' 168~170쪽을 참조

핵심어 *각 문단에서 핵심어라고 생각되는 어휘나 어구를 찾아 써 보세요.	① 소쉬르의 언어학, _____ _____ ② 언어, _____ _____ ③ 언어 체계, _____ _____ ④ 발화의 진정한 주체, _____ _____

주제
⊘ 언어, 이론

_____
_____

(한컷 정리하기) ⊘ 기표, 파롤, 소쉬르, 기호, 자의적, 발화, 랑그, 기의

전통적 견해		( )의 언어학
• 언어가 현실 세계의 대상을 지칭함.	의문 제기	• 언어는 현실 세계를 수동적으로 재현하는 수단이 아님. • 언어가 현실 세계를 구성함.

소쉬르의 이론

언어는 자의적인 ( ) 체계	언어 체계에 맞춰 현실 세계를 인식
• 언어는 기호 체계로, 현실 세계를 묘사하는 것이 아니며, 근본적으로 ( )인 체계임. • 기호는 귀로 들을 수 있는 소리로써 의미를 전달하는 외적 형식인 ( )와 소리로 표시되는 의미를 이르는 ( )로 이루어짐. • 기표와 기의의 관계는 필연적이지 않고 자의적이며, 기호를 사용하는 사람들의 사회적 약속일 뿐임.	• 사람들이 언어 체계에 맞춰 현실 세계를 인식함. • 랑그는 언어가 갖는 추상적인 체계이고, ( )은 랑그에 바탕을 두고 개인이 실현하는 구체적인 발화임. • ( )의 표현 방식이나 범위는 언어 체계인 랑그에 의해서 지배되거나 제약받음. • ( )의 차이에 따라 사람들이 현실 세계를 인식하는 방식이 달라짐.

지문 구조 ⊘ 체계, 언어학, 의문, 기호	① 언어에 대한 전통적 견해에 ( )을 제기한 소쉬르의 언어학 ↓ ② 언어에 대한 소쉬르의 견해 ① – 언어는 자의적인 ( ) 체계임. + ③ 언어에 대한 소쉬르의 견해 ② – 언어 ( )에 맞춰 현실 세계를 인식함. ↓ ④ 소쉬르의 ( )에서의 언어의 의미

(MEMO)

(나) 비트겐슈타인의 의미사용이론

◆ 답안은 '정답과 해설편' 168~170쪽을 참조

핵심어

＊ 각 문단에서 핵심어 라고 생각되는 어휘나 어구를 찾아 써 보세요.

1 비트겐슈타인, ＿＿＿＿＿＿＿＿＿＿＿

＿＿＿＿＿＿＿＿＿＿＿＿＿＿＿＿＿＿＿

2 의미사용이론, ＿＿＿＿＿＿＿＿＿＿＿

＿＿＿＿＿＿＿＿＿＿＿＿＿＿＿＿＿＿＿

3 언어의 모호성, ＿＿＿＿＿＿＿＿＿＿

＿＿＿＿＿＿＿＿＿＿＿＿＿＿＿＿＿＿＿

4 공통 요소, ＿＿＿＿＿＿＿＿＿＿＿＿

＿＿＿＿＿＿＿＿＿＿＿＿＿＿＿＿＿＿＿

주제

✏ 비트겐슈타인, 이론

＿＿＿＿＿＿＿＿＿＿＿＿＿＿＿＿＿＿＿

＿＿＿＿＿＿＿＿＿＿＿＿＿＿＿＿＿＿＿

(한컷 정리하기) ✏ 게임, 재현, 사용, 소통, 모호성, 반영, 불명확성, 구체적인 활동

비트겐슈타인의 의미사용이론

- 언어는 삶의 다양한 맥락에 따라 서로 다르게 혹은 유사한 모습으로 존재함.
- 언어를 이해하는 것은 그것이 어떻게 (　　　)될 수 있는지를 이해하는 것임.
- 언어란 현실 세계를 (　　　)하는 것이 아니라, 언어를 사용하는 사람들의 (　　　)에 의해 만들어지는 것임.

(　　　)의 규칙	언어의 모호성
• 절대 불변의 법칙이 아니라 원활한 진행을 위해 만들어진 것이며, 게임에 참가한 사람들이 게임을 수행할 수 있도록 만드는 형식에 불과함. ⇒ 언어는 그것을 사용하는 사람들의 (　　　)과 관련해서만 의미가 있음.	• 언어의 (　　　)을 통해 언어가 사람들의 삶과 엉켜 있으면서 사람들의 삶을 (　　　)한다는 것을 알 수 있음. • 언어에 존재하는 많은 (　　　)이 장점이 될 수 있으며, 높은 수준의 명확성이 오히려 융통성의 여지를 없앨 수도 있음.

지문 구조

✏ 삶, 제시한, 활동, 의미

1 비트겐슈타인이 (　　　) 의미사용이론

↓

2 비트겐슈타인의 의미사용이론 ① – 언어는 사람들의 구체적 (　　　)과 관련해서만 의미가 있음.

＋

3 비트겐슈타인의 의미사용이론 ② – 언어는 사람들의 (　　　)을 반영함.

↓

4 비트겐슈타인에 따른 언어의 (　　　)

(MEMO)

01~06   *본문 118쪽 지문의 내용을 생각하며 ✏️키워드를 활용하여 빈칸을 채워 보세요.

(가) 시뮬라크르에 대한 상반된 시각

◆ 답안은 '정답과 해설편' 173~175쪽을 참조

핵심어

* 각 문단에서 핵심어라고 생각되는 어휘나 어구를 찾아 써 보세요.

1 플라톤, _____

_____

2 플라톤, _____

_____

3 들뢰즈, _____

4 시뮬라크르, _____

_____

지문 구조

✏️ 비판, 예술관, 관점, 시뮬라크르

1 플라톤의 (   )과 세계관

↓

2 (   )에 대한 플라톤의 관점

↓

3 플라톤식 사유에 대한 들뢰즈의 (   )

↓

4 시뮬라크르에 대한 들뢰즈의 (   )

주제   _____
✏️ 시뮬라크르, 들뢰즈

한컷 정리하기   ✏️ 실재, 반복, 우위, 재현, 가지적 세계, 에이도스, 들뢰즈, 판타스마, 폭력성

플라톤	← 비판	( )
• 세계를 '( )'와 '가시적 세계'로 구분함. • 가시적 세계의 사물들인 '에이돌론'을 ( )의 성질을 얼마나 반영했는지에 따라 '에이콘'과 '판타스마'로 구분함. • ( )를 에이도스의 성질이 없는 가짜, 사이비라는 의미로 '시뮬라크르'라고 부르며 예술이 시뮬라크르에 해당한다고 말함. ⇒ '예술은 ( )의 기술이기 때문에 무가치한 것이다.'		• 플라톤식 사유에는 주체가 이성을 통해 대상의 가치를 판단하고 재단하는 ( )이 내재해 있다고 비판함. • 시뮬라크르는 사물 그 자체이며, 주체의 판단과 상관없이 독립된 존재로서, 원본과 사본의 시뮬라크르에 대한 ( )를 부정하는 역동적인 힘이 있다고 봄. • 시뮬라크르를 반복해서 생성할 때 드러나는 모든 차이가 시뮬라크르가 ( )로서 지닌 의미 그 자체라고 봄. ⇒ '예술은 모방이 아니라 ( )할 뿐이다.'

MEMO

*본문 118쪽 지문의 내용을 생각하며 ⊘키워드를 활용하여 빈칸을 채워 보세요.

(나) 현대적 관점에서 본 시뮬라크르

◆ 답안은 '정답과 해설편' 173~175쪽을 참조

핵심어 *각 문단에서 핵심어라고 생각되는 어휘나 어구를 찾아 써 보세요.	**1** 보드리야르, _____ _____ **2** 시뮬라시옹 현상, _____ _____ **3** 시뮬라시옹 현상, _____ _____
지문 구조 ⊘개념, 현대, 의미	**1** ( ) 시뮬라크르에 대한 보드리야르의 관점 ↓ **2** 시뮬라시옹 현상과 내파의 ( ) ↓ **3** 시뮬라시옹 현상에 의한 초미학 현상의 ( )

주제
⊘ 시뮬라크르,
보드리야르

_____
_____

한컷 정리하기) ⊘ 미적 가치, 내파, 시뮬라시옹, 시뮬라크르, 산출, 초미학

보드리야르의 시뮬라크르와 ( ) 현상
• 실재보다 더 실재적이고 우월한 현대 사회의 이미지인 '초과실재'가 ( )라고 함. • 시뮬라크르가 ( )되는 과정인 '시뮬라시옹 현상'으로 인해 모든 실재가 사라진다고 함. • 무한히 증식하여 재생산된 시뮬라크르들이 원래 실재를 지시하던 기능과 가치를 잃어버려 실재와 시뮬라크르 사이의 경계가 붕괴되는 ( )가 일어나, 현대 사회에서 시뮬라크르가 그 자체로서 실재를 대신한다고 봄.

확장

예술
• 오늘날 예술 작품이 시뮬라시옹 현상에 의해 도처에서 증식하면서 예술이 가지고 있던 ( )가 사라지고 있다고 비판함. • 예술 그 자체가 내파되어 사라진 상태인 '( )' 현상이 일어난다고 봄. • '예술은 너무 많기 때문에 극도로 보잘것없는 것이다.'

MEMO

(가) 계몽에 대한 아도르노의 입장

◆ 답안은 '정답과 해설편' 178~180쪽을 참조

핵심어

* 각 문단에서 핵심어라고 생각되는 어휘나 어구를 찾아 써 보세요.

1 계몽주의, _____

_____

2 계몽의 전개, _____

_____

3 인간에 대한 지배, _____

4 인간의 내적 자연마저 지배, _____

_____

5 계몽의 전개 과정, _____

_____

지문 구조

⏺ 과정, 내적, 유럽, 인간, 비판적

1 ( ) 계몽주의와 이에 대한 아도르노의 입장

↓

2 계몽의 전개 ( ) ① – 자연에 대한 지배

↓

3 계몽의 전개 과정 ② – ( )에 대한 지배

↓

4 계몽의 전개 과정 ③ – 인간의 ( ) 자연에 대한 지배

↓

5 계몽에 대한 아도르노의 ( ) 견해

주제

⏺ 아도르노, 계몽, 비판

_____

_____

한컷 정리하기 ⏺ 인간, 지식, 내면, 폭력성, 허무감, 자율성, 집단적 힘, 도구적 이성, 전체주의적

유럽의 계몽주의	←비판	아도르노
• 16~18세기에 합리적 이성을 통해 인류의 진보를 꾀하려 한 이념		• 근대 문명이 파국으로 치닫게 된 원인을 계몽의 전개 과정이 이어진 결과로 봄. • 지배 논리로 전화된 근대 이성의 ( )과 비합리성을 비판함.

아도르노가 본 계몽의 전개 과정

자연에 대한 지배	→ ( )에 대한 지배	→ 인간의 내적 자연에 대한 지배
• 인간이 자연의 위협에서 벗어나 자기 보존을 꾀하기 위해 자연을 지배하는 것 • 자연에 대한 합리적이고 경험적인 ( )을 갖게 된 인간이 지배와 피지배라는 사회적 관계를 공고히 하여 자연에 맞서는 ( )을 키움.	• 이성이 인간과 자연을 지배하기 위한 ( )으로 변질됨. • 사회 전체가 도구적 이성에 의해 관리되면서, 개인은 ( )과 비판적 사유 능력을 상실한 채 목적 달성을 위한 수단으로 전락함. • 사회는 ( ) 경향을 띠게 됨.	• 감정이나 욕망과 같이 인간의 ( )에 있는 자연적 요소인 내적 자연을 비합리적일 뿐만 아니라 목적 달성의 방해 요소라고 여겨 억압함. • 인간은 존재의 ( )이나 자기 소외로 인한 불안과 절망을 감당해야 하게 됨.

MEMO

*본문 121쪽 지문의 내용을 생각하며 🗝️키워드를 활용하여 빈칸을 채워 보세요.

(나) 표현주의

◆ 답안은 '정답과 해설편' 178~180쪽을 참조

핵심어

* 각 문단에서 핵심어 라고 생각되는 어휘나 어구를 찾아 써 보세요.

1 이성, _____

2 감정, _____

3 색, _____

4 회화의 영역, _____

지문 구조

🗝️ 의의, 배경, 회화, 성격

1 표현주의의 등장 (   )

↓

2 표현주의의 의미와 (   )

↓

3 표현주의 (   )의 특징

↓

4 표현주의의 (   )

주제

🗝️ 표현주의, 이해

_____
_____

한컷 정리하기 🗝️ 아방가르드, 표현주의, 재현, 감정, 왜곡, 의의, 내면, 추상

사실주의	⟷ 대조	( )
• 대상을 있는 그대로 표현하려고 함. • 대상을 사실적으로 ( )하는 것이 회화의 기본 목적임.		• 근대 이성의 그늘에 가려 소외되어 왔던 인간의 ( )을 회화를 통해 분출하고자 한 예술 운동 • 눈에 보이는 대상의 모습이 아닌 작가의 감정이나 내면 등을 표현하려고 함. • 전통적 규범을 거부하였다는 점에서 ( ) 운동의 일종임.

표현주의 회화의 특징	표현주의의 ( )
• 대상의 색이나 형태가 ( )되어 나타남. • 순간적으로 분출되는 강렬한 ( )을 포착하는 과정에서, 과장되고 거친 붓놀림이 나타남. ⇒ 전쟁 이후 사회의 불안감, 인간의 근원적 고통을 화폭에 담아냄.	• 회화의 영역을 인간의 내면까지 확장시킴. • 현대 ( ) 미술 등장의 기반이 됨.

MEMO

01~06   *본문 124쪽 지문의 내용을 생각하며 ✏️키워드를 활용하여 빈칸을 채워 보세요.

(가) 헌법의 특질

◆ 답안은 '정답과 해설편' 183~184쪽을 참조

핵심어

* 각 문단에서 핵심어라고 생각되는 어휘나 어구를 찾아 써 보세요.

1 헌법, _____

2 헌법, _____

_____

3 헌법, _____

_____

주제
✏️헌법, 특질

_____

_____

한컷 정리하기   ✏️ 헌법재판, 효력, 남용, 기본권, 합치, 무효, 헌법적 가치, 가치, 권력, 자기보장성

헌법
• 국민의 (   )과 국가의 통치 조직을 규정한 최고의 기본법

특질 3가지

최고규범성	( )	권력제한성
• 헌법은 국민적 합의에 의해 제정되었기 때문에 최고의 기본법으로 인정됨. • 법규범들은 헌법으로부터 그 효력을 부여받으며 존속을 보장 받으므로, 법률은 헌법에 ( )되어야 하며 헌법을 위반하는 내용의 법률은 ( )가 됨. • 법률은 헌법에 모순되어서는 안 되며, 적극적으로 ( )를 실현해야 함.	• 헌법은 국가 권력이 그 효력을 부정하거나 침해할 수 없도록 헌법재판제도와 같은 장치를 스스로 마련하여 지니고 있음. • ( )은 국가 기관이 그 재판 결과를 따르지 않아도 이를 강제적으로 따르게 할 수 없는 한계가 있음. • 헌법의 최고 규범으로서의 ( )은 헌법의 내용을 실현하고자 하는 구성원들의 적극적 의지에 좌우됨.	• 헌법은 국가 작용을 담당하는 기관이 그 권한을 ( )하여 국가가 추구하는 목적인 공통의 ( )를 위험에 빠뜨리지 않도록 함. • 헌법은 조직적인 측면에서 ( )의 악용과 남용의 가능성을 배제하고 있음.

지문 구조
✏️권력제한성, 특질, 헌법

1 헌법의
(   )
① – 최고 규범성

↔

2 (   )
의특질
② – 자기 보장성

↔

3 헌법의
특질 ③ –
(   )

MEMO

(나) 헌법을 바라보는 여러 관점

◆ 답안은 '정답과 해설편' 183~184쪽을 참조

핵심어

* 각 문단에서 핵심어 라고 생각되는 어휘나 어구를 찾아 써 보세요.

1 헌법관, _____

_____

2 법실증주의적 헌법관, _____

_____

3 결단주의적 헌법관, _____

_____

4 통합론적 헌법관, _____

_____

5 헌법의 본질, _____

_____

_____

주제
✐ 헌법관, 영향

_____

_____

(한컷 정리하기) ✐ 법규범, 과정, 변화, 권력, 자의적, 안정성, 정치, 갈등, 통합론적, 만능주의

헌법해석학에 영향을 미친 세 가지 헌법관

법실증주의적 헌법관	결단주의적 헌법관	( ) 헌법관
• 헌법을 국가의 조직과 작용에 관한 근본 규범으로 보는 관점 • 권력자의 ( ) 통치를 배제하고 ( )에 의한 통치를 지향함. • 법학의 정확성, 엄격성, 법적 ( ) 확보에 기여함.	• 헌법을 헌법제정권력의 근본적 결단으로 보는 관점 • 주권자인 헌법제정권력자의 의지를 강조함. • ( ) 결단적 요소를 인정하며 헌법의 현실적 배경을 설득력 있게 정리함.	• 헌법을 국가 통합을 위한 법질서로 보는 관점 • 국가를 지속적인 갱신의 ( )으로 봄. • 헌법을 하나의 과정으로 바라보며 민주주의적 상황과 다원적 산업 사회의 현실을 효과적으로 설명함.
비판	비판	비판
• 산업화, 다원화에 따라 ( )하는 사회와 변화된 헌법을 이론적으로 설명하기 어려움. • 정해진 법규범을 지나치게 강조하여 실정법 ( )라는 비판을 받음.	• 헌법의 규범성을 경시하고 현실적 영향력만을 강조하여 국가를 ( ) 투쟁의 장이 되게 함. • 권위주의적 독재 국가의 등장에 이론적 근거를 제공하였다는 비판을 받음.	• 헌법의 규범성을 소홀히하고, 통합 과정을 너무 조화롭게만 보아 ( )의 요소를 경시했다는 비판을 받음.

지문 구조

✐ 본질, 비판, 헌법관, 결단주의적, 영향

1 헌법해석학에 ( )을 미친 세 가지 헌법관

↓

2 법실증주의적 ( ) 과 이에 대한 비판 ↔ **3** ( ) 헌법관과 이에 대한 비판 ↔ **4** 통합론적 헌법관과 이에 대한 ( )

↓

5 헌법의 ( )을 설명하기 위해 필요한 자세

MEMO

*본문 127쪽 지문의 내용을 생각하며 ✏️키워드를 활용하여 빈칸을 채워 보세요.

(가) 독점기업의 이윤 추구 과정

◆ 답안은 '정답과 해설편' 188~189쪽을 참조

핵심어

* 각 문단에서 핵심어라고 생각되는 어휘나 어구를 찾아 써 보세요.

1 완전경쟁시장, _____

_____

2 완전경쟁시장, _____

_____

3 독점기업, _____

_____

지문 구조

✏️ 과정, 시장구조, 결정

1 완전경쟁시장과 독점시장의 개념과 (   )

↓

2 완전경쟁시장과 독점시장에서의 가격 (   )

↓

3 독점기업이 이윤 극대화를 위한 가격과 생산량을 결정하는 (   )

주제

✏️ 가격결정자, 이윤, 과정

_____

_____

한컷 정리하기 ✏️ 한계비용, 동질적, 독점, 수용자, 공급, 희소성, 결정자, 대체재, 최고가격, 진입장벽

완전경쟁시장	◀비교▶	( )시장

완전경쟁시장

- 많은 수의 수요자와 공급자 사이에 (   )인 상품이 거래되는 시장
- (   )이 없어 누구나 들어와 경쟁할 수 있는 시장구조
- 개별 공급자와 수요자가 가격에 영향을 미치기 어려움.
- 기업은 '가격(   )'로서 시장에서 결정된 가격을 그대로 받아들일 수밖에 없음.
- 한계수입은 일정하며, 가격과 거래량은 수요와 (   )이 일치하는 지점에서 결정됨.

(   )시장

- 비슷한 (   )가 없는 재화를 한 기업이 독점적으로 공급하는 극단적인 시장
- 자원의 (   )이나 기술적 우월성 등으로 인해 진입장벽이 존재하는 시장구조
- 기업은 '가격(   )'로서 시장가격을 조절하여 이윤을 극대화할 수 있음.

이윤 극대화를 위한 가격과 생산량 결정

- 한계수입과 (   )이 일치하는 지점에서 최적 생산량을 결정함.
- 수요자들의 최대 지불 용의를 고려하여 최적 생산량을 판매할 수 있는 (   )을 찾아냄.
- 해당 생산량에서 수요자가 최대로 지불할 수 있는 금액이 최종 시장가격으로 결정됨.

MEMO

(나) 공정거래법의 이해

◆ 답안은 '정답과 해설편' 188~189쪽을 참조

핵심어

* 각 문단에서 핵심어라고 생각되는 어휘나 어구를 찾아 써 보세요.

1 공정거래법, _____

_____

2 시장 지배적 지위 남용, _____

_____

3 부당한 공동행위, _____

_____

4 공정거래법, _____

_____

지문 구조

✐ 남용, 대상, 목적, 내용

1 공정거래법의 ( )

↓

2 공정거래법의 규제 대상 ① – 시장 지배적 지위 ( ) + **3** 공정거래법의 규제 대상 ( ) ② – 부당한 공동행위

↓

4 공정거래법의 ( )

주제

✐ 공정거래, 규제, 유형

_____

_____

한컷 정리하기 ✐ 경제력, 공동행위, 남용, 합의, 착취, 배제, 폐해, 배타조건부

공정거래법

- 폐해규제주의: 시장 지배적 지위 ( )과 부당한 공동행위 등 경쟁 제한 행위로 인하여 일정한 ( )가 초래되는 경우에 이를 규제함.
- 공정거래법을 통해 과도한 ( )의 집중을 방지하고, 국민 경제의 균형 있는 발전을 도모함.

공정거래법의 규제 대상 2가지

시장 지배적 지위 남용

부당한 ( )

( ) 남용

방해 남용

거래 상대방으로부터 독점적 이익을 과도하게 얻어 내는 것

현실적·잠재적 경쟁사업자의 사업 활동을 방해하거나 ( )하는 것

- 동일 업종의 복수 사업자가 경쟁의 제한을 목적으로 가격, 생산량, 거래조건, 입찰 내용 등을 ( )하여 형성하는 독과점 형태
- 경쟁 제한적인 합의가 있다면, 실행되지 않았다 하더라도 부당한 공동행위가 성립한 것으로 봄.

약탈적 가격 설정

( ) 거래

상품 또는 용역을 부당하게 낮은 대가로 공급하거나 높은 대가로 구매하여 경쟁사업자를 배제하는 것

다른 경쟁사업자와 거래하지 않는 조건으로 거래 상대방과 거래하는 행위

MEMO

01~06 ＊본문 130쪽 지문의 내용을 생각하며 🔑키워드를 활용하여 빈칸을 채워 보세요.

(가) 진화의 관점에서 본 이타적 행동

◆ 답안은 '정답과 해설편' 193~194쪽을 참조

핵심어
＊각 문단에서 핵심어라고 생각되는 어휘나 어구를 찾아 써 보세요.

1 다윈, _____

2 해밀턴, _____
_____

3 도킨스, _____
_____

주제
🔑 이타적 행동, 이론   _____

한컷 정리하기 🔑 수동적 존재, 혈연 선택, 운반체, 진화, 생존 경쟁, 유전자, 주제

동물의 이타적 행동을 설명하는 이론

해밀턴의 (   ) 가설 ◀▶ 비교 **도킨스의 이론**

지문 구조
🔑 옹호, 혈연, 비판

1 동물의 이타적 행동을 설명하는 진화론 (   ) 학자들의 이론

↓

2 해밀턴의 (   ) 선택 가설과 그에 대한 평가 ◀▶ **3** 도킨스의 이론과 그에 대한 (   )

해밀턴의 ( ) 가설
• 개체들의 이타적 행동은 자신과 같은 유전자를 공유하는 친족들의 생존과 번식에 도움을 줌으로써 자신의 (   )를 후세에 많이 전달하기 위한 행동임.
• 'r×b−c > 0'을 만족할 때 개체의 이타적 유전자가 진화함.
⇒ 유전자의 개념으로 동물의 이타적 행동을 설명한 것으로, 이타적 행동의 (   )에 얽힌 수수께끼를 푸는 중요한 열쇠로 평가됨.

도킨스의 이론
• 동물의 이타적인 행동은 유전자가 다른 유전자와의 (   )에서 살아남아 더 많은 자신의 복제본을 퍼뜨리기 위한 행동임.
• 생존 경쟁의 (   )를 유전자로 보고 개체는 유전자를 다음 세대로 전달하는 (   )에 불과하다고 봄.
⇒ 개체를 단순히 유전자의 생존을 돕는 (   )로 보았다는 점에서 비판을 받음.

MEMO

(나) 진화적 게임 이론으로 본 이타적 행동

◆ 답안은 '정답과 해설편' 193~194쪽을 참조

핵심어
* 각 문단에서 핵심어라고 생각되는 어휘나 어구를 찾아 써 보세요.

1 이타적 행동, _____

_____

2 반복 – 상호성 가설, _____

_____

3 집단 선택 가설, _____

_____

주제
⊘ 이타적 행동, 이론

_____

_____

한컷 정리하기 ⊘ 집단 선택, 생존 경쟁, 보복, 집단, 배신, 협조, 혈연관계, 높음

인간의 이타적 행동을 설명하는 진화적 게임 이론

반복 – 상호성 가설	←비교→	( ) 가설

반복 – 상호성 가설
- 자신이 이기적으로 행동할 경우 상대방도 이기적인 행동으로 ( )할 수 있기 때문에 이를 피하기 위해 이타적 행동을 한다고 주장함.
- TFT 전략으로 설명: 상대방이 이타적으로 행동하면 자신도 이타적으로, 상대방이 이기적으로 행동하면 자신도 이기적으로 행동하는 것이 반복되면 점점 상대방의 ( ) 횟수는 줄고 ( ) 횟수는 늘어 서로에게 이득이 되는 결과를 얻게 됨.
- ⇒ ( )가 아닌 사람들 사이의 이타적 행동을 설명하는 데 유용하지만, 반복적이지 않은 상황에서 나타나는 이타적 행동을 설명하는 데는 한계가 있음.

( ) 가설
- 이타적 구성원이 많은 집단이 ( )에 유리하기 때문에 이타적 인간이 진화한다고 설명함.
- 집단 선택에서는 이타적 구성원이 많은 집단일수록 생존할 확률이 ( ). → 집단 선택에 의해 이타적인 구성원이 많은 집단이 생존하게 되면 이타적 인간도 진화하게 됨.
- 집단 선택 가설이 성립하려면 ( ) 선택이 일어나는 속도가 개인 선택이 일어나는 속도를 압도해야 함.
- ⇒ 집단 선택의 속도가 현저하게 느리다는 점을 들어 집단 선택 가설은 논리적으로만 가능할 뿐이라는 비판을 받음.

지문 구조
⊘ 인간의, 비판, 한계

1 ( ) 이타적 행동을 설명하는 진화적 게임 이론

↓

2 반복 – 상호성 가설과 그 ( ) ↔ **3** 집단 선택 가설과 그에 대한 ( )

MEMO

(가) 언론 매체 접근·이용권

◆ 답안은 '정답과 해설편' 198~200쪽을 참조

핵심어 ＊ 각 문단에서 핵심어라고 생각되는 어휘나 어구를 찾아 써 보세요.	**1** 배련, _____ _____ **2** 배련, _____ _____ **3** 법적으로 보장, _____ _____ **4** 국민의 언론의 자유, _____ _____

지문 구조 🔑 대표적, 개념, 언론, 등장	**1** 언론 매체 접근·이용권의 ( ) ↓ **2** 언론 매체 접근·이용권의 ( ) 배경 ↓ **3** 언론 매체 접근·이용권의 ( ) 형태인 반론권 ↓ **4** ( ) 매체 접근·이용권과 맞부딪칠 수 있는 편집권

주제
🔑 등장 배경, 실현

_____
_____

한컷 정리하기 🔑 편집권, 접근, 소수, 피해, 자유, 참여, 매스미디어

	언론 매체 접근·이용권	⟷ 충돌	( )
개념	국민이 자신의 사상이나 의견을 표명하기 위해 언론 매체에 자유로이 ( )하여 이용할 수 있는 권리		언론 매체가 신문 등의 표현 내용을 결정하는 권리
등장 배경	( )의 거대화, 독점화로 언론의 자유가 ( )의 계층이나 집단의 것으로 전락함. → 시민들의 언론의 ( )를 보장하기 위해 미국의 헌법학자 배련이 주장함.		권한 보장 / 남용 방지
대표적 형태	• 반론권: 언론 매체에 의해 ( )를 입은 국민이 자기와 관련이 있는 보도에 대해 반론, 정정, 해명의 기회를 요구할 수 있는 권리 • 방송법 규정: 다양성을 해치거나 특정 의견을 차별하지 못하게 함. 시청자 ( ) 프로그램을 편성하도록 함.		권한 보장: 언론 매체에 일정한 기준의 재량권을 부여함. 남용 방지: 구제 수단으로 국민의 언론 매체 접근·이용권을 보호함.

MEMO

(나) 정정 보도 청구권과 반론 보도 청구권

◆ 답안은 '정답과 해설편' 198~200쪽을 참조

핵심어

＊각 문단에서 핵심어라고 생각되는 어휘나 어구를 찾아 써 보세요.

1 언론 보도, _____

_____

2 정정 보도 청구권, _____

_____

3 주체, _____

_____

4 민법, _____

_____

5 정정 보도 청구권, _____

_____

지문 구조

🔑 목적, 성립, 비교, 의의, 기준

1 정정 보도 청구권과 반론 보도 청구권의 규정
( )

⬇

2 정정 보도 청구권과 반론 보도 청구권의 개념과
( )

⬇

3 정정 보도와 반론 보도 청구의 ( )

⬇

4 민법상 정정 보도 청구권의 ( ) 요건

⬇

5 정정 보도 청구권과 반론 보도 청구권의
( )

주제

🔑 정정 보도 청구권, 민법

_____

_____

한컷 정리하기 🔑 반론, 위법성, 허위, 연관성, 잘못, 진위, 3년

언론 보도에 의한 명예·권리 침해 발생

개인의 방어 수단

언론중재법   민법

반론 보도 청구권	정정 보도 청구권	비교	정정 보도 청구권
언론 매체에 의해 피해를 받은 개인에게 신속하고 대등한 방어 수단 제공		**규정 목적**	
보도 내용에 관한 ( )을 보도해 줄 것을 요구할 수 있는 권리	보도 내용의 ( )을 바로 잡는 정정 보도를 요구할 수 있는 권리	**개념**	언론중재법상 정정 보도를 청구할 수 있는 기간이 지났을 때 활용
보도 내용과 개별적 ( )이 있으며 그 보도로 인해 피해를 입은 자		**청구인**	
언론사 등의 대표자		**피청구인**	언론사 등의 대표자, 기자, 편집자 등
언론 보도 등이 있음을 안 날로부터 3개월 이내		**기한**	언론 보도가 있음을 안 날로부터 ( ) 이내
언론 보도의 '사실적 주장'의 ( ) 여부와 상관없이 청구가 가능함.	언론 보도의 '사실적 주장'이 ( )임을 입증해야 함.	**성립 요건**	• 보도의 고의 또는 과실 • 보도의 ( ) ⇒ 명예를 훼손해도 공공의 이익을 위한 것일 때는 위법이 아님.

MEMO

MEMO

MEMO

MEMO